邢台市

桥东区志

（1980～2006）

邢台市桥东区地方志编纂委员会　编

方志出版社

图书在版编目(CIP)数据

邢台市桥东区志:1980~2006/邢台市桥东区地方志编纂委员会 编. —北京:方志出版社,2013.4

ISBN 978-7-5144-0849-2

Ⅰ.①邢… Ⅱ.①邢… Ⅲ.①区(城市)—地方志—邢台市—1980~2006 Ⅳ.①K292.23

中国版本图书馆CIP数据核字(2013)第052318号

邢台市桥东区志(1980~2006)

编　　者:邢台市桥东区地方志编纂委员会
责任编辑:盖　克

出 版 者:方志出版社
(北京市东城区夕照寺14号院富瑞苑公寓6层)
邮编:100061
网址:http://www.fzph.org
发　　行:方志出版社发行部
(010)67120966-6008
经　　销:新华书店总店北京发行所
法律顾问:北京市大禹律师事务所
印　　刷:郑州方志印务有限公司

开　　本:889mm×1194mm　1/16
印　　张:43印张
字　　数:1275千字
版　　次:2013年7月第1版　　2013年7月第1次印刷
印　　数:0001~2500册

ISBN 978-7-5144-0849-2/K·687　　**定价**:560.00元

邢台市桥东区地方志编纂委员会（2006～2009年）

名誉主任　李俊良

主　　任　吕志成

常务副主任　龙兴洲

副 主 任　张明耀　刘崇惠　郭俊平　董一彬　赵胜军

委　　员　石配岭　张秀云　梅宪忠　贾英豪　李维杰　李义彬　胡新元　王淑彩　王建平　曹淑芬　杨继博　孟令东　王根英　贾雪芬

邢台市桥东区地方志编纂委员会（2010年）

名誉主任　李俊良

主　　任　吕志成

常务副主任　李根林

副 主 任　尚小云　王贵堂　郭俊平　董一彬　贾英豪

委　　员　刘晓云　李彩格　李东光　张秀云　梅宪忠　姚东顺　杜高生　胡新元　李志平　王清华　侯雨顺　孟令东　段耀彩　乔志良　贾雪芬

邢台市桥东区地方志编纂委员会（2011年～）

名誉主任　张志峰

主　　任　吕志成

常务副主任　李根林

副 主 任　尚小云　王贵堂　郭俊平　董一彬

委　　员　王　琪　贾英豪　刘晓云　李彩格　张秀云　梅宪忠　姚东顺　杜高生　胡新元　李志平　侯雨顺　孟令东　段耀彩　乔志良　贾雪芬

《邢台市桥东区志》评审人员

市级专家评审人员　孟朋文　张西服　赵平周　武丽珍　魏亚静　杨军放　戴旺学　尤春兴　王戍辰　耿尚斌　杜会彬　孙小林　耿增华　谷华池　马计军　李　靖　董景园　于茹红　梁秀丽　李玉钊

国家、省专家评审人员　张英聘　王广才　孟朋文　任丽英　张西服　王孟新　缴世忠

终审人员　王广才　任丽英　王　蕾　许振彪　尹玉航

《邢台市桥东区志》编修人员

主　　审　李俊良　张志峰

主　　修　吕志成

主　　编　贾雪芬

副 主 编　李迎梅　赵计栓

编　　辑　贾雪芬　李迎梅　孙章群　赵计栓　张平生

《邢台市桥东区志》资料提供人员（排名不分先后）

栗树果　王博灵　王继业　张孟军　吴宁莉　郭月敏　徐　源　田新立　郭　栗
杨　静　李席珍　金彩娟　孔　英　王景春　赵建亮　韩　冰　张聚彬　张文斌
赵军献　陈晓宇　吴继超　席冬生　田志峰　刘庆俭　解绍宁　曹　敏　朱殿志
李迎春　赵丽萍　苗现波　张胜利　彭丽雁　武海军　郭晓辉　申瑞霞　李　丽
张金浩　张学波　任延辉　徐丽丽　郝　亮　陈明娟　刘焕丽　侯力生　高黎明
司红亮　王立强　石迎春　戎会峰　陈艳茹　孙国辉　张拥军　钱　磊　李彩格
赵志军　王少珍　杨雪珍　周　倜　刘文强　李清青　范俊霞　马丽华　白　雪
赵立红　郑建荣　王风刚　付　娜　张　东　李　平　李淑华　任立兵　孙晓辉
鲁　静　张延东　王恩明　张　薇　姚刚梅

区委、区政府机关

区委机关办公楼

区政府机关办公楼

1996年9月2日区委书记王聚泰（左二）、区长董海林（右二）和区有关领导向邢台县灾区送土造田

2001年8月24日，区委书记王振卿（右二）、区长郭运兴（左三）陪同市委书记柳宝全（左二）到五一轧钢厂视察工作

2009年7月18日区委书记李俊良（左三）、区长吕志成（左二）陪同市长刘大群（右一）在顺德路贯通工程现场指导工作

2011年5月5日区委书记张志峰（右一）、区长吕志成（左二）陪同市委书记姜德果（左三）视察七里河治理工程

2011 年 8 月 14 日区委书张志峰（右二）现场解决项目建设问题

2012 年 6 月 5 日区长刘金宇（左二）陪同市长刘大群（左四）到豫让桥办事处视察项目建设

新世纪商城

特色小吃街

四季鲜
干鲜果

新世纪广场

城中村改造后的三义庙村

凡　例

一、本志是《邢台市桥东区志》（1992年版）的续志，记事时间范围以1980年1月1日至2006年12月31日的27年为主体。为完整地反映事物发生、发展的过程，邢台古城追溯始源，个别事物的记述适当上溯或下延。

二、本志以马克思列宁主义、毛泽东思想、邓小平理论和“三个代表”重要思想为指导，坚持科学发展观，全面客观真实地记述桥东区自然和社会各方面的发展变化。

三、本志以2006年桥东区行政区划为记述范围，少数内容因追溯源流、叙述因果，适当兼及现境之外、旧境之内事项。

四、本志篇目设置坚持科学分类和社会分工相结合，采用编章节目体，首设总述、大事记，末设附录，正文设置建置区划、自然环境、环境保护、人口、城乡建设、交通邮电、经济体制改革、经济概览、对区外开放、财政·税务、商贸·服务业、工业、农业、经济管理、政治体制改革、中国共产党地方组织、地方人民代表大会、地方人民政府、地方人民政治协商会议、民主党派·社会团体、公检法司、军事、人事劳动·社会保障、民政、科学技术、教育、文化体育、医疗卫生、社会生活、人物等30编。

五、本志采用述、记、志、传、图、表、录等体裁，以志为主。地图与照片除部分集中于志首外，其余随文设置。大事记采用编年体和纪事本末体相结合的方法。

六、本志采用现代语体文、记述体，文字力求朴实、简练、流畅。除综述、无题序、社会调查和情况分析外，一般述而不论。

七、本志采用第三人称，所记地域、机构、团体、组织、会议、文件等以当时称谓为准。志内各类名称，第一次出现时使用全称，之后用简称。

八、本志采用纪年法，1949 年 10 月 1 日中华人民共和国成立前为历史纪年，之后为公元纪年。文中所设“世纪”除特指外，均指20 世纪。

九、本志所用地名均为规范的地名，本志数字使用遵循国家技术监督局 1995 年发布的国家标准《出版物内数字用法的规定》，标点符号使用遵循国家新闻出版总署 1995 年发布的国家标准《标点符号用法》，计量单位名称和符号使用遵循国家技术监督局 1993 年发布的国家标准《量和单位的规定》。

十、本志人物编设人物传记、人物表，人物传记坚持“生不立传”原则，仅为在桥东区任职或离退休已故知名人物，对社会发展有重大建树的桥东区籍人士立传。立传者以卒年先后排序。人物表为全国、省级劳动模范和获省、部级以上先进个人以及副高级专业技术职称人员。

十一、本志所用资料主要来源于各承编单位部门、区档案馆及调查记录。所用数据来自桥东区统计局及区有关部门，一般不注明出处。

目　　录

第一编　建置区划

第二编　自然环境

第三编　环境保护

第四编　人　口

第五编　城乡建设

第六编　交通　邮电

第七编 经济体制改革

第八编 经济概览

第九编 对区外开放

第十编　财政　税务

第十一编　商贸　服务业

第十二编　工　业

第十三编　农　业

第十四编 经济管理

第十五编　政治体制改革

第十六编　中国共产党地方组织

第十七编 地方人民代表大会

第十八编 地方人民政府

第十九编 地方人民政治协商会议

第二十编 民主党派 社会团体

第二十一编　公检法司

第二十二编 军 事

第二十三编 人事劳动 社会保障

第二十四编　民　政

第二十五编　科学技术

第二十六编　教　育

第二十七编　文化 体育

第二十八编　医疗卫生

第二十九编　社会生活

第三十编　人　物

附　录

总　　述

桥东区是邢台市的老城区，地处邢台市区东部，京广铁路从邢台市中心南北穿境而过，因其辖区位于京广铁路地道桥以东而得名。距首都北京396公里，距省会石家庄116公里。桥东区东与邢台县祝村乡、高新技术开发区东汪镇接壤，北同邢台县豫让桥街道办事处毗连，南依沙河市，西与桥西区为邻。总面积33.87平方公里，人口23万，其中农业人口不足3万人。桥东区共辖2个乡、4个街道办事处，有城市社区居委会55个、村转社区居委会31个、村民委员会13个。境内居住了汉族、回族、满族、朝鲜族、壮族、白族等19个民族，有佛教、道教、伊斯兰教、天主教、基督教五种宗教信仰。人口密度为每平方公里6790人。2006年底，桥东区国内生产总值为267950万元，财政收入实现11499万元，农村人均纯收入4235元。

桥东区地处山西高原与华北平原过渡地带的冲积平原上，南北长约9公里，东西宽约3.25公里，呈长方形条状。地势西高东低，南高北低，平均海拔76.8米，年降水量534.7毫米，无霜期6个月以上，属暖温带半干旱季风区域。四季分明，春季干燥多风，夏季炎热多雨，秋季昼夜温差大，冬季寒冷雨雪稀少。

桥东区是邢台市的古城区，历史悠久。系中国历代北方的名邑重镇，位于京广南北大动脉上，西通山西，东接山东，战略位置十分重要，为历代兵家必争之地。20世纪70年代，邢台南郊百泉古生物化石群的发现，确认该地在万年以前已有人类居住生活。据史书记载，邢台古城已有3400多年的历史，曾4次建国，3次定都。商朝第十三代国君祖乙北迁到邢台，此地曾为六王商都；春秋时期，齐桓公驱狄救邢；战国初年，赵襄子据邢封侯；东晋初年，羯人石勒在邢称王。之后，宋元明清各朝代，古城邢台均设置为州、府。辛亥革命后，1911年废府置县，1936年在邢台设置第十五行政督察专员公署，1937年设顺德道。3000多年来，古城先辈们在这块沃土上勤劳耕作、繁衍生息，创造了光辉灿烂的古代邢襄文化。辖区内有华北地区仅存始建于唐代的顺德府清风楼，是河北省文物保护单位；还有建于唐代的“邢台塔林、文庙大成殿、开元寺及唐玄宗李隆基亲注道德经幢”等历史文物。古城西北10公里处的郭村，是我国元代伟大科学家郭守敬的故里。

1945年9月24日，邢台解放。9月25日，邢台市委、市政府成立，并设置南关区和城关区2个行政区。1946年9月，邢台市改为太行区直辖市。1949年11月1日，邢台市改为邢台镇。1953年，邢台镇复改名为邢台市，下辖西门里、南长街、北大街、西大街4个街道办事处。1979年，邢台县、沙河县的46个农村划归邢台市管辖。1980年3月6日，经国务院批准，邢台市设置桥东、桥西、郊区3个行政区。同月，桥东区人民政府成立。1988年，邢台市撤销郊区，原郊区管辖的大梁庄乡、东郭村乡划归桥东区管辖。1993年，邢台地、市合并后，桥东区地理位置更加重要，成为中共邢台市委、邢台市人民政府、邢台军分区、邢台武警总队及中共邢台县委、县人民政府的所在地，是邢台市政治、经济、金融、文化、教育、科技、信息的中心。中国工商银行、中国建设银行、中国农业银行、中国银行、农业发展银行、中国人寿保险、中国太平保险、太平洋保险等金融保险机构驻邢台市的分支机构，分别在桥东区设置了近百家服务网点。中国电信、中国网通、中国移动、中国联通、中国铁通的服务网点遍布桥东。境内的邢台火车站、邢台市长途客运站，是邢台市的重要交通枢纽。区内商家店铺林立，服务设施齐全，有全市规模最大的商业企业新世纪广场、中北商城、新亚商城、亿德隆休闲广场；有全市最具特色的餐饮企业邢州大酒店、杭粤情大酒店、蓝天大酒店、天桥玉苑大酒店等。如今的古城邢台已成为华北南部重要的交通枢纽和商品集散地。

1980 年桥东区成立时，辖区只有 4 个街道办事处，城区规模小，城市配套设施不完善，经济基础薄弱。工业经济主要有社队工副业，街道企业 9 家，区属企业 2 家，年工业总产值不足 400 万元。商业经济主要是街道办事处办的商业服务网点，及各企业自办的劳动服务公司网点。全区国内生产总值不足 1000 万元。建区后，历届区委、区政府坚持发展才是硬道理、富民才能兴区的理念，立党为公，执政为民，励精图治，造福于民，带领全区人民解放思想、更新观念、分析优势、抓住机遇、立足实际、开拓进取，以经济建设为中心，以改革开放为动力，集思广益谋发展，齐心协力抓建设。全区经济建设和各项社会事业突飞猛进，城市服务功能不断提高，城乡居民生活水平提前达到小康标准。到 2006 年，全区实现国内生产总值 267950 万元，财政收入实现 11499 万元，农村人均收入 4235 元。

城区经济快速发展，综合实力不断提高。经过全区人民 20 多年的不懈努力，桥东区已进入全面发展新时期，产业结构不断优化，经济总量迅速增长，综合实力明显提升，城市经济的优势越来越凸现出来。改革开放以来，桥东区大力实施三业并举、五轮齐转、五二强区、两沿发展、退市进郊和三求发展战略，走出了一条符合桥东发展的新路子，机遇抓得住，优势用得好，项目选得准，经济实现了跨越发展。到 2006 年底，全区 27 年间共完成固定资产投资累计达 45 亿元，新上各类工商项目 240 多个，为桥东区经济发展奠定了基础。“七五”期间（1985～1990 年）桥东区制定了第一、第二、第三产业并举，大中小齐上，五个轮子一起转的经济发展思路，先后建起了五一轧钢厂、第二钢铁厂、第二制药厂、纺织机械厂、太脱拉大修厂等一批骨干企业，增强了桥东区经济发展后劲。“八五”期间（1991～1995 年），在抓投入上项目，增实力的基础上，确定了工业总产值“一年翻一番，三年翻两番，八年翻三番”的经济发展目标。工业经济抓改革增活力，抓投入强实力，抓规模上效益，新开办了近百家企业；同时创办了邢台市首个高新技术工业园区，吸引了大批企业落户。到 1995 年，全区提前实现了工业总产值三年翻两番的目标。“九五”期间（1996～2000 年），在抓项目、促发展的基础上大力调整和优化产业结构，确立了三二一产业结构调整规划，实施了“强力推进第三产业和民营经济求突破性发展，第二产业求壮大发展，第一产业求特色发展”的三求发展战略。同时，制定了一系列招商引资和引智、引人才的具体配套措施。2000 年底，三二一发展战略喜获丰收。当年生产总值中第一、第二、第三产业的比重为“6：36.8：57.2”，第三产业优势已经显现。到 2006 年，生产总值中第一、第二、第三产业的比重为 3.2：19.9：76.9，第三产业已成为全区经济的重头戏，充分显示了城市经济的特点和优势。

工业经济实现了壮大发展。初步形成了冶金机械、建材、化工医药、轻工、食品五个支柱产业，培育了“邢台市吉泰特型钢厂、邢台市泰诚工业公司、河北华龙机械有限公司、邢台三江轧辊配件有限公司、邢台光源太阳能有限公司、邢台蓝天化工有限公司”等一批骨干龙头企业。邢台市吉泰特钢厂跨入河北省百强乡镇企业行列，邢台市铁路配件厂列入铁道部专用配件定点生产厂家。年产值 5000 万元以上的企业有 8 家，年产值超亿元的企业 2 家。一批有特色、有竞争力的产品走向市场。造船用球偏钢、铁塔专用钢、光源太阳能热水器、金属陶瓷辊环、两路供电自动转换装置、自动火焰焊接机、瓶装溶解乙炔、高活性氧化镁等 17 种产品，分别填补了国家、省、市空白。特别是船用球偏钢的销售量占全国总需求量的 1/5，光源太阳能热水器，已被列入国家、省政府重点推广新产品。

27年间，桥东区坚持科技兴区战略，积极研发、推广、引进新技术、新工艺，向科技要速度，要规模，要效益，累计完成科研项目141项，引进新技术125项，大力开展厂办科研机构，到2006年，全区厂办科研机构20家，申请各项专利501项，其中发明专利93项。科学技术工作的推广和应用，为区域经济发展注入了活力，增添了后劲，促进了发展，科技在国民生产总值中的贡献率达到47%。

第三产业实现了突破性发展。27年间，桥东区牢牢抓住城区第三产业这个独特优势，根据邢台市总体发展规划，立足实际、科学谋划、准确定位。着力提高城市品位、繁荣城区经济、强化城市服务功能，建立现代化新城区。本着市区建大商场、城郊建大市场、沿街沿路建店铺的思路，坚持高中低、大中小一齐上，国有、民营、个体、外资四个轮子一起转，先后完成投资20亿元，第三产业得到空前发展。2006年，全区已有成型市场18个，占地面积25万平方米，容纳商户5000多户，商品交易额达20亿元以上。其中新世纪商城、亿德隆购物休闲广场、中北商城、东郊建材城、冀南装饰材料城、豫西市场等年交易额均超过亿元。沿街沿路开发成效显著，先后建成了西门里水产品、顺德路婚纱摄影、红星东街特色小吃、火车站北水果批发、仓南路汽车配件、塔林小区日用商品、北大街服装百货、西大街综合商贸、小东街回民特色小吃、府前南仿古经贸、顺德北路蔬菜肉食等11条特色商业街。2006年，全区第三产业实现交易额30亿元，实现利税44017.8万元，成为该区重要的经济支柱。

农业实行“两大转移”，实现了特色、高效发展。1980年桥东区建立后，4个办事处的城中村土地很少，以种植蔬菜为主。1988年，邢台市撤销郊区后，将大梁庄乡、东郭村乡划归桥东区管辖，新增农业人口2.5万人，耕地18000余亩，全区耕地面积达到19501亩。郊区农业主要分为2个区域，即近郊的蔬菜果品区和远郊的粮油经济作物区。蔬果种植区共有城中村和近郊村31个，耕地2758亩；粮油经济作物区共有2个乡的8个农村，耕地5118.32亩。辖区农村多为传统农业形式，虽然种植条件和农业自然条件不错，都是水浇地，但由于种植的粮、菜均为传统粮菜，品种老化单一，销售价格低，农民增产不增收。1989年以来，桥东区紧紧围绕农村稳定、农业增产、农民增收这一主题，加大了农业结构调整力度，实施了农业“由种粮向种菜（特色菜）、由种植业向养殖业”两大战略转移，充分利用城郊自然优势和人才优势，推广现代农业新技术，发展立体高效农业，使农民得到了实惠。到2006年，桥东区农业已形成“特种蔬菜、花卉生产、畜牧养殖”三大产业。建成3个农业园区、5个种养基地，即三义庙农业科技示范园区，母家场特种蔬菜种植园区，邢台市蔬菜种子繁育区；南康庄温室基地，胡庄花卉基地，天具养牛、长顺小尾寒羊基地，圣诞红种植基地，绿洲花卉基地。农业产值实现7880万元。

城市容貌日新月异，基础设施日益完善。旧城改造稳步推进，大力实施安居、康居工程，全力改善民居民生环境，到2006年底，全区共建成花园式小区22个，累计完成投资20亿元，建筑面积38万平方米。共计拆除各类危旧房屋7.11万平方米，开发商住楼120余栋；城中村改造从2000年开始，43个城中村全部完成了改造规划方案，建成民居新住宅楼6万平方米，近千户农民搬进新居。辖区277条街道，全部进行了改建、扩建和维修，总长度达130公里。配合市政府建成街心花园10个，创建花园式单位、工厂、生活区近百个，人均占有绿地8.9平方米。供电、供水、供气、通信、交通不断完善，方便了人民生活。区内的文化古迹得到有效保护和开发利用，配合邢台市创建历史文化名城工作，已建成历史文化公园、开元寺公园，城区既体现了丰厚的历史文化沉淀，又展示了现代社会文明的魅力。

科教文卫等各项事业全面发展。古城邢台虽不如江南水乡美，又不及沿海城市富足，但她却是物华天宝、人杰地灵，在历史上就是个重教育、出人才的地方，像郭守敬、刘秉忠、张文谦、王本固等这些杰出的科学家、政治家都曾是邢台的蒙童。新中国成立以后，特别是改革开放以来，桥东区实施科教兴区战略，重视教育，尊重人才，崇尚科技，关注国民素质，科学教育事业蓬勃发展。2006年年底，全区区属各类学校共有31所，教职员工903人，在校学生17150人。辖区另有市属中学11

所，大学1所，技师学院1所。该区被省政府认定为教育“两基”达标先进区。全区有各类科技人员1685人，比建区时增加6倍；各类科研机构34个，其中民办科研机构20个。27年间研究开发新技术、新项目141项，其中17项通过市以上科技部门验收并推广实施。卫生事业在改革开放中迅速发展，突出了特色和专科。区内有区级医疗单位3个，区医院下设3个分院和2个乡级卫生院；区级医疗卫生技术人员有166人，其中医师17人；乡镇卫生院123人，其中医师28人；民营医疗机构216个，极大地方便了城乡居民的就医治疗。计划生育工作扎实有效，人口出生率控制在6.3‰以内。27年间人口平均年增长率为2.3%，居全市前茅。全民健身和群众性体育活动蓬勃开展，各社区配置了体育健身器材，曾多次荣获全省全民健身活动先进单位。社会治安综合治理工作不断取得新成就，积极落实依法治国方略，开展全民普法教育，强化市民法制意识，努力构建平安桥东、和谐桥东，认真开展矛盾排查活动，严厉打击违法犯罪行为，净化社会环境，为经济发展和人民安居乐业创造平安环境。

政治文明，民主和谐，政通人和。历届区委、区政府坚持“立党为公，执政为民”，不断加强党的组织建设、思想建设、作风建设，强化各级党委、政府的执政能力，做到权为民所用，事为民所干，利为民所谋。大胆培养和启用廉洁勤政，想干事、会干事、能干事的领导干部，增强党员干部的公仆意识、宗旨意识和服务意识，培养了一批政治上坚定，作风上过硬，有带领群众致富本领的干部队伍。政清则民顺，民顺则业兴。桥东区政治建设不断改革，日趋深化，做到了“选人用人公示化，村务政务公开化，重大决策民主化，人大政协监督规范化，政府工作服务化，干部政绩述职化”。充分调动了一切积极因素，形成了同心同德谋发展，齐心协力干事业的良好氛围。

国将兴，必重发展强实力。同时，也只有国家安定、人民和谐、环境优越，经济建设和各项事业才能健康快速发展。桥东区建区以来的27年，是全区团结和谐的27年，是经济建设和各项事业快速发展的27年。“贫穷不是社会主义，发展才是硬道理”已成为全区人民的共识；一心一意谋发展，集中心思搞经济已在全区蔚然成风。抚今追昔，多少领导和各界人士为桥东区建设事业的发展呕心沥血、忘我奋斗。值得告慰的是，桥东区的经济建设和各项事业已经取得了辉煌成就，全区23万人民正在区委、区政府的带领下，奋斗拼搏，再创辉煌，相信明天的桥东一定会更加美丽。

大　事　记

1980 年

2 月 1 日　根据冀政〔1980〕7 号文件，中共邢台市委、市革委会委派刘勤增、董顺英、李胜金、孙德全、王西生等组成桥东区筹建领导小组，开始筹建中共桥东区委、区人民政府，办公地址设在凤凰街 10 号。同时，将原向阳路、红旗路、东风路、红卫兵路 4 个人民公社撤销，分别改为“南长街”、“北大街”、“西大街”、“西门里”街道办事处，为桥东区人民政府的派出机构。

3 月 6 日　经国务院批准，邢台市设立桥东区、桥西区和郊区 3 个市辖区。

3 月 10 日　河北省人民政府批准，桥东区人民政府成立，下辖南长街、西门里、西大街、北大街 4 个街道办事处。

3 月　邢台市税务局第一税务所（桥东区税务局前身）成立。

4 月 25 日　邢台市公安局委派崔生润、刘虎生筹建桥东公安分局，办公地址设在桥东区政府院内。

5 月 16 日　邢台市马市街清真寺恢复。次年 4 月 8 日，该清真寺正式对外开放。

6 月 20 日　中共邢台市桥东区委员会成立。中共邢台市委任命刘勤增为中共邢台市桥东区委委员、常委、书记。

8 月 14 日　中共邢台市委、市革委对市内部分行政区进行调整，将前炉子公社的申家庄、南瓦窑 2 个村划归桥东区管辖。

9 月 3 日　中共邢台市委、市革委决定：桥东区委设办公室、组织部、宣传部，纪律检查委员会，人民武装部；群团组织设工会、团委、妇联；桥东区政府设办公室、民政科、财政科、统计科、工业科、商业科、城管科、工商管理科、劳动科、卫生科、教育科、文体科、计划生育办公室、农业科、公安分局、法庭、检察院。

9 月 8 日　区妇女联合会成立，下辖 4 个办事处妇女联合会。

9 月 13 日　桥东区建立防疫站，市防疫站的消毒大队下放区领导。市劳动局的劳动管理所划归桥东区，改名为桥东区劳动服务站。

9 月　邢台市税务局第一税务所（桥东区税务局前身）根据五届全国人大公布的《中华人民共和国个人所得税法》开征个人所得税。

11 月 20 日　邢台市选举委员会确定桥东区为县级直接选举试点。

1981 年

1 月 1 日　百花影院在东关落成，著名书法家赵朴初为百花影院书写院名。该影院是按照省甲级影院标准和现代化施工技术建造。造型宏伟，美观大方，冷暖设备俱全，可容纳 1300 多名观众。

1 月 8 日　桥东区人民政府下发《关于进一步加强和完善生产责任制的意见》。从此，各种形式的承包责任制逐步实行。

2 月　桥东区成立选民委员会，全区选民登记 94317 名，划分 74 个选区。到 4 月份，选举出首届人民代表大会代表 141 名。

3 月 5 日　区组织团员、党员干部开展"学雷锋、见行动"活动。

4 月 21 ~ 25 日　桥东区第一届第一次人民代表大会在邢台市招待处召开，出席大会的代表有 141 名。选举产生了区一届人大常委会主任、副主任及其他组成人员；选举产生了桥东区政府区长、副区长。

4 月 24 日　邢台市桥东区第一届人民代表大会第一次会议依法选举杨清义为人大常委会主任、马维俭为政府区长。

5 月 23 日　桥东区的 4 个街道办事处全部建立党委。

7 月 4 日　中共桥东区委机关党支部、桥东区人大机关党支部、桥东区政府机关党支部、公安分局党支部成立。

7 月 11 日　河北省人民政府颁发的"邢台市桥东区人民政府"印章正式启用，原"邢台市桥东区筹备小组"印章同时作废。

7 月 20 日　中共邢台市委、市革委研究决定（市革〔1981〕79 号）：撤销"桥东区工商行政管理科"，建立邢台市工商行政管理局桥东分局。邢台市工商行政管理局负责政治思想和行政方面的领导。所收的管理费 75% 上交市工商局，25% 留给区政府管理。

7 月　邢台市税务局第一税务所改建为桥东区税务分局，下设办公室、税政科和市场税收科。

8 月 8 日 ~ 9 月 30 日　全区开展学习党的十一届六中全会精神的活动。抽调 106 名干部组成"百人宣传讲团"，由区领导带队深入街道、企事业单位进行宣传。

9 月 7 日　邢台市教委将桥东范围内的 4 个中心学区的 17 所小学、454 名教职工、10636 名学生（含初中生 377 人）正式移交桥东区管理。

9 月 20 日　桥东区人口普查领导小组成立，下设办公室，开始历时近一年的第三次全国人口普查。

10 月 17 日　桥东区落实政策领导小组及其办公室成立。

11 月 12 日　桥东区爱国卫生运动委员会成立。

11 月 21 日　桥东区所辖的 4 个办事处：南长街、北大街、西大街、西门里成立武装部。

11 月 24 日　公安部部长赵仓壁到邢台市视察工作，在桥东区北大街派出所听取了市公安局领导的工作汇报。

1982 年

1 月　中共邢台市桥东区纪律检查委员会成立，下设办公室和纪律检查科。

2 月 10 日　邢台市企业钢管厂和有色金属铸造厂下放为桥东区区属企业。钢管厂有职工 56 人，固定资产30万元。有色金属铸造厂有职工20人，固定资产3.7万元。

3月2日 邢台市革委决定，将桥东区区域的“东方红路”恢复为原名“马路街”；“东风路”亦更名，自北向南依次为“府前南街”、“北大街”、“花市街”。

3月3日 桥东区人民政府对所属的78个居委会进行调整，增建桥东口、西红星街、枫林街、铁路北道口、顺德路、南瓦窑、拐角、砂轮厂、小东街等14个居民委员会；撤销路家园居委会、建立织袜厂和色织厂居委会；撤销原中牛市街居委会，建立东牛市街、中牛市街居委会。

3月 在全区范围内开展了第一个“五讲四美”文明礼貌月活动。

4月18日 邢台市北新蔬菜商店发生烟糖茶被盗案，犯罪分子行窃后又纵火焚烧商店，共计损失18000余元。

6月24日 为方便居民体育活动，桥东区南长街办事处东关大队自筹资金6万元，建成一座面积1600平方米的旱冰场。

7月1日 按照中共中央、国务院关于第三次全国人口普查的部署，桥东区选聘581名普查员，对全区人口进行普查登记。此项工作历时两个月，到8月底结束。普查结果为：全区总户数为32703户，总人口133793人，其中男72770人，女61023人；全区有汉族、回族、朝鲜族、土族、白族等13个民族。

7月26～27日 桥东区第一届人民代表大会第三次会议召开。

8月6～7日 共青团邢台市桥东区委第一届代表大会召开。

8月20日 桥东区人民防空委员会成立，下设办公室。接受区政府和武装部门的双重领导，负责承办人民防空的日常工作。

8月24日 在原东门里大队“大众剧场”的地址上，建“桥东区刺绣服装厂”，购置场地和设备所需资金中，由驻邢某部队投资28万元，该厂接受部队家属子女140人为该厂工人。

9月10日 经河北省人民政府批准，桥东区南园、西园、西大街、羊市街4个生产队的459户1411人由农业户口转为城市商品粮户口。

12月 桥东区南长街居委会被河北省民政厅命名为人民调解先进居委会。

12月 征兵工作开始由市征兵办公室负责，改为由区武装部负责宣传、发动、报名、目测、政审、社会调查、体检等组织实施工作。

1983年

1月8日 邢台市桥东区文教局成立党总支。

1月18日 桥东区召开第一次妇女代表大会，与会代表130名。

2月28日 桥东区机关干部、工人、学生、居民20000余人，开展声势浩大的卫生大扫除和文明城建设活动。到3月底，共拆除违章建筑263处，修整靛市街、北长街、西仓巷的路面，疏通南长街、大通街、羊市街、东崇礼街4条街道的下水管道。

3月5日 为纪念毛泽东“向雷锋同志学习”题词20周年，桥东区团委组织70名团员和2000余名少先队员走上街头，为群众义务服务，并进行文艺演出。

3月10日 红旗暖气片铸造厂研制成功的T5－1型消烟节煤两用炉，通过邢台市科委、市环保局和市政府节能办公室主持的技术鉴定。

4月23日 桥东区分批组织党员进行脱产轮训，9月底结束。

4月 桥东税务分局开始对区属国营企业全面实行利改税。将其应交的国家财政收入分成11个税目向国家交税，初步建立适应经济情况的复税制。

5 月 4 日　桥东区外贸公司成立。

6 月 16 日　在大通街、新华北路交叉口举行卧牛雕像奠基仪式。市委书记王周南、市长白芸生及驻军负责人等一起参加奠基仪式。12 月 1 日，卧牛石雕落成。

6 月 29 日　桥东区成立计划经济委员会，下设工业供销公司。

9 月　国务院颁布《建筑税征收暂行办法》，从 10 月份开始，桥东税务分局开始征收建筑税。

10 月　邢台市税务局桥东分局改为邢台市桥东税务局。

12 月 8 日　桥东区全面展开机构改革。

12 月 22 日　中共邢台市委任命陈秋田为中共邢台市桥东区委委员、常委、书记。

12 月　桥东区号召 4000 余名青少年采集树（花）种子 66 公斤，支援大西北绿化祖国，受到团市委表彰。

1984 年

1 月 25 日　桥东区委成立检查工作领导小组和检查工作办公室。

2 月 13 日　中共邢台市委常委会研究决定，桥东区中层机构设置中共桥东区委设办公室、组织部、宣传部、统一战线工作部、政法委员会、老干部局、机关党总支、工会、团委、妇联；中共桥东区纪律检查委员会设置办公室、检查科；桥东区人民代表大会常务委员会设置办公室（含人事联络）、法纪经济科；桥东区人民政府设置办公室、民政局、公安分局、司法局、劳动人事局、经济计划委员会、财政局、审计局、统计科、工商行政管理局、税务局、城市建设管理局、文教局、卫生局、农业科、计划生育委员会、爱国卫生委员会办公室、人民防空办公室；桥东区人民政治协商会议设置办公室。

3 月 8 日　邢台市政府决定，将邢台市工商行政管理局桥东分局划归桥东区政府领导，更名为“桥东区工商行政管理局”，并于 4 月 10 日由市移交给区。

3 月 24 日　邢台市政府决定，建立邢台市桥东区财政局。

4 月 1 日～5 月 30 日　全区选民选出桥东区第二届人民代表大会代表 155 名，其中男 111 名，女 44 名；中共党员 87 名，共青团员 4 名，农工党员 31 名；汉族 149 名，少数民族 6 名；干部 36 名。工人 44 名，农民 9 名，知识分子 28 名；文教卫生界 10 名，居民 21 名，军人 4 名，宗教界、华侨、民主党派各 1 名。

4 月 25 日　桥东区委、区政府研究决定，西大街、西门里、南长街和北大街 4 个街道办事处实行政企职责分开，分别建立工商公司，撤销原来的生产办公室。

6 月 6～10 日　中国人民政治协商会议邢台市桥东区委员会第一次会议在邢台市招待处召开。选举产生了区政协第一届委员会主席、副主席及其他组成人员。

6 月 9 日　邢台市桥东区第二届人民代表大会第一次会议依法选举产生国恒信为人大常委会主任、肖辉为区政府区长。

6 月 12 日　桥东区成立司法局，内设办公室、宣传股和基层工作股。

7 月　桥东区召开“三八红旗手”表彰大会，给 60 名“三八红旗手”、8 个“红旗集体”和“五好家庭”代表颁奖。

8 月 8 日　桥东区宏大水暖设备厂生产的消烟节煤两用炉通过市科委鉴定，达到国家标准，批量生产。

8 月 13 日　桥东区人民政府决定，在北大街办事处卫生院的基础上，建立邢台市桥东区医院，院址在邢州南路。

9月7日　桥东区信息服务公司举行首次经济信息发布会。

9月25～26日　桥东公安分局先后在工人俱乐部灯光球场和涤棉厂召开处理犯罪分子大会，分别对13名和16名犯罪分子进行公开处理。

10月8日　桥东区人民检察院成立检察委员会。

10月10日　根据中共中央关于整党的决定和市委的部署，桥东区委决定对全区共产党员和党组织分3批进行整顿。

12月6日　桥东区召开发展第三产业经验交流会，马市街二队、西关街等9个单位介绍经验。

12月　桥东区靛市街小学少先队第四中队被团中央命名为“快乐中队”；南园路小学少先队大队部被评为全国读书读报先进单位，受到团中央表彰。

是月　桥东区公费医疗实行“定点医疗、定额管理、超支不补、节余留用”的办法。

1985年

1月1日　《邢台晨报》以《马市街二队喜气洋洋奔小康》为题，报道该队大力发展工商业，实现人均年收入、人均年公共积累和人均年上缴利税各1500元，成为邢台市首批致富先进单位的事迹。

2月1日　桥东区新增设新兴南等17个居委会。

2月4日　邢台市人民政府颁发《关于在市区禁止养鸡的通知》后，桥东区南长街办事处东围城路居委会在全市第一个实现“无鸡”居委会。

3月8日　桥东区举办盛大元宵灯会，东大街、西大街、南长街、北长街、西关街等主要街道，居民家家门前挂起了各种造型优美的花灯、彩灯，万余人观灯，欢庆元宵佳节。灯会期间，外地客商受到区属企业的邀请和热情招待，双方达成了上百项合作协议。

4月6日　桥东区南瓦窑村兴建起邢台市第一个机械化养鸡场。该场占地15亩，建筑面积4000多平方米，饲养蛋鸡30000羽，日产蛋1000公斤，年获利可达30余万元。

4月　桥东区团委响应团中央号召，在全区17所学校中掀起“创造杯”活动高潮。截至6月10日，向团中央少工委“创造杯”活动办公室报小发明、小建议、小制作36项。靛市街小学的“爸爸，请您戒烟”获团中央创造杯奖，南园路小学、靛市街小学、东大街小学获团省委“创造杯”活动奖6个。

5月10日　桥东区第一次房屋普查工作全面展开，到次年8月结束。共普查基层单位165个，总户数12174户。经市质量检查部门抽查验收，达到国家规定标准。

5月　全区范围内开展整党工作，至11月底结束。

6月1日　桥东区17个生产大队，经过整顿和调整，改为村民委员会。

9月9日　桥东区各界人士热烈庆祝第一个教师节，邢台市人民政府向从事教育工作30年以上的教师颁发了荣誉证书。

11月14～16日　中共邢台市桥东区第一次代表大会召开。出席大会的代表共135名。按照章程选举出中共邢台市桥东区第一届委员会，区委一届一次会议选举产生区委书记、副书记、常委。

12月　邢台市桥东区获河北省人民政府首批颁发的初等教育合格证书。

1986 年

1 月 4 日　桥东区普法领导小组成立。从即日起，在全区范围内采取多种形式开展“一五”普法工作。

3 月 13 日　桥东区政府颁发《关于进一步完善经济承包责任制的几项试行规定》和《关于加强企业工资、奖金的管理和各项基金提取的暂行规定》，进一步完善经济承包责任制。

3 月　桥东区政府办公楼竣工。该办公楼于 1984 年 11 月正式动工，总投资 63 万元（含锅炉房），主楼五层，地下室一层，总建筑面积 2609.03 平方米。

4 月 8 日　桥东区成立科学技术协会。

4 月 28 日　根据中发〔1986〕5 号文件精神，桥东区人民武装部改归地方建制，人员纳入地方编制。

4 月 30 日　中共桥东区委党校成立。

5 月　根据邢台市核查办的安排，桥东区成立核查“三种人”工作检查办公室。

6 月 28 日　桥东区召开优秀党员和先进党支部表彰会，向 54 名优秀党员颁发证书，向 10 个先进党支部颁发锦旗。

6 月　经市教委和市民族宗教事务委员会研究，报请市政府批准，将桥东区的靛市街小学改建为“邢台市回民小学”。

12 月 26 日　桥东区统计科改为桥东区统计局。

1987 年

3 月 19 日　桥东区委抽调 19 名干部，分别到申庄村、西园村、东关村和刺绣服装厂锻炼。

3 月 20 日　全区颁发居民身份证工作开始。

3 月 30 日　邢台市委、市警备区联合召开军民共建会议，桥东区拖拉机厂齿轮车间民兵连、市电缆厂民兵营被评为先进单位，并在会上介绍经验。

4 月 7 ~ 27 日　根据邢台市委、市警备区 5 号文件精神，桥东区武装部组织民兵加强训练，共有 11 个单位 170 人参加训练。

5 月 8 日　经邢台市委提议，桥东区委常委会同意，推荐杨淑君为河北省党代会代表。其后，她又当选为中共十三大代表，参加了中国共产党第十三次全国代表大会。

5 月 22 日　政协邢台市桥东区第二届委员会一次全会选举赵汉章为区政协主席。

5 月 23 日　邢台市桥东区第三届人民代表大会第一次会议依法选举马天祥为区人大常委会主任、王聚泰为区政府区长。

7 月 9 日　经市政府批准，桥东区成立档案馆。

8 月 28 日　中共桥东区委决定：桥东公安分局和桥东区人民检察院分别成立党组。

8 月 29 日　邢台市鞋厂发生重大火灾，将省级保护文物——开元寺第二殿及殿内存放的 19000 双各类皮鞋烧毁，经济损失达 40000 余元。

8 月 31 日　桥东区成立人民武装委员会。

9 月 15 日　桥东区成立对外经济贸易公司和马路街城市信用合作社，均为独立核算、自主经营、自负盈亏的集体企业。

9 月 25 日　向阳板金厂生产的民用节能炉获全国先进民用型煤炉具先进奖。

10 月 1 日　邢台市第一座大型封闭式综合商场——顺德市场开业。该市场总投资 170 万元，占地面积 9500 平方米、建筑面积 10300 平方米，可同时容纳商客 300 户，经营五金交电、日用百货、烟酒副食等。

10 月 15 日　桥东区委、区政府决定成立桥东区志编纂委员会，下设办公室，开始区志编纂工作。

11 月 6 日　根据公安部 14 号文件精神，桥东公安分局全体干警开始佩戴臂章和警号。

11 月 9 日　邢台市模具厂归属桥东区。企业的性质不变，其人、财、物及生产经营由北大街办事处代管。

12 月 21 日　桥东区设立监察局。

1988 年

1 月 25 日　桥东区火焰钎焊研究所陈德正研制成功的“DYHJ－800 自动火焰钎焊机”通过省级鉴定。该设备可使汽车、拖拉机散热制造行业提高质量、工效和焊接自动化程度。

3 月 10 日　桥东区经济体制改革领导小组成立，下设办公室，具体负责企业改革的检查指导工作。

5 月 3 日　中共桥东区委、桥东区人民政府联合发出《社会治安综合治理部门分工责任制》的通知，将公检法司、工青妇、教育、民政等部门的任务和责任明确分工。

5 月　国家税务局基层政工处对桥东区税务局西大街税务所进行考察。同月，国家税务局发出通知，在全国税务系统推广西大街税务所的公开办税经验。

是月　中共邢台市委任命刘振荣任中共邢台市桥东区委委员、常委、书记。

6 月　桥东区妇联会同区民政局慰问从老山前线归来官兵，并帮助他们拆洗被褥。

7 月 10 日　中共桥东区委、区政府下发《关于贯彻落实机关干部必须保持廉洁的通知》。

7 月 21 日　中共桥东区委、区政府领导和公安局、法院及办事处领导、有关街道干部和正在服刑人员家属一行 17 人，到河北省第七劳改管教总队与桥东区籍 98 名服刑人员举行座谈会，引导、鼓励他们好好服刑，认真改造，在社会上引起强烈反响。

7 月 27 日　新华南路居委会军属尚五巧，被河北省军区授予“模范军属”荣誉称号。

7 月 30 日　桥东区与河北省第七劳动管教总队签订帮助安置协议书。

8 月 19 日　桥东区编委〔1988〕5 号文件批准，桥东区工商局设西大街、五一桥、顺德市场、车站和清风楼工商所。

8 月 30 日　桥东区职称评审工作结束，全区共有 501 人分别评为高、中、初级职称。

9 月 2 日　根据邢台市委〔1988〕4 号文通知精神，中共桥东区委〔1988〕8 号文通知决定，区委撤销区委政法委，成立区委政法领导小组。

10 月 21 日　邢台市郊区撤销。从 11 月 1 日起，原郊区大梁庄乡和东郭村乡正式划归桥东区管辖。东郭村乡辖 13 个行政村，共计 4247 户 13800 人，有耕地 8910 亩。大梁庄乡辖 20 个行政村，共 4749 户 16000 人，耕地 12146 亩。

10 月　邢台市五一喷塑厂研制成功的“化工防腐粉沫涂料”通过市级鉴定。它是对传统油漆工艺的重大革新，具有不用溶剂、无污染、涂层强度高、遮盖力强等特点，比喷漆节约 30%～40%，适用于盐碱、潮湿等腐蚀环境下的金属涂敷。

12 月 9 日　桥东区人大、政协分别接受郊区人大代表 36 名、政协委员 22 名。

12月13日 邢台五一建材厂的“预应力砧短圆轧板生产工艺综合技术开发”通过邢台市科委委托市建委的技术鉴定。

1989年

1月20日 桥东区政府决定成立桥东区农业调查队。

1月24日 邢台市人防办投资120万元在火车站广场建地下营业厅一处，建筑面积1098平方米，同年6月竣工，1990年投入使用。

1月26日 在全区范围内开展清理混乱着装工作。按规定对7个单位的不合理着装进行处理，每年节约不合理着装费43万元。

2月15日 桥东区饮食管理处改为桥东区商业公司。

3月8日 中纪委常委、副书记陈作霖，河北省人大常委会副主任洪毅考察了桥东区税务局下辖的西大街税务所，肯定了其公开办税的做法。

3月14日 桥东区外贸局成立。外贸局与外贸公司为两块牌子一套人马，属全民企业单位。

3月 邢台市副市长路林春带领市计委、建委、财政、教委等有关部门领导到桥东区考察。他们与桥东区领导共同研究决定投资180万元（其中市拨款140万元、区自筹40万元）扩建桥东区8所小学的教学楼8878平方米。次年9月1日，8栋教学楼全部投入使用。

4月25日 桥东公安分局新华北路派出所破获一超重大盗窃汽车团伙案，追回被盗汽车50余辆。

6月6日 桥东区成立民族宗教事务委员会。

7月10日 中共桥东区委成立廉政办公室。

7月12日 《中国少年报》宣传报道邢台市桥东区1600多名少先队员积极开展“红领巾小卫士”活动。

10月6日 桥东区中小学教育研究会和教育基金会成立，各阶层人士踊跃捐资10万元。

10月10日 邢台市第二制药厂研制成功的“药用甘油”，继9月16日通过的“药用酒精”之后，再次通过市级鉴定，填补河北省医药产品一项空白，并获邢台市科技进步四等奖。

11月1日 邢台市机构编制委员会将区属事业单位编制和工资管理卡片的管理权限，下放到桥东区机构编制委员会管辖。

12月11~13日 中共邢台市桥东区第二次代表大会召开。出席大会的正式党员代表117名，列席会议代表55名。按照章程选举出中共邢台市桥东区第二届委员会，区委二届一次会议选举产生中共桥东区委常务委员11名，其中书记1名、副书记4名。

12月12日 邢台市防腐钢窗厂生产的“卧牛”牌空腹钢窗和邢台市粉沫治金厂生产的转向拉杆球碗（上下座）两项产品，荣获“河北省优秀产品奖”、“振兴河北经济奖”。

1989年 桥东区财政总收入达到1272万元。税务部门提前2个月完成税收任务，年终工商各税实现1200.4万元（含税务局直接上缴的35.6万元），是年计划的115.8%，首次突破千万元大关，创建区以来最高纪录。

1990年

1月10日 桥东区教师进修学校成立。

4 月 15 日　邢台市百货大楼开业。该商场系 1990 年前邢台市最大零售商场，坐落于桥东区马路街与新华路交叉西北处，建筑面积 11000 平方米，营业面积 8800 平方米。

4 月 24～27 日　桥东区第四届人民代表大会第一次会议召开，依法选举陈雪身为区人大常委会主任、王聚泰为区政府区长。

5 月 29 日　桥东区妇联组织独生子女“合家欢”活动，共有 17 个厂矿幼儿园，60 个家庭参加 15 个项目的比赛。

6 月 20 日　在全区范围内开展大规模打击拐卖儿童、妇女犯罪的专项斗争。

7 月 1 日　按照国务院关于第四次全国人口普查的部署，桥东区对全辖区内人口进行普查登记，普查结果为：总户数 50863 户（其中家庭户 50292 户、集体户 571 户），总人口 184650 人（其中男性 94395 人、女性 90255 人）。

9 月　根据《村民委员会组织法》，桥东区政府部署全区村委会和居委会进行换届选举。至 12 月全部结束，选举出新一届村委会领导班子。

10 月 11 日　区直属机关、文教局和卫生局分别成立妇女工作委员会。

11 月 18 日　桥东区制定《桥东区关于加强机构编制管理的十条意见》、《桥东区机构管理暂行办法》，从人事与编制、机构与编制、干部配备、人事任免等方面作出具体规定。

12 月 15 日　在全市 14 家预制厂产品质量评比中，桥东区向阳水泥预制厂的产品名列第一，受到市建委通报表扬。

12 月　桥东区妇联与 4 个办事处的妇女干部一起发动群众，为支援山区妇女搞好冬季农田水利基本建设，捐献手套、毛巾、擦脸油等物品 4871 件。

1991 年

2 月 18 日　中共邢台市委、市政府和市警备区授予桥东区“双拥模范”区称号。

3 月　桥东区区委、区政府印发《关于在全区开展争创小康户活动的实施意见》，在全区范围内开展争创小康户活动。

6 月 12 日　桥东区委成立综合治理委员会，下设办公室。

6 月 23 日　桥东区肥皂厂研制的“油脂合成肥皂粉”通过市级鉴定。

7 月 8 日　大梁庄乡辖区的 19 个行政村遭冰雹袭击，受灾面积 9600 亩，造成严重经济损失。

7 月　民政部部长崔乃夫在邢台市副市长赵子斌、桥东区政府区长王聚泰的陪同下，视察桥东区探花街居委会优抚工作，并给予充分肯定。

8 月 9 日　桥东区公证处成立。

8 月 23 日　根据中发〔1991〕11 号、冀发〔1991〕23 号文件《关于在农村普查开展社会主义思想教育的意见》，桥东区成立社教领导小组，到 1993 年 2 月结束。共抽调社教干部 204 名，到农村（居委会）进行宣传。

8 月 25 日　桥东区完成《国家机关公务员行为规范教育教程》的培训学习。通过考试，成绩合格者由邢台市人事局颁发国家机关公务员行为规范培训证书。

9 月 13 日　下午 5 时 30 分至 7 时，桥东区遭受狂风暴雨袭击。灾害共涉及 32 个村庄，受灾总面积 16548 亩。其中玉米 1000 亩，减产 5 成至八成的 6624 亩，绝收 4710 亩。共减产粮食 115.2 万公斤，皮棉 1000 公斤，蔬菜 3000 万公斤，折款 6619 万元。

11 月 1 日　桥东区为遭受洪涝灾害的安徽滁县捐献衣物 26487 件。

11 月 23～25 日　桥东区在市体育场举办工业品展销会。参展产品百余种，零售额 6 万余元，订货80多万元。

11月 桥东区工业产品肥皂粉荣获国家“星火计划”项目金奖；米司奇和单晶冰糖获国家优秀产品奖。

12月7日 区五一轧钢厂生产的12热轧螺纹钢获省级优秀产品奖。

1992年

1月 中共邢台市委任命：范保柱任中共邢台市桥东区委委员、常委、书记。

2月22日 全区进行为期10天的机关思想作风整顿活动。整顿分学习教育、自我互评和整改三个阶段。

2月28日 《桥东区志》一书，历经5年，由中国工人出版社正式出版发行，全书60万字。

2月 桥东区2个乡、34个村均签订了土地有偿使用承包合同书。

4月9日 桥东区化工厂同香港兴展实业有限公司合资兴办邢台市第一家合资乡镇企业——邢台镁钡有限公司。投产后形成年产450吨轻质氧化镁、150吨轻质碳酸钙的能力，年产值达500万元。

4月29日 为进一步鼓励外商投资和引进技术，加快经济发展，区政府发出《关于鼓励外商投资优惠待遇的决定的通知》，决定凡外商在本区投资的中外合资、合作经营企业、外资企业和三来一补项目，可享受优惠政策。

5月12日 经市政府批准，在桥东区大梁庄乡、东郭村乡城乡接合部分区域设立“桥东经济开发试验区”。7月，桥东经济开发试验区管委会成立。

5月21日 桥东区区长王聚泰带队到厦门考察，并与厦门市开元区结成友好区。

6月19日 桥东区人民政府将桥东区工商行政管理局移交给邢台市工商行政管理局，后又改名为邢台市工商行政管理局桥东分局，其共产党组织关系仍留在桥东区。

7月24日 桥东区幼儿园建成开班。

9月3日 桥东区政府常务会议决定，成立桥东区住宅合作社。该社为集体性质，独立核算，自负盈亏。

9月12日 米思奇系列产品荣获“中国专利新技术产品博览会金奖”。

10月2日 拐角村建成13200平方米的蔬菜育苗场和生产实验厂，为大梁庄乡5000亩蔬菜及全市菜农提供优质适时壮苗，保证及时种植。

10月7日 桥东区召开第二届妇女代表大会。

10月14日 中外合资企业——河北日清食品有限公司在邢台市高新技术开发区内动工兴建。

10月 邢台市政府决定，将桥东区土地管理局移交邢台市土地管理局。

是月 中共邢台市委任命王聚泰任中共邢台市桥东区委委员、常委、书记。

12月7~9日 中共邢台市桥东区第三次代表大会召开。出席会议的党员代表109名，列席代表61名，特邀代表2名。大会采用差额无记名投票方式，选举产生区委常务委员11名，其中书记1名、副书记4名。

12月8日 河北三明治食品有限公司在东郭村举行奠基仪式。

12月10日 为改变干部年龄老化状况，桥东区委、区政府研究制定了提前离岗办法。

12月31日 经邢台市政府批准，桥东区人民政府发出通告，将辛庄南路（东关街路）以南，新兴东路以北（含南和路拐弯处南侧），市二环路（梁庄路）以东至该区区界地域全部划为邢台市高新技术开发区管辖。

1993 年

1 月 4 日　桥东区北大街办事处在全区率先实行机构合并，30% 人员下海办实体。

1 月 8 日　邢台市桥东区第五届人民代表大会第一次会议依法选举刘顺年为人大常委会主任、董海林为区政府区长。

1 月 12 日　邢台市东兴企业总公司成立。它集生产、经营、建筑、安装于一体，注册资金 500 万元，流动资金 100 万元，下属五一轧钢厂、五一轧钢二厂、五一轧钢三厂、桥东区冶金建筑安装工程处和东兴物资代销公司五家企业。

1 月 15 日～3 月 10 日　根据邢台市警备区 1993 年度民兵整组工作的通知精神，桥东区的民兵整组工作注重抓了基干民兵和专业技术服务队的组织整顿，并配齐了各级民兵干部。

1 月 27 日　桥东区政协文史资料委员会编辑的《牛城文史资料选辑》一书出版发行。

2 月 2 日　中共桥东区委调整 4 个办事处领导班子。

2 月 22 日　桥东区东关新村 4 号院发生一起特大爆炸事故，造成 11 人死亡，61 人受伤，23 间房屋被毁的严重后果。

3 月 5 日　《桥东区志》参加全国地方志成果展。

3 月 13 日　由桥东区科技咨询开发部与区金属包装制品厂联合开发的四季太阳能热水器问世，并投入批量生产。

4 月 3 日　天龙公司与香港富和工程公司在东庞煤矿东湖宾馆举行签字仪式，双方共同投资 903 万元，兴办天龙装饰有限公司。

4 月 10 日　桥东区金属包装制品厂与香港远通公司，合资兴办“邢台新远塑料制品有限公司”，于 12 月 18 日正式开业。

4 月 14 日　桥东区召开 1993 年经济工作会议，区政府与各单位签订 1993 年经济目标责任状，区长董海林就确保完成 1993 年经济翻番提出具体要求。

4 月 16 日　桥东区工商联合会成立，会员 101 名。

5 月 1 日　邢台市高新技术开发区内的主干道——梁庄路竣工通车。

5 月 6 日　桥东区城建系统进行机构改革，城建、环保、绿化、爱卫会、人防办合并办公，重新设置职能科室。

5 月 10 日　桥东区在南水北调工程中，将邢台市棉纺厂污水引至北郊农村，可灌溉耕地 800 亩，6 月份竣工投入使用。

5 月 14 日　桥东区人民政府制定并实施《桥东区技术进步奖励规定》。

5 月 29 日　政协桥东区委员会和区妇联联合组织医院的 5 名主任医师，为回民小学 105 名学生进行免费体检。

6 月 1 日　由文庙实业公司创办的“水上乐园”正式向牛城少儿开放。

6 月 26 日　邢台市耐火材料厂开发的 BE－3X 复合浆料通过市级鉴定。该产品是以膨润土为原料，经过特殊物理处理代替部分玉米淀粉而制成。

7 月 30 日　桥东区成立对外经济开放办公室。

8 月 4 日　暴风雨袭击邢台市区，造成桥东区农村 8332 亩玉米和 7341 亩蔬菜等大面积受灾，经济损失 146.4 万元。

9 月 13 日　中共桥东区委、区政府确定向阳预制件厂、太脱拉汽车大修厂为股份合作制试点企业，进行企业改制。

9 月 29 日　辛庄农工贸批发市场、东牛角蔬菜批发市场、胡家庄宝丽板批发市场、张庄旧货交易市场等 8 个大型专业市场同时开市。

10 月 22 日　桥东区科委组织厂长和科技人员 80 多人参加第七届全国发明展览会。会上洽谈项目 4 个，与 7 所大专院校、民办机构建立了合作关系。

10 月 25 日　《桥东区军人抚恤优待实施细则》公布实施。

10 月 30 日～12 月 3 日　桥东区利用传统庙会之机，在市第二招待处举办工业物资商品交易大会。来自各县、市、区的名优产品到会展销，接待客商群众 10 万余人，成交额达 5.2 亿元。

12 月 5 日　桥东区委、区政府决定在全区展开消灭脊髓灰质炎行动，对 1989 年 12 月 6 日至 1993 年 12 月 5 日出生的儿童进行 2 次强化服用小儿麻痹糖丸活动。

12 月 17 日　桥东区人民政府投资 170 万元，对始建于 1940 年的南长街小学进行改造。经河北省教委批准，由香港邵逸夫向该校捐赠 50 万元港币，用于该校教学楼的主体工程建设，同时市政府决定将南长街小学更名为“邢台市逸夫小学”。

12 月 26 日　桥东区采取多种形式开展纪念毛泽东诞辰 100 周年活动。

1994 年

3 月 7 日　桥东区经济体制改革委员会成立。

3 月 14 日　《邢台日报》以《村强民富》为标题，报道辛庄村在经济工作中的突出成绩，以及在不到一年时间投资 500 万元为村民办了 10 余件实实在在的好事。该村固定资产突破 2500 万元，工农业总产值和营业收入达 4000 多万元，连续 7 年被评为市级文明村。

5 月 18 日　由南陈村和福建省泉州市企业家蔡甲寅共同投资 100 万元兴建的中原玛钢厂开工投产。

6 月 3 日　共青团桥东区第四次代表大会召开。

6 月 8 日　为加强城乡房屋产权、户籍管理，保护房屋所有权人的合法权益，桥东区建委制定了《城乡房屋产权、产籍管理办法》，在全区执行。

6 月 20 日　桥东区住宅合作社塑料门窗厂生产的塑料门窗通过国家化学测试中心鉴定，填补省内一项空白，投入批量生产。

7 月 20 日　邢台市高新技术开发区建立党委，为中共桥东区委的派出机构。

10 月 22 日　凌晨 1 时 52 分，位于北大街的新时代商场发生火灾，将商场前厅的豪华装饰和 100 余辆崭新的自行车烧毁，损失 7 万余元。

12 月 2 日　辛庄村兴建邢台市第二钢铁厂。

12 月 23 日　区政府颁布《关于乡、办事处财政体制的规定（试行）》，决定自 1995 年 1 月 1 日起，乡、办事处的财政实行“收入定任务，支出定基数，解补定包干，超收分成，短收自负，分灶吃饭”的新体制。

1995 年

3 月　桥东区八一电器厂生产开发的“ZZK 两路供电自动转换装置”和“偶主触点交流接触器”2 项专利产品，在“全国专利成果十年展”上获国家专利成果银奖。

4月10日 在全国中学生奥林匹克数学赛中，桥东一中3名学生分别获特等、二等、三等奖。

4月 在全市婚姻登记工作大联查中，桥东区以98分成绩在全市排名第一。

5月9日 桥东区个体企业华龙工贸公司成立“人造板机械研究所”，生产木塔牌多功能人造板机械系列产品。

6月8日 市蔬菜种子公司“提高甘蓝、白菜自交不亲和系繁殖技术研究”通过省级鉴定，达到国内领先水平。

7月 桥东区的南康庄、大梁庄乌鸡养殖形成规模，存栏1.2万多羽，年创效益2.5万元。

8月20日 邢台市天然石材工艺品厂建成，投资50万元，主要生产出口加工石材工艺品。

9月26日 河北省民兵参加经济建设工作会议在桥东区召开。总政群工部民兵局局长王景春、北京军区副政委杨惠川、河北省委副书记李炳良、省军区司令员滑兵来、政委汪潮海、副司令李建英、政治部主任徐福安、后勤部部长黄洪钦，以及市委书记王建忠、市长郭庚茂、副书记任延廷等出席会议，会议组织到五一轧钢厂、顺香打火机厂、第二钢铁厂参观民兵参建工作。

10月7日 邢台市旧城改造动员大会在桥东区召开。自此，邢台市旧城改造工作启动。

10月8日 桥东区甘蓝蔬菜种子基地建设工程被列为市级重点项目。该项目总投资1420万元，预计年产值3000万元，利税500万元。

10月16～19日 桥东区成功举办全国第七届反馈教学法年会。来自北京、长春、新疆、广西、深圳等地20名专家教授和与会的千余名教师进行了经验介绍和现场授课。

11月 投资300万元，由牛市街村委会和邢台市五金线材厂合资兴建的邢台市镀锌带钢厂投产，填补市内一项空白。

12月17日 桥东区顺利通过省政府的教育评估验收，在全市率先实现“普九”达标。同时，青壮年扫除文盲工作也通过省级验收。

1996年

3月20日 邢台市电力机械设备厂建成，投资300万元，主要生产压力容器。

3月26日 桥东区人民武装部收归军队建制。

4月3日 国家信访局刘永华一行，在省、市信访局领导尤兰增、刘怀玉的陪同下，对桥东区的信访工作进行视察和指导。

4月9日 桥东区政法委对大梁庄乡派出所干警赵彩文、王贵中见义勇为、勇斗歹徒的先进事迹进行通报，号召全区政法干警、干部、职工和广大群众向他们学习。

4月10日 桥东区政府办公室印发《邢台市桥东区建筑垃圾垄断管理实施办法》，建筑垃圾由区统一管理。

5月7日 全国政协常委、国务院特区办主任胡平，在高新技术开发区进行视察，并题词“顺势开发，德泽牛城”。

5月18日 桥东区所属邢台市八一电器厂生产的ZZK两路供电自动转换装置，分别获“河北省第十届发明展览会”金奖和“丹东中国技术博览会”国际金奖。

8月4日 桥东区遭受洪涝灾害，12个村庄受灾，房屋倒塌1475间，农作物受灾面积1.1万亩，绝收0.4万亩，共计损失1889.7万元。

8月 桥东区组织少先队辅导员参加由全国少工委和《辅导员》杂志举办的1996年全国辅导员培训班。在培训班举办的小队模拟活动竞赛中，由桥东区辅导员组成小队演示的“颗颗红心向红旗”获得最佳创意奖。活动照片被刊登在1996年10月份《辅导员》杂志上。

9 月 3 日　为支援邢台县重灾区，由区委书记王聚泰、区长董海林带领区五套班子向灾区送去方便面 160 箱，面粉 30 吨。用 129 辆拖拉机、40 辆汽车向山区送土造田，受到邢台县党政军领导和山区群众的欢迎。

10 月 24 日　长期居住桥东区的河北省天主教知名人士肖立仁病故。

10 月 25 日　桥东区委公开选拔 5 名干部到乡、办事处党委任专职社会综合工作副书记，并兼任综治办主任。

10 月 30 日　桥东区邢台镁钡化工有限公司轻质氧化镁技术改造项目立项，该项目总投资 1000 万元，为辖区市级重点项目。

11 月 27 日　以巨人建筑工程公司为核心的邢台巨人集团成立。

11 月 28 日　邢台市八一电器厂研制生产的“ZZK 两路供电自动转换装置”通过省级鉴定，达到国内同类产品先进水平。

12 月 10 日　桥东区民营企业邢台市第二钢铁厂和太阳能真空管厂，通过市科技企业验收小组实地验收，被认定为省级民营科技型企业。

1997 年

1 月　桥东区注册三资企业 2 家，分别是贤达（邢台）土特产品有限公司和邢台合意包装制品公司。

3 月 3 日　邢台市桥东区南出市口拓宽改造工程动工。

3 月　中央政策研究处司长到西关街视察再就业工程情况。

是月　桥东区科协组织全区中小学学生参加全国第四届“生物百项”活动，选送作品 95 件，有 4 件获省级奖。

4 月　河北省人民政府授予桥东区西关街居委会“实施再就业工程先进单位”称号。

7 月 1 日　桥东区楼下道定点屠宰场经市经贸委定点办批准正式开业。该场占地面积 2 亩，屠宰量达 11000 头猪，年创效益 11 万元。

8 月 29 日　邢台市首批城区居民最低生活保障金在桥东区发放。副市长张洪义、市民政局局长马德俊、桥东区区长董海林，将 1997 年度第三季度保障金发放到 28 户、39 人的特困居民手中。

9 月　桥东区培育残疾儿童特殊学校建成开班。

12 月 14 日　市欧美电器有限公司开发的省科研计划项目 160KVA 交流电机变频调速器通过省级鉴定，此成果填补了国内空白，处于国内同类产品领先水平。

12 月　桥东区政府制定了《邢台市桥东区人民政府扶助照顾残疾人优惠办法》，该办法共分 8 章 42 条，分别对残疾人的康复、教育、劳动就业、文体生活、福利待遇等方面作了优惠照顾规定，并规定在法律方面对残疾人给予特殊服务。

是月　桥东区东大街小学荣获“国家体育先进集体”称号；同月，被命名为“省体育（田径）传统项目”学校。

1998 年

1 月　中共邢台市委任命董海林为中共邢台市桥东区委委员、常委、书记。

2 月 13 日　中国共产党邢台市桥东区第四次代表大会在桥东区大礼堂举行。出席大会的代表 151

名，列席代表51名，特邀代表2名。会议以差额选举的方式产生区委常务委员12名，其中书记1名、副书记5名。

2月16～20日　邢台市桥东区第六届人民代表大会召开，第一次会议依法选举简书华为区人大常委会主任，郭运兴为区政府区长。

2月17～19日　政协邢台市桥东区第五届委员会召开，第一次全会选举师向军为区政协主席。

2月26日　西门里路段南侧旧城改造施工工地挖出炸弹一枚。公安分局副局长黄艳林以及分局三科、西门里派出所、市局三科的干警日夜看守，并配合某部队工兵对炸弹进行挖掘，2月27日下午4时在白马河地段进行引爆。

5月12日　桥东区政府颁布重点项目管理实施办法。

5月28日　中共桥东区委、区政府开始对全区基金会进行清理整顿。撤销3家基金会，财政投入500多万元，市财政贴息115万元，成功化解金融风险1亿元，基金会清理整顿工作取得阶段性成果。

5月30日　桥东区所属的八一电器厂研制的“全自动内燃发电机组”项目立项，投入生产后被列为“河北省重大科技攻关项目”。

7月1日　邢台市政府决定将邢台市电器厂、市汽车装具厂、市蓄电池厂、市无线电四厂、市电子化工厂、市酿造厂、市食品厂、市羊毛衫厂、市织带厂、市织布厂、市罗兰印刷公司、市塑料四厂、市塑料三厂、市制锨厂、市家俱五金厂、市塑料厂、市阿胶厂17家市属企业，下放到桥东区管理。

7月5日　桥东区政府出台《市区计划生育管理办法工作细则（试行）》。

9月1日　桥东区政府制定《关于切实做好养老保险工作确保离退休职工养老金足额发放和基金足额收缴的实施意见》。

10月11日　区妇幼保健所通过省卫生厅验收，成为桥东区婚前体检定点医院。

11月　国家体育总局授予南长街办事处“全国城市体育先进社区”称号。

12月16日　特种冶金轧辊厂研制生产的“金属陶瓷辊环”，通过国家级鉴定，达到国际先进，国内领先，填补国内空白。

12月19日　镁钡化工有限公司开发的“高活性氧化镁”产品，通过省级鉴定，达到国内先进。

12月25日　邢台市特种冶金轧辊厂，被河北省科委认定为“河北省高新技术企业”，其产品“金属陶瓷辊环”被认定为“河北省高新技术产品”。

1999年

1月　《中共邢台市桥东区委关于实施精神文明建设“五台”工程的意见》颁布。自此，全区机关、学校、企业、农村、社区等单位纷纷开展“五台工程”创建活动。

2月19日　东方希望儿童村的32名孤儿在村长曹春生的带领下，到上海寻亲拜年。寻亲期间，中央、上海、东方、河北电视台及《河北日报》、《燕赵都市报》、《邢台日报》、邢台晚报记者22人随行采访。

3月　中共桥东区委出台了“五台工程”实施方案，“五台工程”成为“九五”期间桥东区精神文明建设的龙头工程。五台即：廉洁高效评议台、五育状元上榜台、企改增效奉献台、伦理道德讲评台、文明经营服务台。

5月13日　市委书记减胜业对桥东区民政局《创建文明机关30个怎么办》作出重要批示，号召县市机关学习和效仿。

5月24日 桥东区人口普查暨户口整顿工作全面铺开。此次普查整顿中，桥东区为河北省户口整顿3个试点之一。

6月10日 记录曹春生和他的儿童村的10集电视记录片《呼唤》在北京举行新闻发布会，全国政协副主席万国权、全国慈善总会会长严明复、中国青少年发展基金会秘书长徐永光、中共邢台市委书记臧胜业，以及中央、省、市众多新闻单位记者参加了新闻发布会。

7月26日 市领导及军分区领导慰问省拥军模范尚五巧。

8月18日 桥东区委、区政府组织召开桥东项目建设和招商引资千人动员大会。会上出台了《关于全面推进内外开放加快招商引资步伐的决定》、《关于优惠外来投资和奖励投资建业及招商引资有功人员的若干规定》等8个专件。

8月24日 桥东区大梁庄村、西梁庄村、朱家庄村、田家庄村、张庄村5个村在不改变行政区划的前提下，划归邢台市高新技术开发区管理。

9月22日 桥东区委、区政府出台了《桥东区委、区政府关于加快调整优化农业结构的指导意见》和《桥东区委、区政府关于农业结构调整的实施计划》2个指导性文件。

10月22日 桥东区开展“市容综合整治月活动”。此次对老城区大规模整理，涉及20多万居民和数以百计的驻区单位，以及几千家沿街店铺、三产网点等。

11月 邢台市特种冶金轧辊厂开发的“金属陶瓷辊环JT010、JT020、JT030、JT040系列产品”，被科技部、国家税务总局等5家单位认定为国家重点新产品。

12月30日 桥东区全区43个有经济收入的农村、社区全部实现小康。

12月 中共邢台市委任命王振卿为中共邢台市桥东区委委员、常委、书记。

2000年

1月27日 《河北日报》刊登桥东区西园村居委会纪实《在这儿“有事您说话”》。

2月25日 中国社会报全文刊登《桥东区村居委换届选举96个政策细活》，并加评论员文章，在全国引起较大反响。

3月6日 邢台市在桥东区召开农村普法宣传日暨村委会换届选举现场会。

3月10日 《创建文明机关30个怎么办》被评为邢台市首届十大新闻事件之一。

4月 中共邢台市高新技术园区工作委员会脱离桥东区委领导，直接受中共邢台市委领导，同时大梁庄乡所属5个农村党支部脱离桥东区，归开发区领导。

5月 桥东区举行“十佳少年”评选活动。

6月12日~8月21日 桥东区开展以“讲学习、讲政治、讲正气”为主要内容的党性党风教育。

7月27日 桥东区在全区范围内开展“7·7·2”疾病防治工作。

7月 全市第一个农村社区团支部——桥东区创业团支部建立。

是月 桥东区组织机关干部、学生、群众广泛开展以“知我中华、爱我祖国”为主题的读书学史活动。

9月4日 天降暴雨，桥东区人民影剧院前水深达1.5米，附近门市多数进水。

9月30日 桥东区印发《关于取缔1吨/时以下燃煤立式锅炉的实施方案》。

10月25日 桥东区实行机关干部下基层集体办公“2+3”工作制。

10月31日 桥东区物价局经过省市物价局检查验收，被正式评为“全国规范化基层物价检查所”。

11月2日 区政府决定将区妇幼保健所定为辖区残疾人就医定点医院，并为就医者提供各种优惠政策。

12月21日 市委副书记王三堂到桥东区农村、企业、市场调研。他指出要以市场为导向，做好发展大文章，建好立区大项目，创造经营好环境。

12月 特种冶金轧辊厂的特种陶瓷辊环产品，被农业部评为“全国乡镇企业新产品科技进步二等奖”。

2001年

1月 桥东区在全区党政机关以及事业单位大力推行“有事您说话”活动。

1月9日 桥东区档案馆通过省、市档案局联合考评组的评审验收，达到省二级标准，成为全市第一家完成目标认定的县级档案馆。

2月2日 《中国社会报》以一个整版的篇幅，对桥东区民政局推行的“有事您说话”先进事迹进行报道，并配发评论员文章，在全国引起强烈反响。

2月8日 桥东区分两个层次开展“三个代表”重要思想学习教育活动。

2月14日 桥东区300多名干部深入到农村、企业和基层解难题理思路。

4月18日 桥东区纠风办印发《关于2001年度纠正医药购销中不正之风工作的实施意见》。

5月8日 桥东区政府出台《邢台市桥东区科技发展“十五”计划和到2015年长期规划（草案)》。

5月 桥东区委、区政府从区直属各单位抽调一批业务骨干，深入到全区26个农村和居委会驻村工作，开展“三个代表”重要思想学习教育活动。

6月13日 为了纪念中国共产党成立80周年，桥东区委精心部署，以“学党史、唱党歌、绘党绩、颂党恩”四项活动为主线，层层发动，广泛参与。

6月29日 桥东区开展严肃查处环境违法行为专项行动。

7月1日 桥东区国税局“金税工程”顺利开通运行，录入一般纳税人信息383户，当月采集134户，企业存根联1568份，采集率达100%。

7月22日 桥东区红十字会成立。

9月15日 桥东区农村开展严禁焚烧农作物秸秆和搞好秸秆综合利用工作。

11月20日 桥东区工商联第二届代表大会召开。

11月 南长街办事处和西大街办事处荣获全国群众体育先进单位。

12月18日 桥东区政府常务会议研究通过《邢台市桥东区职工基本医疗保险实施办法》。

12月 桥东区成立“邢台市甘蓝育种技术服务中心”。

是月 邢台市吉泰钢厂、特种轧辊厂、稀土材料厂3家企业通过ISO9000国际质量体系认证。

2002年

1月5日 根据邢台市国税局要求，取消区级入库，全部改为市级入库，也取消了原两级入库的做法。

2月 桥东区医疗保险改革工作全面启动，桥东区人事劳动和社会保障局为全区基本医疗保险的行政管理部门，并成立专门医疗保险经办机构，负责全区基本医疗保险基金的筹集、管理和支付。

3 月 14 日　政协邢台市桥东区第五届委员会五次全会选举鲁继田为政协主席。

3 月 21 日　全区广泛开展赶“科普庙会”活动。

3 月 29 日　桥东区政府开始实行计划生育考核奖惩办法。

4 月 1 日　桥东区政府制定村（居）级财务公开监督暂行办法。

4 月 4 日　桥东区机构改革工作会议召开，启动党政机构改革工作。

5 月　桥东区被民政部命名为“民政工作优秀区”。

7 月 16 日　桥东区领导带头，群众踊跃参加义务献血，超额完成市有关部门下达的献血任务。

7 月 19 日　根据市委、市政府指示，桥东区西门里小学改建为回民幼儿园，总投资 71 万元，可容纳 180 名幼儿，基本满足邢台市回民幼儿入园问题。

7 月 25 日　根据市委、市政府统一部署，对桥东区的社区进行了调整。合并调整后，居委会数量由原来的 162 个减少到 80 个，除 27 个村改型居委会不变外，在调整范围内的居委会共 135 个，调整后为 53 个（其中地缘型社区 42 个，单位型社区 9 个，单元型社区 2 个）。社区居委会所辖户数由原来平均不足 500 户提高到平均 1100 户左右。

7 月　受中央电视台正大综艺栏目组的邀请，桥东区民政局一行 30 人，到北京参加中央电视台正大综艺栏目的录制。

8 月 2 日　中共邢台市委书记柳宝全在桥东区党政主要领导陪同下，深入企业、街道、田间、工地，考察区项目建设、市场建设、特色种植园区和旧村改造等方面的情况。

8 月 9 日　共青团邢台市桥东区第六次代表大会召开。

8 月 13 日　中共桥东区委、区政府在农村全面推行“一制三化”。

9 月 2 日　桥东区开展“保护环境，从我做起”活动月。

10 月 24 日　区委宣传部牵头，文化、公安、工商等部门配合开展对全区文化市场集中清查整治行动，共清查图书批发零售集中区 2 个，图书门市 15 家，收缴非法出版物近百册。

11 月 6 日　桥东区 22 个行政执法部门，210 人参加行政执法人员法律知识培训班。

12 月 2～4 日　连续 3 天出现大雾天气，市区能见度不足百米。

12 月 10 日　桥东区政府召开 2002 年民主评议行风听证会。

2003 年

3 月 12 日　桥东区开辟第一个红领巾小园林，500 余名少先队员在牛尾河畔植下 2000 棵树苗。

4 月 18 日　桥东区抗击“非典”开始。桥东区在防“非典”战役中，在市区主要出入口设置 4 个封堵检查点，共检查各种进市车辆 100390 多辆，人员 275900 余人，把 527 名发烧者及时送到指定医院观察治疗。此外，排查疫区还乡到邢台人员 11000 余人，实施家庭隔离 8870 人，没有出现任何事故，完成抗击“非典”任务。

4 月 21～23 日　中共邢台市桥东区第五次代表大会在桥东区委大礼堂举行，出席大会的代表 159 名。以无记名投票的方式选举产生了区委常务委员 11 名，其中书记 1 名、副书记 4 名。

4 月 27～30 日　桥东区第七届人民代表大会召开；第一次会议依法选举尹全峰为区政府区长。

5 月 17～23 日　桥东区实施科技活动周方案，主题为“依靠科学、战胜非典”。

7 月 2 日　在抗击“非典”中，河北省委书记白克明亲笔致信桥东区南长街办事处党委，充分肯定南长街办事处基层党组织的战斗堡垒作用。并对桥东区抗击“非典”成果予以肯定。

8 月 27 日　全区开展关于创建学习型机关，塑造知识型队伍活动。

10 月　桥东区取消户口二元结构管理模式，打破城乡分割的农业、非农业二元户口管理结构，取消农业户口和非农业户口的户口性质划分。

11 月 15 日 ~2004 年 1 月 15 日　全区农村普遍开展“讲科学、讲文明、全面建设小康社会”教育活动。

12 月　桥东区委、区政府在农村实现“五化”工程，推进全区文明生态村建设。

2004 年

3 月 18 日　中共邢台市委任命范建巡任中共邢台市桥东区委委员、常委、书记。

3 月　桥东区委、区政府在全区开展“人性化服务”活动，出台实施意见和人性化服务活动考核方案。

4 月 5 日　桥东区人民政府开展第一次全国经济普查工作。

4 月 30 日 ~6 月 10 日　全区开展“求真务实作风教育活动”。

4 月　桥东区开始试行人民监督员制度试点工作。

5 月 12 日　桥东区政府开始实施人口与计划生育工作管理办法。

7 月 22 日 ~11 月 30 日　桥东区政府在全区进行国有资产清理核资登记。

8 月　桥东区委、区政府出台《关于在社区大力开展人性化服务活动的实施意见》。

9 月 1 日　桥东区开始实行计划生育救助公益金管理暂行办法。

9 月　“桥东区星火培训学校”在东郭村乡政府挂牌成立，主要负责全区农民技术培训。

2005 年

1 月 18 日　桥东区政府制定《邢台市桥东区既往有偿供血人群艾滋病毒抗体筛查实施方案》。

1 月　按照中共中央、省委、市委部署，桥东区保持党员先进性教育活动正式启动。

3 月 17 日　白马河垃圾场沼气自燃引发大火。

3 月 26 日　桥东区第七届人民代表大会第三次会议选举刘俊岭为人大常委会主任。

4 月 14 日　桥东区召开区青联成立暨一届一次全会。吸纳了来自党、政、军、金融、宗教等 8 个界别的 79 个单位，共计 95 名委员。

4 月 20 日　桥东区开展了“集中清理整治小广告活动”，全区干部上街清理小广告万余条。

4 月 28 日　在全区范围内开展创建和谐机关活动。

5 月 12 日　桥东区人民政府制定《邢台市桥东区国民经济和社会发展第十一个五年规划研究编制工作方案》。

5 月 13 日　中共桥东区委、区政府举办全区爱心捐款仪式，现场共募捐资金 4.66 万元，全部上交市残联，用于省残疾人体育中心建设。

6 月 1 日　《邢台市桥东区农村最低生活保障暂行办法》开始实行。

6 月 23 日　《关于特殊人群和流动人口计划生育管理的暂行规定》开始实行。

9 月 1 日　《邢台市桥东区城市困难群众医疗救助办法（试行）》开始实行。

9 月 8 日　区委、区政府决定，从 2005 年四季度起，在区纪委、区建设局、区民政局、区计生局、区农业局、区卫生局、区水务局等 10 个区直部门率先建立领导信访接待日。

11 月 22 日　桥东区人民政府制定《邢台市桥东区安全生产集中整治实施方案》。

2006 年

2 月 23 日 中共邢台市委任命李俊良任中共邢台市桥东区委委员、常委、书记。

3 月 9 日 全区实行“村、居财务委托代理服务制”。

3 月 20 日 区政府根据《中华人民共和国土地管理法》，无偿收回邢台市电器厂国有土地 12.48 亩。

4 月 12 日 桥东区第七届人民代表大会第四次会议依法选举吕志成为区政府区长。

6 月 15～16 日 中国共产党桥东区第六次代表大会在桥东区委大礼堂举行，出席会议党员代表 161 名。以无记名投票的方式选举产生了区委六届委员会常委 11 名，其中书记 1 名、副书记 3 名。

6 月 桥东区被省残联评为“十五”期间河北省残疾人康复工作先进区，被命名为全省社区康复工作示范区和全省残疾人工作示范区。

8 月 12 日～9 月 10 日 全区开展“大学习、大讨论、议发展、促落实”思想作风集中教育整顿活动。

8 月 28 日 桥东区人民政府制定《邢台市桥东区特大安全事故应急救援预案》。

8 月 南长街办事处中北社区，被全国妇联、民政部、文化部、国家环保总局、国家广电总局授予“全国学习型家庭示范社区”称号。

10 月 11 日 桥东区政府根据《中华人民共和国土地管理法》，无偿收回邢台市家具五金厂、自行车零件厂 7798 平方米国有土地使用权。

11 月 15 日 桥东区工商联召开第三届会员代表大会。

11 月 23 日 桥东区实行《邢台市桥东区规划稽查管理办法》。

11 月 河北省第七次党代会召开，李俊良、施丽萍被选为省党代表，参加邢台市代表团出席会议。

12 月 全区 459 名机关工作人员进行公务员登记。

是月 桥东区委、区政府推出“阳光万家，魅力桥东”构建和谐城区活动。

是月 全区农村推行“三站一中心”服务模式，实现农村党组织从管理型向服务型的转变，加快了社会主义新农村建设步伐。

第一编
建置区划

桥东区是邢台市的老城区，有着悠久的历史。20世纪70年代，百泉古生物化石群的发现，确证该地区在万年前已有人类繁衍生息。邢台有史可考已有3400多年的历史，是中国古代政治、经济、文化较发达的地区之一，是中国北方名邑重镇，如今的邢台正向着现代化城市发展。邢台市委、市政府及军分区均位于区内，桥东区已成为邢台市政治、经贸、文化中心。区内交通便利，邢台火车站和邢台长途汽车站均位于区内闹市，京广、邢济、邢德等公路干线在区内交会，邢台市南、北、东3个出口均在桥东区。改革开放以来，随着经济的发展和城区建设步伐的加快，昔日的古城区已焕发出现代化城市的新姿。

第一章　政　区

桥东区位于邢台市区东部，是邢台市2个市辖区之一，因大部分地处京广铁路以东而得名。桥东区东与邢台县祝村乡、高新技术开发区东汪镇接壤，北同邢台县豫让桥办事处，南依沙河市，西沿京广铁路与桥西区为邻。全区地势平坦，总面积33.87平方公里，人口23万人。

第一节　地理位置

桥东区地处山西高原与华北平原过渡地带的冲积平原上。地势西高东低，南高北低。在规划区控制范围内，地面绝对标高东西为海拔56～97米，平均坡度为3.6%；南北为海拔78～66米，高差12米，平均坡度0.95%；西南向东北倾斜，平均坡度为2%，平均海拔为76.8米。桥东区位于邢台市区东部，华北大平原的西部，北纬37°02′12″～37°05′15″，东经114°25′39″～114°31′43″之间。距首都北京396公里，距石家庄116公里。南北长9公里，东西宽3.25公里，总面积为33.87平方公里。

第二节　建置沿革

1945年9月24日，邢台解放，废顺德道，建邢台市，属太行行署。邢台市委、市政府成立后，下设城关区，南关区。同年 10 月 7 日，邢台市划归太行区地委领导，将原来 2 个区分成 4 个区（称一、二、三、四区）。各区设区委、区政府。到 1948 年底，邢台市取消各区建制。

1957 年 1 月，经河北省政府批准，邢台市城区建 4 个街道办事处，即：南长街街道办事处、北大街街道办事处、西大街街道办事处、西门里街道办事处，直属邢台市人民政府领导。

1958 年 11 月，经国务院批准，邢台市、邢台县、沙河县合并为邢台县，县政府设在邢台市城内（今桥东区政府驻地），并建邢台县城郊人民公社。原南长街街道办事处、北大街街道办事处、西大街街道办事处、西门里街道办事处改建为 4 个分社和 1 个街道管理区。

1961 年 5 月，复邢台市建制。原 4 个分社改为 4 个人民公社：南长街、北大街、西大街、西门里街人民公社，直属市政府领导。

1968 年 8 月，经邢台地区革命委员会批准，将原南长街、北大街、西大街、西门里街人民公社的名称分别改为：向阳路、东风路、红卫兵路、红旗路人民公社，隶属邢台市革命委员会领导。

1979 年 12 月，经中共邢台市委、市革委研究决定，成立邢台市桥东区、桥西区和郊区筹建领导小组，同时任命了领导小组成员。

1980 年 3 月 6 日，经国务院批准，邢台市建桥东区、桥西区、郊区。3 月 10 日河北省人民政府批准成立桥东区人民政府，原向阳路、东风路、红卫兵路、红旗路人民公社改名为南长街、北长街、西大街、西门里街道办事处，归桥东区管辖。

1981 年 4 月，邢台市桥东区第一届人民代表大会第一次会议召开，选举产生了桥东区人民政府领导成员。

1988 年，邢台市撤销郊区，将其所辖的大梁庄乡、东郭村乡划归桥东区管辖。

1992 年 5 月，经市政府批准，在桥东区大梁庄乡、东郭村乡城乡接合部部分区域设立“桥东区经济开发试验区”。同年 7 月，该试验区管委会成立。

1994 年 3 月，桥东区经济开发试验区更名为邢台市高新技术产业园区。

2000 年 4 月，邢台市高新技术产业园区脱离桥东区管辖，直接受市委、市政府领导。

第三节 行政区划

1980 年 3 月 6 日，经国务院批准，邢台市建桥东区、桥西区、郊区。3 月 10 日，河北省人民政府批准，邢台市桥东区人民政府成立。1988 年，行政区划调整时撤销邢台市郊区，将大梁庄乡、东郭村乡划归桥东区管辖。桥东区管辖 2 个乡人民政府（大梁庄乡、东郭村乡）和 4 个街道办事处（南长街街道办事处、北大街街道办事处、西大街街道办事处、西门里街道办事处），共有居民委员会 129 个，村民委员会 42 个。

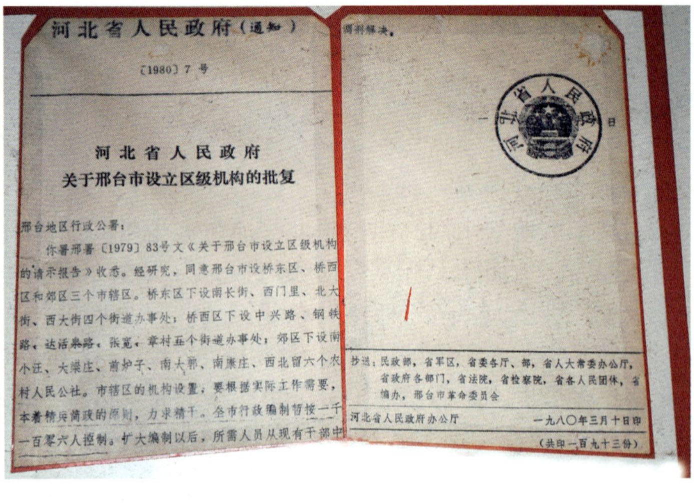
河北省人民政府（通知）

〔1980〕7 号

河北省人民政府
关于邢台市设立区级机构的批复

邢台地区行政公署：

你署邢署〔1979〕83号文《关于邢台市设立区级机构的请示报告》收悉。经研究，同意邢台市设桥东区、桥西区和郊区三个市辖区。桥东区下设南长街、西门里、北大街、西大街四个街道办事处；桥西区下设中兴路、钢铁路、达活泉路、张宽、章村五个街道办事处；郊区下设南小汪、大梁庄、前炉子、南大郭、南康庄、西北留六个农村人民公社。市辖区的机构设置，要根据实际工作需要，本着精兵简政的原则，力求精干。全市行政编制暂按一千一百零六人控制。扩大编制以后，所需人员从现有干部中调剂解决。

抄送：民政部，省军区，省委各厅、部，省人大常委办公厅，省政府各部门，省法院，省检察院，省各人民团体，省编办，邢台市革命委员会

河北省人民政府办公厅　一九八〇年三月十日印

（共印一百九十三份）

河北省人民政府批准设立桥东区机构

1999 年 9 月，为了便于管理，桥东区人民政府出台了《关于社会居民委员会调整改革的实施意见》（〔1999〕47 号文件），根据“就近就便、灵活调整、方便管理”的调整原则，对部分居民委员会进行了调整（厂办居委会和村转居不在调整范围）。调整后纯居民委员会 59 个、厂办居委会 73 个、村转居 16 个，共 148 个居委会，

36 个村。

1999 年，朱庄、大梁庄、西梁庄、张庄、田庄 5 个村划归为高新技术开发区。

2000 年，经桥东区人民政府批准成立了市三中、啤酒厂 2 个厂办居委会。东关、黄家园、车站新村、拐角 4 个村转为居民委员会，分别改为东关居委会、黄园街居委会、拥军东街居委会和拐角居委会。

2002 年，根据邢办字〔2002〕69 号文件，按照便于管理、便于社区居民自治、便于开发利用社区资源的要求，遵循以街、路、巷、里为界，按照地域划分等原则，桥东区对现有的居民委员会进行了大规模的调整改革，撤销了除村转居外的 135 个纯居委会和厂办居委会，调整合并为 53 个社区居民委员会。当年大梁庄乡又有 7 个村委会转制为社区居委会：辛庄社区居委会、东牛角社区居委会、冯家庄社区居委会、母家场社区居委会、晋祠道社区居委会、王家庄社区居委会、胡家庄社区居委会。

2003 年，方圆二社区居委会、黄园二社区居委会分别变更为砂轮厂社区居委会、中房社区居委会。

2004 年，成立铁路林场社区居委会。撤销新东街社区居委会、马市街新兴社区居委会、新华桥社区居委会，社区居民就近并入其他社区居委会。

2006 年，成立辰光社区居委会。截至 2006 年底，桥东区共有 55 个纯社区居委会，31 个村转社区居委会，13 个村委会。

2006 年桥东区行政区划一览表

乡、办事处	社区居委会（村委会）名称
大梁庄乡人民政府	村转社区居委会（12 个）：拐角、新营、李家庄、路家园、三义庙、辛庄、东牛角、冯家庄、母家场、晋祠道、王家庄、胡家庄 村委会（3 个）：北郭庄、大吴庄、小吴庄
东郭村乡人民政府	社区居委会（1 个）：东郭村二社区 村转社区居委会（3 个）：西牛角、东郭村、五里铺 村委会（10 个）：道口、碾子头、南康庄、新华、柴庄、南陈村、东郭庄、楼下道、北陈村、淮家屯
南长街街道办事处	社区居委会（14 个）：东关外、邢台学院、顺德东、军休、红星东、育园、中北、邢州北、东关一、方圆一、北长街、中房、东关二、黄园 村转社区居委会（4 个）：北关村、北长街、东关、黄家园
北大街街道办事处	社区居委会（12 个）：府前南、北大街、东大街、牛市街、马市街、新兴东、东方、邢州南、五一桥、砂轮厂、留村、东苑 村转社区居委会（3 个）：桥南、南头新街、牛市新街
西门里街道办事处	社区居委会（13 个）：铁路东、造纸厂、拖拉机厂、西关街、顺德南、团结东、汽车站、枫林、顺德西、西门里、红星西、中兴桥、铁路林场 村转社区居委会（4 个）：西大寺、西关西口、拥军东街、华西
西大街街道办事处	社区居委会（15 个）：中兴东、西大街、北羊市道、羊市街、红卫、南羊市道、塔林南、新兴桥、南园、站南、新西街、新华中、塔林北、新兴南、辰光 村转社区居委会（5 个）：西园、申家庄、南瓦窑、南园、羊市街南

第四节 地名 勘界

1988 年，桥东区成立地名办公室，和区地方志办公室为一套机构。当时的主要工作是配合市地名办公室编写《邢台市地名志》桥东区部分。1998 年，区划地名工作划归区民政部门。

一、地名管理

1992 年，组织全区力量对桥东区的地名进行了初步普查。

1995 年，对大梁庄乡、东郭村乡、南长街办事处的地名进行了标准化处理，编制了门牌号，并将村名统一规划，标志上墙。

1999 年，桥东区进行城市街区和农村街巷设标的试点工作，村镇地名基本实现标准化。完成了国道、省道、市道两侧 800 米以内，高速公路两侧，县道、乡道两侧村镇墙标的设置工作。初步完成了地名档案的建立工作。

城市地名管理工作实现国标化。1998 年以后进一步加大地名管理的力度，依法命名更名，建立适应城市管理的地名管理机制。按照国家标准，基本实现市区街路巷标志、楼门牌号和村镇地名的标准化管理。按照国家技术监督局颁布的标准，对百余条区管街道设置统一标志，统一编制设置全区楼门牌号，共设置新式灯箱主干街路标志 140 多块，小街路标志 160 多块，巷、胡同标志 180 多块。市内 2 个试点生活区，全部按照国家标准安装了楼牌 80 多块，单元牌 200 多块，楼内门户牌 2500 多块，完成了地名标志国标化设置和整顿工作。2003 年开始，及时对地名数据库进行补充更新，根据上级安排，积极开展了街路、生活区和楼（院）门户清理整顿工作，共发放居民门牌证 5 万余个，安装标牌 4 万多块，极大地方便了群众生活，有力地保证了公安部门第二代居民身份证换发工作的顺利进行。

二、勘界

1998 年，根据全国、省、市勘界工作要求，健全了机构，配备了相应的工作人员，争取了勘界经费。2001 年，基本完成了与沙河、邢台县和桥西区行政区域界线的勘定，并初步完成了勘界资料的整理立档工作。2005 年，全面完成了与沙河市（勘定界线 1.2 公里，埋设界桩 3 个）、邢台县（勘定界线 23.9 公里，埋设界桩 1 个）和桥西区（勘定界线 11.5 公里，埋设界桩 2 个）之间的行政区域界线的勘定，并完成了勘界资料的整理立档工作。

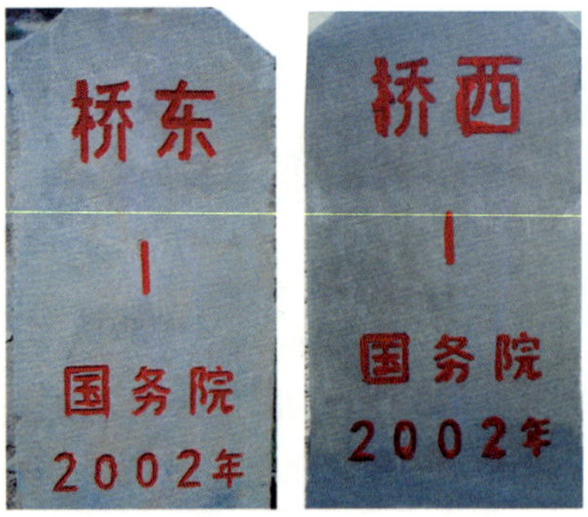

桥东区与桥西区界碑

第二章 乡 办事处

桥东区筹建于 1980 年，区政府驻地凤凰街 10 号，截至 2006 年底，辖 2 个乡（大梁庄乡、东郭村乡）和 4 个办事处（南长街街道办事处、北大街街道办事处、西大街街道办事处、西门里街道办事处），有 13 个村民委员会，86 个社区居民委员会。

第一节　大梁庄乡

大梁庄乡政府机关办公楼

大梁庄乡政府驻地位于中兴东大街21号，区政府南面偏东1.5公里，辖区面积9.8平方公里，东接市高新技术开发区，西邻市区，北邻邢台县，南与东郭村乡毗邻，地处城乡接合部，交通便利，辐射面广。

大梁庄乡成立于1961年，当时办公地点设在大梁庄村，称“大梁庄人民公社”。1980年，邢台市设立桥东、桥西、郊区3个辖区，大梁庄人民公社由郊区政府管辖，1984年，大梁庄人民公社改称“大梁庄乡”。1988年，邢台市撤销郊区政府，大梁庄乡由桥东区政府管辖。统一规划后，原属大梁庄乡的西牛角、碾子头、五里铺、楼下道4个行政村划归东郭村乡管辖，原南小汪乡的王家庄、北郭庄、李家庄、新营、拐角、三义庙、胡家庄7个行政村划归大梁庄乡管辖。1997年，大梁庄乡由所辖的20个村改为15个村，把大梁庄村、西梁庄村、朱家庄、田家庄、张家庄村划归为邢台市高新技术开发区管辖。截至2006年底，该乡辖15个村（居），其中12个村从2001年至2002年陆续转为社区居委会。村转居的是：拐角、三义庙、李家庄、母家场、新营、辛庄、胡家庄、路家园、冯家庄、东牛角、王家庄、晋祠道；另外3个村民委员会是大吴庄、小吴庄、北郭庄。

2006年，乡党政机关设职能部门18个，即党办室、政办室、信访办、经委办、财政所、武装部、城建所、土地所、民政所、司法所、计生办、统计站、农机办、妇联、团委、档案室、工会、卫生所。科级干部11人，即书记1人、乡长1人、计生委主任1人、副书记兼纪检书记1人、人大主席1人、人大副主席1人、副乡长2人、组织员1人、宣传员1人、计生副主任1人。一般干部52人。

截至2006年底，全乡总户数6646户，总人口约1.8万人，耕地面积5000余亩，粮食种植面积1000亩，年蔬菜总产量40000吨，年粮食总产量800吨，年工业总产值5亿元，农民年人均收入3567元（3个村），全乡年农业总产值14万元。

大梁庄乡村居稳定，人们文化生活多姿多彩，经济稳步增长。在20世纪90年代初，全乡经济建设快速发展。建有7个大型批发市场，即胡家庄豫西批发市场、东牛角蔬菜批发市场、东牛角材料装饰城、辛庄百花市场、晋祠道陶瓷批发市场、晋祠道钢材批发市场、李家庄仓储市场。

乡内建有小学6所、中学1所，分别是胡家庄小学、东牛角小学、路家园小学、大吴庄小学、三义庙小学、北郭庄小学和桥东三中。

为丰富老年文化生活，全乡14个村（居）建有老年活动中心，健身器材齐备，拥有阅览室、图书馆。各个村（居）经常举办扭秧歌、跑花船、打扇鼓、拉碌碡、扇子舞、敲锣鼓等多种多样的民间文艺活动，其中路家园、辛庄2个社区获市级健身活动先进村（居）称号。2005年，大梁庄乡获全市“秧歌之乡”称号。

自上世纪80年代改革开放以来，经过20多年的建设，大梁庄乡面貌发生了翻天覆地的变化。20世纪80年代初，村民住的是简易的平房，还有少量土坯房，道路都是未经过硬化的土路，交通十分不便。到20世纪90年代，房屋全部都是砖瓦结构，有部分道路硬化。到2000年，人们大都盖起了二层小楼房，道路全部硬化。全乡共建住宅楼55栋，商住楼6栋，教学试验楼5栋。

20世纪80年代乡镇企业开始起步，当时国家出台了扶植乡镇企业发展的优惠政策，新开办的工业企业免税3年，上缴的企业管理费可在税前列支。截止到20世纪90年代，实现了村村都有工业企业的目标，拥有七大行业、25种产品，虽说厂房简陋，设备陈旧，产品单一并老化，科技含量不高，但这些企业为大梁庄乡的经济发展奠定了基础。

20世纪90年代后期，全乡经济走向繁荣，人民生活奔向小康。2000年，胡庄召开2000人参加的招商大会，出台了10项优惠政策，引进资金600多万元，新增工商户118家，靠商户自己的资金建成了一个容纳200余家商户的豫西食品专业批发市场，并对豫西市场进行了扩建。胡庄充分利用紧邻豫让桥市场的优势，全力抓好市场建设。市场投资户达618家，经商户达498家，就业人数1496人。母家场竹木市场是一个生产销售建材、线材、石材、木材等为主的大型专业市场。在抓好原有市场和沿街、沿路门市的同时，新建三产项目，如东牛角建成阳光大酒店。到2002年，全乡个体私营企业有了较快发展，如辛庄特种合金轧辊厂年加工能力5000吨，形成系列化产品，开发国家级新产品两项。吉泰特钢技改扩建项目，2005年新上650轧机生产线，企业效益成倍增长，成为全区利税大户。吉泰特型钢初步形成全国造船用球扁钢和电梯导轨生产基地，东新特种气体厂新上的医用氧生产线填补了邢台市医用氧的空白。镁钡化工通过招商恢复生产，这些项目的建成为全乡经济注入了活力。

该乡因地制宜，大力发展高效农业，按照调整农业结构的整体思路，坚持粮食向蔬菜转移，种植向高效农业转移，大力发展“两高一优”农业，形成了具有辐射带动作用的“三个板块区”，即以胡庄、李庄、三义庙为一体的花卉种植板块区；以大吴庄、小吴庄为主的蔬菜种植板块区；以辛庄、大吴庄、路家园为主的养殖板块区。全乡各类养殖专业户120家，猪、鸡、羊、奶牛的数量显著增加。

东牛角 古城邢台在历史上誉称“卧牛城”，东牛角位于卧牛城的南部，“牛角”的东侧，故命名为“东牛角”，距今已有上千年的历史。地理位置优越，属市中心的“黄金地带”，邢州南路纵贯其中，交通便利，通信发达，是招商引资对外开放的理想地带。居民300户、700余人，邢台市规模较大的东牛角蔬菜批发市场和东牛角材料装饰城位于辖区内。

晋祠道 解放初期，晋祠道村先后归邢台县、邢台市区、邢台市东小汪乡管辖。1958年成立人民公社后，晋祠道归邢台市大梁庄人民公社管辖。2002年8月，村转居，改为晋祠道社区居委会。耕地35亩，居民116户、445人，其中回族居多。社区内有东方建材城、长运建材城、永发建材城、钢材市场、资转仓库。

路家园 位于新东街南北两侧，北接中兴东大街南侧，南接冯家庄居委会，距今约有300年的历史，地理位置优越，交通便利，通讯发达，居民245户、670人。

胡家庄 相传明朝，此地原是毛姓官吏的花园，由胡姓人看守，后因毛氏被问罪败家，花园归胡姓人。由于胡家人丁繁衍，村庄逐渐扩大，取名“胡家庄”，沿用至今。地理位置优越，西邻京广铁路，东边是107国道，北边是新合庄村，南边是泉北大街。居民100户、300人，社区内有豫西市场物流中心、木器市场、工业小区、农贸市场、养殖区、花卉园区。工商户500多家，从业人数2000人。

母家场 原是邢台城内母姓大户的场地，佃户看场种地，就近居住。后郭、李等姓迁入，人口逐渐增多，成为一个村庄。约于明朝崇祯五年（1632年）前后，村名定为母家场，沿用至今。2002年6月，集体农转非，成立母家场社区居委会。社区内所有街道全部硬化，并新修了广场大街、中心大街南延、市场一大街和市场二大街等道路。有居民320户、898人。社区内有吉泰钢厂、化纤地毯厂等企业、母家场木材市场、东郊木器加工市场、母家场旧货市场等专业市场。

李家庄 明朝末年，此处为某李家大户的花园，有南大汪王姓兄弟二人到此看守花园，后落居成村，取名“李家庄”。地处邢台市北郊，东邻邢州北路，西邻豫让桥路，北靠泉北大街，南与达活泉大街东大街相邻。交通便利，公交车1路、9路、20路、23路沿村而过。社区经济以“三产”为主，商贸楼6栋，仓储1万多平方米，居民近140户、400余人。

三义庙 位于邢台市桥东区的北部，牛尾河南侧，东临邢台学院，南临邢台市电缆厂，西临京广铁路，泉南大街贯穿其中，地理位置优越，属市中心“黄金地带”，交通便利，通讯发达，是招商引资对外开放的理想地带。居民257户、695人，社区有超市1座，新建6层住宅楼9栋，5层住宅楼1栋，4层楼临街门市1座，临街门市119间。

冯家庄 位于邢台市邢州南路中段东侧。1988年前归郊区管辖，1988年撤郊区后，归桥东区大梁庄乡管辖。2002年8月，村转居成立冯家庄居委会。有居民320户、800余人。有门市218间，建有12栋家属楼，建有邢台市第一废旧物资回收市场1个，统一回收废旧自行车回收处1处。

辛庄 距今已有上千年的历史，因距顺德府东门三里，故名“三里庄”，后又改名“新庄”，演变为“辛庄”。位于邢台市东部，南邻东关街，北邻辛庄北路，与邢台市高新技术开发区毗邻。2002年村转居成立辛庄社区居委会。居民950户、2800多人，有耕地800亩。社区产业以工业、三产为主，农业为辅。发展私营企业20余家，综合市场1个。

新营 位于邢台市区的东北角，东邻河北国金药业公司，南邻邢台市路桥公司，西邻北郭庄村，北邻泉北大街。1972年国家兴建朱庄水库，邢台县营头公社营头村由原址迁至现址，组建新村，更名“新营村”。居民160户、480余人。

拐角 位于邢台市老城墙东北角，故命名“拐角村”，西邻邢州北路，北邻邢台市方圆纺织印染集团公司和团结东大街，南邻邢台医疗器械厂和东卫生街。1968年前属邢台市郊区南小汪乡，撤郊区后属桥东区大梁庄乡管辖。有居民187户、848人，耕地32亩，村民居住条件优越，生活富裕，被命名为文明村，是首批小康村。

小吴庄 于清朝末期建村，当时因与大吴庄东西并列，故称“西关庄”，后称“小吴庄”。本村位于邢台市东侧，东邻大吴庄，南邻辛庄，西邻黄家园生活区，北邻王家庄，距市中心2公里，地理位置优越，具备良好的招商引资环境。全村205户、近700人，耕地300亩，养殖业发达。

大吴庄 位于邢台市老城区东北方向，距清风楼2.5公里，西邻邢台市污水泵站，北邻邢台县张家屯村，东邻邢台县北张村，南邻辛庄社区。1979年前，属邢台县晏家屯公社，撤郊区后，归属桥东区大梁庄乡管辖。距今已有上千年的历史，地理位置优越，梁庄路从村西南北通过。有耕地1300多亩。居民560户、1400多人。1995年该村被命名为文明村，是首批小康村。2004年，被评为省级民主法制村。

北郭庄 位于邢台城北，村中郭姓较多，故命名为“北郭庄村”。地理位置优越，属市开发黄金地带，通讯发达是招商引资的理想地带。居民200余户、600余人，土地300余亩，住宅楼9栋，商业门市200余间。

王 庄 位于邢台市城东，东邻梁庄北路，西邻棉纺厂，南与小吴庄相邻，北邻达活泉东大街。1988年前，归郊区南小汪管辖；撤销郊区后，归桥东区大梁庄乡管辖。交通便利，居民160户、578人。

第二节 东郭村乡

东郭村乡政府驻地位于新华南路358号，辖区位于邢台市南郊，七里河两岸，京广铁路和107国道纵贯其境，交通便利，辐射面广，全乡面积13.07平方公里，常住人口1.45万人，总户数4747户，驻乡辖区单位有邢台市交警队（事故科处理中心、车辆管理所）、桥东区民政局、市清真公司、铁路配件厂、泰诚工业公司等单位。

东郭村乡始建于1984年，原称“南康庄公社”，其间曾改称为“东郭村公社”，公社驻地南康庄村。1977年10月，由南康庄村迁到百泉路新华村村北。1979年，县市划分后又迁到南康庄卫生院。次年，迁到原东郭村村委会办公地。1981年，迁到东郭村村东新华南路358号。1988年撤郊区，东郭村乡划归桥东区管辖，同时东由留、西由留2个村归桥西区管辖，西牛角、楼下道、五里铺、碾子头4个村从大梁庄乡划归东郭村乡管辖。

东郭村乡政府机关

乡机关常设职能部门有四办三中心，即：党政办公室、计划生育办公室、社会事务办公室、财经办公室，农业综合服务中心、经济和社会事务服务中心、计划生育服务中心。科级干部12人，即：党委书记1人，党委副书记乡长1人，副书记1人、副乡长2人，人大主席团主席1人，副主席1人，计生主任1人，组织委员、宣传委员各1人，副科级干部2人。一般干部职工50人。

全乡辖10个行政村、1个居委会、3个村转居委会。分别是南康庄、新华村、南陈村、北陈村、淮家屯、柴家庄、道口、东郭庄、碾子头、楼下道，东郭村二社区，五里铺、东郭村、西牛角。

七里河横穿东郭村乡，沿河共5个村庄。1963年、1996年上游两次泻洪，给沿河村民造成巨大经济损失和人员伤害，每年汛期防洪成了东郭村乡重中之重的工作。

全乡以农业为主，有耕地7555.08亩，人均0.5亩。农作物主要有小麦、玉米。2006年，粮食总产量1887.3吨。2006年，大牲畜存栏175头，生猪存栏2990头，家禽58000羽。

全乡中学有2所，小学5所，有卫生院1个，村村有个体医疗所。20世纪90年代初期，各村安装了电话，截至2006年底，电话安装率达到80%以上，有线电视安装率70%以上。

全乡共有工业企业50家，其中10人以上的有30家；年产品销售收入500万元以上的有2家，即桥东铁路配件厂、邢台泰诚工业公司。这些企业涉及机械加工、汽车修理、食品加工、纺织印染、冶金铸造等五大领域。企业生产形势良好，市场前景广阔，带动了全乡经济的发展，其中邢台泰诚工业公司是民政局下属一家福利企业，产品为团球、碳化硅，主要销往鞍钢、德龙钢铁公司，年产值突破1亿元，安置了200余名残疾人就业，缓解了社会就业压力。2006年全乡完成工业增加值8576万元，占国内生产总值的27%，比1996年增长160%，实现工业利税2391万元。其中入统工业完成产值1070万元，利税完成75万元。

1982年东郭村公社成立之初，地处城郊接合部，相对较偏僻，三产服务业收入几乎为零。1985年，第三产业在全乡悄然兴起，新兴东大街两侧新盖沿街门市100余间，碾子头、东郭村、南康庄、楼下道又盖了沿街门市100余间。到1990年底，全乡三产营业额达到800万元。在新华南路及107国道两侧各村新建门市400余间，先后有一批效益好、带动性强的项目落户该乡。到2000年末，全乡三产营业额达到9670万元，占国民经济比重达30%以上。农民人均纯收入达2810元，比1990年增长353.2%。2000年后，全乡的旧村改造工作相继展开，三产服务业也得到了长足发展，截至2006年底，三产服务业830家，全乡三产营业额达到4亿元，占国民经济比例超过50%，人均收入突破4000元，比2000年增长42.3%。

南陈村　位于七里河南岸，107国道东侧，东与百泉村相邻，西与桥西区东由留村相邻，南与新华村相邻。共578户、1987人，分8个村民小组，主要由郭、王、赵姓氏组成，均为汉族。耕地1117亩。全村道路已硬化。20世纪90年代后期建起蓄水塔，打深井，村民吃上放心水。2003年完成农网改造。60岁以上老人每月发放30元养老金，90%农民生活达到小康水平。建立了红白理事会，办丧事推广实行火化。有小学 1 所，教师 11 名，在校生 80 名。

碾子头　位于新华南路以东，新兴东路以南。共 373 户、人口 989 人，张姓居多。2006 年，有耕地 20 亩，农业以种菜为主。工业项目有汽修厂、织布厂，三产有商店、饭店。村里先后进行了道路硬化、自来水和电力改造。2006 年旧村改造，建住宅楼 2 栋。村里建起红白理事会、道德评议会。村有小学 1 所，教师 20 名，在校学生 320 人，其中本村学生 120 人。

东郭庄　位于邢州南路最南段东侧，北与楼下道相邻，南与淮家屯相邻，西与五里铺相邻。共有 169 户、608 人，以付姓居多，均为汉族，分 2 个村民小组。耕地面积 200 亩。20 世纪 90 年代以后，全村主要街道全部硬化并设置路灯，建公厕 3 座、牌坊 1 座、翻盖了村委会办公室。

东郭村　位于邢台市新华南路，七里河北岸，西邻京广铁路，东与北陈村相邻，北与西大街办事处相邻。共有 248 户、1100 人，以刘姓居多，均为汉族。耕地 130 亩，以蔬菜种植业为主。村风朴实，婚丧嫁娶由红、白礼事会主持，遇有庙会、过年等都组织大型文艺活动。2002 年改为社区，社区大力开展了平安社区建设，村里建起一支义务治安巡逻队。

新华村　东与高开区百泉村相邻，西至新华南路，北至南陈村，南至光华路。新华村是 1975 年朱庄水库修建时搬迁至此，全村 142 户、530 人，主要姓氏刘、代、郑，均为汉族。耕地面积 301 亩，主要从事种植业、养殖业。20 世纪 90 年代，村里硬化路面，建成水塔，村民全部用上自来水，引进企业 3 家，村民 80% 安装上电话。建有红、白理事会等民间组织。

道口村　位于百泉大街南侧，东与淮家屯相邻，西与北陈村相邻，共 80 户、280 人，主要姓氏有王、侯两姓，均为汉族。耕地 162 亩。村里有铸锅厂、运输队。20 世纪 90 年代后道路硬化，安装了有线电视，90% 以上村民装上电话，村民和睦团结政治稳定，精神文化生活丰富，早晚集中组织体育锻炼和文艺活动。

南康庄　位于邢台市南郊，南与沙河市马庄接壤，东与开发区康庄铺村相邻，西与桥西区张宽相邻。全村 998 户、3280 人，主要姓氏赵，汉族，分 11 个村民小组。耕地 2240 亩，主要有种植业与养殖业。村里有螺帽厂、石材厂、机械加工厂，三产服务业有饭店、照相馆、电气焊门市等。有学校 1 所，教师 21 名，学生 209 名。

淮家屯　位于邢州南路与百泉大街拐弯交界处。村民 174 户、610 人，主要姓氏白、赵、武、杜、李，均为汉族。耕地面积 280 亩，以蔬菜种植业为主，浇地农机全部配套。工业有钢盆厂等，养殖业有猪、羊、牛养殖，三产有运输服务、饮食等。街道全部硬化，村民全部用上了自来水。健全民兵组织，成立了红白理事会，建立了村民活动中心、文艺队、图书室，积极开展各种文体活动。

北陈村　位于邢台市百泉大街南侧，南邻七里河，东邻道口，西邻东郭村。村民 350 户、1285 人，主要姓氏王、朱、岳、郭、杜，均为汉族，分 4 个村民小组。耕地面积 395 亩。村民以从事种植业、养殖业为主，三产服务业有运输、商业、饮食。20 世纪 90 年代，开始硬化路面和街道整修，改变卫生环境，有公厕 6 处，家家装上电话，实现了小康村、生态文明村。建成百泉大街临街门市 200 多间。建立了红白理事会，推广火化。邻里团结，和睦相处，政治稳定，经济发展。有学校 1 所，教师 12 名，学生 150 名。

楼下道村　位于新兴东大街路南，全村 231 户、总人口 693 人，其中回族 29 户、65 人。耕地 100 亩，农业主要种植蔬菜。三产服务业以商品零售、饭店为主。汉族积极实行火葬。

柴庄村　位于七里河北岸，南二环路南边。村民共 600 户、2150 人，主要姓氏柴，汉族。耕地面积 1000 亩，主要种植蔬菜、玉米、小麦。村内三产有运输队、建筑队、加工服务业、养殖业。因土地少，村民外出打工，自谋职业，已成风气。村内设有小学 1 所，教师 10 人，学生 125 人。

五里铺　位于新兴东大街路南，邢州南路路西，西邻碾子头村。社区居民 218 户、764 人，以吴、王、魏、郭姓居多，均为汉族。耕地 115 亩，临街门市 123 间，有学校 1 所，在校师生 140 人。

西牛角　位于东郭村乡最北侧与碾子头村相邻。社区居民 349 户、954 人。耕地面积 30 亩。有印刷业、加工业、打包业，三产以集体为主。有集体综合楼4栋，约10000平方米，临街门市200余间，3000余平方米。

东郭村二社区 位于新华南路以东，与碾子头村相邻。共298户、669人。有二棉、工业公司、机电公司等几个家属院组成。

第三节 南长街街道办事处

南长街街道办事处机关

南长街街道办事处机关位于卫生街6号，距区政府北约1公里处。辖区东至梁庄路，南至中兴东大街，西至顺德路，北至泉北东大街，境内有小黄河和围寨河流过。面积约3平方公里，总户数24978户，人口约6.9万人。桥东区人民政府、邢台县人民政府、邢台学院、眼科医院、邢台宾馆、蓝鸟家具等单位坐落于辖区内。

南长街办事处建于1951年7月，因驻地南长街而得名。1961年，易名为“南长街公社”。“文化大革命”期间改为“向阳路人民公社”。1980年，改称“南长街街道办事处”。到2006年已有55年历史。辖14个社区居委会和4个村转居委会。该辖区有51条街巷。居民除汉族外还有回、满、朝鲜、土家等少数民族。辖区内佛教、道教、伊斯兰教、天主教、基督教五大宗教俱全，宗教活动点有北关天主教堂、红星东街基督教堂等。

办事处机关常设职能部门有党委办公室、经济办公室、计划生育办公室、街道办公室、民政办公室、管理站、司法所和财政所。科级干部12人。即：党委书记1人，党委副书记、主任1人，副书记、副主任各2人，人大联络室主任1人，计生主任、计生副主任、武装部长、组织和宣传委员各1人。一般干部职工30人。

南长街办事处原有居委会48个（含4个村转居）。2002年7月，邢台市进行居委会改革，将居委会改组为社区。南长街办事处将48个居委会合并为18个社区居委会。每个社区之间以路为界，成方成块。分别是：北长村社区、东关社区、黄家园社区、北关街社区、育园社区、邢州北社区、东关一社区、方圆一社区、北长街社区、黄园社区、东关二社区、中房社区、东关外社区、邢台学院社区、顺德东社区、军休社区、红星东社区、中北社区。其中北长村、东关、黄家园、北关街4个社区为村转居社区，方圆一社区为企业办社区，其余均为纯社区。

办事处地处邢台古城中心，文物古迹有：始建于唐、重修于明朝成化年间的古邢台标志性建筑清风楼；唐代龙兴观旧址，内有八面棱形道德经幢（现移到清风楼后小花园内）；还有座落在办事处东部市鞋厂内的省重点文物保护单位唐代开元寺；纵贯古邢台的南北长街等。

辖区教育、卫生事业发达，邢台学院、郭守敬职业教育中心、市三中、市七中、市十六中、二十一中、东关小学、北关小学、三中小学、马路街小学、逸夫小学、市第一幼儿园、市第二幼儿园、县幼儿园、邢台眼科医院、邢台市中医院、南长街卫生院、和平医院均座落在辖区内。游乐场所有历史文化公园、新华影院；购物场所有华天超市、襄都市场、花卉市场等。

1985年，全处处属企业共有6家，涉及水泥制品、纸制品、服装、金属加工、汽车维修等行业。1990年，处办企业增加到8家，村办企业14家。到2000年，通过整组、合并，处办企业合并为向阳预制件厂、纸制品厂、金属门窗厂、东荣新型建材厂、太脱拉汽车修理厂等5家处属企业。

北长村社区　东至邢州路，南至光明街，西至顺德路，北至团结路。1998年4月，建立村居委会，1999年称为“北长队居委会”，2002年11月20日变更名称为北长村社区居民委员会。辖区内有居民275户、868人。白云宾馆座落于其辖区片内。

黄家园社区　位于邢台市桥东区邢州北路路东市鞋厂对面。东至黄园东巷，西至邢州北路以东，北至开元街及黄园生活区，南至蓝鸟新村。该社区是邢台市最小的一个自然村，于2000年正式改村转居。全社区有100余户、300多人，其中住平房的70多户，楼房1座30户。该社区无企业摊点，主要靠社区门市租赁收入为生。

东关社区　前身为东关村委会。2000年7月实行村转居，并于2002年7月由居委会改为社区。东关社区因其位于邢台市东关而得名。东关社区地理位置优越，交通便利，西临邢州北路（原107国道），邢南公路贯穿其间。住户756户、2059人。社区街道分南街，东关街，东街，北街，新街，新村。辖区单位有邢台市环城信用社等。

北关街社区　北关地处邢台老市区北部，原107国道横贯而过，南临全国著名的眼科医院，北临邢台最高学府邢台学院。辖区老居民280户、900余人，新迁居民则近万人。北关交通便利，高庄桥路、小黄河路、团结东大街、顺德路、邢州路等交通要道毗邻贯穿，商业兴旺。辖区单位有市防爆电机厂、车架厂、水泵厂、变压器厂等。

邢州北社区　于2002年10月正式成立。该居委会由原仪表厂居委会、交通局居委会、车辆厂居委会、驴夫营街居委会和光明街居委会合并而成。北至光明街，南至红星东街，西至驴夫营街，东至邢州北路。社区共有居民997户、3400余人。市交通局、中医院、市七中、区农业局等单位都在其辖区内。

东关二社区　位于邢台市桥东区东关街至梁庄路口。由原印染厂居委会、东关街居委会合并而成。共有居民420户、1500人。辖区内有企事业单位5家，即军需印染厂、标准件厂、起重运输设备厂、中国移动公司、邢台印染厂。

北长街社区　成立于2002年7月20日，是由北长街居委会、光明街居委会、东寺前居委会、针布厂居委会、合作小区居委会、三中居委会合并组建而成。原方圆社区东寺后居委会、丝织厂居委会于2003年5月6日并入北长街社区。社区东邻邢州北路，西至北长街，南与光明街相邻，北至团结东大街。辖区内共有居民1836户、5508人。辖区有邢台市第三中学、邢台市仪表厂、邢台市鞋厂、预制件厂、汽车连等单位。辖区内有省级重点文物保护单位开元寺。

东关外社区　位于辛庄北路，于2002年8月8日由东关外居委会、车辆厂居委会、啤酒厂居委会合并而成。社区东邻制革厂，西至酶制剂厂，南至辛庄北路。辖区内居民共有1198户、3300人。辖区内有企事业单位5家，即制革厂、啤酒厂、棉麻厂、带钢厂、酶制剂厂。

东关一社区　该社区交通便利，东至二十一中，南至东关街，西至邢州北路，北至黄园街。由原东关街、水泵厂、黄园南、黄园东四个居委会合并而成。辖区有居民楼23幢，驻区单位有蓝鸟公司、县保险公司、市直公路站、东关小学。居民1360户、4000多人。先后建立了医疗服务站、社区幼儿园、午托班以及社区志愿者等便民服务项目。

方圆一社区　2002年9月由原棉纺厂居委会改称方圆一社区居委会。它位于团结东大街242号方圆家属院内，社区东至方圆集团俱乐部，西至合作小区北门，南邻北长街社区，北至团结东大街。辖区居民780户、2568人。辖区内企事业单位有方圆集团等。

红星东社区　成立于2002年7月，由府前东、东红星、南长街、卫衙街等居委会合并而成。红星东社区东至南长街，西至顺德路，南至府前东街，北至红星东街。桥东区委、区政府机关坐落在该辖区。所辖居民1800户、5400人，属独立型社区。辖区内有企事业单位5家，即邢台县供电局、邢台市一幼、邢台市逸夫小学、桥东区委区政府、马路街小学分校。

黄园社区 成立于2002年8月，是邢台市合并社区以来最早建立现代化办公场所的社区之一。东至中房社区，西起东围城路，南接黄家园村，北与拐角村接壤，居住人口1050户、3100人。社区辖黄园生活区、拐角东路生活区、桥东区政府家属院、医疗器械厂家属院、轧铝厂、床单厂等楼院。硬化社区道路12000平方米，社区绿地增加8000平方米，改善和美化了社区环境。辖区内企事业单位有医疗器械厂、南长街派出所、工商银行开元支行、邢台市锅炉厂等。

顺德东社区 成立于2002年8月，由原北关、眼科医院、北长街3个居委会合并而成。总户数1350户，总人口3198人。辖区为团结东大街以北，高庄桥路以南，邢州北路以西，顺德路以东包括原眼科医院居委会。社区成立以来健全了社区居民自治组织，同时，还建立了居民治保、民调组织、计划生育协会、红白理事会、青年志愿者等组织。辖区内企事业单位有：邢台县公安局、邢台市眼科医院、天桥饭店、北新市场、太脱拉厂、粉末冶金厂、化工三厂、花卉市场、畜牧水产公司、农业发展银行、铁龙汽修厂、床单厂、桥东区城市信用社。

学院社区 由原邢师、豫让桥、高庄桥和三中4个居委会合并而成。辖区在高庄桥路以北，东邻大梁庄乡，西临西门里，南邻南长街，北到三环路，辖区内有居民2200户，共计6000余人。邢台学院社区居委会成立于2002年8月，辖区内企事业单位有：市第二医院、县三院、县劳动局、县工商局、守敬职中、桥东区国税局、县财政局、县交通队、邢台学院、市针织厂。

育园社区 位于清风楼东侧，于2002年8月由探花街、纳凉园、东门里、府前东等居委会合并组成。范围包括邢州北路以西，县幼儿园以东，东门里街以南，马路街以北。辖区内有居民1125户、3474人。驻区单位有马路街小学、桥东信用社、园林处、人民公园、市七中、市第二幼儿园、县幼儿园等。

中房社区 坐落在卫生街生活区以东，平安家园内，辖区人口1900人。社区交通便利，有多条公交车线路，如24路、20路、2路等主要线路，可以直接到达中北商城、新世纪广场以及桥西新亚购物中心等大型购物广场，方便社区居民出行及购物。社区内有二十一中、三中、育才辅导学校、菁华浩扬幼儿园，为居民创造了良好的教育环境。

中北社区 始建于2002年8月，是由原来的中北小区、南长街、光明街、驴夫营、府前东、东门里6个居委会的部分整合而成。辖区东至驴夫营街，西至南长街，南至东门里街，北至光明街。辖区内住户1200户，人口4800人。2004年11月，中北社区荣获"全国百佳学习型社区"称号；2006年8月11日，荣获"全国学习型家庭示范社区"。辖区内企事业单位有：市公交分局、南长街卫生院、县司法局。

军休社区 成立于2002年8月，地处顺德路第一干休所院内。东临北长街，南临红星东街，西临顺德路，北临卫生街，交通便利，设施完善。辖区共有驻区单位8家，居民住宅楼29栋，居民872户、2600余人。2002年10月，成为邢台市第一批"达标挂牌社区"。并在驻区单位及体彩中心和福彩中心的共同资助下，投资近30万元，在辖区建成了高标准的"星光老年之家"，室内设有健身房、阅览室、书画室、老年大学等，室外活动场地占地2500余平方米，建有门球场、健身路径、歇凉亭等。辖区内企事业单位有：邢台宾馆、工商银行顺德支行、市城市信用社顺德路营业部、县委县政府、市政府东院、军分区第一干休所、县武装部、新华影院。

第四节 北大街街道办事处

北大街街道办事处机关位于华龙街11号，距区政府所在地南约2公里处。辖区东与大梁庄乡交接，南至新兴东路以南与东郭村乡交接，西至北大街、马市街一线，北至清风楼与南长街街道办事处交界。围寨河从境内蜿蜒穿过。总面积1.7平方公里。总户数12711户，总人口3.8万人。辖区内少数民族聚居，有回族、满族、蒙古族、锡伯族、壮族等，佛教、道教、伊斯兰教、天主教、基督教五大宗教聚集，有马市街观音寺、清真寺、清真女寺、花市街基督教堂4个宗教活动场所。古邢阿胶有限公司、邢台蓝钻染织有限责任公司、中国农业银行邢台分行、中国工商银行邢州支行、中国联通邢台分公司均坐落在境内。

1945年邢台解放后，北大街是市政府设置的4个区中的第四区。1957年，命名为“北大街办事处”。1961年改为“人民公社”，在“文化大革命”中，北大街人民公社改为“东风路人民公社”，1980年又复名为“北大街街道办事处”。北大街办事处原驻地在北大街，1985年曾搬迁到小东街，后于1996年在华龙路投资50多万元建成了全封闭式的两层办公楼，6月5日正式使用。办事处机关占地面积达712.8平方米。共有职工64人，其中在职47人，离退休17人；科级干部12人。机关设职能部门六办一所，即：党委办公室、经济办公室、计划生育办公室、街道办公室、综合治理办公室、城建办公室及财政所。

北大街街道办事处机关

1999年，辖区居委会由40个合并为35个。2002年7月社区合并时，将原来的35个居委会合并成为12个社区居委会，5个村转居。2004年，2个村转居又就近合并，马市新兴社区合并到马市街社区，新东街社区合并到东大街社区，成为现在的3个村转居。办事处下辖15个社区，分别是牛市新街社区、南头新街社区、桥南社区、东大街社区、府前南社区、北大街社区、马市街社区、新兴东社区、东方社区、邢州南社区、五一桥社区、砂轮厂社区、东苑社区、牛市街社区、留村社区，其中牛市新街、南头新街、桥南3个社区为村转居。2002年星光计划在辖区内开始实施，办事处和各社区积极开展社区建设，配备了通信设备，设立了室内活动室及室外活动场地，丰富了老百姓的日常生活。与此同时，对纯社区居委会的区拨经费得到落实，社区的正常运转有了保障，提高了工作效率。

北大街街道办事处社会稳定，经济繁荣。1988年，邢台市最繁华的商业市场在办事处的北大街、花市街，经营服装、日用百货，还有桐泰祥等多家老字号店铺。办事处有桥东旅社、耐火材料厂，兴隆公司、新东实业公司、水暖器材厂等9家处属企业，办事处辖区内第三产业发达，构建了3个专业市场和4条商业特色街，主要设施和商业市场有：东明家具广场、东方装饰材料超市、府前南仿古一条街、东大街便民市场、服装市场、建材市场、小吃街等。2006年，实现社会总产值56821万元，利税4323万元，三产营业额达到44292万元。

改革开放以来，办事处城市基础设施建设得到了新的改观。2002年，对马市街、南头新街社区进行自来水一户一表入户改造。2005年，完成了对牛市街社区自来水入户改造工程。投资240万元，先后翻修了牛市街、北大街、花市街、马市街等街道路面。同年，又对牛市新街旧村改造，建成1万平方米的居民住宅楼——梅园小区。2006年，重修华龙路300米，并加高了下水道，缓解了防汛压力。

办事处辖区历史古迹有：明朝天顺年间的“火神庙”，坐落于府前南仿古一条街的南端；建于明末清初的清真南寺坐落在马市街；位于小东街7号的“八角琉璃井”虽于20世纪70年代被填埋，但遗址尚存。

办事处文教卫生事业迅速发展，市二中、市四中、市十五中、市二十中、东大街小学、马市街小学、桥东区妇幼保健院、桥东区医院均坐落在辖区内。

东大街社区 位于北大街办事处以北，与中兴东大街相距不到50米，距区政府所在地约1公里处。辖区常住居民1472户、3752人，为回族与汉族聚居。1980年，原东大街居委会分为上东街、下东街和小东街三个居委会，统一由一个党支部领导。1998 年，上、下东街合并为东大街居委会。2002 年 10 月社区合并，东大街居委会与靛市街居委会合并为东大街社区居委会。2004 年，新东街社区居委会合并到此社区。社区历史古迹有靛市水坑、清真女寺。社区内建有东大街社区便民市场、便民小吃街。驻辖区单位有市二中、中国联通邢台分公司、博大房地产开发公司、东明家具国际博览中心、网通公司。

北大街社区 位于北大街办事处西南。辖区常住人口 3451 人，约 1000 余户，其中有回族居民 328 人。1980 年，北大街社区居委会分为北大街、花市街、北马市街居委会。1999 年，北大街居委会和花市街居委会合并为北大街居委会。2002 年 10 月，北大街居委会与北马市街居委会合并为北大街社区居委会。社区内有远近闻名的“桐泰祥”点心铺、“正义号”酱牛肉、“老八”涮羊肉等。

牛市街社区 位于北大街街道办事处西北。辖区常住居民 728 户，共 2200 多人。2002 年社区合并时，由原西牛市街、小东街、东牛市街 3 个居委会合并为现在的牛市街社区居委会。传说中 4 个牛蹄之一的“牛市水坑”，现仍然维持原貌；位于小东街七号的“八角琉璃井”，虽于 20 世纪 70 年代被填埋，但还保留着遗址。

府前南社区 位于北大街办事处最北端，距桥东区政府约 0.3 公里。1999 年 7 月，原新街居委会、东崇礼居委会和府前南居委会合并为府前南居委会。2002 年社区合并时，命名为府前南社区居委会。辖区常住居民 826 户，人口 2672 人。邢台市唯一的一条仿古步行街从辖区纵穿而过。建于明朝天顺年间的“火神庙”为市级文物保护单位，始建于唐、重修于明朝成化年间的“清风楼”为省级文物保护单位，分别坐落于府前南仿古一条街的南北两端。

五一桥社区 位于办事处北偏东处，东到路家园村西，南至桥东区医院北，北至百花影院南。该社区于 2002 年 8 月由原五一桥、市政、袜厂、工行、大梁庄 5 个居委会合并而成。随着中兴东大街重点改造工程不断深入，辖区居民生活环境得到了有效的改观。

马市街社区 位于北大街办事处以南偏西处，与南头新街社区相邻，围寨河从辖区横穿而过。辖区居民 1064 户，人口约 3376 人。旧时曾以马的买卖交易而闻名。2002 年社区合并时，由原中马市街、南马市街、南头村、乙炔气居委会合并组成。2004 年原马市街新兴社区合并到该社区，壮大了社区力量。辖区有马市街小学 1 所，历史古迹有马市街观音寺和建于明末清初的清真南寺。

东方社区 位于东牛角路，辖区常住居民 648 户、1802 人，分别与晋祠道、东牛角社区交叉相处。东方社区成立于 2002 年 7 月，由原环卫处居委会、大修厂居委会合并组成。辖区单位有中国人寿、中国财产、市双环种业有限公司、市化纤地毯厂。

砂轮厂社区 位于北大街办事处以北偏东。辖区常住居民 1370 户，共 3200 人，属于企业型社区。2004 年社区合并，由原砂轮厂、电子仪器、棉织厂、二棉、棉织厂居委会合并为现在的砂轮厂社区居委会。社区文体活动开展的丰富多彩，成立了秧歌队、老年健身操队，并按时组织居民在二营门前活动。

新兴东社区 位于北大街办事处以南的新兴东大街。辖区居民 1400 户、3600 余人，是人口稠密的住宅区，属于企业型社区。该社区是在 2002 年 10 月由农行、物资局、新兴东 3 个居委会合并组成。辖区内的企事业单位有公交公司、交警大队、农行新兴支行、四中、二十中、物资局、建材公司、化工公司、煤炭服务公司、重汽、劳动服务公司、保险公司、商贸车队等。

邢州南社区 位于邢州南路东侧，梁庄路以西。南与东牛角社区相邻，北至五一桥社区，混合交叉于冯家庄、路家园、母家场 3 个村庄。该社区成立于 2002 年 7 月，由原色织厂、冯家庄居委会合并组成。辖区内大小生活区 15 个，常住居民 1600 余户，共 5000 余人，以汉族为多。

牛市新街社区 位于北大街办事处东。华龙路横贯社区中心，把社区分隔为南北两片。辖区常住居民 337 户，共 1090 人，其中回族居民 240 人，是北大街办事处少数民族聚集地。牛市新街社区是由原牛市街生产队逐步过渡而来。1985 年，原生产队改为村民委员会；1999 年“农转非”为牛市新街居委会；2003 年 3 月，牛市新街居民委员会改为牛市新街社区居委会。社区经济主要依靠围寨河以西和华龙路东头南北两侧的门市租赁。

南头新街社区　位于北大街办事处东南部。辖区包括 4 条街道、10 条小巷，常住人口 1600 人，少数民族 50 人。1980 年，原南头村村委会下设 3 个小队，实行小队长负责制，独立核算；1985 年实行财务联办，村委会正式起用办公场所，设支部书记、村主任各 1 名。1997 年村转居，为南头新街居委会；2002 年社区合并时命名为南头新街社区居委会。南头新街社区有老年活动中心 1 处，综合楼 3 栋，集体企业 5 家，临街门市 70 间。

桥南社区　位于北大街办事处西南。辖区常住居民 102 户，共 320 人，交叉于马市街社区。该社区与原桥北社区为一个村，分别为一队和二队。1985 年“农转非”后，改称桥南居委会，2002 年社区合并，为桥南社区居委会。以马市街石头桥为界，该地处桥南，故名桥南社区。

东苑社区　位于北大街办事处以东。该社区于 2007 年 8 月成立，常住居民 250 户，共 1000 人。社区办公用房 96 平方米，并建有一处室外健身活动场地。

留村社区　位于邢台市与沙河市、邢台县、南和县的交界处。2002 年社区合并时，与汽车厂居委会合并为留村社区居委会。居民主要从事劳务加工业、土地合作经营种植业。社区内有沙河监狱，建于 1961 年，隶属河北省司法厅。

第五节　西门里街道办事处

西门里办事处机关位于枫林街 1 号，辖区地处邢台市中心，东到顺德路，南到中兴东大街，西到中华小区、横跨京广线与桥西相交错，北与邢台县豫让新区接壤。占地面积 2.7 平方公里，总户数 15777 户，人口约 4.6 万人。小黄河自西向东缓缓流过，将辖区分为南北两部分。

西门里街道办事处机关

西门里办事处其前身是“红旗路公社”，1980 年按照市委、市政府要求改名为西门里街道办事处，隶属桥东区人民政府，2002 年搬迁的新办公大楼位于枫林街南端，占地面积 1100 余平方米，建筑面积 600 余平方米，机关常设职能部门五办一所，即：党委办公室、经济办公室、计划生育办公室、街道办公室、信访办公室及财政所。科级干部 11 人，即党委书记 1 人，党委副书记、主任 1 人，副书记、副主任各 2 人，人大联络室主任 1 人，计生主任、武装部部长、组织委员和宣传委员各 1 人，一般干部职工 61 人。

1988 年所辖社区居委会为 37 个（其中居委会 35 个，村委会 2 个），随后的十几年未有大的改动，当时大部分社区没有办公场所，居委会干部一般在家办公。为了便于管理，按照上级政策，于 1999 年和 2002 年对居委会进行了 2 次调整，2006 年缩减到 17 个，并改称为“社区”。分别是造纸厂社区、拥军东街社区、西门里社区、西关街社区、铁路东社区、林场社区、团结东社区、红星西社区、华西社区、中兴桥社区、顺德南社区、枫林街社区、拖拉机厂社区、顺德西社区、西大寺社区、汽车站社区、西关西口社区。其中西关西口社区、拥军东社区、华西社区、西大寺社区为村转居社区，铁路东社区、林场社区、拖拉机厂社区为厂办社区，其余为纯居民社区。到 2006 年底，该办事处每个社区居委会都有固定办公场所，并配备了通信设备，一批大中专毕业生逐年充实到社区工作，人员素质有了大幅度的提高，社区工作逐步走向正规化。

改革开放以来，随着经济的发展，辖区内企事业单位发展到86家，其中有“一府”——邢台市政府；“两站”——市火车站、中心汽车站；“两医院”——市人民医院、市第一医院；“两市场”——全市最大的水产批发市场、华北地区最大的五金机电批发市场；“两商场”——全市著名的民营企业中北商城、新世纪商城；“四企业”——拖拉机厂、薄板厂、造纸厂、电缆厂等单位。辖区内的学校有邢台市第九中学、西仓巷小学、顺德路小学。辖区内有大型幼儿园4所，其中有邢台市唯一一所少数民族幼儿园——回民幼儿园，长春小艺术家幼儿园是全市发展较早、知名度较高的私人幼儿园。顺德路、新华北路等几条主要街道商店门市众多，人口密集，成为桥东区的主要商业街。建设银行、工商银行、农业银行、中国银行等金融机构在辖区内均有营业网点。辖区内餐饮业发达，天方回民餐厅、友谊春等回民饭店以及天香饭店、粮贸大厦等在邢台市餐饮业中占有重要地位，集餐饮、住宿、休闲、娱乐为一体的大型机构——邢州大酒店、水晶宫等是全市同行业的领航者。

西门里是邢台市老城区的中心城区，历史悠久，文化底蕴很深，主要有文庙、西大寺等历史文化古迹。改革开放20多年来，西门里办事处发生了翻天覆地的变化。1997年西门里在全市最早实施了旧城改造，随之府前西街、文庙街、西仓巷、大通街、西关街、铁路北宿舍等相继进行改造，原来破旧的平房、大杂院不见了，取而代之的是一座座整齐的高楼和高标准的生活小区，并且用上了集中供暖，煤气、天然气进入了平常百姓家，西马道、西仓巷、西崇礼街、西寺西街、车站南街、珍珠街、住宅路、转运街都进行了修建扩建，并且进行了绿化，原来坑洼不平、尘土飞扬、没有路灯的街道，如今是路平了、灯亮了、街宽了，绿地面积不断增加，街道平整、干净，城市功能进一步健全，使居民出行不再是雨天一身泥、晴天一身土。该办事处辖区内共有成型的现代化生活小区20余个，社区健身苑16个，极大地方便了辖区居民健身、娱乐，丰富了群众的文体生活。

西关西口社区 该社区为村转居，位于桥西育英街小黄河西，茶棚沟南。1985年，因土地逐年减少，由高级农业合作社转化为西关西口居民委员会。2003年，更名为西关西口社区。

拥军东街社区 该社区为村转居，位于邢台市桥西区团结大街以南，中华大街以北，团结桥以西，公园东街以东。辖区人口200余户，800余人。20世纪80年代以前，该社区属农业生产队性质。1985年分田到户，居民以种植经营蔬菜为主要收入。1989年，市火车站广场扩建，火车站周围的居民逐渐迁移到该社区，更名为车站新村。2000年，全部实行“农转非”，原村民委员会更名为拥军东街居委会。2003年，更名为拥军东街社区。

华西社区 该社区属村转居，位于桥西中华大街东头小黄河边上。1980年至1992年村民主要以种菜为主。1992年开始，土地逐渐被周边大型工厂征用，村民生活方式也由以种地为主逐步转变为到工厂上班。2002年实现村转居，有居民1000余人。

铁路林场社区 位于车站北路179号。2005年6月由铁路东社区分离出来，管辖铁路南宿舍和铁路林场宿舍，共计800余户、2000余人。2003年，小区实现封闭式管理，社区以老年人居多，大多是从铁路岗位上离退休下来的职工或家属。

顺德南社区 地处邢台市繁华地段，南至市急救中心，北至钟爱一生影楼，西临西门里市场，东到顺德路，交通发达，人员密集。辖区共有35幢楼房和部分平房，1600余户、6800余人。

铁路东社区 位于车站北路，南至火车站，北至团结路地道桥，西临京广铁路，东到中心汽车站，辖区内有居民900户、2500人。

顺德西社区 位于顺德路以西，枫林街以东，北至铁岗街，南与顺德南相接。由原有的文庙街居委会、珍珠街居委会合并而成，有居民1000余户、3000余人。

红星西社区 位于顺德路以西，新华北路以东，南到西门里街，北到红星街。由原西仓巷居委会、西红星居委会、太平街居委会合并而成。该社区属于老城区，以平房为主，有居民1600余户，近4000人。

枫林街社区 1982年成立，当时主要管辖住宅公司家属楼和枫林街，约320户。1985年3月，住宅公司家属楼和枫林街分开，该居委会主要管理枫林街，总户数减少到230户。2002年，将住宅、四建、县社、枫林街、休干所合并为枫林社区。社区总户数达到近800户，总人口2000余人。

西关街社区 东临新华北路，西临八一路地道桥，南到运输公司，北到大通街，辖区内居民800户、3000人。铁工街有少数民族239人，其中回族居多。

汽车站社区 该社区位于中心汽车站对面，东到新华北路，南至大通街，北到团结路，西至火车站。2003年，由原大通街居委会、煤市街居委会合并而成。辖区总户数1000余户，总人口3400余人。

中兴桥社区 位于中兴东大街地道桥的东部，辖区范围东至新华路，南至中兴大街，西至车站南路，北到市棉麻公司。2002年，由桥东口居委会、五金公司居委会、运输公司居委会合并而成。辖区总户数760余户，总人口1800余人。居民住房以平房为主，居住者多为留守老人。

西大寺社区 该社区属村转居，因历史文物单位天宁寺（又称西大寺）而得名，位于新华北路185号，分为南区和北区。南区包括万隆商住楼、外贸家属楼，北区西起西寺东街，东到周道巷，南起枫林街99号，北至铁岗街。辖区有居民近400户、800余人。

西门里社区 位于西门里街西头，东至西仓巷，南临新世纪广场，北至人民医院南门，西到新华北路。2002年12月，由西崇礼街居委会、西门里居委会合并而成，辖区总户数千余户，总人口2800余人。该社区地处市中心，辖区有邢台市最大的水产批发市场及调料批发市场，流动人口多，人员流动性大是社区的一大特色。

拖拉机厂社区 东至顺德市场，西至西围城路，南与西大寺社区相邻，北与电机厂生活区相接。2003年由拖北、拖南、西围城、市一院和机械局5个居委会合并而成，居民1500余户、5000余人。社区管辖范围大，居民多。

造纸厂社区 位于桥东区西北部，东到顺德路，西面与三义庙村、团结东社区等相邻，南至市医院，北面与邢台县豫让桥接壤。2002年12月由原顺德北、造纸厂、车架厂和电缆厂4个居委会合并组成。社区有居民1000余户、3000余人。该社区属于厂矿社区，居民以单位职工为主。

团结东社区 位于团结东大街，西起电缆厂，东到顺德路。有居民1300多户、4300多人。该社区成立于2003年，由原北围城、薄板厂、防爆电机厂、北道口4个居委会合并组成。

第六节 西大街街道办事处

西大街街道办事处机关

西大街街道办事处机关位于羊市街192号，辖区位于邢台市中南部，占地面积3.6平方公里。辖区东到北大街至马市街一线，西至京广铁路，南至仓南路，北至中兴东大街，新华南路自北至南横贯而过，围寨河从西向东拦腰而行。辖区总户数17436户，人口约5万人。驻辖区单位有邢台市委、军分区、邢台日报社、武警支队、市消防队桥东支队等。

西大街办事处始建于1963年，原称“西大街公社”，其间曾改称为“红卫兵路公社”，到2006年已有43年的历史。成立伊始，办公地点在东羊市道和家巷5号，当年5月，搬迁至正羊市道17号院内（现为西大街卫生院），1978年迁至羊市街192号。办事处占机关地1.56亩，总建筑面积1200余平方米，1993年对处机关办公房屋进行翻建，将平房改建成二层楼房。

办事处机关常设职能部门有六办一所，即：党委办公室、经济办公室、计划生育办公室、街道办公室、案件办公室、民政办公室及财政所。科级干部11人，即：党委书记1人，党委副书记、主任1人，副书记、副主任各2人，人大联络室主任1人，计生副主任、武装部部长、组织委员、宣传委员各1人，一般干部职工40人。

辖区居委会最初为40个，为了便于管理，于1999年、2002年对居委会进行了2次整合，缩减为20个，称为社区，分别是：中兴东社区、西大街社区、北羊市道社区、南羊市道社区、羊市街社区、红卫社区、塔林南社区、塔林北社区、新兴南社区、新兴桥社区、新华中社区、金园社区、站南社区、新西街社区、西园社区、南园社区、羊市街南后社区、申庄社区、南瓦窑社区、辰光社区，其中西园、南园、羊市街南后、申庄、南瓦窑5个社区为村转居社区；站南、塔林南2个社区为厂办社区；辰光社区为企业办社区，其余均为纯社区。办事处大力推进社区建设，到2006年，各社区办公用房基本上达到了100平方米，配备了通信设备，设立了室内活动室及室外活动场地，丰富了百姓的日常生活。

辖区多半位于老城区，95条小街小巷纵横交错，主要有：西大街、西街背后、刘家台巷、肉市街、红影壁巷、团结巷、光家巷、陈家巷、真武巷、羊市水坑、绳财巷、张家巷、北郑家巷、南郑家巷、长安巷、申庄街等。

该辖区教育、金融、卫生等机构健全、经济繁荣、社会稳定。邢台市第十中学位于南园路；南园路小学和新华南路小学分别位于南园路和塔林北街；辖区幼儿园有8所，其中市一类幼儿园1所。中国人民银行、建设银行、工商银行、农业银行、中国银行及城市信用社等金融机构在辖区内均设有营业网点。大小超市4家，其中“家乐园超市”是邢台市最具规模的超市之一。大型休闲娱乐场所4家，其中工农兵影院是邢台市最早的电影院，后建有英皇娱乐等现代化娱乐场所。餐饮业较发达，大小饭店百余家，天桥饭店、邢台饭庄、黑家饺子馆等是多年的老字号饭庄。医疗体系完备，邢台市第四医院和西大街卫生院是辖区内两家较有规模的特色医院，其余各类诊所近百家。沿街店铺、门市星罗棋布，商业底蕴丰富，多集中在中兴东社区及西大街社区的几条主要街道上，素有邢台“小王府井”的美誉。

改革开放以来，经过20多年的建设，西大街办事处的老城区面貌已经焕然一新。1983年，新华南路拆迁改造是邢台市最早的旧城改造项目；2000年，邢台市第一个城中村改造项目申庄村旧村改造启动，随后南瓦窑、南园旧村改造也很快启动并投入建设；2004年，丰仓街改造完成，从前污水横流、臭气熏天的街道，如今已是邢台市的绿化样板街；车站南路也于2005年底竣工；辖区的小街小巷绝大多数都已硬化。自20世纪70年代至2006年，已经建成了多个现代化生活小区，昔日西大街西口的大杂院已被新天地和恒通生活小区所取代，新西街西段路北的大片老居民区如今也成了繁华的亿德隆商业步行街。办事处所在辖区因地处邢台市的最低点，历年来都是邢台市城区防汛的重点，人民剧场、西大街西口、羊市街、羊市道片区等都是每年防汛工作的重中之重。2005年初，市政府拨出专款对人民剧场至刘家台一带的排水管道进行了改造，缓解了辖区的防汛压力。

中兴东社区 位于西大街办事处辖区东北角，东至北大街，西邻西大街社区，南至西大街，北至西崇礼街。社区居民702户、1809人。1997年，东马路居委会与老市场居委会各为独立居委会；1999年7月东马路居委会与老市场居委会合并为东马路居委会；2002年7月东马路居委会与新市场居委会最终合并为现在的中兴东社区居委会。驻辖区单位有新亚商城、汇源广场、天桥饭店、西大街派出所、华业通讯公司、市一幼分院等。

西大街社区 位于西大街办事处正北，东至东大街，西至新华南路，南至北羊市道，北至中兴东大街，东与中兴东社区相邻。社区居民1301户、3560人。1980～1999年间西街背后、西马路街、上西街、下西街均为独立居委会；西街背后与西马路街于1999年合并为西马路居委会，上西街与下西街于1999年合并为西大街居委会；2002年，西马路居委会与西大街居委会合并为西大街社区居委会。驻辖区单位有医药公司、华丰商场、供销大厦、工商银行、工农兵影院、桥东区第二幼儿园等。

南羊市道社区　位于西大街办事处正南，东临西牛角社区，西至新华南路，南至中兴路，北至围寨河。社区居民1578户、3982人。南羊市道社区原名为邢台市织染厂居委会，始建于1978年，为厂办居委会，1980～2002年7月隶属于邢台市织染厂。2002年8月，原织染厂居委会与南瓦窑街居委会合并，称为南羊市道社区居委会。驻辖区单位有新华南派出所、桥东工商分局。

新兴南社区　位于桥东区塔林南路，塔林公园北邻，东至新华南路，西至铁路，南至东郭村，北至新兴东路。社区居民1360户、4896人。新兴南居委会成立于1985年5月，1990年6月，由此居委会划分出丰仓街居委会；1996年7月，又从此居委会划分出东郭村居委会；2002年9月，改称为新兴南社区居委会，有40栋家属楼。辖区内企事业单位有邢台技师学院、市建筑工程质量监督站、市土地建设管理处、市食品药检局、市配件总公司等。辖区内有塔林公园，原为邢台市塔坟遗址，于1985年重建。

北羊市道社区　位于羊市道东西两侧，东至羊市水台，西至新华南路，南至羊市街，北至西大街。社区居民720户、1980人。1980年，辖区成立了正羊市道居委会、西羊市道居委会、东羊市道居委会；1999年，正羊市道居委会与西羊市道居委会合并为西羊市道居委会，东羊市道居委会仍独立存在；2002年，东羊市道居委会和西羊市道居委会合并成北羊市道社区居委会。驻辖区单位有桥东供水营业所、服务公司等。

站南社区　位于车站南路，东至辰光社区，西至金园社区，南至车站南路，北至新西街。社区居民809户、2290人。站南社区居委会原为地物资局居委会，于1978年6月从新西街居委会独立出来；2002年改称为站南社区居委会。管理范围从新西街西头到原材料公司家属院（后为家乐园凤凰城）。驻辖区单位有第一再生利用总公司、北斗化工公司、第五幼儿园等。

塔林南社区　位于塔林公园以南，东至新华南路，西临新兴桥社区，南至百泉大街，北至丰仓街。社区居民604户、1902人。塔林南居委会原为物资局下属居委会，成立于1982年，辖区内有11栋居民楼；2003年9月，原塔林南居委会与工行居委会合并，改称为塔林南社区居委会，辖区居民楼增至为26栋。邢台市物产集团位于该辖区。

塔林北社区居委会　位于塔林公园以北。辖区范围东至新华南路，西临申家庄，南至七里河，北至围寨河。1980～1985年，塔林北社区原称新华南居委会，1985年原新华南居委会所属的新兴东路以南部分分离出去，分别成立了新兴南居委会、新兴北居委会、新兴桥居委会；1997年原新华南居委会所属的新华路八巷部分分离出去，成立了申庄街南居委会，辖区范围向南缩小至申庄街；1998年，新兴东路38号建设银行大楼建成后，其4栋家属楼共174户居民划入新华南居委会管理。2002年8月，原新华南居委会与位于申庄街以南的供电局居委会合并，称为塔林北社区居委会，社区居民1560户、4927人。辖区内企事业单位有市二轻局、农业局、畜牧局、建设银行、供电公司等。

羊市街社区　位于西大街办事处以东，东至马市街口，西临红卫社区，南至织染厂，北临北羊市道社区。社区居民1120户、2870人。1980～1999年6月，东、中、西羊市街分别为独立居委会；1999年6月合并为东羊市街居委会和西羊市街居委会；2002年合并为羊市街社区居委会。共有9条巷：南郑家巷、北郑家巷、羊市水台、真武巷、仁义巷、生财巷、杨家巷、张家院、玉带巷。

红卫社区　位于羊市街，东至南羊市道，西至新华南路，北临北羊市道社区，南临新华中社区。社区居民566户、1490人。红卫社区原称跃进路居委会，于1977年成立；1980年改称为羊市街西口居委会。共有6条巷：邮电巷、先锋巷、康乐巷、跃进巷、安全巷、利农巷。2002年7月羊市街西口居委会改称为红卫社区；2003年，又与新华侨社区合并为红卫社区。辖区小区发展情况：1997年，拆除康乐巷跃进巷、先锋巷东部分居民房，改建为先锋小区；2000年，拆除农机局、农机公司家属院；2004年建立农机小区。辖区企事业单位有神树医院、农机监理所（农业局下属单位）等。

金园社区 位于铁路以东，东至新华南路，西至围寨河，北临南园村。社区居民1390户、3476人。1980～2002年金园社区原为南园路居委会；2002年8月改称为金园社区居委会，辖区范围未变。2002年南园路一巷、二巷、三巷进行拆迁，于2003年建成宏宇住宅楼1栋及综合市场1处；2003年新增建行东办住宅楼3栋；2004年新增金缘北小区；2005年煤建路修好通行；2005年新增小区1处为金园小区（供电局家属楼）共12栋。驻辖区单位有建设银行桥东支行、服装二厂、地区燃料公司、市燃料公司、市第四运输公司、市二轻经销公司。辖区有学校2所：第十中学、南园路小学。辖区有私营医院1所，为骨科医院。

新华中社区 位于围寨河以北，东至新华南路，西至车站南大街，南至围寨河，北临南园社区。社区居民1586户，6193人。1980年前新华中社区由5个居委会组成，即：新华中路、地直、二休干、申庄街南、南围寨，均为独立居委会。后经过多次合并，于2000年由申庄街南居委会、南围寨居委会、新华中路居委会合并，改称为新华中社区居委会。驻辖区企事业单位有市新华印刷厂、市报社印刷厂、桥东自来水公司、市消防支队、华银信用社、新华书店分店、新华邮电运输局、市方便面厂、邢台日报社（原邢台饭店）、永康国际公寓（原工行支行）、市蓄电池厂、市塑料四厂、武警支队、第二休干所、市清扫一队、市消杀灭鼠服务站、市城肥管理所、市糖业烟酒总公司、工商银行、桥东防疫站。幼儿园1所：桥东区幼儿园。学校1所：新华南小学。医院1所：市第四医院。

新西街社区 位于桥东区繁华地带，东至新华南路，西至车站南大街，南临西园社区，北至中兴东大街。社区居民1400户、4800人。1980～2002年，新西街居委会为独立居委会；2002年7月，新西街居委会与储运公司居委会、煤田二队居委会合并，改称为“新西街社区居委会”；2006年8月，煤田二队居委会分离出去。1980～2006年，增加了4处具有一定规模的住宅区，为市委家属院、电影公司家属院、军分区家属院、辰光家属院。辖区内原储运公司家属院拆迁后，改建为亿德隆商业区，成为邢台市规模最大的步行街和日杂商品市场。驻辖区企事业单位有市委、市军分区、市电影公司、市储运公司、邢台县盐业公司、邢台县果品公司、市梆子剧团等。

新兴桥社区 位于西大街办事处辖区西南角，东至丰仓街东头，西至车站南大街，南至农药厂，北临申家庄。社区居民1400户、4000人。辖区内共有38栋家属楼，3个平房家属院。2002年8月，原丰仓街居委会与原新兴桥居委会合并，改称为“新兴桥社区居委会”。驻辖区学校有二十二中；市属单位有烟草公司等。

辰光社区 位于新西街南，东临西园社区，西临站南社区，南临南园社区，北至新西街。辰光社区前身为河北煤田二队居委会，并于2006年8月又从新西街居委会分离出来，称为“辰光社区居委会”，辰光社区隶属于辰光集团，专为本单位职工服务。辰光社区治安良好，各项管理到位，多次荣获“邢台市文明小区”、“社区管理先进单位”、“省级园林式生活小区”等称号。

南瓦窑社区 属“村转居”社区，东到南羊市道，西至新华南路，南至新兴东路，北至围寨河。社区居民310户、1399人。其前身为南瓦窑村，20世纪70年代以前，村民以种植蔬菜为主业，均为菜农户口；20世纪70年代以后，土地减少，村内先后创办了纸箱厂、拔丝编织厂、面粉加工厂等副业；1980年以后，南瓦窑村转变生产、生活观念，相继创办了庆丰商场、振兴商场、顺风商店、交通停车场、顺风旅馆、畜禽养殖场、塑料门窗厂，并建起了一批沿街门店，纳入城市化管理，村民转为集体工；2002年，南瓦窑村村转居，改称为“南瓦窑社区居委会”。辖区有自办企业邢南实业公司，职工200余人。

西园社区 属“村转居”社区，位于邢台市委机关以西，东至新华南路，西临辰光社区，南临南园社区，北至新西街。社区居民230户、980人，以徐、贾姓氏为主。居民居住比较分散，分西园村、西园新村、站南路、古北四片居住。1980年以前，西园社区的前身为西园村，是独立的自然村，村民以种粮和种菜为主；1982年，西园村由农业户口转为非农业户口，纳入城市化管理，是邢台市最早没有耕地的生产队集体，村民以外出务工、个体经营为主要从业方式；2002 年，西园村村转居，改称为“西园社区居委会”。

南园社区　属“村转居”社区，位于西大街南园街两侧，东临西园村，西至第四运输公司，南临新华中社区，北临辰光社区。社区居民 279 户、854 人，以李、贾姓氏为主。南园社区前身为南园村，是独立的自然村，村民的生产、生活以务农为主，均为农业户口；1982 年，南园村由农业户口转为非农业户口，纳入城市化管理，村民以外出务工、个体经营为主；2002 年南园村村转居，改称为“南园社区居委会”。

羊市街南社区　属“村转居”社区，位于办事处辖区最东端，东至织染厂，西至南羊市道，南至西牛角社区，北至织染厂。社区居民 62 户、161 人。羊市街南社区的前身是羊市街生产队，1982 年由农业户口转为非农户口，纳入城市化管理，羊市街生产队改称为“羊市街南后居委会”；2002 年 8 月又改称为“羊市街南社区居委会”。

申家庄社区：属“村转居”社区，位于围寨河以南，东至塔林街、西至京广铁路、南至仓南路、北至围寨河，社区居民 535 户、1541 人，以申、朱姓氏为主。申庄社区的前身为申庄村，是独立的自然村；1985 年 10 月，申庄村由农业户口转为非农业户口，纳入城市化管理，村民由种地逐渐转变为企业职工和个体经营者；2002 年，申庄村村转居，改称为“申庄社区居委会”。辖区内有单位 4 个：金山宾馆、新兴宾馆大酒店、常压锅炉厂、新兴钢材市场。有医院 1 所即邢台市第四医院。

第三章　邢台市驻区党政军机关

桥东区地处邢台市区中心，是邢台市党政机关所在地。境内有地市级领导机关 3 个，县区级领导机关 12 个，县处级工作部门 70 多个。这些机关为桥东区的发展创造了良好的政治环境。

第一节　中共邢台市委

中国共产党邢台市委员会（简称中共邢台市委或市委）机关驻地位于邢台市桥东区新西街东段路南 166 号。位于中共桥东区委驻地西南约 1500 米处，东临邢台市原著名商业街——西街，原为中共邢台地委机关所在地。

一、建置沿革

中共邢台地方组织创建于 1925 年，在大革命时期和土地革命战争时期，先后受北京区委、中共北方区委、中共顺直省委、中共顺德特委、中共邢台县中心县委领导。在抗日战争和全国解放战争时期，邢台地方党组织先后归中共冀豫特委、中共冀西地委、太行山六地委领导。

1945 年 9 月 24 日，八路军冀南部队和太行部队解放邢台城。9 月 25 日，中共邢台市委成立，属冀南区党委领导。全市划为南关区和城关区，并分别成立区委。1945 年 10 月，中共邢台市委划归中共太行区一地委领导，邢台市由 2 个区委改建为一、二、三、四区 4 个区委。1949 年 8 月，中共邢台地委成立，下辖 15 个县委、82 个区委，邢台市委属邢台地委管辖。1949 年 11 月，邢台市改为邢台镇，中共邢台市委改为中共邢台镇委，仍属邢台地委领导。1952 年 11 月，清河县委归邢台地委领导。1953 年 12 月，邢台镇改为省辖市，中共邢台市委由中共邢台地委领导。1965 年 4 月，建立临西县委，归中共邢台地委领导。至此，中共邢台地委辖 17 个县委和 1 个市委。

1980年3月，邢台市设立桥东、桥西和郊区3个市辖区。1983年11月，邢台市改为省辖市，邢台市委直属中共河北省委领导。1986年5月，中共邢台县委划归邢台市委领导。1986年3月、1987年2月，南宫县委和沙河县委先后改为市委。1988年11月，邢台市撤消郊区，随之亦撤消了中共邢台市郊区区委。1993年7月，经国务院批准，撤消邢台地区，实行地、市合并，原中共邢台市委和中共邢台地委合并为新的中共邢台市委，辖2个区委、15个县委、2个县级市委共19个县级党委。驻地在原邢台地委所在地，也就是今址。1999年、2003年，先后成立中共邢台市开发区委和中共大曹庄管理区委。截至2006年，邢台市委共管辖21个县、市、区委。分别是：中共邢台市桥东区委、中共邢台市桥西区委、中共沙河市委、中共南宫市委、中共邢台县委、中共临城县委、中共内邱县委、中共柏乡县委、中共隆尧县委、中共任县县委、中共南和县委、中共宁晋县委、中共巨鹿县委、中共新河县委、中共广宗县委、中共平乡县委、中共威县县委、中共清河县委、中共临西县委、中共邢台市开发区委、中共大曹庄管理区委。

二、机构住址

1993年地委、市委合并后，历届领导重视市委机关大院办公环境和条件建设，新建了办公楼1座，建设了干部职工食堂，拓平了道路，整修了大门，加强了绿化，增置了健身器材和设施。院内驻有市委直属单位10个，市群团组织1个，省直单位3个。分别是：中共邢台市委办公室、机关事务管理局、中共邢台市纪律检查委员会、中共邢台市委组织部、中共邢台市委宣传部、中共邢台市委统战部，中共邢台市委政法委、中共邢台市委市直机关党委、中共邢台市委党史办、中共邢台市委信访局，共青团邢台市委，省电视台、省电台、河北日报驻邢记者站。

中共邢台市委所辖县、区委和市直党委驻桥东区的有：中共邢台县委驻顺德路229号，中共邢台市桥东区委驻凤凰街10号，中共邢台市开发区委驻中兴东大街399号，中共邢台市监察局党委驻新西街166号，中共邢台市劳动和社会保障局党委驻中兴东大街115号，中共邢台市工业运行局党委驻顺德路255号，中共邢台市粮食局党委驻西崇礼街66号，中共邢台市邢台烟草专卖局党委驻农药厂路5号，中共邢台市文化局党委驻西崇礼街74号，中共邢台市人防办党委驻新华北路95号，中共邢台市旅游局党委驻邢州北路168号，中共邢台市信息办党委驻中兴东大街179号，中共邢台市农业局党委驻新华南路256号，中共邢台市畜牧局党委驻新华南路218号，中共邢台市供销社党委驻中兴东大街1号，中共邢台市安全生产监督管理局党委驻中兴东大街57号，中共邢台市食品药品监督局党委驻新华南路344号。

三、主要工作

1978年后，邢台市委和邢台地委遵照中共中央部署，实行拨乱反正，平反冤假错案，落实党的各项政策，使一大批老干部重新走上领导岗位。进行机构改革，调整领导班子，基本实现了干部队伍的“革命化、年轻化、知识化、专业化”。开展整党工作，进一步纯洁了组织。

1993年7月，市委制定出以“打基础，增后劲，抓机遇，求发展，积极推进城乡经济一体化，把邢台建设成经济强市”为指导思想，以农业、工业、乡镇企业、矿业为发展重点，以“抓开发、抓开放、抓改革、抓科教、抓调整”为战略措施的整体发展思路。贯彻落实中央和省委关于农村工作精神，加快农村经济发展；开展“三增一进”活动，大力抓工业生产；坚持多轮驱动的方针，放手发展乡镇企业；进一步扩大对内对外开放；抓投入、上项目，培植经济发展后劲和新的经济增长点。1997年1月，市委确定全市工作要围绕富民、强市、升位，抓好县域经济和国有企业，加强投入和开放。确定把项目建设作为加快经济发展、实现“富民强市升位”目标的战略性措施来抓，把1997年作为项目建设年。2001年，市委坚持以发展为主题，以调整为主线、以改革开放创新为动力，围绕财政增收、人民致富两大目标，实施科教兴邢、开放带动、城镇发展带动三大主体战略，继续抓好农业结构调整和产业化经营，大力推进国有企业改革与发展，放手发展非公有制经济，加快城市和小城镇建设，加速发展服务业，进一步加强社会主义精神文明建设，促进邢台市的综合经济实力和社会各项事业再上新台阶，实现“十五”计划的良好开局。2004 年，市委提出大力推进项目建设、民营经济、城镇建设、国企改革、扩大开放五项重点工作。2 月，召开 60 万人广播电视大会，确定 2004 年为“开放年”。2006 年，市委坚持“全党抓经济、突出抓项目、强力抓环境”的总要求，落实“一个龙头、五个带动”、“三化联动、城乡互动”思路，实施“因地制宜、成片开发、聚集产业、协调发展”和“一带两翼”区域发展布局，使全市经济社会发展呈现出越来越好的势头，主要经济指标增速高于全省平均增速。

第二节 邢台市人民政府

邢台市人民政府机关驻地位于邢台市桥东区红星街 139 号。在桥东区政府驻地西北约 300 米，曾是邢台文庙旧址，原邢台行署驻地。占地面积 35578 平方米。

一、建置沿革

1945 年 9 月 24 日，邢台解放。次日，成立邢台市政府，隶属冀鲁豫区。1949 年 8 月 1 日，邢台专员公署成立，辖邢台、沙河、临城、内丘、威县、南宫、任县、隆尧、柏乡、宁晋等县，撤邢台市为邢台镇。1952 年清河县划归邢台专区。1953 年邢台镇复升格为邢台市。1958 年邢台专区撤销，1961 年邢台专区复置。1965 年邢台专区辖 1 市 17 县。1970 年邢台专区改为邢台地区。1979 年邢台地区革命委员会与邢台地区行政公署分设，此处为邢台地区行政公署驻地。

1980 年 3 月 6 日，邢台市设立桥东区、桥西区、郊区 3 个市辖区。1983 年 11 月 15 日，邢台市升格为省辖市，辖区与邢台地区分设。1986 年邢台县划归邢台市管辖。1986 年、1987 年，南宫、沙河先后改建为县级市。1988 年 11 月，邢台市撤消郊区。至 1993 年 6 月，邢台市辖 2 区 1 县；邢台地区辖 2 个县级市、14 县。1993 年 7 月 1 日，经国务院批准，撤销邢台地区，实行地、市合并，成立新的邢台市人民政府，辖 2 区、15 县、2 个县级市，共 19 个县（市、区）。2003 年，邢台市成立大曹庄管理区，邢台市高新技术开发区也进行了扩区。至 2006 年，邢台市人民政府，辖 21 个县（市、区），33 个直属部门，1 个特设机构，2 个议事协调机构的办事机构，18 个政府直属事业机构。

二、机构驻址

1993 年 7 月地、市合并后，历届领导对市政府大院进行修建。2000 年，对政府大门改建。文庙大成殿以原拆原建方式移建于达活泉公园内，对大院拆墙透绿，广植花草树木。院内设有健身器材，建有政府食堂。至 2006 年，新建或修建办公大楼 4 栋，建筑面积 26001 平方米。院内驻有政府单位 18 个，群众团体 3 个，省直属单位 1 个。分别是市政府办公室（含法制办、地方志办、仲裁委）、市发展和改革委员会、市国有资产监督管理委员会、市人事局、市统计局（含城调队）、市重点办、市科技局、市民族宗教局、市政府研究室、市人口和计生委、市地震局、市档案局、市外事侨务办公室、市直机关事务管理局、市无线电管理局、市计生协、市工经联、市侨联等。有工作人员 600 余人。

邢台市人民政府所辖县、区和市直单位除政府大院外驻桥东区的还有：邢台县政府驻顺德路 229 号，邢台市高新技术开发区驻中兴东大街 399 号，市监察局驻新西街 166 号，市劳动和社会保障局驻中兴东大街 115 号，市工业运行局驻顺德路 255 号，市粮食局驻西崇礼街 66 号，邢台烟草专卖局驻农药厂路 5 号，市文化局驻西崇礼街 74 号，市人防办驻新华北路 95 号，市旅游局驻邢州北路 168

号，市信息办驻中兴东大街179号，市农业局驻新华南路256号，市畜牧局驻新华南路218号，市供销社驻中兴东大街1号，市安全生产监督管理局驻中兴东大街57号，市食品药品监督局驻新华南路344号。

三、主要工作

1979年后，邢台行政公署贯彻执行中共中央新时期的各项经济政策，在农村推行家庭联产承包责任制，在城镇发展商品经济，搞活流通，进行经济体制改革。个体经营户急剧增加，乡镇企业迅猛发展，重点骨干企业利税增长较快。

1993年后，市政府以经济建设为中心，深化改革，转变职能，扩大对外开放，推动各项社会事业较快发展。1993年全市国民生产总值90亿元，全市财政收入完成7.03亿元，全市农村人均纯收入611元，城镇职工年均工资2494元。1995年，明确提出“富民、强市、升位”目标，调整经济产业结构。粮食总产完成298.6万吨，比上年增长20.2%。全市国内生产总值132.63亿元。全市财政收入完成11.17亿。全市农村人均纯收入1469元。1997年，大力推进农业产业化进程，培育壮大特色产业，加快小康建设步伐。加快国有工业企业改革发展步伐。扩大对内对外开放，招商引资，以项目促投入。积极推进城镇化。发展市场经济，搞活大流通。实施“科教兴市”战略。依法行政。2000年，全市国内生产总值363.4亿元，是1995年的1.87倍。全市财政收入完成20.9亿，比1995年增长87.1%。农村人均纯收入2476元，城镇居民人均可支配收入4934元，分别比1995年提高68.6%和39.9%。2003年，围绕全面建设小康社会总目标，与时俱进，开拓创新，走新型工业化和可持续发展战略。进一步改善人民生活。2004年后，坚持科学发展观，廉洁勤政。认真落实各项惠农政策，促进农业增效、农民增收。高度重视民生问题。不断优化发展环境。构建和谐邢台。建设文明生态村。2006年，全市国民生产总值完成790亿元，同比增长13%。其中第一、第二、第三产业分别增长5.2%、15.8%和12.3%；全部财政收入突破70亿元，同比增长18.2%；城镇居民人均可支配收入9020元，农民人均纯收入3542元。

第三节　邢台军分区

邢台军分区的前身是冀南军区南宫军分区和太行军区一分区武装部。1949年8月1日，河北军区在保定市正式成立。8月7日，撤销冀南军区，其所属的5个军分区重新调整。其中南宫军分区与太行军区一分区武装部合并，正式命名为邢台军分区，军分区机关设在邢台市桥东区中兴东大街116号。辖邢台、宁晋、内丘、柏乡、新河（振堂）、临城、隆尧、南宫、巨鹿、任县、平乡、广宗、南和、沙河、威县共15个县人民武装部。

邢台军分区是地方性的军事领导机关，负责邢台地区平时和战时的军事工作，以兵役动员和民兵工作为主。其建制序列隶属河北（省）军区，同时又是中共邢台地委的军事工作部、邢台地区行署的兵役机关，接受河北（省）军区和邢台地委、行署的双重领导。

军分区的主要职能是：在河北省军区和邢台市委的领导下，负责本地区民兵、预备役的组织建设、军事训练、武器装备管理和思想政治工作；拟制本地区战时动员计划，做好战时兵员动员各项准备工作并组织实施；负责兵役登记统计和兵员征集工作；协同有关部门做好复员转业军人的接收安置工作；协助公安部门维护社会治安；搞好国防教育和学生军事训练，以及完成上级军事机关和地方党委、政府赋予的其他任务。

党的十一届三中全会以后，经过拨乱反正，组织整顿，全面整党和精简整编，军分区党的组织更加纯洁，发展更加健康，战斗力不断增强，率领部队、民兵胜利完成了各项任务。

邢台军分区机关设司令部、政治部、后勤部，1 个教导队，1 个民兵装备仓库，1 个卫生所，1 个警备纠察排，2 个干休所（第一干休所、第二干休所）。其中司令部编作训、军务动员；政治部编组干、宣保；后勤部编战勤、供应。

第四节　邢台县党政机构

邢台县总面积 1927.6 平方公里，总人口 39.5 万。邢台县党政机构驻地在邢台市桥东区顺德路 229 号，在桥东区政府驻地北约 500 米，占地面积 12411 平方米。

一、建置沿革

1945 年 9 月，邢台解放，邢台城关被从邢台县划出，单独建制，称邢台市（后称邢台镇）。县人民政府仍驻邢台市，形成了邢台县有县无城的局面。新中国建立后，邢台县划为 7 个区，下辖 112 个临时乡。1956 年撤区并乡，至 1958 年 1 月，全县共 50 个乡，387 个行政村。1958 年 8 月，实现人民公社化，50 个乡合并为 7 个人民公社。1984 年，改变人民公社“政社合一”体制，至 1988 年，全县分为 6 个镇，27 个乡，共辖 617 个行政村。1986 年邢台县划归邢台市领辖。1993 年邢台地区、邢台市合并，邢台县为合并后的邢台市人民政府所辖。1996 年并乡扩镇，全县 33 个乡、镇合并重组为 11 个镇、8 个乡、1 个办事处，581 个行政村。

二、机构驻地

党政机关大院占地 12411 平方米，建筑面积 13874 平方米。院内建有假山、喷泉，各种花草树木。有干部职工食堂两所，理发室、卫生所各一所。院内设有中共邢台县委、县人大常委会、邢台县人民政府、政协邢台县委员会、中共邢台县纪律检查委员会，还设有县委办公室、县政府办公室、县委组织部、宣传部、政法委、统战部、县直工委、县科协、县妇联、团县委、工经联、县发改局、县工业促进局、县重点项目办公室、县区划办、县科技局、县机关事务管理局、县统计局、县民宗局、县广播电视局。

邢台县县直部门除政府大院外驻桥东区的有：县公安局驻团结东大街 72 号，县供电局驻凤凰街 1 号，县水务局驻凤凰街 8 号，县供销合作社驻珍珠街 38 号，县国税局驻邢州北路 189 号，县财政局驻邢州北路 309 号，县建设局、规划局驻人民大街 99 号，县交警大队驻高庄桥路 4 号，县教育局驻高庄桥路 5 号，县文化体育局驻人民大街 68 号，县房产处、审计局驻人民大街 70 号，县食品药品监管局、商务局驻人民大街 72 号，县农业局、技术监督局驻人民大街 76 号，县环保局驻人民大街 87 号，县林业局驻人民大街 89 号，县国土资源局驻人民大街 91 号，县检察院驻人民大街 95 号，县物价局驻光明街 36 号，县武装部驻光明街 128 号，县人民政府招待所（白云宾馆）驻北长街 36 号，县人事劳动和社会保障局驻豫让桥路 196 号，县工商局驻豫让桥路 269 号。

三、主要工作

1978 年党的十一届三中全会以后，县委、县政府拨乱反正，将工作重点转移到社会主义现代化建设上来，推行“联产计酬”、“全奖全罚”等形式的生产责任制，农村推行“家庭联产承包责任制”，工商企业实行“企业承包责任制”，不断加强精神文明建设和社会主义法制建设，打击经济犯罪和刑事犯罪，实现安全稳定的政治局面。

1993 年以后，县委、县政府以经济建设为中心，以市场为导向，深化改革，扩大开放，调整结构，增加投入，综合县力大幅提高，各项社会事业持续快速发展。1993 年全县国民生产总值 8 亿元，财政收入5422万元，农民人均纯收入636元。1996年，围绕“富民、强县、升位”总目标，突出“改革、发展、稳定”主基调，解放思想，真抓实干，当年完成国民生产总值19亿元，实现粮食总产1.8亿斤，财政收入首次突破亿元大关，农民人均纯收入达1810元。1997年，进一步加快农业产业化进程，发展乡镇企业，促进农村经济全面发展，提高工业经济的运行质量和效益，实施科教兴县、开放兴县战略，内引外联，使之不断出现新的经济增长点。2000年，全县国民生产总值26亿元，比1995年增长98.4%，年均递增14.7%；财政收入由“八五”末的8451万元增至“九五”末的1.36亿元，年均递增10%；农民人均纯收入由“八五”末的1480元增至“九五”末的2590元，年均递增11.8%。2003年，县委、县政府带领全县人民在建设小康社会道路上阔步前进。农业结构调整步伐加快，农业产业化水平进一步提高。国有企业改革力度加大，民营经济蓬勃发展，商业流通日益活跃，招商引资和对外开放成效显著，项目建设实现了新的突破。2004年后，坚持科学发展观，廉洁勤政，认真落实各项惠农政策，促进农业增效、农民增收。不断优化发展环境，高度重视民生问题。2006年底，全县国民生产总值完成95亿元，同比增长34.4%；财政收入突破10亿元大关，社会固定资产投资完成40亿元，同比增长56.9%；农民人均纯收入4628元，同比增长12.8%。全面实现了快速和谐发展目标。

第二编
自然环境

桥东区地处山西高原与华北平原过渡地带的冲积平原上，地势西高东低，南高北低。气候属于温带大陆性季风气候，四季分明，气候温和，适合农作物生长。域内的主要河流有牛尾河、小黄河、围寨河、七里河 4 条，属于牙河系。

第一章　地　质

邢台市桥东区位于中朝准地台中部。山西台隆与华北断拗两个Ⅱ级构造单元的交接部位。该区面积为 33.87 平方公里。市区出露地层有新生界第四系全新统冲洪积和风成黄土，在市区西南有少量下第三系中新统九龙口组河湖相砂土及膨润土沉积。

第一节　地层

中晚太古界阜平群、五台群深度变质岩系和早元古界甘陶河群浅变质岩系构成褶皱基底；中元古界长城系常州沟组滨海砂滩相沉积，古生界寒武系、奥陶系陆表浅海相碳酸盐、硫酸盐和泥岩沉积，中、上石炭统本溪组和太原组海陆交互相沉积，二叠系下统山西组陆相含煤碎屑沉积和下石盒子组陆相碎屑沉积，上统上石盒子组和石千峰组陆相红色碎屑岩沉积；新生界第三系、第四系沉积。

一、阜平群（Ar）：

分布于区外邢台县西部山区。组成岩石为变质表壳岩（片麻岩、片岩、石英岩、碳酸盐岩等）和变质深成岩组（各类片麻岩、混合岩）。自下而上划为二个组：

放甲铺组（Arf）：呈北东——南西向分布于北小庄、西黄村、放甲铺、城计头一带。其岩性：下段为黑云母斜长片麻岩、角闪黑云斜长片麻岩及斜长角闪岩透镜体。该段下部有石墨兰晶石片麻岩，上部有石榴石斜长片麻岩，中上部夹有磁铁角闪石英岩，呈透镜状，规模不大。上段为石榴石斜长角闪岩、角闪白云大理岩及含白云母斜长石白云大理岩，顶部为粗晶白云大理岩。厚度大于 4786 米。

北赛组（Arbai）：分布于鲍家庄——西石善、立羊河、白虎庄、安子沟、香炉赛一带。以遭受不同程度的混合岩化作用的黑云斜长片麻岩为主，偶夹透镜状斜长角闪岩，局部含石榴石。近期通过

1∶5万区域地质调查，认为所谓混合岩化作用的片麻岩都是深成岩后经强变形变质的产物，但尚未定论。按单斜层计算厚度300～793米。

二、五台群（Arw）：

分布于邢台县境西部。不整合于北赛组之上。由下而上划分为二个组：即下部红鹤组、上部石家栏组。近期1∶5万区域地质调查中从地层的变质程度和某些构造，特征提出新的认识，认为石家栏组变质程度属高角闪岩相，而红鹤组属高绿片岩相或低角闪岩相，石家栏组应老于红鹤组。同时在红鹤组二段上部表现有走向北东的韧性剪切现象，认为石家栏组一套深变质岩有可能是更老地（岩）层从深部推覆而来或石家栏组与放甲铺是同一层组，是倒转构造造成，红鹤组一段可能与放甲铺组三段是一层。现仍按原划分层叙述。

红鹤组（Arwh）：分布于焦家庄、宋家庄、孟家咀、大河村一带。下段为方柱石透辉粒变岩，有时相变为二云斜长片麻岩、白云大理岩、黑云母片岩、白云母白云大理岩与石英片岩互层。在大河一带厚层白云大理岩被菱镁矿取代。厚度350～510米。

上段为角闪片岩——黑云母角闪片岩和斜长角闪片麻岩。厚度113～356米。

石家栏组（Arwsh）：分布于赵家沟、宋家庄、前蝉房以西的崇水峪、将军墓、浆水、路罗一带，其岩性以黑云母斜长片麻岩、黑云角闪斜长片麻岩为主夹斜长角闪岩。变粒岩和条带状分布的磁铁石英岩。厚度1678米。

三、甘陶河群（Ptg）：

分布于邢台县西北角。仅出露该群下部南寺掌组的一部分，底部有一层底砾岩，下部为含砾长石石英砂岩，向上为粗中粒长石石英砂岩，上部为变质玄武岩为主，夹有集块岩、砂岩、板岩。与下伏五台群呈不整合接触。

四、长城系常州沟组（Chc）：

分布在邢台县东部皇寺、上马庄、东川口、爱家坪一带。岩性主要为肉红、白色厚层石英砂岩夹紫红色长石石英砂岩、含海绿石石英砂岩，顶部有一层灰白色巨层石英岩状石英砂岩。厚度417米。

五、寒武系（∈）：

分布于皇寺至龙华一带。与下伏地层呈平行不整合接触。

下统：底部有少量砂砾岩，下部为紫色页岩及泥灰岩互层，局部含石盐假晶；上部为紫红色、鲜红色页岩、砂质页岩夹有紫红色泥灰岩；顶部为白色薄至中厚层状白云质灰岩。厚度80～110米。

中统：下部为紫色页岩、砂质页岩；上部为厚——巨厚层鲕状灰岩，局部有致密灰岩、泥灰岩；顶部有厚约10米的藻灰岩并夹有数公分的肾状或鲕状赤铁矿。厚度219～290米。

上统：下部为灰色薄层致密灰岩，泥质条带灰岩，局部鲕状、竹叶状灰岩及紫色页岩；中部为灰紫色介壳灰岩、竹叶状灰岩夹致密灰岩和条带状灰岩；上部为中厚层白云质灰岩夹厚层致密灰岩，局部鲕状灰岩，厚度134～191米。

六、奥陶系（O）：

分布于邢台县东部苏村、张尔庄、西坚固以东，直至邢台市桥东区第四系之下。

下统：分冶里组和亮甲山组。

冶里组（O_1y）：底部为黄绿色钙质页岩，中上部为浅灰色中厚层晶质白云岩，局部含硅质结核。厚度104米。

亮甲山组（O_2l）：主要为浅灰黄色薄——厚层晶质含燧石条带白云岩和晶质白云岩。厚度120米。

中统（O_2）：为一套陆表浅海相碳酸盐——硫酸盐沉积建造，具有明显的旋回性和韵律性。河北省地质志将岩性组合划分为三组八段，从沉积相反映出3个大的沉积旋回，每个旋回均以海浸开始，沉积纯灰岩到海退蒸发相膏盐沉积终止。主要岩性为厚层生物碎屑灰岩、黑色致密灰岩、含白云质花斑灰岩、白云质灰岩、白云岩与硬石膏。

底部以含砾砂岩及内碎屑板状白云岩与下统分界。各含膏盐岩层靠近地表部分均风化淋滤而变为角砾状灰岩，且厚度明显变薄。全厚600～900米。

七、石炭系（C）：

地表无出露，隐伏于邢台市区西南南瓦窑——前留村一带和先贤一带，市区东及南部。另外在东沙窝有一小片隐伏于第四系之下。

下石炭统缺失，只有中、上石炭统，即本溪组和太原组。不整合于奥陶系之上。不整合面上有不稳定的赤铁矿或铁质页岩分布，向上变为铝土页岩，再上为砂质页岩、砂岩、页岩，夹灰岩6～8层，含煤7～8层，其中可采煤层5层。厚度120～150米。

八、二叠系（P）：

伴随石炭系地层分布，但面积小于石炭系地层。

下统：分山西组、下石盒子组二部分。

山西组（P_1s）：细砂岩、粉砂岩、页岩、铝土质泥岩含煤3～4层，可采煤层1～2层。以细砂岩与太原组分界。厚度50～70米。

下石盒子组（P_1x）：以一层含砾砂岩与山西组分界。下部为灰色砂质页岩、细砂岩，上部杂色页岩、石英砂岩，靠近中下部有一层瓷土矿。厚150～200米。

上统：分上石盒子组和石千峰组。岩性为含砾粗粒砂岩、中粒长石石英砂岩、杂色页岩夹鲕状铝土质页岩，顶部有一层淡水灰岩。厚约700米。

九、第三系（N）：

邢台市区处于山西台隆的东部边缘，地层是第三系中新统九龙口组，岩性为粗长石石英砂岩、长石砂岩、粉砂岩、泥岩夹灰绿色膨润土。为河流、湖泊相沉积。厚度10～100米。邢台市以东为华北断拗范畴，第三系地层岩性为长石石英砂岩、粉砂岩、泥岩、白云质灰岩、膏盐层。为湖泊相沉积。厚度数千米。

十、第四系（Q）：

遍布全区。第四纪以来曾有较长一段时间桥东区处于寒冷气候，在更新世有三次冰期。第一冰期形成了白马河北岸和羊范一带的灰白色冰积泥砾，厚度400余米。第二冰期形成为紫红色冰积泥砾，厚数十米。分布于邢台县南部丘陵地带。第三冰期形成的灰色冰积泥砾，残存于山区陆地上，厚度残缺不全。上部大面积覆盖有黄土状亚黏土，此层中在山区发现鸵鸟蛋，在百泉有大量披毛犀——古菱齿象动物群化石。

全新统以来气候变暖，为河流冲积、洪积砂砾石层堆积，最大厚度257.95米。东部断拗区为湖泊沉积。厚千米以上。

第二节 构 造

桥东区处于山西台隆与华北断拗两个Ⅱ级构造单元的交接地带，基本位于山西台隆太行穹断束的东部边缘内。东邻华北断拗的南和凸起构造区。

一、基底构造：

太古界和早元古界构成褶皱基底。经历数十亿年的漫长历史，曾有过无数次地质热事件发生，岩石遭受多次强烈变形变质作用，原岩面貌全非。而最后保留的构造形迹主要为走向北东，倾向北西的褶皱构造和不同方向的断裂构造。

褶皱：褶皱基底的总体褶皱形态为一走向北东，倾向北西的倒转背向斜构造。轴面产状较缓。次级褶皱构造由于多次构造变形叠加和每次作用应力的边界条件以及岩浆活动的不同，故构成形态复杂多变。初步分析放甲铺组三段与红鹤组一段可能为同一层位，两者属倒转向斜关系，并认为在红鹤组二段上部存在一北东向韧性剪切带，更老的石家栏组由北西向南推覆于红鹤组之上。

断裂：桥东区结晶基底表现了褶皱隆起和先褶后断的构造特征。结晶基底在褶皱隆起之后发生了断裂构造。主要有北东——北北东向和北西向两组，其次为北西和东西向断裂。后两组断裂具有断距小、延长远的特点，常被岩脉贯入，具铜矿化。

二、盖层构造：

中元古界、古生界地层覆于褶皱基底之上，由西向东依次分布。长城系、寒武系分布于邢台县中东部，寒武系分布于东部，奥陶系分布于县东部丘陵区和邢台市区。构造走向北东、北北东向，倾向南东的单斜构造层。构造的形成可能在晚元古代就已开始，是北东向古深断裂扭动活化结果，主要隆起形成于燕山运动。并伴随大幅度的升降运动而产生断裂构造。邢台——安阳深断裂断距达 3000 米以上。派生断裂发育。盖层表现有：北东向的皇寺——谭村断裂带；东先贤——羊范断裂带；邢台——留村断裂带，袁家庄——南大树断裂带以及北北西向的东沙窝——北张村断裂带；石相——官庄断裂带，构成了一系列断阶构造，使煤系地层得到保存或重复出现，邢东、邢北两块煤田即在两组断层形成的断块中保存下来的。

三、新生界——喜山期构造：

喜马拉雅运动在桥东区的表现以大型断裂下陷为特色。沿燕山运动的断裂构造活化，使山区和平原进一步分裂，从深断裂东西两侧新生界沉积特征，建造和厚度清楚地体现出新生界时期市境以东和以西地区的地层差别。

第二章 地 貌

桥东区属于华北平原，以平原为主，属于子牙河系的 4 条小河流经域内。

第一节 平 原

桥东区位于山西高原与华北平原过渡地带的冲积平原上。山前冲洪积平原，分布于低山丘陵前缘，由沙河、七里河的冲洪积扇组合而成，地形较为平坦，起伏不大，海拔高度40～100米，以1.5%～3.36%的坡降向东倾斜，由粘土、亚粘土及砂砾石层组成。有风成沙丘，分布于七里河与沙河二级阶地上，地形波状起伏，高出地面5～6米左右，主要由风积沙土组成。白马河、七里河、沙河发源于邢台市区西部山区由西向东横切山区流向平原。

第二节 河 流

桥东区的主要河流有牛尾河、小黄河、围寨河、七里河4条河流，属于子牙河系。由于降水年际、年内分配不均，汛期降雨集中，冬春干旱，水源不足，导致邢台市桥东区旱涝灾害频繁，甚至同一年内可交替出现旱灾及涝灾。

七里河

20世纪80年代以后投入大量的人力、物力、财力修建了大批农田水利工程，主要是机井建设及配套工程等，较大程度地改善了农业生产条件。小黄河、围寨河、七里河的改造治理，增强了桥东区的抗洪能力，改善了生态环境，有力地促进了经济社会的发展。

七里河发源于邢台县西后峪村，向东经南和、任县汇入大陆泽，河流全长68公里。流经桥东区约4公里。2006年6月15日七里河清障工作全面开始，七里河整治工程拉开序幕。

小黄河

牛尾河发源于邢台市城区北路达活泉一带多泉区，全长39公里，在城区东北高庄桥与小黄河汇流，流经桥东区约4.5公里。

小黄河发源于邢台县封山北麓，全长21.5公里，自西向东穿市而过，在城区东北角的高庄桥与牛尾河汇流，流经桥东区全长约4公里左右。由于小黄河以排污为主，经市有关部门决定从2002年4月开始对小黄河进行治理，优化环境。桥东区地域内的小黄河治理于2003年底全部完工，成为人们休闲、纳凉的好去处。

围寨河发源于市内桥西区西郭庄村，全长7公里，流经桥东区至大吴庄桥西北与牛尾河汇合，流经桥东区约6公里，主要也是排泄污水，从2006年初开始治理到年底全部完工。

围寨河

第三章　气　候

桥东区地处中纬度欧亚大陆东岸，属于温带大陆性季风气候，主要特点是四季分明、寒暑悬殊、春旱风大、夏热多雨、秋凉时短、冬寒少雪。

第一节　气候特征

桥东区高空盛行西风带环流，常受自西向东移动的高压（反气旋）和低压（气旋）影响。冬季全区位于蒙古冷高压的东南部，此时东部太平洋高压减弱退缩，南部印度洋气压亦较低，利于蒙古高压内的冷空气南下，因此，冬季全区盛行偏北风，天气寒冷干燥；春季蒙古高压势力减弱衰退，气旋和反气旋交替影响，高空槽脊活动频繁，当槽脊自西向东影响时，脊后槽前即可出现五六级左右的偏南风。春季空气中含湿量较小，因太阳位置北移，气温回升较快，从而形成春风大、增温快、干燥少雨的特点；夏季蒙古大陆高压衰退北移，东部太平洋副热高压势力加强并北移，全区盛行偏南气流，受暖湿气流影响，全区夏季高温高湿，多阴雨天气；秋季因太阳位置南移，太平洋气团逐渐衰退，蒙古高压的冷空气开始加强南下，冬季风逐渐代替夏季风的控制，当冷高压南下在河套附近停留变性时，全区均出现稳定天气，一般是天气晴朗，气温凉爽宜人。

桥东区的四季以每年3月到5月为春季；6月到8月为夏季；9月到11月为秋季；12月至翌年2月为冬季。

春季（3～5月），冷空气势力日趋衰退，气温回升较快，平均月增速度率7.0℃～7.4℃，季平均气温13.1℃～14.9℃；季降水量55～69毫米。4月份可闻雷声。5月下旬起有干热之感，雷雨天气开始增多，春季一般是干旱多风天气。

夏季（6～8月），因受副热高压的影响，温度高、湿度大，雨水增多。7～8月为盛夏，雨水集中，多大暴雨。7月下旬到8月上旬易出现洪涝灾害。个别年份，盛夏副高压控制，则久晴无雨，可出现36℃以上的高温天气。

秋季（9～11月），由于副高压减弱，蒙古高压开始活跃，气温明显下降，天气开始转凉，气温日差较增大，降水量减少。温、湿度适中。

冬季（12～2月），受蒙古高压的影响，盛行偏北风，天气骤暖骤寒，是寒潮出现的主要时期，常在冷空气过后，土壤开始封冻。降水稀少，寒冷干燥。2月中旬以后，土壤开始解冻。

第二节　日　照

桥东区日照较充足，属长日照区；全区年日照时数平均为2495.7～2599.5小时。日平均日照时数为6.8～7.1小时。

自1月开始日照时数逐月上升，至5月份达到最高值；6～7月日照时数逐降，8月又开始回升，9～10月为相对稳定阶段，11月又降，一般12月日照时数最少，日平均日照时数为5.1～6.4小时。

第三节 气 温

一、气温的分布

桥东区年平均气温的分布在11.7℃～13.4℃之间，全区最冷月在1月份，平均气温为-3.4℃，最热月在7月，平均气温为26.4℃，气温年较差29.8℃（最热月与最冷月之差值）。

从气温年较差分布看，一般在29℃～31℃之间，具有明显的大陆性季风气候的特征。

二、霜冻与无霜期

桥东区霜期、霜冻期平均5个半月左右，无霜期、无霜冻期均为6个月以上。霜冻初日平均出现在10月下旬，终日平均在3月底4月初。

三、地温

桥东区地温分布与年度变化与气温基本相同，年地温变化在±0.5℃～±10℃，年平均地温15℃左右。

地面温度年平均最高值出现在6月份，为29℃～32℃，比同期气温高5℃～6℃。最低低温出现在1月份，为-2.8℃～4.1℃。

地中温度变化和垂直分布随季节而变化，越往深处变化越小，市区20厘米年较差为27.8℃，而3.2米深处则为3.8℃，冬季土层越深温度越高，夏季则相反，低温最高值和最低值出现时间，也随深度增加而后移。20厘米最高和最低值出现在8月和1月，而3.2米深处温度的最高与最低值则出现在10月和3月，由地面到3.2米深度的极值点可相差一个季节。

四、冻土

最大冻土一般出现在1、2月份，深度可达50厘米左右，10厘米冻结日期一般在12月下旬至1月上旬，30厘米冻结日期一般在1月底2月初。解冻日期不等。

第四节 降 水

一、降水量

桥东区年降水量为466～611毫米，年平均降水量534.7毫米。

二、年、季降水量分布

从各季降水量分配特征来看，年内降水量主要集中在夏季（6～8月），一般在320～400毫米之间，约占全年总量的66%～70%，其次是秋季（9～11月），降水量在87～123毫米之间，约占总量的17%～20%，春季（3～5月）降水量在44～77毫米之间，约占年总量的9%～12%，冬季（12～次年2月）降水量最少在12～19毫米之间，约占年总量的2%～4%。

三、年、季降水量变率

全区年与年之间的降水相对变化率较大，全区在±21%～±33%，其中冬季相对平均变率最大，可达±100%左右的范围，而春、秋季也将在±70%左右，夏季相对平均变率最小，也普遍达±45%左右。

四、降水日数和强度

全区年降水日数分布在60～86天之间，平均4～6天有一次降水天气；6～8月降水日数约占全年的一半，平均2～3天有一次降水；7月降水日数最多，12月降水日数最少。降水日数的等级划分以小雨为最多，约占总降水日数的65%以上；中到大雨其次，约占总降水日数的30%左右；暴雨和大暴雨出现日数最少，仅占总降水日数的3%以下。由于全区降水量和降水日数各季分布悬殊，逐年相对平均变率偏大，因而往往造成易旱、易涝的气候特征。从近40年气候资料反映，连续无降水日数可达65～92天之间，其时间多集中于冬、春季。而最长连续降水日可达10天以上，一次连续最大降水量可达2052毫米。旱涝成灾的情况多次交替出现，呈春多旱、夏多涝的气候特点。

五、降雪和积雪

桥东区平均降雪期4个月左右，降雪以小雪为主。全区初积雪日为12月中旬，终积雪日为2月下旬，全区积雪日为15.5天，积雪一般在11～20厘米之间。

六、雾

桥东区雾日（指能见度小于1公里）年平均为16.7天，雾日的历年变化较大，有的年份雾日多达50余天，有的年份十几天。

雾在一年之间都可出现，冬季雾日最多，秋季次之，春夏季最少。

雾的日变化，因其成因不同，而有显著差异。辐射雾，常在晴朗、潮湿、微风天气的后半夜到日出前生成，日出后气温上升，则慢慢消失，持续时间较短，一般不过午。平流雾（亦称回流雾），雾区面积大，持续时间长，一天之内均可出现，但一般在中午前后，有减弱趋势。

第五节 地面气压

一、年平均气压

桥东区年平均气压为1001.3百帕，海拔高度在100～500米之间。受高纬度南下的高压控制，冬季气温低，平均气压高。夏季则相反，受蒙古高压衰退北移，大陆内部气温急剧升高，全区处于大陆低气压范围之内。

二、年气压变化

1月份气压最高，7月份最低。气压日变化，最高值出现在7～9月份，最低值出现在17～20时，日变差通常在2～3百帕之间。

第六节 风

一、风向的分布

桥东区全年冬季以偏北风为主，春夏秋均以偏南风为主。

二、风速

桥东区年平均风速为 2.4 米/秒，在逐月变化中，平均风速以春季最大为 2.9～3.3 米/秒，秋季最小 1.7～2.0 米/秒。

三、大风

年最大风速可达 20 米/秒以上，铁路沿线偏小也达 18 米/秒，年极值多出现在春季，以西北风为主。年大风日数分布东北部大于西南部。4 月份大风日数为全年之首，占全年 1/4 左右。

四、风向风速日变化

全区风向日变化在没有强天气过程影响时，四季早晨多北风，午后多南风，但各季偏北偏南的风向频率也随着季风环流的变化而变化。

邢台市市区各月大风平均日数表

月份 地点	1	2	3	4	5	6	7	8	9	10	11	12	年
邢台市桥东区	0.3	0.4	1.0	2.0	1.5	1.1	0.6	0.3	0.0	0.2	0.3	0.2	2.8

第七节　湿　度

桥东区平均水汽压 11.6 百帕，年平均相对湿度 64%。冬半年因受极地高压控制，水汽压在 2.8～8.8 百帕之间，平均相对湿度在 53%～68% 之间，夏半年由于东南季风的水汽输入，7～8 月水汽压可在 25 百帕以上，相对湿度在 75% 以上。水气压变化是 1 月最低，7 月最高，1～7 月为连续上升，7～次年 1 月是连续下降。相对湿度则：最低发生 4 月，最高在 7 月。

第八节　蒸　发

桥东区年蒸发量分布在 1623～2150 毫米。年内变化 6 月最大，1～2 月最小，与气温变化成正比。与邢台市的冬春干旱、夏湿多雨特点相吻合。

邢台市桥东区各月蒸发量统计表

月份 地点	1	2	3	4	5	6	7	8	9	10	11	12	全年合计
邢台市桥东区	45.2	65.0	144.1	233.6	298.2	312.1	217.7	175.7	154.2	120.4	72.2	46.4	1844.9

第四章　水　文

桥东区多年平均水资源总量 791.5×10^4m^3，人均水资源量为 34.4m^3，相当河北省人均水资源量 311m^3 的 11%，是水资源极度匮乏地区之一。另外，该区岩溶地下水资源量 1973×10^4m^3。

第一节　地表水

桥东区地表水资源主要来源于当地降雨和由降水产生的自产地表径流量。20 世纪 80 年代以来，由于人类活动影响加剧，流域下垫面条件等因素已发生了很大变化，导致平原区的地表水资源明显减少。桥东区多年平均地表水水资源量 143.3×10^4m^3。桥东区地表水蓄水工程 1 座，即大吴庄蓄水闸，多年平均地表水可供水量为 20×10^4m^3。

第二节　地下水

桥东区地下水包括百泉岩溶水系统和浅层地下水系统两部分，他们是现今工农业及生活用水的主要资源。

浅层地下水资源量的评价。总补给量减去井灌回归量为地下水资源量，主要补给量为降水入渗、山前侧向径流、地表水体入渗、井灌回归等水量，其中又以降水入渗为主。桥东区多年平均地下水水资源量为 706.9×10^4m^3。

桥东区目前地下水位埋深在 9～16 米之间，自西向东水位埋深逐渐变大。枯水年水位下降，丰水年或雨季过后，水位回升。

1994～2004 年桥东区地下水位埋深过程线

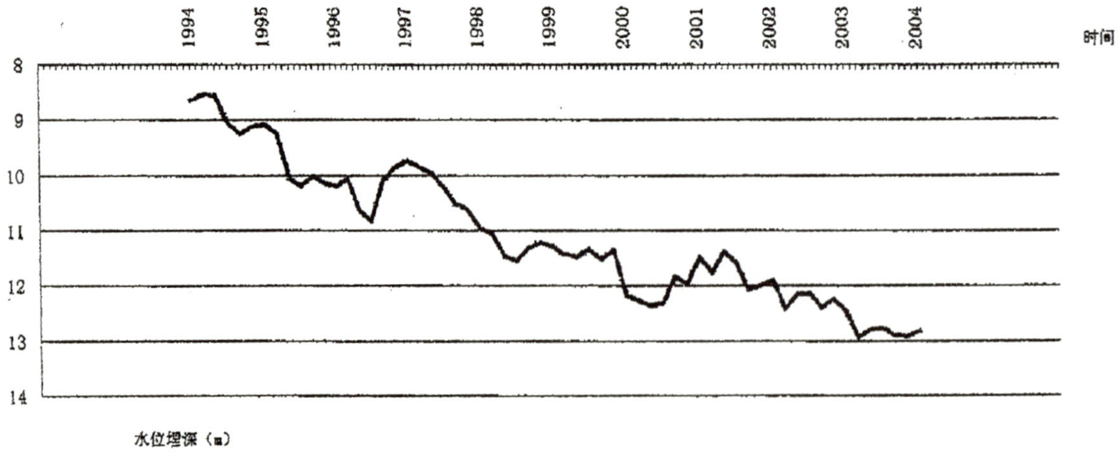

第五章 土壤 生物

桥东区的土壤大部分为地带性褐土，域内生物资源共有植物 6 个类别，动物 7 个类别。

第一节 土 壤

桥东区地处山西高原与华北平原过渡地带的山前冲积平原上。大面积土壤是地带性褐土，部分低平地分布潮土，小面积洼地分布草甸土和沼泽土。即沿七里河、沙河河床两侧河漫滩分布冲积褐土性土（含风积沙丘）和草甸褐土；京广铁路以东海拔 65 米以下低平地带分布草甸褐土，65 ~ 102 米倾斜平地分布石灰性褐土。

第二节 生 物

一、域内植物资源

主要是暖温带植物。人们在改造自然的过程中，不断选种、育种，丰富了植物成份。主要分为 6 类：粮油类、蔬菜类、瓜果类、花卉类、乔木类、野草类。

粮油类：小麦、玉米、谷子、高粱、芝麻、大豆、黑豆、红小豆、绿豆、向日葵、油菜、花生、红薯。

蔬菜类：葱、蒜、白萝卜、红萝卜、大白菜、洋葱、茄子、西红柿、包菜、青菜、芹菜、菠菜、丝瓜、辣椒、豆角、南瓜、冬瓜、土豆、香菜、空心菜。

瓜果类：西瓜、甜瓜、苹果、梨、杏、桃、樱桃、枣、葡萄、石榴、无花果、柿子、草莓、野酸枣。

花卉类：牡丹、芍药、月季、菊花、百日红、迎春花、吊兰、滴水观音、夜来香、橡皮树、兰花、仙人掌、夹树桃、女贞、龟背竹、扶桑、茉莉、绣球、玫瑰、腊梅、丁香。

乔木类：桐树、法国桐、杨树、柏树、柳树、榆树、槐树、椿树、桑树、皂角树、雪松。

野草类：猪毛草、狗尾草、茅草、白草、灰灰菜、黄蒿、马齿菜、苋菜、蒲公英、蟋蟀草、艾蒿、草蒿、蒺藜。

菊花

二、域内动物资源

主要有家养动物、野生动物、飞禽动物、爬行动物、水生动物、两栖动物和昆虫动物7个类别。

家养动物：牛、羊、骡、马、驴、狗、猪、猫、兔、鸡、鸭、鹅、鸽、金鱼。

野生动物：小家鼠、田鼠、野兔、狐狸、蝙蝠。

飞禽动物：喜鹊、麻雀、猫头鹰、啄木鸟、布谷鸟、燕子、乌鸦、八哥、画眉、鹦鹉。

爬行动物：蛇、壁虎、蜥蜴。

水生动物：鲤鱼、草鱼、鲢鱼、白条鱼、泥鳅、虾、蟹、黄鳝。

两栖动物：龟、青蛙、黑斑蛙、蟾蜍。

兔

昆虫动物：蚊子、苍蝇、跳蚤、臭虫、蚂蚁、蝴蝶、蜻蜓、蜜蜂、蚕、蝉、螳螂、蜘蛛、蜈蚣、蝗虫、蝎子、蜗牛、蚯蚓、飞蛾、蚱蜢、蟋蟀、瓢虫、天牛、蜣螂（屎壳螂）、土鳖、马蜂。

第三编
环境保护

邢台市桥东区自然环境较好。古城邢台，西依太行山，南北东皆为平原，处处有水，环城皆泉，历史上曾被誉为“百泉之城”。

20 世纪 70 年代以前，桥东城乡基本是自然经济。随着城市规模不断扩大，工矿企业快速发展，给邢台城乡带来了一系列的环境问题。污染事件不断发生，环境问题日益突出，生态环境开始遭到破坏，环境污染引起各级领导的关注和重视。桥东区于 1990 年 12 月成立桥东区环境保护监理站，在保护和改善环境方面做了大量的工作。对辖区水、大气、噪声进行了行之有效的污染防治，加大烟尘控制力度，截至 2006 年底，拆除 1 吨以下锅炉 150 台，投资 274.7 万元对工业废水、废气进行了治理，改善了辖区环境质量。同时，对辖区污染源进行了经常性的监督检查，有效控制了环境恶化的趋势，环境质量逐步好转。

第一章　环境状况

桥东区重视环境状况的监测和治理，根据市环保局对辖区水、大气、噪声等环境质量的监测数据分析，桥东区不断采取措施加大环境保护力度。至 2006 年，辖区水环境质量、大气环境质量以及声环境质量均得到有效改善。

第一节　水环境质量

桥东区有河流和较丰富的地下水。河流均为季节性河流，已受到工业污水和生活污水的污染。

一、地表水环境质量

流经桥东区的河流主要有围寨河、小黄河、牛尾河等。据邢台市环境保护局监测结果显示：围寨河于 1985～2006 年主要污染物 CODcr（化学耗氧量）有明显的下降，BOD_5（生化需氧量）比较稳定，其他指标不超标准，有机污染逐步减轻，水环境质量逐步得到改善；小黄河于 1985～2006 年 CODcr 有升高趋势，BOD_5 没有明显变化，有机污染较严重；牛尾河于 1985～2006 年 CODcr 呈下降趋势，BOD_5 数据稳中有降，河水环境逐步得到改善。

二、地下水环境质量

桥东区地下水分浅层地下水和深层地下水。据市环保局监测结果显示：1985～2006年，浅层地下水总硬度测值范围190.2毫克/升～630.6毫克/升，年平均值335.9毫克/升，超标率23.08%；硝酸盐氮测值范围1.52毫克/升～52.5毫克/升，年平均值9.83毫克/升，样品超标率19.23%；细菌总数测值范围35毫克/升～110个/毫升，年平均值56个/毫升，样品超标率3.8%。桥东浅层地下水水质良好，是较好的饮用水源。深层地下水水质优良，全部项目不超标，是很好的饮用水源。

第二节　大气环境质量

桥东区燃料以煤炭为主，大气环境主要是煤烟污染。此外，机动车尾气、生产中的工业废气以及大环境扬尘等均为污染源。

桥东区域环境受市大环境影响，大气中主要污染物为二氧化硫、氮氧化物、总悬浮微粒及烟尘。工业生产、城区建设和机动车辆的增加，排向大气的污染物也随之增加，大气环境负担加重。年空气质量随季节变化而变化，污染程度大小顺序排列为：冬季、春季、秋季、夏季。

第三节　声环境质量

1991年功能区改为特殊住宅区、居民文教区、一类混合区、二类混合区、工业集中区、交通干线两侧6个功能区。

据1982～2006年邢台市功能区噪声等效声级五年段平均值显示：2000年各功能区噪声除四类功能区噪声超过国家标准0.4分贝外，其他各类功能区噪声均低于国家标准，道路交通噪声超出桥东区噪声污染主要是生活噪声和商业噪声，其次是交通噪声。2005年，生活噪声占43.5%，道路交通噪声占21.3%，工业噪声占13.9%，施工噪声占8.3%，其他噪声13.0%。

2001年噪声达标覆盖率为79.6%，2002年为84.26%，2003年为81.4%，2004年为76.9%，2005年为80.6%属于轻度污染，适宜人群生活。

第二章　污染防治

1990～2006年，桥东区采取综合措施，开展了水污染防治、烟尘和噪声控制工作，进行了城市环境综合治理。同时严格执行环境保护的各项法律法规，治理污染源，对新建、扩建和改建工程实行“三同时”（污染防治设施与主体工程同时设计、同时施工、同时投产使用），关停了重污染源项目。通过防治结合、综合治理，使区域环境质量取得明显改善。

第一节　水污染防治

桥东区认真贯彻落实《中华人民共和国水污染防治法》，采取综合防治措施，进行水污染防治。

1995年，投入10.4万元，对2家熟料造纸厂、2家电镀废水厂进行治理验收。1996年，根据国务院［1996］31号文件要求，区政府取缔了辖区内1家电镀厂和2家生料造纸厂，关停了13家电镀车间。1999～2000年，为确保圆满完成“一控双达标”任务，共投入环保治理资金46.3万元对雅洁造纸厂、市东郭村纸制品厂等4家造纸厂进行污水治理，达标率95%。2000年，对市织布厂、市五一小五金厂、市顺德纸业股份合作公司3个单位下达了停产、限期治理通知。2004年，申请省级专项治理资金30万元进行污水治理，重点对邢台古邢阿胶有限公司等企业排放的污水进行整治，从而改善了水环境质量。

第二节　大气污染防治

1996年，桥东区加大对大气污染力度，要求将吨位0.5以上的卧式锅炉安装除尘装置，必须使用省环保部门认可的高效多管除尘器。1997年，对13家22台窑炉、大灶进行治理，达标率90%。2000年，督促市酿酒厂、区镁钡化工厂等4家企业投入30万元进行烟尘治理。2001年，区镁钡化工厂投入28万元采用电子除尘法，烟气除尘效果良好，达到环保要求。2003年，按照市政府关于推行清洁能源的要求，在辖区61家企业改烧清洁能源，拆除1吨以下锅炉150台，并申请省级专项资金30万元对市吉泰特型钢厂进行烟尘治理，达到了国家规定的排放标准。2005～2006年，结合“创建省级环保模范城”总目标，加大辖区工业企业、洗浴业、餐饮业、建筑业的烟尘污染排查力度，对取缔“四小”工作中涉及桥东区域的37家小煤厂和25家小作坊依法关停取缔，使大气环境质量明显提高。

第三节　噪声控制

1990～2005年，桥东区政府采取强力措施控制商业噪声、交通噪声、工业噪声及建筑噪声。夜间出动2000余人次，拆除高音喇叭90余个。同时，禁止一切机动车辆（执行任务的消防车、救护车、工程抢险车、警备车除外）鸣喇叭，对区域内30余家企业噪声设备采取加隔离墙等密闭的措施等，使城区噪声明显下降。2005年，对沿街20余个防盗门加工点进行搬迁、关停。对建筑施工高噪声设备则采用限制作业时间的方法，最大程度地减少对周围环境的污染。2004～2006年中、高考期间，在桥东考点500米之内的建筑工地一律停工，为广大考生创造一个良好的休息、应考环境。

第四节　固体废物处理

桥东区的固体废弃物主要是锅炉炉渣、工业废渣、建筑垃圾等，这些固体废物均为露天堆放，逢暴雨，有害物质随地表水流入河渠或渗入地下，污染水体。20世纪90年代后期桥东区建立了封闭式垃圾中转站，生活垃圾定时运往垃圾处理场，减少了露天堆放的污染。桥东区的锅炉炉渣、工业废渣主要用于建筑保温防热材料，部分用于墙体砖建筑材料，运往垃圾处理场的不到总量的5%。建筑垃圾均运往垃圾处理场进行处理。

第五节　环境综合治理

1990～1996年，桥东区逐步进行了环境综合治理，采取更换低硫燃煤，更新环保型燃煤锅炉，加强污染防治等措施，环境治理取得了初步成效。1997～2006年，桥东区加强对城市环境的综合治理工作，区城建、环保、工商、公安等部门联合行动，齐抓共管，道路两侧空地宜绿则绿，消灭黄土裸露，减少了扬尘对大气的污染，降低了空气中的烟尘浓度；加大油烟治理力度，2006年有12家大型饭店安装油烟净化设备，达到国家规定的油烟排放标准。2000～2006年，狠抓“露天烧烤”，取缔90余家流动摊点，10余家规范入棚进室。从2000年开始，夏、秋两季禁烧农作物秸秆成为区政府的一项重要工作，区、乡、村三级成立禁烧秸秆领导小组，层层签订责任书，实行计划管理。环保局成立桥东禁烧办公室，统一监管，指导秸秆还田，杜绝了秸秆焚烧对环境的污染，有效地保护了城乡生态环境，促进了辖区环境质量的改善。

第三章　环境管理

桥东区在环境保护监理工作中，始终严格贯彻执行国家环境保护有关法律法规。区环境保护局承担着对全区进行环境监察、环境宣传、立项审批等职责。提倡绿色消费，倡导环保产业，推广清洁生产，为桥东区经济的健康发展保驾护航。

第一节　管理机构

1990年12月，桥东区成立环境保护监理站，为股级全民事业单位，隶属区城乡建设环境保护局，定编3人，经费在筹建期一年内由市环保局拨款，一年后实行差额补助。

1997年9月，区环境保护局升格为正科级事业局，定编30人，下设办公室、管理科、监理站、监测站、执法大队5个科室。2004年10月，桥东区环境保护局上划邢台市环境保护局垂直管理，更名为邢台市环境保护局桥东分局，编制25名，下设综合业务办公室和环境监察大队2个科室。

第二节　环境监察

邢台市环境保护局桥东分局，承担着全区环境监察任务，对辖区排污单位执行国家环境保护法律法规情况、污染源排放污染物情况、污染源治理情况以及其他可能造成污染的行为进行经常性和阶段性的监管、检查，在一定程度上减少和控制了环境污染和生态恶化的趋势。

1997年，桥东区环境保护局按照区属企业规模大小、排污种类和排污量，实行年度申报，开展对区域内排污单位进行排污申报登记工作，初步完成21个区级单位的排污申报工作。1999年，排污申报工作全面展开，环保局依法对辖区单位进行排污登记，共计申报120家，较好地掌握了辖区排污单位的分布和排污状况，为进一步规范化管理提供了依据。

全区环保执法人员采取分科划片包企业的办法，加强环境监管的力度，预防个别单位重经济轻环保，以至污染环境的行为发生。执法人员定期不定期对重点排污企业进行督察，确保污染防治设施正常运转。同时，对建设项目“三同时”执行情况进行了检查，对超标排放污染物行为进行了查处。2006 年，处理噪声扰民案件 5 起、大气污染 7 起、露天烧烤 10 起。

桥东区环保局严格贯彻执行《中华人民共和国排污费征收管理办法》，1990 年始，对辖区排污企业开征了排污费。1990～2006 年共征收排污费 200 余万元，为污染防治工作的开展奠定了基础。

第三节　建设项目管理

桥东区严格按照《中华人民共和国环境保护建设项目管理条理》和《河北省环境保护建设项目管理条理》立项审批，严格“三同时”制度，严把审批关，确保“环保第一审批权”落到实处。倡导环保产业，推广清洁生产，推广使用清洁能源。在审批过程中，对不符合国家产业政策的不批，国家明令禁止的不批，违反“三同时”制度的不批，对节能、降耗、少污的项目给予大力支持。

1996～2003 年，对新上 72 个项目均填写环境影响登记表，并按程序进行了审批。在 2004～2005 年建设项目执法检查专项行动中，对 8 个项目给予审批，对 17 家违反“三同时”制度的企业补办环保手续，并给予行政处罚。

2003 年，协助鸿昌实业有限公司完成金属钕和永磁材料 2 个项目的环境影响评价工作。该企业是桥东区支柱企业，与中国稀土材料国家工程研究开发中心达成意向，投资 2000 多万元合作开发此高科技项目，投产后将填补省内空白。环保局高度重视，积极组织有关专家研究论证，经市环保局审批后及时呈报省环保局。

第四节　环保宣传

桥东区大力宣传国家环境保护的政策、法律法规，每年在学校、乡村、社区和企业等不同地点多层次多方位进行环境宣传，利用制作展板、悬挂条幅、发放各种宣传资料等形式，广泛开展丰富多彩的宣传教育活动。截至 2006 年底，出动宣传车辆 500 余次，人员 3000 余次，发放宣传资料 30000 余份，使广大公众的环保意识得到了较大提高。

争做环保“绿巨人”宣传活动

2000 年，桥东区举办了两期环保培训班，培训主要对象是各排污企业的厂长经理和乡、办有关人员，使他们学习环境法律法规，进而知法、懂法，加强污染防治力度，有效地推进了“一控双达标”工作。2003 年，在全区中小学开展创建“绿色学校”和评选“绿色小卫士”活动，市逸夫小学、马路街小学被评为“绿色小学”。2004 年，在“六五”世界环境宣传日和“12·4”法制日中开展大规模的法宣活动，发放宣传资料 2000 余份，受理并查处环境行政违法案件 10 起。2005 年，在全区开展“十、百、千”活动中，南康庄、碾子头、五里铺、胡家庄等 5 个自然村发展为环境宣传教育工程试点；在创建“五绿”活动中，桥东区对新西街社区、马路街小学、杭粤情饭店等 5 个单位进行了表彰命名。2006 年，在“十、百、千”活动中，拐角村、北陈村被发展为环境宣传教育工程试点；在全区开展“村村有标语、主要路口有标牌”环境宣传活动，大力倡导绿色消费、绿色社区，宣扬人与自然和谐共处的环境理念，增强广大群众的环境意识。

第四编　人　　口

随着改革开放的深入和行政区划的调整，桥东区城市规模不断扩大，人口机械增长率不断提高，从1980年至2006年末，人口数量平均年增长率为2.3%。2000年第五次全国人口普查显示，人口性别比为97.68，女性略高于男性；人口的平均寿命、文化程度有一定的增长和提高。

第一章　数量与分布

1980～2006年，桥东区人口数量和分布经历了3个阶段。1980～1987年，人口分布在4个街道办事处，1987年总人口为14.5万人。1988年桥东区增加东郭村乡、大梁庄乡，人口由14.5万增加到17.7万，分布在2个乡和4个街道办事处。至1998年人口为20.6万人。1999年，成立开发区，从桥东区大梁庄乡划出5个村，至2006年末，全区总人口为23.6万人。

第一节　人口数量

桥东区是邢台市的老城区，由于城市规模的扩大和行政区划调整等原因，人口数量从1980年末的130732人增长到2006年236666人，增长了81%。人口数量的增加，除由人口的出生和死亡引起的自然变动外，更重要的是由人口的迁出、迁入引起的机械变动。

人口普查宣传

1980～2006 年桥东区人口统计表

年份	总户数（户）	总人口（人）		
		合计	男	女
1980	31439	130732	69421	61311
1981	30466	124085	67670	56415
1982	33198	128419	70291	58128
1983	39634	131981	70478	61503
1984	35539	134551	71876	62675
1985	38924	136585	72924	63661
1986	42151	143132	75839	67293
1987	42932	145108	76985	68123
1988	55111	177737	91490	86247
1989	57957	181121	93198	87923
1990	56638	180717	90077	90640
1991	57143	183354	93503	89851
1992	61157	191360	97478	93882
1993	61107	194558	98624	95934
1994	61609	196841	99428	97413
1995	62837	201641	102063	99578
1996	65423	201934	103352	98582
1997	66428	204668	104864	99804
1998	67084	206066	105306	100760
1999	67294	205802	104895	100907
2000	70622	216474	109274	107200
2001	69482	221586	111666	109920
2002	72242	225872	113461	112411
2003	73657	228728	114764	113964
2004	74608	232039	115955	116084
2005	76179	236847	118148	118699
2006	82295	236666	116867	119799

第二节　人口分布

桥东区于 1980 年建区时辖南长街、西门里、北大街、西大街 4 个街道办事处，后于 1988 年由郊区划入一部分村组建东郭村乡、大梁庄乡，管辖面积由 11 平方公里，增大到 37.11 平方公里，至 2006 年末，桥东区政府辖 4 个街道办事处、2 个乡。1999 年，成立开发区，从桥东区大梁庄乡划出 5 个村，面积减少到 33.87 平方公里，但 4 个街道办事处、2 个乡的格局未改变。

桥东区地域人口分布表

单位：人

年份 / 乡(办)	1981	1985	1990	1995	2000	2005
西大街办事处	37297	37906	42187	46033	50086	50656
西门里办事处	35617	37519	40371	44372	46434	46414
北大街办事处	23890	27303	31466	33911	36390	37683
南长街办事处	27281	33866	38145	46374	53973	70955
东郭村乡			13652	14740	16022	14111
大梁庄乡			14896	16211	13569	17028

第二章　人口构成

人口构成分年龄构成、性别构成、民族构成、文化程度构成等。

第一节　年龄构成

2000年第五次全国人口普查显示，桥东区居民50岁以后，性别比开始呈不断下降趋势，男性所占比重越来越低。

2000年第五次全国人口普查桥东区分年龄性别人口统计表

年龄别	人　口　数（人）			占总人口数的百分比（%）			性别比（女＝100）
	合　计	男	女	小　计	男	女	
总　计	219201	108316	110885	100	49.41	50.59	97.68
0～4岁	13820	7273	6547	6.3	3.32	2.99	111.09
5－9	10391	5297	5094	4.74	2.42	2.32	103.99
10－14岁	16054	8151	7903	7.32	3.72	3.61	103.14
15－19岁	25029	11311	13718	11.42	5.16	6.26	82.45
20－24岁	18589	8559	10030	8.48	3.9	4.58	85.33
25－29岁	22336	10960	11376	10.19	5	5.19	96.34
30－34岁	21801	10933	10868	9.95	4.99	4.96	100.6
35－39岁	19769	10284	9485	9.02	4.69	4.33	108.42
40－44岁	17453	9045	8408	7.96	4.13	3.84	107.58

年龄别	人　口　数（人）			占总人口数的百分比（%）			性别比（女=100）
	合　计	男	女	小　计	男	女	
45-49岁	16014	8297	7717	7.31	3.79	3.52	107.52
50-54岁	11464	5587	5877	5.23	2.55	2.68	95.07
55-59岁	7691	3715	3976	3.51	1.69	1.81	93.44
60-64岁	7209	3505	3704	3.29	1.6	1.69	94.63
65-69岁	5238	2556	2682	2.39	1.17	1.22	95.3
70-74岁	3397	1652	1745	1.55	0.75	0.8	94.67
75-79岁	1853	806	1047	0.85	0.37	0.48	76.98
80-84岁	769	293	476	0.35	0.13	0.22	61.55
85-89岁	244	77	167	0.11	0.04	0.08	46.11
90-94岁	71	15	56	0.03	0.01	0.03	26.79
95-99岁	7		7				
100	2		2				

第二节　性别构成

1990~2000年，桥东区人口性别构成略有下降，但基本平衡。

桥东区人口性别比统计表

	总人口（人）	男		女		性别比（女=100）
		人数（人）	占总人口的（%）	人数（人）	占总人口的（%）	
第四次全国人口普查（1990年）	184650	94395	51.12	90255	48.88	104.59
第五次全国人口普查（2000年）	219201	108316	49.41	110885	50.59	97.68

第三节　民族构成

桥东区的民族构成以汉族为主。1990年全区有15个民族，其中汉族人口179854人，占全区总人口的97.4%；少数民族人口为4796人，占全区总人口的2.6%。少数民族中回族有4501人，占少数民族的93.8%。

2000年全区有19个民族，其中汉族214260人，占全区总人口的97.7%；少数民族人口为4941

人，占全区总人口的 2.3%。少数民族中回族有 4452 人，占少数民族的 90.1%。

桥东区分民族人口统计表

单位：人

民　族	1990 年（四普）	2000 年（五普）
总计	184650	219201
汉族	179854	214260
蒙古族	10	45
回族	4501	4452
藏族	3	6
维吾尔族		6
苗族	4	9
彝族	2	3
壮族	28	31
布依族		1
朝鲜族	28	33
满族	206	313
瑶族		4
白族	1	
土家族	1	18
哈尼族		2
傣族		2
畲族		1
仫佬族		2
羌族	3	8
锡伯族	5	5
艾族	3	
外国人加入中国籍	1	

第四节　文化程度构成

1990 年，全区人口中具有大专以上（含大学）文化程度的 8259 人，占总人口 4.47%；具有高中（含中专）文化程度的 34321 人，占总人口 18.59%；具有初中文化程度的 63867 人，占总人口 34.59%；具有小学文化程度的 44215 人，占总人口 23.95%。

2000 年，全区人口中具有大专以上（含大学）文化程度的 18996 人，占总人口 8.67%；具有高中（含中专）文化程度的 60393 人，占总人口 27.55%；具有初中文化程度的 79158 人，占总人口 36.11%；具有小学文化程度的 34638 人，占总人口 15.8%。

1990～2000 年，桥东区人口的文化状况有了较大变化。大专及以上和高中及中专文化程度人口增长近 2 倍，其占总人口的比重分别由 4.47% 上升到 8.67%，18.59% 上升到 27.55%。初中文化程度变化不大，小学文化程度比重由 23.95% 下降至 15.8%。

桥东区人口文化程度统计表

	大专及以上		高中及中专		初中		小学	
	人数（人）	占总人口比重（%）	人数（人）	占总人口比重（%）	人数（人）	占总人口比重（%）	人数（人）	占总人口比重（%）
第四次人口普查（1990 年）	8259	4.47	34321	18.59	63867	34.59	44215	23.95
第五次人口普查（2000 年）	18996	8.67	60393	27.55	79158	36.11	34638	15.8

2000 年全区人口中，15 岁及 15 岁以上文盲人口为 9206 人，与 1990 年比较，比例由6.42% 下降为4.2%。

桥东区 15 岁及 15 周岁以上文盲人口统计表

	总　人　口（人）	15 岁及 15 岁以上文盲人口（人）	占总人口比例（%）
第四次人口普查（1990 年）	184650	11863	6.42
第五次人口普查（2000 年）	219201	9206	4.2

第三章　人口变动

1980～2006 年，桥东区人口增长受机械增长和自然变动的影响，不断变化。人口机械变动受国家实行改革、开放和大力发展社会主义商品经济，进城经商、做工等政策影响，呈大起大落态势。市区人口自然变动比较平稳，起伏幅度不大。

第一节　自然变动

随着育龄人口下降和计划生育工作的深入，人口增长不断得到控制，出生率逐年呈下降趋势。由于人们的生活水平不断提高，死亡率也呈逐年下降趋势。1980～2006 年，桥东区累计出生 64460 人，累计死亡 16427 人．累计自然增长 48033 人。

1980～2006年桥东区常住人口自然变动统计表

单位：人

年份＼人口	出生			死亡		
	合计	男	女	合计	男	女
1980	1836			504		
1981	2652			599		
1982	3013			515		
1983	1927			433		
1984	1593			428		
1985	1574			642		
1986	2132			550		
1987	2192	1114	1078	559	345	214
1988	3774	2014	1760	560	317	243
1989	3032	1556	1476	607	354	253
1990	2866	1453	1413	858	470	388
1991	2194	1176	1018	571	335	236
1992	2387	1178	1209	591	332	259
1993	1834	940	894	329	195	134
1994	2614	1313	1301	693	409	284
1995	2608	1303	1305	322	187	135
1996	2609	1330	1279	305	194	111
1997	2290	1139	1151	378	220	158
1998	2169	1158	1011	802	447	355
1999	2276	1153	1123	1354	843	511
2000	4650	2210	2440	1028	580	448
2001	1923	958	965	564	312	252
2002	2378	1195	1183	582	315	267
2003	1902	966	936	466	267	199
2004	1676	873	803	713	395	318
2005	2101	1081	1020	782	433	349
2006	2258	1179	1079	692	387	305

第二节　机械变动

1980～2006年，桥东区受招工、毕业分配、农民进城经商等因素影响，桥东区人口多以迁入为主。27年间累计迁入161336人，累计迁出115187人。

1980～2006年桥东区人口迁移统计表

单位：人

年份	迁入	迁出	年份	迁入	迁出
1980	6559	3380	1994	2881	1858
1981	5134	5311	1995	5739	3154
1982	5744	12431	1996	8923	10519
1983	4316	3048	1997	7177	6099
1984	3506	2008	1998	9191	7603
1985	3932	2820	1999	2379	1316
1986	6663	2018	2000	10067	1486
1987	3300	2723	2001	6297	2082
1988	4662	1893	2002	5578	2436
1989	4680	3111	2003	6577	5157
1990	2810	4892	2004	11734	9368
1991	4107	2761	2005	10210	5530
1992	9053	2647	2006	6649	7636
1993	3468	1900			

第三节　人口流动

2001年以前，流动人口以“三工四队”（临时工、合同工、搬运工，建筑队、搬运队、运输队、安装队）为主。1980～1997年，全区每年流动人口数量约5000人左右。1998～2006年，随着改革开放的日益深入，人员大流动的特点日益呈现出来，这个时期，流动人员所从事的职业种类较多，主要成分以务工为主，包括企事业单位临时工、饭店服务员、建筑工地农民等，还有一个主要成分是经商人员。这个时期全区流动人口每年约有11000人左右（有登记的），同时还有大量未登记的人口。

第四章　计划生育

1980～2000年，桥东区计划生育工作处于严格控制人口增长，降低生育水平时期，工作方式以行政干预、经济处罚为主，经常开展突击活动，工作方法较为简单。进入21世纪，中共中央、国务院颁布了《关于加强计划生育工作稳定低生育水平的决定》，计划生育工作步入新的发展时期，依法管理、村（居）民自治、优质服务、政策推动、综合治理成为新时期人口计划生育工作的新机制。全区计划生育工作经历了一个严格控制人口增长到稳定低生育水平的发展过程。

第一节 生育政策

1980 年 9 月 25 日，中共中央发表了《关于控制我国人口增长问题致全体共产党员、共青团员公开信》后，区委、区政府号召全区广大党员干部积极响应，提倡一对夫妇只生育一个孩子。规定已有一个孩子的育龄妇女，凡适合条件的都应采取节育措施，对已有两个和两个孩子以上的育龄夫妇，除长期避孕有效即将退出育龄期和夫妇双方有禁忌症的以外，动员夫妇一方采取节育手术。为此，每年开展计划生育宣传教育活动和全区性的以落实节育为重点的突击活动。

1997 年后，依据修改的《河北省计划生育条例》规定，一对夫妻只生育一个子女；符合照顾再生育条件的，生育妇女的年龄必须在 28 周岁以上，生育间隔必须在 4 年以上；年龄在 30 周岁以上的，缩短生育间隔。2002 年，国家颁布实行了《人口与计划生育法》，鼓励公民晚婚晚育，提倡一对夫妻生育一个子女；符合法律、法规规定条件的，可以要求安排生育第二个子女。2003 年以后，依据《河北省人口与计划生育条例》，对全区育龄夫妻生育第一个子女实行免费登记制度；符合照顾再生育条件的妇女再生育时的年龄应当在 26 周岁以上，生育间隔应当在 4 年以上；年龄在 28 周岁以上的，可以缩短生育间隔。计划生育工作进入了坚持以人为本、采取综合措施、控制人口数量、提高人口素质，促进人口与经济、社会、资源、环境协调发展时期。桥东区认真执行《中华人民共和国人口与计划生育法》、《社会抚养费征收管理办法》、《河北省人口和计划生育条例》规定的生育政策，对独生子女父母奖金由每月 7 元提升到 10 元，少数经济效益好的单位增加到 20 元；对符合《条例》第十九条规定可以生育第二个子女而自愿不再生育的夫妻，分别给予不低于 1000 元的一次性奖励；独生子女父母是国家工作人员、企业事业单位职工的，退休时分别给予不低于 3000 元的一次性奖励；对 122 名农村独生子女在参加河北省中考、高考时，给予了增加 10 分的照顾。为深化计划生育利益导向机制，出台了《邢台市桥东区计划生育救助公益金管理办法》，对 24 个独生子女伤亡家庭或困难家庭给予了总计 64000 元的救助金，对 38 名农村独生子女户、双女户父母分别给予了每年 600 元的扶助金。2006 年，建立了 5 万元的“关爱女孩基金”，组织了两次专项清理独生子女父母底数活动，按《条例》落实独生子女父母奖金 158 万元。经过多年努力，桥东区计划生育工作实现了由强制节育生育向政策干预、经济制约与利益导向相结合方法的转变，计划生育基本国策已深入人心。

第二节 计生管理

20 世纪 80 ~ 90 年代，桥东区大力倡导“一对夫妇只生一个孩子”，严格控制人口增长，实行人口与计划生育目标管理责任制，将计划生育工作纳入各级党委、政府重要工作日程。1994 ~ 1996 年人口出生率控制在 6.3‰以内，连续 3 年在邢台市计划生育年终考核中名列前茅。1998 年，实行计划生育属地管理后，由于计生管理水平与计生管理模式不相适应，工作出现下滑。2001 年，大梁庄乡计划生育工作被市计生领导小组黄牌警告。2002 年，区委、区政府调整充实计划生育局领导班子和乡办计生主任岗位；2003 年对全区 100 个村（居）委会逐个验收排队；2004 年开展党员干部计划生育清理整顿；2005 年对特殊人群进行计划生育集中整治，率先在全省推行现居住地管理，流动人口和村（居）民自治经验在全省交流。区人口和计划生育局狠抓行风建设，每年公开计划生育服务承诺，树立了良好的行业形象，被评为 2004 ~ 2005 年度区、市级文明单位。2005 年桥东区被市委、市政府评为“计划生育集中整治先进单位”，跨入一档县管理；2006年，计划生育工作保持了一档县管理水平，出生求实率进一步提高，被市计生委授予“出生统计求实奖”。

一、常住人口管理

对常住人口育龄妇女的计生管理，坚持区、乡（街道办事处）、村（居）委会、企事业单位党政主要领导亲自抓、负总责，实行责任目标管理和“一票否决”制度。每年初由区委书记、区长与乡、办事处以及公安、工商、民政、卫生、人事劳动等18个综合治理部门签订计划生育目标管理责任书；半年、年终依据目标责任书要求进行考核评比，表彰先进，兑现奖惩。乡、办事处与所辖各单位和村、居委会签订计划生育合同。各单位成立计生组织，使计生工作自上而下层层有人抓，层层抓落实。

20世纪80年代以后，本着“宣传教育为主，避孕为主，经常性工作为主”的方针，采取多种形式走上街头，深入住户，进行政治宣传、理论讲解、知识教育。为控制人口过快增长，严格二胎生育审批手续，每年抽调区直机关干部参加计划生育突击检查活动。1988年，开展“六查”（早婚早育、超计划生育、计划外怀孕、落实节育措施、兑现超生罚款、婚育问题弄虚作假等不正之风）活动，成效显著，在全国计划生育抽样调查中被评为全国先进单位。1993年，开展了以意外孕补救为重点的活动。1994年，全区集中精力大打计生工作翻身仗，开展“争先、升位、夺奖”活动，实行了直查直处工作方法。对全区41个村进行了逐个摸底，查阅户口底帐，核实育龄妇女人数，建立健全了省统一规定的“六账一卡”（结婚账，人口计划账，怀孕、出生及补救账，节育手术账，死亡账，季普查账和已婚育龄妇女卡）；推行了村级月报告单制度；健全乡（办）、村（居）、组三级计划生育组织网络，建立了计划生育展览室、人口学校和活动室，统一规范了12项计生工作制度。特邀市计生委和市人调队对问题较多的41个村进行再次拉网检查，抽调机关干部70人，分成10个小组，对141个居委会进行检查。1996年，实行了计划生育工作思路和工作方法的“两个转变”（即由孤立地就计划生育抓计划生育向与经济、社会发展紧密结合，采取综合措施解决人口问题转变；由以社会制约为主向逐步建立利益导向和社会制约相结合，宣传教育事业的综合服务、科学管理相统一的机制转变），推行了计划生育“三结合”（即计划生育与发展经济相结合，与帮助群众勤劳致富奔小康相结合，与建设文明幸福家庭相结合）。成立了农村计划生育“三结合”工作领导小组，农业、卫生、民政、公安、科技等20个区直部门结合工作职能，制定了对农村计划生育家庭的优先优惠政策。自1996年开展“三结合”至1998年，共帮扶计生户2309人、技术培训215次、提供致富项目12种、投入帮扶资金10万元。1998年，实行了计划生育“属地管理体制”，所有驻区单位、空挂户、人户分离、下岗、待岗等特殊人群归属全区计生管理范围。全区人口出生得到有效控制。

2002～2006年，区委、区政府采取一系列措施大打计划生育翻身仗，确立了“晋档升位”的奋斗目标。按照“属地管理、单位负责、社区服务、居民自治”的原则，制定实行了《邢台市桥东区人口与计划生育工作管理办法》、《关于加强计划生育工作的决定》、《关于特殊人群和流动人口计划生育管理的暂行规定》、《关于实行现居住地管理的暂行规定》、《关于人口与计划生育工作考核奖惩办法》。2004年，通过开展党员干部和国家工作人员计划生育清理整顿活动，共清理515个属地单位和村、社区，清理党员干部和国家工作人员36177人，查处违法生育46人，举报110起（其中15起不实），给予党纪、政纪处分7人，征收社会抚养费32万余元。2004年，全面清理城市特殊人群，解决已婚育龄妇女严重漏统、漏管问题，入户登记59000余户，新增管理对象7163人，新增流动人口1604人，查出外生外孕71例，收缴社会抚养费25万余元。2005年，区委、区政府制定出台了《2005年度计划生育工作奖惩办法》，加重了各级各部门“一把手”的计生责任和奖惩，对7个计划生育集中整治先进单位和区级计生专干给予总计3万元的重奖；对出现严重问题的东郭村乡柴庄村领导班子给予了“一票否决”；处理国家干部政策外生育 2 人，处理年度内政策外生育 62 人；因政策外生育开除党籍 2 人；因工作不力给予党内警告处分的村干部 6 人；对提拔的 39 名科级干部全部严格审查了计生情况。通过深化计划生育集中整治，2005 年清理漏登记漏管理已婚育龄妇女 1805 人，其中常住人口 1625 人，流动人口 180 人，清理出生漏报 261 人，征收社会抚养费 180 万元。2006 年，全面推行月通报、季评比、半年一考核、年终一总评的考核机制和现居住地管理体制。对育龄妇女小组长实行“五月”管理模式（月访视、月发薪、月培训、月报表、月考试），实现统一定岗、统一管理、统一培训、统一奖惩。规范文书档案管理，实现了全区 48611 名已婚育龄妇女全面合同化管理。同时，在市级报刊向社会公开并认真落实计划生育八项服务承诺，建立“行政权力公开栏”，各乡、街道办事处共投资 10 万余元建立计划生育政务大厅，对违反计生政策的钉子户依法由法院强制执行，强制执行结案 16 起，征费 21 万余元，接受群众来信来访工作，结案 14 起。

2006 年按《河北省人口与计划生育条例》奖励救助计划生育对象 6 人，救助独生子女伤残困难家庭 12 户，持《独生子女父母光荣证》且子女不满 18 周岁的独生子女父母人数为 21318 人，落实独生子女父母奖金 158 万元。

二、流动人口管理

20 世纪 90 年代，桥东区建立了流动人口“五账一卡”（流出登记账，流入登记账，育龄妇女普查账，出生登记账，外生、外孕登记账，已婚育龄妇女卡片），实行了以居住地管理为主的方法，区级成立了由计生、公安、劳动就业等部门人员组成的流动人口管理办公室，乡、办事处成立了流动人口管理站，区、乡（办）计生部门配备流管员，专人负责，签订合同、统一管理、统一收费，严把验证关。

随着市场经济发展，桥东区商贸繁荣，流动人口逐年大量增加，对流动人口的计生管理纳入日常规范管理。2002 年开始，将流动人口管理作为城区计生工作重点，创新流动人口管理和服务模式。每年开展专项清理，加大日常清理和查处力度，管理对象由 2002 年的 1800 人，增加到 2006 年的 13029 人，其中已婚育龄妇女 5461 人。以《邢台市流动人口计划生育管理工作规范》为指南，制定了流动人口计划生育分级档案标准，规范了管理（包括用工单位、集贸商场、经营性场所）；乡级、村级按要求设置了档案资料、账卡表册，并做到了填写齐全、使用规范。转变工作观念，由被动变主动，提出了各县到市区集中办理流动人口婚育证明活动，2004 年至 2006 年，桥东区计生干部上门为流动人口提供办证服务 5124 人，提供计生健康服务 21074 人次，向市内各县户籍地信息交流 4141 人，反馈流动人口信息报告单和避孕节育措施报告单 7094 人次，外生外孕 36 人，跨省际人员信息平台交换 321 人。在全省率先推行现居住地管理。制定出台了《关于计划生育实行现居住地管理的意见》，对流动人口全面实现居住地管理。在管理上开始突出“居住地管理，居民化服务”特点，创建了 18 个流动人口“双居工程”示范点，在账卡管理、宣传氛围、优质服务等方面均达到省市要求标准，使流动人口持证率达到 94%，查验率达到 100%。在 2006 年市人口计生委组织的流动人口计生专项考核中，桥东区取得全市第一。

第三节　宣传教育

桥东区人口与计划生育工作长期本着“宣传教育为主、避孕为主、经常性工作为主”的工作方针，在按照省市统一部署进行计划生育宣传教育外，利用每年的元旦、春节、“五一”、“十一”等节假日和中国计生协会成立纪念日、世界 60 亿人口纪念日、“9·25”《公开信》发表纪念日、《河北省计划生育条例》颁布纪念日以及各村庙会等时机，组织区直有关部门、乡（办）及部分驻区单位出动宣传车、文艺队、秧歌队，开展咨询指导、展示图板、发放宣传单等形式多样的宣传活动。各村、社区利用板报、广播、标语、宣传栏、人口学校等形式进行计生法律法规及新型生育文化的宣传。

计生宣传

1998 年，在全区范围内开展了婚育新风进万家活动和“三下乡”活动，采取多种形式大力宣传晚婚晚育、少生优生、生男生女一样好、女儿也是传后人、男女平等和计划生育丈夫有责等科学、文明、进步的婚育观念。同时，抓好硬件建设，铺开“直面工程”，在全区各乡（办）、村（居）建起了生育文化一条街，制作知识板块，建起村级宣传读报栏。2000 年，区计生部门投资 20 多万元购置了电视机、功放、音箱、DVD、摄像机、照相机等宣传设备，各乡、办事处配备了电视机、录音机、VCD 等宣传器材。2002 年 1 月，桥东区计划生育领导小组制定了《关于广泛深入开展婚育新风进万家活动的意见》，对 2002～2005 年的活动开展进行了总体安排，并明确规定了宣传、精神文明、计生、教育文化、民政、工会、共青团、妇联等有关部门的宣传活动职责。桥东区在社会主义新型生育文化县（市、区）创建活动中，成为全市 9 个试点之一；当年开展计划生育文艺深化会演 1 次，利用节假日进行集中宣传 10 次，出动车辆 40 辆，乡艺队 126 个，设置宣传点 194 个，咨询点 182 个；加强了“直面工程”建设，刷新重建知识板块 300 余块，新建墙报宣传栏 26 个，固定标语 150 余条，村服务室张贴了温馨用语共 360 余条。

2002～2006 年，连续 5 年参加邢台市新型生育文化节，在邢台市首届新型生育文化节取得组织、绘画、漫画、宣传品制作四类作品的全部奖项，受到市计生委通报表彰。

2003 年，建立了 39 个计划生育新型生育文化大院。2004 年，全区广泛开展了新型生育文化创建活动，区计划生育领导小组出台了《关于加强新型生育文化创建活动的实施意见》，区计生局下发了《婚育新风进万家活动评估内容及标准》，2 个乡 4 个办都建成了“文化大院”，制作高标准彩喷展版 291 块，知识板块 234 块，刷新标语 200 多条，制作移动展板 175 块。创建新型生育文化小区 6 个，全区 100 个社区都挂起了“新型生育文化大院”的牌子。

2005 年，宣传教育突出“关爱女孩”这一主题，制定了《关于开展关爱女孩行动工作的实施意见》，全面启动了“关爱女孩行动”，深入开展社会主义新型生育文化建设，利用“三下乡”、13 亿人口日、科普宣传周、奖扶宣传月、新型生育文化节、法制宣传日等，开展了 20 余次大型集中宣传活动，大力宣传“一法三规一条例”、“关爱女孩”、“奖励扶助政策”等计生政策和新型生育文化。14 个综合治理部门制定并落实了对计划生育独女户、双女户家庭的一系列优先优惠措施。2006 年，区政府建立“关爱女孩基金”5 万元，专款专用。全年利用集中宣传活动发放“关爱女孩”宣传单 5 万份，发放自制计划生育宣传手册 2 万份，发放小围裙、小书包、小手绢等计生小礼品 8000 余件。乡（办）、村（社区）开展了“关爱女孩”知识竞赛。全面推行了“三级两全包保责任制”，区、乡（办）、村（社区）三级对持生育二胎证人员进行全程包保，具体到人，一包到底，全程服务。计生、卫生部门联合开展了 4 次专项清理出生性别比工作，共检查各类医疗机构 357 家，查封个体诊所 2 家，取缔个体诊所 4 家。在全区营造了关爱女孩，男女平等、女儿也是传后人等新型生育文化氛围。

第四节 节育技术

1985 年，全区各乡（办）均建立了计划生育技术服务站，各站配备技术人员 2～3 名，配有 B 超、检查床等设备，负责常住人口的孕情检查和计生服务工作。1991 年 1 月，桥东区计划生育委员会设立计划生育技术服务站，属事业单位，定编 3 人，办公地点在凤凰街 10 号区政府大院四楼。1994 年，区技术服务站随区计划生育委员会迁至南长街区政府东院二楼，1997 年再次随区计划生育局迁至五里铺路 66 号区妇幼院二楼，占房 2 间 25 平方米。2006 年，区技术服务站有工作人员 4 人，其中主治医师 1 人、助理医师 1 人、医士 2 人，2 个乡及 4 个街道办事处技术服务站共有工作人员 14 人。

1979 年，国家提出人口要优生优育，降低死亡率，减少病残儿。为此，桥东区通过召开座谈会、举办展览、编演节目、开设街头宣传栏、发放书籍等多种形式，大力宣传“早婚早育的危害”，提倡“晚婚晚育、少生优生、优生优育、生男生女都一样”，开展计划生育“三生服务”（生产、生活、生育），实施“出生缺陷干预工程”，举办“恩威杯”生殖生理健康知识竞赛和育龄妇女优生优育讲座，严格婚前检查，孕产期咨询、指导，推广发放预防药品，技术人员深入乡村，入户随访，预防了出生缺陷的发生，提高了出生人口素质。区技术服务站开展出生缺陷干预工程的宣传、孕情检查，为病残儿进行医学技术鉴定，及时将二胎指标发放到她们手中。

为方便服务广大育龄群众，区计划生育局先后建立了以已婚育龄妇女生殖健康服务制度、责任追究制度为主要内容的服务体系。规定常住人口“固定月固定日”每年 4 次集中到乡、办事处参加生殖健康服务，流动人口按常住人口对待，参加居住地生殖健康服务。对生殖健康季服务实行目标管理和责任追究，对落实不到位的个人，实行追踪销号，乡、村逐级责任追究，并对季服务落实不到位的单位给予通报批评和经济处罚。

20 世纪 90 年代后，采取节育措施已被广大群众逐步认识和接受。2001 年《计划生育技术服务管理条例》施行后，计划生育技术服务实行国家指导和个人自愿相结合的原则，全区围绕生育、节育、不育，开展其他生殖保健项目服务，实行避孕方法的知情选择权，相继确立了 8 个知情选择村。推行出生缺陷干预工程，宣传、发放预防药品，提高出生人口素质。1998 年开始，转变计划生育工作思路和工作方法，为已婚育龄妇女进行生殖健康服务的同时，开展了生产、生活、生育和生殖保健系列化服务。2003 年，桥东区强化服务意识，组织乡、办事处技术服务队伍深入辖区各单位对 25500 名已婚育龄妇女进行了查环、查孕、查病“三位一体”的生殖健康服务。2005 年，全区及各乡、街道办事处投入节育措施经费 15 万余元，实行了技术服务、宣传教育、政策咨询、药具发放“四位一体”的季服务工作模式，2005～2006 年提供生殖健康服务 189323 人次，查处疾病 6148 人。依托季服务为两乡农村已婚育龄妇女开展免费生殖健康“民心工程”，进行妇科 B 超检查、乳腺检查、妇科内诊检查，投入 53876 元，免费服务 7979 人。乳腺疾病检查 3144 人，查出乳腺疾病 122 人；B 超检查 7784 人，内诊 1423 人，共查出妇科病 638 人，治疗 456 人。

桥东区计划生育药具管理站于 1991 年建站，从基础入手，在硬件设施上严格要求，在软件建设上严格把关，积极改革完善药具管理体制，扩展药具发放渠道，不断提高全区药具管理水平。2002 年以后，药具站建设进一步完善，药具发放渠道进一步拓宽，发放网点遍布全区的所有村居、驻区单位和流动人口聚集的集贸市场，并实行药具领取“一证通”（即持药具免费领取证在区任何药具发放点均可免费领取），提高了药具的易得性。

第五节 计生队伍

桥东区计划生育队伍分为区、乡（办）、社区（村）三级。1988 年，区计划生育委员会有工作人员 3 人，其中主任 1 人、副主任 1 人、工作人员 1 人。1991 年，区计生委增设计划生育宣传指导站、计划生育技术服务站、计划生育药具管理站，增加股长 3 人，工作人员增加到 6 人。1998 年，区计划生育局（含三站）有工作人员 29 人，其中局长 1 人、副局长 2 人、工作人员 26 人。1999 年 9 月至 2001 年 12 月，增加局党支部书记 1 人。2006 年，区人口和计划生育局（含三站）共有 33 人，其中局长 1 人、副局长 2 人、职工 30 人。

1993 年 9 月，桥东区设置乡（办事处）计划生育委员会 6 个；11 月，区委下发了《关于搞好计划生育双基建设的意见》，在乡（办）、村建立一支独自完成计划生育各项主要任务功能的“高权力、高待遇、高责任”计划生育专职队伍。乡级专职队伍的人数按乡（办）大小定为 6 ~ 9 人，计生专职人员不兼职，确保专职专用。两乡各行政村都建立了计划生育办公室，由 3 ~ 5 人组成。设计生办主任 1 人，宣传统计员 2 ~ 4 人。计生办主任享受村正职待遇，每 30 名育龄妇女成立一个育龄妇女小组，设育龄妇女小组长，每年底落实待遇。1994 年，各乡（办事处）、各村（居）委员会健全了乡、村、组三级计划生育组织网络，做到了有机构、有人员。1998 年，区政府公开招聘 6 名干部，担任乡（办）计生委主任或副主任，充实队伍、提高计生专干素质。2002 年 4 月，区委、区政府在机构改革中，又选拔配备了 13 名整体素质高的年轻干部走上计生领导岗位。

20 世纪 90 年代，区计生委对区、乡（办）、村级计划生育专职干部每年逐级培训 4 次。1995 年对全区 400 多名育龄妇女小组长进行“应知应会”培训，并请市计生委专业人员对全区账管员进行培训，按照省市要求对 60 多名专职干部进行考试，实行持证上岗，大大提高了计划生育专职干部的政策水平和业务水平。2003 ~2006 年，桥东区每年邀请市计生委各科站长对区、乡级计生专干进行专业知识和工作要求培训。区人口和计划生育局除每季一次的业务培训外，还利用每周五学习时间，各科室轮流讲解计生政策和业务知识，提高计生专干业务水平，培养了一批专职业务精、其他业务通的综合型计生工作人员。在 2003 年全市计生系统持证上岗考试活动中，桥东区平均成绩居全市第二，有 7 人进入全市前 50 名，受到市计生委表彰。2004 年，开展了计生岗位练兵活动，举办了“乐力杯”计划生育法律法规知识竞赛，开展了“争做新时期最可爱的人”系列教育活动、计生业务学习大比拼活动和“百名计生干部百天学千题”活动。在全区“大学习、大讨论、议发展、促落实”思想作风集中教育整顿活动中提高了计生工作人员的职业道德水准，爱岗敬业和为群众服务的思想意识进一步增强，树立了计生队伍的全新形象。

在 2005 年岗位练兵活动中，举办培训班、研讨会，发放岗位练兵题库 800 份、计划生育法律法规汇编 30000 册。在邢台市计生系统岗位练兵知识竞赛活动中，桥东区取得流动人口知识竞赛团体第一名，政法知识竞赛团体第二名的好成绩，有 3 人获得全省计生系统“学习标兵”的称号。2006 年组织座谈会，征求市计生委建议和区民政、卫生、公安、工商等部门以及乡（办事处）、村（社区）有关人员意见，深刻查摆队伍在思想认识、工作效率、工作作风、工作落实等方面存在的问题与不足，并制定整改方案、逐项限时整改，解决实际问题，使全区整个计生系统工作人员的学习风貌、工作风气和落实工作的力度都有了较大改观。

第六节　管理机构

1980 年 9 月 3 日，邢台市桥东区计划生育办公室成立，为行政单位，定编 3 人，负责全区节制生育工作，为区人民政府的职能部门之一。办公地点在凤凰街 10 号区人民政府大院四楼。1991 年改为桥东区计划生育委员会，下设宣传教育站、技术服务站、药具管理站。1994 年，区计划生育委员会迁至南长街区政府东院二楼。1996 年 5 月，在区直机构改革中，区计划生育委员会改为区计划生育局。1997 年 10 月，区计划生育局迁至五里铺路 66 号区妇幼院二楼。2002 年，区计划生育局设办公室、政策法规科、统计科，下设技术服务站、药具管理站、宣传指导站 3 个事业单位。2006 年 5 月，桥东区计划生育局更名为桥东区人口和计划生育局。

1994 年，成立了区计划生育领导小组，由区主管领导任组长、副组长，26 个区直有关部门领导为成员，并根据每届领导变动情况随时调整领导小组人员名单。

1993 年 11 月，在 2 个乡、4 个街道办事处设置了计划生育委员会，乡级专职队伍的人数按乡（办）大小定为 6 ~ 9 人，设计生委主任 1 人、副主任 1 人、宣传政法员 1 人、统计员 1 人、四术员 2 人。计生委主任享受正科级待遇、副主任享受副科级待遇。1998 年配设基层组织员、规划统计员、政策法规员、政策宣传员及药具管理站和技术服务站。

第五编　城乡建设

邢台市桥东区是老城区，历史文化悠久，有3000多年的城建史，有较为完整的古城格局。1980年桥东区建区后，城乡建设发展较快，特别是进入20世纪90年代之后，通过开展旧城改造、新区开发、城中村改造、历史文化名城保护与开发以及创建活动，全区基础设施建设和市容市貌发生了明显变化。

第一章　城区规划

城区规划是政府指导和调控城区建设和发展的基本手段，是政府引导和管理城市的法律依据，是关系全区现代化建设的重要工作。桥东区在市总体规划的基础上，结合桥东区的基本情况，进一步深化了城区规划。

第一节　总体规划

邢台市1985～2000年城市整体规划，于1985年6月经河北省人民政府批准正式实施。总体规划为全市人民展现了美好的前景。到2000年邢台市将发展成为以煤炭、电力等能源工业为主，机械、轻纺、建材工业和农副产品加工业发达的工业城市，是邢台地区城镇网络的中心。城市非农业人口控制在40万人左右，市区用地规模控制在40平方公里左右；城市主要向条件优越的西部和东南部方向发展。桥东区重点发展轻纺工业，北面发展中小型机电工业，高庄桥路以南、梁庄路以西为居民区。

桥东区城区规划是在邢台市总体规划下，结合实际情况，做出具体规划的。

城区布局：桥东区大部分位于旧城区，经过改造，城区面貌有了很大改观。桥东区东部是以轻工业为主的混合区，北部是以中小型机械为主的工业区，南部为仓储区，马路街（中兴大街）、北大街、西大街为商业、文化、娱乐中心。“清风楼”以北多为地、市、县机关驻地和居民老城区。高庄桥以南、黄家园以东为新建生活小区。

1995年8月，邢台市政府为实施“富民、强市、升位”的战略目标，制定了《邢台市区旧城改造五年计划》（1996～2000年）。旧城改造的主要范围是：东围城路以西、北围城路以南、围寨河以北和京广铁路以东所包括的本区地域。市区旧城改造5年计划安排13条街道拓宽、3个繁华地段

（窗口地段）拆迁改造。总拆迁占地面积为106.27万平方米，其中拆迁建筑面积55.89万平方米，拟新建建筑面积147.08万平方米，总投资约16.2亿元。

从2002年开始，全市加强了对城区历史文化的保护与挖掘。桥东区是邢台市历史文化名城保护的重点区域。2006年4月制定了《邢台市历史文化名城保护规划》，确定范围为东至邢州路、西至新华路、南至新兴大街、北至团结大街地段。

2006年，为实现市区向南发展，编制了《七里河综合治理区域规划》，着手实施，规划建设成为与南二环道路建设、七里河流域改造相结合，集旅游、休闲、度假为一体的现代化城区。

第二节　七里河治理规划

七里河位于邢台市南部，新区总体规划范围是西起邢左公路七里河大桥，东至东三环，北至百泉大道（南二环）北侧一个街区，南至七里河南环路区域内，总长度约20.4公里，规划控制总面积约53.8平方公里，其中1963年洪水淹没范围的面积是14.5平方公里。其中桥东区段总长度约4公里，其中七里河首段景观2.5公里改造工程基本上全部处在桥东区内。

综合整治整体定位为："行洪、生态、休闲、宜居"等多功能为一体的新区，在保证河流防洪安全的前提下，以自然、生态、园林为目标，营造一个水域和水陆交错，适于居民休闲、游憩，体现人文精神的地域景观，形成人、水、景和谐的生态新区。

根据七里河流经地段的资源状况，结合城市发展的布局需要，初步将18.6公里河段自西而东划分为六大景区：河湾湿地生态保护区、庄园牧歌度假区、现代运动休闲区、都市休闲游览区、百泉风景游览区、东郊森林游览区。在这6个景区中，自西向东设置8个景点：杏山栖霞、汀洲野渡、峰寺晚钟、海棠春坞、蒲乡蛙鸣、樱岛花雨、百泉浴日、柳堤烟树。

其中位于桥东区2.5公里河道景观规划的定位为：都市休闲游览区。

第三节　历史文化名城保护规划

邢台市历史文化名城保护规划是以保护文物古迹、历史街区为重点的城市专题规划，是城市总体规划的重要组成部分。适用于邢台市中心城区、老城区的历史文化名城保护工作及与之相关的建筑行为。

邢台市桥东区的地方文化底蕴丰厚，特点明显，尤其是东牛角村、西牛角村、南长街、北长街、南头村、牛市街、牛尾河、肚子巷、四大水坑这些象征牛头、牛肚、牛肠、牛蹄、牛尾的地名，在地形图上将这些有关牛的地名用线连接起来，就像一头南尾北卧的牛图，惊人相似。在地形图上坐标落差看清风楼一线，恰似为高高隆起的牛脊。除此之外，还有东牛角村的牛耳石，西大街西口的栓牛桩这些有关牛的标志性建筑物。这种以生物为代表的仿生文化，与地名、与牛图、与城市坐落惊人的相似，举世罕见。这些牛文化特点，也是邢台区别于其他城市的个性，这些将进一步通过规划和建设，形成桥东区的发展特色，构筑成为邢台城市特色的基础。

历史文化名城保护规划的年限：近期为2004~2007年，远期为2008~2020年。

历史文化名城保护规划范围：以邢台市区为基本范围（含邢台县），以老城区为重点区域，桥东区是邢台市历史文化名城保护规划的重点地区。保护区划分，遵照国家相关法律规定，结合河北省和邢台市文物保护的现实情况和要求，对文物古迹确定四级保护范围和保护措施。根据桥东区历史文化名城保护规划的现实需要，照顾到长远发展的利益，确定为文物单位予以保护的有邢台道德经幢、开元寺、邢台天宁寺、清风楼、邢台火神庙。

主要历史文化风貌区：北关历史文化风貌区、北长街历史文化风貌区、南长街历史文化风貌区、崇礼街历史文化风貌区、纳凉园历史文化风貌区、南关历史文化风貌区、南头村历史文化风貌区。

1980～2006 年桥东区文物古迹一览表

名称	保护级别	位置	年代
开元寺	省级	东围城路北段	唐（明重修）
顺德府文庙大成殿	省级	红星街	唐（明重修）
邢台天宁寺	省级	红星街（县土产院内）	元
清风楼	省级	府前南街北端	唐（明重建）
邢台火神庙	省级	府前南街	明
柴家庄遗址	县级	柴家庄	新石器
邢台道德经幢（石刻）	省级	清风楼后街	唐

第四节 乡村规划

1988 年，邢台市撤销郊区，桥东区辖区内村庄增多，各村庄没有合理规划，无序建设、乱搭乱建问题严重。针对以上实际状况，从 1993 年起，规划工作逐步转化为支持基层发展经济搞好服务为主，由单纯抓市区规划转移抓乡、村规划为主。结合桥东区村镇建设发展的实际情况，充分发挥规划的龙头作用，加快实施全区村镇的规划编制。在抓好村镇规划同时，抓好村容村貌的综合治理，作为样板带动全区村镇建设工作上新台阶。高起点、高质量地抓了一个试点模式村“辛庄”。到 1998 年，全区完成了辛庄村、北郭庄、王家庄、西梁庄、李家庄、五里铺、东郭村等村的村级规划编制工作。

1998 年，随着城区规划范围的扩大，桥东区列入城市整体规划范围变大，辖区内村庄除新华村、南康庄外均列入城市整体规划。之后，随着城中村改造的实施，辖区内大部分村（含村转居）纳入改造范围，逐步建设成为现代化的农村。

第五节 规划管理

从 21 世纪初，市区加大规划管理力度，依法开展了法规建设、审批管理和规划监察工作。2001 年 7 月，邢台市政府印发了《邢台市城市规划管理办法》（2006 年 10 月重新进行了修订），此外先后印发了《邢台市人民政府关于进一步加强城乡规划工作的决定》等文件。2006 年 10 月，市政府又颁布了《邢台市城市规划管理技术规定》、《邢台市城市稽查管理办法》等，形成了较为完善的法规体系，实现了邢台市规划管理工作的规范化、法制化。随着城市规划法规体系的不断完善，根据市区规划职能划分，桥东区规划管理工作强化“三个转移、两项工作”。三个转移即：一是由过去单独的审批建房转化为以支持基层发展经济搞好服务为主；二是由过去在机关坐等解决纠纷转为深入基层，现场办公调解为主；三是由过去的抓市区规划转向乡、村规划为主。两项工作即：一是加强宣传与学习，增强依法行政、秉公执法的自觉性；二是抓好违法建筑的查处。4 月 1 日为《城市规划法》颁布日，区城建管理部门每年都采取上街、下村、开会、入社区等多种形式，由点到面，由市区到农村，大张旗鼓地宣传《城市规划法》。同时，积极拆除查处违法建筑，维护城市规划的严肃性、整体性。从 2002 年 5 月起，市政府将城市规划违法建筑查处权上收到市规划部门，桥东区规划管理工作成为空白。2006 年 4 月，邢台市规划局又将规划稽查工作委托由桥东区建设管理局实施。全区建立健全了执法投诉、举报、考核等制度，公布了电话、办公地址，积极受理群众投诉和举报。2006 年，全区共查处违法建筑 290 起，面积 10000 余平方米。在 10 月份，组织公安、司法、东郭村乡政府等单位，出动 200 余人，动用拆除机械 4 台，对占压百泉大街道路红线的 4 起共 3000 余平方米的违法建筑进行了强制拆除。同时，对泉北大街（北郭庄段）、梁庄路两侧的违法建筑进行了有效的治理，维护了城市整体规划。

第二章　市政建设

1980～2006 年，桥东区不断加强市政基础设施建设，新建和扩、改建城区道路 56 条，建成新世纪广场，改建和完善文化历史公园等。在 1996 年，全省市政公用设施普查中，桥东区被省建设委员会和省统计局授予河北省城市公用设施普查先进单位。

第一节　道路建设

2006 年，桥东区辖区内有街道 277 条，其中市管大街 22 条，区管街巷 255 条，全长 130 公里，面积 156 万平方米。道路呈横向与纵向分布（小街巷除外）。

横向主要道路（58 条）　泉北大街、达活泉大街、团结大街、铁岗街、东卫生街、西卫生街、转运街、珍珠街、光明街、住宅路、丝绸路、红星东街、红星西街、大通街、西关街、西门里街、东门里街、东关街、中兴东大街、新西街、西大街、东大街、新东街、南园街、羊市街、牛市街、华龙路、申庄街、南瓦窑街、西牛角北街、南头村街西街、南头村街东街、建设路、丰仓街、百泉大街、东郭村乡政府门前街、南三环路、西崇礼街、东崇礼街、南学街、探花街、卫衙街、拐角东街、大吴庄路、辛庄北路、府前东街、府前西街、文庙街、旧县前街、铁岗街、西大街背后、西羊市道、东羊市道、黄家园街、师专路、五里铺路、靛市街、碾子头街。

纵向主要道路（47 条）　车站北路、车站南街、煤市街、铁工街、十道弯、新华北路、新华南路、站前街、塔林北街、塔林南街、顺德路、西寺西街、枫林街、西大平街、东太平街、西仓巷、西马道、广场东街、肉市街、羊市道、南羊市道、北陈村路、织梁厂路、碾子头路、五里铺路、南头新街西南街、南头新街南街、马市街、花市街、北大街、府前南街、凤凰街、小东街、纳凉园街、南长街、北长街、驴夫营街、北关街、豫让桥路、邢州北路、邢州南路、东郭庄路、东牛角路、晋祠道路、路家园路、平安路、梁庄路。

经过新建和改造，桥东辖区内道路畅通，整齐划一，布局合理，环境优美。主要街道和老城区历史街道有：

凤凰街　位于清风楼后，呈丁字形，东起清风楼，西至顺德路，北至桥东区人民政府。东西长 190 米、宽 10 米，南北长 140 米、宽 6 米，均为水泥路面。自明朝以后，凤凰街一直为府、县衙驻地，邢襄古城政治中心。居民以其状如凤凰展翅（丁字形），而美其名曰“凤凰街”，亦寓有政事圣重之意。1945 年邢台解放后，此街曾辟为人民会场，古街名逐渐失传，因地处清风楼北，遂称清风楼后，于 1981 年地名普查时恢复原名。

北大街　北接中兴东大街，南连花市街，全长 250 米，宽 7 米，车、人分道，水泥路面。两侧均为商店门市，为全市人口密度最大的街道之一。此街在明朝原属大街一部分，邢台城外南关发展起来以后，以南关十字街口为中心，以北为北大街，亦称北街。1968 年此街和府前南街、花市街、马市街合并称为东风路，1979 年改为清风路。1981 年地名标准化处理时，为了方便群众，恢复原名北大街。2005 年进行了防古改造，为条石路面。

府前南街　北起清风街，南接马路街（和北大街相接），全长 310 米，原宽 7 米，沥青路面。1997 年就此条街道进行了防古改造，条石路面，两侧为 2 ~ 4 层防古建筑，路面拓宽为 20 米，中间为绿化带，设置为步行街。此街为邢台古城内四大主街之一。明成化年间以后，“清风楼”（建在府前衙门前）成为城内街道命名的中心。自清风楼至南门为南大街。因又在府衙之南，亦名府前南街。自城外南关日益发展之后，城内南大街的称谓逐渐消失，均称其为府前南街。辛亥革命之后，此街一度改名为中山大街，但居民仍称原名。1968 年，曾将此街和北大街、花市街、马市街 4 条街道，统命名为东风路，但群众仍不习惯。1981 年地名标准化处理时，本着方便社会的原则，恢复四条街的原名，此街仍称府前南街。

府前南街

花市街　北与北大街相连，南与马市街相接，长 270 米，宽 7 米，水泥路面。此街多为商业门市和居民住宅。2005 年对此路进行了改造，沥青路面。此街在清道光之前统称为大街，道光至光绪年间，大街逐渐分段为北街、花市街、马市街。相传，该街是买卖棉花及棉织品的集市，故名花市街。1968 年统名为东风路，1979 年更名为清风路。但群众仍习惯称呼原来的街名。1981 年地名普查时，本着方便群众的原则，废除清风路，恢复原名。

马市街　北接花市街，南连南头村，长 680 米，宽 7 米，水泥路面。2005 年对此路进行了改造，沥青路面。道光七年（1827 年）、光绪三十一年（1905 年）、民国 32 年（1943 年）三部《邢台县志》记载，马市街大约于清道光至光绪年间定名，在这以前和北大街、花市街等合称为大街（自城墙南门一直往南，全长约 3 华里，故名南大街）。邢台南关是当时繁华的商业区，皮毛加工和牲口集市十分活跃，且大部分集中在南关南部，此街为马匹集市中心区，故名马市街。

新街（府前西街）　东起府前南街北口，西至顺德路，长 150 米，宽 7.5 米，沥青路面，沿街均为居民住宅。通过实施旧城改造，道路进行了拓宽，现宽 20 米，水泥路面，两侧南侧为居民住宅区，北侧为防古建筑。清道光七年《邢台县志》记载，该街称西大街，是城内清风楼为中心的四条主街道之一。明洪武初改顺德路为府，并设府署。因该街在府署西侧，俗称府前西街。辛亥革命后改为中山西街。1945 年邢台解放后，为便于管理，把府前西街东段划为一条街，因系新划街道，故命名为新街。1969 年曾改前进路，1979 年恢复新街原名。

东崇礼街　东与府前南街相接，西与顺德路相连，长 150 米，宽 7.5 米，沥青路面。均为居民住宅。1999 年，对此街进行了改造，宽 20 米，水泥路面，两侧为住宅小区，并与府前南街成为一体。崇礼街为邢台古街道，据清道光七年《邢台县志》、民国 32 年《邢台县志》记载均称崇礼街。因此街当时居住官宦仕家较多，曾出过尚书（明朝）、进士、会元、秀才等，即取知书达理、敬仰孔教、推崇周礼之意而得名崇礼街。1966 年曾一度更名反封街，1976 年恢复原名，自顺德路开辟后，以顺德路为界分东、西崇礼街。

南马道　西起顺德路，东至府前南街，长 150 米，宽 6 米，水泥路面，沿街均为居民平房。实施改造后，两侧均为居民小区。旧城墙各门都留有“马道”，供走骑通行，此街即为从南门通往城墙的“马道”，故名南马道。

靛市街　西起北大街，东至市二中，长 435 米，宽 7 米，沥青路面，西高东低。1998 年实施旧城改造，部分地段进行改造。明末清初该街称顺城路，道光七年《邢台县志》改为靛市街。民国《邢台县志》记载：古邢台羊毛织染业十分发达，“所织汴绸销售颇广，沮洳之地宜兰宜麻，兰有大小，统称白靛，数年来因多用外国染料，故种靛者几乎绝迹……”此街地处县治和南关之间，商业繁荣，染店较多，而且为靛青市场，故得名靛市街。

东大街　东起邢州南路，西至西大街东口、北大街南口、花市街北口交界处。长 575 米，宽 12 米，沥青路面，西高东低，分车道和人行道。据查，邢台古城有“顺德好南关”之说，因该街位于邢台南关十字路口东，故名东大街。

小东街　北与东大街相连，南至华龙路，长 400 米，宽 10 米，北窄、南宽。2006 年，对此街南段进行了改造，沥青路面。据查，该街为东大街中部向南支伸的一条街，比街小，比巷大，故名东小街，后遂称小东街。民国 32 年《邢台县志》城关全图标称小东街。

牛市街　西起花市街，东至邢州南路，长 570 米，宽 9 米，沥青路面，西高东低。2005 年进行了改造，为水泥路面。民国 32 年《邢台县志》记载：南门外东街为靛市街，西折南行为大街（现北大街），稍南西出为西街（现西大街），东出为东街（现东大街），再东南为牛市街，西为羊市街。民国 32 年《邢台县志》城关图标称牛市街。该街在解放前是买卖牛的集市，皮件作坊较多，故名牛市街。1969 年曾更名先锋街，1976 年恢复原名。

西卫生街　位于南长街街道办事处南，东西走向，西起顺德路，东至北长街，全长 233 米，宽 4 米，水泥路面。南长街街道办事处驻该街中段路北。此处称西卫生街，并于 2006 年进行了改造。据查，在该街的北侧，原有一座大院，旧社会常有穷人逃荒在此院歇宿，故有大院巷之俗称。因该巷附近驻有邢台地区眼科医院、市第一医院，1976 年将大院巷更名为卫生街。

南长街　南北走向，南起纳凉园街北端，北至光明街，全长 600 米，宽 6 米，1988 年由沥青路面改为水泥路面。该街与北长街古称肠街（为书写方便写为长街），是邢台古街道。据清道光七年和民国 32 年《邢台县志》记载，原北长街为当时县城内四大主街之一，因位于府署和清风楼以北，直至城外北关，为当时城内最长街道（全长三华里），故北街、长街、北长街、北肠街四名通用。后因此街太长，不易管理，逐渐以东寺口分为南北两段，北为北长街，南为南长街，在民国 32 年《邢台县志》地图中已分为 2 条街。1968 年曾改名为向阳路，1977 年恢复原名。

北长街　南北走向，南起光明街，北至团结大街，全长 900 米，宽 6 米，水泥路面。是邢台城内古街道之一。

光明街　东西走向，东起邢州北路，西至顺德路，全长 700 米，宽 4 米，沥青路面。该街原为两条街，以北长街为界，往东为东寺前街，以唐朝东大寺（鞋厂院内）旧址命名。往西叫大珠市，旧时是珍珠玛瑙的买卖市场，故名。1968 年，将大珠市和东寺前街合为一街，定名光明街。

卫衙街　东西走向，东起南长街，西至清风楼后，全长 120 米，宽 2. 7 米，水泥路面，沿街均为居民住宅，多数为回族。2006 年进行改造。该街原名养济巷，因旧养济院座落于此而得名。后因该街位于旧府街、县衙、警察厅之东，且卫衙人员多住此街，取卫护衙门之意而更名卫衙街。该街曾于 1968 年改名胜利街，1980 年 1 月，地名标准化处理时恢复原名。

府前东街　东西走向，东起东门里街，西至府前南街，全长 275 米，宽 6 米，沥青路面。从

1998年实施旧城改造进行拓宽改造，宽20米，水泥路面。据清道光和民国《邢台县志》记载，此街为顺德古城内四大主街之一。明、清两朝邢台顺德府治，城内建街以府署和当时最高建筑物“清风楼”为中心，往东为东大街，又称东街。后城外南关日趋繁华，形成十字街，亦称东、西、北大街。为避免重名，城内的东大街遂以府署为中心改名为府前东街，一直沿用至今。

东门里街 东西走向，东起邢州北路，西至南长街南口，全长402米，宽8米，沥青路面。1997年进行了拓宽改造，宽20米，水泥路面，两侧均为商户，为重要的市场街。此街位于邢台古城东门以里，故定名为东门里街。

驴夫营街 南北走向，南起东门里街，北至光明街，全长640米，宽5.3米，水泥路面。2006年对红星街至东门里街地段进行了改造，路面更新。清朝以前，掌管邮递事务的驿站设在东关，饲养和使用马、驴的役吏大部分住在东门里往北此街附近，此街遂以居民职业得名驴夫营街。1969年曾更名为常红街，1980年恢复原名。

纳凉园街 南北走向，南起中兴东大街，北至南长街南口，全长200米，宽4.9米，沥青路面，沿街均为居民住宅。2006年对纳凉园街与中兴东大街交叉口地段进行了拓宽改造，宽20米，长94米。该街东端原有一座戏院，名为大众戏院。附近居民经常来此游玩，盛夏来此乘凉，遂得名纳凉园。1963年邢台洪水成灾，部分房屋倒塌，此处暂充灾民临时棚所，接着在此园内建成新居民区，东侧留一条街道，起名纳凉园街。1968年曾改红光街，但群众仍用旧名，1977年正式复名。

探花街 东西走向，呈W拐弯状，东起东门里街，西止纳凉园街，全长381米，宽6.4米，沥青路面。沿街均为居民住宅。2006年对探花街进行了改造，更新为水泥路面。在清朝以前，此街原名糖坊街，以开设于此的糖坊命名。后来此街曾出过一名“探花”，街名遂雅化为探花街。

东围城路（邢州北路部分地段） 南北走向，南起五一桥，北至北围城路东墙，全长1820米，宽21米，沥青路面。沿街驻有五一桥粮站、煤店、市医疗器械厂、木器厂、仪表厂、鞋厂等单位，百花影院座落此路东侧，人民公园在此路南段西侧，省级文物保护单位开元寺在鞋厂院内。此路紧靠邢台古城东墙，旧城遗址在此断续可见。邢襄古城始建于后赵，明以后屡加修葺，城墙脚下起土处开挖成护城河，河之岸即为路，但无名。新中国成立后，随着邢台市区扩大，经济发展，此路日趋繁华，为邢台市南北重要道路之一。京广公路也从市区中心移此。因这条路和北围城路、西围城路、马路街包围整个旧城，而路在东城墙外，故名东围城路。1984年该路再次扩建后，缓和了市内车辆阻塞和人行拥挤现象。随着城市建设的发展，1995年该路向南经新兴东大街至百泉大街（曾用名仓南路），向北至北二环路，成为贯穿桥东南北的主干道，此后，该路以中兴大街为界，分别称为邢州南路、邢州北路。

南学街 东西走向，东起探花街，西至府前南街，全长176米，宽3.2米，沥青路面。2006年，对此进行改造，为水泥路面。据《邢台县志》记载，县学宫（附于文庙，设有文昌祠等，为封建社会祭孔、进学之所）在宋朝之前即设在“南门之东、在城南向”，自府前南街至学官之路即称南学街。

北关街 南北走向，南接团结大街（现北长街相连），北与达活泉东大街（豫让桥路）相连，长600米，宽6米，2006年进行了改造，水泥路面。路中段有围城河桥（北关桥），为石头桥，是进入老城区的主要街道。

府前西街（西门里街） 东自顺德路，西至大通街、西围城路和新华路三街交叉界会合处。长685米，原宽14米，沥青路面。1995年作为实施旧城改造的主要街道，进行了拓宽改造，宽为20米，水泥路面，两侧为多层住宅小区、一层为商业门市，并称为东门里街。此街原为邢台古城内四大主街之一。明筑清风楼之后，城内街道以这座当时最高建筑物作为命名的标记。本街位其西，并直达西门，故名西大街，简称西街。同时此街又在当时府衙之西侧，故又名府前西街，其西段靠城门以里，俗称西门里。但后来邢台南关日益繁华，亦有西大街，因此城内的西大街之名逐渐淹灭，为府前西街所代替。辛亥革命后，此街曾一度改为中山西街，但没有沿用下来。1968 年又曾改名为红旗路。1976 年正式恢复府前西街原名。经旧城改造拓宽后，改为西门里街。

顺德路　是桥东区重要的南北通道，为西门里、南长街、北大街、西大街四个街道办事处的交界街。南与中兴东大街相连，北与团结大街相接。长 1800 米，原宽 8 米，沥青路面，中间高、两头低。1995 年实施旧城改造，作为拓宽改造必保街道，拓宽后红线宽 20 米，水泥路面，并于 1996 年建成通车。据道光《邢台县志》记载，此街原名东仓巷，因位于旧义仓之东，故名。1968 年改为文胜路，1980 年改为顺德路，因此街位于旧顺德府府衙西侧，故名。

西围城路（新华北路部分地段）　南北走向，南接新华路，北止团结大街，全长 1400 米，宽 30 米，沥青路面。此处原名卧龙岗，位于西城墙，西城河外侧。从民国 32 年《邢台县志》“城关全图”来看，这儿有一南北走向，略高于城区的土阜，民称为“卧龙岗”，后来岗逐渐消平。随着邢台市区不断扩展，城墙逐渐拆平，城河变成街下水道。两侧楼房日益增多，一条宽阔的新街道出现于此。因此街紧靠西城墙，1977 年命名为西围城路。随着城市建设发展，此街重新进行更名为新华北路。

大通街　自新华北路、西门里街合口至火车站，为一条由东南伸向西北的斜街。全长 600 米，宽 22 米，沥青路面。地区粮食局、百货公司、桥东粮食公司、市邮电支局驻本街，沿街门市很多，为邢台市交通要道之一。清光绪二十九年（1903 年）京汉铁路（即京广线）邢台火车站修成之后，此街是县城西门至火车站的一条路，故称大通街。因“通”、“同”二字音近，也有写成大同街的。1968 年曾改名红旗路，1977 年恢复原名。

团结大街　横贯南长街和西门里两个街道办事处辖区北部。东西走向，东起邢州北路，西经铁路地道桥向桥西，全长 1670 米，宽 21 米，沥青路面。沿街驻有邢台市电线厂、电机厂、地毯厂、床单厂等单位。此街原名北围城路。此路在邢襄古城北城墙外侧，原是护城河北岸一条无名小路。1949 年建国后，随着市区的扩展而形成一条新街。20 世纪 60 年代，为了加宽路面而填平了护城河，并因其紧围古城而位居城北，定名为北围城路。随着城市建设发展，该街向西打通地道桥，与团结大街相通，更名为团结大街。

文庙街　东起顺德路，西向北拐至西红星街。长 200 米，宽 4 米，沥青路面。此街为通往文庙必经之路，故名文庙街。1968 年曾一度叫文革街，1980 年恢复原名。

珍珠街　东起顺德路，西至枫林街。长 279 米，宽 9 米，沥青路面。明末清初时期，此街与大珠市（现光明街西段）为买卖珠宝、首饰的集市，大珠市场以卖大珍珠为主，而此街卖一般小珍珠、玛瑙为主，因而得名珍珠街。2006 年对此街进行了改造，为水泥路面。

枫林街

枫林街　南起红星街，北至铁岗街，长 550 米，宽 5 米，沥青路面。沿街主要为居民住宅。此街为邢台古街道，街名来历，众说纷云。据传，此街南头原有大坑，俗称老母台坑。明初一只凤凰落于坑，而后几户发财，并集资用长石砌修水坑，此街遂以吉祥之物“凤”、“麟”命名。另一说法，此街以一贤仕之名“凤麟”命名。再一说法，此处原有一枫林，遂名枫林街，后雅谐为“凤麟”。以上传说，均录备考。

旧县前街　南起西门里街，北至废品收购站，长 225 米，宽 8 米，沥青路面。北段往东往西有小路，分别和顺德路、西仓巷相通。清道光七年《邢台县志》记载：“县署在府治西门大街”即今府前西街。因邢台历来为府（郡）治所在，县署和府署不在一起，县署自元以前即在府前西街以北约半华里处。从府前西街至县衙曰县前街。民国后，废府留县，此街也改名为旧县前街。

东太平街 南接邓家巷，北至地区人民医院，有小路和红星街相通。街道长212米，宽4米，沿街均为居民住宅。此街原为府前西街往北支巷，名太平巷。据居民传说此街拐弯抹角，北通园地，地处偏僻，行人稀少，明初“靖难之变”（即燕王扫北）时，幸免扫荡，留下“太平”之名。

贡院前街 南起红星街，北通市九中门口，长125米，宽10米，沥青路面。邢台贡院（考试书院位于市九中院内）始建于明嘉靖年间，此街是学道街（今红星街）往北通往贡院的必经之路，故名贡院前街。

转运街 从新华北路向西至车站北街，长450米，宽30米，北侧为邢台市长途汽车站，南侧为邢台市薄板厂，路西头紧接邢台市火车站、邢台邮政局，为转运货物的要道，故名转运街，2004年对此路进行了拓宽改造，水泥路面。

西仓巷 从红星西街至东门里，全长850米，宽6米。2002年对此路进行了改造，水泥路面。

西仓巷

中兴东大街 是贯穿邢台市东西的主要干道，以铁路桥为界，分称为中兴东大街、中兴西大街。其中西起新华路，东至邢州路原称马路街，横穿西大街、全长1450米，为沥青路面。街设快慢车道和人行道，街道两侧楼房林立，商业门市密集，是邢台市交通和商业中心。据民国32年《邢台县志》记载：清末以前，此处尚未形成街道，只是南城外侧一片荒垣。民国以后，南城墙不断加固，南门土寨改为砖砌寨门。民国9年、20年两次加深加宽南护城河，河的南岸才出现一条夹在两河沟（除护城河之外，还有一条叫小河）之间的小窄路。后来随着交通方便，商业发达，将南门外桥口迤西至新寨门新辟一条街，曰“马路街”。护城河北岸民国时期建“商会”，随着“住户日增”，“商会”东西亦成一街，名“河北沿”。但因它又短又窄，往往附属于马路街。1945年，邢台解放建立人民政府后，为怀念一位基层干部，曾一度把马路街改名为“黎屏街”。但没有叫起来，大家仍称之为马路街。建国后，特别是1963年邢台遭受洪水灾害后，沿街房屋倒塌严重，后经几度拆建，街面日益加宽，并随着市区的扩大，此街向东延伸到东围城路，为邢台市东西主干大街之一。1968年曾改名为东方红路，1981年地名标准化处理时，复名马路街。其中东起新华路，和马路街西口相接，西止中兴路地道桥，原称西马路街，为西门里、西大街2个街道办事处分界街。东西走向，全长750米，宽25米，沥青路面，人行道较宽，两侧楼房林立，商业密集，是邢台市区繁华的主干道之一。此街是随着市区向西扩展后新发展的，原来无名，1968年曾和马路街合并称为东方红路，1982年因其位于马路街西，曾名为西马路街。其中西起邢州路，东至邢台市棉纺厂门口原称东马路街，全长1100米，沥青路面。沿街驻有棉织厂、砂轮

中兴东大街

厂、织袜厂、市印刷厂、市医疗器械二厂等单位。此街原是通向近郊村道，随着市区工业发展，形成街道。原无名，1968 年曾和马路街合称东方红路。1982 年曾名为东马路街。以上 3 条街道经过多次拓宽改造，已成为邢台市东西走向的交通主干道，并向东延伸到 107 国道复线。

南园路　东西走向，东起新华路，西至京广铁路，全长 760 米，宽 10 米，沥青路面。该路为 1975 年修，因靠近南园村而得名。

西大街　东西走向，东起北大街南口，西至新华路，全长 1590 米，宽 7 米，沥青路面。邢台百货商场、日杂综合商场、盛兴商场、邢台电影院等单位坐落此街。商业副食门市、服务性摊点较多。昔日被誉为邢台的小王府井。此街是邢台市南关的主要街道，历来是繁荣兴旺的商业区。明末清初，邢台城外南关迅速发展起来，形成一个十字街区，以十字路为界，北为北大街，南为花市街，东为东大街，西为西大街。原来此街很窄，宽仅 4 米。1952 年开拓加宽，但此街行人多仍十分拥挤。按市区规划，此街翻新门面，都向后 10 米左右，建楼房。1969 年，此街曾改名为红卫兵路。1980 年又复原名西大街。2005 年对该街西口长 110 米地段进行了拓宽改造，宽 20 米。

新西街　东西走向，东自新华路起，西至京广铁路，全长 950 米，宽 8 米，沥青路面。邢台市委、邢台电影公司、邢台基督教堂等单位坐落此街。此街是 1949 年建国后新建，因位于西大街西，1963 年命名为新西街。

新华路　南北走向，北接团结大街，向南延伸，曾经多次进行改造，宽 40 米，沥青路面。邢台日报社、邢台饭店、邢台长途汽车站等单位均坐落于此街。街道两侧楼房林立，门市众多，为邢台市交通中心，南北主要通道。该街原为西城墙根一条南北小道，曾名大陆街。1958 年开始填平护城河，加宽了街道，两侧建筑物迅速发展起来，并成为京广公路一段（现已东迁）。为了表示此街为建国后修成的一条主要街道，1968 年定名为新华路，一直沿用至今。此后，该街向南延伸至东郭村乡七里河桥，称为新华南路。

西大街北后　东西走向，东自新市场，西至邢台影院，长 285 米，宽 4 米，沥青路面，沿街均为居民平房。此街形成于民国以后，因位于西大街北，并平行于西大街，故名西大街背（北）后。

肉市街　南北走向，自西大街至老市场，全长 143 米，宽 6 米，沥青路面。西大街派出所驻此街，沿街多为个体户摊点。略有几间小门市和居民住宅。此街原为仅能行人的巷道，因该街南头原有一堵青砖影壁墙，曾名黑影壁巷。1945 年略为加宽，街北端是老市场，卖肉食者居多，故名为肉市街。

羊市街　东西走向，东起花市街，西至新华路，全长 830 米，宽 8 米，沥青路面。西大街街道办事处坐落在该街西端路北。据《邢台县志》记载："羊皮为邢之出产大宗……行销中外，利莫大焉，毛毳堆积如丘山。"皮毛作坊和各种牲口集市主要分布在南关各街。此处曾为羊只交易集市，成街后遂名为羊市街。

羊市道　南北走向，南起羊市街，北至西大街，全长 320 米，宽 6 米，沥青路面。此街实为羊市街支巷，民国初年兴起之街，是通往羊市街必经之道，且居民中大部分从事羊皮业，故名羊市道。1968 年曾更名永革街，1977 年恢复原名。

西羊市道　东西走向，东起羊市道，西至西大街西口，全长 370 米，宽 3 米，沥青路面。旧时此街居民开羊皮作坊的较多，故名。1968 年也曾改名永革街，1977 年恢复原名。

东羊市道　东西走向，东起羊市水台，西至羊市道，全长 360 米，宽 4 米，沥青路面，沿街均为居民住宅。旧时此街居民多为从事羊皮作坊的较多，故名。1966 年更名"要武街"，1977 年恢复原名。

南羊市道　南北走向，北起羊市街，南至新兴东大街，全长 460 米，宽 15 米，沥青路面，邢台织染厂坐落该街路东。1949 年建国后，随着工业发展，邢台染织厂建立，逐渐形成此街，因位于羊市街南又和羊市道相连，故名为南羊市道。2006 年该街进行改造，水泥路面。

新兴东路 西起京广铁路地道桥口，横穿西大街、北大街两个街道办事处辖境南部，往东直达大梁庄乡，和邢临公路相接，全长3450米，宽16米，沥青路面。沿街有市农行、市第四中学、市农机公司、市公共汽车公司等单位。此街为新建街道，和新兴西路相接，为市区南部最长的交通要道。1977年建成后，命名为新兴路，寓有新建和兴旺发达之意，以京广铁路分东西两段，此段在东，故名新兴东路。

达活泉东大街 东西走向，西起铁路桥，东至梁庄路，长3065米，宽25米，沥青路面。此路是20世纪80年代底才开辟的，原无名，因往东直通高庄桥，因而曾命名为高庄桥路。沿路两侧有邢台职教中心、邢台学院东院、桥东区政府北院等单位。1996年向东延伸，修建了小黄河桥，打通至梁庄路。2006年，该路向西与铁路桥打通。

车站北街 位于桥东区西北边缘，紧靠京广铁路线，南起火车站广场，北接团结大街，长1020米，平均宽15米，南宽北窄，沥青路面。1996年，该路进行改造，为水泥路面。此路为京广线东侧一条人行道，从团结地道桥东口直通火车站，以其位置命名为车站北街。

车站南街 从火车站向南至七里河，平均宽15米，沥青路面。这条街以其位置命名。该路南段在2004年进行改造，水泥路面。此后，将中兴东大街向南道路农药厂路进行了改造，统一称为车站南街。

辛庄北路 位于桥东区东部，西起东关街三岔路口，东北至市制革厂。全长1500米，宽10米，沥青路面。此路原无名，因该路从辛庄村北通过，经市政府批准命名为辛庄北路。2006年该路进行改造，西起东关村三岔路口至梁庄路，沥青路面。

东关街 位于桥东区东部，西自邢州路，沿东关东行，东至辛庄（与邢任公路相衔接），全长1900米，宽20米，钢筋水泥路面，是邢台市第一条标准路面。因位于辛庄村南，曾名辛庄南路。1998年沿街经过改造，并称为东关街。

申家庄街 东起新华路，西至车站南街，全长750米，宽20米，水泥路面。此街为邢台市新建申庄生活区中街道，原无名，因西穿申家庄村，命名为申家庄街。

塔林街 南起新兴东路，北至围寨河，长450米，宽20米，水泥路面。街道两侧多为居民住宅楼。1997年，对北起新兴东路、南至丰仓街道路进行新建，长440米，宽20米，称为塔林南街。此街是邢台市新建申家庄村生活区街道，原无名，因其位于古邢台风景区之一的塔坟附近，故命名为塔坟街，后改为塔林街。

邢州南路及百泉大街 从中兴东大街向南转向西至新华南路，1994年为缓解新华路交通压力，决定打通此街道，宽40米，长6800米，先称为东围城南路、仓南路，后称为邢州南路、百泉大街。

梁庄路 1994年从马路街至新兴大街，全长3000米，宽40米，称梁庄南路，1997年打通的马路街至高庄桥路，全长3140米，宽40米，称梁庄北路。2006年，又对此路进行了改造，沥青路面。

丰仓街 从车站南街至新华路，全长805米，其中塔林南街至车站南街长455米，快车道9米，西侧便道5.5米，水泥路面。2003年为解决路难行问题，区领导带队，出动300余人，清理污泥300余立方，对路面进行平整，此后又筹措资金，对此路进行了全面治理。

泉北大街 从地道桥至北郭庄村地段，全长3000米，宽60米。此街是2003年6月起着手进行拆迁，共拆除桥东区大梁庄乡北郭庄村各类房屋5万平方米，村民127户，是邢台市城市道路建设拆迁任务最大的道路，2004年建成通车。2006年，向东开通至东三环。因位于达活泉北侧，故称泉北大街。

此外，全区还新建了北陈村路（长600米、宽6米、水泥路面）、北郭庄路（长450米、宽9米、水泥路面）、东牛角路（长440米、宽5米、水泥路面）、南羊市道（长600米、宽12米、水泥路面）、路家园路（长1120米、宽12米、水泥路面）、拐角东路（长650米、宽6米、水泥路面）、东郭庄路（长300米、宽9米、水泥路面）等街道。

2006年桥东区主要道路一览表（东西走向）

单位：米

道路名称	起止地点	路面结构	长	宽	备　注
泉北大街	地道桥—北郭庄村地段	沥青	3000	60	
达活泉大街	邢州路—顺德路	沥青	532	18	
达活泉大街	邢州路—梁庄路	水泥	1100	12	
团结大街	地道桥—邢州路	沥青	2700	21	曾多次改造
铁岗街	顺德路—拖拉机厂东门	水泥	400	4	
东卫生街	邢州路—平安路	水泥	470	12	2006年改造
西门里街	北长街—顺德路	水泥	270	4	2006年改造
转运街	新华北路—车站北路	水泥	455	12	2002年改造
珍珠街	枫林街—顺德路	水泥	350	4	2006年改造
辛庄北路	东门里—梁庄路	水泥	1700	6	2006年改造
光明街	顺德路—邢州路	沥青	700	4	
红星街	新华北路—邢州路	水泥	2850	12	曾多次改造 以顺德路为界 称东西红星街
大通街	火车站—新华路	沥青	650	15	
南园街	车站南街—新华路	沥青	787	12	
西门里街	新华路—顺德路	水泥	700	20	1998年改造
东门里街	南长街—邢州路	水泥	402	20	1998年改造
东关街	邢州路—市界	水泥	1900	20	1998年改造
中兴东大街	地道桥—市界	水泥 沥青	贯穿 东西 大动脉	25	到邢州路沥青面 2200米，邢州路 —梁庄路水泥 路面1100米
新西街	车站南街—新华南路	沥青	950	8	
西大街	新华路—北大街南口	沥青	1590	7	2005年对西 段进行改造
东大街	北大街南口—邢州南路	沥青	550	12	
牛市街	花市街—邢州南路	水泥	570	9	2005年改造
新兴东路	地道桥—市界	沥青	3450	16	多次进行改造
西崇礼街	新华路—顺德路	沥青	700	5	2000年改造
东崇礼街	顺德路—府前南街	水泥	150	20	1999年改造

道路名称	起止地点	路面结构	长	宽	备 注
丰仓街	车站南街—新华路	水泥	805	20（部分）	2003 年建成
百泉大街	新华路—邢州南路	水泥	2900	40	1994 年改造
羊市街	新华路—花市街	沥青	830	8	

2006 年桥东区主要道路一览表（南北走向）

单位：米

道路名称	起止地点	路面结构	长	宽	备 注
车站北街	火车站广场—团结大街	水泥	102	15	1996 年改造
车站南街	火车站—南二环（规划）	水泥			部分地段形成
新华北路	中兴东大街—团结大街	沥青	1800	40	
新华南路	七里河桥—中兴东大街	沥青	4000	40	
顺德路	中兴东大街—团街大街	水泥	1800	20	1998 年改造
枫林街	红星街—铁岗街	沥青	550	5	
西仓巷	东门里—红星西街	水泥	850	6	2002 年改造
羊市道	羊市街—西大街	沥青	320	6	
北大街	花市街—中兴东大街	条石	250	7	2005 年改造
马市街	南头村—花市街	沥青	680	7	2005 年改造
花市街	马市街—北大街	沥青	270	7	2005 年改造
南长街	东门里街—光明街	水泥	600	6	
北长街	光明街—团结大街	水泥	900	6	
驴夫营街	东门里街—光明街	水泥	640	5.3	2006 年对部分地段进行改造
北关街	团结大街—达活泉东大街	水泥	600	6	2006 年对部分地段进行改造
邢州北路	中兴大街—北外环	水泥	4500	21	
邢州南路	百泉大街—中兴大街	水泥	2800	21	
路家园路	新兴大街—路家园村	水泥	1120	12	1997 年建成
梁庄路	新兴大街—高庄桥路	沥青	6140	40	1994 年建成 2006 年进行改造

第二节　桥梁建设

随着城市的发展，桥东区境内在1975年、1982年、1988年、2001年、2006年，分别在中兴路、新兴路、团结路、八一路、泉北大街、泉南大街与京广铁路平交道口，兴建了6座3孔箱涵立交桥，保证了交通的畅通和安全。随着城市道路建设的加快，1997年还建设了高庄桥路小黄河桥（现称泉南大街地道桥）、梁庄路围寨河桥（现称襄都路小吴庄桥）、襄都路知春桥。截至2006年，全区有永久性桥梁20余座，比1949年解放前增长2倍以上。

中兴路地道桥

中兴路地道桥　中兴大街贯穿京广铁路相交处，该桥包括一座铁路桥和一座公路立交桥，桥的中孔为快车道，宽12米，高5米，左右两孔为慢车道及人行道，分别宽6.5米，高3.4米，桥身长36.5米，桥孔车道包括引道长484.5米，1975年5月1日竣工通车。

新兴路地道桥　位于新兴路和京广铁路交口处，是一座新型的三跨连续框架铁路、公路立交桥。全长565.5米，宽41米，1982年7月2日竣工通车。

团结路地道桥　团结大街贯穿京广铁路相交处，由天津市政一公司施工，于1988年12月10日竣工通车。该桥总长380米，东引道宽68米，西引道宽42米，横贯京广线铁路，为联系桥东与桥西的交通大动脉。

八一路地道桥　位于西关街西口与八一路相接处，由邢台市住宅建设公司施工，于1988年12月6日竣工。人行道净宽6米，全长130米。

泉北大街地道桥　该地道桥为四孔下穿框架桥，中间二孔跨径12米，左右两边孔跨径9米，顶程50米，建筑投影面积为1361平方米，行车高度不高于4.5米，工程投资1430万元。该桥于2001年1月竣工并通过北京铁路局验收。

泉南大街地道桥　该地道桥为三孔框架地道桥，中间孔跨径16米，左右两边孔跨径8米，建筑投影面积820平方米。因京广铁路正线与牵出线高程相差较大，采用高低箱一次预制，高低箱差1.1米。至2006年底该桥正在建设中。

第三节　公园广场建设

桥东区主要的公园广场有人民公园、新世纪广场和火车站广场。人民公园于2005年改建为历史文化公园。新世纪广场是邢台市最大的广场。

人民公园　人民公园位于邢台古城东南角，面积约100余亩，建于1964年，当年在原城墙上种植洋槐、柏树3000余株，建六角亭1个。大门内建有石木结构牌坊——天目人心坊，花室12间，动物房舍20余间，修筑了道路，安装照明等设备，购进了猴、熊、虎、孔雀等动物。

1965年，园内设置水闸，购木船10只，供游人划船。随着城市发展，马路拓宽，护城河改为下水道，人民公园门口北移10米，门口内建迎宾假山、喷泉池各1座。门口西侧建有花卉门市和食品门市。

1980 年，公园内增建了六角亭 2 个，建大型游乐器械宇宙飞船、转龙等，成了“儿童乐园”。公园内增设了照相、冷饮、电视厅、舞厅等综合服务设施。

人民公园建成后采取封闭式经营管理，实行购票进园。2005 年 5 月取消购票。

天目人心坊

2005 年初，为迎接邢台解放 60 周年，并与邢台市申报历史文化古城相结合，市政府决定将人民公园改建为历史文化公园。历史文化公园占地面积 90 余亩，主要包括古城墙修复、解放纪念碑（园）、环境绿化三项工程。

古城墙属省级重点保护单位，2005 年采取修旧如旧的原则进行了修复，全长 273.4 米，高 11.2 米，角楼建筑面积 132.7 平方米。2005 年 10 月开工，2006 年 1 月完工。邢台解放纪念碑园位于历史文化公园东北部，呈中轴对称式布局，占地面积 5065 平方米。由中央美术学院设计施工，包括纪念碑、纪念柱、下沉式广场、绿地等。纪念碑以浮雕形式展现邢台解放的历史画面和场景。主雕塑纪念碑由简洁、精练的四大块构筑体组成，长 21 米，高 6 米，厚 1.5 米，呈“V”（胜利的英文缩写）字造型。碑身采用高、低浮雕结合的形式，真实地再现了冀南二、四分区和太行一、六分区部队作战及民兵支援攻城等解放邢台的历史场景。突出了邢台人民牢记历史，不忘过去，珍爱和平，开创未来，为建设富强民主文明的新邢台而奋斗的主题。纪念碑前方两侧，采用点阵式排列，矗立 12 根直径 1 米、高 4 米的方中带圆的纪念柱，与主雕塑纪念碑相互呼应，丰富了景观内容，烘托了主题。下沉式广场采用叠加的设计手法分为三部分，整体景观层次分明，变化丰富，静中有动，小中见大。在绿化设计风格上力求精致简约，保留原有年代久远、株形较大、具有一定观赏价值的乔木及常青植物，再适当增加一些名贵的常青树种和乔灌木，如白皮松、樟子松、银杏等，通过精心细致的植物搭配，以烘托碑园庄重肃穆、安静祥和的气氛，丰富公园景观，增强美化效果。

公园内修复后的古城墙

邢台解放纪念碑

新世纪广场　1999 年初，为迎接建国 50 周年，市委、市政府决定在马路街（中兴东大街）以北、新华路以东、三联大酒店以西、西祟礼街以南建设一大型广场，填补邢台市没有大型广场的空白，建设成为全市的重要标志性设施。一期工程从 1999 年 2 月开始拆迁建设。该工程是在老城区西

新世纪广场鸟瞰图

南角古城墙和体育场原址因地制宜建成，同时拆除了许多民建和公建。新世纪广场于当年国庆节正式建成启用。

二期扩建工程做为献礼项目，于2002年国庆节前夕完工。建成后的新世纪广场，占地总面积5.6公顷。由地上广场和地下商城两部分组成，是一个集大型集会、游乐、休闲、购物于一体的综合性大型广场。这里不仅是展示城市文化、城市品位、城市精神、城市风貌的一个靓丽窗口，同时也是城市建设步入现代化的一座标志性里程碑。

广场建成以后，多次接待国内外朋友和各地来参观的仁人志士，并经常举办政治和文化活动。分为广场大型缓草坪、彩色音乐喷泉、迈向新世纪不锈钢的雕塑、金属钛乾坤球、花岗岩旱冰场、主席台、集会广场、鸽趣园八大功能区域。

广场外围草坪共占地29000平方米，草坪设计是综合高尔夫球场特点和广场现有地貌特征缓坡构建完成的。草坪内由冷季型草地早熟禾、细叶早熟禾、黑麦草3个品种混播，草坪管理使用地埋式自动化喷水灌溉，机械修剪、定期补充营养液等科学养护手段，更提高了草坪的整体观赏效果，增加了城市的滞尘功能，改善了城市的空气质量。

音乐喷泉位于广场中心位置，是整个广场神韵所在。主喷水池长68米、宽50米，两边各有一个副水池，长33米，宽5米。音乐喷泉大小共有可调式喷头100余个，可变化出银瀑飞流、玉树临风、雪舞旷野、冰花初绽等30余个花样。音乐配合方面，设置有声光控制系统，可用话筒输入信号，灯光和音乐与喷泉变化同步展开。喷泉还装有水下彩灯1546盏。

新世纪广场乾坤球

钛金属乾坤球位于广场西南角，是一座大型的雕塑。上半部是直径3.6米的地球造型，下半部是正四棱锥台底座。

迈向新世纪雕塑是一尊充满现代气息的大型标志性雕塑，是用不锈钢和镀钛材料制成的，雕塑倾斜向前的基座，以强劲的动感烘托起5个大小不一的不锈钢环，它标志着中华民族5000年的历史文明和璀璨的文化正焕发出新的生机，蕴积着巨大的能量，在历史长河中奔腾向前，以波涛汹涌之势奔向新世纪。迈向新世纪雕塑已成了广场的标志。

广场鸽趣园设在广场东部迈向新世纪的周围，是本着以鸽养鸽的原则辟建的。园内有500多羽“齐爱广场鸽”。

面对着广场南大门的主席台占地面积3400平方米，集会广场占地8400平方米。功能主要用于集会、观礼和庆典活动。

旱冰场位于集会广场的中心部位，由墨绿色花岗岩铺设而成，面积达2080平方米，能供数百名儿童穿梭滑行其间，不仅为青少年提供了一个欢乐的活动场所，而且也营造了一个兴趣盎然的活动氛围。

另有地下商城，建筑面积23000平方米，是商贾云集的宝地，是居民购物的乐园。

火车站广场

火车站广场　邢台火车站（一等站）始建于光绪二十九年（1903 年），时称顺德火车站。1975 年邢台火车站进行了扩建，站前广场东西约 50 米，南北约 100 米。1988 年铁道部和邢台市政府决定对邢台火车站再次进行扩建，新规划的车站广场南北 700 米，东西 150 米。南到铁路俱乐部，北到邮电楼，西至新车站，东到长青菜店。包括广场、道路、停车场。绿化总面积为 3 公顷，广场净面积为 1.8 公顷。主要为公共交通运输汽车的出发站点，东北角有部分绿地设施。北与新建邢台长途汽车站相通。每年市区都要联合对火车站广场周边环境进行综合治理，提升形象，成为桥东区重要的对外窗口。

第四节　防汛设施建设

桥东区总面积 33.87 平方公里，占市区总面积的 24.5%。辖区内有防洪河道 4 条（牛尾河、小黄河、围寨河、七里河），分别位于桥东区北部、中部和南部。从 2003 年开始，邢台市对市区河道进行治理，到 2006 年，小黄河、围寨河已治理完成，七里河也开始着手治理，影响城区防汛的主要是牛尾河，河道淤泥较为严重，行洪不畅，是威胁桥东区东北部防汛安全的主要隐患。桥东区防洪重点部位有：易积水地段的西大街、新华桥东侧北岸居民区、靛市街水坑地段、西仓巷马壕坑地段、羊市街、中兴东大街、新华北路。桥东区受灾情况主要是内涝和东北部部分耕地被淹，灾后重点抓好排涝和农作物补种。邢台市主汛期集中在 7 月下旬、8 月上旬。在每年汛前，桥东区防汛抗旱指挥部（指挥部 1996 年前设在区建设管理局，此后设在区农业局、水务局）都制定防汛预案，组建抢险、救灾队伍，筹备防汛物资，做好防汛抗洪抢险的准备工作，立足迎大汛，做到防患于未然。桥东区防汛工作实行行政首长负责制，统一指挥，坚持分级负责防汛工作机制。各乡、办事处及相关部门都要实行 24 小时值班制度，健全岗位责任制，积极认真开展汛前的检查，清除隐患，对河道清淤、清挖排水设施，安排群众安全转移地点，对危房进行统计摸排，确保万无一失。1996 年 8 月、2004 年 7 月的暴雨对辖区有一定影响。1996 年 8 月初，连降暴雨，辖区排水不畅，不少单位院内积雨。西部山区更是突降暴雨，七里河出现了多年未遇的洪峰，给沿岸群众造成了损失。灾情发生后，立即组织受灾群众进行转移，并组织力量对城区内涝地段进行排水，没有发生房屋倒塌事件，对受灾的耕地进行补种或改种，将损失减少到最小程度。2004 年 7 月 12 日凌晨，邢台市普降暴雨，造成红星街、邢州路、中兴大街等众多路段积水，有的地段水深过膝。在中兴东大街人民剧场地段，造成众多民房被淹，部分群众进行了转移。

第五节　七里河综合治理

七里河是位于桥东区南部、贯穿邢台市的一条季节性河流，长年得不到治理，环境卫生脏、乱、差，河道阻塞，影响行洪，且严重制约着城市发展。2006 年市委、市政府提出了七里河综合治理战略，决定对七里河河道进行治理，并对沿河两侧进行开发改造。按照市委、市政府统一部署，桥东区

七里河综合治理施工现场

负责辖区内七里河4000米河道的清障工作。清障共涉及到桥东区东郭村乡的东郭村、柴庄、南陈村、北陈村、道口村5个村。按市下达的任务量统计，共有土地1375.26亩，各类树木106896棵，各类房屋81196.17平方米，围墙10878.35米，机井100眼，水塔16座，大棚22个，养鱼池113个，还有大量的电杆、水管等附属设施。另有漏登项目涉及有证土地304.8亩，各类树木38337棵，各类房屋3803.94平方米，围墙992.86米，机井5眼，水管3952米，以及若干坟头、水池、鱼池、门口等。

为确保完成清障任务，2006年3月，区委、区政府成立了以区委书记为政委、区长为指挥长的七里河综合整治指挥部，实行县级领导包村制，成立了5个分包小组，每小组由公安、城建、水务各部门抽调1人组成，分别由1名县级领导指挥，深入5个村协助做好各项工作。充分利用宣传资料、公告、新闻媒介等各种形式向群众宣传七里河综合治理的目的和意义，共在各类报刊发表新闻报道10余篇，向被清障户发放宣传材料500多份，张贴标语200余条、公告100张、悬挂横幅10多条。同时深入到户做好群众思想工作，推行了“三公开”制度，即：公开清障法规政策、公开清障补偿标准、公开完成时间；制定了“两书一表”即：补偿款领取书、清障协议书和漏登统计表。以统一的格式规范了清障工作，使群众舒心、放心。经过全区上下共同努力，2006年8月9日顺利完成清障工作。清障范围内所有附着物包括青苗全部清理完毕，达到验收标准，完成移交。共累计清理土地1733.85亩，砍伐各类树木145333棵，清除苗圃7个，拆除各类房屋85000.11平方米，拆除围墙11871.21米，填埋机井105个，拆除变压器5个，清除坟头4033个，填埋水池125个，拆除水管29085米，清理电杆184根，清理鱼池113个，拆除门口100个，清理沼气池4个，拆除水塔17个，拆除厕所51个，拆除大棚23个，清理青苗519亩。先期补偿款全部兑现补偿，区、乡、村实行阳光操作，坚决杜绝截留，群众很满意，没有任何经济争议事件发生。完成了安全清障、稳定清障的预定目标。为进一步做好七里河综合治理以及两岸开发改造奠定了基础。

七里河沿岸道路

七里河初升的太阳

第三章　旧城改造

邢台市进行旧城改造的主要范围是东围城路（现邢州路）以西、北围城路（现团结大街）以南、围寨河以北和京广铁路以东所包括的本区地域。邢台市政府于1995年8月24日颁布实施了《邢台市区旧城改造五年计划》（1996～2000年），自此旧城改造大规模开始。

第一节　城区改造

1996年，顺德南路和西门里一期工程共动迁137户，拆除各类用房7.11万平方米，盘活存量土地11.38公顷，规划建筑面积22.5万平方米，开发建设商住楼35栋，回迁安置楼已按协议要求交付使用。两条街的旧城改造开创了邢台建设史上大规模改造旧城之先例，特别是盘活城市土地存量，挖潜改造，控制城市外延发展，受到江泽民总书记的肯定。1996年12月27日市政府在顺德路举行居民回迁仪式，标志着邢台市旧城改造工作初战告捷。此后，全市旧城改造步伐放慢，只有部分地段进行零星改造，1997年旧城改造困难多，任务重，情况复杂，共拆除43片。

旧城区时有街道为马路街（现中兴大街）、西围城路（现新华北路）、新华路、顺德路、红星街、大通街、车站北街、府前街、北大街、西大街、西关街、南园路、南、北长街、羊市街、牛市街等共25条大小街道，全长17960米。除马路街和西围城路以外均需拓宽改造。旧城区改造总占地面积7.1平方公里，占市区总建设用地的24.4%，建筑总面积447万平方米；旧城区常住人口13.5万人，平均每平方公里居住人口1.9万人。房屋按结构分：砼结构占35%，砼木结构占50%，其他结构占15%。

1995年10月7日邢台市旧城改造动员大会在桥东区召开。旧城改造严格按照城市总体规划要求，每条街道要实行统一组织，统一规划，统一设计，统一施工。旧城改造开发放开市场，公平竞争。充分调动旧城改造开发的积极性，开发商可享受“邢台市旧城改造优惠政策”。

1995年12月，桥东区成立了旧城改造拆迁工作小组，积极配合市直部门工作。1996年度共解决了宏珍房地产开发公司与西门里居民因住宅楼与商品楼建设不一致引起的上访纠纷案件，靛市街拆迁户与修善房地产开发公司发生的上访纠纷案件和顺德路改造期间引起的纠纷案件3起。1997年1月，桥东区成立了房屋拆除管理服务处，当年解决上访纠纷案件2起。为旧城改造的顺利进行创造了条件。

拓宽改造市南出口工程是市政府1997年市区建设十件实事之一。南出口道路拓宽改造工程范围是仓南路（现百泉大街）至七里河桥北长985米，道路红线宽度50米。实施该工程共占用土地72亩，拆除房屋6735平方米，拆除围墙370米，桥东区专门成立了南出口拆迁改造指挥部，保证了工作的顺利开展。

邢台市实施旧城改造从1995年开始，1996年全市旧城改造工作达到高潮，从1998年开始，旧城改造工作步伐放慢。改造工作由大面积改造变为小块改造。2000年，全市旧城改造第一个五年计划结束，城市基础设施进一步完善，居住条件发生了很大改变，城区形象发生了根本变化。

从2000年开始，市委、市政府提出了新区开发与旧城改造共举发展的战略，特别是受拆迁、资金等众多因素的影响，旧城改造步伐变慢。先后组织实施的有西大街、南长街、北长街等片区，规模、范围不大，只是进行零星改造。随着邢台市提出了申报历史文化名城的发展要求，旧城区改造范围得到了限制，特别是北大街两侧老建筑开始着手进行保护。为加快城市发展，邢台市政府对旧城改造的范围逐渐扩大，提出了北至团结大街，西至铁路，南到新兴大街，东至襄都路（梁庄路）所辖桥东范围都可享受旧城改造的政策，改造步伐又重新加快，先后对汽车站片区、新华路围寨河片区等着手进行改造，形成城市改造的亮点。

第二节 小区建设与高层建筑

解放前，邢台市区居民房屋低矮、阴湿、棚户很多。新中国建立后，棚户旧房逐步改建、翻建，特别是到20世纪90年代以后，随着旧城改造，城中村改造、新区开发建设的加快，住宅楼建设成片兴起，形成众多住宅生活小区。主要有东崇礼小区、清风小区、东苑小区、军分区住宅区、辰光住宅小区、市政生活小区、东红星生活区、中北生活区、黄家园生活区、住宅合作社小区、团结大街供电局生活区、塔林生活区、路桥小区、万隆金碧华府、供电金缘小区、枫林小区、中银小区、红桥水岸小区、中央名城小区、凤凰城小区、黄荣花园、平安家园、金水湾、绿洲家园及申庄新村、路家园新村、南瓦窑新村等。

申庄新村 位于车站南街与申庄街交叉口的东南角，3栋6层住宅楼，总建筑面积20000平方米，投资1400万元。其中对45户村民进行搬迁，安置居民156户。2002年开始建设，2004年完工，为城中村改造的典范。

申庄新村

路家园新村 位于路家园路中段南侧，建有4栋6层住宅楼，建筑面积15000平方米，投资800余万元，安置居民100户，另建有临街门市24户，1000余平方米。2003年开始建设，分两期实施，2006年全部完工，为城中村改造的典范。

中北生活区 位于东红星街中段，1999年建成回迁，属于旧城改造项目，其中路南10栋6层住宅楼，路北4栋6层住宅楼，建筑面积52000平方米，其安置居民508户，住宅区实施封闭式管理，有专业清扫、绿化和保安措施。

供电调度大楼

供电金缘小区 位于车站南街东侧，南园路南侧。2002年开工建设，属于改造项目，2004年10月完工。该小区有11栋6层住宅楼，建筑面积55000平方米，现有住户372户，实施封闭式管理，有专业清扫、绿化和保安措施，小区内有草坪近1500平方米，设置健身器材10套，垃圾实行袋装化管理。

平安家园住宅区 位于东卫生街南侧，平安路东侧，2001年1月开工建设，2002年2月开始入户，2006年6月三期工程开工建设。住宅小区有16栋住宅楼，建筑面积17435平方米，入住居民366户，小区内有绿地1800平方米，实施封闭式管理。

1980～2006年，城市楼层建设的投资不断加大，一大批10层以上的高层建筑相继建成。三联大酒店、物产广场、供电调度大楼、保利大厦、花园岛酒店、邢州大酒店、财富广场、百货大楼（云龙大厦）等高层建筑拔地而起，呈现出一派现代化大都市的景象。

供电调度大楼 位于邢台市新兴东大街路南，高19层，为全市供电调度中心。

邢州大酒店

邢州大酒店 位于邢台市桥东区新华北路185号，始建2003年，2005年投入使用。酒店总建筑面积15000平方米，地上十二层，地下一层。十二层为公司办公区，十一层为会议楼层，设有大小4个会议室。四至十层为客房区，其中拥有包括欧式标准间、中式标准间、豪华标准间、贵宾单人间、商务房间、贵宾套房、豪华套房、总统套房在内的各种房型。二、三层为餐饮区，二层为宴会厅，可同时容纳600多人同时就餐。三层为20多个装饰豪华、风格各异的雅间。地下一层为大型康乐中心，内设豪华桑拿、洗浴、KTV包房、健身房、自助餐厅等娱乐设施，邢州大酒店是按四星级标准建造的集住宿、餐饮、娱乐、会议、洗浴为一体的综合性现代化商务酒店。

第三节 民房翻建

20世纪80年代，桥东区居民居住的多为平房，房屋大都年久失修，在居民翻建房屋的审批过进程中，区城建部门严格把关，采取现场办公、测量、签字“一条龙”原则。特别是在旧城改造区范围内（东围城路以西、北围城路以南、围寨河以北和京广铁路以东所包括的本区地域）的审批建房，强调确系危房，按个人申请，四邻签字，居委会、办事处同意，再经规划工作人员实地勘查后，进行审批，并将批准手续报市规划部门备案，严防出现新建又拆行为，从而减少了不必要损失。1983～2001年共审批翻建民房3415户，计131055平方米，解决建房纠纷310起。2002年4月，市政府将民房翻建审批工作上收到市规划局，桥东区政府不再有民房翻建审批权。民房翻建工作分别经村（社区居委会）、乡（办事处）同意后，经桥东区建设管理局初审后上报邢台市规划局审批。2006年10月，《邢台市人民政府关于理顺城区管理体制的意见》（邢政〔2006〕14号）提出了“理顺规划管理体制，发挥规划的龙头作用”，按照市政府《关于加强城市规划工作的若干规定》，在三区（桥东区、桥西区、高开区）设立规划分局，为邢台市规划局的派出机构，实行双重管理，以市为主，明确事权。另外将二环路以外的农村房屋新建、旧房翻建的规划审批权放在三区，在市备案。二环路以外桥东区所辖村庄有新华村、南康庄、南陈村、柴庄4个，民房翻建工作逐步走向正规。

1983～2001年桥东区民房翻建情况一览表

年份	民房翻建户数（户）	面积（平方米）	受理解决纠纷数（起）
1983	345	1380	
1984	235	7050	76
1985	230	9200	20
1986	271	10840	14
1987	431	19395	12

年份	民房翻建户数（户）	面积（平方米）	受理解决纠纷数（起）
1988	97	3880	10
1989	175	8750	12
1990	211	10550	31
1991	244	11200	
1992	209	8036	59
1993	26	2927	52
1994	194	7760	
1995	94	3765	10
1996	97	3850	4
1997	202	8290	
1998	87	3498	4
1999	96	3841	
2000	73	2923	
2001	98	3920	6
合计	3415	131055	310

第四节　城中村改造

桥东区是老城区，且城中有村，村外有城，城市规划还不到位，基础设施差，街道狭窄，通行不便，居民居住条件差，多是平房，参差不齐，严重影响城市形象，浪费城市土地资源。随着改革开放的深入、城市居民生活条件的改善和收入的增长，居民改善居住条件的愿望越发强烈。虽有个别居民对自己住宅进行了新（改）建，但是由于形不成规模，现代化的集中供热、供气等不能实现。2002年，西大街办事处申庄村借鉴外地经验，率先在全区实施了城中村改造，拆除居民旧住宅，集中统一规划，统一建设，形成现代化的住宅小区。该村按照“边拆边建、滚动发展”的思路，一期完成了45户村民的拆迁工作，共拆除旧房屋3000余平方米。2002年申庄村旧村改造项目一期工程投资1400万元，三栋住宅楼开工建设，建设成为高标准、设施齐全、功能完善的生活小区。

2003年9月邢台市人民政府制定了《关于加快市区“城中村”改造的实施意见》，决定从2003年起，用5~8年的时间逐步对市区二环路以内的村庄进行改造。桥东区列入城中村改造的村共43个，其中村改居委会34个、村委会9个。村改居委会的有：西园、新华桥、申家庄、南瓦窑、南园、羊市街南、西大寺、西关西口、拥军东街、华西、北关村、北长村、黄家园、东关、新东街、桥南、南头新街、牛市新街、马市街新兴、拐角、新营、三义庙、路家园、李家庄、辛庄、晋词道、母家场、冯家庄、王家庄、东牛角、胡家庄、东郭村、五里铺、西牛角。村委会分别为大吴庄、小吴庄、北郭庄、北陈村、楼下道、东郭庄、碾子头、淮家屯、道口村。

2002年结合桥东区实际，区委、区政府制订了《关于加强城区旧村改造的实施意见》，2004年7

月又印发《邢台市桥东区城中村改造管理办法》，区政府成立了以区长为组长，相关部门主要领导为成员的改造领导小组，并在区建设管理局设立了办公室。全区把城中村改造工作列入对乡（处）和村（居）主要干部年度考核的重要内容，制定了奖励办法。并先后组织区、乡、村有关人员到北京、石家庄等地参观学习，组织召开了城中村改造观摩会，为完善城中村改造办理审批手续，制定了《城中村改造项目审批流程图》。全区城中村改造从2002年开始拟用6～8年的时间全部完成。从2002年起，每年都要有一批村（居）着手实施，争取到2010年改造完毕。各乡、办事处根据辖区村（居）实际情况，也制定出了改造的总体规划，并对改造时间、方式等问题做出了较为具体的规划。

2005年，《邢台市区城中村改造用地规划管理的意见》的通知（邢政函〔2005〕23号），明确提出了城中村改造要合理确定用地范围、严格控制周转用地、准确预测规划村民住宅用地规模、详细划定用地界线、明确政策使用范围等内容。2006年10月，为进一步规范和推进城中村改造工作，邢台市人民政府出台了《邢台市城中村改造暂行办法》（市政府令〔2006〕第27号），共计20条，该办法的出台，使城中村改造工作更便于操作和执行，政策更加宽松，并使城中村改造工作逐步走向了规范。

到2006年12月，全区已有25个村完成规划编制，分别是西园、申家庄、南瓦窑、南园、西大寺、新东街、拥军东社区、黄家园、南头新街、牛市新街、拐角村、三义庙、路家园、辛庄、母家场、冯家庄、东牛角、五里铺、西牛角、楼下道、碾子头、北郭庄、新营、东关村、华西社区。妥善做好了拆旧建新和居民的安置，全区共拆迁总面积50000余平方米，安置村（居）民450余户。

拐角村旧民居

拐角村新民居

第四章 公用事业

1980～2006年，随着桥东区对城市基础设施建设投入的不断加大，供水、节水、供电、供热、市政维护等各项公共事业建设也得到了加强，多项服务保障功能日臻完善。

第一节 供水 节水

桥东区属于水资源比较匮乏地区。人均水资源只有220立方米，水资源供需矛盾突出。桥东区多年平均水资源总量2764.5万立方米，可开采利用为2710万立方米，实际多年平均开采地下水量都在3200万立方米以上。2006年底统计全区总人口为236666人，年生活用水量为1497.5万立方米，占总用水量的45.2%。

一、供水

由于连年大量超采地下水，造成地下水位持续下降。而且浅层孔隙水已受到较严重污染，部分地段还失去饮用功能。2000 年，4 个办事处大部分居委会已接通城市自来水管网，饮用供水来自自来水，只有南瓦窑、马市街、东关外 3 个居委会仍用自备井的浅层水。2 个乡 28 个村（居）中只有 7 个村（居）饮用城市供水管网的自来水，有 15 个村（居）饮用自备井的浅层水，有 6 个村（居）饮用自备井的深层岩溶水。为了解决人畜饮水安全问题，桥东区水务局在市水务局的帮助扶持下，自 2004 年开始，实施人畜安全饮水工程。协调市供水总公司，有计划分步骤地对城市供水管网覆盖范围内饮用浅层水的村（居）实施城市自来水供水管网接通改造工程。到 2006 年底，已完成东郭庄、东牛角、淮家屯、五里铺等村（居）的城市供水管网的接通改造工程，南瓦窑居委会的供水管网改造工程正在实施之中。同时对没有完成饮水安全工程的村（居），密切监测水质状况，采取防范措施，选取了 8 个有代表性的水源地，定期监测，进行水质化验，防止出现饮水不安全事故。

桥东区供水工程主要分为两种：一是机井工程，二是自来水工程。

机井工程 机井是桥东区农村主要的供水工程，其范围遍布全区，已成为工农业生产及人民生活最可靠的供水水源。截至 2006 年底，全区共有机井 462 眼，其中用于农田灌溉 343 眼，成井深度多在 30 ~60 米之间。

自来水工程 桥东区城市居民生活、公共设施用水、部分工业用水以及一部分农村居民生活用水由市供水总公司自来水供水系统供给（水源地在桥西区），大部分农村居民生活用水采用村自建的简易自来水工程供给。市供水总公司自来水供水系统由紫金泉、韩演庄、董村水源地和补压井组成，全部开采岩溶水，年供水能力 2510 万立方米，担负全市城区的供水任务，经过几十年的发展，技术已十分成熟，已能稳定地为城镇人民生活提供用水保证。村自建简易自来水工程大部分没有经过专业规划、设计、施工，普遍存在着管道设计不合理，供水压力达不到要求，缺少过滤、消毒、处理等工艺措施，水质、水量达不到要求，多数村采取定时供水的措施。

二、节水

桥东区是老城区，人口稠密，各类中小型企业集中且发展较快，用水量很大，浪费水的现象经常出现，为了搞好节水工作，提高全社会对节约用水的认识，加大城市节水宣传力度，充分利用各种新闻媒介和宣传形式开展了大规模、全方位、立体化的宣传活动。每年的宣传周都积极和市节水办配合，开展宣传活动，张贴宣传标语、宣传画等，认真宣传《河北省城市节约用水管理实施办法》，使广大市民增强节水意识，增强了人们对城市用水的危机感和节水的紧迫感。指导企业节约用水，进行节水改造，引导企业逐步实现一水多用，提高水的利用率。

桥东区有各类小型企业 20 多家，全年总用水量 12.58 万立方米，每家企业都确定一名副厂长直接负责抓节水工作，并且有计划用水指标，与奖惩挂钩。所有自备井的企业均安装水表，严格执行一户一表，计量收费，对用水大户，污染严重的企业，采取措施促其进行改造。针对用水量大、水质要求的不同特点，大力开展废水利用，实施一水多用。其中邢台市五一轧钢厂修建了 300 立方米的循环池，邢台市东风制冷厂重复利用河道废水，为国家节约了地下水资源，为企业节约了用水资金。

第二节 供 电

1980 年以前，桥东区电网网架薄弱，配网主干线缺少段开关，大部分线路为裸导线，导线截面小，配电变压器数量少，电压偏低。至 2006 年桥东区配网已建成了典型的网格式结构，市区内所有线路均可以成环倒电。20 世纪 80 年代配电线路主干导线截面多为 95 平方毫米，21 世纪初主干导线截面为 240 平方毫米，同时配网线路向绝缘化发展，截至 2006 年桥东配网主干线路绝缘线 169.314 公里，绝缘分支线路 9.867 公里，绝缘化率达 80%。电缆线路 63.96 公里，电缆化率达到 14.74%。泉北大街、中兴东大街东段、西段的电缆均已入地，不仅进一步提高了配网线路的安全运行水平，还做到了城市美观整洁。

20 世纪 80 年代初，城市配电线路的电杆多为 10 米电杆。21 世纪初配网主要杆型为 15 米，增加了电杆高度，使电力线路对建构物、街道静距离相应增加，提高了电力线路的安全系数。为进一步提高城市的美观和方便通行，在配网中还应用了外形美观的钢管电杆，截止 2006 年，桥东配网运行钢杆 650 根，去除电杆拉线 700 余条。

20 世纪 80 年代初，桥东区配电变压器以能耗较高的 S7 型为主，还有 SJ、SJN 等高能耗变压器并存现象，经城网改造和建设，21 世纪初已做到以 S9 型节能和 S11、非晶合变压器为主，全面消除高耗能变压器，达到节能降耗的目的。

至 2006 年，桥东区有变电站 6 座，开闭所 2 座，配电变压器 876 台/241405KVA，变电站 10 千伏公用出线 61 路，运行 10KV 配网线路 431.576 公里，覆盖了桥东区的每个区域，为桥东区工商、企业、居民生活用电及可持续发展提供了安全可靠的电力保障。

第三节　供　热

1980～2006 年，桥东区的供热模式经历了由自制的煤炉、“土暖气”到集中供暖的巨大变化。

20 世纪 80 年代初期，人们为了抵御冬日的严寒，不得不在家中自己生煤炉取暖，取暖效果差且不安全，煤气中毒事件时有发生。20 世纪 80 年代末至 90 年代，“土暖气”开始进入家庭，“土暖气”采用水暖方式，采暖效果比煤炉好了很多，但也存在安全隐患。机关企事业单位多数采用锅炉供暖，但给环境造成了污染。

邢东热电厂一角

随着社会的进步和经济的发展，于 20 世纪 90 年代末，桥东区开始推行集中供暖，并逐步取缔小锅炉，桥东区属于老城区，居民居住环境复杂，且平房较多，集中供暖采取逐步分片推行。

1997 年，为解决桥东区集中供热需求问题，邢东热电厂自筹资金 5000 余万元实施循环水供热工程，沿中兴东大街、邢州南路、邢州北路铺设供热主管网 10 公里，可满足 230 万平方米的供热需求。并且根据供热区域内热负荷的增长情况，对管网运行参数进行调整，最终供热面积可增加到 300 万平方米。

邢东热电厂供热的主要区域为桥东区和高开区。到 2006 年，热电厂至东汪板厂管线，铺设 DN400 管约 3.8 公里。热电厂至新世纪管线，铺设 DN800 钢管约 4 公里，分支管网沿顺德路、红星西街、花市街、羊市街、新西街等铺设 DN500 钢管约 2.8 公里。梁庄路东关街至达活泉管线，铺设 DN250 钢管约 2.7 公里。循环水全程铺设管网约 16 公里，其中主管网沿中兴东大街、邢州路铺设 DN900～DN450 钢管约 10 公里，分支管网沿卫生街、东门里、红星街、冯庄街、梁庄路等铺设

DN400～DN250钢管6公里。建成民用供热站29座，工商业用热单位30家，东汪板厂供热170家。截止2006年底，供热总面积达200万平方米。

第四节　市政维护

桥东区街道日常维护与管理，主干道由邢台市城管局负责，次干道和小街小巷由桥东区负责。桥东区区管街道及小街巷共计255条，排水沟长170公里，路面面积156万平方米。桥东区是老城区基础设施差，下水道排水不畅，时有污水外溢，路面破损严重，特别是在雨季，排水不便，形成内涝，影响出行，甚至给群众造成财产损失。1980～2006年，桥东区共投入维护资金1000余万元，重点把群众反映较大，人大代表、政协委员多次提议的地段放在首位，围绕损坏最严重的街巷进行重点维护，使街道状况有了很大的改观。区城建部门和各乡、办事处加强对市政设施的排查力度，分人分片，专人负责，及时发现，及时处理，确保了行路安全。特别是在雨季来临前，都要组织人员对老城区内的羊市街、羊市道、牛市街等街道排水设施进行清挖、维护。对凤凰街、南、北长街、西关街等街道路面先后硬化，累计维护街巷便道、路面9万多平方米。同时，对于下水道（沟）盖板、排水箅子破损等，及时进行更换。由于全区基础设施建设投资大，维护及时，改变了桥东区交通不便的状况，保证了人们出行安全。

第五章　城区绿化

1980～2006年，桥东辖区主干道的绿化由市城建局绿化队负责，辖区内次干道和小街巷的绿化由区和街道办事处共同完成。经过20多年的努力，辖区90%的道路都种植了行道树；全区有街心花园、游园10余个；建成花园式单位、绿化达标生活区若干个；义务植树50余万株，绿化覆盖率达36%，人均占绿地8.9平方米，城区面貌正朝着绿化、净化、美化的方向发展。

第一节　道路绿化

中兴东大街绿化带

到2006年，桥东区范围内有绿化条件的街道做到了全部绿化，特别是邢州路、新华路、中兴街、梁庄路、南北长街、塔林街等全部绿化，道路栽植行道树，构成了城区的绿色脉络骨架。行道树有法国梧桐、国槐、安贞、栾树、杨柳、苦楝等12733株。其中桥东区区管街道53条种植树木2560株。邢州路、团结大街、新华路近千株20世纪60～70年代的行道“法国梧桐”树记载着桥东区历史文明的年轮。每逢“五一”、“十一”等节假日，10万余盆花草以造型和组团形式，摆放在火车站广场、中兴大街两侧、新世纪广场、大单位门前，既烘托了节日气氛，又绿化美化了市容。针对老城区行道狭窄的实际，在西大街办事处西园居委会做了新的尝试，烧制了100余个大花缸，植上了大叶黄杨，收到了良好的绿化美化效果。

新华路绿化，从团结大街至百泉大街，全长4906米，种植乔木1002株，种有毛白杨、法国梧桐、苦楝等品种，绿篱8040平方米，该路绿化覆盖率达80%以上。

中兴东大街绿化，西起中兴地道桥，东至梁庄路，全长3008米，种植法国梧桐、栾树等464株，绿篱6630平方米。

邢州路绿化，北起北二环、南至百泉大街，全长6456米，种植法国梧桐1341株，以及万年青、绿篱7704平方米。

南、北长街绿化，北起团结大街，南至东门里，种植法国梧桐、苦楝、槐树共216株，绿化覆盖率达到近95%。

西红星街绿化，从新华路到顺德路，路两侧均种植法国梧桐，直径40～60厘米，树木生长旺盛，茂密葱茏，形成林荫道路。

第二节　街心花园和游园建设

桥东区加强街心花园和游园建设，到2006年，已建成街心花园、游园10余个。主要有清风楼游园、塔林游园、胡庄游园等，美化了城区环境，方便了群众，满足了居民休闲、娱乐、游玩的需求。

清风楼游园　位于清风楼后，桥东区政府东南侧，建于1983年，内有花架、石桌、花坛、假山、喷泉、花房、管理房等设施。中间有大理石梅花鹿和仙鹤雕塑。园内种有龙爪槐、塔松、柏树、桃树、青竹、月季、迎春花、芍药、牡丹等花木。门内西侧有从南长街街道办事处院内移来的唐朝开元年间的"道德经幢"，是河北省重点保护文物。游园南门上画有"上八仙"，园内水泥砖铺路，安有路灯。园内晨练的人很多，在打太极拳、踢毽子、打羽毛球。平常还是棋友、票友的聚集之地。

塔林游园

塔林游园　塔林游园始建于1991年，位于塔林南街路西，占用土地5.2亩，主要占用南瓦窑村、申庄村土地。1993年根据邢台市城建局总体规划要求，以及塔林生活区状况、塔林游园开始第二次扩建，征占土地12.33亩。1994年塔林公园围墙建成，园内设施开始破土动工，新增公共绿地8000平方米，1995年完成游园内的人工湖、假山、园内广场、舞厅的建设。塔林游园总占地17.53亩，其中绿化占地70%，院内广场及公园设施占30%，大门南侧建有大理石虎皮墙，墙顶建有紫藤花架、门北侧建有3间组合看护房，园内建有花房100平方米，养各种盆花几十种，舞厅建筑空间230立方米，建有半壁亭和四角平顶亭，中间有葡萄架，迎门有月牙坛，广场内建有8个古石塔，园内道路四通八达。1999年，结合全民推广体育运动，在塔林游园投资2万元，设置了运动设施。同时在游园西门角与供电部门合作，建成了门球场，成为了老年人活动的重要场所。2006年，塔林游园在现有基础上进行了路面维修，设施更新等工程，使塔林游园设施更加完善，成为四周居民休闲、娱乐、游玩的重要场所。

胡庄游园 2002年根据城市绿化规划，桥东区在大梁庄乡胡庄村建设了一个占地6.5亩的游园，该游园布局合理，建筑风格典雅。游园内设有广场、喷灌、六角亭、磨菇亭、石雕、葡萄架、护栏等园内设施。该游园位于1路公共汽车终点站，近邻邢台学院学生公寓和豫让桥市场，人口密集，利用率很高，受到群众欢迎。

围城路游园 位于原东围城路、北围城路、西围城路至“卧牛”石雕处，路两侧种有绿化带、草坪，绿地面积为20549平方米，树木成荫，花坛60余个，建筑品10个，雕塑3尊（一为石膏女孩雕塑，置于人民公园东墙外；一女学生雕塑，置于市7中东侧；一石膏“白象”雕塑置于市仪表厂门）。1987年在仪表厂门南侧建儿童游戏场。北围城路中段北侧“得趣园”内有假山、花架，种植花木2000余棵，设有管理房。北围城路西段南侧有洋槐树林，林中有石铺小路，水泥凳，绿树成荫，每到夏季，乘凉人甚多。

西围城路小游园 位于西围城路，设有花架、石凳，种植月季、万年青等花木。

三角游园 中兴路地道桥东北，建有“月季园”，又因是三角形，俗称三角游园。设南门和北门，园内北边有一女孩石膏雕塑，手持琵琶；南边有2个石膏雕塑“梅花鹿”，置于草丛中；园内有花架、石桌、石凳，水泥砖铺地，安有路灯，种有“月季”和各种花木。有管理房2间，有专人管理。

路家园游园 2003年建成，位于桥东区大梁庄乡路家园社区中心，面积2500平方米，种植了月季、草坪，内设体育休闲运动器材，成为社区居民休闲、娱乐的重要场所。

明月广场游园 位于中兴东大街南侧，明月购物广场西侧，占地面积692平方米，种植有乔木、灌木，内设有白玉栏杆。

迎宾园 位于顺德路与团结大街交叉口西南角，占地3681平方米，内设有绿篱造型182平方米，种植乔木92株、灌木824株、草坪2577平方米，有小桥、流水、圆凳及管理房2间。

第三节 义务植树

1980～2006年，每年3月12日植树节桥东区都要开展义务植树活动，特别是全国人大五届四次会议《关于开展全民义务植树运动的决议》和国务院《关于开展全民义务植树运动的实施办法》颁布实施后，桥东区迅速掀起植树造林、绿化城区的活动高潮，组织全区干部群众到南二环、七里河、大梁庄乡大吴庄、南康庄等处，以及单位内部进行义务植树，全区义务植树50万余株，花灌木21万余株，育苗30亩，大环境绿化了柴庄、七里河垃圾山170亩。

在大环境绿化中，注重以绿化带动经济的发展，培植柴庄林果基地，建成了百亩果园，带动了柴庄经济发展，并于1996年大面积种植梧桐树8000余棵，综合利用百亩果园搞好种植、养殖一条龙，果、蛋、肉一齐上，创经济，要效益。1994年开始在七里河垃圾山进行植树试验，所栽树苗成活率达80%以上。1995～1997年开始大面积绿化七里河垃圾山，3年共植树10000余棵，面积达100亩，开创了向垃圾山要效益的先例。

第四节 庭院建设与生活区绿化

1980～2006年，桥东区在全市统一安排部署下，在辖区开展了花园式庭院建设和生活区建设。1996年，桥东区开始制订实施“绿化、硬化、净化、美化”四化工程，侧重于开展单位庭院“四化”建设，重点把市政府大院、军分区大院、市人民医院、供电局、电缆厂、兴华私立学校、军需装备研究所、烟草公司、地毯厂、日清食品厂、实用技术研究所、医疗器械厂等单位建设成布局合理、整洁卫生、环境优美的花园式单位，为实现绿化美化工程，区政府与驻区单位签订了责任状，驻区单位共投资30万元，种花灌木3万余株、乔木2万余棵。大多数单位达到了要求，通过市绿化办检查验收，实用技术研究所等6个单位效果良好。区委、区政府命名实用技术研究所为区级花园式单位，并在该单位召开了现场会，推广了他们的经验，有力地推动了全区绿化工作的开展，同时注重生活区的绿化工程，重点建设供电局生活区、棉纺厂生活区、黄家园生活区，改善了居民生活环境。

2000年，市委、市政府提出了利用3年时间把邢台市建设成为省级园林式城市的目标，全区广大群众通过养花、种草、植树等多种方式大搞城区绿化，提高庭院绿化水平，按照拆墙透绿、迁旧添绿、退硬还绿、见缝插绿、围墙爬绿、门前建绿的原则，进行绿化改造提高。

第六章 环境卫生

桥东区以创建省“燕赵杯”和创建国家（省级）卫生城市为目标，开展“五大形象工程”（绿化、亮化、净化、美化、畅通工程）为重点，加大了城市容貌治理力度。到2003年6月，桥东区共负责区管街道73654.6平方米的清扫工作，共有区管公厕24个，民办清扫清运人员226名，并对辖区建筑垃圾实施垄断管理。先后组织开展了“八不活动”、创建卫生城市活动，“讲文明、树新风、塑形象活动”、“抗击非典市容卫生大整治活动”、“保护环境，从我做起”活动、“创建省级环保模范城”活动等。对辖区内道路进行了多次专项治理，取缔马路市场和店外占道经营，清除占道违章建筑，确保了辖区道路的畅通，绿化了人行道路，美化墙体，有效地改变了桥东区的城区面貌。从2003年6月起，全市环境卫生体制进行改革，环境卫生工作由市城管局进行统一管理。

第一节 创建活动

20世纪80年代，全省开展了“燕赵杯”城市容貌竞赛活动，每两年组织一次。1994年，全市提出了创建省级卫生城市的目标，1994年8月份，全市开始了市容市貌整治大会战，清理垃圾死角，粉刷墙壁，清除违章建筑、乱搭乱建，并注重城乡接合部、生活区的环境卫生治理。根据全市统一安排，每年4月份都开展大规模的市容市貌综合整治活动，制定出详细可行的实施方案，成立指挥部和市容市貌综合整治督查队，全区动员，集中人力、物力，大打清扫清运、消灭垃圾死角的大会战。1998～2000年，全区共清理建筑垃圾17000余吨，生活垃圾12000余吨，清理各类垃圾死角115处。特别是在农村，下大力气解决了农村脏、乱、差问题。全区共清理生活垃圾死角113处，垃圾1200立方米，建筑垃圾死角14处、1100立方米，城区容貌大有改观。在开辟市场街的路段，加大管理力度，规范经营，对不适宜摆摊设点的地段，采取果断措施予以取缔；开展了以清理乱贴乱画、乱搭乱建为重点的综合治理。通过全方位的拉网式联查，共查处违章建房17户，对3户进行了处罚，对14户下发了停工通知书，并责令限期改正，维护了城市总体规划的严肃性。此外在全区广泛开展了检查评比活动。1994年桥东区为市区荣获省级卫生城市称号和容貌环境竞赛第三名，并为荣获燕赵杯做出了贡献，在全市办事处卫生季度联查中，西大街办事处荣获四连冠；1995年、1996年连续2年西门里办事处在卫生联查中获得全市第一名。

1996年10月，市委、市政府提出在全市实施“八不”活动，即不乱倒垃圾和乱扔杂物；不乱搭乱建；不乱摆摊点；不乱贴乱画；不乱穿马路和乱停、乱放车辆；不随地吐痰；不损坏公共设施和花草树木；不说粗脏话。市区主要实施的范围为：大型商场、宾馆、饭店、影剧院、汽车站等公共场所及机关、主要生活区。桥东区主抓马路街、新华南路、西围城路、新华北路、北围城路、火车站广场共5街1站11个责任地段的治理，另外还抓了西关街、南北长街、羊市街西口等8条区管街道。全区共配备协管员50名，每条街道8~15人，做到了定岗定位，每天纠正违章行为数百起，并涌现出许多好人好事。“八不”活动的开展在改善邢台市的容貌、生活环境质量、加强思想道德建设、提高广大市民的社会公德水准等方面起了很大作用，达到了一定的效果。在全市实施“绿化、硬化、净化、美化”四化工程活动中，桥东绿化工作、清扫保洁工作得到了进一步的提高；硬化路面约70000平方米，街巷路面基本全部硬化；美化工程，107国道在桥东区过境路段长约9公里，共有美化包装、拆除重建等任务72项，加上中兴路、新华路等市管主要街道的美化任务，全区共有美化包装任务149处，占全市包装任务总数的1/3，到年底，共投资140万元，完成美化包装任务114处，其中贴瓷砖9924平方米，装霓虹灯、轮廓灯、射灯25处。

1997年5月根据市委、市政府“讲文明、树新风、塑形象”活动部署，把治理环境卫生列为重中之重，桥东区以“讲、树、塑”活动为载体，围绕群众普遍关心的热点难点问题，抓具体、抓实事，并结合开展创建卫生城市和形象建设，集中人力、时间，解决环境卫生存在的“脏、乱、差”问题。充分利用大众媒介和各种宣传渠道，组织群众进行大规模义务宣传教育，积极开展义务劳动，集中整治，大打垃圾歼灭战，清理清运垃圾死角，使邢台市环境卫生整体工作提高到了一个新水平。在这次活动中全区共清理垃圾点100个，清理垃圾11000余立方米，市容市貌焕然一新。

2002年，桥东区在“保护环境，从我做起”活动中，出台了《桥东区“保护环境，从我做起”活动月实施方案》，全区将这次活动作为党政一把手工程，并将各责任目标进行了分解，定期督查。在全区广泛开展了“保护环境，从我做起”的宣传教育，党政机关率先垂范，身先士卒，由区长带领全区22个部门200余人，在塔林游园进行义务劳动，同时也对机关办公环境进行了彻底大扫除。市容市貌综合整治共清运垃圾死角100多处，垃圾5000余立方米，清理小广告6000处，取缔流动摊商1478个，清理店外经营1036处，城区环境发生了很大改观。

2003年，全国发生“非典”疫情，桥东区开展了大规模的爱国卫生运动和市容专项整治活动，出台了《邢台市桥东区关于深入开展爱国卫生运动、积极预防“非典”实施方案》。对市分配到桥东区的850米围寨河清理任务，各单位不讲困难、不要条件，立即行动，共出动200余人次，清理生活垃圾和漂浮物100余立方米，按市要求按时完成任务。全区共清理各类垃圾2972立方米，清理小广告8000余处，规范流动摊贩500余人次，取缔活动摊点80余户，粉刷墙壁50000余平方米。对西寺西巷进行了彻底治理，对塔林南街、东卫生街等处市疏散到区管街道的流动摊点进行了规范管理，划线经营。桥东区城区环境卫生得到根本改善，有效地控制了“非典”疫情的传播，确保了城区居民身体健康。

第二节 市容监察

1995年6月市政府将自行车存放交由区进行管理。区建委于1995年7月10日出台了《关于自行车存放收费的管理办法》，由爱卫办负责协调和监督，办事处负责管理，对自行车存放的收费标准，管理人员的录用以及卫生防疫做了明确规定，并印制了500个监督员证，加大社会督查力度。特别是1996年市区实施“四化”（绿化、硬化、净化、美化）工程后，以马路街为重点，结合开展的“八不”活动，规范了存车点，自行车乱停放问题得到了有效治理，并通过明牌标价，挂牌上岗，加大督查等措施，使自行车存放乱收费问题得以禁止。实行门前三包，是搞好城镇管理水平，创建国家级卫生城市的有效措施，通过签定协议书，明牌上墙，加大督查力度，增强了全区大环境意识，做到了包卫生、包秩序、包绿化，加快了两个文明建设步伐。

1996年是邢台市进行旧城改造的第一年，桥东区对建筑垃圾实行垄断管理。城市市容卫生管理办公室负责全区建筑垃圾的垄断管理。区政府于1996年4月10日出台了《邢台市桥东区建筑垃圾垄断管理实施办法》，向全市推出了五项承诺制，在改善服务态度上、严格执法上、收费上、履行代运合同上制订了切实可行的制度，做到了寓管理于服务中，树立了桥东区职能部门的形象。采取了疏、堵结合的办法，于2002年制定出台了更为详细的《邢台市桥东区建筑垃圾管理实施办法》，并采取公开、公平、公正竞争上岗的办法选拔出清运队责任人。为更好为群众服务，以中兴东大街为界，将清运队分为2个分队，分片清运，定期轮换。通过向社会公开招聘，选拔出12名有文化、政治素质过硬的市容卫生协查员，组成桥东区市容卫生协查队，负责协助市容卫生监察人员做好垃圾清运监督检查工作、垃圾私拉乱倒的查处工作。共清除乱倒垃圾5000余吨，上门服务200余次，督促单位和个人清除门前垃圾25000余吨。清理生活垃圾死角160余处，清理垃圾250000立方米，城区容貌有了很大改观。

2003年6月，城区环卫体制改革，建筑垃圾管理直接由市城管局负责。

第三节　环境维护

1993年，桥东区环境卫生管理由桥东区城市管理办公室负责。1993年，桥东区区管街道清扫73654.6平方米，共有清扫人员226名。到2000年，桥东区街道清扫保洁共计86条、面积约45万平方米，清扫清运人员没有增加。辖区内有市环卫处机转站4处，转运站94处，扫街土点5处。全区负责34个生活区清扫清运任务，市区集贸市场清扫保洁由工商部门或主管部门负责。全区共有清扫清运车辆共计37辆，其中三马2辆、排子车4辆、拖拉机2辆、三轮车29辆。道路清扫基本做到了“五无”（无垃圾、无纸屑、无积土、无污垢积水、无碎砖瓦砾）、“五净”（路面净、树叶净、道路净、河水净、痰盂果皮箱净）。2001年，在全区104条街道卫生保洁上推行了承包责任制，制定了《关于对城区街道卫生保洁实行承包责任制的实施方案》，规定了详细的承包要求，全区共分13个地片，由13人进行了承包，通过推行承包责任制，从而把城市管理推向了市场。2001年7月在全区的主要街道部位挂上了桥东区城建信箱，听取群众意见。此外还在全区105条区管街道上挂上了责任牌，标明了主管领导、清扫人员、清扫标准等内容，以接受社会群众的监督。2003年6月，全市环卫体制改革，街道清扫、垃圾清运等直接由城管局负责，桥东区不再设有此项职能。

1993年，桥东区有区管公厕24座，均为旱厕，其结构大部分系砖混式砖木结构，构造简单，少数没有上顶，这类旱厕均由产权单位和旧城村居民修建。随着旧城改造实施，大部分进行了拆除，随着2003年6月环卫体制改革及城市建设步伐的加快，全市也加快了水冲式厕所的建设，逐步取消旱厕，同时设置了流动公厕，方便了群众。截至2006年，全区主要干道及重点部位公厕都进行了改造提高，功能齐全，美观大方，设计合理，公共信息图形符合，导向牌设置规范、清楚、醒目。

第四节　污水处理

桥东区污水处理主要靠邢台市污水处理厂处理。该厂位于邢台市区东北约6公里的白马河南岸，设计规模为日处理城市污水15万吨，概算总投资1.72亿元，主要由污水提升泵站、6公里输水管

污水处理厂污水处理池

道、一级处理场、土地处理场及生物反应池、再生水回用水厂五部分组成。其中污水提升泵站和再生水回用水厂位于桥东区大梁庄乡大吴庄村（梁庄路以东），共征用大吴庄村土地23亩，目的是使再生水资源得到充分利用，2001年利用工行贷款3500万元进行建设，并于2002年5月正式投入运营，处理后的水可用于农田灌溉、园林绿化、工业冷却、市政和生活杂用水等。2006年，已对园林处、市政公司家属院、黄家园生活区、市政公司预制厂实现供水以及污水再加工处理，有效改善邢台市的生态环境，减少资源浪费。

第七章　房产管理

桥东区房产管理局成立于1994年3月，为副科级事业单位，下设房屋产权户籍监理所、房产交易管理所2个事业科室。房产管理工作由于与市局职能交叉、体制不规范等原因，从1997年4月开始不能正常运转。2002年4月，在机构改革中，桥东区房产管理局为正科级事业单位，挂靠桥东区建设管理局。2006年10月，邢台市政府下发了《关于理顺城区管理体制的意见》（邢政〔2006〕14号），明确了区房产管理部门的职能范围，使房产管理工作正常运转。

第一节　房屋产权产籍与交易管理

从1994年3月至1997年4月，桥东区房产管理局共办理房屋产权户籍证书4000余本。1997年4月，邢台市政府下发《关于邢台市区房屋所有权证发放管理工作有关问题的通知》，指出城市中属县级的区不能作为房屋产权发证单位，两区政府无权发证，过去已颁发的房屋所有权证一律无效。《通知》下发后给两区的房产管理工作和居（村）民办证带来诸多不便，对两区职能部门积极性的发挥及工作协调都造成了很大影响。桥东区联合桥西区向市政府作了专题报告，协商理顺关系。经多方协商，邢台市房产管理局同意对两区所办理的房屋所有权证分期进行更换，更换为全国统一防伪房屋所有权证。到2006年12月底，已更换3000余本。根据邢台市政府《关于理顺城区管理体制的意见》，就房产管理方面产权办理工作按照统一证书，分级管理，明确事权，利益分成的原则，由市房管局派驻专人，与区房管局合署办公。桥东区管理范围包括三义庙、母家场、东牛角、冯家庄、胡家庄、新华村、南康庄、南陈村、北陈村、柴庄、道口村、淮家屯、东郭庄、楼下道、碾子头、大吴庄、小吴庄、北郭庄等18个村、居委会，其余范围的房屋所有权证仍由市房管局负责办理。

1995年，桥东区政府率先出售自管公房127套，建筑面积7670平方米，收回资金82万元。1990年制定了《邢台市桥东区出售公有住房暂行办法》，从组织上保证了房改的正常进行，使房改工作步入健康良性循环轨道，职工住房困难得到缓解，房改工作取得可喜成绩。全区还办理房屋产权交易300余户。1997年4月开始，房产交易由市局管理。

第二节　物业管理

1997年开始，桥东区逐步探索推行小区物业管理工作，把桥东区政府家属院（东苑小区）作为试点，特别是在小区设施不完善、没有维护资金的情况下，先后实行了用电一户一表，关闭了自备井，做到自来水入户，并实现了集中供热。1998年4月，根据形势需要成立了桥东区物业管理办公室，在全区建成小区积极推行物业管理。住宅合作小区是位于卫生西街南侧，南长街办事处辖区内的住宅小区，居民近千余户。由于小区管理组织与小区居民（业主）多年的矛盾，造成供热、供水、供电各项费用拖欠，使小区管理停滞。为此，房产管理部门联合南长街办事处、社区居委会积极协调，组织召开业主大会，成立业主委员会，由业主委员会选聘物业管理企业进行管理，并对小区供水、供电、供热系统进行更新、维护，从而使小区走向规范管理。此外，还指导、协调、组织对顺德北小区等其它住宅小区推行物业管理。到2006年，桥东区通过旧城改造、城中村改造、新区开发等建成的居民住宅生活小区全部实行了物业管理。

第三节　低保户住房补贴发放

从2005年起，国家对城镇最低生活保障户实行住房补贴，标准是人均住房在10平方米以下的特困户。通过办事处、社区居委会上报，并实际查看，情况属实的给予住房补贴。2005～2006年，全区共核准符合住房补贴发放条件的低保户750余户，共发放补贴资金110余万元，确保了国家政策的落实。

第八章　管理机构

桥东区城乡建设管理机构是桥东区建设管理局。1981～2006年，城建机构经过多次更名以及职能调整，城乡建设管理职能日趋细化，责任分工越来越明确。为加强临时性工作或特别重大性工作，多次成立临时机构。2006年区委、区政府专门成立了桥东区城市建设委员会，推动了全区城建事业的快速发展。

第一节　建设管理局

1981年9月，桥东区政府设城市建设管理科。1984年2月改为桥东区城市建设管理局。1988年11月改为桥东区城乡建设环境保护局，下设办公室、绿化办公室2个科室。负责本辖区内的城乡建设规划管理，小街小巷道路维修，环境卫生管理，环境保护等项工作。1993年5月，城乡建设环境保护局、桥东环卫站、爱国卫生运动委员会办公室、人民防空办公室合并组建成城乡建设委员会，并重新设置职能科室，下设办公室、计划财务科、规划管理科、市政工程科（同时挂人防办、防汛办牌子）、房产管理科、综合开发办公室、市容管理办公室（同时挂爱卫办牌子）、绿化办公室、节水办公室、环境保护监测站、城市管理监察中队。1994年桥东区城乡建设委员会成立区房产管理局，为副科级事业单位，下设产权管理所、房产交易所2个股级事业单位。同时建立区住宅合作社，为副科级事业单位；12月，环境保护监理站改为桥东区环境保护局，为副科级事业单位，内设办公室。1996年5月撤销城乡建设委员会，成立桥东区建设环境保护局。1997年9月，区环境保护局由建设环境保护局下属二级局升级为正科级局，直属区政府领导。

1998年2月，桥东区建设环境保护局内设职能股、室5个，分别为办公室、计划财务股、规划管理股、建设管理股、城市管理办公室；事业单位7个，分别为节水办公室、绿化办公室、市容管理办公室、城市管理监察中队、拆除管理服务处、住宅合作社、房产管理局（二级局）。

1999年10月，全市城市管理体制改革，区城市管理监察中队归属到市城市管理监察大队，同时城市管理监察职能也直接归市局。2000年6月，经区政府批准，桥东建设环境保护局成立桥东区装饰装修管理办公室，为股级事业单位，人员编制8人，机构设置为股级。2001年3月，桥东区住宅合作社直接归属区政府领导。2002年6月，桥东区建设环境保护局更名为桥东区建设管理局，内设5个职能股室，分别为办公室、计划财务股、规划管理股、建设管理股、城市管理办公室。同时，区房产管理局升格为正科级事业局，挂靠区建设管理局。设立爱国卫生运动委员会办公室，为正科级行政部门，挂靠区建设管理局，区人民防空办公室归属桥东区政府办公室。2003年6月，全市进行环卫体制改革，街道卫生清扫保洁、建筑垃圾管理等职能上收到邢台市环卫处，桥东区市容管理办公室撤销。2003年9月，为便于水资源统一管理，桥东区撤销节水办公室，其职能划归区水务局。2004年11月，根据邢台市建设局提出的装饰装修管理职能交叉问题，桥东区装饰装修管理办公室停止工作，但机构仍然保留。2006年10月，邢台市政府下发了《关于理顺城区管理体制的意见》（邢政〔2006〕14号），下放两区装饰装修管理职能，区装饰装修管理办公室重新开始运作。2006年12月，为加强全区市场建设与管理，经区政府批准，成立了桥东区市场管理办公室，为桥东区建设管理局内设机构，为股级。

到2006年底，挂靠桥东区建设管理局的正科级单位有爱国卫生运动委员会办公室、房管局；建设管理局内设职能股（室）6个：办公室、财务科、建设股、规划股、城管办、市场办；下设事业单位5个：装饰办、绿化办、节水办、城管中队、市容卫生监督检查所。

第二节　城建办

为进一步加大桥东区城市建设工作力度，区委、区政府决定于2006年7月成立桥东区城市建设委员会（邢东字〔2006〕34号），下设办公室，对外称桥东区城市建设委员会办公室，简称城建办。

第六编
交通　邮电

1980～2006年，随着改革开放的不断深入，桥东区的交通、邮电事业也得到了快速发展。辖区内的公交线路四通八达，位于区内的火车站、客运站是邢台市最大的交通枢纽。邮电信息服务方便快捷，为桥东区两个文明建设提供了优越的条件。

第一章　交　通

桥东区交通便利，邢台市公交总公司、火车站、客运站均位于辖区内。有公交线路30条，铁路总长366公里，客运班线209条。

第一节　公共交通

1965年，邢台市人民政府从市交通局抽调大客车2部和员工7人，组建市客运小组，于同年7月1日正式运行，开通人民公园至达活泉线路，隶属交通局领导。1967年，开辟第二条线路——火车站至邢台煤矿。并开始实行车票制，票价为2分、6分、8分、10分、12分。1968年8月，以市客运小组为基础，正式成立邢台市公共汽车公司，隶属邢台市建设系统领导，并开辟火车站至百虎村线路。当时，车辆有4部，职工有14人，年客运量45万人次。1969年将人民公园至达活泉线路延伸至孔村，1970年又延伸至张东村。1971年3月，开辟火车站至眼科医院线路，并将其定为1路；火车站到百虎村线定为2路；火车站至邢台煤矿线定为3路；人民公园至张东村线路定为4路；9月开辟火车站至綦村矿线，定为5路。1973年，职工人数增加到97人，运营车辆14部，年客运量超过153万人次。1974年秋，公共汽车公司从新华南路迁往新兴东路129号。1975年，开辟国棉厂至工农商场线，定为6路。1976年营运车辆增加到45部，职工人数达260人。1977年5月，开辟火车站至长征厂线，定为7路；9月成立了供应科。营运车辆增加到59部，年客运量达390万人次。1978年4月，公司组建出租车队；同年又购进了13部大客车。1979年，撤消了出租车队，出租车业务由生产科代管。1979年，公司陆续从北京、天津、石家庄和本市购进大客车60部。到1979年底，公司营运车辆达到72部，线路7条，年客运量达到409万人次。

1981年，公司首次购进2部铰接式大客车。1982年，公司在6路上首次实行月票制度，每张每

公交车站

月3元。1983年，公司重新组建了出租车队。1984年开辟火车站至显德汪线，定为8路；开辟火车站至东庞矿线，定为9路。1985年出租车队开始实行租赁经营方式，对外称出租汽车公司。同年，从北京、天津购进铰接式大客车3部、单机15部。1985年底，职工人数达到729人，运营车辆89部，年客运量1478万人次，年票款收入达220万元。1986年，调整票价，实行累进制，7站以内1角，8站及以上2角。开辟人民剧场至付家沟线，定为10路；开辟达活泉至人民公园线，定为11路；增开了“邢台至邯郸”长途客运线。1988年元月，开辟大酒店至皇寺线，定为12路；1989年，开辟人民剧场至葛泉矿线，定为13路；1990年，调整票制，在市区线路实行2角一票制；1990年底，职工人数达到1076人，运营线路增加到13条，运营车辆121部，年客运量达到1583.4万人次。1991年票价调整为5角起价，累进制和一票制相结合。1992年，撤消了原2路改为2路环线，分东西两环；开辟火车站至新牟钢厂线，定为15路。1996年3月，开辟9路支线——矿务局至内丘；12月开辟火车站到景家屯线，定为16路。1996年7月，经市计委、市公用事业管理局批准，公司改革管理体制，原邢台市公共汽车公司正式更名为邢台市公共交通总公司，原公司所属车队更名为“公共汽车公司”。

1980～1996年，是我国从计划经济向市场经济转型的阶段。随着改革开放的逐渐深入，企业的生产规模和综合经营能力有了较大提高。但长期受计划经济的影响，公司与其它“全民所有制企业”一样，在无竞争、无压力的状态下成长、发展，造成管理模式比较落后。随着市场经济的到来，公司作为国有公益性企业，机制不灵活，市场意识淡薄，错失了扩大发展的大好机会。因此，为了适应新的市场环境，邢台市公共汽车公司于1996年7月通过管理体制改革，正式更名为“邢台市公共交通总公司”。总公司下属15个职能科室、5个营运分公司、2个修理厂和公交派出所、医务室、幼儿园、广告公司4个直属单位。到1996年底，职工人数达到1457人，运营车辆117部，线路16条，年客运量2000万人次，年营运收入达754万元。

1997年9月贷款300万元购车25部，开通了17路、18路、19路3条线路；12月实行人事改革，精简后勤管理人员156人。1998年，启动内部银行周转结算；购进新车25部；8月，举行公交成立30周年庆祝活动；12月，大修厂分配机制改革，实行保修车辆台次工资制。1999年，取消了线路带班长制度；新购进新车20台；取消车辆四级保养和车身大修。2000年，5角票价调整为1元；11月开通了21路；2000年共购进新车106部，创造了年度购车数量的历史纪录。2001年，分配制度改革陆续展开，在全公司开始推行趟次工资制。新开通20路、23路、24路3条线路；在12月份，成立了南和兴合城乡客运公司，开始涉足周边郊县城乡客运市场。2001年共购进新车94部。2002年，新开通了15路、22路、26路3条线路；购进新车49部。2003年，公司全部一票制线路，同时实行无人售票；10月份，开始实行IC卡乘车；新购进车辆69部；开通了邢台至辛店、邢台至邢湾2条县域线路。2004年，购进新车77部，9路、11路、18路3条线路全部更换新车。2005年，总公司新办公楼竣工；6月28日，总公司由新兴东路迁往中兴路；新购进车辆40部，开通27路、30路2条线路；2006年2月，公交数码公司成立；8月开始调试邢台公交智能调度系统工程；购进新车78部，开通25路、29路2条线路。

1997～2006年，是公司发展最快的一个阶段，实现了公司发展史上里程碑的跨越。公交公司面对市场经济大潮的冲击，坚持解放思想、转变观念，以市场为导向，以乘客为中心，改革创新，艰苦奋斗。不断开辟新线，优化线网布局，实行无人售票、IC 卡乘车、智能化调度，使市民乘车环境有了根本性改观；同时坚持优质服务，实施公交品牌战略，以“让乘客满意”做为工作的出发点。公司的社会效益和经济效益都取得了巨大成就，职工收入明显提高，管理模式逐渐科学化、现代化。到 2006 年底，公司职工人数为 1500 人，线路 30 条，车辆 528 部，年运送乘客达 6200 万人次，年营运收入达 7000 万元。

第二节　铁路运输

邢台站中心里程为京广线 378km + 686m，上行方向为以 X 信号机（K377 + 514M）及 XN 信号机（K377 + 454M）与区间分界，相距 14. 7KM 与官庄相邻；下行方向以 S 信号机（K379 + 623KM）及相对处 SN 信号机与区间分界，相距 6. 7KM 与小康庄站相邻。该站为双线、双向、电气化、四显示自动闭塞车站，信号楼联锁方式为微机联锁，属 CTCS ~ 2 级区段，按等级为一等站，按技术性质为中间站，按业务性质为客货运站。2006 年 3 月 18 日铁路进行改革，现隶属北京铁路局邯郸车务段。

站场设备有正线 2 条、到发线 6 条、调车线 7 条、货物线 4 条、专用铁道 2 条（邢钢、冶金）、专用线 5 条，站内集中控制道岔 55 组、非集中控制道岔 15 组。车站调车作业采用平面无线灯显调车设备，设有专用调车机 2 台，有独立货场 1 座，面积为 9. 8 万平方米，货场有 4 条装卸线，货场 1 道设 50 吨门吊 1 座，20 吨门抓 1 座；货场 2 道设 20 吨门吊 2 座；货叉车 30 台。站内有旅客站台 2 个，旅客候车室 1 座。

在铁路运输组织上，邢台站担负着京广线客货列车的到发、通过、摘挂列车的甩挂、小运转列车的编解、部分始发列车的编组作业。日办理列车 109 对，其中旅客列车 79 对（停车客车 38. 5 对）。

车站下设运转、货运、客运 3 个车间，1 个装卸站，另有通联公司、集经公司 2 个多集经实体，站机关设安全技术室、运输营销室、综合办公室 3 个部门。全站共有干部职工 728 人，其中干部 55 人、职工 673 人。

截至到 2006 年 12 月 31 日 18：00，车站实现安全生产 1283 天。

一、客运

邢台站位于京广线 396km + 585m 处，是北京铁路局邯郸车务段所管辖的一等站。客运是邢台车站四大班组之一，主要担负着旅客的发售车票、候车服务、检票进站、站台乘降组织，以及行包到发工作。

候车室建筑面积 3205 平方米，旅客最高集结量为 2671 人，售票厅建筑面积为 475 平方米，行包房建筑面积为 979 平方米，车间办公楼 600 平方米，旅客地道长 27. 6m × 宽 6m × 高 2. 7m。

截至 2006 年底，邢台站停车的客车一共有 33. 5 对（上行 33 列、下行 34 列），其中特快有 8 对、快速 16. 5 对、普通快车 8 对、慢车 1 对。

2006 年，发送旅客 225. 11 万人，日均 6167 人；客票收入 1013. 02 万元，日均 27. 75 万元；客杂收入 133. 7 万元，日均 0. 37 万元。

2006 年，发送行包 21. 34 万件，日均 585 件；行包收入 511. 37 万元，日均 1. 4 万元；到达行包 19. 17 万件，日均 525 件。

二、货运

邢台站货场位于邢台站站舍南部，京广线 381 公里西侧，有管理货场 1 座，专用线（专用铁道）

7 条，其中专用铁道 2 条。邢台站货场是综合性货场，办理整车、零担直达、集装箱、水陆联运、国际联运货物的发送、到达业务，兼办理三类、四类、五类、六类、八类危险货物的发送、到达业务。

2006 年邢台站货场实现货运收入 1.54 亿元，发送 176 万吨，到达 343 万吨。办理集装箱发送 2.1 万吨，集装箱到达 2.4 万吨。

邢台站货场占地面积 98161 平方米，货物线 4 条，全长 1463 米；货物仓库 5 座，使用面积 5896 平方米；货场高站台 3 座，使用面积 15209 平方米；露天货区 3 处，使用面积 4000 平方米。

货场装卸机械有双梁门式吊车 4 台，最大起重能力 50 吨，分别位于货场 1 道、2 道。内燃叉车 3 台，最大超重能力 1.5 吨。

第三节　长途汽车客运

邢台中心汽车站隶属于邢台交通运输集团有限公司，位于邢台市桥东区新华北路 88 号，由原邢台长途汽车站与邢北汽车站合并设立，2003 年 5 月建成投入运营。2005 年 12 月经交通部检查验收颁定为一级客运站。

该站占地面积 5 万平方米，拥有员工 260 人，内设 10 个部门。有候车大厅、售票厅等综合性服务设施 2 个，共 1600 平方米；司乘公寓 1 幢，共 7000 平方米。在站营运客车 800 部，其中高级客车 450 部、普通客车 350 部；经营客运班线 209 条，其中跨省区班线 67 条、区内班线 142 条，辐射周边 8 省（市）33 个地市，总营运里程 6 万公里；平均日发送班次 1200 个，年旅客周转量 4.3 亿人公里；年均完成营运收入 7000 万元。

长途汽车站

长途汽车站停车场

第四节　出租车客运

20 世纪 80～90 年代初，邢台市市区只有很少的几辆破旧的波罗乃兹、拉达汽车，这是第一代出租车，全停在新华旅馆等固定的地方等客人，“打车”出行对于普通市民来说是一种奢侈。

1994 年，市区相继成立了飞达、九州、辰光等出租车公司。黄“面包”（天津大发）就是二代出租车。车型统一，每辆车计价器、顶灯、门徽齐全，价格也相对规范合理，普通百姓出行也开始乘出租车。2000 年，该市出租车已经发展到 4580 辆，在册出租车公司 31 家，从业司机近 8000 人。

2002 年 12 月，邢台市成立了出租车管理处，主要业务职能：负责市区出租车服务有限公司经营许可、出租车客运经营许可、经营权确认、经营资格许可、运力调控以及出租车的日常管理和监督检查工作。同月，市政府《邢台市市区出租车更新实施方案》出台后，出租车管理处按照“控制总量、淘汰旧车、逐步更新、提高档次、规范管理、改善形象”的更新原则，从2003年开始对市区内的各类出租车进行了更新，统一使用夏利牌、羚羊牌、吉利牌等小型汽车。是年，在册出租车2863辆，从业司机5000余人。更新后的出租车，改善了乘客出行环境，提高了城市品位，树立了良好的城市窗口形象。2005年12月31日，市出租车更新工作完成，黄“面包”正式退出历史舞台。

利用出租车更新有利时机，市出租车管理部门对市区31家出租车公司进行了整合，整合后保留了10家出租车公司，提高了出租车公司的整体服务质量和管理能力。

第二章　邮　政

2006年，邢台市邮电政局有投递人员505人，投递局所89处，投递道段456条，其中城市道段138条、乡邮道段318条。日投递2个频次的有94条，日投递1个频次的有301条，其他频次的44条，投递总户数达82249户，投递总里程达19967.7公里。

第一节　邮政局所

1945年9月邢台解放，成立了邢台市人民政府，接收了敌伪电信和旧中华邮政，成立邢台市邮政局，在马河建立了邮政接力点。

1952年邢台电信局、邮政局合并为“邢台邮电局”，隶属河北省邮电管理局和当地人民政府双重领导。邮电局设在西门里，营业室经办电报、电话业务。当年设置南关支局和火车站支局。

1998年10月4日，邮电分营。11月18日，邢台市邮政局挂牌成立，下设7个职能部室，13个生产科室，辖16个县（市）邮政局（不包括邢台县邮政分局），共有邮政支局（所）121处，其中电子化支局35处。主要办理函件、包件、汇兑、特快、储蓄、集邮、报刊发行等业务。其中桥东邮政分局有：火车站支局、西大街支局、羊市道支局、五一桥支局、顺德路支局、新华路邮政所。

到2006年底，全市自办、代办邮政支局（所）达到140处，70处“绿卡”网点与全国联网，65处支局实现电子化改造，开通17个电子汇兑中心和52条DDN电路。

邮电分营后，成立机要科，隶属于邢台市邮政局。1999年4月，机要科完成了办公场地的搬迁工作，实现了投递、营业、开拆、封发分室作业，达到了国家局、省局对机要通信生产场地实行封闭作业的要求。

第二节　邮政业务

邢台设邮政业务初期，只经办信函、明信片、印刷品3种邮件。从升为二等邮局开始，又增办挂号、汇兑、包裹业务。之后，按照邮政总局的规定，先后开办了各类特种业务。到1949年建国初期经办的邮政业务有：出售邮票；出售信封、明信片；收寄普通信函；收寄普通包裹；开发兑付汇票；办理邮资总付；办理回执业务；收寄挂号信函；收寄快递小包；办理预付邮资；代订报刊；代购代销、代收货价；办理挂刷业务。

新中国建立后，公款超过30元者，由银行办理，私人汇款，不论款额多少均由邮局承办。1951年实行邮发合一，办理党报的发行工作。1957年，接办了机要通信业务。到1985年，经营函件、包件、汇兑、发行、机要五大业务。1986年，邮政储蓄恢复开办。到1998年，经营函件、包件、汇兑、发行、机要、储蓄、速递和集邮八大业务。

顺德路邮政支局

2005年，又增加了物流、代办电信、鲜花礼仪等新业务，把邮政业务分为邮务类、速递物流和金融类三大类。各项业务的范围是：

一、邮务类业务

函件业务 包含邮资宣传信封、邮政贺卡、商业信函、寄递对账单、DM邮送广告、户外广告。

包件业务 普通包裹、快递包裹。

报刊发行业务 分为订阅报纸、杂志，零售报纸、杂志，音像、电子出版物，教辅图书。

集邮业务 包括邮票预定、定向邮品、形象宣传年册、个性化邮票、邮品销售。

代理和信息业务 代收费、代放号、代售卡、短信业务。

机要业务

二、速递物流业务

特快专递业务 包括全夜航、次晨达、EMS邮件、TNT邮件、台湾快件、同城寄递、鲜花礼仪业务。

物流业务 包括中邮快货、连锁配送、经销商物流、一体化物流。

三、金融类业务

汇兑业务 国内汇兑业务有24小时汇款、2小时加急汇款、3～5分钟实时汇款。国际邮政汇兑业务于1992年7月1日恢复开办，种类有国际普通汇款、国际特快汇款（又称西联汇款业务）。

储蓄业务 分为活期、活期储蓄异地存取、通知存款、整存整取、零存整取、整存零取、定额定期、存本取息、定活两便、代办业务等。

第三节 邮政管理

在干部人事方面，加大了干部交流力度，使干部知识结构和年龄结构都发生了较大变化。在劳动用工方面，顺利地完成了委代办人员转化工作。职工业务练功活动实现了“四化”，即：岗位练功制度化、业务技能规范化、工种全面化和练功考核全员化。在薪酬分配方面，出台《工资总额使用管理办法》和《劳务费用管理暂行办法》，增强了工资总量的宏观调控，按岗定薪、易岗易薪，充分发挥薪酬分配的激励作用。

为了提高窗口服务质量，推行了投递体制改革，桥东、桥西投递合并，营投分开；集邮、速递、函件等专业局均成立专业营销队伍；包件业务全部划归速递局，报刊发行局与报刊零售公司合并，将鲜花礼仪从速递局分离出来，成立了鲜花礼仪服务公司；根据省局要求和业务发展需要成立了物流局和业务代办科；为切实加大规章制度落实情况的检查力度，专门成立了储汇稽查科。

1998 年 11 月，开办“绿卡”业务，至 2006 年完成了 70 处“绿卡”网点全国联网，电子化支局总数达到了 69 处，开通 17 个电子汇兑中心、52 条 DDN 电路等多个硬件建设工程，同时开通了“银联卡”业务。在市内 6 个储蓄网点上齐 3 个台席，市内 7 个储蓄点安装了 ATM 机，提高了市区储蓄网点的服务能力。在市区商场安装 POS 机 5 台。2004 年 12 月 12 日，“邮政储蓄统一版本”顺利切换上线。2005 年 5 月 21 日，顺利实现了邮政储蓄应用系统与邮政电子汇兑应用系统“两网互通”，新增了从账户到账户、从账户到现金、从现金到账户的汇兑业务种类，实现了邮政储蓄系统内的转账业务功能，使邮政用户在全市 76 个邮政储蓄网点均可办理全国邮政“两网互通”业务。2005 年 11 月 11 日，“邮政储蓄电子稽查系统”正式上线。同时，卡哈拉项目、报刊发行系统、“11185 平台”升级、特快邮件收投监控系统等多个软件建设项目的完成，也增强了网络优势，提高了邮政通信的技术含量。为提高分拣转运能力，改造和优化了市邮件分拣转运中心生产场地，建成了全国三级邮区中心局。2004 年，完成邮区中心局信息化改造，邮区中心局生产作业和邮运指挥调度 2 个子系统上线运行。在全市形成了集实物网、资金网、信息网为一体的遍布城乡、点面结合、四通八达、运行高效的邮政通信网。

第三章　电　信

1980～2006 年，邢台市的电信业务实现了跳跃式方展。电报通信由人工收发电报，发展为电传自动收发。固定电话覆盖全市，并实现了电话会议功能。宽带网络基本覆盖全市，宽带网络应用日益丰富。

第一节　电　报

邢台电报业务始于清光绪二十七年（1901 年），电报局址在西门里，后迁移南长（肠）街路东。民国 24 年（1935 年），电报与邮政合并，邮政迁址崇礼街后，电报设在西门里路南电话局。

1949 年底，在西门里路南电报室装设人工音响机（日本造）1 台，直达幻象闭路电路 1 条，北通石家庄，南通邯郸（串联电路）月交换量约 1000 份左右，大多是军政电报和普通电报。邢台到各县电报均为话传。建国初期电报机房迁址在南关支局。电报音响机改用振荡器。1957 年，电报房迁至大通街新址，建报务班。1958 年 8 月，开通邢台——石家庄、邢台——南宫、邢台——威县 3 条人工电报报路，到 12 月增开邢台——邯郸电传电路。1965 年，邢台——天津开通电子管单路载报机一套。1974 年，随着电报通信量的增加，邢台——石家庄日路载报机开通。1983 年，新开邢台——郑州载报电话 1 条。1984 年，以邢台市为中心在邢台全区实现了电报电传化。1985 年 5 月，两台国产电子电报汉字译码机在市内安装使用。1985 年底，人工和电传电报设备空前发展，电报电路增加到 22 条，报务员增加到 59 名（不含处理机维修、投递及管理人员），电报月交换量为 210000 份。1988 年，邢台全区实现 256 路自动转报，结束了电话手工和人力转报的工作方式，实现了收发电报自动化。增设和投入使用的汉字译码机除减轻报务员的劳动强度外，译字工效成倍提高。1990 年 10 月组装开通的用户电报交换机可以直接与 130 多个国家和地区进行通信联络。

进入 20 世纪 90 年代，电信业迅速发展。1991 年底，46 路的电报电路仅市局全年电报交换量达到968365份，电报投递量达232920份，电报投递范围不断扩大，投递区域以外的电报量逐年增多，尽管电报投递区域以外的乡镇企业和国营单位距离邮电局较远，对这些单位发来的电报邮电局投送按里程计费收取，但是区外电报量和市内电报基本是同样增长趋势。1994年是电报业务发展的颠峰，全市公众电报业务总量达到846518份，市区电报投递范围不断扩大，有的延伸至市区5公里以外。但伴随着电信新通信技术和手段的应用，全市公众电报业务量开始迅速下滑。1995年下降为553904份，1996年下降为321757份。

1996年起，基于电报业务不断回落，邢台市公众电报采取开拓新业务等措施并进行了一系列改革。1996年10月1日，市邮电局在市区推出异地和同城鲜花礼仪电报业务；1999年11月，实现了公众电报业务“一点受理、一点投递”，即市、各县只设一个电报受理、投递点；2000年10月，撤消了市局报房；2001年6月，新的电报业务改革方案中，明确指出通过新的通信手段，最终取代此项业务。电报业务种类由8种简化为5种，同时取消各类电报特急和加急业务，取消一般电报的夜间投递，普通电报的全程时限则由原来的6小时调整为12小时，电报投递频次由原来的6个班次调整为3个班次。

由于公众电报业务量持续下滑，2005年12月1日中国电信集团公司、中国网络通信集团下发通知：“随着通信技术的迅速发展，更多、更先进的通信手段正在逐步替代传统的电报业务，中国电信集团公司和中国网通集团公司决定自2005年12月1日起，在全国31省（区、市）取消公众礼仪和鲜花礼仪电报业务。”

截至2006年末，邢台市虽然仍保留着普通电报业务，但除了国家规定的天气、水情行业电报外，全年民用电报量已萎缩至两三千份。电信部门每受理一份电报即平均亏损35元，出于履行“普遍服务”的职责所需，电信部门仍在继续开设电报业务。在一些偏远的地区，作为现今通信的一种补充，电报依然发挥着不可或缺的作用。

第二节　固定电话与移动电话

邢台的电话发展，从无到有，由弱到强，从设备陈旧落后到技术先进超前，截止2006年，全市电话交换机总容量达到126.9万门，光缆线路总长度8333皮长公里，交换网点1560处，各级营业服务网点420个，无线市话（小灵通）网络已覆盖邢台市区和所有县（市）城区，固定电话用户110万户，小灵通用户17.8万户。

一、本地市话

1985年，为改革开放需要，在桥东区新安装HJ－921型纵横制自动电话交换机2000门。1988年，引进的万门程控电话设备，分两个安装点（桥东、桥西），桥东区机房安装DMS－10，4000门为33局，1990年10月1日正式投入运营。万门程控交换机正式营运的同时，经邮电部批准，邢台市内电话号码从9月3日零时起由4位号升为6位号。年末市内电话用户数达15072户。

1993年5月22日，市话22局、33局新装扩容24000门程控电话先后割接正式开通。是年9月，市中兴路、大通街两个邮电支局分别开通磁卡电话，磁卡电话在邢台市还是首次安装使用。1992年末，全市市话用户达27023户，其中住宅电话用户10363户，占市话用户的38.35%；1992年新装市话10429部，其中住宅电话用户6088户，占全年装机总量的58.38%。1993年，新增市话交换机容量26288门，其中新增程控交换机容量26000门，增加终端光缆电路2400条。1994年5月，市邮电局向市政府报告，决定新建7个5万门的市内电话局。同年末，邢台市住宅电话用户达到23372户。

1995年1月15日零时，邢台市电话号码由6位升为7位。1995年8月，新兴317局14400门、

64个系统割接开通。至1996年，邢台市先后开通市内22分局、33分局、37分局、25分局以及供电设备等市话中继78个2348条中继电路，全市16个县（市）也全部开通程控交换设备，彻底结束了使用“摇把子”话机的历史。

1980年以后，全区乡村电话基本形成了从农村到城市农话通信联络网，实现了农民打电话、拍电报不出乡镇。

到1995年底，市到县、县到县、县到主要乡镇的传输全部实现了光缆化和数字微波化，并新开办了磁卡电话、200电话等新业务，开通160、170、127、168、186等程控电话新功能，城市电话普及率达到10.2部/百人。1996年，全年完成市话增容32624门，完成30个农话交换点的30000门增容工程，市话放号27865户，农话放号25822户。

1997年完成程控电话扩容7万门，其中市话1.5万门，农话5.5万门。截止1997年底，全市拥有局用交换机容量38万门，全部实现数字程控化，用户交换机容量33797门，其中数字程控交换机19625门；拥有本地计次制电话用户153897户，其中住宅电话用户119659户，公用电话3301门，电话普及率达到4.4%；全市5211个行政村中已通电话的行政村达到4834个，比重为92.77%。

1998年全国推行邮政、电信分营，邮电分营后，在稳步发展电信传统业务的同时，邢台市电信部门积极推出168、160、200、300、800、IC卡、主叫号码显示、IP电话等新业务，并陆续开通170话费查询、180电话申告、112障碍自动受理等客户服务系统，2002年又推出固定电话充值卡、通信护照、亲情联线、电话听网等增值业务，大大满足了社会各界和广大群众的个性化和多样化通信需求，服务水平和质量明显增强。

2001年，邢台市区城市光缆网基本建成，桥东区、桥西区各有4个光环，共24个光交接点，基本达到城区覆盖要求，年内还新增交换点467个，SDH2.5G环路4个，各种规格管道60余公里，市话配区5344个，在全省率先开通关口局，二枢纽、太行2个关口局采用华为128模交换机（AM/CM128），容量为11880线（144个2M，4个155MM），可以并行方式提供互联互通转接功能。

2002年，全市交换点总数达到1120个，本地网交换机容量达到95.7万门。

2003年8月，全市网络设备容量突破100万门。

2004年2月17日16点19分，公司第100万个语音业务客户成功开通，同年9月，邢台市固定电话客户总数达到100万户。

2005年11月，邢台市所有行政村实现了村村通电话的目标，地方信息化建设取得新的成果。

截止2006年末，邢台市已拥有本地网交换机126.9万门，光缆总长度8333皮长公里，固定电话用户110万户，其网络技术水平已步入全国和世界通信先进行列，能够为社会提供包括本地电话、国际国内长途电话、数据通信、智能网业务、电视电话会议、电话信息、传真、出租代维等全方位、多层次、优质方便的通信服务。

二、长途电话

1985年，邢台市长途电话电路达到149条，长途电话记账用户有773户，比新中国建立初期增加了25倍。1986年，邢台邮电购进了国产DD14、长途半自动化机器。从此，邢台人民结束了打长途电话完全依赖话务员沟通两地用户的历史。

1988年增加长途电路72条，其中长途业务电路44条，出租电路17条，报话电话11条。1989年，增长途设备电路72条，增开长途业务电路60条，其中省际3条，出区24条，区内3条。出租3条。市到全区16个县（市）的电路平均达到10条。1990年，新增长途设备电路33条。

1990年9月30日，在万门程控电话开通的同时，500线长途令自动交换机也投入使用，并相继开办了“173”长途特快电话业务。当月通话654423次，占长话总张数的56.3%。

1992年邢台长途电话电路发展到701路，其中省际有线电路51路、省内638路，自动520路、半自动63路。长话座席113台3个，114座席台4个，173特快接续座席台5个，长话接续台14个；增设160信息服务台一个；还增设181至186各种不同内容的文艺服务台。在1992年，长途电话去话量完成4578664张；长话质量指标实际完成90．98%。1993年新增长途自动交换设备容量2170线，增开长途业务电路431条。1994年6月，增开南宫至邢台长途数字电路90路，并撤销了12路模拟电路。

1995年，始建于1993年10月的邢台长途电信楼投入使用，楼内装设了长途传输设备、长途交换设备及京、汉、广直埋光缆设备等，采用的西班牙S－1240设备共有418个系统，能提供12540个长途接口，具有7号信令和网管性能。1995年7月28日，邢台长途局顺利割接开通，一举改变了全市电信网无长途局的历史，为全市组建本地网提供了必要条件。1995年末，邢台长途数字电路达到4110条，模拟电路只剩下170条，长途传输基本进入以数字电路为主的通信时代。

1996年，新增长途业务871条。1997年，长途交换机容量达到12540路端。到2000年底，长途电话交换机总容量达到13000路端。2001年，长途智能网改造完成，具备了开放长途智能业务的条件。2002年，新增SDH622传输设备27套，SDH155传输设备314套。2003年10月，二枢组新建长途局正式割接启用，原一枢纽长途局将改造为本地汇接局，长途传输路由从过去的多次转接改造为直达路由。2005年12月，在石家庄、邯郸等地市的配合下，京汉广一级干线中继、原中国电信高速环网中继从一枢组顺利搬迁至二枢组传输机房。

截止2006年底，全市国内长途电话交换机容量（2M）达到600个，拥有长途电话业务2M电路8129条。

三、无线市话（小灵通）

无线市话业务是通过固定电话网络设备，利用无线接入终端（小灵通），在一定范围内流动的无线通信系统，是通信企业对固定电话网功能的补充和延伸，于2000年在邢台市正式推出。

2000年，邢台市安装无线市话基站1167个，信号覆盖市区主要街道和部分单位、厂矿和商业区。2001年，市内完成两期网络优化，安装基站63个，修理故障基站137个。2002年，完成新旧系统升级，安装500MW基站154个，开通138个，网络质量明显提高。2004年4月，邢台各县（市）的无线市话网络建设工作完成，实现了对16个县（市）的信号覆盖，经过数年的建设和发展，2006年末全市建成无线市话基站3594个，拥有PHS信道22384个，用户数达到17.8万户。短信、MiMi信息、拇指邮件、WiWi无线上网业务等无线市话增值业务得到广泛应用，受到广大用户的青睐。

四、移动电话（手机）

20世纪80年代中后期，手机面世。手机的外形十分笨重，机体厚且长，有天线，全部都是黑色，像一块大砖头，最上方有一块很小的屏幕。功能单一，只作通话使用，且信号不好，称之为“大哥大”或“无线电话”。价格在2万元~3万元之间，使用者屈指可数。

20世纪90年代，手机开始向小、轻发展，品牌越来越多，外形、颜色也发生了诸多变化。最重要的是功能开始改变了，可以接发短信、玩游戏，铃声也多种多样。价格比80年代的手机降了许多，在4000元~9000元之间，购买人群开始增多。

2000~2006年，是手机发展变化最大的时期，手机的外观越来越漂亮，屏幕由以前单一的蓝色、黑色变成彩屏显示。样式有直板、翻盖、滑盖等。而且信号很好，通信网络覆盖全球各地。手机的功能也大大的提高，由过去单一的通话工具变成具有通话、短信、听音乐、玩游戏、上网、摄像等功能齐全的时尚用品。价格也大大降低，由几百元到几千元不等，手机已经成为人们生活中不可或缺的日常生活用品。

第三节 数据通信

数据通信是从20世纪50年代末随着电子计算机的发展和广泛应用而开发的一种通信方式。20世纪70年代后期开始，X.25建议分组交换数据通信在各地遍地开花，逐步进入商用化时代，从此数据通信日益蓬勃地发展起来，其技术越来越先进，提供的业务越来越多，传输速率也越来越高。

“八五”后期，邢台市邮电部门不断深化企业改革，加速骨干网和支撑网建设，加快数据通信发展，以满足社会各界的通信需求。1994年12月，邢台市数据通信分组网开通，投入正式运营。1994年底，成功开通第1路基于第一代数据通信技术的X.25分组交换电路，其网络接入速率可达64kbit/s，并建成PAD端口20个，中国人民银行科技科、建设银行微机科、农业银行信用卡部等单位以及邮电局部分科室进入数据通信网。

为了进一步加快数据通信业务发展，1995年5月4日市邮电局成立数据通信分局。是年底，全市分组交换节点机端口达到92个，并建成DDN网端口150个，可以向用户提供端到端数字数据传输透明电路业务，提供包括为其他网络提供中继电路和接入电路、局域网互连、会议电视、虚拟专用网等在内的高速率数据通信业务，网络接入速率最高可达2Mbit/s。1996年，邢台622Mbps本地环和2.5Gbps市内环组成的同步数字系列（SDH）传输本地网的开通，全市网络可靠性和技术层次有了新的提高。1996年底，全市分组交换用户达到89户，DDN用户45户，分组交换结点机端口达到610个，并新增DDN端口248个，使全市16个县（市）均具备了发展DDN用户的能力。

1997年11月，CHINANET邢台节点正式开通，本市用户终于可以足不出户即可享受互联网带来的无穷乐趣。普通上网用户可以在公用电话网上利用拨号方式或专线方式通过调制解调器接入因特网（Internet），但传送速率仍较低，最高只能达到56kbit/s，这部分用户被称为窄带拨号用户。1997年末，该市已有分组交换节点机端口672个，分组交换PDA端口186个，数字数据网（DDN）节点端口690个，CHINANET网路由器端口4个，语音信箱容量10万户，同年发展分组交换用户234户，同比增长216.22%，数字数据用户87户，增长171.88%。

1998年10月，邮电部决定在全国实施邮政、电信分营，邮电分营后，通信企业开始专注于电信运营，并对各项电信业务进行了调整，使数据通信业务成为电信企业新的业务增长点，互联网用户更是呈现出惊人的指数增长态势。1997年底全市拥有互联网用户仅49户，而到1998年底已发展至1200户，用户数同期增长24倍，到1999年底已有互联网用户4359户，用户数较1998年又增长了263%。

1999年是数据通信大发展的一年，其中一个重要标志是“邢台信息港”（www.xingtai.net）的开通。该网站是邢台网通公司（前身即邢台市电信局）承建的综合信息类网站，是河北省大型中文综合门户网站之一，是邢台市第一个互联网门户网站。该网站开通当年的日访问量即由年初100多次迅速增加到2000多次。为了提升网站知名度，打造邢台特色网站，邢台网通公司不断丰富网站内容、开发应用系统、加大建设投入，截止2006年底“邢台信息港”已汇集了生活、电影、证券、笑话、业务咨询、家居、教育、法律、搜索、聊天等数十类信息资讯内容。“邢台信息港”首页日访问量已突破10万次，站点日均总流量已经超过30万人次，注册用户达到25万，已经成为邢台人走向世界以及世界了解邢台的重要门户网站。

此外，1999年邢台电信局在开通160、168信息服务台的基础上大力发展数据通信增值业务，陆续开通168农家乐、户政信息、政协观察等15个分台，特别是于9月开通“168农家乐”免费信息台，受到社会各界尤其是广大农民的欢迎。

“十五”期间，我国确定以信息化带动工业化。邢台市积极响应国家号召，加快数据通信发展步伐，努力发挥数据通信在信息化建设中排头兵作用。2000 年，互联网出口带宽（出市）为 100M，IP 网中继电路带宽为 12Mb，建成了以长汇局和平安局为中心的双星形不完全网状 DDN 网络，并完成 163、169 网络调整，将 169 业务割接至 163 网络实现合网，因特网注册拨号用户达到 15141 户。2001 年，开始加快公众多媒体通信骨干网宽带联网工程、因特网扩容工程、因特网电话（IP）工程、电话网扩建工程、数字数据网（DDN）扩容工程和市区非对称数字用户环路技术（ADSL）接入网工程建设，大力推进光纤到小区（FTTB）、光纤到路边（FTTC）、光纤到楼宇建设（FTTZ），着力提升全市信息化建设水平。为了保证数据上网速率，全市调整 163、169 组网方式，将原中兴汇接局一个入口增加为中兴、北环汇接局 2 个入口，新开中继 22 个 2M 口，新开 163、169 平台至省数据局一个 155M、至唐山一个 155M，解决了邢台出市带宽瓶颈问题，并相继完成数字数据网（DDN）五期扩容、163/169 接入网二、三期工程和 IP 城域网骨干层 3 个节点建设。同年 8 月，正式开通 ADSL 宽带业务，普通电话用户利用现有电话线在不影响正常通信、不需缴付额外电话费的情况下，即可实现高速上网，其传输速率可达到上行（从用户到网络）640Kbps、下行（从网络到用户）7Mbps，较原窄带拨号上网方式有了质的飞跃。2001 年底已有 152 户单位和个人开始使用 ADSL 业务。

伴随着信息化建设进程的加快，2002 年 12 月邢台市在省内率先开通省政府至市政府 2M 光纤数字电路。2003 年 5 月，政府系统市到县 21 条光纤数字电路联网开通，同年 7 月该市开通第二条省政府至市政府 2M 光纤数字电路，省到市的高速数据传输保障得到加强。2004 年 11 月，邢台市直单位横向联网工程正式启动。2005 年 2 月，邢台市党务网 227 个网点成功开通，实现了省、市、县、乡四级纵向贯通和市直 40 多个单位横向贯通，市政府与各市直单位可以通过网络上传下达政务信息。同年 3 月底，邢台市委公务内网横向联网工程完工，包括市人大、市政协、市法院、市检察院等 25 个单位纳入政务联网。政府上网以及企业上网、社区上网、家庭上网工程的不断推进，使全市信息化水平迅速提高。截止 2006 年底，上网用户实现了多年连续快速增长，宽带接入已基本覆盖全市，电子商务、远程教学、网络游戏、流媒体、即时通信、VoIP 等各种宽带应用日益丰富，可以有效地满足社会各个层次的通信需求，支撑全市数据通信事业的发展。

第四节　电信管理

电信管理即对通信生产进行的管理，是企业管理的中心环节。电信管理要保证网络正常运行，通信畅通无阻，服务质量不断提高。

一、维护管理

维护工作是按照部颁“设备维护规程”，对电信设备包括线路设备和机房设备进行周期维护，并按规定编制设备维修“月表”，内容包括设备的机械强度、电气性能、存在问题，进行全面分析，较大问题报告相关领导组织、相关技术人员及时研究解决。对重大技术难题组织全面性攻关，作到对电信通信设备维护有专人，作业有计划，定期有检查，质量有分析，保证电信设备正常运转。电信设备多为固定资产，在管理中按照固定资产管理办法进行，企业没有处理权。20 世纪 60 年代初期，局设机务组、电力室、机线班，负责电信设备的维护，磁石电话改装供电电话时，长途和市话机房分开，局设电信科，负责电信业务的全面管理。1987 年 3 月，撤销市话分局，设市话工程营业科、市话工程科、市话维护科。1994 年，进一步加强了用户交换机管理工作，对用户交换机选型、审批、施工、代维等作出了明确规定。1995 年，随着通信网络规模的迅速扩大，邮电局分设邮政公司、电信公司，电信公司按设备属性下设交换运行部、电信供电部、传输运行部，进一步强化网络设备和网络运行管理。同年，出台《传真机进网管理办法》，对三类传真机和调制解调器进网制定了 5 项管理办法。

1996 年，邢台市召开保护光缆、电缆通信线路安全会议。2001 年，为了提高网络运行效益，网内各专业集中监控系统开始建立和完善，主要包括本地电话网网管和集中监控系统、七号信令网管系统、七号信令集中监测和话务统计系统、动力集中监控系统、机房环境监控和生产场地安全监控系统、资源管理系统和市话线路地理信息管理系统及城市光缆资源管理与集中监测系统、传输网综合监控系统、企业资源综合管理系统、交换机联机计费系统、交换机自动停复话系统。2002 年，邢台通信公司撤销数据分局，新成立数据维护中心，行使原数据分局的数据通信网络维护、邢台信息港建设维护、电报业务、168 信息台管理等职能；原数据分局的数据业务发展、因特网业务发展职能划归营销部。2003 年，邢台通信公司被确定为全省维护体制改革试点单位，网络运行维护模式和组织机构进行了流程重组和优化调整，实现了网络监管集中管理、业务支撑逐步前移、维护层次划分清晰、市场响应快捷迅速。2004 年，维护体制改革继续深化，组织架构进一步理顺，网络维护组织架构由三级简化为两级，实现了后台支撑的前移，并在市、县两级维护中心设立了资源管理与客户响应组织，提高了网络运维对市场变化和客户需求的响应速度。至 2006 年，网通公司建立网络资源动态管理体系，启动了短缺资源预警机制，同时将交换网管话务数据、网络运行维护质量月分析、专业周通报进一步制度化和规范化。

二、业务管理

1975 年，市内电话实现自动化，业务管理严格按照部颁标准和省局要求执行。1983 年，设电信业务视察员，加强电信业务管理。1995 年，为了强化专业管理，邮电局成立邮政公司、电信公司，电信公司按业务下设电信营业部、信息服务部、数据通信分局、移动通信分局，并成立电话代办管理小组加强电话代办点管理。2000 年，《中华人民共和国电信条例》正式颁布，这是我国电信业第一部综合性行政法规，全市电信系统进入了依法管理和依法经营的新的历史阶段；同年根据省通信管理局制定的《互联互通管理办法》，确定了本市业务管理办法、网间结算办法等各项规章制度，并建立了互联互通档案。2001 年起，电信系统开始关注客户欠费问题，逐步推行预付费制度。2002 年，邢台通信公司将沙河市分公司、桥东营业部、桥西营业部的电话装、移、修及市场营销、市场调查、用户服务统一起来，实行“机线人员包区责任制”，在全省率先实行营维一体化。包区机线员负责内容包括：包区内的业务营销、终端设备安装与维护、欠费收缴，市场信息调查反馈以及客户投诉处理调解等。2004 年，河北省通信公司在邢台召开营维体制改革座谈会，决定在全省推行营维体制改革。同年，邢台网通公司完成了本地网 97 系统的互联网业务受理改造，实现了互联网业务电子工单的派发，并实现互联网费用随当月电话费同时收取。至 2006 年，邢台网通公司简化资费线，将原 400 多种资费政策规范合并为 38 种，提高了管理效率；出台小灵通反克隆方案，杜绝了“异机同号”现象；完善了市、县两级经营分析模版，企业经营管理水平进一步提高。

三、服务管理

坚持贯彻落实“迅速、准确、安全、方便”的服务方针。1992 年，全市邮电系统开展了“整顿竞赛”、“四职一纠”和纠正市话装机不正之风专项整治活动。1994 年，对通信生产各个服务岗位提出要求，营业员执行“您好、请、谢谢、对不起、再见”十字文明用语，杜绝用户有理由申告；话务员执行“请、您、同志、好、谢谢、对不起”十字标准用语，做到“三不计较”、“四个一样”、“五不讲”，任何情况下骂不还口，得理让人；机线员做到“五不准”。1995 年，邮电系统认真开展“树邮电新风，创优质服务”活动，制定出台《纠正行业不正之风十八项规定》。1996 年就加强邮电服务质量建立了服务工作检查、服务质量责任、服务质量否决、服务质量奖惩、配备质量视察员等九项制度和《重要（大）客户服务管理办法》；同年建立受理用户查询和申诉第一责任人制度，并将这一制度作为实施社会承诺制度的配套制度。1997 年，成立服务质量督查室，并修订完善《服务质量监督检查制度》。2000 年，对大客户推行省内“一站服务”，在一个市局可以为用户提供全省的各种电信业务。2001 年，电信系统全面推行“首问负责制”、“大客户分级负责制”，服务水平有了明显提高。2003 年，邢台通信公司优化服务流程，将服务监督职能从市场经营部门划拨到综合管理部门，同时制定完善了《客户服务预警制度》、《客户服务分析制度》等一系列服务质量管理办法，并全部纳入 ISO9000 质量管理体系，实现了对受理、处理、反馈、回访 4 个环节的闭环管理。2004 年，邢台网通公司（原邢台通信公司、邢台市电信局）全面整合各类服务平台，正式启用“10060 综合服务系统”，可以面向所有客户群提供业务受理、业务咨询、业务查询、用户投诉及其他通信服务。同年，根据省公司统一部署，邢台网通公司开展了“千万客户大回访全员行动”，以登门、电话、信函、网上回访等多种方式对所有在网客户进行回访，深入了解客户需求，听取客户意见，改进服务措施，进一步树立了网通良好的服务品牌。至 2006 年，网通公司搭建和完善了社区经理、112、10060、10064 的四级客户投诉和业务受理平台，拓宽了客户障碍受理通道，进一步强化了 10060 服务品牌。

第七编
经济体制改革

桥东区委、区政府认真贯彻中共中央“关于经济体制改革的决定”，按照省、市具体要求，对全区宏观经济体制以及工业经济体制、农业经济体制进行改革，推动区域经济高速、稳定、健康发展。

第一章　宏观经济体制改革

桥东区的宏观经济体制改革工作始于1984年。中共十二届三中全会召开以后，中共中央下发了“关于经济体制改革的决定”，桥东区根据“决定”精神及省、市具体要求，在保持稳定的前提下，稳步开展。宏观经济体制改革主要包括计划体制、经济管理体制、财政税收体制等方面。宏观经济体制的改革，给区域经济发展注入了活力，为全区经济大发展创造了条件。

第一节　计划体制改革

1980～1984年，计划管理体制为单一指令性计划。1985年，按国家计划体制改革要求，开始重视市场机制调节作用，实行“计划经济为主，市场调节为辅”的原则。1989年以后，市场调节作用逐渐加大，1992年占据主导地位。在市场经济体制下，计划管理的手段开始从主要依靠行政手段转向主要依靠经济和法律手段，综合运用财政、税收、价格等经济杠杆调控经济运行，改善市场及投资环境，协调各有关行为主体的利益。1998年以后，计划管理采取“微观搞活、宏观管好”的原则，除关系国民经济全局的重要项目外，其余项目彻底放开；在指导性计划管理方面，采取了以市场预测为基础，测算社会需求总量，预测行业和重要产品的发展态势，确定经济参数，提供市场需求信息和制定配套经济意见，同时对行业、企业及时提出导向意见，使微观经济活动能遵循宏观调控运行；重点建设计划方面，采取对重点项目进行前期考察与论证，并增列前期项目工作实施计划，确保每年有新项目建成投产。

第二节 经济管理体制改革

桥东区的经济管理体制改革以1984年10月中共十二届三中全会为开端。在中共中央《关于经济体制改革的决定》精神的指导下，以城市为重点的整个经济体制改革从1985年起全面展开。1985年9月，国务院颁发了《关于增强大中型国营企业活力若干问题的暂行规定》，提出了搞活国营企业、发挥企业自主功能的14条措施。1988年4月，七届全国人大一次会议通过并颁布了《中华人民共和国全民所有制工业企业法》，用法律的形式肯定并维护了企业的自主权利。以城市为重点的全面经济体制改革，到1987年已经取得明显的进展。主要表现为：在坚持以公有制经济为主体并使之进一步壮大的前提下，多种经济成分得到发展，原来那种与现实生产力水平不完全适应的单一公有制结构有了很大变化；按照政企分开、所有权与经营权适当分离的原则，改变了统收统支的国营企业经营方式，扩大了企业的生产经营自主权；改革计划管理体制，宏观调控的范围和方式得到调整与改进。与此同时，在财政、税收、价格、金融、商业、劳动工资等方面都进行了不同程度的改革。通过改革，城市经济生活出现了前所未有的活跃局面。在上级精神指导下，桥东区以“念政策经”、吃“人才饭”为理念。以改革为重点，工业翻番为奋斗目标，紧紧围绕松绑、放权、承包、搞活8个字。采取逐级承包、供销承包、专项承包、个人或合伙承包等各种方式，打破生产和分配2个“大锅饭”，极大地调动了企业和职工的积极性，全区经济工作取得了前所未有的好成绩。

第三节 财政体制改革

一、区级财政体制改革

1980～1984年，桥东区财政实际上是市财政的报账单位，实行报账制；1984年市对区实行划分税种、核定收支、分级包干、按比例分成的财政体制；1985～1986年又回到报账制；1987年，实行“划分税种，核定收支，分级包干”的财政体制；1988～1993年实行“收入递增包干，增长全留”的财政管理体制；从1994年起实行分税制财政体制，后市又对分税制财政体制进行了改革和完善；1995年将递增包干上解改为定额上解。从2002年起实行“统一征收，比例分享”的财政体制。

二、乡级财政体制改革

1994～1997年实行“收支定基数，解补定包干，超收分成，短收自负，分灶吃饭”的财政体制；1998～2001年实行“分级包干、分灶吃饭”的财政体制；为适应“统一征收，比例分享”的征管体制，2002年以后实行“支出定基数、超支不补、结余留用、分灶吃饭”的统收统支型财政体制。

第四节 税务体制改革

一、国税改革

流转税制度改革 桥东区国家税务局在1994年以前，税收征管工作主要执行1984年国家工商税制改革时建立的流转税制体系，主要税种有：产品税、增值税、营业税、对外商投资企业征收工商统一税等。1994 年国家对流转税制度进一步进行改革，逐步同国际上流转税制度接轨。坚持公平、中性、透明、普遍的原则，保持流转税原有的总体负担，建立起以规范的增值税为核心，消费税、营业税相互协调配套的新流转税体系。自此，桥东区国家税务局实行新的流转税制度。这次流转税制度改革，主要有三个特点：一是增值税得到了完善和规范。进一步扩大了征收范围，凡是在货物生产、批发、零售和进口环节，以及加工、修理（配）环节普遍征收增值税，并延伸到全部工业品，以及商业批发和零售环节；减少了税率档次，将原来的 11 个档税率改为只设三档税率，基本税率为 17%，低税率为 13% 和小规模纳税人员及零税率 6% 征收。由原来的价内税改为价外税，新增值税不构成商品价格，按不含税金的销售额计算销项税金，由购售方支付；同时，规范了计税方法和纳税人标准，实行了全国统一的专用发票，简便易行，对纳税人划定了一般纳税人和小规模纳税人，并对小规划纳税人使用增值发票提出限制规定，不能自己使用，不进行税款抵扣，按规定征收增值税，由税务机关代开增值票。二是增开了消费税，规定凡是国内从事生产和进口应税消费品的单位和个人，按其销售收入或产品销售数量征收消费税。主要包括烟、酒、化妆品、贵重首饰及燃油、车辆等 11 类产品。三是营业税缩小了范围，简化了税率。营业税由原来 14 个税目减为 9 个税目，税率规定为两个档次，大部分行业税率为 5%，一部分行业为 3%。

所得税制改革 所得税的改革主要包括两部分：一是企业所得税，二是个人所得税。企业所得税实行了统一的所得税制，取消了原来按所有制形式划分，实现了一个平台，一个标准。个人所得税主要是对收入较高的人征收，中低收入的不征或少征，建立了统一的个人所得税制。

二、地税改革

1994 年以前，桥东区地方税务局在税征工作上主要执行 1984 年国家工商税制改革时建立的税收体制。1994 年国地分税制以后，划归地方征收的税种有 14 种，桥东地税从 1994 年 1 月 1 日起按此规定征收。以后地税改革按新规定执行。

企业所得税 1994 年 1 月 1 日《中华人民共和国企业所得税暂行条例》实施。将原来的国营企业所得税、集体企业所得税、私营企业所得税合并，统称内资企业所得税。纳税人为中国境内的国有企业、集体企业、私营企业、联营企业、股份制企业和其它组织。纳税人发生年度亏损的，可以用下一纳税年度的所得弥补，下一纳税年度的所得不足以弥补的，可以逐年延续弥补，但是最长不得超过 5 年。

企业所得税法定税率为 33%，应纳税所得额 3 万元到 10 万元（含）企业适用 87% 税率，应纳税所得额 3 万元（含）适用 18% 税率。

个人所得税 1994 年 1 月 28 日开始执行《中华人民共和国所得税实施条例》。此条例将原来按照纳税人的类型分别设立的个人所得税、个人收入调节税和个体工商业户所得税合并为统一个人所得税，采用分类所得税制。个人所得税税基上工资薪金所得（费用扣除 800 元，附加扣除 3200 元），个体工商户生产经营所得（收入减成本费用），承包、承租经营所得、劳务报酬、稿酬所得（费用扣除 800 元或 20%）、财产租赁、特许权使用费所得、股息利息红利所得、偶然所得、其他所得。

1994 年 ~2006 年，个人所得税税率执行的标准为：工资薪金所得，适用超额累进税率，税率为 5% 至 45%；个体工商户的生产经营所得及对企事业单位的承包、承租经营所得，适用 5% 至 35% 超额累进税率；稿酬所得，适用比例税率，税率为 20%。对劳务报酬所得一次收入特别高的，可以实行加成征收。特权使用费所得、利息、股息、红利所得，财产租赁及财产转让所得，偶然所得和其他所得，适用比例税率，税率为 20%。

营业税 1997 年 1 月 1 日起，金融保险业营业税率由 5% 提高到 8%，其中按原 5% 税率计征部分由地税机构征收，提高 3% 部分由国税机构征收。

从 2001 年起，金融保险业营业税税率每年下调一个百分点，分三年将金融保险业的营业税税率从8%降低到5%。即：2001年1月1日至12月31日营业税税率为7%，2002年1月1日至12月31日营业税税率为6%，2003年1月1日至12月31日营业税税率为5%。

第五节 物资经营体制改革

1984～2005年，桥东区物资系统的管理一直由物资局行使区政府有关职能，进行行业管理。同时，以桥东区物资公司的法人营业执照，从事物资经营业务。至2006年底，桥东区虽仍然保留着物资局的编制，但由于整个市场完全开放，政府调控职能已基本消失。区物资局经营体制的改革从1993年全面铺开，不断深化，稳步进行。区物资局除保留办公室、财务科、工会外，所有实行非独立核算的业务科，均到工商行政管理部门办理了企业法人营业执照，实行简政放权，承包经营。使各公司、部、处真正成为具有人、财、物及经营权的独立核算、自主经营、自负盈亏的经济实体。同时不断完善了配套改革：一是转变机关职能，由过去集中的行政管理，转变为指导、协调、监督、服务；二是改革人事制度，大胆培养、发掘、引进和选拔使用人才，对公司、部、处的正、副经理实行聘任制；三是改革劳动工资分配制度，对业务人员实行效益提成工资办法，多劳多得，上不封顶、下不保底，在全市物资行业最早打破“大锅饭”，并使之逐步完善，大大调动了干部职工的经营积极性。企业数量及规模迅速发展壮大，所属企业达到18家。在经营机制上，由清一色国有企业逐步演变为集体所有制、股份合作制、民营制形式，企业内部管理由初期的经营责任制、划小核算单位到承包经营、租赁经营，再到2005年的转化企业机制、转换职工身份的股份制改造。截至2006年底，局属18家企业全部实施国退民进，全部成为市场经济主体，原有的18家企业已整改撤并了特钢经销公司、市工矿汽车备件处、万邦剪板厂、物资处、建材处（原管建处）、钢材市场、宏源煤炭购销中心等7家，重新组建11家。具体内容是，注册资本国退民进股份化，职工转换身份；企业的经营机制由过去的国有为主，转变为民营为主；职工由过去的国有固定工通过经济补偿等多种方式，转变为“自由职业者”。企业产权多样化，实现了经营权与所有权的统一，从根本上改变了企业作为政府附庸的地位，真正成为市场经济的主体；职工则由过去的“铁”身份，彻底推向市场。

第二章 工业经济体制改革

1980～1985年，桥东区在企业改革上，主要以提高经济效益为中心，革新、挖潜、降耗，提高产品质量，增加花色品种，加强企业管理，开拓经营市场，重视市场的导向作用。1986～1990年，工业上主要是进行治理整顿和深化改革，进一步实施完善经济承包责任制。1992年，桥东区企业开始推行股份制试点。1994年3月，桥东区成立了经济体制改革委员会办公室，负责全区的企业改革。1994～1997年，桥东区在经济体制改革中，积极探索建立现代企业制度的有效途径，在推行股份制及股份合作制的同时，实施“退二进三”、“退市进郊”战略，发展特色经济。1998年6月，邢台市下放到桥东区17家亏困企业。从1999年起，企业改制主要采用破产、股份制、兼并、合并、拍卖等方式，一厂一策，分类指导，促进企业改革。2003年开始，在坚持抓改革保稳定的基础上，不断加大资产变现力度，妥善做好职工安置工作，同时调整所有制结构，放手放胆发展个体私营经济，实施国退民进。

第一节 企业经营管理责任制

1980年建区初期，全区工业企业只有9家。按隶属关系分，区属企业有2家，处属企业7家。1980年底工业总产值为321.5万元。区委、区政府坚持以经济建设为中心，认真贯彻“调整、改革、整顿、提高”的方针，积极引导企业上规模、上技术、开发新产品，完善经营管理体制。在企业改革上，主要是以提高经济效益为中心，革新、挖潜、降耗，提高产品质量，增加花色品种，加强企业管理，重视市场的导向作用。1982年，全区工业企业开始实行经营管理责任制。

第二节 集体承包责任制

1983年起，在区属和处属企业中把农村联产承包责任制引伸到工业企业中来，实行了不同形式的生产责任制，归纳起来大致有6种形式：计件、大包干、定额责任制、分成提奖、订任务、不定型企业实行完成任务有奖。1984～1985年，围绕“松绑、放权、承包、搞活”8个字，进一步完善经济承包责任制，改革企业工资奖金制度和用人制度，使企业的自主权进一步扩大。1986～1990年，工业上，进行治理整顿和深化改革，进一步完善经济承包责任制，实行厂长（经理）为代表的集体承包责任制，把全面提高经济效益放在首位。考核指标更加全面，兼顾了国家、集体、个人三者利益。

第三节 产业结构调整

1992年，桥东区企业推行了股份制试点，但进展缓慢。为进一步深化各项体制改革工作，区委、区政府于1994年3月成立了桥东区经济体制改革委员会办公室，负责全区的企业改革。为了规范改革行为，先后起草制订了《股份合作制企业暂行规定》、《小型微利企业拍卖、租赁的暂行规定》、《股份制企业示范章程》、《关于企业兼并的暂行办法》、《九五计划及2010年远景目标的建议》、《集体企业资产监管办法》、《关于开展集体企业清产核资工作的意见》等文件，为桥东区企业改革的顺利进行奠定了良好的基础。1994～1997年，桥东区在经济体制改革中，以转换企业经营机制为重点，以产权制度改革为突破口，以提高经济效益为中心，积极探索建立现代企业制度的有效途径，在推行股份制及股份合作制的同时，根据桥东区优越的地理位置，抓住旧城改造和公路建设的契机，实施“退二进三”、“退市进郊”战略，发展特色经济。桥东区工业企业结构调整主要是通过“退二进三”、“退市进郊”实现产业转型，逐步形成城区商业为主，市郊工业为主的格局。1994年，桥东区文庙实业公司下属暖气片厂和宏大水暖厂因生产不景气全部转产，投资500多万元，兴建了天城饭店、大型水上乐园、天城歌舞厅等第三产业设施，收到可观的经济效益；黄河纺织厂依据地处西门里商业街附近的优势，投资20多万元建成冷库，搞副食批发等。1995年，纺织器材厂、童装厂搬迁，原厂址转为第三产业或进行了房地产开发；南长街的向阳拖车厂全部转产，成立了向阳物资贸易供应公司。1995年，桥东区在市郊两乡开发建设了百泉、张庄、田庄、胡庄、柴庄5个工业小区，其中柴庄工业小区是西门里办事处为该处工业企业“退市进郊”而自行开发的，占地80亩；胡家庄小区由于经营灵活发展较快，有工业摊点30多家，引资上百万元。1996年，北大街新华彩印装订厂由东牛角搬至东汪。1997年3月，经区委常委会研究决定设立了桥东区第一个经济实验区——胡庄经济实验区。1994～1996年，重点抓了3个企业的股份制改造工作：桥东区外贸公司改制为邢台市东信对外贸易有限责任公司；桥东区太脱拉汽车大修厂改制为邢台市太脱拉汽车服务有限公司；桥东区向阳予制厂改制为邢台市向阳水泥股份制公司。对乡镇集体企业进行了股份合作制改造、规范及新建股份制企业工作，取得了较好的效果。同时，结合区企业规模小、技术含量低、微利企业较多的实际，主要采取了兼并、拍卖、联合、嫁接改造等多种改革形式，逐步改善了桥东区企业结构。如：区金属包装厂由于经营管理不善，长期无定形产品，造成停产两年多，职工生活无保障，1996年6月被区粉末冶金厂兼并，职工得到妥善安置，闲置资产设备也得以重新利用，粉末冶金厂也进一步扩大了规模，经济效益不断提高；南长街桥东修理厂由于长年生产不景气，造成严重资不抵债，1996年拍卖后不仅给办事处甩掉了包袱，办事处还利用拍卖所得投入生产好的企业，给企业注入了活力。截至1997年底，全区具有股份制性质企业100多家，较为规范的42家（其中原企业改制5家，新建17家，中外合资20家），兼并8起，拍卖8家，关闭小造纸、小化工厂15家，联合嫁接10家，“退二进三”、“退市进郊”达到12家。

第四节　企业破产与资产重组

1998年6月，邢台市下放到桥东区17家亏困企业，归桥东区经济计划局主管。经接收审计，17家企业共涉及职工3904人，资产负债率平均为181%，最高达519%，企业领导班子思想涣散，多数职工下岗，退休人员生活无法保障，危机四伏。对此，区委、区政府高度重视，将17家企业改革工作列为全区经济工作的重点。确定了企业改制要坚持以产权制度改革为主线，以资产流动重组为手段，主要采用破产、股份制、兼并、合并、拍卖等方式，一厂一策，分类指导，促进企业改革。1999年8月，区政府决定对资不抵债的邢台市电器厂实施破产，这也是桥东区第1例企业破产案。此后按照《破产法》要求，先后对符合破产条件的邢台市羊毛衫厂、邢台市无线电四厂、邢台市食品总厂、邢台市塑料厂、邢台市织布厂、邢台市制锨厂、桥东房地产开发公司、邢台市塑料四厂、邢台市电子化工厂、邢台市阿胶厂、邢台市酿造厂、邢台罗兰印刷公司、邢台市织带厂等14家企业依法实施了破产。2000年1月，旭阳公司与邢台市装具厂达成有偿兼并协议；2000年4月，邢台市装具厂和邢台市塑料四厂正式签订合并协议，将变现后的120万元资金和全部职工并入塑料四厂。2002年4月，破产后的酿造厂与邢台冷轧带钢有限责任公司签订了兼并协议，酿造厂全部在册职工由带钢有限责任公司整体接收并负责妥善安置。截止2002年底，全区企业破产14家，兼并14起，合并3起，破产企业累计核销银行债务2亿多元。

从2003年开始，桥东区在坚持抓改革保稳定的基础上，克难攻坚，锐意进取，不断加大资产变现力度，妥善做好职工安置工作，到2006年底，桥东区企业破产14家，盘活存量资产6000多万元。破产后完成变现的企业共计7家，变现资金达2913万元，妥善安置职工约1234人，整体接收2家，兼并20起，合并3起。在企业改革力度不断加大的同时，也出现了一些新问题、新情况，市下放的17家亏困国有集体企业，虽然已经实施破产，甩掉了银行债务，但不少企业资产小，变革后职工安置有困难，有的企业虽然资产多，但没有定型产品，退休人员多，负担过重。如何为这些企业找到出路，在保稳定求发展的前提下，打好企业改革攻坚战。桥东区着力抓了三项深化改革措施：调整所有制结构，放手放胆发展个体私营经济，实施民进国退；加大支持力度，放宽经营领域，保护公平竞争，鼓励引导个体私营经济保速度、增总量、上水平；允许和支持个体私营经济参与结构调整和企业重组，鼓励劳动者个人承包、租赁、收购国有小型企业和集体企业。

第三章　农村经济体制改革

桥东区农村经济体制改革，从1983年开始在个别农村开始实施，主要是搞一些小包干、小承包，但大部分农村还是搞的集体经营、“大锅饭”。1985年，全区4个街道办事处的8个行政村（城中村）、1401个农户全部实行了家庭联产承包责任制；1988年大梁庄乡和东郭村乡划归桥东区，新增26个自然村、4173个农户，也全部实施了家庭联产承包责任制。每个家庭除了自留地以外，还可以承包集体公有土地，定任务，定指标。每家种什么作物，由承包户自己定，集体不再统一要求，把农民的自主种植经营权真正还给了农民，极大地调动了农民的生产积极性，农民根据市场需求，改过去的传统种植为现代种植，增加了农业的收入。由于桥东区土地面积少，每个劳动力的责任田平均不足1亩，出现了人多地少的情况。为了安排多余的劳动力，各生产大队积极上项目、办工厂，发展乡镇企业，使劳动力得到了较好安置，同时又增加了农民的个人收入。1997年以后，4个街道办事处的城中村全部转为非农人口，农村经济体制改革主要在大梁庄乡和东郭村乡实施。

1998年，全区开始了第二轮土地承包工作。在第一轮承包的基础上，承包期顺延30年不变；新一轮土地承包，统一使用“桥东区第二轮土地承包合同”文本，由桥东区政府核发土地经营权证书，两证经乡政府鉴证后生效。到年底，桥东区的两个乡26个村共计4173户，依法办理了第二轮土地承包协议。

第八编
经济概览

1980～2006 年，桥东区历届党委、政府高度重视经济工作，始终把经济建设作为全区工作的中心，在市委、市政府的正确领导下，立足桥东实际，抢抓机遇，科学定位，围绕“富民、强区”总目标，不断拓宽经济发展的思路，先后提出了“五二”强区战略、“科教兴区”战略、“三求”发展战略等一系列发展新思路，走出了一条符合桥东发展的路子。产业结构不断优化，经济总量进一步扩大。特别是“十五”以来，桥东大力实施“三求”发展战略，即“三产和个体私营经济求突破发展，二产求壮大发展，一产求特色发展”，把握住城市经济发展的特点，2006 年地区生产总值中三次产业结构发展为 3.2：19.9：76.9。

1999 年，省批、市属、区管的高新技术开发区从桥东区剥离，隶属桥东辖区的 5 个行政村及部分企业划归开发区，桥东区经济总量由 1998 年的 50760 万元缩减为 50422 万元。2005 年邢台市实行在地统计，在桥东辖区内的 29 家市属工业企业纳入桥东区统计，桥东的经济总量由 2004 年 10.76 亿元增加到 2005 年 25.11 亿元，其中 2005 年桥东区属生产总值完成 13.17 亿元，比 2004 年增长 20.7%。

第一章　经济发展

1980～2006 年，桥东区经济发展大致经历了计划经济管理、经济承包责任制、深化改革转换机制、经济结构调整、实施三求发展战略等 5 个时期。区域经济实现了持续、健康、快速发展。商贸经济构筑起了新世纪商业圈、新兴东大街市场带、豫西市场小商品物流配送区、顺德路特色商业街为主体的第三产业发展新格局。工业经济培育了一批像吉泰特钢、光源太阳能、镁神化工等高科技龙头企业，实现了规模发展、高效发展。

第一节　计划经济管理

建区以前，桥东区所辖 4 个街道办事处的工业企业发展较快，1978 年，邢台市将辖区 35 个较成型企业按行业归口，收交市各局管理，这些企业年产值达 3500 万元。之后只剩下 9 个不成型的小企业。这些企业设备陈旧、厂房简陋，技术力量差，管理水平低，原材料无来源，产品不定型，1980

年总产值只有322万元。按隶属关系分，区属企业有红旗钢管厂和红旗冶炼厂2家，年产值40万元，税金2万元。处属企业7家，分别是向阳予制厂、向阳服装厂、向阳纸制品厂、红旗石灰厂、红旗童装厂、红卫建材厂和红卫综合厂，年产值282万元，税金11万元。1981～1983年，桥东区基本上还是计划经济管理模式，工商企业以集体所有制为主，均为区直单位、办事处和下属农村生产队、居委会自办企业和摊点。农业方面，在1981年初，西大街、南长街、北大街、西门里4个街道办事处的蔬菜生产队试行不同形式的责任制，农业得到较快发展。全区共有各类工业、商业企业及街道摊点310个，职工5040名。其中工业企业26个，队办工副业75个，街道摊点198个，商店7个，卫生医疗服务单位4个。1983年，全区工农业总产值886.9万元，其中工业总产值521万元，农业总产值365.9万元。

第二节　经济承包责任制

1984～1990年，区委、区政府坚持以经济建设为中心，认真贯彻“调整、改革、整顿、提高”的八字方针，为促进本区经济快速起步发展创造了条件。1990年全区工农业总产值达到8133.7万元，比1983年增长817%。其中工业总产值达到7338.9万元，比1983年增长1300%；农业总产值达到794.8万元，比1983年增长117%。农业上，经过几年的实践，农民选择了最简单可靠、最直接的家庭联产承包责任制，并于1984年春继续稳定和完善了这一承包责任制，延长了承包期，稳定了民心，彻底打破了“大锅饭”的经营机制，极大地调动了农民种粮种菜的积极性。1988年，东郭村乡和大梁庄乡从郊区划归桥东区，耕地面积由原来的1123亩增加到19501亩，粮食和蔬菜种植大面积增加，建设粮食高产田、蔬菜保护地和养殖基地，农村多种经营粗具规模，人民生活水平明显改善，至1990年，农民人均纯收入达到742元。在企业改革上，以提高经济效益为中心，开展革新、挖潜、降耗活动，提高产品质量，增加花色品种，加强企业管理，加大科技投入，逐步重视市场的导向作用。1983年，部分区属和处属企业把农村联产承包制的机制，引伸到工业企业中来，试行了不同形式的生产责任制，主要形式有：计件、大包干、定额责任制、分成提奖、订任务、产品不定型企业实行完成任务有奖完不成任务不罚等。这种做法大大调动了干部职工的积极性，产品的产量、质量、销量都明显提高。从1984年起，围绕“松绑、放权、承包、搞活”8个字，进一步完善经济承包责任制，实行厂长（经理）为代表的集体承包责任制，把全面提高经济效益放在首位，考核指标更加全面，兼顾了国家、集体、个人三者利益。但企业发展也面临不少困难，从宏观经济形势看，一是原材料价格上涨过猛，居高不下，企业难以承受；二是工业发展偏快，造成能源、原材料、交通运输紧张；三是固定资产投资规模偏大；四是消费基金增长过快。从而造成本区企业资金、原材料、电力紧张，不能正常生产，全区在企业中广泛开展“双增双节”活动，进行内部挖潜。同时打破地区封锁，大搞横向经济联合，促进人才、资金、技术、资源等各种生产要素的合理流动与重新组合，为企业增添了新的生机和活力，不少企业逐步向上等级、上规模、上水平方向发展。全区工业基本形成冶金机械、建材、轻工、化工、食品5个行业雏形。在促进工商、服务业摊点的发展上，按照“国家、集体、个人一齐上”的方针和“三兼顾”的原则，1984年市政府出台了《关于发展集体企业的十项措施》和《关于解放思想，推进改革，搞好财贸工作的意见》，区政府制定了《关于保护和支持集体商业企业发展的暂行规定》，实行区、乡（处）、街、村、个体“五个轮子”一齐转，工商、服务网点如雨后春笋般迅猛发展。1990年全区商贸服务业营业额达到8045.7万元。

1991～1995年是桥东区国民经济和社会发展第八个五年计划时期。1993年区委三届二次全会上提出了工业总产值“一年翻一番，三年翻两番，八年翻三番”奋斗目标，即以工业为主体的主要经济指标在1992年基础上，1993年翻一番，1995年翻两番，2000年翻三番，使桥东区经济得到快速发展。到1995年底，全区国民生产总值完成27258.8万元，比1990年的6722万元增长305.52%。其中，第一产业完成2934.7万元，比1990年的1610.2万元增长82.26%；第二产业完成10932.6万元，比1990年的2618.5万元增长317.51%；第三产业完成13391.5万元，比1990年的2493.3万元增长437.1%，实现了三年翻两番的目标。“八五”期间，工业方面，针对企业设备陈旧、技术落后、产品老化、效益不高的局面，不断深化企业改革，努力转换经营机制。坚持以科技为先导，大力调整产业和产品结构，不断加大投入，增加发展后劲。下大力优化环境，为经济发展创造有利条件。桥东区委、区政府先后出台了《关于引进人才的优惠政策规定》、《关于扶持乡镇、城区集体企业发展的若干优惠政策规定》、《桥东区企业签订集体合同暂行办法》，桥东区经济体制改革委员会出台了《关于股份合作制企业的暂行规定》和《关于小型微利企业拍卖租赁的暂行规定》。企业改革以产权制度改革为突破口，部分企业实行了租赁、兼并、拍卖和“退二进三”的改造，并积极推进劳动人事制度上的改革，在部分企业中签订了集体劳动合同，进一步焕发了企业生机，增强了活力。同时，加大投入力度，狠抓乡镇企业的规模效益，建立工业小区，创立了省级、市属、区管的高新技术产业园区，促进开放和科技进步，使工业得到快速发展。新产品开发上，五一轧钢厂开发异型钢材10余种，产值达到4200万元，利税400万元，跻身河北省乡镇企业百强之列。另外先后开发了两路供电自动转换装置、氧化铈、氯化稀土、皂粉、高岭土、康夫果糖等新产品。第三产业上实施沿街沿路“两沿”开发战略，加快老城区工业的“退二进三”步伐，兴建专业市场和商业街，三产经济得到长足发展。农业上，在继续推行家庭联产承包制的同时，积极推进农业产业化战略，大力推进由粮食种植向蔬菜种植、由种植业向养殖业的“两个转移”，着手种子、蔬菜、养殖三大基地建设，发展城郊农业，建成在国内有一席之地的甘蓝种子基地和猪、牛、羊等养殖基地，并粗具规模。

第三节 经济结构调整

1996～2000年，桥东区根据市场需要和区情，适时调整经济结构，注重夯实基础，培育发展后劲，抓住三个机遇（即旧城改造、投资拉动和结构调整机遇），实施三大战略（即“三二一”产业结构调整战略，将一、二、三产业的比重调整到5∶35∶60、“双退双进”战略和“两沿”开放开发带动战略）。桥东区委、区政府先后出台了《桥东区重点项目管理实施办法》、《关于优惠外来投资和奖励投资建业及招商引资有功人员的若干规定》、《关于加快个体私营经济发展的决定》、《关于加快工贸经济小区发展的若干规定》、《关于加快发展第三产业和个体私营经济若干优惠政策的意见》等政策规定，为桥东区经济持续稳定健康发展提供了巨大政策动力。2000年工农业总产值完成82705万元（2000年各项指标已不含开发区所辖各村），比1995年增长60.63%，其中工业总产值完成79560万元，比1995年增长67.39%，农业总产值完成3145万元，比1995年下降20.56%。在地区国内生产总值中一二三产业的比重为6∶36.8∶57.2，全区向着工业强区、三产兴区的方向发展。国有及销售收入500万元以上工业企业完成增加值5724.1万元，实现利税1664.4万元，分别比上年增长8.8%、12.8%。农民人均纯收入达到2874元，比1995年的2060元增长39.51%。工业上，狠抓项目建设，加大投入力度，建成一批大项目。共建区级以上重点项目62个，项目投资3.4亿元，其中建成市级以上重点项目5个，投资1.8亿元。开发了氧化钕、钐铕钆富聚物、绞股蓝茶饮料、陶瓷辊环、活性氧化镁等一批新产品，建成一批科技含量高、竞争力强、规模效益好的企业。到2000年，桥东区共有工业企业703家，其中国有及销售收入500万元以上工业企业13家，完成工业增加值5724.1万元，占全部工业增加值19097.5万元的30%。三产上本着“巩固、调整、发展、提高”的方针，抓住旧城改造和路网建设机遇，实施“两沿”开发和工业企业“退二进三”、“退市进郊”战略，以地生财，以路生财，以楼生财，多层次、多门类、全方位发展第三产业。建成一批成规模、上档次、有特色的市场和摊点，如同聚德饭店、中北商城、新世纪地下商城、明月广场、百花市场、豫西市场、绿洲花卉市场、冀南装饰城及“天福”、“天厦”等房地产开发公司，第三产业经济实现了跨越式发展。2000年，第三产业增加值完成29875.2万元，比1995年的13391.5万元增长123%。企业改革取得新进展。在原有区属企业改革任务艰巨的情况下，1998年后，市陆续下放到桥东区17家困难企业。面对这种情况，桥东区不等不靠，坚持以产权制度改革为主线，以资产流动重组为手段，以初步建立现代企业制度为目标，通过兼并、拍卖、股份制、股份合作制等形式，培育一批大的，搞活一批小的，破产一批垮的，进一步解放思想，大胆创新，企业改革有了新进展。截至2000年底，共完成股份制、股份合作制企业改制6家，已经和正在破产的7家，合并1家，债转股1家，退市进郊1家，整体和部分租赁11家。下放企业通过破产共甩掉银行债务7000多万元，通过债转股使2400万元银行贷款不再计息，大大减轻企业负担。同时，调整所有制结构，放手放胆发展个体私营经济。一是转变观念，加大支持力度，放宽经营领域，保护公平竞争，鼓励引导个体私营经济保速度、增总量、上水平。同时允许和支持个体私营经济参与结构调整和企业重组，鼓励劳动者个人直接兴办企业，或承包、租赁、收购国有小型企业和集体企业。二是建设胡庄、田庄、张庄、柴庄、西大街经济小区，在注册、用工、征地、税收等方面对个体私营经济给予支持和服务。三是出台优惠政策，靠政策引导，服务推动，吸引大户到区内投资。到2000年底，个体工业企业达到555家，总产值28910.4万元，占全部工业总产值79560万元的36.34%。第三产业中个体营业额75573万元，占全部三产营业额126783.4万元的59.61%。

2001~2006年，桥东区以科学发展观为指导，扬长避短，发挥优势，抢抓机遇，大力实施“三求”战略，突出发展第三产业和个体私营经济，综合实力明显增强。经济上实现了突破发展、优势发展、科学发展。2006年全区实现国内生产总值146811.6万元（所用数字均不含在地统计形成的新增数字），比2000年的52159万元增长181.47%。其中第一产业完成4631万元，第二产业完成29257.7万元，第三产业完成112922.9万元，分别比2000年的3105万元、19178.8万元、29875.2万元增长49.15%、52.55%、277.98%。第一、第二、第三产业的比重由2000年的6：36.8：57.2调整为3.2：19.9：76.9，产业结构进一步优化。全区工业总产值完成113135.7万元（现价），利税完成5688.3万元，分别比2000年的79367.5万元、5339.6万元增长42.55%、6.53%。其中年销售收入500万元以上的工业企业完成产值64435.7万元，利税3350.7万元，增加值13276.5万元，分别比2000年的25873.8万元、1664.4万元、5724.1万元增长149%、101%、132%。第三产业营业额完成368322.4万元，利税44017.8万元，分别比2000年的126783.4万元、11265.7万元增长190.51%、290.72%。农民人均纯收入达到4235.12元，比2000年的2874元增长47.36%。2000年至2006年，投入力度加大，项目建设成效显著。个体私营经济和第三产业实现突破性发展。个体私营工业总体运行情况良好，特别是邢台吉泰特钢厂、河北光源太阳能有限公司、邢台泰诚工业有限公司、邢台市蓝天精细化工有限公司、河北华龙机械公司等骨干企业，产销两旺，前景看好，呈现出广阔的发展潜力。第三产业围绕市场建设建成一批大项目，“十五”期间共新建市场8个，进一步完善了区内市场建设格局，使区内较大专业市场达到20家，以亿德隆购物广场、财富广场、华北五金机电批发市场、晋祠道建材城、新世纪地下商城、中北商城等20家大型市场为主体，构筑起桥东区市场建设体系；西门里水产、顺德路婚纱摄影、新华路机电产品、仓南路汽配、红星东街休闲保健等特色商业街建设初具规模。旧城旧村改造大力推进，实施了总投资50亿元的西大街、西门里和中兴东大街三大片区改造，建成一大批城市精品和亮点工程。25个城中村的旧村改造完成了规划审批，11个村开工建设，累计拆迁面积3万余平方米，完成投资2亿元，置换土地300多亩。企业改革实现新突破。经过努力，17家市下放企业已经全部实行改制，企业包袱大大减轻，大量矛盾得以化解，企业改革取得阶段性、实质性成果。对15家企业实施了政策性破产，核销债务2亿多元，完成其中8家企业的资产变现和职工安置工作。同时，对2家企业实行了股份制改造，使企业走出了困境。农业结构得到优化，蔬菜种植、花卉苗木、特种养殖等特色农业初步形成；积极落实惠农政策，全部取消了农业税和农业特产税，落实“两减免、三补贴”政策，累计补贴资金48万元。

第二章　经济结构

经济结构主要包括三次产业结构，产业内部结构及产品结构。桥东区经济结构从刚建区时的第一、第二、第三产业结构，以农业经济、工业经济为主体逐步向以第三产业为主体的城市经济方向发展，使经济结构不断得到优化，产业布局更趋合理。到2006年，全区经济初步形成了三、二、一产业发展新格局。

第一节　三次产业结构

1981年，桥东区第一、第二、第三产业结构的排列顺序为“一、三、二”。农业经济是大头，工农业总产值861.5万元，其中农业产值604.4万元，工业产值257.1万元，第三产业营业额321.9万元。1988年以前，第一产业在区经济总量中占主导地位。工业弱势，第三产业优势没有发挥出来。从1989年，区经济结构开始发生变化，三次产业结构为二、三、一格局。到1997年，这个结构格局没有大的变化。由于大力发展乡镇企业，街办工业和民营工业，第二产业一跃在区经济总量中占举足轻重的地位。1999年，产业结构发生较大变化。三次产业结构为7.1：68.4：54.5。具有区域优势的第三产业和新上工业的潜力开始显现出来，产业结构进一步得到优化，城市经济特点已经凸现。第一产业由土地面积不断减少，虽然加强了高效农业发展，但在第二产业、第三产业高速发展的态势下，相对值仍处平中有降态势。2000年后，区确定了“三二一”产业结构调整发展战略，提出突出发展第三产业，巩固发展第二产业，特色发展第一产业。之后，连续6年第三产业、第二产业高速高效发展，第一产业实现了特色发展。到2006年，三次产业结构为3.2：19.9：76.9，第一产业比重明显降低，第三产业连续实现高速发展。

1981～2006年桥东区部分年度三次产业结构表

单位:%

年　度	GDP	第一产业	第二产业	第三产业
1981	100			
1989	100	19.1	40.5	40.4
1998	100	6.9	44.3	48.8
2000	100	5.95	36.77	57.28
2003	100	4.51	27.91	67.58
2006	100	3.2	19.9	76.9

1981～2006年，桥东区三次产业结构发生三次较大的变化，由1981年的“一、三、二”，变为“二、三、一”，又变为“三、二、一”的格局。每次产业结构的变化，都是一次产业结构的优化，

更是一次城市经济的优势和潜力的凸显。随着城市建设的快速发展，辖区地盘有限，第一、第二产业发展受到制约。因此，围绕城市建设大力发展第三产业，立足现有基础发展高附加值第二产业，抓住菜蓝子发展特色第一产业，是桥东区经济发展的基本定位。

第二节 产业内部结构

第一产业结构 桥东区农业主要是以农副业和农业种植业为主。1981 年全区农业总产值 604 万元，其中工副业产值 438 万元，农业种植业 102 万元，两项之和占了农业产值的 80% 左右。随着市场经济的发展，商品观念和效益观念增强，传统农业种植比重越来越少，高效农业悄然兴起。随之农业产业结构也发生了变化。1988 年以后，乡镇企业、养殖业迅速发展，城市建设占用了大量土地，农业种植面积呈逐年下降趋势，因此，农业产值一直保持略增或持平状态。到 2006 年农业产值只占全区国内生产总值的 6% 。而乡镇企业和养殖业却占据了第一产业的主导地位。种植业由种粮向种菜转移。粮食播种面积和产量逐年下降，到 1999 年，粮食和蔬菜种植面积基本上平分天下，蔬菜面积 1. 8 万亩，各类菜总产量 7. 3 万公斤。2006 年蔬菜播种面积变化不大，但返季蔬菜增多，产量略有减少，但农民收入却增加了。

养殖业由零星养殖向规划养殖转移。1988 年以前，桥东区只有城中村有些小鱼池、牲畜类、禽类养殖不成规模。1989 年，水面养殖达 170 亩，七里河、辛庄、王庄、大吴庄等农村建起了养鱼场，大梁庄、东郭村 2 个乡先后建起了天贝养牛厂、长顺小尾寒羊养殖基地、南瓦窑机械化养殖场等。2006 年，桥东区各类牲畜存栏 5600 头，禽类养殖 15. 5 万羽，产肉 636 吨、鲜奶 501 吨、蛋 588 吨、鱼 40 万尾。

第二产业结构 桥东区第二产业中，工业是主体，建筑业比例很小。1999 年建筑业产值仅 200 万元，经过多年发展，2006 年建筑业产值达到 1. 6 亿元，但仍仅占国内生产总值的 6% ，其余 94% 为工业。桥东区是老城区，商贸经济相对基础较好，工业基础薄弱。1981 年，区内工业企业 23 家，工业总产值 257 万元。主要分重工业和轻工业 2 个行业，产品有铜冶炼、水泥预制品、石灰建材、服装加工、纸制品、小农具、五金用品等，均为一般民用品。重工业和轻工业比重为 75 ：25。

随着改革开放的不断深入，桥东区工业迅速掘起，到 1999 年，工业总产值达 8. 7 亿元，其中乡以上规模企业工业产值 2. 6 亿元，工业总产值在国内生产总值的比重为 38. 4% 。2006 年，区属工业达 300 家，工业总产值达 11. 3 亿元（其中规模企业工业总产值达 6. 4 亿元），占国内生产总值比重为 44. 6% ，财政收入实现 1. 1 亿元。初步形成了以冶金机械、装备制造、建材光伏、化工、服装等为主的工业体系。

桥东区工业在 1988 年以前，多为乡、处兴办的小型集体企业。1989 年以后，通过引建、扩建、自建等形式，先后建起了邢台市吉泰特钢厂、邢台市泰成工业公司、河北华龙机械公司、邢台光源太阳能公司、美神化工有限公司等一批骨干工业企业，成为桥东区工业经济的支柱。

第三产业结构 桥东区的第三产业，重点是商业、饮食业和服务业。这三项之和占桥东区第三产业的 80% 以上。1988 年以前，第三产业主要包括 2 个乡、4 个街道办事处的第三产业企业及区直有关部门的“三产”服务机构。1981 年第三产业企业 210 个，门市摊点 934 个，从业人员 2420 人，年营业收入 811 万元。商贸流通类和饮食服务类所占比重相差很小，基本上是平分天下。历届区委、区政府立足区位优势，加大第三产业发展力度，使辖区第三产业得到全面发展，到 1999 年，第三产业增加值完成 2. 7 亿元。2006 年第三产业快速发展，第三产业增加值完成 11. 3 亿元，在国内生产总值中的比重占 76. 9% ，桥东区经济总量三分天下有其二。社会销费品零售总额为 14. 96 亿元。

2006 年，辖区内有各类专业商贸市场 25 个，特色商业街 11 条，大型超市 5 家，规模餐饮企业

15家，大型宾馆66家，婚纱摄影55家，中介服务75家，洗浴中心16家，美容美发155家，足疗保健65家，装饰服务204家，商贸饮食服务业从业人员近5万余人。

辖区金融、保险、邮电、交通等类服务机构均为市属部门在区内设置的服务网点，行政管理和业务由市统一管理，各类服务网点遍布市区、社区，为城市经济和社会发展创造了良好条件。

第三章　固定资产投资

1980～2006年，桥东区固定资产投资情况，呈曲线上升态势，经过了“缓慢增长，快速增长，高速增长”三个阶段。第一阶段（1981—1995年）大项目少、投资主体单一，在15年中完成投资5.2亿元；第二阶段（1996—2004年）招商引资力度加大，大项目增多，投资主体多元化，在9年中完成投资21亿元；第三阶段（2005—2006年）三产大项目和地产项目增多，在两年中完成投资18.6亿元。

1981～2006年桥东区固定资产投资完成情况表

单位：亿元

时　间	投资额	平均每年完成
1981～1990	2	0.2
1991～1995	3.2	0.64
1996～2000	11	2.2
2001～2005	19.6	3.9
2006	10.34	10.34

第一节　投资规模

1981～1988年的8年中，桥东区固定资产投资100万元以上的项目只有2个。其它多为20万元左右的小项目，且新建项目少，大部分为技改或扩规项目；工业项目多，第三产业和农业项目少。1989年出现了投资500万元的项目，1999年出现了投资千万元的项目，2005年出现了投资亿元以上的项目。1999年桥东区第一个投资5000万元的三产项目——中北商城建成，同时投入1200万元的工业项目复合轧辊生产线建成投产，另有5个项目列入市重点项目。2002年和2003年又建成投资千万元以上项目9个。“十五”期间共上区级重点项目142个，2006年投资4亿元以上大项目2个，投资3000万元以上项目12个，完成投资10.34亿元。由于投入的增多，特别是2002年以后投资千万元以上的项目增多，为区域经济发展奠定了基础，初步在工业上建成了吉泰特型钢材生产基地、团钢球生产基地、太阳能生产基地、铁路配件生产基地。第三产业建成了亿德隆购物广场、中北商城、新世纪广场、金马五金城等超亿元大市场、大商场。使经济结构进一步得到了优化。

第二节　投资产业结构

1989年前，桥东区固定资产投资主要偏重于工业，1981年至1985年间，仅投入8000万元，每年1600万元，其中工业固定资产投入占80%以上，农业和第三产业各占10%左右。从工业投资结构看新项目占20%，技术改造项目占80%。一直到1990年，全区固定资产投资结构变化不大。“八五”开始，区域经济不断壮大，各项招商引资政策相继出台，投资主体和渠道进一步拓宽，随着区三、二、一经济发展战略的确定，投资结构也随之发生变化。“九五”期间，全区完成固定资产投资11亿元，区级重点项目62个，工业项目投资完成3.4亿元，第三产业项目（商贸、地产、基本建设、市场）完成7.5亿元。一产项目1000万元。投资结构为7.5∶3.4∶0.1。第三产业成为固定资产投资的主体。

桥东区“十五”期间列入市重点项目投资结构表

单位：万元、年

项目名称	投资额	竣工年份
金马五金城	1500	2001
西大街开发	8000	2002
河北威邦稀土生产线	2860	2002
邢师学生公寓	2100	2002
同聚德饭店	600	2002
港龙商业中心	6000	2003
邢台制药厂搬迁	3000	2003
顺德农机小区	2200	2003
本田汽车销售中心	2000	2003
吉泰特钢技改项目	5200	2003
金缘小区	7000	2004
亿德隆购物广场	18000	2005
中银花园	9800	2005
金碧华府	6000	2005
华北机电销售中心	12000	2005
平安小区	9000	2005
电梯导轨	5200	2005

“十五”期间，列入市级重点项目17个，其中第三产业项目13个，第二产业项目4个。总投资9.92亿元，其中第三产业8.4亿元，第二产业1.52亿元。投资结构为15∶85（二产15%，三产85%）。

第三节　投资主体及资金来源

1981～1990年10年间，桥东区固定资产投资平均每年1200万元，投资主体比较单一，主要有区属国有、集体企业、乡、办事处及各农村集体投资，市属单位在区的项目投资。从“八五”开始，随着改革开放的深入，民营经济快速发展，投资主体呈多元化趋势，国有、集体投资比重下降。民营资金、银行贷款、省、市外引资成为固定资产投资主体。国有、集体投资减少到10%左右。特别是“九五”、“十五”期间，国有、集体资本几乎退出市场。固定资产投资完全商业化。“十五”期间，全区固定资产投资完成19.6亿元，其中地产投资5.5亿元，商业服务项目12.6亿元，工业项目5000万元，均为引资和银行贷款，只有工业项目1亿元是企业自筹资金。2006年全社会固定资产投资完成10.34亿元，投资3000万元以上的项目12个，其中建设项目投资6.73亿元，房地产开发投资3.61亿元。资金投入全部实现了民营化，运作商业化。为区域经济更快更好地发展奠定资金基础。

第四章　经济效益

1980～2006年，桥东区行政区划发生2次变化。1988年，邢台市撤销郊区，原郊区所辖大梁庄乡和东郭村乡划归桥东区管理，新增面积11平方公里，农业人口3万人；1999年大梁庄乡的5个自然农村划归邢台市高开区，至此，桥东区总面积为33.87平方公里，人口23万。2006年国内生产总值完成267950万元，财政收入实现11499万元，分别比1981年增长（1981年完成1672万元）16倍和（1981年完成663万元）15.7倍。

第一节　生产力水平

桥东区在邢台市3个市辖区内面积最小人口密度最大，人口23万，人口密度为每平方公里6790人。占地总面积33.87平方公里，排列第三位。农村人均耕地0.4亩。2006年全区拥有企业300家，其中区属规模以上工业企业8家，规模以下各类经济成分企业292家；有建筑企业12家；商贸流通、饮食服务企业（摊点）5000家（个）。其中：星级以上宾馆5家，成规模宾馆66家；限额以上批零商贸企业11家。金融机构11家，其中银行6家、保险企业4家、证券业1家。

劳动力分布　1981年全区三次产业劳动力总量为8700人，其中第一产业3660人，第二、第三产业5040人；1988年行政区划增加两个乡，全区三次产业劳动力增至37000多人。其中第一产业19980人，第二产业9214人，第三产业8100人。之后，第一产业处于缓慢发展状态，第二、第三产业高速发展，劳动力大量流入第二、第三产业，第一产业劳动力下降60%以上。2006年，全区三次产业劳动力总量为41872人，其中第一产业7169人，第二产业9703人，第三产业25000人。劳动力流向顺序为第三、第二、第一产业。

劳动力的文化技术素质　1981年企业工程技术人员只占职工总数的5%，企业职工中文盲占8%左右。1990～2000年的10年间，大专及以上和中专（高中）人员，增长2倍，初中基本持平，小学文化人员减少了15.8%。到2006年，企业高中等以上工程技术人员占职工总数比例达25%，文盲职工不到2%。劳动力的文化技术素质显著提高。

1990 年与 2000 年桥东区劳动力素质对照表

单位：人

年　度	大　专	中专（高中）	初　中	小　学
1990	8259	34321	63867	44215
2000	18996	60393	79158	34638

第二节　综合效益

1981 年，全区工业企业实现利税 24.8 万元，商贸服务业利税 21.52 万元。

1985 年，全区工业企业实现利税 262.7 万元，商贸服务业实现利税 145.44 万元，分别比 1981 年增长 611.92% 和 1051%。

1990 年，全区工业企业全部利税 651.5 万元，商贸服务业实现利税 554.27 万元，分别比 1985 年增长 262.2% 和 281.1%。

1995 年，全区工业企业实现利税 3156 万元；商贸服务业基本持平，建筑装饰业实现利税 77 万元，工业利税和建筑业利税分别比 1990 年增长 231.690% 和 255%。

2000 年，全区工业企业实现利税 5339.6 万元，比 1995 年增长 69.19%，第三产业实现利税 11265.7 万元，首次超过亿元大关。

2006 年，全区工业企业实现利税 5688.3 万元，第三产业实现利税 44017.8 万元，分别比 2000 年增长 6.5% 和 290.72%。

从 1990 年至 2006 年的区域经济运行情况看，有四个特点：一是农业逐年下降；二是 1990 年以前属于稳步发展打基础阶段；三是从 1991 年开始经济开始高效运转，速度和效益年增幅度在 50% 左右；四是 2000～2006 年间工业稳步提高，三产快速发展。

第三节　农副产品生产

桥东区农副产品主要包括农业种植经济作物，蔬菜和畜牧业。1988 年以前，辖区主要是城中村，粮食种植较少，以蔬菜为主，年产蔬菜 3 万公斤，从 1988 年两个乡划归桥东区后，蔬菜年产量增至 7.3 万公斤。到 2006 年蔬菜产量为 5.8 万公斤，但蔬菜品种质量提高，多为大棚温室菜，传统菜已停种，产量虽然降低了，效益却增加了。1989 年始，牲畜业发展很快，到 2006 年肉类产量达 618 吨，其中猪肉 515 吨、牛肉 20 吨、羊肉 8 吨、禽肉 75 吨，鲜蛋产量 478 吨，奶类产量 501 吨，鱼类达 40 万尾。

第九编 对区外开放

桥东区的对区外开放工作是随着国家改革开放步伐而不断深入的。1993 年以前是半开放阶段，对区外开放工作主要以企业为主体，要求企业要解放思想，转变观念，走出邢台，到外地寻求合作伙伴，找新产品、新技术，鼓励企业广泛开展技术、人才、资金等领域的合作，借助外力促进自己的发展。对外开放工作由区经计委技术协作办公室负责，主要任务是帮助企业牵线架桥，积极向企业推荐新产品、新技术、新成果。政府职能部门多是提供各种服务。1993 年开始，随着国家、省、市对外改革开放工作的力度加大，区政府将对外开放，招商引资作为发展区域经济的重头戏，专门成立了区政府对外开放办公室，全面负责对区外开放和招商引资优惠政策，并制定了招商引资考核办法，实行了项目建设责任制。1996 年根据对区外开放工作的需要，区委、区政府决定成立招商局，配备精兵强将，大规模地开展了多种形式的招商引资活动，并取得了很好效果。1996～2006 年，区委、区政府 3 次出台招商引资优惠政策，发动全区实施全民招商，到 2006 年底，全区累计引进各类项目 209 个，引进外资 4596.8 万美元，引进国内市外资金 20.9 亿元，其中省外资金 14.4 亿元，引进技术 205 项，人才 1697 名。

第一章　优惠政策

1996 年初，桥东区出台了《对外开放招商引资的若干规定》，这个规定首次推出招商引资、引企的优惠政策和奖励政策，提出全区动员、全民招商的口号，为“九五”期间桥东区开放工作上台阶奠定了基础，进一步增强了全区人民的开放意识和招商意识，有力地促进了桥东区经济的发展。1996 年 7 月，区委、区政府又下发了《关于进一步加大对外开放力度的意见》，该意见第一次提出建立招商引资责任制，加大招商引资考核力度，对今后一个时期全区开放工作做了明确要求。

1999 年 8 月 18 日，为进一步加大招商引资力度和对有功人员的奖励力度，区委、区政府出台了《关于优惠外来投资和奖励投资建业及招商引资有功人员的若干规定》，进一步明确在桥东区投资建业的国内外客商、专业技术人员或为桥东区引进资金、技术、设备、人才、品牌、管理方式及经验等生产要素的有功人员，除享有省、市规定的优惠政策外，还享有桥东区更多的优惠政策。

第一节 土地使用

根据《河北省城镇国有土地使用权出让和实施办法》等有关规定，内外商投资者可在桥东区范围内依法取得土地使用权，进行土地开发、利用和经营。投资者依法取得土地使用权后，其使用权在使用年限内可以依法转让、赠与和交换；可以用作向银行和其他金融机构的贷款抵押及其它债务抵押；可以将土地使用连同地上建筑物及其它附着物租赁给承租人使用，收取租金。

土地使用权转让的最高年限为：公寓、住宅用地 70 年；工业、交通、教育、科技、文化、卫生、体育及综合用地 50 年；商业、旅游、娱乐用地 40 年。

内外商投资企业，我方股本金可以用原企业场地折价入股。原企业是划拨土地使用权的，在补办手续后，按评估价的 40% 补缴出让金；内外商投资者采用租赁方式用地兴办学校、体育场馆、图书馆等公益事业，租金可按核定标准的 40% 收取。

内外商投资高新技术建设项目和市级（含市级）以上重点项目，土地出让金按最低标准收取，免缴土地使用金；内外商投资企业凡当年考核为产品出口企业的，免缴土地使用金；内外商投资企业因不可抗力或其它特殊情况确实无法缴纳土地使用金的，经区政府批准，可在一定期限内免缴。

鼓励内外商采用租赁、承包、收益分成或其他方式投资整治、开发闲置土地和植树造林，合同期在 50 年以上，见效前可无偿使用。

第二节 税收与收费

内外商投资现代农业、创汇农业和农业产业化龙头项目，以及环保、能源、交通、市政公用设施等基础建设项目，桥东区支持发展的支柱产业项目和高新技术产业项目，以及符合国家产业政策，内商在注册资本中注入 500 万元或外商注入 50 万美元以上的较大项目，建成后从企业获利年度起（嫁改、兼并、参股、收购、重组现有企业的，按新增所得税计算），企业上缴的所得税（企业所得税、地方所得税）由财政列收列支，第 1 年至第 5 年全额返还，第 6 年至第 10 年减半返还。

对内外商投资的信息产业、生物工程和新材料技术领域等高新技术项目，除享受上述优惠外，增值税的地方分成部分（嫁改、兼并、参股、收购、重组现有企业的，按新增所得税计算），按年销售额由同级财政实行增值税返还，年销售额在 1000 万元至 2000 万元的，5 年内按 50% 返还企业；2000 万元以上的，5 年内按 80% 返还。

对到桥东区从事高新技术开发和转让的单位或个人，其技术和培训所得，年净收入在 30 万元以下的，经税务机关批准，免征营业税和所得税。

对内外商投资、区旧城改造，免收市政公用设施配套费、小区综合开发费、人防费、粉煤灰综合利用费、墙体材料革新和建筑节能费、文物勘探费、土地出让业务费；减半征收房屋交易服务费、房屋所有权登记费和土地评估费。

外商在区所办企业，当年安置城镇户籍的下岗、待业人员超过企业从业人员总数的 50%，并签订劳动合同两年（含两年）以上的，经劳动部门确认、税务部门批准，免征营业税和所得税 3 年。免税期满后，当年新安置城镇户籍的下岗、待业人员占企业原从业人员总数 30% 以上的，经劳动部门确认、税务部门批准，减半征收营业税、所得税 2 年。外商投资企业参照上述规定执行。

第三节　人才引进

一、鼓励人才引进

研究生、博士后研究生和高级专业技术人员进入党政机关、科研事业单位可不受编制限制，并及时追加编制、劳动工资计划、专业技术职务指标（该项只适用于国内人才）。

大力提倡直接服务于新建、技改项目和为实现革新技术效益目标进行的以聘用、借用、技术协作、对口支援等形式的智力引进。智力引进不受学历、年龄限制，凡有一技之长的能工巧匠，企业需要的，均可积极引进。

自愿调入区属集体企业、街道企业和乡镇企业工作的专业技术人才，工资关系、行政关系可以落在区人事劳动局。遇有全局企业调资时，按政策规定为其调整档案工资。实际执行工资，可不受工资级别的限制，上浮一至数级工资，三年后经考核，能胜任本职工作的，固定一级并继续执行浮动级。如果因企业倒闭、转产等特殊原因，不能继续在上述单位工作时，可由主管部门和人事部门共同负责，另行安排工作。

二、对人才的奖励

到桥东区创办、领办企业的厂长、经理，不分企业性质，年上缴税金 20 万元以上的，可安排一名子女到自收自支企业单位就业；如果有大中专以上学历干部身份，其子女可安排到区直机关进入预备公务员序列。

受聘到桥东区对口支援、技术服务、承包技术项目和转让先进技术的专业技术人员，使企业年新增税金 10 万元以下的，区财政按 5% 给予一次性奖励。

区内企业年上缴税金连续 3 年超过 20 万元，其法人代表经批准可挂职科级职务。

不论以任何形式到桥东区工作的人才，凡做出突出贡献者，可获区长奖，并向市政府申报市长奖。同时按获利后一周年纯收益总额的 5% ~10% 给予一次性奖励。如住房有困难，由受益单位予以解决；其本人或其家属（配偶及子女）户口在农村的，根据本人贡献大小，经区政府批准可以依次逐步协助解决 1 ~2 人“农转非”户口。

所谓突出贡献者指具备下列情况之一者：

在 1 ~2 年内能使其负责的企业管理水平提高两个档次者；

在其指导或支持下，开发的新产品被评为省优、部优者；

连续两年为企业创利税平均 30 万元以上者；

使亏损企业扭亏为盈，并确有稳定的保驾产品或过硬措施者；

连续 3 年使其负责的单位经济效益（产值、利税）增长 40% 以上者，农、林、果、牧等产业连续 3 年平均增长 3 成以上者；

以老企业改造、新项目建设、农业开发方面，被有关部门公认成绩突出者。

凡是辞职、辞退、自动离职后到桥东区领办企业，且年上缴税金 50 万元以上的国内人才，区人才交流中心负责为其组档，接续工龄，按调入人员待遇。是干部身份的可恢复，根据国家规定补交社会统筹保险金后，直至退休，享受国家政策规定的待遇。

民营、私营、个体经营者以及联合经营体的厂长、经理，向桥东区上缴税金 5 万元以上的，区人事劳动局负责为其招转为正式职工，按规定交纳社会统筹保险金，享受国家正式职工待遇。

机关事业单位学非用人员，自愿发挥一技之长，领办、创办企业，一年上缴税金 2 万元的，保留工资3年；年上缴税金5万元的，可保留工资5年；年上缴税金连续三年以上超10万元的，可长期保留工资并可安排一名子女进入区财政开支单位工作。

第四节　引荐者的奖励

一、引荐资金

引荐内外商在桥东区直接投资的（含嫁改、收购、兼并、参股、重组、租赁我方企业的投入），可按外方投资额的1%～2.5%提取奖金。

引荐国内外无偿资金和内外商捐赠的，按引进、捐赠资金额或捐赠物资价值的10%～20%给予奖励。

引荐外国政府、金融机构和经济组织的无息借款，使用期在1年以上，按使用的5%～10%提取奖金。

引荐外国政府、金融机构和经济组织贷款，利息低于国家银行基准利率，使用期1年以上的，按使用额的1%～2%提取奖金；利息等于或高于国家银行基准利率的，按0.5%～1.5%提取奖金。对需有关单位和企业提供担保的，所得奖金与担保单位按6∶4分成（引荐方得60%，担保方得40%）。

引荐国内市外资金（不含上级银行和部门计划下拨部分）；引荐无息借款，使用期在1年以上，按使用额的5%～8%提取奖金；引荐各种贷款，利息低于国家基准利率，使用期1年以上的，按使用额的0.5%～1.5%提取奖金；利息高于或等于国家银行基准利率，使用期1年以上的，按使用额的0.4%～1.3%提取奖金。需要担保的，所得奖金与担保单位6∶4分成（引荐方得60%，担保方得40%）。

二、引荐项目

引荐“三来一补”项目的，分别按1年实行工缴费的1%或合同补偿金额的3‰奖励。引荐对外承包工程者，承包额在500万美元以下的，按3‰奖励；承包额在500万美元至1000万美元的，其超过500万美元部分，按4‰奖励；承包额在1000万元以上的，其超过1000万美元部分按5‰奖励。引荐向境外输出劳务，合同期在1年以上者，每输出1名劳务人员奖励1000元。

为企业引荐关键技术并开发出国家级新产品，按该产品投产后前3年年均收入的1%给予引荐者奖励；开发出省级新产品，按该产品投产后前3年年均销售收入的0.5%给予引荐者奖励。为企业引荐技术，使企业能源、原材料及物料消耗明显降低，产品成本下降，按该产品投产后前2年年均降耗节能总值的4‰给予引荐者奖励。

引荐人才、品牌、管理方式及经验等生产要素，使企业产品升级、成本下降、效益增加的，按产品投产后前3年年均新增利润的4%给予引荐者奖励。

第五节　项目建设新规定

2004年5月27日，桥东区政府出台了《关于进一步强化项目建设扩大内外开放的8条新规定》。

第一条：凡在桥东区内新上项目（包括区内自上项目和招商项目，包括基建项目和技改项目，不包括房地产项目），除享受国家、省、市有关优惠政策外，还享受桥东区制订的如下优惠政策。

第二条：占地　外来投资者兴办规模性农业项目、农产品加工项目所需用地，按农业生产用地对待。内外商在桥东区投资兴建高新技术建设项目和市级以上（含市级）重点工商项目的，在征占土地时，实行一事一议、一企一策，在政策范围内实行最大优惠。对处于国内领先水平，拥有自主知识产权、具有广阔市场前景，总投资500万元以上，纳税25万元以上的项目，需要租赁区属或乡处属企业闲置厂房搞生产的，实行3～10年的零租金。

第三条：税收　区政府设立企业发展专项基金，用于桥东区投资的新项目财税优惠和奖励政策。凡在桥东区新建设资500万元以上的工业企业和1500万元以上的商贸企业，从获利年度起，企业缴纳所得税的区分享部分，第1～2年返还50%，第3～5年返还30%。对桥东区现有改制的企业，新开办的安置下岗职工达30以上的企业，新开办的从事公用、商贸、旅游、文教卫生事业的企业，经主管税务机关批准，可实行1～3年的企业所得税的减免。

第四条：规费　对所有涉及内外商投资企业的区内行政事业性收费项目（国家、省、市有明确规定除外），均按最低限征收。对重大内外商投资项目的收费，区内分离部分可进一步减、缓、免。

第五条：成果　对企业引进开发的新产品，属填补国内空白的，前三年按新产品纳税额区分享部分的100%奖励给企业；属填补省内空白的，前三年按新产品纳税额区分享部分的50%奖励给企业。获国家、省（部）、市级名牌产品的企业，一次性分别奖励企业法人代表30000元、10000元、5000元，奖金从区财政列支。

第六条：用工　凡引进到桥东区企业的全日制本科以上毕业生，在聘用期间，企业足额为其缴纳养老保险金；在其调出本区时，由劳动人事部门办理调动手续；对引进的有专业技能或特长的人才，由区人才交流中心办理定级、调整档案工资、评定职称等方面的管理和服务。自带项目到桥东区兴办企业的高级技术人才，启动资金有困难的，区政府从企业发展专项基金中给予一定数额的启动资金或协调银行贷款支持。凡外地在桥东区投资的出资者和科技人员应聘到桥东区企业工作的，可及时解决家属和子女户籍关系，其子女需要在桥东区管辖的幼儿园、学校入托上学的，给予本区居民子女同等待遇。

第七条：奖励　对在项目建设工作中做出较大成绩的单位，区委、区政府授予“项目建设先进单位”荣誉称号，一次性奖励5000～20000元；对在项目建设中做出贡献的个人，区委、区政府一次性奖励3000～10000元；对引进获全国驰名商标和中国外牌产品的企业到桥东区兴办生产性项目，一次性固定资产投资2000万～3000万元的，项目投产后对引荐者一次性奖励5万～10万元；一次性固定资产投资3000万元以上者，项目投产后对引荐者一次性奖励10万～20万元。奖金从区企业发展专项基金列支。引进区外资金（不含银行贷款），使用期一年以上的，属无息借款的，按4%提取奖金；借款利息等于或低于国家银行基准利率的，按1%提取奖金。奖金按实际到位资金由受益单位列支。

第八条：荣誉　对于当年投资（包括老企业扩规增加投资）500万元以上（商业项目投资1500万元以上，不包括城建项目）或新企业（包括扩产扩规）增加纳税25万元以上企业的法人代表，授予“优秀企业家”荣誉称号。凡获得“优秀企业家”荣誉称号者，符合干部条件的，参照副科级干部工资待遇转财政开支；不符合干部条件的，区财政全额为其缴纳养老保险金；遇有行政机关、事业单位招录国家公务员或聘用工作人员时，对其具有全日制大中专学历的子女同等条件下优先录用。对当年投资（包括老企业扩规增加投资）1000万元（商贸企业3000万元）以上或新企业（包括扩产扩规）增加纳税50万元以上的企业的法人代表，授予“明星企业家”荣誉称号。凡获得“明星企业家”荣誉称号者，符合干部条件的，参照正科级干部工资待遇转财政开支；不符合干部条件的，区财政全额为其缴纳养老保险金；安排1名法人代表的具有全日制大中专学历的子女到全额拨款事业单位工作，工资纳入区财政开支。对当年投资2000万元（商贸企业6000万元）以上（包括老企业扩规增加投资）或新企业（包括扩产扩规）增加纳税100万元以上企业的法人代表，授予“功臣企业家”荣誉称号。凡获得“功臣企业家”荣誉称号者，聘为区政府经济顾问，符合干部条件的，参照副县级干部工资待遇转区财政开支；不符合干部条件的，区财政全额为其缴纳养老保险金；安排1名法人代表的具有全日制大中专学历的子女或亲属到全额拨款事业单位工作，工资纳入区财政开支。新上企业正常经营纳税5年以上者，个人受奖经济待遇终身化。

第二章　招商引资

为进一步宣传桥东区优势，实现规范招商，科学高效招商，桥东区先后编印了《邢台市桥东区招商项目介绍》，详尽地介绍了桥东区交通、资源、能源、水电、优惠政策等软、硬件情况。2003年，桥东区建立了政府网，开通了桥东区招商网页，用现代化的通信手段对桥东区的投资环境进行了充分的宣传。

第一节　招商活动

1995年5月18～23日，区长率团参加了河北省对外经济合作洽谈会，共签订合作协议5项，外资项目1个；9月8～13日，主管副区长率团参加了“9·8”福建投资贸易洽谈会，参会期间，拜访了该区友好单位厦门市开元区，并与开元区领导共同探讨了关于进一步加强两区合作事宜，结交了一批新的国内外客商，签订了4项合作协议。10月28～31日，主管副区长率团参加了河北省第五届中国吴桥杂技艺术节经济技术合作洽谈会，完成经济项目8个，技术项目8个，引进资金450万元，引进人才22人。

1996年5月18～23日，组织32家企业参加“洽谈会和河北省第十届技术展览会”，正式签订合同2个。10月22～24日，组织参加邢台市（北京）经济技术洽谈会，会上签订外资项目合同1个，合同利用外资260万美元；签订国内经济技术协作项目合同2项，引进国内资金430万元；签订三资项目协议，引进外资70万美元。

1997年，参加了新加坡以及中国香港、天津、厦门等地举行的6次经济技术合作洽谈会、项目发布会，签订经济技术合同2个。

1998年，参加了进京敲门招商会、“5·18”洽谈会、香港会、广州会、厦门会等大型招商活动，在会上新结识客商60家，发放宣传资料200多份。

1999年，市委、市政府召开20万人参加的项目建设、招商引资动员大会后，桥东区连续召开了五套班子联席会、党政班子联席会进行传达贯彻，同时召开了桥东项目建设和招商引资千人动员大会，会上出台了《关于全面推进内外开放加快招商引资步伐的决定》等8个专件，进一步把全区思想统一到强化招商引资上来。建立了例会制度和收取开放保证金制度。组织参加了邢台市百日招商活动，这是邢台市有史以来，组织时间最长、洽谈会最多的综合活动，桥东区在此次活动中充分宣传了桥东。为拓宽招商渠道，在“5·18”会上，桥东区聘请了省委统战部焦登武为桥东区的招商顾问。

2000年，发挥优势，多渠道开展招商。一是以会招商，以会为媒，借会搭桥，广交朋友，积极宣传，吸纳国内外的企业进行合资合作。二是项目招商，积极谋划，对那些投资规模大、科技含量高、市场前景好、对外有吸引力的大项目、好项目精心包装。三是能人招商，充分发挥能人的才能，培养一批懂业务、懂管理、懂知识、有能力的人才。

2001年，积极参加省、市组织的招商活动，由区领导带队参会。区委书记到天津与香港迅捷置业有限公司会谈，最终促成了该项目落户桥东。在“5·18”经贸洽谈会和吴桥杂技节洽谈会上，区政府主要领导参会，汽车尾气项目、稀土合资项目顺利落户到区。

2002 年，组织参加了河北省（香港）经贸洽谈会、“9·8”厦门经贸洽谈会，在“5·18”河北省经贸洽谈会上，签订了东方家园建筑装饰材料广场项目，总投资 2000 万元。

2003 年，桥东区组织谋划了“百日招商”活动。参加了“9·8”厦门招商洽谈会，成功签约 3 项。参加邢台市经贸洽谈会、清河洽谈会，组织十几家企业参展，展现了该区经济发展的新成就，为企业搭建了产品销售、招商引资、银企对接的平台。参加省经贸洽谈会，会上正式签约项目 3 项，组织企业进京上门招商。香港投资贸易有限公司与邢台市顺鑫建安有限公司从桥东区东牛角社区旧城改造项目为依托，合资组建了邢台鸿图房地产开发有限公司，该项目总投资 200 万美元，注册 150 万美元。

2004 年，为积极做好项目对外发布工作，按照国际惯例，该区编写了招商项目单子 24 项，建立了桥东区招商引资库及客商联系台账，形成了与项目库相对应的客户源库，并充分利用各种载体对外发布项目，收到了良好的效果。全区共接待考察、洽谈的外商六批 20 人次，国内客商 40 余人。区委书记带队参加邢台市（上海）经贸洽谈会，发布项目 24 项，引进了杭州华丽化工有限公司在该区大梁庄建厂，总投资 300 万元。

同年，由区长带队分别在江、浙、沪开展经贸洽谈工作，发布项目 24 项，签订了开发北郭庄城中村项目合同，项目总投资 1.1 亿元。

2005 年是全市项目建设年，桥东区坚持实施开放兴区战略方针，打造没有围墙的桥东新格局，针对不同对象，采取多种形式招商，在日本、韩国的招商实行以外引外招商，在江浙招商借助商会平台实行民间招商，赴厦门招商实行走访客商招商，在深圳招商采取观摩与推介相结合的定向招商。

2006 年，精心谋划，组织了三方面的招商活动。一是资产招商。重点面向江浙沪招商引资，由于该地区成本增加、劳动力不足、电力供应资源紧张等原因，不少企业北移搬迁。为此，桥东区以资产招商为手段，通过常熟、昆山的台商投资协会及各地的行业协会为纽带，重点开展招商活动，引进一批区内能放得下、摆得开的城市型企业，加快区产业结构调整。二是市场招商。以福建、石狮、广东、深圳、珠海等地为主，组织区内各市场招商部人员与当地服装、饰品等企业对接，引进商户、引进品牌。三是走出去招商，面向京津地区招商引资。到国家部委、行业协会了解最新行业动态，并为企业争取资金。2006 年，光源太阳能公司争取科技资金 100 万元。同年，由副区长带队，商务局参加，组织部分企业赴江苏与常熟台湾同胞投资企业协会接触，宣传投资环境，吸引台商投资。发布项目 21 项，台商对该区的资产招商项目产生了浓厚的兴趣，尤其是台商李克振对区内国有资产、集体企业表示了很高的投资热情。这次活动，引进 20 多个进区布点的专卖品牌，使亿德隆服装城顺利开业。

第二节　引资重点项目

1996 年，西大街办事处与北京亨通技术开发公司、冀南绿色植物发展公司三方合作成立邢台亨瑞德有限公司，生产胶合板和新型建材，总投资 580 万元；天龙农场与中国农科院合作建立中国特种养殖示范基地，总投资 150 万元。

1997 年，南康庄人参果种植场，路家园汽修厂和天津华丽汽修有限公司合资项目，向阳服装厂与匈牙利合资项目。

1998 年，五一轧钢厂与省煤炭地质局合资生产桥梁用异型钢；皂粉厂与天津日用化学品厂合作；冶金轧辊厂吸引台商投资并引进冶金部先进技术。

1999 年，万顺果汁项目开业投产；楼下道与市三院、北京联合组建脑系专科医院，项目总投资

600 万元。

2000 年，绿洲花卉市场、胡庄市场、中兴东路建材市场、金马五金城建成并投入使用，洁净煤项目、石膏矿、大地木业投产，新世纪广场超市开业。

2001 年，香港新天地房地产开发公司投资建设西大街开发项目、邢台长途客运站新站建设项目，年内完成了 2 个项目的拆迁工作；邢台市顺德房地产开发公司投资 7600 万元开发港龙商城项目。

2002 年，鸿昌实业公司与英国威邦集团的合资兴建河北威邦稀土材料有限公司。香港新天地房地产公司在邢台长途客运站新站建设中承担居民回迁项目。北京信宏工贸公司投资兴建东方家园建筑装饰材料广场项目。邢台冷暖工程技术中心与香港大威有限公司的合作进一步扩大了规模。特种冶金轧辊厂与台湾北兆实业有限公司成立邢台华源冶金轧辊有限公司，注册 128 万元，台商占 51%。

2003 年，财富广场与石家庄东购集团正式签约，广场建成后全方位采用石家庄管理模式进行管理，以双方组建的合资企业为主体进行经营。东方家园建筑装饰材料广场与北京四通建筑公司签订合资协议开始二期工程的建设，该项目为高标准建筑装饰广场。引进石家庄富兴房地产开发公司对兴合市场实施改造，总投资近 2 亿元。

2004 年，香港大通投资贸易有限公司与邢台顺鑫建安有限公司合资组建邢台鸿图地产开发有限公司，总投资 200 万美元，合同利用港商资金 105 万美元。香港五洲投资有限公独资成立河北五洲房地产开发有限公司，注册资金 1400 万元。水晶宫休闲广场，由英属维京群岛 DRAGONVIEW 投资公司与邢台德杰商贸有限公司合资举办，总投资 750 万元，合同利用外资 100 万美元。天成花园小区，由外商投资企业——邢台意都房地产开发有限公司与邢台市西大寺房屋改造有限公司合作开发，投资 4.6 亿元。河北嘉昌房地产开发公司投资 1.75 亿元开发建设西大街小区项目。

2005 年，合资企业邢台水晶宫休闲广场，外商投资 18 万美元。引进贵州巨龙实业有限公司整体搬迁，成立邢台盛大五金厂，选址在原东关纺织厂，项目投资 400 万元。城宏花园小区项目，位于原邢台市长途汽车站，项目投资 1 亿元，占地 65 亩，建设 13 栋住宅楼和商务楼。

2006 年，中北集团与香港康年国际酒店管理公司共同对物资大厦进行投资管理，建设四星级酒店，总投资 6000 万元。河北富兴房地产开发公司建设亿德隆购物休闲广场项目，一、二期工程顺利完工，累计投入 2.5 亿元，已顺利投入运营，建成市、区最大的商业步行街。城宏房地产开发有限公司的中央名城建设进展顺利，累计完成投资近 1 亿元。河北嘉昌房地产开发公司投资 4000 万元，建设西大街西口小吃城项目。山东平原县华德新型建材有限公司投资兴建的矿渣微粉项目，投资 2600 万元。光源太阳能利用省发改委产业化贴息贷款项目 100 万元资金全部到位。苏宁电器连锁公司、新凯龙家具广场相继落户桥东。

第三章　对区外贸易

1980 年，桥东区政府设商业局，主要负责国内商贸流通工作，对外经济贸易是个空白。中共十一届三中全会后，中央提出“改革、开放、搞活”政策，大力倡导发展外向型经济，桥东区人民政府为推动区域经济向外向型经济发展，决定成立桥东区对外经济贸易机构。1983 年桥东区人民政府批准成立了桥东区农产品收购站，主要负责农副产品购销工作；1984 年 8 月根据工作需要，更名为“邢台市桥东区农副水产品公司”；1986 年又更名为“邢台市农产品出口公司”；1987 年 9 月 15 日，桥东区人民政府批准更名为邢台市桥东区对外经济贸易公司；根据公司发展形势，为强化政府的领导，保证外贸经济健康发展，1989 年 3 月 14 日，桥东区人民政府决定成立邢台市桥东区对外经济贸易局，局长兼邢台市桥东区对外经济贸易公司经理，实行一套人马两块牌子的管理体制。为适应市场经济的要求，进一步深化企业改革，建立权责分明、政企分开、管理科学的现代企业制度，1994 年公司实行改制，将公司划一为四，1 个总公司下设 3 个分公司，桥东区对外经济贸易公司更名为邢台市东信外贸有限公司，下设 3 个分公司，即华星公司、华通公司、瑶光公司。

第一节　对区外经营贸易活动

桥东区对区外经济贸易经营活动主要分为两大块业务，一是对外出口贸易，二是国内货源基地。经营原则是外贸为龙头，内贸为基础。宗旨是“多出口、多创汇，扩大商品交流，发展空间经济”。出口贸易以河北口岸为主，另开辟了天津、北京、山东、上海、广州等口岸出口业务；内贸主要建立了黑龙江、辽宁、广州、四川等 6 个省市购货基地。

出口贸易经营的商品，主要包括两大类，即粮油食品类和土特产品类。

内贸商品主要有 4 类：畜产品类、五金矿产类、工艺品类、纺织品类。

1986～1996 年桥东区对外经营贸易活动中，1986 年创汇 63 万美元；1989 年达最高水平，创汇 104.4 万美元；之后，逐年下滑，1996 年仅创汇 5.2 万美元。1997 年东南亚经济危机爆发，外贸业务基本停止。

第二节　基地建设与销售

桥东区对外经济贸易实行“产加销”一条龙经营模式，外有销售渠道，内有生产加工基地，不但保证了商品质量、数量，还致富了一方百姓。

一、出口商品基地

土特产类　有邢台县、内丘县西部山区两个基地，主要生产柿干、核桃。隆尧县是辣椒生产基地。

粮油食品类　河南省原阳县、开封通许县，主要生产优质花生果和花生米。黑豆、油菜籽生产基地主要在邢台地区各县。大蒜生产基地，主要在山东省的聊城，金乡、鱼台镇等。

二、商品外销

花生果、花生米　主要销往日本、前苏联。

大蒜　主要销往美国、日本、加拿大、新加坡、马来西亚等。

柿干　主要销往日本。

核桃　主要销往法国。

辣椒　主要销往斯里兰卡。

黄豆、黑豆　主要销往朝鲜。

第三节　管理机构

1983 年成立的农产品收购站，1984 年更名为农副水产品公司后，人员增至 17 人，成立了业务科，业务科内设内贸、外贸、财务、生产 4 个组。1985 年根据经营需要设置一室三科，即：办公室、业务科、财务科、生产科。1989年成立邢台市桥东区对外经济贸易局。机构日渐完善，设置科室12个，即：办公室、财务科、仓库科、粮油科、饲料科、果菜科、工业科、保卫科、生产科、商检科、劳资科、工会。

第四章　对区外经济技术合作

桥东区对外经济技术合作主要包括两方面：一是引先进设备和先进技术，二是兴办区外资本企业。大规模、全方位、多形式的开展对区外经济技术合作工作始于1995年，到2006年底全区共引进设备、技术项目198个，兴办区外资本企业24个，为提升桥东经济运行质量，增强区域经济发展后劲起到了重要作用。

第一节　引进设备技术

1995年，从邢台市化工局引进技术人才，使桥东区肥皂粉厂实施技改、扩大生产规模。

1996年，邢台市第二钢铁厂与北京科技大学合作开发特种金属陶瓷辊环生产项目。节水管道厂与内蒙古赤峰日月有限公司合作节水双壁软管生产技术项目。

1997年，引进技术8项。主要有西大街大理石厂通过与客商协作，引进了新技术，生产出新品种，产品轰动了邢台市场。

1998年，引进技术10项。1998年8月，姬丽皂粉项目被国家知识产权局认定为全国促进专利产品技术产业化示范工项目，引进天津方资金200万元，促进了项目的发展；冶金轧辊厂吸引台商张豫杰投资66万美元，从冶金部研究院引进了复合轧辊生产技术、陶瓷辊生产技术，使企业的轧辊生产技术位于国际先进、国内领先水平。

1999年，引进技术13项。主要有稀土材料厂与上海起帆科技实业有限公司合作扩建稀土材料生产线，引进投资750万元，提高了企业的技术含量，增加了产品产量。

2000年，引进技术12项。主要有与省环保局签订的洁净煤环保项目。

2001年，引进技术16项。主要有邢台市蓝宇环保设备有限公司与中科院生态环境研究中心联营，开发生产汽车尾气三元催化净化项目，总投资2000万元。

2002年，引进技术18项。主要有鸿昌实业公司与英国威邦集团合资兴建的河北威邦稀土材料有限公司已投产；邢台冷暖工程技术中心与香港大威有限公司合作，进一步扩大合资规模。

2003年，引进技术24项。廊坊会议期间，组织企业到北京，与国家发展改革委员会中小企业司、非国有经济处的工作人员见面，介绍桥东区情况，并选项目争取科学技术和资金的支持，积极推进该区的商贸、科技、医疗、教育、劳动和中介服务等领域的对外开放力度。以破产企业和处于竞争劣势企业的场地、厂房、设备为载体，积极吸引外地资金、技术、人才、产品等要素对企业进行嫁接。桥东区自行车零件厂、家具五金厂与韩国联合生产家具配件项目，投资100万美元。阿胶厂与深圳万基制药有限公司达成了合作事项。

2004年，引进技术29项。主要有上海复星集团向河北国金药业有限公司投资入股进一步扩大企业生产规模；马来西亚国际联合投资有限公司主动与吉泰特钢联系，投资4亿元人民币用于扩大规模生产。

2005年，引进技术34项。主要有河北国金药业有限公司引进4项专利技术，产品实现了升级换代；邢台华龙机械公司引进先进的节能电解电极生产技术，填补国家空白；桥东铁路配件厂，通过技术协作，引进铁路道岔系列产品，提高了经济效益，企业引进技术人员30余人。

2006年，引进技术31项。主要有光源太阳能公司争取科技发展资金100万元。

第二节　区外资本企业

1994年，注册三资企业4家：邢台天龙人造板有限公司、邢台联成木制品有限公司、国邦（邢台）食品有限公司、星厦（河北）装饰有限公司。

1995年，注册外资企业1家：邢台海光精炼化工有限公司。

1996年，注册外资企业5家：邢台东方建筑陶瓷有限公司、邢台旭东彩印有限公司、百盛园（邢台）食品有限公司、徕希达（邢台）童车制造有限公司、邢台信达糖业有限公司。

1997年，注册三资企业3家：贤达（邢台）土特产品有限公司、邢台合意包装制品公司、邢台金鑫房地产开发有限公司。

1998年，注册三资企业3家：邢台市智龙房地产开发有限公司，由邢台市巨人建筑工程公司与香港祥盛投资有限公司合资，总投资373万美元，港商投资150万美元，对枫林小区及襄东市场进行开发；邢台市忠义圣诞红花卉培育场，由台湾毛永泰独资25万美元建设；邢台丽苑饭店，由邢台市广顺贸易有限公司与香港杜萍女士合资举办，项目内容为酒店经营管理及培训，总投资316.3万美元，注册210万美元，港商以技术入股。

1999年，美国广德国际有限公司独资建立百信（邢台）电子有限公司和百信（邢台）木业有限公司2个项目，总投资400.5万美元。

2000年，注册三资企业3家：河北佳通日清食品有限公司，由新加坡佳辉私人投资有限公司独资，注册20万美元；温氏（邢台）纺织有限公司，由香港温氏集团独资成立，生产销售色织布系列产品，项目总投资84.7万美元，注册60.5万美元；佳味士乳制品项目，由美国正厚国际投资公司与邢台市保鲜中心合资兴建，总投资390万元，注册260万元。

2001年，注册外资企业4家：顺捷房地产开发公司，由邢台市顺德房地产开发公司与香港迅捷置业公司合资兴建，拟开发港都商城，总投资7600万元人民币；由香港友联集体独资兴建的汽车记录仪项目，总投资120万美元；新天地房地产开发有限公司，由香港新天地公司独资兴建；河北威邦新材料有限公司，由鸿昌实业公司与香港威邦集团公司合资兴建，总投资1200万元人民币，港商投资420万元人民币。

2003年，成立河北五洲房地产开发有限公司，由香港五洲（国际）投资有限公司独资设立，总投资169万美元，注册资金1400万元人民币。

2004年，成立邢台意都房地产开发有限公司，由意大利胡允国、胡立定与上海泰安货运代理有限公司合资成立，总投资1400万元人民币，注册1000万元人民币。

2005年，成立邢台水晶宫休闲广场有限公司，由英属DRAGONVIEW投资公司与邢台德杰商贸有限公司合资举办。

第三节　对区外经济协作

1995年，桥东区采取会议收集、民间提供、慕名寻找等形式多次与市政府、驻沪、驻京、驻石涉外机构联系，与大专院校、科研院所联系，建立了项目库，共收编项目500多个。与国家计委信息中心微机联网，建立了信息库，传递信息1000多条。与邢钢、冶金等大型企业工会组织建立了人才库，入册人员300多名。

1996年，邢台德普厚精工技术研究所与德国曼内斯曼公司共同合作冷水式离心铸管摸修技术。

1997年，桥东区与京、津40家大专院校、科研院所建立长期协作关系，通过联系获得了一批投资小、见效快、有市场的项目和新科技成果。其中主要项目有，桥东区姬丽皂粉厂与天津日用化学品厂合作，引进天津方技术和资金200万元，促进皂粉项目有了更大进展。

1999年，稀土材料厂引进上海起帆科技实业有限公司750万元，进行合作经营。

2002年，东方家园建筑装饰材料广场由北京信宏工贸公司投资兴建；邢台长途客运站新站建设的居民回迁项目是由香港新天地房地产公司承建。

2003年，香港五洲投资有限公司独资注册资金1400万元人民币，设立了河北五洲房地产开发有限公司，参加桥东区旧城改造。

2004年，河北富兴房地产开发有限公司投资1.8亿元，开发亿德隆购物休闲广场项目；金碧华府项目由邢台万隆房地产开发公司投资6000万元建设。

2005年，北国集团投资2.5亿元参与亿德隆特色商业街三期工程开发建设。

2006年，城宏房地产开发有限公司投资近1亿元开发中央名城建设项目。

第四节　管理机构

桥东区商务局的前身是邢台市桥东区经济技术协作办公室，成立于1990年，隶属区经济计划委员会。1993年7月，经桥东区编委批准，成立桥东区人民政府对外开放办公室。1996年5月根据市委、市政府要求及桥东区党政机构改革方案精神，桥东区对外开放办公室与经济技术协作办公室合并称邢台市桥东区招商局，挂靠区政府办公室。2005年，桥东区根据中共邢台市委办公室、邢台市人民政府办公室《关于印发桥东区人民政府机构改革方案的通知》（邢办字〔2005〕58号）文件精神，成立桥东区商务局，设1个职能股（室）——综合股，行政编制4名，其中局长1名、副局长2名、股级职数1名。

第十编
财政　税务

1980～2006年，桥东区财政体制和税收制度进行了一系列重大改革，区委、区政府认真贯彻落实中央、省、市有关财税政策，坚持改革与管理并重、开源与节流并重方针，做好增收与节支相结合，确保财政收支平衡；做好监督与规范相结合，提高资金使用效益。随着，区域经济的不断发展，全区财政税收逐年增长。2006年，全区财政总收入达11499万元，其中区级收入5607万元，是1984年的15.5倍；完成国家税收67928万元，是1994年的47.8倍；完成地方税收17028万元，是1994年的19倍。

第一章　财　政

1980～1983年，桥东区财政还不是一级独立财政，只是邢台市财政局的报账单位。1984～2006年，区级财政体制不断完善，市结合桥东区经济发展现状，立足支持、发展，先后实施了四种财政体制。区财政收入完成累计81291万元，平均每年增长17%。

第一节　财政体制

1984年前，区基本上是市财政的报账单位，不是真正的一级财政。1984年，桥东区财政体制为：划分税种、核定收支、分级包干、按比例分成。分成比例一年一定，收入增长，比例加成。是年，经市对区测算规定：收入基数为241.5万元（其中工商税收为240万元，农业税收为1.5万元）；支出基数为111.1万元，留成比例为46%。支出基数内不包括市级专款会议费和公费医疗。对超过收入基数的部分，不再按留成比例计算，桥东区按40%留区，60%交市，年终一次结算。区财政体制执行一年后，又回到了市级财政报账单位。1987年，桥东区仍实行“划分税种，核定收支，分级包干”的财政体制。根据市财政局1988年7月15日下发的市财预字〔1988〕12号文件《邢台市财政局关于财政体制的通知》规定，1988～1993年，桥东区实行“收入递增包干，增长全留”的财政管理体制。其具体内容：自1988年起，将区征收的产品税、营业税、增值税的30%部分上划作为省级预算收入，70%留区；对13种小税下放作为区的固定收入；对部分专款实行下放。根据有关数字的变化调整，核定给区收入基数为3923万元；支出基数为1577万元；留成比例39.7%；上解比例为60.3%。对递增比例的确定，在1987年上解基数236.6万元的基础上，每年递增8%，至1995年上解基数为442万元，后将此作为固定上解基数。

根据邢台市人民政府颁发的《关于实行分税制财政体制的决定》，从1994年起实行分税制财政体制。明确收入范围。区级收入包括：增值税的25%、营业税、企业所得税、区属企业上交利润、除市级征收范围以外的个人所得税、城市维护建设税、城镇土地使用税的50%、资源税的50%、固定资产投资方向调节税、房产税、车船使用税、印花税、屠宰税、遗产税和赠予税、土地增值税、农业税的85%、耕地占用税的60%、农业特产税和国有土地有偿使用收入等。明确支出责任。区财政主要承担本地区政权机关运转所需经费，本地区经济、事业发展支出。具体包括：区级行政管理费、公检法支出、企业技术改造支出、科技三项费用、支农支出、城市维护支出以及区级承担的文化、教育、卫生、科学等各项事业费、价格补贴支出、其他支出。确定税收返还基数。按照1993年区实际收入以及税制改革和中央与省、省对市、市与区收入划分情况，核定1993年区上划中央、省和市的收入数额，以此作为市财政对区的税收返还基数。1994年以后，在省对邢台市增加税收返还的同时，对中央地方共享税和区级实行增量比例分成办法，市级分成40%。县（市）、区级分成60%。如果1994年以后上划中央收入、上划省级收入和上划市级收入达不到1993年基数，相应扣减税收返还基数。

根据邢政〔2002〕3号文件，2002年中央对企业所得税、个人所得税进行分享，省对增值税、营业税、企业所得税、个人所得税进行分享。分享后区级收入包括：增值税的15%、营业税的90%、企业所得税的25%、个人所得税的35%、城市维护建设税、城镇土地使用税、资源税、固定资产投资方向调节税、房产税、车船使用税、印花税、土地增值税、农业税、耕地占用税、农业特产税和国有土地有偿使用收入等。2003年以后，企业所得税、个人所得税分享比例调整为20%和30%。2002年，在对“四税”实行分享的同时，市又实行“统一征收，比例分享”的税收征管体制，即税收由市统一征收，以区2001年增值税、营业税、企业所得税、个人所得税和其他税种分别占市区相应税种的比重（增值税3.1%、营业税11.67%、企业所得税1.24%、个人所得税8.44%、其他税种7.07%）返还区。从2004年起，市对社区税收和新上项目进行奖励。核定区社区税收200万元，按其留市财力扣除区已分享部分后148万元对区进行奖励，并按此数通过结算对区补助。新上项目奖励一年一结算。

第二节　财政收入

1984年，市对区划分税种、核定收支、分级包干、按比例分成的财政体制；1985年至1986年又回到报账制；1987年实行“划分税种，核定收支，分级包干”的财政体制；1988年至1993年实行“收入递增包干，增长全留”的财政管理体制”。1984年至2006年财政收入完成81291万元，平均每年增长17%，平均每年财政收入3534万元。

1984～1993年桥东区财政收入一览表

单位：万元

项目 年度	财政收入	项目 年度	财政收入
1984	361	1987	670
1985	564	1988	907
1986	635	1989	1270

年度＼项目	财政收入	年度＼项目	财政收入
1990	1426	1992	1570
1991	1532	1993	2038

从1994年1月1日起，执行新的分税制财政体制。按照新体制规定，中央分享桥东区的增值税和消费税。从2002年1月1日起，中央、省又分享区的营业税、企业所得税和个人所得税。

1994～2006年桥东区财政收入一览表

单位：万元

年度＼项目	总收入	区级收入	年度＼项目	总收入	区级收入
1994	2539	1520	2001	4905	3268
1995	3134	1967	2002	5395	2586
1996	3414	2059	2003	5740	2755
1997	3521	2297	2004	7130	3388
1998	4282	2722	2005	9843	4645
1999	4426	2771	2006	11499	5607
2000	4490	2920			

第三节　财政支出

1984～2006年，桥东区财政支出坚持“以收定支，收支平衡，略有结余”和“把握全局、突出重点、统筹兼顾、支持改革、维护稳定、促进发展”的原则，严格执行“保工资、保运转、保稳定”的支出顺序，区财政累计支出68377万元，平均每年增长22.6%，平均每年财政支出2973万元，确保了全区公教人员工资及时足额发放、机关的正常运转和重点支出的需要，落实了社会保障以及科技、教育、农业等法定支出的需要。

1984～2006年桥东区财政支出一览表

单位：万元

年度＼项目	财政支出	其中					
		农林水事业费	教育事业费	卫生事业费	抚恤和社会保障	行政管理费	公检法司支出
1984	121						
1985	190						
1986	252						
1987	225						
1988	387						
1989	930						

年度＼项目	财政支出	其中					
		农林水事业费	教育事业费	卫生事业费	抚恤和社会保障	行政管理费	公检法司支出
1990	1011						
1991	1071						
1992	1101						
1993	1508	15	399	91	154	322	79
1994	1541	19	607	118	120	431	104
1995	1930	20	623	148	171	495	130
1996	1949	23	678	127	193	512	125
1997	2339	25	776	158	212	615	239
1998	2717	34	822	181	225	626	232
1999	2969	55	917	175	363	648	315
2000	3638	48	1099	175	535	806	381
2001	4625	78	1352	304	637	1137	455
2002	5586	152	1745	237	1173	1401	456
2003	6540	174	1781	238	1326	1625	542
2004	7234	261	2025	244	1514	2040	631
2005	9801	242	2333	361	1873	3136	869
2006	10712	487	2598	382	1857	3190	840

第四节　预算外资金

预算外资金，是指国家机关、事业单位和社会团体为履行或代行政府职能，依据国家法律、法规和具有法律效力的规章而收取、提取和安排使用的未纳入国家预算管理的各种财政性资金。其范围主要包括：法规规定的行政性收费、基金和附加收费等；国务院或省级人民政府及其财政、物价部门审批的行政事业性收费；国务院以及财政部审批建立的基金、附加收入等；主管部门从所属单位集中的上缴资金；用于乡政府开支的乡自筹和统筹资金；其它纳入预算外管理的财政性资金。

预算外资金作为财政资金的一个组成部分，也是全区财政预算的补充财力，在全区经济发展中起到了积极作用，1988 年至 2001 年，桥东区预算外资金收入由 122.5 万元增长至 927 万元，增长了 6.57 倍。2002 年开始，桥东区执行农村税费改革，取消了乡镇的“三提五统”，作为区预算外资金收入一部分的乡镇自筹、统筹资金完全取消。与此同时，国家出台政策明确规定乡、办事处不能收取企业管理费，因此作为区预算外资金收入一部分的主管部门集中收入也逐年减少。此外，随着国家对预算外资金管理的逐步规范，政府预算收支科目的不断调整，不少行政性收费项目由预算外纳入到预算内管理，形成了预算外资金收入呈逐年减少的态势，到 2006 年区预算外资金收入降至 523 万元。

1988～2006年桥东区预算外资金收支决算表

单位：万元

年度＼收支	预算外收入	预算外支出	年度＼收支	预算外收入	预算外支出
1988	122.5	121.1	1997	496	455
1989	224.2	202.1	1998	318	347
1990	252	254.4	2001	927	934
1991	264.4	257.1	2002	917	987
1992	360	366	2003	744	639
1993	200		2004	712	646
1995	599	520	2005	633	689
1996	626	549	2006	523	564

第五节 财政管理

一、综合财政管理

预算编制 桥东区综合财政预算编制严格执行了《预算法》和《行政单位财务规则》、《事业单位财务规则》以及新的预算会计制度的有关规定。

综合财政预算编制坚持了“预算内保吃饭，预算外保运转，促进事业发展”的原则。

综合财政预算收入由预算内收入和预算外收入组成。预算内各项收入剔除上解、上划上级财政或主管部门资金后，其余部分全部列作本级综合财政预算可用资金；所有预算外资金实行“收入全额上缴财政，专户存储，支出由政府统筹安排，财政按计划拨付、监督使用”的管理办法。

综合财政预算支出由预算内、外两部分组成。按照“量入为出，量财办事，保重点，压一般，全面兼顾，内外平衡”的原则安排综合财政预算支出。对各行政事业单位按照先保工资、办公和基本医疗费用，再购置、维修及其他费用的顺序安排支出。

预算执行与调整 按照1997年印发的《邢台市桥东区综合财政预算管理实施办法》规定，综合财政预算的执行由财政部门具体负责。

综合财政预算的执行。综合财政预算收入征收机关必须按照国家法律、法规的规定组织征收，并及时、足额、准确地划解预算内外各项收入。任何部门和单位都不得截留、坐支或者挪用预算内外收入。行政事业单位只能在银行开设一个“财政结算户”，不准开设收入过渡户、存折户和存单存款，严禁公款私存。其各项收费必须直接缴入区金库及财政部门开设的预算外资金收入专户。行政事业单位用综合财政预算资金进行基本建设和购置专控商品，实行“先存后批，先批后用”的管理办法，凡列入年度预算经财政部门审查同意，并取得发展改革局下达的基本建设许可证和控办发给的专控商品准购证的，由财政部门从其缴存的专项资金中按计划和工程进度拨款。

综合财政预算的调整。关于综合财政预算调整，财政部门在需要进行调整时，先编制预算调整方案，预算调整方案要报经同级政府批准，同时应将批准的调整方案报上一级财政部门备案。各部门、各单位的预算支出应当按照预算科目执行。不同预算科目间预算资金需要调剂使用的，必须按规定报经批准。

决算 综合财政决算按下列程序编制：各单位在统筹安排预算内外财力，搞好综合平衡的基础上，编制单位年度综合财政预算，经主管部门审核汇总，报财政部门核准，提交同级政府审核审批后，下达到各单位执行。每年终，由各单位编制综合财政决算草案，经财政部门审核汇总，报区政府审查批准后，由财政部门对各单位批复决算。

二、预算外资金管理

桥东区预算外资金在未纳入统一管理轨道之前，各单位预算外资金利用较为混乱，利用效益低下，浪费也较为严重。1989 年，区财政局设立综合计划科，负责全区预算外资金管理，并逐步将全区行政事业单位的预算外资金在资金所有权、收入渠道、资金性质、开支范围不变的前提下，纳入财政预算外专户储存，实行单位用款报计划，财政审批，银行监督的管理办法。1996 年上半年，根据《中共中央、国务院关于加强收费管理制止乱收费的决定》制定了《桥东区行政事业性收费管理试行办法》，并于 1996 年 8 月成立了桥东区收费管理局，以切实加强财政对收费和预算外资金的管理监督职能。同年，区重新界定了预算外资金的性质和范围，将部分政府性基金和部分行政性收费纳入了预算管理，对区属各单位的预算外资金按照“国家所有、财政管理、划分收支、比例分成”和“责权利”相统一的原则，合理确定了各单位预算外资金的收支范围和分配比例，统一规定预算外资金的减免权，确保了各项收入及时足额缴入财政专户，防止了收入流失。1997 年 3 月，编制了《邢台市桥东区综合财政预算管理办法》，在全区范围内将各单位的预算外资金同财政预算安排的预算内资金统筹使用，大大提高了资金使用效益，综合财政预算管理取得了明显成效。据统计，1993 ~ 1997 年全区利用预算外周转金 110 万元，支持企业发展项目 20 个，为桥东区的经济建设做出了很大贡献。1998 年，区财政局联同区纪委、监察局在全区印发了《关于加强预算外资金管理的暂行办法》，进一步明确了预算外资金的“收支两条线”管理要求。2000 年，随着桥东区财政集中支付制度的施行，取消了各单位的预算外资金过渡帐户，并于 2000 年底制定了《邢台市桥东区行政事业性收费和罚没收入票款分离管理试行办法》。2001 年，“票款分离、罚缴分离”的管理办法在全区范围内施行，使桥东区预算外资金管理步入规范化、法制化、科学化轨道。

三、行政事业单位财务管理

行政单位和全额事业单位的人员工资按区人事和编制部门核定的财政开支人数和执行工资标准核定；遗属补助按区人事部门核定的实际享受人数和标准核定。

行政单位和全额事业单位的公务费（包括办公费、差旅费、邮电费等）、机动车油修费、电话费实行“费用定额、经费包干、超支不补、结余留用”的管理办法。公务费每人年 200 元。区四大班子机动车油修费每车年 15000 元，纳入区机关车辆管理站统一管理；其他单位每车年 3000 元。电话费 5 人以下的单位每年 1500 元；6 ~ 10 人的单位每年 1800 元；11 人以上的单位每年 2000 元；县级领导办公室电话费每年 1500 元；区人大办公室、区政协办公室、区纪委办公室每年 2500 元；区委办公室、区政府办公室每年 3000 元。

2001 年及以前，教育事业费在保证高于财政收入幅度和教育事业正常发展的前提下，根据财政状况核定。2002 年始，按人员工资、养老金、遗属补助等项目足额核定。

对区医院（公费医院）按年 50000 元、5 所卫生院每院按年 5000 元进行定额补助。

2001 年及以前，在职人员公费医疗按县级干部每人年 1000 元、一般干部每人年 100 元以及二等乙级以上伤残军人按每人年 1000 元核定，按时间进度拨入卫生局统筹使用管理；离退休人员公费医疗按每人年 1000 元核定，按时间进度拨入老干部局统筹使用管理。2002 年始，在职人员和退休人员参加基本医疗保险。

四、农业税收收入

农业税包括农业税、农业特产税、耕地占用税和契税4个税种。农业税收由财政部门征收管理。1989～2006年，农业税收入525万元，占农业税收收入的24.3%。农业特产税到2001年，按上级要求停止征收，1989～2000年累计征收120万元，占农业税收收入的5.6%。耕地占用税收入1356万元，占农业税收收入的62.8%。契税到2001年停止征收，1989～2001年累计征收159万元，占农业税收收入的7.3%，2005年按国家规定取消了农业税等。农业税收只剩下耕地占用税一种。

1989～2006年桥东区农业税收收入完成情况表

单位：万元

项目 年度	合计		农业税		农业特产税		耕地占用税		契税	
	征收	入库	征收	入库	征收	入库	征收	入库	征收	入库
1989	100	99	15	15	1	1	79	78	5	5
1990	142	135	16	16	2	2	112	106	12	11
1991	46	45	13	13	15	14	13	13	5	5
1992	92	87	15	15	5	4	64	60	8	8
1993	139	131	17	17	6	4	112	106	4	4
1994	215	198	30	30	10	9	170	155	5	4
1995	345	315	29	29	8	7	305	276	3	3
1996	90	86	49	49	11	10	5	5	25	22
1997	185	172	47	47	12	11	112	101	14	13
1998	113	107	44	44	10	9	47	43	12	11
1999	110	103	33	33	3	3	58	53	16	14
2000	112	104	27	27	37	33	6	6	42	38
2001	124	114	24	24			92	83	8	7
2002	121	121	68	68			53	53		
2003	95	95	62	62			33	33		
2004	108	108	36	36			72	72		
2005	2	2					2	2		
2006	21	21					21	21		
合　计	2160	2043	525	525	120	107	1356	1266	159	145

农业税收入　农业税是对一切从事农业生产，有农业收益的单位和个人征收的税收。2005年前农业税是国家税收制度的重要组成部分，也是国家参与农业收入分配取得财政收入的主要手段，属于收益税。1980～1989年，桥东区只负责4个办事处和市直桥东辖区内有关单位农业税的征收，税额较小；1989年大梁庄乡、东郭村乡的农业税收划入桥东区后，农业税税额有所增加。2002年，全面实行农村税费改革，将原来向农民收取的“三提五统”取消，调整为征收农业税，农业税税额达到历史最高点的68万元。2004年，按照省、市关于调减农业税率的文件要求，在2003年的基础上调减了三个百分点，即由原来7%的税率调减为4%的税率。2005年，桥东区提前自主取消了农业税，从此结束了农民种地纳粮的历史。

税费改革　2002年，根据市统一部署，桥东区全面进行了农村税费改革，农村税费改革是继土地制度改革、农村联产承包责任制之后又一次农村经济的重大改革。税费改革理顺了农村税费秩序，堵住了农村"三乱"的口子，大幅度地减轻了农村和农民负担。随着农村税费改革的不断深入，2005年，全区农民不再负担任何专门面向农民征收的税费，并开始领取种粮补贴和农资综合补贴资金，农民成为了改革的受益者。

农业特产税收入　农业特产税是农林特产农业税的简称，是从农业税中分离出的一个税种。它是随着农业特产品生产发展和社会主义市场经济的需要，在税制改革中重新确立的税收制，并单独组织征收。主要是对从事农业特产品生产，并取得农业特产收入的单位和个人征收的一种税。桥东区的农业特产税税源很少，从1989年开始征收到2001年取消，征收税款最高为2000年，征收额达37万元。

耕地占用税　耕地占用税是对占用耕地建房或者从事其它非农业建设单位和个人就其实际占用耕地面积征收的一种税。桥东区是依据国务院发布的《中华人民共和国耕地占用税条例》和《河北省耕地占用税实施办法》征收耕地占用税的。桥东区征收耕地占用税的难度较大，主要原因是正式批准占地少，非法占地多，强制性措施不够。面临诸多困难，桥东农税人员依然全力搞好清理征收耕地占用税，取得了优异成绩。尤其在财政收入非常困难的1994年、1995年、1997年三年里，共清理征收耕地占用税近600万元，及时弥补了财政缺口，为确保全区工作人员工资的发放做出了积极贡献。

契税收入　契税是国家对不动产所有权发生转移变动时就当事人所立契约，按产价一定比例向产权承受人征收的一种税。契税征收范围1997年9月前主要是房屋买卖、典当、赠与、交换等，根据国务院1997年7月7日发布的《中华人民共和国契税暂行条例》，从1997年10月1日开始，征收范围增加了国有土地使用权出让、土地使用权转让，包括出售、赠与、交换等。桥东区的契税1995年前是委托市房管局交易处代征，1996～1997桥东财政直接征收。1997年7月，邢台市财政局成立了"邢台市财政局市直契税征管所"，桥东区契税由市征管所统一征收，每年给桥东9.3万元的契税返还补助。1998年至2001年，桥东区主动协助市征管所征收和清理契税，在返还补助数额不变的基础上，市局为鼓励和调动桥东帮助市征收契税的积极性，对桥东区组织清收的一些"拖欠户"的契税，按一定比例缴入了桥东国库，为桥东区增加了78万元的收入。

五、国有资产管理

为切实加强国有资产管理，防止国有资产流失，减少闲置和浪费，桥东区于1994年8月成立了国有资产管理局，由于桥东没有区属国有企业，因此区国有资产管理局只负责行政事业单位国有资产管理，主要包括：行政事业单位产权登记、界定，资产的使用、处置、评估、统计和监督。

国有资产统计　1994～2006年间，通过国有资产年度统计，较为准确地摸清了全区行政事业单位的国有资产存量、使用状况和增长情况。1994年全区行政事业单位国有资产总额为3345万元，1995年为3508万元，1996年为4032万元，1997年为4094万元，2003年为5837万元，2004年为6110万元，到2006年底全区行政事业单位国有资产总额达到11011万元。固定资产总额也由1994年的3216万元增至2006年的8613万元，增长了168%。特别是2007年上半年，根据财政部统一安排部署，财政部门对全区69户行政事业单位资产情况进行了较为彻底地统计，在清查时要求各单位建立统一的、规范的固定资产卡片管理制度，并建立起整个桥东区固定资产的动态信息监管系统，从而为全区建立资产管理与预算管理相结合的运行机制创造了条件。

行政事业单位产权登记　是国有资产管理部门代表国家对行政事业资产进行登记，依法确认国家对固定资产的所有权和行政事业单位占有、使用国有资产的法律行为。1995年，桥东区首次对全区45户行政事业单位进行了产权设立登记，并根据各单位占有、使用的国有资产状况，核发了国有资产权登记证。1996～2006年，逐年进行了产权登记年度检查工作。通过开展产权登记工作，不仅促使各单位建立健全了国有资产台账，促使各单位严格执行国有资产使用管理制度，而且还理顺了一些单位的产权关系，查处了一批擅自处理国有资产的违法行为。

行政事业单位国有资产处置　是指行政事业单位对其占有、使用的国有资产进行产权转让及注销产权的一种行为，包括无偿调出、出售、报废、报损等。桥东区为加强行政事业单位国有资产处置的管理，逐步健全了固有资产拨付、出售、报损等方面的申报审批制度，规范了资产处置程序，尤其对行政事业单位国有资产变卖、出售做出了明确规定。此外，还多次对全区行政事业单位占用的闲置资产进行了调剂转移，把一些单位长期闲置不用的资产，通过协商无偿划拨给亟需使用的部门，从而改善了桥东区国有资产分布格局，减少了财政开支，提高了国有资产的使用效益。

六、财政监督

财政监督作为财政工作的一项基本职能，是财政机关依法对涉及财政、财务、会计管理事项的部门和单位进行的审核、督促检查与监管。桥东区财政监督工作主要由区财政局综合计划科负责实施，监督工作内容由20世纪90年代的税收财务物价大检查、专项检查等突击性、临时性检查向近年来的围绕预算执行和财政、财务管理的日常监督转变；由大检查向围绕财政收支中的重点、难点及群众关注的焦点问题，有针对性开展专项检查转变；由“眼睛向外”向强化内部约束机制转变。

税收财务物价大检查　20世纪90年代初，按照国家统一安排部署，桥东区每年开展了定期的税收财务物价大检查工作。1993年对全区210个企事业单位进行了调帐检查，共查出偷漏税违纪金额65.7万元，入库48.5万元；1994年共查出违纪资金59万元，入库37万元；1995年对全区320个企事业单位进行了检查，共查出违法违纪资金54万元，入库30万元；1996年对全区240个企事业单位进行了检查，共查出偷漏税等违法违纪资金60万元，入库27万元；1997年共查出偷漏税等违法违纪资金36万元，入库36万元。1998年根据国家形势需要，税收财务大检查工作全面终止。财税大检查，对落实财税政策、严肃财经纪律、规范桥东区经济秩序起到了很好的促进作用。

专项检查　是财政监督机构按照党和国家的统一部署或上级领导的指示以及自行安排的针对某项特定问题，而开展的财政监督。一般是为了贯彻党和国家的某项政策、措施或针对某项工作中存在的问题而开展的，具有针对性、时效性、深入性强的特点。桥东区专项检查，根据政治经济形势的有关要求，年年开展，侧重点也有所不同。1992年及以前多为区内自行安排的检查；1993年，桥东区开展了预算外资金收支检查，控购纪律大检查；1994年开展了财政支农周转金的检查，税收专项检查；1995年开展了对“小金库”和罚没收入专项清查、教育费附加专项检查和控购检查；1996年开展了城建资金收支情况检查；1997年开展了对财政扶贫资金检查，耕地占用税专项检查，对社会中介机构进行专项检查；1998年对区检察院、法院预算外资金开展了专项检查，对“两话一车”（即办公电话、领导电话和汽车油修）进行了专项治理；1999年对全区行政事业单位帐户设置情况进行了检查；2000年开展了会计信息质量检查；2001年对财政周转金进行了清理检查；2002年开展了财政内部的监督检查；2003年对“非典”专项资金进行了重点检查；2004~2006年对各类财政专项资金及重点治理专项资金进行了清理检查，并进行了年度财政内部监督检查及会计信息质量检查。

七、收费管理

基本概况　随着改革的不断深入发展，桥东区行政事业性收费、基金和罚没收入等非税收入规模不断增大，区财政局把非税收入统一管理作为深化财政体制改革的突破口，探索建立“收支两条线”的科学管理体系，实现还非税收入“所有权属国家”、“使用权属政府”、“管理权属财政”机制，以解决非税收入的流失和久治不愈的“三乱”问题。

1996年6月，经桥东区编委批准，成立了区收费管理局，行使财政部门对行政事业性收费、基金和罚没收入的管理和监督职能，与综合科联合办公。1999年收入“费用”软件投入运转，并与银行联网，和执收执罚部门实行“票款分离”。

1999～2006年桥东区非税收入情况表

单位：万元

年度	行政性收费	罚没收入	专项收入	其它收入	合计
1999	104	252	55		411
2000	176	182	78		436
2001	248	148	82		478
2002	195	147	82		424
2003	242	182	108	5	537
2004	345	228	62	9	644
2005	478	284	78	44	884
2006	572	269	125	20	986

征收与管理 行政事业性收费采用三种征收形式，即直接征收、委托征收和派员征收。由于桥东区收费分散且数额较小，所以主要采取委托形式收费。行政事业性收费实行收费许可证制度，申请办理收费许可证须经财政征管部门、物价部门批准，由同级物价核发。凡不按规定使用收费许可证的，视为非法收费，被收费单位和个人有权拒绝缴纳。执罚部门每年要定时审验罚没许可证，经财政征管部门审验后，由同级主管部门法制办批准核发。管理方面主要有以下内容：一是票据管理，各类票据的发放、保管、领用和检查；二是计划管理，收费局按年终各执收执罚单位的报表，编制下年度收入计划草案，并上报财政批准后组织实施；三是帐户设置，经财政部门批准，收费局在银行只开设一个收入过渡帐户，征收单位一般不再设立收入帐户，确有必要的，经收费局批准，在指定银行开设一个收入过渡帐户，此户为收费专户，只存不取，征收单位不使用现金支票；四是收入缴纳，各征收单位取得的纳入预算管理和上缴财政专户的非税收入统一上交收费局账户，由收费局按管理体制规定的收入级次、分享比例划分报解；五是检查监督，对违反“收支两条线”规定、坐收坐支和违反收费项目、收费标准、收费许可证、收费资金、收费票据、基金管理等违规违纪行为，根据违纪事实和有关规定，区别情况给予相应处罚。

八、社会保障资金管理

社会保障资金包括：企业职工养老保险基金、失业保险基金、机关事业养老保险金、再就业资金、城市（镇）居民最低生活保障资金、基本医疗保险金、农村最低生活保障金、城市医疗救助金、农村医疗救助金。

筹集

企业养老保险基金筹集。1991年1月，河北省人民政府第61号令，颁布了《河北省国有企业职工离退休养老保险全社会统筹规定（试行）》办法，对现有的规定进行了补充和完善，将国有企业养老保险金纳入了小级统筹。1994年，邢台市劳动局、财政局转发了河北省劳动厅、财政厅《关于调整省级统筹职工养老保险基金缴纳比例的通知》，养老保险基金的筹集按参保统筹职工工资总额加离退休费用总额的18%缴纳，职工个人按工资总额的3%缴纳。1996年，企业基本养老保险基金分两级统筹，国有企业实行省级统筹，集体企业实行市级统筹，基金由单位和个人共同缴纳。社会保险经办机构与企业按月实行差额结算。1999年3月至2000年缴费比例为25%；2001年至2002年缴费比例为26%；2003年缴费比例为27%；2004年以后缴费比例为28%。区属企业实行全额缴拨；2000

年10月以前市下划17家企业实行差额缴拨，此后改为全额缴拨。

失业保险基金筹集。1994年河北省人民政府颁发的《河北省企业职工失业保险办法》和河北省劳动厅《关于河北省企业职工失业保险实施细则》、《河北省人民政府关于当前加快失业保险制度改革的通知》等文件规定，失业保险金单位按照职工工资总额的1%缴纳失业保险费，个人按工资的0.5%缴纳。

机关事业养老保险筹集。按照有关文件规定，机关事业养老保险金单位缴费按照职工工资总额的18%缴纳，个人按工资的3%缴纳。财政开支的参保人员单位缴费部分纳入财政预算，由财政负担。

再就业资金筹集。桥东区实施再就业起步于1995年，但筹集再就业资金的办法是1997年开始实行的。再就业资金来源原则上采取“三三制”的办法解决，即财政、企业、社会分别负担1/3。而实际上再就业资金主要来源是各级财政的补贴和四项资金（社会保险补贴、公益性岗位补贴、再就业培训补贴、职业介绍补贴）清算补助。

城市（镇）居民最低生活保障资金的筹集。根据邢台市人民政府办公室下达《关于印发邢台市居民最低生活保障线暂行办法的通知》，1997年邢台市居民最低生活保障线标准确定为月人均120元。1998年10月调整为月人均150元；2006年1月调整为月人均180元。实施城市居民最低生活保障制度所需资金，本着分级负担原则，由各级人民政府列入财政预算。城市居民最低生活保障资金主要是中央财政补贴。

基本医疗保险金筹集。根据《邢台市桥东区职工基本医疗保险实施办法》规定，基本医疗保险费由用人单位和职工共同缴纳。用人单位缴费率按本单位上年度职工工资总额的4.5%缴纳。在职职工个人缴费率按上年度本人工资总额的2%缴纳，离退休人员个人不缴纳基本医疗保险费。用人单位缴纳的医疗保险费，党政机关和财政供给的事业单位由区财政拨付，自收自支事业单位和企业从福利费中列支，福利费不足部分，可从公益金中列支，也可经同级财政部门核准后列入成本。

农村最低生活保障金、城市医疗救助金、农村医疗救助金筹集。主要由各级财政通过预算内和预算外补助筹集。

使用

企业养老保险基金的使用。在养老保险基金的使用上，由劳动和社会保障部门负责。养老保险基金的使用范围仅限于参保企业的离退休人员的离退休金支出。

失业保险基金的使用。在失业保险基金的使用上，由劳动和社会保障部门负责。失业保险基金的使用范围，主要用于失业人员的失业救济期间的医疗补助费、丧葬补助、抚恤费，失业职工的转普训练费，扶持失业人员的生产自救费。

机关事业养老保险基金的使用。在养老保险基金的使用上，由劳动和社会保障部门负责。机关事业养老保险基金的使用范围仅限于参保的机关事业离退休人员的离退休金支出。

再就业资金的使用。再就业资金的使用范围：对再就业服务中心用于下岗职工基本生活保障、缴纳社会保险费、培训费、组织生产自救和劳务输出的费用予以补助；对企业安置非本企业下岗职工、下岗职工开展转业培训等予以补助；对企业安置下岗职工举办的经济实体向银行贷款给予部分贴息，对生产自救基地和再就业培训基地予以补助；应付社会突发事件的支出。

城市（镇）居民最低生活保障资金的使用。根据《邢台市城市桥东区城市居民最低生活保障实施细则》文件规定，对于生活来源、无劳动能力又无法定赡养人、扶养人或者抚养人的城市居民，按照邢台市城市居民最低保障标准准予全额享受；对尚有一定收入但家庭人均收入达不到最低生活保障标准的城市居民，按照邢台市城市居民最低保障标准准予差额享受。

基本医疗保险基金的使用。基本医疗保险由统筹和个人帐户两部分构成。参保职工个人缴纳的基本医疗保险费的全部和用人单位缴纳的医疗保险费总额的一部分划入个人帐户，单位缴纳的剩余部分建立医疗保险社会统筹基金。个人帐户用于支付门诊医疗费和门诊纳入统筹基金支付的一些特殊疾病。住院费用主要用统筹基金支付。

农村最低生活保障金用于家庭年人均纯收入低于当地最低生活保障标准的农村居民救助；城市医疗救助用于城市贫困群众医疗救助；农村医疗救助用于农村贫困群众医疗救助。

管理

为管好、用好社会保障资金，做到专款专用，按照国务院和财政部通知精神，将企业职工养老保险基金、失业保险基金、机关事业养老保险金、再就业资金、城市（镇）居民最低生活保障资金、基本医疗保险金、农村最低生活保障金、城市医疗救助金、农村医疗救助金纳入财政专户，按专项资金进行管理，实行“收支两条线”。城市（镇）居民最低保障资金、农村最低生活保障金、城市医疗救助金、农村医疗救助金，按资金使用情况拨付民政部门，确保足额到位。再就业资金，按资金使用情况拨付劳动部门，确保足额及时到位。企业职工养老保险基金、失业保险基金、机关事业养老保险金、基本医疗保险金划入财政专户后，各社会保险机构只允许在银行开设两个帐户，即一个基金收入过渡户和一个基金支出户，具体承办基金收缴和缴拨同级财政，只收不支；基金支出户，只反映财政专户拨付的基金的拨付各企事业单位的基金情况，只支不收。

九、其它

控制社会集团购买力 1993年4月，根据河北省人民政府控购办公室颁发的冀控字〔1993〕6号文件，关于转发全国控制社会集团购买力领导小组《关于调整控制商品品目的通知》的规定，自5月1日起，将专项控制商品由国家原29种控购商品品目调整为现行的8种，由市控购办审批。2002年，河北省控购办统一下发“河北省小汽车编制管理簿”，对桥东区行政事业单位小汽车重新核编，核定行政事业单位91个，核定小汽车编制124辆。其中行政单位50个，核定小汽车编制78辆；事业单位41个，核定小汽车编制46辆。报经河北省控购办批准，于2004年7月开始执行。

政府采购 为加强预算支出管理，提高政府采购资金使用效益，进一步规范政府采购行为，拓宽政府采购领域，严格政府采购程序，2000年2月，区财政局成立了政府采购中心。2002年，以“积极稳妥、逐步规范”为指导思想，完成政府采购金额104.3万元，节约资金11.2万元，节约率为9.7%。

2003年，为完善区政府采购各项规章制度，规范政府采购行为，桥东区财政局连续出台了《关于明确桥东区人民政府采购管理办公室工作职责的通知》（邢东财采〔2003〕2号）、《关于进一步规范完善政府采购工作的通知》（东财〔2003〕5号）和《邢台市桥东区政府采购监督管理暂行办法》（东财〔2003〕6号）等文件。同年桥东区财政局建立了与上级部门配套的政府采购统计月、季（年）报表制度，并定期向有关部门提供政府采购信息资料，为各级领导和有关部门决策提供了依据。全年共完成政府采购金额207.36万元，节约资金17.44万元，节约率为7.76%。

2004年，为进一步加强政府采购工作，完善政府采购程序，使政府采购流程更加公平、公正、透明、高效，桥东区财政局出台了《邢台市桥东区政府采购工作程序》（东财〔2004〕17号）。全年共完成采购金额964.88万元，节约资金168.72万元，节约率为14.88%。

2005年，按照邢台市财政局印发的《邢台市政府采购预算编制管理办法（试行）》要求，在全区推行了政府采购预算编制工作，把扩大政府采购规模、拓宽政府采购范围作为管理工作重点，共实现采购金额1147.1万元，节约资金196.9万元，节约率为14.65%。

2006年，为加强政府采购活动监督管理，按照邢台市财政局、邢台市监察局《关于在全市开展政府采购执法专项检查的通知》（邢市财采〔2006〕9号）要求，结合治理商业贿赂和不正当交易工作，桥东区财政局、桥东区监察局联合出台了《关于在全区开展政府采购执法专项检查的通知》（邢东财采〔2006〕2号），并转发了邢台市财政局《关于加强政府采购管理严肃政府采购活动纪律的通知》（邢市财采〔2006〕8号）等文件。通过开展全区政府采购专项检查，宣传《政府采购法》，规范了采购行为，推进了政府采购工作。同年 12 月，区采购办委托具有政府采购招标资质的中介机构对桥东区职工基本医疗保险计算机管理系统采购及安装首次实行了公开招标，经投标、开标、评标、定标，最后确定河北力人科贸有限公司为中标单位，中标总价为 188660 元，比预算节约资金 4.13 万元。2006 年共实现采购金额 1247.67 万元，节约资金 163.53 万元。

集中支付　2000 年 9 月，桥东区委、区政府下发了《关于对区直行政事业单位财务核算实行集中支付的通知》（邢东字〔2000〕32 号）及《桥东区政府集中支付管理暂行办法》，在全区实施政府集中支付，成立桥东区会计结算中心，具体办理相关业务。2003 年 10 月，修订了《桥东区政府集中支付管理暂行办法》，进一步完善了结算中心适用会计核算制度的业务操作流程，明确了与纳入结算中心管理单位及有关科室的业务关系。2006 年 10 月，根据上级财政国库管理制度改革的新要求，结合桥东区实际，经区政府研究决定，调整集中核算模式为集中支付模式，完善了结算中心适用会计制度的业务操作流程，同时制定了《桥东区政府集中支付实施办法（试用）》。政府集中支付制度的实施，将区属 80 个行政事业单位的财政资金纳入政府集中支付范围，变上百个银行账户为一个集中支付账户，实行了工资银行统一发放，平均年审核支付各项资金 6000 万元，代发工资近 3000 万元。

第六节　管理机构

1980 年 9 月，邢台市桥东区根据邢台市委、市革委决定设财政科，负责财政收支、预算和决算。1984 年 2 月，财政科改为财政局，编制 5 人，设预算内、预算外 2 个职能部门。1990 年，局内增至 11 人，设预算事业科、综合计划科、农财、农税科。1990 年以后，先后成立了办公室、预算股、农财征税股、综合计划股、车辆管理站、会计结算中心、收费管理局、政府采购中心。1994 年 8 月，成立邢台顺德会计师事务所，事业性质，自收自支，隶属区财政局领导。1999 年 12 月，全国改制，成立邢台顺德会计师事务所有限公司，成为社会中介机构，正式与区政府脱钩，推向社会。2002 年，根据邢台市委、市政府《关于桥东区机构改革方案的通知》（邢字〔2002〕30 号）精神，2002 年 6 月 26 日，经区机构编制委员会办公室审核，报经区政府批准，下发了东政办〔2002〕7 号文件《邢台市桥东区财政局职能配置、内设机构和人员编制方案》。区财政局内设行政科室 4 个：办公室、预算股、农财征税股、综合计划股；事业科室 4 个：车辆管理站、会计结算中心、收费管理局、政府采购中心。2006 年共有干部职工 22 名，其中局长 1 人，副局长 2 人。

第二章　国家税务

1980～1994 年 8 月，桥东区税务局负责辖区各税种的征收、征管工作；1994 年 8 月，桥东区分设区国家税务局和区地方税务局。区国家税务局负责辖区内增值税、消费税、车辆购置税、企业所得税等税种的征收征管。是年完成税收 1419.8 万元；2006 年完成 67928 万元，是 1994 年的 47.8 倍。

第一节　税务机构

从 1980 年 3 月至 1994 年 8 月，桥东区税务局的内设机构和派出机构随着税务体制改革不断变化。1980 年，桥东区税务局内设机构有办公室、税政科、市场税收科 3 个职能科室。1984 年以后先后增设了计会科、征收科、征管科、政工科、检查室和稽查队，并增设派出机构6个：北大街税务所、西大街税务所、西门里税务所、南长街税务所、大梁庄税务所、东郭村税务所。到1994年内设机构9个，派出机构6个。

1994年8月，根据国务院税务机构分设的文件精神，邢台市桥东区税务局分设为邢台市桥东区国家税务局和邢台市桥东区地方税务局。

1994年8月至1999年3月，桥东区国家税务局机关内设机构7个：办公室、政工股、监察室、税政股、计会股、征管股、税务检查室。派出机构10个：第一税务所、第二税务所、第三税务所、南长街税务所、北大街税务所、西大街税务所、西门里税务所、大梁庄税务所、东郭村税务所、稽查队。

1999年3月至2001年10月，桥东区国家税务局内设机构8个：办公室、政工科、监察室、计划财务科、综合管理科、发票管理科、计算信息中心、税警队。派出机构13个：中央省部属企业税务所、市属工业企业第一税务所、市属工业企业第二税务所、市属商业企业税务所、涉外企业税务所、区属企业税务所、南长街税务所、大梁庄税务所、西门里税务所、西大街税务所、北大街税务所、代理所、征收大厅。

2000年6月区局与税务代理所脱钩，成立“邢州税务事务所”。

2001年10月份因机构整合，将政工科改为人教科，综合管理科改为税政征管科，将南长街税务所与西门里税务所合并为西门里税务所，北大街税务所与西大街税务所合并为西大街税务所，将工业一所、工业二所、商业所、中央所、涉外所、区属所6个税务所合并成为5个税务所，分别为第一税务所、第二税务所、第三税务所、第四税务所、第五税务所。

2001年10月至2005年7月，桥东区国家税务局内设机构7个：办公室、人教科、监察室、计划会计科、税政征管科、税警队、预防职务犯罪办公室。派出机构13个：稽查局、信息中心、票证管理所、基层征收机构（含征收服务厅）、第一税务分局、第二税务分局、第三税务分局、第四税务分局、第五税务分局、西门里税务所、西大街税务所、大梁庄税务所、征收服务厅。

2005年8月根据邢台市国家税务局《关于桥东区国家税务局规范机构设置明确职责分工方案》的批复，内设机构10个：办公室、计划统计科、征收管理科、综合业务科、税源管理科、人事教育科、监察室、办税服务厅、信息中心、稽查局。派出机构8个：第一税务分局、第二税务分局、第三税务分局、第四税务分局、第五税务分局、西门里税务分局、西大街税务分局、大梁庄税务分局。

第二节 税 种

一、增值税

增值税是以商品生产流通各环节或提供劳务的增值额为计税依据而征收的一种税。国家于1993年底颁布《中华人民共和国增值税条例》，1994年1月1日起施行。规定凡是在中国境内销售货物或者提供加工修理修配劳务和进口货物的单位和个人都要缴纳增值税。

二、消费税

消费税是对国内从事生产、委托加工和进口应税消费品的单位和个人，就其销售或销售数量，在特定环节征收的一种税。1993年12月13日，国家颁布了《中华人民共和国消费税暂行条例》，1994年1月1日开征消费税。财政部、国家税务总局从2006年4月1日起，对国家消费税的税目、税率及相关政策进行了调整。消费税采用从价定率征收、从量定额征收和复合计税3种方式。

三、车辆购置税

车辆购置税是对取得并自用应税车辆的行为征收的一种税。2000 年 10 月 22 日国家颁布《中华人民共和国车辆购置税暂行条例》，从 2001 年 1 月 1 日施行。车辆购置税的纳税人是国内购置应税车辆的单位和个人，它对内外资企业和中外籍人员同时适用。其征收范围包括汽车、摩托车、电车、挂车和农用运输车。

四、企业所得税

1994 年 1 月 1 日起，所有不同经济性质的内资企业，统一执行国务院公布的《中华人民共和国所得税暂行条例》。取消国营企业调节税和向国有企业征收能源交通重点建设基金、国家预算调节基金。用税法规范企业所得税所列支的项目和标准。改变过去确定应征税额从属于企业财务制定的现象，同时建立新的规范化的企业还贷制度，改变承包企业所得税的征收办法。将国营企业所得税、国营企业调节税、集体企业所得税、私营企业所得税 4 个税种统一为企业所得税。

第三节　税　率

税率是对征税对象的征收比例或征收额度。税率是税收范畴和税收制度的核心要素，是计算税额的尺度。

一、增值税税率

桥东区从 1994 年 1 月 1 日起，增值税率简化为三个档次，即：基本税率为 17%，低税率为 13% 和零税率。对粮食、食用植物油，暖气、冷气、热水、煤气、石油液化气、天然气、沼气、居民用煤炭制品，图书、报纸、杂志饲料、化肥、农药、农机、农膜；农产品，金属矿采选产品，非金属矿采选产品等适用 13% 低税率。对出口商品实行零税率，产品报关出口后退还全部价款。其他应税产品和劳务均适用 17% 的基本税率。

适用于 6% 征收率：工业企业小规模纳税人销售货物或者应税劳务的，按 6% 征收率征税；对增值税一般纳税人生产销售的商品混凝土，按照 6% 征收率征收增值税，但不得开具增值税专用发票。

适用于 4% 征收率：商业企业小规模纳税人；寄售商店代销寄售物品（包括居民个人寄售的物品在内）、典当业销售典当物品、经国务院或国务院授权机关批准的免税商店零售免税货物等特定货物销售行为；对卫生防疫站调拨生物制品和药械；对拍卖行受托拍卖增值税应税货物，向买方收取的全部价款和价外费用。

二、消费税税率

消费税税率实行比例税率和定额税率两种。对烟、白酒、化妆品、护肤护发品、贵重饰品及珠宝、鞭炮烟火、汽车轮胎、摩托车、小汽车等实行比例税率，共设 10 档，最低为 3%、最高为 45%；对黄酒、啤酒、汽油、柴油等供求基本平衡，价格差异不大，计量单位规范的消费税实行定额税率，定额税率共设 8 档，最低为每征税单位 0.1 元，最高为每征税单位 250 元。

三、企业所得税税率

企业年应纳税所得额在 3 万元（含 3 万元）以下，按 18% 的比例税率征税，3 万元以上 10 万元以下（含 10 万元）按 27% 的比例税率征税；10 万元以上统一执行 33% 的比例税率。

四、外商投资企业和外国企业所得税税率

外商投资企业和外国企业所得税税率按应纳税的所得额计算，税率为30%，并按应纳税所得额征收3%的地方所得税，两项合计总税负为33%。

第四节　税款征收

税款征收方式主要有查账征收、查定征收、查验征收、定期定额征收、代收代缴和委托代征。

查账征收　税务机关对账目健全的纳税单位和个人，依据报送的纳税申报表、财务会计报表和有关纳税资料，计算应纳税款，填开交款书或完税证，由纳税人到银行划解税款或由税务机关直接征收现金。

查定征收　税务机关依据正常条件下的生产能力，对生产的产品，查定产量和销量额计算其应纳税额。这种方式适用对账簿不健全，但能控制材料、产量或进销货的纳税单位或个人。

查验征收　税务机关对纳税人和应税产品、商品，通过查验数量，按市场一般销售单价，计算销售收入，据此计算应纳税额。

定期定额征收　对不设账簿的个体户，经税务机关批准，采取定期定额（营业额、收入额、利润额）依率计征税款。先由个人申报实际经营额，经行业评议，税务机关核定，按适用税率和所得税征收率，确定应纳税额。一般一季或半年核定一次，分月或分季缴纳。

代收代缴　对不易控管的零星分散税源，由与纳税人有经济往来的单位或个人在向纳税人收取款项时代为扣缴。

委托代征　税务机关委托与纳税人有一定关系的单位代征一些零星分散的税款。

1987～2006年桥东区税款完成情况统计表

单位：万元

年度	完成数	年度	完成数
1987	537.5	1997	1677
1988	826.8	1998	2150
1989	1317.1	1999	27691
1990	1367.1	2000	28862
1991	1468.4	2001	32647
1992	1512.7	2002	34021
1993	1575	2003	37711
1994	1419.8	2004	45739
1995	1773.5	2005	48501
1996	1827.5	2006	67928
合计	340552.4		

第五节 税收征管

一、征管制度

1993年1月1日，国家颁布了《中华人民共和国税收征收管理法》，税务机关建立健全了一系列税收征管制度，主要有税务登记制度、纳税申报制度、税款征收制度、税收检查制度、发票管理制度等。

税务登记制度 是税务登记管理的依据。主要包括：新办登记、变更登记、注销登记、报验登记、停复业登记、税务登记证件管理、扣缴税款登记制度等。凡在辖区内从事生产经营活动，实行独立核算并经工商行政管理部门批准开业的纳税人，不分经济性质、规模大小、经营时间长短，也不论隶属关系或名称，均须办理税务登记。对按政策规定暂时缓征、免征或定期免税照顾的单位、组织及个人，也须办理税务登记手续。税务登记内容发生变化应及时办理变更。税务登记内容发生了根本变化须终止纳税义务的应办理注销登记。实行定期定额征收方式的纳税人可以申请办理停业、复业登记。纳税人在本区之外从事生产、经营活动的应进行报验税务登记。

纳税申报制度 其内容主要有：税务登记及变更登记申报、缴纳各种税收的申报（包括代征、代扣、代缴税款）、报送财务报表和有关纳税资料的申报、试验新产品的申报、申请减免税的申报、申请给予税收鉴定的申报、税收自查结果的申报、生产经营情况变动要求明确税收问题的申报以及按税法规定应该进行的申报事项。

税款征收制度 税款征收在整个税收征管中处于核心环节和关键地位，是税收征管的出发点和归宿。税款征收中的相关制度包括：应纳税核实制度、纳税调整制度、代扣代缴税款制度、欠税管理制度、滞纳金征收制度、延期纳税制度、报验征收制度、税款的退还和追征制度、减免税管理制度、税收凭证管理制度等。

发票管理制度 1993年12月12日《中华人民共和国发票管理办法》颁布实施后，省税务机关相继制定了有关税收票证管理实施办法，对发票的印制、使用、收取、开具、保管、缴销和检查处理等都作出明确规定。增值税专用发票由国务院指定的企业印制，其他发票由省税务机关指定企业印制，印制普通发票所需要防伪专用品及发票监制章由省、自治区、直辖市税务机关制作。未经税务机关指定，不得印制发票。发票的领购实行交旧购新、验旧购新和批量供应三种方式。税务机关和领购发票的单位和个人都要建立健全发票的专库保管制度、专人保管制度、专账登记制度和定期盘点制度。

二、税源监控

税源监控是税务机关的一项重要职责，贯穿于税务征管的全过程。税源监控主要包括纳税人户籍监控、财务核算监控、税控装置监控、重点税源监控、纳税评估、纳税信用等级评定等。区税务机关实施信息的监控渠道和方法有多种，有直接监控的也有间接通过工商部门、银行、政府有关委局、街道等单位以及行业主管部门的配合来进行。

三、减免税管理

为了鼓励和扶持一些产业和企业的发展，按照国家规定，在区内某些特定时期和特殊情况下，对某些行业的有关税种实施减免、先征后退和不征的税收优惠政策。减免税执行纳税人申请、税务机关调查认定和审批程序。桥东区从2001年开始实施减免税优惠政策。

增值税免征项目 免征增值税共有24项，主要有农业生产单位和个人销售的自产初级农业产品；国家鼓励、支持发展的外商投资和国内投资项目投资总额内进口自用设备和按照合同设备进口的技术配件、备件；企业为生产《国家高新技术产品目录》中所列的产品而进口规定的自用设备和按照合同随设备进口的技术及配件、备件；企业为引进《国家高新技术品目录》中所列的先进技术向境外购买的软件；利用外国政府和国际金融组织贷款项目进口的设备；避孕药品和用具；向社会收购的古旧图书；直接用于科学研究、科学实验和教学的进口仪器、设备；外国政府、国际组织无偿援助的进口物资和设备；由残疾人组织直接进口供残疾人专用的物品；个人（不包括个体经营者）销售自己使用过的某些物品；企业生产的黄金；国有粮食购销企业销售的粮食，其他粮食企业经营的军队粮食、救济救灾粮、水库移民口粮等，政府销售的储备食用植物油；个体残疾劳动者提供的加工和修理、修配劳务；符合国家规定的利用废渣生产的建材产品；国家批准的电影制片厂销售的电影拷贝收入；对血站供应给医疗机构的临床用血等。实行先征后退的项目有党委、政府、人大、政协、工会、共青团、妇联组织、新华通讯社、军事部门的机关报和机关刊物。即征即退的项目主要是对一般纳税人销售其自行开发的软件产品，按17%税率征收增值税后，对其增值税实际税负超过3%的部分和一般纳税人销售其自行生产的集成电路产品，按17%税率征收增值税后，对其增值税实际负超过6%的部分。对民族贸易县县级国有民族贸易企业、供销货物按实际缴纳增值税税额超过30%先征后返。

另外，对个人销售额未达到规定的起征点的免征增值税。起征点的幅度规定如下：

企业所得税的税收减免 主要包括对鼓励发展高新技术产业、支持第三产业、救助企业灾害、鼓励企业安置待业人员、鼓励发展乡镇企业、鼓励发展教育事业、支持科研机构转制等19种情况实行税收减免优惠。

外资投资企业和外企所得税的税收减免 主要包括对区域性的税收优惠、生产性投资的税收优惠、产品出口企业和先进技术企业的优惠、基础项目投资的税收优惠、特定项目投资的税收优惠、再投资退税的税收优惠、外商投资企业和外国企业购买国产设备抵免企业所得税的税收优惠，预提所得税的税收优惠8个方面。

桥东国税局2001年、2002年、2003年、2004年、2005年、2006年减免税收分别为160万元、709万元、1246万元、1391万元、3359万元、2348万元。

第六节　管理机构

2006年，桥东区国家税务局内设办公室、人事教育科、监察室、征收管理科、税政管理科、计划统计科、办税服务厅、稽查局、信息中心9个职能管理部门，下设派出机构5个：第一分局、第二分局、第三分局、第四分局、第五分局。设局长1人、副局长2人（1名副局长兼纪检书记），税务管理人员275名，其中股级干部63名。

第三章　地方税务

1994年8月，桥东区地方税务局成立，负责辖区地方征收的税种14种。是年，区地方税务局完成税收894.6万元；2006年完成17028万元，是1994年的19倍。1994～2006年累计完成税收68485.9万元。

第一节 税务机构

1994年8月，根据国务院税务机构分设的文件精神，邢台市桥东区税务局分设为邢台市桥东区国家税务局和邢台市桥东区地方税务局。

1994年8月至2002年4月，桥东区地方税务局内设机构7个，有办公室、政工股、征管股、税政股、计会股、监察股和税务检查室。其间，1996年3月税政股和征管股合并；1997年10月撤销税检室，成立税警队。派出机构10个，有直属第一、第二、第三税务所，南长街税务所、北大街税务所、西大街税务所、西门里税务所，大梁庄税务所、东郭村税务所、稽查队。1996年3月撤销稽查队，成立稽查局。

2002年4月，邢台市地方税务局决定，邢台市桥东区地方税务局更名为邢台市桥东管理二局，负责征收马路街以南，京广线以东的地方税收及管理工作；邢台市地方税务局直属二分局更名为邢台市桥东管理一局，负责征收马路街以北，京广线以东的地方税收及管理工作。

2002年4月，地税分设桥东管理一局和二局，2局内设机构、外派机构数量相同，内设机构为办公室、政工科、计会科、税政科、监察科、税警队。外派机构数量相等，但区域名称不同。桥东一局外派机构是管理一科、管理二科、社区社保科、西门里税务所、南长街税务所、大梁庄税务所，大通街税务所。桥东二局外派机构是管理一科、管理二科、社区社保科、西大街税务所、新华南税务所、北大街税务所、东郭村税务所。

2004年2月，桥东管理一局和桥东管理二局又合并为邢台市桥东区地方税务局，隶属邢台市地方税务局、桥东区人民政府双重领导，以上级地方税务局领导为主，是区人民政府职能部门之一，其主要职能是负责桥东辖区内地方税收的征管工作。局内设机构7个：办公室、政工科、监察科、计会科、征管科、税政科、社保科。派出机构7个：管理一科、管理二科，西大街税务所，西门里税务所、南长街税务所、大梁庄税务所、东郭村税务所。

第二节 税 种

根据1993年12月国务院批转国家税务总局《工商税制改革实施方案》，从1994年1月1日起在全国施行分税制，划归为地方征收的税种有14种，其中烟叶税桥东区无此税源、筵席税未开征，其余12种税种按规定征收。

一、营业税

营业税是对在我国境内提供应税劳务，转让无形资产或者销售不动产的单位和个人，就其取得的营业额征收的一种税。

营业税应税劳务包括交通运输业、建筑业、金融保险业、邮电通信业、文化体育业、娱乐业、服务业。

1996年4月1日，营业税全部划归地税征收。1997年1月1日，国家对金融保险业的营业税由5%调为8%计征，原来的5%继续由地税征收，调高的3%由国家征收。

二、资源税

资源税是以各种自然资源为征税对象课征的一种税。包括原油、天然气、煤炭、铁矿石和其他黑色金属矿原矿、铝土矿及其他有色金属矿原矿、非金属矿和盐等，桥东区没有资源税税源。

三、土地增值税

土地增值税是以纳税人转让国有土地使用权、地上建筑物及其附着物（简称转让居地产）所取得的增值额为增值税对象，依照规定税率征收的一种税。

四、企业所得税

企业所得税是国家对企业的生产经营所得和其他所得征收的一种税。

五、个人所得税

个人所得税是对个人（自然人）取得的应税所得征收的一种税。征收范围是：工资、薪金所得；个体工商户的生产、经营所得；企事业单位的承包经营、承租经营所得；劳务报酬所得；稿酬所得；特许权使用费所得；利息、股息、红利所得；财务租赁所得；财产转让所得；偶然所得；其他所得。

六、房产税

房产税是以房产为征税对象，按照房产的价值征收的一种税。

七、车船使用税

车船使用税是以我国境内的车船为征税对象而征收的一种税。

八、城镇土地使用税

城镇土地使用税是对在城镇和工矿区使用土地的单位和个人，就其使用土地的面积，按规定的税额征收的一种税。

九、印花税：

印花税是对经济活动和经济交往中书立、领受的凭证征收的一种税。

十、城市维护建设税

城市维护建设税是对缴纳增值税、消费税、营业税的单位和个人，按其实缴的增值税、消费税、营业税税额的一定比例计算征收，专项用于城市维护建设的一种税。

十一、屠宰税

屠宰税是对税法规定的几种牲畜，在屠宰或收购时，向屠宰或收购的单位和个人征收的一种税。

十二、固定资产投资方向调节税

固定资产投资方向调节税是以用各种资金进行固定资产投资行为为征税对象而征收的一种税。

第三节　税　率

税率是对征税对象的征收比例或征收额度。税率是税收范畴和税收制度的核心要素，是计算税额的尺度。

一、营业税税率

营业税税目税率一览表

单位:%

序号	税　目	征　收　范　围	税率
1	交通运输业	陆路运输、水路运输、航空运输、管道运输、装卸搬运	3
2	建筑业	建筑、安装、修缮、装饰	3
3	金融保险业		5
4	邮电通信业		3
5	文化体育业		3
6	娱乐业	歌厅、舞厅、卡拉 OK 歌舞厅、音乐茶座、台球、高尔夫球、保龄球、游艺	5~20
7	服务业	代理业、旅店业、饮食业、旅游业、仓储业、租赁业、广告业及其他服务业	5
8	转让无形资产	转让土地使用权、专利权、非专利技术、商标权、著作权、商誉	
9	销售不动产	销售建筑物及其他土地附着物	5

二、资源税税率

资源税税目、税额标准一览表

序号	税　目		税额标准
1	原油		8~30 元/吨
2	天燃气		2~15 元/吨
3	煤炭		0.3~5 元/吨
4	其他非金属矿原矿		0.5~20 元/吨
5	黑色金属矿原矿		0.4~30 元/吨
6	有色金属矿原矿		0.4~30 元/吨
7	盐	固体盐	10 元~60 元/吨
		液体盐	2 元~10 元/吨

三、土地增值税税率

实行四级超额累进税率，分别为30%、40%、50%、60%。

四、企业所得税税率

按照应缴纳所得税额计算，税率为33%。年应纳税所得税额在3万元至10万元的按27%的税率征收；年应纳税所得税额在3万元以下的按18%的税率征收，27%和18%为优惠税率。

五、个人所得税税率

工资、薪金收入采用超额累进税率征收，每月收入在800元以下者（含800元）免征；超过800

元的部分累进征收，共分6个级次，最低的5%、最高的45%。除工资、薪金收入以外的其他收入，均按20%固定比例税率征收。

根据第十届全国人大常委会第十八次会议审议通过的《中华人民共和国个人所得税法（修正案）》规定，纳税人自2006年1月1日起就其实际取得的工资、薪金所得，按照1600元/月的减除费用标准，计算缴纳个人所得税。

六、房产税税率

分为从价或从租两种税率。自用房产适用从价税率，依照房产原值减除30%后的余值为应纳税所得额，税率为1.2%；租赁房产的依照房屋的租金收入计算，税率为12%。

七、车船使用税税率

乘人汽车10座以下的每辆车每年120元，11～40座的每辆车每年160元，41座以上的每辆车每年200元；载重汽车每辆每年40元；两轮摩托车每辆每年20元；三轮摩托车每辆每年40元；拖拉机每辆每年20元；手扶拖拉机每辆每年24元。

八、城镇土地使用税税率

城镇土地使用税每平方米税额为：
大城市：0.5～10元；
中等城市：0.4～8元；
小城市：0.3～6元。

九、印花税税率

1994～2000年印花税税目一览表

序号	税目		税率（税额）
1	购销合同		0.3‰
2	加工承揽合同		0.5‰
3	建设工程勘察、设计合同		0.5‰
4	建筑、安装工程承包合同		0.3‰
5	财产租赁合同		1‰
6	货物运输合同		0.5‰
7	仓储、保管合同		1‰
8	借款合同		0.05‰
9	财产保险合同		1‰
10	技术合同		0.3‰
11	财产转移数据		0.5‰
12	营业账簿	记载资金账簿	0.5‰
		其他账簿	每件5元
13	权利、许可证照		每件5元
14	股票交易		4‰（B股为3‰）

十、城市维护建设税税率

省地辖市市区税率为7%，城镇为5%，城郊为7%～5%，其他为1%。

十一、屠宰税税率

税率为3%，2002年1月1日起河北省停征屠宰税。

十二、固定资产投资方向调节税税率

投资方向调节税根据国家产业政策发展序列和经济规模要求，实行差别税率。

固定资产投资方向调节税税目税率一览表

单位:%

序　列	税　　目	税率
基本建设项目系列	国家急需发展的项目	0
	国家鼓励发展，但是受能源、交通等条件制约的项目	5
	楼堂馆所和国家严格限制发展的项目	30
	民用住宅（包括商品房住宅）	0.5
	一般的其他项目	15
更新改造项目系列	国家急需发展的项目投资	0
	其他更新改造项目投资	10

第四节　税收征管

一、税务登记

税务登记是税务机关依法管理纳税人的基础工作。桥东区地方税务局自成立始终把税务登记管理作为税务管理的首要环节来抓。税务登记的数量与质量都有了较大的提高。1994年国地税分设后，地税税务登记是对原登记资料进行复制。1996年，地税进行了第一次税务登记，对已办过税务登记的2900余户纳税人换发了税务登记证，对1300余户新办企业、个体工商户颁发了税务登记证。税务登记信息自2003年全部录入税收管理系统，在2006年实现了与工商信息、国家税务局的登记信息比对。通过信息比对加强了税收管理，减少了征管漏洞。

二、发票及账薄管理

发票是财务收支有效法律凭证，加强发票管理将有效地强化税源管理。桥东地税管理的发票主要项目为营业税纳税项目的房地产、建筑业、服务业、交通运输业等行业发票。以票控税增强了纳税人的纳税意识。1994年，对交通运输业实行代开和自开相结合的管理办法，对账目健全能正确核算的企业实行企业购领自行开具；对账目不健全的定率、定额征收的纳税人实行税务机关代开。2005年全国货物运输业实行统一发票，规范了自开和代开。发票管理自2003年实行计算机管理，发票的领、

存、销有电子记录。2005 年建立了发票管理系统，进一步规范了发票管理。随着企业电算化水平提高，税务机关对纳税人的账薄管理进一步加强。要求纳税人启用账薄除依法粘贴印花税外，还要将记账软件和说明书到税务机关进行备案。

第五节　税款征收

一、税款征收方式及认定

根据“税收征管法”及其实施细则规定，桥东地税征收税款方式主要有 4 种：

查账征收　生产经营正常，财务制度基本健全，账册、凭证完整、会计核算较准确的固定业户，采取查账征收方式。由纳税人自行计算纳税款，填制纳税审报表，连同会计报表等纳税资料、在规定时限内报地税机关，由税务人员审核后，填缴款书，纳税人按期缴库。

核定征收　对不能完整、准确提供纳税资料的纳税人采用特定方法，确定其应纳税收入或应纳税额，纳税人据此缴纳税款的一种方式。主要包括查定征收、查验征收和定期定额征收。

代扣代缴、代收代缴征收　这两种征收方式主要适用于税源零星分散，不易控管的纳税人。

其他征收方式　包括委托征收、邮寄申报纳税等。

税款征收方式的确定，首先由纳税人办理税务登记和税种认定，然后根据纳税人的生产经营、会计核算、财务管理等具体情况，由税务主管人员提出和确定税款征收方式意见，上报审批。上报时需提供书面调查报告、纳税人营业执照、纳税人税务登记证、税种认定表及相关资料。

二、地税征收方式变化

1994 ~ 1997 年，地税实行征收管理和稽查两分离方式，税款征收及日常管理由税务所负责，税收管理员负责税款核定、征收、报缴及日常税收。企业缴税到税务机关，个体户采用到户征收办法。

1997 年，各税务所设立了专门征收人员，税务人员不再到户征收，纳税人直接到税务机关缴纳。

2003 年 10 月，在红星东街设立了地税桥东征收厅，桥东区所有纳税人的税款征收、发票发售，实现了集中征收管理。同时，为解决纳税人排队现象，对个体定期定额实行了税银联网方式征收，由银行按月从纳税人储蓄账户上扣缴税款。1500 多个纳税人实现了足不出户，可以完成纳税申报和税款缴纳，方便了纳税人。

三、征收范围

桥东区地方税务局的征收范围，是按照区域经济和行政区域的设置而变化的。1994 年 8 月桥东区地方税务局征收范围为：京广铁路线以东行政范围内，桥东区区属企业、乡镇企业、个体工商户，辖区内原地区、市属预算外企业、事业单位的地方税收。

1996 年 6 月，高开区设置地方税务局，梁庄西路以东、辛庄南路以南方圆五公里以内的 190 多个纳税企业和个体工商户及市属预算外企业，划归高开区地税局征管。

2002 年桥东区地税设置管理一局和管理二局。管理一局的征收范围为：南起中兴东大街路北、北至邢台县、西起京广铁路、东至高开区；管理二局的征收范围为：北起中兴东大街以南、南至沙河市、西起京广铁路、东至高开区。

2004 年 3 月，管理一局、二局合并，重建桥东区地方税务局。征收范围为一局和二局征管范围，总区域没变。

四、历年地税入库

1994～2001 年税款完成情况一览表

单位：万元

年　度	计划数	完成数	省级收入	区级收入
1994	893	894. 6	34. 3	860. 3
1995	998	998. 1	35	963. 1
1996	1020	1284. 8	36. 8	1248
1997	1453	1458. 3	19. 6	1438. 7
1998	1663	1670. 1	27	1643. 1
1999	1617	1620	28	1592
2000	1600	1643	29	1614
2001	1757	1836	32	1804
合计	11001	11404. 9	241. 7	11163. 2

2002～2003 年税款完成情况统计表

单位：万元

年　度	计划数		完成数	
	桥东二局	桥东一局	桥东二局	桥东一局
2002	2600	3800	2621	3862
2003	3276	4978	3343	5055
合计	5876	8778	5964	8917

2004～2006 年税款完成情况统计表

单位：万元

年　度	计划数	完成数
2004	8000	9660
2005	11108	15512
2006	16450	17028
合计	35558	42200

第六节　管理机构

2006 年，桥东区地方税务局内设办公室、政工科、监察科、计会科、征管科、税征科、社保科 7 个职能管理部门。下派机构有第一、第二、第三、第四、第五、第六等 6 个直属分局和稽查分局。设局长 1 人，副局长 3 人，纪检书记 1 人，税务管理人员 148 人，其中股级干部 29 人。

第十一编
商贸　服务业

1980～2006年，桥东区委、区政府依据区位优势，采取各种措施，加快商贸经济建设。到2006年，在辖区内已建成各类专业特色市场、商场20家，大型超市5家，特色商业街10条。1980～2006年间，桥东区物资流通和经营也经历了由计划经济的指令调配向全面市场化的转变，国有物资经营部门职能逐渐失去，民营物资企业迅速发展起来。同时，以饮食业为主的第三产业服务业日益繁荣。为桥东区商贸等第三产业经济增添了新的活力。

第一章　商业街市

1980年建区时，桥东区商业经济的主要运营形式有两种，一种是以北大街、西大街为主的商业街；另一种是在主要路段和居民区设置的各种商店、门市。从1988年以后，商业运营模式开始发生重大变化，在辖区逐步形成了以专业特色商业街和大型专业市场（超市）为主体的商业运营基本框架，推动了区域商业向特色化、规模化方向发展。

第一节　商业街

改革开放以后，桥东区充分发挥地理交通及历史积淀厚重的优势，在商业经济发展上突出特色，以特色求发展，在发展中上规模。桥东区原有西大街、北大街、马路街3条综合商业街，档次不高，不成规模，缺少特色，活力不足。2000～2006年，商业街发展迅速，每年建成1～2条特色商业街。到2006年，全区已建成专业特色商业街10条，年营业额达到10亿元。

2000～2006 年桥东区专业特色商业街一览表

名　　称	地　　址
清风楼仿古商业街	清风楼前
西门里水产海鲜商业街	西门里街
红星东街足疗保健街	红星东街
果品批发商业街	车站北街
仓南路汽车配件街	仓南路
司机驾校培训街	百泉北路
新兴建材商品街	新兴东路
财满街特色小吃	亿德隆对面
东门里小吃商业街	东门里街
塔坟商贸街	塔坟街

第二节　专业市场

桥东区从 1988 年开始建设专业特色市场，旨在整治城市市容，发展特色经济，打造冀南商品集散地，扩大商贸经济对外辐射力，培植商贸优势。到 2006 年，辖区内已建成专业特色大市场 20 个，超市 4 个；从业人员 8000 余人，年成交额 15 亿元。其中年营业额超亿元的市场 4 个。

1988～2006 年桥东区专业特色市场一览表

市场名称	地址	主管
亿德隆购物广场	军分区西侧	西大街办事处
金马五金家电城	新华南路	西大街办事处
塔林农贸市场	塔林街中段	西大街办事处
新型钢材市场	新兴路地道桥	西大街办事处
东明家具广场	北大街北口	北大街办事处
东方装饰材料超市	东围城路南段	北大街办事处
五一农贸市场	五一桥东	北大街办事处
华北五金机电市场	西围城路	西门里办事处
红星果品批发市场	红星西街	西门里办事处
车站北街果品市场	车站北街	西门里办事处
西门里水产市场	西门里街	西门里办事处
顺德市场	顺德北路	西门里办事处
花卉市场	北关街	南长街办事处

市场名称	地址	主管
北新蔬菜市场	顺德北路	南长街办事处
宠物花卉市场	邢州南路	东郭村乡政府
冀南装饰材料城	新华南路	东郭村乡政府
东牛角蔬菜批发市场	邢州南路	大梁庄乡政府
晋祠道建材市场	新兴东路	大梁庄乡政府
母家场竹器市场	母家场村南	大梁庄乡政府
豫西市场	胡家庄村东	大梁庄乡政府
辛庄百花市场	辛庄村南	大梁庄乡政府
冯庄旧货回收市场	冯庄村西	大梁庄乡政府

重点商业企业简况

中北商城

中北商城位于中兴东大街165号，是一家集购物、休闲、餐饮为一体的综合性商城。建筑面积38000平方米，1999年元旦开业。中北商城有商户1200余家，员工3000余人，年营业额1.5亿元。商城共分6个经营区：地下室品牌服装城，主要经营时尚、休闲品牌服饰；一楼是小商品、小百货市场；二楼为男女大众服装；三楼是布匹、鞋业大世界；四楼是名牌服装城；五楼是韩国城，主要经营流行的韩版及南方休闲男女装。中北商城实行“个体经营、统一管理、工商监管”的运行模式，坚持“顾客至上、诚信为本、以德经营、以诚取上”的经营理念，为消费者提供了一个美好、舒适、安全的购物环境。自开业至2006年，多次被河北省、邢台市评为消费者信得过单位。2006年荣获“河北省三星级诚信市场”称号。

中北商城

新世纪商城

新世纪商城

新世纪商城位于中兴东大街117号，是一家集城市广场和商业购物为一体的专业化市场。2000年9月28日开业，建筑面积27000平方米，是华北地区单层面积最大的商城，商城内设4条“井”字形通道，7个商业经营区（服装、小家电、百货、小吃、超市、童车、日用精品），商铺摊点1500多个，共有员工2000人，其中直接安排下岗就业人员1000

人。年营业额超过1亿元。该商城的配套设施先进，经营模式人性化，整个商城统一经营管理，统一市场推广，统一广告宣传。2003～2006年，商城先后被评为河北省第七届、第八届消费者信得过单位和邢台人最喜欢的商城。

邢台物美百货

邢台物美商贸百货有限公司，简称邢台物美百货，位于中兴东大街189号，东临清风楼仿古街，西临繁华的顺德路。交通便利、商家云集，建筑面积17290平方米，营业面积14000平方米，员工500名，是一座四层经营的购物场所，环境优雅、功能齐全。

邢台物美百货的前身是国有商业企业——新亚商城，始建于1993年7月，当时建筑面积11000平方米，营业面积8000平方米。1998年企业实行扩规改造，在原来的基础上开办了当年邢台最大的食品超市，扩大了家电卖场，提高了服务功能。2009年改制为民营企业，组建了邢台物美商贸百货有限公司。

物美百货主要经营日用百货、食品超市、男女服装鞋帽、大小家用电器、摩托车、自行车、电动车、针织纺织品、床上用品、黄金珠宝、通信器材等4万余种商品，经营宗旨是“信誉第一、质量第一、顾客第一”。是邢台市最具经营活力的商贸企业之一。

亿德隆购物广场

亿德隆购物广场位于中兴地道桥东南侧，其前身是邢台市兴合市场，2003年开始筹建亿德隆购物广场，2004年由河北富兴房地产开发公司开发承建亿德隆购物广场，同年投入使用。购物广场总投入6000万元，建筑面积8万平方米，共有商户800个，员工4600余人，年营业额超过亿元，为邢台市规模最大的综合性市场之一。

亿德隆购物广场主街

该市场的商品经营分为东、西两区，东区主要经营服装、鞋帽、床上用品，西区主要经营日用百货、小五金、小家电、日杂用品等。既有南方名茶又有周边传统商品。广场中央大道两侧是地方名吃，有北京烤鸭、天津菜馆、湖北家常菜等各地特色小吃，是邢台市民购物、就餐、休闲的理想场所。

东明国际家具博览中心邢台店

东明国际家具博览中心邢台分店是河北东明国际家具博览有限公司在邢台开设的连锁品牌商城，位于中兴东大街416号，2004年9月29日开业，注册总资本500万元，营业面积15000平方米，60个家具展位，110名员工，是邢台及周边地区最具规模及品位的现代化家具专营大厦。

东明家具商场经营的产品包括客厅、餐厅、卧室、儿童及办公家具等200多个品种，高、中、低一应俱全，款式新颖，风格各异，具有广阔的选择空间，是不同层次的消费者购买家具的理想选择。

东明家具博览中心邢台店落户邢台后为邢台家具市场注入了全新的模式和生机，满足了邢台人民对生活品位的不断追求和需要，获得良好信誉，被评为“守合同重信用”单位。

第三节　专营代理机构

专营代理是1998年以后辖区内兴起的一种新的商业购销形式，类似于原来的批发商。某区域、某种产品只由指定代理商代理，零销商或用户必须从专营代理商那里批货、购货。专营代理的类别一般为酒、机电产品、各种服装、家用电器等。专营代理由生产厂家授权，并到有关部门办理专营代理备案手续。到2006年，全区共有各类商品专营代理110个，从业人员6000多人。酒类专营代理16家、服装代理35家、机电产品代理40家、家用电器代理18家，专营代理商品均为省内外名牌产品及品牌商品。

2006年桥东区部分重点专营代理一览表

名　称	代　理
邢台汇丰糖酒饮料公司	泸州系列、杏花郎酒系列
华文酒业经销有限公司	板城烧系列
桥东区糖酒批发部	沙城老窖
天籁酒业有限公司	山庄老酒
腾龙商贸有限公司	珠江啤酒
吉旺商贸有限公司	长城葡萄酒系列
桥东福安啤酒营销部	燕京啤酒
邢台海尔专卖店	海尔系列电器
物美百货海信专卖店	海信系列电器
天一城电器城	戴尔计算机、联想计算机

第二章　物资经营

1980～2006年，物资流通体制经过4个阶段：1981～1983年为第一阶段，在物资供应流通体制上基本上是计划经济的指令性分配形式，桥东区此阶段没有物资管理部门，区域内所需各类物资由市计划部门统一调拨，凭调拨单到物资供应单位购买所需物资；1984～1988年为第二阶段，此阶段计划指令性分配仍占主导地位，但部分非重点物资已经开始采用订货会形式，部分生产企业有一定产品自销权，物资供应紧缺状况有了改善，区域内除了上级调拨的计划内物资外，还可以通过订货会，直接到生产厂家采购等方式弥补物资上的缺口；1989～1995年为第三阶段，物资流通体制改革迈出新步伐，实行计划分配和市场采购并行，计划分配物资品种和数量明显减少，市场采购商品增加，物资采购市场化开始起步；1998～2006年为第四阶段，物资市场全面放开，国营物资经营管理部门职能弱化，失去了调控手段，下属物资经销企业改制转型，改为股份合作企业或国退民进，社会上民营物资企业迅速发展。到2006年，辖区各类民营物资经销企业达到近百家，民营业额5亿元左右。

第一节　区物资局

桥东区物资局成立于1984年9月，为区政府物资管理经营职能部门。区物资局根据国家物资流通改革已经起步，社会物资仍处紧缺的现状，按照市场需求，建立了比较完善的门类齐全的经营管理体系，坚持集中统一，全面管理，从生产出发，为生产服务的经营管理理念，一切围绕区域经济和部分市属企业的发展，多品种、多渠道提供了工农业和基本建设的物资保障。1998 年以后，适时调整经营战略，突出了管材、板材和优质碳结钢为主的特色经营。2002 年物资局全面整合下属企业，集中优势品种，实行强强结合，同时实施企业改制，使企业走向市场化、规模化。到 2006 年底，物资局经过对下属企业整合和改制，组建和完善了 11 家具有独立法人资格的物资经销企业，营业额完成了 1.5 亿元。

1985～2006 年区物资局经营情况表

单位：万元

年　度	营业额	利润	上交税金
1985	66.67	2.98	1.15
1986	99.66	2.04	1.04
1987	70.43	0.30	0.56
1988	1147.47	47.99	3.19
1989	896.76	22.08	5.40
1990	963.02	22.32	7.27
1991	1853.55	34.61	11.43
1992	3631.01	35.52	13.32
1993	2954.10	32.10	9.62
1994	2360.11	31.55	14.71
1995	2350.04	-22.33	19.24
1996	2462.15	-135.51	24.17
1997	2128.13	-40.01	14.50
1998	2416.41	16.10	17.63
1999	2712.82	20.03	20.16
2000	3196.53	20.89	25.09
2001	3802.43	26.63	40.36
2002	4008.22	20.53	30.01
2003	7566.81	20.90	39.61
2004	9216.52	38.66	45.62
2005	13660.33	48.50	52.30
2006	15030.21	59.26	78.34

桥东区物资经营管理工作由“邢台市桥东区物资局”、“邢台市桥东区物资公司”负责，两块牌子一套人马。物资局行使行业管理的政府职能，物资公司以经济实体的形式履行桥东区工农业生产及基本建设的物资保障职能。1989 年 1 月 28 日，桥东区人民政府第 29 次常务会决定，邢台市郊区物资局在郊区撤消后，以“桥东区物资局供销公司”的名称并入桥东区物资局。1990 年 11 月 10 日区政

府又将该公司改建为“邢台市桥东区第二物资局”，7 年后该局管理机构瘫痪，停止运转。1992 年国家统配物资全部取消后，物资流通逐步市场化，随之其行业管理的政府职能不断弱化。与此同时，物资经销参与市场竞争的能力大大增强。1990 年桥东区物资局独立成立了党支部，2000 年 6 月组建了党总支委员会。下设邢台市桥东区物资局第一、第二、第三、第四党支部及局机关党支部等 5 个党支部，负责全系统的党务工作。局党政领导班子有 5 人组成，其中局长兼总支书记 1 人，副局长兼副书记 2 人。常设职能科室有办公室、工会、财务科，其中办公室党、政、计生办三合一，兼管劳资人事工作，财务科兼管统计工作。

第二节　物资供应市场化

1980～1995 年，桥东区物资流通供应主要是通过市属各物资公司和区物资局两个主渠道来完成的。市属物资供应部门是当时的主渠道，计划指令时期辖区所需各类物资均由市计划部门分配物资计划，各需购物资单位持计划调拨单到各物资供应点提货。在物资市场尚未全部放开，实行计划和市场双行线时，国家控制的重点物资及生产资料也由市物资部门统一供应。区物资局在改革开放初期重点是调整筹集国家刚刚放开的物资种类，进行拾遗补缺，弥补辖区的物资缺口。从 1996 年开始，国家物资市场全面放开，允许个体经营各种物资，大批民营物资经销企业进入市场，区域物资流通工作呈现多元化特点，有原有国有公司改制的股份合作公司，街道办的集体经销机构，还有民营企业和个体商户。这些物资经销企业一般是前边是门市，后边是仓库，主要设置在马路两侧，以新兴路、煤建路、新华南路、西围城路、邢州路、中兴东大街、梁庄路、顺德北路为最密集区域。到 1999 年各类物资经销机构达 260 余家。2000 年开始，根据城市发展规划，整治市容市貌，区里结合实际情况，先后建了一批专业市场，将分散在马路两侧的物资经营商户搬进市场，使物资经营实现了专业化、规模化、特色化、市场化。机电、五金物资生产原料都进了华北机电城和金马五金电城，各式钢材分别进入东郭村钢材市场、晋祠道钢材市场和物资局钢材市场；建筑材料和装饰材料进入了东方建材城、东升装饰超市、冀南装饰城等，结束了长期以来沿街经营的商业模式，实现了市场化规模经营。

第三节　重点物资企业

邢台市桥东工贸发展中心

该企业成立于 1999 年 11 月，前身为“邢台市桥东物化经销中心”。2002 年 6 月企业名称变更为“邢台市桥东工贸发展中心”，其分支机构和主要经营业务有：钢材部：主营钢材，职工 6 名，地址在申家庄钢材市场，年营业额 200 多万元，年上缴税金 4 万元，年利润 5 万元；阿瓦山寨饭店：主营餐饮（全国连锁店），职工 61 名，地址在中兴东大街 462～2 号，年均营业额 550 万元，上缴税金 6 万元，实现利润 8 万元；邮苑酒家：主营餐饮，职工 14 名，地址在新兴东大街 386 号，年均营业额 151 万元，上缴税金 1.5 万元，利润 3 万元；承包桥东三中食堂：负责 1000 余名学生和教师的饮食，职工 8 名，地址在西梁庄，年均营业额 103 万元，实现利润近 3 万元；承包河北机电学院食堂：保障 2000 余名教师员工及学生餐饮，职工 10 名，地址在原大成文武学校，年均营业额 123 万元，利润 3.6 万元；化工厂：主营化工产品，职工 6 名，地址在邢台市电子化工厂院内，年均营业额 20 万元，上缴税金 0.5 万元，年利润 1.8 万元。

2006 年，邢台市桥东工贸发展中心稳步发展，初具规模，已拥有 4 个分支机构，从事 6 块业务经营，员工人数达到103人。2004年至2006年三年累计营业额突破3400万元，上缴税金36万元，实现利润73.2万元。

邢台市桥东区物资局特钢经销公司

该公司自1994年1月组建，秉承“信誉第一、客户至上”的经营理念，强化信息工作，守法、诚信经营，从各种型材的购销入手，到做大做强无缝钢管、罗旋管、热镀管、方管等各型管材为主业，企业得到了长足发展。到2005年，公司员工达到20人，做到了企业收益与职工个人收入同步提高，调动了员工物资经营的积极性。1994～2005年，累计完成销售额8160万元，实现利税近300万元。2006年下半年邢台市桥东区物资局特钢经销公司实施改制，整体改为民营股份制企业。

邢台市桥东区物资局钢材市场

2000年9月，由桥东区物资局牵头，特钢经销公司出资40余万元，租地20余亩，组建了桥东物资局钢材市场，入住商户10家，以建材营销为主，工角型材、管材为辅。年均钢材吞吐量5.2万吨，营业销售额1.89亿元。2005年下半年该市场集体股东完全退出，全面实行民营化运作。

第三章　商品经营

1980～2006年，随着改革开放步伐的加快，桥东区商贸经济空前繁荣，这既促进了城市经济的发展，又满足了城区居民生活、生产的需要。从1993年开始，统购统销、计划分配、定量供应的计划经济模式逐渐被打破，特别是群众的生活用品及日常用品实现了市场调节，放开经营。原有的国营、集体商业经营机构失去自身优势，已转为股份或民营经济实体。同时，民营商业经营实体大量建立，使桥东区商贸经营主体、经营模式、流通形式都发生了重大变化。民营资本介入，全开放的经营，优质的环境，使桥东商品经营进入建区以来最好的时期。

第一节　日用百货

1980年，辖区内的日用百货店、个体民营商铺主要分布在西大街及北大街，为数不多。经营主体是国营和集体商场、商店，货源主要从邢台地区和邢台市两个百货批发站购进。日用百货品种主要有床上用品、各类针织品、洗涤用品、服装鞋帽布匹、各类钟表等小百货品。国营百货商场有大华百货商场、人民商场、邢州商场、清风百货商场、大通街百货商场、顺德商场等。1988年以后，商贸市场放开，货源渠道畅通，取消了百货批发中间环节，厂商直接见面，使国有、集体日用百货经营步入困境。到1995年，日用百货经营发生巨大变化。一是个体商业百货摊点增多，到2006年，全区日用百货摊点达1000余家；二是国营、集体百货商场改制，国退民进，原大型商场均改股份制或合伙企业；三是经营模式由单一向综合发展，区内建起顺德、华天、绿原、家乐园等6家大型超市，日用百货已进入综合经营，由现代超市取代了百货商场；四是沿路的百货摊点，得到了规范经营，都实现了进店经营，专品经营；五是建起了综合批发市场——顺德市场，这个市场有上百家商品批发商，他们从市外、省外各地购进各类商品，然后再批发给个体商户，市场内有商品库又有零售点，每天到石家庄、济南等地有购物专车。

1988～2006 年桥东区内大型超市一览表

名 称	地 址
家乐园超市新亚店	马路街
华天超市清风店	顺德路
绿原超市	红星街
红星超市	红星街
世纪商城超市	马路街
天一城超市	西围城路
顺德批发市场	顺德路
顺北超市	红星街

第二节 副食蔬菜

蔬菜 1980～1998 年，辖区蔬菜供应基本上是以市蔬菜公司供应为主，个体菜农为辅。市蔬菜公司在桥东设置了菜蔬商店 12 个，菜源由市蔬菜公司统一配送、调拨，蔬菜品种较少，多为顺季菜，农民产什么菜，市场上卖什么菜，返季蔬菜不多。春季以各种青菜为主，冬季以大白菜、萝卜、土豆等为主，价格由市公司确定。1999 年蔬菜市场放开，大批个体菜店和菜农进市，丰富了市民菜篮子，市场上返季蔬菜增多，一年四季可以吃到绿叶菜、新鲜菜，原国营蔬菜商店退出市场。2001 年后，在东围城南路建成邢台最大的东牛角蔬菜批发市场，为全区个体蔬菜经营者提供了充足的货源。为提高城区服务功能、方便群众生活，2005 年又先后建起北关、卫生街、黄家园、顺德北路、西关街、煤建路、东大街、车站南街等小型蔬菜市场。同时，在区内各大超市均设置蔬菜专卖区。

东牛角蔬菜批发市场

肉蛋 辖区内的肉蛋供应原由市蔬菜公司和食品公司负责，一般在蔬菜商店设肉食点和鲜蛋点。货源由市蔬菜公司和食品公司统一调拨、配送。改革开放以后，个体养猪场、养牛场、养鸡场发展很快，市场满足供应。肉蛋质量均由市属公司检验。1999 年，国营肉蛋商店退出市场，个体肉蛋经营成为市场主体。区内形成了“西门里肉蛋水产一条街”，肉蛋经营点遍布市区各街道，到 2006 年肉食、禽蛋摊点达 300 余个，从业人员近 2000 人。随着人们生活需求的提高，市区内还引进了品牌猪肉，做到了一年四季都可以吃到冷鲜肉。如“双汇”、“汪泉”、“千喜鹤”等 6 个品牌猪肉，冷鲜肉销售网点 62 个，为居民生活提供了方便。

第三节 粮 油

1981～1993年5月，辖区粮油实行计划供应制，凭非农人口粮油证购买粮油。成年人每月粮食定量29市斤，细粮粗粮配比4：6，对特殊工种或特殊人群适量增加细粮比例。春节和元旦有特供商品花生、粉条等。购粮油点由市粮食局在区内设置了15个粮店和2家食品加工厂，保证市民供应。在桥东区设置的15个粮店有大通街机关店、五一桥机关店、大通街市民店、五一桥市民店、光明粮店、新街粮店、东门里粮店、建设路粮店、东大街粮店、西大街粮店、西关街粮店、新华南粮店、马市街粮店、东牛角粮店、东郭村粮店；2家食品加工厂是光明食品厂、东牛角食品厂，共有职工370人。1989年10月10日，河北省地方粮票停止流通。1993年国家调整粮食价格，引起抢购风波。1996年粮食市场全面放开，市民粮油证停止使用，国营粮店已失去优势。2002年大批个体粮油经销店先后建立，粮油价格随行就市，粮油实现了市场化。到2006年全区粮油销售点有100多个，华天、家乐园、天一城等大型超市均设置粮油专柜。粮食及面粉货源由沙河、任县、南和等周边县提供，实现面粉等级化、袋装化。食油多为花生油、卫生油、调和油等，均为大企业生产，实现了瓶装化，零装食油很少。

第四节 烟 酒

1992年以前，桥东区糖酒供应由市糖酒公司负责。其间属计划经济管理，市糖酒公司在城区设置了23家副食商店，实行人员、货源、经营统一管理，有职工856人。年销售额达到6000万元。23家副食商店以糖酒为主，兼营其它食品。糖（白沙糖、红糖）和酒凭票按计划供应，一季度每人供应一市斤糖，国家十大名酒和省级地方名酒凭票供应，优质白酒放开供应。1993年，取消计划凭票供应制，糖和白酒敞开供应。1998年以后，个体商户发展迅速，国营、集体商业门市失去优势，到2006年，全区各类糖酒商业店铺达800余家，从业人员25000人。辖区酒类批发单位主要有17家，主要批发（兼零销）市外、省外名酒。

1998～2006年桥东区酒类批发单位一览表

单 位	地 址	证 号
邢台汇丰糖酒饮料有限公司	顺德路139号	E023
邢台恒业酒类营销有限公司	东关北口西北角	E072
邢台市惠苓酒业有限公司	南长街小学对面	E084
邢台恒利源商贸有限公司	邢州北路235号	E073
邢台市华文酒业经销有限公司	新华南路394号	E088
邢台君安酒类有限公司	新华南路699号	E097
邢台市桥东区糖酒批发部	辛庄北路18号	E095
邢台市仁达酒业有限公司	豫让桥路63号	E079
邢台市天籁酒业有限公司	新华南路288号	E078
邢台市忠华酒业有限公司	新华北路7号	E077

单　　位	地　　址	证　号
邢台原鹿商贸有限公司	中兴东大街	E122
邢台四恒酒业经销处	红星街	E118
邢台静远酒业有限公司	中兴东大街 338 号	E108
桥东清泉酒业	顺德市场	E116
桥东福安燕京啤酒营销部	牛市街 42 号	E107
邢台金亚天商贸有限公司	新华南路 523 号	E130
邢台市吉旺商贸有限公司	胡家庄新开路 8 组 3 号	E136

第五节　医　药

1980～1988 年，桥东区医药经销由邢台市医药公司统一设置医药经销门市，实行人员、药源、经营统一管理，辖区设集体药店 12 家，主要集中在火车站周边、大通街、北大街、西门里街、西大街、南长街、府前街等居民集中区。1989 年，国家放开医药经营市场，打破医药公司统购统销局面，个体药店药房发展迅速。1994 年国营、集体药店失去经营优势，经营困难。2000 年始，均改为股份制药店。到 2004 年，恒祥医药公司等 5 家民营医药公司占领市区市场，个体药房如雨后春笋。到 2006 年，桥东区各类大药房达 46 家。大药房硬件和软件设施均达到上级药监部门要求，大多数大药房被指定为邢台市、邢台县、桥东区及大企业的医保定点单位，方便了群众购药。城区 46 家大药房主要分布在红星街、顺德路、西大街、北大街、邢州路等居民聚集区。

1989～2006 年桥东区主要大药房一览表

药房名称	地　址	药房名称	地　址
红星大药房	红星街	国康大药房	顺德路
华神大药房	红星街	中西大药房	顺德路
协和大药房	红星街	华兴大药房	顺德路
枫林大药房	红星街	德仁大药房	顺德路
天宇医药	红星街	顺兴大药房	顺德路
和仁堂药房	红星街	忠义大药房	车站南街
康健药房	红星街	东康大药房	邢州南路
国大国药	红星街	文康大药房	邢州南路
东大医药房	红星街	恒康大药房	东大街
民生医药超市	红星街	兴盛大药房	东大街
国药大药房	顺德路	红兴大药房	中兴东大街
顺德大药房	顺德路	一泽大药房	府前街
利康药房	顺德路	健民大药房	府前街
天宇平价药房	顺德路	清风大药房	府前街
顺易大药房	顺德路		

第六节 金银首饰

1993年以前，辖区金银首饰店不多。金银属国家控制的特种有色金属，区内设有金银首饰店2个，一个是马路街邢台人民银行开设的金银首饰店，另一个是东围城路邢台县人民银行开设的金银首饰店。饰品品种单一、样式陈旧。随着改革开放的不断深入，金银市场也逐渐放开，市民富裕了，对金银、玉器、钻石等首饰的需要不断增加，到2006年，全区金银首饰店主要有8家，主要分布在繁华的中兴大街（马路街），经营的品种为黄金首饰、铂金首饰、钻石首饰、银器、玉器等。有沈阳萃华黄金、香港钻中钻钻石、梦祥银器、上海的老凤祥银器、深圳市七度银匠世家的银器等均为品牌商品。另外区内还有金银首饰加工点8个，只做来料加工，不从事首饰经营活动。

2006年桥东区金银首饰店一览表

名 称	地 址	名 称	地 址
中北珠宝行	中北商城一层	上海老凤祥银楼	亿德隆广场
金鑫金店	马路街北侧	珑鑫金店	马路街北侧
盛欣金店	亿德隆广场	金甡珠宝	亿德隆广场
七度银匠世家	顺德路南头	萃华金店	马路街中段

第七节 装饰材料

桥东区装饰材料行业起步于1985年。是年在东围城路、马路街和北大街开始有零星的小型装饰材料门市，最早的装修公司是邢台市天龙装饰工程公司和天厦装修工程公司，他们是前边门市经营装饰材料，后边是公司办公地点。初期的装饰装修业务主要是针对银行、商店、企业办公楼及剧场、影院等公共服务设施，尚未进入百姓家庭。1989年，装饰装修业迅速发展，并成为一个新兴产业。到2006年底，全区共有各类装饰装修企业100余家，从业人员达到3000人，装饰材料商城、店铺摊点800余个，品种达到近千种。主要品种有铝型材、塑钢、板材、花刚石、壁画、瓷砖、灯饰等。年经营额已达5亿元以上。

2006年桥东区主要装饰材料经营单位一览表

单位：个

市场名称	地址	摊 位
冀南装饰材料城	新华南路	300
东方建材城	新兴东路	150
东升家庭装饰超市	邢州南路	137
新兴东路建材街	新兴东路	100
永辉装饰城	新兴东路	50

东方建材城

东方建材城位于新兴东大街566号，始建于1994年，最初投资100万元，设置商铺30余个，员工200人。年营业额7000万元左右。该建材城原为邢台市建筑材料工业公司下属国有企业，2008年企业改制为民营企业。

东方建材城主要经营商品有三大类：一类是瓷地板砖，二类是卫生洁具，三类是天然大理石加工。商品主要产地为广东佛山市和上海市。佛山的商品有宏宇陶瓷、美陶磁砖、强辉瓷砖、雅士高夫陶瓷、莱姆石陶瓷等品牌产品，上海的商品有获中国著名商标的长谷磁砖等。

东方建材城一角

东升家庭装饰超市

东升家庭装饰超市位于邢州南路，始建于2003年，投资1200万元，设置经营店铺137个，有员工近400人，为民营企业，年营业额8000万元左右。

该超市为邢台市最早的建筑材料饰品专营店，经营区划分为A、B、C、D、E五个区，A区为涂料区；B区为板材区；C区为门业区；D区为室内装饰材料；E区为灯饰区。超市设管理办公室，统一负责超市的行政管理工作，经营业务由各商铺自理。该超市经营的涂料、板材、门业均为市场上的品牌产品，如金秋板材、南方门业、立邦、大宝、摩天涂料等。

第八节　交通工具

1981～1993年，自行车是市民出行及上班族的主要交通工具，辖区自行车总量近7万辆。自行车品牌有上海永久、凤凰、天津飞鸽、红旗、白山等10多个品种，多为加重自行车，既可带人又能带东西。从1994始，随着经济发展，市场上出现轻骑木兰及各式摩托车，一时成为人们交通工具的新时尚。到2003年，因国家提倡环保出行，再加上能源价格上涨，各式摩托车逐渐减少，取而代之的是各式电动车，这时骑自行车的只限于中老年人，青年人基本上都换骑电动车，电动车既节约、又环保、还方便，速度又快，深受市民欢迎。到2006年辖区各类电动车约8万辆。从2005年开始，小汽车开始进入家庭，一些个体业主、白领阶层、国企员工及高收入人群先后购买了小汽车，从2006年全区交通工具使用情况看，有3个特点：中老年人以自行车为主，一般市民以电动车为主，高收入人群以汽车为主。辖区各类汽车总量约1.5万辆。

第九节　区直商业

1981年，区政府设置商业科，后商业科划归桥东区经济计划委员会管理，其主要职能是负责组织发展区域商业经济，呈报区属商业报表，负责完成邢台市商业局安排的临时性工作任务，协调分配市商业局下拨的计划物资及部分商品。

1983年，区委、区政府为进一步加快桥东区商贸经济发展，充分发挥桥东区的商业优势，决定成立邢台市桥东区商业局，为区政府商业职能管理部门，局长为区财政开支，其他人员自收自支。同年，经区政府批准又成立了邢台市桥东区商业公司，该公司为区属国营企业，自己不发生经营业务，主要是负责管理下属商业企业，在工商局办理了营业执照。桥东区商业局同桥东区商业公司实行一套人马两块牌子，历任商业局长同时又是商业公司经理。目的在于既能加强政府对经济工作的领导，又能灵活解决经济活动中的一些实际问题。实际上是计划经济向市场经济转型初期的特殊产物。

桥东区商业局有3个特点：一是职能不健全，市商业局的职能桥东区商业局没有，大点的商业企业由市商业局管理，小商业网点由乡、街道办事处管理，区商业局下边没有自办的商业实体，对辖区商业企业，没有管理职能；二是桥东区商业局既是政府商业管理部门又是商业管理企业，局长区财政开支，其他人员为自收自支，人员使用没有严格的控制要求；三是商业局下属的商业企业都是挂靠企业，不是自办实体，因此对下属企业控制力不强，商业局只是提供各种服务，不投资，业务上不参与，每年只收一些管理费，用于管理人员的开支和补充办公费用。

1983年桥东区商业局成立后，区域商业一度得到较快发展。1998年，区属商业企业发展到18家，职工168人，年营业额达到500万元，上交税金15万元。2000年始，企业改革力度加大，市场经济进一步深化，上级要求政府管理部门必经和企业脱钩，特别邢台市大力实施国退民进发展战略，原来挂靠在商业局的各类企业，纷纷脱钩，还原了民营企业的本色。到2003年，挂靠企业全部解挂，管理费停止收费，所有商业局管理人员另谋职业，只留下局长一人，负责协调区政府安排的工作和处理遗留问题，商业活动基本终止。

一、区直商业发展

桥东区区属商业的发展，大致经历了三个阶段：

相对稳定阶段（1983～1988年） 这一阶段是计划经济体制还存在，市场经济体制刚刚推行。这个阶段的桥东区区属商业企业带有明显的计划经济痕迹，支持、扶植的商业企业都是集体企业，没有竞争意识，因此相对稳定。区属商业企业只有桥东区五交化公司、乡镇企业公司等3家企业，年营业额只有10余万元。

起步发展阶段（1989～1992年） 这一阶段是桥东区区属商业大发展起步期。区委、区政府提出三产兴区发展战略，并对商业局班子进行调整，充实了懂业务的管理人员。商业局重点工作是，解放思想、优化环境，广泛开展招商引企活动，充分利用桥东区老城区优势，引进人才、引进企业。分别在《邢台日报》和《牛城晚报》上刊登招商启事，介绍桥东区的优惠政策和服务承诺。通过招商活动，引来了9家商业企业。到1992年，完成营业额146万元，利润71500元。

快速发展阶段（1993～1999年） 商业局采取对内部管理人员实行发展网点有任务，超过任务有奖励，完不成发展计划扣工资的办法，局内7名管理人员积极性很高，大家找亲戚拉关系，千方百计拉企业到桥东落户，成效明显。到1993年底，区属商业企业达到18家，职工162人，年营业额达到500万元，利润15万元，创商业局成立以来最高水平。18家企业是：桥东区果品副食公司、桥东区副食食品公司、中兴五交化公司、桥东区商业物资公司、桥东区五金公司、桥东区华兴实业公司、桥东区工贸公司、桥东区交电公司、桥东区生胶塑料公司、桥东区汽车修配公司、桥东区襄都饭店、桥东区烟酒门市、桥东区土产日杂门市等。

二、商业管理机构

1983年桥东区商业局成立，设办公室，工作人员2人。同年，因工作需要，区批准成立区商业公司。桥东区商业局、桥东区商业公司，两个牌子一套人马。局长兼商业公司经理，局下设办公室、财务室。1994年管理人员8人，局设办公室、财务室、业务科。1999年设办公室、经办财务室，管理人员5人。

局办公地点：1983～1988年，在东围城路桥东区饮食公司平房内；1989～1996年，在东围城路黄家园政府临时办公楼；1997～1998年，在南长街原市检察院内平房；1999～2006年，在高庄桥路桥东区政府北院办公楼。

附：

西大街的兴衰

20世纪80年代，位于桥东区旧南关的西大街仍保持着繁华景象。在长达约1600米的街面上，拥有金融、百货、五金、家电、粮油、食品、日杂用品等商店数百家，鳞次栉比，占满了两侧，每逢过年过节、庙会假日，来自四面八方的顾客，熙熙攘攘，摩肩接踵，好不热闹！因此，早有人给西大街起一雅号“小王府井”，誉满全区，当之无愧。

当时，西大街最大的商场有2个，一个是东头路南（肉市街对过）的“邢台商场”，这是邢台最老的商场，建于20世纪50年代。其它大商场尚未开发以前，人们都到这里购物。另外，东头的穆盛斋回民糕点店、山海鲜、“王府井”、华信泰，中部的盛兴商场、万宝商场、花纱布店，西部的钟表店、人民银行、粮站和西头的邢台影院、新华印刷厂，形成了商业一条街。到了1988年，西部盛兴商场首创向个体经商户出租柜台，生意空前火爆。邢台商场沉不住气了，于1990年改建成三层封闭式售货厅。与此同时，马路街襄都市场也正在修建。两年后，襄都市场捷足先登，一至四楼所有柜台全部被抢租一空（免交一年工商税），把西大街大部分个体摊位吸引到襄都去了。邢台商场改建好装饰一新，相当漂亮，三楼还没有完全出租出去，没有兴旺起来，邢台商场开始走下坡路了。

第二个大商场就是“盛兴商场”，开业于20世纪80年代初，隶属于邢台市百货公司集体所有制企业，有职工132人，开始乘改革之东风，先后推行了经营责任制、班组简易核算、班组承包经营、百分计奖、联销计奖多种措施，职工积极性很高，天天顾客盈门，效益很好。但受大气候个体经济发展的影响，1984～1987年连续三年，经济效益逐年滑坡，致使商场领导焦虑不安，想方设法探求出路。1987年，以经理商吉庭为首的调查小组先后到北京、天津、石家庄、秦皇岛进行市场调查和参观学习。初步了解到个体商户进入国营商场经营后，给国营商场注入了积极因素。取经回来后，当年7月，经认真分析研究，开始公开招商，向个体户出租部分柜台，与本商场职工进行竞争对比。至8月，引入个体经营户11户，出租柜台35节。不到一年时间，一大部分个体商户成了“万元户”。这一下震撼了全场职工，纷纷向领导申请，要和个体比着干。1988年5月，商场研究确定，向内部职工出租柜台，制定“一租、两定、三自、两不变”方针，很快便有86名职工自愿组合成17个承包柜台小组，承包54节柜台。一时名声大震，各承包组为了促销，服务态度大变，顾客需要什么货进什么货，各组销售额大增，供不应求。

盛兴商场这一经验很快在全市不胫而走，百货公司领导向市商业局汇报，将它定为“盛兴经验”。省商业厅、体改委合作写出有关“盛兴经验”的调查报告，于是经验在全省传播开来。从1988年9月份至1991年末，各地市来参观取经的络绎不绝。从全省来说，邢台市盛兴商场是实行个体承包柜台第一家。

到了1993年，“襄都市场”完全投入使用以后，全部出租给个体商户（由于连续2年免交工商税），商品齐全，价格低廉，很适合消费者的购物心理，加上人民商场、百货大楼的陆续开业，把西大街邢台商场、盛兴商场和沿街的个体摊位的大部分顾客吸引进来，西大街开始滑坡，到了1995年，邢台商场三楼变成了仓库，盛兴商场和其他几个中小型商场也成了“半壁江山”。到了1997年，西大街的穆盛斋、肉食店、粮站和一些小商店像蒸发一样不见了。整个一条西大街，大部分门市变成了摊位，有的成了门市加摊位，逐步形成具有特色的分类摊位，如东部的鞋，中间的服装，西部的海绵、凉席和地板革，仍具有生存的活力。

进入21世纪，西部路北一带开始开发房地产，建综合楼，已经快拆到盛兴商场了。新华印刷厂已夷为平地，路南门市也要拆迁，计划要和羊市道、西羊市街建成特色食品街。东半部和北大街、花市街、东大街、牛市街、马市街，为了申报历史文化名城，将保留一部分老区民宅。昔日曾显赫一时号称“小王府井”的西大街将永远成为历史载入史册，画上句号了。

（马祺襄）

第四章　饮食业

桥东区是邢台市的老城区，也是邢台市居民最集中的区域。饮食业历史悠久，名店佳肴众多，如：邢台饭庄、光真楼、齐盛德、黑家饺子馆、天桥饭店、桐泰祥糕点店等。1980年，区内饮食业单位和摊点197家，从业人员达到1200余人。1981年，全区饮食业的营业额2000多万元，到2006年饮食业营业额达到9000多万元，从业人员达7000多人，成为桥东区经济的重要组成部分。

第一节　布局与发展

桥东区的饮食业主要分城区和市郊两大块，分布在2个乡和4个街道办事处。城区饮食业的特点是“档次高、有特色、历史悠久”，多为吃、住一体化的宾馆、饭店、酒家和特色小吃、风味小吃一条街，各小吃店、连锁店、加盟店等；郊区的饮食业多为农民及下岗职工所办，一般分布在马路或街道两侧，以平房或两层楼为多，档次较低，大众特色，便宜快捷，具有明显的农村特色。建区初期，饮食业多为国营、集体企业，大部分是乡、办事处直属的小集体企业，还有一部分是驻区的省、市属单位的劳动服务公司开发的饮食网点，主要是围绕市民及来区的流动人口搞好服务。在分布上的特点是“城区密度大于郊区，4个办事处优于2个乡”。

1988年以前是桥东区饮食业稳步发展阶段，重点是国营、集体饮食企业。区商业局的园林酒家，大梁庄乡的明月酒楼，北大街办事处的黑家饺子馆，西门里办事处的同聚德饭店，南长街办事处的白牌道口鸡饭店，西大街的绿洲酒家等都在当时饮食业中颇有名气。特别是马路街的东方不夜城，是改革开放后开办的开放型饮食业企业，吃、住、玩一体化，是当时邢台市最高级的接待场所。1989年两个乡划归为桥东区后，行政区域扩大，为桥东区饮食业发展提供了空间和物质基础。区委、政府解放思想、立足区情，提出了“一产稳区、二产强区、三产兴区的发展战略”，在全区实施了“开墙建店，退二进三”，国营、集体、个人一起上的重要举措，制定了相关的招商引资优惠政策，桥东区饮食业大发展拉开了序幕。

第二节　饮食业特点

规模化　桥东区较大规模的饮食业企业有10多家，如邢台宾馆、天桥庄园、同聚德饭店、格力森啤酒城、邢州大酒店、杭粤情饭店、渤海湾酒店、蓝天大酒店、景仙酒楼、大清花饺子等。

特色化　有邢台当地的特色名吃，也有各地引来的地方特色小吃。如：东围城的胖胖涮王、新华南路的新疆小羔羊等都是全国连锁店。阿瓦山寨是广西特色，具有浓厚的民族风情，物鲜价廉，很受市民欢迎，深海鱼头加面条是当地名菜。马路街中段的渤海湾酒店是海鲜特色。大清花饺子是全国加盟店，体现清朝的饮食特色。杭粤情是一座体现杭州、广东风情风味的大型酒店，独具特色。

外来饮食　随着改革开放的不断深入，桥东区饮食业也引进不少外来饮食文化，使桥东区饮食文化呈现多样化、特色化。1990 年以后，桥东区招商引资力度不断加大，多种外地及外国的饮食文化纷纷落根邢台。1998 年仅小肥羊涮锅就增添了 9 家，以后又陆续增加了肯德基、美国加州牛肉面、意大利面馆、胖胖涮王、海鲜馆等外来饮食，这些外来饮食进入桥东区后，使当地传统饮食文化和外来饮食文化实现了有机结合，丰富了饮食文化，提高了人民群众的生活水平。

特色小吃一条街　桥东区老居民多、平房多、街道多，区政府积极引导，培育了多条特色小吃一条街，成为桥东区饮食文化的一个亮点。粗具规模的有 10 条：红星东街小吃一条街、北长街小吃一条街、东门里小吃一条街、东崇礼小吃一条街、小东街小吃一条街、北大街路口小吃一条街、西大街西口小吃一条街、亿德隆小吃一条街、车站街小吃一条街、清风楼前小吃一条街。这 10 条特色饮食街，多为全天候营业，尤以早餐、晚餐为最盛。

桥东区的成型饮食企业多是响应政府“退二进三”战略，将城区中的工业企业迁到城外，在原地上发展三产和饮食业。这样既减少了工业企业对城市的污染，又繁荣了城区经济，为群众就业提供了机会。邢台市童装厂在市里黄金地带，他们果断实施“退二进三”，在原地上兴建了格力森啤酒城，起点高、发展快，以特色占领市场，投资 50 万元引进德国果味啤酒生产线，开创酒店酿啤酒之先河，填补了邢台市一项空白，得到广大市民的接受和称赞。同聚德饭店也是由原来的红旗运输队发展过来，成为全市有影响的饮食企业。

第三节　特色饮食企业

大清花饺子

大清花饺子邢台分店成立于 2002 年 11 月 16 日，为沈阳总店邢台加盟店，位于邢台市新兴东大街 226 号，分店面积 2600 平方米，其中营业面积 1750 平方米。分上下两层，一层为宴会大厅，可供 100 余人同时就餐，二层有雅间 12 个，员工 60 余名。

大清花饺子店是由沙河满族正黄旗的胡家先人于清朝乾隆年间始创，历史悠久，源远流长。在著名的“满汉全席”菜单中就有胡家先人创制的三鲜饺子、鸡馅饺子、满洲蒸饺等，满族饺子由民间食品进入到宫庭宴席的大雅之堂。

大清花饺子分店是桥东区具有民族特色的饭店之一。经营满族风味菜肴，口味以咸鲜为主，多味兼顾，菜品口感嫩、软、鲜、爽，具有浓重的满族特点和乡土气息。所用原料为绿色食品，所有品种均自己加工，口味纯正，干净卫生。饭店还特色经营胡家老酒，此酒源于清顺治时期，系纯粮酒勾兑而成，具有清香、清醇、甘冽的特点，为沙河胡家家酿之珍品。

该店开业后，坚持突出民族特色，抓住大清花饺子品牌，以优惠的价格、快捷温馨的服务，受到邢台人民的欢迎，为普通市民就餐、休闲提供了理想的场所。怀中抱珠、满香蒸野菜、清花大排档等多菜在省、市烹饪大赛中获奖。该店被中国中小企业促进会、中国经济贸易促进会评为全国行业十大最具发展潜力企业之一，董事长庞凤社被评为“建国 60 周年全国经济建设十大创业人物”之一。

景仙餐饮有限公司

景仙餐饮有限公司位邢州南路，始创办于 1992 年 9 月 28 日，并在原市服装公司楼下租赁经营景仙酒楼，当时，经营面积100多平方米，员工16人。企业根据发展要求，于1995年、1998年、2002年3次进行扩建改造，提高经营档次，使经营面积达到3000平方米，员工增至60余人。2004年注册成立了“景仙餐饮有限公司”，当年又新建景仙酒楼开口笑邢台县分店和开发区景仙大酒店，员工达300余人，经营面积达10000平方米。公司旗下的3家酒店，同时可接纳1800人就餐，既可接待散客，又可承办大型婚宴，成为邢台市重要的有特色的餐饮企业。

景仙酒楼以粤菜、鲁菜、淮扬菜、谭家菜为主打，山珍野味为特色，精品家常菜为实惠，得到社会认可，被邢台市评为“一类餐饮”单位，“邢台市烹饪饭店协会副会长”单位，“中国质量万里行”荣誉单位。

天桥饭店有限责任公司

天桥饭店有限责任公司位于顺德北路。其前身为1956年的第二合作饭店。1972年私家股份撤出，由国家经营，更名为大众饭店。1989年经理郑玉香将分散店铺进行了统一规划，建成南北两座营业楼，中间用过街天桥连接，故称天桥饭店。1995年和1999年公司两次进行扩建改造，先后在桥西建天桥酒家和顺德路天桥玉缘酒店。2000年5月企业改制，组建邢台市天桥饭店有限责任公司。到2006年公司员工达到280余人，年营业额近3000万元，成为邢台市餐饮业的龙头企业，该公司2003年荣获全国“三八红旗集团”，董事长郑玉香被评为全国劳模和人大代表。

该公司下属的天桥玉缘和天桥庄园等餐饮业，一次可接纳1500人同时就餐。可承办大型婚宴和其他会议就餐。饭店有雅间50个，大型宴会厅4个。天桥玉缘以大众菜为主，邢台包子是其品牌主食，家常菜风味有“素三丝、椒盐排骨、红扒金鱼块”等均为大众所喜爱。天桥庄园采用江南古建风格，融入古邢襄文化，在菜品上突出养生，既有当地家常菜，又有保定直隶官府菜、广东粤菜等，追求完美，追求时尚，是一家能住、能吃、能看的特色饭店。

第五章　社会服务业

1980～2006年，桥东区服务业主要经过两个阶段。1988年以前为第一阶段，这一阶段的服务业主体是国营、集体服务机构，主要是邢台市服务公司及市属单位设置的服务网点，还有区各乡、街道办事处、居委会设置的服务摊点。规模小、服务项目单一，包括理发、照相、洗浴、家电修理、宾馆、旅店等。1989～2006年为服务业大发展阶段，服务业国营、集体单位一统天下局面被打破，民营服务业遍布城乡，随着城市品位提高，居民生活需求多样化，辖区服务业呈现规模化、多样化、新潮化的特点。到2006年服务业从业人数为5000人左右，服务内容也吸引了大量外来文化，形成了以家政、中介、婚影、婚庆、美容美发、洗浴保健、汽车装饰美容等主体的新兴服务产业，为居民生活休闲提供了良好条件。

第一节　家政服务

家政服务是自1999年开始出现的新兴行业，主要包括家庭保洁、物业管理、人力资源服务、搬家、家庭装饰等服务内容。区内家政服务单位共有27个，其中初具规模的企业有10家，个体服务户17家。主要分布在城区各主要居民居住区，大梁庄和东郭村2个乡不多。家政服务一般是每个公司下设若干服务点，公司承接家政业务后由各点分头实施。从事家政人员多为经过专门培训的、具有一定专业素质的人员。有进城农民工、下岗失业人员、初高中毕业生等。2006年，全区从事家政服务工作人员在500人左右。

家政服务单位主要有：邢台市延泽保洁有限公司、邢台市家铭家政服务公司、邢台市共创防范技术有限公司、邢台市万基物业有限公司、邢台市君越物业有限公司、邢台市家乐园物业有限公司、邢台市正泰保洁有限公司、邢台市平安搬家公司、邢台市冠安人力资源服务公司、邢台市牛城搬家公司。

第二节 中介服务

中介服务是改革开放以后的新兴产业，在桥东区兴于1988年，迅速发展则是在2000年以后。随着城市经济的发展，大量农民工、商人进城区，他们需要租房，需要各式服务。此时，中介服务应运而生。刚开始时，只是中介小门市，只负责介绍租房类，后来发展成为中介服务公司，可以为客户提供贷款担保、房屋出租、房屋出售、房屋评估等一系列服务项目。到2006年城区已有及时雨中介服务公司、八达中介服务公司、恒信中介服务公司、阳光中介服务公司、邢洲中介服务公司、华英中介服务公司、顺德中介服务公司、顺发中介服务公司等8家专业公司，下设连锁网点55个，遍布市区街道，从事中介服务人员500人。从2003年开始，中介服务的范围更加广泛，出现了服务多元化的趋势，比如婚姻介绍、职业介绍、家教介绍、钟点工介绍、保姆介绍、搬家等。中介作为一种新兴产业，正在日益深入到社会各阶层，为社会和谐、人们幸福起到积极的支撑作用。

第三节 婚纱摄影

随着城市的发展，1995年城区婚庆业发展迅速。市民孩子结婚庆典从家庭走向饭店，从过去的拜堂仪式，兴为新式结婚庆典，新娘穿婚纱，新郎西装革履，新婚拍结婚照相册已成为时尚。从1995年全区第一家“钟爱一生婚纱摄影楼”建成，到2006年在顺德路已有14家婚纱影楼。在影楼既能看到西方的浪漫新潮，又能看到世界各地的民族风情。影楼一般实行“一条龙”服务，包括从化妆、设计造型、服装选择及室内和外景拍摄等全套服务。价格分高、中、低，适合各阶层人员。在2005年，又建起夕阳红婚纱摄影楼，专门为中老年人照结婚照，让中老年人也感到了新婚的浪漫。14家婚纱影楼有工作人员近900人。

钟爱一生婚纱影楼

奢靡私人婚纱影楼

2006 年桥东区婚纱摄影门市（影楼）一览表

名　　称	地　　址
钟爱一生	顺德南路
夕阳红	顺德南路
情订奇缘	顺德南路
双喜良缘	顺德南路
天长地久	顺德南路
千子晨	顺德南路
情深婚礼广场	顺德南路
伊时尚	顺德南路
阳光丽人	顺德南路
黑冰	顺德南路
罗雅	顺德南路
金棕榈	顺德路、红星街交口
鲁冰花	马路街顺德路交口
奢靡	顺德路、红星街交口

第四节　美容美发

顺德路韩舍造型美发店

1992 年，美容美发业在城区刚刚起步，一开始在顺德路的东崇礼街、新西街、红星东街等居民聚集区由福建、浙江等南方人开设了一些小型的美容美发馆，兼理发、美容、烫发于一体。人们感到新奇、时尚。

到 1997 年，辖区美容美发店铺已遍布全区大街小巷，到 2006 年各式美容美发店已发展到 125 家，其中多为一间式或两间式的营业门面，工作人员多为年轻人。从业人员达 700 多人，工作人员经过专门学校培训，有良好专业技能。美容美发店铺主要分布在火车站、汽车站周围，红星东街、府前东街、崇礼东街、顺德路、马路街、大通街、财满街、新西街、南瓦窑、西关街、车站南街等街道。在发展小型美容美发网点的同时，也培育了一些上规模的美容机构，如仿古一条街的媚思嘉美容美发中心、晓晴美容中心、秋芝美容中心等，均在邢台市市区占有一席之地，美容师们用辛勤的劳动和智慧创造着现代人的美。

第五节 宾馆洗浴

1980年，市面上专业洗浴机构很少，只有市政府招待处、邢台县政府招待所以及市直部门下属单位的招待所，内设洗浴项目，新华浴池是唯一一家国营洗浴服务单位。随着改革开放工作的不断深入和经济的发展，区内洗浴业迅速发展，但一般均为住宿、洗浴、饭店一体化，如最早的东方不夜城、三联大酒店、中北宾馆等。从1997年开始，洗浴作为一门行业开始独立，到2006年，全区洗浴成规模上档次企业有6家，个体洗浴网点100余个，从业人员500多人。从内容上也比前增多，有洗浴、桑拿、擦澡、按摩、美容、足疗等众多新兴服务项目。在邢台市洗浴行业，具有一定知名度的有邢台金色雅典洗浴中心、水晶宫洗浴中心、邢州大酒店洗浴中心、中北宾馆洗浴中心、天上人间洗浴广场、阳光洗浴中心、天之池洗浴等。洗浴正在向着休闲、养生、美容、保健的方向发展。

第六节 汽车修理装饰与驾驶培训

辖区汽车修理和车饰行业的发展是从2000年开始，随着城市发展，广大人民群众生活进一步提高，单位和个人购车猛增，到2006年辖区个体汽车有2万多辆，汽车购买量的增加，推动了汽车修理和汽车装饰业的发展，辖区汽车维修和汽车装饰各类企业有53家，个体汽车装饰门市38个。其中成规模的汽车修理企业5个、汽车美容14个、汽车装饰品商铺19个。比较成型的汽车维修美容企业有天诚汽修厂、红日汽车养护美容中心、车世界装饰美容中心、嘉义汽车维修装饰服务中心、福建汽车美容养护中心、捷安汽车服务中心、永康汽车配件服务中心。较为上档次的汽车饰品门市有中福汽车美容门市、郎勋车饰行、领航汽车饰品门市、立田汽车饰品门市。

伴随着汽车的增多，辖区内各类驾校也相继开办。到2006年，区内有驾校50余家，集中设置在仓南路一条街。规模较大、教培质量较好的驾校有中原驾校、公交驾校、京深驾校、九洲驾校、军星驾校、中华驾校等。

第七节 小区物业管理

桥东区小区物业管理兴于2000年，普遍推行于2003年。2000年以前，地产业不发达，生活区一般为单位集体建立或职工集资建立，生活区管理工作多为单位派人负责，管理内容只限于收水电费和打扫卫生，拉垃圾，还提不上管理。2003年以后，辖区中北地产公司、市房屋修缮公司、区住房合作社等地产公司先后在区内开发了中北小区、中北花园、中银花园、五一花园等一批商品住宅，因入住户都是四面八方的人，物业管理应运而生。物业管理的内容比之前丰富很多，包括小区绿化、卫生、安保、车辆管理，水、电、暖、楼房维修等一系列服务，物业管理人员经过专门培训，统一着装，服务专业化。到2006年，辖区有现代化住宅小区21个，均实现了物业管理规模化。有的小区物业管理做到了服务人性化，环境优美化，邻里关系和谐化，为居民提供了优美、舒适、宜居的良好生活居住环境。

2006 年桥东区现代化住宅小区一览表

名　称	地　址	名　称	地　址
顺德南路小区	顺德南路	中北小区	红星东街
平安家园小区	邢州北路	中银花园	新华南路
鸿运小区	新兴东路	芙蓉花园	新兴路南
东苑小区	江东路	师专小区	邢州北路
光明小区	公园东路	三中小区	邢州中路
五一花园	中兴东路	塔林小区	新华南路
牛市花园	牛市街口	崇礼东街小区	崇礼东街
黄河小区	车站村南	北关小区	北关村
带钢小区	车辆厂路	西大街西口小区	西大街西口
申庄新村	申庄村西口	路家园新村	路家园村
电缆厂小区	电缆厂北侧		

第六章　特种行业

辖区特种行业主要有：成品油经营、废旧金属回收、烟花爆竹经营三个类别。1981 年以前，特种行业经营由市公安局、市经贸委、市金属回收公司负责管理。建区后，市有关部门先后将特种行业日常管理工作委托区里负责，特种行业经营许可证由市主管部门颁发。

第一节　成品油经营

1980 年，桥东区内成品油加油站只有 5 座，均为邢台石油公司的国营加油站。随着经济建设和各种事业的发展，成品油需求量增大，区内加油站发展迅速。到 2006 年底，全区共有各类加油站 23 座，员工 250 余人，年销售汽、柴油量达到 3 万吨。其中，中石化加油站 6 座（中石化第 2、第 3、第 6、第 7、第 28、第 35 加油站）、中石油加油站 8 座（中石油第 2、第 41、第 55、第 83、第 146、第 111、第 103、第 167 加油站）、地方加油站 9 座（供电、兴泰电厂、九洲、光明、平安、中化道达尔、邢台市桥东、邢台吴华、邢台市桥东区加油站）。

第二节　废旧金属回收

1980～1986 年，废旧金属回收工作由邢台市物资局金属回收公司统一收购。1987 年，国家物资政策放开，允许个体经办废旧金属回收经营，但需要在市经贸委办理废旧金属回收经营许可证。到 2006 年底，辖区共有废旧金属回收站 8 个，员工 30 余人。这些回收站均设在城郊结合部，一般为敞开经营，8 个回收站年经营废旧金属量在 4000 吨左右。

2006 年桥东区部分废旧金属回收单位一览表

单位：吨

名　　称	地　　址	性　质	年经营量
邢台义超金属回收有限公司	路家园废器场西 3 号门市	私营	800
邢台立丰废旧金属回收一处	迎宾路	私营	300
邢台金利金属回收有限责任公司	开发区王庄村	私营	500
邢台市桥东区物资局回收处	钢铁北路	集体挂靠	200
邢台立丰废旧金属回收二处	迎宾路	私营	400

第三节　烟花爆竹经营

1980 年，辖区烟花爆竹经营主要有三部分：一是邢台市日杂公司烟花爆竹仓库在车站北街，常年存货并进行批发业务；二是辖区设置的常年固定销售点 5 个；三是每年春节期间设置的临时销售点。2004 年以前，烟花爆竹销售管理工作由市有关部门统一设置和管理。之后，烟花爆竹经营管理工作由区安监局负责。年烟花爆竹经营额在 500 万元左右。到 2006 年底，辖区烟花爆竹固定经营点达到 7 个，每年春节期间增设的临时销售点 120 余个。根据烟花爆竹安全管理要求，市日杂公司烟花爆竹仓库迁到了郊外。货源供给：2005 年以前为商户自行提货，2006 年改为日杂公司专业配送。

2006 年桥东区烟花爆竹固定经营点一览表

单位：平方米

名　　称	地　　点	占地面积
双庆烟花爆竹专营点	新兴东路	12
龙达烟花爆竹专营点	拐角村北	18
东方烟花爆专营点	中兴东大街 372 号	15
明珠烟花爆竹专营点	新兴东路 101 号	12
顺发烟花爆竹专营点	襄都北路 136 号	20
兴隆烟花爆竹专营点	襄都北路 546 号	20
李家庄日杂公司烟花爆竹专营点	李家庄村	20

第七章　金融业

2006 年，桥东区本身没有设置银行、保险业，辖区的银行、保险业主要是市设置的银行、保险机构及驻区的服务网点。中国工商银行邢台分行、中国农业银行邢台分行、中国银行邢台分行、中国建设银行邢台分行、中国人寿保险邢台分公司、河北证券经纪有限公司等银行、保险单位均在桥东设有众多服务网点。

第一节　中国工商银行股份有限公司

中国工商银行股份有限公司邢台分行前身是中国工商银行邢台分行，成立于1985年1月，2005年10月成立股份有限公司后更名。现有正式员工1901人，下辖22个支行、82个营业网点。网点电子化覆盖率达到100%，覆盖邢台市及周边11个地县，服务7000多家法人客户和17.7万个客户。截至2006年末，人民币各项存款余额181.7亿元。本外币各项贷款（含票据）余额48.7亿元。业务发展速度和总量居同业领先地位，是邢台市规模最大的、资金实力最雄厚的股份制商业银行。

中国工商银行邢台分行拥有先进的计算机网络和技术平台，连接工行遍布全国2.1万余个营业网点，以及分布全球66家海外机构及70多个国家、地区的代理银行，能够为客户高效快捷地完成国际结算、收付汇及资金调拨等业务。拥有优良的服务设施和专业化的客户经理队伍，能够为客户量身定做综合服务方案，提供专业理财服务。秉承“以客户为中心”的经营理念，不断推陈出新，形成了以融资产品、存款产品、结算产品、理财产品、电子银行产品等为主体的完备的产品体系，满足客户多层次需求。

中国工商银行股份有限公司邢台分行始终坚持把服务经济社会发展、满足客户金融需求放在经营之首位，围绕客户提供全方位、多元化优质服务，与社会各界建立了广泛的联系，与多家大企业建立了战略合作伙伴关系，有力地支持了国有大中型企业、重点建设项目以及邢台市经济发展。连续多年被邢台市委、市政府评为“行风评议先进单位”、“创建文明机关先进单位”。

2006年工商银行邢台分行桥东区网点一览表

网点名称	地　　址
工行邢台市新华路支行	新华南路280号
工行邢台市桥东支行	中兴东大街220号
工行邢台市开元支行	邢州北路191号
工行邢台市邢州支行	邢州南路1号
工行邢台市顺德支行	顺德路279号

第二节　中国农业银行

中国农业银行邢台分行恢复成立于1979年，主要办理储蓄存款、对公存款、各种贷款、票据贴现、转帐结算、汇兑、承兑、国际业务、信用卡业务、代理业务等，业务品种齐全。内设部门18个，下设二级支行31个，营业网点95个，员工1649人，是邢台员工人数最多、网点分布最广的国有商业银行。

农行成立以来，以支持城乡经济发展、服务“三农”为己任，积极发放扶贫、开发贷款，支持农民脱贫致富；支持农田水利建设，改善农业生产条件；带动农村和区域经济上台阶；集中资金支持吉泰特钢等大中企业发展，为邢台经济快速健康发展提供资金支持。在业务发展过程中，农行注重业务创新和加快电子化进程。1995 年，全国电子汇兑网络开通；1996 年，省辖电子汇兑开通；1997 年，市区储蓄通存通兑网络开通；1998 年，信用卡自动授权网络开通；1999 年底，市区、县城的营业机构储蓄、对公业务计算机网络覆盖面达 100%，加快了资金划转速度，提高了工作效率，能够为客户提供更加快捷、便利、优质的金融服务。

2006 年农行邢台分行桥东区网点一览表

网点名称	地　址
农行邢台分行营业部	新兴东大街 278 号
农行邢东支行	邢州北路 159 号
农行襄都支行	中兴东大街 205 号
农行新兴支行	新兴东大街 428 号
农行红星分理处	顺德路 193 号
农行地道桥分理处	中兴东大街 12 号
农行开发区分理处	开发区大海乐园综合楼
农行清风分理处	府前东街
农行新兴分理处	新兴大街与新华路交叉口
农行邢州北路分理处	邢州北路翟村
农行豫让桥分理处	邢台学院北门东 50 米

第三节　中国银行

中国银行邢台分行成立于 1986 年 7 月 1 日。原名为中国银行邢台支行，当时有员工 18 名，办公地为租用地区外贸农产品出口公司加工厂二楼（新华南路 203 号）。1987 年 9 月 5 日迁至新华南路 125 号（原市工商管理局）；1988 年 8 月 28 日，正式更名为中国银行邢台分行，迁至西门里街 1 号；2006 年 7 月 1 日，迁至中兴西大街 16 号。

主营业务为存款、贷款、结算、票据贴现、贸易融资、银行卡、资金清算、现金管理及代理保险等。

中行邢台分行在市区共有 31 个网点，其中：桥东区有综合性支行 3 家，分别为新华支行（位于新华南路 208 号，成立于 1998 年 5 月 6 日）、桥东支行（位于西门里街 1 号，成立于 2005 年 6 月）、顺德路支行（位于顺德路 428 号，成立于 2006 年 6 月 6 日）；经营性支行 1 家，为中北支行（位于顺德路 7 号）；分理处 2 家，分别为邢州分理处（位于邢州南路 118 号）、西围城分理处（位于西围城路）。

2006 年，全行共有在岗员工 603 人，其中在岗正式工 475 人、劳务工 128 人，另有退休、内退人员 83 人。分行管理人员 177 人，设 13 个部门，分别为公司业务部、个人金融部、计划财会部、票据中心、国际结算部、风险管理部、内控部（事后监督中心）、人力资源部、综合管理部、监察部、保卫部、信息科技部和营业部。

中国银行邢台分行自成立以来，始终坚持“客户至上，诚实守信”的职业规范，稳健经营，深化改革，与社会各界建立了良好的合作关系，为地方经济发展做出了积极贡献。特别是进入21世纪后，认真落实科学发展观，以市场为导向，以客户为中心，紧紧围绕市委、市政府和省行整体战略部署，以质量和效益为目标，加快信贷投放，增强盈利能力，整合业务流程，提升服务水平，受到了社会各界的好评。资产负债规模双双突破百亿元大关，中间业务和经营效益取得大幅进步，在河北省中行系统内绩效考核连续三年名列前茅，连续五年被评为民主评议优秀单位，连续四年被评为行风建设先进单位，位列2006年邢台市“千家企业评部门”第一名，各项工作正在进入一个新的发展时期。

第四节 中国建设银行股份有限公司

1954年10月1日，中国建设银行邢台分行在原交通银行邢台分行的基础上正式成立。1996年1月，新建的办公大楼（新兴东大街69号）正式投入使用。建行邢台分行坚持为客户提供全面的商业银行产品和服务。业务范围包括：公司银行业务，向公司客户提供包括公司类贷款、贸易融资、存款、代理服务，以及财务顾问与工程造价咨询、现金管理、汇款、结算、托管、担保服务等；个人银行业务，向个人客户提供个人贷款、存款、银行卡、个人理财，以及汇款和证券代理服务；保险代理服务等；金融市场业务，包括结售汇、外汇买卖及衍生金融工具交易、本外币理财产品业务等。内设部门15个，在市区有57个营业网点机构，员工1400余人。

中国建设银行股份有限公司邢台分行坚持“以市场为导向，以客户为中心”的经营理念。贯彻“客户至上，注重细节”的服务理念，努力实现“与客户同发展，与社会共繁荣”的庄重承诺。以优质的金融服务支持地方经济建设，将邢台市三大战略支撑产业（冶金机械装备制造、煤及煤化工、单晶硅材料行业）作为重点支持行业。充分发挥该行在中长期贷款及城市基本建设贷款上的优势，加大基础设施、公用事业和基础产业及配套工程的中长期信贷支持力度，围绕当地交通、电力等重点项目、骨干企业，提供全方位一揽子金融服务。积极拓宽企业融资渠道。努力提升县（区）域行处服务品质，为区域经济发展贡献力量。针对邢台中小企业及民营经济发达的特点，加强业务创新步伐，建立信贷工厂模式，推广供应链融资业务，切实为中小企业及民营企业解决融资难题。以网点转型为契机，加强软硬件建设，改善服务环境，为市民提供一流品质的服务，努力创建最佳服务银行。

2006年建行邢台分行桥东区网点一览表

网点名称	地　址
建行桥东支行	桥东区南园路1号
建行新华南路支行	桥东区新西街188号
建行邢台新兴东大街支行	新兴东大街69号
建行邢台住房城建支行	桥东区顺德路60号
建行邢台新华北路支行	新华北路蓝天大酒店一层

网点名称	地　　址
建行顺德路支行	顺德路444号
建行新兴支行	新兴东大街223号
建行电厂支行第一分理处	光华路1号
建行电厂支行营业室	光华路2号
建行东门里分理处	桥东区东门里街11号
建行中心东大街支行	中兴东大街675号
建行卫生街支行	邢州北路卫生街东口

第五节　邢台市商业银行

邢台市商业银行是一家经中国银监会和河北银监局批准成立的具有一级法人资格的股份制商业银行，其前身是邢台市城市信用联社。地址位于邢台市中兴东大街111号。

邢台市商业银行下设15个支行和营业部。其中在桥东区设立了北围城支行、环城支行、桥东支行、顺德支行、邢襄支行、华银支行、汇通支行、襄都支行8个基层支行和1个总行营业部。被全国商业监管评级为三类行，资本充足性在全国银行业保持良好水平。

邢台市商业银行是邢台市地方银行，自城市信用联社升级为商业银行后，各项管理工作进一步规范化，确立了科学的定位和发展战略，启动了人文相融的企业文化，为商业银行发展奠定了坚实的基础。该行的指导思想是“合规经营、严控风险、科学发展、打造精品”，发展定位是“源于邢台、服务邢台、扎根邢台、超越邢台”，市场定位是“服务地方经济、服务中小企业，服务市民百姓”，提出了“责任、执行、协作、感恩”的商行精神。把邢台市商业银行真正建设成管理一流、服务邢台的邢台人民自己的银行，成为邢台经济和社会发展的源泉和动力。

第六节　农村信用合作联社

邢台市城郊农村信用合作联社的前身是成立于1954年的邢台市郊农村信用社。位于中兴东大街466号，隶属中国农业银行。1997年与农业银行分离，成立邢台市城郊农村信用合作联社，2006年12月改制为股份合作制社区性地方金融机构。在邢台市郊共设置8个基层农村信用社、1个联社营业部、13个分社、3个储蓄所，在册职工318人。

邢台市城郊农村信用合作联社的主要经营范围为：吸收公众存款，发放短、中、长期贷款，办理国内结算，办理票据承兑与贴现，代理发行、代理兑付，承销政府债券，买卖政府债券、金融债券，从事同业拆借，代理其它银行的金融业务，代理收付款项及代理保险业务等。主要服务宗旨是：立足城乡结合部，服从市区。以安全性、流动性、效益性为经营原则，坚持审慎经营，自主经营，自担风险、自负盈亏、自我约束。为辖区城镇居民、个体经济、中小企业发展提供金融服务。积极介入承接市政府主导的产业项目，加大对地方重点项目、特色项目、重头企业的支持力度。累计对城区重点企业支持信贷资金4亿元，对促进桥东区域经济发展起到了重要作用。

邢台市城郊农村信用合作联社在桥东辖区营业网点共有7个，职工60人。

2006年邢台市城郊信用联社桥东网点一览表

网点名称	地　址
桥东信用社	中兴东大街466号
大梁庄信用社	辛庄南路
东郭村信用社	新华南路709号
车站南街分社	车站南路
新兴东路分社	新兴东大街569号
东马路街储蓄所	新东街色织厂北侧
南康庄分社	南康庄村东

第七节　城市信用社　典当行

1984年区人民政府和邢台市人民银行共同组建马路街城市信用社，为人民银行在辖区的金融机构。1988年与区人民政府脱钩，马路街城市信用社划入邢台市城市信用联社管理，其间马路街城市信用社为区域经济发展提供了大量的资金支持。1993年，马路街典当行成立，在辖区开展民间股金的吸纳，并支持地方企业的发展。1999年，国家对金融市场开展清理整顿，马路街城市信用社、马路街典当行被撤销，资产交邢台市金融资产管理办公室，工作人员按有关政策妥善安置。

第八节　中国人寿保险股份有限公司

一、公司概况

中国人寿保险股份有限公司邢台分公司，其前身是中国人民保险公司邢台分公司，分设于1996年的中保人寿保险有限公司邢台分公司，1999年5月，中保人寿保险有限公司邢台分公司更名为中国人寿保险公司邢台分公司，2002年3月，更名为中国人寿保险公司邢台中心支公司，2003年9月，更名为中国人寿保险股份有限公司邢台分公司。

2006年底，邢台分公司内设机构综合管理部、人力资源部、个险销售部、团险销售部、中介代理部、财务部、业务管理部、客户服务部、信息技术部、审计特派办。其中，所属分支机构22个，市区营业单位5个，即：桥东、桥西支公司，第一、二、四营销服务部；县（市）支公司17个，即：邢台县、沙河、临城、内丘、柏乡、隆尧、任县、南和、宁晋、巨鹿、新河、广宗、平乡、威县、清河、临西、南宫支公司。同时，农村营销服务部达到了63个，建立了较为完善的销售网络。

2006年底，公司保费总收入65954万元，占邢台寿险市场份额的63%；累计承保长期险和短期险120万人次，保险金额100多亿元；2006年共向客户支付各类给（赔）款7161万元。

同时，该公司立足本身职能，紧紧围绕经济建设、构建和谐社会搞好配套服务。一是认真做好城镇职工补充医疗保险，为城镇职工提供了医疗保障，2006年承保了市直和19个县（市、区）的城镇职工补充医疗保险业务，累计承保30万人，2006年此项业务给付赔款1205万元，加强了社会保障体系建设；二是认真做好计生系列保险工作，为计划生育家庭提供保险保障；三是认真做好学生保险工作，为在校学生提供保险保障。

二、主办险种

主要经营普通寿险、人身意外伤害保险、健康保险、分红保险四大类100余个险种。

三、保费收入及给赔付情况

1996～2006年人寿保险邢台分公司保险收入及赔付情况一览表

时间（年）	保费收入（万元）	给赔付保险金（万元）
1996	3077	
1997	5749	
1998	9532	
1999	11149	3083
2000	17714	2711
2001	23759	2238
2002	36199	5051
2003	44701	3935
2004	52483	6784
2005	59853	4814
2006	65954	7161

第九节　中国太平人寿保险公司

太平人寿保险公司历史悠久，1929年始创于上海，1956年移至香港专营寿险业务。2001年11月，中国太平保险集团公司以“太平人寿”名义，全面恢复经营国内人身保险业务，成为全国第六家寿险公司。

中国太平寿险公司是隶属国务院的国有控股金融保险集团公司，为我国第一家跨国金融保险控股集团公司。公司秉承中国太平“用心经营，诚信服务”的经营理念，以创造富裕的安宁生活为使命，致力于为客户提供周全的保险保障和金融理财服务，勇于承担企业、公民的社会责任，树立了良好的社会信誉。太平人寿已跻身于“中国企业500强”和“中国服务企业500强”。

中国太平人寿保险有限公司邢台中心支公司位于桥东区中兴东大街117号商务楼五层，职场建筑面积1000平方米，有内勤人员22人、外勤人员240余人，寿险营销代理人员300人，主要保险业务在邢台市区，保险标保360多万元，银保期缴标保900多万元，趸交近5000万元保费。

第十节　中国生命人寿保险公司

中国生命人寿保险股份有限公司是一家国际化大型股份制专业寿险公司，成立于2001年12月

28日，总部在上海浦东。公司由首钢集团、大连实德、广东广晟等8家国内大型企业发起成立。2003年4月，该公司与东京海上日动火灾保险株式会社、东京海上亚州有限公司签署参股协议，顺利实现资本国际化，注册资本金超过20亿元，成为市场上实力雄厚的新兴寿险公司之一。

中国生命人寿保险股份有限公司邢台中心支公司位于邢台市新华北路25号。2006年，职场面积1000平方米，设置综合营业部、营销部、银代部、团险部等组织机构，在册内勤人员20人，在册业务人员200余人。主要经营范围有三类：一是各类人寿保险，二是健康保险，三是人身意外伤害保险业务。主要业务在邢台市区，各县市区业务正在筹备中。公司的经营理念是“以人为本，尊重生命”，坚持稳健规范的发展方针。

第十一节　中国大地财产保险公司

中国大地财产保险股份有限公司是经中国保监会批准成立的全国性财产保险公司。2003年10月20日在上海成立，注资资本47.2亿元人民币。

中国大地财产保险股份有限公司邢台中心支公司成立于2006年4月26日，位于邢州北路246号，有职员50余人，并在邢台地区设立了8个县级机构。其业务经营范围包括12类，即：企业财产保险、机动车辆保险、工程险、责任险、信用保险、保证保险、家庭财产保险、货物运输保险、船舶险、农业保险、短期健康保险和意外伤害保险等。公司坚持“诚信为先，稳健经营，价值为上，服务社会”的经营理念和“立足大地、携手企业，共享未来”的企业精神，围绕保险促经济，在邢台市区发展迅速。2006年底，在全市财产保险公司中成绩斐然，市场份额在全市财产保险份额中名列第二位，保费规模达到6000万元。

第十二节　河北证券有限责任公司邢台西门里营业部

河北证券有限责任公司邢台西门里营业部于2002年8月成立，该机构系邢台桥东区唯一合法证券经营机构。其前身为河北省证券公司邢台证券交易营业部，筹建于1995年初，由中国人民银行邢台分行出资成立。至2006年底，营业部名称经历四次变更分别为：1995年4月至1997年10月，河北省证券公司邢台证券交易营业部；1997年11月至2001年1月，河北证券有限责任公司邢台证券交易营业部；2001年1月至2002年8月，河北证券有限责任公司邢台马路街证券营业部；2002年8月，河北证券有限责任公司邢台西门里证券营业部。

2006年，营业部共有员工26名，其中营业部负责人2名（经理、经理助理），财务部3名，电脑部3名，综合部2名，交易部10名，市场部2名，沙河服务部2名，巨鹿服务部2名。营业办公场所系租赁邢台剧场房屋，共2600平方米，包括营业大厅、前厅、大户室、办公室等。主营业务范围包括证券的代理买卖，代理还本付息、分红派息、证券代保管、鉴证，代理登记开户。

第十二编 工 业

1980 年桥东区刚成立时，工业经济基础薄弱，没有成型工业企业，主要是一些小型的社队企业（副业），大多制造生活和生产日用品。从 1986 年开始，工业企业逐渐发展起来，特别是 1993 年以后，成型企业不断增加，工业经济成为桥东区经济的重要组织部分。该区工业企业主要以区属集体所有制和民营企业为主，国有企业很少。1998 年，市属 17 家困难企业下放到桥东区，桥东区政府通过兼并、拍卖、股份合作制、租赁、重组等改革形式，对 15 家企业实施了政策性的破产，8 家企业完成资产变现和职工安置，对 2 家产品好的企业实行了股份制改造，使闲置的土地和资产得到了较好的利用。2000 年，随着企业改制工作的全面实施，全区大部分原集体企业已改制为股份制或股份合作制企业，还有的已改为民营企业，改制为企业注入了活力，使桥东区工业焕发了新的青春。

第一章 区 乡（处）工业

1980～2006 年，区委、区政府坚持以经济建设为中心，对工业发展十分重视，大力开展招商引资、招商引企活动，采取多种形式陆续建设了冶金、机械、建材、电子、轻工、化工、医药、食品等一大批企业。2006 年，区属工业总产值完成 29257.7 万元，比 1981 年工业总产值 321.5 万元增长了 90 倍，占区属三次产业总值的 19.9%。

第一节 冶金 机械

冶金机械行业是桥东建区以后逐步发展起来的一个新兴行业。1981 年以前，冶金机械行业几乎是空白。只有街道或生产队一些零星的小手工制造摊点，主要是修修配配和生产一些简易农用工具及日用产品。1981 年开始，区委、区政府采取多种措施建设了一批冶金机械企业。到 2006 年桥东区冶金机械行业已初具规模，年工业产值达 7 亿多元，成为桥东区工业经济的主要支柱产业之一。

邢台市粉末冶金厂

邢台市粉末冶金厂位于邢台市顺德路 158 号，隶属于桥东区发改局，系区属集体工业企业，后改制为股份制企业。该厂始建于 1977 年 6 月，由原向阳路人民公社北关大队筹建，1978 年正式建成投产。厂名原为邢台市向阳粉末冶金厂，主要生产粉末冶金配件。1981 年，区政府为加强企业管理，指导、规范企业发展，决定将邢台市向阳粉末冶金厂业务上划归区工业公司领导。同年，经邢台市经委批准，更名为“邢台市粉末冶金厂”。该厂占地总面积为7333.3 平方米，建筑面积为3322 平方米，其中生产建筑面积为2272 平方米，非生产建筑面积为1050 平方米。有职工168 人，固定资产1000 万元。2001 年工业产值为1000 万元。

该厂注重产品质量，严格企业管理，积极开展全面质量管理活动，从厂部到车间、班组都设置了质量管理组织，形成了较完备的质量管理体系。1989 年，汽车配件 BT－130 转向拉杆球碗下座，荣获河北省优质产品称号，其他产品也在华北地区粉末冶金行业组织的行检中，年年被评为一等产品和合格产品。产品主要销往沈阳、长春、哈尔滨、上海、北京、绍兴等地的大中型专业厂家。1996 年，按照政企分开的原则，企业实行改制，组建邢台市海博粉末冶金有限公司，由区发改局负责宏观管理和指导。

邢台市吉泰特型钢厂

邢台市吉泰特型钢厂（原邢台市五一轧钢厂）创建于1985 年，位于邢台市新兴东路，企业占地面积67000 平方米，有职工800 余人，固定资产5107 万元，年产特型钢材10 万吨，年产值近5 亿元，该厂为股份制企业，先后被评为河北省千家骨干乡镇企业，“河北省百强企业及河北省明星企业”，“银行 AAA 级信用企业”，省级“重合同守信用”企业，诚信守法企业。

邢台市吉泰特型钢厂

邢台市吉泰特型钢厂有3 条轧钢生产线，主要产品有：5～10 号槽钢、8～24kg/m 轻轨，Z 字钢、M 型钢、10～28 螺纹钢、六角钢、球扁钢12#、14#、16#和热轧电梯轨 T75、T89。这些产品主要用于建筑、矿山、工业方面，球扁钢主要用于造船及海洋工程结构、桥梁建设等领域，它的力学性能、化学性能均得到船检部门检验合格。热轧电梯轨主要适用于电梯行业。

该厂具有完备的质量检测体系和先进的质量检测设备，产品畅销全国19 个省、市、自治区，受到用户欢迎。该厂一贯奉行“质量第一，用户至上”的服务宗旨，2000 年12 月，通过中国冶金质量体系认证中心 ISO9001 质量认证，同时通过了中国、德国、挪威、英国、美国和法国等船级社的工厂认可。2001 年，电梯导轨产品获河北省优质产品，2002 年获河北省名牌产品称号。该厂发展前景广阔，已成为亚洲最大的特型钢生产基地之一。

邢台市五一研磨材料厂

邢台市五一研磨材料厂位于邢台市新兴东路，系桥东区大梁庄乡集体企业。该厂建于1975 年7 月，由大梁庄乡政府投资兴建，占地面积为11500 平方米，建筑面积4000 平方米，有职工120 人。

建厂初期，企业年产二级棕刚玉磨料50 吨，产值只有6 万元，利润4000 元。为了实现配套生产，扩大生产能力，解决原料问题，1989 年投资一百多万元，进行技术改造，历时一年，建成一条棕刚玉生产线，1990 年初正式投入运行，到年底工业产值达400 万元，销售收人达414 万元，实现利税53 万元，成为桥东区工业企业利税大户。1993 年，完成工业产值410 万元，实现利税23.6 万元。1996 年实现工业产值560 万元（不变价），实现利润27 万元，上交税金8.1 万元，创企业之最。

该厂的主要产品是棕刚玉系列产品和各种规格、材质的砂轮、油石。该厂生产工艺先进，设备精良，产品均按国家标准组织生产。产品远销全国 20 多个省市和地区。产品质量可靠，深受广大用户的喜爱。连续多年被评为河北省“重合同守信用”单位。2006 年已停产。

邢台市五一农机修造厂

邢台市五一农机修造厂位于邢台市东马路街 357 号，系大梁庄乡集体企业。该厂的前身是一个修配门市，有 4 间小厂房，建筑面积 80 平方米，设备只有一台烘炉，职工 10 人，主要生产小型农机具。1976 年由邢台市经委批准，更名为邢台市五一农机修造厂。1996 年企业职工增至 52 人，占地总面积达到 4500 平方米，建筑面积 2500 平方米。全厂分设 4 个生产车间：冲压车间、板金焊铆车间、金钳车间、静电喷涂车间。

该厂是邢台市乡镇企业中板金铆焊技术力量较强的企业之一，具有一定的设计和加工能力。能自行设计和制造大小型冲压模具，能承揽水泥生产机械设备、提升机、输送机、除尘器的制作及工焊件，工业企业用的大型冲压铆焊件。

长期以来该企业坚持走联合协作之路，依靠本市大企业求发展，先后与邢台市拖拉机厂实行紧密合作，生产拖拉机配套油箱，为长征汽车制造厂生产配套 T815 保险杆。1989 年从广州引进粉末涂料生产技术，填补了邢台市的空白，该项技术在当时河北省内属领先位置。主要产品销往河北、北京、山西、陕西等地。1997 年完成工业产值 200 万元，实现利税 6 万元。2006 年邢台市实施旧城改造，该厂地处改造区内，因此实施整体外迁。

邢台市金属门窗厂

邢台市金属门窗厂位于邢台市北关邢石公路东侧，系南长街办事处集体企业。该厂始建于 1979 年，厂区占地面积 15500 平方米，建筑面积 6200 平方米，有职工 23 人。主导产品“卧牛”牌空腹钢门窗。1988 年取得了全国工业产品生产许可证。建厂初期，固定资产 1.12 万元，年产值只有 4.55 万元，主要生产民用铁墩箕。1980 年开发生产钢门钢窗，使企业得到了发展。1988 年采用了防腐磷化新工艺，上了磷化浸漆生产线，使钢门窗的产品质量达到了国内先进水平，取得了国家建设部颁发的生产许可证。同年获得桥东区明星企业称号，市企业基础管理工作一级企业。

该厂在保证主导产品生产的同时，积极开发新产品，大搞多种经营，增加企业实力。1989 年开发生产轻体房屋，可以在现有的房屋顶上接屋，楼上接楼，实现了不用增加占地面积能增加建筑面积的美好愿望，可以解决用户的燃眉之急。1990 年先后开发生产拔丝制钉，及纺织机械配件。1991 年又开发了防盗门系列产品，普通防盗门、半封闭防盗门。该产品还在保险公司投了保，因质量问题发生失窃，企业给予赔偿。1999 年工业产值 120 万元，实现利税 7.7 万元。

邢台市华龙机械有限公司

该公司始建于 1982 年 8 月，1998 年 12 月 18 日成立河北华龙机械有限公司，地址在新华南路 247 号。1998 年 12 月被认定为“河北省民营科技型企业”，固定职工 280 人，其中技术人员 180 人（高职 10 人、中职 28 人）。厂区占地面积 1500 平方米，建筑面积 4000 平方米。固定资产 800 万元，流动资金 300 万元。

推板式拼板机

企业内部分设人造板机械厂、有色金属设备厂、铸造厂及临城 2000 亩无公害生态园 4 个子公司和 5 个职能科室，开发技术机构为华龙高新技术开发中心（原名机械研究所），年科研开发投入 60 万元。企业拥有设备110台（套），达国内先进水平。形成了铸造、机加工、装配、化工4条生产线。检测仪器设备50多台（件）。研究开发的产品30多个系列，80多种规格，其中主导产品人造板机械、深孔钻等达到行业技术标准。公司所产设备能将木材、麦草、棉秆、锯沫等废弃原材料，加工成各种建筑、装饰用板材，既保护森林生态环境，又节省资源。产品销往30个省市。推板拼板机和平压式木塑板生产技术获国家发明专利。2004年科技项目“推板式拼板机”荣获“第四届河北省优秀发明奖”。2006年，该公司荣获“第五届河北省优秀发明创造单位”称号。

邢台市三江轧机配件制造有限公司

邢台市三江轧机配件制造有限公司位于新兴东路，邢台市供电大楼南行150米路西，公司成立于2003年4月，系民营工业企业。占地面积为6666平方米，厂房面积4500平方米，企业固定资产200万元，拥有各种大型机械加工设备，有职工105人，其中富有经验的高级工程师、现场技师及各种专业技术人才35人，并获得了ISO9001：2000质量体系认证。企业从市场开发、技术设备、原材料采购、质量控制、售后服务等环节，都严格按照ISO9001：2000标准进行，保证产品质量。

公司设置机械加工、金属结构制造、成套设备装配等生产车间，公司主要产品为方坯连铸机、板坯连铸机、冶金矿山机械成套设备及备件产品。具备年生产连铸机及冶金备件5000吨的加工能力，年产值5000万元以上。

泰诚工业有限公司

泰诚工业有限公司位于邢台市百泉工业园区内，紧邻107国道和京深高速公路，地理位置优越，交通运输便利。该公司为民营企业，成立于2003年，注册资本500万元，占地面积45000平方米，固定资产1053.15万元，其中建筑面积4728.78平方米，职工347人，具有大专以上学历人员30人，残疾员工134人。为桥东区重点骨干企业。

该公司主要产品为矿团球，现有5条生产线，可实现年产矿团球10万吨，年产值5000万元以上。为贯彻国家节能环保政策，使企业实现科学发展，公司于2006年投巨资进行技术改造，建成优质、高效，节能环保型煤气炉，当年建设，当年投产，不但改善了企业的生产环境，还大大提高了企业的技术装备水平和经济效益。自2003年投产开始，企业产品供不应求，发展前景非常广阔。

邢台市桥东区铁路配件厂

邢台市桥东区铁路配件厂1986年12月建厂，其前身为邢台市桥东标准件厂，原厂址在邢台市南头村东街一巷56号。当时企业主要以生产标准件产品螺母为主，其生产规模较小。1990年12月为扩大生产规模，适应市场需要，厂址由原址迁往邢台市仓南路39号。厂区占地面积17000平方米，建筑面积4000多平方米。拥有固定资产达到2200万元，流动资金3000余万元，职工2500多人，其中高、中级工程技术人员40多名，2006年工业产值达到3000万元，成为桥东区的重点骨干企业。

1994年11月，该厂新开发了螺旋道钉、轨距挡板、平垫圈等铁路配件产品。为了便于和铁路单位广泛开展业务，1995年又组建邢台市桥东区铁路配件厂，实际上是一个企业两个牌子，两套班子，两摊业务。为了便于管理，1998年7月又将桥东标准件厂并入桥东铁路配件厂。

企业主要生产螺旋道钉、螺母、轨距档板、垫圈等铁路配件产品，年生产能力达到2000万件。产品均通过铁道部技术检测权威部门质量认证，并颁发了全国工业产品生产许可证。

该厂是生产铁路弹条1型扣件产品的专业厂家，北京铁路局定点供应线上料单位，坚持“质量第一，用户至上，信守合同，优质服务”的原则，产品一直稳定在部颁标准以上，深受用户信赖。产品在北京铁路局、济南铁路局、昆明铁路局及京九线、兰新线、邯济线等铁路重要施工中被大批量使用，普遍受到用户好评。先后被北京铁路局推荐为A级信誉单位，被市工商部门评为“重合同守信用单位”，被市技术监督部门评为“质量与信誉双优单位”。还多次被评为市、区“文明单位”、区开发新项目先进单位。

第二节　建　材

建筑材料行业是桥东区最早发展起来的骨干行业之一。起初，以民用建筑材料构件为主，全区共有建材企业 10 多家。1998 年，国家产业政策发生变化，积极推广新型建材，原有产品滞销，一些新型建材产品应运而生。在国家“改革、开放、搞活”方针指导下，桥东区的建筑材料工业有了长足发展，到 2006 年形成了建材、水暖两大系列产品。

邢台市五一建材构件厂

邢台市五一建材构件厂位于邢台市东马路街东头，大梁庄村东。系桥东区大梁庄乡集体企业。该厂建于 1988 年 5 月，10 月建成正式投入生产。于 1988 年 12 月 13 日通过邢台市科委、建委对产品的质量鉴定，产品达到国家标准，企业经过改造挖潜，进一步扩大了生产能力。1997 年有职工 50 人，完成工业产值 60 万元，实现利税 1.6 万元。

该厂产品有予应力空心板，民用小构件，大梁，小平板等。予应力空心板采用省标。该厂产品主要销往邢台市及邢台地区各县，1998 年，由于国家淘汰预制板建筑构件，该厂产品停止生产，开发研制其它新型产品。

邢台市桥东建材厂

邢台市桥东建材厂位于邢台市新兴东路 253 号，系桥东区大梁庄乡集体企业。该厂建于 1985 年，有职工 50 人，工程技术人员 5 名；占地面积 11330 平方米，建筑面积 500 平方米；主要产品有予应力大孔板、小孔板、马路砖、地彩砖及各种异型予制构件、钢模板、顶柱租赁等。1997 年完成产值 180.1 万元，实现利税 9.7 万元。

该厂技术力量雄厚，产品质量可靠，具有较齐全的质量检验设备，企业管理先进。1988 年被评为邢台市基础管理二级企业，桥东区明星企业，1989 年晋升为邢台市行业资质二级构件厂。该厂物理试验室在 1990 年被河北省建工局定为二级试验室，连续两年被评为省级“重合同守信用”单位，1990 年被评为邢台市优秀乡镇企业。2000 年，该厂实施对外租赁。

邢台市向阳水泥预制厂

邢台市向阳水泥预制厂，成立于 1965 年 8 月，位于邢台市团结东大街 160 号，隶属桥东区南长街街道办事处管理，集体企业性质。企业占地 13513.3 平方米，有职工 82 人，固定资产 150 万元。

该厂主要产品为水泥预制件系列产品。1998 年以前，该厂产品畅销邢台市区及周边各县农村，深受用户欢迎，多次被邢台市建设系统评为先进单位，产品在全市水泥预制行业质量评比中多次荣获第一名。1998 年以后，随着国家对建筑材料的要求发生变化，水泥预制件市场缩小，国家下文建筑禁止使用预制件，企业停止生产。1999 年开始，对厂地及车间实施对外租赁经营。

第三节　电子　轻工

桥东区电子行业起步于 20 世纪 60 ~ 70 年代，在工业中所占比重较小。轻工行业在桥东区有着较长的历史，门类繁多，但产品大部分为大路货，名牌产品少。为增加企业发展后劲，提高产品竞争力，区政府坚持开发新产品和优化老产品并举，不断开发新产品，引进新技术，先后建成了一批印刷、造纸、塑料、金属制品、针纺等中小企业。壮大了桥东区轻工行业队伍。轻工行业在该区工业中占有重要地位，成为一个很有发展前途的骨干行业。

邢台市电器厂

邢台市电器厂位于高庄桥路6号，原名为邢台市建新机械修配厂，始建于1965年10月，当时隶属邢台市北大街人民公社，集体所有制企业。1979年，该厂被划为市属企业，由市机械局负责管理。总占地12.42亩，总建筑面积5412.38平方米，有职工208人。主要产品有高低压配电柜、行程限位开关和工业用氧气。1987年，高低压配电柜年产200台，产值103万元，利润22.5万元；行程开关产量5000台，产值100万元，利润10万元；工业用氧气年产7.8万瓶，产值70万元，利润10.5万元。三种主要产品年产值270万元，年利润43万元。

1973年企业开发了行程限位开关新产品，同年该产品列入国家机械部定点生产厂家，河北省仅此一家，产品销售全国20余个省市及地区。1985年，开发了PGL型，10型、15型低压配电柜。1989年，开发了JJ型动力起动柜。1987年，又开发了GK防火补偿装置。1990年开发了GGLA－F型高压配电柜，该产品添补了邢台市一项空白，产品正式投产后被列入机械工业部及能源部定点生产企业。

1989年，获市级先进企业称号及市级“企业基础管理一级企业”称号，获河北省机械电子工业厅“飞龙企业”称号。1991年，高低压配电柜获邢台市经贸委颁发“新产品开发奖”，同年度获能源部、机械工业部颁发产品生产许可证书。1998年该企业划归桥东区管理，2004年企业实施破产。

邢台市无线电四厂

邢台市五线电四厂位于邢台市桥东区新华南路328号，1970年初建厂，占地面积6929平方米，建筑面积2868平方米。主导产品有空气等离子切割机、氢弧焊机、无线防盗报警器等，年生产能力500台。

该厂建厂初期，以生产线绕电阻器、瓷盘变阻器、教学仪器为主，年产值在30万元左右。20世纪90年代中期，依托河北省科学院研制开发了空气等离子切割机，并在此基础上与天津大学等单位合作开发了“氢弧焊机”、“002焊机”等电子线路较复杂、有一定高技术含量的焊割设备。1996年又与西北工大老师共同开发了无线防盗报警器，投入批量生产。切割机产品1992年获“北京国际发明展览会金奖”，1993年获“国家专利金奖”，薄板焊机1993年获“振兴河北新产品银奖”。1997年，共有职工106人，全年完成工业总产值186万元，实现利税15万元。2002年改为股份制企业。

河北邢台罗兰印刷公司

河北邢台罗兰印刷公司始建于1954年，原隶属于邢台市轻工业局。1998年市政府将该企业划归桥东区，由桥东区经济计划局负责管理，指导企业具体业务。该企业位于邢台市东围城南路28号。占地面积8657平方米，建筑面积7147平方米。拥有生产设备34台（套），固定资产原值1751万元。公司主要承揽书刊、彩印和社会零活印刷。

该企业为集体所有制企业。建厂初期，机械设备少而陈旧，厂房简陋，仅有职工200余名。20世纪80年代，企业积极走改建挖潜扩建之路，建起了二层楼的胶印、装订车间，把各平房改建成楼房，使全厂面貌焕然一新。大胆创新引进一批先进的机械设备，企业得到迅速发展，截至1997年底职工增至552人。1997年工业总产值完成1000万元，实现利税50万元。随着改革开放的深入发展。该公司抓住机遇大胆决策，实施了技术改造，对彩印生产线进行了扩建，引进最先进的原子印章技术，成为河北省少有的几家拥有国际、国内先进水平的六色、四色、双面双色、书刊胶印机和激光照排制版系统的印刷企业，日印刷能力达到30吨纸。并在国际互联网上占有一席之位。

1987年，该企业被省新闻出版局定为图书、报刊、印刷定点单位。1994年，被市指定为商标印刷定点单位；同年，又被省保密局批准为秘密载体复制单位及河北省发货票定点印刷单位。该公司系中国包装技术协会的团体会员。1998年又被命名为书刊印刷省（自治区、直辖市）级定点企业，邢台市重合同守信誉单位，邢台市文明单位。

邢台市新华胶印厂

邢台市新华胶印厂（原邢台晨报印刷厂）位于邢台市东围城南路222号，隶属邢台市桥东区经济计划局，区属集体企业。

该厂建于1992年，占地面积1300平方米，建筑面积841平方米，固定资产177万元。主要设备有386、586激光照排设备各一套，晒版机一台，对开照像制版机一台，JJ204轮转机一台，J2108A型机（平张）一台，装订机两台，对开裁切机两台等。1997年底有职工48人。该厂主要印刷报纸书刊及其他印刷品。全年生产能力，激光制版38000令、平版胶印3100令（色令）、书刊装订6500令，其中精装1500令。

1997年工业产值完成194万元，实现利税3万元。企业注重质量、讲究信誉，业务量不断发展，2006年工业产值达到300万元，成为邢台市区高科技印刷企业之一。

邢台市塑料厂

邢台市塑料厂始建于1968年，位于市顺德路227号，原为邢台市属集体企业，1998年交桥东区管理。有干部职工230人，占地面积1万平方米，建筑面积4955平方米，固定资产原值362万元。主要生产70℃聚氯乙烯电缆杆、塑料饮料杯、全塑凉鞋、方向盘等产品。

建厂初期以加工塑料手提袋、雨衣、毛主席著作封皮为主。企业曾四次搞引进、扩规模，1983年引进意大利产双螺杆挤出机，1986年引进意大利产热吸塑料成型机，1988年引进中国台湾产单项拉伸模机组，1995年上国产设备（上海）片材生产线。

1990年三中牌70℃聚氯乙烯电缆料被河北省计划经济委员会评为省优质产品，1991年邢友牌聚氧烯饮料杯被省计划经济委员会评为省优质产品，多次被省计划经济委员会评为技术引进改造先进企业，1997年完成工业总产值160万元，实现利润6.7万元，税金5.7万元。2004年企业运转不畅，实施破产。

邢台市塑料三厂

邢台市塑料三厂位于邢台市东马路街440号，原为市属企业，1998年交桥东区管理。该厂建于1974年12月，占地面积15亩，建筑面积5000余平方米，拥有固定资产880万元。职工241人。1996年工业产值419.5万元，利税36.56万元。主要产品有农膜、地膜、大棚膜、包装膜和多种规格中空包装容器。产品品种20余种，年生产能力3500吨。

该厂是由市塑料一厂于1974年12月分离出来的，建厂初期固定资产30余万元，职工80余人。陈旧设备5台（套），年产值约40万元。改革开放以来，该厂走技术改造，技术引进之路，自1985年开始，先后从日本、中国台湾引进薄膜及中空成型设备4台（套）。由此，该厂技术装备水平，由50年代跃升为80年代世界先进水平，技术先进，工艺精良，产品质量大幅度提高。1988年，25升容器创省优质产品称号；1990年，LDPE聚乙烯农用地面覆盖薄膜在全国同行业评比中，荣获第二名；同年被评为轻工业部优质产品。50升中空容器通过省出口包装产品质量标准验收，被确定为河北省塑料包装容器定点生产单位。到2006年，企业处停产状态，部分厂房对外租赁。

邢台市塑料四厂

邢台市塑料四厂位于新华路长安巷27号，占地面积7亩，建筑面积2700平方米，固定资产190万元。在册职工137人，原为邢台市属集体企业，1998年交桥东区管理。主要产品有涂塑布、篷布、塑料彩印复合软包装膜、海绵、矿用导风筒等3个系列5种产品。该厂生产能力：年产涂塑布300万平方米，篷布15万平方米，塑料彩印软包复合膜180吨，海绵150吨，矿用导风筒10万米。

该厂始建于1958年，原为西大街公社麻刀厂，厂址在西街背后一居民院内。1975年自筹4万元资金在现厂址征地建新厂，1976年自制一条涂刮法人造革生产线，生产涂刮法人造革，一直坚持生产10年。

由于涂刮法人造革工艺落后，产品档次低，1981年后销售情况逐年下滑。鉴于这种情况，1988年在原人造革生产线基础上改造成涂塑风筒布生产线，陆续开发出塑料风筒涂复布、矿用塑料导风筒、涂塑防水布、涂塑篷布等涂塑类产品。塑料风筒涂复布、塑料矿用导风筒1992年被列入省级新产品，并通过省级鉴定，获得省级新产品鉴定证书。经煤炭部国家煤矿防尘通风安全产品质量监督检测中心认定为合格产品，获得煤炭部安全标志。

海绵产品经引进上海六塑技术，经省质量检测站检验达到国标优等品标准，并与上海六塑专家建立了长期技术依托关系，产品多年来一直被市蓝鸟家具采用。

彩印聚脂复合膜，引进上海二塑技术，解决了该市医用塑料器械厂一次性注射器包装用膜技术问题。1994年以后，聚丙复合膜一直被华龙方便面、佳美方便面汤料包装采用。

1996年，自行设计制造了TSB－1600型宽幅涂塑生产线，使该厂涂塑布生产跨上了一个新台阶。1997年涂塑布生产经营创出了月销售收人突破百万元大关的历史最好水平。1997年完成工业产值366万元，上交税金3万元。2003年，企业停产厂房对外租赁。

邢台市织布厂

邢台市织布厂位于北关外高庄桥路24号。1960年建厂，占地面积11388.6平方米，建筑面积6474平方米。固定资产680万元，1997年底有职工395人。主要产品是：白平布，年生产能力100万米（现对外来料加工）；松紧布，年生产能力100万米。

1960年织布厂建厂时，原厂名为“邢台市南长街合线厂”，厂址在红星街路南，当时有4名家庭妇女在4间民房用6台摇纺车生产民用线。年产值仅有几千元。邢台市织布厂产品经历了一个单品种少规格到多品种多规格的发展过程。1985年以后生产坚固呢（牛仔裤面料）白市布、色皮布、豆包布等，同时对外加工捻线。1998年交由桥东区管理后，实施租赁经营，生产加工专用布品。

邢台市织带厂

邢台市织带厂地处市桥东区枫林街15号，该厂始建于1979年12月，占地面积3.96亩，建筑面积1500余平方米，固定资产40余万元，1997年底有职工75人。主要产品有鞋带、松紧带、床单布。年产鞋带80万副，松紧带20万米，床单布24万米。该厂最初由西门里办事处建设，原厂名为桥东区红旗编织厂，主要生产冲服呢，收归市轻工业局管理后，企业主要产品逐渐改为鞋带、松紧带等民用小商品。

1983年研制成功丝套产品口罩绳，1985年开发民用线产品，1987年试创丙论丝鞋带和高速无织带产品，以上产品市场销售较好，给企业带来一定的经济效益。1997年开发床单布产品，该产品为厂主要产品，市场看好。1997年底完成工业产值40万元，实现利税2万元。1998年桥东区管理。2000年前后，产品无竞争力，停止生产，实施破产。

邢台市羊毛衫厂

邢台市羊毛衫厂创建于1974年，是邢台市唯一生产羊毛衫专业厂家，原隶属于市纺织局，1998年划归桥东区管理。有职工300人，拥有固定资产1300多万元，流动资产数百万元，厂区建筑面积2700平方米。

该厂设备精良、配套齐全，生产工艺先进、技术力量雄厚，产品质量可靠。其主要生产设备有：从日本引进的90年代世界先进水平的TSC－4FN全自动电脑提花横机10台，国产针织机数百台，包缝机、平缝机、合缝机、钉扣机、锁眼机、烫平机等进口配套设备80余台（套）。可年生产抵牛牌系列高档羊毛衫50万件。款式新颖花色品种达百余种。主要品种：电子提花多色多组织羊毛衫、手编棒针衫、系列衫裤、高弹游泳衣裤、各式儿童套装等。产品销往北京、上海、广州、天津、香港等地及日本、美国、意大利、澳大利亚等十几个国家和地区，深受消费者青睐。

该厂的经营宗旨是“信誉第一，用户至上，向市场推出一流产品，为用户提供优质的服务”，一度出现产销两旺盛况。2000年前后，企业运转不畅，停止生产，厂房对外租赁。

邢台市制锨厂

邢台市制锨厂位于邢台市新东街8号，始建于1961年，原为市属集体所有制企业，1998年划归桥东区管理。是河北省机制钢锨定点生产厂家，主导产品为机制钢锨和小型钢材。全厂占地面积9576平方米，其中建筑面积46441平方米。至1997年底有职工267名，其中各类专业技术人员28名。固定资产原值509万元，共有生产和检测设备32台套，拥有400吨冲床、160吨冲床，100吨、300吨摩擦压力机，煤气加热炉，350轧机等机制钢锨专业生产设备，机制钢锨年生产能力150万把。拥有250轧机等小型材专业生产设备，小型钢材年生产能力3000吨。

该厂组建前身为邢台市铁业社，隶属邢台市手工业联社管理，初期主要产品以日常小农具为主，如耙、锄、犁、锥等，生产形式为烘炉手工打制，生产规模较小。1962年7月，该厂首次试生产农用锨，从此开始介入机制钢锨制造行业。在以后的30多年里，企业经多次进行设备改造和技术改造，逐步完善了机制钢锨生产工艺，实现了机制钢锨流水化作业。

该厂是以机制钢锨为主导产品的专业生产厂，建厂以来逐步试制投产了以钢尖锨、钢方锨、钢煤锨为主的三大系列十余个品种，三个系列主产品于1989年获河北省优质产品称号。

1990年以后，该厂主要面向国际市场，相继开发了出口加固锨、D型管柄锨、SP30钢叉、S704钢锨、T－PLST异型钢篱笆柱等新产品，其中出口加固锨获河北省级新产品奖，D型管柄锨获河北省新产品奖和省科技进步二等奖。1999年，由于市场变化，产品无销路，企业停产，厂房对外租赁。

邢台市家具五金厂

邢台市家具五金厂（市自行车零件厂），位于邢台市东马路街382号，原隶属邢台市轻工业局，1998年划归桥东区管理。

邢台市家具五金厂固定资产值1320万元，主要工艺设备90台（套），其中进口设备30台。主要产品有家具用弹簧暗铰链，年生产能力300万套；自行车前后轴大档，年生产能力100万套。厂区占地面积6936.8平方米，建筑面积5388平方米。全厂职工180人，其中具有助理及以上职称15人，中专以上27人，技术人员25人。

该厂家具五金生产线系20世纪90年代从南韩引进具有国际先进水平的产品项目，生产的弹簧暗铰链与中高档家具配套，具有广阔的市场前景。

自行车大档前后轴系该厂的传统产品。1986年该产品在全国同类产品质量评比中获得第一名，销售情况很好，国内市场供不应求。

1993 年，又通过省外贸，开展来样加工出口贸易，向日本出口建筑装饰构件。同时，邢台市家具五金厂根据市场需求开发生产了抽屉滑道新产品，为企业的发展注入新的活力。2000 年以后，企业竞争对手增多，处于半停产状态。2005 年实施破产，厂区改为发展第三产业。

邢台市明丽纸箱厂

邢台市明丽纸箱厂位于邢台市桥东区南头村新街（清风规划路 11 号），成立于 1989 年。有职工 60 名，各类技术专业人才 20 名。固定资产 60 万元，厂房面积 2040 平方米。拥有各类纸箱加工设备 40 多套。产品有纸箱、纸盒、精品礼品盒等，年产量达到 500 万平方米。产品辐射邢台、邯郸、石家庄及周边市县。

该厂拥有产品设计，图案设计，彩色印刷、复膜，单面机生产线及磨切机械。从市场开发、技术、原材料采购、产品质量、售后服务均实行严格控制，确保质量、讲求信誉。该厂有 20 余年的纸箱生产经验，工艺先进，质量稳定，对市场应变能力快，竞争力强，质优价廉，诚心经营，用户至上，赢得了广泛的市场和众多的客户。

邢台市宏伟焊条厂

邢台市宏伟焊条厂始建于 1975 年，位于新华南路南段，占地 7 亩，建筑面积 1500 平方米，职工 25 人。企业根据市场的变化，原电焊条产品市场不畅，生产量越来越小，于 1996 年自筹资金 10 万元，新组建“邢台市桥东天平助剂厂”，与邢台市宏伟焊条厂实为一套人马两个企业名称。由于受市场经济竞争影响，焊条生产线于 1997 年停产。该企业以生产化工产品为主，主要产品为净洗剂、助炼剂、渗透剂等化工印染系列品种。2001 年化工产品销售额为 10 万元，2002 年为 5.5 万元，2003 年为 4.8 万元，于 2004 年停产，厂房对外租赁经营。

第四节　化工　医药

桥东区化工医药行业是 1987 年逐渐发展起来的新兴工业行业，到 2006 年共有较成型企业 10 余家，各类工业产品 200 多种，年工业总产值超过 7000 万元。区委、区政府立足实际，抓住市属工业在桥东区多的优势，在广泛开展技术合作的基础上，大力开展引人才、引产品、引资金的招商引资活动，各乡、处、农村、企业坚持“我有能力我发展，能力不足合作发展，一时没有能力提供条件让别人发展”的新思路，使桥东区化工、医药行业迎来了发展的春天，蓝天化工、美神化工、第二制药、乙炔、古邢阿胶等规模企业陆续建设投产，成为桥东区的重点骨干企业。

邢台市乙炔气厂

邢台市乙炔气厂位于桥东区新兴路 231 号，创建于 1988 年春，主要生产溶解乙炔气，属集体经济性质，原隶属于桥东区经济计划局。该厂是邢台市桥东区规模较大的骨干企业，邢台市的“安全生产先进单位”，省级“重合同守信用企业”，邢台市企业管理等级考核“合格企业”，市“安全达标单位”。该厂拥有固定资产 100 万元，占地 3000 平方米，年产溶解乙炔气 2.5 万立方米，1997 年完成工业总产值 124 万元，实现利税 18 万元。1999 年，改制为股份制企业。

邢台市电子化工厂

邢台市电子化工厂 1959 年建厂，为市属集体企业。1998 年划归桥东区管理。地处高庄桥东路 15 号，占地 5500 多平方米，建筑面积 2000 多平方米，固定资产 75 万元。1997 年底职工人数 55 人，其中高级工程师2人，工程师3人，其他各类专业技术人员10人，技术力量雄厚，试验设备齐全，具有独立开发各类黏合剂、特殊用途黏合剂、建筑涂料的能力。主要产品有：发乳胶、尿醛树脂胶、107胶、乳胶漆、内、外墙涂料、106、801涂料、高级乳胶漆涂料、仿瓷钢化涂料、天然石喷涂料、胶基、纸基、泊式、丝绕应变片等三类十几个品种。生产能力黏合剂类500吨/年，涂料类600吨/年，应变计类30万片/年。

建厂初期，该企业名称曾4次改名，先后改为"市五一化工厂"、"市日用化工厂"、"市无线电厂"，1982年改名为"市电子化工厂"，产品曾有：杀虫剂，袋装染料、香水、片式电容器、独石电容器、微型蓄电池、纺织乳蜡、平平加、OP－10、多彩涂料、丝光涂料、灭蚊虫涂料、特种广告涂料。其中：尿醛胶、白乳胶、乳胶漆涂料、106涂料在历次市技术监督局产品质量检测评比中名列全市第一，也是本区最早开发该产品的专业生产厂家，受到广大用户的一致赞誉。他们开发的高级乳胶漆涂料质量达到国际标准，有些指标超过进口同类产品，价格却是合资企业同类产品的1/2。天然石喷涂料采用国际先进技术，装饰效果极佳，耐酸碱、耐老化，寿命可达50年以上，代替瓷砖和花岗岩板材墙体装饰，成本大大降低，施工快捷，花色多、任意造型，风靡日本。在我国各大城市也正迅速推广。

1997年，完成工业总产值150万元，利税13.5万元。2005年，企业处于半停产状态，2006年被大企业收购。

邢台市蓄电池厂

邢台市蓄电池厂始建于1970年，主要生产汽车专用的蓄电池，是河北省专业定点厂家，产品有36个规格型号，年生产能力为30000千伏安，有职工141人，其中退休职工49人。全厂占地面积6500平方米，主要设备8台。固定资产原值54万元，净值19万元。

20世纪70年代，蓄电池行业在河北省定点企业仅3家，其中包括该厂。该企业属有毒有害的特种行业。当时的厂家很少，市场竞争也不突出，生产经营处于良性循环，由于企业当时只求温饱，而忽视了扩大发展，致使企业停留在小手工作坊。到了20世纪80年代末受汽车业发展的影响，加以一些军转民的产品走向市场和乡镇企业及个体户的发展，竞争对手增加，由于该厂在众多对手的挤压下形势急转而下，经济效益逐年下滑，1997年被迫停产。该厂历史最好水平是1989年，产值124万元，产量11000千伏安。1986年该厂开发了干荷蓄电池产品，获邢台市科学进步三等奖，获邢台市优秀新产品二等奖。

邢台市阿胶厂

邢台市阿胶厂始建于1964年，原属邢台市医药管理局下属集体所有制企业，厂址位于桥东区牛市街11号，距107国道仅百米之遥，地理位置优越，交通便利。1997年8月由桥东区糖业烟酒公司兼并，改属桥东区经济计划局领导。全厂占地面积6933.33平方米，其中建筑面积3500平方米，拥有固定资产280万元，流动资产200万元，全厂职工130人，其中离退休职工31人，工程技术人员20余人，厂部下设8个职能科室，具有雄厚的技术力量和丰富的管理经验。

阿胶厂是三证齐全的制药企业，建厂初期是一个街道办的小企业，注册资本40万元，在册职工38人，产品只有水胶和阿胶两种，年产值30多万元，利润微薄。经过多年的努力，企业规模逐渐扩大，并先后拿到了5个产品批号。分别是：阿胶，批准文号：冀卫药准字第050354号；脉安冲剂，批准文号：zz－205－冀卫药准字（1995）第050355号；血速升冲剂，批准文号：冀卫药准字（1995）第050356号；胶芪维康口服液，批准文号：冀卫药健字（1993）2～19号；霍香正气水，批准文号：匹－0395－·冀卫药准字（1996）第050141号。这些产品质量稳定，其中阿胶于1987年获河北省质量评比第一名，1988年获全国质量评比第四名；血速升冲剂于1987年曾获国家体委运动营养奖，1984 年河北省卫生厅授予该产品省甲级医药卫生科研成果获；胶芪维康口服液是该厂与邢台市药检所高级药师联合研制成功的省级新产品，该产品是集防治、治疗、康复、保健于一体的高科技滋补佳品，填补了我国以阿胶为主原料复方制剂的一项空白，1993 年 6 月荣获中国首届扁鹊奖金杯奖，第七届全国发明展览会名优特产品最佳奖，是 1995 年世界妇女大会推荐产品。

经过 30 多年的积累和发展，2002 年，该厂注册资本达到了 148 万元。规模上形成了 3 条完善的生产线，即阿胶提取生产线、口服液生产线和冲剂生产线，生产能力逐渐增强，阿胶年产量可达 50 吨，产值 200 多万元，口服液年产值可达 3000 多万元。2002 年，该厂改制为股份制企业。

邢台市第二制药厂

邢台市第二制药厂位于邢台市桥东区新兴东路十九巷。紧靠 107 国道，交通便利，为区属集体所有制企业。建于 1984 年（原邢台市新兴日用化学厂），1990 年经上级批准更名为邢台市第二制药厂，占地面积 6795 平方米，建筑面积 2278 平方米，固定资产 150 万元。

1997 年底有职工人数 98 人。其中制药和药物分析专业的工程技术人员 10 余人，经济师、会计师等 8 人，有一定专业技术水平的工人 70 余人。

基础设施如水、电、汽系统齐全，具有一定水平，产品检测仪器完善，管理制度健全。自建厂以来，始终坚持“用户至上，信誉第一”的宗旨，产品质量稳定，同类产品在市场上占有一定优势。产品销往全国各地，深受用户欢迎。主要产品及批准文号：乙醇（药用酒精）批准文号：冀卫药准字［l995］1050358 号；药用甘油冀批准文号：冀卫药准字［1995］050360 号；稀甘油冀批准文号，冀卫药准字［1995］050374 号。其它产品：有开塞露（含甘油）、开塞露（含山梨醇）、碘酊、精制玉米油、白凡士林、黄凡林等 15 个品种，21 种规格。生产能力：乙醇 500 吨/年；甘油 50 吨/年；其它配剂 200 万瓶/年。

药用乙醇和药用甘油系 1990 年前开发研制的品种，获得邢台市科研成果三等奖。1992 至 1993 年研制报批的品种有精制玉米油、白凡士林、黄凡士林等 6 个新品种，1995 年研制报批含山梨醇开塞露。

该厂产品在国家商标局注册商标为“环飞”牌商标，本厂产品销往全国各地，市场上享有较好的声誉。1997 年完成工业产值 650 万元，实现利税 30 万元。2003 年因企业生产规模小，国家医药局规定医药企业必须升级达标，不达标的一律停止生产。该厂由于生产规模不符合验收要求，要达到验收条件需投资上千万元，企业无此能力，故此企业停产，职工妥善安置。

邢台市蓝天精细化工有限公司

邢台市蓝天精细化工有限公司位于河北省邢台市大吴庄村西，创建于 1992 年 5 月，拥有资产 1000 万元，占地 15.1 亩。是以生产表面活性剂及其应用产品为主的专业公司，年产量 6000 吨，年产值 5000 万元。生产设备先进、技术力量雄厚、试验检测手段齐全，主要产品分表面活性剂、农药助剂、洗涤助剂、纺织印染助剂四大系列近 100 个品种，畅销全国 20 多个省、区，质优价廉，深得广大用户好评。该企业管理规范，制度齐全，先后取得 ISO9001 质量体系认证，安全生产许可证，省级重合同守信用单位，发展前景较为广阔。

邢台市镁神化工有限公司

该公司成立于 1992 年，位于辛庄村东邢任公路北侧，占地 104 亩，员工 200 余人，年产轻质氧化镁 3800 吨、活性氧化镁 1000 吨、碳酸镁 1200 吨。2006 年，发展成为一家以氧化镁生产为主，兼营化工贸易的公司，设有天津金海湾橡胶化工商贸有限公司、上海办事处、广州办事处。

第五节　食　品

桥东区的食品工业基础薄弱，建区以前只有冷饮小企业1家和街道零星小加工点，且品种单一。改革开放以来，区政府把抓“菜篮子”工程，改善人民生活同发展经济有机结合起来，千方百计增加资金投入，开发各种食品生产，开展各种形式的联合协作，进一步引进人才，引进技术，充分利用自己的优势，发展城区食品经济。1986年，扩大了东风制冷厂的生产规模和品种，另一方面从外地引进传统名牌食品，1988年，从天津引进了名扬中外的天津大麻花。1989年又建成邢台市唯一的单晶冰糖厂和邢台市第一家机械化养鸡厂。1997年邢台市食品总厂、邢台市酿造厂划归桥东区，使桥东区食品工业不断壮大。食品工业的发展，进一步丰富了群众的菜篮子，对改善群众生活发挥了积极作用。

邢台市食品总厂

邢台市食品总厂创建于1956年公私合营时期，原隶属于邢台市商业局管理，1998年划归桥东区政府管理。1972年由西大街迁址新华南路230号。全厂占地面积20000多平方米，其中建筑面积10000平方米。1997年，全厂有职工242人，其中，技术人员50名，固定资产1000多万元。主要产品有饼干、方便面、各式糕点。

建厂初期，由于在计划经济年代，企业发展缓慢，该厂主要以生产各式糕点、面包、油炸产品为主，没有主导产品和大型生产设备。1986年，随着市场竞争机制的出现，总厂领导班子不断更新观念，企业一改过去四平八稳的做法，坚持以市场需求为导向，做到管理与市场相结合，调整产品结构，提高产品质量，开发新产品。先后引进2台大型饼干生产线和1台方便面生产线，形成了饼干和方便面两大主导产品。在此后连续几年中，先后有近30个产品获省、市优质奖。其中，牛城牌钙奶饼干荣获河北省优质产品奖，中国首届食品博览会铜牌奖、振兴河北经济奖、河北“青苗杯”奖、邢台市消费者信得过产品奖和河北省消费者信得过产品奖。企业在生产骑士牌快餐面的生产基础上自行研制开发了微量元素高锌蛋营养快餐面，填补了河北省的空白，在国内处于领先地位，受到了有关专家高度评价，荣获河北省优秀新产品奖。两大主导产品连续几年畅销京、津、晋、冀、豫、陕等省市，受到广大消费者的青睐。抓管理、上等级、上规模、创名牌不但给企业带来了可观的经济效益，而且还提高了企业素质。1989～1997年，先后被邢台市人民政府命名为基础管理一级企业、市级先进企业、文明单位、明星企业和省级先进企业，连续多年成为本市百万利税大户。

20世纪90年代末期，在改革开放大潮中民营企业发展迅速，市场竞争对手增多，老产品受市场冲击影响，企业效益下滑。1997年8月将部分厂房改造组建了邢台家具装饰城，以适应市场竞争机制，确立了新的起跑线，给企业注入了新的活力。5000平方米的营业大厅，汇集了全国几个省市的高、中档家具，给牛城人的生活增添了新的色彩。经营中以优质服务取信于民，得到全市各界朋友和各地客户的认可和好评，通过出租、合作、合资等多种形式提高了企业的经济效益，扩大了企业的知名度。2004年该企业由市家乐园公司兼并，转作发展物流及商业，职工得到妥善安置。

邢台市酿造厂

邢台市酿造厂位于桥东区辛庄北路13号，原为市属企业，1998年交桥东区管理。1956年建厂，厂区占地32亩，厂内建筑面积6888平方米，固定资产152万元。截止到1997年底全厂职工总人数205人。主要产品有浓缩酱汁、极品香醋、美味酱油、香醋、甜面酱、豆瓣酱、西瓜酱、酱菜等。年生产能力：酱油3000吨、食醋2000吨、酱类100吨。

该厂是1956年由私人作坊、私人酱菜副食门市等公私合营而成。当时除生产酱油、食醋、咸菜外，还有门市经营副食产品等。后来逐渐演变为现在专门生产经营酱油、食醋等产品的专业酿造厂。

该厂多年来一直生产“三级酱油二级醋”单一散装产品，品种单一。为改变这种局面，于1989年3月份研制生产出较高档产品“酱油”投放市场。1993年开始生产袋装美味酱油、香醋。1995年10月份又研制生产出加碘酱油、加碘食醋，并获河北省“省级优秀新产品”称号，被授予二等奖。1996年试制生产“浓缩酱汁”和“极品香醋”，将酱油、食醋的内在质量又提高了一个档次，从而形成了自己的产品系列，受到消费者的普遍欢迎。邢台酿造厂食醋在河北省同行业中一直名列前茅，于1983年荣获“振兴河北新产品奖”。

1997年邢台市酿造厂完成工业总产值149万元，实现利税14万元。2004年，由邢台市带钢厂兼并，人、财、物由市带钢厂接管。

邢台市东风制冷厂

邢台市东风制冷厂位于邢台市马市街胜利巷9号，系邢台市丽华实业公司集体企业。

该厂建于1978年，起初由马市街二队筹建冰糕房，只有几间土房，13名工人，年产值2万元。1980年厂和大队分开经营，单独核算。1983年底筹建大型冰糕车间，聘请北京食品协会副会长袁文达作技术指导，1984年6月正式建成投产。以后，企业逐步发展，生产规模不断扩大，发展成为邢台市重点冷饮企业。厂区占地总面积为1639平方米，建筑面积3278平方米，1996年有职工275人，实现工业总产值213万元，实现税金5万元。1998年企业停产，厂房车间转做他用。

第二章　民营企业

1980年建区时，桥东区内的民营企业刚刚出现。仅有几家，而且规模也很小。2000年开始，民营企业得到长足发展，成为区域经济不可或缺的组成部分。

第一节　概　况

20世纪80年代，桥东区民营企业开始出现。由于计划经济向市场经济转变尚未完成，国有、集体企业仍享有国家特定政策优势，所以好多民营企业挂靠在政府职能部门。区属企业及乡、处属企业中挂靠企业占了相当比重。2000年以后，国家大力提倡发展民营企业，市委、市政府强调“国退民进”，所有企业站在一个起跑线上，桥东区原挂靠在职能部门的企业全部恢复民营身份，民营企业呈现大发展势头。到2006年底，全区成型民营企业达到201家，总产值完成417731万元，利税完成36455万元，营业收入完成417738万元。

第二节　企业结构

2006年，桥东区民营企业共分三大类。一是民营工业企业，二是民营三产服务企业，三是民营农产品企业。按民营企业注册登记类型分为集团企业、股份合作企业、联营企业、有限责任公司、股份有限公司、私营企业、外商投资企业和港澳台投资企业8个类型。2000年以前，桥东区民营企业以工业为主体；2000～2006年，民营企业呈现多元化趋势，特别是新兴产业发展很快，如信息传输、计算机服务与软件、房地产业、大型商贸服务等。规模民营企业大量出现，如工业龙头企业邢台市吉泰特钢厂，三产服务业的家乐园有限责任公司、中北集团公司、家乐园地产、中北地产、凰家地产以及农产品行业的邢台市新兴种业有限公司等。

民营企业发展对区域经济发展起到了推动作用。拉动了区域经济快速发展，扩大了全区经济总量，增加了财政收入，使桥东区经济实力大大增强，成为桥东区经济的重要组织部分；扩大了就业渠道。民营企业的增多，提供了近万个工作岗位，解决了下岗职工和社会青年就业问题，对社会稳定起到了积极作用；提高了城市居民和农民工的收入，民营企业员工年平均工资在15000元以上。2006年底全区民营企业工资总额为6441万元，为提高城乡居民生活水平提供了条件。

第三节　发展概况

桥东区的民营企业发展大致经过三个阶段。

起步阶段（1981～1985年）　这个阶段民营企业个数少，规模小。工业上没有定型产品，一般性产品多，产品附加值较低，大部分为初加工产品。多为建材、轻工、食品、医药等行业企业。

整合提升阶段（1986～2000年）　这一阶段，民营企业数量猛增，投资额增大，科技含量高的定型产品增多。开始出现省优、部优产品，企业自我研制专利增多。初步形成了以冶金机械、化工、建材、轻工医药为重点的行业雏形。年产值超千万元的企业达到5家，大型商贸企业开始出现。

形成规模，初具优势（2001～2006年）　到2006年，经过市场经济的磨炼，桥东区出现了10家规模民营企业，一些有战略眼光的企业家占稳了脚根，一批名牌产品脱颖而出，有实力的企业被省、市、区认定为骨干企业。到2006年底，全区年销售收入超2000万的民营企业达到6家，年销售收入超过亿元的企业3家（其中企业工业1家，企业商业2家）。邢台市吉泰特钢厂获河北省百强骨干企业称号、全国乡镇企业创名牌重点企业，电梯导轨评为河北省中小企业名牌产品；邢台市先锋电子研究所被评为全省电子企业技术创新示范企业；邢台市光源太阳能产品获省、市绿色节能新产品。

1991～2006年桥东区民营企业主要经济指标完成情况表

单位：万元

年度＼指标	总产值	营业收入	工业产值	利税	年度＼指标	总产值	营业收入	工业产值	利税
1991			3750	350	1999	95137	93799	70634	8135
1992			5900	450	2000	100246	109809	62999	12598
1993	26448		15869	1775	2001	123027	141438	68927	15029
1994	43000		22800	3700	2002	143941	165482	90683	17583
1995	50000	50010	30000	4600	2003	182811	189002	100931	20558
1996	53525	50172	44508	5347	2004	330650	283022	94566	22900
1997	65600	66000	52004	6910	2005	378322	344720	124841	29416
1998	80105	81000	69862	6925	2006	417731	417738	144418	36455

第三章　名牌专利产品

1980～1989年，桥东区争创名企、名品重点是抓企业管理升级达标工作，不断提高企业整体素质。1990年，工作重点放在新产品开发和产品创优上，有2种产品在邢台市区级企业创省优先河。1980～2006年，共有6家企业获省、市先进企业称号，有6种产品获省、市优质产品称号，报各种专利501项，获批授权291项，实施53项，技术推广和开发利用工作发展迅速。

第一节　名牌产品

1980年建区后，工业企业名牌产品评选工作由桥东区经济计划委员会管理。内部设技术科专门负责企业升级达标和产品评优工作。为做好名牌产品创优工作，从1982年开始桥东区在企业中开展企业升级和管理达标工作，企业升级达标和产品创优，分为国家、部、省、市、区五个级别的管理标准及产品档次，桥东区的工业企业评上省、部级达标企业的不多，大部分为市级管理达标企业。桥东区为了激励企业主动做好基础管理，每年搞一次基础管理达标升级工作，凡达到区级管理标准后，要制定升级计划，并将企业升级情况列入考核乡、处的经济考核指标，对促进企业基础管理，提高经营水平起到了积极作用。

1990～1999年，国家对名企、名品评选工作极为重视，国家经委专门制定了创优秀企业、创名牌产品的实施意见。1990年，桥东区也制订了相应的创名企、名品的实施计划，此后每年要对创"双优"情况进行表彰。区宏伟建材厂的春芽牌暖气片、向阳预制厂的新型预制板、市特种轧辊厂的辊环、向阳板金厂的蜂窝煤炉等产品，均获得了市优秀新产品称号。特别是宏伟建材厂的暖气片和区粉末冶金厂的一三〇拉杆产品获得河北省优质产品称号。当时，区级产品获此殊荣在邢台市是首次。

1999年，名企、名优产品的评审工作由桥东区质量技术监督局负责。桥东区为提高企业产品质量，争创名企、名品工作，编制了《桥东区质量振兴纲要》，详细制定了"1999～2010年桥东区质量兴区实施方案"，对桥东区10年间工业产品质量，创优计划进行了具体规划，分阶段提出了目标任务，制定了措施，明确了责任，并对各乡、处经济及企业主营部门提出具体要求。为确保质量兴区实施方案的真正落实，区政府成立了以主管经济的副区长为组长，各有关部门主要负责人为成员的"质量兴区、名牌兴企"战略工作领导小组，负责全区质量工作的规划、管理和指导。在全区开展打击伪劣产品，净化市场经营活动及深入基层帮助企业开发新产品，优化老产品，争创名品、名企工作。区质量技术监督局坚持打扶并举，以打促扶的方针，千方百计扶植桥东区名优产品。在共同努力下，桥东区名品、名企工作取得较好成效。到2006年，共有6种产品获省、市优质产品或优秀产品称号：邢台市同分橡胶制品厂生产的橡胶制品件获河北省优质产品称号；河北蓝鸟家具有限公司生产的蓝鸟牌家具获河北省名牌产品称号；邢台市吉泰特型钢厂生产的热扎球扁钢获河北省优质产品称号；邢台市双环种业有限公司生产的"双环"牌杂交一代甘蓝获河北省优质产品称号；邢台市桐泰祥食品商场出品的"桐泰祥"牌糕点获邢台市名牌产品称号；邢台市前进造纸厂生产的"前进"牌卫生纸获邢台市名牌产品。有6家企业分别获省、市先进企业称号：邢台市光源太阳能有限公司获河北省优质企业称号；邢台市吉泰特型钢厂获河北省优质企业称号，并获河北省百强乡需求镇企业；邢台市发明电器有限公司获邢台市质量效益型企业；

桥东原材木器厂获邢台市质量效益型企业；河北鹰杰数码电子有限公司获河北省服务企业称号；邢台市铁路配件厂被列入铁道部定点生产厂家，并获铁路系统先进企业。

第二节　专利技术

1985 年，我国正式施行专利制度，并相继出台了一系列专利法规及专利推广实施办法，为我国专利事业的发展奠定了基础。桥东区专利技术管理工作由区科学技术局负责，从 1985 年到 2006 年，共受理、申报各种专利 501 项，其中发明专利 93 项、实用新型专利 339 项、外观设计 69 项。经国家批准，授权专利 291 项。截至 2006 年，桥东区专利实施共计 53 项，占总申请量的 11%，占授权专利总数的 18.20%。桥东区专利技术申报、实施当中有 4 个特点：一是群众和技术人员创新改革意识增强，大胆开展技术革命，对促进全区科学技术水平的提高，起到了积极作用，其间申请专利 501 项，平均每年 25 项。二是专利技术的质量不断得到提高，自主研发的成份逐步加重，实用新技术、新工艺已成为推动经济和社会发展的动力。在 501 项专利申请中，发明专利占 93 项，年均约 5 项，实用新型专利技术的 339 项，年均约 17 项，体现了创新和使用的理念。三是授权实施的专利推广施用工作需加大力度，努力使专利科学技术转化为生产力。20 多年间，桥东区实施专利 53 项，约占授权专利的 1/5。四是授权专利的转让实施工作需要加强，需主动引导专利人做好专利实施和专利转让实施工作，确保在专利有效期内，发挥应有作用。

专利申请和实施，不但提高了全区的科技兴区意识，还有力地促进了桥东区科学技术工作的进步和发展，特别是对区域经济和社会发展起到了不可替代的作用。按照国家规定的测定指标，2006 年底，桥东区科技对经济发展的贡献率达到 15%。

第三节　部分实施专利简介

《臌症丸散丹囊汤》　（专利号：ZL03104754.8）由邢台市桥东区魁志党臌症研究所研制。其在祖传秘方的基础上，运用地道的体质中药，利用独特配方，采用纳米技术，最大限度的提高药物的崩解度、溶解度、吸收率和附着力，使其疗效提高数千倍，治愈率 91.7%，有效率达 100%。治疗水平达到国际领先水平。已治愈患者达 5 万多人。

《平压式木塑板生产技术》　是河北华龙机械有限公司申请的专利技术，专利申请号：200610012781.1。利用此技术，一是显著减少树脂用量，生产成本较挤出法成本降低 50%；二是产品不用醛类胶粘剂，不存在甲醛释放等环保问题；三是原材料采用植物秸秆（麦秸、棉花秆等）和废旧塑料编织袋或废旧型薄膜（俗称白色污染）这两大废弃物，减少了两大污染源的危害。

《太阳能开水器》（系统）　由河北光源太阳能有限公司开发。2005 年投入生产，使太阳能进入中高温领域。本项目使用的核心技术为河北光源太阳能有限公司自主知识产权的两项专利：多流道太阳能真空管，专利号：ZL02889877；插管式太阳能真空集热管，专利号：ZL200420016061.9。2006 年年生产能力达到 5000 台（套）。此系统可广泛应用于院校、宾馆、企事业等需要大量开水的单位，使用太阳能开水器（系统）可节电 70% 以上。

第四章　重点项目

桥东区项目建设管理工作大致分两个阶段，以1993年为界。此前，项目建设管理工作由原区经济计划委员会计划科负责，当时的项目不多，多为一些技术合作和技术改造小项目，投资数额小，各级没有列入硬性考核指标。1993年以后，随着国家改革开放的不断深入，各级高度重视项目建设工作，加大了项目建设力度。桥东区委、区政府先后出台了一系列加大项目建设的支持和保护力度的优惠政策，为项目建设营造了良好的发展环境，将该区项目建设工作推入快车道，创造了项目建设投资额每年递增25%以上的高速度。到2006年底，全区共完成竣工项目190个，完成投资35亿元，为推动桥东区经济健康、快速发展起到了重大作用。

第一节　重点项目管理

桥东区在项目管理上按投资规模大小分三个层面管理：一是列入区级重点管理项目，二是列入邢台市级重点管理项目，三是列入省级重点管理项目。凡是被列入哪个级别的项目，由哪个级别领导负责检查考核。桥东区由于辖区面积小，发展空间受限制，到2006年还未有列入省级的重点项目，所建项目均为市级和区级重点项目。凡列入市、区重点建设项目，区里规定要明确项目主办人和责任人，定期对项目实施情况进行检查、指导、督促，发现问题及时协调解决，保证项目顺利进行。凡列入重点工程项目，区委、区政府列入重点保护工程，有关部门不得到工程现场乱检查、乱收费，由重点项目办公室负责统一管理和协调，实行封闭式运作。

桥东区重点项目建设有5个显著特点：一是工业大项目不多。由于受厂地和环保政策限制，在市区发展大工业已无可能，现有的工业也要实行“退二进三”战略，到市外去发展；二是三产服务性项目多，这是桥东区的最大优势；三是地产项目多，城中村改造和高档住宅小区建设如雨后春笋，城区基础设施改造和物流业的发展很快；四是工业主要发展和改造占地少、技术含量高、附加值高、无污染的项目，即绿色工业；五是农业上突出了观光农业、特色农业，从传统农业发展模式中跳出来，实施高效农业、创新农业。以上项目建设的五个特点既符合桥东经济发展的实际，又标志着桥东区投资结构、经济结构得到了合理调整，把桥东区经济逐步推向科学可持续发展的良性轨道，为桥东区经济实现快速发展奠定了基础。

第二节　重点项目简况

自桥东区建区以来，特别是1993年以后，桥东区项目建设工作取得很大成效，对促进城区经济发展和社会稳定起到了重大作用。截至2006年底，全区共完成竣工项目190个，完成投资近35亿元。据区统计资料表明，桥东区项目建设的增长量，分别占全区工业和商业总量的40%和60%，项目建设真正成了桥东区经济发展的动力和活力。项目建设的突出成就不但壮大了桥东区的经济实力，增加了税收财源，还多次受到邢台市委、市政府的表彰，2004年被邢台市委、市政府授予“邢台市重点项目先进单位”称号。

1999～2006 年桥东区列入市级重点项目竣工情况一览表

项目名称	投资额（万元）	主办单位	竣工时间
中北商城	5000	邢台中北房地产开发公司	1999 年
复合轧辊生产线	1200	邢台特种冶金轧辊厂	1999 年
家乐园超市二店	1500	邢台家乐园集团	2000 年
金马五金城	1500	广东南海金马电力机械设备集团	2001 年
西大街开发	8000	新天地房地产开发公司	2002 年
河北威邦稀土材料生产线	2860	鸿昌稀土材料厂	2002 年
邢师学生公寓楼	2100	大梁庄乡胡庄村	2002 年
同聚德饭店扩建工程	600	同聚德饭店	2002 年
港龙商业中心	6000	邢台顺捷房地产开发公司	2003 年
邢台市制药厂搬迁	3000	邢台市制药厂	2003 年
顺德农机小区	2200	邢台农机公司	2003 年
本田汽车销售中心	2000	邢台市兴和汽车贸易有限公司	2003 年
吉泰特钢厂技改项目	4200	吉泰特钢厂	2003 年
金缘小区	7000	邢台市供电局	2004 年
亿德隆购物休闲广场一期	18000	河北富兴房地产开发公司	2005 年
中银花园	9800	邢台辰太房地产开发公司	2005 年
万隆金碧华府	6000	邢台万隆房地产开发公司	2005 年
华北五金机电销售中心	12000	邢台康乐房地产开发公司	2005 年
平安小区	9000	邢台中房房地产开发公司	2005 年
电梯导轨项目	5200	邢台吉泰特钢厂	2005 年
凤凰城一期	23000	邢台家乐园集团	2006 年
亿德隆购物休闲广场二期	32000	河北富兴房地产开发公司	2006 年
合计	162160		

第三节　管理机构

桥东区重点建设项目办公室成立于 1995 年初，属桥东区经济计划局内设机构，1999 年 11 月转为桥东区独立二级局，不再隶属区经济计划局。2002 年 6 月转为区政府直属事业单位，事业编制 3 人，科级职数 2 人。2005 年 11 月，重点建设项目办公室设在区发展改革局内，对外保留原名称，转为行政机构，设重点建设项目办公室主任 1 名，副主任 1 名。

第五章　驻区市属工业企业

1980～2006年，桥东区辖区内市属工业得到较快发展，工业结构得到调整，逐步形成了以纺织、轻工、机械、医药等为支柱的产业格局。牛仔布、丝网、特钢、板式家具、电缆等产品享誉国内外。

2006年，规模以上企业达33家，其中大中型企业7家。企业总资产74亿元，职工人数达1.33万人，企业的发展带动了辖区城区建设和人员就业。企业通过提高技术装备水平，达到了上档次、上品牌、上规模，实现了产品产业结构优化升级。纺织行业新上了无梭织机，板式家具引进欧洲国家先进生产线，金属丝网、电缆生产均采用国内最先进的生产技术，一方面提高了产品质量和效益，另一方面降低了污染、节约了原材料，逐步走上了新型工业化道路。

邢台方圆纺织印染集团有限公司

邢台方圆纺织印染集团有限公司，位于东围城路18号，属民营股份制企业，是国家2006年最新公布的全国1948家大型企业之一，棉纺织行业50强派头兵企业。企业拥有1个纱厂、2个布厂、3个合资公司（中国纺织科学研究院邢台方圆印染实验厂、中丹合资河北麦迪生家居纺织品有限公司、北京中纺艾丽格纺织品有限公司）、1个棉花购销公司（邢台方圆棉花购销有限公司）。企业规模为纱锭12万枚、线锭1.6万枚、气流锭2432头，宽幅特宽幅织机2500台，引进国际先进水平的荷兰斯托克16套色圆网、意大利和瑞士布塞平网印染生产线三条，并配有斯托克激光雕刻制网系统和国际先进水平的荷兰布鲁刚曼炼漂机、京都丝光机、压光机等配套设备。年生产能力为：面纱27000吨，坯布6000万米，装饰布1000万米，床单280万条，床上配套用品140万套（件）。集团公司的产品有：纯棉、混纺、精（普）梳纱、OE纱、各种规格的坯布、灯芯绒、印染装饰布、中西式丝光床单及床上配套的缝制品等百余个品种，品牌主要有卧牛牌棉纱、麦迪生牌床上用品。其中，远红外线保健被、防静电纱、防静电布填补了省内的空白。麦迪生牌床上用品是河北省名牌产品，重点推荐品牌。产品畅销国内30余个省市、自治区、直辖市，并远销日本、韩国、东南亚及欧美等国家和地区。

河北省蓝鸟家具有限公司

河北省蓝鸟家具有限公司始建于1953年，是一家集设计、开发和产销一体的国内大型家具公司，中国家具协会副理事长单位，全国轻工业重点骨干企业，河北省家具行业支柱企业，产品包括了实木家具、板式家具、软体家具三大类别，高中低3个档次，出口、民用、集团宾馆三大市场。

河北省蓝鸟家具有限公司

蓝鸟秉承“用户满意、追求第一”的企业目标，稳扎稳打步步为营，滚动发展，到2006年已发展成为拥有总资产2亿元，厂区20万平方米，拥有意大利、德国、荷兰、瑞士等国制造的当今世界先进的6条家具生产线，以及低温除湿木材干燥、数控镂铣、真空异型压机等高、精、尖加工设备，并在国内率先通过了ISO9001：2000国际质量管理体系认证、

ISO14001 国际环境管理体系认证和中国环境标准产品认证，年产量达 100 万件，具备了雄厚的市场竞争能力。

蓝鸟真正落实“用户是上帝，顾客是父母”的品质观，不断成功开发出经典、实用、性价比卓越的“蓝鸟”家具精品。先后荣获“中国驰名商标”、“中国家具质量最高奖——国家银质奖”、“国家优质产品”、“全国用户最满意产品”、“河北重点名牌家具”等 58 项大奖。产品畅销京、津、晋、鲁、豫 11 个省市，并进入了北京钓鱼台国宾馆、中南海、人民大会堂、首都机场总统候机室、外国驻华使馆、上海环球金融中心等高级寓所，远销日本、德国、澳大利亚等国际市场。企业连续 15 年保持了河北省家具行业排头兵的殊荣。江泽民、李鹏、迟浩田等党和国家领导人先后参观了蓝鸟家具厂，并给予了高度评价和赞扬。

河北邢台电缆有限责任公司

河北邢台电缆有限责任公司（以下简称邢缆公司）的前身为河北邢台电缆厂，始建于 1958 年，是原机械部、铁道部定点生产电线电缆的国有大型企业，河北省最大的电线电缆生产厂家，2002 年，改制为河北邢台电缆有限责任公司。地址位于桥东区新华北路与团结大街交叉处，紧靠京广铁路，交通方便。通信设备先进，服务设施齐全。厂区占地面积 13 万平方米，有员工 1500 余人，总资产 2 亿多元。

企业坚持技术进步，不断进行技术改造，依托先进的生产、检测设备和雄厚的技术力量，邢缆公司相继开发了裸铝线、裸铜线、钢芯线、布电线、塑力缆、控缆、交联电缆、通用橡套电缆、阻燃耐火电缆、矿用电缆、电力车导线、铝包钢系列产品等一大批达到世界水平的高精尖产品。产品达 30 多个品种、近百个型号、6000 多个规格，多种产品填补了省内、国内空白。又成功开发了钢芯稀土铝绞线、分支电缆、计算机电缆、机场灯光照明线、抗冰导线、铜包钢系列产品和环保型系列电缆等多种新产品；其中钢芯稀土铝绞线通过了国家级新产品鉴定；分支电缆获国家专利，经专家评审被认定为国家级新产品，环保型系列电缆被国家环境标志产品认证委员会授予“中国 II 型环境证书”。

邢缆公司在线缆行业率先通过了 ISO9001 质量管理体系和“3C”产品认证。企业先后荣获“河北省科技先导型企业”、“河北省经济效益型先进企业”、“河北省精神文明先进单位”、“河北省工业企业最佳形象单位”等 20 多个省以上荣誉称号，多次被评为河北省“重合同守信用”企业，多次荣获全国 500 家暨省、行业 50 家最佳经济效益企业，被原国家机械局评为“机械工业管理基础规范化企业”。

第十三编 农　业

1980～2006年，随着改革开改的不断深入，桥东区委、区政府不断调整农业结构，大力发展农业园区建设，使农、林、养殖业都得到长足发展。由于桥东区农村处于市近郊，1988年以前，农业主要以种植蔬菜为主。1988年11月，邢台市撤销郊区，原隶属郊区的大梁庄乡、东郭村乡划归桥东区。桥东区耕地面积由1987年末的1123.38亩增至1989年末的19501.81亩，粮食作物种植面积也大幅增长。1988年粮食作物占耕地面积的65.5%，蔬菜种植占29%，经济作物占5.5%。桥东区的林业资源也较丰富。到2006年，全区有林地67公顷，主要栽培树种有杨树、榆树、刺槐、泡桐等，多为四旁植树。2006年底，辖区内绿化覆盖率达37%，人均公共绿地面积达到8.9平方米。

随着农业结构调整步伐的加快，畜、禽等养殖业已成为桥东区农业经济的主导产业之一。1980年，全区牲畜存栏442头（只），到2006年底，已达5600头（只）。1981年，禽类养殖8590羽，到2006年各种禽类已达15.5万羽。2006年全区完成肉、奶、蛋等畜禽产品产量比1980年有了大幅提高。

由于气候原因，桥东区旱涝灾害时有发生，给农、林、养殖业造成了一定损失。建区后，区政府鼓励修建了一批农田水利工程。进入21世纪后，又对流经的几条河流进行疏通、治理，特别是对七里河进行改造，大大改善了农业生产条件，提高了抗洪能力。

第一章　种植业

桥东区地少人多，1988年以前，农作物种植以蔬菜为主。1988年11月，邢台市将郊区撤销，原隶属郊区的大梁庄乡、东郭村乡划归桥东区。当年，桥东区耕地面积增加，粮食种植面积也大幅增长。1988年粮食作物占耕地面积的65.5%，蔬菜占29%，经济作物占5.5%。进入21世纪后，随着耕地面积的逐年减少，农作物种植数量、品种亦呈下降趋势。

第一节　农业园区建设

1999年，区委、区政府下发《关于加快调整优化农业结构的指导意见》（邢东发〔1999〕24号文），桥东区的特种蔬菜种植、花卉生产、畜牧养殖三大产业有了迅猛的发展，先后涌现出了三义庙

花卉市场

科技示范园、母家场特种蔬菜种植区、南康庄温室基地、胡庄花卉与蔬菜种植基地、天贝养牛厂、长顺小尾寒羊养殖基地、绿洲花卉市场、圣诞红种植基地等一大批养殖（种植）基地。邢台市蔬菜种子公司的规模和效益也得到快速发展。

桥东区种子公司于1989年5月更名为邢台市蔬菜种子公司。这个建厂初期仅有19人的种子公司，到2006年已发展为有员工56人（其中技术人员9人）且初具规模的种子繁育中心。为了扩大生产，于1991年4月将原种场由申庄迁至柴家庄，占地面积50亩，成为中国农科院蔬菜花卉研究所培育甘蓝种子的重要生产基地之一。该公司自繁自育的“京丰一号”、“中甘八号”、“晚丰”、“秋丰”、“庆丰”等系列甘蓝种子在韩国、泰国、俄罗斯等十几个国家和地区呈现出强劲的销售态势。1993年受国家农科院蔬菜花卉研究所委托，给美国繁育的青花菜种子获得成功。是年，邢台市蔬菜种子公司生产、销售的甘蓝种子占有全国市场份额达35%，营业额1200万元。随着公司的生产发展，社会各界给予了高度的重视，该公司培育的“京丰一号”甘蓝种子荣获国家发明奖，1990年长春市科委授予了“东北地区农业新成果，新品种，新技术，新产品交流二等奖”。2000年以后，该公司成为桥东区种子生产的龙头企业。

第二节　农作物种植

一、粮食作物

小麦　20世纪80年代，小麦品种以冀麦7号为主，搭配品种有冀麦3、15、20、30号。90年代以种植冀麦24、37、31号系列为主。2001～2006年，试验、示范引进石家庄8号、石麦15、衡7228号。冬小麦的单产不断提高，亩产由1989年的296公斤，到2006年增至365公斤。

玉米　20世纪80年代开始普及玉米杂交种植，群单105、101，郑单1号、2号，邢单1号等。90年代引进登海1号、西玉3号、掖单14号。2001～2006年，种植品种有郑单958，登海系列，中单2号、4号，浚单7号，掖单2号、13号等。玉米亩产由1989年的309公斤到2006年增至367公斤。

二、经济作物品种

20世纪80年代，棉花、芝麻、花生有少量种植。90年代开始以种蔬菜为主。2000年曾种植少量大豆。

20世纪80年代主要种植大白菜、甘蓝、西红柿、黄瓜、茄子。

20世纪90年代以大面积种植大白菜、菠菜、黄瓜、西葫芦、甘蓝、西红柿、茄子、豆角为主，其次有韭菜、大葱、洋葱、大蒜、萝卜、花椰菜等。

大白菜　20世纪80年代主栽品种有83－1，鲁白1号、2号、3号，晋菜3号，郑杂1号等。90年代主栽品种有83－1，冀菜1号、3号，玉青、青麻叶。2000年开始以种植晋菜3号、太原二青、鲁白3号等品种为最多。由于土地减少，相应的种植面积也在不断缩小，单产却不断提高。

甘蓝　20世纪80年代邢台栽培报春、夏光圆春、中甘11号、京丰1号、晚丰。90年代以夏光、中甘 11、秋丰、京丰 1 号为主。2000 年栽培中甘 11 号、京丰 1 号、晚丰等为主。

黄瓜　20 世纪 80 年代末主栽长春密刺，津杂 1 号、2 号，津研 4 号、5 号、6 号，冀黄瓜 1 号、3 号等。90 年代主栽长春密刺，津杂 1 号、2 号，津研 4 号、5 号，新引进津春 1 号、津绿等。2000 年开始主要栽种津春 1 号，津优 10 号，中农 13，新泰密刺，津绿系列，产量及品质显著提高。

甘蓝种植

番茄　20 世纪 80 年代末种植北京 10 号、早粉 2 号、佳粉、津粉 65、强丰、邢台大红等。90 年代主栽早粉 2 号、农大 24、强丰、密植红等。2000 年开始，引进种植毛粉 502、佳粉 15、中杂 9 号、宝冠、百利等。

茄子　20 世纪 80 年代末种植青茄、安阳紫圆茄等。90 年代主栽七叶茄、青茄、紫光大圆茄等。2000 年引进种植二苠、紫光大圆茄、短把黑、茄杂 2 号等。

20 世纪 90 年代至 2006 年，桥东区的蔬菜种植逐渐引进生菜、油麦、茼蒿、苦菊等新品种，种植面积不断增加，产量效益猛增。

第三节　农作物栽培管理技术

小麦　20 世纪 80 年代初期，推广了氮、磷混合浅施，底施碳铵，增加磷肥，后期浇水技术措施。1985 年根据土壤地力，实施了氮、磷配方施肥及模式化栽培技术。90 年代继续推广小麦模式化栽培技术，推广小麦病虫草综合防治技术，小麦蚜虫、红蜘蛛、小麦锈病、白粉病得到有效控制，产量明显提高。2000 年，提倡施足底肥，足墒播种，实行半精量播种，对小麦病、虫、草害，如蚜虫、红蜘蛛、吸浆虫、白粉病、锈病、恶性杂草、节节麦、看麦娘等实行统防统治。

玉米　20 世纪 80 年代初期，推广玉米规范化栽培。90 年代继续推广了玉米规范化栽培技术及吨粮田栽培技术、玉米田化学除草技术、玉米药剂拌种、玉米田病虫病防治技术、秸杆还田技术。2000 年后继续推广玉米病虫草害的防治技术。

蔬菜　20 世纪 80 年代大白菜种植管理较为粗放。90 年代推广大白菜高产、高效栽培，推广发展温室栽培以及保护地栽培，早春保护地栽培成为一大亮点。早春保护地栽种作物主要包括甘蓝、番茄、黄瓜育苗等，推广蔬菜化学锄草技术、温室蔬菜管理技术、提倡无公害蔬菜栽培，包括 ppm 配制、营养盆定植、过磷酸钙的使用等。

2000 年，支持发展价值高的蔬菜，如番茄、樱桃番茄、小黄瓜、生菜等，压缩裸地栽培，提倡无害化栽培。

第四节　杂草除治

2005 年，在桥东区农田发现检疫性有害生物——黄顶菊。黄顶菊生长的地方其它植物无法生存，对桥东区的农业生产、生态环境和经济发展构成了严重潜在威胁，有“生态杀手”之称。由于其传播途径多，繁殖力极强，发生蔓延迅速，到 2006 年桥东区 2 个乡、4 个街道办事处都有不同程度的发生，面积达2100亩左右。针对黄顶菊发生疫情，区政府及时动手，精心组织，全面普查，广泛宣传，明确责任，多措并举，在全区迅速展开黄顶菊除治工作。全区坚持“预防为主、科学防控、依法治理”的方针，遵循“突出重点、属地负责、联防联治”的原则多措并举，综合防治，确保不暴发成灾。在黄顶菊防控期间，区政府拨出专项资金21000元用于购买防治药品。并对发生密度较小和特殊区域的零星草株组织各乡、办普遍开展了人工拔除，保证黄顶菊不蔓延、不危害农田。对发生面积大、范围集中的区域采取除草剂喷洒防治。截止到2006年9月10日，全区已防治黄顶菊面积2100亩，其中药剂防治1800亩，人工铲除300亩。黄顶菊得到有效控制。

第五节　生态家园富民工程

以沼气建设为核心的生态家园富民工程，是市委、市政府为改善农村人居环境，提高农民生活质量，增加农民收入，促进农村经济可持续发展，加快文明生态村建设的重要举措。根据《邢台市人民政府关于全面推进生态家园富民工程建设的意见》的有关精神，桥东区于2003年至2004年在南康庄养殖户中率先推广沼气池建设，全村建成沼气池46个。之后几年中，先后在新华村、东郭村、五里铺等地建成60余个沼气池，极大的改善了人居环境。为加大工作力度，确保按期完成沼气池建设任务，桥东区政府对2004年、2005年建沼气池农户给予补贴。对2004年及以前建沼气池用户，经验收合格，并已投入正常使用的，补足每户300元补贴。对2005年新建沼气池用户，经验收合格，并已投入正常使用的，也给予每户300元补贴。

第六节　农业技术推广

1989年，桥东区农业局成立农林技术推广站，大力推进和开展农业技术培训工作。是年，为配合全区农业结构调整工作，每月举办3~5期培训班。1990年2月6日，区农业局主办、农林技术推广站承办的内部读物《农业简报》首期印发。区农业局工作人员编写的“小麦栽培技术规范要点”、“大白菜生产技术操作规范”等在《农业简报》上发表，对桥东区农作物的栽培技术推广起到了积极作用。为加强农业技术服务推广的力度，区农业局于1993年3月10日，成立了农业局技术服务站，系集体性质，地址设在晏屯乡南王段村西路北，负责辖区内农业技术推广、优良品种供给、新品种引进与推广。1996年8月4日，桥东区遭受洪涝灾害，12个村庄受灾，共计损失1889.7万元。同年8月13日，洪灾过后，桥东区政府根据自然条件积极组织科技减灾，有效的降低了洪涝对农作物的危害。1998年5月，东郭村乡南康庄村、南陈村和大梁庄乡大吴庄村、朱庄村先后开设了农业科技板报和科技广播，并重点推广了“吨粮田”、“蔬菜保护”、“测土配方施肥”、“病虫害统防统治”和“生物钾肥”等五项农业技术，增加粮菜产值800万元，减少经济损失150万元。

第七节　农具　农机

20世纪80年代初，桥东区以传统农机具为主，现代农机具也少量使用。1989年始，现代农机具有了快速的发展，至2006年，全区农机总动力约10600千瓦，大拖35台，小拖265台，配套农具400余件（套）。联合收割机23台，秸秆还田机18台，农田排灌动力机械321台（套）。随着现代农机具的进一步增多，传统农机具逐渐被淘汰。

一、传统农具

传统农具以木制、竹制、铁制为主，使用历史久远。主要有：

耕整农具　镢头　铁锨　犁　耙　三齿

播种农具　耧　砘子

收获农具　镰刀

打场农具　碌碡　刮板　木锨　杈　筛子　簸箕

装粮器具　布袋　大瓮　瓦缸　囤

运输工具　扁担　筐　绳　挎筐

农产品加工工具　石碾　石磨　轧花车　弹花车

三股钢叉

竹耙子

铁耙子

刮　板

棉花夹子

木　锨

扫　把

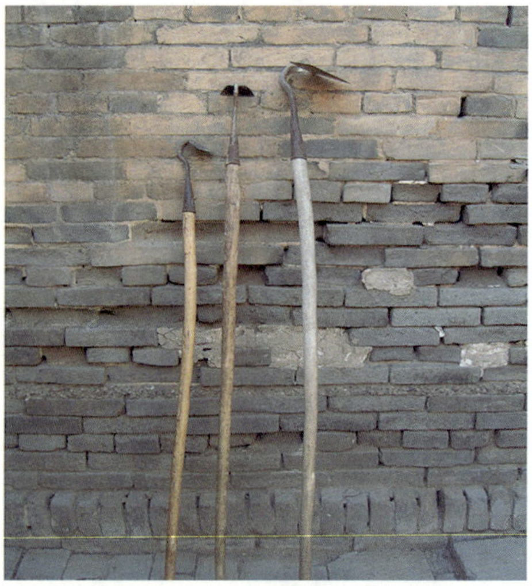

锄　头

铁　锹

耢

三　齿

水　桶

犁

水　缸

簸　箕

独轮推车

碌　碡

二、现代农机具

现代农机具是以机器为动力，或以使用现代技术制造的农具。桥东区农村使用的现代农机具主要有：

耕种农具　牵引犁　牵引耙　秸秆还田机　旋耕机　镇压器

收获农具　机动脱粒机　联合收割机

农产品加工机具　磨面机　碾米机　榨油机

小型旋耕机

大型旋耕机

大型小麦联合收割机

1988～2006 年桥东区现代农机具统计表

单位：台

年度	拖拉机		耕整机械		机引播种机	收获机械			电动机	水泵	碾米、磨面机
	大中型	小型	机引犁	旋耕机		脱粒机	割晒机	联合收割机			
1988	7	554	42		29	278	8		613	530	93
1989	8	582	37		29	354	13		653	552	101
1990	6	638	54	1	40	396	26		620	537	83
1991	9	666	58	2	48	416	27	5	626	559	67
1992	10	693	81	5	51	420	58		643	561	82
1993	16	712	81	8	46	420	57	7	601	537	64
1994	23	702	91	20	62	400	59	12	657	590	67
1995	23	700	91	18	59	517	55	13	540	470	70
1996	25	728	103	22	55	370		17	629	567	62
1997	32	751	103	30	55	320	49	26	629	567	62
1998	36	751	103	32	57	320	35	29	627	561	66
1999	31	564	102	32	57	220	35	24	461	405	66
2000	24	316	19	24	65	32	0	27	581	351	230
2001	31	380	19	26	65	0	0	27	584	354	230
2002	31	323	19	27	65	0	0	27	584	354	230
2003	33	352	19	25	36	0	0	22	551	321	230
2004	35	344	21	25	36	0	0	22	551	321	230
2005	35	344	21	25	36	0	0	22	551	321	230
2006	35	265	21	25	36	0	0	22	551	321	230

第二章　林　业

桥东区地势平坦，气候适宜，加以每年由区、乡、村统一组织的群众性义务植树活动，形成较为丰富的林业资源。到2006年，全区有林地67公顷，其中栽培杨树51公顷、苹果树5公顷、小枣树7公顷、其它四旁树种4公顷共计8.76万株，主要有榆树、刺槐、泡桐等，活立木总蓄积1.4万立方米。道路两旁、庭院树种以泡桐、杨树、石榴、葡萄等为主，生长良好；绿篱则以大叶黄杨、女贞栽植最盛。到2006年底，辖区内绿化覆盖率达37%，人均公共绿地面积达到8.9平方米。桥东区辖区内有较大规模的苗圃场2个，即楼下道村1个、大吴庄村1个，共占地244亩，以栽培大叶黄杨、小叶黄杨及城市绿化苗木为主。

第一节 林木树种

桥东区共有林木树种36科94种（包括变种），其中造林绿化、园林观赏树种有62种，果树及其它经济树种32种。常见的造林、绿化树种有欧美107杨、欧美108杨、中林46杨、三倍体毛白杨，柳、旱柳、金丝柳，龙爪槐，泡桐等。作为四旁植树的主要树种有：柳树、杨树、泡桐等。

一、经济树种

苹果 落叶乔木。品种很多，果形有圆、扁圆、长圆、圆锥等形状，颜色有绿、黄、红、紫等色。春季开花，7~10月陆续成熟，喜光、喜沙质肥沃土壤，为桥东区主要果树树种。

桃 落叶乔木。品种很多，且有变种，核果似球形。5~8月陆续成熟，果实不耐贮存。北陈村种植较多，为主要果树品种。

枣 落叶乔木。品种很多，结果枝当年结果后脱落，称为“枣吊”。果实肉厚、味甜，可鲜食，也可制成干枣或加工成枣泥、枣酒等。南陈村栽植最多，庭院也多有种植。

葡萄 落叶木质藤本。品种颇多。7~10月陆续成熟，可鲜食、酿酒、制干，喜温暖，耐肥水。用压条扦插繁殖，庭院栽种较广泛。

石榴 落叶灌木或小乔木。品种较多，夏季开花。农历8月15日前后成熟，味甜或酸，多为庭院栽种，还有盆栽的观赏石榴，在宅内冬季照常开花结果。

二、其它树种

花椒 落叶灌木或小乔木。夏季开花，秋季果实成熟，红色。果实用作调料品。多种在果园旁边，一则收果，二则护园。

无花果 落叶灌木。全株能分泌白色乳汁，多见于庭院栽种。

香椿 落叶乔木。树皮褐红色，老时褐色，幼叶、嫩芽称作“椿芽”，可作为蔬菜食用，有香味。多见于庭院栽种。

第二节 植树造林

植树造林对于改善生态环境，促进可持续发展，有着不可替代的重要作用，是解决生态环境的必由之路。抓植树造林就是抓生态，就是抓今后的生产力。

1994年春，桥东区政府组织全区数百人在柴家庄村东南沙滩地种植苹果树3000余株，改良荒滩地200余亩。

为贯彻落实江泽民总书记、李鹏总理关于生态建设的重要批示，加快桥东区林业建设步伐，区政府责成区农业局分别同区绿化办、东郭村乡人民政府签订1998至2002年领导干部任职期间林业目标责任状，实现了五年内森林覆盖率达12.1%，造林合格面积完成33公顷的目标。

2002年按照邢台市林业局“一带两沿三环”（即邢台县西部山区果口带，沿道路、沿河渠，环城、环乡、环村）的规划，及时完成107国道和南外环路的环城绿化工作。由于地处郊区，人们对植树造林的意义认识不够，桥东区农业局有关工作人员，一边搞规划一边做农户的思想工作，广泛宣传造林绿化的重要意义，宣传“政府要绿、群众得利”的优惠政策，使这项工作意义入户、政策入耳。南康庄的村民形成了“让我绿”为“我要绿”的可喜局面，广大农民植树的积极性被充分调动起来。20 天内植树达 20000 余株。

2003 年春季，桥东区启动七里河绿色屏障建设工程，它是建区以来规模最大、数量最多、任务最重的一项绿化工程。为确保绿化效果和成活率，从工程筹划到结束，用了 1 个月的时间。同时还选购杨、柳、桃、李等 9 种树苗近 10 万株，严格遵照“三大、一及时”（大坑、大苗、大根，及时浇水）的技术要求，经过近 1 个月的栽培，开创了桥东区在垃圾土质上栽种树苗成活率达到 90% 以上的好成绩。七里河绿色屏障建设工程共植树 78328 株（桧柏、金丝垂柳、塔松、冬枣、梨枣、杏树、杨树、桃树、法桐等 9 个品种），发动推土机、挖掘机、铲车等大型机械 10 余台、拖拉机 60 余台，共平整垃圾 31 万立方米，更换新土 8000 余立方米，打机井一眼，彻底改变了昔日垃圾山、乱河滩，垃圾遍地舞、风日土满天的旧貌，并多次受到邢台市主要领导的高度评价和表扬，邢台市林业局先后 2 次在桥东召开全市绿化工作现场会，得到了各区、县同行的一致好评，充分调动了群众种树、护树、爱树的积极性，营造了一个全区热爱家园、保护环境的良好氛围。

第三节　板材检疫

根据国务院颁布的《植物检疫条例》的有关规定，1998 年，随着邢台板材市场的繁荣，木材经营加工户的大量涌现，区农业局林业站的技术人员多次到市木材公司、南货场储木场、母家场木材市场、大梁庄乡板材基地等地调查，结合桥东区实际，于当年 10 月在大梁庄乡板材基地成立了桥东区木材检疫、运输服务站。1998 ~ 2006 年，共检疫木材 20 多万立方米，有效地防止了森林病虫害的传播。受到广大木材经营加工户的一致好评，他们赠送给区木材检疫、运输服务站“严格执法、热情服务”、“公正执法、服务周到”等多面锦旗。

第三章　养殖业

随着农业结构调整步伐的加快，畜禽等养殖业已成为桥东区农业经济的主导产业之一。1980 年，全区牲畜存栏 442 头（只），到 2006 年底，桥东区各类牲畜存栏已达 5600 头（只）（其中猪 4200 头、牛 200 头、羊 1200 只）；1981 年禽类养殖 8590 羽，到 2006 年各种禽类已达 15. 5 万羽（其中鸡 147839 羽、鸟 795 羽、鸽 5195 羽、鹅 15 羽、鸭 1392 羽）。2006 年全区完成肉产量 636 吨，奶产量 501 吨，蛋产量 588 吨。由于 1998 年将原隶属桥东区的张庄、大梁庄、小梁庄、朱庄、田庄划规开发区，1998 年肉、蛋、奶及粮食等农产品产量有所减少，到 2006 年有所恢复。

第一节　畜禽品种与饲养

桥东区境内主要畜禽种类有牛、猪、羊、鸡、鸭、鹅、兔等。在 20 世纪 80 年代曾有过马、驴、骡的饲养，但随着其役用价值的日益下降，到 2006 年，马、驴、骡等以役用为主的牲畜在桥东区逐渐无人饲养。从 20 世纪 80 年代初到 2006 年，随着科学技术的发展和畜禽饲养新技术成果的推广应用，全区农户在畜禽饲养方式、畜禽舍建造、饲料配制和饲养管理水平都有了很大提高，对降低饲养成本，提高经济效益起到了重要作用。

桥东区农民饲养马、驴、骡等大牲畜是为了役用，多为独栏喂养，自繁自育，以野草和农作物秸秆等为主要饲料，使役时每日补充部分精料，闲时放牧。由于饲养管理粗放，经济效益较低，大牲畜的繁殖率低，生长速度慢，平均日增重0.3～0.5公斤，随着农业机械化程度的提高，从20世纪80年代后期起大牲畜的饲养由役用逐步向产肉、产奶为主的商品转化，马、驴、骡、牛逐渐减少，肉牛、奶牛饲养逐年增多，到2000年役用大牲畜已不再有人饲养。

一、大牲畜

桥东区饲养的大牲畜以役用为主，主要有马、驴、骡、牛。

马 品种多为蒙古马、伊犁马等杂交后代。1980年在全区存栏16匹，随着农业机械化的推广，饲养量以后逐年下降，1999年以后没有饲养。

驴 品种多为体格较小的太行毛驴等杂交后代。1980年存栏45头，以后饲养量逐年减少，到1999年以后停止饲养。

骡 马和驴的杂交后代，分马骡（驴♂×马♀）和驴骡（马♂×驴♀），当地农民统称骡子，均以役用为主。1980年存栏49头，1999年仅剩2头，到2000年已不再有人饲养。

牛 品种多为南阳牛、素川牛、本地黄牛的杂交后代。1980年存栏24头，以役用为主，以后役用牛逐渐减少，肉牛、乳牛逐渐增多。东郭村乡东郭村村民刘小麦是养殖奶牛较早的饲养户，1978年养奶牛仅有8头，以后乳牛逐渐增多，2006年存栏已达300头。

二、小家畜

桥东区专门饲养为人类提供食肉的小家畜主要有猪、羊、兔等。

猪 品种较多，多为本地猪和引进的巴克夏、长白、大白、北京黑、内江猪等品种的杂交后代。1980年前，养猪大多是喂泔水、坑圈喂养。1984年全区仅养猪9头。80年代末，养猪专业户的出现使桥东区饲养生猪数迅猛增长。1989年，猪存栏已达3512只。养猪专业户出现后，改坑圈为平圈，改圈内积肥为圈外积肥，冬季用塑料暖棚保温养猪，全价配合饲料在全区开始推广。1998年，邢南实业公司养殖场开始建起了8栋高标准现代化猪舍，猪只存栏规模达到2000头。饲养品种以大约克、长白、杜洛克、三元商品猪为主，兼卖纯种猪与二元母猪。到2006年，母猪产仔率提高50%，每胎产仔数也有所提高；肉料比达到1：2.8；育肥期由过去的8～12个月，缩短为4～5个月，出栏率达到150%。全区瘦肉型猪存栏3800头，良种覆盖率100%。

羊 分绵羊、山羊。1980年桥东区存栏羊36只，多为本地品种及其杂交后代。2001年长顺种羊场的建成，使桥东区羊存栏量大大提高。2003年羊存栏达到1158只，以后随着城区的发展养殖业受到限制，养羊数量减少，2006年全区羊存栏200只。

长顺种羊场

兔 桥东区农户散养兔比较多，品种多为本地黄兔、青紫兰、比利时、獭兔等。1993年，邢南实业公司养殖场饲养獭兔1000多只、哈白兔400多只。全部实行笼养，以种植牧草饲养，晚上加精料。之后，随着兔肉市场的萎缩，桥东区兔养殖量逐渐减少，2006年只有少量养殖。

三、家禽

邢南实业公司养鸡场

1981 年桥东区家禽饲养量 8590 羽，其中鸡的饲养量最多。饲养方式以散养为主，几乎所有农户家中都有鸡窝，白天将鸡放出，晚上补充少量精料（一般多用高粱粒、玉米粒或小杂粮），处于粗放型饲养状态。以后随着科学技术的推广，养鸡规模日益扩大，养鸡专业户大量涌现，到 2006 年，桥东区存栏家禽 500 羽以上的场（户）达到了 30 多户，雏鸡成活率 95% 以上，禽的良种覆盖率 100%，家禽饲养量达到 54900 羽。

蛋鸡　1981 年桥东区蛋鸡存栏 8590 羽，多为本地柴鸡等品种。1987 年随着人民群众生活水平的提高，为满足人民群众的生活需要，邢南实业公司机械化养殖场建成投产，年饲养蛋鸡 40000 羽。以后随着现代化养鸡技术的推广，养鸡专业户逐渐增加，养鸡数量也逐渐增加，品种有京白 904、海兰褐、深兰灰等。

肉鸡　桥东区饲养量很小，只有零星养殖。1995 年东郭村乡东郭村有 3 户开始养殖乌鸡，当年效益较好，年存栏量 8000 羽，年出栏 12000 羽。以后又逐渐增加三黄鸡、麻鸡的饲养。

鸭　桥东区养鸭数量很少，仅有少数群众散养几羽。

鹅　桥东区养殖量很小，2004 年以前饲养品种主要为大白鹅，以零星户散养为主。2004 年存栏 100 多羽，以后有养殖户开始养朗德鹅，2006 年存栏 600 多羽。

第二节　特种养殖

桥东区特种养殖规模较小，数量较少。

乌鸡养殖　1995 年，东郭村有 3 户农户从河南引进良种乌鸡，开始养殖，到 2000 年初步形成规模，存栏 1.2 万多羽，创效益 2.5 万元。

海狸鼠养殖　自 1998 年 4 月份，部分养殖户直接向省海研会签约后，逐渐发展起来。截至 2001 年 4 月，全区 42 个养殖户，共养殖海狸鼠 1393 只，分布在两个乡和南长街办事处 14 个村（居）委会。后由于销路不畅，至 2002 年后桥东区已无人饲养。

獭兔养殖　1993 年邢南实业公司养殖场饲养獭兔已达 1000 多只，笼养哈白兔 400 只。以种植牧草饲养，以后随着兔肉市场的萎缩，兔养殖量逐渐减少，2006 年时只有少量养殖。

1980～2006 年桥东区畜禽饲养量表

数量 品种 年份	牛（头）	马（匹）	驴（头）	骡（头）	羊（只）	猪（头）	家禽（羽）	兔（只）
1980	24	16	45	49	36	382		
1981	18	14	24	48	76	237	8590	775

数量 品种 年份	牛（头）	马（匹）	驴（头）	骡（头）	羊（只）	猪（头）	家禽（羽）	兔（只）
1982	19	9	20	39	919	112		
1983	19	5	14	34	72	70		
1984	4	1	1	2	2	9	5000	
1985								
1986								
1987								
1988								
1989						3512	83070	
1990						3005	83230	
1991	158	31	39	62	469	3006		
1992	277	29	33	52	282	2895		
1993	89	14	25	52	292	3318		
1994	84	11	15	48	273	3335		
1995	125	2	14	58	556	4749		
1996	137	2	17	43	700	5240		
1997	84	4	0	4	428	5848		
1998	106	7	5	6	450	5966		
1999	136	0	0	2	258	6607		
2000	107	0	0	0	559	3587		
2001	189	0	0	0	667	5247		
2002	254	0	0	0	955	4800		
2003	253	0	0	0	1158	5272		
2004	300	0	0	0	1100	5500		
2005	300	0	0	0	500	5600	77800	
2006	300	0	0	0	200	3800	54900	

1980～2006年桥东区主要畜牧产品产量表

单位：吨

年份	肉类产量 合计	其中 猪肉	牛肉	羊肉	禽肉	兔肉	蛋产量	奶类产量	羊毛
1980								10.85	
1981								7.5	
1982								9.25	
1983							30	11.7	
1984							15		0.07
1985									
1986									
1987									
1988									
1989	173.581	161.1		5.3	4.421	2.76	525	22.25	
1990	149.598	134.488		2.626	11.569	0.915	462.5	11.1	
1991	189.348	167.436	2.04	4.04	14.862	0.97	643	53.1	0.08
1992	195.377	168.9	0.24	2.347	23.2	0.69	642	184.75	0.08
1993	275.6	204.1	2.4	2.6	65.6	0.9	908.5	49.8	0.2
1994	380.12	320	2.55	2.96	54.2	0.41	595	49	0.15
1995	492.55	336.5	97.74	6.83	48.17	3.31	343.8	130	0.21
1996	548.35	430.1	16.24	5.1	96	0.91	494	141	
1997	681.483	545.175	4.08	3.793	127.58	0.855	690.6	166	
1998	708.71	562.3	4.64	3.83	135.79	2.15	740.6	177	
1999	608.63	466.23	24.66	4.71	108.88	4.15	573.5	144	
2000	363.43	296.83	6.46	2.62	55.16	2.36	286.4	204	
2001	439.1	335.1	8.3	7.4	82.8	5.5	463.3	252	
2002	555.2	440.2	19.8	11.3	78.6	5.3	505.7	341	
2003	610.44	496.9	18.2	16	79.04	0.3	517.4	475	
2004	615	501	18	14	82	0	584	498	
2005	616	507	19	12	78	0	588	501	
2006	618	515	20	8	75	0	478	501	

第三节 养殖基地建设

20 世纪 90 年代以前，桥东区养殖户多以散养为主。1999 年 9 月 22 日，区委、区政府召开了农业结构调整工作“三级”干部大会，出台了《桥东区委、区政府关于加快调整优化农业结构的指导意见》和《桥东区委、区政府关于农业结构调整的实施计划》两个指导性文件。文件中明确了桥东区农业结构调整的基本思路：依托区位优势，培育特色产业；实施科技兴农战略，加速农业科技进步；加快农业科技示范园区建设，强化龙头企业；健全服务机制，围绕市场需求，建好三大产业，即：特色蔬菜、花卉生产、畜牧养殖。此后，农民的养殖、种植热情空前高涨。

截至 2002 年，桥东区共有 2 个较大养殖基地和 3 个大型养殖场，并全部投入运营。2 个主要养殖基地是：（1）柴庄养殖示范区，始建于 1995 年，后于 2000 年 11 月，对柴庄养殖试验区进行了完善，该试验区占地 80 亩，投资 200 多万元，场区基础建设已初具规模，实现水、电、路三通。到 2002 年已初具规模，实行基地加农户建设，主要以养猪和养鸡为主。（2）南康庄养殖区，始建于 2000 年，到 2006 年有养猪专业户 60 多户，猪存栏 821 头。另有奶牛养殖户 8 户，存栏 110 头。桥东区养殖场主要有 3 个，它们是：（1）邢台市蔬菜公司养殖集团，地处南陈村，到 2006 年鸡存栏已达 10000 羽。（2）邢南实业公司，以养鸡为主，始建于 1990 年，到 2006 年鸡存栏已达 15000 羽。（3）邢台天贝养殖场，始建于 2000 年 12 月，该场共投资 86 万元，租地 11 亩。存栏育肥牛 78 头。

第四节 畜禽疫病防治

春季、秋季是畜禽疫病高发期，区农业局针对这一现状，对“五号病”、“禽流感”等进行免费免疫，发放消毒药品。

“五号病”的防治

“五号病”传播快、发病急，多发生于偶蹄类动物，属国家强制免疫的疫病。1998 年，桥东区周围县、市发现有“五号病”疫情，区农业局组织技术人员深入东郭村乡、大梁庄乡所辖行政村的养猪农户进行防疫技术指导，对猪舍及时做好消毒工作，防止了疫病的发生和蔓延。2000 年被授予“全市动物强制免疫工作先进单位”。2000 年至 2006 年共防疫猪 50000 只、牛 1500 头、羊 1000 余只、禽类 70000 多羽，免疫率达 100%。

禽流感的防治

禽流感是禽类的主要疫病，传播快、发病急，是国家强制免疫的疫病。2000 年 7 月 27 日，桥东区周围县、市发生禽流感。为防患于未然，区农业局畜牧兽医防疫站的专业技术人员在全区范围内开展“7·27”禽病防治灭病的工作。

猪病防控

2006 年 10 月，桥东区出现了不明病因猪只死亡事情。区领导高度重视，成立了工作组，在全区开展普查摸底、消毒、隔离工作，实行 24 小时值班和零报告、日报告制度，对全区 40 名协防员进行了紧急培训，并印发宣传材料 10 万余份，报检卡 500 余张，还投入防疫经费 10 万元，购买相关防疫器械及药品，实行统一领取，发放到养殖户手中。在南康庄及有关各村进出口设置路卡，桥东区动检站派驻市场检疫员每天对市场出售的猪肉进行检查登记并对发病猪严格隔离，对病死猪进行无害化处理和消毒，确保使每个养殖户能够自觉依法处理病猪、死猪。桥东区猪病防控工作取得了良好的效果。

科技服务

1998 年 9 月，根据养殖业发展的新形势，桥东区农业局设立了“桥东区畜牧兽医服务中心”。至 2006 年，共组织专家下乡讲课 32 次，参训人员达到 4000 多人次；做科普宣传、散发宣传材料 10000 余份，接受群众咨询服务 1500 多人次。大大提高了群众的养殖技术水平，使桥东区的养殖业出现了快速发展的好形势。

第五节　兽药饲料市场

桥东区在 20 世纪 80 年代初期，仅有兽药门市 1 家。1990 年，随着畜牧业的发展，兽药门市逐步增多，已达 9 家，到 2006 年底已增至 28 家。

2006 年，桥东区辖区内饲料厂仅有 2 家，年产猪饲料 8000 吨，鸡饲料 400 吨。它们是：原桥西长顺饲料厂，在 2000 年时迁至桥东南陈村，占地 5 亩，其生产的“长顺”牌饲料深受养殖户的欢迎；地处南康庄的桥东区业丰饲料厂占地 2 亩，2006 年底有员工 10 人。

第六节　水产品养殖

南陈村、东郭村、柴庄等村地处七里河沿岸，便利的水利条件，造就了七里河附近村庄历来有养殖水产品的习惯。到 1996 年养殖水面已达 170 亩，养殖品种以鲤鱼、鲢鱼、罗非鱼为主，可产鲜鱼 4.5 万公斤。当年 8 月，一场洪水把养鱼池全部冲毁，损失惨重，农民的养殖热情也一度深受打击。大灾过后，根据自然规律和条件，科学安排规划，已有所恢复。到 2006 年底，桥东区养殖水面 13 亩。其中：辛庄 7 亩，1990 年开始养殖，以鲤鱼、草鱼、鲢鱼为主；2006 年转养观赏鱼，年产量 25 万尾，年纯收入 3 万元左右。王庄养殖水面 6 亩，始于 1994 年，以养殖观赏鱼为主，品种有花流金、红流金、狮子头、红帽、红龙井、红鲫等，到 2006 年年产量已达 15 万尾，纯收入 2 万元左右。

第七节　动物检疫

1986 年，区政府决定区农业局增设动物检疫站，开始启动全区畜禽产品检疫、市场监督管理和动物防疫合格证发放工作。至 2006 年，该站共检疫猪 22 万头，猪肉 2080 万公斤，牛肉 312 万公斤，羊肉 41.6 万公斤，马、驴肉 130 万公斤，禽类 270.4 万公斤，脏器 676 万公斤。查处违章案件 1251 起，销毁病死肉类 1.2 万公斤，有效地净化了市场。

一、屠宰场的建立

屠宰检疫是确保群众吃上“放心肉”的第一道关，也是动物检疫中一项重要的工作。1997 年 7 月 1 日，桥东区楼下道定点屠宰场经过多方努力，经市经贸委定点办批准正式开业。该场占地面积近 2 亩，年屠宰猪 11000 头，年创效益 11 万元。该场的建立丰富了桥东区居民的菜蓝子，使桥东区居民吃上了“放心肉”。自此，桥东区结束了没有屠宰场的历史。

二、市场督查

桥东区的肉品市场较分散，主要分布在2个乡、4个街道办事处的大街小巷，约300余个经营户，市场督查执法范围主要是“三场、一点”。三场是西门里市场、东牛角市场和市肉联厂市场的专业市场管理；一点是楼下道屠宰场。1986~2006年，动检站共查处违法案件1251起。2003年7月21日晚，查处了一辆满载病死鸡的汽车，车上装有病死鸡3.74吨，货值1.5万元左右。此案涉及病死鸡数量之大，危害之严重为全省罕见，成为全省最大一起病死鸡案。

2000年8月，桥东区动物检疫站在全市率先开展了“放心肉”工程活动，通过申请、考核、审定、验收合格后签订责任状，发放“放心肉”牌。

2002年12月，为了深入开展“放心肉”工程活动，桥东动物检疫站牵线搭桥，引进全国名牌“双汇”冷鲜肉入驻桥东区。是年，桥东区动物产地检疫出证率位居全省第一。2001~2003年，连续3年被评为全省动检监督执法先进集体。2003年8月21日，桥东区动检站参加全国动物及其产品安全经验交流会，并加入全国动检协会成员。

三、动物防疫体系建设

随着动物性食品消费量的逐年增加，桥东区养殖业得到了迅速的发展。但畜禽疫病、兽药残留、饲料添加剂使用不规范、环境污染、畜禽屠宰加工卫生条件差等一系列的原因对消费者的食肉安全留下了严重的隐患。鉴于桥东区动物检疫化验室原有设备陈旧老化，严重影响检疫工作的正常开展，2005年，区农业局申报了“动物防疫体系建设项目”，争取国家资金80万元，于2006年完成了“桥东区动物疫病预防控制中心”建设，落实了“中心”地址，配备了相关仪器设备，从而提高动物检疫监督工作的整体水平，增加畜产品肉市场竞争力和养殖业收入，保障消费者食肉安全和畜牧业的健康发展，保证社会稳定。

第四章　水　利

流经邢台市桥东区的主要河流有牛尾河、小黄河、围寨河、七里河4条泄洪河流。由于降水年际、年内分配不均，汛期降雨集中，冬春干旱，水源不足，导致辖区旱涝灾害频繁，甚至同一年内可交替出现旱灾及涝灾。

20世纪80年代，桥东区投入大量的人力、物力、财力修建了大批农田水利工程，主要是机井建设及配套工程等，较大程度地改善了农业生产条件。小黄河、围寨河、七里河的改造治理，增强了桥东区的抗洪能力，改善了生态环境，有力地促进了经济社会的发展。

第一节　农田水利基本建设

据2006年底统计，全区共有耕地1.4万亩。农业生产的指导思想是以生产蔬菜为主，兼作粮食和经济作物。全年粮食播种总面积7100亩，夏粮与秋粮播种面积各半，粮食总产量2595.6吨。蔬菜播种面积17026亩，总产量58463吨。

桥东区人均耕地少，农田水利条件严重滞后，水利基础设施年久失修。由于干旱缺水，制约了经济发展，工、农业和三产服务业用水量激增，加剧了供水需求矛盾，地下水位持续下降，机井及配套设施需要不断更新。加之农田水利基本建设资金的投入不足，导致农田水利工作科技含量低，农田灌溉技术落后，喷灌、滴灌等高新节水设施几乎没有，灌溉用水量居高不下，供水成本加大，农田灌溉需要大力发展管道输水节水工程、节水工艺措施、利用中水。灌溉方式落后，制约了农业的发展。

1983 年，桥东区推行节水灌溉，对柴庄村 400 余亩沙土地进行节水灌溉工程设计规划，灌溉面积达 400 余亩，实现沙土地节水 400 亩以上，并铺设防渗地下管道 1000 多米。

1998 年，桥东区推行污水再利用工程，对小黄河棉纺厂段污灌渠进行改造，实现污水自流面积 3000 余亩，灌溉面积覆盖了桥东区 5 个村和邢台县 1 个村。

第二节　抗洪　防汛

桥东区位于邢台市区东部（铁路以东），地处平原。从自然条件看，属大陆性季风气候，一般年份降雨多集中在 7 ~ 9 月这 3 个月，汛期雨量占全年的 70%。桥东区有牛尾河、围寨河、小黄河、七里河四条行洪河道。其中，牛尾河、围寨河发源于桥西区，小黄河发源于邢台县，这 3 条河流经市区内，但其上游无大的给水水源，主要承担市区排水功能。七里河上游与东川口水库相通，主要承担着市区南部行洪职能，它也是桥东区最重要的季节性排水泄洪河道。

历年中，区防汛抗旱指挥部在汛前都组织人力对流经辖区的 4 条河道开展清淤清障工作，但由于工程老化，工程年久失修，行洪标准普遍降低，汛期如遇特大暴雨将对 2 个乡、4 个街道办事处人民群众经济财产造成一定的损失。

在建区后的 20 年中，给邢台市桥东区防汛工作敲响警钟，值得吸取经验教训的一年是 1996 年。“96・8”洪水给桥东区人民经济财产造成了重大的损失，是继 1963 年以后，桥东区遭受的一次最大的洪涝灾害。

1996 年 8 月初，由于汛期连降暴雨，短时间内西部山区、丘陵区的降水量达常年同期水量的 8 倍，导致西部山区山洪暴发，使桥东区遭受到 30 年一遇的洪水袭击，辖区主要泄洪河道七里河最大水流量达到 600 立方米/秒。8 月 4 日，七里河柴庄段河堤被冲毁，河水上溢，洪水顺着柴庄村西河道决口向北冲去，情况十分危急，区防汛抗旱指挥部及时组织广大群众同 200 余名解放军官兵一起，不畏危险，硬是在雨中筑起一道百米大堤。阻止住洪水进一步泛滥，把灾害降低到了最低程度。这次洪灾中市区内其它 3 条河流水位也达到最高警戒线，本辖区内低洼地段积水严重，部分民房进水。这次洪水使得桥东区 12 个村庄受灾，受灾人口 31322 人，倒塌房屋 1475 间。农作物受灾面积 1.1 万亩，其中成灾面积 0.7 万亩，绝收面积 0.4 万亩。冲毁鱼塘 170 亩。仅七里河沿线东郭村乡就造成水土流失 600 立方米，使 100 余亩良田变成沙滩，冲坏河堤 500 米。

2000 年以后，市区小黄河、围寨河河道工程得到了充分维护，提供了泄洪能力，保障了群众安全度汛。2006 年，七里河清障工作已全部完工，桥东区的防洪形势大有好转。

第三节　抗　旱

历史上，桥东区境内旱年较多。特别是 2000 年以后，境内连年干旱，地下水位大幅度下降，河水断流，可利用水资源日益紧缺，抗旱保丰收便成为水利系统主要工作之一。境内降水特点为雨量多集中在汛期（7 ~ 9 月份），春秋两季雨量偏少，旱情多出现在春秋两季。1980 ~ 1984 年持续 5 年连旱；1989 年春、夏、秋三季连旱；1990 ~ 1992 年 3 年连旱；1997 ~ 2001 年 5 年连旱等。干旱在春季发生次数较多，春夏连旱次之。春季缺水，严重影响小麦收成；秋季缺水，严重影响玉米及其它秋作物收成，并影响到小麦的播种。因此，抗旱工作多在春秋两季。

2003 年以前，在桥东区小黄河棉纺厂处有污灌闸一座。王庄、大吴庄等几个村庄无井、少井，灌溉水源为自然降水和小黄河污灌渠供水，为保证大闸正常运转，连年对大闸电机、线路进行检修，同时对启闭装置进行维护、保养，使灌渠输水能力得到提高，水量充足，充分发挥工程抗旱效益。2003 年以后，大闸报废。

为充分发挥区抗旱服务站的作用，服务站每年组织技术人员深入乡村，现场查看旱情、掏井、修泵，解决群众浇地难的问题。每年在春旱时期，大力向群众宣传推广先进抗旱使用技术。

第五章　管理机构

第一节　农业局

1980 年 9 月 3 日，根据市革委对区机构设置的规定，桥东区政府设农业科，负责全区农业工作，农业科定编 3 人。1986 年经区政府［1986］10 号文批准增设动物检疫站。1988 年 11 月 26 日，经市编字 85 号文批准，桥东区撤销农业科，设农业局，专职农业干部和工作人员 17 人。1989 年 11 月 2 日，根据区编字（1989）11 号文规定，区农业局下设农林技术推广站，定编 7 人；畜牧兽医防疫站，定编 8 人；农业机械监理站，定编 3 人。1994 年 3 月 28 日建立桥东区林业站，定编 3 人；同年 6 月 28 日建立桥东区农村合作经济经营管理站，定编 3 人。1991 年 3 月，桥东区成立水资源管理办公室，隶属农业局；1999 年 5 月 5 日，从农业局分离，成立桥东区水利局。2004 年 3 月 15 日，成立动物防疫站南长街分站，编制 5 人。

1992 年 6 月 19 日，区委常务委员会研究决定设农村工作部，区委农工部与农业局合署办公，一个机构两块牌子，由农业局划给农工部 1 个编制。1993 年 2 月根据市委的安排，区委为了精减机构将“区委农工部”撤销。

第二节　水务局

1991 年 3 月，经区政府研究同意在邢台市桥东区农业局内部专门成立水政水资源管理办公室，明确工作人员。1999 年 5 月为了适应形势需要，增强桥东区水利管理服务职能，理顺管理体制，经区委研究决定，成立桥东区水务局机构。负责指导农田水利基本建设、水资源管理保护、水政监察执法、区内农田水利工程建设的管理、指导全区节水工作及组织协调全区防汛抗旱等工作。到 2006 年底，桥东区水务局共有工作人员 34 名，下设办公室、水政监察大队、防汛抗旱办公室、水资源管理办公室、征费股等职能股室。

第十四编 经济管理

历届区委、区政府十分重视经济工作，为加强全区经济管理，1986 年～2006 年共编制经济发展中长期计划 5 个，年度计划 21 个，并组织实施这些计划。还通过统计、审计、物价管理、安全生产管理、质量技术监督、工商行政等经济管理部门及其行政手段调控经济发展各项措施，保证了全区经济持续、健康、快速、长久发展。

第一章　计划管理

桥东区的计划包括中长期计划（亦称五年计划，“十一五”起改称五年规划）和年度计划。计划管理以年度计划为主，并纳入政府行政目标管理进行检查、考核、奖惩。

第一节　计划编制

一、中长期计划

桥东区编制中长期计划是从 1986 年开始，到 2005 年底共编制 5 个中长期计划（规划），即邢台市桥东区国民经济和社会发展第七个五年计划、邢台市桥东区国民经济和社会发展第八个五年计划、邢台市桥东区国民经济和社会发展第九个五年计划、邢台市桥东区国民经济和社会发展第十个五年计划、邢台市桥东区国民经济和社会发展第十一个五年规划。内容主要包括各个时期的经济和社会发展的指导思想、奋斗目标、任务和措施，细化到农业、工业、商业、房地产开发、市场建设等领域，涵盖了财政、城建环保、科技教育、文化体育、卫生保健、劳动人口、社会保障、民主法制与精神文明建设诸多方面。

邢台市桥东区国民经济和社会发展第七个五年计划（1986～1990 年）　“七五”期间主要目标：工农业总产值年平均增长 8% 以上，全区到 1990 年工农业总产值达到 2611 万元，其中工业总产值达到 2493.24 万元，实现利润 241 万元，上缴税金 144.9 万元；农业总产值达到 117.76 万元，农业总收入达到 652.19 万元，农业人口人均年收入达到 845 元。第三产业经营额达到 3659.58 万元。

邢台市桥东区国民经济和社会发展第八个五年计划（1991～1995 年）　“八五”计划的指导思

想：认真贯彻党的十三届七中全会精神。坚持以经济建设为中心，以治理整顿，深化改革为动力，以科技进步为先导，以调整结构、提高产品质量、增加品种、搞好经济效益为重点，坚持国家、集体、个体一块上，“五个轮子”一齐转，大力发展农业和乡镇企业，大力发展城区工业，要依托科研单位大中型企业，内引外联，提高管理水平，增强发展后劲，确保国民经济持续、稳定、协调发展。

“八五”期间主要目标：

社会总产值计划达到20093万元，比1990年的社会总产值增长61%，平均每年递增10%，国民总收入达到9518万元，比1990年增长61%，平均每年递增10%，财政收入计划达到2095.4万元，比1990年增长46.9%，平均每年递增8%。

工农业总产值计划达到14020万元，比1990年增长72.3%，平均每年递增11.5%。力争1992年实现一个亿的目标。

工业总产值计划达到1.3亿，比1990年增长77.1%，平均每年递增12.1%。

农业总产值计划达到1020万元，比1990年增长28.4%，平均每年递增5.1%，农村人均收入达到950元，比1990年增长28%，平均每年增长5%。

商业商品零售总额计划达到12380万元，比1990年增长53.9%，平均每年增长9%。

外贸收购计划573万元，比1990年增长49.8%，平均每年增长8.4%。

固定资产基本建设投资安排4100万元，其中企业技术改造投资2840万元。较大的技术改造项目12个。新开发产品50个，推广科研成果及新技术25项。

邢台市桥东区国民经济和社会发展第九个五年计划（1996～2000年） “九五”计划的指导思想是：坚持邓小平建设有中国特色社会主义理论和党的基本路线，认真贯彻落实党的十四届五中全会和省五次党代会精神，紧紧围绕“富民、强市、升位”的总目标，全面实施“五二”强区战略、科教兴区战略和“两沿一区”开放带动战略，正确处理改革、发展与稳定的关系，大力调整产业产品结构，积极推进经济体制和经济增长方式的两个根本转变，促进国民经济持续、快速、建康发展。

“九五”期间主要目标：

工农业总产值计划达到15亿元，比1995年的社会总产值5个亿翻一番半；国内生产总值达到7个亿，平均年递增20.8%；第三产业营业额达到17个亿，比1995年翻一番半。要求贯彻以下指导方针：

保持国民经济持续、快速、健康发展。即：速度和效益相统一，微观活力和宏观调控相统一，总量增长和结构优化相统一。

积极推进经济增长方式由粗放型向集约型转变。依靠深化经济体制改革，坚持向结构优化要效益、向规模经济要效益、向科技进步要效益、向科学管理要效益。

把企业改革作为经济体制改革的中心环节。坚持以产权制度改革为方向，推进整个经济体制改革的进程。同时，大力发展集体经济，鼓励和引导非公有制经济的发展。

继续实施“五二”强区战略。即：全局上利用和发挥政治、经贸两个优势；工业上抓住规模乡镇企业和开发区两个重点；农业上实施“两个转移”，加快由粮食种植向蔬菜种植，由种植业向养殖加工业转移；第三产业实行沿街沿路“两沿”开发；小康建设上坚持经济建设高目标，社会发展高标准的“两高”标准。

实施科教兴区战略，促进科技、教育与经济紧密结合。建立健全以企业为主体的技术进步机制，不断提高经济增长中的科技贡献率。高度重视和大力发展教育事业，努力培养和造就一大批适应建设经济强区需要的各类人才。

坚定不移地实施“两沿一区”开放开发带动战略。坚持内联入手，外引突破，全方位、多形式、多渠道地开展经济技术大联合，充分利用国内外两种资源、两个市场，发展开放型经济，促进产业、产品结构调整和优化。

坚持物质文明和精神文明共同进步。走可持续发展道路，实现经济建设与社会发展相互协调，相互促进。

邢台市桥东区国民经济和社会发展第十个五年计划（2000～2005 年）　“十五”计划是在初步建立社会主义市场经济体制条件下，开始实施的第一个五年计划。“十五”计划的指导思想是：坚持党在社会主义初级阶段的基本路线和基本纲领，坚持“三个有利于”的根本标准，坚持以人为本，推动社会全面进步。在经济发展方面，按照“三求”发展思路（一产求特色发展，二产求壮大发展，三产和个体私营经济求突破发展），大力调整经济结构，全面实施三产和个体私营经济兴区战略，加快项目建设、城市建设、市场建设步伐，大力培植新的经济增长点，推进内外开放，深化改革。加大科教兴区、技术改造和技术创新工作力度，为使我区经济在新世纪实现更快的发展奠定坚实基础。

“十五”期间主要目标：

国民生产总值年均增长 10% 以上，其中：第一产业到“十五”末略有下降；第二产业年递增 6%；第三产业年递增 13.4%。

三次产业增加值比例调整到 3：30：67。

全部财政收入年均增长 12%。

投资增长率保持在 40% 左右。

实际利用外资累计 1500 万美元左右，外贸进出口总值增速高于国民生产总值增速 2 个百分点以上。

农民人均纯收入平均增长 7.7%。

人口自然增长率控制在 5% 以内。

邢台市桥东区国民经济和社会发展十一个五年规划（2006～2010 年）　“十一五”规划的指导思想：以邓小平理论和“三个代表”重要思想为指导，全面落实党的十六届五中全会精神和省委六届八次全会精神，坚持以科学发展观统领经济社会发展全局，大力弘扬“树正气、讲团结、求发展”的主旋律，突出发展第一要务，以确保社会稳定为前提，以产业结构调整和转变增长方式为主线，以项目建设、城市建设和招商引资工作为重点，着眼于人民生活质量和水平的全面提高，深入开展人性化服务活动，推进和谐桥东建设，实现富民强区目标，为全面建设小康社会奠定基础。

基本任务：到 2010 年全区经济实力进一步增强，经济强区初具规模，经济结构更趋合理；城市基础设施更加完备，人居环境有较大改善；企业改革全面完成，民营经济在我区经济发展中的支撑作用明显增强；社会保障体系进一步完善；民主法制和精神文明建设得到加强，社会治安状况进一步好转，社会更加和谐。经过五年努力，力争实现富民、强区的总目标。

奋斗目标：全区生产总值年均增长 16% 以上，达到27.6亿元。其中：一产持平，完成0.4亿元；第二产业年均递增 6%，完成 4.8 亿元；第三产业年均递增 20%，完成 22.4 亿元（在地统计数 GDP 由 2005 年的 25.08 亿元增加到 52.7 亿元，年均增长 16%）。三次产业比重由 2005 年的 3：27.8：69.2 调整到 1.4：17.4：81.2。全部财政收入年均增长 16%，比 2005 年翻一番，突破 2 亿元。全社会固定资产投资累计完成 40 亿元。实际利用外资累计完成 2000 万美元。城镇居民人均可支配收入年均增长 7% 以上，达到 10500 元。人口自然增长率控制在 6.8‰以内。

战略重点：围绕经济更快更好发展。工业上，培育壮大四大支柱产业：钢铁制品业、纺织服装业、轻工业、医药业；三产上，构筑五大市场建设体系：专业批发市场、特色商业街、现代物流业、现代服务业、文化旅游业；城市建设上，突出四个着力点：历史文化名城开发建设、旧城片区开发、高标准城中村改造、市政路网建设。

二、年度计划

1986～2006 年，桥东区共编制年度计划 21 个。年度计划一般在前一年的第四季度开始编制，内容包括社会生产总值、农村经济各项指标、工业经济各项指标、第三产业、全社会固定资产投资、外经外贸、财政收入、科技目标和人口、资源、环境等。年度计划的编制以五年规划为总框架，以市年度经济和社会发展计划为依据，结合桥东区的实际情况，年度计划编完后，提交区委、区政府研究通过后下发各单位实施。年度计划的编制一般坚持的原则：一是指标先进、可行原则；二是目标与措施同行原则；三是任务分解到具体单位的原则；四是略高于市计划指标的原则；五是突出重点、综合平衡的原则。

第二节　计划实施

国民经济计划编制完成以后，拟定出正式计划（规划）草案，经过批准后即作为正式计划（规划）。全区计划管理是以年度计划为主，每年区政府将年度计划作为政府工作报告的一项重要内容提交区人民代表大会审议批准。然后以目标管理的形式下达到各乡、街道办事处和部门，分别组织实施。

一、计划检查

年度计划执行过程中，每季度或半年召开一次全区经济运行情况调度会，通报经济指标完成情况，研究经济运行中出现的困难和问题，提出解决的办法和措施。区人大常委会每年至少安排一次听取关于全区经济工作情况的报告，并就有关问题作出决议决定。年终对各系统经济指标完成情况进行排序，总结表彰任务完成突出的单位和个人，对完成任务差的根据目标管理奖惩进行兑现。

二、执行效果

从“七五”到“九五”计划期间，区委、区政府认真实施计划内容，加大对计划目标的执行力度，千方百计确保计划目标实现，在全区广大干部群众的共同努力下，“七五”计划、“八五”计划和“九五”计划都完成了计划目标。特别是“九五”期间，国民生产总值在五年内翻了一番半，把桥东区经济发展推入快车道。“十五”期间“三求”发展战略的实施，使桥东区经济结构、产业结构得到优化改善，培育了一大批新的城市经济增长点，为桥东区经济持续快速发展奠定了坚实的基础。其间，桥东区以邓小平理论和“三个代表”重要思想为指导，坚持发展这个执政兴国的第一要务，坚定不移的贯彻中共中央、国务院加强和改善宏观调控等一系列重大方针政策，突出发展三产和个体私营经济，产业结构调整迈出新步伐，项目建设取得新突破，改革开放扎实推进，基础设施日臻完善，经济持续快速健康发展，社会事业全面进步，人民生活水平不断提高，全面完成了“十五”提出的目标任务。2005 年全区生产总值达到 13.15 亿元，比 2000 年增长 160%，平均递增 21.1%，其中：第一产业完成 3962 万元，比 2000 年增长 25%，平均递增 4.7%；第二产业完成 3.62 亿元，比 2000 年增长 112%，平均递增 16.2%；第三产业完成 9.1 亿元，比 2000 年增长 201%，平均递增 24.7%（所用数字均不含在地统计形成的新增数字，2005 年在地统计数字是 GDP25.08 亿元，其中第一产业 3962 万元，第二产业 15.03 亿元，第三产业 9.66 亿元）。

“十五”期间，全区累计完成固定资产投资 19.51 亿元。共建成区级以上重点项目 142 个，项目投资完成 21.76 亿元，其中建成市级以上重点项目 28 个，项目投资完成 13 亿元。一、二、三次产业比例由 2000 年 6.2：34：59.8发展为 2006 年 3：27.8：69.2。第一产业比重明显下降，第三产业比重明显提高，全区正向着工业强区、三产兴区的方向发展。含在地统计新增加数字，三次产业的比重为 1.6：59.9：38.5。

“十五”期间，企业改革、社会保障、再就业、科技教育等各项改革取得新进展，社会主义市场经济体制基本建立，市场配置资源的基础性作用进一步增强。特别是市下放桥东区17家企业改制工作取得了显著成效。政府机构改革稳步推进。2001～2005年共引进外资1534万美元，引进市外资金11.8亿元，新增外资企业8家，引进技术121项，引进人才706人。2005年全区财政收入完成9843万元，比2000年增长113.2%，年均递增16.4%，是桥东区财政增速最快的时期。通过深化“收支两条线”、预算管理、政府集中支付等制度改革，充分发挥财政职能，较好的发挥了财政保工资、保运转、保稳定职能，为全区各项工作的顺利开展提供了有力保障。旧城旧村改造已经启动，城市路网建设投入明显加大，14个村的城中村改造工程通过规划审批，10个村已开工建设。“十五”期间累计住宅竣工面积达10余万平方米，改造城区破旧平房3万余平方米，置换土地300余亩，城市容貌大大改观，城市功能进一步完善。“十五”期间共新建市场8个，亿德隆、财富广场、华北五金机电批发市场、晋祠道建材城等20多家大型专业批发市场构筑起了市区市场建设体系；西门里水产、顺德路婚纱摄影、新华路机电产品、红星东街休闲保健等特色商业街建设初具规模。九年义务教育在全面普及的基础上得到巩固提高，科技进步、技术创新带动作用进一步增强，人口自然增长率控制在6.8‰以内，文化、体育、卫生、劳动保障等各项社会事业取得了新的成就。全区群众性精神文明建设活动、以人性化服务为载体创建和谐桥东活动等进一步发展，社会治安综合治理得到加强，统战工作、双拥工作、民政工作、民兵工作、基层政权建设、民主法制建设等取得了新的成绩，维护了全区安定团结的政治局面。

第三节　管理机构

1980年9月桥东区政府设工业科主管经济工作，1984年2月设桥东区经济计划委员会，1993年机构改革更名为桥东区经济计划局，后更名为桥东区经济发展局，2005年机构改革，将经济发展局、乡镇企业局、区经济体制改革办公室合并，设置桥东区发展改革局。工业促进局、重点项目办公室，均为发展改革局管理的部门管理机构，对外保留名称。

第二章　统　计

1980年桥东区筹备期间，成立计统科负责计划和统计工作，1984年成立统计科，1986年成立桥东区统计局。2005年，全市推行在地统计改革工作，使桥东区的统计工作又进入到了一个新的阶段。

第一节　统计内容

按照上级的规定和要求，结合发展实际，桥东区的统计内容在不断充实、完善。特别是步入20世纪90年代，逐步形成一套内容全面、设置科学的统计调查指标体系和方法，统计内容包含了第一产业、第二产业、第三产业以及投资、劳动工资、能源、农民人均纯收入、城镇居民可支配收入等涉及经济发展的统计科目。2005年，全市实行在地统计改革，更加全面地反映了桥东区域内国民经济和社会发展面貌。

一、综合统计

桥东区的综合统计始于1992年，以后逐年不断完善和发展，到2006年，桥东区的综合统计主要包括土地面积、人口、行政区划变动情况、国民经济主要指标发展情况、社会事业主要经济指标发展情况、区属国内生产总值发展及构成情况等。

二、农业统计

主要包括农村基本情况统计，农业生产条件统计，农村非农业总产值统计，农业总产值统计，农业主要产品生产情况统计，牲畜、养殖业生产情况统计等。

三、工业统计

工业统计主要包括工业企业单位数和工业总产值、销售产值情况，工业产品生产、销售、库存总量情况，全年产品销售收入、利润、税金、增加值、中间投入情况的统计等内容。

四、固定资产投资和房地产业及建筑业统计

固定资产投资统计对象包括企业、事业、行政单位和私人建造或购置固定资产的投资活动。统计范围包括基建项目的投资和施工面积，房地产业的投资额和施工面积，建筑企业生产情况，城市绿化及建设情况，农村私人建房情况等。

五、贸易与餐饮业统计

贸易与餐饮业统计包括批零贸易业营业额、利润、税金统计，餐饮业营业额统计，全社会消费品零售额统计，贸易业、餐饮业主要经济指标统计等。

六、劳动工资统计

劳动工资统计主要内容包括从业人员统计、工资统计等内容。

第二节　统计方式

桥东区的统计方式主要有全面定期统计报表制度、普查、重点调查、抽样调查等。

一、报表制度

全面定期统计报表制度是统计方式的主要形式，也是统计工作组成的基础，按报表周期的不同主要分为月报、季报和年报。

二、普查

1980～2006年，桥东区曾先后组织过多次各种普查。

人口普查　1980～2006年共进行了2次人口普查。第四次人口普查于1990年进行，普查标准时点为7月1日零时。普查范围为桥东区的全部常住人口。普查登记采用两种表：第一种为《第四次全国人口普查表》，以户为单位登记，共21个项目；第二种为《死亡人口登记表》，1989年1月1日至1990年6月30日有死亡人口的户填报。第四次人口普查结果显示，全区总户数为50863户，总人口为184650人。其中男性94395人，女性90255人，汉族179854人，少数民族4796人。第五次人口普

查于2000年进行，普查标准时点为11月1日零时。普查范围为桥东区行政区域内的2个乡4个街道办事处的常住人口。普查登记采用长短两种表：短表以户为单位登记，共19个项目，由90%的普查户填报；长表为抽样调查表，共49个项目，有10%的样本户填报。第五次人口普查结果显示，全区总户数为67542户，总人口为219201人。其中男性108316人，女性110885人；汉族214260人，少数民族4941人。

基本单位普查　1980～2006年共进行了2次基本单位普查。1996年开展了第一次基本单位普查，2002年开展了第二次基本单位普查。第二次普查时点为12月31日，普查范围为桥东区内所有的法人单位及法人单位所属的产业活动单位。普查内容包括单位的经济类型、所属行业、从业人员、企业规模、营业状态等基本单位基本属性和主要标识。第二次基本单位普查结果显示，全区共有法人单位1077个，个体单位5133个，其中多产业法人的产业活动单位34个；外地产业活动单位169个。

经济普查　2004年在全区开展第一次经济普查。经济普查的对象是在辖区的第二产业和第三产业的法人单位及其产业活动单位，以及从事第二产业和第三产业生产经营活动的个体经营户。普查数据显示，桥东区共有法人单位858个，其中：企业法人525个，包括工业企业法人144个，建筑企业18个，房地产企业31个，交通运输电信企业法人20个，批发零售企业法人219个，住宿餐饮企业法人38个，服务业企业法人55个；行政事业法人192个；社团法人22个；民办非企业法人8个；其他组织机构111个。产业活动单位共185个。

三、调查

调查主要有抽样调查和重点调查2种。

抽样调查是一种用来了解全面情况的非全面调查方法，是数理统计学在统计工作中的具体应用。1980～2006年，桥东区开展的抽样调查有批零贸易餐饮业抽样调查、1%人口抽样调查、居民出行调查、劳动力调查、居民安全感调查、城市居民生活调查、农村住户调查等。

重点调查是专门组织的一种非全面调查。它是对所要调查的全部单位选择一部分单位进行调查。1980～2006年桥东区开展的重点调查项目主要有亿元市场调查、限额以上贸易餐饮业调查、限额以上工业调查、妇女儿童监测评估、R&D调查等。

第三节　统计资源开发应用

桥东区统计局通过印制统计资料、发布统计公报、撰写统计分析等形式，为各级、各部门提供了大量有价值的统计数据，统计资源的开发利用不断得到加强，为服务经济、服务社会发挥着积极作用。

一、数字处理技术

1980～1991年，数据处理一直沿用手工计算方法，桥东区统计局于1992年购置了第一台微型电子计算机，以后又陆续配置了486、586奔腾系列计算机。各专业的报表均采用了计算机审核、汇总、打印数据处理方法，统计数据上报也由过去的报送手工汇总表，转变为报送软盘。2005年，建立了统计系统区域网，开通了与市统计局点对点的数据传输系统。

二、统计成果发布

桥东区统计成果发布的主要方式是印发统计资料。基本上是每年印发一次，如遇大型普查，则另行发布普查公报。桥东区发布的统计资料虽然各个时期内容有所不同，但基本项目未变。主要发布的统计数字包括国内生产总值、总投资、总消费，以及农业、工业等各领域主要统计数据。

三、统计服务

桥东区统计服务主要体现在编印《国民经济和社会发展统计资料》，提供统计分析资料和调研报告。

《统计资料》 桥东区统计局每次年报工作结束后，依据年报资料编辑《统计资料》。资料的内容包括各类统计调查的所有统计指标，是一套全面记载和反映桥东区历年国民经济和社会发展情况的综合性工具书。1980 年至 2006 年，桥东区共出版《统计资料》24 次。

统计分析资料和统计月报 随着统计改革的不断深入，统计服务也由单纯提供统计数字转变成与分析数据、预测经济运行、提出合理化建议等相结合的方式。至 2006 年，桥东区统计局提供各种统计分析资料 220 篇。从 2001 年开始，每月整理辑印《桥东区综合月报》，共 62 期。

第四节 统计监督与管理

依照《中华人民共和国统计法》，桥东区统计局对全区统计工作进行监督与管理，工作日趋规范，统计数据质量不断提高。

一、统计监督检查

依据《中华人民共和国统计法》，按照《中华人民共和国统计法实施细则》和《河北省统计管理条例》规定，截至 2006 年，桥东区共开展了统计执法大检查 6 次，专项检查 30 余次，有效地遏制了统计工作中弄虚作假违法行为。

二、统计业务管理

统计业务管理主要有统计报表管理、统计数字管理、统计调查单位管理和统计人员管理等。

统计报表管理 桥东区统计报表的制发和上报实行规范化管理，涉及全区范围的统计调查或对上级统计局调查进行补充的统计调查，由区统计局制发，或由统计局会同有关部门联合制发。重要的统计调查报告，由区政府批准后下发，同时抄送市统计局备案。

统计数字管理 桥东区统计数字采用统一管理和使用原则，严格保守国家机密和单位、个人秘密，建立保管与移交制度，不经批准不得随意提供使用。

统计人员管理 桥东区的各级统计人员，业务上属区统计局管理。辖区各统计调查单位的统计人员要经过岗位培训，考试合格后方可上岗。截至 2006 年，全区已有 156 人办理了统计证，做到了持证上岗。

第五节 管理机构

1980 年成立计统科，1984 年更名为统计科。1986 年，政府机构改革时把桥东区统计科更名为桥东区统计局，正科级。1990 年成立事业单位“桥东区农村经济调查队”；1991 年，成立事业单位“桥东区人口调查队”，并于 2003 年更名为“桥东区普查中心”。2006 年，桥东区统计局共有在职人员 22 人。大专以上文化的 19 人，统计师职称 6 人，助理统计师职称 6 人。

第三章 审 计

1980年桥东区建区时，没有专门的审计机构，其部分职能由财政部门实施。1984年，区成立审计局，审计监督业务不断得到拓展和完善。随着部门、单位内部审计机构及社会审计组织陆续成立与发展，逐步形成了以政府审计为主体，以部门、单位审计和社会审计为重要组织部分的审计体系。

第一节 政府审计

政府审计亦称国家审计，是由国家审计机关依法实施的审计。桥东区政府审计的主要内容包括财政审计、行政事业单位财务收支审计、经济责任审计、企业财务收支审计、审计调查以及国家法律、法规规定应当进行审计监督的其他企业、单位和政府部门及上级审计机关交办的审计项目。1984～2006年，桥东区共审计521个单位（项目），其中财政审计42个，行政事业审计273个，企业审计45个，经济责任审计161个，查出违纪违规金额16890万元，上缴财政95万元，促进增收节支1950万元。

一、财政审计

财政审计是审计机关对区级财税部门及乡人民政府进行的审计。根据国家审计法，桥东区从1996年开始，每年对本级财政、税收及给于预算拨款的单位和乡政府开展了审计监督。1996～2006年，共审计42个单位（项目）。

二、行政事业单位财政收支审计

桥东区行政事业单位财务收支审计是从1984年开始的，截止2006年，主要采取报送为主，被审计单位及时按要求将审计资料报送审计部门，报送形式包括定期报送和不定期报送两种。主要审查财务管理和资金使用情况，加强收入管理，防止和纠正收支舞弊行为及铺张浪费现象。审计的重点是：审查各项收支是否符合政策、法规和规定；审查其收入的分配使用是否合理合规，有无乱发补贴、滥发奖金等情况；审查其财务管理制度是否健全、完善，以及制度的落实执行情况。1984～2006年，共审计273个单位（项目）。

三、企业财务收支审计

桥东区的企业财务收支审计主要对象是区属重点企业、规模企业或国有企业，旨在强化企业制度建设，加强资金管理，提高资金利用率，保证企业健康发展。企业财务收支审计是对企业财务收支的真实性、合法性和效益性的经济监督活动。审计的内容是对会计核算资料所提供的数据进行审查，包括固定资金、流动资金、专项资金的来源和运用，成本（费用）的构成及其变化，销售收入和利润。其重点是资金筹集、使用、分配等各项数据是否真实、正确，资金的来源和运用是否正当，利润和分配是否符合国家规定，是否正确处理国家、企业和职工个人三者利益的关系等。截止2006年全区共完成企业审计45个，对完善企业财务制度，促进企业健康发展起到了积极的作用。

四、经济责任审计

经济责任审计是对区级以下各单位及部门主要负责人在任职期间的经济行为、目标责任进行全面审计，并对其工作业绩作出客观公正的评价。根据上级文件有关规定，桥东区自1999年起，组织开展对区级以下党政主要领导干部的任期经济责任审计；根据干部变动情况，及时进行任期责任审计，通过审计，肯定成绩，指出问题，加强廉政建设，为组织部门考核、使用领导干部提供参考依据，促进了干部管理制度的科学化、规范化。截止2006年共审计经济责任项目161个。

五、审计调查

审计调查是审计机关为了一定的目的对被审计单位专门组织的一种强制性调查。通过调查，从中揭示带有普遍性、倾向性、苗头性问题，为宏观管理和领导决策提供可靠依据。1984～2006年，桥东区开展审计调查项目6项，主要涉及中小学经费、卫生经费、招待费、土地出让金、养老保险金等问题，审计调查结束后，向区政府写出了审计调查专题报告，并提出了建议和意见，为科学合理制定各种资金使用、规费收取办法提供了参考。

第二节　部门与单位审计

部门和单位审计是指在区属有关部门和单位内部设置兼职审计人员，在本部门和单位负责人的领导下，依照国家法律、法规和政策规定，对本部门和单位下属机构的财务收支、经济效益状况进行审计监督，在业务上接受区审计局的指导和管理。桥东区审计局开展内部审计始于1995年7月，建立内部审计的有1个单位（原五一轧钢厂），兼职内审人员2名，写出审计报告15份。为严肃财经纪律、执行财务法规、制度，堵塞漏洞，减少失误，起到积极的作用。

第三节　社会审计

社会审计是指接受国家审计机关、企业、事业单位和个人委托，由社会审计事务所独立承办财务收支审计查证、经济案件鉴定、注册资金验证、建账及财务、会计、税务和经济管理等方面的咨询服务活动。1989年2月经区编制委员会批准，成立了“桥东区审计事务所”，隶属桥东区政府领导，独立核算、自收自支、依法纳税，为区属社会审计组织。区审计局负责具体业务指导和监督管理。1989年2月～1999年7月，桥东区审计事务所共审计项目210个，为国家挽回经济损失520万元，实现收入20.2万元。根据上级政企分开有关精神，1999年7月19日，桥东区审计事务所与桥东区审计局脱钩，变成具有独立法人的社会会计事务所。

第四节　管理机构

桥东区审计局成立于1984年5月15日，受桥东区政府和邢台市审计局双重领导，经桥东区编制委员会批准，行政编制3名，设立行政事业审计科和办公室。1989年2月增设了审计事务所。1990年1月增设企业科和综合科。1999年7月，审计事务所与审计局脱钩。政府机构改革后，桥东区审计局经过改编调整，有综合股、经济责任股和办公室三个职能科室。机关行政编制人员6名，机关工勤事业编制1名。其中：局长1名，副局长2名，一般干部3名，职工1名。

第四章 物价管理

桥东辖区物价管理在建区以前，由邢台市物价局负责。1980年建区后，全区物价工作由桥东区经计委负责管理，经计委内设物价管理科，当时的物价管理主要工作是负责辖区商贸流通企业的价格管理，重点是大市场、商场、商贸街，防止哄抬物价、欺行霸市、缺斤少两等不法行为，协助市物价部门稳定市区物价，为区域经济发展创造稳定的物价环境。1989年，桥东区政府设置物价局，桥东区物价局全面负责辖区物价管理工作，实行双重管理体制，既是桥东区政府物价行政管理部门，业务上又受邢台市物价局统一领导。

第一节 价格管理

1980～2006年，桥东区物价管理大致经历了四个阶段：

一、双轨管理期（1980～1989年）

按照中共十一届三中、五中全会要求，国家物价改革开始起步，着手解决物价管理权限过于集中，价格形式单一等体制问题，在物价管理上实行“双轨制”，放开一部分商品价格，实行企业自主定价，但对一些重要的基础产品仍实行国家调节定价，这两种物价体系同时在经济活动中运行。此间桥东区物价管理工作的重点是国家定价的平价商品，防止倒卖国家平价商品，净化物价市场，同时，严厉打击哄抬物价，扰乱市场秩序的不法行为，保证计划经济向市场经济过渡期物价杠杆的平衡及促进作用。

二、整顿规范期（1989～1991年）

1989年后，随着国家物价体制改革的不断深入，价格改革步子逐步加大，由以调为主，转为以放为主，随着经济过热和通货膨胀，导致物价大幅度上涨，物价管理急待强化。此期间，根据市政府要求，区政府成立物价局，加大了对辖区的物价管理力度，重点做了两项工作：一是大力整顿和规范市场价格秩序，认真实行商品销售和服务明码标价规定，在辖区大市场、大商场、商业街等重点商贸流通地域，强力推进明码标价制度，大力查处了一批不标价或利用明码标价的欺诈销售行为，保护和促进公平竞争，优化价格机制，打击不正当的价格行为，维护消费者的合法权益，创造了公平的竞争环境；二是加强了涉农商品的价格管理，打击坑农害农行为，减轻农民负担，促进农村经济发展。根据中央及省、市有关文件和会议精神，组织专门人员每年开展涉农、涉乡企乱收费、乱涨价等价格违法行为的专项治理活动，特别是农资商品，每半年进行一次价格检查，严肃查处违法行为。

三、完善价格机制期（1992～2000年）

通过价格秩序的治理整顿，新的价格机制开始建立，市场价格体系不断走向规范，国家价格改革力度进一步加大，在物价管理上突出了“多放、少管，依靠市场调节”的原则。1998年《中华人民共和国物价法》颁布实施，标志着我国物价工作已趋于规范化，市场的调节作用已经充分发挥。此阶段，桥东区物价管理工作主要突出在三点上：一是建立和完善价格监管网络，在2个乡、4个街道办事处设置了物价举报箱，义务价格监查员，对违法行为及时惩处；二是成立了监管机构，强化了监管力度，区物价局内设立了物价管理科和价格认证中心，专门为社会提供价格服务；三是大力宣传“国家物价法”，不断提高全社会的物价意识，使广大人民群众了解物价法律法规，自觉维护自己的合法权益。让物价工作置于人民群众和社会各界的监管之下，使物价工作走向法制化、阳光化。

四、管理部门转型期（2001～2006年）

随着“国家物价法”的出台和物价管理机制的不断完善，物价管理工作已由定调、监管为主向定规则、当裁判为主转变，市场对价格的调节作用得到了进一步发挥。物价管理工作的重点转向加强价格法制建设，以完善政府定价和收费机制为手段，运用价格杠杆促进经济发展，保持市场价格稳定，为桥东区经济又快又好发展，创造公平、规范、和谐的物价环境。

第二节　收费管理

收费管理是指桥东区行政事业性收费管理。主要包括两部分，一是行政性收费，桥东区行政机关及其授权单位在行使行政管理职能过程中依法收取的费用；二是事业性收费，桥东区事业单位，按照国家有关规定，在为社会提供公益性服务过程中，按国家有关规定向服务对象收取的费用。

实行收费许可证制　凡按规定需要收费的区内机关，事业单位一律实行收费许可证。按核定收费额度、范围、对象，实行依法收费。截至2006年底，全区共办理各类收费许可证128个，其中行政事业性收费许可证101个，经营性收费许可证27个。

收费许可证年审　区内收费许可证按上级要求，每年进行年审。原年审由收费单位来物价部门年审，从2003年开始，物价部门每年年审期间派工作人员到收费单位了解收费情况，同时聘请了人大代表、政协委员、企业财务人员代表等6名收费检查员，对收费实施情况进行监督，保证了收费单位依法收费，按审定额度收费，杜绝了乱收费现象，审验换证率100%。

收费人员培训和三卡一证　为提高收费人员的政策水平、法制观念、收费能力，物价部门定期对各单位收费人员进行培训，做到培训后持“三卡一证”上岗，有效地提高了收费工作水平。凡进企业收费的，一律持证收费，凡无证进入企业收费的，企业一律拒交，并及时向物价部门反映。物价部门还主动到重点企业开展价格收费及减免情况调查，充分发挥保驾护航、净化收费市场作用。

第三节　物价监督

物价监督是社会主义市场经济监督体系中的重要内容，是维护市场价格秩序，创造安定、公平竞争环境的重要手段。桥东区物价管理工作的监督重点是：

中小学教育收费　这是物价监督的重点和难点，也是广大群众关心的热点。为贯彻国家教育部、原国家计委“关于进一步加强农村中小学收费管理制止乱收费的通知”，桥东区每年对辖区教育收费情况进行专项检查，累计查出违法金额100多万元，减轻了群众不合理的负担，净化了教育收费环境。

医药行业违规收费　针对老百姓“吃不起药，看不起病”的情况，桥东区每年有重点、有针对性的组织医药行业收费专项检查，对辖区90家医院和医疗单位的药品价格和医疗收费进行检查，每年1次，2001～2006年，共查出违法所得80余万元。

下岗职工再就业收费 国家对下岗职工再就业制定了多项优惠政策，但一些部门和单位在实施过程中，国家的优惠政策未能全面落实。为确保此项优惠政策的落实，强化监督检查工作，该区多次开展下岗职工再就业收费情况专项检查，发现问题及时解决处理，使国家和省、市对下岗职工再就业的优惠政策得到了全面落实，保护了下岗职工的利益，为改革顺利进行创造了条件。

工商集贸市场收费 按照国家计委、监察部、国家工商总局、国务院纠风办关于在全国开展工商和集贸市场收费专项检查的要求，区政府定期组织有关部门进行专项收费检查，检查的主要内容是：是否按照收费许可证审定额度收费；是否存在无证收费或乱收费问题。通过专项检查，取缔了无证收费及超标收费问题，打击了违法收费行为，完善了市场收费管理体制。

涉企和涉农收费 给企业和农民一个明白，还政府一个清白，实现收费社会监督化。截至2006年共为各类企业及村镇发放收费明白卡4000多份，收费公示牌30块，收费科目、收费标准一目了然，同时还建立了收费登记咨询联系卡，制止了收费单位超额收费、乱收费问题，做到了依法收费、按证收费、合理收费。

构建价格信息桥梁 截至2006年，共发展价格网络户60个，提供物价信息500多条，为区域重点企业提供价格信息，引导企业按照市场要求确定价格，调整结构，实现科学决策，快速发展，收到较好效果。

第四节　价格评估鉴定

1999年桥东区组建价格评估鉴定中心，主要任务是为涉案物品及破产企业资产的拍卖提供价格依据。截至2006年，共开展各类价格鉴证和评估业务360起，涉及评估金额570万元，为有力保障行政执法活动的正常进行，破产企业的资产变卖发挥了积极作用，既保护了国家、法人及公民的合法权益，又促进了改革的顺利进行。

第五节　管理机构

1989年桥东区设置桥东区物价局。局内设综合科、物价管理科两个职能部门。2000年开始，先后增设了办公室、收费科和价格认证中心。至2006年，有内设机构4个，即办公室、物价科、收费科、价格认证中心。设局长1人，副局长2人，其他干部职工19人。

第五章　安全生产

2002年以前，桥东区安全生产工作归区劳动人事局管理。2002年，根据国家机构体制变化及职能设置，安全生产工作划归区经济发展局管理，在局内设安全生产监督管理局，为二级机构，局长由经济发展局局长兼任。2005年6月，根据市委、市政府要求，安全生产监督管理局单独设立，为正科级单位，从经发局分出，为区政府安全生产工作职能管理部门。历年来，桥东区坚持以人为本、关爱生命、全民动员、共建平安的工作理念，确保了辖区工商企业的安全生产，为创建平安桥东，推动经济又快又好发展创造了条件。

第一节 安全管理

一、安全管理范围

桥东区安全生产管辖范围，市安全生产委员会下发专门文件做了界定，桥东区安全生产监督管理的范围主要是“区属、乡（处）属及村居自办工商企业和民营企业。辖区内的市属以上工商企业由市局负责管理。同时，区安全生产监督管理局对辖区内的市属以上企业有配合市局做好安全监管的义务”。由此，桥东区安监局具有监管区属、市属工商企业双重任务。截至2006年，辖区内重点监管单位和企业达到149家，其中危险化学品企业和单位18家，重点工商企业24家，危险化学品经营门市42家，大市场、大商场12家、烟花爆竹固定经销门市5家，中小学、幼儿园39家，各类医院9家。

二、安全监管形式

安全生产事关人命，是涉及千家万户的大事。桥东区是邢台市的政治、经济、文化中心，是市党政军机关所在地，做好安全生产工作，不仅是一项经济工作，更是一项严肃的政治任务。自建区以来，历届区委、区政府对安全生产工作高度重视，特别是2005年以来，牢固坚持“安全第一、预防为主、综合治理”的安全生产方针，抓队伍、强基础、抓管理、提素质、抓监管、排隐患，形成了全区上下一起抓，齐心协力保安全的新局面。桥东区安全生产监管的形式主要有五种：一是凡企业的特种作业人员一律经过专门培训，取得上岗资格证，做到持证上岗，无证不得上岗；二是对高危行业，主要是危险化学品行业，一律实行安全生产许可证制度，未领取安全生产许可证的企业一律不得开工生产；三是对149家企业和单位建立了安全生产经营档案，重点企业建立了安全监控档案，可随时监控企业的违规行为；四是每年开展危险化学品、烟花炮竹等高危行业专项整治，及时消除企业的生产隐患，做到防患于未然；五是实行厂长安全生产承诺制，重点企业厂长每年向区政府作出安全生产承诺，其他企业和单位分别向其主管部门作出承诺，把安全生产的责任主体，真正落实到企业。

第二节 安全培训教育

安全培训和教育工作，是做好安全生产预防关口前移的重要措施，是职工懂安全、会安全的重要途径。桥东区在安全培训教育上重点抓了四级培训和学法宣传。一是对各级安全生产主管领导进行法律、法规和上级文件培训，区、乡（处）、村三级干部均参加了省、市举办的领导干部安全生产知识培训班；二是对全区安全生产执法人员进行培训，区、乡（处）、村专、兼职安全生产执法人员和安全检查人员全部参加了行政执法和安全监察员培训，取得了安全执法上岗资格证；三是举办特殊工种，特种作业人员培训班，辖区工商企业、个体工商户500余人参加了培训，并取得了安全培训合格证；四是举办危险化学品生产、经营单位负责人培训班，进行专业安全知识培训，全部领取了从业资格证书；五是做好安全生产法律法规的宣传教育活动，不断提高全民安全意识，增强安全生产技能。安全生产法律法规的宣传教育主要有两种形式：一种是每年上街开展安全生产月宣传活动，组织重点企业制作宣传牌、安全图片、安全知识挂图等，向广大人民群众进行安全生产知识和法律法规宣传讲解；二是开展安全进社区、安全进学校、安全进企业活动，组织有关人员发放宣传资料和安全知识手册，在重点区域召开安全生产报告会等。通过安全培训和安全宣传教育，进一步强化了全区人民做好安全生产工作的自觉性和主动性，形成了人人重视安全，人人关心安全，时时处处注意安全的良好气氛。

第三节　安全日常检查

桥东区在安全生产日常检查上，主要有三种方法：一是专项检查，由区安委办组织或安监局牵头对危化品、建筑企业、烟花爆竹、大市场、商场进行了专门检查；二是全区性联合检查，组织区安委会成员单位，利用1~2天时间对全区各单位进行综合检查，一般每年搞2次；三是乡、办事处安监人员自查，基层安监站对辖区进行安全检查，检查结束后，将检查情况书面报区安委办。2005~2006年，各种安全检查逐步实现规范化、文字化，基本上做到了检查有记录，整改有文书，隐患排查有登记。

区安监局执法队重点负责对实施行政许可的高危企业的安全检查与行政执法。他们每周实行“3+2”工作制度，每周2天在机关处理日常工作，3天到辖区企业进行安全服务和安全生产检查，发现问题，及时处理。

第四节　管理机构

2002年，桥东区安全生产监督管理局成立，为区经济发展局内二级机构。2005年6月，与经济发展局分离单独设立，为正科级单位，列政府序列。2006年，区安全生产监督管理局下设办公室、监督管理股、危险化学品管理股，职能机关行政编制10名，其中局长1名，副局长2名，股级职数3名。

第六章　国土资源

1980~1986年，桥东区国土资源管理由市政府有关部门负责。1986年3月中共中央、国务院下发中发〔1986〕7号文件《关于加强土地管理，制止乱占耕地的通知》，国家正式组建国家土地管理局。1987年根据邢台市委、市政府的决定，区政府成立了桥东区土地管理局，全面负责辖区土地资源管理工作，区土地管理局在区政府和市土管局双重领导下开展工作。1993年，区土地管理局实行垂直领导，直接归邢台市土地管理局管理，党群关系在区里，同时更名为邢台市国土资源管理局桥东分局。桥东区国土资源管理主要是依法对辖区内的土地使用、地籍及建设用地进行核查、登记、统计、报批等管理。

第一节　土地使用管理

桥东区土地使用管理主要包括：集体农用土地使用管理、农村宅基地使用管理和国有土地使用管理。

一、集体农用土地使用管理

1980~1988年，桥东区只辖4个街道办事处，全区账面各类土地总数不足万亩，其中集体农用耕地约5000亩。从1981年开始，全区农村耕地改过去集体统一耕种为家庭联产承包经营，使农村土地的所有权和使用权实现了分离，不但调动了农民的积极性，还大大提高了农业生产效益。1988年，市政府将大梁庄乡、东郭村乡划归桥东区，全区耕地面积达到21977.6亩。1989年，根据《河北省土地承包合同管理工作办法“试行”》，进一步完善了土地承包合同，实现了有偿经营，形成了农村土地所有权和使用权两者分离条件下的土地有偿使用制度。

二、农村宅基地使用管理

1980年建区时，桥东区农村宅基地使用按照国家统一规定，实行权限报批制，由个人申请，大队把关签署意见，然后由乡政府盖章，报区政府审批，每块宅基地0.25亩，超面积的报省土管局审批。1987年4月27日，河北省第六届人民代表大会第五次会议通过了《河北省土地管理条例》，首次以地方法规形式对农村宅基地用地标准、审批条件及程序，使用宅基地的权力和遗物作出了明确规定。1988年，邢台市人民政府出台了《农村宅基地清理发证暂行办法》，重申农村村民宅基地属集体所有，村民只有使用权，不得出租、买卖和转让。1989年配合市国土资源管理局完成了新、旧宅基地的清理、核定、登记和发证工作，解决了多年来宅基地管理和使用不规范问题。

三、国有土地使用管理

1980～1988年，邢台市国有土地的使用，采用的是无偿使用制，即根据用地需要，按国家规定实行无偿划拨使用制。1988年，随着国家改革开放政策的深入，国有土地使用制的改革力度不断加大。1992年在全市范围内实行了国有土地有偿使用制，国有土地使用出让权开始实施，主要有四种出让方式：招标出让、挂牌出让、拍卖出让、协议出让。桥东区对辖区内的破产国有、集体企业部分实行了土地使用权有偿使用，盘活了资产，妥善安置职工，收到了较好效果。

第二节 地籍管理

一、土地调查

根据邢台市国土资源管理局的统一安排部署，从1990年开始对全区土地资源进行大规模、系统的调查。对桥东区辖区的2个乡、4个街道办事处、130个居民委员会、42个自然村的土壤和土地利用现状进行了全部普查，普查结果：桥东区土地总面积为21977.6亩。

二、土地登记

1980～1987年，随着改革开放和经济发展速度不断加快，区内发展项目和公私建房掀起高潮，占用耕地建房和上项目的较多，且存在占而不用或占多用少现象。同时，城区及农村原有的土地房产证多数已毁坏或遗失，权属纠纷问题日渐增多。为此，从1988年开始，全市开展了土地登记、审核发证工作。桥东区完成辖区土地登记工作，并建立了相应的土地基本情况及使用情况台帐。

三、农村宅基地清理登记发证

1988年，桥东区配合邢台市国土资源管理局，在全区开始了农村宅基地清理登记发证工作。此次清理工作坚持五对口，即：人口、户型、户口簿等对口；批准时间、批准单位和面积与批准手续对口；宅基地登记情况与实地对口；处理意见与《暂行办法》规定对口；各种表格互相对口。对符合五对口的宅基地，且界地清楚，面积准确，依法确权，由市国土资源局统一发放土地使用证书，使全区农村宅基地管理工作逐步走向规范化、制度化。

四、国有土地使用权申报登记

根据邢台市人民政府的统一安排，1988 年，桥东区人民政府印发“关于开展国有土地使用权申报登记工作安排意见”的通知，区国土资源局制定了具体的实施方案，按照上级要求，对申报登记范围、方法、程序、注意事项做了详细安排。到 1989 年，辖区所有国有土地使用单位，逐一进行了权属调查，地籍测量及勘丈和登记、审核，并报市局发证。

五、土地统计

为全面了解辖区土地数量、质量、分布，可能性利用及变化规律，做到科学用地，依法用地，提高土地的利用效率，1991 年，在辖区开展了土地调查统计工作。根据国家土地划分标准，经过收集、整理、研究分析，桥东区土地现状是：一级地类 8 个；二级地类 36 个。农业用地总面积为 23403 亩，其中耕地 21977. 6 亩、园地 1069. 7 亩、林地 355. 7 亩。非农业用地面积 31215. 2 亩，其中居民用地 27721. 5 亩、交通用地 1113. 7 亩、水域 1140. 7 亩、水利用地 1239. 3 亩。

第三节　建设用地管理

一、国家建设用地管理

1980～1996 年，辖区内国家建设用地实行逐级审批制，项目建设需占耕地 3. 5 亩以下，其他非耕地 10 亩以下的由区政府研究审批，超过此标准的报请省批准。1997 年，中共中央、国务院下发《关于进一步加强土地管理，切实保护耕地的通知》，桥东区立即冻结了非农业建设占用耕地的报批，到 1998 年全区共 2 年停批非农业建设占用耕地。从 1999 年起，非农业建设占地市审批权收归省局，所有非农业建设占地项目均由省局审批。非农业建设用地征地要经过预审、申请用地、现场勘测、缴纳税费、上报审批、批复 6 个程序。用地单位要提供用地申请、项目可研报告、项目批复文件、建设用地预审意见、初步设计规划许可证及其他有关文件。建设用地实现了程序化、规范化。在报批过程中，桥东区国土资源局负责配合市国土资源局完成申报材料和基础测量审核工作。

二、乡镇企业建设用地管理

1980～1988 年，乡镇企业发展很快，占地较多，不少农村和单位先建起了企业，没有履行占地报批手续。1989 年国务院和省政府下发文件，要求对乡镇企业占地情况进行清理，并补办有关占地手续。1987 年 1 月 1 日《国家土地管理法》正式颁布实施，以此为界，1987 年 1 月 1 日以前发展乡镇企业占用土地的单位和个人由区国土资源局按文件要求补办有关占地手续；1987 年 1 月 1 日以后发展乡镇企业占用土地的单位和个人按《国家土地管理法》有关规定补办手续。1989 年始，因发展经济和社会事业需要占用土地的，一律实行计划管理，权限报批制度。乡、村兴办企业占地，须持区以上计划部门批准的计划任务书和有关批准文件，向区国土资源局申请，按征地审批权限办理征地手续；乡、村公共设施和公益事业建设用地，经乡人民政府审核，按照批准权限，报区人民政府批准；农村个体户或合伙办企业的，确需占用集体土地的，由个人提出申请，经村委会同意，签订土地使用合同，经乡人民政府审核，报区国土资源局按征地权限报批，涉及农用地的，同时办理农用地转非农用地手续。

三、农村建房规划及宅基地管理

1987年“河北省土地管理条例”出台后，为农村宅基地的发放和审批提供了法律依据，在清理登记审核现有宅基地的基础上，本着不占或尽量少占耕地的原则，对全区42个农村的宅基地建设工作进行了科学规划，根据每个村的自身条件、土地结构、经济水平、公共设施、发展走向等情况，组织有关专业人员进行合理规划，并绘制了村庄现状图和建设规划图，划出宅基地备用区，作为宅基地批发依据和标准。为实现宅基地发放规范化、阳光化，桥东区制定了每块宅基地的标准，申请条件，申报程序，规划和建设要求。对已审批的宅基地，区国土部门加强日常监督，制止违规建设行为。

第七章　工商行政管理

桥东区工商行政管理局在邢台市工商行政管理局和桥东区人民政府双重领导下开展工作。业务上以市局领导为主，是桥东区政府职能管理部门。主要负责桥东区的市场管理和行政执法工作，维护桥东区市场经济秩序。履行工商行政管理职能，积极开展整顿和规范市场经济秩序活动，严厉打击制假售假、合同欺诈、商标侵权、虚假广告、传销和变相传销等经济违法违章行为，为桥东区经济的持续、健康、快速发展营造良好的市场环境。

第一节　管理体制

1980年9月3日，桥东区政府设立工商管理科。1981年7月20日，市委、市革委决定（〔1981〕79号文），撤消桥东区工商行政管理科，建立邢台市工商行政管理局桥东分局。市工商局负责人、财、物和业务方面的领导和管理，区负责政治思想及行政方面的领导，所收入的工商管理费75%交给市局，25%留区政府。1984年3月8日，市人民政府将市工商行政管理局桥东区分局划归桥东区人民政府领导，变为区属工商行政管理机构。同时更名为邢台市桥东区工商行政管理局。1992年6月19日，桥东区工商行政管理局移交给邢台市工商行政管理局，更名为邢台市工商行政管理局桥东分局，其党组织关系仍留桥东区。1993年10月，邢台市工商行政管理局桥东分局更名为邢台市工商行政管理局直属一分局。2000年11月20日，邢台市工商行政管理局直属一分局更名为邢台市工商行政管理局桥东分局。2006年，仍用此名，双重管理体制不变。

第二节　市场管理

市场管理是国家对社会商品流通活动的行政管理。桥东区工商行政管理局的市场管理工作主要是对该辖区从事商品交易活动的集贸市场进行管理，保护合法经营，疏通流通渠道，取缔非法活动，打击假冒伪劣、非法传销、投机倒把等扰乱市场经济秩序的不法行为。

1980年桥东区建区时，由于专业市场很少，区里主要精力是发展和建设市场，本着先建设后规范、先起动再管理、大中小一起上的发展思路，集中建成了一批规模不等的各类专业市场。从1993年开始，工作重点放在加强市场的规范管理，开展整治市场脏、乱、差专项行动，到2006年共出动人员62000人次，机动车3100辆次，组织大型的市场检查2400次，共清理主要街道5条，市场街9

条，成型市场4个，清理乱摆摊点746户，治理店外经营227户，夜市配发消毒器具110套。

1996年，组织技术监督、卫生、防疫、农业等部门，先后组织了“元旦、春节期间打假”、“春节农资打假”、“秋季及中秋、国庆节两节期间打假”等4次大规模的专项打假战役，“整顿药品市场及药品回扣检查”。共查处案件26起，罚款53000余元，捣毁制假窝点2个。

1997年，组织开展“双节”食品打假、春季农资打假、夏季市场饮品打假以及药品市场、印刷品市场、食用油市场打假等专项治理，共立案查处经济违法大要案103起，一般案件183起，总价值353.4万元，罚款32.4万元，其中捣毁制售假冒伪劣窝点12个，查获罐头饮料6586瓶，各类卷烟10610条，酒类228件，假冒军警鞋711双，假冒商标3.4万张，各种假冒农机配件2666套，变质食品1300公斤，水泥310吨，假种子162公斤，假种子包装袋254万个，“三无布匹”1.6万平方米。

2000年，对桥东范围内所有企业、门市进行普查，历时1个月时间，对桥东所辖28条街道以及各种经济性质的门市和企业共3769个进行调查，其中市属企业624户，占16.6%；区属企业471户，占12.5%；私营企业46户，占1.2%；个体工商户2628户，占69.7%；无证经营1560户，占41.39%；一照多摊54户；未年检83户，占2.2%；不亮照经营363户，占9.6%。通过检查，摸清了底数，全面了解了全区企业、个体及私营企业发展情况，从中发现的问题，及时进行了解决，规范了经营行为。

2006年7月区政府召开了“打击非法传销专项集中行动动员大会”。区委、区政府、区政法委、区综治办及市工商局相关领导及工商、公安、司法、文教、房管、乡、办事处、社区、居委会、村委会等108个单位约200人参加了大会。会上宣读了《关于打击传销专项集中行动实施方案》，使打击传销真正走上了部门协作、综合治理之路。7月7日在襄都五楼捣毁了578人特大传销窝点；8月23日，桥东工商局和桥东公安局联合查处拐角东北街4号出租房内70人传销组织。2006年桥东区共取缔传销窝点443个，遣散传销人员10354人，解救被骗传销人员25人，查封用于非法传销的房屋62间，处罚房主3人，被行政拘留5人，追究刑事责任的42人，有力地打击了该区非法传销的疯狂气焰，净化了市场环境。

同年，桥东区开展了“红盾护农”专项执法行动，督促农资经营者建立健全“两账两票、一卡一书”和种子留样制度。在桥东植保农资门市查获200余箱过期农药，查出空瓶2028个，包装箱180个。共计查获假化肥180袋，产品标签1000张、合格证1000张，规范了农资市场，维护了农民的合法权益。

第三节　工商企业登记

桥东区工商行政管理局负责对桥东区工商企业的筹建、开业、歇业、停业、合并、分立、转业、迁移进行登记审批发照，并对其生产经营活动进行监督管理。2000年市工商局规定，关于企业登记及发照工作范围，公司的登记注册手续归邢台市工商局办理，桥东区工商行政管理局只负责个人独资企业、合伙企业以及个体工商户的注册登记工作。2004年，市工商局将注册资金在50万元以下的公司注册登记权力下放到桥东区工商局。

为促进桥东区经济的发展，桥东区工商局先后制定了放宽企业登记管理的措施40多条，主要涉及经营范围、项目、经营方式、经营地理位置、注册资金和名称管理等方面。允许企业一业为主、发展多种经营，还明令取消了3种作为办照前置条件的许可证。推广了受理、审查、核准、发照“一条龙”式登记手续，使注册登记时间由原来的30天缩短为7天。1982～1992年，共发展集体企业1712户。新注册登记国营集体企业979户，办理变更登记828户，注销企业838户。到2000年底，桥东工商分局共有注册工商企业1672户，从业人员30096人，注册资金也由1987年的4541万元增至2000年的30626万元。到2006年，桥东区共有各类注册工商企业1891户。

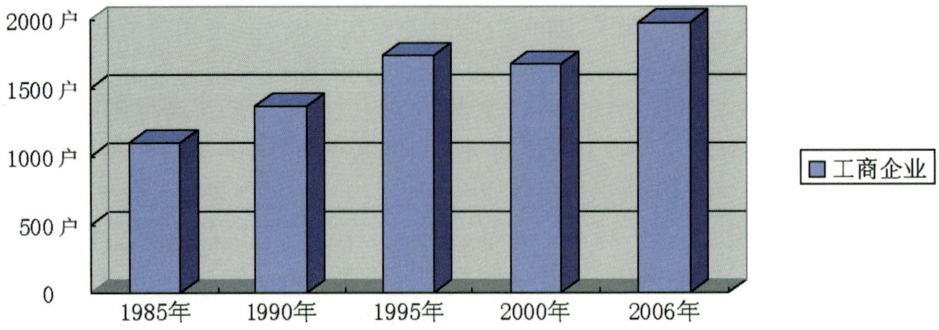

1985～2006年桥东区工商局注册登记企业变化图

对企业的年检工作，桥东区工商局采取“三抓”措施：一抓年检率。1993～1997年应检6440户，实检6237户，占应年检的96.8%。二抓年检质量。做到四不审，即资金不实不审，手续不全不审，擅自变更项目不审，经营有问题不审。三抓违章处理。1993年到1997年之间，对于擅自变更地址、法人代表的39户企业进行了罚款或限期改正的处理。同时对“三无”企业进行了清理。2000年对685户“三无”企业全部吊销。还对辖区市场登记进行了年检，办理市场登记证年检20个，变更2个，注销2个。2006年开展了取缔无照经营专项整治，在集中整治中，采取三步走的方式，通过登记排查、疏导办照、集中清理的措施对辖区的无照经营户进行清理，出动执法车辆236辆次，出动执法人员681人次。辖区内共补办执照2308户，取缔101户，查处无照案件388宗。通过专项整治，使全区的工商业户持照率达到92.1%。在对工商企业进行管理的过程中，以围绕服务经济发展和维护经济秩序为中心，切实提高对企业的服务水平。据统计，1993～2006年，共深入企业现场办公1500多次，提供合理化建议1200余条，建立联系点110户，帮助企业新上项目158个，为75家企业申报冠用了市级名称，提高了企业知名度。

第四节　个体工商业管理

根据1987年9月1日施行的《中华人民共和国城乡个体工商户管理条例》定义，个体劳动者从事个体生产、经营的小型工业、手工业、运输业、房屋修缮业、商业、饮食业、服务业、修理业统称为“个体工商业”。

桥东区工商行政管理局按照国家规定，依法对全区个体工商业户进行注册登记并对其进行监督管理。

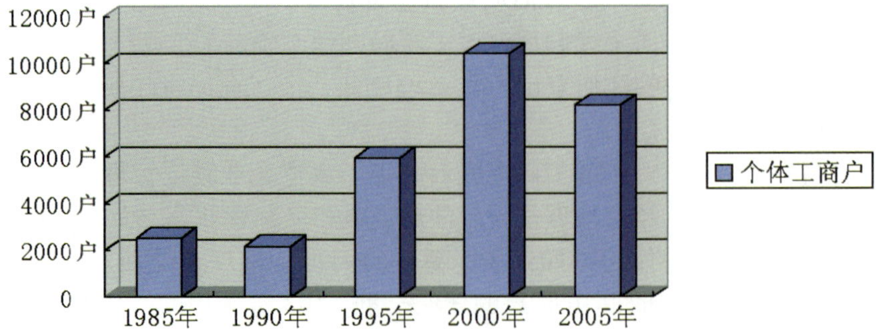

1985～2005年个体工商户变化图

20 世纪 80 年代初期，桥东区个体工商业还处于起步阶段，当时各类私营企业摊点 2563 个，从业人员 3960 人，注册资金 237 万元。全区共有个体工商户 2120 户，从业人员 3385 人，经营额 12309 万元，农村进城经商户有 738 户、1485 人。

20 世纪 90 年代初期，省政府出台了“河北省个体工商条例”。省委、省政府、市委、市政府号召全民动员大力发展个体经济，特别是邢台市把发展个体经济作为全市富民、强市、升位的重要措施，全力为个体经济发展创造良好环境。1993 年桥东区在个体经济办理营业执照时，实行了“四放宽、三优惠、两减少”的优惠政策。即放宽从业人员范围、放宽经营范围、放宽经营方式、放宽注册登记条件。凡伤残军人从事个体经营的一律免交管理费，凡残疾人减免管理费。1993 到 1997 年间，共为 1050 户特困职工减免管理费 116 万元。

1998 年为提高办事效率，实行“三个办”服务。一是手续齐全随来随办，二是现场办公登门办，三是各工商所集中统一办。2000 年，全区工商办证实施了登记“一条龙”服务，提高了办事效率，并取消部分限制个体、私营经济发展的前置审批手续。缩短了办证时间，由原法定的 30 天缩短为 7 天，个别情况特事特办，受到广大业户好评。

1990～2006 年，为进一步提高了个体商户的法制观念和经营水平，共组织经营技术培训 5 期，培训 680 人，同时协助企业制止三乱现象 80 次，免受经济损失 15 万元。

通过加强个体经济管理，不但净化了市场环境，消除了不正当竞争，还为广大依法经营的个体商户创造了良好的经营条件，促进了个体经济的快速发展。2006 年全区个体经济总数已达 11235 户，从业人员 25430 人，注册资金 8.35 亿元。

第五节　经济合同管理

根据国家规定，工商行政管理机关负责对经济合同实施监督管理。桥东区工商行政管理局负责对全区经济合同的签订、履行进行行政监督。主要任务是：宣传贯彻经济合同法规，制定管理经济合同的规章制度；监督检查经济合同的订立和履行；指导督促有关部门的经济合同管理工作；仲裁经济合同纠纷；确认无效经济合同；查处利用经济合同的违法行为。

1985 年 10 月 8 日，经上级批准，桥东区工商局增设经济合同管理科，负责对全区经济合同的管理。并成立经济合同仲裁委员会，负责对经济合同纠纷的调解和仲裁。1985～1990 年，经济合同管理科共检查合同 9899 份，合同金额达 21111.41 万元；合同鉴证 26 份，涉及金额达 179.5 万元；经济合同仲裁 88 份，争议金额达到 324.72 万元。1990 年 5 月 10 日，为了适应经济体制改革的要求，根据河北省工商行政管理局《经济合同仲裁委员会派出仲裁处理合同纠纷案件的试行办法》的规定，桥东区工商局在大梁庄、东郭村设立派出仲裁庭。

1990 年 5 月 21 日，为进一步强化合同监管，桥东区工商局在全区范围内开展经济合同签订和履行情况大检查活动，检查经济合同 2533 份，确认 251 份经济无效合同，有效地维护了企业的合法权益，避免了不必要的经济损失。同年 6 月 29 日，根据市工商局通知精神，全区开展了经济合同台帐及合同档案检查活动。1990 年 12 月，根据市工商字〔1990〕第 30 号文件的精神，区开展了经济合同大检查，评定重合同、守信用企业，合同管理先进主管部门、先进厂长经理及合同管理员活动。

1992 年 3 月，为贯彻落实市政府〔1991〕64 号文件精神，桥东区工商局在企业中实行经济合同备案制度。为企业免费培训合同管理人员 78 人，发放资格证书 78 个，检验资格证书 413 个，检查各类经济合同 207 个，金额 9000 多万元。

2004 年 3 月，桥东区工商行政管理局经济合同科更名为市场合同监督管理科，负责对经济合同的监督管理，至 2006 年机构未变。

第六节 商标广告管理

商标和广告的审报权属邢台市工商行政管理局。桥东区工商行政管理局主要负责全区驰名商标、著名商标的推荐、保护工作；依法监督管理注册商标，保护注册商标专用权；组织查处商标侵权和商标使用中的违法行为。监督管理各类广告的发布和经营活动，依法查处虚假广告案件；负责广告经营单位的资格审核、发证和监督管理。

1988年11月，上级规定将商标广告管理工作纳入工商管理范围。1990年以前，商标、广告监管一直处在初级阶段，从1990年开始，商标、广告监管开始逐步走向正轨。在组织企业学习宣传商标、广告法规的同时，帮助企业办理有效注册商标130件，为了增强企业的商标、广告意识，共印制相关学习资料500份，文件表格9000余套。提供有关咨询5000人次，进一步提高了企业的商标广告意识。2000年春季协助太原一种子经营企业查处了假冒其商标的违法行为2起，另外对印刷小广告进行了专项治理，查处非法印刷小广告企业2户，没收印刷模具1套，没收非法印刷小广告98600张，使商标侵权案件明显减少，虚假广告行为得到了有效治理。

第七节 管理机构

1980年区政府设立工商管理科。1981年由科改为桥东区工商局，下设机构有办公室、企业管理科、市场管理科。1985年7月18日，桥东区政府〔1985〕22号文决定，成立桥东区工商行政管理局个体企业科和经济合同管理科。1988年9月1日，经上级有关部门批准，设立经济检查科、财务科、西大街工商所、五一桥工商所、顺德市场工商所、车站工商所、清风楼工商所。1988年11月，新接郊区东郭村工商所和大梁庄工商所。1990年10月5日，桥东区政府批准成立襄都工商所。1991年3月设政策研究室。1997年4月25日，市局下文成立邢台市工商行政管理局直属一分局西门里工商所。1998年6月6日，成立东郊工商所。1989年10月5日，经市局批准，桥东区消费者协会成立。到1990年，桥东区工商局共有办公室、企业管理科、市场管理科、个体经济科和经济合同管理科、政策研究室、经济检查科、财务科、消费者协会、消协秘书科、个体劳动者协会、私营企业协会、个私协秘书科等13个科室，下设五一桥工商所、顺德工商所、车站工商所、西大街工商所、清风楼工商所、西门里工商所、襄都工商所、大梁庄工商所、东郊工商所、东郭村工商所、集贸市场工商所等11个工商所。2003年，河北省工商行政系统开始撤并整合基层工商所，桥东区部分工商所进行整合。到2006年，桥东工商分局共有职工130余人，设局长1人，副局长3人，股级职数16个。下设11个科室和5个工商所，分别是办公室、财务科、市场科、法制科、监察室、消费者权益保护科、经济检查科、注册登记管理科、消费者协会、个体私营者协会、维修行业管理办公室，以及新华工商所、新兴工商所、邢州工商所、顺德工商所和清风楼工商所。

第八章 质量技术监督

邢台市质量技术监督局桥东分局在邢台市质量技术监督局和桥东区人民政府双重领导下开展工作，业务上以市局领导为主，是区政府职能管理部门。1988~2006年，机构不断完善和加强，在辖区内积极开展计量管理、标准管理、质量监督、安全监察及打假活动，保证和促进了市场经济规范发展，为桥东区经济健康有序发展创造了良好环境。

第一节　计量管理

计量管理是指为核查计量器具是否依照计量法律、法规正确使用和诚实使用而对计量器具制造、安装、修理或使用进行控制的过程。1985 年 9 月 6 日，第六届全国人民代表大会常务委员会第 12 次会议通过了《中华人民共和国计量法》，1986 年 7 月 1 日起开始实施。河北省第九届人大常委会第十四次会议于 2000 年 3 月 30 日通过了《河北省计量监督管理条例》，构成了计量法规体系，计量工作进入法制管理的轨道。

1988 年桥东区标准计量局成立后，按照《中华人民共和国计量法》的要求对桥东区域内生产和经销领域开展计量监督管理。1989 年对全区的计量器具进行普查，摸清了全区计量器具的基本情况和底数。1990 年首次对全区在用计量器具全部进行了强制检定，并完成了向法定计量单位的过渡工作，当年共检定台秤、杆秤等 570 台（件），查处不合格计量器具 30 台（件）。1993 年完成对全区 1008 台（件）计量器具的监督检查、登记造册和规范管理工作。1994 年桥东区计量所通过了邢台市技术监督局的达标验收，计量器具的检定工作进一步完善。

1995 年在计量法颁布 10 周年之际，充分利用“5・20”世界计量日开展计量知识宣传等，并对桥东区较大集贸市场、建材市场、种子市场等进行了监督检查，监督检查计量器具 1520 台（件）。

1996 年在国家技术监督局、国家工商行政管理局发布关于在公众贸易中限制使用杆秤的通知后，桥东区技术监督局积极传达贯彻，在淘汰杆秤工作中，对全区制造经营等场所进行了监督管理，加大宣传力度和执法力度，共更换台案秤 3000 余台（件），更换率达 90% 以上，使全区的计量器具进一步规范。1998 年针对加油站计量作弊、坑害消费者的情况，对全区内所有加油站进行了突击检查，利用计量标准容器对各个加油机出油量进行负偏差测试，查处了 5 家违法经销户。

2002 年 3 月，根据市质量技术监督局的要求，原区局承担的市区农贸市场、集体和个体门市的衡器强制检定工作划归至市计量测试所，区局只承担全区计量监督管理职能。

2003 ~ 2006 年间，对全区的计量违法行为进行了一系列的严肃查处，每年开展 1 ~ 2 次计量检查活动。同时，在规模较大的市场设立了公平秤，公布了举报、投诉电话等，严厉打击了计量违法、缺斤短两等违法行为，使群众放心购物，维护了市场公平。

第二节　标准化管理

标准化管理的任务是制定企业产品标准，积极探索计量工作长效机制，组织实施标准和对标准的实施进行监督。1988 年 12 月 29 日，第七届全国人民代表大会常务委员会通过了《中华人民共和国标准化法》；1990 年 4 月 6 日，国务院第 53 号令发布《中华人民共和国标准化法实施条例》；1998 年 9 月 4 日，河北省第九届人大常委会第四次会议通过了《河北省标准化监督管理条例》。1989 ~ 2006 年，桥东区政府认真贯彻执行国家有关标准化管理的法规、条例，到 2006 年，该区标准化覆盖率达 95%。

消灭无标　1989 年，全面启动开展此项工作，对桥东区红卫建材厂、微型汽车厂等规模企业进行了计量定级三级鉴定，督促其搞好“双采”工作。1989 ~ 1993 年，对全区企业 99 项产品进行了普查，发现有 60% 的企业有标生产，40% 的企业无标生产。针对这种情况，采取查处无标企业，限期整顿措施，督促尽快按标生产。对有标企业，鼓励搞好“双采”工作和标准化管理。1995 年市同方橡胶厂 1 种产品采用了 ISO 国际标准，1998 年吉泰特型钢厂 2 种产品采用了 ISO 国际标准。

1998 年河北省消灭无标工作正式启动，桥东区被列为 1999 年河北省消灭无标生产工作检查验收县（区）。1999 年 1 月成立了以常务副区长和主管副区长为正、副组长的桥东区消灭无标生产领导小组，并分别召开了两次动员大会和两次工作调度会，传达了国家和省、市局的《关于消灭无标生产工作的意见》等文件精神。同年，建立桥东区工业企业标准化信息库和产品执行标准台账，加强对流通领域无标产品的查处工作，促进了标准化工作的开展。1999 年底，桥东区顺利通过了省、市消灭无标生产工作验收。

2003 年，首次在全区建立了企业标准体系示范单位 2 家，对全区其它企业的标准实施情况进行审查，发现个别企业仍有执行旧标准现象，及时责令其改正，并无偿提供最新版本的标准文本。2004 年对全区禽类养殖户进行调查登记，并为养殖禽类较为集中的东郭村和柴家庄的 20 余户发放了两项预防禽流感的国家强制性标准；同年为了宣传贯彻河北省地方标准 DB13/490～2003《洗衣行业服务质量规范》，对全区 11 家洗衣业的基本情况进行调查摸底。2005 年制定企业标准 3 项，确认企业标准 15 项。2006 年协助邢台市双环种业有限公司制定河北省地方标准《杂交甘蓝良种繁育技术规程》，填补了桥东区一项空白。2000～2006 年间，共帮助企业制定标准 140 余项，核发标准证书 400 余个，帮助 12 家企业建立了标准体系，已有 10 家企业通过认证，全区采标企业共 2 家、计 3 个品种。全区标准覆盖率由原来的 60.32% 提高到 95%。

代码标识 1993 年 10 月，桥东区召开了代码标识工作会议，在全区推行建立全国统一代码标识制度。同年，成立了桥东区全国统一代码标识制度领导小组和办公室，由技术监督局负责协调此项工作。1993 年共完成数据采集、赋码、办证审核、填表、输入微机打证发证工作。1993～1998 年共办理代码、颁发证书 1668 个。1999 年 3 月原区局承担的办理代码工作统一划归市标准化所。

第三节 质量监督

质量监督旨在促进企业加强质量管理，执行质量标准，保证产品质量，维护用户和消费者利益。1993 年 2 月 22 日，第七届全国人民代表大会常务委员会第 16 次会议通过了《中华人民共和国产品质量法》，产品质量监督管理工作从此进入了法制管理性阶段。

1993 年《国家产品质量法》颁布后，桥东区技术监督局紧紧抓住加强质量监督管理工作的有利契机，利用“3·15”消费者权益保护日和产品质量月等开展宣传、咨询投诉等活动，增强消费者的质量意识，保护他们的合法权益。1994 年为了鼓励工商企业等提高产品质量，争创优质服务和产品，桥东区开展了评选“区级质量计量信得过”单位活动。沈阳电缆厂邢台销售处、亨德利眼镜店、金马工具有限公司、军需用品商店、景仙酒楼等 10 家企业当年被评为“区级质量计量信得过”单位。2003 年 11 月，全区召开了 ISO9000 质量管理体系认证宣传培训会，20 多家企业参加了培训，使企业增强了采用国际标准的意识。从 2003 年底至 2004 年初，开展了全市第一阶段质量调查工作，对全区的 138 家企业进行调查统计，初步建立起全区规模以上制造业工业企业质量档案。

1993～2006 年，每年都做到了有计划、有步骤地开展产（商）品的监督检查，编制全年定期监督检验计划，对涉及与人民群众日常生活密切相关的棉纺织品、木制家具、沙发、饮料、糕点、食用植物油等产（商）品进行抽样送检，并分析产品质量抽查情况，查找问题，对产品质量监督抽查中发现存在质量问题的产品生产者、经销者依法进行查处；对存在一般不合格问题的，责令其限期改正。产品质量监督抽查合格率由最初的 90% 达到了 100%。

第四节　安全监察

一、食品安全监察

2004 年之前，食品安全监察工作由卫生部门承担。2004 年 9 月 1 日，国务院下发了《关于进一步加强食品安全工作的决定》（国发〔2004〕23 号文件），明确质监部门负责食品生产加工环节的监管，将原由卫生部门承担的生产加工环节的食品卫生监管职能划归质监部门。2004 年 12 月 1 日中编办下发《关于进一步明确食品安全监管部门职责分工有关问题的通知》，进一步界定了职能，质监部门负责食品生产加工环节质量安全的日常监管。2003 年国家首次对大米、小麦粉、食用植物油、酱油、食醋等 5 类食品实施了食品质量安全市场准入制度。食品质量安全市场准入制度是指为保证食品的质量安全，具备规定条件的生产者才允许进行生产经营活动，具备规定条件的产品才允许生产销售的一种行政监管制度。2004 年 1 月起实施强制监督管理，未取得食品生产许可证不许生产。

为实施食品安全监管，区技术监督部门对全区所有食品生产企业及小作坊进行了调查、摸底，掌握了全区食品生产加工的基本情况。2005 年 4 月桥东区成立了以主管区长为组长，其他职能部门领导为成员的全区食品生产加工整顿工作领导小组，召开了整顿工作会议，建立了食品风险预警和快速反应机制，同年对全区食品工商户进行了 3 次食品质量安全宣传培训。2005 年桥东区共有邢台市活泉酿造有限公司、桥东振兴面粉厂、邢台县豫东白云面粉厂、桥东天福等级面粉厂等 4 家企业 5 种产品获得了食品生产许可证。2006 年为了加大食品安全监管力度，对全区大桶水及方便面生产企业进行了专项监督检查和无证查处暨实施食品安全行动等，并对全区食品生产企业添加剂使用单位进行备案，共有食品企业 15 家按照要求进行了登记备案。积极开展消夏投诉服务活动和中秋节月饼知识宣传活动，向群众介绍食品日常消费知识和月饼的新标准和科学食用方法等。全区 15 家企业的 9 种产品获得了食品生产许可证。

二、特种设备安全监察

特种设备是指涉及生命安全、危险性较大的承压和载人设备、设施，包括锅炉、压力容器、压力管道、电梯、起重机械、客运索道、大型游乐设施、场（厂）内机动车辆等 8 类设备、设施。特种设备安全监察工作是质量技术监督部门依法对特种设备生产（设计、制造、安装、改造、维修）单位、使用单位、检验检测机构等实施行政许可和进行监督检查的活动。

1998 年政府机构改革，锅炉、压力容器、压力管道、电梯等特种设备的安全监察职能从劳动局划归质量技术监督局，专门负责特种设备安全监察工作。

2002 年 9 月，邢台市质量技术监督局桥东区分局成立了锅炉、压力容器和特种设备安全监察科，负责区特种设备的监督管理和安全监察，对全区的特种设备进行调查摸底，摸清了基本状况。2003 年加强了对全区特种设备的监管，与所有特种设备使用单位签订了《特种设备安全使用责任书》，发放特种设备安全监察服务卡；2004 年 12 月锅炉、压力容器和特种设备安全监察科更名为特种设备科，负责桥东区生产、经销领域的锅炉、压力容器、压力管道、特种设备工作。为了有效预防特种设备安全事故的发生，及时控制和消除突发性危害，最大限度地减少事故造成的人员伤亡和经济损失，并使应急救援工作安全、有序、科学、高效地实施，2004 年制定了《特种设备应急措施及救援预案》，设立了由特种设备安全监察机构、特种设备使用单位和救护医院组成的特种设备协同救援机构，并在邢台市七里河附近进行了预案的组织演练，进一步提高了企业和有关单位对特种设备造成事故的应急救援能力。

2005年，建立了特种设备安全管理协管员制度，全区有40余家单位设立了安全管理协管员，并与60余家特种设备企业签定了安全管理责任状。

2006年3月，组织全区7家协同救援单位在七里河附近举行了一次特种设备事故应急救援演练，为今后应对各种突发特种设备事故积累了经验；同年11月召开了“桥东区法人代表安全生产双百日承诺大会”，与70余家企业法人代表签订了《安全生产承诺书》，有效保障了辖区内特种设备的安全运行。

第五节 执法打假

质量技术监督执法打假是指依法查处违反质量、标准、计量、特种设备、认证认可等质量技术监督法律、法规的行为。分局内设稽查队，主要负责具体质量技术监督执法打假工作。

1988年区局成立时，执法打假职能处于起步阶段，主要依据《中华人民共和国计量法》和《中华人民共和国标准化法》进行执法；1993年《中华人民共和国产品质量法》出台后，随着质量技术监督立法进程加快，执法打假扎实有效地开展起来。

1989～1992年，组织有关部门对全区主要市场、商店、个体摊点、饭店等流通领域的商品质量和食品卫生进行了监督检查，查处假冒伪劣电线电缆、五交化产品、饮料等，并利用“3·15”消费者权益日进行了假冒伪劣商品展示和咨询活动。

1993年～1999年，对全区五金交电、汽车配件、建筑材料、水暖管件、电线电缆、食品饮料、农资等重点产（商）品进行专项检查，并查处了群众反映强烈的液化气充装量不足、质量较次等多起投诉案件。

2000年12月，成立了以主管副区长为组长、各职能部门领导为成员的桥东区打假工作领导小组，并设立打假办公室。

2001年按照省质量技术监督局关于《开展汽车配件从源头专项打假行动的通知》的文件精神，对汽车配件产（商）品开展了专项打假行动，查获生产、销售假冒汽车配件重大案件2起，挽回经济损失80万元。

2002年根据省质量技术监督局的要求，桥东区政府制定了“关于开展对违规生产、销售、使用胶粘剂等有毒有害化学用品专项整治工作方案”，对全区有毒有害化学用品生产、经销、使用单位开展了拉网式清查，共检查经销单位58家，抽样送检43个，办理案件28起，封存有害物质含量超标产品货值15万元。

2003年，为了保证全区防非典型肺炎的相关产品质量稳定，确保人民群众生命财产安全，查处了个体户生产加工假冒预防“非典型肺炎”中成药案、邢台市教育服装厂无标生产口罩案和桥东金磊洗涤剂厂无执行标准生产含氯消毒液案等影响较大的案件。

2004年开展的建材市场治理整顿活动中重点查处了邢台市桥东东方红防水材料专卖店涉嫌销售假冒防水卷材案。

2005年，为全面落实全国统一组织的“进百村、入百户、抽百样”活动，积极开展农资打假下乡活动，首次在全区内2个乡10个村建立农资投诉咨询点，当年接待涉农投诉4起，挽回经济损失3000余元。

2006年，开展的专项治理活动中重点查处了假冒上海新泰（雷朋）隔热膜公司生产的太阳膜共14卷，货值10余万元；查处了销售假冒邢台崆山塑料型材公司生产的塑型门窗4吨，维护了企业的品牌，保护了企业和消费者的合法利益。

第六节　管理机构

1988年以前，桥东区标准计量工作由桥东区经计委下属科室承担；1988年10月成立了桥东区标准计量局（同时挂计量所牌子，行使行政与业务两个职能），负责全区标准计量管理工作，事业编制2名。1992年5月桥东区标准计量局执法科成立，同时设立产品质量监督检验所，与计量所一套人马两块牌子。1993年9月原桥东区标准计量局更名为桥东区技术监督局。1996年5月该局由区属事业机构改为政府工作部门，纳入政府行政序列。1999年底，按照国务院、省、市技术监督系统管理体制改革方案，技术监督系统实行省以下垂直管理，桥东区技术监督局更名为桥东区质量技术监督局。2001年3月，桥东区质量技术监督局再次更名为邢台市质量技术监督局桥东区分局，为市局的派出机构，行政编制15名。

第十五编
政治体制改革

桥东区建区后，根据五届全国人大二次会议通过的《地方组织法》和《选举法》，1981 年 2 月至 4 月中旬，组织全区选民直接选举产生了桥东区第一届人民代表大会代表。自此，桥东区政治体制改革拉开了序幕。同年 4 月 21 日至 25 日，区一届人大第一次会议召开，选举产生了区一届人大常委会和政府区长、副区长。1984 年 6 月根据政协章程规定，成立了政协邢台市桥东区委员会。其后不断完善人大、政协、党政机关政务公开等各项民主制度建设，不断深化干部人事制度改革，积极推进党政机构、事业单位、人事制度、司法体制等各项改革，使桥东区政治体制建设逐步走向制度化、规范化。

第一章　民主制度建设

桥东区在政治体制改革中，不断进行各项民主制度建设。1981 年至 2006 年，建立并逐步完善了人民代表大会制度，使人民真正享有民主、发挥民主、当家做主；完善了政治协商制度，发挥各阶层民主监督作用；建立起政务公开制度，密切了党群、干群关系；推行村（居）委会换届选举的改革。桥东区的民主制度在改革中不断得到深化、完善。

第一节　完善人民代表大会制度

一、完善人大常委会议事制度

1981 年 4 月，区一届人民代表大会常务委员会按照《地方组织法》的要求，制定了工作制度暂行规定，按照“半月一次主任会议”、“两个月一次常委会”的规定，召开主任会和常委会。在历次会议中坚持按民主集中制原则办事，坚持发扬民主，充分听取代表和委员的意见，切实保障每个代表和委员能充分行使民主权利。1994 年 6 月，区五届人大第十次常委会制定了《邢台市桥东区人大常委会议事规则》。1999 年 7 月，区六届人大常委会第九次会议又做出了关于修改《邢台市桥东区人大常委会议事规则》的决定。现行的《桥东区人大常委会议事规则》是 2003 年 6 月 30 日区七届人大常委会第一次会议通过的，规则共十章四十一条，对议事权限、会议召开、议案提出、议案审议、听取和审议工作报告、质询、罢免、发言和表决、议定事项的办理，进行了细化和规定。2003 年 6 月，区七届人大常委会第一次会议审议通过了《邢台市桥东区人大常委会关于同一府两院工作联系的暂行办法》、《邢台市桥东区人大常委会关于重大事项和案件报告的暂行办法》，对“一府两院”有关负责人列席人大常委会各类会议、加强工作联系及应向常委会报告的重大事项和案件做出了规定。2006 年 5 月，区七届人大常委会第二十次会议制定了《邢台市桥东区人民代表大会常务委员会组成人员守则》，加强了人大常委会组织制度建设，使常委会组成人员更好的履行职责。同时，出台了《邢台市桥东区人大常委会讨论决定重大事项办法》，对常委会讨论、决定本行政区域内政治、经济、教育、科学、文化、卫生、环境和资源保护、民政、民族等方面工作的重大事项及涉及本行政区域内群众切身利益需要解决的重大事项的范围、程序、执行与监督做出了规定。

二、完善人大监督工作制度

完善法律监督制度　1993 年 6 月，区五届人大常委会第三次会议讨论通过了《桥东区人大常委会关于对司法机关实施法律监督和工作关系的暂行办法》，理顺了监督与被监督的关系，保证区人大常委会监督司法机关依法行使职权。2004 年 6 月，区七届人大常委会第七次会议参照市人大常委会做法，制定了《邢台市桥东区人大常委会对司法机关个案监督暂行办法》，对个案监督的范围、重点和个案来源、个案监督的程序和方式及责任追究做出明确规定，进一步加强和规范了区人大常委会对司法机关办理个案的监督，督促司法机关依法办案，公正司法。

完善工作监督制度　桥东区首届人民代表大会期间，只有“一府”（政府），未设“两院”（人民法院、人民检察院）。人大常委会采取“选择议题、视察工作、听取汇报、通过审议意见和检查落实情况”的方法，听取和审议政府的工作报告，履行监督职责。1987 年，区三届人大常委会修订了《区人大常委会职权范围和工作制度》，逐步完善对“一府两院”的工作监督。2003 年 6 月，区第七届人大常委会第一次会议制定了《邢台市桥东区人大常委会关于行使监督权的暂行办法》，对区人大常委会监督“一府两院”的范围内容、监督方式和程序及违反宪法、法律行为的处理做出规定，保障了人大常委会有效地行使监督权，保证宪法、法律、法规和党的方针、政策的遵守和执行。2005 年 4 月，区七届人大常委会第十三次会议审议通过了《邢台市桥东区财政预算监督暂行办法》，对预算的编制、预算的初步审查、预算的审查和批准、预算执行的监督、预算调整的审查和批准、决算的审查和批准做出了明确规定。要求在区人民代表大会召开前 30 日内，区政府部门应将预算草案及相关资料提交区人大常委会初步审查；区政府在区人民代表大会举行会议前 15 日内，向区人大常委会提交本年度本级预算草案、上年度预算执行情况和本年度预算草案的报告；在区本级预算执行中，因特殊情况必须对预算进行调整的，区政府应当编制预算调整草案，列明预算调整的原因、项目、数额、措施及有关说明，提请区人大常委会审查批准。2006 年 5 月，区七届人大常委会第二十次会议审议通过了《邢台市桥东区人大常委会对垂直部门实施法律监督的暂行办法》，将垂直管理部门纳入区人大常委会监督范围，保证了宪法、法律、法规以及上一级人民代表大会及其常务委员会决议、决定在本行政区域内的遵守和执行，监督和支持垂直部门依法行政，保护公民、法人和其他组织的合法权益。

完善人事监督制度　为健全人事任免制度，1984 年，区人大常委会制定了《邢台市桥东区人民代表大会常务委员会人事任免暂行办法》，1987 年 7 月、1998 年 3 月又经过两次修改对人事任免做出初步规定。2003 年 6 月，区七届人大常委会出台了《邢台市桥东区人民代表大会常务委员会人事任免办法》，对人事任免范围、任免程序、任职权限、辞职和撤职做出了明确规定。2004 年 6 月，区七届人大常委会第七次会议审议通过了《对选举和任命人员述职评议试行办法》，采用述职评议和年度述职两种方式加强对任命人员的监督，并制定了详细的实施方案。从 2004 年 6 月至 2006 年底，区七届人大常委会对区政府部门组成人员和人民法院、人民检察院被任命人员进行了述职评议，并在评议过程完善了《述职评议办法》，有效促进了被任命干部履职意识和法制意识的提高，使评议工作实现监督事和监督人有机统一，人事监督更科学、更规范。

三、完善人大代表工作制度

人大代表工作是人大常委会工作的基础和依托。常委会为加强同代表的联系，发挥代表的作用，不断完善代表工作制度。1984 年 10 月，区第二届人民代表大会第二次常委会会议制订《邢台市桥东区人大常委会关于发挥区人民代表作用加强同区人民代表联系的暂行办法》。1996 年 12 月 13 日，区五届人大常委会第三十二次会议审议通过了《区人大常委会关于开展区、乡两级人大代表议政日活动的暂行办法》。2000 年 3 月，区六届人大常委会第十六次会议通过了《区人大常委会关于常委会组成人员联系区人大代表、代表联系选民以及代表视察、检查办法》。在进一步完善以上制度的基础上，2003 年 6 月，七届人大常委会审议通过了《邢台市桥东区人民代表大会代表联系选民办法》，要求常委会每年集中开展两次代表联系选民活动。2005 年，区人大常委会根据《代表联系选民办法》规定把每一个季度的最后一天为“代表联系选民日”，以代表组为单位，分别在 2 个乡、4 个街道办事处开展活动，有效拓宽了代表履职渠道，进一步密切了代表与选民的联系，增进了选民对代表的了解与信任。2005 年 10 月，区七届人大常委会第十六次会议审议通过了《桥东区第七届人民代表大会代表执行职务考核办法》，以促进代表工作积极性，牢固树立履职意识，认真履行宪法和法律赋予的各项职责。

第二节　完善政治协商制度

一、完善对口协商制度

随着我国政治文明建设的不断深入发展，区政协对一些重大课题及群众中的热点、难点问题，通过政协委员会这种载体，与区委、区政府有关职能部门进行联系协商。职能部门参加政协活动，认真听取委员建议，达到广集民智、科学决策的目的。通过这种形式，有效地提高了协商质量，在政治协商体系中发挥着日益重要的作用。1984～2006 年，区委、区政府和区政协先后制定了有关规范政治协商的一系列规定。1998 年，建立健全了《政协邢台市桥东区委员会关于政治协商、民主监督、参政议政的规定》，并成立了 7 个专门委员会。《规定》要求对口协商通过定期召开联席会议、组织调研视察、召开专题研讨会、举办论证会和意见听取会等进行协商；区委、区政府职能部门召开的重要会议，邀请区政协有关专委会负责人参加；有关部门的文件、简报、资料抄送区政协对口部门；职能部门制定的重要计划和措施，提前与区政协对口专委会协商并研讨论证。《规定》的实施，使政治协商有章可循，有的放矢，促进了协商质量的进一步提高。

二、完善提案办理制度

1996 年 7 月，区政协修订完善了《中国人民政治协商会议邢台市桥东区委员会提案工作办法》。区政协以此为依据，不断探索，创新思路，拓宽提案办理新办法。一是着力实施“一号提案”工程，“一号提案”由区政协主席包案。二是组织承办单位和委员召开提案办理沟通协调会和面复会，对带有普遍性、群众性、社会性的提案，由承办单位领导面对面直接听取提案人的意见和直接公开进行答复。三是分级视察督办提案，选择部分有代表性、典型性的提案由主席、常委和委员小组进行视察督办。

三、完善民主监督制度

区政协成立之初，民主监督主要通过组织委员视察、检查、评议、委员提案、委员举报等形式，向区委、区政府提出意见和建议来实现。后经区政协不断探索完善，又通过组织委员参与各级领导班子的考核、对政府各职能部门开展行风评议、撰写《社情民意》等形式开展民主监督。参与监督的范围进一步扩大，形势更多样化。如在第六届委员会期间，就多次组织委员参加对区级领导班子的考核和区重要人事安排的推荐协商；先后选派优秀委员600余人次，担任行风监督员、评议员，监督、评议各部门及其工作人员的依法行政情况；撰写《社情民意》27期，反映群众关注的热点，督促政府职能部门解决，在履行民主监督职能方面发挥了较大的作用，促进了桥东区政治、经济、社会的健康发展。

第三节　建立政务公开制度

根据上级要求，1998年开始，为进一步完善政务公开制度，桥东区成立以区委副书记、常务副区长为组长，各有关部门领导为成员的桥东区政务公开领导小组，统一协调指导全区的政务公开工作。印发了《邢台市桥东区人民政府关于进一步推进和深化全区政务公开工作的实施意见》，各单位均按要求成立相应机构，明确专职办事人员，形成桥东区政务公开网络，保证了政务公开工作的顺利进行。

根据区委、区政府部署与安排，区政府20个工作部门、2个乡、4个办事处，根据自身特点制定了具体周密的实施意见和办法。政务公开领导小组，对于公开的内容、形式、程序、时间以及监督措施、考核办法都作出规范要求。公开内容包括“政务公开领导小组成员名单、部门职责、办事依据、财务收支、计划生育情况以及举报电话”等，都要分条列项予以公开。各单位招待费单独立项，两乡要按照乡、镇公开的5类35项内容逐项公开。特别是财务账目要清楚，办事程序要明白。公开时间上，区直部门每年分2次（1月10日、7月10日），乡、办事处为每季度一次（1月10日、4月10日、7月10日、10月10日），要求准时公开，并建立档案以备考核。同时设立意见箱，自觉接受群众监督，全区各机关、事业单位政务公开率达100%。

区人民政府本身政务公开始于2001年。针对群众关注的热点、难点问题和与群众利益紧密相关的事情，如政府本身的财政收支、工程建设、区长分工、领导汽车包干经费、上级下拨专项经费使用、经济目标完成情况等进行公开，从而提高了政府工作的透明度。

区政务公开工作坚持稳定推进，逐步规范，做到了规章制度健全，公开内容具体，公开形式多样。政务公开工作的推行，密切了党群、政群关系，有利的促进了区委、区政府党政廉政建设和各项事业的全面发展。

第四节　改革村民委员会选举制度

1997～2006年，桥东区村民委员会换届选举已经历四届。分别于1997年、2000年、2003年、2006年举行村民委员会换届选举，换届选举的方法有所改革。

一、改革候选人推选方法

1997年举行的第四届村民委员会选举，也是桥东区经历的第一次村委会换届选举。该届选举村委会候选人提名操作较为简单，由村民小组民主推荐，也可由上届村民委员会提名。2000年、2003年、2006年进行五、六、七届村民委员会换届候选人的提名，根据1998年11月新修订的《村民委员会组织法》要求，由村民选举委员会召集全体选民投票，当场唱票、计票，公布提名结果，保证了村民的直接提名权。

二、改革选举方法

1997 年举行的第四届村委会换届选举中，经多数村民同意可以召开村民代表会议进行，人口较多或居住分散的村可以设立中心投票站和若干个投票分站，每个投票站的选举工作人员不得少于 5 人。2000 年、2003 年、2006 年举行的第五届、第六届、第七届 3 届村委会换届选举中，全部召开选举大会集中投票。在选举会场设立投票站、发票处和秘密写票处。从而保证直接选举的顺利进行。

第二章 党政机构改革

按照建立社会主义市场经济运行机制的要求，1996 年、2002 年和 2005 年，桥东区曾先后三次进行了党政机构改革，以适应形势的发展要求，解决工作体制上的矛盾和问题，有力地推动和促进地方经济和社会的发展。

第一节 1996 年机构改革

1996 年 4 月，桥东区机构编制委员会办公室根据中共中央〔1993〕7 号和省委、省政府〔1994〕16 号文件精神，按照市委、市政府〔1996〕8 号文件要求，制定桥东区党政机构改革方案，并上报市委、市政府待批。

1996 年 5 月，按照邢字〔1996〕17 号《关于桥东区党政机构改革方案的批复》要求，根据转变职能、理顺关系和精简、统一、效能的原则，桥东区委工作部门设 6 个：区委办公室、组织部、宣传部、统战部、政法委员会、信访办公室；桥东区委直属事业机构设 1 个：党校。其中：机要局、保密局、政策研究室、督查室并入区委办公室；区直工委、老干部局并入组织部，对外保留名称；精神文明建设办公室并入宣传部；台办并入统战部；社会治安综合治理办公室并入政法委；廉政办并入纪律检查委员会机关，纪律检查委员会机关与监察局合署办公；干部考核委员会办公室挂靠组织部；区委信访办与政府信访局一个机构、两个名称，列区委序列。

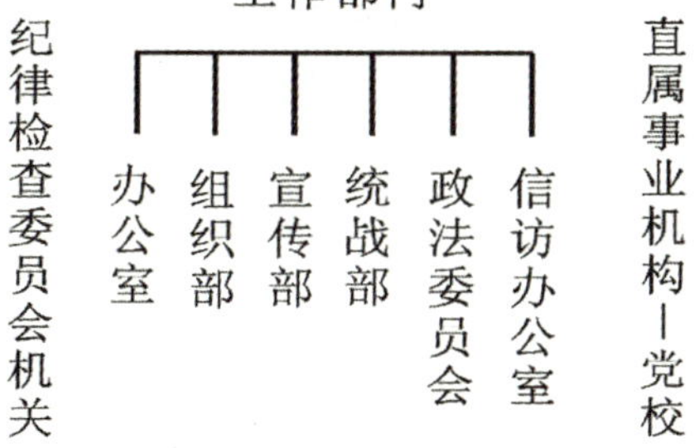

1996 年中共邢台市桥东区委机构设置示意图

桥东区政府工作部门设置 19 个：政府办公室、科学技术局、经济计划局、监察局、物价局、民族宗教事务局、技术监督局、统计局、审计局、乡镇企业局、计划生育局、建设环境保护局、卫生局、农业局、人事劳动局、司法局、财政局、民政局、教育文化体育局。其中：招商局、开放办、重点项目办一个机构三个名称，挂靠政府办公室；经济计划局保留经济体制改革办公室名称；财政局保留国有资产管理局名称；建设环境保护局保留爱国卫生运动委员会办公室名称；农业局挂农委牌子；机构编制委员会办公室是机构编制委员会的常设办事机构，也是区委、区政府主管机构编制工作的机构，挂靠人事劳动局。

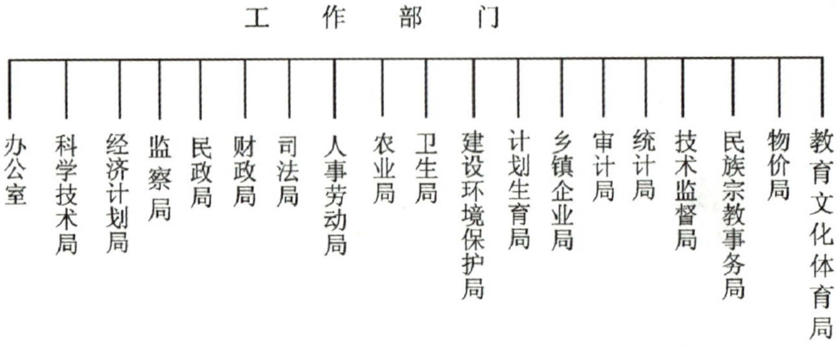

1996 年桥东区人民政府机构设置示意图

第二节 2002 年机构改革

2002 年 5 月，桥东区机构编制委员会办公室根据市委、市政府《关于市县乡机构改革的实施意见》（邢发〔2001〕11 号），制定桥东区党政机构改革方案，并上报市委、市政府待批。

2002 年 6 月，按照市委、市政府《关于印发桥东区机构改革方案的通知》（邢字〔2002〕30 号），2002 年区委工作部门设置 7 个：区委办公室、纪律检查委员会机关、组织部、宣传部、统一战线工作部、政法委员会、农村工作委员会。其中，纪律检查委员会机关与监察局合署办公；政法委员会办公室与社会治理办公室合署办公；台湾工作办公室（区政府台湾事务办公室）设在统一战线工作部，对外保留名称；机要局（密码工作领导小组办公室）、保密委员会设在办公室内，对外保留名称；精神文明建设委员会办公室设在宣传部内，对外保留名称。另外，设置部门管理机构及议事协调机构的办事机构 5 个。其中，区委、区政府信访局由区委办公室、区政府办公室管理，以区委办公室管理为主；老干部局、直属机关工作委员会由组织部管理；机构编制委员会办公室为区机构编制委员会的常设办事机构，又是区政府的工作机构；处理邪教法轮功问题领导小组办公室（区政府防范和处理邪教问题办公室）为区委处理法轮功问题领导小组的常设办事机构，挂靠区委办公室。

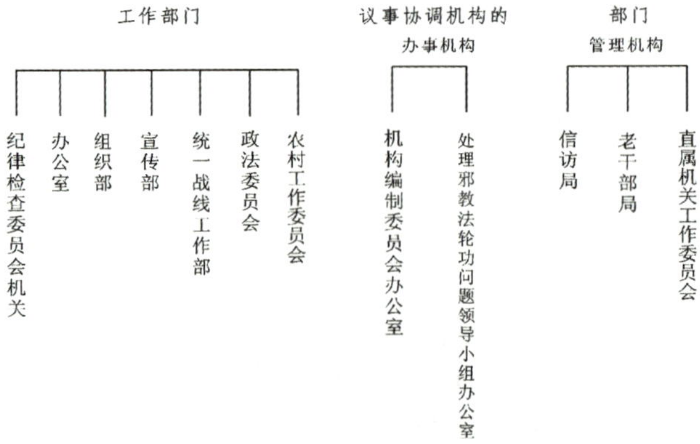

2002 年中共邢台市桥东区委机构设置示意图

桥东区政府工作部门设置 18 个（不含监察局）：政府办公室、民族宗教事务局、计划生育局、卫生局、物价局、水务局、农业局、环境保护局、建设管理局、统计局、审计局、人事劳动和社会保障局、司法局、民政局、科学技术局、教育文化体育局、财政局、经济发展局、监察局。其中，监察局与纪律检查委员会机关合署办公；农业局对外保留农业办公室名称；市场建设办公室设在经济发展局，对外保留名称；社区建设办公室设在民政局，对外保留名称；建设管理局保留爱国卫生运动委员会办公室名称；政府法制办公室、政府经济体制改革办公室，人民防空办公室设在政府办公室，对外保留名称；扶贫开发领导小组办公室设在民政局内，对外保留名称。区政府议事协调机构 1 个：机构编制委员会办公室为区机构编制委员会的常设办事机构，既是区委的工作机构，又是政府的工作机构。区政府的直属事业机构设置 3 个，档案局（馆）、乡镇企业局、开放办公室。其中：开放办公室保留招商局、重点项目办公室名称。乡镇党政机构一般设 4 个办公室：党政办公室、财经办公室、经济和社会事务办公室、计划生育办公室。乡镇事业机构设 3 个中心：农业综合服务中心、计划生育服务中心、经济和社会事务服务中心。区、乡行政编制由 1998 年底 393 名减为 328 名，减少 65 名，精简 16.54%，精简后行政编制总额 328 名，精简 16%。其中：区直由 318 名减为 268 名，乡由 75 名减为 60 名，精简 21%。物价所行政编制由 5 名减为 4 名，精简 20%。检察院、法院、司法局机关政法专项编制由 1998 年底的 134 名减为 122 名，减少 12 名，精简 9%。省自定政法专项编制精简 30%，由 41 名减为 29 名。工勤人员编制和老干部服务人员编制均按照市规定核编原则核定：区直党政群机关工勤编制为 23 名，老干部服务人员编制 10 名，乡镇机关工勤人员编制 12 名。

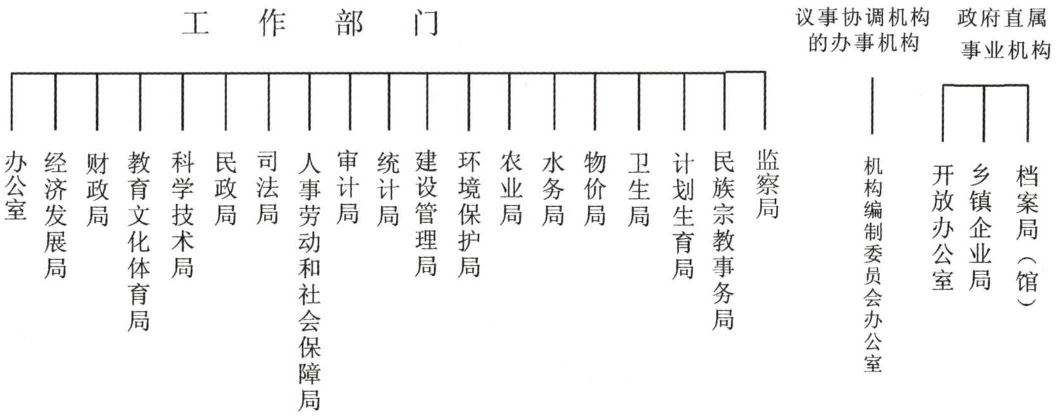

2002 年桥东区人民政府机构设置示意图

第三节　2005 年机构改革

2005 年 11 月，按照省委、省人民政府《关于县级政府机构改革的意见》（冀办发〔2005〕11 号）和市委、市政府《关于印发桥东区人民政府机构改革方案的通知》（邢办字〔2005〕58 号）要求，按照因地制宜、积极稳妥、依法行政的原则，区政府进行了机构改革。进一步转变政府职能，切实把政府职能转变到经济调节、市场监管、社会管理、公共服务上来。2005 年，区政府将经济发展局、乡镇企业局、政府经济体制改革办公室合并，设置为发展改革局，为负责综合协调区经济社会发展和经济运行调节的政府工作部门，并负责加强对各类企业的指导服务及国有企业改制工作。根据改革和建设的需要，设置由发展改革局管理工业促进局。将招商局和市场建设办公室合并，设置商务局，为政府直属事业机构，负责搞好市场运行监测，整顿和规范流通秩序，深化流通体制改革。为了综合协调人口和计划生育工作，推动人口和计划生育的综合治理，优化人口结构，促进人口与经济、社会协调发展和可持续发展，将计划生育局更名为人口和计划生育局。重点项目办公室由设在开放办公室对外保留名称，改为设在发展改革局对外保留名称。在教育文化体育局增挂新闻出版局、版权局牌子。撤消政府工作部门经济发展局，撤消直属事业单位乡镇企业局、开放办公室，撤消设在政府办的政府经济体制改革办公室，撤消设在开放办的招商局，撤消设在经济发展局的市场建设办公室，农业局不再对外保留农业办公室名称。通过上述职能整合和机构调整，桥东区政府工作部门18个（不含监察局），议事协调机构的办事机构1个，直属事业机构2个。通过此次改革，收回直属事业编制5名。

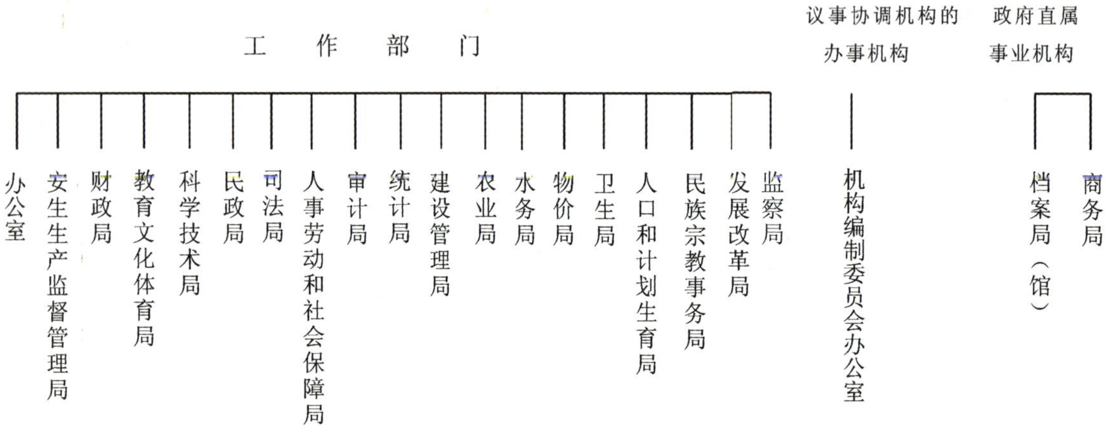

2005年桥东区人民政府机构设置示意图

第三章　事业单位改革

桥东区事业单位改革，自1986年首先从教育系统开始。之后，逐步在其它事业单位展开，主要实行了定岗定员和聘任制。1993年后，随着各类专业技术人员职称评定，开始实行了评聘分开制度，从而强化了竞争上岗意识，把改革引向深入。

第一节　实行聘用制

根据国务院于1986年2月28日颁布《关于实行专业技术职务聘任制度的规定》的通知，1987年9月桥东区首先在教育系统开始实行聘用制。各学校根据实际需要设置专业技术工作岗位，规定明确的职责和任职条件，在定编定员的基础上，确定高、中、初级专业技术职务的合理结构比例，在经过评审委员会认定的、符合相应条件的专业技术人员中聘任，有一定的聘用期限，在聘用期限内领取专业技术职务工资。按照人事部（人职发〔1991〕7号）文件规定，桥东区于1993年起对专业技术人员聘用制度进行改革，实行评聘分开。评聘分开是指专业技术人员的资格评定与职务聘任分开，工资福利待遇按实际聘任职务确定的制度。实行评聘分开，是为了进一步强化竞争机制，深化和完善专业技术职务聘任制度。

第二节　职称改革

桥东区的职称评定工作于1987年启动，1993年移交区劳动人事局管理。对专业技术人员的管理实行结构比例和总量控制相结合的办法，根据不同系列、不同类型、不同层次，对结构比例核实核准，以合理、适度的原则，审核、控制各级专业技术职务人员占总人数的比例，达到比例限额的实行空岗补缺，超过比例限额的逐年递减。1993～2006年底，通过区职改办申报评审取得技术职务的专业技术人员共计2252人，其中高级职称39人，中级职称656人，初级职称1557人。在职称评定工作的基础上，2003年起经济、卫生、会计、审计等41个专业实行全国统考，对成绩合格者颁发相应级别的资格证书（详见二十三编第一章第九节）。

第四章　人事制度改革

桥东区委、区政府重视人事制度的改革。在干部选拔任用方面，大胆创新，引入竞争机制，实行了“两推三考”公开选拔，形成了任人唯贤的用人导向。同时改革用工制度，在国家机关中实行了公务员制度，逐步提高和完善了企、事业单位工作人员的工资待遇。桥东区的人事制度日趋完善。

第一节　干部选拔任用改革

区委在干部选拔任用方面，认真贯彻执行中央、省委、市委关于大力推行干部人事制度改革的规定，引入竞争机制，加大公开选拔力度，逐步建立了能上能下、能进能出、竞争择优、充满生机和活力的用人机制，为桥东区各项事业更好更快发展提供了坚强的组织保证。

1987年开始，积极推进干部管理制度的改革，扩大群众对领导干部的选择权，将竞争机制引入干部管理。是年，对全区领导干部实行年终民主考评，根据民主评议和组织部门考核结果实行升降奖惩。

1993年，制定了《党政群机关干部提前离岗的暂行办法》，先后为10名科级干部、4名副科级干部办理了提前离岗手续。

1997年，公开选拔了8名科级干部，对公选的干部和到基层任职的干部实行一年试用期制。在试用期间建立考核档案，试用期满后，经组织考察合格者，正式发文认定职务。

1999年，制订了《关于推行竞争上岗制度的暂行办法》，规定竞争上岗在本单位或本系统内部进行，并在提拔干部时先后实行了任前公示、试用期等制度。率先在区法院对庭长职位进行了竞争上岗，共有11人走上了庭长、副庭长的领导岗位，公示期间群众反映良好。

1998～2002年，积极推进干部制度改革，共分7次公开选拔副科级干部47名，正科级干部2名。

2002年，积极稳妥地开展了机构改革工作，坚持“用好的作风选人，选作风好的人”，按照“公平、公正、公心、公开”的原则，共分流人员87名，对区直和乡（处）领导班子进行了调整，共调整干部258名，提拔干部74名，涉及56个单位和部门。

2005年，实行“两推三考”的办法选拔任用副科级干部。“两推”指群众推荐和组织推荐，“三考”指笔试考试、面试考试和三年工作政绩考察。通过“两推三考”共调整干部28名，形成了全新用人导向。

第二节 实行公务员制度

1993年8月14日，国务院颁布《国家公务员暂行条例》，标志着公务员制度在我国正式建立。从1994年开始，桥东区按照《国家公务员暂行条例》考核奖惩办法，每年年终对机关工作人员按照“德、能、勤、绩”综合表现进行年度考评，分优秀、称职、基本称职、不称职4个等级。对连续3年被评为优秀等级的工作人员给予晋升一级级别工资的奖励，对成绩突出的工作人员给予记功嘉奖。为了提高公务员队伍的素质，从1994年开始，组织全区机关工作人员分期分批参加市人事局组织的《公务员行为规范教程》培训，参培人员达1200多人。1998～2000年，按照市委组织部、市人事局《关于科股级公务员任职培训有关问题的通知》的要求，全区430名科股级公务员分批分期参加了任职培训，并全部通过了全市统一组织的考试。2005年4月，第十届全国人大常委会第十五次会议审议通过了公务员法。其后，公务员考核、考试录用、奖励、处分、调任、职务与级别、非领导职务设置、职务任免与升降、培训、申诉等配套法规相继出台。这些法律法规，进一步健全了公务员管理的制度体系，为科学、民主、依法管理公务员队伍提供了重要依据。公务员管理工作实现了由适应计划经济的管理体制到适应社会主义市场经济体制的历史性跨越。为了规范公务员队伍的管理，按照省、市要求，桥东区于2006年12月对459名机关工作人员进行了公务员登记。此后，桥东区公务员队伍的管理、公务员的考评与奖惩都步入正规。

第三节 工资制度改革

中共十一届三中全会以后，桥东区在1985年和1993年进行过2次大的工资制度改革。1985年，根据中共中央、国务院下达的《国家机关和事业单位工作人员工资制度改革方案》和国务院工资制度改革小组、劳动人事部印发的《关于实施国家机关和事业单位工作人员工资制度改革方案若干问题的规定》的通知，废止了20多年的等级工资，按照“按劳分配”的原则，国家行政机关事业单位实行以职务工资为主要内容的结构工资，即由基础工资、职务工资、工龄工资、奖励工资四部分组成。

按照党的十四大“加快工资制度改革，逐步建立起符合企业、事业单位和机关各自特点的工资制度与正常的工资增长机制”的要求，1993年11月15日，国务院下发了《关于机关和事业单位工作人员工资制度改革问题的通知》，党政机关实行以职务工资和级别工资为主体的职级工资制度，事业单位根据教育、科研、卫生、测绘、交通、海洋、水产、文化艺术、体育以及金融等不同类型，分别实行不同的工资制度，工资由固定和浮动两部分组成，将工作人员的实际工作量与劳动报酬结合起来。

机关事业单位进行工资改革的同时，企业工资制度改革也同步进行。1985年，企业实行新的等级工资制度，企业干部执行17个等级的职务等级制，工人执行8级15等的等级制。1986年，随着经济体制改革，大部分企业实行承包经营制，职工工资与企业经济效益直接挂钩。1994年，企业工资改革完成，原来的工资标准进一步提高，工资等级不变。1996年，为从整体上提高企业职工工资水平，适应企业深化改革的需要，打破了企业原来干部和工人分别设立的工资等级，统一一个等级、一个标准，并普遍调整了工资标准。1999年9月，根据中共中央、国务院增加城镇中低收入居民工资收入的重大决定，在1996年规定的工资标准基础上，按照增加30%的幅度调整了职工工资标准，并相应提高了企业经营者（含厂长、经理和党委书记）职务工资标准。

第五章　司法体制改革

司法体制改革是政治体制改革的重要组成部分之一。主要包括公安制度改革、人民检察的各项制度改革、人民法院的审判制度改革和司法行政体制的改革等。

第一节　公安制度改革

一、刑事侦查改革

1997 年以前，刑事侦查工作由刑侦队和派出所共同负责。刑侦队负责侦破重大案件，派出所负责侦破一般刑事案件，刑侦队给派出所提供刑侦技术和业务上的指导。1997 年开始进行刑侦体制改革，撤消原刑侦队和预审科，成立刑事侦查大队，下设 7 个中队，专门负责全区范围内的刑事侦查工作，形成侦察、预审合一的工作机制。刑侦和派出所的分工更加明晰，重特大案件由刑警队下设的中队负责侦破，实现刑侦队伍专业化。派出所主要负责日常治安管理，组织群众维护辖区的治安秩序，做好防范工作。

二、户籍管理改革

从 2003 年 10 开始取消了户口二元结构管理模式，打破城乡分割的农业、非农业二元户口管理结构，取消农业户口和非农业户口的户口性质划分。在人口统计口径上，将常住户口在城市市区规划区和建制镇建成区范围内居民及常住户口在农村成建制从事非农业职业的人员统计为城镇人口。按照居民实际居住地登记户口的原则，以落户条件取代计划指标，实行城乡统一的户口登记管理制度。放宽户口迁移政策，以具有合法固定住所、稳定职业或生活来源为基本落户条件。

三、实行人民警察警衔制度

1992 年 7 月 1 日，七届全国人大常委会第二十六次会议通过《人民警察警衔条例》。条例规定，人民警察警衔设五等十三级，即：总警监、副总警监；警监（一级、二级、三级）；警督（一级、二级、三级）；警司（一级、二级、三级）；警员（一级、二级）。担任专业技术职务的人民警察的警衔，在警衔前冠以“专业技术”。授予人民警察警衔，以人民警察现任职务、德才表现、担任现职时间和工作年限为依据。是年，桥东区公安分局将符合条件的 138 名干警授于相应的警衔。到 2006 年，授衔干警总计达 277 人，其中一级警督 42 人，二级警督 62 人，三级警督 82 人，一级警司 39 人，二级警司 42 人，三级警司 10 人。

第二节　检察制度改革

一、实行民事行政检察

1990 年设立民事行政检察科，重点对人民法院已经发生法律效力的民事（经济）、行政判决、裁定等确有错误的案件进行审查，依法提请上级检察院抗诉。

二、试行人民监督员制度

为了加强外部监督，切实防止和纠正检察机关查办职务犯罪工作中执法不公的问题，区检察院根据上级院的安排，于2004年4月试行人民监督员制度试点工作。人民监督员由机关、团体、企事业单位和基层组织推荐产生，对检察机关拟作撤案、不起诉处理和犯罪嫌疑人不服逮捕决定的职务犯罪案件以及检察机关或检察人员在办案中发生的“五种情形”（应当立案而不立案或者不应当立案而立案；超期羁押；违法搜查、扣押、冻结；应当给予刑事赔偿而不依法予以确认或者不执行刑事赔偿决定；检察人员在办案中徇私舞弊、贪赃枉法、刑讯逼供、暴力取证等）进行监督，提出监督意见。

第三节 审判制度改革

20世纪90年代末，桥东区法院根据最高人民法院《人民法院五年改革纲要》和邢台市中级人民法院的部署，积极稳妥地推进审判改革。自1996年开始，区法院进行了机构改革和人员的调整。改革后，内设庭、室、科、队等机构12个和基层人民法庭2个。加强审判力量，减少行政工作人员，突出了审判工作在法院工作中的中心地位。

1999年上半年，区法院首先进行了审判工作庭审程序的改革。即：第一，审判长牵头合议庭负责制，实施审判长签发法律文书，较好地解决了法院长期存在的“审者不判”、“判者不审”的问题。在依法赋予审判组织权力的同时，加强监督，加重责任，实行错案追究制。对审判长（独任审判员）、主审法官、执行法官实行动态管理，定期检查考核，实行末位淘汰制。第二，坚持公开审判制度。一审案件和再审案件除法律规定不公开审理的以外，一律在审判庭公开审理（并于3日前公告公示），公开宣判，当庭不能宣判的案件，择日当庭公开宣判。公开宣判时，允许公民旁听，允许新闻记者如实报道。第三，改革刑事、民事、行政案件审判的庭审方式。刑事庭审方式由“纠问式”改为“控辩式”，民事庭审判方式改为“谁主张、谁举证”。当事人有理讲在法庭，有证质在法庭，是非责任划清在法庭。行政庭审方式改革继续坚持审查被诉具体行政行为的合法性原则。强调被告的举证责任，从而使庭审更加规范。第四，积极推进人民陪审员制度改革，邀请区人大代表观摩法院开庭审理的全过程，加强对法院审判活动的法律监督。从改进和完善人民陪审员制度入手，对人民陪审员的任职条件、权力和义务作出了明确规定。

第四节 司法行政改革

一、律师工作改革

1996年，对律师事务所推进主任负责制，下放业务权、人事权、财务权，实施自收自支的管理办法。2000年，开展了律师事务所改制、改造，制定合伙协议和合伙章程，明确了律师事务所的独立法人地位及合伙人的权利义务，使律师事务所及合伙律师的产权关系进一步明晰，内部管理进一步规范。

二、基层法律服务工作改革

2000年，邢台市桥东德胜律师事务所成功推行了律师合伙制度，为全区基层法律服务改革做出了有益的探索和尝试。2002 年，各乡、办原法律服务所全部撤销。实行法律服务与行政分开，重组基层法律服务机构，按照“一乡（办）一所”的设置模式，实行人员优化组合。改革后，全区（2 个乡、4 个办事处）共有法律服务所 6 个，服务人员均是社会法律工作人员，各乡（办）仍设有司法所，为乡级政府行政机构。

第十六编
中国共产党地方组织

中共邢台市桥东区委员会（以下简称区委）成立于1980年6月20日。1980年6月至1985年11月，区委书记、副书记和其它常委均由市委任命。1985年11月，桥东区第一届党代会召开后，区委委员（候补委员）、常委、副书记、书记的人选开始由市委任命改为党代会选举产生。1985～2006年，区委经历了第一、二、三、四、五、六届（六届未满）。历届区委坚持解放思想，锐意改革，圆满完成了各项任务，各方面都发生了深刻变化。全区经济加快发展，经济总量和综合实力逐步增强；社会主义精神文明建设深入开展；民主和法制建设成效显著，人大、政协的职能作用进一步发挥，通过强化社会治安综合治理维护了辖区社会稳定；党的建设全面加强，特别是通过改革开放、“三讲”教育和“三个代表”重要思想的学习教育，党员和干部队伍的素质不断提高，各级党组织的凝聚力和战斗力进一步增强，党委的核心领导作用和党支部战斗堡垒作用得到较好发挥。保证了各项重要任务的顺利完成。

第一章　组织机构

第一节　领导机构

1980年2月1日，中共邢台市委、市革委会决定成立中共邢台市“桥东区委筹建小组”，小组成员由刘勤增、董顺英、李胜金、杨尊禄、张家华、张三义、陈丽华、牛天有8人组成，开始筹备建立中共邢台市桥东区委的工作。1980年6月20日，中共邢台市桥东区委员会成立。此后，区委分别于1985年11月、1989年12月、1992年12月、1998年2月、2003年4月、2006年6月召开了第一、二、三、四、五、六次党员代表大会，选举生产了第一、二、三、四、五、六届委员会。第一届委员会由19名委员，4名候补委员组成。第二、三届委员会均由21名委员、4名候补委员

第一届区委委员、候补委员合影

组成。第四届委员会由 23 名委员、4 名候补委员组成。第五届委员会由 23 名委员、5 名候补委员组成。第六届委员会由 31 名委员、6 名候补委员组成。中共邢台市桥东区委在党代会闭会期间，执行上级党组织的指示和区党代会的决议，领导本区的工作。

区委常务委员会（以下简称区委常委会）由中共邢台市桥东区委全体委员会议选举产生，并报中共邢台市委批准。区委常委会在区委全体会议闭会期间，行使委员会职权。由于工作调动等原因，历届区委常委会组成人员及任职均有调整与增补。第一届区委全体会议选举产生的常委会有常委 8 人，其中书记 1 人、副书记 3 人；第二、三届均有常委 11 人，其中书记 1 人、副书记 4 人；第四届常委 12 人，其中书记 1 人、副书记 5 人；第五届常委 11 人，其中书记 1 人，副书记 4 人；第六届常委 11 人，其中书记 1 人，副书记 3 人。

1980～2006 年中共邢台市桥东区委历届正、副书记和常委一览表

<table>
<tr><th>届别</th><th>职务</th><th>姓名</th><th>出生时间</th><th>文化程度</th><th>籍贯</th><th>任职时间</th><th>备注</th></tr>
<tr><td rowspan="2">市委任命</td><td rowspan="2">书记</td><td>刘勤增</td><td>1924.10</td><td>初中</td><td>河北省临城县</td><td>1980.06－1983.12</td><td></td></tr>
<tr><td>陈秋田</td><td>1932.08</td><td>大专</td><td>河北省隆尧县</td><td>1983.12－1985.11</td><td></td></tr>
<tr><td rowspan="12">市委任命</td><td rowspan="6">副书记</td><td>孙德全</td><td>1919.01</td><td>初中</td><td>河北省巨鹿县</td><td>1980.06－1983.09</td><td></td></tr>
<tr><td>李　鹏</td><td>1932.11</td><td>高中</td><td>河北省邢台市</td><td>1980.06－1983.12</td><td>回族</td></tr>
<tr><td>马维俭</td><td>1921</td><td>初中</td><td>河北省邢台县</td><td>1980.09－1983.12</td><td></td></tr>
<tr><td>李元臣</td><td>1930.03</td><td>初中</td><td>河北省平乡县</td><td>1981.04－1983.12</td><td>1982.01～1984.01 纪委书记</td></tr>
<tr><td>马天祥</td><td>1940.11</td><td>大学</td><td>河北省邢台县</td><td>1983.06－1984.01</td><td></td></tr>
<tr><td>肖　辉</td><td>1942.10</td><td>大学</td><td>河北省平乡县</td><td>1983.12－1985.11</td><td>女</td></tr>
<tr><td rowspan="6">常委</td><td>董顺英</td><td>1928.05</td><td>大专</td><td>天津市</td><td>1980.06－1983.12</td><td>女</td></tr>
<tr><td>李胜金</td><td>1935.02</td><td>初中</td><td>河北省隆尧县</td><td>1980.06－1984.02</td><td></td></tr>
<tr><td>王良群</td><td>1938.07</td><td>大专</td><td>河北省威县</td><td>1984.01－1985.11</td><td></td></tr>
<tr><td>王　举</td><td>1931.10</td><td>初中</td><td>河北省内丘县</td><td>1984.01－1985.11</td><td>纪委书记</td></tr>
<tr><td>胡世芳</td><td>1950.09</td><td>大专</td><td>河北省清河县</td><td>1984.01－1985.11</td><td>组织部部长</td></tr>
<tr><td>郭淼鑫</td><td>1951.12</td><td>中专</td><td>河北省威县</td><td>1984.01－1985.11</td><td></td></tr>
<tr><td rowspan="12">第一届</td><td rowspan="2">书记</td><td>陈秋田</td><td>1932.08</td><td>大专</td><td>河北省隆尧县</td><td>1985.11－1988.05</td><td></td></tr>
<tr><td>刘振荣</td><td>1944.01</td><td>大学</td><td>山东省宁津县</td><td>1988.05－1989.12</td><td></td></tr>
<tr><td rowspan="7">副书记</td><td>肖　辉</td><td>1942.10</td><td>大学</td><td>河北省平乡县</td><td>1985.11－1987.04</td><td>女</td></tr>
<tr><td>马天祥</td><td>1940.11</td><td>大学</td><td>河北省邢台县</td><td>1985.11－1987.06</td><td>政法委书记</td></tr>
<tr><td>靳冬春</td><td>1934.12</td><td>高中</td><td>河北省南宫县</td><td>1985.11－1987.10</td><td></td></tr>
<tr><td>王聚泰</td><td>1943.02</td><td>大学</td><td>河北省邢台县</td><td>1987.04－1989.12</td><td></td></tr>
<tr><td>姚明新</td><td>1951.05</td><td>大学</td><td>河北省邢台县</td><td>1987.08－1989.12</td><td>政法委书记</td></tr>
<tr><td>王金凤</td><td>1948.01</td><td>大学</td><td>河北省保定市</td><td>1988.01－1989.12</td><td>女</td></tr>
<tr><td>刘顺年</td><td>1941.11</td><td>大专</td><td>河北省隆尧县</td><td>1988.11－1989.12</td><td></td></tr>
<tr><td rowspan="3">常委</td><td>陈秋田</td><td>1932.08</td><td>大专</td><td>河北省隆尧县</td><td>1985.11－1988.05</td><td></td></tr>
<tr><td>肖　辉</td><td>1942.10</td><td>大学</td><td>河北省平乡县</td><td>1985.11－1987.04</td><td>女</td></tr>
<tr><td>马天祥</td><td>1940.11</td><td>大学</td><td>河北省邢台县</td><td>1985.11－1987.06</td><td></td></tr>
</table>

届别	职务	姓名	出生时间	文化程度	籍贯	任职时间	备注
第一届	常委	靳冬春	1934. 12	高中	河北省南宫县	1985. 11－1987. 10	
		王良群	1938. 07	大专	河北省威县	1985. 11－1987. 06	
		王　举	1931. 10	初中	河北省内丘县	1985. 11－1989. 11	纪委书记
		胡世芳	1950. 09	大专	河北省清河县	1985. 11－1987. 06	组织部部长
		吴存周	1942. 05	大专	河北省任县	1985. 11－1989. 12	宣传部部长
		王福田	1946. 11	大专	河北省徐水县	1987. 03－1989. 12	
		王聚泰	1943. 02	大学	河北省邢台县	1987. 04－1989. 12	
		陈雪身	1933. 12	初中	河北省南和县	1987. 06－1989. 10	
		姚明新	1951. 05	大学	河北省邢台县	1987. 08－1989. 12	
		王金凤	1948. 01	大学	河北省保定市	1988. 01－1989. 12	女
		师向军	1944. 06	大学	河北省南和县	1988. 03－1989. 12	组织部部长
		刘振荣	1944. 01	大学	山东省宁津县	1988. 05－1989. 12	
		刘德恒	1941. 10	高中	河北省威县	1988. 10－1989. 12	
		刘顺年	1941. 11	大专	河北省隆尧县	1988. 11－1989. 12	
		马金刚	1939. 12	大学	河北省威县	1989. 10－1989. 12	
第二届	书记	刘振荣	1944. 01	大学	山东省宁津县	1989. 12－1992. 01	
		范保柱	1945. 11	大专	河北省南宫市	1992. 01－1992. 10	
		王聚泰	1943. 02	大学	河北省邢台县	1992. 10－1992. 12	
	副书记	王聚泰	1943. 02	大学	河北省邢台县	1989. 12－1992. 10	政法委书记
		姚明新	1951. 05	大学	河北省邢台县	1989. 12－1992. 10	
		刘顺年	1941. 11	大专	河北省隆尧县	1989. 12－1992. 10	
		王金凤	1948. 01	大学	河北省保定市	1989. 12－1991. 07	女
		董海林	1955. 11	大专	河北省邢台县	1992. 10－1992. 12	
		周运兴	1946. 03	大学	山东省宁津县	1992. 10－1992. 12	
		王建国	1952. 05	大专	河北省柏乡县	1992. 10－1992. 12	纪委书记
		鲁继田	1947. 11	大专	河北省清河县	1992. 10－1992. 12	
	常委	刘振荣	1944. 01	大学	山东省宁津县	1989. 12－1992. 01	
		王聚泰	1943. 02	大学	河北省邢台县	1989. 12－1992. 12	
		姚明新	1951. 05	大学	河北省邢台县	1989. 12－1992. 10	
		刘顺年	1941. 11	大专	河北省隆尧县	1989. 12－1992. 10	政法委书记
		王金凤	1948. 01	大学	河北省保定市	1989. 12－1991. 07	女
		马金刚	1939. 12	大学	河北省威县	1989. 12－1992. 10	
		吴存周	1942. 05	大专	河北省任县	1989. 12－1992. 12	宣传部部长
		师向军	1944. 06	大学	河北省南和县	1989. 12－1992. 12	组织部部长
		王福田	1946. 11	大专	河北省徐水县	1989. 12－1992. 12	
		王建国	1952. 05	大专	河北省柏乡县	1989. 12－1992. 12	

届别	职务	姓名	出生时间	文化程度	籍贯	任职时间	备注
第二届	常委	刘德恒	1941.10	高中	河北省威县	1989.12－?	
		范保柱	1945.11	大专	河北省南宫市	1992.01－1992.10	
		董海林	1955.11	大专	河北省邢台县	1992.10－1992.12	
		周运兴	1946.03	大学	山东省宁津县	1992.10－1992.12	
		鲁继田	1947.11	大专	河北省清河县	1992.10－1992.12	
		简书华	1946.06	中专	河北省清河县	1992.10－1992.12	
		韩金生	1953.04	大专	河北省内丘县	1992.10－1992.12	组织部部长
第三届	书记	王聚泰	1943.02	大学	河北省邢台县	1992.12－1998.01	
		董海林	1955.11	大专	河北省邢台县	1998.01－1998.02	
	副书记	董海林	1955.11	大专	河北省邢台县	1992.12－1998.01	
		周运兴	1946.03	大学	山东省宁津县	1992.12－1998.01	
		王建国	1952.05	大专	河北省柏乡县	1992.12－1996.12	政法委书记
		鲁继田	1947.11	大专	河北省清河县	1992.12－1998.02	
		韩金生	1953.04	大专	河北省内丘县	1996.12－1998.02	1997.02～2003.04 政法委书记
		张长欣	1953.01	大专	河北省威县	1997.03－1998.02	
		郭运兴	1953.02	大专	河北省沙河市	1998.01－1998.02	
		刘俊岭	1956.05	大学	河北省深州市	1998.01－1998.02	
	常委	王聚泰	1943.02	大学	河北省邢台县	1992.12－1998.01	
		董海林	1955.11	大专	河北省邢台县	1992.12－1998.02	
		周运兴	1946.03	大学	山东省宁津县	1992.12－1998.02	
		王建国	1952.05	大专	河北省柏乡县	1992.12－1996.12	
		鲁继田	1947.11	大专	河北省清河县	1992.12－1998.02	
		师向军	1944.06	大学	河北省南和县	1992.12－1997.02	
		简书华	1946.06	中专	河北省清河县	1992.12－1998.01	纪委书记
		王福田	1946.11	大专	河北省徐水县	1992.12－1993.04	
		韩金生	1953.04	大专	河北省内丘县	1992.12－1998.02	1992.12～1996.12 组织部部长
		焦胜海	1945.09	高中	河北省清河县	1992.12－1998.01	区委办主任
		胡玉珍	1946.06	大专	河北省邢台县	1992.12－1993.05	女 宣传部部长
		高荣奇	1951.06	大专	河北省隆尧县	1993.04－1998.02	
		冯贵波	1951.04	大专	河北省邢台县	1993.05－1998.01	宣传部部长
		尹全峰	1962.09	大学	河北省临城县	1995.08－1998.02	1997.01～1998.02 组织部部长
		张长欣	1953.01	大专	河北省威县	1997.03－1998.02	
		郭运兴	1953.02	大专	河北省沙河市	1998.01－1998.02	
		刘俊岭	1956.05	大学	河北省深州市	1998.01－1998.02	
		李兴文	1955.10	大专	河北省平山县	1998.01－1998.02	
		曹显美	1954.06	大专	河北省邢台县	1998.01－1998.02	
		张　军	1958.07	大学	河北省武安市	1998.01－1998.02	女 宣传部部长
		刘振国	1948.06	高中	河北省清河县	1998.01－1998.02	

届别	职务	姓名	出生时间	文化程度	籍贯	任职时间	备注
第四届	书记	董海林	1955.11	大专	河北省邢台县	1998.02－1999.12	
		王振卿	1957.01	大学	河北省赵县	1999.12－2003.04	
	副书记	郭运兴	1953.02	大专	河北省沙河市	1998.02－2003.03	
		鲁继田	1947.11	大专	河北省清河县	1998.02－2002.03	
		张长欣	1953.01	大专	河北省威县	1998.02－2003.04	
		韩金生	1953.04	大专	河北省内丘县	1998.02－2003.04	政法委书记
		刘俊岭	1956.05	大学	河北省深州市	1998.02－2003.04	1998.07～2001.09 农工委书记
		尹全峰	1962.09	大学	河北省临城县	2003.03－2003.04	
	常委	董海林	1955.11	大学	河北省邢台县	1998.02－1999.12	
		郭运兴	1953.02	大专	河北省沙河市	1998.02－2003.03	
		鲁继田	1947.11	大专	河北省清河县	1998.02－2002.03	
		张长欣	1953.01	大专	河北省威县	1998.02－2003.04	
		韩金生	1953.04	大专	河北省内丘县	1998.02－2003.04	
		刘俊岭	1956.05	大学	河北省深州市	1998.02－2003.04	
		高荣奇	1951.06	大专	河北省隆尧县	1998.02－1998.10	
		尹全峰	1962.09	大学	河北省临城县	1998.02－2003.04	1998.02～2002.06 组织部部长
		李兴文	1955.10	大专	河北省平山县	1998.02－2003.04	纪委书记
		曹显美	1954.06	大专	河北省邢台县	1998.02－2003.04	1998.02～2002.07 区委办主任
		张　军	1958.07	大学	河北省武安市	1998.02－2003.04	女　宣传部部长
		刘振国	1948.06	高中	河北省清河县	1998.02－2003.04	
		周三保	1956.03	大学	河南省光山县	1998.10－2003.04	
		王振卿	1957.01	大学	河北省赵县	1999.12－2003.04	
		韩建敏	1966.02	大学	河北省满城县	2001.09－2003.04	农工委书记
		李根林	1964.03	研究生	河北省任县	2002.09－2003.04	
第五届	书记	王振卿	1957.01	大学	河北省赵县	2003.04－2004.03	
		范建巡	1957.02	大学	河北省饶阳县	2004.03－2006.02	
		李俊良	1958.08	研究生	河北省清河县	2006.02－2006.06	
	副书记	尹全峰	1962.09	大学	河北省临城县	2003.04－2006.02	
		刘俊岭	1965.05	大学	河北省深州市	2003.04－2005.03	
		李兴文	1955.10	大专	河北省清河县	2003.04－2006.04	纪委书记 政法委书记
		张　军	1958.07	大学	河北省武安市	2003.04－2006.06	女
		曹显美	1954.06	大专	河北省邢台县	2005.03－2006.04	
		吕志成	1967.02	大学	河北省广宗县	2006.04－2006.06	
		景卫平	1961.01	研究生	河北省元氏县	2006.04－2006.06	纪委书记

届别	职务	姓名	出生时间	文化程度	籍贯	任职时间	备注
第五届	常委	王振卿	1957.01	大学	河北省赵县	2003.04－2004.03	
		尹全峰	1962.09	大学	河北省临城县	2003.04－2006.02	
		刘俊岭	1956.05	大学	河北省深州市	2003.04－2005.03	
		李兴文	1955.10	大专	河北省清河县	2003.04－2006.04	
		张　军	1958.07	大学	河北省武安市	2003.04－2006.06	女
		周三保	1956.03	大学	河南省光山县	2003.04－2004.03	
		曹显美	1954.06	大专	河北省邢台县	2003.04－2006.04	2002.07～2005.03 组织部部长
		曹印群	1966.02	研究生	河北省隆尧县	2003.04－2006.01	
		李根林	1964.03	研究生	河北省任县	2003.04－2006.06	2003.04～2005.03 区委办主任
		韩建敏	1966.02	大学	河北省满城县	2003.04－2006.04	宣传部部长
		赵炳旭	1960.02	大学	河北省邢台县	2003.04－2006.04	农工委书记
		范建巡	1957.02	大学	河北省饶阳县	2004.03－2006.02	
		刘炳深	1964.02	大学	河北省新河县	2004.07－2006.06	
		贾　芳	1967.05	大学	河北省南宫市	2005.03－2006.06	女　组织部部长
		李俊良	1958.08	研究生	河北省清河县	2006.02－2006.06	
		吕志成	1967.02	大学	河北省广宗县	2006.04－2006.06	
		景卫平	1961.01	研究生	河北省元氏县	2006.04－2006.06	
		龙兴洲	1963.03	研究生	河北省内丘县	2006.04－2006.06	
		李国庆	1963.01	研究生	河北省内丘县	2006.04－2006.06	政法委书记
		张明耀	1963.12	大学	河北省无极县	2006.04－2006.06	区委办主任
		尚小云	1974.04	大学	河北省邢台县	2006.04－2006.06	宣传部部长
第六届	书记	李俊良	1958.08	研究生	河北省清河县	2006.06－	
	副书记	吕志成	1967.02	大学	河北省广宗县	2006.06－	
		景卫平	1961.01	研究生	河北省元氏县	2006.06－	纪委书记
		张　军	1958.07	大学	河北省武安市	2006.06－	女
	常委	李俊良	1958.08	研究生	河北省清河县	2006.06－	
		吕志成	1967.02	大学	河北省广宗县	2006.06－	
		景卫平	1961.01	研究生	河北省元氏县	2006.06－	
		张　军	1958.07	大学	河北省武安市	2006.06－	女
		刘炳深	1964.02	大学	河北省新河县	2006.06－	
		龙兴洲	1963.03	研究生	河北省内丘县	2006.06－	
		李根林	1964.03	研究生	河北省任县	2006.06－	
		李国庆	1963.01	研究生	河北省内丘县	2006.06－	政法委书记
		贾　芳	1967.05	大学	河北省南宫市	2006.06－	女　组织部部长
		张明耀	1963.12	大学	河北省无极县	2006.06－	区委办主任
		尚小云	1974.04	大学	河北省邢台县	2006.06－	宣传部部长

第二节　工作机构

一、常设工作机构

1980年9月3日，中共邢台市委和市革委决定：中共邢台市桥东区委设办公室、组织部、宣传部、纪检会、人民武装部。

1984年2月，市委常委会研究确定区委工作部门设：办公室、组织部、宣传部、统一战线工作部、政法委员会、老干部局。

1988年以前，区委原有常设工作机构6个。分别是：区委办公室、组织部、宣传部、统一战线工作部、政法委员会、老干部局。1988年之后，由于工作需要分别成立了信访科、社会综合治理委员会（下设办公室）、农工部等。1989年8月，区委成立党校，与宣传部合署办公；1998年独立，为区委直属事业机构。1991年6月，区委成立“桥东区社会综合治理委员会”，下设办公室；1996年并入政法委。1992年6月，区委成立农村工作部，与区农业局合署办公，为一个机构两块牌子；1993年2月，撤销区委农村工作部；1995年7月，区委决定恢复农村工作部，与区农业局合署办公；1996年5月机构改革，农村工作部并入农业局。1991年2月，区委成立信访科；1994年7月，信访科与纪委合署办公；1995年7月，撤销信访科，建立区委信访局；1996年5月机构改革，由区委信访局改为区委、区政府信访局。到1996年5月机构改革后，区委常设工作机构为：工作部门6个（办公室、组织部、宣传部、统战部、政法委、信访局）、直属事业机构1个（区委党校）。1988年，桥东区成立改革编制委员会办公室，与区人事劳动局合署办公；2002年6月，按市批方案单独设置，改称“邢台市桥东区机构编制委员会办公室”，为区委、区政府的议事协调机构。到2002年机构改革后，区委常设工作机构为：工作部门7个（纪委机关、办公室、组织部、宣传部、统战部、政法委、农工委）、部门管理机构3个（信访局、老干部局、直属机关工委）、议事协调机构的办事机构2个（机构编制委员会办公室、处理法轮功问题领导小组办公室）。此后，至2006年底无变化。

二、临时工作机构

1985年5月按照市委统一部署，桥东区直机关的整党工作全面铺开。为了切实加强对整党工作的领导，保证整党和其他工作两不误，经区委研究决定在区委领导下成立整党领导小组。12月又有所调整。

1990年之后，区委根据形势和上级精神，为了搞好某些专项工作，先后成立了“民主评议党员办公室”、“廉政建设办公室”、“政策研究办公室”、“农村社会主义思想教育办公室”。1992年12月至1998年2月，区委先后成立邢台市桥东区农村小康建设领导小组及办公室、邢台市桥东区机构改革领导小组及办公室、邢台市桥东区大要案协调小组及办公室、邢台市桥东区清理预算外资金领导小组及办公室、邢台市桥东区领导干部廉洁自律工作小组及办公室、邢台市桥东区清理建房住房领导小组及办公室6个临时机构。1998年2月至2003年4月，区委先后成立了中共邢台市桥东区委预防职务犯罪指导委员会及办公室、邢台市桥东区农村基层民主政治建设、基层组织建设领导小组及办公室、中共邢台市桥东区委“三讲”教育活动领导小组及办公室、中共邢台市桥东区委“三个代表”重要思想学习教育活动领导小组及办公室、中共邢台市桥东区委民主评议农村领导班子和领导干部工作领导小组及办公室5个临时机构。2003年4月，为切实做好全区非典型肺炎防治工作，保障人民群众身体健康和生命安全，维护社会稳定，区委、区政府成立了桥东区防治非典型肺炎工作领导小组。2005年2月，为保持共产党员先进性教育活动顺利进行，区委决定成立桥东区委保持共产党员先进性教育活动领导小组，7月又对领导小组成员作了适当调整。

三、挂靠工作机构

1993年2月，区委成立政策研究室，挂靠区委办公室。1994年8月，区委成立督查室，挂靠区委办公室。1996年5月，区委成立保密室、机要局，挂靠办公室；综合信息科分设综合科和信息科。1996年8月，保密室改为保密局。1995年6月，区委、区政府成立干部考核委员会，下设办公室，挂靠组织部；区委老干部局、区直机关工作委员会并入组织部，对外保留名称。1996年5月，成立社会主义精神文明建设委员会办公室，挂靠宣传部。1997年5月，区委成立台湾工作办公室与台湾事务办公室，为一个机构两块牌子，挂靠统战部。综合治理委员会办公室（1992.12～1998.02）挂靠区委政法委员会，为一个机构两块牌子。2001年，成立防范和处理邪教问题办公室，挂靠区委办公室。2002年7月，成立党史研究办公室，挂靠区委办公室。

第三节　基层党组织

1980年6月，中共邢台市桥东区委成立，直接受市委领导。1981年、1982年、1983年区委辖属党总支1个，党支部分别为94个、90个、96个。1984年2月，区委成立机关党总支；1985年11月，经市委批准成立“中共桥东区直属机关委员会”。1993年5月，区委常务委员会研究决定将“中共桥东区直属机关委员会”改为“中共桥东区直属机关工作委员会”。1989年9月，区委常务委员会研究决定，成立“中共桥东区工业公司总支部委员会”，隶属区委。1989年，桥东区遵照市委下发的《关于邢台市企业、事业单位实行属地化管理的意见》（市办发1989（12）号），经区委研究决定，成立“中共邢台市桥东区企业、事业单位委员会”，此单位为副处级。1994年8月，桥东区税务局分为国税局与地税局，撤销区税务局党支部，成立区国税局党支部、区地税局党支部；12月成立区环保局党支部。1995年5月，成立区物价局党支部。1996年5月，区文化教育局党委改名为区教育文化体育局党委；桥东区信访局党支部由隶属区委，改为政府工作部门直属党支部；6月，区审计局与区财政局成立联合支部；12月，成立中共邢台市桥东区经济计划局党委。1997年4月，区审计局党支部成立；10月区科技局与区卫生局分别成立党支部。

1998年12月，桥东区共有党总支5个，其中区直工委4个、大梁庄乡1个。党支部数为248个。

1999年12月，桥东区共有党总支6个，其中区直工委5个、大梁庄乡1个。党支部数为247个。

2000年12月，桥东区共有党总支7个，其中区直工委5个、大梁庄乡2个。党支部数为255个。

2001年12月，桥东区共有党总支10个，其中区直工委6个、大梁庄乡2个、东郭村乡1个、经济局1个。党支部数为251个。

2002年12月，桥东区共有党总支11个，增设西门里党总支1个。党支部数为251个。

2003年12月，桥东区共有党总支9个，其中区直工委5个、大梁庄乡2个、东郭村乡1个、经济局1个。西门里党总支撤销。党支部数为250个。

2004年12月，桥东区共有党总支10个，其中区直工委6个、大梁庄乡2个、东郭村乡1个、西门里党总支1个。经济局党总支撤销。党支部数为265个。

2005年12月，桥东区党总支数没有变化。党支部数为267个。

2006年12月，桥东区共有党总支9个，其中区直工委6个、大梁庄乡2个、东郭村乡1个。西门里党总支撤销。党支部数为263个。

1998年党委数为10个，1999年减为9个，2003年增至10个，此后至2006年无变化。

第二章 重要会议

根据党章规定，区党代会每五年召开一次，区委全体会议每年至少召开两次。1985～2006年间，先后举行了第一、第二、第三、第四、第五、第六次党代会，召开了31次区委全体会议。此外，还召开了区委常委会会议、区委工作会议、经济工作会议等重要会议。这些会议的主要内容是，传达贯彻上级会议文件精神，研究决定重大问题，总结回顾前一阶段的工作，安排部署下一阶段的工作任务。

第一节 党员代表大会

中共邢台市桥东区第一次代表大会 1985年11月14～16日，在桥东区礼堂召开。出席大会的党员代表158名。大会听取了陈秋田代表区委作的《团结奋斗、振兴桥东》工作报告；听取并审议了王举代表区纪委作的工作报告；选举出由19名区委委员、4名候补委员组成的第一届委员会，选举出中共邢台市桥东区纪律检查委员会委员11名和出席中共邢台市第三次代表大会的代表16名。

中共邢台市桥东区第二次代表大会 1989年12月11～13日，在天香饭店召开。出席这次大会的党员代表117名，列席代表55名。大会听取并审议了刘振荣代表中共桥东区第一届委员会所作的工作报告；听取并审议了王建国代表区纪律检查委员会所作的纪委工作报告；选举产生了由21名委员、4名侯补委员组成的中共邢台市桥东区第二届委员会和中共邢台市桥东区纪律检查委员会委员11名。

中共邢台市桥东区第三次代表大会 1992年12月7～9日，在天香饭店召开。出席大会的党员代表109名，列席代表61名，特邀代表2名。大会听取并审议了王聚泰代表中共邢台市桥东区委所作的工作报告；听取并审议了中共邢台市桥东区纪律检查委员会的工作报告；选举产生了由21名委员、4名侯补委员组成的中共邢台市桥东区第三届委员会和中共邢台市桥东区纪律检查委员会委员15名。

中共邢台市桥东区第四次代表大会 1998年2月13日，在桥东区大礼堂召开。出席大会的代表151名，列席代表51名，特邀代表2名。大会听取并审议批准了第三届区委关于《高举邓小平理论伟大旗帜，把桥东改革和建设事业全面推向二十一世纪》的报告和区纪委的《认真落实十五大精神，大力推进党风廉政建设，为桥东区的全面发展创造良好的环境》的工作报告；并以无记名投票、差额预选和等额直选的方式产生了中共邢台市桥东区第四届委员会委员23名、候补委员4名和中共邢台市桥东区纪律检查委员会委员15名。

中共邢台市桥东区第五次代表大会 2003年4月21～23日，在桥东区大礼堂召开。出席大会的代表159名。大会听取并审议批准了第四届区委关于《深入贯彻党的十六大精神，为实现桥东区经济和社会发展的新跨越而努力奋斗》的报告；并以无记名投票、差额预选和等额直选的方式产生了中共邢台市桥东区第五届委员会委员23名、候补委员5名和中共邢台市桥东区纪律检查委员会委员14名。

中共邢台市桥东区第六次代表大会 2006年6月15～16日，在桥东区大礼堂召开。出席大会的党员代表161名。大会听取并审议批准了第五届区委所作的关于《凝聚力量、振奋精神为实现全区经济和社会发展的新跨越而奋斗》工作报告；听取并审议了中共邢台市桥东区纪律检查委员会的工作报告；选举产生了由委员31名、候补委员6名组成的中共邢台市桥东区第六届委员会和中共邢台市桥东区纪律检查委员会委员15名。

第二节 区委全会

中共邢台市桥东区委员会常委扩大会议 1982年2月28日召开。会议传达贯彻市委常委扩大会议精神，进一步搞好指导思想上和实际工作上的拨乱反正，坚持一手抓物质文明，一手抓精神文明建设。刘勤增代表区委常委会作了对1981年工作总结和1982年的主要任务的报告。

中共邢台市桥东区第一届委员会第一次全体会议 1985年11月16日召开。会议选举产生了一届区委委员会常委8名，其中书记1名、副书记3名。

中共邢台市桥东区第一届委员会第二次全体会议 （不详）。

中共邢台市桥东区第一届委员会第三次全体（扩大）会议 1988年1月29~30日召开。会议学习中共邢台市委三届五次全会精神，审议并通过了陈秋田代表区委常委会所作的《沿着党的十三大指引的方向开拓前进》的报告，审议并通过了《邢台市桥东区关于1988至1990年经济发展规划建议》的报告。

中共邢台市桥东区第一届委员会第四次全体（扩大）会议 1989年1月18~19日召开。会议研究部署了1989年工作任务，修改了桥东区1988~1990年经济发展规划，审议并通过了刘振荣代表区委常委会所作的《振奋精神，同心同德，为圆满完成1989年的各项任务而奋斗》的报告，审议并通过了关于邢台市桥东区1988至1990年经济发展规划修改建议的报告。

中共邢台市桥东区第一届委员会第五次全体会议 1989年11月11日召开。会议讨论确定中共邢台市桥东区第二次党代会的议程、召开时间，审议、通过区委、区纪委工作报告（草案），听取代表选举资格审查的汇报，讨论大会选举办法草案，讨论大会主席团、党委建议名单，讨论大会秘书长建议名单，议定大会代表资格审查委员会主任、副主任名单。

中共邢台市桥东区第二届委员会第一次全体会议 1989年12月13日召开。会议以差额的方式选举产生了二届区委委员会常委11名，以等额选举的方式选举出书记1名、副书记4名。

中共邢台市桥东区第二届委员会第二次全体会议 1990年12月2日召开。会议讨论确定召开桥东区党员代表会议的决定，讨论审查桥东区出席市四届党代会代表。

中共邢台市桥东区第二届委员会第三次全体（扩大）会议 1991年3月18日召开。会议传达学习中共邢台市委四届二次全会精神，审议并通过了《桥东区“八五”经济发展计划（草案）》。

中共邢台市桥东区第二届委员会第四次全体（扩大）会议 1992年1月24日召开。会议传达学习贯彻了省、市委四届三次全会精神，审议通过了王聚泰代表区委常委会作的《关于我区九一年工作情况和九二年经济工作主要任务》的报告。

中共邢台市桥东区第二届委员会第五次全体（扩大）会议 1992年12月3日召开。会议讨论确定区三次党代会的议程、召开时间，审议通过区委、纪委工作报告（草案），听取代表选举资格审查的汇报，讨论三次党代会选举办法草案和主席团、常委、秘书长建议名单，议定三次党代会代表资格审查委员会主任、副主任名单。

中共邢台市桥东区第三届委员会第一次全体会议 1992年12月9日召开。会议采取差额无记名投票的方式选举产生了三届区委常务委员会常委11名，以等额选举的方式选举产生了书记1名、副书记4名。

中共邢台市桥东区第三届委员会第二次全体会议 1993年7月召开。会议通过了区委《关于抢抓机遇，加快发展，集中精力把我区经济搞上去的决定》的报告，确定加快经济发展的思路和指导思想。

中共邢台市桥东区第三届委员会第三次全体会议 1994年2月召开。会议确定了中共桥东区委三届委员会总的指导思想：坚决贯彻党的十四届三中全会和全市经济工作会议精神，紧紧围绕深化改革、扩大开放、加快发展、建设经济强区主题，使全区工作再上新台阶。

中共邢台市桥东区第三届委员会第四次全体（扩大）会议 1995年1月召开。会议传达学习中共十四届四中全会、省委四届八次全会精神，审议并通过了区委《关于加强党的建设几个问题的实施意见》，研究部署了1995年的工作。

中共邢台市桥东区第三届委员会第五次全体（扩大）会议 1996年1月召开。会议传达学习中共十四届五中全会、省第五次党代会精神，审议通过了区委的《关于制定全区国民经济和社会发展“九五”计划及2010年远景目标的建议》、《关于党员干部要讲政治的决定》、《关于加强党的基层组织建设的意见》和《关于加强“九五”期间社会主义精神文明建设的意见》。

中共邢台市桥东区第三届委员会第六次全体（扩大）会议 1996年2月召开。会议审议通过了《桥东区“九五”期间社会主义精神文明建设规划（讨论稿）》和《桥东区1997年社会主义精神文明建设工作要点（讨论稿）》，研究制定加强精神文明建设的重要措施。

中共邢台市桥东区第三届委员会第七次全体（扩大）会议 1998年2月召开。会议讨论确定召开中共邢台市桥东区第四次代表大会的有关事宜，制定了换届工作的指导思想和总的方针。

中共邢台市桥东区第四届委员会第一次全体会议 1998年2月14日召开。会议以无记名投票的方式差额选举产生了四届区委常务委员会委员12名，其中书记1名、副书记5名。

中共邢台市桥东区第四届委员会第二次全体会议 1998年7月29日召开。董海林代表区委作了《认清形势，把握大局，突出重点，强化措施，努力开创我区今年工作的新局面》的工作报告。会议总结了1998年上半年工作，提出了下半年的工作重点是：认真贯彻党的十五大精神和省委五届六次全会精神，以邓小平理论为指导，以经济建设为中心，狠抓企改、财政、稳定三项重点工作，大力实施“三二一”产业结构调整战略；突出项目建设，加大投资拉动；着力抓好工业生产，培育龙头企业、名牌产品；优化经济结构、大力发展第三产业；强力推进内外开放，重点实施区属企业改革；推进社会事业进步，促进协调发展；进一步加强党的建设、精神文明建设和干部队伍建设，深入开展反腐败斗争；坚定信心，扎实工作，确保全年目标完成，努力开创全区工作的新局面。会议通过了《中共邢台市桥东区委、邢台市桥东区人民政府关于实施向建国五十周年献礼工程的安排意见》。

中共邢台市桥东区第四届委员会第三次全体会议 1999年1月19日召开。会议审议并通过了《中共邢台市桥东区委、邢台市桥东区人民政府1999年工作要点》、《中共邢台市桥东区委关于加强维护社会稳定工作的决定》、《中共邢台市桥东区委关于实施精神文明建设“五台”工程的意见》三个文件。

中共邢台市桥东区第四届委员会第四次全体会议 1999年7月28日召开。会议讨论并确定了抓住三个机遇（旧城改造、投资拉动和产业结构调整），实施三大战略（“三二一”产业结构调整、“双退双进”和“两沿”开放开发带动战略），狠抓三项重点工作（企改、财政和稳定工作），加强三个建设（农村基层组织建设、基层民主法制建设和城乡精神文明建设）的工作思路。

中共邢台市桥东区第四届委员会第五次全体会议 2000年1月21日召开。会议审议通过了《中共邢台市桥东区委关于加快企业改革和发展的实施意见》和《中共桥东区委关于进一步深化“五台工程”推进精神文明建设的意见》。

中共邢台市桥东区第四届委员会第六次全体会议 2000年9月14日召开。会议审议通过了《中共桥东区委关于进一步加强思想政治工作的意见》和《中共邢台市桥东区委关于加强党的基层组织建设的意见》。区委书记王振卿代表区委作了《振奋精神，拼搏实干，为全面完成今年各项目标任务而奋斗》的工作报告，提出了“三产和个体私营经济求突破发展，二产求壮大发展，一产求特色发展”的“三求”发展思路。

中共邢台市桥东区第四届委员会第七次全体会议 2001年1月16日召开。会议听取并讨论通过了《邢台市桥东区国民经济和社会发展第十个五年计划和到2010年长期规划纲要》。

中共邢台市桥东区第四届委员会第八次全体会议 2001年8月7日召开。会议听取了王振卿代表区委作的《以“三个代表”重要思想为指导，努力实现我区经济和社会发展的新跨越》的工作报告。

中共邢台市桥东区第四届委员会第九次全体会议 2002年1月14日召开。会议通过了《中共邢台市桥东区委、邢台市桥东区人民政府关于2001年度工作总结和2002年主要工作的报告》，提出2002年工作思路是：坚持一个中心，即以发展为中心；实施“三求”战略，即“三产和个体私营经济求突破发展，二产求壮大发展，一产求特色发展”的战略；抓好五项建设，即抓好基层组织建设、民主法制建设、精神文明建设、干部队伍建设和党风廉政建设；突出五项重点，即突出抓好三产和个体私营经济、财税、企改、稳定、城建等五项重点工作。

中共邢台市桥东区第四届委员会第十次全体会议 2002年8月15日召开。会议听取并讨论通过了王振卿代表区委作的《与时俱进，开拓创新，为实现经济发展和社会全面进步而奋斗》的工作报告，重点是突出抓好六个定位，即：（1）发展意识的定位：就是要进一步解放思想，实事求是，与时俱进，跨越发展；（2）发展战略的定位：就是要继续大力实施“三求”发展战略；（3）发展模式的定位：就是要走农村城市化、城市现代化、城区一体化的发展道路；（4）发展环境的定位：就是要坚持公平竞争、优惠政策、高效服务，为经济发展创造更加良好的环境；（5）转变作风的定位：就是要认真实践“三个代表”，继续大力推行“有事您说话”活动，让群众满意、高兴、赞成、答应；（6）政府职能的定位：就是要进一步转变政府职能，实现“组织、管理、协调、服务”。

中共邢台市桥东区第四届委员会第十一次全体会议 2002年11月26日召开。会议主要传达党的“十六大”盛况和“十六大”精神，安排部署全区学习、宣传、贯彻党的“十六大”意见。会上，王振卿代表区委作了《与时俱进求发展，开拓创新建小康，迅速在全区掀起学习宣传贯彻十六大精神的热潮》的工作报告。

中共邢台市桥东区第五届委员会第一次全体会议 2003年4月23日召开。会议以无记名投票的方式差额选举产生了五届区委常务委员会委员11名，其中书记1名、副书记4名。

中共邢台市桥东区第五届委员会第二次全体（扩大）会议 2003年8月11日召开。会议听取并讨论通过了王振卿代表区委作的《解放思想开阔眼界与时俱进开拓创新为推进桥东跨越式发展和提前实现小康社会目标而奋斗》的工作报告；传达学习市委六届四次全会精神，以“三个代表”重要思想为指导，全面正确地分析当前桥东区面临的形势，总结上半年工作，并对后几个月工作进行研究部署；号召全区广大干部群众进一步解放思想，开阔眼界，与时俱进，开拓创新，扎实推进各项工作，确保完成全年各项目标任务，开创全区各项工作的新局面，为实现经济跨越式发展和提前实现全面建设小康社会目标而努力奋斗。

中共邢台市桥东区第六届委员会第一次全体会议 2006年6月16日召开。会议选举产生六届区委常务委员会委员11名，其中书记1名，副书记3名。通过了区纪委第一次全会的选举结果。

第三章 重要决策与部署

1980～2006年，区委认真贯彻以经济建设为中心，以服务人民群众为宗旨的指导思想，充分发挥区位优势，坚持与时俱进，通过科学方法和民主手段，就全区加快经济社会发展、加强党的建设、创建精神文明等方面的重大问题，适时做出决策和部署，不断推进物质文明和精神文明建设向纵深发展。

第一节　加快经济发展

桥东区委始终把发展作为第一要务，适时调整工作思路，确定工作重点。1982 年初，区委在经济方面进行了一系列改革，各行各业实行“承包责任制”政策，消灭“吃大锅饭”的现象。1984 年 4 月，区委下发了《关于街道办事处政企分开的实施意见》推行体制改革，加强对经济工作的领导。1985 年区委在经济方面坚持“念政策经、吃人才饭、创新务实、奋力争先”的指导思想和行动口号，把改革放在首位，促进经济发展。1988 年 1 月，区委一届三次全体（扩大）会议提出：紧紧围绕经济建设这个中心，加快和深化改革，审议并通过了《桥东区一九八八年～一九九〇年经济发展规划建议的报告》。1991 年 3 月，区委二届三次全委（扩大）会议审议通过了《桥东区“八五”经济发展计划（草案）》，确定的指导思想为认真贯彻党的十三届七中全会精神，坚持以经济建设为中心，以治理整顿，深化改革为动力，以科技进步为先导，调整结构，大力发展农业和乡镇企业，大力发展城区工业，加快改革开放的步伐。1993 年 7 月，区委三届二次全会通过了《关于抢抓机遇，加快发展，集中精力把我区经济搞上去的决定》，确定加快经济发展的思路和指导思想。及时抓住城市改造、道路建设两个机遇，大力发展第三产业，实施沿街沿路的“两沿”开发带动战略，鼓励兴办专业批发市场和商业街。1996 年 1 月，区委三届五次全委（扩大）会议审议通过了《关于制定全区国民经济和社会发展“九五”计划及 2010 年远景目标的建议》。1998 年 7 月，区委四届二次全会确定了全区经济和社会发展的指导思想，为积极推进经济体制和经济增长方式两个根本性转变，大力实施“三二一”产业结构调整战略、两沿开发开放带动战略和科教兴区战略，促进国民经济快速健康发展和社会事业全面进步，提出了“富民强区升位”的口号。1999 年 7 月，区委四届四次全体会议确定全区经济工作主要任务是，抓住三个机遇（旧城改造、投资拉动和产业结构调整），实施三大战略（“三二一”产业结构调整、“双退双进”和“两沿”开放开发带动战略），狠抓三项重点工作（企改、财政和稳定工作）。2000 年 1 月，区委制定下发了《中共邢台市桥东区委关于加快企业改革和发展的实施意见》。2000 年 9 月，区委四届六次全会提出了“三求”发展思路。2002 年 8 月，区委四届十次全体会议作出决议：在发展战略上继续大力实施“三求”发展战略，在发展模式上走“农村城市化、城市现代化、城区一体化”的发展道路。2003～2006 年，区委先后制定布署了实现经济跨越式发展、全面建设小康社会、积极推进招商引资、大力开发重点项目、以项目建设推动经济快速发展等一系列措施和实施意见。区委的科学决策和部署，为桥东区经济的健康、持续、快速发展提供了有力保障。

第二节　加强党的建设

历届区委紧紧围绕“经济建设”这个中心，搞好政治体制改革，坚持党管干部的原则，加强各级领导班子建设和党员干部队伍的廉政建设。1986 年 3 月，区委为了抓好党风建设，制定下发了《关于建立区委常委抓党风责任制的规定》。1988 年 9 月，区委下发了《关于领导干部接受纪委监督的十项规定》，区委领导首先从自身做起，自觉抵制各种腐败行为的侵蚀，发扬艰苦奋斗的优良传统。1988 年 12 月，区委下发了《关于狠刹用公款吃喝送礼的暂行规定》，指出机关领导干部和工作人员下基层，不准就餐，确需就餐者，按规定交费。1992 年 12 月，为改变干部队伍年龄老化问题，根据中共十四大精神，经区委研究，大胆推出了“提前离岗”的新举措，区委、区政府下发了《鼓励机关干部提前离岗、停薪留职兴办实体的优惠政策》。1990年，区委下发了《关于开好民主生活会》的文件。规定县级领导班子的民主生活会，每半年召开一次，也可以根据形式随时召开；基层党委每季召开一次；基层支部每月召开一次。1992年至1998年间，区委先后制定下发了《区组织工作规范》、《加强党的组织工作的意见》、《加强党的基层组织建设的意见》、《对乡、办事处党委党建目标的考核办法》、《党建三年规划》等一系列重要文件。在干部队伍建设方面，坚持“革命化、年轻化、知识化、专业化”的“四化”用人方针。实施了“12345”党建工作战略，即：抓住一个关键（乡、办事处党委班子建设）；抓好两支队伍（干部、党员队伍）；实施三个工程：一是“158”工程（到2000年在全区建立100名后备干部队伍，发展500名党员，800名农村团员活跃在农村），二是“三富”工程（党员带头富，团结带领群众富，发展集体经济共同富），三是“鱼水”工程；开展四项活动，即“双学”活动、创造升位活动、学英模活动、党风党纪教育活动；坚持五项制度，即民主评议党员制度、“三会一课”制度、办事公开制度、党员议事制度、民主生活会制度。2000年6月，区委开展了“三讲”（讲学习、讲政治、讲正气）教育活动。2001年2月，区委在全区开展了“三个代表”重要思想学习教育活动。2005年2月，区委制定了《保持共产党员先进性教育活动的实施意见》，在全区开展“保持共产党员的先进性”教育活动，以保持共产党员的先进性。

第三节　创建精神文明

区委始终贯彻“两手抓”、“两手都要硬”的方针，不断创新机制和方式方法，逐步把精神文明建设引向深入。1981年，在全区中小学开展“学雷锋、创三好”活动，全区共建立学“雷锋”小组596个。1982年2月，在全区开展了“五讲四美三热爱”（讲文明、讲礼貌、讲道德、讲纪律、讲卫生；心灵美、语言美、行为美、环境美；热爱党、热爱社会主义、热爱祖国）活动。突出进行一次“四提倡，四反对”（提倡节俭、反对大办婚事；提倡男女平等，敬养老人，反对歧视虐待妇女、老人；提倡相信科学、反对封建迷信；提倡健康的文化娱乐、反对赌博）教育，开展了“五好家庭”、“五好大院”、“文明街”、“文明厂”等多种形式的评先争优活动。1986年6月，区委在全区开展了争当文明市民活动，制定下发了《关于广泛、深入、持久地开展文明市民活动的意见》。1995年，组织实施了《邢台市民文明守则》，号召全区民众自觉遵守文明规则。1996年，区委根据实际情况，制定下发了《十星级文明家庭评选内容及标准》和《五星级家庭评选内容及标准》。1997年10月，区委、区政府制定了《“讲文明、树新风、塑形象”活动实施方案》以提升城区整体面貌。为了深入贯彻落实中共十四届六中全会通过的《关于加强社会主义精神文明建设若干重要问题的决议》精神，区委制定了《精神文明创建活动规划》，从思想道德建设、文化建设、群众性文明创建几个方面入手，自上而下，形成了一个精神文明创建活动的完整网络。1999年1月，区委制定了《中共邢台市桥东区委关于实施精神文明建设“五台”工程的意见》。同年3月在全区机关、学校、企业、农村、社区、市场分别建立“廉洁高效评议台”、“五育状元上榜台”、“企改增效奉献台”、“伦理道德讲评台”、“文明经营服务台”的“五台工程”，在全区开展了扬美抑丑、褒善贬恶的思想道德创建活动。1999年4月，在全区小学全面实施“五育状元上榜台”工程，建台率达到100%。2000年7月，全区范围内开展了文明社区创建活动，制定下发了《创建文明社区活动实施方案》和《桥东区文明社区标准》。2001年初，为切实维护群众利益，真心实意为群众办实事、办好事，在全区党政机关事业单位大力推行“有事您说话”活动。2003年9月，区委出台了《进一步规范“有事您说话”活动的若干规定》把活动引向深入。2003年4月，区委决定深入开展“树正气、讲团结、求发展”活动，以培养和树立全区积极向上的党风正气。2003年底开始，区委、区政府结合辖区实际，以“经济发展、民主健全、精神充实、环境良好”为目标，在农村实现“五化”（绿化、硬化、亮化、净化、文化）工程，推进全区文明生态村创建。2004年8月，为进一步增强各级干部的服务意识和人本理念，区委、区政府出台了《关于在社区大力开展人性化服务活动的实施意见》，在全区范围内开展人性化服务活动。2006年开展了“魅力桥东·感动社会‘百佳’人物”评选活动，从各条战线、各个行业中评选出100名具有先进性、广泛性、代表性的“百佳”人物。

第四章 纪检 监察

中共邢台市桥东区纪律检查委员会（以下简称区纪委）于1982年1月成立。下设办公室和纪律检查科。1993年5月，根据市委通知，区纪委、监察局合署办公，实行一套班子两块牌子，内设7个科室。6月，根据市纪委、市委组织部联合发出的文件精神，区委决定在全区2个乡、4个办事处配齐专职纪检书记。1996年区法院、检察院配备了专职纪检书记。1996年11月，区委确定区纪委监察局职能配置、内设机构和人员编制方案。2002年6月机构改革后，经区编办批准，内设办公室、纪检监察室、案件审理室、宣传教育室、信访室（监察局举报中心、效能投诉中心）和党风廉政建设办公室等6个职能股室。1985年12月始，4个街道办事处和2个乡党委各设1名纪检委员（副主任、副乡级待遇）。2006年，2个乡、4个办事处党委均设1名纪委书记，若干纪委委员。

区纪委、监察局在区委、区政府的领导下，紧紧围绕经济建设这个中心，认真履行党章赋予的各项职责，以重点工作为突破口，各项工作均取得了明显成效，不断探索服务于经济建设的新路子，积极开拓纪检监察工作的新局面，为维护桥东区的政治稳定、改革开放和经济发展作出突出贡献。

第一节 党风党纪教育

组织收看反腐教育录像 1989～1997年，区纪委、监察局深入到各基层单位巡回放映反腐蚀教育录像《警示录》、《禹作敏审判纪实》等30部党风党纪教育录像片60余场，收看党员干部达10000余人次。2002年，成立警示教育领导小组，制定实施方案，组织观看电影《生死抉择》、《胡长清案件警示录》。2005年，学习落实《建立健全教育、制度、监督并重的惩治和预防腐败体系实施纲要》，结合《党内监督条例》、《纪律处分条例》和“四大纪律、八项要求”组织党员领导干部通过观看录像、集中辅导进行系统学习。

党风党纪调研 1990年，完成“当前分散主义、本位主义的表现、原因、对策”、“党内违纪案件产生的历史根源及其他”、“权钱交易浅析”等调研题目。1994年，以《为官要管、持政要正》为题，并树立楼下道村等6个正面典型。

党风党纪学习教育 1985年，组织学习邓小平3月9日在《人民日报》发表的《靠理想、靠纪律才能团结起来》的重要讲话，召开全区经验交流会，请党风好的单位马市二队、向阳纸制品厂介绍经验；对某企业经理部倒卖计划内钢材，并弄虚作假、私分利润问题进行严肃处理并通报全区。1989年，在全区范围内开展反对资产阶级自由化的教育工作。1990年5月，召开由乡、办事处、文教局、企事业党委等单位领导参加的党风党纪教育座谈会。1992年，制定并下发《关于支持改革开放发展经济的措施》，并组织12个部门有关人员进行脱岗学习培训。1994年，区纪委、监察局在北大街办事处召开廉洁勤政现场观摩会。1995年下发《关于整顿工作纪律，加强法纪教育的通知》，对乡（处）和司法机关的113名科级以上党员干部进行普纪考试，合格率达100%。1996年10月，组织全区3000余名党员干部参加中纪委组织的全国性《党纪政纪条规知识竞赛》，区纪委、监察局被市评为1996年度全国党纪政纪条规知识竞赛先进单位。1998年5月，下发《关于在全区认真开展党风廉政条例法规学习教育活动的通知》，组织全区3000多名党员干部参加中纪委举办的《行政监察法》知识竞赛。2001年，邢台市开展廉政勤政先进典型评选活动，桥东区有5名干部被评为市级廉政公仆，15名干部被评为区级廉政公仆。7月，参加全市组织的迎“七一”党风廉政条例法规知识竞赛，荣获三等奖。2004年，在全区党员干部中集中开展“求真务实”作风教育活动和“立党为公、执政为民”主题教育活动，认真组织对《党内监督条例》、《纪律处分条例》的学习活动，组织“党内法规”知识测试。2005年，在领导干部中开展以“访贫思廉”为主要内容的勤政廉政教育活动，组织开展学习宣传牛玉儒等先进模范事迹。2006年，制定下发《关于开展廉政文化建设活动的实施方案》。开展桥东区“力戒‘五庸’、作到最好”演讲比赛；开展“万众同唱廉政歌”活动，社区居民自编自演的豫剧“知荣辱树新风”参加邢台市的“万众同唱廉政歌”汇报演出。

第二节 党风廉政建设

民主生活会 1982～2006年，区纪委每年都专门下发《关于召开领导干部廉洁自律专题民主生活会的通知》，全区30多名县级干部和300多名乡科级干部对照廉洁自律各项规定进行自查自纠。

落实廉洁自律规定 1982～1984年，全面开展打击经济领域中严重犯罪活动斗争。1986年3月，桥东区建立抓党风责任制。全区各级党组织均按要求建立起抓党风岗位责任制，区纪委从是年起，坚持每年开展1～2次党风党纪大检查，逐步形成“党政一把手亲自抓、领导班子分工抓、纪委协助区委具体抓”的全党抓党风的局面。1989年，下发《关于贯彻落实和国家机关必须保持廉洁的通知》，区委成立廉政指导小组，各基层党委也相继成立廉政监督小组，先后2次到基层党委和部门进行检查，各支部也配备兼职党风监督员260名。1998～2002年，建立全区科级干部廉政档案；查处责任追究案件14起，对责任人分别给予党政纪处分。1982～2006年，落实严格禁止收受和赠送现金和有价证券的规定，明察暗访并深入到重点单位检查，对所有的预算内外资金全方位监督；认真清理党政领导干部违反规定兼企业领导职务、党政机关用公款为干部职工购买个人商业保险以及党政领导干部拖欠公款或利用职权将公款借给亲友问题。

清理领导干部违规建房住房 1990年6月，重点清理领导干部建房、住房问题，对全区32名区级干部和200余名科级干部进行检查清理，并逐个建立了住房档案。1996年，对全区323名科级以上干部住房情况再次进行清理。全区清出违反规定住房7人，纠正7人，收回住房面积197.7平方米，查实违反规定建房案件2起。1997年，重新建立科级以上领导干部住房档案。

查处党员干部违反计划生育政策行为 1994年，区纪委、监察局与有关部门联合，对区2个乡、7个行政自然村的早婚、私婚进行调查，查出早、私婚39对，涉及党员干部2人，一般党员2人，会同有关部门制定《关于治理早婚、私婚实施办法》。1995年，区反腐败办公室与计生局配合，清理出57名党员干部在计划生育中弄虚作假、试婚、早育、多孕，对以上违纪人员分别进行处罚。1997年10月，区纪委、监察局下发《关于进一步清理党员干部及其子女违反计划生育问题的通知》。2004年，对党员干部和国家工作人员违反计划生育政策进行专项清理，全区共清理出党员干部生育二胎以上4019人，多胎301人，其中计划外380人，接到群众举报96人次。

狠刹公款吃喝风 1990年，下发《90年党风建设和廉政建设措施》，全区基本刹住各种会议的公款吃喝之风。1995年，对全区狠刹用公款“吃喝玩乐”歪风情况进行通报，对区政协、老干部局2个单位进行表扬，同时重申4条不准吃请的规定，对顶风违纪用公款吃喝玩乐某村领导班子一年用公款吃喝9万余元等3起典型案件，分别给予撤销职务、党内严重警告处分。2004年，区纪委、监察局下发《关于乡科级领导干部违反禁止用公款吃喝玩乐规定党政纪处理的暂行规定》、《关于严禁到企业、乡村大吃大喝的规定》，并再次重申“区内不准吃请，下乡不准喝酒”的规定。

监督查处违犯财经纪律行为　1994 年，将 1 辆超标车进行拍卖，退还占用企业的小汽车 1 辆，做价购买占用企业移动电话 2 部，清理出违反规定安装个人电话 24 部，合计款 44850 元，违反规定报销电话费 2397.34 元。1998 年，下发《关于进一步加强党政机关公费电话、公务接待和会议三项经费管理的规定》。2002 年 9 月，对全区科级以上干部乘车情况进行自查自纠，对存在问题的 6 辆分别进行过户、退还或补办手续。2005 年，结合财政、审计等部门，严格执行票据报销制度。2006 年，制定《关于领导干部工作交接事宜的暂行规定》，对新提拔的科级干部进行廉政谈话，对 14 名违规但够不成违纪的党员干部进行诫勉谈话，对领导干部进行经济责任审计；严肃查处农村干部中的违纪违法案件，立案 12 件，达到全区立案总数的 60%。

查处婚丧事大操大办　2002 年，查处顶风违纪婚丧事大操大办典型 2 起。2005 年，认真落实中央纪委三次全会提出的“四大纪律八项要求”，先后进行 4 次突击检查，出动 20 余人，检查饭店 30 余家，及时制止准备婚事大操大办 3 起。

第三节　案件查处

1985～1991 年，共立案查处违纪案件 114 件。给予党纪处分的 64 人，其中开除党籍 10 人，留党察看 15 人，严重警告 22 人，警告 17 人；追回非法收入 4 万余元，挽回经济损失 50 余万元。

1993～1997 年，成立以区纪委书记为组长，区法院院长、区检察院检察长为副组长的反腐败领导协调小组，把工作的重点放在大案要案的查处上。5 年中，区纪委、监察局立案 119 件，受党政纪处分的 103 人，挽回经济损失 285.83 万元。

1998～2002 年，共立案 122 件（其中大要案 80 件），挽回经济损失 517.95 万元，受党政纪处分 118 人，其他处理 1 人。

2003 年，查处各类违法违纪案件 30 件，其中大案要案 27 件，追缴各类违纪款及挽回直接经济损失 151 万元。在查办某村案件过程中，将群众反映的 55 个问题彻底查清，这是建区以来最大的农村基层干部违法违纪窝案窜案，先后涉及 52 人，金额达 9995.07 万元，其中立案查处 15 人，直接为国家和集体挽回经济损失 133 万元。其涉及人员之多、金额之大、危害之深、影响之坏，均创桥东区之最，区纪委监察局因此在全市案件查处工作中受到通报表扬。

2004 年，全区纪检监察机关共受理群众信访举报 90 件次，初核案件线索 14 件，立案 14 件，其中经济案件 9 件，大要案 7 件。为国家和集体挽回直接经济损失 35.48 万元。

2005 年，全区纪检监察机关共受理群众信访举报 87 件次，初核案件线索 18 件，立案 18 件，为国家和集体挽回直接经济损失 37.68 万元。

2006 年，共受理群众信访举报 85 件次，初核案件线索 22 件，立案 22 件，党纪、政纪处分 19 人，其中开除党籍 4 人，为国家和集体挽回直接经济损失 44 余万元。

第四节　源头治理腐败

实施村务政务公开　1996 年 7 月，按照市委要求，制定《关于实行农村村务六公开的实施细则》，认真推行财务、政务公开，明确公开标准、内容和时间。督查 39 个村具体公开的情况，其中西牛角村连续 8 年坚持村务公开，被树为典型，整体工作得到市委肯定。1997 年在 18 个政府部门实行政务公开，增加工作透明度，密切党群干群关系。1998 年 7 月，为推动桥东区村务、政务、厂务、校务“四公开”工作的深入发展，下发《关于进一步开展政务公开的实施意见》。2001 年 7 月，印发《关于对全区“四公开”情况进行检查的通知》，还结合桥东区实际，把“四公开”工作延伸到居委会，制发《关于推行居务公开的实施意见》，并在每年 7 月中旬和次年 1 月中旬对全区“村务（居务）、政务、厂务、校务”公开情况进行检查，公开率达 100%。

改革财政制度　1993 年，对区政府 10 个重点部门和各乡、办事处预算内的支出是否合理、预算外有无乱收、乱支及化公为私等问题进行综合审计，发现有问题的 5 起，对问题严重的 2 起进行立案查处。1996 年 4 月，下发《关于认真填报预算外资金管理执法监察情况报表及有关事宜的通知》，并抽专人对 39 个单位进行重点检查，共查出违纪金额 68.4 万元，查出 2 起典型案件。1997 年，清理出预算外违纪资金 25.5 万元。1999 年 11 月，下发《关于在全区执收执罚部门进一步落实“收支两条线”规定的实施办法》。1998 ~ 2000 年，每年都组织专人对全区收支收罚单位落实“收支两条线”规定进行检查，查处违规违纪资金262.61万元，处罚 20.78 万元，没收 1.6 万元。同时加大财务监督力度，全区 80 个行政事业单位在 2000 年 9 月全部实行财政集中支付。1999 年至 2000 年，共拒付不合理开支 200 余次，节约资金近 10 万元。2003 年，下发《进一步落实“收支两条线”规定，认真清理整顿“小金库”和银行帐户的通知》，2004 年，实行以部门预算为核心的预算管理改革，对符合条件的 80 个单位全部纳入集中支付管理，拒收不合理票据 290 张，金额达 27 万元；开展为期 2 个月的清理整顿“小金库”和银行帐户专项检查，查出有问题资金 63.9 万元。2005 年，扩大财政集中支付范围，向 2 个乡 28 个村（居）延伸；清理 2003 ~ 2005 年期间接受省、市和区拨付的扶贫、救济、救灾等各项专项资金共 31 项，金额达 3083 万元，共清理出违纪资金 95 万余元。2006 年，对 2003 ~ 2006 年期间上级拨付的 8 类重点专项资金 20.04 万元和 2005 年接受的各类专项资金 1874.06 万元进行重点审计检查，其中对某村挪用水利专项资金问题进行查处，违纪资金 6480 元全部追缴财政，并追究主管领导的纪律责任。

行政审批制度改革　2001 年，按照上级“推进行政审批制度改革”的要求，对全区有行政审批职能的单位进行清理、申报，原有审批项目 77 项，保留 48 项，取消 29 项。2002 年，对保留的 48 项审批项目进行再清理。自 2003 年 12 月至 2004 年 6 月，对全区各行政部门负责实施的行政许可事项的行政许可条件、程序、期限、收费和实施主体等逐项进行核对。2005 年，对全区的行政审批和收费事项进行重新申报和审核。

实施政府集中采购　于 2000 年成立区政府采购中心，先后对行政事业单位交通工具、通信工具、计算机、取暖用煤、车辆维修、油料等实行统一采购。2000 ~ 2001 年，采购金额达 90 余万元，节约资金 8.9 万元。2003 ~ 2005 年，全区政府采购额 2512.87 万元，全部通过公开招标，并对采购过程进行全程监督。

行政权力公开透明运行　2006 年，桥东区成立以区主要领导为组长的领导小组及办公室，制定《关于行政权力公开透明运行工作方案》，清理出行政职权 751 项，取消没有合法设定依据的行政权力 56 项。

治理商业贿赂　2006 年，发放打击商业贿赂的宣传材料 3200 余份，发放调查摸底表 62 份，针对存在问题建章立制 19 个，制定自查自纠工作措施 182 条。对某村干部在村路面硬化时收受施工队贿赂问题进行查处，挽回经济损失 3 万元，并对责任人给予开除党籍处分。

第五节　信访接待

1982 ~ 1984 年，全区共接待信访 749 件，2000 余人次。相继召开 13 次平反大会，纠正一批冤假错案，对“文化大革命”中所有受害的街道、大队及社办企业单位的老干部安排了相应职务，并为176人落实经济政策和工资政策，共补发款额达46500多元。在清理打砸抢、调整领导班子过程中，采取免职、选举等方式，共免掉18名干部职务。为18户32人办理迁返手续，组织专门清档班子，对517份档案进行清理，对其中187份材料分别进行当众销毁和退还本人的处理。

1985年，共受理来信51件，接待来访26人次，检查处理违纪案件37起，给予2名党员纪律处分。

1986年，共接待来信来访52件（次），当年结案率达97.4%；上级要结果案件3件，全部结案。

1989年，共接来信来访190件270余人次，分别进行调查了解和处理，全区出现了4个无信访单位。

1990年，共受理来信115件，接待来访468人次。

1993～1997年，区纪委共接待处理人民群众来信来访1802件次，其中来信472件次，来访1330件次，结案率达98%以上。1993年，健全各级信访组织（全区共建信访小组10个，信访员210名），把信访工作分9个部分、19项内容逐项落实。1994年，制定《纪检信访目标管理考核办法》、《纪检信访目标管理实施标准》、《乡、办事处信访工作评比办法》，实行纪委常委接待日制度。1995年，建立区、乡、村三级信访网络、信访目标考核标准和奖惩制度。1996年，区纪委转发中纪委《关于纪检监察机关接待处理集体上访的暂行规定》，7月，制定《关于先进信访信息组织的评比办法》，使纪检信访工作走向科学化、制度化和规范化的轨道。1995～1997年，未发生一起越级上访案件。

1998～2002年，区纪委共接待处理人民群众来信来访560件次。通过对这些信访信件的转办、交办、督办、直接查处等方式，使信访结案率达98%以上。为控制越级集体上访，维护社会稳定，2000年7月，区纪委、监察局转发市纪委、市监察局《关于规范共产党员和国家公务员信访行为的规定（试行）的通知》；2002年5月，印发《关于严格控制进京赴省到市集体访的通知》，积极化解群众集体访隐患苗头，使越级集体访得到有效制止。

2003～2006年，区纪委共接待群众来信483件次（其中上级转170件次），来访90次472人，来电44次，通过对这些信访信件的转办、交办、督办或直接查处等方式，信访结案率达97%以上，排查化解群众越级集体访5起。

2006年，按照上级纪委有关要求，重点搞好乡（处）“信访服务中心”建设。全区2个乡和4个街道办事处按照标准在4月20前完成，设立专用房屋40间，安装电话、计算机18部（台），设立意见箱6个，配备专兼职人员59名，先后接待来访群众100余人次，化解和避免5起集体和越级访，其中解决老信访户上访问题1起，提供政策及法律咨询44人次。

第六节 纠风与民主评议行风

纠正不正之风 1985年，全区滥发奖金的30个单位进行清退，共退回款50072.5元；对倒卖紧缺物资的3个单位进行处理，共没收非法收入8557.72元；对滥发服装的4个单位进行纠正和处理，其中1个单位作了退款处理，共退款12946.15元；对全区印制的有奖销售券27万元（实发14万元）进行制止，使13万元的奖券未销售。1998年9月，区纪委、监察局下发《关于集中清理和纠正几股群众反映强烈的不正之风安排意见》，制定《关于维护企业合法权益的暂行规定》，印发《收取钱物登记簿》、《执法监察通知书》，设立保护卡、明细卡和专项举报电话。同年，区纪委对区属年产值100万元、利税10万元以上的29家企业进行挂牌保护，对3家不符合条件的企业进行摘牌处理；协助企业抵制“三乱”30余起，涉及金额20余万元，清理出“三乱”文件8份，涉及项目7个，金额66万元。

开展治乱减负 1993年1月，区委、区人大、区政府、区政协的领导对农民负担情况分6个调查组，到4个村、4条街进行调查。1994年，就减轻农民负担问题和《农民负担费用和劳务管理条件》贯彻情况进行检查，摸清了全区农村所承受的40余种摊派和收费情况，取消20余种乱收费、乱摊派项目。1996年6月，区纪委、监察局下发《关于深入开展减轻农民负担执法检查的紧急通知》，组成专项小组对农民负担进行调查。在农用生产资料的检查中，查出价值7万余元的劣质农机配件和11万元的不合格玉米和西瓜种子，查出一批价值2.2万余元的过期农药和兽药，全部予以没收销毁。1993～1998年，全区未出现一例加重农民负担恶性事件。1999年4月，区委、区政府专门成立治乱减负工作领导小组，先后下发《关于1999年治乱减负工作的实施意见》、《关于严禁借用国庆五十周年之名向企业乱拉赞助、乱摊派的通知》，并通过对企业进行走访，为企业协调流动资金26万元，为企业减轻负担2.8万元。还按照上级要求，清理出2个乡不在编人员55人。

治理中小学乱收费 区纪委、监察局会同区教育文化体育局对全区中小学乱收费问题进行多次检查。1995年，对暑假乱办班、乱收费的4所学校予以整顿，勒令停止办班，共清退资金1.64万元。1996年，对区辖37所小学、4所中学的收费情况和“一卡三统”制度落实情况进行检查，共查处2起小学校长贪污挪用公款和乱收费案件。1997年，清退中小学乱收费资金2.6万元。1999～2003年，区纪委、监察局和区教文体局、物价局联合对全区中小学乱收费问题开展专项检查，查出超标收费754160元，征订教材收取回扣8000元，纠正向学生乱收费违纪资金8000余元。2004年至2005年，严格执行物价局制定的收费项目和收费标准，将每项收费全部记入学生收费明白卡。2006年，组织专人对全区所辖31所中小学集中进行检查，清理取消收费项目4个，涉及金额7万元，降低标准收费2项，涉及金额13万元，制止强行征订辅导材料涉及金额38.5万元，查处教育行政部门和学校乱收费案件1起，收缴违纪所得5.7万元。

纠正医药购销中的不正之风 1999年，区纪委、检察局加大了对医药购销中不正之风的纠查力度。7月，专门成立桥东区纠正医药购销中不正之风工作领导小组，区属医疗单位实行收费项目公开制度。取缔无证医疗诊所55家，清理小门诊大药房16家，捣毁制售假药窝点1个，收缴设备及未成品价值12万元，成品假药价值18万元。2001年，区纪委、监察局联合区卫生局、区物价局决定，区属医院和4家乡镇卫生院实行药品招标采购，对用量较大的50种临床常用药品进行招标采购，金额达32万元，节约资金达20%。2005年，桥东区医院和乡镇卫生院都健全完善了药事管理委员会及相关制度，参加了市第二期药品集中招标采购，共采购药品160种，其中桥东区医院一家占这次采购金额的80%以上。2006年，全区7个基层医院开展义务导医咨询服务和急诊绿色通道，建立联合督查制度和责任追究制度，共检查各类医疗诊所157家，责令停业22家，没收药品20余件。

开展民主评议行风活动 2001年，区纪委下发《关于开展民主评议行风活动的实施意见》，对全区13个单位进行行风评议，评出满意单位11个，基本满意单位2个；找出各类问题36个，提出整改建议35个。2004年，桥东区成立行风评议工作领导小组，将包括基层站所、窗口单位在内的共计38个单位列为区参评单位。2006年，将参评单位扩大到69个。为使全民参与搞好民主评议，2004～2006年，共发放有关宣传资料7万余份，接受群众咨询6800余次，现场解决问题400余件。

第七节 执法检查与效能监察

1985年，区纪委责成区工商局对查无下落或不符合开办条件的39家公司予以取缔，吊销营业执照，并于5月17日在《邢台晨报》予以公布。在打击经济犯罪活动中，全区累计立案查处各类经济案件22起，追缴款163011.19元。

1995年3月，桥东区成立建筑市场执法大检查领导小组，先后对23个单位、35个工程检查，对

7个单位的工程决算进行审计，审减工程造价177.9万元，发现手续不健全的工程10个，质量低劣工程1个，查处建筑市场违法违纪案件3起，挽回经济损失近百万元。

1998年，开展依法行政执法检查，对2名村干部妨碍公务行为分别给予党纪处分。联合公安、工商、教文体局对全区176家歌舞娱乐场所进行清理整顿，取缔35家，限期整改53家。5月，区纪委、监察局下发《关于对企业合法权益实行挂牌保护的通知》，制定《关于优化招商引资环境，加快项目建设的暂行规定》，对年产值和利税达到标准的22家企业给予了挂牌保护。

2000年，下发《关于全区深化机关行政效能监察工作的实施意见》、《关于进一步加强机关作风建设提高工作效率的暂行规定》，成立领导小组，建立效能监察投诉中心，设立举报电话，制定机关工作人员月工作实绩报告卡制度，整治“机关病”，对纪律松散、作风蛮横的单位进行全区通报批评，充分发挥纪检监察“110”作用，受理投诉21件，处理21件。

2003～2004年，区效能办对全区各机关的工作纪律、工作效能、机关风气和行政执法水平及质量进行多次专项监督检查，提出效能监察建议3条，被采纳3条，聘请效能监察监督员10名，并定期召开座谈会，听取意见和建议。

2005年上半年，查处某村干部向工程承包人索贿、敲诈勒索企业钱财等案件，市委书记董经纬对此案件做出重要批示，邢台电视台、《邢台日报》、《牛城晚报》等多家媒体对案件的查处情况进行报道。同时，制定《经济建设投诉受理办法》。全年投诉中心共受理各类举报32件，查处5件，党政纪处分5人，转有关部门27件，办结率100%。

2006年，区纪委监察局下达“禁酒令”规定，机关工作人员无论下基层调研、检查，还是迎接上级检查，中午用餐一律不准饮酒，克服和纠正一些党员干部中存在的“五庸”现象（思庸、志庸、才庸、心庸、德庸）。区效能办全年共清理废除过时和不完善的规章制度26项，新制定规章制度32项。

第五章　组　织

1980～2006年，中共邢台市桥东区委不断适应新形势，探索新机制，全方位加强党的组织建设。党员队伍建设以提高素质为目标，开展经常性党员教育和民主评议，党员先锋模范作用进一步得到发挥；基层组织建设坚持围绕中心、服务大局、拓宽领域、增加功能的指导思想，开展创先争优和达标升级活动，基层党组织的凝聚力和战斗力得到加强；干部队伍建设按照“四化”（革命化、年轻化、知识化、专业化）方针，稳步推进干部制度改革，积极培养造就德才兼备的年轻干部队伍，充分发挥知识分子作用，干部队伍整体素质进一步提高。从而保证了各项任务的顺利完成。

第一节　党员队伍建设

一、党员发展

1980年，全区有党员880名。从1981年开始，注重在中青年知识分子中发展党员。1985年统计，全区有党员1219人。五年间发展党员375名，其中大学文化程度64人，中专文化程度140人。

1987年至1992年底，全区共发展党员659人。其中35岁以下232人，占35.3%；36岁至45岁174人，占26.4%。农民154人，占23.3%。大专以上文化程度42人，占6.3%；中专以上文化程度

入党宣誓

111 人，占 17%；初中以上文化程度 142 人，占 21.5%。各类专业技术人才 134 人，占 20.3%。到 1992 年底，全区共有党员 2882 人。其中大专及以上文化程度 258 人，占 8.9%；中专（高中）文化程度 832 人，占28.9%；初中以上文化程度 766 人，占26.6%；小学文化程度 1026 人，占35.6%。各类专业技术人才 241 人，占 8.4%。妇女党员 873 人，占 30.3%。

1995 年，采取四项措施进一步加大了培训发展新党员工作力度。一是加大工作规划力度，二是加大督促检查、指导力度，三是狠抓教育培养工作，四是实行基层党委审批新党员前，先由区委组织部进行审查制度。

从 1993 年开始，进一步健全党员教育培养制度，坚持每年“七一”举办新党员宣誓活动，每年举办两期入党积极分子和预备党员培训班，从思想上解决入党问题。到 1998 年的 5 年间，共举办培训班 9 期，培训入党积极分子 835 名，发展新党员 721 名。其中 35 岁以下的 385 人，大专以上学历 369 人，保证了党员队伍素质稳步提高。

2000 年，实行发展党员微机系统化管理，做到发展党员工作有领导、有计划、有目标，不断加强在生产、工作一线发展党员工作，重视培养吸收青年和妇女中的优秀分子入党。

2006 年，按照“坚持标准，保证质量，改善结构，慎重发展”的工作方针，实行发展党员责任追究制，建立发展党员台账，严把“入口关”，保证了党员队伍整体素质的提高。

1980～2006 年，桥东区共发展党员3512 人，党员队伍结构得到改善。至2006 年底，全区共有党员 5620 人。其中：大专以上文化程度 1712 人，占 30.5%；中专（高中）文化程度 2100 人，占 37.4%；初中以上文化程度 1169 人，占 20.8%；小学文化程度 639 人，占 11.4%。各类专业技术人才 539 人，占 9.6%。妇女党员 1944 人，占 34.6%。

二、党员教育整顿

1981 年，在全区党员中组织学习《关于建国以来党的若干历史问题的决议》，统一了对“文化大革命”等若干问题的认识。

1982 年，区委组织党员学习中共第十二次全国代表大会精神，并对全体党员进行了新党章教育。

1985 年，遵照中共邢台市委的统一布署，区委建立了整党领导小组，下设整党办公室。区委 8 名常委作了分工，各党委书记亲自抓整党工作，并抽出 96 名党员为党课辅导员。参加这次整党的包括 6 个党委、4 个党组、122 个党支部，1138 名党员。到 1986 年底整党结束。

1987 年，区委把对广大党员干部的基本路线教育，形势教育，反对资产阶级自由化教育和解放思想，改革开放教育当作一件大事来抓，保证了党的一系列路线、方针、政策在本辖区的贯彻落实。利用不同形式，广泛深入地开展了党的基本路线教育，使党的基本路线深入人心，使全区广大党员干部群众对国情和社会主义发展阶段有了更加明确的认识。同年 11 月，认真组织党员学习“十三大”方针路线，开展坚持“四项基本原则”（坚持中国共产党的领导，坚持社会主义道路，坚持人民民主专政，坚持马列主义、毛泽东思想），坚持开放搞活的教育工作。

1988 年，针对全区在政治、经济中存在的问题，普遍开展了社会主义初级阶段基本路线教育。全区党员、干部以《邓小平同志的重要谈话》和《坚持改革、开放、搞活——十一届三中全会以来重要文献摘要》为教材，搞好党员思想政治教育，使广大党员干部的党性得到了加强，树立了牢固的组织纪律观念。同年，区委筹建了党校。

1989 年，利用区、乡党校这个阵地，采取集中轮训的形式，认真学习中共中央十三届四中全会精神，开展国际形势系列教育活动，把广大党员群众的思想及时统一到中央会议精神上来，继而开展了反对资产阶级自由化，全面贯彻党的基本路线，坚持“一个中心，两个基本点”（以经济建设为中心，坚持改革开放、坚持四项基本原则）的教育，彻底改变了两个文明建设中的错误做法。

1990 年 3 月，中共中央十三届六中全会的《中共中央关于进一步加强党同人民群众的联系》的决定发表后，区委召开了全区党员、干部大会，号召全区党员、干部要以下乡、下厂为联系群众的主要途径，以办实事为密切党群、干群关系的突破口，克服一些党员领导干部中存在的官僚主义、形式主义，松松垮垮摆花架子的不良作风。

1991 年 7 月，在全区范围内大张旗鼓地开展了以“热爱党、热爱社会主义”为主题的建党七十周年系列活动。通过这一活动的开展，更加坚定了全区人民热爱党、热爱社会主义的信念，坚定了走有中国特色社会主义道路的信心，增强了抵制资产阶级自由化思潮的自觉性。

1992 年春，区委组织广大党员干部认真学习讨论邓小平南方重要谈话和中共中央政治局全体会议精神，学习中央领导及省、市领导的讲话和《人民日报》的《紧紧把握经济建设这个中心》、《改革胆子要大一点》的社论。同年 7 月，下发了关于《认真学习江泽民同志七一讲话》的文件，强调越是改革开放，越要加强党的领导，加强政治思想教育。

从 1994 年开始，开展了党员“双学”活动。即在学好党章的同时，学习邓小平建设有中国特色社会主义理论，坚定广大党员以经济建设为中心的观念。

1998 年，提出“街道楼院建立党员社区服务组”的工作思路，通过搞试点、不断总结经验，用 4 年时间在全区居委会普遍建立了党员社区服务组。该做法得到省委组织部的肯定和中央组织部的重视。

2005 年 1 月，按照中央、省、市委部署，桥东区保持党员先进性教育活动正式启动。整体工作得到了省、市督导组的充分肯定，省委督导组领导先后 2 次来桥东区调研，市委教育办在区北大街办事处和顺德西社区召开现场交流会，市教育活动简报刊发桥东区的先进经验做法信息 30 多篇。

三、党员管理

从 1988 年开始，每年对党员进行评议。通过召开民主生活会，自评与互评、上评与下评及党内外群众代表评议相结合的形式，认真开展民主评议党员工作。

1992 年，加强对党员的管理。实施“158”工程，即到 2000 年在全区建立 100 名后备干部队伍，发展 500 名基层党员，800 名农村团员活跃在农村；实施“三富”工程，即党员带头富、团结带领群众富，发展集体经济共同富。

1993 年，在全区广大党员中开展了“认真学习建设有中国特色社会主义理论，积极为经济建设做贡献，争当改革开放先锋活动”。活动开展以后到 1995 年，帮助企业上工业项目 120 个，帮助农村上农业项目 22 个，帮助企业解决技术难题 61 个，办好事 1791 件。

1998 年起，运用党内基本信息管理系统对全区党员和组织信息实行了计算机管理，提高了党内基本信息数据的准确性和党内工作的效率。

2001 年，区委制定下发了《关于加强下岗职工党员管理教育的意见》，把部分下岗职工和离退休党员的组织关系交由属地管理，避免了党员组织关系“挂空”现象的发生。

2004 年开始，在流动党员管理中实行“流动党员证”制度，为 65 名外出流动党员办理了流动党员活动证，使党员能够时刻牢记自己的党员本色，有效地规范了党员在流动地的各项行为。

2006 年，制定出台了《关于对无职党员“设岗定责”的管理意见》，对农村无职党员实行设岗定责管理，使无职党员在新农村建设中发挥应有的作用。根据中共中央下发的《关于加强党员经常性教育的意见》等 4 个专件，制定了贯彻落实办法，提高了广大党员联系群众、服务群众的能力。

1980～2006年桥东区党组织基本情况统计表

单位：个

项目/数目/年度	合计			党群			工业交通			农林水牧			文教科卫体			其它			党委		党组
	党委	总支	支部	党委	总支	支部	党委	总支	支部	党委	总支	支部	党委	总支	支部	党委	总支	支部	城区党委	其他党委	
1980	1		95	1		5			31			20			4			35			
1981	5	1	94	1	1	8			21			20			9			36	4		
1982	8	1	90	4	1	13			11			18			8			40	4		
1983	5	1	96	5	1	17			11			17			8			43			1
1984	5	2	110	5	1	27			13			17		1	10			43			2
1985	5	1	119	5		26			16			11		1	9			57			3
1986	7		121	6		26			17			9	1		12			57			3
1987	8		127	7		28			19			9	1		10			61			3
1988	8		190	7		31			27			42	1		26			64			6
1989	9	20	355	8		38		20	160			42	1		27			88			5
1990	8		190	7		31			27			42	1		26			64			5
1991	8		190	7		31			27			42	1		26			64			6
1992	9	2	208	8	1	43		1	41			42	1		26			56			6
1993	8	4	205	7	2	46		1	38		1	40	1		23			58			6
1994	8	4	213	7	2	50		1	40		1	40	1		25			58			6
1995	8	4	215	7	2	51		1	41		1	40	1		25			58			6
1996	8	4	218	7	2	52		1	41		1	42	1		25			58			6
1997	10	4	222	8	3	109	1		46		1	37	1		28			2			6
1998	10	5	248	8	3	94	1	1	53		1	46	1		28			27			6
1999	9	6	247	7	4	98	1	1	62		1	39	1		28			20			6
2000	9	7	255	7	4	100	1	1	66		1	35	1		28		1	26			6
2001	9	10	251	7	7	99	1	1	66		1	32	1		28		1	26			6
2002	9	11	251	7	8	97	1	1	67		1	17	1		28		1	42			6
2003	10	9	250	8	7	96	1		65		1	15	1		28		1	46			6
2004	10	10	265	8	7	103	1	1	65		1	15	1		28		1	54			6
2005	10	10	267	8	7	103	1	1	65		1	15	1		30		1	54			6
2006	10	9	263	8	7	103	1	1	63		1	13	1		30			54			6

第二节　基层组织建设

一、健全组织

1980 年 6 月，中共邢台市桥东区委成立，全区有基层党委 1 个，党支部 95 个，党员 880 名。

1985 年，区文教局建立党总支委员会。区人大、区政府、区政协陆续成立党组。全区有党支部 119 个。

1985 年 11 月，成立“中共桥东区直属机关委员会”。1993 年 5 月，改为“中共桥东区直属机关工作委员会”。

1985 年之后，桥东区的工业发展速度加快，企业中的党员数量逐渐增多，为了加强区属企业中党员的统一领导，保证党组织核心作用的发挥，1989 年 9 月，成立“中共桥东区工业公司总支部委员会”。

1988 年，成立区文教党委、企业党委、机关党委、武装部党委。邢台市郊区撤消后，大梁庄乡党委、东郭村乡党委归属桥东区委。是年底，全区有 8 个党委，190 个党支部，2506 名党员。

1988 年 10 月，成立了“中共桥东区企业事业单位委员会”，先后顺利完成了 82 个属地企业党团组织的接受工作和郊区撤消后内部消化人员工作，使企业党组织的领导核心作用得到了充分发挥。1990 年根据形势需要，这些党组织又回归原企业领导。

1992 年 12 月，区人事劳动局与财政局、审计局为联合党支部；区计划生育局与卫生局为联合党支部。1997 年 10 月，卫生局成立党支部。

1992 年 12 月，区乡镇企业局与科技局、民宗局、体改委为联合党支部。1997 年 9 月，区科技局党支部独立分出。

1994 年 8 月，区税务局分为国税局与地税局，撤销区税务局党支部，成立国税局党支部、地税局党支部。1994 年 12 月，区环保局成立党支部。

1995 年 1 月，辛庄村党支部改为辛庄村党委；5 月，区物价局成立党支部；7 月，成立区残联党支部。

1996 年 5 月，区文化教育局党委改名为区教育文化体育局党委；6 月，区审计局与财政局成立联合党支部；12 月，成立中共邢台市桥东区经济计划局党委。1997 年 4 月，区审计局党支部成立；10 月，区科技局与卫生局分别成立党支部。到 1998 年 2 月，全区共有 10 个党委，5 个党总支，248 个党支部，共有党员 3967 名。

1994 年 7 月，根据市委指示，成立中共邢台市高新技术开发区工作委员会，为区委派出机构。1995 年 5 月，中共邢台市高新技术开发区工委为中共邢台市委的派出机构，受市委、区委双重领导。2000 年 4 月，开发区迁出，中共邢台市高新技术园区（开发区）工作委员会不再受桥东区委领导，直接受中共邢台市委领导。同时，将大梁庄乡所属其中的 5 个农村党支部划归开发区领导。

2002 年 7 月，按照市政府统一部署，桥东区 135 个居委会调整合并为 72 个社区。同年，对党组织设置进行了调整，改设为 71 个社区党支部，1 个党总支。2004 年 3 月，撤消新华桥社区党支部、桥北社区党支部、新东街社区党支部，原铁路东社区党总支分设为铁路林场社区党支部和铁路东社区党支部。

到 2006 年 12 月，中共邢台市桥东区委所属共有 9 个党委，9 个党总支，263 个党支部，共有党员 5620 名。

二、创先争优

1988 年开始，区委开展民主评议基层党组织活动。采取自评与互评，上评与下评及党内外群众代表评议相结合的办法，制定“支部升级达标，党员创新争优”的计划和措施，进行整顿、调整，改变落后面貌。

1990 年，结合农村社会主义思想教育活动，通过尊重党员意志、引入竞争机制、委派干部到村任职等措施，进一步加强以党支部为核心的村级组织建设。

1995 年开始，在全区党组织和广大党员中开展了“创先争优升位”活动，涌现出 18 个先进党支部，46 名优秀党员和 15 名优秀党务工作者。

1996 年，组织专门考核小组，对各基层党委、农村、街道党支部抓党建、促经济等情况，进行了全面认真考核，共评出 4 个党建工作先进党委和 2 个农村优秀班子，12 个先进工作部门，148 名优秀工作人员，1455 名称职人员，并召开表彰大会进行了表彰。

1997 年，农村 38 个党支部中被评为优秀的 25 个，合格的 11 个，基本合格的 2 个；有 37 个村跨入了小康村行列。

2000 年，为了加强农村“两委”（村民委员会、村党支部委员会）班子建设，提高广大农村干部做好本职工作的自觉性和责任心，实现农村“五个好”（领导班子好、党员队伍好、工作机制好、小康建设业绩好、群众反映好）目标，促进农村整体工作，区委提出在全区实行农村干部政绩公示制，收到较好效果。

2001 年 2 月，在全区分两个层次开展了“三个代表”重要思想学习教育活动。“学教”活动中，通过各种方式征求意见和建议 4986 余条，为群众办实事 3280 多件，解决热点、难点问题 900 余件。通过整改，区委、区政府共制定和完善制度 385 项。

2002 年 8 月，在全区农村全面推行“一制三化”（党支部领导下的村民自治运行机制，支部工作规范化、村民自治法制化、民主监督程序化）工作机制，巩固和加强了党在农村的执政基础，理顺了农村党支部与村民委员会的关系，增进了村“两委”班子的团结。区委组织部在农村“两室”（党支部办公室、党员活动室）建设“完善、提高、创优”工作目标的基础上，努力使硬件达标规范，同时坚持“建以致用”的原则，重点抓好“两室”的利用。

2000～2002 年，连续选派 3 批机关干部到农村任职，下基层的干部共为基层进行科技、法律培训 20 余次，为群众办好事实事 120 余件，达到了“干部受锻炼，群众得实惠”的目的。

2003～2004 年，先后开展了“有事您说话”活动和人性化服务活动，全力创建和谐社区，为构建和谐新城区奠定基础。

2004 年，在 28 个农村党支部开展了以“建班子、立规矩、搞排处、抓服务、求发展”为主要内容的“夯实发展基础”系列活动，出台了《关于进一步强化“一制三化”工作机制的意见》、《关于规范村（居）干部工资待遇的意见》、《关于实行村（居）财乡（处）监管的意见》和《关于规范发展党员工作的意见》等 4 个专件。通过活动的深入开展，农村班子建设上了一个新台阶，促进了农村的发展。

2006 年，在全区农村推行“三站一中心”服务模式。在农村建立三站，即经济服务站、党员服务站、村民服务站，建立一中心即党建服务中心。实现了农村党组织从管理型向服务型的转变，加快了社会主义新农村建设步伐。

1980～2006年桥东区党员基本情况统计表

单位：人

项目/数目/年度	总数	性别		年龄					民族		文化程度				行业分布						
		男	女	25岁以下	26岁至35岁	36岁至45岁	46岁至55岁	56岁以上	汉族	少数民族	大学	高中	初中	小学	党群政法	工业交通	农林水牧	文教科体卫	建筑勘探	商业物资供销	其他
1980	880	520	360	22	134	208	356	160	858	22	7	60	252	561	118	192	228	20	11	24	287
1981	1059	600	459	44	172	266	398	179	1034	25	22	143	319	575	171	156	237	134	12	43	306
1982	1121	675	446	42	193	286	407	193	1100	21	19	177	345	580	242	127	207	117	17	41	370
1983	1106	662	444	22	190	260	282	352	1083	23	21	163	346	576	262	133	204	106	17	30	354
1984	1190	727	463	6	194	303	323	364	1167	23	46	198	359	587	311	167	221	125	29	119	218
1985	1219	748	471	8	207	317	303	384	1196	23	54	231	367	567	334	80	121	131	29	29	495
1986	1325	829	496	10	202	357	302	454	1301	24	64	276	398	587	358	116	102	168	12	43	526
1987	1404	936	468	12	213	376	327	476	1378	26	73	324	432	575	412	139	101	164	19	44	525
1988	2506	1777	729	32	415	699	636	724	2468	38	111	567	769	1059	627	197	807	219	21	74	561
1989	5272	3925	1347	106	982	1779	1306	1099	5170	102	436	1359	1779	1698	694	2366	818	251	148	416	579
1990	2673	1950	723	53	410	783	645	782	2633	40	192	684	784	1013	647	213	825	251	21	72	644
1991	2754	1952	802	64	413	825	663	789	2714	40	217	743	784	1010	723	236	826	273	22	70	604
1992	2882	2009	873	77	411	874	666	854	2838	44	258	832	766	1026	810	249	843	274	22	73	611
1993	3000	2068	932	92	468	827	690	923	2954	46	284	914	770	1032	811	248	852	287	19	68	715
1994	3135	2155	980	114	517	850	724	930	3086	49	320	992	802	1021	846	302	871	316	27	79	695
1995	3237	2241	996	136	583	862	724	932	3188	49	323	1104	863	947	872	305	882	347	31	82	718
1996	3558	2422	1136	150	633	880	823	1072	3508	50	509	1199	908	942	895	314	992	388	35	87	907
1997	3693	2488	1205	149	695	896	859	1094	3643	50	558	1261	958	916	1086	348	902	404	19	161	773
1998	3967	2637	1330	138	698	1002	910	1219	3909	58	797	1364	1035	771	1224	388	921	419	29	163	823
1999	4377	2911	1466	203	746	1121	1032	1275	4303	74	947	1570	1089	771	1314	435	994	509	29	193	903
2000	4506	2986	1520	219	766	1097	1207	1217	4430	76	1014	1646	1100	746	1343	465	990	539	29	213	927
2001	4628	3061	1567	190	812	1075	1073	1478	4551	77	1109	1695	1097	727	1365	487	1012	559	29	233	943
2002	4737	3117	1620	196	822	1062	1095	1562	4654	83	1223	1695	1107	712	1394	502	1027	579	29	248	958
2003	4864	3184	1680	243	853	1026	1102	1640	4779	85	1292	1796	1009	677	1421	522	1047	599	33	260	982
2004	5200	3386	1814	234	939	1098	1172	1757	5111	89	1475	1928	1131	666	1557	649	1097	639	36	289	933
2005	5412	3542	1870	176	1150	1142	1171	1773	5326	86	1578	2037	1161	636	1584	672	1127	656	48	300	1025
2006	5620	3676	1944	288	1082	1198	1116	1936	5523	97	1712	2100	1169	639	1614	697	1152	672	58	304	1123

第三节 干部队伍建设

一、教育培训

1984年，按照干部队伍“革命化、年轻化、知识化、专业化”的方针，加强干部教育培训工作，通过加强理论培训、进行岗前集中培训、到基层和外地挂职锻炼等形式，提高理论水平和工作能力。1984～1992年，举办各类干部培训班9期，参训人数达500余人次。

1993年，举办了2期科级干部培训班，对146名科级干部进行了为期2周的培训。选派16名科级干部到企业进行了3个月的锻炼，使新任科级干部素质得到了不同程度的提高。

1995年，对全区226名副科以上干部进行了培训，重点学习邓小平建设有中国特色的社会主义理论和党章等理论知识。

1998年，制定了《桥东区干部教育培训规划》，对干部教育培训的目标任务、重点、方法与措施都做了明确规定。重新建立和完善了培训制度，基本形成了干部教育培训体系。

1998～2002年，先后举办了11期科级干部及后备干部培训班，共培训干部380名；积极选送乡、办及有关部门人员参加由市委组织部组织的省、市委党校培训；对在2002年机构改革中新提拔的89名科级干部进行了军训；积极搞好学历教育，有64名干部参加了“大专证书班”学习，并已全部结业。

2004年，围绕全区中心工作开展培训，改进干部教育培训管理机制，举办了各种类型的培训班12期，参训人数457人。根据省、市委的安排，选送到省、市委党校干校学习37人，其中县级干部9人，科级干部28人；外出考察2批30人。举办了2期共计43人参加的新提拔干部政治理论知识教育培训班，进行了“三个代表”重要思想等党的方针政策的教育培训，提高了参训干部的政治水平和政治觉悟，为新提拔干部更好地开展工作打下了坚实的政治基础。

2005年，全面贯彻落实《中共中央关于加强党的执政能力建设的决定》，举办了为期3天的科级干部综合理论培训班，区全体科级干部共计291人参加了培训。培训首次引进多媒体教学设备。

2006年，举办了各种类型的培训班5期，参训人数310人。根据省、市的安排，选送到省、市委党干校学习10人，其中县级干部3人，科级干部7人。特别是制定了以“大学习、大讨论、议发展、促落实”为主要内容的培训学习方案，全区1000多名领导干部及职工参加了这次培训。

二、干部管理

1987年开始，积极推进干部管理制度的改革，扩大群众对领导干部的选择权，将竞争机制引入干部管理。是年，对全区领导干部实行年终民主考评，根据民主评议和组织部门考核结果实行升降奖惩。

1988年9月，下发了《关于领导干部接受纪委监督的十项规定》，把领导干部置于群众的监督之下。是年开始，实行党政干部任期目标管理责任制，在全区范围内实行层层签订责任书，一级抓一级，形成了各司其职的目标管理体系，调动了广大干部的积极性和进取精神。

1993年，根据换届后各部门变动较大，一些部门出现干部职数缺额问题，按照干部“四化”要求，调整提拔科级干部151名，其中调整43名，副科提正科45名，一般干部提副科63名。是年，还制定了《党政群机关干部提前离岗的暂行办法》，先后为10名科级干部、4名副科级干部办理了提前离岗手续，为使用选拔年轻干部创造了条件。

1997年，从机关中抽调80名有各种特长的干部分包居委会，帮助居委会发展经济，要求每个人必须使所包居委会实现5000元以上的收入。通过自愿报名、书面考试、演讲答辩和组织考察的方式，公开选拔了8名科级干部，为推动干部制度改革做了新的尝试。对公选的干部及到基层任职的干部实行1年试用期制，在试用期间建立考核档案，试用期满后，经组织考察合格者，正式发文认定职务。

1993～1997年，坚持“革命化、年轻化、知识化、专业化”的用人方针，破除论资排辈思想，不拘一格用人才。5年中，先后提拔正、副科级干部230名，调整科级干部194名，选拔培养科级后备干部73名，选派12名科级干部到经济发达地区挂职锻炼，为2个乡和4个办事处配齐了科技副乡长（副主任）。到1997年底，全区共有区（县）级干部37人，其中大专以上学历27人、妇女干部4人；科级干部260人，其中妇女干部55人、少数民族干部8人。

1998年，先后制定了《关于领导干部实行谈话制度的意见》、《关于对领导干部任期经济责任实行审计监督的实施意见》、《关于选拔任用领导失察责任追究的意见》等，使干部队伍管理更趋制度化、规范化。

1999年，制订了《关于推行竞争上岗制度的暂行办法》，规定竞争上岗在本单位或本系统内部进行。率先在法院对5个庭长职位进行了竞争上岗，共有11人走上了庭长、副庭长的领导岗位，公示期间群众反映良好。

2000年，在检察院对中层岗位进行了竞争上岗，又有16名优秀的年轻干部走上了中层领导岗位。

2002年，结合全区的机构改革工作，对区直和乡（处）领导班子进行了调整，共分流人员87名，调整干部258名，提拔干部74名，涉及56个单位和部门。通过调整，全区科级干部的平均年龄为40.3岁；大专学历占77%，本科以上学历占22%；35岁以下的年轻干部83名，占30%。

1998～2002年，积极推进干部制度改革，先后制定了《桥东区党政机关推行竞争上岗和选拔干部实行公示制的意见》和《公开选拔副科级领导干部的实施意见》，5年间先后选拔正、副科级干部197名，调整科级干部475名。2002年底，全区共有区（县）级干部34人，其中大专以上学历26人，妇女干部5人；科级干部278人，其中大专以上学历195人，35岁以下83人，妇女干部38人，少数民族干部6人。

2004年，根据中组部、人事部召开的全国深化人事制度改革工作会议精神，制定了《关于科级领导干部选拔任用工作的实施意见》，其中包括《公开选拔党政领导干部工作暂行办法》、《选拔科级后备干部工作暂行办法》、《调整不称职领导干部暂行办法》、《党政机关竞争上岗工作暂行规定》、《区直部门干部轮岗的意见》、《桥东区直属党政机关择优选调工作人员的实施办法》等七项干部制度改革的文件。是年，还制定了《桥东区党政领导班子和领导干部年度考核工作实施细则》，使干部考核工作实现了重大突破，走上规范化、科学化的道路。

2005年，实行“两推三考”的办法选拔任用副科级干部。“两推”指群众推荐和组织推荐，“三考”指笔试考试、面试考试和三年工作政绩考察。通过“两推三考”共调整干部28名，形成了正确的用人导向。

三、后备干部队伍建设

1992年，区委制订了后备干部3年培养规划，促进了全区后备干部培养工作向科学化、规范化方向迈进。

1993年，经民主推荐、组织考察、区委研究，选拔补充了10名副区级后备干部。新补充后干部的男女比例、年龄结构、文化程度都较之以前更趋合理。

1994年，采取民主推荐、组织考察、好中选优的方式，在全区范围内选拔了一支以25岁以上、35岁以下为主体由25人组成的科级后备干部队伍，其中大专以上学历的17人，平均年龄29.8岁。

1997年，为使科级后备干部早日成熟，从后备队伍中选派6人到经济较发达的天津武清县和江苏徒县进行了挂职锻炼；选派8人到小康建设第一线农村锻炼；选派24人到街道居委会挂职锻炼，将培养成熟的 12 人提拔到了正副科级领导岗位。

2003 年，完成了对 43 名干部的考察推荐任命工作，根据 2002 年度的考核结果及换届后区实际情况，调整了区后备干部库。

2004 年，制定了《中共邢台市桥东区委关于选拔科级后备干部工作暂行办法》。是年，按比例名额在各部门公开推荐了一批德才兼备的后备干部，其中正科级后备干部 55 名，副科级后备干部 92 名，为将来的干部选拔任用工作打下良好基础。

四、知识分子工作

1990 年，为贯彻执行中共中央关于组织部门要管理一批优秀拔尖人才的指示精神，通过单位推荐和个人自荐相结合，主管部门和组织部门审核相结合的办法，选拔区管拔尖人才 6 名，其中从事教育事业的 4 名，其它专业技术工作者 2 名。

1992 年，进行了第 2 批专业技术拔尖人才的评选工作。通过这一评选，密切了党同知识分子的关系，激发了广大知识分子的进取精神，使他们在两个文明建设中发挥出更大的作用。

1993 年，对全区中级以上职称、大专以上文化程度人员进行了登记，建立了专业技术人员拔尖人才库，选拔推荐了 3 名市级科技优秀青年。

1993～1998 年，坚持“尊重知识、尊重人才”的原则，贯彻落实党对知识分子的各项政策，关心爱护知识分子，加强对科技拔尖人才的管理。五年间，共发展优秀知识分子党员 97 名，安排 1966 至 1969 年延期分配的大中专毕业生 17 人。选拔区级专业技术拔尖人才 6 人，推荐高级拔尖人才 3 批，其中有 3 名被评为市级拔尖人才。

2003 年，完成了区第 6 批拔尖人才的选拔工作和第 6 批市管拔尖人才的申报工作，申报候选人 5 人。这项工作的开展，有力地促进了相关部门工作人员的学习和工作积极性。

2005 年，认真贯彻落实全市人才工作会议精神，深入开展“双争”（争创人才工作先进单位、争创人才工作先进个人）活动，积极做好人才引进工作，多措并举建立人才库，营造了“尊重知识、尊重人才”的良好氛围，为实现桥东更好更快发展奠定了坚实的人才基础。

第六章　宣　传

1980～2006 年，区委紧紧围绕党和国家工作大局和全区中心工作，广泛深入地开展宣传教育，为全区改革开放和现代化建设提供了有力的思想保证和舆论支持。在理论教育方面，系统地进行了马克思主义、毛泽东思想、邓小平理论和“三个代表”重要思想的宣传教育，广大党员、干部的思想政治素质普遍提高，贯彻执行党的基本路线的自觉性不断增强；在社会宣传方面，坚持不懈地进行形势教育、政策教育、爱国主义教育，并积极探索创新思想政治工作的新思路、新内容、新方法，增强了感召力、凝聚力，调动了广大干部干事创业为民的积极性；在新闻报道方面，坚持正确的舆论导向，大力宣传党的路线、方针、政策和全区各条战线取得的巨大成就，产生了一批弘扬时代精神的优秀作品，树立了桥东区良好的外部形象。

第一节　理论教育

1980～1985 年，区委组织全区党员干部学习邓小平《关于目前的形势与任务》的报告、《关于建国以来党的若干历史问题的决议》、中国共产党第十二次全国代表大会精神以及“十二大”所确定的思想路线和政治路线，教育党员干部废除干部终身制，实现干部的革命化、年青化、知识化、专业化。

1986～1990年，区委组织全区党员干部学习中共十三大精神以及《邓小平文选》、《政治经济学》和哲学常识，重点领会社会主义初级阶段理论。其间，科级以上干部参加了邢台市举办的“千人理论与形势教育”培训班。

1991～1994年，区委成立了区级干部理论学习中心组，并配备了专职秘书，建立学习档案，制定签到、留作业、撰写体会文章等学习考评制度。在学习过程中把学习建设有中国特色社会主义理论同学习中共十四大文件结合起来，着重领会其基本观点和精神实质。

1995～1996年，区委出台了《关于在全区党员中开展建设有中国特色社会主义理论和党章学习活动的意见》和《关于在全区干部中开展“三学、三查、三克服、一坚持”活动的决定》（学理论、学党章、学孔繁森，查世界观、查人生观、查价值观，克服个人主义、克服拜金主义、克服享乐主义，坚持全心全意为人民服务宗旨），组织全区党员干部开展了以市场经济知识、党章为主要学习内容的专题教育。

1997～1998年，区委成立了干部理论教育领导小组，对全区理论工作统一部署、指导、协调、督查、考核，强化理论学习的组织和保证措施；建立健全学习制度，分层次、有重点组织和推进理论学习的全面展开。党员“学理论、学党章”的“双学”活动收到了很好的效果，按省、市委要求，区委宣传部分组对全区222个基层组织进行了30%抽查验收，评出了“双学”先进单位。

1999～2000年，区委常委会专门作出决议，把理论学习作为考核各级领导及领导班子的主要内容。在学习《邓小平党建理论学习纲要》、《WTO基本知识及“入世”对河北的影响》的同时，开展以胡长清、成克杰典型案例和市土地违法批租大案为反面教材的全区性警示教育活动和以“致富思源、富而思进”为内容的“双思”教育。

2001～2003年，以“理论教育学院化”为工作目标，完善了中心组个人学习档案，严格执行考勤登记制度、学习督查制度，制定了中心组学习补课制度。3年中，共组织集中学习70次，开展学习体会交流座谈会12次。2001年10月，组织全区280余名科级干部围绕江泽民总书记“七一”讲话等内容进行理论考试，优良率占89%，及格率100%。举办了科级干部“三个代表”重要思想培训班，全区300多名科级干部参加了培训。

2004～2005年，组织全区党员干部开展大力弘扬求真务实精神学习活动，并以“求真务实在桥东”为题在全区展开征文活动。2004年4月份，对全区260名科级干部分7个考场进行了统一集中考试，考试成绩优良率达93%，及格率100%。为避免学习制度形式化，将学习要求落到实处，采取了认真查、严格考、督促写、要求述等措施加以保证。

2006年，将党的十六届五中、六中全会精神和省委六届八次、九次全会精神、社会主义新农村建设理论、胡锦涛总书记关于“八荣八耻”的重要论述、构建社会主义和谐社会理论列入重点学习内容，通过健全制度，开展了“三个一”活动。即：每人每季度至少熟读一本理论书籍，撰写或发表一篇理论文章、调研报告；每人每年整理一本学习笔记，开展一次学习调研活动；每个党员干部在深入基层、深入实际的基础上每年至少向区委提出一条有利于全区经济社会发展的意见或建议。从而切实保证了学习活动取得实效。

第二节 社会宣传

1980～1984年，围绕“全国文明礼貌月”活动和“五讲四美”（讲文明、讲礼貌、讲道德、讲纪律、讲卫生，心灵美、语言美、行为美、环境美）“三热爱”（热爱党、热爱社会主义、热爱祖国）活动展开宣传。组织桥东区机关干部、工人、学生、居民2万余人开展了声势浩大的卫生大扫除活动，组织党员、青年团员、学生、群众等参加“全国文明礼貌月”活动。1984年3月，在全区广泛开展“文明礼貌知识宣传队”、“红领巾交通安全宣传队”等活动。

1985~1989年，遵照市委统一部署，开展整党活动的宣传。根据《中共中央关于经济体制改革的决定》的精神，广泛而深入地宣传改革的性质、目的、内容和各项基本政策，并围绕其它各项体制改革，搞好宣传工作，保证改革顺利进行。

1990~1992年，广泛开展社会主义教育活动，并结合纪念鸦片战争150周年，开展内容丰富、形式多样、生动灵活的主题宣传活动。此后，认真开展学习宣传邓小平重要谈话活动，重点解决一些思想认识问题，如姓“社”姓“资”、社会主义本质、两手抓等问题，使全区党员干部认识更加统一，思想更加解放。

1993年，组织开展纪念毛泽东诞辰100周年活动，区委组织全区党员干部参观了由市委宣传部举办的“纪念毛泽东同志诞辰100周年大型图片书画展”，还举行了文艺演唱会、报告会等一系列纪念活动。8月份，区委宣传部、区工会联合举办了以夸企业、夸厂长、夸产品、夸职工为重点内容的“企业颂”文艺会演活动，丰富了企业文化。

1994~1995年，在全区深入开展“四职一纠”（职业理想、职业道德、职业纪律、职业技能，纠正行业不正之风）竞赛活动。区委宣传部通过组织大型上街宣传活动，在工商、税务等部门组织演讲会、成果展、知识竞赛等形式，不断深化竞赛内容。另外，抓住抗战胜利暨邢台解放50周年这一契机，组织全区47所中小学2万多名学生观看百部爱国主义教育影片和瞻仰革命圣地等活动，组织全区党员干部参观了“抗日战争胜利暨邢台解放50周年大型图片展”和教育影片《七七事变》。

1997~1998年，围绕迎香港回归，组织较大规模的各层次演唱会、演讲比赛40余场次。围绕文化“十下乡”、“十进村”，组织了文化大集和“读书兴农”活动，为胡庄、张庄等村送科技书籍近千册，邀请农业专家为两乡农民作指导示范，组织全区农民参加了“八方杯”知识竞赛活动，发放试卷800份，试卷回收率达98%。至1998年底，桥东区38个村全部建起了图书馆，并且藏书丰富，有较强的科学性和娱乐性，此次活动经验在全市得以推广。

1999~2000年，为迎接建国50周年和澳门回归，区委组织了系列庆典活动：一是“99年新春乡艺表演”和元宵灯会，布展灯2000余盏，荣获市“99年元宵灯展优秀组织奖”。二是“迎国庆、颂桥东，展望新世纪，庆祝建国50周年”广场文艺晚会。三是在新世纪广场组织了“迎澳门回归万人长跑”活动。此外，配合讲学习、讲政治、讲正气的“三讲”教育活动的开展，区委宣传部为区级领导班子及成员制定了为期10天的封闭学习方案并组织实施，组建宣传报道组，对全区“三讲”教育活动情况进行了及时宣传报道，2个月共编发《“三讲”快讯》56期，其中6期在市简报刊发。

2001年，为搞好庆祝建党80周年纪念活动，区委宣传部与区工会、团委、区直工委等部门联合开展了“学党史、唱党歌、颂党恩、绘党绩”主题纪念活动。在“党在我心中”优秀征文活动中，收集文章113篇，并筛选部分优秀作品送往省、市媒体刊登。同年初开始，区委在全区党政机关以及事业单位大力推行了“有事您说话”活动，成立了“有事您说话”办公室，公布了监督电话，健全了组织、公开了承诺、建立了档案、强化了责任等，除了下发领导电话手册外，还不断规范“有事您说话”活动程序，从接听电话、事件办理、回访复查、接受监督等方面提出具体要求。2002年，“有事您说话”活动全面展开，区委对各单位开展情况实行“一月一调度，半年一小评，年终一总评”制度，重新修定印发了“有事您说话”小册子500份。到2003年底，各级领导干部共接听群众来电2万余次，为群众解决焦点、热点、难点问题2000余件。

2004~2005年，“学习型社区，人性化服务”活动全面展开，区委制定了详细的实施意见、考核方案，建立健全了检查督促机制。2004年，全区87个社区共投资380多万元，购置图书5800册，健身器材60余套，开放各类活动场所348处，各社区相继开展了“十二张笑脸”、人性化服务直通车、爱心捐助站等便民利民特色活动。同年11月，市委组织全市19个县（市）、区在桥东区召开了现场观摩会，推广桥东区的成功经验和做法。2005年5月，由区委宣传部牵头，各单位相继出台了创建人性化机关，创建学习型机关，创建效能型机关的实施方案，创建和谐城区活动各具特色。是年底，桥东区“以人性化服务为载体构建和谐城区活动”被市委宣传部评为“思想政治工作创新奖”。在党员先进性教育活动中，区委宣传部共编发活动简报137期，在市党员先进性教育活动简报上刊发41篇，较好地服务了全区党员先进性教育活动。

2006年，区委在总结“有事您说话”和“人性化服务”等成功经验的基础上，结合全区实际，又推出了“阳光万家·魅力桥东”构建和谐城区活动。为了配合这次活动，在全区范围内开展了评选“阳光好市民”活动，最终确定了100名“阳光万家·魅力桥东——感动社区”百佳人物。同时“大学习、大讨论、议发展、促落实”思想作风集中教育整顿活动全面展开，区委宣传部编辑印制了《学习资料汇编》，共编发活动简报45期，掀起了议发展、促落实的高潮。

第三节　新闻报道

1985～1989年，区委围绕中心工作，积极开展宣传桥东经济社会发展以及贯彻落实党的十三届一中、二中全会精神等工作。5年中，共计发稿900余篇，其中省级发稿50余篇，省、地、市电视台录用稿件90余篇。抓好了通讯报道队伍建设，区直各部门、区属较大企事业单位配备了专、兼职通讯员，确定了22名宣传思想信息员，初步形成了通讯报道网络。

1990年，区委对60余名业余通讯报道员进行了培训，表彰了新闻报道工作先进单位3个，模范通讯员11名，先进工作者21名。全年共发稿540篇，其中省级40篇、市级500篇。

1991～1994年，为加大对改革开放的宣传报道力度，区委成立了重点报道写作组，在全区开展了新闻报道流动红旗竞赛活动，制定了新闻报道奖励办法，建立了各部门宣传干部每月开例会制度以及稿件审阅制度，从而增强了新闻报道力度。

1995～1997年，桥东区新闻报道工作有了新跨越。《21世纪冀南经济的脊梁》在新华社《瞭望》杂志刊发后，又在《世界科学技术》用中英文对照刊发，进而提高了市高新技术产业园区的知名度。《万名市民上文明学校》不但在几家大报刊发，还获“河北省好新闻一等奖”，通讯《这就是爱》、《天职》等在《河北日报》、《中原经济报》等省市级报上刊发，《悠悠十载武装情》在《中国当代改革者》刊发后，在各地引起了强烈反响。同时，还对西大街文明小区、北大街文明市民学校等典型录制专题片，进行了经验推广，受到社会各界的好评以及省、市领导的表扬。

1998年，新闻报道调整了工作思路，实现了“三个转变”。即由过去的宣传局部动态为主转变为宣传全局动态为主，由宣传行业工作为主转变为宣传区委、区政府重点工作为主，由宣传个别典型为主转变为宣传一批典型为主。报道力度明显加强，全年上报道数量比1997年增加6.8%，实现了质量和数量双突破。

1999年，在建国50周年之际，在《邢台日报》“50年巨变”专栏中，开辟了桥东专版，宣传桥东区的项目建设、农业产业化、精神文明建设、社会稳定等方面的变化，展示了桥东新面貌，为招商引资创造了良好舆论环境。

2000年，在建区20周年之际，在《邢台日报》、《牛城晚报》分别办了专版，对桥东区20年来三大产业、城建、党建、文教卫生等各项工作发生的新变化进行宣传报道。2年中，在各级新闻媒体发稿1925篇，其中国家级79篇、省级202篇、市级1644篇。

2001～2003年，围绕“学教”活动、“有事您说话”活动、宣传贯彻十六大精神等主题采写了一批稿件，在市级媒体上以头版头条发表了《以思想大解放推进事业大发展——桥东区着力营造良好经济发展环境》、《桥东区项目建设实现新突破》、《喜看桥东变了模样》等10多篇，特别是《中国社会报》以《一个庄重的承诺》等新闻系统报道了桥东区“有事您说话”活动，中共中央组织部也委派河北电视台就此进行了专访，并将桥东区树为“学教”活动先进典型。

2004～2005年，围绕人性化服务、创建学习型社区、计划生育清理整顿等重点工作组织了集中报道活动。《和风细语说桥东》、《桥东区开展人性化服务活动构建和谐城区系列报道之一、二、三》、《一枝一叶总关情》、《倾心为民解难忧》等新闻相继在《中国社会报》、河北电视台、《河北日报》、《邢台日报》等各级媒体刊发，在全省、市引起广泛关注。

2006年，围绕“大学习、大讨论、议发展、促落实”思想作风集中教育整顿活动等全区几项重点工作，在各级媒体相继刊发了《桥东区突破“三大瓶颈”求发展》、《桥东区力戒“五庸”树新风》等新闻稿件。全年共在国家、省、市三级新闻媒体刊播稿件595篇，其中国家级15篇、省级32篇、市级548篇。

第七章　社会主义精神文明建设

1980～2006年，区委、区政府在坚持以经济建设为中心建设经济强区的同时，注重加强社会主义精神文明建设，先后开展了“五台”工程创建活动、“有事您说话”活动、“人性化服务”活动、“阳光万家”活动、“五育状元上榜，万名雏鹰争星”活动、亲邻系列活动，及文明城区、文明社区、文明行业、文明机关、文明生态村、文明家庭创建评比活动等等，大大推进了全区精神文明建设。

第一节　思想道德建设

一、“学雷锋树新风”活动

1981年3月，在全区中小学开展“学雷锋、创三好”（思想好、学习好、身体好）活动，涌现出了大批品学兼优的“三好”学生。1982年3月5日，全区青少年、团员、党员干部纷纷走上街头举行“学雷锋、见行动”活动。1983年在“三优一学”（即优质服务、优良秩序、优良环境，学雷锋和先进人物）活动中，全区共建立学“雷锋”小组596个，为群众做好事达76000多件。1998年3月5日，桥东区学雷锋活动由先前“助人为乐，节假日活动，青少年学习为主体”的传统模式转变为“立足岗位，经常活动，全民学习为特点”的新模式。学雷锋已成为桥东区精神文明活动一大载体。

二、“文明礼貌月”活动

1981年2月25日，全国总工会、中宣部、共青团中央等九部门联合发出倡议，在全国人民特别是青少年中开展以“五讲四美三热爱”（即讲文明、讲礼貌、讲道德、讲纪律、讲卫生，心灵美、语言美、行为美、环境美，热爱党、热爱社会主义、热爱祖国）为主要内容的文明礼貌活动。中央书记处决定从1982年起，把每年的3月确定为“全国文明礼貌月”。1983年2月26日，区委组织全区干部职工、街道部分居民参加了邢台地、市召开的第二个“全国文明礼貌月”活动广播动员大会。同年2月28日，围绕“三优一学”（即优质服务、优良秩序、优良环境，学雷锋和先进人物），组织桥东区机关、工人、学生、居民2万余人开展了声势浩大的卫生大扫除活动，“三优一学”活动列入议事日程。1984 年 3 月，在第三个“文明礼貌月”活动中全区广泛开展“文明礼貌知识宣传队”、“红领巾交通安全宣传队”等活动。1985 年，全区中小学广泛开展“文明礼貌十字用语”（即请、您好、谢谢、对不起、再见）宣传，受到群众赞扬。1985 年“文明礼貌月”活动改变突击式的方式，引导活动向创建文明单位、加强精神文明建设的方向发展。

三、公民道德教育

1994 年，区委全面贯彻中共中央颁发的《爱国主义教育实施纲要》，把爱国主义教育同爱家乡、爱岗位、爱工作有机结合起来，弘扬新时期创业精神。1995 年 8 月，区委宣传部、文明办举办“抗战胜利暨邢台解放 50 周年大型图片展”，组织机关干部观看教育影片《七七事变》，邀请老红军开座谈会，举办知识竞赛，使爱家乡、爱祖国、爱社会主义成为全区人民的精神动力。1995 年，组织实施了《邢台市民文明守则》。1996 年 9 月 19 日，印发实施了“八不”活动（即不说粗话脏话，不随地吐谈，不乱倒垃圾和乱扔杂物，不乱贴乱画，不乱搭乱建，不乱摆摊点，不乱穿马路和乱停、乱放车辆，不损坏公共设施和花草树木）工作方案，开展了万人签字的“告别不良习惯，争做文明市民”活动。开展了“文明街、文明巷、文明大院、文明户”和“好邻里、好婆媳、好妯娌”评比活动。全区评选的遵纪守法光荣户达到了总户数的 75%。建立了流动红旗和流动黄牌的检查评比制度，涌现了南长街办事处、新华南路小学等一批花园式单位。1997 年 7 月，以迎香港回归为爱国主义教育的关键环节来抓，区委宣传部、文明办组织较大规模的迎回归活动，使全区人民受到了深刻的爱国主义教育。1997 年 10 月，开展了“讲文明，树新风”活动。1999 年 3 月，开展了以加强全区思想道德水平的“五台工程”创建活动。2000 年 7 月，组织桥东区机关干部、学生、群众广泛开展了“知我中华，爱我祖国”为主题的读书学史活动。2001 年 9 月 20 日，中央颁发《公民道德建设实施纲要》；2003 年 9 月 20 日，在第一个公民道德建设宣传日中，组织各乡、处，区直各部门上街宣传《公民道德建设实施纲要》，此后在每年的 9 月 20 日都开展各种形式的宣传活动。

四、未成年人思想道德教育

1994 年 6 月，在全区开展了《中华人民共和国未成年人保护法》的宣传教育活动。通过组织《保护法》知识抢答赛，帮助少年儿童学会用法律武器保护自己。同时，印发了大量的学习宣传资料，通过上街宣传、请家长座谈等多种形式，向社会广泛宣传《保护法》的作用和意义。1994 年 6 月“跨世纪中国少年雏鹰行动”在桥东区开始全面实施。开展了“雏鹰假日小队”活动，并先后举办了“双休日雏鹰假日小队手拉手文明行动”，到 1997 年底，全区参加达标争章活动的少先队员已经达总数的 92%，达标授章率为 31%。1999 年 4 月，在全区小学全面实施“五育状元上榜台”（德、智、体、美、劳）工程，建台率达 100%。按照“完善、提高、延伸、扩展”的要求，以提高学生综合素质为重点，以“雏鹰争章”活动为载体，不断完善“五育状元上榜台”运作机制，学生精神风貌有了很大改观，学校涌现了许许多多讲文明、懂礼貌、刻苦学习、拾金不昧的好学生。学校每学期更换两次台面，平均每年有 3000 多名学生被评为“五育小状元”。

五、丰富多彩的群众文化生活

1985 年春节，桥东区举办了首届元宵灯展，600 盏千姿百态的花灯吸引了广大观众，据统计参观群众达 3 万人次。1993～1997 年，桥东区文化事业得到了较快发展，全区农村业余文艺宣传队发展到了 20 个。5 年中，全区共举办文艺会演、乡艺游行、文体比赛等文化活动 38 场次。先后建成图书门市 36 所，台球娱乐室 12 处。新建乡办电影队和农村电影队 13 个。到 1997 年，全区共放映科教片 120 多场次，爱国主义教育片 200 多场次。1999 年新春元宵灯会，布展灯 2000 个，获市 1999 年元宵灯展优秀组织奖。围绕迎国庆 50 周年、迎澳门回归、迎接新世纪“三迎”活动，区委宣传部、文明办等部门组织举办了知识竞赛、乒乓球赛等项活动。2001 年 10 月，举办了反对邪教崇尚文明大型图片展览活动，展出图板 270 块，以大量详实、丰富、确凿的事实材料揭露了邪教本质，同时以通俗简单图片宣传科学生活常识。2001 年 11 月，南长街办事处和西大街办事处荣获全国群众体育先进单位。

第二节　精神文明创建活动

一、文明城区创建

在创建文明城区过程中，区文明办把加强市民的社会公德、职业道德、家庭伦理道德教育和创建优美的城市环境、良好的社会秩序作为主要内容。1993 年，北大街办事处首先开办了文明市民学校。1995 年，全区各乡、处全部开办了文明市民学校，把文明市民教育纳入了正规化、系统化轨道。为规范市民教育内容，1995 年印发了《邢台市民文明守则》、《文明市民手册》4 万本，组织开展了道德评议、“五个好”（好家庭、好邻里、好婆媳、好少年、好公民）评比和“读书竞赛”活动，强化了市民教育，促进了邻里和谐。1996 年，全区深入开展“八不”活动，实施形象工程以及开展“三杯”（文明执法杯、优质服务杯、便民利民杯）竞赛活动。同年，区文明办与区工商局、团委联合组织了“十佳个体文明户”和“十佳个体青年营业户”的评选活动，激发了个体户守法经营意识。1997 年 10 月，桥东区委、区政府对“讲文明、树新风、塑形象”活动作了具体部署，制定了实施方案。在这次活动中全区共清理垃圾点 100 个，清理垃圾 11000 余立方米，使城区面貌焕然一新，受到了市督导组的好评。1998 年 2 月 20 日，桥东区开展了以“净市容、保平安、讲礼仪”为主题的塑形象活动。1999 年 10 月 22 日，桥东区掀起了“市容综合整治月活动”，20 多万居民和驻区单位工作人员，对老城区进行了一次大规模美容。1999 年 7 月，南长街办事处中北生活小区被省文明委定为“全省精神文明活动示范点”。2005 年 4 月 20 日，开展了“集中清理整治小广告活动”，全区干部上街清理小广告万余条。

二、“星级文明家庭”创建

在 1985 年“五好家庭”评比活动基础上，1996 年，根据省、市文明委要求，区文明办制定下发了《十星级文明家庭评选内容及标准》、《五星级家庭评选内容及标准》，成立了领导小组，建立了职能部门分工负责的包星责任制，明确了五星内容包括：“新风星”、“文化星”、“和睦星”、“守法星”、“敬业星”；十星内容包括：“致富星”、“科技星”、“守法星”、“计生星”、“养教星”、“和睦星”、“义务星”、“卫生星”、“文化星”、“新风星”。1996 年，全区评出五星级文明家庭 12461 户，其中区级 48 户、市级 4 户、省级 1 户。1997 年，又评出五星级文明家庭 3800 户，十星级文明家庭 3600 户，其中 20 个家庭被评为区级典型“文明家庭”。1998 年 3 月，以家庭为“抓手”，把文明家庭创建具体细化为争“星”活动，通过认星、争星、定星，强化家庭美德、社会公德建设，弘扬社会新风，推崇健康文明的生活方式。1998 年 12 月，桥东区委为 2 万多户居民挂上星级文明牌。到 2006 年 12 月，在群众的积极参与下，全区涌现星级文明家庭 5 万户，家庭的文明有效地影响和带动了整个社会的文明。

三、“五台工程”创建

1999 年 3 月，桥东区委出台“五台工程”实施方案，“五台工程”成为“九五”期间桥东区精神文明建设的龙头工程。“五台工程”通过在全区机关、学校、企业、农村、社区、市场分别建立“廉洁高效评议台”、“五育状元上榜台”、“企改增效奉献台”、“伦理道德讲评台”、“文明经营服务台”，动员和组织群众广泛开展讲评活动，扬美抑丑，褒善贬恶，把先进性和广泛性相结合，全面提升了城区精神文明建设质量。1999～2002年，全区建台221个，涌现出各类先进人物600余人，活动扎实，效果明显。1999年5月，市委副书记王三堂指示“五台”工程今后要在“提高、完善、延伸、拓展”上下功夫。2002年底，全区“五台”工程创建达90%以上。

四、“有事您说话”活动

为提高党政机关工作效能，自2001年初，桥东区委、区政府在全区党政机关事业单位推行“有事您说话”活动。将区四大班子成员和65个部门的党政正职领导电话辑印成册，向基层群众散发，让群众有话能说、好说。并规范“有事您说话”活动程序，从接听电话、事件办理、回访复查、接受监督等方面提出具体要求。区委成立了“有事您说话”监督办公室，公布了监督电话，2001年至2003年全区各级党员领导干部共接听电话2万余次，及时为群众解决了焦点、热点、难点问题。

“有事您说话”活动

五、“人性化服务”活动

2004年3月，区委、区政府在全区开展“人性化服务”活动，出台了实施意见和人性化服务活动考核方案。活动主要包括四方面内容：一是围绕居民日常生活开展便民利民服务，二是围绕居民就业开展职业培训、职业介绍、就业指导和再就业服务，三是围绕弱势群体开展社会救助和社会福利性服务，四是围绕居民家居环境开展社区净化、绿化、美化服务和楼院文化建设。2004～2006年，组成了560个志愿者服务队，87个社区共投资380多万元，购置图书5800册，健身器材60余套，建立348个活动场所。共为民排忧解难搞服务6000多件次，开发就业岗位1100个，安排下岗职工800多人。

六、“魅力桥东·感动社会‘百佳’人物”评选活动

2006年，桥东区开展了“魅力桥东·感动社会‘百佳’人物”评选活动。在评选内容上共分为“十佳文明市民”、“十佳和睦家庭”、“十佳好邻里”、“十佳基层公仆”、“十佳志愿者”、“十佳爱心人物”、“十佳创业明星”、“十佳尊老敬老人物”、“十佳党员”、“十佳少年”等10个单项，增强了评选工作的针对性和引导性。评选活动坚持自下而上分段进行，共分为宣传发动、推荐提名、考察初审、评审表彰4个阶段，最后区评选领导小组按照先进性、广泛性、代表性的标准，从150余名候选人中，确定出100名百佳人物。

第三节 文明单位创建活动

一、文明单位创建

1984年9月，区委、区政府召开了辖区千人大会，发出尽快把桥东区建成文明市区的号召，制定和颁布了桥东区文明单位验收标准，全区“两个文明”（即物质文明、精神文明）建设进一步深入发展。全区205个单位，达标单位135个，占总数的65.2%；文明单位82个，占总数的40%。1985

年，有12个单位被评为市级文明单位。1995年，有18个单位被评为市文明单位。1996～1997年，全区有105个单位参与创建，创市级文明单位25家，省级文明单位3家。1998～1999年，全区有111个单位参与创建，创市级文明单位34家，省级文明单位3家。2000～2001年，全区共有94家单位参与创建，创区级文明单位85家，市级文明单位34家，省级文明单位4家。2002～2003年，全区共有95家单位参与创建，创区级文明单位63家，市级文明单位36家，省级文明单位3家。2004～2005年，全区共有93家单位参与创建，创区级文明单位70家，市级文明单位39家，省级文明单位3家。文明单位创建活动以先进促后进，推动了城区的经济发展和社会事业进步。

二、文明社区创建

2000年7月，桥东区开展文明社区创建活动，制定了“创建文明社区活动实施方案”和“桥东区文明社区标准”。2001年，西元社区和文庙街社区被评为市级文明社区。2003年，有8个社区被评为区级文明社区，其中中北等4个社区被评为市级文明社区。2005年，有18个社区被评为区级文明社区，其中中北、牛市新街、申庄、西牛角4个社区被评为市级文明社区。

三、文明机关创建

为规范机关办公制度，在1985年开展“文明礼貌十字用语”规范活动的基础上，1996年6月，颁布实施了《桥东区机关形象三字经》、《文明用语和工作忌语》，推广实行了机关文明办公“五步曲”（一起立、二让座、三倒茶、四办事、五送客），进一步强化了机关文明办公制度。2000年6月12日到8月21日，桥东区进行了为期70天的以“讲学习、讲政治、讲正气”为内容的“三讲”教育活动，成立了领导小组，制定了详细的实施方案，并以提高各级党委对开展“三讲”活动重要性的认识为突破口，着重抓了领导班子的思想政治建设、党性党纪教育、廉政建设等10个方面的工作。区民政局制定的《创建文明机关30个怎么办》在全市推广，为全市民政系统树立了榜样，各县市区经常不断地到民政局参观学习。2000年10月25日，桥东区实行了机关干部下基层办公“3+2”（即每周5个工作日，3天在单位工作，2天下基层调研和搞好服务）工作制。2001年3月10日，桥东区印发了有区四大班子、两乡四处和65个职能部门领导联系电话的“有事您说话”小册子，大大方便了群众，提高了机关服务效能。

四、文明行业创建

从1997年10月起，按照省、市文明委工作部署，在“四职一纠”（即开展职业理想、职业道德、职业纪律、职业技能教育和纠正行业不正之风）竞赛活动的基础上，扩大范围，更换名称，在全区组织开展了创建文明行业“三杯”（即“文明执法杯”、“优质服务杯”、“便民利民杯”）竞赛活动，分别在全区执法部门、社会服务、垄断行业中开展。区文明办每年向社会各界群众印发评议票1000张，采取各个层面干部群众评议为主，对参赛部门“三职一优”（即职业道德、职业技能、职业纪律和优质服务）等行风状况进行评议，最后综合评比结果，分组排出名次，通报全区，并将结果呈市文明办审查。“三杯”竞赛活动的开展，有效地增强了各个行业开展职业道德教育，实行全程、全员、全方位规范化服务的主动性与积极性，使这些部门与行业的服务态度、服务质量、服务作风发生明显改观。

五、文明生态村创建

2003年底开始，区委、区政府结合辖区实际，以“经济发展、民主健全、精神充实、环境良好”为目标，以实现“五化”（绿化、硬化、亮化、净化、文化）为要求，采取分类指导，整体推进，重点突破的原则，把全区13个村分为典型示范村（南康庄、碾子头、大吴庄）、普及过渡村（淮家屯、楼下道、道口、北陈村、南陈村、新华村、北郭庄村）、基础较差村（柴家庄、东郭庄、小吴庄），进行分类指导，推进文明生态村创建工作。截至2006年底，全区13个村中有6个村基本完成文明村创建工作，其他村的村容村貌也有明显改观。

第八章　农村工作

改革开放以后，桥东区委、区政府结合辖区自身优势，按照因地制宜的发展思想，在农业产业结构调整、农村财务管理、农村社教、农村小康社会建设、农村基层民主政治建设、土地承包及延包等各项农村工作取得了可喜的成绩，农业经济和社会各项事业取得了长足发展。

第一节　农业产业结构调整

桥东区农村地处市郊，是典型的城郊型农村，共有2个乡，下辖13个农村，15个社区。1985年以后，随着城市化进程的不断推进，农村土地面积日益减少。到2006年，全区耕地面积减少到10000亩左右。为了使农民减地不减收，区委、区政府千方百计引导农民开展多种经营，大力推进农业产业结构调整。

在远郊农村，突出抓好特色种植及特种养殖，积极发展现代农业。种植业由过去单一的粮食种植逐步向成本低、效益高、无公害的绿色蔬菜、花卉苗圃等方向调整。商品蔬菜利用现在农业科技成果，由1980年的一年种植两季发展到1998年的一年种植三季，到2000年以后一般为一年四季。花卉苗圃主要以城市绿化、庭院美化为契机，大力发展广场草坪、街道观赏、室内花卉等植物。商品蔬菜年种植面积由1990年的3500多亩发展到2000年的8500多亩，产量58501吨，产值5927万元，主要分布在淮屯、柴庄、楼下道等村。花卉种植由过去的分散种植发展到规模型种植。2006年，花卉种植总数为110亩，产值达130万元，主要分布在三义庙、胡庄村等。养殖业，主要由1990年以前的农户分散放养、圈养向集约化、规模化发展，重点发展瘦型猪、肉牛、肉羊、蛋鸡、肉鸡、奶牛等。到2000年，具有规模型发展的有南康庄种猪、奶牛、肉牛特色养殖示范基地，南陈村杜波绵羊、波尔山羊养殖基地等。2006年，养殖业产值1073万元。

在近郊农村，按照“依托城市、服务城市、发展农村、造福农民”的工作思路，充分利用地理环境、物流资源、交通便利三大优势，努力发展第三产业。重点发展商贸、运输、仓储、旅游餐饮等服务型产业链，实现了农村和城市商品互补，既繁荣了农村经济，又保障了城市供给。2000年以后，桥东区相继建起了东牛角农贸市场，晋祠道钢材市场，母家场木材市场，五里铺、西牛角汽配、摩配市场，胡庄花卉市场等。这些市场的发展既为城市建设、居民生活带来了物质便利，为失地农民提供了就业机遇，又为周边县市区货物流通创造了商机。1998年第三产业营业额93472万元，2002年第三产业营业额210021万元，2004年第三产业营业额260220.2万元，2006年第三产业营业额368322.4万元。

第二节　农村财务管理

2004年以前，桥东区政府没有对农村财务管理出台过专门文件。因没规范性文件指导和制约，个别村居财务管理程序混乱，一些农村居民对财务管理存在着质疑。到2004年，区委、区政府下发了〔2004〕26号文件，对清理整顿农村、社区的资产、资源、资金，规范农村、社区财务运行程序进行安排部署，文件规定：全区各村、社区（指村转社区或有经济收入的居委会以下类同）全面实行“村（居）账乡（处）存，村（居）财乡（处）监管”，全区6个乡（办事处）全部实行封存账目，清产核资，建立新账。首先对各村（居）的资产、资源、资金进行彻底清理，并进行封存。然后，制定新的管理模式，使管理更加规范、透明、科学。为使此项工作真正落到实处，区委、区政府成立了区、乡、村三级领导机构，区委、区政府成立了由区委副书记刘俊岭任组长，区委常委、农工委书记赵炳旭、副区长何秀丽任副组长，区农工委、政府办、农业局、财政局、监察局、审计局等为成员单位的领导小组。下设办公室，办公室设在农业局。各乡、处和相关村、居也成立了相应机构，同时建立健全了乡、处农经站，配备了专门办公人员和办公场所，对相关人员进行了业务培训，印制了专用票据，建立健全了各项管理制度和岗位职责，主要包括：现金管理制度，定期记账制度，收支两条线制度，财务审批制度，集体资产管理制度，财务审计制度，财务公开制度，集体资产承包招标制度，预决算制度等。岗位职责主要包括：乡、村财务管理人员职责，会计出纳岗位职责，民主理财岗位职责等。

第三节　农村社教

1991年10月，区委、区政府根据中共中央“各地要用两三年时间，分批分期在农村普遍开展社会主义思想教育”的指示以及省、市委文件精神，桥东区对社教工作进行全面安排部署，成立了驻农村社会主义思想教育工作组。这次社教活动与过去的历次政治运动不同，要求必须在各级党委的统一领导下，有计划、有步骤、有安排的进行。是集思想教育、落实政策、组织建设于一体的一项重要工作。到1993年，经过各驻村工作组不懈努力，全区2个乡、4个街道办事处所辖农村全部完成了社教任务，基本达到了“以党支部为核心的组织体系得以健全，党的农村政策得到落实，妨碍农村经济发展的热点难点问题得到解决”的预期目标，全区农村实现了政治稳定，经济增长。

第四节　小康建设

1994年，桥东区按照省、市农村小康建设的要求，在全区全面开展小康社会建设。区委、区政府成立了以区委书记为组长，区长、主管农业的副书记、副区长为副组长，区直有关部门主要领导为成员的农村小康建设领导小组，下设办公室，具体组织，协调指导小康建设工作。各乡（办）、村也都成立了以党委或党支部书记挂帅的领导机构。根据省、市有关小康建设的指示精神，区委、区政府结合桥东区农村的实际情况，制定了《桥东区农村小康建设规划》，并经区五届人大常委会第10次会议审议通过。同年8月，从区直、乡（办）抽调40名有农村工作经验的机关干部组成奔小康工作队，奔赴全区43个农村、居委会开展工作。

桥东区在农村小康建设过程中，区委、区政府及时调整了农业产业结构，实施由种粮向种菜，由种植业向养殖加工业转移的“两个转移”发展战略，引导农民走向市场，走效益型农业路子，加快农业产业化、农村城市化、乡镇企业股份化进程。大力发展乡镇企业，上规模、上档次，加大投入，提高效益。利用近市优势，实施沿街治路开发的“两沿”发展带动战略，大力兴办第三产业。从而使农村经济实力明显提高，全区农民年人均收入增长20%以上。同时，主重抓好农村计划生育工作，保持农村人口低增长率，农村党建、村容村貌、社会各项事业都有了明显进步。

1995年，辛庄等9个村率先实现农村小康。之后，区委、区政府按照“分类指导、阶梯推进”的原则，以“巩固提高、督导促进、帮扶推动”的工作思路，由点到面大力推进小康社会建设。到1996年底，全区共有27个村（居）通过了省、市小康村验收，大梁庄乡所辖村全部实现小康，成为全市第一批小康乡。

1997年开始，在两乡实现小康的基础上，加大力度，促使办事处所辖有经济收入的社区（居委会）实现小康，从而加快小康区建设步伐。到1999年，全区43个有经济收入的农村、社区全部实现了小康。人均纯收入达到3500元以上，比1994年增长258%。

2000年，区委、区政府又制定了农村向宽裕小康迈进的规划，推动农村小康向高标准发展。

第五节　农村基层民主政治建设

1998年，根据省、市委提出的“系统、规范、配套地推进农村基层民主政治建设”的意见，桥东区委先后召开了常委扩大会、党政联席会以及三级干部会议，将中央、省、市会议精神及时传达贯彻落实到各乡、办事处及有关部门，明确了工作重点、任务目标和主要措施。按照省、市委有关文件要求，成立了由主管副书记任组长的基层民主政治建设领导小组和办事机构，加强了对农村民主政治建设的组织领导和综合协调，并配套出台了《邢台市桥东区农村基层民主政治建设纲要》和《桥东区基层民主管理条例》，使桥东区农村基层民主管理进入了由点到面、由单项管理到全面推进阶段。1999年，全区2个乡、4个街道办事处的凡是有经济收入和集体资产变更的农村居委会，全部实行村务、居务民主管理、民主公开，并且提高了管理水平，设立了意见箱、监督电话。

2001年，全区43个农村、社区、居委会的村（居）务公开内容和项目在原来基础上进一步拓展，公开项目由原来的12项增加到14项，财务公开达到逐笔逐项，并严格按照上级要求，每季度公开一次。区农工委在每季度月末和下季度月初，下基层进行村务公开大检查。2004年又出台了《桥东区村居财乡处监管实施意见》和《实施方案》，把财务管理和公开放在了突出位置，文件规定各村居发生的每一笔财务都要做到“三审一验”后方可公开，否则视为无效。用制度约束，提高了财务管理和财务公开的透明度。2004年10月，由区委农工委牵头，对全区2个乡、4个街道办事处的有关村、居的村（居）务公开进行了全面检查验收，全区村（居）务公开率达到了100%，群众满意率达到了95%以上，在村务居务公开方面多次得到市委的通报表扬。桥东区在抓好村（居）务公开的基础上，按照省、市“双基”建设要求，在全区各有关村居全面落实“一制三化”工作机制，强化了村、居党支部的核心地位，同时指导各村、居建立健全了村民会议、村民代表会议、民主议政日、民主评议干部、民主监督、民主理财、民主选举、民主决策等各项规章制度，使村、居民的各项民主权利得到落实。

第六节　土地延包

20世纪80年代初农村实行第一轮土地承包时，桥东区尚无农村。到1988年底，郊区被撤销后，其所辖大梁庄乡、东郭村乡划归桥东区管辖，两乡农村原土地承包沿用。1998初，区委、区政府根据中办［1997］16号文《关于进一步稳定和完善农村土地承包关系的通知》要求，对全区13个农村落实土地延包工作。是年，全区13个行政村全部完成了土地延包任务，土地承包合同、土地经营权证书入户率达到了98%。

第九章　统一战线

1984 年 2 月 13 日，中共邢台市委统战部决定：中共桥东区委设“统一战线工作部”（以下简称区委统战部）。1997 年 6 月 26 日，根据市编办字［1997］7 号文件精神，在区委统战部增设了“中共邢台市桥东区委台湾工作办公室”、“邢台市桥东区人民政府台湾事务办公室”。区委统战部的主要工作是，宣传党的统一战线（以下简称统战）方针政策，调动统一战线各方面成员的积极因素，争取人心、凝聚力量，最大限度的把方方面面的力量都团结起来，为桥东区改革、发展、稳定创造良好的社会环境。

第一节　统战对象

据区统战部第一次统计，1987 年桥东区统战对象有 13 个少数民族 4000 多人，其中原国民党起义投诚人员 8 名，非党知识分子 147 名。1989 年，统战对象的范围和人员都有所增加，党外知识分子增至 515 人，区人大代表中党外人士 54 人，政协委员中党外人士 76 人，领导干部 6 人，其他知名人士 20 人，民主党派成员 71 人，起义投诚人员 9 人，原工商业者 341 人，登记在册的台属 31 人，与大陆亲属取得联系的去台人员 29 人。随着非公有制经济的发展，1994 年在区工商局登记注册的个体工商户 3294 户，私营企业 16 家，总从业人数 7849 人。至 2006 年底，全区统战对象共有 24000 余人。其中：党外知识分子 1000 余人，党外干部 30 余人（县级干部 3 人，其他干部 20 余人），民主党派成员 300 余人，18 个少数民族 6000 余人，五大宗教信教群众 16280 人，登记在册的台属 49 户、207 人；与大陆亲属取得联系的去台人员 43 户、108 人，定居台胞 1 人，非公有制经济代表人士 100 余人（安排为市区人大代表、政协委员的 60 余人，安排为市区工商联会长、副会长、执委的 40 余人）。

第二节　统战宣传

1984 年起，区委以凝聚人心、化解矛盾为主旨，广泛宣传党的统战政策和“和平统一、一国两制”的基本方针，为大团结大联合统战局面的形成提供舆论支持。1985 年，区委统战部与区政协联合举办了为期两天的统战理论学习班。乡、办事处主管统战工作的副书记、副主任、文教卫生系统及工商企业的负责人 50 余人参加了学习。1987 年，区委统战部还聘请了基层统战联络员 60 名。1989 年 12 月 30 日，中共中央《关于坚持和完善中国共产党领导的多党合作和政治协商制度的意见》（中央 14 号文件）颁布后，先后利用召开各界人士座谈会、举办统战干部学习班，在街道、村利用办黑板报、宣传栏等手段进行广泛宣传。1995 年，开展了纪念抗战胜利 50 周年活动。邀请老红军、老战士及各界代表人士参加“纪念抗战胜利 50 周年”座谈会，回顾抗战历程，勿忘国耻，警示后人；组织各界代表人士 20 余人到邯郸晋冀鲁豫烈士陵园进行纪念活动，并参观了“抗日军政大学旧址”。1997 年，开展了迎香港回归系列活动。会同有关部门联合举办了“我盼祖国统一”爱国教育活动；组织全区干部职工参加了由市委统战部等单位联合举办的“凰家杯”迎香港回归知识竞赛；组织全区各民主党派、无党派人士参加了迎回归诗歌演唱会；举办了迎香港回归书画展。2001 年 8 月，区委统战部举办了台湾形势报告会，区直各部门负责人、乡、办事处主管统战工作的副书记、区武装部有关人员及辖区内的台胞、台属参加了会议。会上，由区台办主任向大家讲述了台湾的有关情况和对台工作方针。2002~2006年，区委统战部每年都为桥东区的中学师生举办一次“热爱祖国、反对台独”报告会。5年内，共向1000余名师生讲解了“台湾概况”、“台湾问题的由来和实质”、“台独分子的台独手段以及中央的对台政策”等内容。2005年，《反分裂国家法》颁布以后，区委统战部先后三次组织统战对象学习《反分裂国家法》。1990~2006年，共举办统战知识竞赛活动8次，区四大班子成员、区直各部门、各乡办事处干部职工、桥东区中学师生以及台胞台属、非公有制经济代表人士等社会各届人士5000余人参与了答题活动；举办统战理论培训班100多期，座谈会100余次，报告会20余次，向全区干部群众、社会各界人士宣传党的宗教政策法规、对台知识等统战方针政策知识。1989~2006年，桥东区统战工作信息在邢台广播电台广播5篇，邢台市《晨报》、《牛城晚报》选登10篇，邢台电视台播放2篇，市统战部统战信息刊登50余篇，省统战部刊登统战信息6篇。

第三节　发挥统战优势

一、献计献策

1996年8月，区委统战部与区招商局联合召开经济发展座谈会，邀请外商、外地企业家与桥东区经济界人士参加，相互交流经济信息，洽谈合作意向。1997年5月，区委统战部牵头组织召开市各民主党派、工商联、台联、侨联的领导和经济界人士以及区主管经济工作的副书记、副区长、经济部门负责人共同参加的座谈会，通报全区经济发展情况和目标，要求各民主党派、工商联、台联、侨联人士发挥自身优势，为引进资金、技术、人才牵线搭桥，为桥东区的经济发展献计出力。1998年5月，区委统战部组织市各民主党派、工商联、台联、侨联懂经济、懂技术的负责人到区华龙人造板机械制造厂考察。区政府经济部门、开发区有关部门和华龙人造板机械制造厂负责人分别介绍经济发展方面情况后，采取座谈方式请他们对全区、开发区和华龙制板厂下一步发展发表意见和建议。有2名民主党派的经济技术人员，当场被华龙人造板机械制造厂聘为智囊团技术顾问。同年5月，区委统战部邀请邢台市驻区大厂矿统战部门的领导考察桥东区所辖的乡镇，就乡镇企业如何发展听取他们的意见。1996~2002年，区委统战部多次邀请市各民主党派、市工商联、台联、侨联懂经济、懂技术的负责人到桥东区考察，为桥东经济发展献计献策。他们提出了许多有价值的意见和建议，有些意见和建议先后被有关单位和企业采纳，为桥东区的经济发展起到了一定的推动作用。

二、引进项目

区委统战部充分发挥统一战线海外联系广泛，朋友众多的优势，积极开展对外宣传，主动为台胞台属、海外人士提供服务，通过真诚服务，吸引了台商投资。1991年，67岁的台胞张玉板投资5万美元同“办通印制板厂”合资兴办“邢台市张氏电路有限公司”，总投资53万元，其中固定资产42万元，流动资金11万元，于第二年正式投产。同年，台胞霍世才投资100万元，让其弟霍世彬办起了“牛城骨科诊所”。1992年，台胞张玉板进一步了解了桥东区投资环境和优惠政策后，又投资20万美元与“广厦装修公司”合资兴办了“广厦房地产开发有限公司”。1998年，台胞毛中芳投资25万美元兴办了“忠义圣诞红花卉种植场”。

三、开展免费义诊

2000年，桥东区碾子头中医院院长、民革成员张步瀛为区内非党知识分子、台胞台属进行了体检。2002年民进会员、桥东区医院院长带领该医院7名骨干医生，为北郭庄村村民进行了免费诊断服务活动，使60多名村民得到了免费诊断。2003年，区医院又为北郭庄村小学129名学生、9名教师进行了义诊服务。医生对查出病情的人都提出了治疗建议。

四、海外联谊

桥东区第一届海外联谊会于1994年8月8日成立，设立会长1人，聘任副会长4人，秘书长1人，副秘书长2人，成立了第一届理事会，共有理事37人。海联会成立后，从多方面开展了工作，扩大对外联系，为“三引进”牵线搭桥，同时积极兴办实体，于1994年底筹办了“海联五金经营部”等。

第四节 对台工作

改革开发后，随着两岸关系的不断改善，两岸的交往日益频繁。1989年，区人大代表赵秀珍到香港与生活在台湾的胞兄会面。同年，台胞石成珠回乡探亲，1990年应其要求把他与妻子儿女团聚度佳节的录像捎到了台湾。同年，台胞毛忠秀携妻子女儿回乡探亲，为大梁庄乡三义庙村小学捐款1000元作为修缮费用。2004年，台属王铁山去台探亲，区委统战部精心制作了一套反映桥东风貌的照片，让他带给台湾的亲人，希望以此勾起台胞的思乡之情，增强他们对祖国统一的认同感。1988～2002年，区委统战部共接待到邢台探亲的台胞67人次。每次台胞回来探亲，区委统战部领导都及时去探望，同时向他们介绍家乡的发展变化、投资环境、优惠政策，用乡情、亲情打动他们，激发他们的爱国热情，促使他们为家乡经济建设出力。

区委统战部积极为台胞台属办实事，帮助解决实际困难。1988～1989年，办理了10封来自台湾找亲人的信件，经过访问、座谈使6封信有了下落。1995年，协助台属张志敏落实了宅基地；帮助台属李雪冰从事蔬菜经营以解决生活困难；协助赵文豹与去台10多年的舅舅取得了联系。1996年，协助台胞钱慕藩办理定居手续；帮助台属毛忠义解决了推迟还贷款的问题；帮助台胞杨绍文找到了邢台的亲人杨绍武。2003年，帮助台属王铁山办理有关去台手续。2006年，为台属边志伟出具台属证明信等等。

第十章 政 法

1983年，中共桥东区委设政法委员会，设书记1名，秘书1名，负责协调政法案件，接待涉法信访，汇总政法部门情况。1987年，在机构改革中撤销了政法委员会，建立了区委政法领导小组，下设办公室，办公室有秘书1人。1990年，撤销政法领导小组，恢复政法委员会，设书记1名，副书记1名，科员1名，共3人组成。负责全区政法工作，协调政法案件，接待涉法信访，抓政法队伍建设，加强社会治安综合治理，制止非法宗教，铁路护路，维护稳定等工作。

第一节 政法队伍建设

1983年区政法委成立后，即对全区152名政法干部、干警进行四项基本原则教育和职业道德教育，结合政法工作实际，纠正各种不正之风，组织各政法部门进行作风纪律整顿，把严格执法教育作为开展党风警风、职业道德和纪律作风教育的核心，增强干警在商品经济条件下拒腐蚀、抗干扰的能力。为进一步提高广大干警的理论素质和办案水平，1986 年，开展了整顿纪律作风活动。教育干警依法办事，抵制和纠正不正之风。1987 年，组织政法队伍开展业务培训，参加培训人员达 800 多人，以“四个做到”（做到廉洁奉公、秉公执法、忠诚积极、文明礼貌）、“七个不准”（不准打骂群众、不准白吃白拿、不准酗酒、不准调戏妇女、不准滥用警械刑具、不准刑讯逼供、不准徇私枉法）为准则，抓了纪律作风建设，防止和纠正要特权、执法犯法、刑讯逼供、以权谋私等问题。1988 年，对干警进行形势教育和廉洁奉公、为人民服务的宗旨教育。1989 年，开展以纠正“办事不公、以权谋私、执法犯法”为内容的整顿活动。1995 年，在全区政法干警中广泛开展学理论、学法律、学经济、学科技的“四学活动”。同时，根据中央及省、市政法部门的指示精神，结合本地实际，对照中央政法委“三条禁令”（绝对禁止政法干警接受当事人请吃、喝，送钱物；绝对禁止对告状求助群众采取冷漠、生硬、蛮横、推诿等官老爷态度；绝对禁止政法干警打人、骂人、刑讯逼供等违法违纪行为），组织纪律、作风整顿工作，开展“为人民服务大讨论”教育活动。随着全区政法队伍的不断扩大，把 2002 年确定为“政法机关作风转变年”，在全区政法各部门和全体政法干警中广泛开展争创“人民满意政法单位”，争当“人民满意政法干警”活动。2004～2006 年，每年一个主题，分别开展了“执法为民树形象”、“执法大检查”、“树形象、强素质、上台阶”为主题的“树、强、上”等一系列活动。有效地促进了政法队伍健康成长，使全区政法队伍由小到大、由弱到强。到 2006 年，全区政法干部、干警达 480 人。

第二节　社会治安综合治理

1991 年，根据上级要求，区成立了由一名区委副书记为主任，区人大、区政府、区政协主管领导为副主任，29 个区直部门领导为成员的桥东区社会治安综合治理委员会，并下设办公室，为正科级常设办事机构，与政法委合署办公，一个机构两块牌子，政法委副书记兼综治办主任，设综治办副主任 1 名，科员 1 名。区委、区政府制定了《桥东区社区治安综合治理部门分工责任制》（试行）和《关于乡（办事处）区直各部门社会治安综合治理考核评比奖惩办法》。同年，在各乡、办事处也成立了相应机构，单独列编，从公、检、法、司抽调优秀干部到乡、街道办事处任专职综治工作的党委副职，定为副科级。在区直有关部门，以及各村、居委会都成立了综治领导机构，有力地推动了综治工作的全面开展，在全区形成上下贯通，横向到边，纵向到底的社会治安综合治理组织网络。随之，制定了《桥东区社会治安综合治理五年计划》和《桥东区社会治安综合治理部门分工目标责任制》，把社会治安综合治理纳入全区总体目标管理的内容，实行目标责任制，与经济工作、党建工作同部署、同检查、同考核、同奖惩。

1994 年，区委制定《关于加强社会治安综合治理责任制意见》，明确各级党政主要领导负总责，把社会治安综合治理、确保一方平安同其政绩考核、晋职、晋级和奖惩直接挂钩，对社会治安出现问题的乡（处）和单位，视情节轻重，给予整改建议、黄牌警告、经济处罚、一票否决、党政警告和直至追究法律责任。为加强基层基础工作，又制定了《加强社会治安综合治理基层基础工作的意见》，开展了“双基、双治、双稳定”活动。加强以基层党支部为核心的基层组织建设和“两所一庭”（派出所、司法所、基层法庭），“两会一队”（村、居治保会、民调会和治安联防队）等基层群众自治组织建设，增强一线防范能力。

针对违法犯罪逐步低龄化的特点，为预防青少年违法犯罪，1998 年在全区开展“为了明天”系列活动。在全区中小学设立专职或兼职法制副校长职位，从公、检、法、司抽调优秀政治干警，聘为学校课外辅导员，对学生定期开展各种形式的法制宣传教育，做到课时、师资、教材三落实，区属学校无一在校生违法犯罪。1999年，对校园周边环境进行常年性的治理，取缔了中小学校周边200米内所有的歌舞厅、游戏厅、“网吧”等活动场所，为青少年健康成长创造了良好的社会环境。

1998～2000年，在全区开展了为期3年的基层安全创建活动，使居民小区、机关、学校、商场、市场创安率达到90%以上，基本上达到了发案少、秩序好、群众满意的目标。

2001年后，在全区开展了民间矛盾纠纷排查调处工作，在此基础上经过不断探索和完善，初步形成社会矛盾纠纷排查调处体系。2003年成立桥东区矛盾纠纷调处领导小组，下设立民间矛盾排调、治安隐患排调、信访隐患排调和群体性事件隐患排调4个专项领导小组及办公室，坚持日常排调和集中排调相结合，在每年重要节日和国家重要活动期间开展集中排查调处工作，矛盾纠纷排查率和调处率分别达到100%和98%，有利地缓解了社会各种矛盾。此项工作开展以后，全区没有发生一起政治性事件，没有群体性事件，没有矛盾纠纷激化，没有重大事故和民转刑案件。

2005年，根据上级安排广泛开展了“平安建设”。在这次建设活动中为建设“平安桥东”，大力构筑了“两大体系”。一个是治安防控体系建设，另一个是人民调解、行政调解、司法调解“三位一体”的矛盾纠纷排调体系。2006年，通过整合警力、政府购买公誉岗位招录治安巡防队员，成立治安巡防队，夯实基层等手段，在社区大力发展志愿者队伍，使两大体系初见成效，社会治安进一步加强。

第三节　铁路护路

根据上级要求，1997年桥东区成立铁路护路领导小组及联防大队，维护沿线治安秩序，搞好沿线村、居委会居民安全教育宣传，到2006年，共发放宣传资料万余份。每年重要节假日和全国重要活动期间加强值班守卫。作好铁路调度提速和清理铁路沿线废品收购站点工作。

2002年，区政府拨专款盖了20平方米护路岗亭，制定各项规章制度，严格交接班，使铁路护路工作走向正规化。

第十一章　老干部工作

1984年7月，桥东区成立了老干部局，设局长1人，工作人员5人，管理离休干部81人。主要工作是根据省、市文件精神，落实老干部政治待遇、生活待遇，为加强老干部工作，建立和完善了老干部工作汇报制度、重大节日走访制度、目标管理责任制、在职领导干部联系老干部制度。22年间，桥东区多次被市委、市政府评为老干部工作先进单位。

第一节　老干部管理

1984年，区老干部局管理的离休干部81人，其中老红军6人，14级以上干部7人，18～15级的干部41人，一般干部27人。1995年，桥东区对离、退休干部实行了统一管理，并制订了《关于对离退休干部实行统一管理的意见》，在坚持“统一指导，分级管理，原单位负责”的原则基础上，做到了“六个统一”，即统一组织学习、统一建立党组织、统一使用服务设施、统一组织活动、统一发挥作用、统一开展综合服务。按照老干部"自我教育、自我管理、自我服务"的工作原则，1986 年成立了区老干部协会，在全区建立了老干部协调员小组长管理网络。

2006 年底，全区离、退休干部 494 人，其中离休干部 68 人，退休干部 426 人。为了方便管理，根据家庭住址把全区离、退干部分为 4 个大片，8 个小组进行管理。

第二节　老干部待遇

一、落实政治待遇

建立老干部的阅文制度。为了进一步落实老干部的阅文制度，使老干部按照规定能看到党的文件，自 1986 年始，把全区老干部按住处就近分片划为 8 个组，这些组既是老干部阅文组，又是活动组，选配了 16 名老干部任组长，规定每月 2 个阅文日。组长负责召集组员，凑到行动不方便的老干部家里，集体阅读或是组长亲自拿文件读给卧床不起的老干部听，使 85% 以上的老干部及时看到了党的文件，了解党的方针、政策和国家大事。

建立健全离休干部党员组织生活制度。1986 年，桥东区各单位离休、退休干部中的党员，原单位的党组织负责将他们编入支部，定期过党的组织生活；异地安置在桥东区的党员离休干部单独建立党的组织，居住分散的编入街道、村党支部参加党的组织生活。为了进一步加强老干部党员组织建设，1995 年 11 月组建了"桥东区老干部工作委员会"，区机关和各乡（处）又分别成立了 6 个基层老干部党支部。区老干部局每月 25 日召开党支部书记例会，会议内容以宣传党的方针政策、领导讲话、区情及老干部局工作情况为主，确保老干部能及时了解国情、区情、民情。

为老干部征订党报和刊物。1986 年始，每年为 18 级以上的老干部订《人民日报》1 份，每人订《老同志之友》刊物 1 份（后改为《老人世界》），为 18 级以下离休干部每人订《邢台晨报》1 份（后改为《牛城晚报》），外地安置在桥东区的 18 级以下的干部订《河北日报》1 份。

保证老干部参政议政。从 1986 年始，桥东区凡举行党代会、人代会等重大活动，都邀请原区级离退休领导干部参加。区委、区政府每逢重大决策之前，都召开座谈会，听取和采纳老干部的意见和建议。

二、落实生活待遇

区委、区政府一贯坚持老干部生活待遇略微从优及特事特办、优先安排原则，保证离退休老干部生活待遇的落实。

1984 年起，区政府将老干部经费单独纳入财政预算。根据省、市文件精神，每年按每个离休干部 150 元提取特需经费，将 50% 上交市委老干部局统一掌握使用，50% 留区老干部局用于本区离休干部的特殊困难及会议、文体活动、重大节日慰问等项开支。同年，市委分配给桥东区老干部局小汽车 1 部，以切实保证离休干部用车。

1986 年，区机关还调整了 3 间办公室作为老干部活动室，购置了棋、乐器、球类等娱乐用具，增添了一些刊物、报纸，丰富了老干部文化生活，增进他们的身心健康。

1987 年，桥东区委为机关老干部解决了住房问题，为老干部 4 名子女安排就业，1 名参军入伍，为身边无人照料的老红军的孩子办理市民户口。1989 年，区老干部局帮助 2 名离休干部解决了住房问题。

在医疗方面，对老干部医疗费实报实销。为了保证离休老干部身体健康，区老干部局从 1985 年始，每年组织离休干部进行身体健康检查，并在桥东区医院和市第一医院设立了家庭病床 20 张，专门为老干部使用，大大方便了辖区内老干部的就医和保健的需要。1994 年，桥东区专门成立了老干部门诊，门诊医务人员积极为老干部服务，对老红军和行动不便的老干部实行巡诊制度。为了加强离退休干部公费医疗管理，同年 12 月，桥东区成立离休干部医疗费管理小组，并制定《桥东区离退休干部公费医疗管理办法》（试行草案）。2002 年，根据上级文件精神对 78 名离休干部护理费标准进行了调整，为离休干部办理了优待证，为退休干部办理了优惠证。2006 年，根据邢东办字〔2006〕1 号文件，再次为 58 名离休干部调整了护理费，并安排老干部季节性输液 85 人次，受到广大老干部的欢迎。

为了方便老干部的出行，2006 年，区老干部局协同市老龄委、市劳动和社会保障局为 71 名离休干部和 85 名退休干部办理了“金晚霞老年健康随行卡”，卡中填有姓名、家庭电话、应急联系人电话等内容，使老干部在紧急情况下及时得到救助，把温暖送到他们的生活里。同年，将处属企业 2 名离休干部的离休费纳入区财政开支，从根本上解决他们生活的后顾之忧。

第三节 老干部活动

1985 年，为了活跃老干部文化生活，与桥西区老干部局联合举办老干部象棋友谊赛。

1986 年，区老干部局成立了由 13 名老干部组成的老年门球队。同年，组织 80 多名老干部到荣国府、正定大佛寺参观。

1987 年，组织 80 余名老干部到苍岩山春游。秋季，到邯郸参观黄粱梦、丛台和烈士陵园。

1989 年，投资 2000 多元，在人民公园建起了一个门球场，使区老年门球队有了自己的活动场地。

1990 年 4 月，组织老干部到正定春游活动。9 月，又参观了临城溶洞。还参加了市老干部局组织的象棋比赛。

1991 年，区举办了老年门球邀请赛，邀请全市水平较高的 8 个队进行了友谊比赛，桥东区作为东道主取得了第二名的好成绩。另外，老年门球队还去邯郸与邯山区门球队进行了友谊赛。重阳节，组织老干部去达活泉公园开展游园活动，观看京剧和电影《周恩来》。

1992 年，组织老干部参观了市体育馆、清真寺和前南峪抗大纪念馆，到张果老山搞爬山活动。

2002 年，组织 70 多名老干部到河南参观岳飞庙。重阳节时，组织 200 多名老干部在人民公园举行联欢庆祝活动。

2004 年，组织全区 48 名身体健康的离休干部春游，先后到柏乡县的汉牡丹园、赵县的柏林禅寺、赵州桥参观。

2005 年，在纪念抗日战争暨世界反法西战争胜利 60 周年之际，区老干部局组织了全区 42 名身体较好的离休干部到前南峪参观了抗大纪念馆和生态植物园。同年 7 月，为了陶冶情操、营造浓厚的文化氛围，经区委老干部工作领导小组同意，成立了桥东区老年书画协会。

2006 年，组织全区 43 名身体比较好的离休干部春游，先后参观了安阳甲骨文发现地——殷墟和河南林县的红旗渠。为了使老干部老有所乐、延年益寿，组织老干部挥毫泼墨，制作出书画精品 85 幅，在市科教图书馆举办了为期两周的老干部书画精品展，参观人数达 1300 多人，收到良好的社会效果。

第四节 老干部发挥余热

老干部离休后不忘党的事业，有强烈的工作热情。1986 年，成立区老干部协会，他们有一分光发一分热，在力所能及的范围内，继续发挥余热。有些老干部在街道居委会担任职务，积极搞民事调解工作，1986～1988年共调解民事纠纷100多起，为维护社会稳定贡献了力量；有些老干部帮助街道办摊点、小商店，方便了居民生活。到1987年，本辖区在社会发挥作用的老干部有59人，其中义务统战联络员18人，食品卫生检查员6人，做教育青少年工作7人，在医疗机构行医2人，帮助街道搞卫生、民调4人，在街道任职的8人，帮助做老干部工作的14人。1989年，由几名老干部成立了桥东区老年婚姻介绍所，这是当时全市唯一的一个义务婚姻介绍所，到2006年共登记1625人，邢台电台给予了报道。1991年，南方遭受特大洪水灾害，老干部协会立即号召全区离退休干部向灾区捐款1319元。在“六一”前夕，老干部协会向清风小学进行了赠书活动，共赠书150册。

老干部为少先队员讲述革命斗争史

1992年，桥东区成立了关心下一代工作委员会（以下简称区关工委）。区关工委成立后，通过对全区失足青少年摸底统计，落实帮扶对象。选派老干部通过和青少年交朋友、结对子，言传身教，挽救教育好失足青少年8人。2002年，区关工委和教育局先后组织2000多名学生到邯郸冀鲁豫烈士陵园、前南峪抗大纪念馆参观学习，激发了青少年爱国、爱党的热情。2003年，在各乡、办事处成立了关心下一代工作领导小组，形成了区、乡（办）、学校、企业等各级关工委组织网络。区关工委和区文教局在全区组织中小学赠书——《燕赵火炬》仪式。区关工委与区团委、教育局组织了救助贫困青少年捐款活动，共捐款9763元，救助青少年32人。桥东区关工委被市委、市政府评为关心下一代工作先进集体。2004年5月，区关工委和少工委在马路街小学开展了“星火映家园”活动。活动中，3名离退休干部为少先队员讲述了革命传统故事和邢台革命斗争史，同时向全区少先队员发出了做“民族精神星、映亮家园一片”的倡导书。该活动在《牛城晚报》刊登，邢台电台、河北电台也予以报道。2005年“6·26”国际禁毒日，区关工委在区中小学、幼儿园，以“校园拒绝毒品”为主题，开展禁毒、防毒系列宣传教育，教育学生珍惜生命，远离毒品。

到2006年底，区关工委指导建立基层关工委组织7个，建立家长学校15所，开辟教育基地3个，共举办报告会60余场，每年暑期都举办少年夏令营、手拉手、读好书、办好事等活动，让中小学生参与社会实践，在第二课堂中受到教育。

第十二章　信　访

1991年2月，区委成立信访科，主要负责接待人民群众来信来访，办理上级信访部门转来的信访案件。1994年7月，信访科与纪委合署办公。1995年7月，撤销信访科，建立区委信访局。1996年5月机构改革，由区委信访局改为区委、区政府信访局（以下简称区信访局），其主要职责是负责全区信访工作，受理本区来信来访和上级信访部门转来的信访案件，办理上级机关转办的信访案件，分析信访情况，向区委、区政府报告。1991～2006年，区信访局不断创新工作思路，坚持一手抓畅通信访渠道，一手抓信访问题解决落实，将大量群众反映的热点、难点问题解决在基层，化解在萌芽状态，多次被市委评为信访工作先进单位。

第一节 信访接待

1991年，区委成立信访科，当年共受理群众来信来访103件次。1992年共接访86件次。1993年共接访145件次。1994年共接访167件次。1995年共接访189件次。1996年，成立区委、区政府信访局，当年共受理群众来信来访210件次。1997年，共受理群众来信来访243件次。1998年，全区信访量出现较大反弹。1999年，为进一步畅通信访渠道，引导群众依法逐级有序上访，桥东区委、区政府在全区实行区级领导接待日制度。规定每月5日为区级领导接待日，由区四大班子领导轮流接待，区委办公室、区政府办公室、区经济局、区人劳局、区政法委等有关部门陪同接待。区级领导接待日的建立，产生了良好社会效果，各级各部门责任意识进一步强化，群众依法逐级上访的观念进一步增强，全区信访秩序明显好转。2001年，进一步改进领导接待制度，区委、区政府在认真总结以前经验的基础上，对区级领导接待日做了进一步调整，规定每月10日为区四大班子主要领导集中接待日，每周二为其他区级党政领导轮流接待日，并制作了公示牌，将接访时间、地点、接访领导、接访程序向群众公开。2002年，为进一步畅通信访渠道，区委、区政府规定每周三为乡（街道办事处）级领导接待日，将信访接待延伸到了乡（街道办事处）一级。2003年9月，为从源头上减少信访量，区委、区政府在全区15个重点村、社区设立村级信访接待室，实行村干部轮流值班接访制度。同年，15个重点村信访量明显下降，有的村实现了零上访。2004年初，全区所有村、社区均建立了村级信访接待室，实行村、社区干部每日轮流值班制度，桥东区实现了三级信访接待网络，把信访接待制度真正延伸到了最基层。省、市领导对此给予了高度评价，并多次到桥东区进行调研。同年底，区委、区政府重新修订并下发了《关于信访工作责任追究的意见》，进一步明确了各级领导在信访稳定工作中应负的责任，并在依法规范信访工作的基础上，开展集中调处信访疑难案件和依法治理信访秩序的活动，促进了全区社会政治的安定。2005年9月，进一步强化区直各部门信访接待工作。首先在区纪委、区经济局、区民政局、区文教局、区人劳局、区计生局、区建设局、区水务局、区卫生局、区民宗局等10个区直部门建立了领导接待日制度，明确了主管领导和工作人员。区直部门领导接待日的建立大大缓解了全区信访工作的压力。同年，为进一步规范和完善各级领导接待日制度，区委、区政府印发了《桥东区领导信访接待日制度实施细则》，使领导信访接待日制度实现了制度化和规范化。通过采取首问责任制，落实领导包案责任，加大督办、催办力度，强化部门协调联动等措施，信访工作实现了“打基础、抓基层、创一流”的工作目标。从1991年2月至2006年12月，全区信访总量3341件次，其中群众来信69件、来访3272件次。按程序办结3010件，办结率达90%以上。

1996～2006年桥东区人民群众来信来访情况统计表

时间	总量（件次）	其中		办结情况		年度群众反映较为普遍和突出的信访问题
		来信	来访	办结	办结率%	
1991	103	2	101	91	88	民事纠纷46件，土地问题32件，经济纠纷25件
1992	86	3	83	74	86	民事纠纷32件，土地问题27件，经济纠纷27件
1993	145	2	143	128	88	民事纠纷76件，土地问题24件，经济纠纷45件
1994	167	3	164	160	96	民事纠纷82件，土地问题64件，经济纠纷21件
1995	189	1	188	174	92	民事纠纷107件，土地问题54件，经济纠纷28件
1996	210	4	206	189	90	民事纠纷88件，土地问题112件，经济纠纷10件

时间	总量（件次）	其中		办结情况		年度群众反映较为普遍和突出的信访问题
		来信	来访	办结	办结率%	
1997	243	2	241	230	95	土地问题106件，民事纠纷44件，检举揭发10件，经济纠纷24件，劳资问题51件，计划生育8件
1998	335	8	327	308	92	土地问题114件，检举揭发32件，民事纠纷61件，经济纠纷60件，劳动人事问题56件，优抚救济12件
1999	364	10	354	338	93	土地问题124件，检举揭发15件，纠纷159件，工资劳保问题58件，申诉类8件
2000	322	7	315	289	90	土地宅基地162件，检举揭发48件，纠纷62件，申诉类30件，工资劳保10件，社会治安10件
2001	275	8	267	253	92	土地宅基地104件，检举揭发4件，纠纷31件，工资劳保40件，申诉类76件，优抚救济12件，就业安置8件
2002	246	4	242	226	92	土地85件，检举揭发29件，纠纷27件，社会治安2件，工资劳保47件，申诉类36件，优抚救济20件
2003	182	2	180	169	93	土地78件，检举揭发27件，纠纷14件，工资劳保33件，社会治安8件，申诉类20件，优抚救济2件
2004	146	6	140	132	90	土地66件，检举揭发12件，纠纷9件，申诉类17件，工资劳保30件，社会治安2件，组织人事10件
2005	125	5	120	120	96	土地38件，检举揭发12件，纠纷20件，申诉类27件，工资劳保23件，组织人事5件
2006	134	2	132	129	96	土地37件，检举揭发26件，纠纷14件，申诉类23件，工资劳保20件，社会治安6件，组织人事8件

第二节　信访案件查处

桥东区信访案件办理遵循“分级负责、归口办理”原则，办理方式分交办、转办、自办、督办、催办等，一般以交办、转办、督办为主。1996年开始，对重点信访案件实行领导包案责任制，对一些疑难信访案件，通过采取召集有关部门或单位协调调度的办法，联合办案，共同处理。从1997年起，对区领导接待批办的案件和市以上领导交办的要结果、要回执信访案件实行了《信访答复意见书》制度。同时，对处理信访事项时限做出明确规定。对进入司法程序的信访案件，党政机关一般不受理，动员群众到司法机关反映。中央、省、市部门和领导批示交办的要结果、要回执信访案件，都是经区主管领导签字后，区信访局按照类别、时间等做好台账登记，本着慎重、妥善、快速、优质的精神，组织有关职能部门或单位集中时间、集中人力从速解决，确保按期按要求查结上报。对区领导批办案件，桥东区信访局都作为要结果案件处理。对社会热点问题、涉及两个以上部门或单位、工作难度较大的复合型等重点疑难信访案件查处，通过协调、会商解决办法，确定主、协办单位及责任人。2003年，推行了信访“四卡”和“二书”制，即区级领导信访接待案件受理卡、区级领导信访接待案件反馈卡、区级领导信访接待案件督办卡、区级领导信访接待案件终结卡和信访双向责任书、信访答复意见书。2005年8月，区委、区政府按照中央要求，建立联席会议制度，实行了联席会议集中调度处理信访案件的办法，集中调度处理拖而不决的信访案件和上访人不服、乡（街道办事处）或区直部门难以解决的的复杂信访案件。1996～2006年，中央、省、市三级交办的157件要结果、要回执信访案件的按期结案率和年终结案率均为100%，无信访积案和错案。区领导批办案件共计680件，办结624件，结案率92%。区信访局自办案件729件，其中直接答复381件，亲自查办216件，组织有关部门调查处理132件。

1996～2006年上级交办及区领导批办案件情况统计表

时　间	中央、省、市交办案件			区领导信访接待日批办案件		
	交办数（件）	办结数（件）	结案率（%）	交办数（件）	办结数（件）	结案率（%）
1996	6	6	100	68	64	94
1997	9	9	100	36	30	83
1998	12	12	100	30	24	80
1999	9	9	100	65	61	94
2000	9	9	100	79	69	87
2001	7	7	100	68	62	91
2002	27	27	100	74	71	96
2003	12	12	100	64	64	100
2004	25	25	100	72	72	100
2005	21	21	100	56	56	100
2006	20	20	100	68	68	100

第三节　依法治访

1996年，桥东区信访局将《中华人民共和国信访条例》、《河北省信访条例》、《河北省逐级信访制度》等信访法规编印成6000余册宣传小册发至各乡（街道办事处）、区直各部门及有关企业，并组织乡（街道办事处）、村在主要街道、公路两侧书写信访法规宣传标语，广泛宣传信访法规；同年，区成立了法制教育中心，对违法上访人员进行法制教育。2002年10月，桥东区信访局又印制了1000张《信访法规知识摘要》宣传品发至各乡（街道办事处）、村、区直各单位进行张贴宣传。2003年初，区委、区政府制定印发了《关于依法规范信访秩序的意见》等文件，通过采取领导亲自抓、职能部门配合等多种手段，加强对信访法规的宣传，大力整顿全区信访秩序，使信访人进一步明确了权利和义务，让群众懂法、守法、依法信访。2004年4月，区委、区政府对多次违法组织越级集体上访、严重干扰机关正常办公秩序者进行劳动教养。1996～2006年，全区共对4批7人违法上访及闹事人员进行了强化法制教育和治安处理，同时对有关责任人给予党纪、政纪处分，有效地维护了全区信访秩序。

第十三章　党校教育

中共桥东区委党校始建于1989年8月，1998之前与区委宣传部合署办公，1998年独立。区委党校主要承担全区党员干部理论培训、轮训工作。自建立以来，认真贯彻《中共中央关于加强学校教育工作的通知》和《中国共产党党校工作暂行条例》，坚持为党的中心任务和基本路线服务，党校教育逐步走上正轨，培训干部的重要阵地和党性锻炼的大熔炉作用得到较好发挥。1998年至2006年，区委党校共举办各类培训班42期，共培训干部2724人（次）。

第一节 理论培训与素质教育

1998年，举办培训班3期，培训人数共114人。有“后备干部培训班”、“青年干部培训班”和“村支部书记培训班”。培训内容有：《邓小平理论》、《农村基层组织建设》、《农村基层民主建设与法制建设》、《中共中央关于农村和农村工作重大问题的决定》、《廉政建设》、《关于农村稳定工作》。

1999年，举办培训班4期，参训人数共140人。有“农村党支部书记任职资格培训班”（举办2期）、“1999年桥东区年轻干部、新提拔干部培训班”、“桥东区公务员培训班”。培训内容有：《科教兴农和可持续发展战略》、《农村发展的基本政策》、《邓小平理论和党的“十五大”精神》、《社会主义市场经济常识》、《公务员行为规范教程》。

2000年，举办培训班4期，参训人数共133人。有“村委会主任、副主任培训班”、“2000年第一期年轻干部培训班”、“农村干部专业技术培训班”、“桥东区第二期党支部书记任职资格培训班”。培训内容有：《新时期农村干部培训教材》、《中国特色社会主义理论》、《如何干好民政工作》、《村委会组织法、民法通则、合同法》、《农业实用技术》和《如何种好菜园》等。

2001年，举办培训班5期，参训人员共258人。有“农村党支部书记任职资格培训班”、“机关干部‘三个代表’学习教育活动培训班”、“2001年桥东区年轻干部培训班”、“桥东区农村党支部书记、村主任‘三个代表’学习教育活动培训班”、“入党积极分子培训班”。培训内容有：《“三个代表”重要思想文件汇编》、《WTO基本知识》、《廉政教育》、《党的基本知识》。13名村支部书记通过培训，考试合格并都获取任职资格证书。

2002年，举办培训班6期，参训人数共315人。有“党政领导干部人口理论培训班”、“入党积极分子培训班”、“党务干部培训班”、“农村实用技术培训班”、“桥东区村、村转居党支部书记培训班”、“统战和民族宗教工作知识培训班”。培训内容有：《人口问题是领导干部的必修课》、《中共河北省委保密委员会关于市县级领导干部保守党和国家秘密的规定》、《“三个代表”重要思想》、《农村产业结构调整》、《农村税费改革》、《民族宗教基本知识》。

2003年，举办培训班5期，参训人数共544人。有“文教系统党员干部培训班”、“优秀青年培训班”、“桥东区科级干部学习‘三个代表’重要思想培训班”、“桥东区国税干部党性党风教育培训班”、“桥东区信息员新闻知识培训班”。培训内容有：《树正气、讲团结、求发展推动桥东跨越式发展步伐》、《学习党的历史，推进党的事业》、《十六大党章重点内容解读》、《关于全面加快实施新的经济发展战略问题》、《实践“三个代表”做建设小康社会的新一代青年》、《共产党好，我要入党》。

2004年，举办培训班7期，参训人员共532人。有“乡、村干部、党员代表专题培训班”、“教育系统干部培训班”、“未成年人思想道德建设教育培训班”（120名教育工作者接受了系统培训）、“乡、处的宣传员学习中央一号文件精神培训班”、“妇女干部培训班”、“桥东区地税系统干部培训班”、“检务工作者信息知识培训班”。培训内容有：《党的农村政策》、《“三个代表”重要思想》、《未成年人思想道德建设探究》、《牢牢把握创新主题，确保妇女工作赋有时代特色》、《高举爱岗敬业旗帜，把发展蛋糕做大做强》、《新时期检务工作与信息》等。

2005年，举办培训班5期，参训人员共420人。有“科级干部理论培训班”，“区物价系统干部、国税系统干部、工商系统干部、残联系统干部”中分别举办了“行政执法部门保持党的先进性教育培训班”。培训内容有：《实践‘三个代表’永葆共产党员的先进性》、《保持先进性做新时期先锋模范》。

2006年，举办培训班4期，参训人员共268人。有“村党支部书记培训班”、“入党积极分子培训班”、“乡、处基层干部培训班”、“社区党支部书记培训班”。培训内容有：《建设社会主义新农村的重大意义》、《立志做一名合格的共产党员》。

1998～2006年，区委党校共举办了42期干部培训班，获得了良好的培训效果，每期参训学员的及格率均为100%，优秀率均在95%以上。通过各类培训，大大提高了桥东区广大党员干部的整体素质，使广大党员干部树立了正确的人生观、价值观、世界观，增强了宗旨观念，转变了工作作风，为桥东的振兴和发展作出了应有的贡献。

第二节 学历教育

为落实省、市委《县乡村三级书记素质工作实施方案》和《关于实施乡村干部素质工程的意见》，1999年，在区委党校建立了邢台电大工作站，设立电视大学桥东区农村干部中专学历班1个，学制两年，开设“现代乡村综合管理专业”，对桥东具有初中以上学历的乡镇干部、村干部、村优秀党员等进行学历教育。采取自学与面授相结合的方式，到2000年底，参加函授的31名学员，通过考试，都以优异的成绩领取了毕业证书。2000年以后此班停办。

第十七编
地方人民代表大会

桥东区人民代表大会是桥东区人民行使当家作主权利的地方国家权力机关。从1980年到2006年期间，按照宪法和法律赋予的职权，区人民代表大会认真履行监督权、决定权、任免权，为保证宪法、法律和法规在本行政区域内的贯彻实施，发扬社会主义民主，健全社会主义法制，推进依法治区、改革开放和社会主义现代化建设发挥了重要作用。

第一章　组织机构

人民代表大会的机构设置是按照宪法和工作开展情况逐步建立健全的。其组织形式有会议机构和常设机构。会议机构是人民代表大会召开期间设立的机构，为非常设机构；常设机构是大会闭会期间设立的机构。

第一节　代表大会

桥东区人民代表大会是由辖区人民选举出的代表组成。1993年5月之前，每届任期3年；之后，每届任期5年。

桥东区人民代表大会召开期间设主席团、议案（提案）审查委员会、财政预算审查委员会、代表资格审查委员会、大会秘书处等临时机构。大会主席团为会议领导机构，成员由大会全体代表选举产生。议案（提案）审查委员会、财政预算审查委员会、代表资格审查委员会，在大会主席团领导下进行工作，由主任委员、副主任委员和委员组成，组成人员由大会主席团在代表中提名，大会预备会议通过。大会秘书处是人民代表大会召开期间的工作机构，在大会主席团领导下开展工作，设秘书长1人，副秘书长若干人，秘书长由大会选举产生，副秘书长由大会主席团决定。秘书处下设会务组、资料组、组织组、宣传组、议案组、信访保卫组等。

第二节 常务委员会

桥东区人民代表大会常务委员会（以下简称区人大常委会）是桥东区人民代表大会的常设机构，对区人民代表大会负责并报告工作。

区人大常委会由本级人民代表大会在代表中选举产生的主任、副主任、委员若干人组成。常委会的组成人员不得担任国家行政机关、审判机关和检察机关的职务，如果担任上述机关职务，必须向常委会辞去常务委员职务。区人大常委每届任期同本级人民代表大会每届任期相同，它行使职权到下届本级人民代表大会选出新的常务委员会为止。

区人大常委会行使下列职权：在本行政区域内保证宪法、法律、行政法规和上级人民代表大会及其常务委员会决议的遵守和执行；领导或者主持本级人民代表大会代表的选举；召集本级人民代表大会会议，讨论决定本行政区域内的政治、经济、教育、文化、卫生、科学、环境和资源保护、民政、民族等工作的重大事项；根据本级人民政府的建议，决定对本行政区域内的国民经济和社会发展计划、预算的部分变更；监督本级人民政府、人民法院、人民检察院的工作；联系本级人民代表大会代表，受理人民群众对上述机关和国家机关工作人员的申诉和意见；撤消下一级人民代表大会的不适当决议；撤消本级人民政府的不适当决定和命令；在本级人民代表大会闭会期间，决定副区长的个别任免；在区长和人民法院院长、人民检察院检察长因故不能担任职务的时候，从本级人民政府、人民法院和人民检察院副职领导人员中决定代理人选，决定本级代理检察长必须向上一级人民检察院和人民代表大会常务委员会备案；根据区长提名，决定本级人民政府各委、各局的主任、局长的任免；按照人民法院组织法和人民检察院组织法的规定，任免人民法院副院长、庭长、副庭长、审判委员会委员、审判员；任免人民检察院副检察长、检察委员会委员、检察员；在本级人民大会闭会期间，决定撤消由它任命的本级人民政府其他组成人员和人民法院副院长、庭长、副庭长、审判委员会委员、审判员，人民检察院副检察长、检察委员会委员、检察员；在本级人民代表大会闭会期间，补选上一级人民代表大会空缺的代表和罢免个别代表；决定授予地方荣誉称号。

区人大常委会会议由主任召集并主持，每两个月至少举行一次。常委会主任因为健康情况不能工作或者缺位的时候，由常委会在副主任中推选一人代理主任职务，直到主任恢复健康或者人民代表大会选出新的主任为止。常委会的决议由常委会全体组成人员的过半数通过。

区人大常委会主任会议由常委会主任、副主任组成，负责处理常委会重要日常工作。主任会议由常委会主任召集并主持。主任也可委托常务副主任召集并主持。主任会议必须有全体组成人员的过半数出席，方可召开。主任会议根据工作需要不定期召开。主任会议实行民主集中制原则，充分发扬民主，集体研究决定问题。

区人大各届常委会设中共邢台市桥东区人大常委会党组。

1980～2006年桥东区人大常委会正、副主任一览表

届别	职务	姓名	出生时间	学历	籍贯	任职时间	备注
第一届	主任	杨清义	1917.12	高小	山西省黎城县	1981.04－1983.12	
	副主任	李天河	1934.01	初中	山西省左权县	1981.04－1983.12	
		常德生	1934	初中	河北省临城县	1981.04－1982.12	
		马福增	1911.10	初中	河北省邢台市	1981.04－1983.12	回族
		李瑞音	1921	高中	河北省赵县	1981.04－1983.12	
		宋庆山	1923	初中	河北省威县	1981.04－1983.12	
		王庆林	1923.04	初中	河北省内丘县	1981.04－1984.06	
		任凤梅	1931.10	初中	河北省临城县	1984.01－1984.06	女
		国恒信	1931.04	初中	河北省南宫市	1984.02－1984.06	
		李元臣	1930.03	初中	河北省平乡县	1984.02－1984.06	
		赵建国	1928.01	大专	河北省大名县	1984.02－1984.06	
第二届	主任	国恒信	1931.04	初中	河北省南宫市	1984.06－1987.05	
	副主任	李元臣	1930.03	初中	河北省平乡县	1984.06－1987.05	
		任凤梅	1931.10	初中	河北省临城县	1984.06－1987.05	女
		杨尊禄	1935.10	高中	河北省邢台县	1984.06－1987.05	
		赵秀珍	1931.06	初中	河南省	1984.06－1987.05	女
		刘贵庆	1929.12	初中	河北省涞水县	1984.12－1986.12	
第三届	主任	马天祥	1940.11	大学	河北省邢台县	1987.05－1989.09	
	副主任	杨尊禄	1935.10	高中	河北省邢台县	1987.05－1989.09	
		李金阁	1932.05	中专	河北省威县	1987.05－1990.04	
		刘德恒	1941.10	高中	河北省威县	1987.05－1988.11	
		杜书秀	1942.10	大专	河北省任县	1987.05－1990.04	
		王俊年	1934.04	中专	河北省定州市	1987.05－1990.04	
第四届	主任	陈雪身	1933.12	初中	河北省南和县	1990.04－1993.01	
	副主任	杨尊禄	1935.11	高中	河北省邢台县	1990.04－1992.12	
		杜书秀	1942.10	大专	河北省任县	1990.04－1993.01	女
		王俊年	1934.03	中专	河北省定州市	1990.04－1993.01	
		刘鸿恩	1940.09	大专	河北省肥乡县	1990.04－1993.01	
		彭云鹏	1935.02	初中	四川省	1990.04－1993.01	

届别	职务	姓名	出生时间	学历	籍贯	任职时间	备注
第五届	主　任	刘顺年	1941.11	大专	河北省隆尧县	1993.01－1998.02	
	副主任	姬廷锡	1940.02	中专	河北省威县	1993.01－1998.02	
		吴存周	1942.05	高中	河北省任县	1993.01－1998.02	
		张国柱	1938.11	大专	河北省邢台市	1993.01－1998.02	
		吴迈华	1945.02	大专	北京市	1993.01－1998.02	
		任瑞芬	1943.07	中专	河北省宁晋县	1993.01－1998.02	女
		胡志民	1938.06	中专	河北省邢台县	1993.01－1997.06	
		霍胜祥	1944.03	初中	河北省任县	1997.01－1998.02	
第六届	主　任	简书华	1946.06	中专	河北省清河县	1998.02－2003.04	
	副主任	吴迈华	1945.02	大学	北京市大兴县	1998.02－2003.04	
		吴存周	1942.05	大专	河北省任县	1998.02－2003.04	
		任瑞芬	1943.07	中专	河北省宁晋县	1998.02－2003.04	女
		吴建章	1945.12	中专	河北省广宗县	1998.02－2003.04	
		冯贵波	1951.04	大专	河北省邢台县	1998.02－2003.04	
		霍胜祥	1944.03	初中	河北省任县	1998.02－2003.04	
		欧阳新华	1953.10	大专	湖南省衡东县	1998.02－2003.04	女
第七届	主　任	简书华	1946.06	中专	河北省清河县	2003.04－2005.03	
		刘俊岭	1956.05	大学	河北省深县	2005.03－	
	副主任	魏增金	1951.02	大学	河北省沙河市	2003.04－	女
		张　彦	1953.02	大学	河北省隆尧县	2003.04－	
		王贵堂	1961.10	大专	河北省邢台市	2003.04－	回族
		刘崇惠	1953.05	大专	山西省祁县	2003.04－	女
		宋汉绍	1953.10	大学	河北省巨鹿县	2003.04－	不驻会
		付建民	1955.07	大专	河北省新河县	2003.04－	不驻会
		刘金红	1970.02	大学	山西省襄汾市	2005.03－	女

第三节　常委会工作机构

区人大常委会的工作机构随着历史的发展逐步趋于完善。2006 年，区人大常委会设正科级工作机构 3 个，即办公室、法制经济科、人事代表工作科。共有工作人员 12 人，其中办公室 7 人，法制经济科 2 人，人事代表科 2 人，退居二线 1 人。

第四节 乡 办事处人民代表大会机构

桥东区辖2个乡、4个街道办事处，均设有人民代表大会机构。2个乡为乡级人民代表大会，4个办事处设有人大联络室。

一、乡人民代表大会

1988年11月，邢台市区划调整，原郊区所辖之大梁庄乡、东郭村乡划归桥东区管辖。原2个乡的人民代表大会至1990年进行了换届工作。乡级人民代表大会每届任期3年，大会代表由选民直接选举产生。

乡人民代表大会举行会议期间，由主席团主席主持会议。乡人民代表大会设主席团主席1人、副主席1人。主席、副主席为主席团成员、负责主席团的日常工作。

根据《河北省乡镇人民代表大会主席团工作条例》的有关规定，乡人大主席团为乡人民代表大会闭会期间的常设机构。其主要职责是：负责乡人民代表大会各项决议、决定的贯彻实施；定期听取和审议乡人民政府的经济、文化事业和公共事业建设的重大问题；督促有关部门对代表建议、批评和意见的办理，并答复代表；负责乡人民代表大会的经费编制、事业和管理；处理代表和人民群众的来信来访；承办市、区人大常委会交办的有关事宜等。

二、办事处人大联络室

1998年，分别在南长街办事处、北大街办事处、西门里办事处、西大街办事处设人大联络室，主要职责是：负责与市、区级人民代表大会代表的联络工作，了解掌握代表情况，以利于开展工作；围绕区人民代表大会常务委员会职责，组织代表组和代表开展活动，及时反映人大代表的意见和要求，为区人大常委会讨论决定重大问题提供依据；组织代表学习、培训工作；组织代表考察工作，做好代表考察的各项服务工作；认真做好人大代表提出的议案和建议、批评、意见的处理工作。

第二章 人民代表

桥东区人民代表大会的代表是地方国家权力机关的组成人员，代表人民的利益和意志，依照宪法和法律赋予的各项职权，行使国家权力。同时听取和反映选民的意见和要求，接受选民的监督。

第一节 代表选举与代表构成

桥东区人民代表大会代表是由选民直接选举产生。选举工作依据《选举法》、《代表法》进行。其程序为：宣传发动、划分选区、选民登记、提名推荐候选人、投票选举。1980～2006年，桥东区共组织了7次代表选举。

一、1981年选举

桥东区第一届人民代表大会代表选举工作，从1981年2月开始，于4月结束。

全区总人口 121652 人，登记选民 94317 人，划分 74 个选区。选举产生桥东区第一届人民代表大会代表 141 人。其中：男 104 人，女 37 人；汉族 135 人，少数民族 6 人；共产党员 103 名，共青团员 2 名，民建会员 1 名，群众 35 名；干部 79 名，知识分子 8 名，解放军代表 2 名，其他各界代表 52 名。

二、1984 年选举

桥东区第二届人民代表大会代表选举工作，从 1984 年 4 月 1 日开始，历时 71 天，于 6 月 10 日结束。

全区总人口 153856 人，参加选民登记 93218 人，实际参加选举 88759 人，参选率为95.2%。全区划分 76 个选区，选举产生桥东区第二届人民代表大会代表 155 人。其中：妇女 45 名，占 29%；中共党员 78 名，占 50.3%；非中共党员 77 名，占 49.7%；工农代表 57 名，占36.8%；知识分子代表 31 名，占 20%；干部代表 38 名，占 24.5%；解放军代表 4 名；居民代表 20 名，少数民族代表 6 名，归侨代表 1 名，民主党派代表 1 名，宗教界代表 1 名；中青年代表 59 名，占 38.1%。

三、1987 年选举

桥东区第三届人民代表大会代表选举工作，从 1987 年 3 月 6 日开始，历时 65 天，于 5 月 9 日结束。

全区总人口 143132 人，选举产生桥东区第三届人民代表大会代表 134 人。其中：工人代表 20 名，农民代表 3 名，干部代表 47 名，解放军代表 1 名，知识分子代表 45 名，街道居民代表 13 名，文艺工作者代表 1 名，卫生工作者代表 4 名。全体代表中，中共党员 77 名，占 57.5%；非中共党员 57 名，占 42.5%；妇女 35 名，占 26.1%；大中专以上文化程度代表 46 名，占 34.3%；中青年代表 116 名，占代表的 86.6%；还有少数民族代表 2 名。

四、1990 年选举

桥东区第四届人民代表大会代表选举工作，从 1989 年 12 月开始，历时 5 个多月，于 1990 年 4 月 13 日结束。

全区总人口 210787 人。共有选民 126086 人，占全区总人数的 59.8%。参加选举的选民 120418 人，参选率为 95.5%。选举产生桥东区第四届人大代表 169 名。

在 169 名代表中，工人代表 36 名，农民代表 14 名，干部代表 87 名，解放军代表和公安干警代表 3 名，街道居民代表 20 名，卫生工作者代表 2 名，教育工作者代表 7 名。中共党员代表 137 名，占 81.1%；非中共党员 32 名，占 18.9%。妇女代表 34 名，占 20.1%。中青年代表 56 名，占 33.1%。代表中，专业技术人员 58 名，少数民族代表 4 名，台属 1 名。

五、1993 年选举

桥东区第五届人民代表大会选举工作，从 1992 年 10 月中旬开始，于 1993 年 1 月结束。

全区总人口 213354 人，共登记选民 133498 人，实际参加选举的 133408 人，参选率为 99.9%，选举产生桥东区第五届人大代表 169 名。

选出的 169 名代表中，工人代表 16 名，农民代表 15 名，干部代表 109 名，解放军代表 1 名，知识分子代表 9 名，街道居民代表 17 名，卫生工作者代表 2 名。全体代表中，中共党员代表 154 名，占 91.1%；非中共党员 15 名，占 8.9%。妇女代表 38 名，占 22.5%。中青年代表 23 名，占 13.6%。大专以上文化程度 64 名，占 37.9%。少数民族代表 4 名。

六、1998 年选举

桥东区第六届人民代表大会代表选举工作，从 1997 年 10 月开始，历时近 3 个月，于 1998 年 1 月 10 日结束。全区共划分选区 51 个，选举产生桥东区第六届人大代表 155 名。

在 155 名代表中，工人代表 8 名，农民代表 17 名，干部代表 71 名，解放军代表 4 名，知识分子代表 10 名，街道居民代表 9 名，公司企业代表 36 名。全体代表中，中共党员 133 名，占85.8%；非中共党员 22 名，占 14.2%。妇女代表 29 名，占 18.7%。大中专文化程度以上 79 名，占 51%。少数民族代表 4 名。

七、2002 年选举

2002 年，桥东区选民选举产生区第七届人民代表大会代表 153 名，全部一次性选举成功。

在选出的 153 名代表中，工农代表 40 名，占 26.1%。干部代表 49 名，占 32%。知识分子代表 48 名，占 31.4%。街道居民代表 21 名，占 13.7%。民主党派和爱国人士 13 名，占 8.5%。解放军代表 3 名。

代表中，中共党员代表 140 名，占 91.5%。非中共党员 13 名，占 8.5%。妇女代表 26 名，占 17%。中青年代表 108 名，占 70.6%。大专文化程度以上 111 名，占 72.5%。

第二节　代表工作

为便于代表活动，历届区人大常委会都根据代表的分布情况，分别以各乡、办事处和驻军部队为单位，建立代表联络中心组，各代表联络中心组建立若干个代表小组。各代表联络中心组的组长、副组长由区人民代表大会会议期间各代表团团长、副团长担任，各代表小组的组长、副组长由该小组代表民主推荐。各代表联络中心组、代表小组根据常委会的工作要点制定出年度活动计划，定期组织代表集中开展活动。活动内容包括学习、座谈、联系选民、开展调查、考察等。

1984 年 10 月，区二届人大常委会第二次会议通过《关于发挥区人民代表作用加强同人民代表联系的暂行办法》，对区人民代表的职责、代表小组的建立及活动情况、区人大常委会同人民代表的联系情况进行了详细的说明。

1985 年 7 月，区二届人大常委会建立接见代表制度，确定每星期一上午为主任接见代表时间，由主任轮流值班，接待并听取代表对人大常委会及“一府两院”工作的批评、意见和要求，听取代表关于民情民意的反映，接受代表对国家机关工作人员违法渎职行为的申诉。

1987 年 7 月，区三届人大常委会为充分发挥区人民代表作用，加强同区人民代表的联系，很好的行使法律赋予的职权，结合桥东区工作实际，制定《邢台市桥东区人大常委会关于发挥区人民代表作用加强同人民代表联系的暂行办法》。规定了区人民代表在人民代表大会闭会期间履行的职责，要求各代表团因地制宜建立代表小组。

1991 年，区四届人大常委会围绕全区经济发展、社会治安、廉政建设、物价管理及评议“两院”工作，召开不同类型的代表座谈会 21 次、参加代表 128 人次。通过座谈使代表对桥东区各方面的情况有了更深刻的了解，增强了代表的责任意识和使命感。

1995 年 6 月，区五届人大常委会在全区开展评选“优秀人大代表”和“先进代表小组”的活动。通过评选，表彰了有突出成绩的人大代表和代表活动开展活跃的代表小组，激励全体代表更好地履行自己的职责，充分发挥人大代表作用，促进代表小组活动。

1998 年 5 月，区六届人大常委会在代表中开展了“五个一”活动。要求区人大代表每年走访一次选民，宣传一次法律，搞一次社会调查，做一件有益于民的好事和提一条合理化建议。代表们认真履行职责，积极发挥作用，共提出合理化意见和建议 20 余条，人大常委会全部转交有关部门办理。

1999 年，区六届人大常委会围绕土地承包、农业结构调整、“三五”普法和经济运行情况，开展代表议政日活动。

2003 年，区七届人大常委会组织由主任、副主任、代表参加的 3 个督查组，采取听取汇报、问明原因、实地督查、抽样调查、走访座谈等方式，分别对“一府两院”和各乡、街道办事处到 2003 年底应办结的 113 件实事，逐件进行了跟踪督办。

第三章　历届人民代表大会

桥东区人民代表大会是县级国家权力机关，在本行政区域内保证宪法、法律、行政法规的遵守和执行；依照法律规定的权限，通过和发布决议；审查和批准本行政区域内国民经济和社会发展计划、财政预决算以及它们的执行情况的报告；审查和决定本行政区域内经济建设、文化建设和公共事业建设计划；改变或者撤销本级人民代表大会常务委员会不适当决定；选举并且有权罢免地方国家机关领导人员。根据法律规定，区第一、二、三、四届人民代表大会任期各 3 年，每年至少举行 1 次会议；第五、六、七届人民代表大会任期各 5 年，每年至少举行 1 次会议。

1981 年 4 月 ~ 2006 年 12 月，桥东区人民代表大会历经 7 届，共计举行代表大会 29 次。

第一节　第一届人民代表大会

此届人民代表大会期间，共举行了 3 次全体会议。

第一次会议　1981 年 4 月 21 ~ 25 日在邢台市招待所召开。出席代表 141 名，主席团由 28 人组成。会议听取并通过了《振奋精神，齐心协力，为把我区建设成一个经济繁荣、政治安定的新市区而奋斗》的政府筹建报告；会议选举产生了区一届人民代表大会常务委员会主任、副主任及其他组成人员；选举产生了区政府区长、副区长。

第二次会议　1981 年 12 月 22 ~ 24 日在市招待处召开。出席代表 108 名，大会主席团由 27 人组成。会议选举出桥东区出席邢台市第七届人民代表大会代表 108 名，其中区代表选为市代表 38 名。

第三次会议　1982 年 7 月 26 ~ 27 日召开。出席代表 153 名，大会主席团由 27 人组成。会议讨论了《中华人民共和国宪法修改草案》，听取并审议了政府工作报告、区人大常委会工作报告。

第二节　第二届人民代表大会

此届人民代表大会期间，共举行了 3 次全体会议。

第一次会议　1984 年 6 月 6 ~ 10 日在市招待处召开。出席代表 155 名，列席人员 31 名，大会主席团由 27 人组成。会议听取审议并通过了区人民政府工作报告、区人大常委会工作报告。会议选举出桥东区第二届人大常委会主任、副主任及其他组成人员，选举出区政府区长、副区长，选举出桥东区人民法院院长、桥东区人民检察院检察长。

第二次会议　1985 年 4 月 3 ~ 5 日在区机关礼堂召开。出席代表 154 名，列席人员 31 名，大会主席团由27人组成。会议听取并通过了区人民政府工作报告、区人大常委会工作报告、区人民法院工作报告、区人民检察院工作报告，通过了相应决议；补选区人大常委会副主任1名。

第三次会议　1986年4月15～17日在桥东区机关礼堂召开。出席代表153名，列席人员31名，大会主席团由27人组成。会议听取和审议区人民政府工作报告、区人民法院工作报告、区人民检察院工作报告，听取了区政府关于1985年财政收支情况汇报，并通过了相应决议。

第三节　第三届人民代表大会

此届人民代表大会期间，共举行了3次全体会议。

第一次会议　1987年5月20～23日在顺德宾馆召开。出席会议代表134名。会议审议通过了区人民政府工作报告、桥东区1986年财政决算和1987年财政预算报告、区人大常委会工作报告、区人民法院工作报告、区人民检察院工作报告。选举出区三届人大常委会组成人员和区政府区长、副区长，区人民法院院长，区人民检察院院长。

第二次会议　1988年3月7～10日在顺德宾馆召开。参加会议的代表132名，列席人员100名，大会主席团由21人组成。会议听取审议了区人民政府工作报告，审议批准了桥东区经济发展三年规划的报告，听取和审议了区人大常委会的工作报告、区人民法院和人民检察院的工作报告，选举产生桥东区出席邢台市第八届人民代表大会代表79名和桥东区人民陪审员28名。

第三次会议　1989年4月10～13日在桥东区招待所召开。出席代表170名，列席人员66名，大会主席团由25人组成。会议听取并通过了区人民政府工作报告，听取和审查、批准了桥东区1988年财政决算和1989年财政预算报告，审议和批准了修改后的桥东区1988～1990年经济发展规划，审议和批准了桥东区1989年国民经济发展计划，听取和审议了桥东区人大常委会工作报告、区人民法院工作报告、区人民检察院工作报告；补选了桥东区人大常委会副主任、委员和市人大代表。

第四节　第四届人民代表大会

此届人民代表大会期间，共举行了3次全体会议。

第一次会议　1990年4月24～27日在天香饭店召开。出席会议代表169名，列席人员141名，大会主席团由29人组成。会议听取和审议区人民政府工作报告，审查批准桥东区1989年财政决算和1990年财政预算的报告，听取和审议了区三届人大常委会工作报告、区人民法院工作报告、区人民检察院工作报告。选举出区四届人大常委会主任、副主任及其他组成人员，区人民政府区长、副区长，区人民法院院长、区人民检察院检察长。

第二次会议　1991年4月16～19日在天香饭店召开。出席会议代表169人，列席人员60名，大会主席团由32人组成。会议听取和审议了区人民政府工作报告、区经济发展第八个五年计划（草案）、区1990年财政决算和1991年财政预算（草案）的报告、区四届人大常委会工作报告、区人民法院工作报告、区人民检察院工作报告，并通过了相应决议。

第三次会议　1992年4月15～18日在市政府招待处召开。会议出席代表163名，列席人员55名，大会主席团由32人组成。会议听取审议了区政府工作报告、区1991年财政决算和1992年财政预算（草案）的报告、区人大常委会工作报告、区法院工作报告、区检察院工作报告，并通过了相应决议。

第五节　第五届人民代表大会

此届人民代表大会期间，共举行了7次全体会议。

第一次会议　1993年1月5～9日在天香饭店召开。会议出席代表159名，列席人员196名，大会主席团由34人组成。会议听取审议了区人民政府工作报告、区人大常委会工作报告、区人民法院工作报告、区人民检察院工作报告，并通过了相应的决议。会议作出《关于授权区五届人大常委会审查批准桥东区1992年财政预算执行情况和1993年预算草案的决议》。会议以无记名投票方式，选举出区五届人大常委会主任、副主任、常委；选举出区人民政府区长、副区长；选举出区人民法院院长、区人民检察院检察长；选举产生了出席邢台市第九届人民代表大会代表90名。

第二次会议　1993年8月20日在区委二楼大会议室召开。出席代表167名，列席人员29名，大会主席团由30人组成。会议选举出产生桥东区出席地市合并后的邢台市第十届人民代表大会代表45名。

第三次会议　1994年3月17～18日在桥东天成饭店召开。出席代表112名，列席人员201名，大会主席团由37人组成。会议听取审议了区人民政府工作报告、区1993年财政预算执行情况和1994年财政预算草案的报告、区人大常委会工作报告、区人民法院工作报告、区人民检察院工作报告，并通过了相应的决议。

第四次会议　1995年3月21～22日在区委二楼大会议室召开。出席代表128名，列席人员210名，大会主席团由37人组成。会议听取和审议了区人民政府工作报告、区1994年财政预算执行情况和1995年财政预算草案的报告、区人大常委会工作报告、区人民法院工作报告、区人民检察院工作报告，并通过了相应决议。会议接受了5名人大常委会委员提出的辞去职务的请求，差额补选出区人大常委会委员5名。

第五次会议　1996年3月21～22日在区委二楼大会议室召开。出席代表137名，列席人员102名，大会主席团由35人组成。会议听取审议了区人民政府工作报告、区1995年财政预算执行情况和1996年财政预算草案的报告、《关于制定邢台市桥东区国民经济和社会发展“九五”计划（草案）的说明》、区人大常委会工作报告、区人民法院工作报告、区人民检察院工作报告，并通过了相应的决议。会议通过了《关于接受刘鸿恩辞去法院院长职务请求的决定》，会议以无记名投票方式，等额补选出区人民法院院长。

第六次会议　1997年2月26～27日在区委二楼大会议室召开。出席会议代表136名，列席人员102名，主席团由35人组成。会议听取和审议了区人民政府工作报告、区1996年财政预算执行情况和1997年财政预算草案的报告、区人大常委会工作报告、区人民法院工作报告、区人民检察院工作报告，并通过了相应决议。会议以无记名投票方式等额选举出区人大常委会委员3名。

第七次会议　1997年6月20日在区委二楼大会议室召开。出席代表126名，大会主席团由26人组成。会议补选了区人大常委会组成人员。

第六节　第六届人民代表大会

此届人民代表大会期间共召开了6次全体会议。

第一次会议　1998年2月16～20日在区委二楼大会议室召开。会议出席代表149名，列席人员54名，主席团由38人组成。会议听取了区人民政府工作报告、区1997年财政预算执行情况和1998

年财政预算草案的报告、区人大常委会工作报告、区人民法院工作报告、区人民检察院工作报告，并通过了相应的决议。会议以无记名投票方式，选举出区六届人大常委会主任、副主任、常委；选举出区人民政府区长、副区长；选举出区人民法院院长、区人民检察院检察长。会议选举区出席市第十一届人民代表大会代表38名。

第二次会议　1999年3月11～13日在区委二楼大会议室召开。应出席会议代表156名，实到136名，列席58名，主席团由35人组成。会议听取和审议了区人民政府工作报告、区上年度财政预算执行情况和本年度财政预算草案的报告、区人大常委会工作报告、区人民法院工作报告、区人民检察院工作报告，并通过了相应的决议。

第三次会议　2000年3月2～4日在区委二楼大会议室召开。出席会议的代表138名，列席人员65名，主席团由34人组成。会议听取和审议了区人民政府工作报告、区上年度财政预算执行情况和本年度财政预算草案的报告、区人大常委会工作报告、区人民法院工作报告、区人民检察院工作报告，并通过了相应的决议。

第四次会议　2001年2月20～22日在区委二楼大会议室召开。应出席会议代表137名，列席人员63名，主席团由34人组成。会议听取和审议了区人民政府工作报告、区上年度财政预算执行情况和本年度财政预算草案的报告、区人大常委会工作报告、区人民法院工作报告、区人民检察院工作报告，并通过了相应的决议。还审议通过了《桥东区国民经济和社会发展第十个五年计划和2010年长期规划纲要草案说明》的报告、《关于进一步加快桥东区第三产业和个体私营经济发展的决定（草案)》的报告。

第五次会议　2002年3月13～15日召开。出席会议代表139名，列席人员65名，主席团由34人组成。会议听取和审议了区人民政府工作报告、区上年度财政预算执行情况和本年度财政预算草案的报告、区人大常委会工作报告、区人民法院工作报告、区人民检察院工作报告，并通过了相应的决议。

第七节　第七届人民代表大会

此届人民代表大会期间，共召开了4次全体会议。

第一次会议　2003年4月27～29日在区委二楼大会议室召开。会议出席代表153名，列席61名，主席团由29人组成。会议听取审议了区人民政府工作报告、区政府2002年财政预算执行情况和2003年财政预算草案的报告，听取审议区六届人大常委会工作报告、区人民法院工作报告、区人民检察院工作报告。选举出区七届人大常委会主任、副主任、常委；选举出区人民政府区长、副区长；区人民法院院长、区人民检察院检察长。

第二次会议　2004年4月19～21日在区委二楼大会议室召开。会议出席代表154名，列席人员72名，主席团由28人组成。会议听取审议了区人民政府工作报告、区人大常委会工作报告、区法院工作报告、区检察院工作报告，通过了相应的决议。

第三次会议　2005年3月25～26日举行。会议出席代表158名，列席人员69名，主席团由31人组成。会议听取审议了区人民政府工作报告、区政府关于2004年财政预算执行情况和2005年财政预算草案的报告、区人大常委会工作报告、区人民法院工作报告、区人民检察院工作报告，表决通过了相应的决议。会议以无记名投票方式，补选出区人大常委会主任和副主任1名，补选出区人民政府副区长1名。

第四次会议　2006年4月11～12日举行。会议出席代表141名，列席人员61名，主席团由28人组成。会议听取和审议了区政府关于国民经济和社会发展第十一五年规划纲要的报告、区政府关于

2005年财政预算执行情况和2006年财政预算草案的报告（书面）、区七届人大常委会工作报告、区人民法院工作报告、区人民检察院工作报告，表决通过了相应的决议。会议以无记名投票方式，补选出区人民政府区长。

第四章　人大常委会会议

自1981年4月至2006年12月，桥东区共选举产生了7届人民代表大会常务委员会。常务委员会先后举行会议187次，听取并审议“一府两院”的报告196个，审查并决定了本行政区域内的重大事项。此外，还通过了有关人事任免事项，讨论人大常委会自身建设问题等。

第一节　第一届人大常委会会议

1981年4月～1984年6月，区第一届人大常委会任期期间共召开了19次会议。其中比较重要的有：

第一次会议　1981年5月27日召开。会议主要内容为：传达学习中共中央（1981）16号文件，通过了区人大常委会《关于职权范围、工作制度的暂行规定》、关于区人民代表联系选民暂行办法，通过了区人民陪审员，表决通过了人事任免事项。

区第一届人大常委会和机关全体人员合影

第二次会议　1981年8月28日召开。会议主要内容为：学习中共中央第十一届六中全会精神，学习了故城县人大常委会工作经验；听取了区政府关于社会治安、城市卫生管理、待业青年安排的汇报；讨论通过了《区政府关于房屋买卖征收契税的通告》、《区人大常委会给区人民代表的一封信》。表决通过了人事任免事项。

第七次会议　1982年5月25日召开。会议主要内容为：传达省五届人大常委会第十五次会议精神，讨论通过了邢台市桥东区人大常委会《关于组织全区人民讨论中华人民共和国宪法修改草案的决议》。

第十三次会议　1983年7月22日召开。会议主要内容为：学习省人大主任刘秉彦在省六届人大常委会第二次会议上的讲话；讨论通过了区人大常委会《关于动员全区人民认真学习、贯彻执行六届全国人大一次会议精神的决议》；听取和审议了区政府关于经济工作情况、关于卫生工作情况的报告。

第十四次会议　1983年10月21日召开。会议主要内容为：传达省、市人大常委会会议精神；听取区政府关于军（警）民共建文明街开展爱国卫生运动情况、民政工作情况的报告；学习了全国人大常委会办公厅印发的《工作通讯》中有关文件。

第十九次会议　1984年6月4日召开。会议主要内容为：听取了选举委员会的选举工作报告；

通过人大常委会代表资格审查委员会名单、区二届人大一次会议召开日期的决定、区二届人大一次会议议程、区二届人大一次会议主席团和秘书长建议名单、区二届人大一次会议提案审查委员会建议名单、人大常委会工作报告。

第二节　第二届人大常委会会议

1984 年 6 月 ~ 1987 年 5 月，区二届人大常委会共召开了 22 次会议。其中比较重要的有：

第一次会议　1984 年 7 月 13 日召开。会议主要内容为：学习刘秉彦主任在省六届人大常务委员会第七次会议上的讲话；审议通过了《邢台市桥东区人民代表大会常务委员会职权范围及工作制度》、《邢台市桥东区人民代表大会常务委员会人事任免暂行办法》，表决通过了人事任免事项。

第三次会议　1984 年 12 月 15 日召开。会议主要内容为：听取审议了区政府关于蔬菜生产情况、工商管理情况、1984 年财政收支情况的报告；通过了关于开展学习宣传《宪法》活动周的决定；补选邢台市七届人民代表大会代表 4 名。

第四次会议　1985 年 1 月 25 日召开。会议主要内容为：听取区长肖辉关于外出访问情况汇报，听取和审议了区政府关于民政工作情况的汇报，通过了人事任免事项，决定任命章容为区人民政府副区长。

第六次会议　1985 年 6 月 28 日召开。会议主要内容为：传达市七届人大第五次会议精神，听取了区政府关于卫生工作情况、计划生育工作情况、区人民法院和区人民检察院关于如何保证经济体制改革顺利进行的情况的汇报。

第八次会议　1985 年 9 月 3 日召开。会议主要内容为：听取区政府关于城市建设、管理工作情况、劳动人事工作情况、物资来源及分配情况的汇报。

第十次会议　1986 年 3 月 10 日召开。会议主要内容为：听取区政府关于加强法制宣传普及法律常识工作情况、代表提案办理情况的汇报。补选邢台市第七届人民代表大会代表 1 名。

第十二次会议　1986 年 6 月 20 日召开。会议主要内容为：听取区政府关于 1986 年经济计划、1986 年财政预算、卫生工作情况报告。

第二十一次会议　1987 年 4 月 10 日召开。会议决定同意肖辉辞去邢台市桥东区人民政府区长职务，任命王聚泰为邢台市桥东区人民政府代理区长。

第三节　第三届人大常委会会议

1987 年 5 月 ~ 1990 年 4 月，区第三届人大常委会任期期间共召开了 22 次会议。其中比较重要的有：

第一次会议　1987 年 7 月 21 日召开。会议讨论决定了区政府 18 个工作部门正职负责人列入政府组成人员的范围，由人大常委会任免。

第三次会议　1987 年 11 月 6 日召开。会议主要内容为：学习党的“十三大”会议精神及如何按照“十三大”精神做好人大工作，通过了区人民法院审判员任免事项。

第四次会议　1987 年 12 月 5 日召开。会议主要内容为：听取区政府 1987 年经济工作情况、区人民法院 1987 年工作情况、区人民检察院 1987 年工作情况的报告；听取了关于召开区三届人大二次会议的决定草案。

第七次会议　1988 年 7 月 21 日召开。会议主要内容为：讨论通过桥东区人大常委会 1988 年下半年工作要点；听取审议了桥东区1987年财政决算和1988年财政预算的报告、桥东区人民政府关于经济工作情况的报告和区政府关于审计工作情况的报告；通过了相关人事任免事项。

第十次会议 1988年12月29～30日召开。会议主要内容为：听取和审议区政府关于区三届人大二次会议代表建议办理情况的报告；补选出席邢台市第八届人大代表。

第十五次会议 1989年9月15日召开。会议主要内容为：听取区政府关于1988年物价大检查中吃喝、私分罚没款问题情况的汇报；讨论决定了区人大法规经济科改名为法制经济科的问题；讨论决定了马天祥辞去区人大常委会主任职务的问题。

第十六次会议 1989年10月30日召开。会议主要内容为：听取区政府关于1989年技术改革、产品创优情况、预算外资金管理情况的报告、廉政建设情况的报告；通过了人事任免事项，决定任命马金刚为区人民政府副区长，免去陈雪身区人民政府副区长职务。

第十八次会议 1989年12月30日召开。会议主要内容为：听取区政府关于《计划生育条例》贯彻实施情况、职工劳动保险基金社会统筹工作情况的报告、普法执法工作情况、治理整顿工作情况的报告。

第二十次会议 1990年3月9日召开。会议主要内容为：补选了市八届人大代表，讨论决定吴迈华、章容辞去区政府副区长职务的问题。

第四节 第四届人大常委会会议

1990年4月～1993年1月，区第四届人大常委会任期期间共召开了21次会议。其中比较重要的有：

第一次会议 1990年6月20日召开。会议主要内容为通过了关于建立代表资格审查委员会事项，通过了人事任免事项。

第四次会议 1990年10月30日召开。会议主要内容为听取和审议了区人民法院关于《行政诉讼法》实施情况、人民检察院关于惩治经济犯罪情况、区人民政府关于计划生育工作情况的报告。

第八次会议 1991年4月2日召开。会议主要内容为：听取“一府两院”工作报告及桥东区经济发展第八个五年计划草案的报告，1990年财政决算和1991年财政预算草案的报告；审议邢台市桥东区人民代表大会常务委员会工作报告；讨论通过关于召开邢台市桥东区第四届人民代表大会第二次会议日期的决定；审议通过了区第四届人民代表大会第二次会议议程草案、区第四届人民代表大会第二次会议主席团和秘书长名单草案、区第四届人民代表大会第二次会议财政经济审查委员会名单草案、区第四届人民代表大会第二次会议议案、审查委员会名单草案；讨论通过了列席邢台市桥东区第四届人民代表大会第二次会议人员名单草案；表决通过了人事任命事项。

第九次会议 1991年6月20日召开。会议主要内容为：听取审议区政府关于加强廉政建设、纠正行业不正之风工作情况、爱国卫生活动工作情况的报告、防汛准备工作情况的报告、食品卫生工作情况、农业生产工作情况的报告；讨论通过有关评议“两院”工作事宜。

第十次会议 1991年9月6日召开。会议主要内容为：听取和审议区政府关于1991年上半年财政预算执行情况、土地管理工作情况的报告，听取和审议了计划生育工作情况、区工商局关于农贸市场管理情况及人大常委会评议“两院”工作的准备情况的报告。

第十四次会议 1992年2月28日召开。会议主要内容为听取和审议区政府关于经济工作情况、区政府1991年财政预算执行情况和1992年财政预算安排情况的报告，审议通过了关于召开区四届人民代表大会第三次会议的决定。

第十五次会议 1992年4月3日召开。会议主要内容为：听取和审议区政府关于爱国卫生运动情况的报告，讨论修改了区人大常委会工作报告，审议通过了区人大常委会代表资格审查委员会关于补选区四届人大代表情况的报告及召开区四届人大三次会议的有关事项。

第十九次会议　1992年10月28日召开。会议主要内容为听取和审议区政府关于物价工作情况、计量工作情况及桥东公安分局关于社会治安情况的报告。

第五节　第五届人大常委会会议

1993年1月~1998年2月，区第五届人大常委会任期期间共召开了43次会议。其中比较重要的有：

第一次会议　1993年2月26日召开。会议主要内容为：经五届人大一次会议授权审查批准了区政府《关于桥东区1992年财政预算执行情况和1993年财政预算草案的报告》，并通过了相应决议；会议审议通过了五届人大代表资格审查委员会建议名单，审议通过了关于设置桥东区人民检察院大梁庄乡检察室的决定；听取了区政府关于机构变动的说明。

第二次会议　1993年4月17日召开。会议作出关于设置邢台市桥东区人民检察院西门里办事处检察室的决定。

第三次会议　1993年6月召开。主要内容为：听取审议了区政府关于教育工作情况的报告；讨论通过了《关于尽快解决南长街小学危房问题的决议》、《桥东区司法机关实施法律监督和工作联系的暂行办法》。

第六次会议　1993年11月2日召开。会议主要内容为：听取审议区法院关于党风廉政建设和经济审判工作的报告，听取审议了区检察院关于反贪污、贿赂犯罪斗争工作的报告。

第十次会议　1994年6月27~28日召开。会议主要内容为：听取和审议区政府关于《食品卫生法》贯彻落实情况、居民生活必需品和服务价格检查审理情况、城市维护建设计划情况的汇报；审议通过了《桥东区人大常委会关于行使监督权的暂行办法》、《桥东区人大常委会会议议事规则》、《桥东区人大常委会加强同“一府两院”工作联系的暂行办法》、《区政府农村奔小康建设规划》；决定表彰人大常委会任命的7名干部。

第十三次会议　1994年12月13日召开。会议主要内容为：听取审议区政府关于申请调整1994年预算的报告，并做出决定批准调整区1994年财政预算草案报告的决议。

第十八次会议　1995年6月2日召开。会议主要内容为讨论通过了人事任免事项，任命魏增金为桥东区政府副区长。

第二十次会议　1995年12月1日召开。会议主要内容为：作出关于在全区实行错案和执法过错责任追究制的决议。自1995年12月20日开始，“两错”责任追究制在区法院、区检察院和区政府17个执法部门中实行。

第二十五次会议　1996年4月26日召开。会议主要内容为：作出对1995年度人大任命的政绩突出的10名工作人员通报表彰的决定。

第二十八次会议　1996年6月27日召开。会议根据市委、区委关于在农村全面推行村民代表会议制度、实行村政务公开的要求作出《关于在全区各行政村建立村民代表会议的决定》，审议通过了《村民代表会议规则》，并对村民代表大会规则作了说明。

第二十九次会议　1996年8月29日召开。会议作出了《关于在全区实施第三个五年普法规划的决议》。

第三十二次会议　1996年12月31日召开。会议主要内容为：审议通过了区政府关于调整桥东区1996年预算的报告；审议通过了区人大常委会关于在全区开展“一建、两议”活动的决定，即：

加强乡人大规范化建设的实施方案和开展区、乡两级人大代表议政日活动的暂行办法。

第三十四次会议 1997年2月19日召开。会议主要内容为：作出关于召开区五届人大六次会议决定，研究通过了五届六次人代会的各项议程（草案）及有关事项；会议审议通过了关于接受师向军辞去副区长职务的请求决定。

第三十五次会议 1997年3月20日召开。会议主要内容为：作出关于对区人大任命的12名政绩突出工作人员通报表彰的决定；还决定了人事任免事项，任命鲁继田为区政府副区长。

第四十次会议 1997年8月28日召开。会议主要内容为：听取并通过了区政府上半年经济计划完成情况的报告，区政府上半年财政预算执行情况及预算外资金管理使用情况的报告；区政府关于五届六次人代会代表建议、批评和意见办理情况的汇报及相关人事任命事项。

第六节 第六届人大常委会会议

1998年2月～2003年4月，区第六届人大常委会任期期间共召开了35次会议。其中比较重要的有：

第二次会议 1998年6月29日召开。会议主要内容为作出《关于全面推进依法治区的决议》和《关于积极推进依法治区的实施方案》，还通过了《关于重大事项报告制度暂行办法》。

第三次会议 1998年7月17日召开。会议决定任命张平为区政府副区长（挂职）。

第五次会议 1998年11月6日召开。会议决定任命李廷聚为区政府副区长。

第八次会议 1999年5月28日召开。会议主要内容为作出关于对桥东区人民法院个案审理派出听审团的决定和关于为桥东区人民法院派出人民陪审员的决定。以加强对人民法院审判工作监督，提高审判工作质量。

第九次会议 1999年7月30日召开。会议主要内容为修改了区人大常委会《议事规则》，通过区人大常委会关于《重大事项和案件报告暂行办法》。

第十次会议 1999年9月28日召开。会议作出并通过了区政府调整1999年国民经济和社会发展计划部分指标的决议。会议决定任命高荣奇为区政府副区长。

第十六次会议 2000年4月28日召开。会议主要内容为：作出废止区人大常委会村民代表会议规则的决定；通过了《区人大常委会联系区人大代表办法》、《区人大代表联系选民办法和区人大代表视察检查办法》等三项工作制度。

第二十四次会议 2001年4月27日召开。会议主要内容为：听取审议了区政府关于贯彻落实《动物防疫法》情况的汇报；讨论通过了桥东区人大《关于打击制售假冒伪劣商品执法检查的实施方案》和《关于开展土地管理执法检查的实施方案（草案)》。

第二十七次会议 2001年10月29日召开。会议主要内容为：听取审议了区政府科技局的工作报告和关于承办人大代表建议办理情况的报告；任命贾芳为区政府副区长。

第二十九次会议 2002年1月17日召开。会议决定任命尹全峰为区政府副区长，同时免去鲁继田政府副区长职务。

第三十二次会议 2002年6月28日召开。会议作出关于在全区公民中实施法制宣传教育第四个五年规划的决议。

第七节　第七届人大常委会会议

2003年4月~2006年12月，区第七届人大常委会任期期间（本届未满），共召开了25次会议。其中比较重要的有：

第一次会议　2003年6月30日召开。会议主要内容为：审议通过区七届人大常委会代表资格审查委员会名单（草案），审议通过了区七届人大常委会各项工作制度。

第二次会议　2003年8月26日召开。会议主要内容为：听取审议了区政府关于贯彻落实《传染病防治法》情况汇报；听取审议了区政府关于财政预算执行情况汇报；听取审议区政府关于经济运行情况的汇报。

第七次会议　2004年6月29日召开。会议主要内容为：审议通过了《桥东区人大常委会关于被任命人员述职评议实施方案》、《桥东区人大常委会对司法机关个案监督暂行办法》，通过了人事任免事项。

第八次会议　2004年8月31日召开。会议主要内容为：审议通过了区政府关于代表建议办理情况、关于2004年上半年经济运行情况的报告；表决通过了人事任免事项，决定任命王献民为区政府副区长。

第十三次会议　2005年4月28日召开。会议主要内容为：审议通过了区财政预算监督暂行办法、区人大常委会2005年度述职评议实施方案；表决通过了人事任免事项。

第十四次会议　2005年7月召开。会议做出了关于加强检察机关人民监督员试点工作的决定。决定要求检察机关要严格人民监督员产生的条件和程序，建立规范的监督制度；检察机关要为人民监督员开展工作创造必要的条件，使人民监督员能更好地开展监督工作；检察机关要真诚接受人民监督员的监督，切实采纳人民监督员的正确意见，严肃查处和纠正检察机关侦查工作中发生的违法违纪行为；区人大及其常委会要适时听取和审议试点工作情况汇报，开展必要的工作考察。

第十五次会议　2005年8月24日召开。会议主要内容为：审议通过了区政府2005年国民经济和社会发展计划1~6月份执行情况、重点项目建设情况的报告；审议通过了《桥东区人大常委会关于交办、督办信访事项的办法》、《桥东区人大常委会关于对法院、检察院、司法局人大任命人员述职评议的实施意见》。

第十七次会议　2005年12月20日召开。会议主要内容为：听取审议了区人民法院关于民事案件审理情况的报告；听取审议了区人民检察院关于查办渎职侵权案件情况的报告；修改了桥东区人大常委会《对选举和任命人员述职评议试行办法》（草案）；会议确定补选了刘俊岭为邢台市第十二届人大代表。

第十八次会议　2006年3月2日召开。会议决定接受区长尹全峰的辞职请求，表决通过了人事任免事项，决定吕志成代理区人民政府区长职务。

第二十次会议　2006年5月24日召开。会议主要内容为：听取审议并通过了《区人大常委会对垂直部门实施监督的暂行办法》、《区人大常委会讨论决定重大事项办法》、《区人大常委会组成人员守则》；审议通过了区人大常委会2006年度述职评议实施方案；会议表决通过了人事任免事项，决定任命龙兴洲、张立峰为区政府副区长。

第二十五次会议　2006年12月29日召开。会议决定表彰18名优秀区人大代表。

第五章 人大及常委会工作

保证宪法、法律、法规和上级人民代表大会及其常务委员会决议的遵守和执行，监督本级人民政府、人民法院、人民检察院的工作，是宪法和法律赋予县级以上地方各级人民代表大会及其常务委员会的重要职权。区人大常委会依据法律规定，积极开展了对区人民政府、区人民法院和区人民检察院的法律监督和工作监督。组织人大代表进行考察、办理人民群众来信来访和人大代表的议案、建议和意见，也是对“一府两院”实施有效监督的重要渠道。

根据《中华人民共和国宪法》、《中华人民共和国地方人民政府组织法》、《中华人民共和国人民法院组织法》和《中华人民共和国人民检察院组织法》，区人大及常委会自1981年至2006年，共依法任免桥东区“一府两院”及人大机关工作人员829人次。

第一节 法律监督

区人大常委会始终把法律监督作为一项经常性、长期的工作任务放在重要位置，认真研究和部署，采取多种形式和措施，不断加强监督力度，增强监督效果。

一、组织法律学习、宣传

区人大常委会对国家、省、市每一项法律、法规出台后，充分发挥指导作用，调动各方面的力量，围绕依法治区开展诸如宣传月、法制知识讲座、法律知识问答等活动。

1982年，《中华人民共和国宪法修改草案》交付全国人民讨论修改。区一届人大常委会第七次会议及时作出决定，动员全区人民开展学习讨论，提出修改意见；还召开了驻区的少数民族、民主党派、宗教界上层进步人士和归侨等方面代表座谈会，倾听各方面的意见；还走访了驻区单位、代表联系组组长，召开代表大会，广泛地搜集全区各族人民的意见，全区共提出修改意见20多条。

1984年11月22日，区人大常委会作出关于开展学习宣传宪法活动周的决定。“决定”发出后，从区机关到公、检、法、司及各乡、办事处都积极行动，层层成立机构，分别安排部署。1984年12月1日至7日，全区大张旗鼓地进行了一周的宣传活动。通过宣传，大大增强了全区人民的法制观念，提高了严格依法办事的自觉性。

1995年，区人大常委会组织区劳动人事局、区法院、区检察院等单位学习了《劳动法》、《法官法》、《检察官法》等10部法律。

1998年，区人大常委会作出《关于全面推进依法治区的决议》和《扎实推进依法治区实施方案》，督促有关职能部门按照“三五”普法规划总体要求，扎扎实实落实各项普法任务并顺利通过市“三五”普法验收。

1999年，区人大常委会利用普法宣传月，主动送法下乡。先后宣讲了《土地法》、《未成年人保护法》、《河北省村民民主管理条例》等十余部法律、法规，受教育近万人，收到了良好的社会效果。

2000年，区人大常委会在全区27个农村开展了国家四部、省八项农村法律法规的宣传，做到了组织健全、领导到位、部署到位，入乡进村、层层培训学习到位，逐级检查、督导到位，使基层执法人员和乡村干部依法行政、依法办事的自觉性进一步提高，农民群众学法用法、依法维权的意识有所增强。

二、组织法律知识考试

1993 年 6 月，区五届人大常委会对“一府两院”领导干部进行宪法知识考试。

1998 年，区六届人大常委会第一次会议对拟任的 11 名干部进行了法律知识考试。

1999 年初，区六届人大常委会组织全区 305 名科级干部进行了《行政复议法》的培训和考试，参训率和考试合格率均达到了 100%。

三、开展执法检查

为保证宪法和法律在本行政区域的贯彻执行，区人大常委会每年都要不定期地对有关法律、法规在全区贯彻实施情况进行执法检查。

1987 年 10 月，区三届人大常委会在西大街办事处和南长街办事处检查了《统计法》贯彻执行情况。

1988 年 9 月，按照省七届人大常委会《关于在全省开展执法检查的决定》安排，区人大常委会在全区部署了开展执法检查任务。

1991 年，区人大常委会按照省、市人大的部署和要求，组织开展了《河北省计划生育条例》贯彻执行情况检查，针对桥东区城市流动人口计划生育中存在的问题，提出了加强城市流动人口综合治理的建议。

1995 年，区人大常委会围绕《劳动法》、《教育法》、《城市规划法》、《环境保护法》、《食品卫生法》先后组织了 5 项执法检查，对存在的一些问题及时督促区政府有关部门认真解决，有力地促进了法律的贯彻落实。

1996 年 6 月，区五届人大常委会组织有关人员检查《产品质量法》的贯彻实施情况，在顺德市场和东门里市场，支持执法人员当场没收了一批假冒伪劣产品，处罚了欺行霸市者，受到了群众的称赞。

2000 年，区人大常委会开展了环境保护、义务教育和社会保障三项重点执法检查。采取市、区人大上下联动，政府全面自查与人大重点抽查相结合，执法检查与法制宣传相结合，实地检查与听取汇报相结合的方法，收到了明显效果。

2001 年，区人大常委会重点开展了以打击制售假冒伪劣商品、土地管理、城市规划法律法规为主要内容的执法检查。在执法检查过程中，坚持以执法主题为检查对象，采取自纠与开门整顿相结合的方式，增强了执法检查效果。查封总价值近 300 万元的假冒伪劣产品，对列入重点整治的胡庄豫西市场进行了重点监督。

2003 年，按照省、市人大常委会的要求，区人大常委会组织了《中小企业促进法》、《森林法》、《村民委员会组织法》三项执法检查。在检查中，各检查组采取自查与重点抽查相结合、执法检查与法制宣传教育相结合、实地检查与听取汇报相结合等方式，针对法律法规实施中存在的突出问题，提出整改意见。为了提高执法检查效果，各调查组督促政府和有关部门认真搞好自查自纠，切实解决执法工作中存在的突出问题。在此基础上，分别听取了三项执法检查报告，要求政府及有关职能部门认真搞好整改。在森林法执法检查中了解到 2002 年春季实施的七里河绿色屏障工程，七里河两岸造林 1000 余亩，植物 72928 株。七里河大桥两侧作为工程的重中之重，在三月份经过 20 多天的奋战，共平整垃圾 30 余万立方米，更换新土 8000 余方，打机井两眼，种植塔松、垂柳、带生杨等 4000 棵，彻底改变了大桥两侧的脏、乱、差现象，美化绿化了市区南部主要出入口的环境。

2003 年春，全国突发“非典”疫情。为贯彻市委、区委关于防治“非典”工作的重大决策，区人大常委会以传染病防治法和突发公共卫生事件应急条例为依据，充分发挥国家权力机关职能作用。在积极参与区委统筹部署的同时，结合抗击“非典”，集中力量，重点调查了传染病防治法在桥东区的贯彻实施情况，严格依法管理，依法防疫，切实维护了人民群众的根本利益。区人大常委会于5月底6月初，分两次对辖区内人民医院、邢台学院等15个单位和4所小学进行执法调查。确保了区委“力争不发生，确保不扩散”目标的落实，也为传染病防治法的贯彻实施奠定坚实基础。

2004年，区人大常委会组织了对环境保护法执行情况、城市建设情况、法院刑事诉讼法执行情况的执法检查。同时，按照省、市人大常委会的要求，结合桥东区实际，常委会配合上级人大进行了环境保护法、审计法、招投标法、动物防疫法的执法检查。

2005年，为了促进安全生产法在桥东区的贯彻实施，进一步加大安全生产监管力度，规范生产行为，区七届人大常委会对安全生产法实施情况进行了专项考察。

第二节　工作监督

对区政府、区人民法院、区人民检察院（简称“一府两院”）的工作监督，是区人大常委会的一项重要职权。

一、审议工作报告

1982年4月，区人大常委会听取和审议了区政府的经济工作报告。会议在充分肯定成绩的基础上，提出“企业管理不善、经济效益差、生产队劳力不好安排、商品渠道不通”等问题普遍存在。建议政府进行市场调查，发挥优势，搞好经济调整，加强企业管理。同时，还建议政府召开经济工作经验交流会，用点上的经验指导面上的工作。

1985年9月，区人大常委会听取了区政府关于物资分配情况的汇报，要求把上级分配到区的数字和区下达的数字，列出清单来，从而核对其用项是否合理。

1990年，区人大常委会先后听取审议了区政府《关于物价工作情况的报告》、《关于计划生育工作情况的报告》，区法院《关于行政诉讼法实施情况的报告》，区检察院《关于严惩经济犯罪情况的报告》。

1992年，区人大常委会听取和审议了区政府《关于经济工作情况的报告》和《区政府九一年财政预算执行情况的报告》。经过认真审议，针对经济工作情况，提出了狠抓技术进步，增加对企业的投入，不断增强企业发展后劲的建议。

1993年，区人大常委会听取并审议了区政府《关于城市建设管理工作情况的汇报》，做出了《关于区政府城乡建设管理工作情况的报告审议意见》，肯定了区政府在理顺关系、规划管理、调整农村规划、创建卫生城方面所作的工作，同时指出在市政方面存在的问题。

1995年6月，区人大常委会听取审议了区政府关于农村小康建设工作报告。8月份，常委会切实加强对财政宏观运行情况的监督，听取了区政府上半年经济工作完成情况的报告、财政预算执行情况及预算外资金使用情况的报告。

1996年10月，区人大常委会听取和审议了区政府关于农业产业化发展规划情况、区法院关于执行工作情况和民事审判工作情况、区检察院关于严厉打击刑事犯罪活动和不断强化法律监督情况的报告。

1999年，区人大常委会听取了区政府关于计划和预算执行情况的报告。常委会组成人员经过认真审查，在充分肯定成绩的同时，严肃指出了一些数字不够真实的问题和下大力管好、用好预算外资金的意见。

2003年12月25日，区人大常委会听取审议了区法院关于案件执行情况、检察院关于预防职务犯罪工作情况的工作报告。

2005年12月，区人大常委会主任会议听取审议了房管局的工作报告，并研究了本辖区房地产管理的历史沿革和现状，建议区政府积极与市级房管部门协调职能，理顺关系，为创建和谐桥东，建设更好的人居环境。此外，常委会还对社会关注的小广告治理、“两抢一盗”、安全生产等进行专项调研，为维护好人民群众的切身利益提供了有力保障。

二、开展述职评议

为进一步做好述职评议工作，从1993年度开始，区人大常委会对所任命的“一府两院”干部进行述职评议，然后对政绩突出者给予通报表彰。至2006年，每个年度结束，常委会均会同区委组织部对政府组成人员和“两院”正副职负责人进行年终考核。考核采取干部个人工作汇报和群众评议意见、集体座谈和个人走访相结合的方法，较全面地了解他们勤政、廉政和执法情况。然后常委会分批听取所任干部的述职报告，与会组成人员和应邀列席代表集体进行评议，对任命干部履行职责情况进行一次全面考评，评出优秀、称职、不称职3个档次，常委会对优秀者给予通报表彰。1993年，区人大常委会第八次会议对7名干部给予通报表彰；1994年，区人大常委会第十七次会议对8名干部给予通报表彰；1995年，区人大常委会第二十五次会议对10名干部给予通报表彰；1996年，区人大常委会第三十五次会议对12名干部给予通报表彰。通过对所任干部进行述职评议，常委会不仅加深了对所任干部的了解，扩大了任免工作的透明度，而且加深了对政府各部门和“两院”工作情况的了解，增强了监督力度。

2000年10至12月，区六届人大常委会组织了对区经济局、区物价局、区检察院民行科、区法院二中心9名干部进行述职评议。

2004年6月，区七届人大常委会出台了《对选举和被任命人员述职评议暂行办法》，并制定了详细的实施方案。8~10月份组织了本届人大首次述职评议工作。根据实施方案的规定，对年初确定的财政局、教育局、民政局、经济局4位局长进行任职以来的经济情况审计，随后组成4个调查组，通过走访、座谈、民主测评等形式对述职人员进行综合性评价。在第九次常委会上4名述职人员通过投票表决，全部获得“满意”，并颁发了述职评议满意证书。

2005年共安排了2次述职评议。在述职评议活动中，引入了评议前审计程序。常委会评议前由审计部门提前介入被评议人员所在部门，对被评议人员进行任期经济责任审计。6月份第十四次常委会上对区审计局、计生局、民宗局3位局长进行了述职评议。10月份第十六次常委会上，对法、检、司3部门共53名被任命人员进行了述职评议。

2006年，区人大常委会不断改进和完善了述职评议制度，调整评议重点，首次把“一把手”的述职评议和单位的行政执法评议结合起来，要求述职人员所在单位实行“阳光执法”，在桥东政府网上公布执法依据、执法标准和公开承诺，建立投诉信箱，公布投诉电话。至2006年底，区七届人大常委会实现了对区政府部门组成人员和区法院、检察院被人大任命人员进行全面评议的目标。

三、组织代表民主评议

组织人大代表评议“一府两院”工作，是地方各级人大常委会在工作实践中的探索，是逐步健全和完善人民代表大会制度，发挥代表作用，深化人大监督职能的重要措施。

1991年7~11月，常委会组织区人大代表以1990年1~10月的刑事案件为重点，对本区“两院”工作进行了首次评议。

1992年6~8月，区人大常委会组织区人大代表，以经计委、农业、城建、物价、民政、卫生部门的工作为重点，对区政府开展了评议活动。

1994年，在“为企业服务月”活动中，区人大常委会为加强对区政府职能部门为企业服务情况的监督考核，区人大主任带队分头到各乡（办），组织区、乡两级代表对政府22个部门进行了“上评下”活动，通过评议大大激励了政府各职能部门为企业服务的积极性。

1998年，区人大常委会组织辖区内的市、区、乡三级人大代表对政法系统执法状况开展了评议活动。

此后历年中，区人大常委会都组织人大代表对“一府两院”，特别是执法部门进行民主评议，充分发挥人大工作的监督职能。

第三节 代表考察

组织人大代表开展考察活动，是人大代表执行代表职务的一种重要形式，也是人大常委会全面、准确地了解和掌握情况，就有关重大问题适时做出决议、决定，正确对“一府两院”进行法律监督和工作监督的基础和保障。

区人大常委会每年都要有计划地组织部分常委会委员和代表进行考察，并提出一些建议、批评和意见，对改进“一府两院”工作，促进民主法制建设，推动全区社会经济和各项事业的发展都起到了积极的作用。

人大常委会每次组织代表考察之前，都要制定考察方案，明确考察的指导思想，提出考察的范围、内容、目的、时间、要求，并组织代表学习有关的法律、法规和政策，考察后要进行总结并向人大常委会提出报告或汇报。

代表考察主要围绕以下几个方面进行：根据省、市人大常委会的统一要求，组织代表考察；考察法律、法规及人大及其常委会做出的决议决定贯彻执行情况；就人大常委会会议要听取和审议的问题进行会前考察；对代表在人民代表大会期间提出的建议、批评、意见办理情况进行考察；根据某一时期或阶段的中心工作开展考察；就人民群众普遍反映和关心的社会热点、难点进行考察；针对某一问题进行专项考察等。

1984年9月，区人大常委会主任、副主任和部分委员对区税务分局、区工商局、马市街二队、红旗轻工机械厂等4个单位进行了考察。在考察中，对区税务局提前121天完成全年计划，马市街二队工商企业的经济效益突出，红旗轻工机械厂生产经营活跃，工商局市场管理和企业管理好于往年的成绩都做了肯定。同时，对发现的一些问题，建议区政府采取适当措施，加以解决，事后均收到明显的效果。

1989年7月，区人大常委会组织部分委员对《食品卫生法》的贯彻实施情况进行考察。考察组实地察看了西门里、汽车站、工农兵3个农贸市场的饮食业、肉食业和东关的个体肉食加工点。对于存在的肉食检疫不及时、饮品卫生状况较差、无证经营等问题，建议政府和有关职能部门加强食品卫生标准的宣传，加强对食品从业人员的职业道德教育，加大严格执法力度。

1990年10月9～11日区人大常委会组织市、区、乡三级人大代表对区部分企业、学校进行了考察。

1991年，区人大常委会组织人大代表对辖区市场管理、食品卫生、土地执法和村委会、居委会基层政权建设情况进行了考察。

1994年，针对群众普遍反映的物价上涨问题，区人大常委会与物价部门联合对桥东区几个重点市场进行考察，对假冒伪劣商品、缺斤短两等坑害消费者利益行为进行了监督检查。

1997年6月，区人大常委会组织部分常委深入到桥东公安分局、4个派出所、2个乡、4个办事处进行考察。其间，听取了公安分局机构设置和基本情况的汇报，派出所社会治安工作，干警自身建设的情况汇报。在乡、办听取主要负责人、人大代表、街（村）干部对桥东区社会治安工作和干警自身建设的意见。通过听取汇报和座谈，了解实际情况，为审议桥东公安分局“关于社会治安和自身建设情况报告”的议题作准备。同时，在国家《食品卫生法》颁布一周年之际，对其贯彻执行情况进行考察。通过广泛开展宣传，加大执法力度，理顺执法监督体制，使辖区公共卫生执法走上行政执法的规范化法制轨道。

1997年8月，区人大常委会组织部分委员听取了区经济计划局、乡镇企业局、统计局、税务局工作汇报，深入到东郭村乡和南长街办事处进行调查研究，考察了东郭村乡瓷砖厂、绒布厂和南长街办事处的金属门窗厂和太脱拉大修厂，为审议区政府经济计划完成情况作了充分的准备。通过调查，获悉全区截至6月底全年工业产值完成42021万元，工业利税实现2821万元，分别占年计划的49.5%和50.4%，经济形势是好的，保持了上升的趋势，从而建议区政府下一步要加大企业改革力度，不断优化乡镇企业结构，加大企业管理力度，抓住机遇发展第三产业。

2001年6月，区人大常委会组织部分委员对辖区的环保工作进行考察。考察组听取了区环保局的工作汇报，实地察看了东郭村板纸厂、前进造纸厂、宏达纸制品厂和雅洁造纸厂的污水处理设施，以及吉泰特型钢厂的烟尘处理设施。考察组认为，区政府以“一控双达标”工作为主线，加大执法力度，狠抓污染治理，有效控制了污染加重的趋势，排污总量得到有效控制，环保工作成绩显著。对于存在的大气污染、地下水污染、个别企业仍在停产治理中等问题，建议巩固成果、抓重点、抓难点，加大对水污染的治理力度，将汽车尾气污染治理列入工作日程。

2002年10月，区人大常委会组织部分委员对辖区物价工作进行考察。对区物价局努力争创全国达标所、依法行政完善制度、积极做好物价宣传、加大收费管理制度等方面取得的成绩予以肯定。针对存在的物价监督检查方式方法有待创新、严格把好收费许可证发放关等问题，建议区物价局正确处理三个关系，即执法与宣传的关系、执法与服务的关系、依法行政与经济发展的关系。

2003年10月，区人大常委会组织部分委员先后对区政府环境保护工作、区教文体局教育收费工作以及区政府办理代表建议情况进行了考察。考察组听取了区环保局的工作汇报，实地察看了鸿昌实业有限公司、前进造纸厂和吉泰特型钢厂的燃气炼钢炉。考察组认为区政府坚持环境保护的基本国策，认真贯彻环保法律法规，狠抓环境治理，严格控制污染物排放，环境质量总体保持稳定。对于存在的已取缔的小锅炉反弹、大气污染问题突出、环境监测缺乏等问题，建议加大执法检查力度，加大财政投入，加大对污水和废弃物的监管力度，不断创新工作方式。在区教文体局，考察组通过座谈、走访等形式对区教文体局教育收费工作进行了考察。对于存在的个别学校借读费跨年度收取、招收收费兴趣班等问题，建议学校做好对学生家长的解释工作，进一步规范收费项目，坚持校务公开并形成长效机制，对于重要情况要随时公开。

2005年6月，区人大常委会组织部分委员对《安全生产法》的贯彻实施情况进行考察。考察组听取了区安监局关于全区安全生产的整体情况汇报，考察了九州石油城、东郭村乡政府、桥东乙炔气厂、吉泰特钢厂等单位，并深入到车间厂房，察看安全生产设备及安全生产制度建设情况。考察组对区安全生产工作连续两年被评为市级安全生产先进单位给予充分肯定。区安监局不断加强宣传力度，健全机制加强制度建设，抓好日常监督，强化专项整治。对于存在的组织机构、人员素质不能与形势需要相适应，职责需要进一步理顺等问题，建议区政府加大对安监部门的经费投入，树立安全监管新概念，加大安全执法和排查力度，使安监工作逐步法制化、制度化。

2006年12月，区人大常委会对区内营利性医疗机构的纳税情况进行调研。先后到邢台妇科医院、东方医院、健强医院、爱心医院、华夏医院、协和医院、顺德医院、邢台不孕不育医院等8家营利性医院和1家非营利性的脑系专科医院进行实地调研，听取了各家医院的纳税情况汇报，察看了纳税凭证和人员工资表。建议区政府本着促进本区医疗发展的原则，改变目前先审批、后验收的弊端，积极探索将医保定点医院扩大、开辟医源，降低老百姓看病费用、促进看病贵问题的解决，加强对其免税期满后的监督和管理。

第四节　人民来信来访

认真办理人民群众的来信来访，保持与广大人民群众的信息往来，是人大常委会密切人民群众，对“一府两院”实施有效监督的重要渠道。区人大常委会对人大代表和人民群众来信来访按照“分级负责、归口办案”的原则，常委会主要领导成员亲自接待重要来访、阅批重要来信。

1981～2006年，区人大常委会共受理了人大代表和人民群众来信来访1023件次。区一届人大常委会受理76件次，区二届人大常委会受理85件次，区三届人大常委会受理88件次，区四届人大常委会受理156件次，区五届人大常委会受理件177次，区六届人大常委会受理198件次，区七届人大常委会受理243件次。对于上级批转案件及群众来信来访，都及时转交有关部门办理。对于一些久拖不决的案件由主任会议进行专题研究，提出处理意见，并责成有关办事机构跟踪督办，加大督办力度，维护了公民的合法权益。对于重要信访问题，主任带领工作人员深入基层了解情况，督促基层予以解决，努力把矛盾和问题在基层和萌芽状态予以化解。在信访工作中，注意向群众宣传解释有关法律法规，引导他们依法正确行使自己的申诉、控告、检举等民主权利，收到很好的效果。

第五节　议案建议办理

根据《中华人民共和国各级人民代表大会和地方各级人民政府组织法》规定，代表有权依照法律程序提出属于本级人民代表大会职权范围内的议案；代表有权向本级人民代表大会提出各方面工作的建议、批评和意见。1981～2006年，会议期间共收到议案、建议、批评和意见为1013件。按照代表向大会提出的议案（提案）、建议、批评和意见的有关规定和处理意见，分别转区有关行政机关及有关部门限期办理，并直接答复代表。

一届一次：共收到代表提案330件。其中：党政领导方面的43件，社会治安方面的57件，市场管理方面的38件，卫生方面的54件，文化教育方面的32件，城市管理方面的25件，公交方面的24件，农业方面的12件，还有计划生育、工会工作及有关人民生活方面的21件，转请上级处理的24件。

一届二次：不详

一届三次：共收到提案34件（交区政府研究办理的33件，交区法庭研究办理的1件）。其中：属于城市卫生管理的14件，市场管理的6件，社会治安方面的3件，文教、广播事业的6件，劳动就业和福利待遇的2件，农村经济政策的2件，民事纠纷的1件。

二届一次：共收到各种提案111件（需要呈交市解决的56件，由区解决的50件，没立案的5件）。其中：城市建设管理方面的39件，市容市貌方面的11件，文教卫生方面的11件，市场管理方面的7件，人民生活方面的6件，自来水方面的5件，街道干部工资待遇方面的4件，商业方面的3件，工业方面的3件，公共福利事业方面的3件，环境保护方面的3件，就业方面的2件，食品卫生方面的2件，体制改革方面的1件，社会治安方面的1件，邮电方面的1件，交通方面的1件，农业方面的1件，集体企业职工待遇方面的1件，户口方面的1件，不能立案的5件。

二届二次：共收到代表提案53件，经提案审查委员会审理，立案42件。其中，需呈交市解决的22件，由区解决的20件。另外11件中，有9件已在上次人民代表大会立案，不再重立，另有2件不属立案范围。由区解决的20件提案中，其中关于城市管理方面的3件，爱国卫生方面的5件，卫生防疫方面的2件，工商管理方面的3件，农业方面的3件，文教方面的1件，民政方面的1件，公安方面的 1 件，关于解决机关部分干部职工住房吃饭问题的 1 件。

二届三次：共收到代表提案 34 件。其中：教育方面的 3 件，市场管理方面的 2 件，其他方面的 2 件。另有 27 件不属桥东区工作权限范围，经提案审查委员会研究，建议转交有关部门和单位研究办理。

三届一次：共收到代表提案 11 件，代表建议和意见 17 件。区政府责成有关部门和单位迅速办理和答复。

三届二次：共收到代表提案 19 件。其中：关于城市管理、爱国卫生方面的 12 件，市场管理方面 3 件，教育工作方面 2 件，其他方面的 2 件。

三届三次：共收到代表议案 19 件，代表建议、批评和意见 18 件。19 件议案中，属于市职权范围的 5 件，属于桥东区职权范围的 14 件。其中，关于财政工作方面的 4 件，教育工作方面 3 件，经济工作方面 2 件，农业方面 3 件，城市管理方面 1 件，其他方面 1 件。经议案审查委员会研究，19 件议案全部作为建议、批评和意见转交。18 件建议、批评和意见中，属于市职权范围的 4 件，属于桥东区职权范围的 14 件。其中，应由区政府系统解决的 13 件，应由区检察院解决的 1 件。

四届一次：共收到代表提出的议案 3 件，建议、批评和意见 45 件。议案中关于城市建设管理方面的 2 件，关于菜农吃比例价粮食问题的 1 件，全部作为建议、批评和意见处理。会后通过归纳整理，将属于桥东区权限内的 29 件及时转交区政府办理。

四届二次：共收到代表提出的建议、批评和意见 22 件。其中：关于城建方面的 14 件，粮食工作 3 件，其他 5 件，经审理交有关部门办理。

四届三次：共收到代表提出的议案 1 件，建议、批评和意见 20 件。其中：关于城建方面的 10 件，市场管理方面的 3 件，教育方面 2 件，其他方面 6 件。

五届一次：共收到各类建议、批评和意见 35 件。其中城建方面 15 件，市场管理 2 件，教育 1 件，民政方面 10 件，其他方面 6 件，法院 1 件。对建议区政府、区法院在 10 月底前承办完毕，并答复代表。

五届三次：收到代表提出议案 6 件，代表建议 10 件，全部转交区政府办理。

五届四次：共收到代表提出的议案、建议和意见 12 件（其中 10 人以上代表联名提出的议案 3 件，建议和意见 9 件。经审查 3 件议案不符合议案要求，转为建议）。其中：关于物资方面的 1 件，公安方面的 1 件，交通方面的 2 件，文教方面的 2 件，城建方面的 2 件，民政方面的 1 件，区政府方面的 2 件，开发区方面的 1 件。

五届五次：会议共收到代表提出的议案、建议和意见 14 件（其中 10 人以上代表联名提出的议案 3 件，建议和意见 11 件。经审查 3 件议案不符合议案要求，转为建议）。其中关于城建方面的 3 件，公安方面的 2 件，民政方面的 1 件，工商方面的 1 件，文教方面的 3 件，粮食方面的 1 件，计划生育方面的 1 件，公共事业方面的 1 件，财政方面的 1 件。

五届六次：共收到代表提出的议案、建议和意见 19 件（其中 10 人以上代表联名提出的议案 6 件，建议和意见 13 件。经审查 6 件议案不符合议案要求，转为建议）。其中：关于经济方面的 1 件，城建方面的 9 件，法院方面 3 件，民政方面 3 件，文教方面 2 件，计划生育方面 1 件。

六届一次：会议共收到代表建议 23 件。其中：关于经济方面 3 件，城建方面 14 件，农业方面 2 件，人大常委会 1 件，民政 1 件，再就业工程方面 1 件，工商方面 1 件。对涉及群众生活方面的建议，常委会领导和工作部门的负责人亲自督办。

六届二次：会议共收到代表提出的建议 28 件。其中：关于经济方面的 2 件，城建方面 10 件，农业方面 1 件，民政方面 1 件，再就业工程方面 1 件，工商方面 4 件，公安方面 2 件，教育方面 1 件，普法方面 1 件，旧城改造方面 1 件，开发区方面 3 件，精神文明建设方面 1 件。

六届四次：会议共收到代表提出的建议、批评和意见 32 件（其中 10 人以上提出的议案转建议 4

件）。其中：关于经济方面的6件，城建方面8件，农业方面1件，民政方面4件，工商方面3件，司法方面3件，公交方面1件，计划生育方面1件，卫生方面5件。

六届五次：会议共收到代表提出的建议、批评和意见22件（其中10人以上提出的议案转建议2件）。其中：关于经济方面的7件，城建方面8件，民政方面1件，工商方面1件，司法方面1件，卫生方面1件，物价方面1件，农业方面2件。

七届一次：会议共收到代表提出的建议、批评和意见50件（其中10人以上提出的议案转建议4件）。其中：关于经济发展方面的6件，城建方面21件，民政方面7件，土地方面2件，司法方面5件，卫生方面5件，水务方面2件，农业方面2件。

七届二次：会议共收到代表提出的建议、批评和意见35件（其中10人以上提出的议案转建议5件）。其中：关于经济发展方面的5件，信访方面2件，城建方面8件，民政方面6件，司法方面3件，卫生方面1件，工商税务方面2件，劳动人事方面2件，教育方面1件，农业方面2件，计生方面1件，其他方面2件。

七届三次：会议共收到代表提出的建议、批评和意见23件（其中10人以上提出的议案转建议2件）。其中：关于城建方面的5件，民政方面6件，司法方面4件，卫生方面2件，工商税务方面2件，计生方面2件，其他方面2件。

对于代表议案，依照议案审理程序，代表大会闭会后，区人大常委会都组织力量调查研究，作为一项重要议题进行审议，并作出了相应的决议、决定。

对于代表建议、批评和意见，每次代表大会闭会后，区人大常委会都及时召开“一府两院”及有关单位负责人参加的办理代表建议、批评和意见移交会议。对于办理代表建议、批评、意见的要求是：提高思想认识，端正工作态度，要把办理任务列入部门或单位的重要工作，真正摆在重要位置上；坚持实事求是，能落实几件就是几件，不能说空话、套话，不作表面文章，不走过场；深入细致调查研究，凡能解决的，要提出具体办理意见，抓紧落实；确实不能解决或目前无条件解决的，要实事求是地说明理由解释清楚，列入部门或单位工作规划，并积极的创造条件，给予解决；对于不属于本区职权范围的问题要积极向上级有关部门反映，不能把问题搁置不管；因受条件限制短时间内不能解决，要向代表讲明理由；涉及多个部门或单位的问题，由一个部门或单位牵头主办，其他部门或单位积极配合，防止互相推诿、扯皮，把代表意见转来转去；必须做到事事有交待，件件有答复。

第六节　人事任免

区人大及常委会在依法行使任免权中，始终坚持党管干部原则、严格按照法律程序进行原则、充分发扬民主原则、过半数通过原则，并注意在工作实践中，不断积累和总结经验，努力探索和改进工作。1981～2006年，共依法任免桥东区国家机关工作人员829人次。

区一届人大及其常委会人事任免

区一届人民代表大会及其常委会在1981年4月至1984年6月的届期内，作出了一些重大人事任免决定。

1981年4月，区一届人大一次会议举行。会议选举产生了区一届人大常委会主任、副主任、委员，区政府区长、副区长，区人民法院院长，区人民检察院检察长。杨清义任区一届人大常委会主任，李天河、常德生、马福增、李瑞音、宋庆山、王庆林任副主任，马高尚、王举、王春成、刘振芳、邵宗鉴、杨尊禄、胡廷、袁书香、秦玉莲（女）、郭兰枝（女）、豆杏栓、睢常山任委员。马维俭任区政府区长，李胜金、董顺英、国恒信、王良群、王廷山任副区长。

区一届人大常委会共任免14人次，其中：任免人大机关工作人员3人次；任免区政府机关工作人员11人次。

区二届人大及其常委会人事任免

区二届人民代表大会及其常委会在1984年6月至1987年5月的届期内，作出了一些重大人事任免决定。

1984年6月，区二届人大一次会议举行。会议选举产生了区二届人大常委会主任、副主任、委员，区政府区长、副区长，区人民法院院长，区人民检察院检察长。国恒信任区二届人大常委会主任，李元臣、任凤梅（女）、杨尊禄、赵秀珍（女）任副主任，马振元（回）、王举、陈一民、李金生、陆惕生、赵风印、胡世芳、郭赤、郭兰枝（女）、郭森鑫、姬廷锡、彭云鹏、葛晓菊（女）、董锡麒任委员。肖辉（女）任区政府区长，王良群、吴迈华、王廷山任副区长。昝荣林任区人民法院院长，耿伟任区人民检察院检察长。

1985年4月，区二届人大二次会议举行。会议补选刘贵庆为区二届人大常委会副主任。

区二届人大常委会共任免41人次，其中：任免人大机关工作人员5人次；任免区政府机关工作人员10人次；任免区人民法院机关工作人员13人次；任免人民检察院机关工作人员13人次。

区三届人大及其常委会人事任免

区三届人民代表大会及其常委会在1987年5月至1990年4月的届期内，作出了一些重大人事任免决定。

1987年5月，区三届人大一次会议举行。会议选举产生了区三届人大常委会主任、副主任、委员，区政府区长、副区长，区人民法院院长，区人民检察院检察长。马天祥任区三届人大常委会主任，杨尊禄、李金阁、刘德恒、杜书秀（女）、王俊年任副主任，王法岭、刘玉合、张三义、张鹤龄、庞万勋、周洪忠、殷桓、曹桂珍（女）、彭云鹏、魏世仁任委员。王聚泰任区政府区长，陈雪身、吴迈华、章容（女）、胡世芳、李学堂任副区长。

区三届人大常委会作出任免决定104人次，其中：任免人大机关工作人员3人次；任免区政府机关工作人员36人次；任免区人民法院机关工作人员47人次；任免区人民检察院机关工作人员18人次。

区四届人大及其常委会人事任免

区四届人大及其常委会在1990年4月至1993年1月的届期内，作出了一些重大的人事任免决定。

1990年4月，区四届人大一次会议举行。会议选举产生了区四届人大常委会主任、副主任、委员，区政府区长、副区长，区人民法院院长，区人民检察院检察长。陈雪身任区四届人大常委会主任，王俊年、杜书秀（女）、杨尊禄、刘洪恩、彭云鹏任副主任。王聚泰任区政府区长，马金刚、乔季芬（女）、李学堂、胡世芳任副区长。田兆贵任区人民法院院长，宋更须任区人民检察院检察长。

区四届人大常委会作出人事任免决定86人次，其中：任免人大机关工作人员1人次；任免区政府机关工作人员33人次；任免区人民法院机关工作人员36人次；任免区人民检察院机关工作人员16人次。

区五届人大及其常委会人事任免

区五届人大及其常委会在1993年1月至1998年2月的届期内，作出了一些重大的人事任免决定。

1993年1月，区五届人大一次会议举行。会议选举产生了区五届人大常委会主任、副主任、委员，区政府区长、副区长，区人民法院院长，区人民检察院检察长。刘顺年任区五届人大常委会主任，姬廷锡、吴存周、张国柱、胡志民、任瑞芬（女）任副主任，王贵堂、刘冬爱（女）、李钧、张玉珍（女）、张爱文（女）、张清范、张鹤龄、赵九志、杨金山、欧阳新华（女）、苗景文、尉兴国（女）、魏进钧任委员。董海林任区政府区长，师向军、赵广录、李格、吴建章、张庆国任副区长。

刘鸿恩任区人民法院院长，杨士良任区人民检察院检察长。

1995年3月，区五届人大四次会议举行。会议增选孙朝春（女）、张小寨、陈连军、曹庆振、霍胜祥为区五届人大常委会委员。

1996年3月，区五届人大五次会议举行。会议任命张彦为区人民法院院长。

1997年2月，区五届人大六次会议举行。会议选举李廷聚、刘云、朱杰（女）为区五届人大常委会委员。

1997年6月，区五届人大七次会议举行。会议补选吴迈华、霍胜祥为区五届人大常委会副主任。

区五届人大常委会作出人事任免决定184人次。其中：任免人大机关工作人员16人次；任免区政府机关工作人员83人次；任免区人民法院机关工作人员55人次；任免区人民检察院机关工作人员30人次。

区六届人大及其常委会人事任免

区六届人民代表大会及其常委会在1998年2月至2003年4月的届期内，作出了一些重大的人事任免决定。

1998年2月，区六届人大一次会议举行。会议选举产生了区六届人大常委会主任、副主任、委员，区政府区长、副区长，区人民法院院长，区人民检察院检察长。简书华任区六届人大常委会主任，吴迈华、吴存周、任瑞芬（女）、吴建章、冯贵波、霍胜祥、欧阳新华（女）任副主任，王玉庆、朱杰（女）、刘云、杨金山、李贵卿、何玉铭、陈树真、郝爱平、郭华、高荣奇、魏永菊任委员。郭运兴任区政府区长，鲁继田、魏增金（女）、李格、张庆国、焦朝君、李国庆任副区长。张宗保任区人民法院院长，张彦任区人民检察院检察长。

1999年3月，区六届人大二次会议举行。会议补选张兴国、周三保为区六届人大常委会委员。

2000年3月，区六届人大三次会议举行。会议补选刘崇惠为区六届人大常委会委员。

区六届人大常委会共作出人事任免决定185人次。其中：任免人大机关工作人员21人次；任免区政府机关工作人员78人次；任免区人民法院机关工作人员52人次；任免区人民检察院机关工作人员34人次。

区七届人大及其常委会人事任免

区七届人民代表大会及其常委会在2003年4月至2006年12月的届期（未满）内，作出了一些重大的人事任免决定。

2003年4月，区七届人大一次会议举行。会议选举产生了区七届人大常委会主任、副主任、委员，区政府区长、副区长，区人民法院院长，区人民检察院检察长。简书华任区七届人大常委会主任，魏增金（女）、张彦、王贵堂（回）、刘崇惠（女）、宋汉绍、付建民任副主任，高海民、董梅（女）、章玮、施丽萍（女）、曹淑芬（女）、霍会敏（女）、郭华、郑建军、杨建立、刘海珍、马国庆任委员。尹全峰任区政府区长，曹印群、李国庆、刘志林、贾芳（女）、何秀丽（女）、赵忠锋任副区长。张宗保任区人民法院院长，赵志军任区人民检察院检察长。

2005年3月，区七届人大第三次会议举行，补选刘俊岭为区人大常委会主任、刘金红为副主任，李根林为区政府副区长。

2006年4月，区七届人大第四次会议举行，补选吕志成为区政府区长。

区七届人大常委会共作出人事任免决定218人次。其中：任免人大机关工作人员15人次；任免区政府机关工作人员39人次；任免区人民法院机关工作人员106人次；任免区人民检察院机关工作人员58人次。

第十八编
地方人民政府

桥东区人民政府（以下简称区政府）成立于1980年3月，由市委任命区长、副区长。1981年4月，区一届人民代表大会召开后，区长、副区长人选由市委任命改为由区人民代表大会选举产生和任命。从1981年4月至2006年底，经历了第一、二、三、四、五、六、七届（第七届未满）。历届区政府贯彻党和国家的路线、方针、政策及法律法规，认真履行经济调节、市场监管、社会管理和公共服务等各项职能，完成了“六五”、“七五”、“八五”、“九五”、“十五”等5个五年计划，全区经济和社会事业快速、健康发展。通过稳步推进改革开放，调整经济结构，优化发展环境，第三产业和非公有制经济加快发展，综合经济实力显著提高，2006年财政收入首次突破亿元大关；大力推进城市化进程，加快老城区和城中村的改造开发步伐，加大城市管理力度，城区面貌大有改观；全面发展科教文卫事业，注重社区建设和社区服务，城区综合服务功能进一步增强；积极扩大就业再就业，社会保障体系逐步完善，特困群体得到及时救助；坚持依法治区和依法行政，妥善处理和化解各种社会矛盾，社会秩序基本稳定，全区广大人民群众安居乐业。

第一章　组织机构

桥东区人民政府组织机构包括领导机构和工作机构、乡人民政府、街道办事处。

第一节　领导机构

区政府由区长、副区长和政府各部门组成。区长由区人民代表大会选举产生，副区长由区人民代表大会及其常委会任命，政府各部门正职由区人大常委会任命。区长、副区长任期，1981～1993年为每届3年，1993年后每届任期5年。1981～2006年，区政府历经7届8位区长、35位副区长。

1980～2006 年桥东区历任正、副区长一览表

届别	职务	姓名	出生时间	文化程度	籍贯	任职时间	备注
区筹建小组	成员	刘勤增	1924.01	初中	河北省临城县	1980.02－1980.03	
	成员	董顺英	1928.05	大专	天津市	1980.02－1980.03	女
	成员	李胜金	1935.02	初中	河北省隆尧县	1980.02－1980.06	
	成员	孙德全	1919.01	初中	河北省巨鹿县	1980.02－1980.03	
	成员	王西生	1913.01	初中	山西省平顺县	1980.02－1980.03	
市委任命领导成员	区长	李　鹏	1932.11	高中	河北省邢台市	1980.03－1980.06	回，未到职
	区长	马维俭	1921	初中	河北省邢台县	1980.06－1981.04	
	副区长	董顺英	1928.05	大专	天津市	1980.03－1981.04	女
	副区长	王西生	1913.01	初中	山西省平顺县	1980.03－1980.06	
	副区长	李胜金	1935.02	初中	河北省隆尧县	1980.06－1981.04	
第一届	区长	马维俭	1921	高中	河北省邢台市	1981.04－1984.06	
	副区长	李胜金	1935.02	初中	河北省隆尧县	1981.04－1984.06	
	副区长	董顺英	1928.05	大专	天津市	1981.04－1983.09	女
	副区长	国恒信	1931.08	初中	河北省南宫市	1981.04－1984.06	
	副区长	王良群	1938.07	大专	河北省威县	1981.04－1984.06	
	副区长	王廷山	1939.02	大专	河北省任县	1981.04－1984.06	
	副区长	吴迈华	1945.02	大学	北京市大兴县	1981.04－1984.06	
第二届	区长	肖　辉	1942.01	大学	河北省平乡县	1984.06－1987.04	女
	代区长	王聚泰	1943.02	大学	河北省邢台县	1987.04－1987.05	
	副区长	王良群	1938.07	大专	河北省威县	1984.06－1987.05	
	副区长	吴迈华	1945.02	大学	北京市大兴县	1984.06－1987.05	
	副区长	王廷山	1939.02	大专	河北省任县	1984.06－1987.05	
	副区长	章　容	1946.12	大学	北京市	1984.06－1987.05	女（无党派）
第三届	区长	王聚泰	1943.02	大学	河北省邢台县	1987.05－1990.04	
	常务副区长	陈雪身	1933.02	初中	河北省南和县	1987.05－1989.10	
	副区长	吴迈华	1945.02	大学	北京市大兴县	1987.05－1990.03	
	副区长	胡世芳	1950.09	大专	河北省清河县	1987.05－1990.04	
	副区长	章　容	1946.12	大学	北京市	1987.05－1990.03	女（无党派）
	副区长	李学堂	1944.06	大专	河北省沙河市	1988.11－1990.04	
	副区长	马金刚	1939.12	大学	河北省威县	1989.10－1990.04	
第四届	区长	王聚泰	1943.02	大学	河北省邢台县	1990.04－1992.10	
	代区长	董海林	1955.11	大专	河北省邢台县	1992.10－1993.01	
	常务副区长	马金刚	1939.12	大学	河北省威县	1990.04－1992.10	
	副区长	李学堂	1944.06	大专	河北省沙河市	1990.04－1992.11	
	副区长	胡世芳	1950.09	大专	河北省清河县	1990.04－1992.10	
	副区长	乔季芬	1937.12	大学	河北省任县	1990.04－1992.12	女（无党派）
	副区长	师向军	1944.06	大学	河北省南和县	1992.10－1993.01	
	副区长	赵广录	1946.08	大专	河北省临城县	1992.10－1993.01	
	副区长	李　格	1950.05	中专	河北省南宫市	1992.10－1993.01	

届别	职务	姓名	出生时间	文化程度	籍贯	任职时间	备注
第五届	区长	董海林	1955.11	大专	河北省邢台县	1993.01－1998.01	
	代区长	郭运兴	1953.02	大专	河北省沙河市	1998.01－1998.02	
	常务副区长	师向军	1944.06	大学	河北省南和县	1993.01－1997.01	
	常务副区长	鲁继田	1947.11	大专	河北省清河县	1997.03－1998.02	
	副区长	赵广录	1946.08	大专	河北省临城县	1993.01－1998.02	
	副区长	李　格	1950.05	中专	河北省南宫市	1993.01－1998.02	
	副区长	吴建章	1945.12	高中	河北省广宗县	1993.01－1998.02	
	副区长	张庆国	1951.09	初中	河北省南宫市	1993.01－1998.02	
	副区长	魏增金	1951.02	大专	河北省沙河市	1995.03－1998.02	女
	副区长	焦朝君	1965.07	大学	河北省南和县	1997.06－1998.02	
第六届	区长	郭运兴	1953.02	大专	河北省沙河市	1998.02－2003.03	
	代区长	尹全峰	1962.09	大学	河北省临城县	2003.03－2003.04	
	常务副区长	鲁继田	1947.11	大专	河北省清河县	1998.02－2001.12	
	常务副区长	尹全峰	1962.09	大学	河北省临城县	2002.02－2003.03	
	副区长	魏增金	1951.02	大专	河北省沙河市	1998.02－2003.04	女
	副区长	李　格	1950.05	中专	河北省南宫市	1998.02－2003.04	
	副区长	张庆国	1951.09	初中	河北省南宫市	1998.02－2003.04	
	副区长	焦朝君	1965.07	大学	河北省南和县	1998.02－2003.04	
	副区长	李国庆	1963.01	大学	河北省内丘县	1998.02－2003.04	
	副区长	张　平	1963.03	大专	河北省平乡县	1998.07－2002.03	女，挂职
	副区长	李庭聚	1950.06	大专	河北省邢台县	1998.10－2000.05	
	副区长	高荣奇	1951.06	大专	河北省隆尧县	1999.09－2003.04	
	副区长	贾　芳	1967.05	大学	河北省南宫市	2001.09－2003.04	女
	副区长	何秀丽	1959.07	大学	河北省邢台县	2002.10－2003.04	女
第七届	区长	尹全峰	1962.09	大学	河北省临城县	2003.04－2006.02	
	区长	吕志成	1967.02	研究生	河北省广宗县	2006.02－	2006.02－2006.04代区长
	常务副区长	曹印群	1966.02	研究生	河北省隆尧县	2003.05－2006.02	
	常务副区长	龙兴洲	1963.03	研究生	河北省内丘县	2006.04－	正县
	副区长	李国庆	1963.01	大学	河北省内丘县	2003.04－2006.03	
	副区长	刘志林	1966.04	大学	河北省柏乡县	2003.04－2006.03	
	副区长	贾　芳	1967.05	大学	河北省南宫市	2003.04－2005.03	女
	副区长	何秀丽	1959.07	大学	河北省邢台县	2003.04－	女
	副区长	赵忠锋	1964.02	研究生	河北省宁晋县	2003.04－	
	副区长	王献民	1961.07	大学	河北省馆陶县	2004.08－2006.03	
	副区长	李根林	1964.02	研究生	河北省任县	2005.03－	
	副区长	张立峰	1964.10	大学	河北省巨鹿县	2006.04－	

第二节　工作机构

1980年1月21日，中共邢台市委决定成立“桥东区筹建领导小组”。1980年3月桥东区人民政府成立，由市委任命区长1名、副区长2名和其他组成人员若干名。1980年9月3日，桥东区设：办公室、民政科、财政科、统计科、工业科、商业服务科、城管科、工商管理科、劳动科、卫生科、教育科、文体科、农业科、计划生育办公室、爱国卫生委员会办公室15个工作机构。

1984年2月13日，桥东区政府常设工作机构18个：办公室、民政局、公安分局、司法局、劳动人事局、经济计划委员会、财政局、审计局、统计科、工商行政管理科、税务局、城市建设管理局、农业局、文教局、卫生局、计划生育办公室、爱国卫生委员会办公室、人民防空办公室。

1987年11月，桥东区政府有常设工作机构18个：办公室、经济计划委员会、劳动人事局、财政局、民政局、计划生育委员会、统计局、审计局、城市建设环境保护局、司法局、爱卫办、人防办、卫生局、工商行政管理局、文教局、农业局、科学技术委员会、档案馆。1988年4月，经市委批准成立桥东区监察局。1988年11月，邢台市撤销郊区后，根据工作需要，报请市委、市政府批准成立了物价局、标准计量局、土地管理局、乡镇企业管理局、财贸办公室。1989年5月，成立桥东区民族宗教事务委员会。1992年10月，按照市政府指示，区工商行政管理局、土地管理局垂直于各自市局领导。

1993年1月，区政府有常设工作机构22个：办公室、经济计划委员会、城市建设环境保护局、乡镇企业管理局、文化教育局、农业局、民族宗教事务委员会、科学技术委员会、劳动人事局、财政局、民政局、计划生育委员会、统计局、审计局、司法局、卫生局、标准计量局、物价局、监察局、环卫站、爱卫会办公室、人民防空办公室。1993年5月，区城市建设环境保护局、环卫站、爱卫会办公室、人民防空办公室合并组建桥东区城乡建设管理委员会。6月，区监察局与区纪律检查委员会合署办公。7月，成立桥东区人民政府对外开放办公室，原区经济技术协作办公室从区经委分离出来，与对外开放办公室合署办公，一套人员两块牌子，为科级全民事业单位。其增加外事办公室职能，列行政序列，挂靠区政府办公室。9月，标准计量局改为技术监督局。1994年3月，成立经济体制改革委员会办公室。1996年5月，桥东区进行机构改革，原经济计划委员会改为经济计划局，原计划生育委员会改为计划生育局，原科学技术委员会改为科学技术局，原文化教育局改为教育文化体育局，原劳动人事局改为人事劳动局，原城乡建设管理委员会改为建设环境保护局，原民族宗教事务委员会改为民族宗教局。对外开放办公室与经济技术协作办公室合并称“邢台市桥东区招商局”。经济体制改革办公室并入经济计划局。1997年9月，环境保护局升为正科级事业局。

1998年2月，区政府常设工作部门19个。1998年7月，区环境保护局成立，区建设环境保护局更名为区建设局。1999年3月，区水务局成立，为科级事业单位。招商局不再挂靠政府办公室。8月，区商业局更名为区国内贸易局。2002年4月，区环境保护局成为正科级行政单位，列为政府组成部门。6月，区机构编制委员会办公室不再挂靠人事劳动局成为政府组成部门，区建设局再次更名为区建设管理局。2000年1月，经区机构改革编制委员会批准，成立区新闻出版局和区版权局，与区教育文化体育局合署办公。3月，区技术监督局划为省以下垂直单位，为邢台市质量技术监督局桥东分局。2002年4月，区人事劳动局更名为“邢台市桥东区人事劳动和社会保障局”。6月，机构改革中，区经济计划局改为区经济发展局，区水务局正式定为科级行政单位。到2003年4月，区政府工作部门有19个：办公室、经济发展局、教育文化体育局、科学技术局、民族宗教事务局、监察局、民政局、司法局、财政局、人事劳动和社会保障局、建设管理局、农业局、卫生局、计划生育局、审计局、统计局、技术监督局、物价局、环境保护局；直属事业单位5个：档案局、乡镇企业局、招商局、重点项目办公室、住宅合作社；企业管理部门2个：物资局、国内贸易局。

2005年11月，根据中共邢台市委办公室、邢台市人民政府办公室《关于印发桥东区人民政府机构改革方案的通知》（邢办字〔2005〕58号）文件精神，将区经济发展局、区乡镇企业局、区政府经济体制改革办公室合并，设置区发展改革局，为区政府工作部门；设置区工业促进局，为发展改革局管理的部门管理机构；重点项目办公室设在发展改革局内，对外保留名称。同时，成立区商务局、区安全生产监督管理局。

至2006年12月，区政府常设机构20个：办公室、发展改革局、教育文化体育局、科学技术局、民族宗教事务局、监察局、民政局、司法局、财政局、人事劳动和社会保障局、建设管理局、农业局、卫生局、计划生育局、审计局、统计局、安全生产监督管理局、商务局、物价局、环境保护局。

第三节 乡人民政府

1988 年 11 月，邢台市撤消郊区，原郊区所辖大梁庄乡、东郭村乡划归桥东区管辖。至 2006 年 12 月，区政府下辖 2 个乡级政府：大梁庄乡、东郭村乡。

第四节 街道办事处

1980 年 2 月，在“邢台市桥东区筹建小组”成立同时，原“向阳路、红旗路、东风路、红卫兵路四个人民公社”被撤销，分别改为“南长街、北大街、西大街、西门里”街道办事处。至 2006 年 12 月，区政府仍下辖原四个街道办事处。

第二章 重要会议

区政府召开的重要会议主要有，政府全体会议、常务会议、区长办公会议以及每年度的经济工作会议等。它是区政府施政的重要方式。

第一节 会议制度

2006 年 11 月，区政府对各项会议制度进行了修订，制定了《区政府全体会议制度》、《区政府常务会议制度》、《区政府区长办公会议制度》和《区政府会议管理制度》。

一、区政府全体会议

区政府全体会议一般每半年召开 1 次。

主要议题 传达贯彻党中央、国务院、省委、省政府及市委、市政府、区委的重大方针政策、指示、决定，决定和部署区政府的重要工作，通报有关全区工作的重要情况，讨论需要由区政府全体会议决定的其他重要事项。

参加人员 区政府全体会议由区长、各位副区长（副县级领导干部）、区政府办公室主任、区政府组成部门主要负责人参加。会议由区长或受委托主持工作的副区长召集和主持。政府办公室副主任、法制办公室主任、政府督查室主任和乡、办事处主要负责人列席会议。视情邀请区委、区人大常委会、区政协、区武装部及上级机关有关负责人参加。

工作程序 区政府办公室文秘科负责根据区政府常务会议或区长确定的议题，拟订会议安排计划，包括议题、时间、内容和参加人员等，由区政府办公室主任把关，报常务副区长审阅后，送区长签批。

区政府值班室负责落实会议通知，并将参加会议人员的落实情况反馈给办公室文秘科；办公室行政科负责安排会场；文秘科负责会议签到、材料分发等工作；办公室保卫科负责会议的保卫工作，落实维持会场外秩序等工作。

区政府办公室文秘科负责会议材料的准备工作。会后，要将会议材料移交办公室档案室归档。

二、区政府常务会议

区政府常务会议一般每月召开 1 次，如有需要可随时召开。

主要议题 传达和贯彻党中共中央、国务院、省委、省政府及市委、市政府的重大方针政策、指示、决定，传达和贯彻区人大及其常委会的决议，分析形势，讨论决定全区性重大问题，交流区长、副区长分工范围内的重要工作进展情况，讨论报请市政府审批的重要事项，讨论通过提请区人大常委会审议的重要事项，讨论决定区政府的规章、重要文件以及各乡、办事处，区政府各部门请示的重要事项，研究区政府日常工作中的其他重要事项。

参加人员 区政府常务会议由区长、副区长、副县级领导干部、办公室主任参加。会议由区长或受委托主持工作的副区长召集和主持。政府办公室副主任、法制办公室主任、政府督查室主任及区政府有关部门和单位的主要负责人根据议题需要列席。视情邀请区委、区人大、区政协、区武装部的有关负责人参加。

工作程序 区政府文秘科负责向区政府领导征求对会议议题安排的意见。

需要区政府决策的重大事项，由区政府和区政府办公室有关领导或有关部门、乡、办事处提出，经区长同意后，由分管副区长负责把关后签字。区政府文秘科安排相关部门按参会人数印制议题材料，并根据收集的议题，拟订会议安排计划，包括议题、时间、地点和参加人员等，报区政府主要领导审定。

区政府值班室负责会议通知，并在会前将落实情况反馈给区政府办公室主任和区政府文秘科。各部门应严格按通知要求安排参加会议人员，未经区长同意，不得增加与会人员。

参加会议的有关部门要按照会议通知要求，认真准备提交会议讨论研究的材料，并将会议材料于会前 2 天送区政府文秘科。

凡提交会议讨论研究的事项，内容涉及其他部门和单位的，应在会前进行充分协商。经协商意见仍不一致的，有关部门应将分歧意见如实报告。对应事先协调而未协调的事项，原则上不安排讨论研究。

区政府文秘科负责会议签到、材料分发等工作，并将人员到会等情况及时报告会议主持人。

会议纪要由区政府文秘科负责编发。会议纪要应完整、准确地反映会议议定的内容。会议纪要初稿一般应在会后 2 天内完成，经办公室主任审改、送常务副区长审阅后，由区长签批。

区政府文秘科负责汇总、登记会议议题等材料，并将会议相关材料及时移交办公室档案室归档。会议原始记录为机密材料，原则上不对外借阅。确需查阅会议记录的，应报经区政府办公室主任批准。

三、区长办公会议

区长办公会议由区长、副区长视情召开。

会议议题 研究处理属于区长、副区长分管职责范围、需要统筹协调的业务事项，研究处理属于区政府既定工作安排、需要组织实施的业务事项，研究处理全区性重要活动的协调实施事项，研究处理具体问题的协调实施事项，研究突发性事件的处理意见，研究处理上级领导或区委、区政府主要领导对涉及面较广的具体问题所作批示的贯彻落实意见，研究处理区政府日常工作中的其他具体业务事项。

参加人员 区长办公会议由区长或副区长召集，根据会议内容，分别召集有关部门负责人参加。

工作程序　根据区长、副区长确定的议题，由办公室相关科室负责拟订会议安排计划，包括议题、时间、内容和参加人员等，报召集主持会议的区长或副区长审定。

会场安排、会议通知、人员落实情况、记录等会务工作，由办公室相关科室负责落实。

会议纪要的起草、整理由办公室相关科室负责，由办公室主任审核后送区长或分管副区长签批。会议的有关材料随会议纪要一并归档。

四、会议纪律

区政府全体会议、区政府常务会议、区长办公会议是研究讨论区政府工作的重要会议。区政府组成人员的其他活动，包括参加全区性的其他会议，要服从区政府会议的安排。按会议要求必须参加的人员，除因外事活动或参加中共中央、国务院、省委、省政府、市委、市政府以及区委召开的重要会议等特殊情况外，一般不得请假。

确因特殊原因不能参加区政府会议的，应按规定于会前请假，副区长向区长请假，各部门负责人向区长或主管副区长请假。

区政府会议必须由部门行政正职参加。确因特殊情况不能参加会议并已请假的，可以指定主持工作的副职或主管负责人参加。

对列席会议人员范围要严格控制。列席区政府常务会议、区长碰头会议的部门负责人，原则上不准带助手，需向会议汇报工作的可带 1 名助手。

区政府常务会议、区长办公会议决定的事项，以正式文件或会议纪要为准，并按规定的范围传达。区政府领导在会上的发言和插话，未经同意，不得传达、扩散，对会议讨论的文件要注意保管。

与会人员在会场内须关闭移动电话或设置为振动无声状态，确有紧急工作的可到会场外接听。

根据议题内容和列席会议人员情况，实行候会制度。候会的列席人员签到后，到指定地点候会。

五、会议决定事项的贯彻落实

凡区政府全体会议、区政府常务会议、区长办公会议决定的事项，有关部门和单位要认真执行，抓紧办理。执行中遇到的重要问题以及执行结果，要及时向区政府办公室报告。区政府全体会议、区政府常务会议决定事项的落实情况，由区政府督查室负责督促检查；区长办公会议决定事项的落实情况，由区政府办公室相关科室负责督促检查。督促检查情况要及时报告区政府相关领导。

六、区政府会议管理

区政府历来强调精简会议，提高会议质量，严格执行会议审批制度。区政府各部门召开全区性会议，一般至少提前 3 天报区政府办公室审核协调安排。召集乡政府、办事处及政府部门主要领导开会，须报经区长批准；召集乡政府、办事处及其他部门副职开会，须经主管副区长批准；召集一般干部参加的全区性会议，须经区政府办公室主任批准；以区政府名义召开的表彰会，须经区政府常务会议研究或区长批准；区政府各部门召开的一般性业务会议，不要求区政府领导出席；召开全区性工作会议，可由主管副区长出席，确属工作需要时，可请区长出席。凡以区政府名义召开的全区性会议，经批准后由主办部门以区政府办公室名义通知，并承办会务组织工作。

第二节　经济工作会议

为安排部署全区经济工作任务，每年年初，区政府都召开区、乡（办、局）、村（居）三级主要领导参加的干部大会。1992 年以前，此会称“三级干部大会”，从 1992 年开始称“经济工作会议”。

区一届政府期间“三级干部大会” 于1981年2月、1982年2月、1983年3月共召开了3次，部署安排全区经济工作的具体任务。其主要内容为：贯彻落实党的十一届三中全会精神，切实把工作重心转移到社会主义经济建设上来；在经济工作中，坚定执行中共中央关于国民经济“调整、改革、整顿、提高”的方针，对桥东区的工业、农业、副业及商业进行科学布局、合理调整。全区经济形势稳步上升。工业方面，充分发挥集体所有制企业的优势，立足于为市场服务，为群众服务及弥补大工业的不足，不断调整产品结构，扩大服务领域、提高产品质量；对街道办的一些工业生产摊子加强管理，扶植农业生产队办好工业摊点和工副业生产，壮大区的集体经济，填补无区属企业的空白。1981～1983年，工业产值、利润逐步增长，1983年，全区工业总产值完成557万元，比建区时的1980年翻了一翻。农业方面，各生产队落实专业承包，实行联产计酬责任制，扩大蔬菜种植品种，蔬菜单产逐年增加。同时重视工副业生产，实行多种经营。全区17个大队、21个核算单位，1983年底实现农业总收入652万元，其中工副业收入521万元，农业纯收入131万元，每人平均收入为380元，比1980年提高了51%。商业服务方面，贯彻“发展经济、保障供给”的方针，恢复和发展一大批与人民生活息息相关的集体和个体商业服务网点，改变辖区内国营商业独家经营的局面。1983年底全区已有商业门市、服务网点159个，全年营业额685.8422万元，利润30.4506万元，向国家交纳营业税20万元。

区二届政府期间“三级干部大会” 于1984年2月、1985年3月、1986年3月共召开了3次。其主要内容为：贯彻落实《中共中央关于经济体制改革的决定》，安排部署全区经济体制的具体计划。1985年三级干部会议提出了“两个大发展，一个翻一翻”的奋斗目标，即工商企业有一个大发展，街道摊点有一个大发展，乡镇企业产值要实现翻一翻。工业方面，把提高经济效益和产品质量放在首要位置，大胆引进新技术，开发新项目，深挖企业内部潜力，推行和完善经济承包责任制，其承包形式有逐级承包、个人或合伙承包、专项承包等，以调动企业和职工的生产积极性；改革街道办事处政企不分的管理体制，成立区工商公司，实行政企分开；放宽政策，为发展集体企业“松绑”。1985年开始，试行厂长（经理）任期目标责任制，成为改革的重要方面，各办事处和区直属企业选择试点，进行试行。农业方面，继续稳定和完善联产承包责任制，实行专业承包，包干到户，鼓励发展农村商品生产，走农工商综合经营的道路，超额完成市政府安排的各年度蔬菜上市计划。商业服务业方面，会议要求把它作为全区经济发展的新亮点，给予政策扶植，各办事处、街道要创造条件兴办一批商业、饮食业和其他服务业网点、摊点。据统计资料显示，1986年全区实现工农业生产总值1820.9万元，比1983年增长105%；商业等服务业网点达2677家，营业额、利润比1983年大幅增长。

区三届政府期间“三级干部大会” 于1987年3月、1988年3月、1989年3月共召开了3次。其主要内容为：继续深化经济体制改革，出台了对经济领域的宏观指导意见。提出了区属、处属、村（街）办、联合体、个体工业五个层次要分清，五个层次一起抓，工农商齐发展，开展横向经济联合，力争三年实现工业产值翻一翻的指导思想和奋斗目标。工业方面，以落实企业承包经营责任制，完善企业经营机制为重点，做好改革的深化和完善配套工作，把承包引入竞争机制，逐步推行以内部竞争承包为主的多种形式的经营承包，全面推行厂长（经理）负责制、任期目标责任制和任期终结审计制。同时，改革企业内部各项制度，以充分调动企业职工的生产积极性。农业方面，贯彻中央、省、市农村工作会议精神，完善农村联产承包责任制，国家、集体、个人多方筹资增加农业投入，加快“菜篮子”工程建设和农田水利建设。第三产业方面，要理顺关系，加强管理，制定政策，放宽搞活，推动商业、饮食业、服务业为主的第三产业的发展，使其逐渐成为桥东区经济的又一支柱。1989年始，经济工作的重点是贯彻落实中共十三届三中全会精神，在全区范围内部署治理经济环境、整顿经济秩序的各项具体措施。该届区政府坚持改革开放，以经济建设为中心，力求务实高效，全区经济建设稳步发展。区三届二次人代会上通过的工农业总产值3年内达到7000万元的奋斗目标，提前一年实现。1989 年，全区工农业总产值达 7088.8 万元，三年增长 2.89 倍；商业、饮食业、服务业营业额完成 7936.24 万元，是 1986 年的 3.27 倍，平均每年递增 48.5%。

区四届政府期间“三级干部大会”（从 1992 年开始改称经济工作会议）　于 1990 年 2 月、1991 年 3 月、1992 年 3 月共召开了 3 次。1990 年三级干部大会主要内容为：深入贯彻中共十三届五中全会精神，坚定不移地搞好治理整顿和深化改革；部署落实中共中央关于农村工作的基本方针、基本政策，大力发展农业，力争使全区农业生产迈上新台阶。改革本着“稳定、充实、调整、改善”的八字方针。具体措施是：坚持和完善厂长（经理）承包负责制；深化企业内部的配套改革，完善内部经营责任制；推行购销费用包干责任制；进一步理顺企业内部分配关系，大力开展横向经济联合；完善和巩固农村家庭联产承包责任制；在有条件的村稳妥推行土地适度规模经营；逐步推广农业技术集团承包。1991 年三级干部大会的主要内容为：打好实现“八五”计划的第一仗，安排部署本年度经济工作的主要任务。工业方面，深入开展“质量、品种、效益年”活动，促进区属工业持续稳定发展；强化企业管理，提高业务素质；加快技术改造，大力开展新产品；围绕质量、品种、效益指标，打好工业生产总体战；增强开放意识，继续深化改革。农业方面，推行“菜篮子”工程建设，提倡大棚种植蔬菜，增加品种，丰富菜篮子。同时，重视发展第三产业在全区经济中的作用。1992 年经济会议主要内容为：部署落实中共中央经济工作会议提出的把经济工作的重点，从治理整顿转移到调整结构、提高效益轨道上来的精神，结合桥东区工业起步晚、基础薄弱、设备陈旧等问题，布置了具体实施办法。农业方面，继续稳定以家庭联产承包为主的责任制，完善统分结合的双层经营机制，积极发展社会化服务体系，壮大集体经济实力。

该届政府紧紧抓住经济建设这个中心，从筹建桥东经济开发区和市高新技术产业开发区为契机，上项目，抓投入，促使全区经济出现加速发展的新形势。1992 年底，已超额完成区四届二次人大会议通过的工农业总产值到 1992 年达 10111 万元的目标。1992 年，实现社会总产值 16628 万元，比 1989 年增长 57%；国民生产总值 9236 万元，比 1989 年增长 67.7%；国民收入 7654 万元，比 1989 年增长 50.3%；工农业总产值 13288 万元，比 1989 年增长 87%；全区商业网点达 2400 多个，营业额达 12159 万元。

区五届政府期间“经济工作会议”　于 1993 年 4 月、1994 年 3 月、1995 年 3 月、1996 年 4 月、1997 年 3 月共召开了 5 次。其主要内容为：贯彻落实中共中央“十四大”提出的建设社会主义市场经济体制的决定和中央经济工作会议精神，按照市委、市政府“富民、强市、升位”战略目标的要求，全面部署桥东区具体实施的强区战略方案，下达全区经济工作的主要任务。工业方面，进一步深化企业改革，扩大内外开放，鼓励发展三资企业，逐步推行现代企业制度，以抓乡镇规模企业和开发区建设为重点，增加投入，上龙头项目，创建龙头企业、高新技术企业和特色企业，以培植新的经济增长点。农业方面，以实现小康目标总揽农村工作全局，分步推进农业产业化战略的实施，引导农民走向市场，加快由粮食种植向蔬菜种植、由种植业向养殖加工业的两个转移。鼓励蔬菜种植向精细高档方向发展，养殖业向特种珍稀方向发展。第三产业，要发挥城区优势，抓住旧城改造和公路建设 2 个机遇，实行沿街沿路的“两沿”开发战略，加快三产服务业的发展。该届区政府在经济工作中，始终坚持把调整优化经济结构作为转变经济增长方式的重要内容，加大改革力度，优化投资环境，推动技术进步，初步建立起现代企业制度，推进全区经济持续、快速、健康发展。全区经济总量指标，1997 年全年国内生产总值完成 54375.8 万元，比 1992 年增长 578.7%。其中，第一产业完成 5199 万元，比 1992 年增长 158.1%；第二产业完成 19848.8 万元，比 1992 年增长 478.7%；第三产业完成 29328 万元；比 1992 年增长 673.4%。

区六届政府期间“经济工作会议”　于 1998 年 3 月、1999 年 3 月、2000 年 3 月、2001 年 2 月、2002 年 3 月共召开了 5 次。其主要内容为：贯彻落实中共“十五大”精神，加快企业改制步伐，深化企业内部各项改革；部署对市下放到桥东区的 17 家企业改制、改革的计划和方案；从 1998 年开始对全区产业结构实施“三二一”战略调整，突出发展第三产业，提高三产服务业在国民经济中的比重，使其成为桥东区经济的强大支柱；调整所有制结构，放手发展个体私营经济；加快重点项目建设和招商引资力度，推进内外开放，增强经济发展后劲；合理调整农业结构，突出特色农业发展，培育和完善农业龙头型经济，逐步形成蔬菜种植、花卉苗木、特种养殖三大特色产业。该届区政府始终把发展经济作为执政兴区的第一要务，适时合理地调整全区的产业结构，抓住区域经济特点，突出发展了三产服务业和私营个体企业，保持全区经济的稳步增长。到2002年，全区实现国民生产总值67464.7万元，比1997年增长24%。其中，第一产业完成3168万元，第二产业完成19832.1万元，第三产业完成44464.6万元。三产服务业已成为全区经济的强大支柱。

区七届政府期间“经济工作会议” 于2003年4月、2004年3月、2005年3月、2006年3月共召开了4次。其主要内容为：贯彻落实中共“十六大”提出的全面建设小康社会总目标和中央、省、市经济工作会议精神，安排部署全区经济工作具体任务。主要有，培育壮大优势产业，创造条件发展民营经济和第三产业，要通过加强市场建设，改造提升商贸、餐饮、社会服务等传统服务业，发展现代流通业、培植房地产、会计审计、法律服务、社区服务、信息中介等为主的新兴三产，以电子政务、电子商务和网络教学为突破口，推进国民经济和社会信息化的发展；加大资金投入力度，在重点项目建设上实现新突破；扩大内外开放，改进招商引资方式，发挥区位优势，突出以项目招商引资；创新机制，以破产重组为主线，通过政策扶持、招商引资、内部挖潜、技术转接、资产联合等多种途径，深化企业改革，建立起与市场经济相适应的现代企业制度；继续进行农业结构的调整，完善特色农业基地和养殖示范园区建设，大力推行无公害蔬菜的种植、保鲜、加工，延长特色农业的链条，坚持种植、养殖、加工、服务四位一体，提高土地利用率和效益，实现以特兴农、以特增效的目标。该届区政府坚持以经济建设为中心，立足区位优势，实施“三产和个体私营经济求突破发展，二产求壮大发展，一产求特色发展”的“三求”发展战略，推动全区经济实现跨越式发展，综合实力明显增强。2006年全区实现国内生产总值26.8亿元，其中区属14.7亿元，比2002年增长117.9%；财政收入完成11499万元，比2002年增长113.1%，首次突破亿元大关。

第三章 施政纪要

1981～2006年，历届区政府立足于区位优势，抢抓发展机遇，适时调整发展思路，积极实施区委提出的产业结构调整、“两沿”开放开发带动、科教兴区的战略，全区经济社会发展不断取得新成就。2006年，全区实现国内生产总值26.8亿元，其中区属14.7亿元，是1981年的183.72倍。产业结构进一步优化，三产服务业成为支柱产业；旧城改造、城中村改造成效显著，城市面貌日新月异；科教事业日益繁荣，为经济持续健康发展增添了活力；项目建设实现突破发展，建成一批重点项目，有效拉动经济快速发展；民计民生进一步改善，增强了区委、区政府的凝聚力和感召力。

第一节 发展第三产业

根据桥东区经济发展的实情，从1984年开始区政府加大了经济结构调整力度。即通过调整第一、第二、第三产业结构，发挥区位产业优势，促进经济科学、快速发展，逐步实现第三产业在区属经济中占的比重最大，第二产业次之，第一产业最小的结构。根据区政府安排部署，20世纪80年代，各乡（办事处）、村（街道）创造条件兴办了一批商业、饮食业和其它服务业网点、摊点。到1989年全区商业、饮食业和其它商业网点达2600多家。从1991年开始桥东区抓住旧城改造和城市路网建设的机遇，实施沿街沿路的“两沿”开发战略和城区工业“退市进郊”（厂区退出市区到郊区重建）、“退二进三”（原厂区退出第二产业，发展第三产业）战略，建成一批规模大、档次高、有特色的商场、市场、商业街等三产摊点。三产服务业在全区经济结构中的比重逐步增大，由1990年的14.4%发展到1997年的53.9%。1998年，区政府积极实施“三二一”产业结构调整战略，把第三产业作为主导产业大力扶持，先后制定了一系列鼓励、促进第三产业发展的优惠政策和奖励办法。到2006年，建成了中北商城、新世纪家乐园超市、明月广场、邢州大酒店、亿德隆休闲购物广场、华北五金机电城、冀南装饰城、天一城等一大批商业服务业项目，促进了第三产业的发展和繁荣。2006年，全区各类规模较大的专业市场、商场、超市发展到24家，特色商业街10条。全年完成三产营业额36.8亿元，是1981年的1150倍；税金1.16亿元，是1981年的1546倍；利润3.24亿元，是1981年的2492倍。形成了大型商场集中分布，特色商业街互相交织，新兴服务业蓬勃发展的良好态势。随着第三产业规模逐步扩大，经济运行的质量和效益不断提高。2006年，全区完成社会消费品零售额14.96亿元，实现第三产业增加值11.29亿元，第三产业占全区经济总量的76.9%。

第二节 改善城区面貌

历届区政府高度重视城市建设和管理工作，把城建工作作为实现全区经济社会跨越式发展的重要突破口，大力改善城区居民生产生活环境，提升城市品位。桥东区是邢台老城区。1980年建区时，街道狭窄，道路坑洼不平，马路边多有临时建筑，市容市貌“乱、脏、差”现象严重。建区后，区政府立即着手城市建设和城市管理工作。20世纪80年代，区委、区政府每年发动全区人民开展“全民文明礼貌月”活动，拆除违章建筑，重点治理了“马路垃圾、马路摊点、马路堆料、马路临建、马路马粪”的“五马闹市”问题。同时，开展爱国卫生宣传教育活动，建立健全了各级卫生组织，制定爱国卫生公约，全区共划分卫生区5000多个，普遍实行了“门前三包”卫生责任制，开展卫生达标活动，城市环境卫生状况明显改观。为了进一步绿化、美化城市，从1982年开始，区政府每年下拨资金，对城市街道、机关、学校、工厂等进行绿化、美化，城管部门每年组织施工人员，进行街道整修、下水道疏通、草坪花坛修建，主街道墙壁粉刷等。到20世纪80年代末，基本解决了土街、土巷、土院“三土”问题，城市街道全部硬化。1990年后，实施“人民城市人民建，公益事业大家办”的方针，积极探索把市政建设推向市场，实行市政建设有偿服务。特别是20世纪90年代中后期，区政府积极实施旧城改造、城中村改造、新区开发、历史文化名城创建等，城区基础设施建设和市容市貌发生显著变化。1995年，区委、区政府成立区旧城改造拆迁领导小组，按照市政府《邢台市旧城改造五年计划》要求，积极开展工作。至2000年，总投资16.2亿元，完成包括西门里一期和顺德路改造工程、新世纪广场、中北商城在内的44个街、片的改造，拆迁面积106.27万平方米。2000年后，旧城改造逐步向片区改造、新区开发转变，先后完成了中心汽车站、围寨河片区、人民剧场片区、亿德隆广场、中央名城等片区改造的亮点工程，进一步改善了老城区形象。2002年，桥东区申庄村在全市率先开始实施城中村改造。同年，区委、区政府制定了《关于加强城区旧村改造的实施意见》，全区43个村（居）列入改造计划。截至2006年12月，共拆迁面积50000余平方米，安置村（居）民450余户，25个村（居）完成规划编制，17个村（居）完成前期手续。辖区交通网络日趋完善，区内道路277条（市管22条、区管255条），总长130公里，面积156万平方米。至2006年，新建、改建城区道路56条，区管街道累计维护、硬化路面9万多平方米，投入1000余万元。90%的道路种植了行道树，建成街心花园、游园10余个，全区绿化覆盖率36%，人均绿地面积8.9平方米，城区形象的绿化、美化、净化有了显著的提高。

第三节　实施科教兴区战略

区政府切实把教育放在优先发展的地位，集中精力和财力加快教育事业的发展。建区27年间，区政府共支出教育事业费1.97亿元，年均增长21.63%，用于教师工资发放、校舍维修、改造，改善了教学条件。到2006年，全区23所区属小学有教学班289个，在校生15572人；区属中学4所，34个教学班，在校生1516人，总校舍面积89939平方米。为提高师资队伍素质，1991年桥东区成立教师进修学校，累计培训教师8000余人次。到2006年，全区教职工总数达到908人。具有大学本科学历以上的343人，占37.8%；具有大专学历的438人，占48.2%；高级职称39人，中级职称458人；2人被评为全国优秀教师，4人被评为特级教师，14人被评为省、市级优秀教师和先进教育工作者。积极普及义务教育，加强素质教育，教育教学质量不断提高，小学适龄儿童入学率、在校生巩固率和毕业生升学率均达到100%。1995年“两基”（基本扫除青壮年文盲、基本普及义务教育）达标工作通过省级验收，被河北省政府命名为教育工作先进单位。

在优先发展教育的同时，区政府还积极实施人才兴区和科技带动战略。先后制定了《关于加强技术创新发展高新技术产业的意见》、《关于实施科教兴区战略加速科技进步的决定》、《桥东区科技奖励办法》、《桥东区引进科技人才优惠政策》、《关于加强科技工作的意见》、《桥东区科技发展十五计划》、《桥东区科技发展十一五计划》等文件，为营造“引得来、留得住、用得好”的人才环境提供保证。区政府加大科技投入，科技三项经费和科学事业费由1987年的6000元增至2006年的75万元，20年累计投入331.7万元。加强科技队伍建设，为317名非公职人员和1216名公职人员评定相应技术职称，选拔命名专业技术拔尖人才共3批21人次，建立桥东区科技人才库，2006年入库人才达1685人，是1987年的6倍。积极转化科技成果，推进企业技术进步。至2006年，完成科研项目141项，完成鉴定项目17项，6项科技成果填补国内空白，2项被列入国家星火计划；申请专利501项，授权专利291项。到2006年，建成星火培训学校和农业技术服务中心各1所，培训农民4800人次，推广农业新技术、新品种26项，全区农作物优良品种覆盖率达100%。发展高新技术企业5家，高新技术产品5个，发展民营科技型企业17家。科技进步在经济增长中贡献率由1987年的25%提高到2006年的47%。

第四节　项目建设

桥东区项目建设在“七五”计划和“八五”计划期间，多为经济技术合作和技术改造方面的小项目，投资数额小。“九五”计划期间，特别是2000年以后，随着改革开放的深入，以项目推动内外开放和招商引资，建成了一批带动全区经济持续发展的龙头项目，重点项目建设已成为推动全区经济发展的重要杠杆。

“七五”计划期间（1986～1990年），全区企业共开发新产品33项，使区属企业产品结构有了明显改进，适销对路产品比重明显增大；完成技术改造项目共计30项，总投资2500多万元，依靠科学技术进步，增强了企业的发展后劲。

“八五”计划期间（1991～1995年），区政府加大了固定资产投资力度，建设了一批重点项目。全区完成固定资产投资3.2亿多元，其中技术改造投资5600万元。1993～1995年，共确定重点项目37个，总投资26524万元，其中投资在200万元以上的区级重点项目24个。到1995年建成投产项目27个，完成投资10761万元，完成率达73%，增加产值13000万元。产业结构状况明显改善，比例趋于合理，第一产业比重开始下降，第二、第三产业比重持续上升，全区经济开始向工业强区、三产兴区方向发展。“八五”期间，全区共引进经济技术合作项目100个，引进资金1.23亿元，引进各类人才190名，组建联合体340个，签约三资企业19家，建成投产12家，实际利用外资211.6万美元，外贸出口值达1200万元。

“九五”计划期间（1996～2000年），项目投资力度明显加大，建成了一批大项目。全区累计完成固定资产投资11亿多元，5年间建成了川福面粉厂、光源太阳能厂、兴东纸箱厂、大地木业生产线、东郊建材市场扩建工程等区级重点项目62个，项目投资完成3.4亿元。其中建成中北商城、家乐园超市二店等市级重点项目5个，投资完成1.8亿元。“九五”期间，内外开放、招商引资取得新突破，共引进和利用外资1899.2万美元，引进国内市外资金47295.5万元，引进各类人才381名，引进技术35项，建成三资企业12家。

“十五”规划期间（2001～2005年），全区累计完成固定资产投资19.51亿元，5年间共建成天上人间俱乐部一期工程、华天超市清风店、西关街东西旅馆、阳光洗浴中心、福成肥牛、三丰天然食品厂等重点项目142个，项目投资完成21.76亿元，其中建成金马五金城、本田汽车销售中心、港龙商业中心、亿德龙购物休闲广场一期、平安小区、华北五金机电销售中心等市级重点项目28个，项目投资完成13亿元。“十五”期间，全区共引进外资1534万美元，引进国内市外资金11.8亿元，新增外资企业8家，引进技术121项，各类人才706人。

截至到2006年底，全区累计建成区级以上重点项目243个，完成投资35亿元，其中超亿元的项目7个；累计入统外资4695.4万美元，引进国内市外资金21.27亿元，建成了以家乐园超市、港龙商务中心、亿德隆购物休闲广场、凤凰城一期、镁神化工等为主的大型项目。有效地拉动全区经济的快速发展。

第五节　改善民计民生

历届区政府以全心全意为人民服务为宗旨，切实关心群众疾苦，努力改善群众生活水平，实现病有所医、劳有所得、老有所养、住有所居。

一、积极开展社会救助工作

1996年9月，桥东区在全市率先实行城市最低生活保障。2002年，实现低保扩面，达到7%。到2006年，全区共有低保户4379户、11044人，低保标准每人每月180元，人均补差达83元。为改变农村旧的救助体制，2003年，在全市率先对农村特困户实施救助。2005年，区政府制定《桥东区农村最低生活保障暂行办法》，农村低保工作正式启动。至2006年，农村低保户27户、46人，发放低保金5万元。2004年区政府制定《桥东区农村特困户、五保户医疗救助办法（试行）》，开始实行困难群众医疗救助。为保障更多的困难群众病有所医，2006年，制定《桥东区城镇特困群众基本医疗救助办法的补充办法》，把城乡低保对象、孤老优抚对象、“五保”对象、特困家庭纳入救助范围。至2006年12月，已发放医疗救助金23万元，1406人受益。2005年，桥东区开始对人均居住面积10平方米以下的城镇最低生活保障户实行住房补贴。2006年市政府出台《经济适用住房实行货币补贴暂行办法》，全区共补贴低保户750余户，资金110余万元。

二、落实就业再就业相关政策

1998年桥东区成立再就业服务培训中心，至2006年，进中心下岗职工实现再就业累计达到1517人，累计发放下岗职工基本生活费131.2万元，实现进中心下岗职工基本生活保障率100%，困难企业、职工救助金52万余元，“40、50”人员岗位补贴、社保补贴176.63万元。自中心成立9年以来，累计培训城乡富余劳动力3000余人，全部实现跨地区就业转移。培训各类人员3836人，其中就业再就业技能培训2210人，创业培训1000多人。还开展农民工技能提升工作，引导性培训3000人。就业再就业工作基本实现规范管理到位、生活保障到位、培训服务到位、就业安置到位。

社会保险工作全面实施 桥东区养老保险工作开始于1989年。1995年11月，启动机关事业单位养老保险工作。至2006年，全区参保企业43家，参保职工4711人；机关事业单位养老保险参保职工585人。1998年至2006年累计发放养老金6143.6万元，社会化发放率达100%。2002年初，桥东区医疗保险制度改革启动，至2006年参保单位62个，参保人员5518人，累计收缴保险金589.9万元，支出431.9万元。此外，失业保险、工伤保险等工作均积极有序开展。社会保险工作运行平稳，基金有效积累，为实现全区干部职工病有所医、老有所养，构建社会主义和谐社会提供了有力的保障。

第四章　处置突发公共事件

突发公共事件，是指突然发生，造成或可能造成重大人员伤亡、财产损失、生态环境破坏和严重社会危害，危及公共安全的紧急事件。桥东区地处城乡结合部，是老城区，人员复杂，加上社会转型期矛盾较为复杂，容易诱发各类突发事件。2006年，为更好地营造稳定安全的社会环境，区政府在立足区情，认真总结应急管理工作经验教训的基础上，逐渐形成了一套统一指挥、反应灵敏、协调有序、运转高效的应急管理体系。

第一节　组织指挥

一、领导机构

2006年4月，桥东区成立突发公共事件应急处置工作协调委员会（以下简称区应急委）。区应急委是该区突发公共事件应急处置工作的领导机构，对行政区域内突发公共事件应急处置实行统一领导和协调指挥，其成员单位由区级有关部门（区委办公室、区政府办公室、区安监局、区公安分局、区卫生局、区环保分局、区纪委监察局、区委组织部、区委宣传部、区委政法委、区发展改革局、区教文体局、区科技局、区民政局、区财政局、区人劳局、区国土资源分局、区建设局、区农业局、区水务局、区商务局、区质监分局、区法制办、区信访局、区人防办、区工会、大梁庄乡人民政府、东郭村乡人民政府、西大街办事处、西门里办事处、南长街办事处、北大街办事处）组成。区应急委主任由区委副书记、区政府区长担任，常务副主任由区政府常务副区长担任，副主任由各分管副区长、区政府办公室主任担任。区应急委负责研究、决定和部署特别重大、重大突发公共事件应急管理工作。区政府主管领导按照业务分工和在相关突发公共事件应急指挥机构中兼任的职务，负责相关类别突发公共事件的应急管理工作。必要时，区政府派出工作组指导有关工作。

二、办事机构

区政府办公室是区突发公共事件应急管理的办事机构，设区政府应急管理办公室（简称区应急办）。履行值守应急、信息汇总、综合协调、督促检查和应急保障等职责，发挥运转枢纽作用。

三、应急指挥机构

按照突发公共事件的种类和专项应急预案的规定，区政府设立区本级的突发公共事件专业应急指挥机构（简称区专业应急指挥机构）。区专业应急指挥机构由区政府主要负责人或主管负责人任指挥长，依照有关法律、法规、规章和专项应急预案的规定，具体指挥突发公共事件的应急工作。

四、工作机构

区政府各类突发公共事件应急工作的主管部门（简称区突发公共事件主管部门），按照规定的职责，负责有关重大突发公共事件的应急管理工作，承担相应的管理责任。具体负责相关类别突发公共事件专项应急预案和部门应急预案的起草与实施；承担相关区专业应急指挥机构办公室的工作；及时向区政府报告重要情况及建议，指导和协助各乡人民政府、办事处做好突发公共事件的预防、应急预案、应急处置、应急保障和恢复重建等工作。

区政府其他有关部门按照规定的职责和有关应急预案的规定，负责协助区突发公共事件主管部门做好对突发公共事件处理工作。

第二节　工作预案

桥东区政府坚持以人为本，社会参与，依法规范，职责明确，资源结合，信息共享，平战结合，反应迅速的原则，狠抓基础性工作，在全区逐步建立起较完善的应急预案体系。该预案体系包括：

突发公共事件总体应急预案　该预案是本区应急预案体系的总纲，是区政府应对特别重大、重大突发公共事件的规范性文件。

突发公共事件部门应急预案　该类预案是区政府有关部门根据国家和省、市的总体应急预案、专项应急预案和本部门的职责，为应对突发公共事件制定的预案，由区政府有关部门制定、印发，报区政府备案。

各乡人民政府、办事处的突发公共事件应急预案　根据区政府的总体应急预案和专项应急预案及分类管理、分级负责的原则，由各乡人民政府、办事处制定，报区政府备案。

企业事业单位突发公共事件应急预案　该类预案由企业事业单位根据区政府及其有关部门的突发公共事件应急预案和本单位应急工作的实际情况制定。

2006 年 4 月，编制、实施了《邢台市桥东区人民政府突发公共事件总体应急预案》。截至 2006 年底，共专项制订了《桥东区救灾应急预案》、《桥东区城区防汛预案》、《桥东区破坏性地震应急预案》、《特大安全事故应急救援预案》、《桥东区突发环境事件应急预案》、《桥东区防治重大动物疫病应急预案》、《桥东区防治传染性非典型肺炎应急预案》等 10 个专项应急预案，制订《桥东区教文体局突发公共事件应急预案》、《桥东区发展改革局突发公共事件总体预案》、《桥东区应对价格异动工作预案》、《桥东区民族宗教局关于涉及民族宗教方面群体性事件应急预案》、《桥东工商分局关于流通领域市场监管应急预案》、《桥东区城建局防洪预案》、《桥东区城建局特大安全事故应急处理预案》、《桥东区环保局突发环境事件应急预案》、《桥东区应对流感大流行应急预案（试行）》、《桥东区学校集体食物中毒应急处理工作预案》、《桥东区卫生局救灾防病预案》等 13 个部门应急预案。同时，乡、办事处及企业、学校的应急预案编制工作也全面展开。全区 6 个乡、办事处，97 个村（社区），共制订乡（办事处）级应急预案 16 个，村（社区）级应急预案 53 个。较大规模以上非国有企业 7 家，有 3 家制订了应急预案。全区教育系统中，普通中学 4 所，均制订了应急预案，共制订应急预案 8 个；普通小学 23 所，均制订了应急预案，共制订应急预案 23 个；公立幼儿园 3 所，均制订了应急预案，共制订应急预案6个。

第三节 重大事件处置

1993年2月22日，桥东区东关新村4号院内发生一起特大爆炸事故，造成11人死亡、61人受伤、23间房屋被炸毁的严重后果，给国家、集体和人民群众的生命财产造成了重大损失。事故发生后，市、区领导快速行动，积极抢救，及时进行善后处理工作。邢台市政府拨专款19万元，区政府拨款12.7万元，对110户居民进行了救济，体现了社会主义大家庭的温暖与党和政府的关怀。

1996年8月4日桥东区遭受洪涝灾害，12个村庄受灾，受灾群众31322人，房屋倒塌1475间，农作物受灾面积1.1万亩，绝收0.4万亩，共计损失1889.7万元。全区筹集草袋、编织袋20000条，油毡500卷，组织抢险人员2852人，连续奋战几昼夜，使洪水未能进入市区，保证了市区人民群众生命财产安全。

1998年4~5月，中央电视台对邢台市区的基金会非法吸股事件连续2次进行曝光，引起了市委、市政府的高度重视和社会各界的广泛关注。为妥善解决基金会问题，防止社会可能发生的振荡，确保社会稳定，根据上级要求，区政府于5月28日开始对全区基金会进行清理整顿。区委、区政府坚持两条线作战，一条线抓经济和处理日常工作，一条线处理基金会问题。果断稳妥地撤销了3家基金会，财政投入500多万元，争取市财政贴息115万元，成功化解金融风险1个亿，基金会清理整顿工作取得重大的阶段性成果。为解决基金会遗留问题，区政府进一步加大清欠工作力度，清欠小组成员奔波于北京、山西等地追欠上百人次，通过运用行政、组织、法律等手段，采取转移债权、包案到人等措施，特别是充分发挥了政法机关主力军作用，取得了明显成效。截至2001年10月11日，共收回现金368.303万元，实物折合现金90万元，清户20笔，并偿还了干部职工的借款，成功化解了金融风险，有力地维护了社会稳定。

第五章 法制工作

区政府于1990年在区政府办公室下设法制科，为股级单位，负责全区的规范性文件制定、行政执法监督检查、行政复议、办理人大议案和政协提案以及行政执法队伍建设等工作。2002年升格为正科级部门，更名为邢台市桥东区人民政府法制办公室（以下简称区法制办）。至2006年底，桥东区共有执法单位20个，持有行政执法证件人员300名。

第一节 制定规范性文件

1992年，区政府先后制定了《桥东区制定规范性文件工作程序的规定》、《桥东区人民政府办公室地方规范性文件备案制度》，对区政府、各乡、办事处及政府各部门1979年以来所发文件进行全面清理。2001年10月，成立以常务副区长为组长的桥东区清理规范性文件领导小组，办公室设在法制办。1992~2006年，全区共清理出需要修改、撤销的规范性文件41份。

第二节　行政执法监督管理

1992 年，区政府印发《关于实施〈桥东区行政执法和行政执法监督规定〉的通知》，区法制办组织全区 260 名执法人员培训考试，内容包括行政处罚法、行政复议法、行政诉讼法、国家赔偿等。考试合格后，向行政执法人员颁发《行政执法证》，全区开始实行行政执法人员考核及持证上岗制度。1998 年 10 月，区政府印发《关于全面推进依法治区的决定》，同时成立了依法治区领导小组，区委书记任组长，下设依法行政领导小组办公室，归政府办管理，并制定了《关于积极推进依法治区的实施方案》。方案中，明确了依法治区的指导思想和依法治区的基本原则，制定了主要目标和任务，建立了依法治区领导体系。当年 12 月，区政府表彰了区城建局、卫生局等 5 个部门，同时也受到了市政府的表扬。2001 年，成立以区长为组长，主管副区长为副组长，各职能部门一把手为成员的行政审批制度改革领导小组，加大对行政审批事项的清理力度，加强监督检查和管理，凡与法律相抵触和部门自行设立的审批事项一律取消。全区共清理各类行政审批事项 77 项，取消 29 项，为全区经济发展创造了一个良好的法制环境。2003 年 9 月，为全面贯彻落实市、区民营经济工作会议精神，营造良好的法制环境，共选聘了 16 名不同岗位工作人员担任行政执法监督员，并颁发了证书。这些人员中既有企事业单位干部职工，也有记者、个体工商户、民营企业经营者和民主人士等，通过聘请行政执法监督员，对全区行政执法部门和执法人员进行了监督，对改善桥东区执法环境，加强文明执法起到了推动作用。2005 年，全面推行行政执法责任制，加强了对行政执法活动的监督检查。到 2006 年，共受理执法投诉 5 件，抽查行政执法单位 3 个，对发现的问题及时进行了解决，共取消了 35 名执法人员执法资格。2006 年，对全区 16 个行政执法部门的罚没许可证年审后在《邢台日报》进行了公告。

第三节　行政复议

1992 年，区政府印发了《桥东区人民政府行政复议案件管辖范围暂行规定》、《桥东区人民政府行政复议程序暂行规定》，区法制办负责行政复议案件的受理、审查、决定以及重大疑难案件的讨论。1999 年 10 月，《中华人民共和国行政复议法》实施后，区法制办组织全区 300 余名领导干部和执法人员进行行政复议及其它行政法律知识培训，此后每年组织一次大型法律知识咨询宣传活动。自 1992 年至 2006 年，共发放宣传资料 5000 余份，接受咨询达 2000 人次，区政府共受理行政复议案件 11 件，其中撤销 5 件，经调解后撤回复议申请 6 件。

第四节　办理人大议案与政协提案

按照区长工作分工，区委常委、常务副区长负责联系人大、政协方面工作，指导政府办公室统筹协调人大建议、政协提案的办理，法制办设专人负责，开展建议、提案的登记、交办、催办、报批、答复、督促、检查、审核、协调等工作。到 2006 年，区政府共办理市、区两级人大代表建议和政协委员提案 2205 件，有力地推动了政府工作的开展。

一、办理程序及制度

在每年的“两会”（人民代表大会、政协全体委员会会议）结束后，区政府法制办及时将区人大常委会代表任免联络工委和区政协提案委员会以及市政府提案科转来的归区政府办理的代表建议和委员提案进行任务分解，根据职责，交有关部门和单位在规定时间承办。承办结果及时反馈人大、政协及相关代表和委员。具体时限为：承办单位对在人代会、政协会期间提出的人大代表建议和政协委员提案，自闭会之日起3个月内办结并答复；因情况复杂3个月内办结确有困难的，应在规定期限内做出阶段性答复；闭会期间提出的建议及提案，自交办之日起3个月，最迟不超过6个月办结并答复；承办单位对交办有误或者需要增减承办单位的人大代表建议和政协委员提案，自接到之日起6日内，向政府法制办说明情况，经审核同意之后，及时退回或增减承办单位。具体运作程序为：分类确定承办单位、编号、登记、交办、清点审核、批办、办理、协调、催办、起草答复、送审签发、打印、校对、走访、复查落实、立案归档、总结、考评等。

二、办理情况及效果

1981～2006年，区政府共办理议案和提案2205件，其中1981～1989年共办理535件；1990～1998年共办理740件；1999～2006年共办理930件。在办理中：

对关系国计民生的重大问题重点办理　代表和委员提出的问题中有些是事关全区经济建设发展的大问题，对此类问题区政府集中精力，加大力度，重点解决。如：2003年，刘振北代表提出“加快桥东区城市建设进程，提高城市品位”的建议，对此建议区政府主要领导非常重视。区委、区政府实施了旧村改造计划，作出了推动全区城市现代化、城乡一体化、农村城市化的主要战略决策。2003年开始，区政府专门成立了旧村改造工作领导小组，制定了旧村改造实施意见，并把其列入了考核的重要内容。在改造中坚持高起点规划，高标准建设，高质量管理，在开发中坚持可持续发展战略和以人为本的观念，使全区旧村改造稳步推进。2003年，王和平等代表提出的“建议区政府对发展之初的小企业给予适当照顾”的建议，关于对小企业发展之初的适当照顾，既符合社会发展的自然规律，也是区政府一贯坚持的做法，并且收到明显效果。桥东区大企业很少，都是小企业，因此区政府始终坚持大小企业一起抓的方针，并结合该区实际出台了相关的优惠政策。为进一步优化投资环境，区政府有关部门制定了为经济建设服务承诺，并登报公布。执法部门把执法和服务结合起来。同时，区成立了企业执法大队，通过行政执法、规范部门执法行为，维护了企业的合法权益。2004年，赵西敏代表提出的“关于桥东区经济建设”的建议，区政府领导将此作为各项工作的重中之重，并专门召开区政府常务会议进行研究部署，先后制定了《关于进一步强化项目建设扩大内外开放的暂行规定》、《关于进一步优化经济发展环境的暂行规定》、《关于对新上项目新增税收和社区零散税收协征实行奖励的意见》等一系列优惠政策，为全区的经济建设创造了良好的环境。区财政拿出100万元在对招商引资、项目建设中做出突出贡献的个人进行奖励。县级以上领导干部每人承担招商引资任务，进一步加快了桥东区经济建设的步伐。

对群众关心的热点难点问题及时办理　如：1999年，区政协委员石迎春提出的“拓宽再就业领域，建议成立家政服务公司”的提案，区政府领导及时责承区劳动人事局尽快办理。区劳动人事局大力抓了这项工作，首先南长街办事处为安置下岗职工建起三托一条街，各乡、办事处街道居民委员会均组织有一技之长的下岗职工开办餐饮服务、家电维修、缝纫裁剪等摊点，北大街办事处的下东街居委会率先办起了家政服务公司，由居委会负责并统一管理。家政服务公司既服务于群众，方便了居民生活，又增加了下岗职工再就业岗位。2000年，针对拐角东路路面常年坑洼不平，行人路过常常是晴天一身土、雨天一身泥，急需整修的情况，区人大代表杨金山提出“关于对拐角东路清理下水道及整修路面的意见”，从主管副区长到建设局领导班子成员都非常重视，及时与市建委协调修路资金，并动员各沿路单位出资建路，很快整修了此段路面。

第五节　行政执法队伍

2006年，桥东区政府系统共有执法单位20个，持有行政执法证件人员300名。随着普法教育的深入开展，自1992年至2006年，区法制办共组织举办领导干部和执法人员法律、法规知识讲座培训班17次，组织法律考试15次，参加培训累计达5000余人次。各执法单位每年还分别组织执法人员进行专业法律知识培训，提高行政执法水平。

第十九编
地方人民政治协商会议

1984年6月6日，政协邢台市桥东区委员会第一次会议召开，政协邢台市桥东区委员会（以下简称区政协）正式成立。至2006年底，先后经历第一、二、三、四、五、六届（第六届未满）。1984~2006年间，区政协高举社会主义和爱国主义旗帜，围绕“民主、团结”两大主题，积极贯彻“长期共存、互相监督”、“肝胆相照、荣辱与共”的方针，认真履行政治协商、民主监督、参政议政职能。先后召开全体委员会议25次，常务委员会议102次，各种协商会议400余次，组织委员调研、检查、考察200余次，写出调研报告50余篇，举行民主评议100余次，提出提案1196件。为桥东区的改革、发展、稳定做出了积极贡献。

第一章　组织机构

区政协的组织机构，分为全体委员会、常务委员会和区政协工作机构。

第一节　全体委员会

政协邢台市桥东区委员会是中国人民政治协商会议的地方组织，由该区各民主党派、无党派人士、人民团体、各族各界代表人士组成。

第一届委员会于1984年6月至1987年5月，任期3年。第一次全体委员会议召开时有委员55名，其中主席1名，副主席2名。

第二届委员会于1987年5月至1990年4月，任期3年。第一次全体委员会议召开时有委员70名，其中主席1名，副主席5名。

第三届委员会于1990年4月至1993年1月，任期3年。第一次全体委员会议召开时有委员88名，其中主席1名，副主席6名。

第四届委员会于1993年1月至1998年2月，任期5年。第一次全体委员会议召开时有委员122名，其中主席1名，副主席6名。

第五届委员会于1998年2月至2003年4月，任期5年。第一次全体委员会议召开时有委员115名，其中主席1名，副主席6名。

第六届委员会于2003年4月至2006年底，任期未满。第一次全体委员会议召开时有委员128名，其中主席1名，副主席5名。

第二节　常务委员会

政协邢台市桥东区委员会设常务委员会，主持全体委员会议闭会期间的会务。常务委员会由主席、副主席、秘书长和常务委员组成。常务委员候选人由参加政协的各民主党派、人民团体、各族各界人士协商提名，经全体委员会选举产生常务委员。政协邢台市桥东区第一、二、三、四、五、六届第一次全体委员会议分别选举产生常务委员17、15、17、19、17、23名。政协邢台市桥东区常务委员会的职权是：召集并主持政协全体委员会议；组织实施政协章程规定的任务和全国、省、市政协委员会所作的决议；执行政协邢台市桥东区委员会全体委员会议决议；政协全体会议闭会期间，审议通过提交区人民代表大会及其常委会或区人民政府的重要建议案。主席、副主席、秘书长组成主席会议，处理委员会的日常工作。区政协各届委员会均设区政协党组。

1984～2006年政协邢台市桥东区委员会历任正、副主席一览表

届别	职务	姓名	出生时间	文化程度	籍贯	任职时间	备注
第一届	主席	赵建国	1928.07	中专	河北省大名县	1984.06－1987.05	
	副主席	姚海秀	1932.04	初中	河北省邢台县	1984.06－1987.05	女
		谢华欣	1927	初中	河南省	1984.06－1987.05	不驻会
第二届	主席	赵汉章	1937.11	大学	河北省泊头市	1987.05－1990.04	
	副主席	杨智慧	1931.11	大专	山西省昔阳县	1987.05－1990.04	
		朱耀民	1939.08	大专	河北省隆尧县	1987.05－1990.04	
		谢华欣	1927	初中	河南省	1987.05－1990.04	不驻会
		张锦红	1938.02	中专	湖南省常德市	1987.05－1990.04	女、不驻会
		朱银宝	1938.10	大学	湖北省武汉市	1987.05－1990.04	不驻会
		王广龙	1933.04	初中	河南省温县	1988.11－1990.04	
		乔季芬	1937.12	大学	河北省任县	1989.04－1990.04	女
第三届	主席	赵汉章	1937.11	大学	河北省泊头市	1990.04－1993.01	
	副主席	朱耀民	1939.08	大专	河北省隆尧县	1990.04－1993.01	
		王惠君	1938.02	中专	河北省宁晋县	1990.04－1993.01	女
		朱银宝	1938.10	大学	湖北省武汉市	1990.04－1992.03	不驻会
		张志良	1937.06	大学	河北省邢台市	1990.04－1993.01	不驻会
		高道深	1936.04	大学	山东省平度县	1990.04－1993.01	不驻会
		高艺梅	1940.04	本科	河北省丰润县	1990.04－1993.01	女、不驻会

届别	职务	姓名	出生时间	文化程度	籍贯	任职时间	备注
第四届	主席	赵汉章	1937.11	大学	河北省泊头市	1993.01－1997.02	
		师向军	1944.06	大学	河北省南和县	1997.02－1998.02	
	副主席	朱耀民	1939.08	大专	河北省隆尧县	1993.01－1998.02	
		田兆贵	1942.01	初中	山东省荣城市	1993.01－1998.02	
		高艺梅	1940.04	本科	河北省丰润县	1993.01－1998.02	女
		张志良	1937.06	大学	河北省邢台市	1993.01－1998.02	不驻会
		高道深	1936.04	大学	山东省平度县	1993.01－1998.02	不驻会
		杜书秀	1942.10	大学	河北省任县	1993.01－1998.02	女、不驻会
		庞秀朝	1943.02	大学	河北省巨鹿县	1997.03－1998.02	
第五届	主席	师向军	1944.06	大学	河北省南和县	1998.02－2002.03	
		鲁继田	1947.11	大专	河北省清河县	2002.03－2003.04	
	副主席	赵广录	1946.08	大专	河北省临城县	1998.02－2003.04	
		杜书秀	1942.10	大学	河北省任县	1998.02－2003.04	女、不驻会
		焦胜海	1945.08	高中	河北省清河县	1998.02－2003.04	
		庞秀朝	1943.02	大学	河北省巨鹿县	1998.02－2003.04	
		宋秀英	1943.07	高中	河北省南宫市	1998.02－2003.04	女、不驻会
		贾月芳	1947.11	高中	河北省巨鹿县	1998.02－2003.04	女、不驻会
第六届	主席	鲁继田	1947.11	大专	河北省清河县	2003.04－	
	副主席	秦鹏飞	1962.10	大专	河北省威县	2003.04－	
		郭　智	1949.02	中专	河北省邢台市	2003.04－	
		景春江	1952.04	高中	河北省邢台县	2003.04－	不驻会
		郭俊平	1962.09	大专	河北省邢台市	2003.04－	女
		胡希民	1954.12	大专	河北省沙河市	2003.04－	不驻会
		李兴文	1955.10	大专	河北省平山县	2006.04－	
		曹显美	1954.06	大普	河北省邢台县	2006.04－	

第三节　工作机构

政协邢台市桥东区委员会常设机构为办公室。其主要负责全体委员会会议、常务委员会会议、主席会议和政协机关各类文件的起草、印发，负责会议记录、整理、编印《会刊》，编写简报等文字工作及其他工作。此机构设置一直沿用至2006年底。

第二章　政协委员

政协委员由热爱祖国，拥护中国共产党的领导和社会主义事业，维护民族团结和国家统一，遵守国家的宪法和法律，在本界别中有代表性、有社会影响和参政议政能力的人士组成。

第一节 委员产生

政协委员人选，中国共产党员由中共邢台市桥东区委组织部提名；党外人士由中共邢台市桥东区委统战部在各方面推荐的基础上，经考察、协商提出建议名单，征求中共邢台市桥东区政协党组意见后，报中共邢台市桥东区委审定。然后将委员建议名单提交区政协常务委员会进行协商和表决，经全体常务委员过半数同意予以通过，并向社会公布。1984 年至 2006 年，区政协共产生 6 届委员。

第二节 委员构成

1984 年6 月，区政协第一届委员会第一次全会共有委员55 名，其中男委员40 名、女委员15 名。中共党员22 名，占委员总数的40%；非中共党员33 名，占委员总数的60%。委员分别来自于中共、民革、民建、民进、九三学社、无党派、宗教、侨眷、归侨、少数民族、文教、卫生等15 个界别。

1987 年5 月，区政协第二届委员会共有委员70 名，在70 名委员中新增34 名，连任委员36 名。在原有15 个界别的基础上，这届新增“华籍外国人”、“新闻”、“体育”、“科技”、“法律”、“三胞”眷属6 个界别，共有21 个界别。其中中共党员23 名，占委员总数的32.8%，比上届届末的49.7%下降了16.9 个百分点；非中共党员47 人，占委员总数的67.2%，比上届届末的50.3%增加了17.2 个百分点。委员中具有中专（含高中）以上文化程度的41 名，占58.6%，比上届届末的53.8%提高了4.8 个百分点；有技术职称的23 名，占委员总数的32.9%，比上届届末的9%提高了23.9 个百分点。这届委员的平均年龄为44 岁，比上届届末平均年龄54 岁降低了10 岁。委员中有女委员19 名，占委员总数的27.1%；少数民族委员14 名，占委员总数的20%，比上届届末的9%增加了11 个百分点。

1990 年4 月，区政协第三届委员会有88 名委员。在88 名委员中，新增委员43 名，占委员总数的48.9%；连任委员45 名，占委员总数的51.1%；退下来的委员47 名，占上届委员总数的67%。委员的构成来自22 个界别，更具有广泛性、代表性。这界委员中中共党员35 名，占委员总数的39.8%；非中共党员53 名，占委员总数的60.2%。民主党派14 名，占委员总数的15.9%；少数民族11 名，占委员总数的12.5%；宗教界5 名，占委员总数的5.7%。委员中具有中专（高中）以上文化程度的56 名，占63.6%，比上届届末高出9.8 个百分点；有技术职称的49 名，占55.7%，比上届届末高出22.8 个百分点。委员平均年龄45.7 岁，最大的69 岁，最小的27 岁。其中女委员29 名，占委员总数的32.9%。

1993 年1 月，区政协第四届委员会共有委员122 名。在122 名委员中，新增的有70 名，占委员总数的57.4%；连任委员52 名，占委员总数的42.6%。本界政协委员来自23 个界别。其中，中共党员41 名，占委员总数的33.6%；非中共党员81 名，占委员总数的66.4%。民主党派成员16 名，占委员总数的13.1%；宗教界4 名，占委员总数的3.3%。女委员33 名，占委员总数的27%。

1998 年2 月，区政协第五届委员会共有委员115 名。其中：男76 名，占66.1%；女39 名，占33.9%。连任委员48 名，占41.7%；新增67 名，占58.3%。中共党员45 名，占39.1%；非中共党员70 名，占60.9%。民主党派25 名，占21.7%。少数民族10 名，占8.7%；宗教界4 名，占3.5%。退下来的委员78 名，占上届届末委员的61.9%。

2003 年4 月，区政协第六届委员会共有委员128 名。其中：中共党员50 名，占39.1%；非中共党员78名，占60.9%。男95名，占74.2%；女33名，占25.8%。连任委员55名，占上届届末委员的37.7%，占新一届委员的43%；新增73名，占本届委员的57%。民主党派成员37名，占28.9%；少数民族9名，占7%；宗教界5名，占3.9%。原政协委员不再继续提名的91人，占上届届末委员的62.3%。

第三章 政协会议

区政协委员会全体委员会议由常务委员会召集并主持，一般每年举行1次；常务委员会会议由主席或受其委托的副主席召集并主持，一般每季度召开1次。自区政协成立至2006年底，共召开全体委员会议25次、常务委员会议105次。

第一节 全体委员会会议

全体委员会议是政协邢台市桥东区委员会最高层次协商会议形式。行使下列职权：选举政协邢台市桥东区委员会主席、副主席和常务委员；听取和审议常务委员会的工作报告；讨论通过有关决议；参与对桥东区重要问题的讨论，提出建议和批评。

1984～2006年，政协邢台市桥东区委员会全体委员会议共召开25次。

一、一届委员会会议

一届委员会期间（1984年6月至1987年5月），共召开全体委员会议3次。

第一次全体委员会议 1984年6月6～10日在市招待处召开。会议听取并审议了区政协主席赵建国所作的开幕词和区政协副主席姚海秀所作的政协如何开展工作报告。会议听取了区长马维检代表区政府作的政府工作报告。会议根据《政协章程》的有关规定，选举产生了区政协第一届委员会常务委员17名，其中主席1名、副主席2名。本届全会的召开，标志着桥东区政协的正式成立。

第二次全体委员会议 1985年4月3～5日在市招待处召开。区委、区人大、区政府、区纪委、区武装部的领导到会祝贺。会议听取并审议了区政协副主席姚海秀代表区政协常务委员会所作的工作报告。会议补选区政协首届委员会常委1人。会议听取了区长肖辉所作的《邢台市桥东区人民政府工作报告》，参加了有关区政治生活和经济建设等重大问题的协商讨论，提出了许多建设性意见。

第三次全体委员会议 1986年4月15～17日在桥东区机关会议室召开。区委、区人大、区政府、区武装部的领导到会祝贺。会议听取并审议了区政协副主席谢华欣所作的常务委会工作报告；听取了区政府、区财政局工作报告和其他重要报告；会议协商讨论了有关全区政治生活、经济建设、社会事业及群众生活等重大问题，提出了许多建设性意见。

二、二届委员会会议

二届委员会期间（1987年5月至1990年4月），共召开全体委员会议3次。

第一次全体委员会议 1987年5月19～22日在顺德宾馆召开。市政协、市委、市委统战部和区委、区人大、区政府、区纪检、区武装部的领导到会祝贺。会议听取并审议了区政协副主席谢华欣所作的常务委员会工作报告和区政协副主席王广龙所作的一届三次会议以来提案工作报告；会议听取并审议了区政协副主席朱银宝代表第二届委员会提案工作委员会作的《关于二届一次会议提案审查情况的报告》。会议通过了区政协二届一次会议政治决议。会议根据政协章程有关规定，选举产生了区政协第二届委员会常务委员15名，其中主席1名、副主席5名。与会委员列席了桥东区第三届人民代表大会第一次会议，听取了区政府工作报告。

第二次全体委员会议 1988年3月6~9日在顺德宾馆召开。会议听取并讨论通过了区政协主席赵汉章所作的常务委员会工作报告和区政协副主席杨智慧所作的提案工作情况报告，会议听取并审议了区政协副主席朱银宝代表第二届委员会提案委员会作的《关于二届二次会议期间提案审查情况的报告》。与会委员列席了区第三届人民代表大会第二次会议，听取了区政府工作报告和1988~1990年桥东区经济发展规划的报告。会议通过了区政协二届二次会议政治决议。

第三次全体委员会议 1989年3月29日至4月1日在桥东区招待所召开。会议听取并审议了区政协主席赵汉章所作的常务委员会工作报告和区政协副主席朱银宝所作的提案办理情况报告；会议听取并审议了区政协副主席王广龙代表第二届委员会提案委员会作的《关于二届三次会议期间提案审查情况的报告》；会议听取了区政府工作报告。会议通过了区政协二届三次会议政治决议。

三、三届委员会会议

三届委员会期间（1990年4月至1993年1月），共召开全体委员会议3次。

第一次全体委员会议 1990年4月23~27日在桥东区招待所举行。会议听取并审议了区政协主席赵汉章所作的区政协二届委员会常务委员会工作报告和区政协副主席朱银宝所作的关于二届三次会议以来提案办理情况报告。会议听取并审议了区政协副主席王惠君代表第三届委员会提案委员会作的《关于三届一次会议提案审查情况的报告》。会议听取了《邢台市桥东区人民政府工作报告》和其他领导的重要讲话，参加了有关政治生活和经济等重大问题的协商讨论，提出了许多建设性意见。会议选举产生了区政协第三届委员会常务委员17名，其中主席1名、副主席6名。会上通过了区政协三届一次会议政治决议。

第二次全体委员会议 1991年4月15~19日在桥东区招待所举行。会议听取并审议了区政协主席赵汉章所作的政协第三届委员会常务委员会工作报告，听取并审议了区政协副主席王惠君所作的第三届一次会议以来提案办理情况的报告和《关于三届二次会议提案审查情况的报告》。会议听取了《邢台市桥东区人民政府工作报告》和其他重要报告，参加了有关区政治生活和经济建设等重大问题的协商讨论，提出了许多建设性意见。会议通过了区政协五届二次会议政治决议。

第三次全体委员会议 1992年4月14~17日在桥东区招待所举行。会议听取并审议了区政协主席赵汉章代表政协邢台市桥东区第三届委员会常务委员会所作的的工作报告和区政协副主席王惠君代表提案委员会作的三届二次会议以来提案办理情况的报告，听取并审议通过了区政协副主席朱银宝代表区政协三届委员会提案委员会所作的《关于三届三次会议提案审查情况的报告》。会议听取《邢台市桥东区人民政府工作报告》和其他重要报告，协商讨论了有关全区政治生活、经济事业及群众生活等重大问题，提出了许多建设性意见。大会通过了区政协三届三次会议政治决议。

四、四届委员会会议

四届委员会期间（1993年1月至1998年2月），共召开全体委员会议7次。

第一次全体委员会议 1993年1月4~8日在区委二楼大会议室举行。区委、区人大、区政府、区纪委、区武装部的领导到会祝贺。会议听取并审议了区政协主席赵汉章代表区政协三届委员会所作的三届一次全会以来提案办理情况的报告。会议听取并审议了区政协副主席朱耀民代表四届委员会常委会作的《关于四届一次会议提案审查情况的报告》。会议期间，与会委员列席了区人大五届一次会议，听取并讨论了代区长董海林所作的《政府工作报告》，区人民法院院长田兆贵所作的桥东区人民法院工作报告，区人民检察院代检察长杨士良所作的区人民检察院工作报告。会议根据政协章程规定，选举产生了区政协第四届委员会常务委员19名，其中主席1名、副主席6名。会议通过了区政协四届一次会议政治决议。

第二次全体委员会议　1993年4月26日在桥东区委二楼大会议室召开，会议由政协主席赵汉章主持。区委、区人大、区政府、区纪委、区武装部的领导到会祝贺。大会选举杜书秀为政协桥东区第四届委员会副主席。大会通过了《关于认真学习贯彻全国政协八届一次会议和八届全国人大一次会议精神的决定》，市委统战部领导给委员们做了“关于新时期统战理论”的辅导，区委统战部部长宋秀英给大家讲授了政协知识。

第三次全体委员会议　1994年3月16～18日在桥东区招待所召开，会议由区政协主席赵汉章主持。区委、区人大、区政府、区纪委、区武装部的领导到会祝贺。大会听取并审议了区政协主席赵汉章代表区政协四届委员会常委会作的工作报告，听取并审议了区政协副主席朱耀民代表区政协四届委员会提案委员会作的四届一次会议以来提案办理情况的报告。委员们列席了邢台市桥东区第五届二次人民代表大会，听取并讨论了政府工作报告及其他报告。大会通过了政协四届三次会议决议。

第四次全体委员会议　1995年3月22日在邢台宾馆召开，区政协主席赵汉章主持会议。区委、区人大、区政府、区纪委、区武装部的领导到会祝贺。大会听取并审议了赵汉章代表区政协四届委员会常委会作的工作报告，听取并审议了区政协副主席朱耀民代表区政府四届委员会提案委员会作的提案工作情况报告。委员们列席了桥东区五届四次人民代表大会，听取并讨论了政府工作报告及财政预算报告和桥东区人民法院和桥东区人民检察院的工作报告。大会通过了区政协四届四次会议政治决议。大会增补委员7名，委员总数由119名增到126名。

第五次全体委员会议　1996年3月18～20日在区委二楼大会议室召开，区政协主席赵汉章主持会议。区委、区人大、区政府、区纪委、区武装部的领导到会祝贺。大会听取并审议了赵汉章代表区政协四届委员会常委会所作的工作报告和区政协副主席朱耀民所作的关于区政协四届四次会议以来的提案工作情况的报告，还听取了区政协四届五次会议提案审查情况报告，听取并协商讨论了副区长李格关于制定桥东区国民经济和社会发展“九五”计划的说明和其他重要报告。大会通过了桥东区政协四届五次会议政治决议。

第六次全体委员会议　1997年2月24～25日在区委大会议室召开，区政协主席赵汉章主持会议。区委、区人大、区政府、区纪委、区武装部的领导到会祝贺。大会听取并审议了赵汉章代表区政协四届委员会常委会所作的工作报告、区政协副主席朱耀民所作的关于区政协四届五次会议以来的提案工作情况的报告和区政协四届六次会议提案审查情况报告。会议听取并协商讨论了区长董海林所作的《政府工作报告》和财政局局长所作的《桥东区一九九六年预算执行情况和一九九七年预算草案的报告》。大会通过了政协四届六次会议政治决议。赵汉章由于年龄原因，不再担任区政协主席，大会选举师向军为桥东区政协四届委员会主席。

第七次全体委员会议　1997年3月21日在区委二楼大会议室召开，区政协主席师向军主持会议。区委、区人大、区政府、区纪委、区武装部的领导到会祝贺。大会补选庞秀朝为桥东区政协四届委员会副主席。

五、五届委员会会议

五届委员会期间（1998年2月至2003年4月），共召开全体委员会议5次。

第一次全体委员会议　1998年2月17～19日在邢台宾馆召开。区委、区人大、区政府、区纪委、区武装部的领导到会祝贺。会议听取并审议了区政协主席师向军代表常务委员会所作的工作报告和区政协副主席朱耀民所作的提案工作情况报告；会议听取并审议了区政协副主席赵广录代表第五届委员会提案委员会作的《关于五届一次会议提案审查情况的报告》；会议听取了代区长郭运兴所作的政府工作报告和区人民法院、区人民检察院的工作报告；还协商讨论了有关全区政治生活和经济建设的一些重大问题，提出许多建设性意见。会议根据政协章程的有关规定，选举产生了区政协第五届委员会常务委员17名，其中主席1名、副主席5名。会议通过了区政协五届一次会议政治决议。

第二次全体委员会议 1999年3月10～12日在邢台宾馆召开。区委、区人大、区政府、区纪委、区武装部的领导到会祝贺。会议听取并审议区政协副主席赵广录代表区政协五届委员会常务委员会所作的工作报告和提案委副主任代表提案委员会所作的五届一次会议以来提案工作情况的报告；会议听取并审议了区政协副主席焦胜海代表五届委员会提案委员会作的《关于五届二次会议提案审查情况的报告》；会议听取了区长郭运兴所作的《邢台市桥东区人民政府工作报告》和其他重要报告；协商讨论了有关区政治生活和经济建设等重大问题，提出了许多建设性意见。区委书记董海林在会上作了重要讲话。会议通过了区政协五届二次会议政治决议。会议根据政协章程的有关规定，选举产生区政协五届委员会秘书长1名，常务委员1名。

第三次全体委员会议 2000年3月1～3日在邢台宾馆召开。区委、区人大、区政府、区纪委、区武装部的领导到会祝贺。会议听取并审议了区政协副主席赵广录所作的常务委员会工作报告和提案委副主任所作的提案工作情况报告；会议听取并审议通过了区政协副主席焦胜海代表区政协五届委员会提案委员会所作的《关于五届三次会议提案审查情况》的报告；会议听取了区长郭运兴所作的《邢台市桥东区人民政府工作报告》和其他重要报告；协商讨论了有关全区政治生活、经济建设、社会事业及群众生活等重大问题，提出了许多建设性意见。大会通过了政协五届三次会议政治决议。

第四次全体委员会议 2001年2月19～21日在邢台宾馆召开。区委、区人大、区政府、区纪委、区武装部的领导到会祝贺。会议听取并审议了区政协副主席赵广录所作的常务委员会工作报告和提案委副主任所作的提案工作情况报告；听取并审议通过了区政协副主席焦胜海所作的《关于五届四次会议提案审查情况》的报告；听取了区长郭运兴所作的《邢台市桥东区人民政府工作报告》和其他重要报告；协商讨论了有关全区政治生活、经济建设、社会事业及群众生活等重大问题，提出了许多建设性意见。大会通过了政协五届四次会议政治决议。

第五次全体委员会议 2002年3月12～14日在邢台宾馆举行。区委、区人大、区政府、区纪委、区武装部的领导到会祝贺。会议听取并审议了区政协副主席赵广录代表常务委员会所作的工作报告和提案委副主任所作的提案工作情况报告；听取并审议通过了区政协副主席焦胜海所作的《关于五届五次会议提案审查情况》的报告；听取了区长郭运兴所作的《邢台市桥东区人民政府工作报告》和其他重要报告；协商讨论了有关全区政治生活、经济建设、社会事业及群众生活等重大问题，提出了许多建设性意见。师向军因年龄原因辞去政协主席职务，根据政协章程规定进行了选举，鲁继田当选为桥东区政协五届委员会主席。

六、六届委员会会议

六届委员会期间〔2003年4月至2006年底（本届未满）〕，共召开全体委员会议4次。

第一次全体委员会议 2003年4月27～29日在邢台宾馆举行。会议听取并审议了区政协副主席秦鹏飞所作的常务委员会工作报告和区政协副主席郭智所作的提案工作报告；分组审议和讨论了“一府两院”等工作报告；会议听取并审议了区政协副主席郭俊平代表第六届委员会提案委员会作的《关于六届一次会议提案审查情况的报告》。会议选举产生了区政协第六届委员会常务委员23名，其中主席1名、副主席5名。会议通过了区政协六届一次会议政治决议。

第二次全体委员会议 2004年2月19～20日在新亚大酒店举行。会议听取并审议了区政协副主席秦鹏飞所作的常务委员会工作报告和区政协副主席郭智所作的提案工作报告；分组审议和讨论了“一府两院”等工作报告；会议听取并审议了区政协副主席郭俊平代表第六届委员会提案委员会作的《关于六届二次会议提案审查情况的报告》。会议改选了区政协六届委员会秘书长。会议通过了区政协六届二次会议政治决议。

第三次全体委员会议　2005 年 3 月 24 ~ 25 日在邢台宾馆召开。会议听取并审议了区政协副主席秦鹏飞所作的常务委员会工作报告和区政协副主席郭智所作的提案工作报告；分组审议和讨论了“一府两院”等工作报告；会议听取并审议了区政协副主席胡希民代表第六届委员会提案委员会作的《关于六届三次会议提案审查情况的报告》。会议通过了区政协六届三次会议政治决议。

第四次全体委员会议　2006 年 4 月 10 ~ 11 日在邢台宾馆召开。会议听取并审议了区政协副主席秦鹏飞代表区政协六届常委会所作的工作报告和区政协副主席郭俊平所作的提案工作情况报告；分组审议和讨论了“一府两院”等工作报告；会议听取并审议了区政协副主席胡希民代表第六届委员会提案委员会作的《关于六届四次会议提案审查情况的报告》。会议通过了区政协六届三次会议政治决议。

第二节　常务委员会会议

区政协常务委员会会议，一般每季召开一次，研究决定政协工作的有关事宜。同时，也对本区的重要问题进行协商讨论。1984 年 6 月至 2006 年底，区政协共举行常务委员会会议 105 次。

一、一届常务委员会会议

第一届委员会常务委员会产生于 1984 年 6 月，任期至 1987 年 5 月。共召开 10 次常委会会议，其中有：

第二次会议　1984 年召开。会议主要议题为：学习党的十二届三中全会《关于经济体制改革的决定》和中英关于香港问题的联合声明。

第七次会议　1986 年 7 月 4 日召开。会议主要议题为：学习中央文件，传达市政协二十二次常委会议精神，商定下半年工作安排。

区领导与区政协首届常务委员合影

二、二届常务委员会会议

第二届委员会常务委员会产生于 1987 年 5 月，任期至 1990 年 4 月。共召开 16 次常委会会议，其中有：

第五次会议　1988 年 3 月 29 日召开。会议主要议题为：各工作组汇报第二季度工作设想，研究并制定区政协第二季度工作计划。

三、三届常务委员会会议

第三届委员会常务委员会产生于 1990 年 4 月，任期至 1993 年 1 月。共召开 12 次常委会会议，其中有：

第十二次会议　1992 年 12 月 25 日召开。会议主要议题为：通报新一届政协委员结构、素质及基本情况，表决通过新一届委员名单，讨论通过四届一次会议主席团建议名单、各讨论组召集人建议名单，通过会议议程（草案）、日程（草案）和会议选举办法，讨论修改第三届委员会常务委员会工作报告、提案办理工作报告。

四、四届常务委员会会议

第四届委员会常务委员会产生于1993年1月，任期至1998年2月。共召开25次常委会会议，其中有：

第一次会议 1993年2月11日召开。会议主要议题为：通报区政协主席分工，讨论并审议了桥东区政协1992年工作总结和1993年工作要点，研究确定了本届的委员组长、副组长。

第二次会议 1993年4月7日召开。会议主要议题为：讨论研究了关于召开四届二次全会，研究任命了区政协办公室主任、副主任，选举文史资料委员会正、副主任。

第三次会议 1993年10月8日召开。会议主要议题为：学习江泽民总书记在中纪委二次会议上的讲话，总结1－9月份工作，研究四季度工作要点，通报主席分工，区监察局通报廉政工作情况，介绍市政协八届一次会议有关情况。

第六次会议 1994年5月11日召开。会议主要议题为：听取区公安局“春季严打攻势”的情况通报，学习修订后的“政协章程”，研究通过1994年5月至12月份工作安排。

第七次会议 1994年7月18日召开常委扩大会议。会议议题：听取了农业局关于上半年农业各项指标完成情况和下半年工作安排，参观了大梁庄村的养猪基地，养鸡专业户，19日上午查看了东郭村乡柴庄百亩果园，香椿的种植和南陈村的渔业情况。通过听和看，常委们进行了认真的讨论，同时提出意见和建议。

第八次会议 1994年8月17日召开。会议主要议题为：听取和讨论区政协上半年工作总结和下半年工作的安排意见，传达市委关于进一步加强政协工作的决定，研究决定人事事项。

第九次会议 1995年3月3日召开。会议主要议题为：研究确定区政协四届四次全会召开地点、会议议程和日程，听取《政协邢台市桥东区第四届委员会常务委员会工作报告》、《政协邢台市桥东区四届三次会议以来提案办理情况的报告》，确定政协桥东区第四届委员会四次会议的领导。

第十二次会议 1995年12月28日召开。会议主要议题为：学习中共十四届五中全会精神，学习省委关于提案工作条例，工作组汇报1995年工作情况，区政协机关向常委会汇报一年来的工作及1996年工作设想，听取区政府对1995年度经济发展情况的通报，讨论区政府通报的情况。

第十三次会议 1996年3月13日召开。会议主要议题为：确定区政协四届五次全会召开时间和地点，听取《政协桥东区第四届委员会常委会工作报告》，通过区政协第四届委员会第五次会议日程和议程，通过各小组召集人名单。

第十五次会议 1996年5月9日召开。会议主要议题为：讨论通过桥东区政协1996年工作安排意见，决定成立社会法制、经济科技、文教卫生、祖国统一4个委员会，通过主任和副主任任职名单，委员变动名单。

第十六次会议 1996年7月25日召开。会议主要议题为：学习李瑞环在全国政协八届十七次常委会议上的讲话，讨论通过了《政协邢台市桥东区委员会关于政治协商、民主监督、参政议政的决定》和《中国人民政治协商会议邢台市桥东区委员会提案工作暂行规定》，通报人事任免事宜，通过请示区委转发《政协邢台市桥东区委员会关于政治协商、民主监督、参政议政的规定》。

第十七次会议 1996年10月21日召开。会议主要议题为：学习《中共中央关于加强社会主义精神文明建设若干问题的决议》，通过政协邢台市桥东区委员会《关于认真学习贯彻中共十四届六中全会精神的通知》。

五、五届常务委员会会议

第五届常务委员会产生于1998年2月，任期至2003年4月。共召开25次常委会会议，其中有：

第一次会议 1998年3月6日召开。会议主要议题为：学习《中共中央关于坚持和完善中国共产党领导的多党合作和政治协商制度的意见》、《政协邢台市桥东区委员会关于政治协商、民主监督、参政议政的规定》，宣布第五届驻会主席分工，通过成立七个专门委员会，聘请政协之友，研究1998年工作要点。

第二次会议　1998年6月30日召开。会议主要议题为：区政协副主席赵广录汇报区税收流失情况调查报告，讨论通过关于整顿税收秩序，防止税收流失的建议案，区政协办公室汇报上半年工作总结，纪念香港回归一周年座谈。

第三次会议　1998年9月24日召开。会议主要议题为：学习有关“民主监督、参政议政”方面的知识，研究决定人事任免事项，听取区长郭运兴通报前八个月经济工作情况和热点问题。

第四次会议　1998年12月23日召开。会议主要议题为：学习江泽民总书记《在纪念党的十一届三中全会召开二十周年大会上的讲话》，汇报并讨论《政协邢台市桥东区一九九八年度工作总结》。

第五次会议　1999年3月3日召开。会议主要议题为：审议并通过区政协五届二次会议议程、日程，讨论并通过区政协五届二次会议秘书长、副秘书长建议名单，关于区政协五届二次会议委员变动情况的说明，讨论并通过委员小组及召集人名单，讨论并通过区政协五届委员会常务委员会工作报告和提案委员会提案工作情况的报告，关于会议选举有关情况。

第六次会议　1999年3月12日召开。会议主要议题为：听取各委员小组对每个报告讨论情况的汇报。

第七次会议　1999年6月10日召开。会议主要议题为：协商讨论《邢台市桥东区人民政府关于优惠外来投资和奖励投资建业及招商引资有功人员的若干规定》（征求意见稿）。

第八次会议　1994年9月8日召开。会议主要议题为：听取区政府关于基金会问题和情况的通报。

第九次会议　1999年12月23日召开。会议主要议题为：听取《桥东区政府关于承办政协委员提案办理的报告》，听取区政协1999年度工作情况汇报。

第十次会议　2000年2月28日召开。会议主要议题为：审议并通过区政协五届委员会常务委员会工作报告，审议并通过区政协五届委员会关于五届二次会议以来提案工作情况的报告，审议并通过区政协五届三次会议议程、日程，讨论并通过区政协五届三次会议秘书长，关于区政协五届三次会议委员变动情况的说明，关于区政协文史委有关人员的调整情况。

第十一次会议　2000年3月3日召开。会议主要议题为：听取各委员小组召集人对各个报告及大会政治决议（草案）的讨论情况汇报。

第十二次会议　2000年6月28日召开。会议主要议题为：听取区政府关于17家下放企业改制情况的汇报。

第十三次会议　2000年9月29日召开。会议主要议题为：听取《桥东区政府关于承办政协委员提案办理情况的报告》，听取《关于基金会清欠工作情况的通报》。

第十四次会议　2000年12月19日召开。会议主要议题为：听取并讨论《政协邢台市桥东区委员会2000年工作总结》。

第十七次会议　2001年6月17日召开。会议主要议题为：听取区建设局关于城市建设提案办理进展情况的汇报。

第十八次会议　2001年9月27日召开。会议主要议题为：听取区政府2001年1～8月份财政情况的简要汇报，举行区政协各界人士“双节”座谈会。

第十九次会议　2001年12月16日召开。会议主要议题为：听取区民政局关于2001年度民政工作情况的汇报。

第二十二次会议　2002年5月15日召开。会议主要议题为：通报区机构改革进展情况，研究决定有关人事事项。

六、六届常务委员会会议

第六届常务委员会产生于2003年4月，至2006年12月（本届未满）。共召开17次常委会会议，其中有：

第一次会议 2003年7月15日召开。会议主要议题为：听取区民政局关于社区建设工作汇报，听取区重点办关于重点项目建设工作汇报，区政协近期工作情况和今后工作安排，党风廉政建设有关问题，研究决定人事事项。

第二次会议 2003年9月10日召开。会议主要议题为：西大街办事处、西门里办事处、北大街办事处、南长街办事处分别作了关于加强社区职能、社区服务业、社区组织建设等情况的报告，东郭村乡和民主党派组的委员分别作了民营经济的调查报告，以丛福奎、李真等案为反面教材，进行党风廉政教育，研究决定人事事项。

第三次会议 2003年12月11日召开。会议主要议题为：传达邢协办字〔2003〕21号“关于印发市政协提案委员会《关于贯彻落实省政协提案工作会议精神的意见》的通知”、邢协办字〔2003〕23号“邢台市政协办公室关于印发做好集体提案征集工作的通知”和邢台市政协提案委员会“致市政协委员和政协参加单位的信”，区经济局作《邢台市桥东区2003年1~10月份经济运行情况报告》，区财政局作《邢台市桥东区2003年1~11月份预算执行情况的报告》，学习“邢东纪〔2003〕4号”《关于严禁领导干部干预和插手建设工程招投标、经营性土地使用权出让、房地产开发与经营等市场经济活动的通知》。

第四次会议 2004年2月16日召开。会议主要议题为：区政协办公室汇报区政协六届二次全会筹备情况，区政协副主席、统战部部长景春江对区政协六届委员会秘书长变更情况和区政协六届二次会议的委员变更情况作说明，通过区政协六届二次全会的会议日程、议程，通过区政协六届二次会议秘书长、副秘书长，讨论《政协邢台市桥东区第六届委员会常务委员会工作报告》、《政协邢台市桥东区第六届委员会常务委员会关于六届一次会议以来提案工作情况的报告》、《政协邢台市桥东区六届委员会第二次会议政治决议》。

第五次会议 2004年2月20日召开。会议主要议题为：各小组组长汇报对代区长尹全峰的讲话、“一府两院”及财政工作报告、政协常委会工作报告、提案工作报告、政治决议、秘书长候选人等讨论情况进行了汇报，讨论通过桥东区政协秘书长候选人建议名单，讨论通过大会政治决议。

第六次会议 2004年5月24日召开。会议主要议题为：区政协副主席郭俊平作新修改的《宪法》和《政协章程》的学习辅导，区政协主席鲁继田与常委沟通在省政协座谈会上的发言提纲，并对下一步工作提出要求，区政协副主席秦鹏飞对这次会议精神的贯彻提出具体要求。

第八次会议 2004年12月22日召开。会议主要议题为：听取区财政局《桥东区2004年财政运行情况》的报告，讨论了准备提交市政协十届三次全会交流的三个调研报告：《调整重组教育资源，推进教育有序发展》、《建设现代文明城市，必须努力打造文明社区》和《关于邢台市社区卫生服务的现状、问题和对策》，区政协副主席、统战部部长景春江对区政协六届三次全会的委员变更情况作了说明，增补区政协六届委员会委员14人。

第九次会议 2005年3月22日召开。会议主要议题为：区统战部部长景春江对区政协六届委员会第三次会议增选常委候选人简历和委员变更情况做了说明，讨论通过六届三次全会的会议日程、议程和会议秘书长、副秘书长人选，认真讨论《政协邢台市桥东区第六届委员会常务委员会工作报告》、《政协邢台市桥东区第六届委员会常务委员会关于六届二次会议以来提案工作情况的报告》、《政协邢台市桥东区六届委员会第三次会议政治决议》，区政协主席鲁继田向常委介绍了《桥东政协廿年》和《卧牛城的故事和传说》的编纂出版情况。

第十次会议 2005年3月25日召开。会议主要议题为：各小组组长对区委书记范建巡的讲话、

“一府两院”及财政工作报告、政协常委会工作报告、提案工作报告、政治决议、常委候选人等讨论情况进行了汇报，表决通过了对本次大会政治决议所做的适当的文字修改，表决通过对区政协常委候选人建议名单，并提交全会选举。

第十一次会议　2005年6月30日召开。会议主要议题为：区重点项目办公室汇报了重点建设项目情况和1至6月份项目进展情况及怎样做好桥东区建设项目工作，听取区政协办2005年上半年工作汇报，区政协主席鲁继田对下半年项目建设、重点调研课题及下一步的共产党员先进性教育活动进行了安排部署。

第十三次会议　2005年12月28日召开。会议主要议题为：区政协副主席秦鹏飞介绍了区政协2005年重点调研课题完成情况。形成的三个专题调研报告已提交市政协六届四次全会，其中《以科学发展观打造“红色”旅游景区》拟作大会发言，就文稿征求了常委们的意见，区政协秘书长汇报了区政协常委2005年参加常委会情况和2005年各小组活动计划完成情况。

第十四次会议　2006年3月29日召开。会议主要议题为：听取区政协办公室就区政协六届四次全会筹备情况的报告，通过了《邢台市桥东区政协关于表彰六届三次会议以来优秀提案的决定》，区统战部部长景春江对区政协六届委员会第四次会议增选副主席候选人、常委候选人和委员变更情况做了说明，通过了六届四次全会的会议日程、议程，认真讨论了《政协邢台市桥东区第六届委员会常务委员会工作报告》、《政协邢台市桥东区第六届委员会常务委员会关于六届三次会议以来提案工作情况的报告》。

第十五次会议　2006年4月11日召开。会议主要议题为：各小组组长对区“十一五”规划（草案）、“两院”及财政工作报告、政协常委会工作报告、提案工作报告、政治决议、常委候选人等讨论情况进行了汇报，汇报各组讨论六届委员会副主席候选人建议名单的情况，汇报讨论《选举办法》（草案）情况，汇报讨论大会政治决议（讨论稿）情况。

第十六次会议　2006年7月6日召开。会议主要议题为：学习了全国政协副秘书长卞晋平所作的《中共中央关于加强人民政协工作的意见》的辅导报告，区政协办公室通报了区委、区政府领导的分工情况，区政协主席鲁继田对区政协下半年的调研工作做出了安排。通报了《邢台桥东名人荟萃》的征稿情况，成立区政协党风廉政建设领导小组，通过区政协党风廉政制度。

第十七次会议　2006年12月19日召开。会议主要议题为：学习了河北省第七届党代会精神和白克明在河北省第七届党代会上所作的报告，通报了市政协十届五次全会大会发言参考题目，讨论了准备提交市十届五次全会的两个集体提案《关于旧村改造的几点建议》和《关于维护社会治安，创建平安邢台的问题及建议》，以及大会发言材料《开展“阳光社区”活动，大力推进和谐社区建设》。

第四章　政协工作

政协邢台市桥东区委员会的主要职能是政治协商、民主监督、参政议政。

第一节　政治协商

为使政治协商经常化、制度化，1990年，中共邢台市桥东区委转发《政协桥东区委员会关于政治协商民主监督暂行规定》，提出了具体落实措施。区政协也不断制定完善各项规章制度，政治协商的形式和内容也更加丰富。主要形式有：定期召开全体委员会议、常务委员会议、主席会议进行协商；应邀列席区委常委会议、区人民代表大会、区政府及其它有关会议；区政协通过各专门委员会经常性活动进行协商。协商的主要内容有：就区委、区政府重大决策和工作部署，本区改革、发展、稳定的重大问题，人民群众关心的热点问题开展讨论。1984～2006年，先后协商讨论了各时期经济社会发展五年计划、历次区委工作报告、区政府工作报告、区人民法院工作报告、区人民检查院工作报告、各年度财政预算决算、重大建设项目和重要人事安排等重大事项，提出意见和建议1000多条，推动了区委、区政府决策的科学化、民主化。

第二节　民主监督

从1987年起，区政协不断拓宽渠道，探索民主监督的有效形式，围绕区委、区政府中心工作，选择党和政府关心、人民群众关注的重点和热点问题，组织开展视察、检查、民主评议活动；对国家宪法、法律、法规的实施，重大方针政策的贯彻执行、国家机关及其工作人员的工作，通过批评和建议进行有效监督。

一、考察

1988年，桥东区政协联系组织各界委员，对辖区村办企业、个体工商企业、教育卫生事业、城建工作及物价和市场管理等方面进行了6次专题调研。

1989年，针对群众反映的个体户私自涨价、出售假冒商品、缺斤短两、偷税漏税等问题，区政协财贸组委员会同区工商局、物价局开展了专题调研。同年，区政协还组织开展了对经济建设、城市建设、文教卫生和农业产业的5次调研考察。

1991年，为配合区政府落实“全国食品卫生示范县（区）”建设，对全区范围的食品营业单位进行了详细调查，并提出了多条意见和建议。

1993年，区政协主席、副主席带领城建组政协委员，对辖区城市建设工作进行了考察，提出了5点建议。

1994年，农业组政协委员对2个乡的种植业和养殖业进行考察，形成了调研报告，报有关部门参考。5月和9月，组织多个小组委员，对全区工业建设进行了考察，提出多条意见和建议。

1995年，对列入市级第一批小康乡的大梁庄乡进行了考察调研，并提出10条意见和建议。同年，对伊斯兰教、天主教、基督教等宗教活动场所进行了考察，提出2条意见和建议。

1996年，遍布大街小巷的电子游戏厅严重影响了青少年学习和身心健康。由区政协副主席带队，会同区教育局、文化局等单位，对此问题开展了调研。召开了由家长、老师、学生代表参加的座谈会3次，又深入居委会和居民户明查暗访，撰写出《危害学生健康成长的温床——电子游戏厅》专题报告。

2003年，区政协向民营企业、工商户、小商贩发放调研表百余份，通过征求意见，撰写了《规范收费管理，建立宽松有序的依法收费环境》调研报告，在市政协十届二次全会上作大会发言。

2004年，向多所学校的教师、家长发放调查问卷，召开座谈会，形成了《重组市区教育资源，推进教育有序发展》的调研报告，在市政协十届三次全会上作大会发言。《邢台日报》在显著位置用半个版面全文登载。

2005年，通过考察调研形成了《以科学发展观打造“红色”旅游景区》的调研报告，在市政协十届四次全会上交流。

2006年，调研报告《关于我市社区建设存在的问题及建议》在市政协十届五次全会上作大会发言。

二、监督

1990年，在社会服务监督中，区政协有5名委员被区工商局聘为廉政建设义务监督员。

1991年，在社会服务监督中，区政协有9名委员被区工商局、区税务局、市自来水公司聘为“义务监督员”。

2003～2006年第六届委员会期间，先后选派优秀委员600余人次，担任行风监督员、评议员，监督评议各部门的依法行政情况。在评议中，委员会以高度的责任心、正义感，根据平时掌握的情况，客观公正地评价了各单位行风建设工作的成绩和不足，促进了桥东区政治、经济、社会的健康发展。

第三节　参政议政

组织参加政协的各党派、团体和各族各界人士参政议政，是区政协履行的主要职能之一。1984～2006年间，区政协通过委员提案、调查研究等形式，广开言路，反映社情民意，积极主动地向区委、区政府提出建设性的意见，为全区改革开放和现代化建设献策献力。

一、提案工作

政协提案由政协的参加单位和政协委员向政协全体会议或常务委员会提出，经提案委员会审查立案后交付有关单位办理。区政协遵循“质量与数量并重，重在质量提高”的原则，多渠道、多形式地开展提案工作。1990年，区政协制定了《政协邢台市桥东区委员会提案工作暂行规定》，并严格依照规定，认真做好提案工作。

提案征集　从1986年政协邢台市桥东区委员会首届三次会议至2006年第六届委员会第四次会议期间，共征集到提案1196件。其中：首届期间收到提案39件，第二届委员会期间收到提案104件，第三届委员会期间收到提案118件，第四届委员会期间收到提案209件，第五届委员会期间收到提案365件，第六届委员会期间收到提案361件。政协提案内容广泛，涉及社会生活的各个方面。不同时期的提案，具有一个明显的特点，都是围绕党和政府的中心工作或群众关心的热点问题提出的。第一、二届委员会收到的提案，集中反映的是市场建设、物价管理、城市建设、发展经济、加强两个文明建设等方面的问题。第三届委员会委员提案主要内容集中在五个方面，即城市建设管理问题、市场管理问题、农业问题、教育问题和党风问题。第四届委员会提案内容丰富，涉及面广，反映了桥东区经济、文化教育和社会生活中的实际问题，在加快城区经济建设和改善人民生活中的重要问题方面发挥了积极作用。第五届委员会委员提案主题突出、贴近实际，触及了社会热点和深层次问题。主要有经济建设中“三产”、个私经济、中小企业等方面，城建管理中卫生、绿化、创建文明小区等方面，文教卫生事业中学生教育、教师待遇、妇女工作等方面。第六届委员会实现了提案数量、质量双提高，主要围绕发展经济的工作中心、社会事业发展中出现的问题和城市建设等方面建言献策。

提案审查　区政协第一届委员会收到的提案，由大会提案审查委员会进行审查、登记、分类，会后由区政协办公室负责转送有关部门和单位办理。从第二届委员会开始，区政协成立了提案工作委员会，大会期间收到的提案，由大会提案审查委员会审查、整理、分类，会后由提案委员会负责转送承办单位。

提案办理　1996年，区政协制定的《政协邢台市桥东区委员会提案工作暂行规定》明确规定了提案办理程序，又制定完善了提案办理制度，提案工作逐步走向规范化、制度化。在办理过程中，各承办单位认真负责，做到领导共同研究，专人负责落实，结果及时反馈。凡是能办到的尽快解决，因条件限制一时无法解决的，创造条件逐步解决，并向提案人说明情况，争取委员的理解。对于区政府无权解决的，都及时向市政府及有关单位上报请求解决。

区政协第一届三次全会上，文教界委员提出了《应在回民聚居区建一所回民小学》的提案，区政协将其列为1号提案。在区领导的大力支持下，区财政一次拨款20万元，经过半年紧张施工，可容纳12个班的教学楼顺利完工，一所回民小学由此诞生。

区政协第二届二次全会上，委员提出了《火车站扩建严重影响大通街小学正常上课》的提案，引起区政府和有关部门的高度重视。区长王聚泰会同区人大常委会副主任刘德恒和区政协副主席杨智慧，带领相关部门负责人对大通街小学进行了考察。为解决安全隐患，努力克服财力紧张，拨出专项资金，另选校址，重新建立了一所小学。

区政协第三届期间，委员徐增泉等9人提出了《领导机关要密切联系群众，深入基层解决问题》的提案，受到区委、区政府领导的重视。区党、政领导多次深入企业、农村、街道与群众进行座谈，了解情况，并召开了一系列现场会。如：在东郭村乡南陈村、柴家庄和大梁庄乡大吴庄、田家庄召开了农田建设现场会，解决了生产中亟待解决的问题，收到了良好的效果，受到群众称赞。区委、区政府决定把这一制度长期坚持下去。

四届委员会期间，委员提案在加快城区经济建设和反映人民生活中的重要问题方面发挥了积极作用。如王景龙、李修中、单金财委员提出的《关于解决乡镇企业资金紧张的途径》的提案，被区乡镇企业局列入规划，确定了具体目标层层分解落实。委员还提出了《打击假冒伪劣》、《治理社会“三乱”》等提案，相关部门都高度重视，采取措施，进行了专项治理，并取得了显著成效。

五届委员会期间，委员们对经济、城建和文教卫生事业较为关注，提出了《关于发展个体私营经济的几点建议》、《关于我区中小企业出路问题》等提案，为桥东区经济发展提供了有价值的参考。城建方面的提案仍居各类提案之首，在承办《发挥爱国卫生组织作用，创建精神文明小区活动》提案中，区城建局开展了大规模的春季爱国卫生运动和环境卫生综合整治，全区卫生面貌较之以前有了一个大的改善。

六届委员会期间，政协委员针对桥东区经济建设和经济发展环境提出了许多优秀提案。区委、区政府认真研究，提出了“三产和个体私营经济求突破发展，二产求壮大发展，一产求特色发展”的“三求战略”，陆续出台了《关于进一步加快第三产业和个体私营经济发展的决定》、《关于加快发展第三产业和个体私营经济若干优惠政策的意见》等一系列优惠政策，编印了《邢台市桥东区区属部门支持服务民营经济若干办法文件汇编》，有力地促进了全区经济健康快速发展。

二、调查研究

1986年，区政协组织教育工作组，与区文教局一同对辖区教育现状进行了调研，形成“推行《义务教育法》对有关几个问题所作的考察和建议”考察报告。

1988年，对村办企业、个体工商企业、教育卫生事业、城市建设以及物价和市场管理等方面进行了6项专题调研，有效地发挥了政协在治理整顿和深化改革中的作用。

1992年，在区委、区政府做出“创办经济开发实验区”的决定之前，区政协通过调研、座谈，归纳整理出了“关于加快发展我区经济的10条意见和建议”。

2002年9月，区政协从实现全区经济跨越式发展目标出发，邀请各界人士，考察了大梁庄乡的部分重点项目建设。通过座谈、论证，撰写了以《桥东区经济跨越式发展坚实的一步》为题的调研报告。

2003~2006年，区政协第六届委员会先后对桥东区经济、社会、文化、教育、卫生、法制、农业、城建、安全生产等诸多方面开展了39项调研、考察活动，撰写了关于经济发展、创建历史文化名城、城郊型新农村建设、构建和谐社会、创建平安邢台、文明社区建设、社区卫生服务等方面的调研报告28份。其中《规范收费管理，建立宽松有序的依法收费环境》、《重组市区教育资源，推进教育有序发展》、《以科学发展观打造“红色”景区》、《关于我市社区建设存在的问题及建议》先后在2003～2006年市政协全会上发言或交流。《重组市区教育资源，推进教育有序发展》在《邢台日报》全文登载。

第四节　社会服务

1984～1987年首届委员会期间，区政协4次组织卫生工作组、儿童工作组，联系组织优秀医务工作者，于儿童节、暑期、教师节对区属部分幼儿园的儿童，区机关的妇女干部职工，本区及外单位的离、退休干部和教师进行慰问、体检和上保健课，受到社会广泛赞扬。1990年5月，组织农业工作组对上一年帮助大梁庄、东郭村2个乡引进的144大穗小麦进行了跟踪考察。通过考察和座谈讨论，2个乡的农技人员弄清了该品种的生长特点和种植技术。

1990年10月，区政协法律工作组委员在市政协法律委员会的启发下，在南长街等地建立了法律宣传站，定期开展活动，向群众宣传、咨询法律知识，帮助调解民事纠纷，解释法律条文等，达到了普法教育的目的，使受教育群众知法、懂法、守法和会用法，避免或减少了由于法盲而造成的不良后果，消除和减少不安定因素，加强和促进桥东区的社会稳定。

1991年，桥东区政协组织30余人走上街头，为群众义务咨询、义务服务。活动项目有：宣传统一战线、政协知识，卫生咨询与服务，法律咨询，工商服务。市委、市政府、市政协及有关部门的领导对这次活动给予高度评价。

1992年1月，经区政协三届委员会主席办公会议和政协第八次常委扩大会研究决定，桥东区政协成立了经济技术咨询服务部。该部任务是开展经济统战工作，组织政协委员和社会各界有识之士开展有益发展桥东区经济和促进两个文明建设的服务活动。服务对象是企业及有关事业单位和区属、乡（处）属企业以及区街企业。服务方针主要是为有关部门传递经济、技术、管理、物资、人才、资金、市场等方面的信息，并为供求双方牵线搭桥等。服务部由政协委员中的各方面技术人才兼任，服务部性质以无偿服务为主，不经商，不做买卖，在国家法规范围内，由受益企业承担服务费用。政协成立该服务部，提供信息服务，拾遗补缺，促进贸易交流，推动经济发展，是人民政协围绕经济建设开展服务活动的一种良好的新形式。

1993～1998年，区政协第四届委员会每年组织一次为孤儿、老师等义务体检，免费为有病的学生进一步检查治疗。1996年邢台市遭受特大洪灾，面对灾区人民的困难，政协委员开展“献爱心”活动，向灾区捐款4500元，衣服410件，食物折款1500元。为提高桥东区小学教学水平，每年文教组都聘请教学经验丰富的特级教师，为小学教师做示范课，进行业务培训。1997年举办了2期培训，参加人数200多人次，收到较好的效果。

1998～2003年第五届委员会期间，3次邀请市龙岗书画院的知名人士，到南长街办事处、五彩饺子馆等单位，为广大干部职工义务献艺，奉献字画近千幅。3次组织政协委员中的知名医师组成医疗队深入到部分村（居）、乡（办）、学校，为广大农民、干部职工和中小学生进行义诊和医疗咨询，受益者达千人。5次邀请农艺专家，深入到桥东区两乡的部分农村，在田间地头为农民传播科学技术，解决了一些农民在种植中的燃眉之急，同时为农民免费发放了数千份农业致富信息。

2003～2006年第六届委员会期间，积极开展送文化、送科技、送卫生下乡和送温暖活动。开展书画界知名人士联谊活动，到工商银行桥东区分行为广大干部职工奉献精品字画300余幅。组织医药卫生界委员，先后到辛庄社区、路家园社区、三义庙社区、新营社区开展送卫生下乡活动，共服务群众470多人次。组织农林组、工青妇组委员，联合区科技局、农业局等单位，深入到大吴庄、南康庄的田间地头和养殖厂，为农民兄弟带去了种植、养殖技术和致富信息。联系工青妇组委员，开展了“为残疾人送温暖”活动。按照区委统一安排，还先后开展了“爱心助残募捐”、“冬衣暖人心”等活动，政协的领导干部每人联系一户残疾人或贫困户，嘘寒问暖，送米送面，帮助解决生活困难，使他们切实感受到了党的关怀。

第二十编 民主党派 社会团体

2006年，桥东区共有中国国民党革命委员会、中国民主同盟、中国民主建国会、中国民主促进会、中国农工民主党、九三学社6个民主党派的基层组织。这些民主党派基层组织建立后，在中国共产党民主统一战线方针引导下，积极参政议政，为实现中国共产党领导的多党合作、政治协商、民主监督的政治制度，促进祖国早日实现和平统一大业做了许多有益工作。民主党派桥东区各基层组织还根据各自的性质和特点，在改革开放和社会主义现代化建设中，充分发挥自身优势，举办形式多样的社会服务，为促进桥东区经济和社会的发展、两个文明建设做出了积极的贡献。

桥东区社会团体主要有工会、共青团、妇联等其他社会团体。这些社会团体积极组织广大工人、青年、妇女和科技工作者等参与到全区社会发展和经济建设之中。开展了各具特色、主体鲜明、催人奋进的群众活动，调动了广大职工群众解放思想、勇于实践、与时俱进、开拓进取的积极性，充分发挥了党和政府密切联系人民群众的桥梁和纽带作用。

第一章 民主党派

2006年，桥东区辖区内有民主党派基层支部22个，支部筹备组1个。其中：民革基层支部3个，民盟基层支部6个，民建基层支部1个，民进基层支部8个，农工党基层支部2个，九三学社基层支部2个，支部筹备组1个。共有民主党派成员374人，其中民革48名、民盟125名、民建32名、民进102名、农工党35名、九三学社32名。各民主党派成员充分发挥自身优势，积极参政议政，认真开展社会服务，为桥东区物质文明和精神文明建设做出了积极的贡献。

第一节 中国国民党革命委员会桥东区基层组织

一、组织建设

中国国民党革命委员会（简称“民革”）是由中国国民党民主派和其它爱国民主人士所创建，是具有政治联盟特点的，致力于建设有中国特色社会主义和祖国统一事业的参政党。

1983年5月，邢台市建立民革小组，有党员5人，驻地为桥东区。1986年8月改建为支部。

1988年6月成立了民革邢台市委筹备委员会。1992年5月，民革邢台市第一次党员大会召开，出席大会的党员28人，选举产生了民革邢台市第一届委员会，委员会在桥东区设有桥东一、桥东二2个支部。经发展，至2006年，桥东区共有民革基层支部3个，即老年支部、医卫支部、行政支部；民革党员48名，其中省政协委员1人，市人大常委1人、市政协常委2人，市人大代表2人、市政协委员5人，区政协常委2人、委员7人。

二、参政议政

民革邢台市桥东区各支部中的人大代表、政协委员，利用自身优势，积极发挥了参政议政、民主监督职能。1983～2006年间，向市、区两级共提出提案、建议和意见201件，涉及法律法规、环境保护、文化教育、城市建设、科技发展、安全生产等各个方面，许多提案、建议和意见得到市、区政府的重视并被采纳。如：2005年1月，桥东区民革党员、市政协委员李智峰提出的《关于加强城市建设施工管理的建议》提案，在加强市区建设施工粉尘、噪音、施工时间等方面的管理上，发挥了积极作用。2006年1月，市政协常委李俊山提出的《关于加强市区盲道管理的建议》提案，引起了市政府的重视，得到有关部门的采纳，之后，市区道路普遍增加了盲道，既方便了盲人出行，又提高了城市品位。2006年1月，省、市政协委员刘聚良提出的《对城市集中供热管网改造的建议》提案，引起了市委、市政府的高度重视，市领导多次召开会议安排提案的落实，城市集中供热管网改造大面积展开，广大市民冬季取暖效果明显改善，二氧化硫等污染物的排放明显减少，进一步改善了空气质量。2006年，区政协委员段长军的提案《关于推行劳动安全专项协议制度的建议》和区政协委员朱东兴的提案《关于发展我区会展业的建议》提案被桥东区政协评为优秀提案。

1992～2006年，民革桥东区各支部先后有7名党员被聘为优化环境监督员、执法执纪监督员和行风评议代表。

三、社会服务

民革邢台市桥东区各支部认真贯彻执行民革中央提出的“以服务社会主义现代化建设为中心，以促进祖国统一为重点”的工作方针，积极组织党员参加社会服务。

1995年5月中旬，民革邢台市桥东区各支部成员共同到沙河市西左村搞社会调查。意外发现西左村小学校舍残破不堪，墙体歪裂，46间校舍，半数以上竟是危房。500名学生就是在这样恶劣危险的条件下学习的。于是，桥东各支部连同民革市委数次到西左村深入调查了解，走访有关部门，在掌握较详尽的材料之后，提交了“关于沙河市西左村小学危房问题的紧急呼吁”提案。沙河市政府在接到提案后短短的半个月里，即对西左村危房问题采取了应急性措施。后又经桥东区各支部党员和民革市委共同努力，西左村小学教学楼终于在1998年建成并投入使用。

1999年初，桥东区各支部赴广宗县东霍村就该村教育贫困，校舍塌毁，无力重建问题进行调查。了解清楚情况以后，写了一份呼吁解决的提案，引起广宗县委、县政府的高度重视，最终帮助该村新修了校舍。

2005年4月2日，以医卫支部为主的民革医疗队，在民革市委主委李晓英的带领下，到内丘县西部山区进行义诊，先后接受200余人次的咨询，为42人进行身体检查，受到当地干部群众的热烈欢迎。

四、促进祖国统一

促进祖国统一大业是民革工作的重点，也是民革工作的一大优势。民革党员中不少都有“三胞”（台湾同胞、港澳同胞和海外侨胞）及其海外关系，这也为民革党员开展这方面的工作创造了条件和机遇。1995年1月30日，国家主席江泽民发表了《为促进祖国统一大业的完成而继续奋斗》的重要讲话，全面阐述了中国政府解决台湾问题，实现祖国统一的大政方针，并就两岸关系、推进祖国和平统一进程的若干重大问题，提出了八项主张。民革邢台市桥东区各支部认真组织党员学习，并利用传统节日召开茶话会、座谈会等形式，表达对在台亲人的思念，对祖国统一的期盼。到2006年，桥东区各支部民革党员有5人多次请在台亲属来大陆探亲，1名党员3次赴台探亲。

第二节 中国民主同盟桥东区基层组织

一、组织建设

中国民主同盟（简称民盟）是中国共产党领导的爱国统一战线的组成部分，是主要由从事文化教育以及科学技术工作的高、中级知识分子组成的，具有政治联盟特点的，致力于建设中国特色社会主义事业的参政党。

1984年初，省直邢台民盟小组建立。1985年2月10日，邢台市民盟支部成立。1987年3月，经民盟河北省委批准，成立了民盟邢台市筹备委员会。1988年7月地处桥东区的邢台师专建立了民盟小组。1992年11月27日，民盟邢台教育学院支部成立。1993年7月17日，在桥东区域内的民盟邢台文化支部和民盟邢台文艺支部成立。1994年7月19日，民盟桥东支部建立。1996年5月8日，民盟邢台师范高等专科学校支部成立。1996年5月10日，民盟邢台医卫支部成立。2000年，原医卫支部更名为医卫一支部，同时，医卫二支部成立。2005年12月16日，原民盟邢台师范高等专科学校支部更名为邢台学院支部。截止2006年底，邢台市桥东区共有民盟基层支部7个，即：民盟邢台教育学院支部、民盟邢台文化支部、民盟邢台文艺支部、民盟桥东支部、民盟邢台医卫一支部、民盟邢台医卫二支部、民盟邢台学院支部，盟员共125人。

二、参政议政

1984～2006年，桥东区民盟各支部盟员中先后担任省人大代表的2人、省政协委员1人；市人大代表2人、市政协委员10人；区政协委员3人。桥东区盟员中的各级委员、代表紧紧围绕区委、区政府的中心工作，结合自身优势，认真履行政治协商、民主监督职责，在人大、政协会议上积极提出议案、提案和建议、意见，内容涉及农业、城建、医疗、科技、文化、教育、环保、社会治安综合治理等多方面，产生了积极效果。如：1998年，由桥东区盟员撰写的《实施西部开发，发展民办高等职业教育的探讨》等论文，被民盟河北省委选中，并由市民盟副主委薛申芳代表民盟河北省委参加了在昆明召开的民盟中央第十次高教研讨会。1999年，桥东区民盟盟员、市政协委员方占赢提出的《合理配备卫生资源的建议》、市政协九届二次会议提交的桥东区各支部集体提案《加强无公害蔬菜的生产，提高产品市场竞争力的建议》等多件提案被列为市政协重点提案。

三、社会服务

随着民盟组织的建立和发展，以及改革开放的不步推进和经济社会发展，桥东区广大盟员积极发挥自身优势，按照因地制宜、讲求实效的原则，积极开展多方面的社会服务工作。特别是1996年民盟医卫支部成立后，充分发挥自身优势，积极组织医务人员开展义诊活动，足迹遍布邢台、内丘、平乡、广宗、宁晋等县。如：1998年11月21日，民盟医卫支部组织医务人员到平乡县义诊，全天共诊断病人100多位，诊断多例疑难病症。在患者的邀请下，医务人员于同年12月12日再次到平乡县为农民义诊。民盟文化支部的书画家每年以开培训班、举办书画展和义务写春联等多种形式服务百姓生活，受到人民群众的热烈欢迎。特别是2003年在抗击“非典”的活动中，文化支部的书画家将精心创作的100幅作品赠送给抗非前线的白衣天使。2004年为庆祝政协成立55周年，民盟文化支部举办了盟员书画展，盟员精心创作了100余件书画作品，引起了社会各界人士和广大书法爱好者的广泛关注。广大书画界盟员还经常在春节期间义务为群众书写春联，受到人民群众的热烈欢迎。

第三节 中国民主建国会桥东区基层组织

一、组织建设

中国民主建国会（简称“民建”）是中国共产党领导的爱国统一战线中的民主党派之一，是以从事工商企业和其他经济工作的知识分子为主的社会主义劳动者和拥护社会主义的爱国者的政治联盟，是为社会主义现代化建设服务的参政党。

民建邢台市桥东区支部成立于1990年4月，有会员6人，独立开展工作和活动。1993年5月、1996年7月、1999年9月进行了第二、三、四届支部换届（时为民建基层支部每届任期三年），由选举产生支部主任。到1999年，支部会员有22名。2002年8月8日，民建桥东区支部召开第五届会员大会。大会听取民建桥东区支部第四届工作报告，选举产生第五届支部主任。2006年末，支部会员32名。

二、参政议政

1990～2006年，民建桥东区支部会员中先后有20人、32人次担任省、市、区人大代表、政协委员。其中：省人大代表1人、市人大代表2人、区人大代表3人、区人大常委1人；省政协委员2人、市政协委员4人、市政协常委1人、区政协委员16人、区政协常委2人。先后有12名会员、18人次担任市、区工商联职务。其中：市工商联常委2人、市工商联执委3人、区工商联会长1人、区工商联副会长6人、区工商联执委6人。2003年4月，民建桥东支部主任胡希民任桥东区第六届政协副主席。

桥东区民建会员中的各级人大代表和政协委员通过参加人大、政协组织的视察活动以及平时的基层生活实践和社会调研，就全市经济建设和社会事业发展以及人民群众普遍关心的热点、难点、焦点问题，向省、市、区级“两会”提交议案、提案和建议300余件。涉及非公有制经济可持续性跨越式发展、加强治理整顿市场秩序、完善社区建设管理、优化投资经商环境等多方面内容。如《关于加快发展非公有制经济、制定鼓励政策的建议》、《关于加快小城镇建设的建议》、《关于解决民营企业融资难、建立中小企业发展基金的建议》、《关于在新建住宅区配套规划建设学校的建议》等50余件政协提案被列为市、区重点提案办理，为市、区政府的科学决策提供依据。

三、社会服务

民建桥东区支部充分发挥民建党派特点和民建会员自身的优势，采取多种形式积极开展救灾济困、扶贫帮残、捐资助教、资助学童、法律咨询、技能培训等慈善公益和社会服务活动。如1998年南方特大洪灾、2003年防治“非典”疫情，民建会员们在各自单位捐款后，又通过民建支部向民政救灾、卫生防疫部门分别捐款1100元和3000元。支部会员先后向灾区捐款20000余元、捐献衣被等800余件。此外，支部号召会员积极响应市、区开展的各项公益活动，向“金秋助学”工程、“救助下岗职工”工程、“慈善爱心”活动、“助残安抚”工程、“植树绿化”工程等活动进行捐款赠物。2002年11月28日和2006年12月5日，民建桥东区支部两次组织民营企业家向邢台县太子井乡贫困群众捐赠了价值3万多元的御寒衣被和3000元救困现金。支部企业会员安置下岗职工再就业300余人。1996～2006 年，民建桥东支部有 5 名民建会员，长期定向资助邢台县太子井乡贫困家庭的 10 名学童上学，每年去看望学童并送去学杂费用、学习用品和衣物生活用品共达万余元。1990～2006 年，由民建桥东区支部会员授课，举办街道企业财务会计、农村财务会计、中小企业财务会计培训班 20 多期，参加培训人员 1200 余人次。通过开展专业技术培训，提高了基层财会人员的业务能力和技术水平。1990 年民建桥东区支部成立后，按照市、区的安排，每逢有纪念性宣传服务活动时，支部都组织会员上街、下基层开展义务咨询和社会服务活动。到 2006 年共为民营企业、个体商户提供各类经济信息 3000 余条，为民营企业和个体商户提供经营管理、会计、审计、验资、注册、法律、融资、人才资源、市场调查、技术咨询、媒体传播等服务项目 300 多项次，产生了可观的经济效益和良好的社会效果。

第四节　中国民主促进会桥东区基层组织

一、组织建设

中国民主促进会（简称“民进”）是以从事教育文化出版工作高、中级知识分子为主的、具有政治联盟性质的、致力于建设中国特色社会主义事业的政党。是同中国共产党通力合作的参政党，是爱国统一战线的组成部分。

1983 年，中国民主促进会开始在桥东区发展会员。1984 年成立了民进三中支部和清风小学支部。1985 年建立二中支部和联合文化支部。1986 年建立顺德路小学支部。1988 年邢台师专支部成立。1992 年将联合文化支部改组为商业文化支部，清风小学支部和顺德路小学支部合并为“桥东支部”。1999 年，成立医卫支部。2006 年成立经济支部，师专支部更名为学院支部。经过不断发展和调整，到 2006 年，由桥东区域内会员组成或以该区域会员为主要基础的支部共 8 个，以桥西区域内会员为基础，有桥东区域内会员参加的支部 1 个，全桥东区共有会员 102 人。

二、参政议政

1983～2006 年，民进邢台市桥东区域内各支部在民进邢台市委的领导下，贯彻民主集中制原则，加强思想建设、组织建设和制度建设，会员思想水平不断提高，队伍不断壮大，机制、体制不断健全，成了民进在桥东区联系群众、发挥参政党作用的战斗堡垒。民进在桥东区域内各支部成员的会市委领导积极参加中共邢台市委、市政府、市政协组织的协商会、通报会、座谈会，全体会员积极参加社情民意报送、“一人一议”等参政活动，积极为邢台市经济社会发展进言献策。24 年间，桥东区域民进会员中共产生省政协委员 2 人，市人大代表 3 人、市政协委员 17 人，区人大代表 1 人、区政协委员 17 人、区政协常委 7 人。他们积极履行人大代表、政协委员的职责，围绕全市和桥东区的中心工作，围绕人民群众普遍关心的热点、焦点问题，深入调查研究，积极撰写调查报告，政协大会发言、提案，人大议案、建议，积极参加人大、政协组织的各项活动，努力为省、市、区的经济社会全面、协调、可持续发展贡献聪明才智。1994 年 1 月，区民进会员、市政协委员赵福寿自市政协八届二次会议起，就不断提出邢台市申报历史文化名城的有关建议，在他和有关方面积极努力下，申报历史文化名城终于成为全市人民和市委、市政府的共识。1995 年 1 月，区民进会员、市人大代表安平提出关于尽快修复开元寺的建议。2000 年 1 月，市政协委员陈玉明提出关于发展邢台市旅游业的建议。2003 年 3 月，市政协委员张富军提出关于加快体育场馆建设的建议。2004 年 1 月，市政协委员师廷旺提出关于启动农民教育工程的建议。2005 年 1 月，市政协委员刘春魁提出关于加强学生心理教育的建议。这些建议在实际工作中产生了重大影响。在桥东区政协评选出的 2004 年和 2005 年的 20

件优秀提案中，区民进会员、政协委员张民杰所撰写的提案占 2 件，引起了桥东区主管部门的高度重视，专门召开有关单位参加的会议，协调办理落实。桥东区域内民进会员积极通过多种形式实施民主监督权力，担任行风评议员、司法监督员、教育督导员的会员积极履行职责。

三、社会服务

民进桥东区域内各支部会员积极响应各级政府的号召，积极开展举办儿童绘画比赛、义务讲授公开课等各种类型的社会服务活动，为构建和谐邢台、和谐桥东贡献力量。1995 年，民进龙岗书画院在桥东区政协的协调下，到桥东区南长街办事处辖区开展送年画、送春联活动，受到社区群众的热烈欢迎。1997 年，民进二中支部筹办了“红岩魂——白公馆渣滓洞革命先烈事迹展”，使参观者受到了深刻的革命传统教育。

第五节　中国农工民主党桥东区基层组织

一、组织建设

中国农工民主党（简称“农工党”）是中国共产党领导的爱国统一战线中的民主党派之一，是以医药卫生界高、中级知识分子为主、具有政治联盟特点、致力于建设中国特色社会主义事业的政党，是与中国共产党通力合作的参政党。

农工党在邢台发展党员始于 1983 年 7 月，1984 年 12 月，农工党邢台市小组成立，党员 5 名。1986 年 7 月，农工党邢台市委机关建立。1988 年 6 月，农工党邢台市委会筹备组成立，同年 11 月 19 日召开农工党邢台市第一次党员大会，选举产生了农工党邢台市第一届委员会。1990 年 10 月桥东支部成立，有党员 15 名。1995 年 11 月，党员发展到 22 名。2002 年 9 月，各支部相继换届，换届后原桥东支部改建为第五支部，同时成立了由市人民医院、市一院、中医院党员组成的第四支部。2006 年 12 月，又成立由邢台眼科医院党员组成的支部筹备组。到 2006 年底，农工党在桥东区共建立支部 2 个，支部筹备组 1 个，共有党员 35 名。

二、参政议政

1983 ~ 2006 年，农工党桥东区各支部的党员中，先后在省、市、区各级人大和政协担任职务的有 18 人次，朱印保任二、三届桥东区政协副主席。

农工党桥东区党员中的各级政协委员以高度的政治责任感和使命感，充分发挥参政议政、民主监督、政治协商的职能，24 年间共计提出提案、议案 192 件，立案率 98%，答复率 100%。其中：1995 年 3 月，桥东区农工党党员、市政协委员吕志医提出的《关于邢台市第一医院门口道路拓宽的建议》被市政府采纳，当年顺德路由红星街至北围城路，包括市一院门前的道路，由 6 米宽拓宽为 18 米宽，并且该工程还被列为市政府 1995 年度城建工作十件实事之一。1996 年 3 月，农工党市委秘书长、市政协委员郭丽代表农工党邢台市委做的《清理不良传媒，净化文化环境》的调研报告在邢台市政协八届四次会议上做重点发言。2004 年 3 月，农工党邢台市委副主委、市政协常委张昊东撰写的《建议全面推行食品市场准入制》被市政协列为重点提案。2005 年 3 月，市副主任张昊东提交的《七里河应及早治理》的建议得到市级主管领导的批示，市委、市政府领导亲自主持召开了七里河综合治理专题会议，对流经市区南部的七里河进行综合治理。2006 年 7 月，市副主委张昊东提出的《妥善协调民企劳资关系》的专题调研被市政协收集、编印成册。

三、社会服务

农工党桥东区各支部结合该党医疗卫生界名人名医荟萃，专家学者众多的特点，充分发挥自身优势，经常利用节假日，组织医药界的名人、专家深入到工厂、农村为职工群众开展义诊、咨询，送医送药到贫困地区和边远山区。据统计，1983～2006年间，农工党桥东区各支部共抽调医务人员100余人次，组织大型义诊30余次，先后深入到桥东区、临城、广宗、邢台县等地，为万余名群众免费进行医疗检查和咨询服务，无偿送药2000余元，送出健康知识手册2000余册，受到了当地群众的欢迎。四支部被农工党中央授予“社会服务先进支部”。在2003年的抗击“非典”时期，农工党桥东区各支部的党员充分发挥医务职业优势，在第一时间主动请缨，10余名党员分别战斗在“发热门诊”、“路口排查”、“隔离病区”等防治“非典”第一线，与疑似患者进行零距离接触，为邢台市的“非典”防治工作做出了重大贡献。

第六节　九三学社桥东区基层组织

一、组织建设

九三学社是中国共产党领导的爱国统一战线中的民主党派之一，是以科学技术界高、中级知识分子为主的社会主义劳动者和拥护社会主义的爱国者的政治联盟，是与中国共产党通力合作，致力于社会主义事业的参政党。

1983年5月，九三学社开始在邢台建立基层组织，当时在桥东区共有2名社员。经过多年来的发展，最多时在桥东区共发展社员37名。截至2006年，共有社员32名。分布在金融、教育、市政、林业、医疗卫生等行业。具有高级职称的23人（其中正高5人），占71.9%；中级职称的在职社员9人，占28.1%。

2001年，九三学社邢台市委员会根据社员的行业和地域分布，在桥东区成立了邢台学院支社和桥东支社，各支社选举产生了主委和副主委各1名。2006年5月支社进行了换届选举，选举产生了新一届的支社主委1名、副主委2名。

二、参政议政

1983～2006年，九三学社邢台市桥东区基层组织中先后1人担任省人大代表，1人担任省政协常委，1人担任市人大常委，1人担任市政协副主席，2人担任市政协常委，4人担任市政协委员，6人担任区人大代表和政协委员。

这些人大代表、政协委员以高度的责任感，充分发挥政治协商、民主监督、参政议政的作用，在省、市、区历届人大、政协会议前夕，深入基层调研，认真撰写提案和议案，为省、市、区级“两会”提出提案和议案200余件。其中：1999年7月，桥东区九三学社社员、市政协委员郝荣泽和岳中亮提出《关于邢师高专校园迁建的建议》；2000年2月，市政协委员郝荣泽、张其昌提出《关于加快邢师高专扩建进程的关键是资金到位》等系列提案受到了市委、市政府的高度重视，提出的“变南迁为北扩”的建议被市政府采纳。1999年3月，市人大代表张晓翼提出《关于市容环卫体制改革的建议》；2003年2月，市政协委员张其昌提出《关于筹建邢台市博物馆的再建议》；2003年4月，市政协委员胡振军提出《规划建设特色邢台的建议》；2003年5月，市政协委员卢其军提出《关于开通我市到省会公务班车的建议》。这些建议被评为市重点提案。2006年1月，市社秘书长卢其军提出《加快发展社区卫生服务的建议》在市政协十届四次会议上进行大会发言，受到市委、市政府高度重视。

三、社会服务

1983～2006年，桥东区九三学社各支部积极组织医卫界的社员多次参加社市委组织的送医送药下乡活动，曾先后到省级贫困乡临西县摇鞍镇、邢台县浆水镇、邢台县宋家庄乡、将军墓镇、宁晋县贾家口镇黄儿营村为群众义诊。他们还多次和社市委一起深入到临城、邢台县等县的山区进行考察，为临城县贫困山村——上中皋引进华北柴鸡2000只。2003年，在抗击“非典”的斗争中，桥东区域的社员积极参加单位组织捐款活动。有1名社员荣获邢台市“三八”红旗手称号，记三等功。

第二章 桥东区工会

1980年2月邢台市委研究决定，桥东区委设工会办事处，为邢台市总工会的派出机构（习惯称桥东区工会），正科级单位（1996年为便于开展工作，经市工会同意，区工会文件头改为桥东区总工会，刻公章一枚）。1980～2003年4月工会主席均为正科级干部担任。2003年4月始，工会主席由区人大常委会副主任兼任，为副县级。到2006年底全区共有基层工会组织185个，会员13310名。

桥东区工会在区委和市总工会的领导下，在各个历史时期始终围绕党的工作中心开展工作，认真履行“维护、参与、建设、教育”四项社会职能，充分调动全区工人阶级积极性和创造性，发挥工人阶级在改革和经济建设中的主力军作用，为桥东区的精神文明、物质文明和政治文明建设起到了重要作用。

第一节 基层组织建设

区工会成立后，为了适应企业发展和职工队伍不断壮大的形势，始终把基层组织建设当作重点工作来抓。1988年，桥东区共有基层工会38个，会员1711人。1995年，基层组织发展到50个，会员5000人。2000年开始，按照哪里有职工，哪里要有工会的要求，加快非公有制企业工会组建工作，以“最大限度地把广大职工组织到工会中来，最大限度地维护职工的合法权益，最大限度地调动职工的积极性”为目标，桥东区基层工会组织工作取得了突破性进展，连续五年超额完成市总工会下达桥东区发展会员的任务。2002年，基层工会组织发展到70个，会员6387人。到2006年底，工会组织发展到185个，会员13310人。其中非公有制企业工会组织90个。

区工会在基层工会中开展建设“职工之家”活动。1988年建立职工之家15个，1998年增至30个。区委、区政府非常重视基层工会干部队伍建设，积极落实基层工会干部配备工作，2003年1月按照《工会法》要求，2个乡（大梁庄乡、东郭村乡）、4个街道办事处（南长街办事处、西门里办事处、北大街办事处、西大街办事处）工会主席均由其党委副书记兼任，工会副主席为专职，并报区委组织部备案。2005年，区直各单位都配备了工会主席，健全工会组织。

第二节 宣传教育

区工会坚持以邓小平理论和“三个代表”重要思想为指导，按照区委和市总工会要求，认真组织广大职工学习贯彻党的路线方针和政策，开展了以《工会法》、《劳动法》、《集体合同法》为重点的法律法规宣传活动，努力提高职工的法律意识和依法维护自身合法权益的观念。

1980～2006年，区工会先后组织职工参加劳动法律法规知识竞赛、社会主义市场经济知识竞赛、纪念抗战胜利50周年知识竞赛等。还在广大职工中开展了以突出时代主题和时代主旋律的教育活动，反对资产阶级自由化正面教育活动、向张海迪学习活动、“三热爱”教育活动、向李素丽学习活动、创新示范岗教育活动、“四有”职工队伍教育活动和“三个代表”教育活动。这些活动的开展，使广大职工既学到了知识，又提高劳动热情，增加组织纪律性。为更好地活跃职工文化生活，区工会在1995年成立了业余乒乓球协会和业余舞蹈协会。到2006年，先后组织职工举办了5届篮球赛、6届乒乓球赛，规模最大一次是2005年举办的第五届篮球赛和第六届乒乓球赛，参赛队50支，参赛队员320名。还举办了建党80周年绘画赛、2届象棋比赛、2届卡拉OK赛。

第三节　职工生活与扶贫帮困

关心职工生活、扶贫帮困是新时期工会组织维护职工合法权益重要职能的具体体现。工会是困难职工的第一知情人、第一报告人、第一帮助人，区工会长期坚持在基层深入开展“维护职工合法权益，关心职工生活，为职工办实事办好事，争当职工贴心人”活动，形成扶贫帮困的良好风气。区工会始终坚持深入到企业，及时了解并掌握企业的生产经营情况，摸清各个企业困难职工基本情况，并建立档案，给符合邢台市政府办理困难优待证的职工及时办理困难优待证。1995～2006年共为下岗职工办理困难优待证16700个，为困难职工生活自救起到了良好作用。在重大节日期间，区工会积极筹集资金开展送温暖活动，同区党、政、人大、政协四大班子领导一起，对全区困难职工逐户进行慰问。1995～2006年累计为814户困难职工送油814桶，面粉2万斤，现金5万元。1996年在文教系统开展了应急互助补充保险活动，即每人交20元，遇重大疾病补助400元。2005年开始金秋助学活动，到2006年底，桥东区共有23名困难大学生得到救助。为帮助解决困难职工看病难的问题，1998年区工会与区妇幼院商定把区妇幼院定为桥东区特困职工定点医院，给予治疗优惠。2005年，根据市工会的精神，为桥东区98户困难职工办理特困优待证，使其在市惠民医院（市第一医院、市第四医院）看病得到优惠和帮助。

第四节　群众生产

工会组织作为党和政府联系职工群众的桥梁和纽带，服从、服务于党和政府工作的大局，就要最大限度地保护、调动和发挥广大职工的积极性、创造性，推进改革和发展。建区以后，区工会围绕经济建设为中心，发动职工开展生产劳动竞赛活动，先后开展了以双增双节为主要内容的“五个一”（提一条合理化建议、掌握一门新技术、苦练一门基本功、人均节约一百元、为安全生产做一件好事）活动，“三创”（岗位创一流、班组创先进、企业创效益）劳动竞赛活动，激发了广大职工爱岗敬业、学技术、钻业务的积极性，涌现出很多劳动模范和生产先进人物。建区以后到2006年，先后有2人（何玉铭、郭月香）获全国劳动模范，5人获省劳动模范，20人获市劳动模范。他们在不同的历史时期为桥东区经济、政治和社会生活发挥了重要作用。

第五节　职工民主管理

根据改革形势的发展，区工会勇于进取，大胆实践，积极推进集体合同制度、职工代表大会制度和厂务公开制度。平等协商集体合同制度是工会代表职工与企业通过平等协商协调稳定劳动关系的重要制度，是工会履行维护职能、调整企业劳动关系的一项根本机制。为顺利开展此项工作，1995 年成立了区集体合同领导小组，区委副书记任组长，区四大班子有关领导为副组长，提供了强有力的组织保证。1995 年，对区属和乡（处）属重点企业进行集体合同签订，至 2006 年有 30 家重点企业签订集体合同。职工代表大会制度是企业民主管理的基本形式和落实职工民主权利的基本制度。1996 年，全区区属企业全部建立了职工代表大会制度，职工民主权利和合法权益得到了很好维护，在企业破产、兼并、下岗职工再就业、职工入股等重大事项方面，职代会都发挥了重要作用。厂务公开是企业通过一定的形式和程序，将有关重大事项向职工公开、实施职工民主管理、民主监督的制度。1998 年，在推进厂务公开和校务公开试点后，会同相关部门在 70 家企业推进厂务公开，全区中小学校推进校务公开。有力地维护了职工民主权利，推进了基层民主政治建设，促进了企业和学校的改革、发展和稳定。

第三章　共青团邢台市桥东区委员会

中国共产主义青年团邢台市桥东区委员会（简称团区委）是全区先进青年的群众组织。受中共邢台市桥东区委和共青团邢台市委双重领导，每届任期三年。其基本任务是：以马克思列宁主义、毛泽东思想、邓小平理论、“三个代表”重要思想和现代科学文化知识武装自己，引导青年在社会主义现代化建设的实践中，锻炼成为有理想、有道德、有文化、有纪律的共产主义事业的接班人。

根据《中国共产主义青年团章程》，团的各级委员会向同级代表大会负责并报告工作；团的地方各级代表大会负责审查和批准同级委员会的工作报告；讨论和决定本地区团的工作任务和有关事项；选举同级委员会；选举出席上一级团的代表大会代表。

第一节　团员代表大会

1982 年 8 月，共青团邢台市桥东区委员会成立。到 2006 年，桥东区共青团组织共召开了 6 次团员代表大会。

桥东区第一次团员代表大会　1982 年 8 月 6 ~ 7 日召开。出席大会的正式代表 70 名。大会讨论通过了团区委书记所做的《振奋革命精神，奋发努力工作，在建设社会主义高度物质文明中发挥先锋作用》的工作报告；选举产生了共青团邢台市桥东区委第一届委员会委员 7 人，其中书记 1 名。

桥东区第二次团员代表大会　1987 年 6 月 16 日召开，出席大会的正式代表 79 名。大会听取讨论并通过了团区委书记所作的《立志振兴中华、争做四有新人》的工作报告，选举产生了共青团邢台市桥东区委第二届委员会委员 8 人，其中书记空缺、副书记 1 名。

桥东区第三次团员代表大会　1991 年 10 月 31 ~ 11 月 1 日召开。出席大会的正式代表 100 名。大会讨论并通过了团区委书记所作的《扎实奋斗，勇创一流，为实现我区“八五”计划贡献青春》的工作报告；选举产生了共青团邢台市桥东区委第三届委员会委员13人。

桥东区第四次团员代表大会　1994年6月3日召开。出席大会的正式代表96名。大会讨论通过了团区委书记所作的《团结奋斗，开拓进取，为我区两个文明建设创业立功》的工作报告；选举产生了共青团邢台市桥东区委第四届委员会委员13名，其中书记1名，副书记1名。

桥东区第五次团员代表大会　1999年5月27日召开。出席大会的正式代表84名。大会讨论通过了团区委书记所做的《团结拼搏，开拓进取，为实现我区共青团工作的跨世纪发展而奋斗》的工作报告；选举产生了共青团邢台市桥东区委第五届委员会委员13人，其中书记1名、兼职副书记2名。

桥东区第六次团员代表大会　2002年8月2日召开。出席大会的正式代表87名。大会讨论通过了团区委书记所做的《拼搏实干，开拓创新，团结带领全区团员青年为实现桥东经济社会发展的新跨越而奋斗》的工作报告；选举产生了共青团邢台市桥东区委第六届委员会委员13人，其中书记1名、副书记1名。

第二节　组织建设

团的组织建设是执行党的政治路线，完成团的工作任务的组织保证。基层团组织是共青团工作和活动的基本单位。

1981年12月统计，全区基层团委4个（西门里、西大街、北大街、南长街办事处团委），团总支4个（南长街学区、东大街学区、西大街学区、西关街学区团总支），团支部28个，团员434人。

1984年，区直机关团总支成立。

1987年，区税务局团总支成立。

1988年，团区委基层团组织变动较大，新成立4个团总支（桥东工商局、桥东区税务局、桥东工商公司、区直机关团总支）；新成立13个团支部。同年，邢台市撤消郊区，划归桥东区团委2个（大梁庄乡团委和东郭村乡团委）；同年11月14日开始，团组织属地移交，共移交给团区委79个单位，其中团委1个，团总支11个，团支部67个，团员2174人。

1988年12月底统计，全区基层团委7个（西门里、西大街、北大街、南长街办事处团委，大梁庄乡、东郭村乡团委和市床单厂团委），团总支19个（市啤酒厂、市安装公司、市住宅公司、市仪表厂、市第二运输公司、市制药厂、市针织厂、市织布厂、市纺织品批发部、市华侨友谊公司、市织染厂、西大街学区、东大街学区、西关街学区、南长街学区、桥东工商局、税务局、桥东工商公司、区直机关团总支），团支部184个，团员2833人。

1993年，市床单厂团委因企业改制撤消。

1994年，邢台桥东区教育文化体育局团委成立。同年，市啤酒厂、安装公司等12个单位的团总支因企业改制撤消。

1995年，邢台高新技术开发区团委成立（2001年划归市里）。

2001年，区工商局团总支成立。

2003年，媚思嘉美容文化传播机构团总支成立。

2004年，华业通讯设备有限公司团委成立。

2006年，基层团委9个，团总支10个，团支部78个，团员数1502名。桥东区团委有工作人员3人。

1981～2006 年桥东区基层团组织一览表

项目 年份	团员（人）	基层团委（个）	团总支（个）	团支部（个）	团员入党（人）	发展新团员（人）
1981	434	4	4	28	20	18
1982	430	4	4	28	20	20
1983	570	4	4	29	10	40
1984	600	4	5	31	3	45
1985	640	4	5	33	4	50
1986	676	4	5	38	7	55
1987	724	4	6	41	7	67
1988	2833	7	19	184	18	189
1989	2768	7	20	185	88	100
1990	2760	7	20	180	39	110
1991	2800	7	20	178	50	115
1992	2806	7	20	171	52	120
1993	816	6	17	102	87	190
1994	744	7	8	69	94	263
1995	821	8	8	79	116	326
1996	926	8	8	79	130	423
1997	1184	8	8	79	137	489
1998	1368	8	8	79	139	521
1999	1598	9	8	78	186	343
2000	1694	8	8	79	193	333
2001	1430	8	9	85	178	347
2002	1700	8	9	78	188	384
2003	1532	8	10	76	229	185
2004	1008	9	10	77	227	225
2005	1200	9	10	76	146	342
2006	1502	9	10	78	256	350

第三节　主要工作

1981～1982 年期间开展了学雷锋、“五讲四美”活动（讲文明、讲礼貌、讲道德、讲纪律、讲卫生，心灵美、语言美、行为美、环境美）、创建先进团支部和争当新长征突击手活动，在团组织当中掀起学习雷锋、创先进团支部的良好风尚。

1988 年“七一”前夕，举办党的基本知识竞赛征文等党的基本路线教育活动并组织了邢台市第一个“青年义务劳动月”活动，团区委获邢台市“学习雷锋先进集体”称号。

1989 年，开展了青年劳动创造杯竞赛、“爱国、改革、奋斗、创业”、“五四”纪念活动，进一步增强了团员和青年的爱国主义意识。

1992 年 3 月初，在南康庄村召开了全区团组织整建工作现场会，以点带面促进了农村团建工作。上半年，新建（改建）村级团支部 22 个，发展新团员 216 人，新建青工之家 15 个。团区委荣获国家税务局和共青团中央授予的“税法宣传先进单位”称号。开展了“希望工程在桥东——我为小伙伴献一份爱心”活动，全区少先队员共捐衣物、书、本、笔等各种学习用品 5 万余件，送往邢台县贫困山区的 4 个乡。并创办了《星星火炬》刊物。

1993 年组织开展了以向科技进军为重点的科技系列活动，在企业团组织中广泛开展了“五小”（小发明、小革新、小改造、小建议、小论文）活动，促进了企业的科技进步和产品的更新换代。

1995 年 5 月，举办大型爱国主义歌曲演唱会，由区各直属团组织和少先队员组成的百人合唱团进行了演出。《牛城晚报》对此次活动进行了报道。5 月底开展“五个一”活动（即引荐一个人才、提供一项技术、引进一个项目、捕捉一条信息、融通一笔资金），至年底，全区团员青年共为桥东区引进人才 40 余名，提供技术、信息 200 余条，融通资金 500 余万元。6 月份，广大团员青年积极响应区委“向贫困失学孩子献爱心、缴纳特殊党团费”的号召，共交纳特殊团费 4164.7 元。是年末，在全市共青团系统年度考核评比中，团区委被评为 1995 年度先进单位。

1996 年 4 月，与区各直属团组织签订了“青年志愿者一助一”志愿服务协议，广大青年志愿者与全区 287 户特困户签订了“一助一”志愿服务协议。8 月份，联合区委宣传部、区工商局在全区工商个体户青年中举办了评选首届“十佳青年营业员”、“十佳青年文明号专柜”活动，并于 9 月在襄都市场举办了表彰会。邢台电视台、《牛城晚报》对此进行了报道。是年末，在全市共青团系统年度考核中，团区委被评为 1996 年度全面工作优秀单位。

1998 年 8 月，开展了为抗洪救灾缴纳特别团费活动，全区广大团员青年共缴纳团费 1403.46 元。同时，团区委被团市委授予“抗洪救灾缴纳特别团费先进团委”称号。

1999 年 7 月，组织、引导全区团员深入学习共青团中央不准修炼邪教法轮功的有关文件精神，充分认识邪教法轮功的严重危害性，使广大团员和青年坚定了政治立场。

2000 年，开展形式多样、丰富多彩的文艺活动，举办了“新世纪，新青年风采展示诗歌朗诵会”、党的基本知识讲座、“五四”知识竞答赛、青年岗位工作设计论文大赛等活动，在全区掀起了爱国主义教育热潮，形成了人人想工作，人人求突破，人人为区出谋划策的团结奋进的良好局面。

2001 年，“开展抵制邪教、铲除邪教”重点宣传活动、保护母亲河行动、庆祝建党 80 周年共产党员就在我身边演讲赛等活动，为桥东新城区的建设作出了积极贡献。

2003 年 3 月份，开辟了桥东区第一个红领巾小园林，500 余名少先队员在牛尾河畔植下 2000 棵树苗。《邢台日报》对此做了报道。9 月份，举办了桥东区“三个代表”重要思想知识竞赛，《牛城晚报》对此活动进行了报道。9 至 12 月，开展了桥东区“十杰青年”评选活动，在全区青年中掀起了崇尚先进、学习先进、争当先进的热潮。防“非典”期间，编印了全市第一份针对小学生的防非典宣传资料《雏鹰防非典三字歌》，全区近 2 万名少先队员人手一份，强有力地推动了学生防非典工作。同时，开展了“拒绝非典、关爱生命”青年志愿者健康直通车主题活动，号召企业团员青年向战斗在防非典一线的白衣天使奉献爱心，这次活动共筹集特殊团费 1100 元。

2005 年，先后开展了“保先、学先、争先”活动、庆祝邢台解放 60 周年、节能宣传周、“五四”评选表彰等活动，3000 余名青年参与其中，受到教育。是年，还围绕生态村建设，以“三争一促”（争做革除陋习先锋、争做公民道德楷模、争做增收成才标兵，促进文明生态村建设）活动为抓手，在全区 10 个试点村中，青年带头修建了高效沼气池 80 余个，新植树 500 余棵，创建青年文化大院9个，培养文体骨干15人，建立了青年志愿者服务队13支，建设青年文明一条街9条，聘请高级农业专家4名，创建致富信息台9个，成立农村青年培训班9个，培养青年致富带头人20余人，评选出一批“三争一促”文明示范户。是年，共有2人当选全国优秀进城务工青年，9人当选省十佳辅导员等称号。

2006年开通了县级团委首家一级网站（www. xtqdtw. com），开创了邢台市县级团委成立网站的先例，真正实现了团省委的“四级在线，资源共享”的要求，开辟了共青团建设网络平台。桥东区志愿者行动在深化中发展，开展了为辖区孤寡老人、老红军义务理发，进山区植树、拔除黄顶菊等10余项工作，累计参加人数900余人，服务2000余小时。涌现出区级青年文明号56个，市级16个，省级2个。13个集体获省级青年文明号、5人获省青年创业行动先进个人等荣誉，5个集体、48名个人获市级荣誉。

第四节　少年先锋队

中国少年先锋队是少年儿童的群众组织，是少年儿童学习共产主义的学校，是建设社会主义和共产主义的预备队。团区委领导桥东区少先队的工作。

1989年4月，邢台市桥东区少工委成立，并召开首届少代会，使少先队有了组织制度保证。

老干部与少先队员一起参加夏令营活动

自区少工委成立至2006年12月，全区各级少先队组织以爱国主义教育为主线，开展了我爱北京天安门夏令营、喜迎香港回归青少年读书演讲比赛等活动。围绕建设资源节约型、环境友好型社会，开展了“保护母亲河·捡拾废旧报纸”行动、“关爱命脉·节约用水”等活动。以体验教育目标，开展了雏鹰国防教育夏令营、远足春游炊饮比赛、雏鹰“五自”知识竞赛、阳光歌谣唱响校园、十佳少先队小干部评选等各种适合少年儿童特点的活动。提高了广大少先队员的整体素质。马路街小学少先大队等4个集体被命名为全国雏鹰红旗大队，有2名教师当选全国优秀辅导员，14名少先队员当选全国好少年好儿童，还有8个集体、2名个人获得国家级荣誉称号。

第五节　青年联合会

为顺应青年工作需要，2005年上半年在充分征求各方面意见的基础上，以属地为界，成立了全市第二个区（县）级青联组织——桥东区青年联合会。并于4月14日召开了区青联成立暨一届一次全会，吸纳了来自党、政、军、金融、宗教等8个界别、79个单位、95名委员，扩展了共青团的工作领域，提供了全区青年交流进步平台。11月，开展了“青春、真情、助困”活动。金融、企业、财税三个界别的18名委员与家庭贫困学生结成了“一助一”对子18对，资助其学费9000余元。

2006年，在“手拉手”助困活动、资助贫困生圆梦大学行动、“青春、真情、助困”活动中有

31 名青联委员与 47 名特困生结成了救助对子。

附：

青少年思想调查报告

青少年时期是人生发展和道德品质形成的关键时期，了解并掌握青少年思想道德状况，有针对性地加强青少年道德教育，引导和帮助青少年形成健康、积极的道德品质，对于青少年的健康成长成才具有非常重要的意义。2006 年上半年，桥东区团委组织实施了青少年思想状况调研活动。本次活动主要以问卷调查、座谈会等方式，分 14 周以下、14 ~ 18 周岁、18 ~ 28 周岁、28 ~ 35 周岁四个年龄阶段进行。调查显示，当前青少年思想状况总体上是令人满意的，主流是好的，但也存在着对一些深层次问题认识的不一致，反映出一些新情况、新问题。这些问题迫切需要我们高度重视，并采取有效的措施，加强教育和引导，促进青少年的健康成长。

一、青少年思想道德状况与分析

（一）积极的思想道德状况

1. 热爱祖国，具有较强的社会公德意识。

被调查者对作为一名中国人感到自豪的占 97%，升国旗时感到无比自豪的占 85%，对祖国受到外敌入侵，能主动报名参军的占 74%。由此可见，大部分青少年具有爱国热情，能在祖国需要的时候勇于献身。愿意在 2008 年到北京做奥运志愿者的占 96%，上电梯或坐公交车不抢座位的占 80%。这些说明大多数青少年具有较强责任感和社会公德意识。

2. 热爱学习，积极追求进步。

绝大多数青少年学生对自己的学习成绩比较关心，认为对个人发展而言，知识和思想一样重要的占 79%，认为青少年成长成才的关键是勤奋学习的占 83%。由此可见，追求进步仍是当代青少年的主流。

3. 遵守职业道德。91% 的机关青年认为“个人的言行代表单位的形象”，82% 企业青年职工意识到“职业道德将决定本企业的声誉乃至生存”。随着青少年知识层次的不断提高，各行、各部门的青年职工增强了为人民服务的本领，在单位教育和典型的带动下，能摆正自身位置，改善了服务态度，提高了服务质量，力求实现自身价值与服务人民群众相统一。

4. 接受公平竞争，注重团体合作。

面对日益激烈的竞争，青少年更加体会到团体精神对事业成功的积极作用。92% 的青少年认为“团结对社会发展起着积极的作用”，82% 的青少年认为竞争应该公平。

5. 道德取向积极，对社会的一些不良反应态度明确。

青少年对社会上一些不文明行为持否定态度的比列超过了 70%，尤其是“偷窃”、“不善待老人”、“随地吐痰”等现象认为很可恶的占 85%。

（二）消极的思想道德状况

1. 价值观更加突出“利益”二字。

大多数青年更加注重实际利益，并把追求个人价值与社会奉献统一起来，对奉献与索取统一的要求更为实际。

2. 心理承受力差，态度冷漠。

目前，大多数青少年都是独生子女，生活条件优越，经不起挫折，心理承受力差。绝大多数学生在遇到困难和烦恼时不愿意找老师、家长倾诉，而更愿意说给自己的同学或网络聊天，有的则把心事闷在心里，变得冷漠、孤僻、自闭。

3. 没有养成良好的生活与学习习惯。

随着科学技术的进步，我们的生活条件越来越好，有的家庭条件好的家长为了联系孩子方便，给上学的孩子配带手机，可有的学生却因此分散个人注意力，迷恋网络短信，严重影响了学习，还容易造成攀比心理，扰乱正常的教学秩序。另外，学生生日互赠生日礼物，甚至大摆宴席，艰苦朴素意识淡薄。调查显示，吃完饭帮家长刷碗的仅占21%。

二、原因分析

社会存在决定社会意识。基于这样的理论，不难看出当代青少年的成熟与幼稚、务实与超脱相交的复杂思想政治状况与他们所处的时代、成长环境和条件有很大的关系。主要表现在：

1. 社会环境、文化环境的消极影响。

科技发展、社会进步的同时，社会上也出现了一些不利于青少年健康成长的东西，如游戏、不良的书籍、网络上的淫秽信息等等不良现象，污染了我们的社会文化环境，直接影响了青少年身心的健康发展。

2. 思想教育手段落后单一，不能适应青少年发展需要。

迅猛的经济发展和社会发展展现给青少年五光十色、日新月异的新天地。较上一代而言，他们的思想、心理特征发生了很大变化。他们思维敏捷、价值趋新、充满反叛和否定精神。相对这些无论是外表还是内在都很前卫新潮的青少年人来说，刻板教条的传统灌输式、命令式教育手段只能越来越拉大他们和教育者的距离，也就更谈不上达到培养教育青少年的目的了。

三、新形势下加强青少年思想道德教育的对策与建议

1. 坚持实践育人，深入开展“五尊”、“五不”、“五远离”活动。

“五尊”即尊敬国旗、国徽，尊敬老人，尊敬残疾人，尊重他人的人格，尊敬他人宗教信仰和民族风俗习惯；“五不”即不随地吐痰、不乱扔废弃物、不说谎话、不说脏话、不欺负同学；“五远离”即远离烟酒、远离网吧、远离迷信活动、远离赌博、远离毒品。通过生活中的点滴小事进一步提高未成年人的思想道德素质。

2. 加强网络监管，充分利用网络工具，主动占领青少年思想阵地。

网络产生的影响越来越大，青年人作为社会上最活跃的群体，接触网络最早，受网络影响最深、最广。但在网络繁荣的背后隐藏着大量不健康的东西，如不加强网络不良信息的管理，不善引导青少年利用网络上有益的资源，必将对青少年的精神世界、道德领域带来消极的影响。希望有关部门加强网络监管的同时，也要充分利用网络手段，健全网上教育阵地，大力倡导网络文明公约，使广大青少年拥有坚强自信、诚实坦率、宽容博爱、开拓进取健康人格。

3. 建立健全教育阵地，大力开发闲暇资源。

调查中发现，桥东区的中小学生的寒暑假由自己支配，他们做完作业后，更多的时间看电视、上网。青年的闲暇时间大多用来打牌、喝酒聚会等。闲暇时间对青少年文化的形成作用重大，对青少年的思想道德养成具有关键性作用。建议结合社区建设，有关部门联合建立中小学生假期教育基地、青少年活动中心或培训学校，为青少年提高知识层次、全面提高素质提供条件，在青少年群体中形成求学上进的浓厚氛围。

4. 关心和帮助弱势青少年群体。

桥东区是老城区，弱势青少年人数多。这就要求我们从根本入手，为弱势青少年健康成长成才创造良好的环境，力所能及地帮助他们，解决工作、学习、生活中遇到的各种具体问题和实际困难。我们倡导全社会帮助弱势青少年群体，目的就是让他们感受到社会的温暖，积极主动的接受教育，思想上、行动上向优秀青年靠拢，使思想道德品质提高到一个新的层次。

5. 全社会共同努力，为青少年健康成长创造良好的环境。

青少年是民族的希望、国家的未来，青少年思想政治工作不单纯是某个部门的事，而是全社会共同的事业。要把青少年思想教育工作纳入社会的大系统、大环境中，空间上向社会发展，时间上向八小时以外延伸，形成全方位、多层次、立体化教育体系。共青团组织要发挥主渠道作用，依托爱国主义教育基地和青少年文化阵地，引导青少年在实践中磨练意志，砥砺品格。（李清青）

当代青年择业观调查报告

正确的择业观能促使青年在复杂多变的社会环境中尽快转换角色，并激励他们在任何职业领域爱岗敬业，勤奋刻苦，踏实工作。了解并掌握当代青年择业观的基本情况，有针对性地引导和帮助青年形成正确、积极的择业观，对于当代青年的健康成长成才具有非常重要的意义。为此，2006 年下半年团区委组织实施了当代青年择业观调研活动，本次活动主要以问卷调查、座谈会等方式进行。调查显示，当代青年的择业观总体上是令人满意的，主流是好的，但也存在着对一些深层次问题认识的不一致，反映出新问题。这些问题迫切需要我们高度重视，并采取有效的措施，加强教育和引导，促进青年的健康成长。

一、当代青年择业观的状况

通过数据的整理与比较，我们总结出当代青年在面临择业时所表现出来的一些现象。

（一）积极的择业观

政府部门、事业单位是当代青年就业的热门选择，而个体私营企业则少人问津。然而，近几年来，随着外界环境的变化和观念的转变，青年的择业观发生了变化，选择范围日益扩大。

1. 乐于从基层做起。

据调查，78%的青年愿意到由中组部、人事部、教育部、共青团中央等部门共同组织的“三支一扶”计划和由教育部等实施农村义务教育阶段教师特设岗位计划和“大学生村官”计划中的岗位，这些岗位赢得了当代青年人的青睐和踊跃报名。

2. 看重工作发展前景甚于薪水。

选择工作时，薪水不再是择业者的首要考虑因素，位置已下降到第二、三位，取而代之的是个人发展和企业前景。

3. 先就业后择业。

“先就业后择业”观念在应届大学毕业生中颇为流行。如今青年希望于积累工作经验以后，能获得较好的市场附加值，从而找到理想的单位。

4. 自主创业。

52%的被调查者选择“自己当老板”，喜欢自己给自己打工。

5. 紧追热门专业不如看好潜力行业。

许多人开始将目光转向医药、环保、保险等潜力行业，既抢了一个商业先机，又获得职业的“升值”潜能。

6. 网络替代综合人才市场，坐上求职中介头把“交椅”。

网上求职以其便捷、快速、省时成为择业者的新宠和可靠的途径。

（二）消极的择业观状况

1. 期望值过高。调查显示，有45%的青年在择业过程中对就业形势和用人单位的需求了解不够，完全按照自己的理想一厢情愿地谋求高薪高酬职位，由于目标不切合实际，在择业过程中屡屡碰壁，结果导致心灰意冷，甚至丧失自信心。

2. 角色错位。37%的青年对父母依赖性很强，一旦独立面对社会，面对社会角色的客观要求，面对复杂的社会关系，常常产生逃避心理和抵触情绪。因此，很难找到理想的工作。

3. 急功近利心理。调查显示，认为只有留在大城市挣钱多，待遇好的占64%。一些青年受传统观念影响，仍存在“铁饭碗”情结。固守着一次择业定终身的思维模式，希望一次择业就能抢占到生活的制高点，一劳永逸。其实在现代社会中，每个人都有多次择业的机会，那种“从一而终”的传统择业观念违背了社会发展潮流，应该摒弃。

4. 同伴攀比。一些青年在择业时不是从自身实际出发，而是与同学攀比，特别是看到与自己成绩、能力差不多的同学找到令人羡慕的工作，获得可观的收入时，35%的青年会觉得自己找不到理想职业，很没面子。为了获得心理上的平衡，将自己择业的目标设计过高，其结果是高不成，低不就，陷入苦恼之中。

二、原因分析

这些问题的产生主要有以下几个原因：

1. 社会实践的缺乏。青年对社会了解不多，缺乏承受挫折的心理准备。

2. 青年人多幻想，好冲动，接受事物快，自我意识强，心理发展还不是非常的成熟和稳定。

3. 外界因素影响。有的青年把社会上某些传统观念作为自己选择职业的依据；有的在择业时，求稳求静求享受，缺乏艰苦创业的准备。

4. 有的用人单位招聘时的性别限制、盲目追求高学历导致的结果。用人单位对学历及性别的要求，导致很多学生只好把自己的希望寄托在其他用人单位或继续深造上，造成社会资源的极大浪费。

三、解决上述问题的对策与建议

1. 政府、学校就业指导力度应进一步加大。在大学生就业指导方面，学校应有计划地分期在学生入学时和中期、毕业前至少进行一次就业指导，让大学生在有限的大学时间内积累最多的与社会接轨的知识。政府应加强对未入大学青年的就业指导，经常开办就业指导辅导会。

2. 政府引导企业树立正确用人观念，多为青年人提供锻炼的机会。政府应出台相关政策，引导企业在招聘时不能有歧视女性、减少就业青年的就业机会。

3. 人才招聘市场调整组织招聘策略，尽最大可能为应聘者提供最大的就业平台。

4. 政府、学校加强对青年的择业观教育。政府应大力宣传青年要有的艰苦奋斗的意识、自我成才意识、先入基层积累经验意识，使青年在择业时不会盲目跟风，能根据自身实际准确地选择自己从事的事业。

（李清青）

第四章　桥东区妇女联合会

桥东区妇女联合会在社会主义现代化建设中，代表和维护广大妇女的利益，努力提高妇女政治地位，积极组织妇女参与社会主义两个文明建设，弘扬中华民族传统美德，开展“巾帼建功”、“双学双比”、“五好文明家庭创建”活动，实施“春蕾计划”，维护妇女儿童合法权益，有效安置下岗女工再就业，为桥东区的改革和经济发展做出了积极贡献。

第一节　组织建设

1980年9月8日，邢台市桥东区妇女联合会（简称区妇联）成立，下辖4个办事处妇女联合会（南长街、西门里、北大街、西大街）。1988年，邢台市撤消郊区，大梁庄乡、东郭村乡妇联会划归桥东区。至1988年12月底，全区有172个基层妇代会组织。2006年，区妇联工作人员3名，辖区乡级妇联会6个，妇委会6个。同年，桥东区社区经过调整，基层社区妇代会组织有99个，各级妇联工作人员312人。1993年始区妇联主任改称妇联主席。

第二节　妇女代表大会

1980～2006 年底，桥东区共召开了两届妇女代表大会。

1983 年 1 月 18 日，桥东区召开了第一届妇女代表大会。出席大会代表 130 名。其中老年妇女 45 名，中年妇女 68 名，青年妇女 17 名；农民代表 23 名，职工代表 21 名，少数民族代表 2 名。会议听取了妇女工作报告，选举了妇联会常务委员 3 人，其中妇联主任 1 名。

1992 年 10 月 7 日，桥东区召开了第二届妇女代表大会。出席大会代表 145 人。其中专职妇女工作者 68 名，工业战线代表 13 名，农业战线代表 16 名，城市居民代表 27 名，干部知识分子代表 16 名，少数民族、归侨、侨眷、台胞、台属、宗教界人士代表 5 名。特邀代表 11 名。会议听取了妇女工作报告，选举区妇联第二届执委会常委 7 人，其中妇联主任 1 名、副主任 1 名。

第三节　主要工作

一、“巾帼建功”活动

1991 年，全国妇联等 8 个部委联合发出通知，在全国城镇的广大妇女中开展做“四有”（有理想、有志气、有文化、有道德）、“四自”（自尊、自爱、自重、自强）女性，为“八五”计划建功活动（简称“巾帼建功”活动）。桥东区妇联响应全国妇联号召，组织广大妇女积极投身于各项社会主义建设事业，激发广大妇女爱岗敬业、干事创业精神，发挥妇女“半边天”作用，为社会主义两个文明建设多做贡献。区妇联在广大妇女中提出了“立足岗位精一业，面对竞争会两手，增强实力学三招”的口号，并层层建立“巾帼建功”竞赛活动领导小组。1991～2003 年间，先后开展了“十行、百岗、千颗星”竞赛活动、“巾帼扶贫”、“巾帼创业”、“巾帼扫盲”、“巾帼成才”、“巾帼文明”等系列活动。2004 年开始，区妇联实施了下岗失业女工再就业“三个一”工程（即举办一期技能培训班，让每个女工掌握一门就业技能，为女工提供一个就业岗位或就业信息），举办了“保持先进性、岗位做贡献”巾帼明星先进事迹报告会，成立了桥东区女企业家协会，开展了“感动桥东十大巾帼人物”评选等活动，使“巾帼建功”活动再上新台阶。在这些活动中，涌现出一大批先进典型，到 2006 年共有 24 个单位被评为省、市级“三八”红旗集体，124 人被评为省、市级“三八”红旗手，4 人被评为全国“三八”红旗手，1 人曾荣获全国“巾帼建功明星”荣誉称号，区妇联连续两届被评为河北省“巾帼建功”先进协调组织。

二、“双学双比”活动

1989 年 3 月，全国妇联、农业部等 12 个单位在全国农村妇女中广泛开展“学文化、学技术，比成绩、比贡献”（简称“双学双比”）的竞赛活动。区妇联根据上级指示精神和桥东区具体情况，在全区开展“百名技术员、万名农家女推广新技术”活动、“拉手扶贫计划”等。到 1991 年，桥东区有 3000 多名妇女参加了各种技术培训，有 2400 多人通过学习掌握了 1～2 门实用技术。1996 年达到了村村都有女技术员的标准。1997 年，有 51 名农村育龄妇女报考了农函大。1998～2002 年，共有 300 多名妇女拿到了技术员证书，35 岁以下妇女中 60% 达到了中专及以上学历或获得职称证书。2005 年，各村都成立了妇女学校，对广大农村妇女进行政治、法律、实用技术、卫生保健等方面的培训。2006 年，完成了农村妇代会主任直选的试点工作。同年，有 5 名女能手加入了市“双学双比”

女能手发展联谊会。在此活动中，全区共荣获市级“双学双比”红旗集体4个，有30多名妇女被评为区级“双学双比”女能手，其中有6名妇女被评为市级“双学双比”女能手。11人被评为市级“双学双比”先进个人，1人被评为省级“双学双比”先进个人。

三、“星级”文明家庭创建活动

即城市争创“五星级”文明家庭（敬业星、守法星、和睦星、文化星、新风星）活动、农村争创“十星级”文明家庭（致富星、守法星、计生星、科技星、养教星、和睦星、文化星、义务星、卫生星、新风星）。这是1996年开始，在全省妇联系统相继开展的“五好家庭”（即爱国守法，热心公益好；学习进取，爱岗敬业好；男女平等，尊老爱幼好；移风易俗，少生优育好；勤俭持家，保护环境好）、“五好文明家庭”（1996年，全国妇联将“五好家庭”活动更名为“五好文明家庭”活动）、“家庭文化建设”等项工作的基础上，为适应全省经济和社会发展形势的需要，由省精神文明指导委员会统一领导，省妇联牵头，省直17个部委共同组织开展的一项群众性精神文明创建活动。桥东区妇联利用街道“伦理道德讲评台”进行传统美德教育，开展了万人签字的“告别不良习惯，争做文明市民”的“八不”活动（不说粗话脏话，不随地吐痰，不乱倒垃圾和乱扔杂物，不乱贴乱画，不乱搭乱建，不乱摆摊点，不乱穿马路和乱停乱放车辆，不损坏公共设施和花草树木）、举办了家庭文艺会演、“亲子教育”、“文明新风进万家”等活动。2000年，桥东区居民中有1个家庭被评为省、市“十佳文化家庭”。2001年，有1个家庭被评为省“十佳”好摇篮示范户。2002年，有1个家庭被评为省“五好文明家庭”。

2004年，区妇联在全区广泛开展了“学习型家庭创建”活动。12月30日，在桥东区中北社区召开邢台市学习型家庭现场观摩会。2006年6月7日，省妇联主席曹素英到桥东区调研，对此项工作给予了高度评价。同月，中北社区被全国妇联、民政部等5家单位联合授予“全国学习型家庭创建示范社区”荣誉称号。

2005年5月，桥东区域有1个家庭被评为省“星级（五好）”文明家庭。2005年9月，又有1个家庭被评为第五届全国“五好文明家庭”。2006年，有3个家庭被评为邢台市学习型家庭示范户，2个家庭被评为河北省“星级”文明家庭。

四、提高妇女社会政治地位

1981～2006年，区妇联每年都举办各类培训班2～3期。内容包括妇女素质、思想政治、妇女与改革、参政议政、妇女就业、婚姻家庭、优生优育、家庭教育等，一批素质好、成绩突出的女干部陆续走上领导岗位。2006年底，桥东区干部634人，其中女干部220人，占35.7%；科级领导干部273人，其中女性84人，占30.8%；全区6个乡（街道办事处）女性乡（街道办事处）一把手3人，占50%；县级干部35人，其中女性7人，占20%；全区党员5630人，其中女党员1944人，占34.5%。1981～2006年，桥东区历届人民代表大会中，妇女代表所占比例最高的达29%，平均占22.8%；政协委员中，妇女委员所占比例最高的达33.9%，平均占29%。

五、维护妇女儿童合法权益

1993年，桥东区成立了妇女权益保护委员会，由主管副区长任主任，在该委员会指导下，区妇联积极开展维护妇女儿童合法权益工作。1995年，区妇联与公安部门配合，解救被拐卖的妇女1名。1997年9月，桥东区人民法院成立了维护妇女儿童权益审判庭，聘请区妇联主席为维权陪审员。2004年11月，区妇联牵头，协调桥东公安分局、检察院、法院、司法局等执法部门及各社区、村等共同参与，成立了桥东区妇女儿童维权联动岗，协调解决维权工作中的疑难信访案件，对上访案件实施全程跟踪，提供“一条龙”服务，整体化解决，杜绝环节疏漏。为提高全区妇女儿童的依法维权意识，从1993年到2006年，区妇联通过讲座、授课、组织理论考试等形式，共举办各类法律知识培训班20期，受教育人数近3万人次。还采取宣传队、演讲会、板报、标语、发放宣传资料、展板、挂图等形式，进行有关保护妇女儿童方面的法律知识宣传教育，发放宣传资料10000余份，出动宣传车65辆次，展板120块，挂图130张。共接待来信来访290余人次，结案率98%。

六、少年儿童工作

开展普及“三优”（优生、优育、优教）知识和少儿文化艺术活动。1993年，组织参加了河北省家庭“三优”知识大奖赛，有一个家庭获省三等奖，21个家庭获纪念奖，区妇联获区（县）级组织奖。1997年，组织参加了邢台市家庭“三优”知识竞赛，区妇联马路街小组获市组织奖，4个家庭获市一等奖，8个家庭获市二等奖，15个家庭获市三等奖。

1993年开始，区妇联实施“春蕾计划”，共协调资金21000多元用于救助失学辍学儿童。1995年4月，区妇联在全区范围内掀起了助学捐款活动，仅一个星期就收到捐款5600元。区妇联还积极支持和帮助邢台县助学活动，救助辍学女童3名，并向市妇联捐款3000元，用于救助100名辍学女童。2001年，开展“爱心桥”特别救助活动。2002年，区妇联在全区范围内掀起了“百城联动儿童慈善一日捐”活动，收到捐款5345元，重点救助区内面临失学的儿童，同时积极支持和帮助全市的助学工作，向市妇儿工委捐款5300元。2003年区妇联开展了以“我做合格小公民”为主题的“五小”活动，即：在家庭做父母“小帮手”，在社会做帮人律已“小标兵”，在学校做同学“小伙伴”，在公共场所做环保“小卫士”，在独处时做主宰自己的“小主人”。建立了南长街办事处、马路街小学等省、市、区小公民道德建设实践基地。

2004年，为认真贯彻落实《中共中央国务院关于进一步加强和改进未成年人思想道德建设的若干意见》，区妇联实施了以“让阳光沐浴每一个孩子”为主题的“阳光工程”。共举办“双十佳”、“文明小公民”评选、家庭才艺展示、“快乐暑假”、“假期课堂”、“爱国主义教育”、“绿色环保教育”等活动20余次。

2005年，开展了“学做合格父母，培养合格人才”评选活动，涌现出了省、市级优秀家长学校4所，省、市级“为国教子、以德育人”好家长6对。其中被评为全国好家长1对，省、市级好儿童6名。2005年5月，区妇联被评为河北省“双合格”家庭教育先进集体。

七、制定并实施“两个规划”

1996年和2001年，区妇联结合妇女儿童工作的实际，分别制定了1996～2000年和2001～2010年的《邢台市桥东区妇女发展规划》和《邢台市桥东区儿童发展规划》，并以政府文件形式发布全区。桥东区为了使两个《规划》各项指标顺利完成，2000年5月16日，成立了“邢台市桥东区妇女儿童工作委员会”（办公室设在区妇联）。2003年9月，更名为“邢台市桥东区人民政府妇女儿童工作委员会”。为消灭脊髓灰质炎，区妇联与区卫生部门联合对辖区内4岁以上的儿童进行了小儿麻痹糖丸强化免疫，强化免疫率达99%以上。2006年4月，桥东区被确定为河北省实施妇女儿童发展规划示范单位。2006年6月，桥东区完成了全区两个《规划》中期监测评估及验收工作。

第五章　其他主要社会团体

桥东区科学技术协会、计划生育协会、工商联合会、残疾人联合会、个体私营企业协会和消费者协会也是桥东区主要社会团体。这些社团组织自成立起就积极参与到全区社会发展和经济建设之中，开展服务基层和服务群众的农技培训、优生优育、科技成果推广、光彩事业、扶贫助残、残疾人康复、送温暖工程、维护消费者权益等一系列活动，为桥东区各项事业的发展发挥了重要作用。

第一节 桥东区科学技术协会

桥东区科学技术协会（以下简称“区科协”）成立于1989年1月，是党和政府领导和团结广大科技工作者的群众团体组织。区科协的职责是“三服务一加强”：即努力为经济社会全面协调可持续发展服务，为广大科技工作者服务，为提高全民族科学文化素质服务；全面加强科协组织自身建设。1989～2006年，区科协通过开展科学普及，技术培训、交流和推广，青少年科技教育等工作，为桥东区物质文明、精神文明和政治文明建设，为桥东区的经济发展和社会进步做出了积极贡献。

一、建立健全科普组织网络

1993年，区科协要求各乡（处）成立科普协会，配备科普员。同年，全区每个村都建立了科技小组，在各科技小组（村）设立科技示范户，共500多户。东郭村乡和大梁庄乡分别建立了农村科技服务站，搞好农业产前、产中、产后服务。1995年，重新调整了在乡中学生、复退军人实用技术培训领导小组，创建了科技书店、老年人科学保健中心等城区科技服务站，受到省科协的支持和表扬。1999年，2个乡的科普协会正式挂牌成立，东郭村乡还新吸纳农业协会会员108人。为了引才纳贤，壮大科普队伍，区科协吸收各条战线有知名度的30名科技工作者为科协委员，共同为桥东区科普工作出谋划策。2000年，先后在八一电器厂、清武兽药厂和华龙工贸公司成立了企业科协组织。为了扩大科普平台，2003年，在2个乡成立了2个农业技术协会（桥东区农业专业技术协会、康兴养猪协会），在100个社区成立了科普学校。2004年7月，桥东区周易研究会成立。2006年12月，八一电器厂科学用电协会也正式成立。

科普阵地的不断扩大和科普队伍的不断壮大，在全区自上而下形成了完善的科普网络，为科协全面、深入地开展技术培训、科学普及、青少年科技教育等工作提供了强大的组织基础。

二、农业技术培训

实施农技培训工作，加快农业科技进步，是推动农村经济发展的主要措施。科协自成立以后每年都制定培训计划，建立培训点，与有关部门密切合作，共同开展培训工作。到2006年底，共举办各类培训班168期，播放科技录像3000余场，受训6万余人次。及时普及了种植、养殖、水产等方面的新技术、新品种。1998～1999年，在农村招收农函大学员61名，聘请专业人员对学员进行专业知识、种植、养殖和其他实用技术的培训。通过培训，为桥东区农村培养了一批科技致富带头人，提高了农业科技含量，推动了农村经济发展。

三、科普宣传

科普宣传是传播科学思想、科学知识、科学方法的重要手段，是贯彻落实党和政府的科技政策法规的有效途径。1989～2006年，区科协先后通过科普之冬、农村科普周、城市科普周、科技下乡等形式，大力开展城乡科普。在各种活动中共出动科普车292辆次，有17100人次参加，开办现场技术培训班8期，现场技术指导60余次，解决技术难题350多项，发放科普资料15万余份，展出展板2050块，挂图3420余张。受益群众达12万人次。

四、科教进社区

按照国家、省、市科协的安排部署，桥东区“科教进社区”工作在2003年全面启动。首先在100个社区成立了社区科普学校，向广大居民宣传科学思想，普及科学饮食、合理膳食、医疗保健、家庭烹饪、家电保养、家庭节能、节水和环保小常识、家庭教育等各方面科普知识。到2006年底，共开展大小社区科普活动60余次，张贴科普标语500余条，制作墙体科普公益广告11块，张贴科普挂图12套，发放社区科普知识传单15000余份。社区科普活动，提高了社区居民的科学素质和生活质量，促进了城区精神文明建设的发展和社会的和谐与进步。

五、引进推广新技术和新品种

进入21世纪以后，桥东区积极推行农业“两个转移”方针，利用走出去、请进来的办法与山东、河南、北京、天津等地的大专院校和科研单位挂钩，不断引进推广种养新技术和新品种。先后引进生菜、空心菜、佛手瓜、苦瓜、人参果、樱桃西红柿、山东绿色大豆巴等特色蔬菜品种30多个，引进了蔬菜保护地栽培、蔬菜育苗、大棚增“气肥”、玉米秸秆种平菇等种植技术20多项。

2003年区科协成立农技协以后，又以农技协为依托，继续为农民开展科技服务。到2006年，共为5个村300余户农民开展测土配方科学施肥服务，使每亩减少投入50元。还提出了品种全、便于零售、收益高的“餐桌种植模式”。以高级农艺师刘书堂为首，研究配制了10余种叶菜类营养液，既促进蔬菜生长，又缩短生长期，此技术可使每亩地提高收入20%。农技协还在村头设立技术服务站，配置热线电话，使咨询服务成为日常化。至2006年，共为农民解答疑难问题2600余次，田间现场指导200余次，及时发布种植、病虫害防治技术信息120余次。种植、养殖新技术和新品种的引进和推广，加快了农业科技进步，推动了农村经济发展，为桥东区农业结构战略性调整作出了积极贡献。

六、青少年科技教育

青少年科技教育工作是科协的重点工作之一，科协对该项工作始终常抓不懈，开展多种形式的活动，培养青少年的科学思想，提高青少年的科技意识和科技水平。自区科协成立到2006年，每年对各个学校的科技辅导员进行培训，组织辅导老师参加省、市组织的科技教育论文竞赛活动，组织区中小学生参加各类科技教育活动，参加隔年一次的生物百项和小学生小发明、小论文竞赛活动科技夏令营、青少年计算机奥林匹克竞赛、绿色家园——种世纪之树、科技航模比赛、全国少年电子技师培训和等级认证、全国科技创新大赛节能在我身边青少年科学体验活动等各种科技教育活动，均获得很好的成绩。各种活动中，桥东区中、小学生先后获全国二等奖项2个，全国三等奖项7个；省级一等奖项7个，省级二等奖项8个，省级三等奖项39个；市级奖项近200个。桥东区新华南路小学被授予首批“河北省青少年科技教育示范学校”和“青少年科技创新大赛先进单位”，桥东区逸夫小学和南园路小学被授予第二批“河北省青少年科技教育示范学校”。

第二节　桥东区计划生育协会

桥东区计划生育协会（简称区计生协）成立于1987年10月，协会会长由区委主管计划生育的副书记担任，协会第一副会长由区政府主管计划生育的副区长担任。协会编制3人，属于科级事业单位的群团组织。1993年2个乡、4个办事处、文教局等成立协会组织，全区协会分支机构发展为8个，团体会员168人，个人会员8638人。1995年，由中国计生协美国福特基金会合作的“生殖健康教育”项目在全区实施，美国福特基金会出资1.2万美元用于支持碾子头村绒布厂、五里铺村宝石加工厂和南康庄村的大棚蔬菜种植。1996 年，桥东区计生协积极推广“零岁方案”，推行优生、优育、优教工作，有效地提高了出生人口素质。

2003 年社区合并后，区协会借助区位优势，整合资源，加强宣传培训、推广人性化服务、强化参与监督，极大地推动了全区人口和计划生育工作的顺利健康发展。2003 年，区委办公室、区政府办公室下发了对全区计生户和协会会员的优先优惠政策，全区计生户和协会会员在市第一医院就医、在网通公司安装宽带、子女上学等方面实行不同程度的优先和优惠。2003 年，发动全区为“幸福工程”——救助贫困母亲募集资金 138899.91 元。同年，争取省幸福工程项目资金 10 万元，在西门里办事处顺德南社区开办了“幸福工程”项目——金聚香火锅城，先后安排 25 名贫困母亲就业。围绕“百万会员学科技”活动，在城区育龄妇女和下岗职工中开展手工编织、家电维修、美容美发、烹饪技术等专业技能培训；在农村开展种植、养殖、加工等科技培训班，受益万余人次。2006 年，区计生协组织大型集中宣传活动 7 次，出动宣传车 21 辆、文艺宣传队 56 支，展出展板 320 块，印发宣传单 4 万多份，发放避孕药具 2 万余只；组织培训 6 期，培训群众 1500 人次；为计划生育对象投保 40 多万元，有效地保障了育龄妇女的合法权益。另外，协会优先优惠政策的推行及带头、宣传、服务、监督、交流作用的发挥，激发了协会的生命力和战斗力，增强了协会的吸引力和凝聚力。至 2006 年底，全区共有各级协会组织 174 个，专（兼）职工作人员 275 人，会员 21649 人，理事 872 人，会员小组长 570 个，协会队伍空前壮大。

区协会自 2001 年至 2006 年连续 5 年被《人生》杂志社评为“学刊用刊”先进集体，被河北省计生协评为县级宣传工作先进单位。2004 年 7 月，邢台市计生协参与村（居）民自治现场经验交流会在桥东区召开。2005 年 5 月，在邢台市计生协“素质杯”知识竞赛中夺取第一名。2005 年 7 月，河北省计生协召开工作研讨会，组织与会人员参观了桥东区顺德西社区，省计生委主任赵新、省协会副会长陈秀娥对桥东区计生协会工作的做法给予了较高评价。2005 年 9 月，在邢台市“百万会员学科技”成果展中桥东区荣获二等奖。2005 年 9 月，中国计生协秘书长李保忠到桥东区考察指导，对桥东区计生协工作的做法给予了高度评价，对取得的成绩给予了充分肯定。2005 年度，桥东区计生协被邢台市计划生育领导小组评为“先进协会”。在 2006 年开展的“百点示范”活动中，顺德西社区、南康庄村计生协被确立为省级示范点，造纸厂、晋祠道社区计生协被确立为市级示范点。

第三节　桥东区工商业联合会

桥东区工商业联合会（简称区工商联），是桥东区工商业界组织的人民团体和民间商会，是党和政府联系非公有制经济人士的桥梁和纽带，是政府管理非公有制经济的助手。区工商联坚持对广大会员进行团结、教育、引导、服务，促进非公有制经济快速健康发展，发挥非公有制经济在社会主义现代化建设中的重要作用，为桥东区经济的发展发挥了积极作用。

一、工商联组织建设

1993 年 3 月 12 日，桥东区成立工商联筹备领导小组，同年 4 月 16 日召开第一次会员大会，桥东区工商业联合会正式成立。2001 年 11 月 6 日，中共邢台市桥东区工商联党组成立。

区工商联的主要对象是辖区内的个体、私营工商业者。在发展会员工作上，坚持“调整结构、巩固组织、提高素质、稳步发展”的工商联组织原则，积极吸收在非公有制经济界具有影响的优秀民营企业家和个体经营大户加入工商联。1993～1996 年发展会员 220 人，企业会员 10 户；1998～2002 年发展会员 160 人，企业会员 14 个；2003～2006 年发展会员 170 人，企业会员 40 个。

为加强与个体工商户经常性的组织联系，在商户集中的市场发展会员，成立区工商联分会。

邢台市桥东区工商联分会成立情况一览表

成立时间	分会名称
1993. 06. 18	桥东区工商联襄都分会
1994. 03. 18	桥东区工商联顺德分会、兴合分会
1994. 06. 04	桥东区工商联豫西分会
1997. 06. 26	桥东区工商联襄都纺织品分会、襄都服装分会
1998. 12. 09	桥东区工商联摩托同业分会
1999. 10. 27	桥东区工商联中北分会
2000. 04. 26	桥东区工商联明月分会
2000. 07. 24	桥东区工商联中北鞋业类同业分会
2002. 08. 16	桥东区工商联汇源鞋业同业分会
2004. 11. 03	桥东区工商联北大街办事处分会
2005. 06. 17	桥东区工商联西门里办事处分会

二、工商联代表大会

桥东区工商联第一届会员代表大会于1993年4月16日召开。出席代表71人。会议主要内容是，制定工商联的工作方向和任务，动员和团结全体会员，充分发挥自己的特点和优势，为振兴桥东区经济做贡献。大会选举主任1名，副主任4名，秘书长1名，执委19名。

桥东区工商联第二届会员代表大会于2001年11月20日召开。出席代表80人。会议主要内容是：学习江泽民总书记“七一”讲话精神，深刻领会“三个代表”重要思想丰富的科学内涵并融会贯通于工商联的各项工作中。大会选举会长1名，副会长10名，执委29名。

桥东区工商联第三届会员代表大会于2006年11月15日召开。出席代表71人。会议主要内容是：紧跟时代脉搏，围绕经济建设为中心，以与时俱进、务实的工作，充分发挥工商联优势，完成既定目标，同时提出工商联今后工作任务。大会选举会长1名，副会长14名，秘书长1名，执委41名。

桥东区工商联自成立到2006年底共召开7次执委会议。会议内容主要是：审议工作报告，通报工商联机构改革、人事调整情况，经全体执委选举表决，增选副会长，执委等事项。

三、工商联主要活动

推荐非公有制经济代表人士政治安排　协商监督和参政议政是工商联具有统战性的政治职能。区工商联向党委和统战部门推荐非公有制经济代表人士担任区、市级人大代表和政协委员，是实现工商联政治职能和推进我国社会主义民主政治建设进程的重要体现。1993～1996年，区工商联会员担任区、市政协委员15人，区、市人大代表5人。1998～2002年，区工商联会员担任区、市级人大代表和政协委员的有34人次。在2003年的市、区“两会”换届中，区工商联有19名会员、26人次担任区、市级人大代表和政协委员。2004年，有22名会员担任区、市级人大代表和政协委员。2006年，有31名会员担任区、市级人大代表和政协委员。

参政议政 区工商联经常深入到会员企业调查研究，召集分会、同业公会的会员代表座谈，了解社情民意，积极为政府进言献策。1993～1996年，在区人大、区政协全会上担任人大代表、政协委员的会员向大会提出提案、议案58件。1998～2002年，在区、市级人大、政协会议上提出议案、提案和建议258件。2003～2006年在市、区人大、政协全会上提交议案提案180多件。这些提案议案涉及非公有制经济发展、加强整顿市场秩序、完善社区建设、管理中小企业融资担保、优化投资经商环境等多方面的内容，部分提案被列为重点提案办理。

光彩事业 是由非公有制经济代表人士倡导发起的以“扶贫开发，共同致富”为目的，惠及当代，功在千秋的伟业。1993～1996年，桥东区工商联会员企业家向广宗、南和、隆尧、邢台县等贫困乡村提供资金帮助打井引水、开发改造荒沙土地和上企业项目，共捐赠资金、设备、技术100多万元，安置下岗再就业职工和贫困地区劳动力1200多人。会员向城市基础建设、修路及公共设施投资达35万元，向“希望工程”捐资助教捐款15万元。1996年8月，邢台市遭遇重大洪涝灾害，会员向受灾群众捐资献物，共计8867元。1998～2002年，民营企业家在异地贫困地区投资开发扶贫项目5项，开发改造荒山、沙滩3000亩，投入资金500多万元，参与国有企业改造收购2家、兼并2家、承租3家，安置下岗职工再就业和贫困地区劳动力5000多人。1998年，我国南方发生大面积洪涝灾害，会员向灾区捐款和救助物资150多万元。2003年，举办各种从业技能培训班252期，培训人员8800多人次，投入培训费达50多万元。对口帮扶贫困户800多户，扶贫受益人达3200多人次。为下岗职工和失业人员提供安置就业岗位6851个。2003年初春，非典型肺炎疫情肆虐广东和华北地区，会员企业向抗击“非典”的医护人员和坚守在防控封堵的一线人员捐款赠物计55500元。2006年，通过走访调查，确定了东郭村乡新华村为扶贫村，并为该村免费培训专业技能人员10名，捐款计5000元。同年11月，会员企业东明家具商城开展了“送温暖、献爱心”募捐活动。捐献棉衣及御寒衣物500件，捐献现金3000元，送到邢台县太子井乡帮扶贫困群众。

为会员服务 想会员所想、急会员所急、帮会员所需是工商联为会员服务坚持的一贯原则。1998年，区工商联成立“非公有制经济咨询服务中心”，向会员提供各类经济信息1408条，提供经营管理、会计、审计、法律、融资、市场调查、技术咨询等服务项目575项次。2000年，为55家乡（街道办事处）企业免费办理登记，加入全联会员企业数据库网站。

维护会员合法权益是支持促进非公有制经济快速健康发展的保证。区工商联自成立“维护非公有制经济合法权益投诉中心”到2006年，共受理民营企业和个体工商户合法权益受到侵害的举报和投诉134件。逐一与有关部门协调解决，有效维护了会员的合法权益。自1997年至2006年，区工商联连续10年在每年的3月15日组织开展“3·15”维护消费者权益日活动，累计接待群众咨询、解答问题5050人次，发放各种宣传资料43000份，接转消费者投诉87件。

第四节 桥东区残疾人联合会

桥东区残疾人联合会（以下简称“区残联”）是中国残联的地方组织，代表全区残疾人的共同利益，维护其合法权益，推动和发展残疾人事业，为残疾人服务。截至2006年，桥东区共有各类残疾人15100名，占全区总人口的5.2%。其中，肢体残疾人8760名，占残疾人总数的58%；视力残疾人1660名，占11%；听力语言残疾人2113名，占14%；智力残疾人832名，占6%；精神残疾人1735名，占11%。有康复需求的残疾人10900名，占残疾人总数的72%。他们是社会中最困难的群体。2000年，桥东区残联开始协调有关部门对残疾人实行了定期补助和救济，减免了特困残疾学生学杂费，多渠道的安排有劳动能力的残疾人就业，使残疾人的生活质量得到很大的提高。

一、组织机构

1990 年 10 月，桥东区残联成立，编制 2 人，隶属于桥东区民政局。1995 年 7 月，计划单列升为正科级单位，编制 5 人。随着桥东区残疾人事业的不断发展，1998 年，各乡、办事处成立了各乡、办残联。2000 年，桥东区成立了各类残疾人专门协会。有肢体残疾人协会、聋哑人协会、盲人协会、精神病亲友协会。各协会健全了组织，建立了章程，完善了制度，明确了任务，真正反映了残疾人的意见和需求，成为联系广大残疾人及其亲属的桥梁和纽带。

2000 年 2 月，经区委、区政府批准，区编办下文成立了桥东区残疾人劳动就业服务所，属于股级自收自支事业单位，定编 3 人，有 2 人，其中干部 1 人，工勤人员 1 人。

2002 年，桥东区 98 个村、社区居委会全部成立了残疾人协会，建立了村主任和社区居委会主任兼协会主席、优秀残疾人代表为协会成员的领导机构。村（社区）残协在村民委员会、社区居民委员会指导下开展工作，为本村（社区）残疾人做好服务。社区（村）残疾人协会工作计划和总结、志愿者助残活动记录、残疾人接受帮扶等记录完整清楚。到 2005 年，桥东区残疾人组织形成了区、乡（办）、村（居）三级网络，实现了制度化、规范化管理。

2005 年 7 月 11 日，区残联、区劳动就业服务局、区财政局联合下发了《关于进一步加强社区残疾人协会专职委员管理工作的实施意见》，在全区公开招聘了 87 名残疾人专职委员配备到每个社区协助残协工作。

二、法律法规建设

2003 年，联合德胜律师事务所成立了全区唯一的残疾人法律服务和法律援助中心。全区 98 个村、社区全部开通了维权热线电话，并且区、乡（办）、村（社区）都有专人负责这项工作。截至 2006 年共接待残疾人来信来访 150 件次。

三、残疾人康复

2005 年，区残联向上级申请为南瓦窑社区、黄家园社区分别配置了 2 套康复设备，价值 3 万元。部分社区还自筹资金配置康复设备，并自制康复器材。如：沙袋组合、木插板、套圈等 180 多件，一部分放置在康复室，一部分送到残疾人家中，为残疾人社区康复工作顺利地开展创造了有利的条件。

2006 年 6 月，桥东区被省残联评为“十五”期间河北省残疾人康复工作先进区，被命名为全省社区康复工作示范区和全省残疾人工作示范区。

2000 ~ 2006 年，区残联共完成白内障复明手术 240 例，肢残康复训练 20 名，智障儿童康复训练 12 名，聋儿康复 12 名，培训聋儿家长 18 名，验配低视力助视器 24 例，安装普及型假肢 8 条，残疾人康复治疗、康复训练 5000 余人次。

四、残疾人教育、就业

2004 年，由区残联推荐的阎志勇在全国残疾人游泳锦标赛上获得两枚铜牌。同年，区残联推荐 2 名盲人参加了市残联举办的首届“邢钢杯”说书大赛，并分别获得了二等奖。

2005 年，为辖区 100 名特困残疾人每人免费订了一份《牛城晚报》。区残联重视残疾人教育培训，鼓励其参与社会活动，并为其安置就业岗位，还组织推荐有体育特长的 20 名残疾人参加特奥活动选拔赛。依托社会技能学校、按摩门诊等社会力量共免费培训残疾人申其龙等 108 名学习电脑，48 名学习无线电维修，42 名学习缝纫。共安置残疾人就业 180 余人次。

五、残疾人扶贫

2002年，区残联计划单列后，首次成功组织了“明信片”捐助活动，共捐款23780元，用于救济和帮扶贫困残疾人。

2005年5月13日，区委、区政府下发了《邢台市桥东区爱心助残募捐活动实施方案》，由区残联组织在中北社区举办了全区爱心捐款仪式，现场共募捐资金4.66万元，全部上交市残联，用于省残疾人体育中心的建设。2000～2006年，共救济特困残疾人72人次，减免特困学生学杂费72人次、426000元。

在区共青团等有关部门的支持下，60名青年志愿者与50户贫困残疾人结成帮扶对子，扶助照顾残疾人，使残疾人感受到社会大家庭的温暖。每年5月的第三个星期日是全国助残日，区残联年年都组织丰富多彩的节目和慰问活动，有扭秧歌、义诊、按摩、修车、法律咨询等。到2006年，共接待咨询8700人次，发放传单6000余份，义诊、按摩10000余人，发放慰问金5万余元。

第五节　桥东区个体私营企业协会

邢台市桥东区个体私营企业协会前身是桥东区个体劳动者协会，它成立于1984年，是由全区城乡个体经营者自愿组成，经区民政局民间组织登记管理办公室核准注册登记的非营利性法人社会团体。接受邢台市桥东区工商行政管理局的业务指导和监督管理，同时接受邢台市个体劳动者协会的工作指导，负责指导各基层分会的工作。1990年8月，桥东区私营企业协会成立后，与个体劳动者协会在一起办公，统称桥东区个体私营企业协会，2001年协会设立秘书科，具体负责个私协会工作。

成立初期，办公地点设在桥东区工商行政管理局院内。1984年底，举行了第一次会员代表大会。共有个体会员412户，其中参会代表67人，选举产生了第一届会长、副会长、秘书长。下设5个基层分会。1988年11月，新增东郭村分会和大梁庄分会。1990年10月，新增襄都分会。1997年4月25日成立西门里分会。截止到2006年，个协会员已发展到900余户，私营企业会员约400余户。个体私营企业协会的任务是：教育并组织个体劳动者、私营企业经营者学习国家法律、法规和政策，进行思想政治教育、法制教育和职业道德教育，开展文明经营、优质服务活动；进行生产经营指导，提供信息服务，组织经验交流，帮助解决个体私营生产经营中的问题；开展技术培训，协助政府有关部门做好个体劳动者、私营企业从业人员的职业技能培训和职业技能鉴定（考核）工作；向政府和有关部门反映个体私营经济发展的情况，提出政策和立法建议；协助政府和有关部门做好对个体工商户、私营企业的管理工作；向社会宣传个体劳动者的先进典型，先进人物，表彰先进，根据法律和有关组织章程的规定，向人大、政协等机构和组织推介代表和委员；组织个体劳动者开展社会公益活动。

1986年，该协会组织全部会员开展向全国城镇先进劳动者辛福强学习活动。1993年，开展“树行业新风”、“五好会员”评比等活动，共树立行业标兵25个，评比“五好会员”250名，市级先进个体劳动者29名，省级先进个体劳动者5名。1998年，在全体会员当中开展向灾区捐款捐物活动，募捐各类救灾物品400余件。2006年，开展了向邢台市儿童福利院捐衣物献爱心活动，共捐献衣物167件。同年10月，桥东区个协开展了文明诚信评选活动，共评出文明诚信先进个体工商户10户，文明诚信先进私营企业10户和文明诚信街1条。

第六节　桥东区消费者协会

邢台市桥东区消费者协会成立于1989年10月，是由桥东区人民政府批准，经桥东区民政局民间组织登记管理办公室核准登记而设立的社会团体（简称区消协）。成立初期，设名誉会长、会长、副会长、秘书长等职，负责消协工作。

桥东区消费者协会的任务有两项：一是对桥东区范围内商品和服务进行社会监督，二是保护消费者合法权益。具体职能是：向消费者提供消费信息和咨询服务；参与有关行政部门对商品和服务的监督、检查；就有关消费者合法权益的问题，向有关行政部门反映、查询，提出建议；受理消费者的投诉，并对投诉事项进行调查、调解；投诉事项涉及商品和服务质量问题的，可以提请鉴定部门鉴定，鉴定部门应当告知鉴定结论；就损害消费者合法权益的行为，支持受损害的消费者提起诉讼；对损害消费者合法权益的行为，通过大众传播媒介予以揭露、批评，提高消费者的自我保护意识和经营者的守法意识。

桥东区消费者协会自成立起，每年3月15日组织“3·15”国际消费者权益日大型宣传活动，其中以2006年“3·15”宣传活动规模最大。2006年3月15日，桥东区工商局、桥东区消费者协会联合举办主题为“消费和谐”的大型纪念活动，邀请了31家企业参加消费维权宣传活动，并邀请河北电视台、《燕赵都市报》、邢台电视台、市广播电视台、《邢台日报》、《牛城晚报》等多家新闻媒体作现场采访报道。活动还设立了3个分会场，现场利用食品检测车开展免费检测活动，当天接受咨询2000余次，解决纠纷25起，发放宣传资料10600余份。

通过宣传，增强了消费者维权意识，区消协案件受理数逐年增长，由成立初期的每年50件，到2006年增长到221件。1990年，受理投诉案件50件，接待群众咨询810人次，赔偿消费者金额3.2万元，挽回经济损失9.76万元。1990～2006年，桥东区消费者协会共发放宣传资料121360份，受理消费者投诉4331起，结案率达到96%，为消费者挽回经济损失共计160.72万元，接待消费者来访、咨询31000人次。

第二十一编
公检法司

桥东区所辖公安机关负责刑事案件的侦查、拘留、执行逮捕、预审工作。人民检察院负责检察、批准逮捕、检察机关直接受理的案件的侦查、提起公诉。审判由人民法院负责。人民法院、人民检察院和公安机关进行刑事诉讼，严格遵照国家法律的有关规定进行。

桥东公、检、法、司各部门立足职能，各司其职，在维护全区经济建设和稳定社会治安秩序，打击各类违法犯罪活动，创造良好的社会治安环境中发挥了主力军作用。

第一章　公　安

桥东公安分局按照“狠抓一个根本（以队伍建设为根本），打牢三项基础（派出所基础建设、刑侦基础建设、信息基础建设），实现三个突破（执法水平有所突破、治安防控有所突破、打击犯罪有所突破）”的工作思路，团结拼搏，开拓进取，全力打造平安和谐桥东，各项公安工作和队伍建设都迈上了一个新台阶。桥东公安分局坚持打防并重，采取专门集中治理与群防群治路线相结合、一般打击与组织严打攻势活动相结合的方法，依法严厉打击各种犯罪活动，清除社会丑恶现象，保障人民群众生命财产安全，认真落实社会治安综合治理各项措施，维护了社会稳定，为经济建设创造了良好的社会环境，为桥东区的长治久安打下了坚实的基础。

第一节　机构设置

桥东公安分局于 1980 年 4 月开始筹建，办公地址在桥东区政府院内。下设办公室、治安科和刑侦队，设北大街、西大街、新华北路、西门里、南长街 5 个派出所。1982 年 5 月，增设新华南路派出所。1983 年 8 月，桥东公安分局搬到府前东 76 号，原桥东区法院院内办公。1984 年正式设立 1 室、4 科、1 队：政办室，政保科、保卫科、治安科、预审科，刑警队。1985 年 2 月，成立长途汽车站派出所。1987 年 6 月，设消防科。1988 年 6 月成立桥东集贸市场派出所。同年 10 月，原邢台市郊区公安分局所辖的东郭村派出所、大梁庄派出所划分给桥东公安分局管辖。1988 年，在邢台市第一医院建立桥东区法医门诊。1989 年 4 月，设法制科。1990 年 6 月，桥东公安分局机关党总支成立，下设政办室、一科、二科、三科、四科、刑侦队 6 个支部。1990 年 8 月，桥东公安分局搬迁到新华北路1号原邢台市警备区大楼办公。1992年9月，桥东公安法医门诊撤销。1997年8月，桥东公安分局所辖的长途汽车站派出所划归公交分局管理，12月，分局预审科、刑侦队正式合并成桥东公安分局刑警大队，下设七个中队：一、二、三、四中队，机动中队，技术中队，综合中队。1999年，成立税务警察队，2001年设警务督察大队。2002年，原一科分设为国内安全保卫大队和出入境管理科，二科更名为经侦大队，三科分设为治安警察大队和户政管理科，警务督察大队更名为纪检监察科，增设公共信息网络监察科、邢州北路派出所、李家庄派出所、新兴东路派出所。2006年，桥东公安分局共有办公室、政治处、指挥室、纪检监察室、法制科、户政管理科、消防科、出入境管理科、公共信息网络监察科9个科室，下设国内安全保卫大队、经侦大队、治安警察大队、刑警大队（下辖7个中队）和12个派出所。消防科设在桥东公安分局内，隶属邢台市武警消防支队管理。

第二节 刑事侦查

1980～2006年，桥东公安分局坚持“严打”方针不动摇，认真分析研究刑事犯罪特点和规律，适时组织开展严打专项斗争，严厉打击各类刑事犯罪活动，按照“破大案、挖团伙、追逃犯、打现行”的工作思路，强调打击的针对性和实效性；坚持主动进攻态势，盯住影响大、难度大、性质恶劣的现发大要案打攻坚战；适时开展多形式、多层次、高潮迭起的专项斗争和专项治理，不断对刑事犯罪活动发起强大攻势，有效地维护了社会治安大局的平稳。

一、侦查破案

1980年，针对各类刑事犯罪活动急剧上升，盗窃案件增加，特别是枪支弹药被盗和砸撬保险柜、盗窃银行储蓄所、厂矿企业财会室等案件突出，桥东公安分局专门部署严厉打击盗窃刑事犯罪活动，开展集中打击活动。1983年，根据中共中央《关于严厉打击刑事犯罪活动的决定》，桥东公安分局紧密配合桥东区法院、检察院执行依法“从重从快”打击的方针，连续开展三次战役给刑事犯罪活动以沉重打击。全区共破获刑事案件226起，打掉各类团伙38个。

1986～1988年，桥东公安分局将侦破流氓、强奸案件作为侦破、打击刑事犯罪活动的重点，并针对发案特点和规律，在一定范围内实施集中打击。对有影响的重大案件，迅速调集警力侦破，使此类案件逐渐下降。

1989年，盗窃发案又有所回升，桥东公安分局开展了以“反盗窃、打流窜”为主要内容的专项斗争，及时侦破了一批大案、要案，同时针对本区域特点，进行综合治理，把打击与防范管理结合起来，使盗窃犯罪上升的势头有所遏制。

1990～2000年，“两抢”案件、系列性入室盗窃案、电力电信通信设施盗窃案、寻衅滋事犯罪发案较多，带有地域性特点的犯罪团伙大量出现。这些人多数来自外省、无正当谋生手段、携带作案工具或物品进行作案，针对这一特点，桥东公安分局加强治安巡逻、深入居民区进行入户排查，开展一系列专项行动，侦破一批攀爬阳台入室盗窃、盗窃通信电缆、电力设施、撬盗保险柜等案件。

2001～2006年，桥东公安分局先后开展打击“两抢一盗”、“侦破命案专项行动”、“校园周边环境治理”、“打黑除恶”以及以打击盗抢机动车辆、入室盗窃、杀人、故意伤害、诈骗等较突出案件为主要内容的破案战役，相继破获了一批大案要案，摧毁了一批犯罪集团和流氓恶势力。

1980～2006年，桥东公安分局共破获各类刑事案件18661起，其中重特大案件3367起，摧毁各类犯罪团伙725个。

二、经济犯罪侦查

2002 年，桥东公安分局成立经侦大队，专门开展经济犯罪案件侦查。经侦大队成立后严厉打击金融犯罪、证券犯罪、走私犯罪、偷税犯罪等严重经济犯罪活动，先后组织打击涉税违法犯罪、涉盐犯罪、知识产权违法犯罪、购销假发票违法犯罪等专项行动，共破获经济领域犯罪案件 53 起，为国家和群众挽回经济损失 349. 2 万元。

三、刑事技术

1997 年桥东公安分局成立刑警大队。1998 ~ 2004 年，桥东公安分局共建立刑事犯罪情报资料档案 1400 余份。录入刑侦综合系统案件信息 3000 余条，采集违法犯罪人员信息资料 3000 余份，并将 3000 余枚违法犯罪人员十指指纹和现场提取的 700 余枚指纹全部录入市局指纹自动识别系统。先后为技术中队购置了数码相机、扫描仪、摄像机等硬件设备，技术装备的配备和技术人员素质的提高，为案件的侦破打下了良好的基础。

2005 年，桥东公安分局刑警大队建成了规范、安全、高标准的物证室，在全市率先建成活体指纹采集室和指纹远程比对工作站。2006 年，加强警务信息化建设，实现信息主导警务，先后为基层所队购买电脑 33 台、网络服务器 2 台和数码相机 11 部，搭建了人员信息管理平台和警务信息平台，现场发现和提取痕迹的能力有了大幅度的攀升。截至 2006 年底，已建立痕检实验室、物证室、信息采集室，拥有指纹活体采集仪、多波段光源、勘查车、薰显柜等技术设备，17 个基层所队全部安装了违法犯罪信息采集系统，已采集录入案件信息 134 条，人员信息 213 条，指纹信息 460 条，现场指纹信息 30 条。建成了痕迹检验实验室和机动车检验实验室，为嫌疑人的认定和犯罪证据的鉴定提供了科学保障。

第三节　治安管理

1980 ~ 2006 年，桥东公安分局在积极搞好严打斗争的同时，还结合实际，切实加强日常巡逻，查缉违法犯罪，不断强化社会治安管理工作力度，坚持做到治安案件快侦快破。通过组织开展一系列专项治理整顿行动，聚众赌博、卖淫嫖娼等社会丑恶现象得到了有效控制。

一、特种行业管理

1980 ~ 1992 年，桥东区个体经营的特种行业发展迅速，至 1992 年，经公安机关登记发证的特种行业 520 家。1985 ~ 1989 年，将印刷业、刻字业、收购业，收购生产性废旧金属和经营信托寄卖行业归类为特种行业，纳入公安机关管理。

1990 年桥东区成立旅馆业、废旧收购业、刻字印刷业治安联防办公室，对桥东区的特种行业进行统一管理。1994 年，桥东公安分局对全区特种行业（旅馆业、印刷、刻字、复印、废旧金属收购业、冶炼摊点、信托变卖）进行清理整顿和统一换发新证。1996 年，进一步严格特种行业管理，将新增的录像厅、歌舞厅、电子游戏厅、桑拿浴、机动车修理、废旧汽车拆解市场、出租车、射击场等 8 种特种行业纳入管理，切实做好特种行业换发新证工作。

1982 ~ 1990 年，全区先后三次对特种行业进行整顿。1986 年对 114 家旅店进行全面整顿，对有严重违法经营的 6 家依法予以取缔，停业整顿 37 家，破获刑事案件 26 起，查处治安案件 108 起。

1998 年，对文化市场特种行业统一换发经营许可证。1999 年，将打字复印业由治安部门划归政保部门管理。

1995～2004年，桥东公安分局多次对特种行业和公共复杂场所进行清理整顿，查处各种违法犯罪活动。共整顿旅店268家，废旧物品收购店34家，刻字店47家，打字复印店45家，关停洗浴业37家，网吧54家，游戏厅3家，歌舞厅9家，影剧院3家，游泳池3家。2005年，开展对辖区内废旧金属收购业统一清查工作，共清查废旧金属收购业25家，查处4家。

2006年，全区特行场所发展至295家，其中旅馆138家，印章业8家，机动车修理业127家，娱乐业12家（歌舞厅7家、游戏厅2家、迪厅1家、酒吧2家），桑拿洗浴业10家。

二、枪支弹药管理

1981～1986年，对非法枪支弹药、爆破器材和各种凶器进行了登记收缴。对辖区内猎枪、气枪、射击运动枪、民用枪支登记造册、建档发证。规定持枪人员携枪外出，必须随身携带持枪证备查，持枪单位和个人不准私自将枪支、弹药赠送、转借他人。

1994～1998年，主要对散失在社会上的军用枪、射击运动枪、猎枪、火药枪、钢珠枪、电击枪、催泪枪、麻醉枪和钢笔式、圆珠笔式、打火机式等具有催泪、麻醉、发射金属弹丸功能的防卫器以及散失在社会上的爆炸物品等进行收缴。

公安人员不允许个人配带、保管枪支，桥东公安分局将所有枪支统一保管，谁使用谁申请，确保枪支安全。

2006年桥东公安分局开展治爆缉枪专项行动，通过专项行动的开展，桥东区未发生一起涉枪、涉爆案件。

三、治安防范

桥东区治安防范一直实行群防群治、治安联防相结合。

1981～1983年，全区共成立治保会160个，共建治保会149个，治保组织26个。多次进行安全大检查，夜间巡逻，着重对财务室，仓库、饭店农贸市场等部位进行了全面检查，坚持夜间值班巡逻，组织巡逻力量对旅馆、招待所清查，发现整顿制度不健全、无照营业、擅自更改营业地点、营业项目、冒名顶替、营业等问题共23起。

1995年全区治保会达到191个，先后在22个居委会、15条主要街道和30%的内部单位落实治安承包责任制。2005年，桥东区所有社区、村委会全部设立了治保会。1980～2006年，桥东区共发生治安案件7892起，查处治安案件6987起。

四、重点人口管理

1981年，对全区违法重点人开展帮教工作，共成立143个帮教小组。

1983～1985年，列管的重点人口占辖区总人口的5.5‰。

1995～2004年，为科学规范管理，对全区重点人口进行重新建档，分类管理。对重点人口采取三项措施：与全区重点人口逐人见面谈话，建立帮教对子，完善重点人口档案。从重点人口中发现犯罪线索，抓获犯罪嫌疑人，根据重点人提供案件线索，破获刑事案件多起。

2006年共有列管重点人口366人，对所有重点人口均建立档案，严格落实监控责任，没有出现重点人口和监管对象重新犯罪的现象。

第四节　专项打击与治理

一、破案追逃

1999年，桥东公安分局遵循公安部“破案追逃”新机制的要求，结合桥东区实际，坚持“立足本地抓全国逃犯”的理念，不断拓宽工作思路，充分发挥区位优势，实行“追逃”行动与侦破会战结合，日常“追逃”与集中“拉网”相结合，内部配合与区域协作相结合，全面开展“追逃”工作，全区通过“追逃”破积案619起，一大批作恶多端、罪大恶极的逃犯纷纷落入法网。

2000年将追逃与基础工作和现代科技与追逃专项斗争结合起来，出动警力清理检查重点复杂部位。通过搞好对暂、寄住人口、流动人口的管理，强化网上作战，深化追逃斗争的开展，破获各类刑事案件39起，其中大要案件34起，查破治安案件7起。相继破获了“3·16”五里铺村杀人案、“4·22”顺德路杀人案、“11·25”西仓巷杀人案等一系列案件。

二、打黑除恶

2000年开始，桥东公安分局开展了以“反盗抢、除黑恶、打现行、抓聚赌”为重点的“打黑除恶”专项斗争。抽调精兵强将成立“打黑除恶”专案组，打击称霸一方、作恶多端、欺压群众严重危害地方社会治安、破坏人民群众正常的生产、生活秩序，阻碍地方改革开放和经济建设的恶势力和组织严密、等级森严、内部分工明确，帮规“家法”严明，具有一定经济实力，并加紧向政治、经济领域渗透，寻找“保护伞”进行各种违法犯罪活动的黑社会性质犯罪组织。侦破了一批涉恶和痞霸案件，抓获了一批涉案逃犯，严厉惩处了一批痞霸犯罪分子。2006年，打掉涉黑犯罪组织2个，破获各类刑事案件31起。

三、命案侦破

2004年开始，开展“侦破命案专项行动”，命案现场勘查工作更加规范，现场物证提取和利用率明显提高，侦破命案能力和水平显著提高，社会面得到有效控制，命案发案率明显下降。2006年桥东公安分局继续把命案侦破作为工作中的重中之重，以命案的侦破带动现行大、要案的侦破，加大了对现行命案的侦破力度。2006年，桥东公安分局共立各类现行命案7起，破8起，其中破现行命案6起，破命案积案2起，抓获了在逃十年之久的命案逃犯和在逃两年的命案逃犯，有力地震慑了犯罪分子。

四、打击非法邪教组织

1999年，在全区开展取缔非法邪教组织专项行动。查清桥东区非法邪教组织沿革发展与重大事件，取缔非法邪教组织桥东辅导站及练功点。同时通过打击处理和教育转化工作彻底摧毁了非法邪教组织在桥东的组织体系，教育解脱了绝大多数受蒙蔽的群众，取得了取缔非法邪教组织斗争的决定性胜利。

五、打击非法传销

2000～2006年，以推销某种商品为名，骗人入伙推销，谋骗钱财的非法传销活动猖獗。传销人员逐步增多，且出现组织严密、分工明确等新特点，并呈现出新的违法犯罪趋向。传销人员暴力抗法、团伙实施非法拘禁、打架斗殴等违法犯罪时有发生，严重影响了人民群众的生命、财产安全和社会治安大局稳定。区政法委调动公安、工商等执法部门，对非法传销活动坚决予以打击和清除。2004年，打掉非法传销窝点6个。2005年，摧毁一个涉案金额26万元的非法传销团伙，抓获非法传销团伙骨干分子，遣散受骗传销人员。2006年，先后两次在全区范围内集中开展了打击非法传销统一行动，共出动民警、巡防队员500余名，工商执法人员160名。依法取缔非法传销窝点112个，清理非法传销人员1900名，刑事、行政拘留103人，有力地打击了非法传销人员的嚣张气焰，遏止了非法传销活动的蔓延发展。

第五节　户政管理

1980～2002年，桥东公安分局户籍工作由治安科管理，主要对常住人口、暂住人口、出生、死亡、迁入、迁出、变更户口的登记及居民身份证的发放管理。2002年，桥东公安分局设户政管理科，专门管理户籍工作。

一、常住人口管理

常住户口登记以居民户口薄（本）为主，内容包括户主与户主关系、姓名、性别、民族、出生日期、出生地点、文化程度、婚姻状况、宗教信仰、服务处所等。常住户口主要办理迁入、迁出、出生、死亡4种人口变动登记制度。

1981～2006年桥东公安分局历年户口人数统计表

年　份	总户数（户）	总人口（人）	农业人口（人）	非农业人口（人）
1981	30395	130012	10142	119870
1982	33198	128419	8043	120376
1983	33540	130927	8530	122397
1984	35539	134551	9931	124620
1985	38792	135144	4612	130532
1986	41633	140688	5255	135433
1987	42557	142737	5872	136865
1988	52450	174008	34259	139749
1989	57231	178393	37272	141121
1990	58452	186372	38124	148248
1991	59825	189236	38425	150811
1992	61157	191360	41702	149658
1993	61472	194562	38627	155935
1994	61928	198354	38538	159816
1995	62837	201641	37926	163715

年　份	总户数（户）	总人口（人）	农业人口（人）	非农业人口（人）
1996	63935	203742	37425	166317
1997	65718	206537	36623	169914
1998	67524	207079	34425	172654
1999	69084	208066	32626	175440
2000	70622	216474	30682	185792
2001	69482	221586	30504	191082
2002	72242	225872	14963	210909
2003	73657	228728	14837	213891
2004	74608	232039	12359	219680
2005	76179	236847	15149	221698
2006	82295	236666	15485	221181

二、“农转非”户口管理

1980 年，根据河北省人民政府规定，农转非的审批改为由市粮食局、劳动局、民政局、公安局联合审批。1982 年，邢台市为解决无地和耕地过少的菜农生活出路，准许将菜农户口转为城市商品粮户口。

1983 年，根据省教育厅、公安厅、粮食厅联合通知，为改善中小学校教师的待遇，解决他们生活中的实际困难，将特级教师和中教 5 级，小教 3 级以上的教师配偶，及不足 16 周岁的子女，或正在中学就读的子女，转为非农业人口。同年，桥东公安分局组织专门力量，对 1980 至 1983 年间“农转非”户口逐人逐户进行了核对，对弄虚作假、冒名顶替办理农转非户口的进行了清退。1991 年，主要对招生、招工、被国家征用土地农户、随军家属、煤矿井下工作的职工家属、专业技术干部家属及其他符合条件人员办理“农转非”工作。

三、流动人口管理

1980 ~ 2006 年，随着经济的发展，城市化进程加快，进入桥东区的流动人口快速增加。1996 年底，桥东区成立了流动人口管理办公室，由公安、劳动、计生委等部门联合办公。在 4 个街道办事处、2 个乡设流动人口管理服务站，进行登记、办理暂住证，加强外来人口管理。1997 年流动人口管理办公室归口桥东公安分局，在各派出所成立登记点，建工作台账和登记表格，办理暂住证。

2006 年公安系统继续加大流动人口的管理，按照“以屋管人，人户一致”的管理思路，进一步完善流动人口管理的各项规章制度。

四、身份证管理

1987 年，桥东公安分局正式开始办理居民身份证，桥东区成立居民身份证领导小组，共核对 16 周岁以上常住人口 110894 人，办证 103549 人。

1996 年，开始制发具有防伪性能的居民身份证。1998 年，根据上级统一安排部署开展居民身份编码清理纠错工作，通过清理，共查出错证错号 2700 余个，全年办理身份证 1 万余张。

1999年根据上级要求将居民身份证编号由15位升至18位。2000年桥东公安分局成立专门的身份证办理中心，实行照相、办证、取证一条龙服务，当年，制证中心共办理身份证8500余张。

2005年，桥东公安分局积极为换发二代身份证开展准备工作，对所有常住人口照片进行微机扫描，同时开展微机纠错、户口核对工作，组织社区民警、户口协管员逐户逐人核对，采集人口信息，纠正了一大批有差错的信息，在全市范围内消除居民身份证重错号和无效编号，实现公民身份号码、姓名、性别等6个主要项目准确无差错，确保了居民身份证信息的有效准确。截至2006年，共办理二代身份证49160个。

第六节 劳动教养

1982年，国务院转发公安部《劳动教养试行办法》后，桥东公安分局认真贯彻执行劳动教养的范围、对象、条件、审批程序，以及不服劳动教养的申诉、劳动教养期限等有关规定。审批劳动教养对象，主要是城市中需要劳动教养的人，对家居农村而流窜到城市、铁路沿线和大型厂矿作案，符合劳动教养条件的人，也予以劳动教养。具体有以下六条：罪行轻微，不够刑事处分的反革命分子、反党反社会主义分子；结伙杀人、抢劫、强奸、放火等犯罪团伙中，不够刑事处分的；有流氓、卖淫、盗窃、诈骗等违法犯罪行为，屡教不改，不够刑事处分的；聚众斗殴、寻衅滋事、煽动闹事等扰乱社会治安，不够刑事处分的；有工作岗位，长期拒绝劳动，破坏劳动纪律而又不断无理取闹，扰乱生产秩序、工作秩序、教学教研和生活秩序，妨碍公务，不听劝阻和制止的；教唆他人违法犯罪，不够刑事处分的。凡需劳动教养的人，由所在地公安机关查清事实后，征求本人所在单位或街道组织的意见，报经劳动教养管理委员会批准，作出劳动教养的决定。并向本人及其家属宣布决定劳动教养的根据和期限，被劳动教养的人在劳动教养通知书上签名。被决定劳动教养的人，对主要事实不服，由审批机关组织复查，经复查后，不够劳动教养条件的应撤销劳动教养；经复查事实确凿，本人不服的，则应坚决收容教养。劳动教养期限是根据需要劳动教养的人违法犯罪事实、性质、情节、动机和危害程度，确定1~3年。

1986年，根据最高人民法院、最高人民检察院、公安部关于惩处倒卖车船票犯罪分子的通知，桥东公安分局对于多次倒卖车、船票，屡教不改，尚不够判处刑罚的人，也列入劳动教养审批范围。1987年，根据最高人民法院、最高人民检察院、公安部关于严厉打击倒卖走私黄金犯罪活动的通知，桥东公安分局把非法收购、倒买倒卖、走私黄金不足50克的人员，根据其情节轻重，列为劳动教养审批范围。

第七节 消防管理

一、消防宣传

1980~2006年，桥东公安分局根据季节变化、火灾特点等，每年开展防火宣传，利用设置宣传标牌、宣传栏、宣传窗，放映电影、广播等方法，广泛宣传消防知识。通过面授和利用多媒体教学设备，讲授消防法律法规及火场逃生自救、灭火器使用和初起火灾扑救方法等消防安全常识，进行消防灭火器实地灭火演习和疏散逃生演练。组织各单位负责消防工作人员观看消防警示教育片，印发《消防安全小常识》小册子，发放宣传画册。集中开展“119”消防宣传活动，利用展牌、录像、广播等形式向过往群众宣传防火、灭火知识。

二、消防检查

1980～1996年间，桥东公安分局对全区所有单位进行全面防火安全检查，对板厂、加油站、歌舞厅、学校等消防重点单位进行了专门检查。1998年对全区经营易燃易爆化学危险品门市进行消防安全整顿。2000年4月，开展消防安全检查治理周，共检查680多个单位，查处火灾隐患2380余处，当场整改1278处，限期整改1102处。2004年开展住宿与经营一体的建筑治理专项活动，开展人员密集场所专项治理和对古建筑的专项治理。在对开元寺、清风楼、火神庙3个古建筑检查中，共发现15处隐患，当场整改8处，责令限期改正7处。全年共下发责令限期改正通知书773份。

2005年，桥东公安分局重点抽查宾馆、饭店、公共娱乐场所、商场、市场、医院、学校、托儿所、幼儿园、养老院，以及人员密集的生产企业、易燃易爆单位等易发生群死群伤火灾事故的单位和场所，深入开展消防安全检查活动。对歌厅、舞厅、洗浴等娱乐场所和宾馆、饭店、商场等公共场所的值班情况、消防设施运行情况、器材完好情况、疏散通道和安全出口畅通情况进行了突击检查，共检查歌厅4个，舞厅1个，网吧49个，洗浴中心19个和宾馆、旅馆、饭店65个，发现火灾隐患324处，当场消除火灾隐患207处，下发整改法律文书75份。2006年，桥东公安分局开展了“安全生产月”活动，共检查单位136个，下发法律文书99份，督促整改火灾隐患212处，对存有重大火灾隐患的金色雅典洗浴中心进行全面停业整改。2006年还对经营与住宿一体建筑进行消防安全专项治理，共涉及机关、团体、企业事业单位和个体工商户1820家，消除各类火灾隐患2780处。

三、消防安全管理

1988年对全区100个单位进行了消防安全验收，确定一级合格企业16个，二级合格企业32个，三级合格企业35个，不合格企业17个。1993年，制定《桥东消防安全管理暂行规定》，与各消防单位签订《消防安全管理目标责任书》。

1995～2004年，桥东公安分局成立了消防警务室，配备微机、消防档案专柜和办公家具，建立健全了各种工作制度和消防业务档案，并对消防执法行为和法律文书制作运用进行了规范。编写了《邢台市公安局桥东分局民警“消防”岗位练兵100题》、《应知应会五十条》等下发到各派出所，民警初步具备了基本能够开展消防安全检查、基本能够发现火灾隐患、基本能够认定一般火灾原因、基本掌握必备的消防法律法规和防火知识、基本懂得消防监督执法程序。

2005年，桥东公安分局在桥东区开展的“双百日安全重大事故活动”中，签订各类安全承诺书213份，共督促辖区各类单位增设消防安全疏散楼梯13个，打开安全疏散通道24处，督促整改火灾隐患212处，投入整改资金共计100余万元。

2006年，桥东公安分局重新调整重点单位范围，并全部建立了防火档案。

1980～2006年，发生火灾造成较大经济损失的年份有：1995年，发生火灾24起，经济损失143742.5元，死亡1人；2005年，发生火灾27起，经济损失127092元；2006年，发生火灾26起，经济损失424021元，死亡3人，伤1人。

第八节　出入境管理

一、出入境审批

1997年1月起，分局开始受理出入境业务工作，依法加强对护照、签证等出入境证件审批管理，严密出入境人员验证检查。出境方面，做好按需申领护照的准备工作，依法受理和审核辖区居民因私出国（境）申请，做到快速、及时、准确。1997～2006年，共办理因私出国（境）人员1085人。入境方面，检查、监督派出所做好境外人员和港澳台人员住宿申报工作，提高境外人员住宿登记的申报率、准确率、及时率，发现问题依法处理。1997～2006年，共办理外国人和港澳台入境110人次，台胞延期55人次，办理定居15人。

二、外国人管理

1997年，桥东公安分局坚持管理与服务相结合，对辖区登记的29家三资企业做到定期检查与适时检查并举，积极保驾护航。对符合条件的单位实行上门服务，先后为金龙大酒店、邢台宾馆、邢州大酒店等办理了涉外宾馆手续，为邢台市树人中学聘用外教有关人员进行了政审。

对常住外国人，掌握其外交、中文姓名、国籍、来华事由、停留期限、工作（学习）单位及动态情况，及时上报变动情况。在预防和查处“三非”（非法入境、非法居留、非法就业）工作方面，先后查处了私立谱新中学非法聘雇外教案，蒙古公民在邢台华清池非法居留、非法就业案，邢台迎新宾馆违反外国人住宿管理案，韩国人非法就业案，市青少年宫昂立英语培训中心和旭光中学非法聘雇菲律宾外教案等。配合市局和外省市出入境部门做好异地办理护照和协查工作，做到了按时准确。

第九节　安全保卫

一、内部安全保卫

1985年，对全区159个机关、企事业单位严格落实“人防、物防、技防”措施，全区设专职保卫科20个，治保小组200个。1986年在各单位实行治安承包和岗位责任制，搞好保卫档案建设，并对各单位进行了集中验收。1989年，企业有152个单位建立了保卫工作档案，60个单位实行了消防保险承包责任制。1995年对邢台市公安局移交到桥东公安分局的146个内部单位逐个调查摸底，建立档案，与各单位法人代表签订了安全防范责任书。1996年，制定了《关于内部单位创建安全防范先进单位的实施方案》并签订《安全防范承包责任书》，对120个单位进行验收。1998年对各单位开展治安隐患大排查，共排查单位237个，检查部位829处，对各单位财务科集中开展安全专项治理活动。2000年12月，在邢台市色织厂召开全区内部单位保卫工作大会，对切实搞好节前安全检查，确保元旦、春节不发生重大刑事案件、治安灾害事故和群体性事件进行了安排部署。2004年进一步加强内部单位安全防范工作，建立完善保卫制度16项，加大了物防、技防投入，在内部单位财务室、大型商场等重点部位安装摄像头、自动报警器等装备。

2006年，桥东区共有企业、事业单位229家，其中市属的135家，区属企业94家，各单位重点部位全部落实了严格的安保措施。

二、其他安全保卫

1980～2005年，先后完成江泽民总书记、王光英、宋任穷等中央领导到邢台视察工作期间的安全保卫工作。1995～2005年，共执行警卫任务256次、驻地警卫50次、路线警卫65次，全国性会议警卫15次，共出动警力9790人次，圆满完成各类保卫任务。2006年，桥东公安分局共完成各类警卫任务6次，其中一级警卫1次、二级加强警卫1次、铁路警卫1次，驻地警卫任务3次，共出动警力560余人次。特别是在“两节”、“两会”和中央领导曾庆红到邢台视察期间，桥东公安分局周密部署，精心组织，确保措施、人员、责任“三到位”，圆满完成警卫任务。

第十节　执法检查

法制部门牢固树立法制工作“为公安中心工作服务、为领导决策服务、为公安执法服务”的思想，加强公安法制建设，打击涉恶犯罪、暴力犯罪、多发性侵财等刑事犯罪，认真履行案件审核、把关等各项职责，指导协助桥东公安分局各基层执法单位搞好案件处理等各项工作，严查打击不力、降格处理等问题，并出台了《关于查报打击不力降格处理问题的工作实施方案》、《桥东公安分局关于处理治安案件的暂行规定》一系列措施。

2004 年，桥东公安分局以执法档案建设为重点，以执法考评和监督为主要形式，狠抓了各项基层执法基础工作，整体执法水平和执法质量迈上了一个新台阶。桥东公安分局制定了《桥东公安分局建立执法档案暂行规定》，成立了“执法档案”工作领导小组，设立了执法档案管理办公室，率先在全市建立了网上执法档案管理系统，实现了执法档案录入、查询、统计网上操作。

第二章　检　察

邢台市桥东区人民检察院自 1984 年成立后，认真履行检察职能，严惩刑事犯罪，严厉打击贪污贿赂犯罪和渎职犯罪，切实保护国家利益和人民利益，积极服务发展改革大局，有效地维护了社会和谐稳定。

第一节　机构设置

1984 年 6 月 1 日，邢台市桥东区人民检察院成立，从邢台市人民检察院抽调工作人员 8 名，分别担任检察长、副检察长、主任、正副科长，同时成立院党组。同年 10 月成立检察委员会，院址在南长街 3 号，1989 年迁到辛庄南路北侧。1984 年检察院设：办公室、刑事检察科、经济检察科、法纪检察科。1984 年 12 月 14 日成立机关党支部。1988 年 7 月 16 日，增设控告申诉检察科。1989 年 3 月 31 日，增设批捕检察科、起诉检察科、监所检察科，撤销刑事案件检察科。1990 年 10 月 20 日，增设民事行政检察科。1993 年 5 月增设西门里检察室和大梁庄检察室。1996 年 7 月为适应反贪工作需要，加大反腐败工作力度，经邢台市桥东区编制委员会批准撤消经济检察科，设立邢台市桥东区人民检察院反贪污贿赂局。1996 年 11 月，为加强检察队伍自身建设，设立纪律检察委员会。1997 年 6 月 26 日，成立刑事侦查技术科，同年 11 月 3 日，设立档案室。1999 年 12 月 29 日成立司法警察大队。2002 年 7 月 29 日，根据检察工作需要撤消西门里检察室和大梁庄检察室。2002 年，起诉科更名为公诉科，批捕科更名为侦查监督科，法纪科更名为渎职侵权检察科。2004 年 3 月 1 日经邢台市桥东区编制委员会批准增设干部教育培训科和组织宣传科。反贪污贿赂局下设侦查一、二、三科与预防科。2005 年 12 月 6 日，增设人民监督员办公室。2006 年，检察院共有干警 70 人，其中检察长 1 人，副检察长 5 人，专职书记 1 人，纪检组长 1 人。下设办公室、政治处（干部教育培训科、组织宣传科和纪检监察科）、反贪污贿赂局（侦查一、二、三科与预防科）、侦查监督科、公诉科（公诉一室、公诉二室）、渎职侵权检察科、民事行政检察科、监所检察科、控告申诉检察科、刑事侦查技术科、开发区检察室、法警队、法律政策研究室、人民监督员办公室等科室。

第二节 刑事检察

一、审查逮捕

邢台市桥东区检察院审查逮捕部门，从1984～1987年共批捕366人。1988年，批捕69人，对自侦案件决定逮捕6人。1989年依法批准公安机关提请逮捕各类刑事犯罪63件，青少年犯罪占批捕总数63%。1990～1992年以“基本事实清楚，基本证据确凿”的办案原则办理案件，开展了打击盗窃、拐卖妇女儿童活动的专项斗争，共批捕224件358人。1993年坚持把杀人、抢劫、强奸、爆炸、盗窃枪支弹药等暴力犯罪和团伙犯罪作为打击重点，共批捕70件110人。1994～1996年，开展了打击严重刑事犯罪的“春季攻势”和整顿农村社会治安综合治理斗争，3年共批捕各类案件254件435人。1997年，修改后的《中华人民共和国刑事诉讼法》开始实施，根据新的法律规定，积极转变执法观念，按新的批捕标准，至1999年共批捕各类刑事案件327件497人。2000～2001年，配合大局，开展了打击邪教活动的斗争，两年共批捕326件447人，有力地打击了邪教势力，维护社会稳定。2002～2003年，在“严打”整治斗争期间共批捕各类案件326件507人。2003年在社会治安综合治理活动中，积极开展法律宣传教育活动，并且针对青少年犯罪率上升的问题，深入到辖区各学校进行法制教育讲座。2004～2005年配合全省“严打百日会战”，两年共批捕各类刑事案件312件493人。2004年充分发挥检察职能，为保持对犯罪分子的高压态势，针对重大案件，从重从快审查批捕。9月份，发生一起公安干警故意杀人案，侦监科适时介入，引导侦查取证，仅用一天的时间就审查逮捕了涉嫌故意杀人的5名犯罪嫌疑人，严厉震慑了社会不稳定因素，为维护社会的稳定作出贡献。2006年积极开展“打黑除恶”和保护知识产权专项监督活动，以最高人民检察院关于《人民检察院审查逮捕质量标准（试行）》新的逮捕标准，严把案件质量关，共批捕各类刑事案件171件303人。另外，结合青少年维权活动与各行政、企业、事业单位，建立社会治安综合治理联系点10余个，大大降低了未成年人犯罪趋势，为全区社会治安稳定打下基础。

二、公诉工作

1984年，邢台市桥东区检察院公诉部门根据全国人大常委会关于严惩严重危害社会治安的刑事分子的决定，从重从快地打击处理了一批犯罪分子，起诉了40件63人。1985年，开展了严打第二战役，坚决贯彻执行依法从重从快的方针，稳、准、狠地打击刑事犯罪，起诉74件114人。1986～1988年，坚持严打方针不动摇，起诉109件277人。1989年起诉53件，占受理案件的84%，免于起诉的占16%。1990年，起诉66件106人。1991～1992年，两年共计受理178件299人，起诉152件256人。1993年，积极参与“反盗窃”、“打拐禁娼”等专项斗争，受理108件182人，起诉42件61人，维护治安的稳定。1994年，积极开展“春季严打攻势”，创造良好的社会环境，共起诉59件97人。1995年，积极开展“春”“冬”两季严打攻势和社会治安专项治理斗争，受理87件121人，起诉76件105人。1996年，落实错案追究制，严把办案质量关，受理94件147人，起诉85件131人。1997年，认真抓好刑法、刑事诉讼法修改后适应工作，受理102件159人，起诉97件153人。1998～1999年，坚持严打不动摇，两年共计受理306件482人，起诉239件352人。2000年，积极配合公安机关开展“打拐”专项斗争，坚持24小时办案制度，保证办案时限和质量，起诉183件332人。2001年，依法严厉打击暴力犯罪和带有黑社会性质的团伙犯罪，积极参加“打黑除恶”和打击邪教组织犯罪活动，全年受理156件272人，起诉133件310人。2002年，成立“严打”整治领导小组，统一指挥，责任明确，提高了办案效率，起诉133件310人。2003年，认真贯彻最高人民检察院“强化法律监督，维护公平正义”活动，受理218

件413人，起诉194件280人。当年，由公诉人出庭的刘某等四人抢劫案，被评为全省优秀规范示范庭，河北省检察院、邢台市检察院，各基层院80余名公诉人员参加了观摩，该庭收到了良好的法律效果。2003年，在公诉工作中开始试行不起诉公开审查制度，由检察机关、双方当事人、公安机关、诉讼代理人等参加公开进行不起诉审查决定的制度，将检察机关办案程序予以阳光化，被群众称为“阳光操作”。2004年，推行了公诉案件分类审查制度，以实施刑事案件科学分类审理、规范化办案为主线，实行类罪分室管理，在公诉科内设三个公诉室，实行公诉案件分类审查制度，主任由专家型检察官担任，即重案公诉室、公诉一室和公诉二室，专门审查起诉，整合办案资源，理顺办案机制。全年受理251件377人，起诉208件310人。2005年，严厉打击严重刑事犯罪，维护社会稳定，受理211件353人，起诉202件338人，2006年，受理232件403人，起诉221件314人。2006年2月28日起诉胡某等33人非法经营、妨害公务案，是桥东区检察院建院以来涉案人数最多的一案。

三、侦查监督和审判监督

1990年，在侦查监督、审判监督活动中，共提出纠正违法意见20件。1991～1993年，在侦查监督活动中，加强对漏罪的追究，共追捕4人，追诉5人。1994年，严把案件质量关，追捕2人，起诉部门改变定性3件6人，追诉2人。1995～1996年，加强审判监督活动，对法院错误的判决提起抗诉3件4人。1997年，监督公安机关立案5件，按审判监督程序提起抗诉4件4人。1998年监督公安机关立案4件。1999年，开展“追逃战役”，积极开展法律监督职能，依法提起抗诉7件9人。2001年，积极开展对公安机关的侦查活动立案监督工作，共立案监督9件，起诉后法院对案件全部作出有罪判决。2002年，依法监督公安机关立案2件2人。2003年，贯彻最高人民检察院“强化法律监督，维护公平正义”活动，全面加强各个环节的法律监督工作。2005年，强化对侦查活动监督工作，向公安机关发检察建议60份，纠正违法通知书20份，刑事立案监督案件5件7人。在开展的打假专项行动中，监督了公安机关对某厂冒用北京某名牌防水油毡价值12万余元犯罪活动进行了立案侦查，保障市场经济健康发展。2006年，强化侦查监督工作，立案监督13件17人，追捕3人。

第三节　反贪污贿赂检察

1984～1987年，反贪污贿赂部门立案侦查经济犯罪案件20件，向法院依法起诉8件，为国家挽回直接经济损失24万元。1988～1989年，受理各类经济案件12件，其中立案侦查9件，起诉到法院9件，免诉3件，为国家和集体挽回直接经济损失20余万元。1990年，立案10件，挽回经济损失30余万元；查处了邢台地区农机公司工作人员贪污2万元大案。1991年，立案13件，挽回经济损失25.8万元，向企业提检察建议13次，协助发案单位研究制订措施，帮助企业建章立制，堵塞漏洞。1992年，强化侦查意识，明确主攻方向，不失时机地发起打击经济犯罪的高潮，4～6月份，在不到100天的时间内，连续侦破贪污贿赂案件9件。1993年，立案36件，挽回经济损失90余万元。1994年，立案15件，通过打击经济犯罪，为国家和集体挽回经济损失40余万元。1995年，立案14件，挽回经济损失60余万元；查处了邢台市桥东区大梁庄乡新营村炭素石膏厂工作人员贪污10万元大案。1996年，立案30件，挽回经济损失70余万元；查处了邢台市刑警大队干警受贿案。1997年，立案24件，其中大要案20件，挽回经济损失40余万元；在第二季度，反贪局连续奋战，侦破万元以上受贿案6件。1998年，立案14件17人，其中大案9件，贪污案6件，受贿案1件，挪用公款案6件，私分公款案1件，挽回经济损失50余万元。1999年，强化为经济建设服务意识，努力查办大要案，立案15件15人，起诉12件12人，挽回经济损失80余万元。2000年，积极将惩治犯罪作为检察机关为企业服务的直接途径，帮助企业清除“蛀虫”，整顿购销秩序，回收销售货款，促进企业发展，立案19件19人，起诉12件12人，挽回经济损失100余万元。2001年，立案16件16人，起诉12件12人，挽回经济损失300余万元；查办邢台市色织厂工作人员挪用公款240万元大案。2002年，立案7件7人，起诉5件5人，挽回经济损失400余万元；查处市色织厂厂长贪污400余万元大案。2003年，立案14件14人，其中贪污案7件7人、挪用公款6件6人、贿赂案1件1人，起诉10件10人，挽回经济损失400余万元。2004年，立案13件13人，其中贪污案5件5人、挪用公款案7件7人、贿赂案1件1人，起诉8件8人，挽回经济损失700余万元。2005年，加大查办职务犯罪力度，提高侦查水平，全年立案12件15人（含邢台市检察院立案指定侦结1件1人），其中受贿案4件7人、贪污案6件6人、挪用公款案2件2人。起诉9件12人，挽回经济损失170余万元。为规范反贪工作，制定了《反贪办案手册》，以规范办案流程。2006年，立案12件13人，其中挪用公款案8件8人、贪污案2件3人、贿赂案2件2人，起诉11件12人，挽回经济损失200余万元。

第四节　渎职侵权检察

1984～1987年渎职侵权检察部门受理各类法纪案件共12起，其中刑讯逼供案件3起、责任事故案件5起、诬告陷害案件1起、非法拘禁1起、其它案件2起。1988～1989年受理各类法纪案件12起，立案侦查12起，起诉5起。1989年查处了邢台市工业品贸易中心经理玩忽职守给国家造成近50万元巨大经济损失案。1990年共受理各类法纪案件10案12人，立案侦查4案6人，起诉4案。1991～1992年突出查办重大责任事故案件，促进了辖区内的市、区属企业和乡镇的健康发展，两年共受理案件线索36件，立案查办重大责任事故案10件，玩忽职守案5件，非法拘禁案6件，所查案件均作起诉处理。其中立案查办邢台地区金属公司业务员玩忽职守案，为该企业挽回经济损失50万余元；立案查办邢台地区运输公司第四运输分公司维修工重大责任事故案，侦查人员深入企业以案释法，收到了良好的法律效果和社会效果。1993～1995年，突出查办人质型非法拘禁案和重大责任事故案，三年共受理各类法纪案49件，其中非法拘禁案18件，重大责任事故20件，刑讯逼供2件，玩忽职守5件，非法侵入他人住宅案4件；立案侦查27件31人。人质型非法拘禁案多发生在乡、村办和个体企业；非法侵宅案4起，都发生在农村，均因纠纷而起，三年共依法解救人质6人，为有关单位挽回经济损失30余万元。其中1993年至1994年重点查处重大责任事故、玩忽职守等案件，配合邢台市安全生产委员会、邢台市工业局、邢台市公安局桥东公安分局消防科等单位，深入20余家企业开展安全大检查，防患于未然。1995年查处了桥东打火机厂重大责任事故案，该案死亡8人，受伤10余人，社会影响很大。该案的速立、速侦、速结为稳定伤亡者家属情绪起了关键作用，同时为社会稳定作出了积极贡献。1996年重点查处徇私舞弊、玩忽职守、重大责任事故、刑讯逼供、非法拘禁等5类案件，突出查办司法人员违法犯罪案件，全年立案3件。当年查处了一公安干警徇私舞弊案，该案的顺利查处为铲除司法腐败、净化社会空气作出了积极贡献。1997年开始突出查办行政执法机关工作人员的渎职、侵权犯罪。1998年，受理举报线索11件，初查11件，立案侦查1件1人，移送审查起诉1件1人，查办了邢台市公交分局刑侦大队干警枉法追诉案。1999年，加大办案力度，打破法纪案件“发现难，侦破难”的不利局面，成功地查处了一起处级干部渎职案件。2001年，受理法纪线索17件，初查5件，为国家挽回经济损失17万元，深入厂矿企业发案单位进行法律宣传6次，上法制课1次。2002年，受理线索17件，初查5件，立案1件1人，开展法律宣传2次。2003年，加大工作力度，对渎职犯罪立案5件。2004～2005年，以查办司法机关、行政执法机关中滥用职权、玩忽职守、徇私舞弊不移交等渎职案件为重点，查办了邢台市民政局一工作人员滥用职权案；查办了邢台县看守所2名民警玩忽职守案。2006年，在渎职侵权检察工作中以“强化法律监督，维护公平正义”为主题，全年共立案3件，起诉2件，当年有罪判决2件，挽回经济损失55余万元。

第五节　监所检察

1989～1990年，桥东区检察院积极监管改造场所，对“劳教、劳改”人员进行改造。依法对辖区派出所落实帮教情况考察21人次，对派出所提出纠正意见21次，考察监外执行、保外就医、判处缓刑的罪犯29人，回访免诉人员16人次。1991年，在诉讼环节上提出纠正违法意见3次，提出检察建议21次，设置帮教对象分布图，建立考察制度，考察回访罪犯164人次，普法教育45次，帮助安置监外执行人员就业5人。1993年，对辖区86名监外“管制、剥夺政治权利、缓刑、假释、暂予监外执行”五种罪犯考察97次，新建帮教组织7个。1994年，以执法监督为重点，认真抓好监督管理经常化、制度化、规范化建设，考察监外执行犯297人次，对重点罪犯谈话143人次。1995年，考察监外执行犯罪嫌疑人143人次，考察集体帮教组织27个，帮助基层治安组织建立5个监管、帮教网点。1996年，认真履行检察监督职责，努力作好监外五种人的帮教考察工作，共考察监外罪犯270人次，回访“两劳”回归人员120人次。1997年，认真考察管制、缓刑、假释、保外就医、监外执行等犯罪分子，帮教123人次，监外执行安排就业6人。1998年，对监外“管制、剥夺政治权利、缓刑、假释、暂予监外执行”五种人跟踪帮教212人次，发检察建议25份。1999年，充实和完善了监管场所的检务公开制度，强化对监管人员的监督力度，针对问题发纠正违法通知书5份，纠正超期羁押57人次，考察监外执行犯256人次。2002年，针对刑拘以及超期羁押违法问题，发纠正违法通知书6份，纠正超期羁押37人次，考察监外“五种人”157人次，积极作好监管人犯安定工作。2003年，监所检察工作做到经常化、制度化、规范化，落实了办公场所，实施了派员监督，重新制定和完善7项监所检察工作制度，针对办案单位超期羁押，对邢台市第二看守所在押人员全面清查登记造册，保持经常性的审核，完善了预防超期羁押检察提示督促等预警机制。针对邢台市第二看守所违法违规问题发书面纠正违法通知书4份，纠正超期羁押7案8人。针对邢台市第二看守所基础设施差以及在押人员患有严重疾病等问题提出书面检察建议4份，监督公安机关立案侦查6件8人，监督考察监外服刑人员62人次，接待案件当事人的亲属来信来访和法律咨询20余次，维护了在押人员的合法权益。在“非典”特殊时期，监所科的干警驻看守所办公，封闭管理，一手抓预防非典，一手抓安全防范，确保看守所安全和稳定，无一事故发生。2004年，开展“双加强、双保障”创建活动和减刑、假释、保外就医等专项治理活动，制做了驻所检察室检务公开栏，制定了驻所检察室规章制度，设立举报箱，公布举报电话，建立在押人员约见驻所检察人员制度和上诉、申诉、举报、控告材料转递制度。针对办案中超期羁押和换押手续不及时等违法违规问题，发书面检察建议2份，建议邢台县法院规范完善换押手续1件1人，建议邢台市第二看守所加强对暂予监外执行人员管理1件1人。针对个别案件上诉后，上级院审理超期的问题，发纠正违法报告书4份，纠正违法通知书1份，监督公安机关立案侦查8案8人。通过对在押犯的谈心帮教，使在押人员提供案件线索，会同反贪局查办案件2件2人。监督考察监外服刑人员80余人次，接待案件当事人的亲属来信来访和法律咨询20余人次。2003年和2004年通过帮教谈话有效防止了两起犯罪嫌疑人自杀事件的发生，确保了监管场所的安全稳定。2005年，加大对监外罪犯监督的工作力度，对派出所和社区监管的监外执行罪犯进行了全面系统的监督考察。针对公安机关监外执行档案管理不规范，监督不到位问题，发检察建议2份；监督公安机关立案侦查6件7人，监督考察监外服刑人员120余人次，接待当事人的来访和法律咨询10余人次。2006年针对公安机关监管活动中存在的问题提出检察建议3份；办理沙河监狱干警挪用公款案1件1人，通过办案为国家挽回经济损失60余万元；监督公安机关立案侦查6件6人，监督考察监外服刑人员110余人次，接待当事人的法律咨询20余人次。

第六节 控告申诉检察

1988～1989年，区检察院控告申诉部门共受理来信来访和检举案件线索55件，自办侦查4件，参加法律咨询活动12人次，防止矛盾激化案件6件。在工作中建立举报站，设立举报箱和举报电话，健全信访制度，接待群众来访100余人次。1990～1997年，受理来信、来访、电话举报581件，检察长接待154件，初查106件，立案6件，开展法律宣传11次，受理申诉8件，纠正2件。1998～1999年，受理来信、来访、电话举报189件，转办118件，初查15件，立案2件，开展法律宣传活动4次，出动干警100人次，车辆15台次，发放法律宣传资料4000余份。2000年控告申诉科受理群众举报120人次，案件线索72件，初查6件，检察长接待来访20余件50人次，立案2件。上街开展宣传2次，出动干警40人次，宣传车辆7台次，展出举报知识挂图20余板块，发宣传材料2000余份。2001～2006年，受理线索658件，初查14件，移送立案5件，申诉2件，申请赔偿3件，检察长接待45件，上街开展举报宣传12次，出动干警200人，发放宣传材料7000余份。

第七节 民事行政检察

邢台市桥东区检察院民事行政检察部门在1991年开展民事行政检察的试点工作，两次派员参加省市举办的培训班，并积极开展民事行政监督宣传活动。1991～2002年，受理案件155件，立案52件，初查4件，提请抗诉26件，息诉13件，开展法律咨询活动210人次，发检察简报、文章148篇。2003年，受理16件，立案10件，提请抗诉25件，出庭18件，改判15件，邢台市检察院交办6件。代表国家直接提请民事诉讼2件，其中桥东五金线材厂下岗职工们反映某厂长有重大经济问题，经院专案组调查，该厂长没有经济问题，但是该厂于1998年10月26日与邢台市顺鑫房地产开发有限公司签订房地产买卖协议，在厂房和土地的转让过程中，未经审批、评估、公开拍卖和缴纳出让金，而是直接将建筑面积1080.85平方米的厂房、办公楼连同2262.2平方米的土地以100万元人民币出售给邢台市顺鑫房地产开发有限公司，截至2003年4月房地产公司已付款71.56万元。此项土地转让行为违反了《土地管理法》、《城镇国有土地使用权出让和转让暂行条例》等有关法律规定，造成国有资产流失近30万元，严重损害了国家利益和扰乱了社会公共秩序，而且使该厂28名职工失去赖于生存的企业和工作，丧失了生活来源。为了生计，下岗职工们一次次地到有关部门上访，增加了社会不稳定因素。桥东区检察院针对国有资产流失情况，经院党组决定由该院以原告的身份代表国家提起公益诉讼，具体工作由民事行政科负责。民事行政科的干警经调查取证，取得详实的证据资料后，向邢台市桥东区法院提起诉讼。8月1日，邢台市桥东区法院正式受理了此起公益诉讼案，10月30日，桥东区法院依法作出判决，确认邢台市桥东五金线材厂和邢台顺鑫房地产开发有限公司买卖房地产属非法买卖，判决2个被告之间的房地产买卖协议无效。判决执行后，桥东五金线材厂收回了原有的厂房和土地，并为下岗职工们带来了收入可观的福利。2004～2005年，受理65件，提请抗诉40件，开庭26件，改判19件，发检察建议5件，全部被采纳。2006年受理25件，提请抗诉15件，完成邢台市检察院交办案件7件。开庭10件，改判7件。向法院发再审检察建议6件，执行监督2件，全部被采纳。支持起诉8件，收回财政周转金现金3.5万元，签定续展协议2份，保护债权55万元。

第八节　技术检察

1997～2002年，邢台市桥东区检察院检察技术部门主要从事文证审查、法医鉴定、司法会计鉴定、调查取证的录音录像等工作，为办案部门提供技术、证据支持。2003年，桥东区检察院加大科技投入，为各科室配备台式电脑40余台、笔记本电脑13台、打印机8台、数码复印机3台、数码录像机5台、数码录音笔2支，建立了局域网并以局域网为主干，建立了集视听、录制、多媒体网络化监督、多媒体示证、自动受理举报系统为一体的现代化办案和自动化办公系统。在高标准建设的警务区和主要部门，全部安装了监控系统。2003～2004年，技术部门与公诉部门配合运用多媒体示证系统，将犯罪证据、文书材料等输入计算机制作成在法庭现场演示的多媒体视听资料，使犯罪的各种证据全面、清晰地展现在法官及旁听的群众面前，缩短了示证时间，提高了公诉水平和质量，两年共计进行了5次媒体示证。2003年10月份，技术部门利用现有设备录制的专题片《桥东区人民检察院一二三工程建设工作纪实》在全市检察系统“一二三工程工作”（一是警务区建设，二是办公用房和办案用房建设，三是信息化建设）会议上播放。2004年，桥东区检察院在全市率先建成三级检察专线网络，顺利开通电视电话会议，政法专线电话，实现了经费的节约，保证了信息的及时、安全、有效。当年，建立国际互联网网站，积极宣传法律法规、接受群众举报、展示检察成果、展现检察形象，为社会稳定发展保驾护航。2006年，在原有局域网的基础上，开发利用《检察院办公办案软件》实现了无纸化办公；率先在全市检察系统中按照高检院要求标准，改造升级了全程录音录像系统，实现了自侦案件的同步录音、录像工作，截至2006年，录制询问、讯问过程80多小时、20多人次，及时固定了证据，保证了办案安全。1997～2006年，技术部门共作法医鉴定100例，文证审查200例，司法会计先后配合办案部门共审查会计帐本800多册，为及时侦结案件提供了有力的证据。

第九节　职务犯罪预防

1999年，邢台市桥东区检察院职务犯罪预防部门与桥东粮油贸易总公司、邢台市啤酒厂、邢台市煤气热力建筑安装公司等单位建立了预防职务犯罪联系制度，开展各种法律宣传教育活动11次，上法制课、召开座谈会20场次。2000年，深入贯彻最高人民检察院《关于为国有企业改革和发展服务的意见》及邢台市检察院关于开展“搞好法律服务，促进依法治企”和“整治购销秩序，回收销售货款”专项活动的指示精神，为邢台电缆厂回收货款1000多万元，为机关、企业上法制课12场次。2001年，与区直12家行政单位联合召开了预防职务犯罪座谈会，并签订了《联合预防职务犯罪方案》。在邢台电力物资经销公司、邢台桥东供电分局等单位开展了法制教育。2002年，分别与中国工商银行桥东支行、邢州支行联合召开了“预防金融系统职务犯罪教育大会”；在邢台色织厂开展了案件警示教育会。2003年，成立了以检察长为组长的预防职务犯罪领导小组，制定了《桥东区检察院预防职务犯罪工作制度》，针对辖区邢台市人民医院准备承建综合病房楼工程进行了专项预防，在北大街派出所、邢台市路桥总公司等单位开展了法制教育。根据邢台市检察院的安排，与桥东区工商联联合走访了辖区内20余家民营或改制企业。2004年，与邢台市桥东区教育文化体育局、邢台市质量技术监督局桥东区分局成立了预防职务犯罪指导委员会，与邢台市桥东区地方税务局联合举办了预防职务犯罪暨廉洁勤政警示教育法制讲座，对辖区邢台市第一医院（市肿瘤医院）建设病房楼工程进行了专项预防。2005年，与桥东区国税局联合开展预防职务犯罪工作，成立了预防职务犯罪指导委员会，在邢台市第二中学、邢台路桥建设总公司、邢台市桥东区国家税务局、邢台市邮政储汇局等单位进行法律宣传；与邢台市人民医院联合对邢台市人民医院的综合病房楼工程实施专项预防。2006年，按照邢台市检察院的安排部署，成立了预防工作领导小组，在邢台市桥东区地方税务局、邢台市桥东区第一中学、河北煤矿安全监察局冀中监察分局等单位进行法律宣传。

第十节 人民监督员制度

为了加强外部监督，切实防止和纠正检察机关查办职务犯罪工作中执法不公的问题，最高人民检察院从2003年9月起在全国范围内开展人民监督员制度试点工作。人民监督员由机关、团体、企事业单位和基层组织推荐产生，对检察机关拟作撤案、不起诉处理和犯罪嫌疑人不服逮捕决定的职务犯罪案件以及检察机关或检察人员在办案中发生的“五种情形”（应当立案而不立案或者不应当立案而立案；超期羁押；违法搜查、扣押、冻结；应当给予刑事赔偿而不依法予以确认或者不执行刑事赔偿决定；检察人员在办案中徇私舞弊、贪赃枉法、刑讯逼供、暴力取证等）进行监督，提出监督意见。

2004年4月，桥东区检察院根据邢台市检察院的安排，开始试行人民监督员制度，由研究室具体负责。桥东区检察院根据有关单位推荐，选任了7名政治坚定，有良好群众基础，具备高素质的人民监督员。4月9日，在桥东区检察院举行了人民监督员颁证仪式，为7名人民监督员颁发了证书。2004年，为规范有序地开展人民监督员工作，制定了邢台市桥东区检察院人民监督员工作实施办法和工作制度。2005年，桥东区编委批准桥东区检察院设立人民监督员办公室，人民监督员办公经费纳入桥东区财政预算。桥东区检察院始终坚持严格、规范、全面的原则，积极开展人民监督员工作。同年，人民监督员对6起自侦案件进行了监督，经过人民监督员的认真监督评议，最后表决结果，人民监督员的监督意见均为同意办案部门的意见，技术部门对全部案件监督过程进行了全程录像。2006年，人民监督员对7起自侦案件进行了监督，人民监督员监督案件均取得成功。为了完善监督，人民监督员办公室建立了五种情形监督告知等多项制度，告知制度即在侦查部门对犯罪嫌疑人立案后第一次讯问和搜查、扣押、冻结情形时，侦查部门办案人员应告知犯罪嫌疑人或者其家属：案件办理过程中如有“五种情形”的，可以向人民监督员反映。为规范工作，自行设计了“五种情形”监督权利告知书、人民监督员意见反馈函、检委会意见告知书、报案材料格式等法律文书。

附：

2004～2006年邢台市桥东区未成年人犯罪情况分析

进入21世纪以来，未成年人犯罪问题越来越突出，它和环境污染、贩毒吸毒成为当今社会三大危害，引起了社会各界的广泛关注。从检察环节统计看，未成年人犯罪问题不容乐观。自2004年1月至2006年11月，邢台市桥东区检察院侦查监督部门共办理未成年人犯罪案件52件117人，其中2004年办理20件51人，2005年办理20件38人，2006年1～11月份办理12件28人，每年均占办理案件总数的15%左右。未成年人犯罪案件总体呈现平稳态势，形势依然严峻。

一、未成年人犯罪的三大形式特征

（一）侵财型犯罪突出。一部分未成年人受金钱至上、拜金主义、享乐主义错误思潮影响，怀着“有钱就有一切”的思想，将盗窃、抢劫作为获取钱财的手段，以满足自己的挥霍和享乐欲望。侦查监督部门办理的未成年人犯罪案件中，2004年盗窃、抢劫案涉案的未成年人共27人，约占当年未成年人犯罪人数的52%；2005年共26人，约占63%；2006年共26人，约占98%．由此可见，近年来盗窃、抢劫案件不仅在数量上占了未成年人犯罪的绝大多数，并且从整体上看还有继续上升趋势。

（二）犯罪主要表现为团伙犯罪。侦查监督部门2004年办理的未成年人犯罪案件团伙犯罪为38

人，占总数的75%，2005年为23人占60%，2006年24人占93%。这组数据表明，由于未成年人的思想还不是太成熟，且他们大都实施暴力犯罪，担心被害人反抗，总觉得单人作案势单力薄，故他们经常纠集几个人去共同作案，形成犯罪团伙甚至犯罪集团，这样既能使部署安排周密，又能在力量上足以抵制被害人的反抗。

（三）作案手段趋向成人化、暴力化。通过对统计的案件分析，目前未成年人犯罪呈现了多元化，如抢劫、强奸、故意杀人等严重刑事暴力性犯罪时有发生，甚至还出现了绑架人质、拐卖儿童等成人化的犯罪活动。他们往往事先有预谋、有计划，作案后尽可能的销毁现场痕迹给公安机关破案制造障碍，以逃避打击。

二、未成年人犯罪四大主体特征

（一）作案的未成年人文化程度低。2004~2006年办理的所有未成年人犯罪案件中，只有一名未成年人是高中学历，其余的全部是初中以下学历，甚至就没有上过学。

（二）无业人员占很高比例。根据统计情况来看，无业人员在作案的未成年人中所占比例成上升趋势。2004年无业人员为38人，占74%；2005年为31人，占86%；2006年为26人，占95%。由于未成年人没有固定的收入，又贪图享受，便通过盗窃、抢劫得到钱财，走上犯罪的道路。

（三）低龄化。随着社会生活水平的提高，未成年人身体发育越来越早，其生理和心理发育普遍提前成熟。然而，未成年人心理发育和身体发育并不同步，这就形成了生理“早熟”和心理相对“晚熟”的矛盾，加上社会各种媒体和不良环境的影响，致使未成年犯罪年龄日趋低龄化。据统计，办理的未成年人犯罪案件大多集中在16~18周岁之间，但满14周岁不满16周岁的未成年人介入犯罪现象越来越突出，2004~2006年，已满14周岁不满16周岁的未成年人犯罪人数为16人，占总数的14%。

（四）学生、农民犯罪率有所上升。2004~2006年，办理的未成年人犯罪案件中，学生共有7人，农民共有10人，均成上升趋势。

第三章 审 判

邢台市桥东区人民法院前身为邢台市人民法院桥东区人民法庭，始建于1984年。1987年1月，更名为邢台市桥东区人民法院（简称区人民法院）。2006年，区法院内设机构、部门13个，下设大梁庄、东郭村基层人民法庭2个。

1984~2006年，随着全区社会各项事业的发展，特别是民主与法制进程的加速推进，桥东区法院审判工作的重心逐步从严厉打击各种刑事犯罪转移到维护社会稳定与化解人民内部矛盾，保障经济建设与打击刑事犯罪并重的轨道上来，审判领域逐步扩展。法官队伍的政治素质和业务水平逐步提高。桥东区法院紧紧围绕“公正与效率”这个主题，不断加强基础建设和队伍建设，狠抓法院改革和审判方式的改革，使审判工作逐步趋于规范。桥东区人民法院共计审结各类案件45000件，办案质量与效率逐年稳步提高。

第一节 审判机构

桥东区人民法院前身为邢台市人民法院桥东区人民法庭，始建于1984年。建立初期有干警12人，内设办公室、刑事审判庭、民事审判庭、经济审判庭，下设北大街、西大街、西门里、南长街4个基层人民法庭。1985年8月北大街法庭与西大街法庭合并为北大街人民法庭；南长街法庭与西门里法庭合并为西门里人民法庭。1987 年 1 月，邢台市人民法院桥东区人民法庭改名为桥东区人民法院，同时增设东围城路人民法庭，3 月设立西围城路人民法庭，撤销西门里人民法庭。1988 年 3 月增设执行庭，8 月增设行政审判庭，12 月增设大梁庄人民法庭。1989 年 4 月增设告、申诉庭，1990 年 5 月增设东郭村人民法庭，1993 年 11 月增设法警队，1994 年 7 月增设政工科，撤销经济审判庭，设立经济审判第一庭，经济审判第二庭，经济审判第三庭，增设计划生育法庭和少年刑事审判庭。1996 年 6 月东围城路法庭、西围城路法庭、大梁庄法庭合并为东西大中心法庭；新华南路法庭、北大街法庭、东郭村法庭合并为南北东中心法庭。1997 年 7 月东西大中心法庭更名为第一中心法庭，南北东中心法庭更名为第二中心法庭，同年 9 月成立维护妇女权益合议庭，11 月建立档案室。2001 年 12 月设立立案庭，审判监督庭。2002 年，区法院机构设置办公室、政治处、立案庭、刑事审判庭、少年刑事审判庭、民事审判第一庭、民事审判第二庭、民事审判第三庭、行政审判庭、执行庭、法警大队、审判监督庭、监察室；下设：东郭村人民法庭和大梁庄人民法庭。同时撤销民事审判庭、经济审判第一庭、经济审判第二庭、经济审判第三庭、告诉申诉庭、计划生育法庭、财务科和档案室、第一中心法庭和第二中心法庭。2004 年 1 月增设执行局（下设执行一庭、执行二庭）。2006 年机构设置：办公室、政治处、立案庭、刑事审判庭、少年刑事审判庭、民事审判第一庭、民事审判第二庭、执行局、审判监督庭、法警大队、监察室。下设：东郭村人民法庭和大梁庄人民法庭。

第二节　审判队伍建设

1984 年，桥东区法院在职干警 12 人，以军转干部为主。其中院长 1 人，庭长 2 人，副庭长 2 人，其它为助理审判员及以上法官。随着审判领域的扩展和工作需要，桥东区法院的干警队伍不断扩大，至 2006 年桥东区人民法院共有干警 76 人，其中法官 41 人，其他干警 35 人。

区法院忠实履行审判职责，狠抓队伍建设，积极引导干警认真学习党的路线、方针、政策，学习法律业务，不断提高思想理论水平，政治素质，业务素质和能力。坚定不移地走“政治强警”之路，使每一个干警牢固树立正确的人生观、价值观、执法观，廉法自律，严格执法，文明办案，努力建设一支政治坚定，业务精通，作风优良，执法公正的法官队伍。

第三节　审判制度

邢台市桥东区人民法院为基层人民法院，实行“两审终审”制，具有一审裁决权。

自 1984 年开始，区法院在刑事、民事、经济、行政以及再审案件的审判中，实行公开审判（涉及个人隐私或国家机密的案件除外）和人民陪审员，回避，辩护，合议，调解，审判，监督，当庭宣判，上诉，申诉等制度。桥东区法院各项审判制度逐步得到了完善，并依照《中华人民共和国人民法院组织法》、《中华人民共和国行政诉讼法》、《中华人民共和国民事诉讼法》、《中华人民共和国刑事诉讼法》等有关法律规定，独立行使审判权，行政机关、社会团体和个人对审判工作的干涉逐年减少。

1996～2006 年，区法院先后制定出台了《桥东区人民法院关于错案追究制度》、《关于对发还重审及改判案件主办人追究的意见》、《错案和执法过错责任追究制度实施细则》、《关于严格审限制度，防止案件超审的规定》、《关于邀请部分人大代表为人民陪审员的实施办法》、《关于执行过程中查封、扣押财产评估拍卖的暂行规定》，使全院干警在执法过程中的不良行为得到了有效的约束。2006 年上诉发还改判率为 4%，结案率为 99%。

第四节　刑事审判

1997 年《中华人民共和国刑法》、《中华人民共和国刑事诉讼法》修改后，桥东区法院刑事案件审判制度和诉讼程序更加完善和健全。人民法院审理刑事案件更加坚持实施“以事实为根据，以法律为准绳”的审判制度。刑事审判工作坚持严打方针，依法从重从快审理各类刑事案件，连续 20 年无超审、无超期羁押。1984～2006 年区法院遵照“以事实为根据，以法律为准绳”的原则，“稳、准、狠”地严惩各类刑事犯罪。为保证办案效率和办案质量，减少刑事案件在法院环节上压案、压犯现象，刑事审判做到了依法从重从快，来一案、审一案、结一案，对刑事审判工作实行“用车优先”、“研究案件优先”、“行文优先”，大大缩短审结时间，实现了刑事审判工作的快节奏。掌握严打斗争策略，促严打斗争健康发展，共受理审结各类刑事案件 5346 件，涉案 7017 人，刑事审判工作连续 21 年无积案。

1984～2006 年，全院共计审结各类刑事案件 5346 件，涉案 7017 人。其中判处 10 年以上有期徒刑 596 人，10 年以下 5 年以上有期徒刑 619 人。从犯罪构成看，杀人及伤害、抢劫、强奸等暴力案件占据了主导地位，分别占案件总数的 15%、25%、20%，总计占 60%。判处 3 年以下有期徒刑、拘役及其他处理共计 5802 人，占案犯人数的 18.7%。盗窃案件始终占高发犯罪地位，占案件总数的 40%。2001～2002 年全国“严打”整治工作中，因加大对“两抢”、盗窃及黑恶势力等犯罪活动的打击力度，判处罪犯数明显高于其他年份。20 世纪 90 年代中期以来，随着交通肇事、轻伤案、轻微盗窃等案件增多，以及对青少年犯罪执行“教育”、“感化”、“挽救”等因素的影响，适应 3 年以下有期徒刑包括缓刑处理的案件比例明显增多。

2000～2006 年桥东区人民法院刑事案件审判人犯情况表

单位：人

项目 年份	判决人犯	死刑	无期	5 年以上	5 年以下	免除及无罪
2000	90	无	无	69	18	3
2001	94	无	无	63	26	5
2002	105	无	无	68	27	10
2003	107	无	无	57	47	3
2004	96	无	无	67	25	4
2005	93	无	无	65	27	1
2006	97	无	无	63	32	2

说明：（1）死刑包括死缓。（2）5 年以上包括 5 年。（3）免处及无罪的指免于刑事处分和宣告无罪。（4）死刑由中院判处。

第五节　民事审判

1982 年《中华人民共和国民事诉讼法（试用）》开始实施，民事审判的诉讼程序开始有法可依，使人民法院的民事审判组织，审判制度进一步具体化、规范化，民事审判诉讼程序进一步健全。人民法院受理的民事案件数量迅速增长，其中婚姻、宅基地纠纷分别占案件总数的40%左右，这一时期，区法院认真贯彻了以调解为主的原则，案件调解率达80%以上，大量的民事案件（纠纷）在基层法院得到解决。1987年《中华人民共和国民法通则》颁布及相关的司法解释出台，为民事案件的审判提供了明确的法律依据，彻底改变了过去主要依靠民事政策调判案件"无法可依"的局面。1990年后民事案件的数量迅猛增长，案件类型日趋多样化，其中财产纠纷案件和合同纠纷案件占据了民事案件总数的30%，家庭纠纷类型案件中继承、赡养、抚养案件大量增加，并与婚姻案件一起构成了家庭纠纷案件的主体，占据了民事案件的30%，交通事故赔偿、轻微人身伤害案件、主体人身伤害赔偿案件及其他民事案件也大量增加，占据了民事案件的第三位。

1996～1998年，区法院大胆地进行民事审判方式的改革，由过去的"究问式"审判，变为谁主张谁举证、质证、认证"辩论式"审判，民事调解工作由过去的"着重调解"变为"依法调解"。一切审判活动一律在审判法庭进行，除隐私和涉及国家秘密的案件，一律公开审理，公开宣判，当事人有理讲在法庭，有证质在法庭，是非责任划清在法庭。大大地提高了人民法院执法的公正性和办案效率，"久调不决"、"案件超审"的违规现象明显减少，杜绝了民事案件超审限的现象，案件质量得到了很大的提高，依法保护了公民和法人的合法权益。1984～2006年共计审结各类民事案件17560件，大量的人民内部矛盾通过诉讼渠道得到解决。

2000～2006年桥东区人民法院民事案件审判情况表

单位：件

项目 年份	受理	审结	调解	撤诉	判决
2000	955	921	675	113	133
2001	921	908	632	98	178
2002	908	856	637	99	120
2003	790	754	602	55	97
2004	702	695	521	46	128
2005	646	629	483	39	107
2006	628	627	491	45	91

第六节　经济审判

改革开放以后，随着经济体制的变革，全区经济结构发生了重大变化，国有大中型企业体制逐步转换，集体、民营，中小型企业迅猛发展。为保障各项改革的顺利进行，维护企业法人和经营者的合法权益，区法院于1994年在原经济审判庭的基础上增设了经济审判第二合议庭和经济审判第三合议庭，受理生产、金融流通、交通运输、产品质量与交换等经济领域中发生的经济纠纷案件。

在经济案件审理中，案情简单，争议标的较小的案件由基层人民法庭审理，重大经济案件，案情复杂，争议标的较大的案件，由经济审判一、二、三庭审理。审理经济纠纷的主要依据是《中华人民共和国民事诉讼法》、《中华人民共和国民法通则》、《中华人民共和国经济合同法》和《中华人民共和国合同法》等。随着计划经济向市场经济转化，经济纠纷案件大幅度上升。1999年《中华人民共和国合同法》颁布实施后，成为人民法院经济审判的主要法律依据，经济审判的范围也逐步确定为合同纠纷为主。1999 年，经济审判“开展上门服务”；自 2002 年开始，经济审判被纳入“大民事”格局。1984～2006 年区法院共计受理、审结各类经济纠纷案件 12835 件，讼诉标的达 65.6 亿元，依法保障了企业法人及经营者的合法权益。

2000～2006 年桥东区人民法院经济案件审判情况表

项目 年份	受理件数	审结件数	涉款标的额（万元）	解决标的额（万元）	收回标的额（万元）
2000	394	376	820	734	718
2001	410	397	960	855	817
2002	395	373	789	750	721
2003	389	354	778	743	696
2004	394	356	810	847	803
2005	355	319	676	630	570
2006	349	302	587	513	483
合计	2686	2477	5420	5072	4808

第七节　行政审判

区法院行政审判工作始于 1985 年，由民事审判庭依照《中华人民共和国民事诉讼法（试行）》有关程序进行审理。行政案件的范围以治安处罚、土地所有权和使用权纠纷为主。1987 年区法院设立行政审判庭，但涉及此类行政案件较少。1990 年 10 月 1 日《中华人民共和国行政诉讼法》颁布实施后，行政案件的审判程序开始有法可依，行政审判依法为行政执法机关提供法律咨询和法律服务，利用多种形式大力宣传《行政诉讼法》，转变了长期以来，“民不能告官”、“民不敢告官”的传统观念。

在行政审判中，非诉行政执引案件的执行工作统一由行政审判庭审理审查和执行。1987 年以来，受理执行非诉行政执行案件 276 件，土地非诉执行案件 197 件，强制拆除违法建筑 43 处，截至 2006 年共计审理涉及公安、工商、技术监督、环保、城建、乡镇等行政机关的行政案件 25 件。案件以土地案件和公安机关行政治安案件为多。在行政审判工作中，坚持排除干扰，依法办案，依法保护了公民合法人和其他组织的合法权益，支持了行政机关的依法行政。

第八节　告诉申诉

区法院始终坚持“事实求是”、“有错必究”的原则，依照审判监督程度，受理，审理，再审，复查申诉案件，认真复查，纠正错案，在告诉申诉案件的审理中坚持立案和审判分离原则，院长依照审判监督程序的权利监督职能，将每周星期二上午定为法院院长接待日，全院实行“一案两卡”制度（立案卡、公示卡）有效地防止了超审限案件的发生，依法纠正了在案件审理中审判不公的现象。2000～2006年共计审理再审申诉案件25件，抗诉案件2件，接待当事人以及人民群众来访800余人次，其中2006年审理申诉案件3件。

第九节　执　行

1984～1989年，根据民事、经济执行案件迅速增长的实际，区法院逐步将执行工作作为专门业务从审判工作中分离出来，完成了从专业执行员执行组至执行庭的转变，大部分案件仍由各业务审判庭自行执行，执行庭仅负责重大、复杂、疑难和涉域外的案件执行。1989年区法院设立执行庭，依照《中华人民共和国民事诉讼法》及有关法律规定，负责执行民事、经济、刑事附带民事案件的判决、裁定，负责调解书和其他发生法律效力的行政裁决及受公证机关委托的经过公证并发生法律赋予具有强制力的债权文书的执行等，从而改变了审、执不分，案件审结而又执行难的问题。1997年区法院进一步放宽了案件移送执行庭执行的标准，加速了执行工作的专门化，并采取了多项措施，全面加强执行工作。1999年，按照最高人民法院的统一部署，区法院大力开展“执行年”活动，加大执行工作力度，提出“决不把案件带到21世纪”的口号，将解决“执行难”的问题提高到了重要的议事日程。2000～2006年，区法院一直把执行工作和解决“执行难”的问题，作为了全院工作重点，加强了执行庭的队伍和装备建设，在加大执行力度的同时，积极探索和实践被执行人外出申报、财产监控、转执行、资金抵债、执行股份等一系列新的执行方式，同时，为保障困难企业正常的生产经营，对直接关系企业生产经营的机器设备、运输工具等广泛采取“活查封”的方式。2003年进一步加快执行工作的专门化，基本实现审、执工作分离，执行案件均由执行庭统一执行。2005年区法院成立执行局，实现审、执工作的彻底分离，全院各业务审判庭审结的案件，当事人申请法院强制执行的案件，一律移送执行局执行。

自1993年下半年起，执行死刑的任务由原来的武警部队执行移交到法院，由司法警察执行。

2000～2006年执行案件统计表

年　份	执行案件数	执行标的额（万元）
2000	525	8000
2001	485	6710
2002	476	7000
2003	454	9650
2004	482	10000
2005	386	5000
2006	374	4200
合　计	3182	5110000

第四章　司法行政

1984 年，桥东区司法局成立。内设办公室、宣传股和基层工作股。1992 年成立桥东区公证处。1988 年增设德盛律师事务所；2001 年该律师所变更为合伙制，与区司法局在人、财、物上脱钩。2004 年增设法律援助中心。2006 年，区司法局共有编制 30 人，其中局机关 18 人，乡、办事处司法助理员 12 人。1999 年组建 6 个由区司法局直接领导的法律服务所，即大梁庄顺民法律服务所、正坤法律服务所、西大街顺兴法律服务所、南长街保义法律服务所、北大街天平法律服务所和西门里申正法律服务所，共有法律服务人员 27 人。

第一节　民事调解

1991 年，全区各乡、办均建立了民调工作领导小组，86 个村（居）建立了民调委员会，1991 年底全区 2 个乡、4 个街道办事处全部建立了司法所，共配备司法助理员 12 名。

一、民调工作

人民调解是指在调解委员会主持下的调解活动，就是人民内部发生的纠纷，由本地人民群众推选的群众性调解组织，依照国家的法律、政策以及社会主义道德，在基层人民政府和基层人民法院的指导下弄清事实真相，评断是非曲直，进行耐心细致的说服劝导，教育纠纷当事人双方互谅互让，消除隔膜，不伤感情，从而及时解决纠纷。

二、民间矛盾纠纷排查

1996 年，实行了重大矛盾纠纷领导包案与部门负责制，对重点纠纷建立台账，实行消号制度，司法例会制度和防激化责任追究制度，推行政务公开，解决群众关心的热点、难点问题，每逢重大节日和社会敏感期，组织民间纠纷集中排查调处活动。到 2006 年，共排查各类民间矛盾纠纷 15483 起，各类民间矛盾纠纷的调解成功率始终保持在 98% 以上。

1991 ~ 2006 年民间矛盾纠纷排查调解数量表

单位：件

年份 单位	1991	1992	1993	1994	1995	1996	1997	1998	1999	2000	2001	2002	2003	2004	2005	2006	合　计
东郭村乡	84	91	95	98	105	116	124	128	137	192	225	236	243	252	261	268	2655
大梁庄乡	82	95	93	96	98	112	147	145	155	163	164	175	253	265	277	282	2602
西大街办事处	88	82	95	98	101	132	125	145	147	152	173	164	263	249	287	281	2582

单位＼年份	1991	1992	1993	1994	1995	1996	1997	1998	1999	2000	2001	2002	2003	2004	2005	2006	合　计
西门里办事处	81	88	85	89	107	124	116	134	142	135	154	172	185	253	281	273	2419
南长街办事处	85	84	86	82	114	115	164	152	145	172	165	225	238	246	262	278	2613
北大街办事处	89	86	85	89	127	120	156	148	154	162	183	201	243	251	253	265	2612
合计	509	526	539	552	652	719	832	852	880	976	1064	1173	1425	1516	1621	1647	15483

第二节　公　证

公证是指国家认可的公证人对民事法律关系所确认的具有权威性的证明活动。我国的公证是指国家专设的公证处代表国家对民事法律关系依法进行的证明活动，即国家公证机关根据当事人的申请，依法证明法律行为、有法律意义的文书和事实的真实性、合法性，以保护公共财产，保护公民身份上、财产上的权利和合法利益。通过公证活动，教育公民遵守法律，维护社会主义法制。

桥东区公证处为桥东区司法局管辖的一个股级机构，1992 年成立，主要办理公民之间的民事权利和经济合同公证及企业、房屋租凭合同公证和婚姻财产公证、遗嘱公证、财产赠予与分割等公证。1992 ~ 2006 年，累记办理各种经济和民事合同公证事项 11044 件，使当事人的合法权益得到保障。

1992 ~ 2006 年桥东区经济、民事合同公证情况表

单位：件

年份＼项目	经济合同							民事合同						
	土地承包合同	劳动合同	购销合同	企业承包租赁	贷款	其他	合计	房屋买卖	收养子女	遗嘱	房屋租赁	继承	其他	合计
1992	2	15	6	3	21	15	62	8	2	3	6	7	22	48
1993	4	25	12	4	25	18	88	10	2	6	11	12	28	69
1994	5	24	14	2	28	18	91	6	3	8	10	14	38	79
1995		5	6	6	56	45	118	6	5	8	11	17	410	457
1996	1		2	15	32	62	112	8	6	9	9	14	1152	1198
1997			1	17	58	104	180	5	2	8	11	18	210	254
1998	4120		16	2	16	121	4275	8	3	9	12	13	98	143
1999	2		6	7	21	168	204	14	1	11	5	21	161	213
2000	7			14	98	66	185	18	2	15	14	22	167	238
2001				18	12	210	240	10	1	11	12	19	121	174

项目/年份	经济合同							民事合同						
	土地承包合同	劳动合同	购销合同	企业承包租赁	贷款	其他	合计	房屋买卖	收养子女	遗嘱	房屋租赁	继承	其他	合计
2002			1	10	5	136	152	8	1	16	8	21	136	190
2003	1			18	15	121	155	17	1	15	13	22	151	219
2004	1	6	1	20	6	160	194	33	1	19	22	35	111	221
2005		10		26	15	301	352	42		21	18	29	420	530
2006	2	8		28	36	200	274	32		16	33	28	220	329
合计	4145	93	65	190	444	1745	6682	225	30	175	195	292	3445	4362

第三节　律　师

律师制度自1978年恢复，开始为授予律师资格的制度，即通过考查、考核合格后，直接授予律师资格；自1986年开始施行全国统一考试，律师资格只能通过考试取得。

一、德盛律师事务所

德盛律师事务所位于邢台市桥东区顺德路255号，原是隶属桥东区司法局的一个法律服务机构，成立于1988年，2001年改制变更为合伙制律师事务所，同时与桥东区司法局在人、财、物上脱钩。1988～2006年，该所共办理民事代理案件904件，刑事案件702件，行政诉讼代理69件，非诉讼业务代理299件，解答法律咨询993人次，为当事人代写法律文书1191份，为104家企事业单位担任法律顾问。

德盛律师事务所拥有涉及金融、民事赔偿、经济合同、刑事辩护、劳动争议等方面的专业人员，同时还聘有金融、财税、医药等专家作顾问，以求更好的为社会提供优质的法律服务。

1988～2006年德盛律师事务所业务分类统计表

年　份	代书（份）	法律顾问（件）	民事代理（件）	刑事讼代理（件）	非诉讼代理（件）	解答咨询（人次）
1988	32	1	21	17	10	25
1989	45	1	23	20	9	27
1990	48	3	31	26	16	22
1991	42	3	29	27	18	20
1992	45	3	26	28	15	23
1993	40	3	29	32	14	22
1994	37	3	33	30	13	25
1995	38	5	36	34	20	31

年　份	代书（份）	法律顾问（件）	民事代理（件）	刑事讼代理（件）	非诉讼代理（件）	解答咨询（人次）
1996	42	5	48	33	19	27
1997	52	4	43	37	25	25
1998	51	4	44	49	24	21
1999	62	7	51	42	13	26
2000	65	6	53	39	17	23
2001	87	8	57	32	12	97
2002	95	8	78	45	16	112
2003	112	9	72	56	18	95
2004	109	9	69	48	13	129
2005	97	10	83	63	15	108
2006	92	12	78	44	12	135
合计	1191	104	904	702	299	993

二、万里律师事务所

万里律师事务所位于邢台市桥东区平安路，成立于2001年2月，为邢台市最早成立的合伙制律师事务所之一。万里律师事务所秉承“尚法抚民，执着无畏”的执业理念，为委托人提供高效、优质法律服务，自觉接受社会及司法行政主管部门监督及管理。2001～2006年，以来共承办各种案件近800件，为当事人挽回经济损失3600余万元，同时该所律师还积极为群众提供免费法律咨询，为困难当事人提供法律援助，努力化解纠纷及不稳定因素，为构建和谐社会作出了积极贡献。

2001～2006年万里律师事务所业务分类统计表

年　份	代书（份）	法律顾问（件）	民事代理（件）	刑事讼代理（件）	非诉讼代理（件）	解答咨询（人次）
2001	89	6	54	30	11	95
2002	92	6	76	46	15	113
2003	110	7	74	55	17	92
2004	112	9	65	46	13	124
2005	95	9	80	65	14	112
2006	95	13	76	43	16	130
合计	593	50	425	285	86	666

第四节　普法宣传

发展社会主义民主，健全社会主义法制，必须将法律交给广大人民掌握，使广大人民知法、守法，树立法制观念，学会运用法律武器同一切违法行为作斗争，保障公民合法的权利，维护宪法和法律的实施。大力加强法制宣传教育，在公民中普及法律常识，对于加强社会主义法制，保障国家的长治久安，促进社会主义物质文明和精神文明的建设，具有十分重要意义和作用。

一、“一五”普法

1985 年，桥东区委制定了《中共桥东区委〈关于五年内在全区公民中基本普及法律常识的规划〉》，规定 1986～1990 年普法教育的内容为宪法、刑法、民法通则、刑事诉讼法、民事诉讼法、婚姻法、合同法、兵役法、森林法、继承法和治安管理处罚条例。重点对象是全区干部和青少年。其间，全区各单位按照规划，深入到工厂、农村、机关等地，通过上法制课、举办讲座、出动宣传车巡回宣传、设立咨询处、发放法律书籍、编印普法简报等形式，多渠道地开展法制宣传。

二、“二五”普法

1991 年 3 月，桥东区委、区政府颁布《桥东区普法领导小组关于在公民中开展第二个五年规划》，桥东区人大常委会做出了《关于深入开展法制宣传教育的决议》。桥东区普法领导小组，制定了《桥东区普法工作岗位考核办法和标准》，购买普法书籍《宪法讲话》、《社会主义法制建设若干问题讲话》、《个体工商户法律知识读本》、《农民法律知识读本》、《企业职工法律知识读本》共计 23000 册，编辑并印发了《实用法律法规汇编》、《经济法律法规汇编》和《企业职工读本》54000 册，下发到各乡镇、村、工厂、机关。同时，还组建了一支青少年法制教育队伍，编写了一套青少年法制教育教材。1991～1995 年，全区共举办青少年法制培训班 183 期，有 2.1 万名青少年受到了法制教育；举办了《行政诉讼法》、《企业法》、《全民所有制工业企业转换经营机制条例》、《公司法》、《国家赔偿法》等涉及 27 个法律的培训班 24 个，培训骨干 3800 人次。为适应市场经济需要，先后举办了 5 期法律培训班，每期 1 个月，主要学习《民法通则》、《民事诉讼法》、《经济合同法》等 10 余部法律，共培养法律人才 800 余人。

三、“三五”普法

1996 年 12 月，桥东区委、区政府批转了《关于在公民中开展法制宣传教育的第三个五年规划》，并做出了《关于深入开展法制宣传教育的决议》；桥东区人大常委会做出了《关于深入开展法制宣传教育的决定》。1997～2000 年，每年制定年度普法工作安排意见，下发到各级各部门。1997 年，组建了普法辅导团，组织各层面人员的普法考试，组织科级以上领导干部的法制讲座 8 次，编印了《行政处罚法》、《行政诉讼法》、《劳动法》、《行政复议条例》等 10000 余册，购买邢台市普法办《“三五”普法必读》一套三册，为广大干部群众提供了必备普法教材。1999 年，桥东区政府将依法治区工作列入目标管理，层层签订责任书，突出执法责任、执法程序、执法标准，执法文书的规范化。为全面推进依法治村，民主管理，深化农村法制宣传教育，举办了农村党支部书记法制培训班。2000 年 1 月，桥东区民政局和司法局联合下乡村宣传 26 次，向广大群众宣传了村委会换届选举的重要意义和《村民委员会组织法》、《选举办法》、《村民委员会换届选举在程序政策上应做好的 96 个细则》，张贴标语 520 条，发放宣传资料 15000 余份，激发了选民参与热情。冯庄、柴庄、路家园等 20 个村参选率均达 90% 以上，确保了选举合法、合规顺利举行。1998 年举办了普法、依法治区知识竞赛；

1999 年与组织部、人事局配合，对 500 余名公务员进行了法律知识考试。2000 年为加大对在校生的法制教育力度，从公、检、法、司部门抽调精干人员，为 32 所中小学校配备了法制校长、法制辅导员，定期向广大学生讲解法律知识，配合学校适时组织有关部门对学校周边环境进行治理。“三五”普法期间，区普法办共办各类普法学习班 20 余期，组织大型普法宣传活动 60 余次，为在校中小学生上法制课 800 余场次，发放宣传资料 10 万余份，受教育群众逾万人。

四、“四五”普法

2001 年，桥东区委、区政府批转了《关于在全区公民中开展法制宣传教育的第四个五年规划》，建立健全了领导干部学法用法制度，公务员法律知识培训、考试、考核制度，行政执法和司法工作责任制、公示制，建立健全企业经营管理人员法律知识培训制度。巩固和发展各级、各类法制宣传教育基地。建立了法制教育基地，包括青少年法制教育展室、法制新闻、法制文艺等。同时，在党校、农村夜校等也开设了法制教育课程。2002 年 3 月，从邢台市司法局借来一批法制宣传教育展板，在全区 18 所中小学中轮回开展了“为了下一代”、“预防未成年人犯罪”展，历时 10 多天，受教育师生 4000 余人。同时利用东郭村流动人口学校，2002 年、2003 年，举办了培训班 6 期，聘请法律专业人士对流动人口讲解了流动人口管理条例、民法、劳动法、计生法、婚姻法等法律知识。

“四五”普法期间，桥东区把“法律进社区”工作作为“四五”普法的重点，桥东区司法局、桥东区普法办与桥东区文明办、桥东区综治办联合下发了“关于在全区开展法律进社区活动实施方案”，并提出“法律进社区”要经常化、规范化、制度化。先后举办培训班 12 次，培训普法骨干 300 余人，将老百姓常用的法律编成“法律知识小册子”发放到居民手中。

五、“五五”普法

2006 年，桥东区委、区政府批转了《关于在全区公民中开展法制宣传教育的第五个五年规划》，大力推进法制宣传教育进机关、进乡村、进社区、进学校、进家庭、进企业、进单位、进市场，在全区掀起学法用法的热潮。

第五节　法律服务

一、基层法律服务

桥东区的基层法律服务始于 1985 年，当时无固定机构，由各乡、办事处司法助理员主管，主要为乡办企业和村（居）担任法律顾问解答法律咨询、代写法律文书、民事代理、公证联络。1999 年组建了由桥东区司法局直接领导的自收自支、自负盈亏的 6 个法律服务所，有大梁庄顺民法律服务所、正坤法律服务所、西大街顺兴法律服务所、南长街保义法律服务所、北大街天平法律服务所、西门里申正法律服务所，法律服务人员 27 人。法律服务所主要服务业务是解答法律咨询、代写法律文书、民事、行政代理。至 2006 年，各法律服务所共办理各类案件 3200 件。为全区经济建设提供了有效的法律保障。

二、法律援助中心

法律援助是司法制度的重要组成部分，是保障社会弱势群众合法权益的社会公益事业，是司法公正和社会进步的标志。2004 年 7 月，桥东区司法局成立法律援助中心，主要为贫、弱、残群体免费提供法律帮助。至 2006 年共接听热线法律咨询电话 4200 余个，接待来访当事人 360 余人，办理各类法律援助案件 60 件。其中，2004 年 18 件，2005 年 20 件，2006 年 22 件。

第二十二编
军 事

1981～2006年，中国人民解放军河北省邢台市桥东区人民武装部（以下简称区人武部或区武装部）认真开展民兵建设、新兵征集、国防教育、人民防空等工作。协助地方政府做好了抢险救灾、维护社会治安和两个文明建设等工作，积极开展军民共建、国防教育、拥政爱民等活动，提高了全民国防意识。

第一章 军事组织

驻桥东区的军事组织主要有桥东区人民武装部、各乡办企业武装组织、中国人民武装警察部队邢台支队和中国人民解放军驻邢部队等。驻区各级军事组织在抓好自身建设，提高战斗力的同时，积极参加地方的经济建设和精神文明建设，在维护社会治安、抢险救灾、军民共建等方面都作出了积极的贡献。

第一节 桥东区人民武装部

区人武部是桥东区的军事领导机关，团级单位，隶属邢台军分区，受邢台军分区和区委、区政府的双重领导。武装部下设军事科、政工科、后勤科，有现役干部9人。辖基层武装部23个。

一、机构设置

桥东区人民武装部于1981年4月成立，为邢台市人民武装部的派出机构，负责辖区单位的民兵预备役的组织实施工作。1986年4月，区武装部改为地方建制，接受桥东区委和区政府以及上级军事机关的双重领导，下设军事科、政工科。

1996年4月，武装部由地方建制回归军队建制，称“中国人民解放军河北省邢台市桥东区人民武装部”，为桥东区的军事领导机关，受邢台军分区和桥东区委、区政府的双重领导，正团级。内设机构有军事科、政工科、后勤科、国防教育办公室。

桥东区人民武装部主要负责全区民兵组织建设，实施民兵组织调整，负责民兵、预备役人员教育训练。协调教育部门对学生实施军训，负责征兵和兵役登记，协同有关部门做好退伍军人培训，安置烈军属优抚工作。协同有关部门搞好全民国防教育，发动民兵参加社会主义物质文明和精神文明建设。做好战时动员的思想政治工作，组织并带领民兵完成战备执勤，配合公安部门维护社会治安，抢险救灾，军警民联防等任务。搞好驻区各部队的协调，做好国防工程的维护管理工作，协同有关部门做好人防工作。负责拟制作战预案，兵员动员计划，搞好战争潜力调查，会同有关部门做好民兵战备工作、战时负责兵员动员和带领民兵参军参战，支援前线，保卫后方。负责民兵和退伍军人、预备役人员的登记统计工作，负责专武干部的管理，会同有关部门做好专武干部的选拔、调配、培养、使用等工作。完成上级军事机关和区委、区政府赋予的其它任务。

二、组织建设

区人武部设有中共党组织（党委），1992～1996 年党委由 5 名委员组成，其中书记 1 名、副书记 2 名。1996 年 4 月人武部归部队建制后党委委员 5 名，其中第一书记 1 名，书记 1 名，副书记 1 名，负责对人武部重大事务的领导。第一书记由区委书记兼任。书记、副书记分别由人武部政委、部长担任，委员分别由副部长、政工科长、后勤科长组成。

桥东区人民武装部设有机关党支部，下设 3 个党小组。机关党支部，在部党委的领导下开展工作，负责对全体党员的政治思想、党性修养、政策法规教育和日常管理。组织党员参加党日活动和党课学习。

人武部对干部的培训采取多种形式进行，一般专业技术培训，采取由省军区或邢台军分区组织，人武部派人参加的形式，或请军事学院和野战部队的干部教官来传经送宝，开通局域网，开办“网上课堂”。理论培训，主要是采取自学和请地方党校、上级军事机关的教授、领导进行专题辅导讲座，或通过参加自学考试、函授学习等方式来提高军事素质。2005 年，部党委还制定了学习制度、学习目标、考评方法、奖惩措施。组织干部参加自考、函授，对学习懒惰、连续两年不达标、难以胜任本职工作的，作出组织调整。

1980～2006 年桥东区武装部历任正职一览表

职务	姓名	出生年月	文化程度	籍贯	任职时间
部长	赵日盛	1942.05	中专	河北省涉县	1981.01～1983.10
	郭淼鑫	1951.12	中专	河北省威县	1983.07～1985.12
	王福田	1946.11	大专	河北省徐水县	1986.04～1994.06
	李廷聚	1950.06	大专	河北省邢台县	1994.06～1998.10
	周三保	1956.03	大学	河南省光山县	1998.10～2004.03
	刘炳深	1964.02	大学	河北省新河县	2004.03～
政委	刘勤增	1924.10	初中	河北省临城县	1981.04～1983.10
	陈秋田	1932.08	大专	河北省隆尧县	1983.12～1985.12
	周洪忠				1986.04～1991.06
	高荣奇	1951.06	大专	河北省隆尧县	1991.06～1999.03
	韩振社	1958.07	大学	河北省南宫市	1999.03～2003.01
	高海民	1958.07	大学	河北省南和县	2003.01～2005.03
	董一彬	1962.09	研究生	天津市	2005.03～

第二节　基层武装组织

一、乡、办事处武装机构

桥东区自1980年建区至2006年底，所辖的乡、办事处均设有武装部，并配备专职或兼职部长。负责承办民兵预备役、征兵和战时兵源动员工作，组织民兵参加社会主义精神文明建设，平时担负战备执勤、维护社会治安，战时组织民兵参军参战、配合部队作战、保卫后方、支援前线等任务。另外，桥东区武装部还代管开发区武装部。

二、企业武装组织

1986年以前，桥东区辖域内的企业武装部隶属邢台市武装部领导；1986年4月，改归桥东区武装部领导。至2005年底，全区共有省、市、区属企事业及民营企业武装部14个。比较大的企事业单位武装部有：邢台电力公司武装部、邢台人民医院武装部、邢台吉泰特钢有限公司武装部、邢台方圆集团武装部、河北省煤田二队武装部、邢台宾馆武装部、邢台华业通讯武装部、邢台技师学院武装部等。企业武装部的主要任务是具体负责本单位战备执勤、民兵训练、征兵、组织抢险救灾和上级军事部门安排的工作。

第三节　驻　　军

一、中国人民武装警察部队邢台支队（简称武警邢台支队）

武警邢台支队是1955年8月由中国人民解放军公安部队第十团改编组建的，当时称邢台地区武装民警大队，队址设在邢台新华南路。1966年，武装警察邢台支队先后改编为中国人民解放军京字961部队，京字361部队和51220部队（均称独立营），隶属河北省军区和邢台军分区领导。1983年1月，邢台军分区独立营，邢台地区公安处的民警科、消防科和邢台市消防大队合并，恢复武警邢台支队。支队隶属中国人民武装警察部队河北省总队领导，辖邢台市所属17县的武警中队。武警邢台支队设：司令部、政治处、后勤处。部、处下设3个股、2个直属中队和1个轮训队。

二、66220部队汽车连

原为51011部队汽车连，于1970年3月进驻邢台市，驻扎在辖区北关街。该连所属部队1945年9月成立于胶东即墨。战争年代，曾参加即墨战役、莱芜战役、孟良固战役、胶东保卫战役、南麻临朐战役、周潍战役、济南战役、渡江战役、京、沪、杭等战役。解放后这支部队又参加抗美援朝战争，回国后又出色地完成“八三〇二”演习、首都国庆阅兵和核化条件下摩步兵团进攻演习等重大任务。1986年，在对越自卫反击作战中，被中央军委授予“文明之师、胜利之师”的光荣称号。1998年9月，根据中央军委关于部队精减的命令，顺利地完成了由摩步师缩编为摩步旅的艰巨任务。2003年底，按照军区的指示要求，该部队又完成了由摩托化步兵旅向机械化步兵旅的转变。

第二章　组织管理

组织管理是军事组织对内部重大事务的调节，具有提升精神士气，改善内外环境的综合功能。无论是战时还是平时，部队的日常管理都要从提高部队的战斗力、凝聚力出发，立足于启发官兵的基本觉悟，提高官兵的明辩是非的能力和遵纪守法的自觉性，使广大官兵严格遵守法规纪律，自觉规范言行，以更大的力度提升部队的工作战斗力，完成各项军事任务。

第一节　行政管理

一、认真贯彻条令、条例，开展经常性的管理教育

贯彻落实条令、条例，坚持依法从严治军，是新时期部队正规化建设的需要。人武部作为军队的一级机关，依据条令条例抓好自身的正规化建设与管理，努力把人武部建设成为“领导班子坚强、政治思想合格、军事素质过硬、组织纪律严明、工作作风扎实、基本设施完善、规章制度健全、军政军民团结”的战斗集体。

人武部规定每年一月份是条令学习月，届时组织全体干部认真学习条令、条例和各项规章制度。1996 年 4 月，区武装部收归部队建制后，武装部对《河北省县（市、区）人民武装部正规化建设管理规定》和《河北省县（市、区）人民武装部正规化建设标准》进行系统的学习。通过学习，大家对条令条例的意识进一步增强，都能做到自觉用条令、条例和各项规章制度约束自身的言行。2000 年 3 月，按照军分区关于开展“学条令、学职责、学规定、学标准、抓落实、见成效”教育整顿的要求，武装部开展了“四学一抓一见”教育整顿，狠抓了“四个秩序”的落实，强化了干部职工的政治意识、条令意识、责任意识、全局意识和管理意识。2004 年 9 月，军分区开展了以贯彻从严治军方针努力提高机关正规化建设为内容的观摩会，区武装部大抓机关正规化建设，按照军分区《人武部正规化管理规定》、《人武部交接班规范》和《人武部正规化建设实施细则》等规定，结合自身的实际，制定完善了《邢台市桥东区人武部建设管理规定》和《邢台市桥东区人武部正规化建设实施细则》等各项规章制度，规范“四个秩序”，加强干部职工的管理教育，提升了武装部的正规化建设水平。

二、认真执行各项安全规定，狠抓安全稳定

区武装部党委站在讲政治、讲大局、保稳定的高度，把安全管理工作作为一件头等大事来抓，时时处处绷紧安全稳定这根弦。尤其是在人员八小时以外的管理、车辆管控、战备、执勤、训练中的安全工作等方面都严格按照各项规定，领导带头做表率，抓落实，认真遵守安全管理规定，确保了武装部的安全稳定。

武装部定时分析安全形势，原原本本的学习《安全工作条例》、《道路交通安全法》、北京军区《安全管理规定》、预防车辆事故“八条禁令”和省军区《车辆安全管理规定》等有关内容，通过学习增强了武装部全体干部、职工的安全意识，牢固树立了安全防事故的思想观念。2000 年 9 月，武装部组织机关全体人员和所属基层武装部进行了一次全面、彻底的作风纪律整顿和安全工作大检查。2001 年 8 月，区武装部对各乡、办事处、企事业单位武装部进行了全面检查清理，加强枪支弹药、

爆炸物品清理整治，从而彻底根除了枪支弹药、爆炸物品安全管理隐患，杜绝了重大涉枪涉爆事故发生。2002年5月，区武装部结合实际，对安全情况进行了认真分析、周密计划、精心安排，使安全工作得到了很好的落实。2004年10月，区武装部组织各乡、办事处、企事业单位的民兵、预备役人员参与邢台市委、军分区组织“严打整治百日会战”活动，为邢台市改革开放和经济社会的跨越式发展做出了积极的贡献。

针对武装部的工作性质，武装部党委下大力抓了各项规章制度的落实，解决规章制度不落实、履行职责不认真的问题，纠正法规意识淡薄、精神状态不好、工作不尽责现象，重点解决好“人、车、枪、弹、密”管理问题。在人的管理上，着重抓好干部、职工的思想教育、制度落实和检查监督三个环节。认真查找和解决干部在思想、组织、作风、纪律等方面存在的薄弱环节，进一步健全和完善干部管理制度。加强干部八小时以外管理规定，努力营造部队、社会、家庭三方共管的良好氛围，始终把干部置于组织的管理和监督之中。

第二节　政治工作

区人武部的政治工作，其基本任务是：坚持用马克思列宁主义、毛泽东思想、邓小平理论教育民兵，培养具有共产主义觉悟和自我牺牲精神的民兵队伍。做好民兵参加社会主义精神文明建设活动、创建拥军优属和拥政爱民模范单位活动，支援国家经济建设，支持部队战备、训练、演习和执行作战任务的工作。

1995年，对全体干部职工进行了生动、活泼、扎实的革命人生观教育，学习理论，批驳歪理，明辨是非，积极开展批评与自我批评，集中解决了个人人生观、价值观上存在的突出问题，取得了比较好的效果。

人武部的各级领导都十分重视党的路线方针政策教育，每逢党中央的新政策出台，坚持用党的路线方针政策教育干部和职工，自觉在思想上、行动上、政治上保持高度一致。1997年重点学习贯彻落实军分区党委五届九次全会精神，并查找总结工作中存在的主要问题，进一步统一了思想，理清了工作思路，研究了争先创优目标，确定了工作重点，制定了具体措施。

1998年，集中时间，进行了以“重事业、淡名利，争先创优做好本职工作”为主要内容的共产党人事业观教育，使大家进一步明确了为谁干事业，怎样干事业，较好地解决了干部职工在事业观上存在的一些问题，起到了强化理想，提高觉悟，明确责任，振奋精神的作用。

在抓好政治思想教育的同时，狠抓党的创新理论学习教育，人武部对所辖干部、职工、专武干部和民兵预备役人员进行有计划有组织地学习党的创新理论，不断提高广大干部职工和民兵预备役人员的政治素质，确保跟党走，听党的指挥，置于党的绝对领导之下。2001年，部党委制定了党委中心组和机关理论学习计划，认真落实党委、干部和职工理论学习制度。2004年初，制定理论“学习周”制度，使理论学习走上了制度化、规范化、经常化的轨道。狠抓理论学习“六件事”（把基层干部的理论学习制度建立健全起来，抓好基层理论骨干队伍建设，建立基层军官学习室，树立和宣扬先进典型，搞好宣讲辅导，开展有特色的群众性学习实践活动）落实，部党委多次召开专题会议，按照内容系统化、措施具体化、设施规范化、活动经常化的要求，制定了机关、乡镇武装部和民兵连队落实理论学习“六件事”的实施意见，部领导亲自带队深入各乡镇武装部和各基层民兵连队调查摸底，力求使方案既切合实际，又确保高标准，部领导和机关各科分工狠抓基层“六件事”的落实。

第三节 军事训练

一、人武部机关训练

桥东区自组建人武部以来，本着强机关、打基础、抓队伍的工作思路，狠抓了人武部自身机关干部的军事训练。每年根据上级年度军事训练工作指示，结合部机关实际，制定出年度军事训练工作计划，人武部机关训练每年都在40天以上。

1997～1999年，为落实军分区制定的《高科技知识学习三年规划》，区人武部全体机关干部立足本职，结合实际，周密组织，合理安排学习时间，采取自学和看录像、搞研讨相结合等灵活多样的学习方法，确保人员、内容、时间、效果四落实。通过3年时间的学习，全体干部达到总部规定的合格标准，组织参加计算机培训，实现知识向能力的转化。培养了一支善于谋划指导科技练兵和组织指挥现代战争的指挥员队伍，一支掌握新知识、新技能的新型参谋队伍，一支熟悉高技术武器装备的技术骨干队伍，一支能够熟练应用现代科技手段实施教学与训练的新型教练员队伍。

人武部机关干部进行军事训练

2004年，区人武部进行按纲施训试点工作。为规范施训，扎实抓好新大纲的贯彻落实，确保试点任务的圆满完成，区武装部本着“贴近实战、立足实际、突出重点、讲求实效”的原则，在理论与实践相结合的基础上，积极探索军分区、人武部按纲施训特点规律，总结研究新大纲的方法路子，采取有效措施，在提高训练质量上下功夫，合理解决工训矛盾，严格落实训练制度，确保训练“四落实”（时间、人员、内容、效果），在软件资料、施训课目、教练员、施训成果等方面都取得了丰硕的成果。

二、军事理论研究

区人武部不断加大高科技知识学习力度，全面提高机关干部科技意识和科技素质，掌握和运用科技知识与技术的能力明显增强。在科技练兵的实践中，充分运用现代军事理论和高科技知识，梳理、充实和完善现有战斗研究成果，结合担负的任务，突出高技术条件下人民战争战法研究，深入探讨高技术条件下的快速动员、城市防空作战、抗登陆作战、反空降作战、防御作战和跨区机动作战等问题，撰写了《人武部保障野战军团跨区机动时后备力量快速动员探索》、《浅谈支援野战军团跨区机动保障的组织指挥》等质量较高的科技练兵学术论文6篇，并将战法研究成果汇辑成册。

第四节 文化建设

2000～2006年，人武部机关购置了数万元图书，各乡镇武装部分别购置了图书柜和部分图书，各民兵连根据自己的实际情况，也分别购置有关方面的书籍供青年民兵学习。

2004年人武部结合桥东区实际，认真学习了上级有关文件和各级领导关于的讲话精神，学习贯彻了江泽民“三个代表”的重要思想论述，依据中纪委、中央军委、北京军区纪检工作会议精神，利用党日活动，进行了系统学习和专题教育，观看了有关辅导录像，组织了集中交流。受教育面达100%。2004年，集中开展了警示教育。2005年，集中进行了预防案件和事故综合整治教育。

2005年，区人武部投资2万余元建立了理论学习局域网，初步实现了教学有场地、学习有资料、交流有园地、考评有规则，受到了大家的普遍欢迎，极大地方便了广大干部职工的学习。对于广大民兵预备役人员的学习，主要是通过组织观看教学光盘、下发学习资料、传授有关知识等方法，使民兵增强了打赢的信心和练好本领的决心。

第三章　民兵　预备役

桥东区民兵在新的历史时期，参加社会主义建设，带头完成生产任务，担负战备勤务，维护社会主义治安，都取得了重大的成绩。桥东区预备役是一支训练有素、战斗力较强、战时能够迅速成建制转化为现役部队参加战斗，平时积极参加社会主义建设，在物质文明和精神文明建设中，发挥骨干带头作用的战斗队伍。

第一节　民兵建设

一、民兵组织

民兵是中国共产党领导下的不脱离生产的群众性武装组织，是中华人民共和国武装力量的组成部分，是中国人民解放军的助手和后备力量。

民兵分为普通民兵、基干民兵两种，在基干民兵中还有专业技术分队。根据上级赋予民兵的任务，按照好中选优的原则，把28岁以下的复退军人，经过基本军事训练的党、团员和现实表现好、文化程度高、家庭劳力充裕的公民编入基干民兵，其余的编入普通民兵。桥东区人武部坚持一年一度的民兵整组，出入队及时，合理编组，干部配备齐全，加强民兵自身建设并每年进行验收。

二、民兵建设

区武装部成立后，着眼实际，大力加强城市民兵工作改革，进一步明确民兵建设目标、任务和要求。坚持早筹划、早部署，带领机关人员，深入各个乡、办、企事业单位，对本辖区内的民兵组织建设情况进行全面调查了解，针对国有企业改组改制，民营企业、民办学校发展迅猛，街道社区不断拓展等实际，在民兵组织建设上，武装部按照兵员往哪里走，组织就往哪里建的总体思路，做到了“四个拓展”，即：向效益好的民营企业、股份制企业拓展；向社区拓展；向行业系统拓展；向科研单位和高等院校拓展。通过调整民兵组织结构，适当压缩基干民兵规模，进一步整合队伍，优化布局和结构。初步形成了以企事业单位为基础，以大中型国有控股企业为骨干，以街道社区为依托的城市民兵组织新格局。

在搞好民兵组织建设的同时，不断加强民兵组织的整顿。民兵组织每年整顿一次，主要对民兵组织、思想、作风进行整顿，时间统一在每年的第一季度进行，4月份进行检查验收。民兵组织整顿的内容主要包括：宣传教育、出入转队、调整编组、调配干部、工作总结、清点装备、健全制度、集结点验等工作。

三、民兵教育

民兵教育主要包括：全民教育、党的路线方针政策教育、思想教育、法纪教育等政治教育和民兵性质、人民战争思想教育、形势战备教育、光荣传统教育等国防教育。

民兵政治教育制度主要落实民兵政治教育四课，由各乡镇武装部和村民兵连，组织民兵落实政治教育四课内容。2005 年，为促进政治教育四落实，开创了通过网络、电视、电台、报刊、政治教育课、主题实践活动“六位一体”的教育模式，抓好各项政治教育宣传工作落实和延伸。武装部和专武干部、民兵干部千方百计抓时机、抓跟踪、抓团体，利用多种渠道和方法，加强民兵政治教育。全区、各乡村、企业投资 10 多万元建起国防教育活动站（室）、民兵政治教育流动学校、青年民兵之家、家庭图书室等活动阵地 30 个。民兵政治教育工作是经常性而又艰苦细致的工作。武装部聘请政治教育理论辅导员、民兵政治教育流动学校教员、国防教育宣传员共计 23 人。各级教育骨干积极创造条件，努力开展工作，办起小广播站，出板报，刷写永久性标语，举行演讲、讲座。基层教育队伍的建立，有效地促进了政治工作的开展。采取多种形式开展政治教育工作，利用重大节日、征兵期间、有影响的事件等有利时机，组织民兵开展学习讨论和活动。利用清明节组织民兵参观烈士祠，进行传统教育；利用“七一”进行党的宗旨教育；利用“八一”进行国防教育；利用“十一”进行爱国主义教育；在征兵期间，区、街道、企事业单位出动宣传车宣传，对应征青年进行政治考试，收到了较好效果。利用学习《中国民兵》、《华北民兵》等刊物进行教育学习，利用广播、电视等文艺活动寓教于乐，不定期地向全区民兵进行教育。各级民兵组织利用节日、农闲等时机发挥武术队、军乐队、宣传队专长，为民兵和群众演出文艺节目，使民兵和群众在娱乐中受到教育。

第二节　民兵军事训练

一、军事训练

按照中国人民解放军总参谋部《训练大纲》的要求，坚持减少数量，提高质量，保证重点，打好基础的训练原则，重点进行民兵专业技术的训练，按时完成训练任务。截至 2005 年底，依托市民兵训练基地和各大企业厂矿，采取集中组织和自训等形式，广泛的开展民兵训练。大大提高了民兵的军事素质。

桥东区民兵组织坚持战训一致，突出应用训练和协同训练，重点抓好担负城市防空作战任务的高炮分队，担负维护社会稳定任务的应急分队，担负战斗、勤务保障任务的专业技术分队的军事训练。坚持科技兴训，结合城市的特点，充分利用地方和科技、信息等优势，改进训练方法和手段，完善训练监督考核机制，落实训练人员、时间、内容和质量，极大的提高了民兵整体素质。

组织民兵打靶

二、武器装备

桥东区人武部自成立以来，武器装备都由军分区武器装备库统一管理维护。每年武装部在组织民兵训练、学生军训或组织军事日活动，需要动用武器装备时，必须按照训练计划拟定请示报告，经军分区司令部批准后，方可动用武器装备，组织完毕并对武器装备进行检查后，立即上缴军分区武器装备仓库，并将情况上报军分区司令部。在使用武器装备过程中，要求民兵爱护武器装备，做到“四会”（会使用手中武器、会保管、会检查、会排除一般故障），使民兵武器装备处于良好状态，减少各种事故的发生。

第三节 预备役

我国现行的兵役制度分为现役和预备役。编入民兵组织或者经过登记服预备役的称预备役人员。士兵预备役的年龄为 18 ~ 35 岁。士兵预备役分为两类，第一类士兵预备役包括：经过登记服士兵预备役的 35 岁以下的退出现役的士兵；经过登记服士兵预备役的 35 岁以下的地方与军事专业对口的技术人员；其他编入预备役部队和预编现役部队的 28 岁以下的预备役士兵。第二类士兵预备役包括：除服第一类士兵预备役的人员外，编入民兵组织的人员；其他经过登记服士兵预备役的 35 岁以下的男性公民。

1982 年，区组建预备役团，主要以基干民兵、复员、退伍、转业干部、战士为基础，以汽车兵、卫生兵、技术兵为骨干，形成了雄厚的国防后备军队伍。在组建基础上，根据上级军事机关的动员、扩编计划，采取同野战军联络、挂钩的形式，实行与部队对应编组，明确战时所担负任务和行动方向。进行全面系统的预备役登记，建立“一卡两表三册”（即预备役登记卡、预备役军人一览表、预备役军人序列表、花名册、调入调出登记册、组织活动册），从而为做好数据准确，查找方便，为做好战争准备，及时向部队补充兵员，提供了准确可靠的保证。1986 年 4 月以前所有档案、卡片、资料由市武装部统一整理、保存。此后，由区武装部与基层、企事业单位武装部整理、核对、保存。

第四节 重要活动

一、参加“两个文明”建设和小康社会建设

2004 年 5 月，广大青年民兵掀起了建设文明村（居）热潮。同年 8 月份，在民兵营连干部集训中，把民兵参加小康社会建设作为集训的重点内容，组织广大民兵营连干部进行了以《如何组织民兵参加小康社会建设》为主题的教育。广大民兵积极响应党的号召，自觉践行“三个代表”重要思想，充分发挥在经济建设中的生力军和突击队作用，踊跃投身到全面建设小康社会的伟大实践中去。农村民兵认真学习贯彻中央一号文件精神、中共河北省委《关于推进农村小康社会建设若干重要问题的意见》的精神，为提高粮食产量、增加农民收入做贡献。广大民兵更新观念，充分发挥骨干带头作用，带头脱贫致富奔小康，加快本区经济发展。

二、配合公安部门维护社会治安

为了保障人民生命安全和国家财产不受损失，桥东区民兵充分发挥民兵队伍的先锋作用、卫士作用、突击作用，积极配合公安部门维护社会治安，同各种犯罪分子进行有力的斗争。在护厂、护矿、护路、抗击非典和应付突发事件等任务中，发扬敢打硬仗、不怕牺牲的顽强作风。全区民兵多次配合公安部门对刑事犯罪活动进行大规模的集中打击，对重要目标进行防卫。1986 ~ 2005 年，桥东区共出动民兵 10000 余人次，配合公安机关巡逻执勤，查处和排除各类事故险情 200 多起，协助公安部门维护社会治安，执行重点打击各种刑事犯罪分子活动，破获各类违法违纪案件近百起。

1999年7月，在军分区的统一组织下，区人武部积极组织民兵应急分队200人，多次完成对非法组织的卡堵任务、制止犯罪团伙袭击为背景的战术训练及拉动演练。

2001年8月，区武装部对各乡、办事处、企事业单位武装部进行了全面检查清理，从而彻底根除了枪支弹药、爆炸物品安全管理隐患，杜绝了重大涉枪涉爆事故案件。

2002年6月，国防部原部长迟浩田上将到邢台学院检查国防教育工作，为确保工作正常进行和首长安全，人武部动用民兵应急分队180人，协助当地公安、交警等部门巡逻执勤和维护社会治安。

2003年4月，为配合区委、区政府做好“传染性非典型肺炎”防控工作，切实防止疫情传播，确保全区人员的身体健康。根据军分区党委和区委、区政府关于做好“非典”防治工作的一系列指示精神，统一部署，组织有关人员，动用民兵应急分队配合公安机关做好疫区的管理、疑似病人的隔离、救治等各项工作，封闭疫区，绝对禁止一切人员私自进入疫区和探视病人，切实防止疫情扩散，确保全区人民群众的身体健康和安全稳定。

2004年10月，北京军区组织“烈豹－04”演习，为保障部分参演部队跨区机动，区武装部动用民兵应急分队、民兵专业技术分队，配合交警维护交通秩序，保障了驻军和参演部队从辖区安全通过。

三、抢险救灾

桥东区历年都要遭受不同程度的自然灾害。全区民兵在军分区和人武部的组织领导下，充分发挥突击队作用，大力抢险救灾，保护人民群众的生命财产安全，带头开展生产自救、重建家园。

1996年8月邢台市遭遇了特大洪灾，为确保人民群众生命财产的安全，桥东区武装部在各乡办和企事业单位组成4个抗洪抢险连、2个医疗救护分队和2个预备队，共560人，积极地投入到抗洪救灾的工作之中。

2005年3月，对辖区内民兵应急队伍进行调整，人武部负责组建了1000人的防汛抢险分队，其中2个乡各200人，4个街道办事处各100人，区属常备队200人（2乡各60人、4办各20人）。另外组建防汛抢险民兵应急连2个250人、防汛抢险医疗救护分队2个共60人（民兵应急1连125人由保安公司41人、聚丰公司28人、吉泰特钢28人、电力公司28人组成，民兵应急2连125人由技师学院41人、华业通讯84人组成，第1防汛抢险医疗救护分队由人民医院30人组成，第2防汛抢险医疗救护分队由眼科医院30人组成），人员共计1310人。

四、参加生产建设

桥东区武装部紧紧围绕经济建设和社会发展，组织发动民兵积极参加地方经济的社会公益活动。1981～2005年，桥东区组织生产突击队员50000余人次参加生产。完成的技术革新1000多项；开展助民劳动，为群众做好事15000余件；参加市、区组织的植树造林活动，植树110000余株；在道路建设、河流治理等大型工程中，出动6000个劳动日。

全区民兵和预备役人员，在立足本职作贡献，振兴区域经济建设中发挥着先锋模范作用。工矿企业的民兵，在市场经济的条件下发扬主人翁精神，积极参加企业技术改革，开展劳动竞赛、优质服务、增产节约、发明创造等系列活动，成立民兵革新攻关小组20多个，完成技术革新项目40余项，创经济价值近30万元，为提高企业经济效益作出了积极的贡献。农村的广大民兵带头完善生产承包责任制，带头学科学、用科学，据不完全统计，全区民兵中有各类专业户100多个，为促进本地经济发展做出了贡献。全区民兵积极开展讲文明、树新风、学雷锋、做好事活动，50多个学雷锋小组活跃在城乡各地，大力开展为人民群众做好事活动。各基层民兵组织，普遍建立了扶贫帮困小组，为困难户提供技术、信息、劳力、资金等服务，帮助困难群体摆脱了贫困。根据民兵分布面广的特点，在全区分期分批组建民兵参建网点，以利于“参建”工作的开展和发展，也便利于管理工作的进行。

成建制组织民兵参加各种重点工程建设百余项，动员民兵 2 万多人次参加市区道路扩建、小黄河清淤、七里河治理、植树造林等工作，同时在承担急、难、险、重工作任务时，从未来战争出发，严格按照部队要求，培养过硬的战斗作风。

每年植树节还组织民兵进行植树造林活动，至 2005 年，共植落叶乔木近 10 万株，各种常绿乔木 3000 余株，花灌木 15 万余株。

五、带头巩固基层政权，维护民主建设

桥东区人武部在辖区各厂矿、居委会、村均建有民兵组织，1981～2006 年，一直坚持节假日战备值班，对辖区内的安全稳定起到了很大的促进作用。到 2006 年共担负战备值班任务 30 余次，处理突发事件 20 余起。

第四章　国防战备

桥东区设有河北省邢台市桥东区国防动员委员会，下设国民经济动员办公室、人民防空办公室、信息动员办公室、国防教育办公室、科技动员办公室。区武装部设有：综合办公室、人民武装动员办公室。主要负责制定战略制度，搞好战备教育秩序建设，组织战备演练，进行全民性国防教育。确保桥东区国防战备工作的有序进行。

第一节　战备制度

一、战备会议

区人武部每年召开一次战备工作会议，分析战备形势，总结各项战备工作的落实情况，解决战备工作中存在的问题，制定措施，布置任务。

二、战备教育

结合国内外形势、重大节日和年度训练，经常对机关人员进行战备教育，克服松懈麻痹思想，使全体干部、职工保持高度的战备观念。

三、战备方案

根据应付突发事件和抢险救灾的需要，制定各种战备方案，如情况变化，随时进行补充、修改、完善。战备方案有：《防空袭作战方案》、《民兵支前保障方案》、《兵员动员方案》、《维护社会治安方案》、《重点目标军警民联防方案》、《抗洪抢险方案》、《防火救灾方案》、《防震救灾方案》等。

战备方案由本级制订，报上级机关批准。制作成软件，实行微机化管理，由军事科指派专人保管。原则上每年修订一次，当情况发生变化或执行战备任务前要及时修订完善。

四、战备工作检查

区武装部对各项战备工作进行定期或不定期检查。检查内容包括：机关、给养库、战备值班情况；战备方案（计划）修定情况；民兵战备教育落实情况；战备物资保管情况；民兵应急分队人员

在位情况；战备设施建设；战备演练情况等。

战备检查通常结合重大节日和根据上级指示，每年组织1～2次。对人武部的战备检查，一般由上级机关组织，采取重点抽查与全面检查考核相结合的方法进行，对基层人武部、民兵分队的检查，通常由区人武部首长、机关组织。

五、战备管理

平时机关干部和职工的在位率要控制在编制数的2/3以上，加强战备时要保持90%以上。民兵应急分队的人员在位率平时要保持65%以上，加强战备时要保持85%以上。

民兵武器装备的保管与使用要符合技术、战备和安全的需要，建立健全值班、交接、登记统计、检查、保养等制度做到无丢失、无损坏、无锈蚀、无霉烂变质。保证武器装备始终处于良好的技术状态。

各种战备物资应按携行、运行和储存标准，实行“三分”（携行、运行、后留）、“四定”（定人、定物、定车、定位）。集中存放的物资，应实行“三化”（架子化、箱子化、标签化）管理。建立和健全各项管理制度保持战备物资处于良好状态。

第二节 战备教育秩序建设

一、战备教育

人武部把战备教育作为经常性思想教育的一项重要内容列入政治教育计划，周密计划、严密组织。

战备教育结合重大节日、年度训练、国内外形势战备任务以及人员的思想实际进行教育。教育内容以国防、形势战备、爱国主义教育为主，不断增强全体干部的国防观念和战备意识。人武部机关通常每季组织一次教育活动，每年根据上级规定召开一次战备工作会议，分析战备形势，修改战备方案，组织战备演练等。

二、战备秩序建设

武装部的战备秩序包括值班、战备制度和战备设施。桥东区武装部结合自身实际，大力加强战备秩序建设，制定了相关的战备规定。

机关实行首长值班和值班员值班，主要担负处理战备和日常工作。值班首长由部长、政委和副部长轮流担任，受军分区值班首长领导，值班人员掌握人武部机关和所属民兵分队战备情况及当地社会动态，处理日常工作，组织民兵应急分队应付突发事件和紧急情况。值班员由科以下现役干部（含科长）轮流担任，受武装部值班首长领导，负责受理上级的批示和基层人武部、民兵连（营）的请求报告，了解和掌握社会动态。值班员坚持昼夜24小时值班，重大节日值班按照军分区要求统一安排。值班员必须坚守岗位，认真履行职责，在重大节日和特殊时期，人武部指定民兵应急分队担负战备值班任务。担任战备值班任务的民兵应急分队，时刻保持良好的战备状态，随时准备应付各种突发事件和紧急情况。

三、战备设施

战备设施是人武部保持良好战备状态，做好各项战备任务的重要物质条件。本着平战结合、简便实用、因地制宜、逐步配套的原则，有计划、分步骤地进行建设。人武部战备设施建立“三室二库”，即：作战室、值班室、档案室，战备给养库、战备物资库。

第三节　战备演练

人武部有计划地组织民兵进行战备演练和参加上级组织的战役战术演习。战备演练主要包括：民兵应急分队、兵员动员、抢险救灾、军警联防和综合性战备演练等。

民兵应急分队演练，通常每年组织一次，可在集中训练期间进行。主要演练传达号令、车辆征集、人员集中、登车编队和实战机动等内容。

兵员动员演练，依据兵员动员方案组织首长、机关和基层武装部进行以熟悉工作内容、程序和方法为目的兵员动员演练，一般每 2 ~ 3 年组织一次。

抢险救灾演练，根据上级指示，结合任务变化适时组织。主要演练传达号令、组织人员集结、登车编队以及抢险救灾行动、要领等内容。

军警民联防演练，根据军警民联防方案，每年组织一次以保卫重点目标安全和应付边境突发事件为背景的军警民联防演练。

综合性战备演练，结合担负的战备任务，每 1 ~ 2 年组织一次首长机关带民兵应急值班分队的综合演练。重点演练组织指挥、应急分队紧急出去及对突发性事件的处置，提高首长机关和民兵应急分队整体作战能力。

战备演练纳入年度军事训练计划，结合年度训练任务进行。

区武装部每年夏季汛期来临前都要组织民兵应急分队进行抗洪抢险演练。每年“两会”期间和社会敏感期以及春节、国庆等大节日前也要组织民兵应急分队进行一次拉动演练，以提高民兵应急分队应付突发事件的能力。

第四节　国防教育

1986 ~ 2006 年，区人武部紧密联系实际，在全区范围内由点到面逐步开展了全民国防教育，特别是 2002 年在邢台学院武装部召开了河北省全民国防教育经验现场交流会后，全区国防教育进行的更加扎扎实实，轰轰烈烈。在全区范围内逐渐形成国防教育体系，出现了全党重视、全社会支持、多形式施教、大面积落实的大气候。

一、国防教育机构

国防教育宣传

1992 年，邢台市桥东区成立了国防教育领导小组，成员分别由区委宣传部、区委办公室、区民政局、区教委、区文化局、区团委、区妇联的主要负责人担任。区国防教育领导小组负责管理本行政区域的国防教育工作，宣传贯彻国家有关国防建设的法律、法规，制定并组织实施本行政区域的国防教育规划，指导和协调各部门的国防教育工作，研究解决国防教育工作中的重大问题，检查、督促、指导国防教育工作，提出国防教育工作预算，完成上级赋予的其他国防教育任务。

区国防教育领导小组下设办公室，为国防教育领导小组的常设办事机构，办公地点设在桥东区人武部，区人武部政委担任第一任办公室主任。国防教育领导小组办公室承办国防教育的日常工作，负责本行政区域内的国防教育工作，管理和使用本行政区域国防教育经费，定期向本级国防教育领导小组报告工作，负责其他由国防教育领导小组交办的事项。

二、国防教育形式

国防教育实行经常教育与集中教育相结合、普及教育与重点教育相结合、理论教育与引导教育相结合的原则，针对不同对象确定相应的教育内容分类组织实施。

学校国防教育 主要是开展军训，结合课堂教学渗透教育，建立少年军校和结合课外活动等方式进行。自从1986年邢台学院（原邢台师范学校）作为学生军训试点学校开展学生军训活动以来，全区15所大中专学校及普通中学普遍开展了新生入学后军训活动。1993年全区参训学生已达到了12000余人。1996年全区参训学生增加到了20000余人。辖区内所有大中小学每年都进行了军训活动，大学的军训统一服装和教材，年训练人数达到了30000余人。

桥东区还在范围内5所小学成立了业余少年军校。做到了组织机构健全，制度完善，阵地设施齐备，方法灵活，提高了业余少年军校的活动效果。通过广辟第二课堂进行行为教育，开展军事活动，进行技能训练等方面促进少年军校的规范化建设，通过注重融知识性、娱乐性、教育性于一体，寓教于情、于理、于乐，提高了国防教育知识的吸引力。通过启蒙渗透教育，组织少年学生进行社会实践活动，开展夏令营活动，使广大学生受到了生动实际的国防知识教育，促进了教学质量和学校综合水平的提高。

社会国防教育 对于干部层的国防教育，主要是采取在党校增设国防教育课，过一日军事生活，撰写论文，举行文艺晚会，请教授授课等方式开展教育。从1992～2006年，区委党校共上国防教育课92次，听课人数1486人次；乡办党校共上国防教育课653人次，受教育干部5725人次。从1992～2006年，全区共举办军事日活动15次，在军事日活动中，区领导以普通一兵的身份严格要求自己，不仅看国防教育纪录片，进行手枪、冲锋枪实弹射击，而且参加革命歌曲比赛，参观国防教育基地，走上街头向过往群众散发国防教育宣传资料。使整个桥东区的国防教育工作都有了很大的提高。

对民兵预备役人员的教育，主要是采取把国防教育作为政治教育的重要内容，结合党的中心工作和征兵、整组、训练、重大节日纪念活动，以及抢险救灾、执勤等开展教育。各乡针对民兵比较分散的特点，积极探索跟踪教育、庭院教育、看守教育等路子。至2006年，共向全区民兵下发函授作业42期，受教育民兵共计1万余人次，受教育面达90%。

对群众的教育主要是利用国防教育展室、广播、电视、黑板报、宣传栏等各种宣传工具，开展经常性教育。特别是每年四月的国防教育法颁布纪念日和十月的国防教育宣传月期间，全区各乡镇和大型企业都精心安排、精心布置、精心组织，集中人力、物力、财力，大张旗鼓的开展一系列活动，宣传国防法律法规，进行国防教育讲座，普遍进行教育，1988～2005年，全区连续搞了18个“宣传月”的活动。此外，结合一年一度的征兵宣传和充分利用春节、元宵节、赶庙会等传统节日，在开展文娱活动中穿插国防教育内容。

桥东区每年都参加全市的各种地区性的活动。1991年、1996年参加了邢台市的国防知识竞赛。1995年参加的国防教育演讲比赛。1999年，组织参加全国“迎国庆，万校国防教育”活动。2000年，组织参加全省“迎接新世纪国防知识竞赛答卷”活动，全区有2万余人参加，收回有效答卷21119份，有4人分获一、二、三等奖。

三、“三防”教育

“三防”教育即防核武器、防化学武器、防生物武器的常识教育。为使全区人民适应现代战争特点，1986年开始，区人防办联合区文教局等单位，深入到厂矿、街道学校等地，对辖区人民特别是对中小学生，利用图片，演讲等多种形式，经常地进行“三防”教育，使全区人民群众的防空知识和国防观念进一步增强。

第五章　兵　役

1982～2006年，区人武部按照市政府和军分区的征兵命令，认真做好兵员征集的各项工作，圆满完成征兵任务。并配合民政部门做好退役士兵的安置工作。

第一节　兵员征集

1982年以前，征兵工作由邢台市征兵办公室统一办理。1982～1985年，体检、批准入伍由市征兵办公室负责，桥东区武装部负责宣传、发动、报名、目测、政审、社会调查等组织实施工作，从合格人员中择优定兵。1986年征兵工作由区武装部负责组织实施。

1996年4月，桥东区人武部收归军队建制，接受邢台军分区和区委、区政府的双重领导，征兵工作作为武装部的一项重要工作。征兵期间，桥东区成立以区长为组长的征兵领导小组，下设办公室，办公室设在区武装部，负责承办具体工作。办公室主任由区武装部副部长兼任，工作人员由区武装部军事科、政工科、后勤科和区国教办、宣传部、民政局、公安分局、纪检、教文体局、卫生局等相关部门组成。各乡、办、驻区机关、企事业单位武装部每年根据需要也成立相应的领导小组和办事机构。

为搞好征兵工作，桥东区认真贯彻中央军委关于做好征兵工作，确保新兵质量的一系列重要指示，按照市政府、军分区的征兵命令和征兵工作实施方案的要求，严把政治、年龄、文化、身体4个关口，精心策划，严密组织，狠抓准备工作、宣传发动、体检工作、政审工作、审批定兵、输送新兵六个阶段，圆满完成上级赋予桥东区新兵的征集任务。

为确保兵员质量，积极改进政审办法，2004年，区武装部采取先政审，后上站体检的办法，使政审工作贯穿征兵工作全过程。到2006年底，桥东区无一例退兵。

第二节　退役与安置

按照有关规定，桥东区人武部对退伍军人及时进行了预备役登记工作，民政部门成立专门的机构对退伍军人进行接收，统一管理，妥善安置，优抚实行定期定量补助。随着对复退军人的安置政策不断完善，各级党政领导重视发挥复员军人的积极作用。复退军人有的被安排在企业、交通、建筑等行业，有的被乡办企业录用，部分人还当上厂长、经理，还有的走上乡、办领导岗位。随着社会的发展，安置压力不断增大，安置困难程度越来越大，区委、区政府对退役人员实行一次补偿和安置相结合的政策，进一步拓展就业渠道。

第六章　人民防空

人民防空是国防的组成部分，是由政府组织领导的群众性对敌空中袭击的防御措施之一。其任务是根据现代战争特点，动员和组织人民群众采取防护措施，与敌人的空中袭击作斗争，保护国家和人民生命财产安全，避免或减少国民经济损失，保存战争潜力。

第一节 防空机构

桥东区人民防空办公室于1982年成立，接受区政府和地方武装部门的双重领导，负责承办人民防空的日常工作。1983年，正式成立了区人民防空委员会。

人民防空委员会是人民防空工作的最高领导机关。在当地党委、政府和军事部门双重领导下，负责组织实施辖区内的人民防空工作，并接受上级人民防空委员会的指导。人民防空办公室是人民防空委员会的办事机构，是当地政府的一个职能部门。人民防空委员会的职责：贯彻和监督执行国家人民防空建设的方针、政策和法规，制定全区人民防空建设规划和有关规定；组织实施辖区内的人民防空工程、通信、警报建设与管理；组织制定城市防空袭预案、人口疏散计划、战时人民防空医疗救护、物资和水电供应以及其他各项保障方案；组织、训练防空专业队伍，训练防空干部和专业技术人员；组织人民防空科学研究；对公民进行防空教育训练；管理人民防空经费物资；战时组织指挥人民群众进行反空袭斗争，消除空袭后果，配合城市防卫和要地防空作战，并协助有关部门恢复生产和生活秩序。

第二节 防空工程与利用

1969年，全市人民为响应毛泽东主席发出的“深挖洞、广积粮、不称霸”的号召，开始了较大规模的人防工程建设。至1983年，区属范围内共建筑人防工程、地道工程10228平方米，地道总长4913.15米，主支干道14条。地下室工程17147平方米，71个地下室分布在辖区48个单位。1979年以后，人防工程建设规模有所缩小，各工地转入维护、加固、改造阶段。

该区的人防工事建筑，其主体干道是人员掩蔽工事和专用工事，形成既互相贯通，又能独立的防御体系。

1978年，人防工程由封闭保密型，转为开放型。1983年始，辖区内的工程利用有了较大发展，至1989年总使用面积为10546平方米，使用其从事生产经营的单位有26个，年营业额达131.49万元，税金10.86万元，利润26.95万元。

第三节 人防专业队伍组织与训练

按专业对口原则组建起来的防空专业队伍，在不同时期的名称、隶属关系、体制规模不尽相同。中华人民共和国成立后，防空专业队伍曾由人防专设和军事部门结合组织民兵设置两种办法组建，平时参加人防战备建设和抢险救灾工作，战时城市消除空袭后果，担负抢险、抢修、前送后运、恢复生产和生活秩序等任务，并配合部队进行城市防卫和要地防空作战。1981年，随着民兵组织的调整改革，对人防专业队的编组与训练也进行了调整。1984年，国务院、中央军委颁布的《人民防空条例》规定：防空专业队伍的人员，应符合民兵条件，并具有一定的专业技术，有的专业队伍人员年龄可适当放宽。根据“条例”规定，桥东区按照“平战结合、专业对口、便于领导、便于指挥”和“保留骨干、长期建设、定期训练、战时扩编”的原则和指导思想，由区人防办和区武装部，根据城市防空袭斗争的需要，组建了抢险维修、医疗救护、消防、防化、通信、运输、治安等7种专业队伍。调整后，防空专业队减少了数量，提高了质量，单独编组，自成体系，平时在本单位领导下，在人防和军事部门指导下开展活动，战时遂行任务由城市人民防空委员会统一指挥。

防空专业队伍编成后，遵照国家人民防空委员会颁发的《人民防空专业队伍训练大纲》，采取集中办班、函授作业、岗位练兵、组织演练等形式每年训练一次，每次训练总人数的1/5，时间5~10天，每4~5年进行一次复训。随着人民防空事业的发展，各种防空专业队伍逐步建立健全起来，并进行了一定的专业技术训练，提高了遂行任务的能力，进一步提高了防空专业队伍的专业技能。

第四节　防空演习

防空演习大体分群众性的防空综合演习、专业队伍专项演习和防空指挥演习三类。通过演习，检验了防空教育训练成果，熟悉了防空作战预案，提高了指挥效能，锻炼了防空专业队伍，增强了全民的防空意识，提高了现代战争条件下对空防护能力。

为了提高各级人民防空的组织指挥能力，区人防办按照上级人民防空办公室的工作部署，在抓好干部训练的基础上，重点抓了指挥机构的组织指挥演习。指挥演习一般使用通信工具，根据想定或预案，在现地或室内组织实施。

2000~2006年，桥东区在抓好本级防空指挥演习的同时，区防空办和区人武部也积极参加上级组织的综合性防空演习和专业分队演习。

第二十三编
人事劳动　社会保障

1980年桥东区成立时，政府设立劳动科，1984年4月，桥东区政府劳动科改为劳动人事局，负责全区劳动人事工作。1996年6月，桥东区劳动人事局改称为桥东区人事劳动局。区人事劳动局的主要职能部门有：办公室、干部科、劳资科、劳动争议仲裁科、锅炉压力容器检验科、劳动关系监察科等7个科室；桥东区劳动就业服务局、桥东区社会保险事业管理所2个事业单位；另外还有区机构编制委员会办公室、区工资改革办公室、劳动监察大队、区国家机关事业单位工人考核办公室、区职称改革领导小组办公室、区安全生产办公室、区劳动争议仲裁委员会、区劳动鉴定委员会、区老龄工作委员会等机构挂靠在人事劳动局。

2002年5月，桥东区进行机构改革，桥东区人事劳动局改称为桥东区人事劳动和社会保障局，负责全区人事、劳动和社会保障工作。主要职能部门有：办公室、干部职称股、工资福利股、劳动仲裁股、就业培训股5个科室；桥东区就业服务局、桥东区社会保险事业管理所、桥东区医疗保险所、桥东区失业保险所、桥东区工伤保险所、桥东区人才劳务市场6个事业单位；区工资改革办公室、区劳动监察大队、区国家机关事业单位工人考核办公室、区职称改革领导小组办公室、区安全生产办公室、区劳动争议仲裁委员会、区劳动鉴定委员会、区再就业工作领导小组办公室、区政务公开办公室等机构挂靠在人事劳动和社会保障局。区机构编制委员会办公室于2002年机构改革后独立办公，区安全生产办公室移交区发展改革局行使职能。

1980～2006年，桥东区人事劳动和社会保障部门认真执行党的路线、方针、政策，围绕区委、区政府中心工作以深化机构改革、大力引进各类人才、完善公务员培训和考核机制、细化专业技术职务聘任与管理、落实军转干部安置政策、做好工资福利等为工作的重点，以确保下岗职工基本生活费发放，确保离退休人员养老金发放、扩大社会保险覆盖范围、拓宽再就业渠道、完善劳动力市场、加大劳动监察力度、维护职工合法权益为劳动和社会保障工作主攻方向，强化自身建设，优化办公环境，提高服务水平，为桥东区的和谐稳定发展贡献力量。

第一章　人事管理

桥东区人事工作主要以协调全区各级行政机关实施和完善公务员制度，负责政府部门国家公务员和事业单位管理人员的考核；承办全区有关单位公务人员的录用、指导协调和审核；以区政府名义实施奖励表彰活动和表彰人员；负责区属各机关、事业单位工作人员的教育培训；拟定区属事业单位工作人员录（聘）用的实施细则，并组织实施和聘后管理服务；负责全区人才资源的规划、预测，指导人才的流动和开发，参与大中专毕业生的就业安排；承办机关和事业单位人员和技术人员的调配，军队转业干部的安置、培训和服务。

第一节　干部录用

桥东区干部录用工作本着向经济建设第一线倾斜，有利于机构改革的原则，1993～1997 年共为机关、事业单位录用干部 29 名，人民警察 7 名（其中区人民法院录用 5 名、区人民检察院录用 2 名）。

1999 年，针对区直部门文秘写作人员缺少状况，由组织部、人事局组织从区财政开支事业单位人员中招聘文秘写作人员，录用干部坚持公开、公正、凡进必考的原则。经过笔试、面试、组织考察等环节，共录用文秘写作人员 14 名，分别充实到区委、区政府各部门文秘岗位。同年接收市直分流到桥东区干部 40 名、邢台市人事局招录学生 10 名，充实到乡镇基层工作。1999～2001 年，按照省、市三年招录计划，由邢台市人事局公开招录 7 名应届大学毕业生，分别到大梁庄乡和东郭村乡基层工作锻炼，并纳入公务员序列。

按照市政府及市劳动局统一配备街道和社区劳动保障专职工作人员，搭建社会劳动保障平台要求，区委、区政府为加强对该项工作的领导，将其列入重要议事日程。2004 年 1 月，桥东区成立了由区委书记、区长任组长，主管副书记、常务副区长任副组长，人劳局、民政局、街道办事处等有关部门主管领导为成员的社区劳动保障平台建设工作领导小组。根据市政府要求，坚持公开、平等、竞争、择优的原则，将招聘对象条件、范围向社会公开。要求应聘人员具备较高的政治、文化素质，热爱社会保障服务工作。事务所聘用的工作人员必须是国家承认的大专以上学历，年龄在 35 周岁以下，工作站聘用的工作人员要具备国家承认的大专以上学历或全日制普通中专学历，年龄在 35 周岁以下，具有邢台市城区常住户口，身体健康，具有财会、统计、计算机专业证书者，在同等条件下优先聘用。按照德才兼备的标准，通过严格的资格审核、笔试、面试、考核、体检等程序，共有 57 名应聘人员（其中办事处和居委会原正式工作人员 33 名、成绩优秀的社会报考人员 24 名）被录用，分别配备到 4 个街道办事处的劳动保障事务所和 53 个社区的劳动保障工作站，从事基层劳动保障工作。

第二节　干部任免

1984 年，区政府根据干部要“革命化、知识化、年轻化、专业化”四化要求，和本区干部队伍实际状况，先后对政府的 14 个局（科）、委、办、4 个街道办事处、区工商公司、区医院、区防疫站、区环卫站、4 个学区的行政领导班子成员进行了调整和充实。对继续任用和新提拔的干部及时办理了任命手续。在配备各级领导班子过程中，任命科级干部 4 人（4 个街道办事处的主任）、副科级干部 34 人，股级干部 17 人。区政府部门和办事处共配备科级干部 9 人，副科级干部 26 人（不包括工商局和物资局），其中中专以上文化程度 20 人，占 57%，高中文化程度 5 人，占 14%，初中文化程度 10 人，占 29%，平均年龄为 41 岁。

人事劳动局干部科负责区属单位一般干部行政职务评定及股级干部任免工作。1984～2006 年，累计评定科员 206 名，办事员 267 名，任免股级干部 65 人次。同时担负区政府对区直部门科级干部的任免文件拟稿和发文工作，负责向区人大提名领导干部任免函，历年累计发文 90 余份，任免科级干部 300 余人次，累计提名 200 余人次。

第三节　干部调配

桥东区人事劳动局，对干部调配做了具体的规定：对外地干部调入政府各部门及下属单位，由调入单位写出书面报告，送交区劳动人事局审查。进政府各部门的报政府党组研究决定；进基层单位的，报区长办公会决定。对外地教师进区属各校，由区长办公会研究决定。需要通过市教育局办理手续的，由区文教局向区长办公会报告，报市教育局审批；需要通过市人事局办理手续的，区教育局同意后，区劳动人事局打报告，报市人事局审批。政府部门与区委、法院、检察院等部门干部调整，由区劳动人事局和区委组织部共同拿出意见，报主管干部、人事工作的书记、区长批准。区工业公司下属企业之间干部调整，由区工业公司拿出意见，报主管区长批准。本区范围内教师调整，由区文教局决定。各校区教导主任调整，由区文教局拿意见，报主管区长批准。区医院、分院、防疫站之间人员调整，由区卫生局决定。政府下属单位的干部调入政府各部门，或政府部门的干部调往下属单位，由区长办公会研究决定。干部调往区外，由调出者本人写出申请报告，报经单位领导和主管部门同意后报主管区长批准。

干部调动由局干部科负责，办理调动手续要求调动人员填写干部调动表、计划生育情况调查表，按要求分别提交调出单位、调入单位及人事部门存档留查。1984～2006 年累计审批干部调动手续 1200 余份。

2003 年，桥东区建设局下属市容管理办公室全部划入市建设局统一管理，工作人员一并转入市建设局。针对这一比较敏感问题，桥东区人事劳动和社会保障局认真研究，反复审核，严把关口，杜绝了人情和关系，按时限、按规定确定 11 名上划人员名单，并在全区范围内进行为期 3 天的公示，经公示无任何意见后，以最快速度办理好上划人员调动手续，高质量完成职能上划及人员调整工作。

第四节　军队转业干部安置

军队转业干部在部队服役期间为国家做出了贡献，做好其地方安置工作是一件政治任务。桥东区人事劳动局从讲政治、顾大局的高度出发，极为重视军转干部安置工作。根据军转干部本人档案排名打分，依据部队职务、个人意愿及工作需要等多方面因素综合考虑，人性化地落实安置政策，以组织分配为主，兼顾个人自愿，重点倾斜政法部门，按照军转干部军衔、军龄、军功、从事工作岗位并参考个人特长、就业意向等因素，进行综合打分排名次，分别确定工作单位，确保转业干部安置任务完成。

1984～1997 年，桥东区累计接收军队转业干部 57 名，分别安排在政府部门及区法院、区检察院等部门工作。1999 年分配到桥东区转业干部 15 名，数量较多，上级要求安置标准较高。针对这一情况，区人劳局做好他们的思想工作，使他们走上了新的工作岗位。在做好军队转业干部定岗安置的同时，还考虑其家庭实际情况，尽量帮助解决家属就业、子女入学入托等事情，使他们安心工作，爱岗奉献。

第五节　大中专毕业学生分配

桥东区大中专毕业生分配办公室挂靠在区人事劳动局干部股，负责大中专毕业生分配派遣工作。

历届大中专毕业生需持邢台市人事局或有关部门开具的就业报到证到区人事局干部股报到。区人事劳动局根据年度生源情况，召开局长办公会议研究毕业生就业指导计划，经区政府确定并下达指导计划。

桥东区自1995年开始大中专毕业生接收工作，区人事劳动局扎实抓好大中专毕业生的就业工作。大中专毕业生的就业渠道有：实行公务员管理的机关、事业单位新增管理和技术岗位，自然减员空岗，主要用来聘任大中专毕业生。组织现有企业包括非国有企业吸纳毕业生就业，到非公有制经济领域就业的毕业生，人事部门和用人单位在劳动关系、社会保障、职称和职业技能资格认定、报考公务员、继续教育、奖励等方面与到机关、事业单位就业的毕业生一视同仁，享受同等的政策待遇。鼓励支持毕业生自主创业，简化毕业生就业手续，坚持“一证准入制”。2000年，根据区情，按照市场配置毕业生的机制，加强就业指导培训，培养“跨世纪实用创新”人才，进一步加强学生创业指导、职业指导、就业指导工作。采取有效措施，积极推动毕业生就业市场、人才市场、劳动力市场相互贯通和资源共享。在人才市场和职业介绍所开辟毕业生就业的专门窗口，开展有针对性的指导、服务、培训和招聘活动，建立用人单位和毕业生双向交流和选择的平台。

1995～2006年，累计报到大中专毕业生700余人，为300余名毕业生办理了派遣手续。除少数分配到区属机关、事业单位工作外，大部分毕业生在非公有制企业实现就业。

第六节　干部考核

对机关事业单位工作人员进行年度考核是衡量其工作实绩的重要依据之一，同时也是深化人事制度改革、转变政府职能、适应市场经济管理体制的需要。机关事业单位工作人员年度考核自1993年开始，以量化目标管理为形式，以目标管理责任制为载体，量化考核，打分评比。当年突出抓了目标管理的制定、运行、检查、调查、考核、评比6个环节，坚持定期检查，定期评比，工作到家，监督到位，按照“找差距、定措施”的方针，对目标管理工作进行了纵评、横比、综合考虑，给工作人员一个客观、公正定位，共评出目标管理先进单位7个，先进个人242人。

1994～1996年全区第一次按照《国家公务员暂行条例》考核奖惩办法进行，为做好这项内容新、涉及面广的工作，桥东区成立了考核机构，制定了考核办法，并严格履行审批手续，建立了年度考核台账和考核手册制度。逐步完善考核制度，打破部门界限，打破一条线划分，打破名额分配办法，条块结合，对科级干部开展互评，实行按工作实绩与考核分数结合，对全区党政群机关、事业单位副科级以下在职工作人员进行了年度考核。对连续3年被评为优秀等次的人员，按有关规定为他们晋升一级级别工资；在考核基础上，依据考核结果，按照《国家公务员奖励暂行规定》，对年度被评为优秀的人员荣记三等功、嘉奖奖励。

1997～1999年度进一步完善考核方式和方法，考核工作实行“五公开”，即考核标准公开、考核内容公开、考核时间公开、考核进度公开、考核结果公开，充分体现考核的科学合理。考核工作突出抓好三个结合，即考核形式纵向和横向相结合，平时考核和年度考核相结合，考核标准和本部门本人工作特点相结合，全面考查被考核人的“德、能、勤、绩”综合表现。1999年度考核工作对新增加的“基本称职”和“基本合格”档次进行了细化，要求各单位建立考核小组，坚持客观公正为主、不搞主观指令；坚持民主公开为主，不搞暗箱操作；坚持注重实绩为主，不搞一锤定音。对经考核连续三年评为优秀人员，给予奖励一级级别工资，对成绩突出者予以记二等功、三等功、嘉奖奖励。

2000～2006年度考核工作做到领导与群众相结合，平时考核与定期考核相结合，定性考核与定量考核相结合，注重工作实绩和平时表现综合考虑，维持平衡。考核工作重在准确评价被考核人员的德才表现和工作实绩，评定等次更趋完善，评价结果更为合理。坚持“客观、公开、公正、民主”

的原则，考核方式和考核方法进一步完善，充分体现考核的科学合理。2003 年，对全区政府机关、事业单位在职工作人员年度考核工作纳入微机管理。历年考核后，为 3 年连续优秀的工作人员提前晋升一级工资。给表现突出的记二等功、三等功、嘉奖奖励并下发考核结果文件及奖励证书。

第七节　干部培训

认真贯彻上级部门关于人事培训工作的指导精神，充分提高全区公务员的政治理论水平、行政管理和现代化办公能力，努力适应新形势的要求，紧跟时代步伐，逐步形成了一套“政府调控、行业指导、单位自主、个人自觉”的培训教育机制和管理体系，培训内容以法律法规、市场需求、岗位必会和社会发展必须掌握为导向来确定培训安排，把个人动因和组织选送结合起来做好人事培训工作，重点建设一支高素质的干部队伍。

按照市人事局的安排，1994 年对未参加《公务员行为规范教程》培训的人员集中进行了培训，共计 17 人参加了这次培训，为公务员制度的实施奠定了基础。

1998～2000 年着重搞好公务员任职培训、普法培训和计算机应用能力培训。按照邢台市委组织部、邢台市人事局《关于科股级公务员任职培训有关问题的通知》要求，对全区 430 名科股级公务员进行了历时 7 个月的任职培训，并参加了全市统一组织的考试。对 1999 年 5 月以后调入和新分配的工作人员开展了公务员行为规范补训，严格学习纪律，设立签到制度，并组织了严密的考试，参训人员 40 余名，合格率 100%。组织计算机应用能力培训，多方筹资 12 万元，购置 20 台微机，达到硬件配备的要求，同时制定培训措施，严格培训制度。组织职称外语考试工作，职称外语作为晋升中高级职称的必备条件，愈来愈受到广大专业技术人员的重视，区劳动人事局充分认识职考工作的重要性，通过认真摸底、精心组织，申报考试资格（含古代汉语）人员，全部领取资格证书。

为适应我国加入世贸组织需要，按邢台市政府要求，2001 年在全区公务员中认真组织开展了英语、WTO、计算机三项学习。组织英语学习培训，举办英语培训班 2 期，受训人员 90 人，其中 82 人参加了市统一考试；组织 WTO 知识培训，全区在职人员参加 WTO 培训，积极订购教材，认真完成作业，共有 1380 人通过了考试；组织计算机应用等级能力培训，共举办微机培训班 9 期，参训人员达 270 名。

为提高桥东区各级干部运用信息技术与信息资源的能力，根据中组部、人事部、国务院信息化工作办公室《关于开展信息化与电子政务培训的通知》和人事部《关于在全国公务员中开展信息化与电子政务培训的通知》精神，2005 年 11 月组织区属各单位 100 余名公务员，分 6 批次参加了由市人事局开办的公务员电子政务培训。通过培训，使广大公务员熟悉了我国电子政务建设的指导思想、建设原则、主要目标和任务，加深了对推进信息化与电子政务工作重大战略意义的认识，掌握信息化与电子政务的基础知识和计算机上网办公业务。

第八节　人才交流

实施“科技兴区”，人才是关键。人事劳动局坚持以经济建设为中心，从人才市场建设抓起，积极开发人才资源，合理配置人才，充分发挥人才优势，完善了信息储备、人才测评、保障功能等配套服务措施，为桥东区引进急需的生产管理人才，为“科技兴区”做好了基础和保证。

1993～1995 年，组织企业用人单位多次参加河北省大中专毕业生双向选择交流会、华北五省技术交易会暨省第二届人才交流会、河北省“吴桥杂技节暨人才洽谈会”为企业引进各类技术人才和接收大中专毕业生。1996 年根据区制定的科技人才“千百工程”，在搞好外引同时，加大了内培力度，积极开发整体人才资源，为人才市场落实了场地，配备了人员，克服了人才工作“有市无场”的局面，规范了一系列规章制度。

1998 年，投资 16 万元在繁华地域购置场地 80 平方米，建起了人才、劳务市场，为桥东区开发人才资源、引进人才，奠定了坚实基础。人事代理工作拓展了人事代理业务范围，初步建立包括档案管理、职称评聘、工资套改、养老保险、户粮关系迁转等多项内容的人事人才一条龙服务程序。1999 年继续完善人事人才配套服务措施，为到桥东区服务的人才办理了人事代理证，解除了用人单位和人才的后顾之忧，为到市场求职人员介绍了满意的工作。组织参加市大中专毕业生就业洽谈会，进一步畅通了就业渠道，全年分配桥东区 85 名大中专毕业生、市直党政群机关分流干部 40 名、市人事局录考中心录用 10 名应届毕业生，顺利安置到基层单位，加强了基层组织建设。

区人事局抓住“机遇难得、人才难得”的机会，突破人事人才工作陈旧观念、人事工作服务对象、人事工作传统管理方式的局限，广辟渠道，招纳贤才，改善了区人才结构。2000 年组织企业赴西安参加了西部开发人才交流会和武汉夏季人才交流会，共引进本科以上学历 38 人，改善了桥东区现有人才结构和专业知识结构。根据市“专家扶贫解困工程”，落实为“三农”服务，引进专家、教授讲解科技知识、种养植技术，发挥辐射带动作用，引导广大农民走科技兴农之路，狠抓“双十双百”人才带动工程。

2001～2006 年，面对人才竞争十分激烈的新趋势，区人事劳动局领导积极谋划，制定了桥东区引进人才优惠措施，为区属企业牵线搭桥，协调组织企业参加全市人才交流会、市秋季综合人才交流会和全市大中专毕业生人才交流会，签订引进人才协议 220 份，达成就业意向 267 份。人才引进改善了全区人才结构和技术水平，为企业技术更新、脱贫解困发挥了一定作用。通过人才交流为桥东区经济建设注入新鲜血液，对改善桥东区人才专业结构和专业技术水平有很大帮助，也为企业解困起到了一定作用。

第九节　职称评聘

为加强企、事业单位专业技术人员管理，了解其基本情况和思想动态，积极开展了专业技术人员年度考核。既监督检查专业技术人员工作实绩，也为专业技术人员晋升职务、实施奖惩提供重要依据。同时深化职称改革，改进职称评聘办法，引入竞争激励机制，采取集中量化打分排队的办法，克服只重资历不重能力、只重学历不重实绩的弊端，坚持“评聘分开”的原则，使职称评聘工作健康有序推进。

1993～1994 年，在全区参加考核的 1180 名专业技术人员中共评出优秀 180 名，称职 497 名，基本职称 503 名，并按照“评聘分开”的原则，对有资格的专业技术人员发放资格证书，并对 6 名高级职称、430 名中级职称人员换发了资格证书。

区人事局非常注重对专业技术人才的培训和激励，1995 年组织全区专业技术人员参加了现代科学技术知识及社会主义市场经济理论知识的普及培训，参训人数达 1127 名。对申报中、高级职称的人员进行审核、筛选，送评高级职称 4 人，中级职称 47 人，初级职称 88 人。对 1994 年参加工作的大中专毕业生直接认定了专业技术职务，组织参加省外语通考和省古汉语统考。1996 年对全区 12 个系列 1200 余人的基本情况进行了重新登记、动态管理。为进一步完善专业技术人员档案管理，对留存的 130 余份技术档案进行了清理。

1998～1999 年，全区加强了聘任管理工作，全面贯彻公开、公平、竞争、择优的原则，综合考核专业技术人员的水平、能力、业绩，实行动态管理，严格按照科学设岗、按岗聘任、优胜劣汰的要求，逐步废除专业技术职务终身制。组织对全区专业技术人员的技术档案进行全面整理，重新登记造册，改变档案管理混乱、分类不完善、查找困难的状况。针对指标少、参评人员多的实际情况，制订出按量化打分排队，择优上报的办法。

2000年，职称评审重点向乡镇中小学教师倾斜，做到了专项指标专用，稳定了教师队伍，为提高教学质量起到重要作用。

2001～2006年，职称评审政策上做出较大调整，按照“严格标准、放开申报、比例控制、强化管理”的基本原则，坚持以改革创新为动力，以人才结构调整为主线，努力建设一支高素质社会化专业技术人员队伍。在客观、公开、公正、公示的条件下，完成各专业结构的初、中、高级职称聘任管理工作。并对全区1524名在职和离退休专业技术人员基本情况进行了一次全面的统计调研并输入计算机，实现了信息化管理。

第十节　行政事业人员工资

1980～1984年，桥东区工资制度执行的是1955年全国统一的工资制度。1985年，对全区机关事业单位实行以职务工资为主要内容的结构工资制，同时废止旧的职务等级工资制度。新的工资制度，按照工资的不同职能分为基础工资、职务（岗位）工资、工龄津贴、奖励工资四个组成部分。其中，基础工资以大体维持工作人员的基本生活费计算，不分职务，均是40元；职务（岗位）工资是结构工资的主体，是按劳分配的主要部分，按照工作人员职务的高低、责任的大小、工作繁简和业务技术水平确定；工龄工资按照工作人员的工作年限逐年增长，每工作一年发工龄津贴1元，上不封顶，直到本人离、退休时止；奖励工资（奖金）用于奖励工作中做出显著成绩的工作人员，不平均发放。

1993年桥东区进行了工资制度改革。在工资改革中，首先对国家机关、党政、团体基本情况进行摸底调查，上报调查审核表，为工资制度改革奠定基础。1994年完成了全区机关事业单位1751人的工资套改工作。1996年完成文教、卫生系统20个独立核算事业单位的按劳分配津贴制度建立工作。制定了《桥东区事业单位按劳分配津贴制度运行情况审核监督办法》。为环保、农业、档案、武装部、法院、检察院等6个部门有关人员审批增加了行业津补贴。完成当年机关事业单位技术工人兑现技术等级工作。完成机关事业单位的工资套改审批及考核、晋档工作，共计1807人晋升了职务工资档次。查录了1993年工资改革以来各类工资档案20余卷，建立了桥东区机关事业单位的工资台账。

1999年完成全区自1993年工资制度改革以来第一次正常晋级工作，为500人晋升级别工资。正常晋升职务工资档次11人，办理大中专毕业生分配、转业定级、按年限滚动升级等各类日常工资变动680余人次。为3个事业单位提高津贴比例43人。为全区机关事业单位2129人调整了工资标准。对卫生系统8个事业单位津贴分配制度进行调研，并上报《卫生系统津贴分配制度调查报告》。

2000年度购置工资管理软件，完成全区工资基本数据的微机录入，工资全部实现了银行社会化发放，提高工资管理的效率。

2006年，为两年连续考核合格人员2305人调整了职务工资，办理滚动升级和为连续3年优秀的123人晋升工资。根据国务院和人事部、财政部下发的文件精神，为顺利实施新一轮工资改革做好准备。

在做好在职人员工资调整的同时，对离退休干部的退休费也作相应调整，依据调资文件精神为离退休人员增加了离退休费。

第二章　劳动管理

1981 年起，劳动人事职能逐步细化，科室分工逐步明确，开展了劳动工资、保险福利、劳动监察、劳动仲裁、安全生产检查、就业再就业、人才劳动力转移培训、劳务输出、养老保险、医疗保险、失业保险、工伤保险、职业介绍、档案管理等业务工作。紧紧围绕宣传、贯彻、执行《劳动法》和《转换国有企业经营机制条例》，积极推进企业劳动用工制度改革、社会保险制度改革，推动区域经济发展，改善人民物质文化生活水平。围绕区委、区政府中心工作，不断探索改革新方法、新思路，摸索新途径、新经验，克服经济运行中的不适和弊端，健全各种规章制度，搞好就业和再就业工作，为企业和下岗职工当好“红娘”。

第一节　劳动工资

1984 年起，在全民所有制企业发放资金不封顶，每年资金超过 2.5 个月标准工资（后改为 4 个月），国家按超额累进的办法征收资金税。同年，在一些企业中以利用奖励基金进行浮动升级为内容的自费工资改革。

1993～1997 年工资制度改革重点是改善劳酬关系，优化分配办法。实行“效率优先、兼顾公平”的原则，积极探索新形势下的用工方法，加强并完善了《工资总额使用手册》和《厂长（经理）年薪制审批手册》的管理和联审制度，严格按《手册》审批工资和厂长（经理）的年收入情况，全面实行工资内外收入监督检查制度。企业工资制度改革是以工效挂钩（工效总额同经济效益挂钩）和岗位工资（岗位技能工资）制度的推广展开，截至到 1997 年底，全区共有 8 家企业实行了工效挂钩，1 家企业打破等级工资制，实行岗位技能工资制，52 家企业实行工资总额包干的分配办法。

1999 年推进企业内部工资收入分配制度改革，对企业工资决定机制进行了新的探索。对全区 80 家企业、5329 名职工进行工资标准套改，对符合条件的 5112 名职工各升 2 级工资。同时指导三资企业和私营企业、股份制企业及其他改制企业按国家工资标准执行保“低”限“高”的宏观办法。对新参加工作大中专、技校毕业生和退伍军人进行了转正定级。

2000～2002 年企业建立以岗位工资为主的基本工资制度，开展了企业经营者年薪制试点，将厂长、经理年薪制收入与其承担的责任、风险和企业的经营业绩相联系，研究探索了在高新技术企业试行技术入股、专利产品入股等分配办法，继续抓了企业工效挂钩和工资总额包干工作，实行工效挂钩工资总额包干，《工资总额使用手册》使用率达 90% 以上。全面推行工资指导线制度和劳动力市场工资指导价位发布制度，建立人工成本预测预警制度，发挥市场对工资分配的调节作用，指导企业逐步根据社会平均工资和自身经济效益决定工资水平，进一步完善企业工资内外监督检查办法。

2003～2005 年对企业职工工资进行调整，每人在原工资基础上升 2 级。由于大部分企业不景气，这两次工资调整基本属于档案调整。

贯彻最低工资标准。每次省政府调整全省最低工资标准政策出台后，即对桥东区最低工资标准调整情况作出明确规定。桥东区劳动力市场的工资价位历年均达到或超过最低工资标准。工资支付依法依规，与企业负责人及其劳资人员进行了沟通，并督促企业严格按《劳动法》执行加班工资制度，并与工会联合行动，推进劳动合同、集体合同签订和履行，规范用人单位工资支付行为。加强集体合同审查和备案工作，积极推行工资集体协商制度。积极指导企业建立岗位工资制、生产要素参与收入分配制，创造吸引人才、留住人才、用好人才的良好环境。

第二节　工人调配

1984年起，相继在全民所有制和集体所有制企业推行劳动合同制工人试招工作，采用自愿报名，全面考核，择优录取的办法进行招工，初步打破了“只进不出”、“统包统配”的用工制度，到1989年底，企业用工制度仍采用固定工、合同工、合同制工、临时工等多种用工制度。

职工调配严格按照《桥东区职工调动暂行规定》标准执行，由劳资科负责，按要求填写职工调动表及计划生育情况调查表，需分别提交调出单位、调入单位及人事劳动部门存档留查。

工人调动接收单位，要制度健全，有固定的生产、经营场所，能正常的生产或正常的营业；独立核算，自负盈亏，不与主管部门“混岗”、“混账”，资金有积累。调进的工人，应是固定工，具有初中或初中以上文化程度，拥护中国共产党的路线、方针、政策，热爱社会主义、作风正派，能正常地从事生产劳动，年龄一般不超过40岁。作为技术骨干调进的，要有技术考核证明。进区属各单位均经区劳动人事局审查，进区属企业和事业单位的经区长办公会研究决定，进处属企业的经主管区长批准。

1984～1993年，先后为144名工人办理了调动手续，其中调入118人、调出26人。1993～1997年，共为1028名职工办理了调动手续，为企业引进各类技术人才114人，管理人员28人。1999年招收全民合同制工人17人，办理工人调动215人次。1998～2006年，为227名职工办理调动审批手续。

第三节　失业人员再就业

在发展经济中积极实施就业再就业政策，注重抓好下岗失业人员再就业工作，通过就业促进区域经济发展，取得了良好经济效益和社会效益。

再就业工作认真完善了5个机制，即以提高就业总量为目标，完善扩大就业与经济发展良性互动的岗位开发机制；以加大政策扶持力度为目标，积极落实再就业优惠政策，形成扶持与服务配套的政策促进机制；以解决弱势群体就业为目标，实施定向安置政策，建立长效帮扶机制；以促进素质就业为目标，在注重就业数量的同时，更加注重就业质量，建立业务联动、协调推进机制；以推进制度化、专业化、社会化建设为目标，加快就业服务体系，建立劳动力资源的市场配置机制。

全面落实下岗职工基本生活保障有关规定，加大再就业资金筹集力度，落实基金征收监缴责任制，同时把“出中心、再就业”作为工作重点，把下岗职工再就业摆在突出位置，使下岗职工离开再就业服务中心的襁褓，转变就业观念，逐步实现市场就业。

1998～2001年，区属企业下岗职工较多。区政府先后出台了十几项促进再就业的政策性文件，下岗职工进入再就业服务中心实行规范式和定补式两种不同形式的托管。再就业工作主要做规范管理到位、生活保障到位、培训服务到位、就业安置到位。为实现下岗职工再就业，对下岗职工从各方面进行专业技能培训，并组织专场洽谈会，实现再就业。对定补式职工缴足养老保险后即可到年龄退休，退休养老金享受社会化发放。

2002年再就业工作做到组织领导到位、工作责任到位、政策落实到位、资金扶持到位、督查落实到位。还抽调人员，分组深入到10个小区进行调查摸底，明确目标，落实责任，把工作任务细化、量化，把控制失业率和净增再就业岗位、落实再就业政策、强化再就业服务、加大再就业资金投入和帮助困难群体就业，作为工作目标，建立“一把手”负责制，“一把手”亲自抓。对自愿到社区实现再就业的人员，将其组织起来，集中进行了一次社区就业培训，开发出家政服务、社会化服务、公益性等就业岗位使其再就业。再就业办公室多方筹集资金，为下岗职工补发企业拖欠的1/3基本生活费。为促进下岗失业人员再就业，于2003年春节后组织16家下放企业失业人员进行了各方面的专业技能培训，并组织了再就业工作洽谈会，部分下岗失业人员走上了新的就业岗位。对全区下岗失业人员3000余人进行身份认定，认真组织实施，为1444名下岗失业人员发放了再就业优惠证，同时大力协调有关部门落实再就业优惠政策，使下岗失业人员真正享受优惠。经区长常务会议协调，采取特事特办的方法，积极筹措资金，对困难企业市塑料三厂下岗失业人员实行了困难救助，为每人发放了生活救助。

2004年，以落实再就业政策、促进就业再就业为出发点，开展“访千户、送援助”再就业援助活动，对下岗失业人员进行政策扶持和专门困难救济。2004年春节前，发放困难职工救助款6.4万元；利用区再就业培训基地举办2期8个专业的下岗失业人员免费技能培训，为“40、50”大龄下岗失业人员提供再就业岗位110个，为其提供了免费培训，完成新增就业260人，城镇登记失业率控制在4%以内，完成全区1621名领取再就业优惠证人员的信息录入工作，实现了省内资源共享。

2006年，完成1563名下岗失业人员再就业优惠证年检，并逐一录入再就业系统。全区新增城镇就业570人，下岗失业人员再就业160人，其中就业困难人员再就业58人，城镇失业登记率控制在3.8%，低于全市4%的总体目标。全面落实再就业优惠政策，开发公益性岗位94人，按政策为其发放了岗位补贴并代缴养老保险，办理下岗失业人员小额担保贷款9笔，为灵活就业人员办理并发放养老保险补贴。

第四节　劳动争议仲裁

抓好劳动仲裁机构和队伍的建设，在规范办案、按期结案和三方办案上下工夫，完善仲裁庭、仲裁员办案责任制和内部监督纠错机制，提高了办案质量。工作中坚持及时立案注重“快”，接到申诉人的申诉状后，及时审查，在规定期限内向当事人作出立案或不予受理答复，做到快捷有效维护当事人的申诉权益。全年受理的劳动争议案件都在规定的7天内给申诉人做出了答复。调查案情做到“全”，对案情调查时，不偏听偏信，不先入为主，而是注重事实，注重证据。调查双方当事人的证据，采取主动调查及当事人举证和仲裁庭取证相结合，确保公正处理。开庭审理强调“辩”，在审理时，允许当事人充分发表自己的意见，引导双方进行坦诚交流，达到求同存异，分清是非的目的。仲裁裁决实现“公”，以事实为依据，以法律为准绳，及时、公正、合法地裁决，使每个仲裁的案件都经得起历史的检验。通过劳动仲裁工作的开展，保护了劳动者和用人单位双方的合法权益，维护了劳动关系的和谐稳定，促进了桥东区经济发展和社会稳定。

1995年，在北大街办事处仲裁周某等31名退休老工人诉讼东风建安公司退职退休一案，根据有关部门的答复意见和有关规定“退职不能改退休”。仲裁人员作了详细的解释说明和协调，对多年来这一老上访问题进行了仲裁。由于宣传到位、措施得力、制度健全，1993～1997年开庭仲裁仅为1起，其余均为庭外调解解决。

1998～2001年，完善了仲裁庭、仲裁员办案责任制和内部监督纠错机制，进一步提高了办案质量，4年受案16起，结案15起。2003年重点对70家企业1500名职工进行劳动合同鉴证，合同鉴证率93%。

2005～2006年，从改善工作作风、严格办事程序、规范仲裁制度三方面着手，加强仲裁队伍管理。切实把信访工作列入重要议事日程，认真落实信访工作条例，构建桥东区大信访格局。使信访和劳动争议工作做到件件有落实，事事有回声。2006年受案全部结案。

第五节　劳动监察

桥东区劳动监察认真贯彻执行“安全第一、预防为主”的方针，消除隐患，杜绝重大事故发生，坚持对事故处理的“三不放过”的原则，做到“警钟长鸣、防患于未然”，确保企业安全生产顺利进行。主要做法是坚持“四抓、两管”，即：抓领导、抓培训、抓组织、抓档案，管好安全生产、管好特种作业人员培训。

1993～2000年期间，劳动监察工作狠抓安全知识培训，组织举办了建筑行业安全技术人员培训班，对安全技术人员进行了全面、系统教育。落实“纵向到底、横向到边”的安全生产责任制，对全区所属企业进行了安全大检查，对查出事故隐患，现场整改，限期整改。对建筑企业进行了安全资格认证工作，做到持证施工。在全区开展了安全达标活动，加强对机械、化工、造纸、建筑及易燃、易爆企业的安全检查和综合治理。配合市劳动局对全区锅炉进行抽测及全面检测，对全区的特殊工种作业人员，包括电焊工、锅炉工、电工等150人进行了岗位技能培训和理论、实践水平测试，做到持证上岗，杜绝违章作业。

1995年1月1日，《劳动法》正式实行，为配合该法的贯彻实施，区劳动人事局组织全区有关部门、各乡、办事处及企业主管的劳资人员及厂长、经理举办了《劳动法》培训班。3月区劳动人事局、经计委、工业公司组成检查组，以“安全达标”条件的10项内容为依据对区部分企业的安全生产情况进行联查。

1996年，对全区劳动情况现状进行摸底调查，为建立劳动监察大队，规范劳动关系监察奠定了基础；对桥东区“三资”企业和私营企业进行劳动安全卫生和劳动用工大检查，共查出3家18起违反《劳动法》有关用工规定，超时、延时、随意加大劳动强度及雇佣童工现象的企业，并及时予以纠正或限期整改。针对劳动关系、工资支付（保障职工最低工资）、作息时间、女职工及未成年人劳动权益保障情况，8月，全区开展劳动监察执法活动，成效显著；并组成检查小组对全区易燃、易爆、造纸、化工、建筑装修、小煤矿等企业进行突击检查，对事故隐患登记、建档，并发出整改指令书。

1998年，主动到企业监察22次，发放整改指令书25份，指出安全生产方面隐患25处，并依法纠正各方面的问题。并针对职工群众关注的再就业工程、社会保障制度改革、维护劳动关系和谐等热点、难点问题，加大劳动监察工作力度。

按照省、市、区人大关于开展社会保障执法检查及实行执法责任制活动的安排部署，认真进行了学习发动、组织实施、自查自纠、重点抽查等工作，使劳动保障执法检查工作取得了较好的效果。制定了桥东区《集中整治和规范劳动用工专项监察活动实施方案》，采取抓关键点、抓切入点、抓着眼点、抓落脚点的工作方法，集中力量抓好专项监察和劳动力市场清理整顿。针对侵害民工合法权益的问题越来越突出，劳动关系越来越复杂，劳动者的弱者地位日趋明显，从而引发了大量侵犯民工权益的事件。为切实维护劳动者的合法权益，维护社会稳定，在全区用人单位中开展了维护职工合法权益活动和劳动用工专项检查活动，通过开展宣传、编印《职工维权手册》、加大舆论宣传力度、开通维权热线。桥东区结合劳动年检工作，针对当前用人单位特别是一些非公有制企业和用人单位普遍存在的用工不签订劳动合同、合同不经鉴证这些突出问题进行集中检查治理，查处不规范企业。针对非法劳动中介欺诈行为，查处非法中介机构，切实维护了广大职工的合法权益。

2003～2006年，劳动监察工作在以往取得成绩的基础上，将工作重点放在企业职工和农民工的合法权益保护方面。抗击“非典”期间，加强对劳动密集型企业和使用农民工较多的企业及用人单位的劳动监察力度，保持已招用农民工的基本稳定，并监督用人单位保持工作场所和住所的环境良好。保护企业职工和农民工生命安全，坚决防止了“非典”疫情向农村地区扩散。随着侵害民工合法权益的问题越来越突出，劳动者的弱者地位日趋明显，每到双节前，为切实维护劳动者的合法权益，维护社会稳定，局劳动监察大队在全区用人单位中开展了维护职工合法权益和劳动用工专项检查活动，保障民工取得合法的劳动报酬。

按照省厅要求，贯彻落实新出台的《劳动保障监察条例》，夯实了劳动保障法制基础。重点开展清理非法中介、非法使用童工、拖欠农民工工资等专项检查，加强对各类职介机构的监管，严厉打击非法职介和各类欺诈行为，规范用工以及补签劳动合同，处理拖欠农民工工资，保障劳动者的合法权益和劳动报酬，维护了社会的和谐稳定。

第六节　职业培训

提高业务素质和工作能力，调动职业培训人员的主观能动性，做好职业培训工作，坚持重质量、重实效的原则，做到让群众满意，让政府放心，实现社会效益和经济效益双成效。

在有关部门的支持与协调下，1999 年 7 月桥东区成立了再就业培训中心，占地 6 亩。培训中心本着服务于下岗失业人员及农村劳动力的目标，紧贴群众需求，以教学质量高、培训效果显著为特色，开设了网络工程安装、电梯维修、电汽焊、旅游与餐饮服务管理等热门专业，并具有定向培训、岗前培训、在职培训、转岗培训等培训职能。中心与市局做好工作协调，统一组织学员参加职业资格证书考试，合格后负责就业，真正做到培训、考核、就业“一站式”服务。

搞好就业再就业培训，进一步满足市场需求，特别是满足“40、50”失业下岗人员需求，增强培训的针对性、实用性和有效性，组织专场洽谈会，促进其再就业。加强和完善创业培训，聘用高素质的任课老师进行授课，以保证教学质量，对学员的创业做好引导和启示，以提高创业成功率。实施联合办学，借助社会技校规模较大、专业较全的实力，与其联合对大中专毕业生进行创业培训，充分提高毕业生的就业率和创业率。积极加大扶持力度，把优惠扶持政策落到实处并见到实效，鼓励和促进更多的人员实现创业，充分发挥培训促创业、创业促就业的倍增效应，抓好农民工技能提升培训。农民工主要集中在建筑、纺织及餐饮等服务行业，针对农民工涉及的用工单位、岗位（工种）比较繁杂，面广量大，而且流动性强，无法统一组织来中心集中培训的实际情况，确定采取与用人单位联合培训的方式，开展对农民工技能提升培训。还与与失业保险所联手，在失业人员申领失业保险金时主动开展就业指导培训。

自中心成立至2006 年，培训各类人员6000 余人。其中就业再就业技能培训 9 个专业 10 个班次 2210 人，创业培训 9 期 12 个班 1000 人，农民工技能提升引导性培训 9 个专业 50 个班次，3000 人，全部实现了跨地区就业转移。

第七节　劳动力管理

1980 年桥东区成立劳动服务公司，下属 4 个劳力调配站（即 4 个街道办事处的劳动服务站）。1984～1985 年，全区累计待业青年 2530 人，已安置 2319 人，就业率达 95%。在安置待业青年中，主要采取深入生产第一线，了解生产单位用人情况，及时向用人单位推荐劳动力。建立“劳动咨询服务中心”，积极开展劳动服务。1986 年，区劳动服务公司自办企业、摊点，为待业青年提供就业场所，区劳动服务公司先后创办了电器修理、自行车修理、服装加工、饮食、理发、照相等生活服务网点和销售烟、酒、食品、日用百货等物品的商店，对辖区内 508 名待业青年安置了工作，解决了待业青年就业难问题，解除了家长的后顾之忧，为社会创造了财富。举办待业青年培训班，积极培训待业人员，自1985年始，区劳动服务公司先后办起了“经济学习班”、“会计学习班”、“缝纫班”等培训班，参加培训的待业青年达2000余人次，为待业青年创造了就业机会。

建立了以劳动就业服务局为主体，以4个劳动就业服务站为网络，以职业介绍所为基地的劳动力综合开发服务市场。加大劳动力市场开发力度，发挥老城区古遗址分布集中、商业网点密集、贸易发达的优势，扶持发展壮大劳动服务企业，形成了具有建筑安装、工艺美术、五金工具、土产百货、饮食服务等各种行业近百种上万人的劳动就业服务岗位。加强对行业青年的劳动就业服务及下岗职工的再就业工作，坚持“为待业青年服务、为下岗职工服务、为用人单位服务”的宗旨方针，不断开展劳务咨询，建立职业介绍机构，积极为下岗职工和用人单位牵线搭桥，当好“红娘”，同时培育发展劳动服务企业，截至1997年底全区已经建立劳动服务企业14家，共安排从业2895人次，接收待业青年2000人次，为200余名下岗职工重新安排就业。同时还加强了外来务工人员的管理工作，为1500余名农村剩余劳动力和外埠流动人员办理了河北省外来人员就业证，招收全民固定工87人。

农村劳动力跨地区就业工作是劳动保障工作的一项重要职能，人事劳动和社会保障局专门设立由主管局长负责，就业服务局局长主抓的农村劳动力就地转移和跨地区就业领导小组，使农村劳动力跨地区就业工作更加规范具体。1998年开始，坚持“服务于社会、服务于人才、服务于经济建设”的工作目标，针对全区劳动力结构层次，以“零风险”服务作为工作指南，全面做好劳动力管理工作。做好输出台账记录及资源库管理工作，视劳动力不同情况，将对外输出人员按工种、学历、单位、街区、年龄进行分类登记管理，做到一人一卡、一表、一袋，详细进行登记，并对本辖区内新增富余劳动力进行摸底调查，做到随时记录，定期了解情况，免费提供务工信息，进行全程跟踪服务。凡是外出务工人员一律签订《招工合同书》，做到“零风险”服务，免除跨地区就业的农村劳动力后顾之忧，推动了劳动力对外输出工作的顺利开展。自1998~2004年，实现就地转移和跨地区转移农村劳动力9800余人，其中在京津地区找到合适岗位3000余人，为桥东区增加域外收入100万余元，有力地推动了桥东区经济的快速发展。

为做好信息服务工作，对下设4个工作站进行统一管理，规范运作，为工作站添置微机、数码相机等必要的硬件设施，完善具体规章制度，使工作有章可循，有据可依，准确高效地做好农村劳动力就业转移和跨区就业工作。考虑到有些贫困乡村位置偏僻，信息落后，求职道路不畅的具体情况，组织人员深入到这些地区，设立扶贫信息工作点，起到了贫困农村劳动力与用工需求单位之间的上通下达作用，并对贫困劳动力实行特别关注。2004年，获悉有6名输出务工人员在衡水老北京文良火锅店武邑分店工作期间，由于种种原因，2个月未领到一分钱的工资后，局领导多次与衡水总店联系，在几次交涉未果的情况下，局劳动监察大队与衡水劳动监察大队取得联系，并会同市局劳动监察大队有关人员到衡水解决劳动纠纷问题，经过两地三方劳动监察大队共同努力，将以上6人被欠的工资7600余元全部追回，用具体行动诠释了“零风险”服务的承诺。

第八节 阳光工程

2004年，桥东区成立农村劳动力转移培训阳光工程办公室，做好农村劳动力转移培训工作。2004年市下达区农村劳动力转移培训目标1128人，其中引导性培训918人，技能性培训210人。经严格检查、审核，区政府确定培训基地3个：桥东区职业技术培训中心、市鼎剪职业培训学校、市东兴职业技能培训学校。为确保提升培训质量，增强农民工外出务工的实际能力，各培训基地配备了微机等多种教学工具，开展家政、电气焊、保安、服装加工等多个培训专业。完成引导性培训1980人，技能性培训484人。

2005年，筹资3.6万元用于阳光工程培训，完成了农村劳动力转移培训1135人，全年输出劳动力700余人，其中在北京、天津等地找到合适岗位的有320人。同时实行“宣传、登记、培训、输出、跟踪”一条龙服务，与输出劳动力家庭结成“阳光”对子，上门服务300余次，帮助劳务输出家庭解决生活实际困难。

2006年，争取市级资金6万元用于阳光工程农村劳动力转移培训，完成培训1500人，全年输出劳动力1200人。

第三章　社会保险

社会保险是由法律规定的专门机构负责实施，面向劳动者及其雇主的专项基金，以保证在劳动者失去劳动收入后获得的一定程度的收入补偿制度。桥东区的社会保险包括养老保险、医疗保险、失业保险、工伤保险、农村养老保险等。

第一节　养老保险

桥东区社会保险事业管理所于1989年成立，主要负责全区企业和机关事业单位的养老保险工作。建所初期，由于工作做得比较扎实，养老保险基金收缴正常，区属企业缴费踊跃，桥东区率先在全市实行了离退休人员养老金社会化发放，社会保险基金年年有积累，实现保值增值。截止1996年底，全区共有56家企业、1128名职工参加了社会养老保险，占全区企业总数的92.5%和职工总数的94%，其中固定工976人，合同制工人152人，并全部为其建立了保险卡片及个人账户。1998年前完成资金积累420余万元。

1993～1994年，调整了全民企业和集体企业退休保险金的提取比例，将全民和集体企业的职工个人缴纳工资总额的2%的规定落到实处。加大保险金征缴量，通过银行代收、审计监督等方式，解决了合同制工人缴费不及时、拖欠基金严重的情况，使养老金的收缴工作逐步趋向正规，使基金征缴率一直保持在85%～90%。对社会保险事业管理所自建所以来的文件、材料进行了整理、立卷，为企业近2000名职工办理了社会保险卡片和养老保险基金交费手册。完善了一系列有关报表、登记的规章制度，为每个企业聘任一名保险员，建立保险工作制度，对全民企业职工和全民合同制养老基金的提取比例作了调整，为企业离退休人员增发了离退休金，对机关、事业单位离退休人员补发离退休增资额。

1995年，对机关、事业单位进行保险制度改革，以养老保险为突破口，按照“先易后难、分步实施”的原则，先抓机关事业单位劳动合同制工人、乡镇聘用制干部，对自收自支和差额拨款事业单位工作人员进行基金测算。积极开展机关和全额拨款事业单位工作人员的养老保险制度的试点工作，促进社会保险制度的全方位建立。率先在全区40多家企业实行计划生育保险和工伤保险，并为892名职工建立生育、工伤保险台账。为保证全区社会统筹工作积极稳妥地进行，制定颁发了《邢台市桥东区人民政府企业职工工伤暂行办法》。根据新时期养老保险的特征，制定出台了《桥东区事业单位工作人员养老保险暂行办法》和《桥东区企业职工生育保险试行办法》。1996年是社会保险发展步伐较大的一年，建立了个人账户，及时、快捷、准确地出结算单和离退休人员的异地转移工作。同时还制定职工大病医疗统筹办法。

2003年，由于17家下放企业累计拖欠保险费，离退休人员养老金受到影响，为确保离退休人员每月养老金按时足额发放，劳动和社会保障局千方百计筹措资金，对47家企业进行了专项稽核，超额完成社会保险费征缴。加大养老保险个人账户规范管理力度，按照核准人数、核准基数的总要求，将3710名参保人员的个人账户全部纳入了微机管理，建立了离退休人员和参保人员两个数据库。全区1485名离退休人员养老金足额发放，做到了不拖不欠，养老金社会化管理服务工作足额发放。

2006年，全区参保企业43家，参保职工4711人，企业离退休人员1700人。全年发放养老金1300万元，其中争取省市资金757万元。扩面续保819人。按照规定，为1700名退休人员提高养老金待遇。为4711名缴费职工建立个人账户，对43家企业职工缴费情况和1700名离退休人员的健康状况进行稽查，防止了缴费不实、冒领养老金等现象发生。机关事业单位养老保险参保职工585人，征收保险金70万元，为60名离退休人员支出养老金56万元。

第二节　失业保险

2006年，全区共有各类企事业单位106家，职工4964人，有78家单位参加失业保险，参保职工3964人，其中事业单位参保21家，参保职工349人，企业单位参保57家，参保职工3615人，除文教和卫生系统的28家单位未参保外，其余已全部参保。

随着企业改革步伐的不断加快，桥东区17家市下放企业在企业改革和经济结构调整中被“关、停、并、转”，造成大量下岗失业人员，给桥东区的经济和各项工作都带来了压力。截至2006年，17家企业中有11家企业被改制，4家企业进行了重组，2家企业宣告破产，涉及职工900余人，其中，续聘和重新上岗504人，进入失业保险机构，享受失业保险待遇的有396人。

全面落实《失业保险条例》和《社会保险费征收暂行办法》，进一步完善失业保险的各项规章制度，健全统一规范的工作程序，加强了经办机构建设，采取有力措施促征缴。

加大失业保险费征缴清欠工作进展情况的公开通报力度，将欠费企业名单在全区公开通报曝光，跟踪督查。利用审计手段，对欠费大户组成专门人员搞征缴。利用劳动监察促失业保险金的征缴和清欠，对多次做工作就是不改的“老大难”、“钉子户”依法提起诉讼，申请法院强制执行。在劳动部门内部采取制约手段，做好劳动部门内部各科室之间的协调配合，对欠交失业保险的企业和事业单位要停办、缓办有关业务。用行政部门制约手段，对不缴欠缴失业保险金的企业和单位，限定期限补齐欠费，否则取消评先、评优、评模资格，促进失业保险金的收缴清欠工作。用经济手段，对不及时缴纳失业保险金的企业，要按照国务院“两个条例”的要求，责令限期缴纳。运用组织手段，根据市社会保险费征缴办法规定，对有能力缴而不缴纳失业保险费的厂长、经理，按照干部管理权限和任免程序，对其厂长、经理第一年警告，第二年撤职。加强对欠费企业的调度，每周调度一次，让其厂长、经理自己想办法、定时间、定数额、签协议。

2004~2006年，桥东区共接收失业人员400余人，征缴失业金3万余元，发放失业金及医疗补助金300万元，把历年节存的失业金30余万元全部发放完毕后，仍出现270万元缺口。面对巨大的缺口，局班子与主管人员积极与省、市失业保险机构联系，协调下拨基金，结果从省厅协调了300万元，通过调剂，缓解失业基金的压力。

第三节　医疗保险

2001年12月，桥东区成立医疗保险所，确定医保定点医院6家，定点药店9家，医保网络遍布全市。

2002年初启动了桥东区医疗保险制度改革，按照“统一组织、稳妥起步、分批纳入”的工作思路，进行广泛宣传和发动，并制定出医保实施方案及配套文件6个，为医保工作开展提供了文件依据。还结合实际，通过学习、调研、测算，确定了单位缴费4.5%、个人缴费2%的缴费标准，制定了个人账户基金和统筹基金报销的办事程序和步骤。购置两台微机建立了“参保人员信息库”，实现办公系统化、自动化。为使干部职工大病医疗有保障，又选择了实力较强的中国人寿保险公司邢台分公司为参保职工投保，切实保障了职工的利益。2003年医疗保险工作以“扩大医疗保险覆盖面”为工作重点，建立健全了以基本医疗保险为主体，以大病医疗保险、生育保险、特殊疾病保险为多层次保险体系。全区参保单位60家，参保4018人，其中机关事业单位参保34家、2408人，企业单位26家、1610人。

2004年参保单位64个，其中机关事业单位34个、企业30个，共有参保人员4268人。全年新增271人。收缴基本医疗保险基金140万元，其中统筹基金66万元，个人账户74万元；支出102万元，其中统筹基金54万元，个人账户48万元；基金结余38万元，基金累计滚存结余165万元，医疗保险基金实现有效积累。按照市军转解困办要求，根据桥东区实际，将全区29名企业军转干部纳入医疗保险范围，享受基本医疗和大病医疗保险待遇。

2006年参加医疗保险单位62个，其中机关事业34个、企业28个，共计参保5518人。全年收缴基本医疗保险基金196.9万元，其中统筹基金70.3万元，个人账户126.6万元；支出115.9万元，其中统筹基金52.1万元，个人账户63.8万元。基金累计滚存结余282.3万元，其中统筹结余132.2万元，个人账户150.1万元。

第四节　工伤保险

2005年，工伤保险所成立，由于时间短，人员少，任务重，再加上个体私营企业人员流动性大等情况，不同程度的制约了工伤保险工作的开展。工伤保险工作人员深入企业宣传，以灵活的政策引导企业参保，针对本区企业用工特点，遵循“低基数、低门槛、边进入、边规范”的原则，以非公有制企业为重点，以劳动执法、直接申报、强制收缴为手段，由领导带队，开展扩面攻坚，收到了较为理想的效果。

2006年，以扩大保险覆盖面作为重中之重，同时加大征缴清欠力度，科学准确核定缴费工资基数，积极主动地参与企业改制，督促改制企业在资产变现时按第一顺序偿还，杜绝了工伤保险费在企业改制中的悬空或流失现象。加强政策宣传，组织了大规模的宣传咨询活动，在市区繁华地段大张旗鼓的进行了有关政策法规咨询，现场解答群众300多人次，散发宣传资料3000多份。先后对20家企业的缴费情况进行了全面的稽查，完成目标任务。

第五节　农村养老保险

1995年，区民政局建立了农村养老保险处，配备工作人员4名。保险处深入农村广泛宣传，坚持积极引导与群众自愿获保相结合的原则，抓群众投保工作，1997年投保40.5万元，使农村养老保险有效开展起来。通过建立并不断完善各项规章制度，使基金保值增值达到国家规定标准，并及时办理证件手续得到村民的普遍信任，养老保险基金实现规范化管理。2002年此项工作交由区人事和社会保障局。随着改革开放和城镇化进程的加快，经济建设的快速发展和城镇化区域逐步扩大，使越来越多的农民随着土地的被征用失去了土地的保障。为解决农村被征地的农民社会保障问题，于2004

年和2005年，桥东区政府有关部门，起草被征地保障制度文件，确保被征地农民养老保险纳入政府保障中来，采取有效措施将建立被征地农民养老保险制度作为征地的前置条件且生活水平不因征地而降低。以新征地农民为重点人群，以大龄和老龄为社会保障重点推动制度建设，同时统筹考虑新老被征地农民、未被征地农民和城中村改造人员的社会保障问题。养老保障从实际出发，有利城乡制度的衔接，明确保障对象，根据不同的年龄段确定缴费标准和保障水平，做好个人缴纳部分和集体补助部分进入个人账户准备工作。

第六节　职工生活解困

1998年，市17家企业下放后，带来了大批下岗失业人员。帮助解决困难企业和职工生产、生活问题，稳定职工队伍，事关桥东区改革、发展、稳定的大局。

桥东区企业困难职工解困对象包括：亏损或停产、半停产的企业中，在一定时期内不能按时领取最低工资或基本生活费，基本生活水平低于最低生活保障标准、确无其他收入来源的困难职工；未参加养老保险社会统筹、所在企业又无力支付基本养老金、收入低于当地政府规定的最低生活保障标准的离退休人员；在企业兼并破产和减员增效过程中进入再就业服务中心的职工等。

2002年以前，每年春节集中为困难企业职工发放救助资金，累计发放10余万元。2002～2006年，为困难企业职工发放困难救助金315万余元。2006年，经区长常务会议协调，再就业办采取特事特办的方法，积极筹措资金，对困难企业市塑料三厂260名下岗失业人员实行了两次困难救助，分别为每人每月发放了50元的生活救助，两次累计发放104000元。

第七节　基本生活保障

1999年，桥东区成立再就业领导小组办公室，并在企业建立再就业服务中心。区再就业办公室全力推行“六四九一”工程：六是“六个到位”，即“感情、认识、政策、机构、岗位、资金”到位，其中“感情、认识”是基础，“政策、机构、岗位”是保证，“资金”是关键；四是“四位一体”，即努力营造“党委政府高度重视，劳动行政部门协调服务，社会各界关心支持，下岗职工自强自立”的氛围，全方位促进下岗职工再就业；九是开辟“九条渠道”，即千方百计扩大开发型、消化型、开拓型、储备型、调整型、市场型、转轨型、社区型和输出型就业；一是为下岗职工制定了一系列的优惠政策。首先确保解决下岗工人的基本生活，千方百计采取措施积极帮助困难群体，保证了下岗职工思想稳定和社会和谐。区再就业办公室多方筹集资金，为下岗职工发放基本生活费共计45万元。

2000年发放资金28.8万元，其中用于基本生活费25万元，培训费3.8万元，下岗职工基本生活费保障率100%。

2001年共有下岗职工221名，其中规范式托管137名，定补式托管84名。为下岗职工发放基本生活费还为其代缴了部分社会养老保险金、失业保险金。10月，桥东区所有在中心下岗人员全部出中心，实现了再就业。

第四章 机构编制

桥东区机构编制委员会办公室成立于1988年，与桥东区劳动人事局合署办公；2002年6月独立办公机构，规格正科级，定编3人，内设1个股级综合股。

桥东区机构编制委员会办公室是桥东区机构编制委员会的常设办事机构，在桥东区机构编制委员会领导下负责全区行政管理体制和机构改革以及机构编制的日常管理工作，也是区委、区政府的工作机构。主要职责：统一管理全区党政机关、人大、政协、法院、检察院机关，各民主党派、人民团体的机构编制工作；拟定全区行政管理体制与机构改革方案，审核区委、区政府各部门和各乡（办事处）机构改革方案；审核区委、区政府各部门、派出机构的机构设置、人员编制和领导职数，审核股级以上机构设置和人员编制、领导职数总额；审核区人大、区政协、区法院、区检察院机关和民主党派、人民团体机关的机构设置、人员编制和领导职数总额；研究拟定全区事业单位管理体制和机构改革方案；审核区委、区政府直属事业机构的机构编制方案；审核或审批区直各部门所属事业单位的机构设置、职责任务、人员编制和领导职数；负责事业单位法人登记的管理；负责事业机构编制管理方面的其它重要事项；审核乡、办事处事业单位管理体制改革和机构编制管理工作；监督检查全区行政管理体制和机构改革以及机构编制的执行情况，报告区编委并上报区委、区政府；完成区委、区政府和区编委交办的其它工作任务。

第一节 党政群机关及事业单位编制

1984年，对区委、人大、政府、政协、纪检和4个办事处人员进行了核定编制，市编委下达区的编制数为170名，其中行政编制92名，事业费开支22人，企业管理费开支56人。

1996年，根据《关于桥东区党政机构改革方案的批复》要求，按照转变职能、理顺关系和精简、统一、效能的原则，核定桥东区区级行政编制318名（含西门里、西大街、北大街、南长街4个办事处）。司法、法院、检察院的专项人员核定编制118名。

2002年，按照上级机构改革的有关精神，共核定区、乡行政编制为328名，物价所行政编制4名；检察院、法院、司法局机关政法专项编制为131名，省自定政法专项编制为29名。

2005年，按照省委、省人民政府《关于县级政府机构改革的意见》和《关于印发桥东区人民政府机构改革方案的通知》要求，按照因地制宜、积极委托、依法行政的原则，进一步转变政府职能，切实把政府职能转变到经济调节、市场监管、社会管理、公共服务上来，对政府个别部门职能进行职能整合和机构调整，桥东区政府工作部门18个，议事协调机构的办事机构1个，直属事业机构2个。通过此次改革，收回直属事业编制5名。

2006年根据《关于为桥东区下达行政编制的通知》，共下达桥东区行政编制76名。其中：政法专项编制20名；老干部服务编制8名；区直行政编制48名。截至2006年，桥东区行政编制385名；政法编制158名；直属事业及使用事业编制群团编制43名；工勤编制35名；财政性资金基本保障经费事业单位编制1718名；财政性资金定额或定项补助事业单位编制215名；财政性资金零补助事业单位编制25名。

第二节　编制管理

1988年区编办成立后，区级机构编制事宜由编制委员会行文审批。1987年河北省落实“一支笔”审批制度，并逐步完善“三个一制度”。即凡机构编制事宜，由机构编制一个部门承办，由主管机构编制工作的领导“一支笔”审批，编委一家行文批复。1997年推行事业单位的登记工作，变一次性审批为经常性管理，改变了过去重审批轻管理的做法。这次登记的事业单位分为法人单位和非法人单位2种。2000年开始事业单位全国统一登记管理，换发全国统一事业单位法人证书，进一步推进事业单位社会化进程。2004年，进一步强化集中统一管理机制，先后出台了加强机构编制管理监督、严格控制机构编制、严禁超编进人、强化工作考核、建立机构编制与财政预算联动管理机制等一系列政策性文件规定，明确了机构编制审批、使用、管理的基本程序，严格了机构设置、职能变化、编制增减、职能调整等方面操作规程。在此基础上，进一步确立了以“四个一”为主要内容的机构编制集中统一领导制度；实行编委主任“一支笔”审批。下发了《桥东区机构编制委员会工作规则》和《关于在全区实行机构编制管理证的通知》，在全区推行机构编制管理证，建立机构编制台账，实行人员编制实名制管理，把编制、人员调配、核拨经费和支付工资结合起来，综合治理，实行编制与经费双向控制，有效控制了超编增加人员。严格执行机构编制专题报告，严格执行事业单位下管一级审批制度。

第二十四编
民　　政

建区后，桥东区民政工作主要承担全区救灾救济、城乡居民最低生活保障，组织实施全区社会福利事业和福利企业发展规划，加强和改进基层政权、基层政治建设，拟定社区建设规划，双拥优抚，城市退役士兵安置分配，无军籍职工接收安置，民间组织的登记年检，拟定全区行政区划总体规划，婚姻收养登记，殡葬改革，“五保户”等特殊困难群体权益保护工作。

第一章　机构设置

1980 年 3 月，桥东区人民政府成立，同年 9 月，设立了区民政科，实有工作人员 3 人。1984 年 2 月，区人民政府决定，撤销民政科，改设为区民政局，局内未设内部机构，编制 5 人，实有工作人员 4 人。1990 年 10 月，经区人民政府批准，成立桥东区残疾人联合会，编制 2 人，由区民政局代管。1992 年 10 月，成立桥东区民政局福利生产办公室；同年 12 月，桥东区婚姻登记处成立，由区民政局代管，编制 2 人。1993 年 6 月，经区人民政府批准，区民政局内部机构始设办公室、优抚科、社政科，有工作人员 6 人。1995 年 7 月残联独立，归区政府直属。1996 年 6 月，区农村社会养老保险所成立，编制 3 人，由区民政局代管。1998 年 11 月 4 日，区地名办由区政府办公室划归区民政局。1998 年 2 月至 2002 年 6 月，桥东区民政局设有办公室、社政股、优抚股 3 个股室和农村养老保险所、福利生产办公室、婚姻登记处、地名办公室、敬老院 5 个事业单位。2002 年 6 月，设立桥东区扶贫开发领导小组办公室和社区建设办公室（挂靠社政股），将农村养老保险所划归区人事劳动和社会保障局。2002 年 6 月至 2006 年，桥东区民政局设有办公室、社区建设办公室（挂靠社政股）、优抚股（兼双拥办）、扶贫领导小组办公室（挂靠救灾救济股）4 个股室和地名办公室、婚姻登记处、福利生产办公室、敬老院 4 个事业单位。行政编制 7 人，全额事业编制 12 人，自收自支事业编制 16 人，实有工作人员 35 人。

第二章　社会救助

1980 年建区初期，桥东区的社会救助主要以救灾救济为主。1996 年 9 月，桥东区在全市率先实行了城市最低生活保障制度，当时的保障对象仅限于“三无户”（无劳动能力、无法定赡养人、无法定抚养人）和孤老户。2002年开始了低保扩面，低保对象涵盖了社会的各个弱势阶层，基本实现了应保尽保。2006年，桥东区已建立了以城乡最低生活保障、城乡困难群众医疗救助、救灾、经常性社会捐助、五保供养等为主要内容的较为完备的社会救助体系。

第一节 城乡居民最低生活保障

区民政局成立后，便对孤寡老人和城市困难户进行调查，并开始给予救济。对孤、寡、老、弱、病、残等社会弱势群体实行救助。历年来，桥东区对失去依靠、无生活能力者都作了临时或定期救济。1981年，对困难户41户50多人进行了救济，共发放救济金7000多元。1982年，对54户68人进行了定期定量救济。1983年，对全区48户城市困难户和农村“五保户”进行了食宿大排查，通过排查发现了问题并及时解决。西大街办事处马路街居委会孤老户马大妮房屋倒塌，专门拨款300元，帮助其翻盖房屋。1985年桥东区对孤、老户定补标准进行了调整，提高到每月18元，对全区38户、51人发放定期补助10728元。1987年，对无劳动能力、无生活来源的孤老残幼人员和困难户，经过群众评议，各级审批，给予了定期和临时救济。发放各种救济款项比以往都有增长，基本上保证了贫困户的生活。1989年印制了城市孤老供养协议书，对城市孤老供养进行了清理，同时加大力度解决了城市孤老的就医问题。

桥东区实施城乡居民最低生活保障制度始于1996年9月，是由传统的临时救济演变而来。为搞好社会保障工作，以该保的一个不漏，不该保的坚决堵住，不养闲人和懒人为原则，在全市率先开展城乡社会保障工作，月标准为120元。1997年9月份，对第一批生活在最低生活保障线以下的103户特困群众实行了最低生活保障。1999年将保障标准提高到每月150元。2000年，对城市居民生活收入进行了摸底抽查，共调查4500余户、15400余人。2001年底全面扩大保障面，对27000余人次实施了保障，基本实现应保尽保。2003年在保障对象上，突破了“五保”对象和“三无”人员这一传统范围；在发放方式上，实现了由过去的现金发放改为银行发放，既简化了手续又方便了群众。同时进一步完善低保申请审批程序，出台相关制度，实现了阳光操作。2005年开始实行分类施保，对无自救能力的人员给予重点救济，对患大病家庭、重度残疾和孤老对象实施了重点保障。2006年对低保标准进行了调整，从150元调到180元后，会同各乡、办事处民政办公室对全区4379户低保对象进行了一次全面复查和逐一审核，全区共有低保户4379户、11044人，人均补差达每人每月由2003年的64元增加到83元。

1999年，桥东区出台了农村社会保障制度文件，形成了一套符合桥东实际的政策法规，农村最低生活补助按每月80元发放。为改变农村旧的救助体制，2003年在全市率先对农村特困户实施救助，发放了农村特困户救助证，对其按月发放救助金。2005年5月19日出台了《邢台市桥东区人民政府农村最低生活保障暂行办法》，实现了农村低保的启动。截至2006，全区农村共有低保户27户、46人，全年共发放农村低保金5万元。

第二节 城乡困难群众医疗救助

桥东区自2004年开始实行困难群众医疗救助。为保障困难群众有病能得到医治，桥东区人民政府出台了《邢台市桥东区农村特困户、五保户医疗救助办法（试行）》，分别给予医疗费的8%～20%的救助，以保障农村特困群众患病能够得到及时救治。为了使更多的特困群众能够买得起药，治得起病，2006 年 9 月在大量调研的基础上，桥东区政府出台了《桥东区城乡特困群众基本医疗救助办法的补充办法》，进一步扩大医疗救助的对象和范围，把城乡低保对象、孤老优抚对象、五保对象、特困家庭都纳入到救助的范围。2006 年对城乡“三无户”、“五保户”、特困家庭患常见病和低保对象 60 岁以上老人，每人救助 100 元，享受大病医疗救助的有 43 人，截至 2006 年共发放医疗救助金 23 万元，1406 人受益。

第三节　救灾救济

1980 年建区初期，救灾工作主要是防汛抗洪。1980 年区防汛指挥部成立后，防汛工作逐步趋向规范化、制度化，组织以民兵为主的抢险、预备等防汛队伍，筹备大量的防汛物资，重点做好防洪排涝、处理积水、疏通清障等工作。

1991 年，桥东区先后遭受 3 次自然灾害，桥东区民政局及时组织受灾群众生产自救，共发放救灾款 2 万元，化肥 6 万斤。1992 年 2 月，东关村爆炸事件损坏房屋 143 户、2217 间，损失计 2700 万元，救助 69 万元。1996 年 8 月，全区遭受了 30 年罕见的洪涝灾害，区委书记、区长和分管领导及民政局全员出动，查灾、核灾，部署救灾，半月余吃住在机关，指挥抗灾、生产自救工作。同时对灾情认真核灾定损，多方筹措资金 49 万余元。坚持救灾款专款专用、重点使用的原则，及时发放到受灾群众手中，同时积极组织受灾群众生产自救，减少灾害损失，保证受灾群众生活。1996 年 8 月，在自身受灾的情况下，发动各界捐款捐物，捐款 19 余万元，捐衣被 4 万余件，无私支援邢台县、宁晋、沙河、任县、临城、柏乡等灾区方便面 960 箱、冬瓜 4 吨、土豆 4 吨、面粉 2 吨、现金 5200 元、衣被 32440 件。出动汽车 40 多辆、拖拉机 125 辆，为邢台县山区送土造田，被山区人民称为救命土。1998 年，为支援南方和东北灾区，在全区开展了捐款捐物活动，共收到款物合计达到 23 万元送往安徽宿州灾区，将 13000 件棉衣、棉被送往东北灾区，支援灾区群众。1999 年，为解决区属困难企业职工生活，一次性拿出 4 万元，对 630 名下岗职工实施一次性救助。

1996 年向邢台县山区送土造田

1998 年开始对救灾工作体制实行了改革，实施救灾工作分级管理制度，实现了救灾款分级负担，桥东区财政每年列入 10 万元救灾预算金，为突发灾害事件提供了资金保障。到 2002 年共发放救灾款 60 万元，面粉 100 吨。在救灾款物发放过程中实行了救灾款物发放三联单制度，坚持民主评议、张榜公布，做到公开、公平、公正，确保灾民灾后生活有保障，能及时开展生产自救、重建家园。通过开展救灾保险，加强农村救灾互助会建设，全面实施救灾基金积累制，把国家、地方财政投入及社会各方面募集的救灾资金捆起来使用，大灾多用，小灾少用，逐年结转积累，调动全社会力量，推动救灾工作社会化。积极探索适应救灾资金专户储存制度，使救灾款的发放逐步过渡到通过互济会来进行，提高了救灾工作的时效性。同时加大资金投入，更换陈旧的通信设备和交通工具，改变原始的统计手段，实现救灾工作微机化管理。建立健全灾情预报信息网络，做好灾情的预报和减灾工作，把灾害的损害程度降到最低点。

2003 年建立《救灾应急预案》制度，灾情报告及时、准确。对救灾款物发放方式进行了创新，款物发放严格依据受灾群众档案登记造册，严格实行三联单制度，对无自救能力的“三无户”（无劳动能力、无法定赡养人、无法定抚养人）给予重点救助，除发放救灾款外，还有一定数量的救济粮，救灾工作基本上实现了社会化、网络化。2006 年，发放救灾款 20 万元，救济款 2 万余元。

第四节　经常性社会捐助

2002 年之前社会捐助工作为零星的、非常规的捐助。经常性社会捐助工作始于 2002 年，桥东区民政局设立了经常性社会捐助接收工作总站和储备仓库。同时，本着方便、就近以及合理布局的原则，在各乡、办事处设立了经常性社会捐助接收工作站，部分居委会设立捐助接收点，并积极组织开展各种捐助工作。2002 年上半年共接受捐款 4 万余元，衣被 1 万余件。2003 年区和乡办、社区建立了 10 个爱心捐助站，接受捐款 17236 元，衣被 1725 件。2005 年接受捐赠衣被 6382 件。2006 年接受捐款 38855 元，衣被 1631 件。历次捐款均上交区财政，用于该区困难群众救助。衣服均及时送往对口帮扶单位——邢台县，用于西部山区困难群众的救助。

第五节　五保供养

1980 年建区后，全区“五保户”共 3 户，由村、乡两级分散供养。1998 年全区有“五保户”、“孤老户”24 户、25 人，实行了保吃、保穿、保住、保医、保葬，供养率达 100%，供养标准达到了当地群众生活的平均水平。

2006 年，桥东区民政局确定了 22 个“五保”对象，其中签订《五保供养协议》的有 4 人，实行集中供养的 2 人。

第三章　优抚　安置

优抚是根据优抚对象（包括革命烈士家属、病故军人家属、因公牺牲军人家属、革命军人家属、革命残疾人员和退伍军人）的条件，在生活方面低于一般群众水平的或发生个人难以克服的长期和临时困难户，予以发给款项补助或实物补助。

第一节　优　抚

1980 年，桥东区优抚临时补助分冬、春两季进行发放，定期补助一般每人每月 10～20 元。1983 年，定补标准提高到每人每月 18～20 元。

1992 年，桥东区制定了《优抚工作条例实施细则》，全区各级层层抓优抚政策落实，完善配套地方优抚法规，使优抚对象的吃、住、医“三难”问题得到改善，优抚对象的生活标准超过了当地一般生活水平。1993～1999 年，烈属优待标准从每月 79 元提高到 147 元，病故军人家属从每月 74 元提高到每月 142 元，老复员军人的定补标准由每月 25 元提高到每月 107 元。农村义务兵家属优待金实现了区统筹，优待金额达到上年人均收入水平，城市义务兵家属每年优待 80 元。对二等以上革命伤残军人实行伤残金和保健金按期发放，并实行了实报实销的医疗制度，对红军遗属实行实报实销的医疗制度。桥东区民政局3所康复诊所对其他优抚对象实行免收诊断费和药品按批发价优惠照顾。

2002年建立健全了优抚保障金自然增长机制。2003～2006年，分3次对烈士遗属、因公牺牲军人遗属、病故军人遗属的定期抚恤金标准和在乡退伍红军老战士、在乡复员军人定期补助标准进行了大幅度提高，烈属定期抚恤金标准提高到每年5100元（城市）、3120元（农村），病故军人家属抚恤金标准提高到每年4380元（城市）、2760元（农村），因公牺牲军人遗属定期抚恤金标准提高到每年4740元（城市）、2940元（农村），在乡退伍红军老战士定期定量生活补助标准提高到每年11400元。优抚对象的生活待遇逐年得到提高。

第二节　抚　恤

抚恤是指对革命军人、革命工作人员、参战民兵、民工牺牲或病故后，由军队（革命军人安葬由所在部队负责）、政府（其他人员安葬由地方所在单位负责）妥善安葬，再由当地政府对其家属发放一次性抚恤金。

1980年6月，改牺牲、病故两种抚恤为革命烈士、因公牺牲、病故三种抚恤。1984年，规定按烈士牺牲时职务、级别发放一次性抚恤金，金额为2000元～2400元。1985年，革命烈士一次性抚恤金改为按其牺牲时的40个月工资计算发放。1986年7月，规定军人、机关工作人员、参战民兵、民工因公牺牲或病故的，分别按其牺牲时20个月工资和病故时10个月的工资计发。区根据上述不同时期的抚恤标准逐年发放。2003年起机关工作人员一次性抚恤金由所在单位发放。部队牺牲、病故人员仍由家属户籍所在地发放，其标准也做了相应提高，分别按其牺牲时40个月工资和病故时20个月的工资计发。2003～2006年，桥东区共发放80多万元。

革命军人、革命工作人员、人民警察因公致残和民兵、民工参战负伤后，从评定残废等级之日起，分别发给残废抚恤证，并按年度每年发放2次残废抚恤金。国家多次调整了上述人员在乡、在职残废金的发放标准。按照上级要求2003～2006年，分三次调整提高对残疾军人、伤残人民警察、伤残国家机关工作人员、伤残民兵民工残疾抚恤金标准，残疾军人的抚恤标准最高一级达到每年14560元，最低一级达到每年1250元，确保了优抚对象的生活待遇逐年提高。2006年，桥东区符合残废人员抚恤条件的有539人，全年发放残废金120多万元。

第三节　拥军优属

拥军优属活动是加强军政、军民团结的纽带，是增强全民国防意识、鼓舞军队士气必不可少的活动。桥东区在优属工作中主要贯彻“以群众优待为主，国家补助为辅”和“拥军优属，人人有责”的原则，根据不同时期的政策精神，对无劳动力和缺乏劳动力的军人家属实行代耕、优待劳动日、优待粮和钱等；对长期困难者，实行定期定额补助；临时困难者实行临时补助；对有疾病、住房、子女入学等特殊困难者给以特别照顾；对个别军烈户补助棉花、布票、衣被等物，认真解决军烈属生产、生活、治病、住房等方面的实际困难。并在公共娱乐场所，如影剧院设置烈军属专席，在购物方面给以优先照顾，在社会上增强对军烈属的光荣感，在经济上保证军烈属的生活稍高于一般群众的生活水平。

1980～1985年，对全区军属、烈属、在乡的残疾军人进行了全面慰问，为桥东区籍烈士编写了“革命烈士英名录”。建军55周年，开展了一系列的拥军优属活动，对驻区部队、军队离退休干部、老红军、特等伤残军人进行了慰问。对驻区范围内邢台军分区教导队、邢台市武装部、“181”医院、驻邢海军部队进行了走访慰问，增进了鱼水情，加强了军民团结。

1986年加大了优抚安置工作的落实力度，较好地解决了军人家属住房、工作、子女上学问题。区政府对辖区义务兵家属实行优待，每年给每户义务兵家属发放优待金80元。对战士立三等功者，乡、办事处组织群众敲锣打鼓送喜报。对立二等功以上的，区政府召开庆功会，赠送光荣匾、慰问品。1989年发挥了优抚对象服务组织的作用，各优抚组织为优抚对象做了大量好事、实事。先后为优抚对象解决纠纷，解决孩子上学、招工等问题。为戒严部队送慰问品，召开戒严部队家属座谈会，驻军参加戒严回邢后，西门里办事处组织洗衣服务队到营房服务。1990年抓了优抚工作责任制的落实，把优待、定补明确到人具体负责，提高了三属优待标准，为老复退军人和义务兵家属解决了生活补贴，发优待款16万余元。“八一”前夕，由区委、人大、政府和政协领导代表组织到部队慰问，分别到沈阳、天津、济南、青岛、石家庄、新疆部队走访慰问战士。粮食部门为驻邢部队调供大米5万公斤、精粉3.6万公斤、绿豆2000公斤。1991年，动员广大群众积极参与拥军优属宣传活动，为军烈属、伤残军人和部队做好事实事，受到了部队、军烈属的好评。发挥各服务行业的优势，为军烈属挂齐了光荣牌，为服务单位挂齐了优待标志。

1992年，实施了双拥组织网络化、宣传社会化、工作制度化、联谊活动经常化、政策落实具体化“五化”管理。各厂矿、街道办事处与驻军联谊共建，西大街办事处与武警支队、消防支队共建；西门里办事处与79师炮团共建；南长街办事处与汽车教练营共建；北大街办事处与留村武警部队联谊共建，双向服务成效明显。1992年东关街发生爆炸事件，消防支队官兵及早赶到，迅速投入到救援工作中去，抢救人民生命财产。1996年8月，洪水侵入东郭村乡辖区，51013部队200名官兵跳入河内护坝，抗洪救灾。1998年发动社会力量开展了“人人都向共和国功臣捐款，奉献自己的爱心”活动，筹集资金3.5万元，全部用于解决优抚对象的“三难”问题。为彻底解决就医难，设立3所康复诊所，全区优抚对象享受免收诊断费，药品按批发价的优待，并对特殊困难的红军遗属，实行了实报实销的就医优惠，创全国之首。

2001～2006年，为优抚对象发放了医疗优惠卡和困难补助金。区民政局依托科技拥军网络，为部队送科技书籍、培训科技人才、帮助部队解决技术疑难，突出了现代科技优势，达到了军地互助互荣。每年“八一”期间，均开展形式多样的科技拥军活动，共为部队捐献各类科技书籍5000余册，深受战士的好评。通过层层签订责任状，实行个个包扶，把重点优抚对象全部列入最低生活保障，为优抚对象发放了困难补助金，较好的解决了优抚对象的生活困难。特事特办，通过实行“摸底与启动、责任包扶与全局落实、落实包扶措施与解急难、检查指导与树典型”，彻底解决全区优抚对象的“三难”问题，把工作做到功臣的心坎上。在设立康复诊所的基础上，协调区卫生局，在全区乡级以上医院设立优抚门诊，为优抚对象发放医疗优惠卡，实行免收挂号费和医疗费享受优惠优待。从基层抓起，发动基层单位都为优抚对象办实事、解难事、做好事，把功夫下到街道、乡村、学校、连队、厂矿等基层单位，让全社会都来关心“三难”问题，都来解“三难”，基本解决了桥东优抚对象的“三难”问题。

第四节　安　置

桥东区的无军籍职工的接收安置工作始于1992年。当年接收安置无军籍职工17人，达到了接受单位、本人双满意。按时完成了军休干部和军退职工安置工作。2003年，先后解决了军休职工的交通费、房改和医疗保险，确保了军休干部的政治、生活待遇落实，实现了接收对象、接收单位、被接收对象单位“三满意”。

2003年退役士兵的安置工作启动。是年克服多种困难，对符合安置条件的2000～2002年的退役士兵全部进行了安置，实现了退役士兵安置工作的新突破。自 2004 年开始，每年都提前做工作，顺利完成了每年度退役士兵的安置工作。

第四章　基层政权

在村民自治工作中，认真贯彻村委会组织法，依法履行村委会建设中的职能作用，按期依法进行换届选举。结合农村实际，深入开展村民自治活动，1993 年桥东区抓了南康庄、辛庄村的村民自治试点工作，经过实行自我管理、自我教育、自我服务和民主选举、民主决策、民主管理、民主监督为主要内容的村民自治工作，特别是 1995 年建立村民代表会议制度，促进了农村社会稳定和经济发展，基层民主政治建设取得了明显成效。1999 ~ 2006 年，紧紧围绕“结合实际、加强领导、巩固成果、不断深化”的要求，努力提高村民自治的水平。

第一节　村民自治

一、民主决策

每个村委会建立了村民代表会议和村民会议制度，各村每季度召开一次村民代表会议，每年召开一次村民会议，制定、修改村民自治章程、村规民约；讨论解决本村发展规划和年度计划等涉及全体村民利益的重大村务。全区主要采取了建立联系户制度，要求村委会成员包户，具体到人，听取村民意见建议，及时反馈给村委会，方便村委会及时改进工作。各村委会定期组织村民学习一些党和国家的方针、政策，提高他们参政议政能力。区民政局通过党校定期培训村干部，提高村干部自身素质。对村民代表会议开展的活动，由区相关职能部门定期检查，对于重大事项的民主决策及时上墙公布。

二、民主管理

为了推动民主管理工作再上新台阶，结合校东区实际，围绕人、物、事、财 4 个方面建立了包括《村委会干部目标责任》、《议事办法》、《村规民约》、《村民自治章程》、《村委会报告制度》、《村委会工作制度》等一整套有约束力的管理制度，使村民和村干部自我约束、自我教育、自我管理，实现了管理有序，行为有规。全区村民委员会都建立健全了下属组织及工作制度。各村把村民自治章程印成小册子发放到户，实现了村民自治政策家喻户晓。在全区普遍建立了村民档案制度，实行一户一档，一组一册，一人一表，一事一记，年终由考评小组考评，增加了自治的透明度，规范了村民自治。

三、民主监督

民主监督在监督方式上建立民主监督网络，在各村成立民主理财小组、民主评议干部小组、红白理事会、党员议事会等，狠抓班子内部监督，完善党员群众监督，强化乡党委的监督。在监督内容上，坚持村务公开，村村开辟村务公开栏，把重要村务和村干部施政行为作为监督的重点。在监督渠道上，积极推进以财务公开为重点的村务公开，定期接受群众监督，实行民主议政日制度和民主评议村干部制度，对村干部的德、能、勤、绩、廉等情况进行评议。坚持财务三审制度，对财务实行村委会审查，理财小组审核，党支部书记审批。在监督程序上实行全程监督，重大决策要广泛听取村民意见，经党员大会、村民代表会议、村民会议讨论通过，决策后对执行情况及时进行跟踪监督。通过民主监督，进一步密切了干群关系，保持了社会稳定，防止了腐败，转变了工作作风，推进了民主政治建设。

四、依法民主选举

村委会换届选举 村民委员会每届任期3年，到届按时由年满18周岁，不分民族、种族、性别、职业、家庭出身、宗教信仰、教育程度、财务状况、居住期限有选举权和被选举权的村民直接选举出新一届村民委员会。

桥东区村民委员会换届选举已经历4届，分别于1997年、2000年、2003年、2006年举行村民委员会换届选举，换届选举的方法有所不同。1997年举行的第四届村民委员会选举，也是桥东区经历的第一次村委会换届选举。本届选举村委会候选人提名操作较为简单，由村民小组民主推荐，也有上届村民委员会提名，共改选村干部106名。2000年、2003年、2006年进行村民委员会换届候选人的提名，根据1998年11月新修订的《村民委员会组织法》要求，由村民选举委员会召集全体选民投票，当场唱票、计票，公布提名结果，保证了村民的直接提名权。2000年，27个村共选出村委会成员103名，2003年，13个村共选出村委会成员42名（其中14个村转居委会），2006年，13个村共选出村委会成员42名。

居委会换届选举 认真贯彻居委会组织法，民政局依法履行在社区居委会建设中的职能作用，依法进行居委会换届选举。2004年7月10日，中北社区作为纯社区居委会选举试点，进行了换届选举，这是社区居委会合并调整后全市第一个完成选举工作的社区。2005年，辛庄、新营、五里铺、东郭村等社区进行了选举。在选举过程中，中北社区采用户派代表的方式进行选举。辛庄、新营、五里铺、东郭村等社区由于是村转居社区，在选举过程中，仍采用村委会选举的方式，召开全体选民参加集中投票。

第二节 社区建设

桥东区的社区建设工作起步于20世纪90年代。

一、社区居委会调整

1998年桥东区共有街道居民委员会172个。为了便于管理，1999年桥东区人民政府根据“就近就便、灵活调整、方便管理”的调整原则，对部分社会居民委员会进行了调整（厂办居委会和村转居不在调整范围），同时对社区居委会的人员配备、社区留用及退养条件进行了明确规定。调整后纯居民委员会59个、厂办居委会73个、村转居16个，共148个居委会。

1999年，朱庄、大梁庄、西梁庄、张庄、田庄5个村划归为高新技术开发区。

2000年成立了市三中、啤酒厂2个厂办居委会。东关、黄家园、车站新村、拐角4个村转为居民委员会，分别改为东关居委会、黄园街居委会、拥军东街居委会和拐角居委会。2001年成立天安居委会。西门里新村、新营村、李家庄村、三义庙村、路家园村、东郭村、五里铺村等7个村转为居民委员会，分别改名为西门里新村居委会、新营居委会、李家庄居委会、三义庙居委会、路家园居委会、东郭村居委会和五里铺居委会。

2002年，按照便于管理、便于社区居民自治、便于开发利用社区资源的要求，遵循以街、路、巷、里为界，按照地域划分等原则，桥东区对现有的居民委员会进行了大规模的调整，撤销了除村转居外的135个纯居委会和厂办居委会，调整合并为53个社区居民委员会。当年大梁庄乡又有7个村委会转制为社区居委会：辛庄社区居委会、东牛角社区居委会、冯家庄社区居委会、母家场社区居委会、晋祠道社区居委会、王家庄社区居委会、胡家庄社区居委会。2003 年方圆二社区居委会、黄园二社区居委会分别变更为砂轮厂社区居委会、中房社区居委会。2004 年成立铁路林场社区居委会，撤销新东街社区居委会、马市街新兴社区居委会、新华桥社区居委会，社区居民就近并入其它社区居委会，2006 年成立辰光社区居委会。截至 2006 年底，桥东区共有 55 个纯社区居委会、31 个村转社区居委会。

二、社区组织建设和制度建设

社区普遍建立了以社区党组织为领导核心、以社区成员代表大会为决策机构、以社区协商议事会为议事机构、以社区居委会为执行机构的社区组织体系，并明确了社区党组织在社区工作中的领导地位和核心作用。社区居委会还根据工作需要设立了社区治安、社区卫生、人民调解等下属委员会，成立了老年人、残疾人协会和社区志愿者服务等服务组织，为社区居民充分发挥自我管理、自我教育、自我监督的职能打下了良好的组织基础。

为进一步加强社区居委会的设施建设，完善居民委员会工作制度，切实加强对社区居民委员会干部的管理，根据桥东区情，2001 年桥东区人民政府出台了《进一步加强社区居民委员会规范化管理的意见》，制定了《社区居委会工作制度》、《社区干部职责》、《居民协商议事制度》、《居民代表会议制度》，制定了桥东区居民委员会年度考核验收具体标准。各社区根据自己的情况先后制定了《居民自治章程》、《居民公约》等各项规章制度。围绕推进社区民主决策创新机制，深入了解民情，推进民主决策，积极推选社区事务公开办事制度，凡居民关注和涉及居民利益的办事制度、办事程序都能及时公开。

三、社区干部队伍建设和待遇

1999 年，把全面加强城市基层政权建设，建立新的城市管理体制和运行机制作为重点工作来抓。桥东区政府出台了《关于社区居委会调整改革的实施意见》，对年龄偏大、文化程度偏低的居委会干部实行了退养。1998 年、1999 年先后共有 80 名大中专学生、26 名市直机关分流干部和 13 名邢台饭店分流人员充实到社区居委会，有效地解决了居委会干部年龄偏高、文化素质偏低的问题，居委会干部基本实现了年轻化、专业化。同时居委会干部的生活补贴，也有了提高，生活补贴从 1998 年以前的 40 元提高到 150 元。2001 年提高到 240 元，2003 年 1 月社区干部的生活补贴由 240 元提高到 300 元。2004 年市基层自治组织建设和社区建设会议上提出再次提高社区干部的待遇，同年社区干部的补贴提高到 400 元。

四、社区基础设施建设

由于社区建设历史欠账较多，投入严重不足，桥东区大部分居委会基础条件很差，合并调整前，办公用房低于 12 平方米的 63 个，没有办公用房的 44 个，属于“拎包居委会”。根据“资源共享，共驻共建”的社区建设原则，加大了社区建设的力度，2002 年 12 月，副市长王金廷现场办公，调度了市直、区属共计 156 个辖区单位，按照“有钱出钱、有物出物、有场地出场地”的原则，共驻共建，合理搭配，结成对子，共同承担起社区居委会的基础设施建设任务。参加帮扶的桥东区 156 个单位，共帮扶资金 140 多万元，地皮 1200 平方米，房屋 2000 平方米，提供办公桌椅等 100 多件，电脑 5 台，大大改善了办公用房条件，通过星光计划资助，部分的社区居委会全部安装了电话、桌、椅、板凳等必要的办公用具，社区居委会基础设施长期落后的状况得到了彻底改善。到 2006 年底，区民政局投入资金 354 万元，解决社区办公用房、服务用房、服务设施和室外活动场所严重不足的问题。在纯社区中有 20 个社区的办公用房、活动用房和室外活动场所达到“三个一百”，并配备了电脑、电话、VCD 等，中北和路家园社区办公用房达到了 500 平方米以上。为在社区树典型、突特点、抓亮点，2006 年建成了 2 个办公用房在 500 平方米以上的精品社区及 8 个办公用房在 200 平方米以上的示范社区。示范社区设立了办公室、活动室、图书室、警务室、一站式服务办公室，全区社区居委会办公用房总面积达到 6000 平方米以上。

五、社区治安和社区环境

桥东区以创建经济繁荣、环境优美、治安良好、生活便利、人际关系和谐的现代化文明社区为目标，以优化社区环境为切入点，以方便居民生活，提高居民素质为着眼点，在社区实施“绿化工程”，通过实施“拆墙透绿、见缝插绿、庭院植绿”等净化、美化工程，大造宜居环境，到 2006 年各社区绿化率达到 30%。在治安方面，各社区都配备了“一区一警”，建立了治安联防队，一些封闭式小区还在社区内安装电子眼，对小区实施全天候监控，极大提升了居民的安全感。为维护辖区的治安环境，牛市新街居委会的义务巡逻队 24 小时轮流值班，已形成群防群治的局面。

六、社区服务

桥东区把社区服务纳入创建文明区的规划，设立社区服务工作指导委员会，街道成立社区服务工作委员会，全区开展了养老、助残、托幼等活动，设幼康复医疗站、老有所乐活动站 76 个，扩大了服务领域，便民利民服务蔚然成风。为实现系列化服务，在全区抓了南长街老有所养一条街、双拥服务一条街；北大街老有所乐一条街；西关街生活服务一条街；西大街安全防范一条街的示范点的巩固发展普及工作。1992 年区委、区政府把社区建设纳入创建文明区的规划，以社区服务为龙头，在全区开展了养老助残、托幼等活动。建立康复医疗站、老年人活动站 48 个，扩大了服务领域，便民为民服务蔚然成风。通过张贴标语、入户说教、典型教育、政策引导、媒体宣传等多种形式进行宣传动员，使下岗职工转变择业观点，树立了正确的就业观，结合下岗职工再就业建立了社区服务网络，全区有志愿者服务组织 400 多个，积极地活动在辖区的各个方面，为居民买煤送粮提供所需服务。积极推进区、街社区服务中心建设，社区普遍设立了社区服务站，运行“一站式服务”模式。2004 年社区服务内容进一步拓展，范围不断扩大。桥东区委、区政府提出创建学习型社区、开展人性化服务的活动，在社区服务上，坚持以人为本，通过健全社区运行机制，完善社区服务网络，创新社区服务方式，开展形式多样的社区服务活动，使社区服务设施和网络粗具规模。投资 50 万元建立了社区服务中心，主要为老年人、残疾人和下岗职工等弱势群体提供多层次的服务；区民政局与市制锹厂合作建立的星光敬老院能同时容纳 40 人居住；五里铺社区公办自助的养老模式多次受到各级领导的好评。到 2006 年，全区共有社区服务设施 440 个，社区服务网点 1250 个，社区服务小组 1000 多个，社区志愿者服务队伍 54 支，志愿者服务队伍达到 500 余人，区级社区服务中心 4 处，社区老年活动室 76 个，敬老院 5 所。社区服务活动普遍开展起来，主要有：中北社区开展的“十二张笑脸服务”，辰光社区的“四心服务”，团结东社区的“储蓄服务”，顺德西社区的“绿色通道”服务和“资源共享，共驻共建”活动，牛市新街社区的“回汉民族为一家”等。通过开展社区服务活动掌握了群众需求，形成应需服务理念方便了群众生活，壮大了自身经济实力，改善了弱势群体的生活条件，促进了各项社会工作进步和公益事业的发展。到 2006 年，全区有 80% 的社区已经达到和谐示范社区的标准。

第五章　社会福利

1980～2006年，桥东区广开门路，大办福利性生产企业，安置大批社会闲散劳力和残疾人员就业。在抓好残疾人就业的同时，还注重抓好孤寡老人的供养，改善他们的生活水平。为募集资金，民政局还多次开展有奖募捐工作，福利彩票发行工作，募集资金用于建立福利工厂和企业，使桥东区福利事业得到大的发展。

第一节　创办福利产业

广开就业门路，大搞群众性的福利生产，劳动就业，是国计民生大事。1981年以后，桥东区注重广开门路，大搞第三产业，大批待业青年和社会闲散劳力得到安置，1988年与1989年共安置待业人员1969人。

桥东区民政局先后办起了皮件厂、弹簧厂、鞋厂、海绵厂等7个工厂和门市，辖区能工作的残疾人员安置就业率达100%。1990年10月24日，桥东区成立了残疾人联合会，要求全区各类残疾人员根据自己的生理特点和功能，为社会做些力所能及的工作，同时呼吁全社会都来关心残疾人，优待安置适当工作。1992年以后，区民政局狠抓了福利生产发展，利用滚雪球的经营方式，白手起家，多层次、多渠道找门路发展福利企业16家，安排有劳动能力的残疾职工167名，使全区有劳动能力的残疾人员全部就了业。2000年，共有福利企业14家，其中直属企业13家。通过强化企业管理，做到政策优惠到位、工作支持到位、工作督查到位，强调产品质量和信誉，促进了企业的健康持续发展。2001年，新发展福利企业4家。2006年共有福利企业3家，实现产值614.4万元，实现增加值138.3万元，实现利税33.5万元，安排残疾人就业139人。

第二节　福利事业

建区后，桥东区政府极为重视孤、寡、残人员的生活问题，在马市街建立了社会福利院（隶属市民政局，1985年后迁走），收养的孤、寡、残、幼人员的生活标准都高于一般居民生活水平。在医疗保健方面，院内设有医务室，免费服务，还有娱乐室，并组织他们开展健康的娱乐活动，同时还组织他们进行纺麻绳、做炉芯等一些力所能及的轻体力劳动，不仅增强了体质，也改善了物质生活。

对散居的孤寡老人，采取了多层次、多渠道的供养形式：由家人亲属供养；所在居委会组成“包护组”，为孤寡老人提供免费服务，如担水、买粮煤、做饭、清扫、看病等；由区政府统一拨款、定期供给。

2001年，区民政局在东郭村乡改造利用废弃地，平整土地10余亩，兴建桥东区敬老院、光荣院生产保障基地。通过实施高科技蔬菜种植和特种养殖，为敬老院、光荣院提供绿色无公害的农副产品。2004年由区民政局投资7万元，与市制锹厂合作，建成了桥东区“星光敬老院”，有床位52张，入住老人25人。2006年，投资近400万元，购买了原桥东法院近3000平方米的办公楼，区民政局与区敬老院和光荣院搬迁入住，使区民政局的办公条件得到了改善。区敬老院和光荣院条件大为改观，五保户和重点优抚对象已入住。

第三节 有奖募捐

为促进福利事业发展，民政局于1990～2002年以即开型彩票的形式，先后举行了大型募捐活动8次，共募集资金100多万元。社会福利基金做到管理严格，合理使用，建造了3家福利厂。

2004年“五一”期间，在2003年销售87万元的基础上，销售福利彩票330万元，为国家募集福利基金127万元，其中为桥东区募集福利基金46.2万元，创邢台市县（区）级即开型福利彩票销售的新高。

第六章 社会事务

社会事务工作主要包括民间组织登记管理、区划地名管理、婚姻收养登记、殡葬管理等。

第一节 民间组织登记管理

桥东区的民间组织登记管理起步于20世纪90年代，主要包括社团登记和民办非企业登记。1992年全区依法办理社团登记6个，及时查处违法社团1个，年年按时完成年检任务，各项社团管理登记制度健全，社团档案达到了规范化管理。1999年加大社团管理力度，出台年度规划，明确专人负责，同时把民办非企业单位纳入规范化管理。2003年以后进一步加大民间组织登记管理力度，创新工作方式，抽调专门人员采取边检查、边现场办证的方式，上门为民办非企业服务，推动登记工作的开展。到2006年共登记民办非企业117个，社会团体21个。同时通过规范化管理，使民办非企业单位成为地方经济发展和社会进步的一支生力军。

1991～2006年桥东区社会团体一览表

序号	名称	成立时间
1	桥东区消费者协会	1991.11.21
2	桥东区个体劳动者协会	1992.03.22
3	桥东区冀南文化协会	1993.06.18
4	桥东区伊斯兰教协会	1994.08.02
5	桥东区计划生育协会	1995.03.05
6	桥东区慈善协会	1996.06.20
7	桥东区基督教协会	1996.12.11
8	桥东区三自爱运动委员会	1996.12.11
9	桥东区维修行业协会	2001.11.26

序号	名称	成立时间
10	桥东区民政局福利企业协会	2002.05.11
11	桥东区大梁庄乡农业技术科普协会	2002.10.15
12	桥东区教育学会	2003.03.03
13	桥东区周易研究会	2004.08.11
14	桥东区私营企业协会	2005.06.13
15	邢台市桥东银河乒乓球协会	2005.07.15
16	邢台市桥东区南康庄养殖协会	2005.10.20
17	邢台市桥东区书画协会	2005.11.08
18	邢台市桥东区反邪教协会	2005.12.09
19	邢台市桥东区无公害蔬菜协会	2005.12.21
20	邢台市桥东区道教协会	2006.05.10
21	邢台爱鸟协会	2006.06.22

第二节 老龄工作

2002 年老龄工作划归民政部门后，桥东区及时调整了老龄工作委员会，进一步明确了各成员单位的职责分工。全区 6 个乡、办事处，60% 以上的社区和农村都建立了基层老年协会。各级老年协会逢年过节走访慰问老年人，组织开展了丰富多彩的文体活动，受到广大老年人的好评。

第三节 婚姻登记与收养管理

1980 年 10 月，国家颁布新《婚姻法》登记办法，规定法定结婚年龄为男 22 周岁、女 20 周岁。同时，仍提倡晚婚（凡法定婚龄推迟 3 年以上者视为晚婚）。

1985 年，国家对婚姻登记手续进行了补充，规定办理婚姻登记者必须附男女二寸合影照片 3 张，双方填写婚姻登记申请书。审查中，发现手续不符合者，一律不予登记，婚姻登记由乡政府和街道办事处民政助理员负责办理。当年全区办理婚姻登记的有 1800 对，离婚 22 对。

1992 年，全区认真贯彻执行《婚姻法》，依法进行婚姻管理，健全、完善了各项制度。为强化婚姻管理，区婚姻管理登记处严格进行婚姻登记人员的岗位培训，实行了专职专管，独立执法。婚姻档案规范化，为有效地制止早婚和私婚等违法婚姻，桥东区制定了《婚姻登记办法》、《早私婚治理办法》、《违犯婚姻法处理办法》等，使依法登记纳入乡规民约，由于亮明政策，不留死角，严格处罚，整治早婚、私婚收效明显。至 1999 年全区共办理结婚 13513 对，离婚 543 对。由于严格执法，严格登记，不断提高了婚管工作整体水平。

2000 年，严格按照《婚姻法》和《收养法》，做好收养和婚姻管理工作。2000～2003 年共办理结婚登记 7633 对，上门办理婚姻登记 18 对；提出离婚申请的 821 对，其中有 421 对因调解无效给予办理离婚手续，400 对经耐心调解重归于好，减少了家庭的不安定因素；办理夫妻关系证明 214 对，解除夫妻关系证明21对，男到女家落户17对；同时，拒绝不够婚龄而提出结婚登记的134对；拒绝双方不到现场申请登记的125对；拒绝说情不符合条件的289人次。加大规范化管理力度，婚姻登记实现了集中管理。大力提倡晚婚晚育，坚决制止早婚、私婚。

2004～2006年办理结婚登记5300多对，离婚登记1200多对。严格按照物价部门核定的标准收费，无乱收费和搭车收费现象，认真开展婚前教育，受教育面达到90%以上。

收养登记严格按政策和程序办理。2003年以前办理收养登记2件，2004～2006年共办理8件，证件使用率和登记合格率均为100%。

第四节 殡葬管理

自1988年始，桥东区大力推行殡葬制度改革，改土葬为火化。1988年全区火化率已达93.5%，南长街办事处达100%，改革旧的殡葬习俗，基本上根除了土葬。1996年，制定了《火化管理办法》、《推行火化细则》、《私自土葬的处理规定》；区委书记、区长和分管领导及民政局领导现场督促改土丧为火葬，加大处罚力度，弘扬火化氛围，使全区无私埋乱葬现象，火化率达100%，平坟3539座，实现耕地无坟化。1999年殡葬改革加大了清理死角的力度，召开了全区殡葬改革大会，确定了打好平坟扩耕歼灭战，老坟头不留，新坟头不添，保持火化率100%的原则。成立了殡葬执法队伍，层层签订责任书，利用多种形式进行宣传教育，使殡葬改革家喻户晓。设立举报箱，举报电话，利用群众监督，及时制止土葬，多次改土葬为火化，平除坟头2473座，清理石碑927个，教育制止企图土葬事件14起，制止尸体外运2起。至2006年底，没有发生土葬现象，保持耕地无坟化，火化率一直保持100%。

第二十五编
科学技术

1987～2006年，桥东区科学技术事业进入全面振兴和发展时期。桥东区区委、区政府全面落实“科学技术是第一生产力”的指导思想，坚持“经济建设必须依靠科学技术，科学技术工作必须面向经济建设、面向社会”的方针，积极实施“科技兴区”战略，不断深化科技改革，强化科技管理服务，逐步建立起了科技与经济紧密结合的新机制，使科技事业得到持续发展。科学技术在经济发展中所起的作用越来越大，具有高科技含量的产品和依靠科技发展起来的企业逐渐成为经济发展的主要力量。到2006年，发展高新技术企业5家，认定高新技术产品5个，发展民营科技型企业17家。科技进步在经济增长中贡献率由1987年的25%提高到2006年的47%。

2006年全区有科技人员1685人，是1987年的6倍；有各类科研与技术开发机构27个，其中厂办科研所7家，民办科技机构20家。到2006年共研发科技项目141项，有17项通过了市级以上科技部门的鉴定验收。

第一章　科技体制改革

桥东区自成立后就以促进科技与经济相结合为核心，对科技管理、决策体制以及科技系统组织结构，科技人事管理制度等有步骤系统地推动改革。建立与社会主义市场经济体制相适应，符合科技发展规律的现代化科技体制，充分发挥市场配置科技资源的基础作用，提高科技资源的利用率，最大限度调动和激发广大科技工作者和企业的创新能力，解放和发展科技生产力，使科技事业得到持续发展。

第一节　科技政策

1993年初，桥东区政府做出了关于全区开展科技进步年活动，并制定了《实施意见》，成立了桥东区科技进步活动协调领导小组，量化责任指标，提出五项保障措施，经过全区各部门的通力合作，广大科技人员辛苦努力工作，圆满完成各项任务指标。1998～2006年桥东区在解决重大科技问题的同时，加强有关政策的扶持和引导，不断从优化科技环境，并制定出台了一系列旨在促进科技发展，经济腾飞的优惠政策。2001年出台《关于加强技术创新发展高新技术产业的意见》；2003年出台

《邢台市桥东区科技奖励办法》、《关于实施科教兴区战略加速科技进步的决定》；2004年出台《关于推进新的农业科技革命、加快农业科技发展的若干意见》、《邢台市桥东区农业高新技术园区管理暂行办法》、《桥东区引进科技人才优惠政策》；2005年出台《桥东区关于加强科技工作的意见》，起草了邢台市桥东区科技发展“十五”和“十一五”计划。

为确保相关政策能及时贯彻落实，促进全区科技健康持续的发展，解决协调在落实中的有关问题，成立了相应的领导小组，如桥东区科技管理领导小组、农业高技术园区管理领导小组、知识产权管理小组等。

第二节　强化高新技术企业管理

桥东区街道围绕科技进步，强化科技管理，开展技术服务，实行科技体制改革。至1996年底，全区2个乡、4个街道办事处均配备专职科技副乡长（副主任）。在42个行政村配备科技副主任和技术员，建立科技服务组织34个，其中协会20个、各类技术服务站14个，科技示范乡1个，示范村7个，示范户72户。在企业中建立了8个厂办技术开发机构，培育发展了11家科技型企业。1998～2006年，桥东区发展河北省民营科技型企业9家，河北省高新技术企业6家，4项产品被认定为“河北省高新技术产品”，民营科技型企业和高新技术企业成为区发展经济的新增长点。厂办科研机构15家，列入区级新产品科研发展计划38项（其中省高级22项，国家级计划2项）。

第三节　工业企业创新　农业结构调整

在贯彻“科技兴区”战略，坚持科学技术面向经济、面向市场的过程中，不断深化科技创新，强化科技服务，区企业在发展思路上有了明显的变化，由原来只注重产品数量到注重提高产品质量，由原来只凭单一产品闯市场，到注重新产品开发和贮备、注重科技人才的培养和引进。2000年，《关于加强技术创新发展的新技术产业的意见》实施后，有力地促进了企业在科技方面的投入力度。2000～2006年企业用于技术改造、新产品引进、新产品开发及科技人才培养等方面投入经费达3400万元。区科学技术局因势利导，利用国家、省、市对中小企业扶持力度的加大之机，通过项目申报、专利实施等共为企业争取筹措资金，使企业创新能力明显增强。

农业产业结构的调整，为农民增收，农村稳定创造了机会。农民认识到陈旧的观念、落后的种养技术、封闭的市场信息已成为他们持续走向富裕的最大障碍。桥东区把握时机，及时出台新的政策，促使农业科技发展的步伐加快，形式日趋多样。他们在各级各部门的帮助联系下走出去、请进来，共组织农民赴市外考察60余次，考察人员1600余人次，引进新品种20余项，新技术31项。新增经济效益2000多万元。先后从河北农大、中国蔬菜农科所、山西农科院等地聘请10余名专家学者，传授最新种植、养殖技术。在引进人才的同时注重本身技术的培训。每年培训农民2000人次，培训技术骨干150人，培训科技示范户340户。建立农业高效示范园区，以返租倒包形式，将土地集中进行统一规划，统一管理。截至2002年，全区共建成各类园区3处，面积达550亩，辐射面积达1400亩，全区农业新技术应用率达85%，新品种、新成果普及率达到95%。

第二章　科技管理

桥东区建区后，历届政府都把发展科技作为推动全区经济发展的主要动力，从科技管理机构的设置到科技政策的制定完善、科技经费投入的增加，都展现出政府发展科技的决心和力量。科技对振兴全区经济具有明显的促进作用，并带动了全区经济的持续发展。

第一节　管理机构

1987 年 10 月，桥东区科学技术委员会成立。1996 年桥东区科学技术委员会与邢台市桥东科学技术协会合并，对外改称邢台市桥东区科学技术局，为区政府职能部门，但 2 个部门工作各自独立进行。是年根据区“三定方案”，确定区科技局局内不设科室（办公室），行政编制 2 人。1997 年，区科技局设立技术市场办公室。2006 年，桥东区科学技术局有工作人员 3 名。1988 年，2 个乡、4 个街道办事处配备了兼职科技员，1992 年为建设科技示范乡，两乡配备了科技副乡长。1996 年底，全区 2 个乡、4 个街道办事处配备专职科技副乡长（副主任），1998 年，乡、街道办事处科技专职副职人员陆续变成兼职。

1992 年，桥东区成立技术市场管理办公室，负责民办科研机构的审批管理、科技型企业登记、技术合同登记、技术合同签订工作。到 2006 年，为 17 家科技型企业办理了登记，审批民办科研机构 14 家。

第二节　专利管理

桥东区科学技术委员会成立后，加强了对专利的管理工作，1999 年在桥东区科技局成立桥东区知识产权管理办公室，负责包括专利在内的知识产权工作。工作人员办理了专利执法证、监督证。机构成立后，每年都与邢台市知识产权局、桥西知识产权管理办公室组成联合执法队对市区内经营销售专利产品的商场和批发市场的专利产品进行检查，到 2006 年，共进行专利执法 8 次，检查专利产品 286 种。

2004 年 8 月成立桥东区知识产权培训基地，到 2006 年，进行知识产权培训 3 期，培训人员 98 人次。

1985 年，我国施行专利制度后，当年桥东区就申报专利 5 项，其中发明专利 3 项、实用新型 1 项、外观设计 1 项。到 2006 年全区共申请专利 501 项，其中发明专利 93 项、实用新型 339 项、外观设计 69 项。授权专利 291 项，其中发明专利 25 项、实用新型 218 项、外观设计 48 项。

1985～2006 年桥东区专利申请及授权量情况一览表

单位：项

年代	申请量				授权量			
	合计	发明	新型	外观	合计	发明	新型	外观
1985	5	3	1	1				
1986	5	3	1	1	1			1
1987	9	3	6					
1988	7	3	4		7	7		
1989	7	2	5		3		3	
1990	5		5		7	2	5	
1991	18	4	13	1	3		3	
1992	21	1	18	2	25	2	23	
1993	19	4	15		10		10	
1994	17	4	13		10		10	
1995	26	3	21	2	9	1	7	1
1996	27	6	8	13	13	1	12	
1997	23	6	13	4	19	1	8	10
1998	33	6	20	7	22		15	7
1999	30	5	20	5	20		17	3
2000	34	6	24	4	31	3	26	2
2001	28	4	19	5	21		17	4
2002	42	2	31	8	18	2	12	4
2003	39	12	26	1	21	1	17	3
2004	36	7	23	6	13	2	11	
2005	32	3	22	7	20	1	8	11
2006	38	6	30	2	25	2	20	3
合计	501	93	339	69	291	25	218	48

第三节　科技经费

科技经费主要是区政府投入的科技三项经费（新产品试制费、中间试研费、重大科技项目补助费）和科学事业费（科技管理人员的工资）。1987 年后，区科技经费投入从无到有，且随着全区经济水平不断发展在逐年提高。科技三项经费的投入引导企业及社会闲散资金向科技方面投入，2006 年企业及社会资金用于科研的经费达到 1000 多万元，是 1987 年的 95 倍。

1987～2006年桥东区科技三项经费及科学事业费支出情况表

年 份	科技三项经费（万元）	科学事业费（万元）	当年财政实际支出（万元）	科三费占当年财政实际支出的比例（%）
1987		0.6	287	
1988		0.6	436	
1989	7	0.5	930	0.75
1990	7	1	980	0.71
1991	7	1	1071	0.65
1992	7	2	1101	0.64
1993	8	1	1325	0.60
1994	1	2	1541	0.06
1995	1	2	1930	0.05
1996	1	2	1949	0.05
1997	1	3	2339	0.04
1998	6	3	2738	0.22
1999	7	3	2999	0.23
2000	6	4	3638	0.16
2001	8	6	4625	0.17
2002	6	6	5586	0.11
2003	7	6	6540	0.11
2004	57	8	7234	0.79
2005	56	12	9801	0.57
2006	63	12	10172	0.62

第四节 科学决策服务

1988～1990年，区政府先后2次成立科技顾问团，由区政府聘请驻区科研单位和大型企业的技术人员组成。桥东区主要领导不定期召开座谈会，请他们为发展区域经济和社会事业出谋划策，为实施科技兴区战略服务。区政府主要领导在每年的人代会、政协会期间或年终前邀请代表和委员中的科技人员开座谈会，请他们对政府工作提建议，为区政府决策提高科技含量。2001年，启动科技联动会议制度，统一协调全区科技工作，每年召开1～2次区委常委会或区政府区长常务会议，专题研究科技工作。到2006年，共召开科技专题会议7次，解决科技重大问题8项。

第五节 技术与信息服务

1987～2006年，区政府和各企业为促进经济快速发展，十分重视与科技情报机关、科研院所、大专院校联系，并通过参加技术交易会、博览会、经贸洽谈会收集与区经济和企业发展相关的科技信息。2005年，各乡、街道办事处指定1名专职人员进行科技信息的管理，建立了区科技局为中心的科技信息反馈及传播网络。科技局从2002年起先后编写《桥东科技信息》21期，为发展经济提供科技信息400余条，组织企业参加各种技术交易会38次。

第三章 科技队伍

桥东区注重建立健全科技人才队伍。到2006年，全区已建成包括农民技术员在内的多种专业技术人才队伍。

第一节 专业科技队伍

1987年，区政府成立“桥东区技术职称改革领导小组”。1988年4月23日为落实国务院“双放活”（放活科技人员、放活科研机构）政策，鼓励科技人才进行流动，召开桥东区经济技术开发“鹊桥会”，制定了关于引进科技人才的“八条优惠政策”。

按邢台市职称改革办公室和邢台市科学技术委员会《关于农民及乡镇企业中非国家公职人员专业技术职务任职资格评定工作安排的通知》精神，桥东区制定了《关于确认专业技术人员任职资格及评定农业专业技术职务的暂行办法》和《关于评定乡镇企业技术职称的暂行办法》，采取先由个人申请、单位推荐、业务主管部门初审后，交邢台市科学技术委员会有关评委会审定的办法，共为317名非公职人员评定了相应的技术职称，其中高级职称6名、中级职称57名、初级职称254名。科技局在做好非公职人员职称评定工作的同时，配合桥东区人事劳动保障局做好公职人员的职称评定工作，共为1216人评定相应职称。

第二节 农民科技队伍

建区后，区委、区政府重视对农村科技人才的培养。1991年成立桥东区农业职称领导小组，制定了《桥东区评定农民专业技术职称的暂行办法》。是年，全区有40人获得了农民技术职务，其中高级职称2人、中级职称6人、初级职称32人。到2002年，全区共有农民技术职称者324人，其中中级51人，分布于农业、农机、建筑等行业。

第三节　拔尖人才

1990 年 8 月，中共桥东区委、桥东区人民政府下发《关于专业拔尖人才的选拔和管理意见》，文件中规定了选拔拔尖人才的对象和条件、审批程序、拔尖人才享受的待遇等。在全区知识分子中选拔拔尖人才，进行重点管理，区级拔尖人才选拔工作每三年进行一次。成立桥东区知识分子工作领导小组，负责拔尖人才的选拔工作。1990 年，桥东区有 6 人被选拔为区级专业技术拔尖人才。到 2006 年，共选拔 3 批 21 人次。

第四章　科技活动

桥东区科学技术局通过科技宣传、技术培训以及科技成果推广等科技活动，有力推动了全区农业科技水平的整体提升，使桥东区在科技人员配置、农民受培训程度、培训率和农业科技成果推广率等方面都走在全市前列。

第一节　科技宣传与培训

为搞好乡、街道办事处科技宣传工作，1988 年有 2 个乡、2 个街道办事处配备了兼职科技员，1992 年有 2 个乡配备了科技专职副乡长，负责本区域内科技政策及技术的宣传和普及。1993 年，为进一步加速桥东区科技发展，政府组织、科委牵头开展了科技进步年宣传活动，并出台了实施意见。1988～2002 年，由科技局牵头组织科协、农业局、司法局、宣传部、妇联、团委等部门联动进行科技下乡活动 45 期，足迹遍布全区大部分农村。2002 年始由科技局主办开展科技活动周，到 2006 年已成功举办 5 期。参加活动企业及区直单位 50 余家，展示各种科技产品 200 余种，发放宣传资料 2 万份。

为进一步搞好科技宣传和普及，1993～1996 年全区 43 个行政村配备了科技副主任和技术员，建立了科技服务组织 34 个，其中协会 20 个、各类技术服务站 14 个，科技示范乡 1 个，示范村 7 个，示范户 720 户。并于 2005 年 4 月 28 日，成立“邢台市桥东区农业技术传播站”。

为使农业技术培训工作走上规范化，2004 年 9 月，在东郭村乡政府挂牌成立“桥东区星火培训学校”，负责全区农民技术培训。校内购置电视、VCD、技术光碟以及 500 余册科技图书。到 2006 年已举办各类技术培训班 27 期，培训农民 2000 人次，传授各种种养技术 32 项。

第二节　科技成果推广

区委、区政府非常重视科技推广工作，由单一技术到综合配套技术，由常规实用技术到高新技术，由农业技术普及到工业新技术，到 2006 年，逐步使科学技术的因素在国民经济生产总值中的贡献比重达到 47%。

20 世纪 80 年代后期至 90 年代初期，在农作物方面主要推广小麦模式化栽培技术、粮菜型“双千”

工程（粮食和蔬菜产量都达到1000斤）综合技术，推广小麦、玉米新品种如冀麦265、冀麦144、鲁麦14以及掖单12、掖单14、冀单22等，在蔬菜种植上推广日光温室栽培技术、无公害蔬菜栽培技术、工厂化育苗技术以及黄瓜嫁接技术。对全区500亩果园进行改造，提高产量20%。在农药方面推广了无毒、无残留的生物农药如BT菌剂、菌杀敌等。在畜牧养殖方面推广了青贮饲料、肉牛育肥技术。

20世纪90年代后期至2006年，主要推广了农作物新品种：玉米邢抗2号，郑单958、农大108、高油玉米，小麦高优503、8901等；蔬菜方面有高产优质栽培技术、无公害韭菜模式栽培技术、玉米秸开放式畦栽平菇技术、优质高产抗病茄子嫁接技术、在甘蓝新品种选育中杂交不亲合系育种技术；新型沼气池综合利用技术；在肥料及生物制剂方面推广有BT乳剂、生物钾肥、绿风95、高美施液肥以及配方施肥技术，在畜牧养殖方面推广了三元瘦肉型猪生产技术以及特种养殖技术如乌鸡、银狐养殖等。

第五章　科技项目与科研成果

在全区科研人员的共同努力下，到2006年桥东区的科技研发工作取得丰硕成果，部分成果填补国内空白，并在科研经费上得到国家、省、市的支持，促进了桥东区工业科研水平明显提升。

第一节　重点科研项目

1987～2006年，桥东区共完成科研项目141项，其中市级以上科研项目38项，完成鉴定项目17项，6项科技成果填补国内空白。金属陶瓷辊环、两路供电自动转换装置的研发被列入国家星火计划。

太阳能开水器（系统）研究　开发新能源是国家能源战略发展的重点，太阳能是一种取之不尽又无污染的新型能源，国家对发展利用太阳能的产业给予大力支持。河北光源太阳能有限公司开发的太阳能开水器是以太阳能为主要能源的新型饮水机。它采用插管式金属流通太阳能集热管专利技术，升温快，传质动力大，可方便地提供80度～100度的饮用开水，并解决了全玻璃真空管易炸裂、漏水、可靠性差等技术难题，结构新颖，性能先进，使用可靠。

中国环境管理干部学院22.4吨太阳能开水工程（户外）

邢台学院太阳能开水房

2005年，由河北光源太阳能有限公司承担的市级科研开发项目太阳能开水器（系统）研究包含两项专利技术：一种是多流道太阳能真空管（专利号：ZL02889877），另一种是插管式太阳能真空集热管（专利号：ZL200420016061.9）。太阳能开水器（系统）研究，通过河北省科学技术厅组织的专家鉴定，认为该产品所具有的结构和性能在国内外文献中未见相同报道，属国际领先水平。

金属陶瓷辊环　2000 年，邢台市特种冶金轧辊厂承担了河北省科学技术研究与发展指导计划和新产品开发项目“金属陶瓷辊环”。课题编号为 00212218，项目由该厂高级工程师王玉信负责。

金属陶瓷辊环

高速线材生产，原来使用的是碳化钨辊环，其耐磨性差，强度低，不能适应高速线材的生产需要，为了改变这种状况，该厂以碳化钨（WC）为基，以钴、镍作粘接剂，增大 WC 粒度等技术手段提高其硬度，经过唐钢高线厂、邯郸高线厂生产试用，效果良好，单槽轧制量为 700～1100 吨，为普通轧辊轧制量的 2 倍多。

1998 年 12 月 16 日，“金属陶瓷辊环”产品通过国家级鉴定，达到国际先进，国内领先，填补国内空白。

农业技术园区　农业技术园区建立于 2003 年，一个是胡庄的花卉园区，主要种植鲜切花为主，占地 100 多亩，花的品种多达 30 余种。另一个是南康庄农业科技示范园区，有种植和养殖两部分，占地 200 余亩，建有温室大棚 20 余座，养殖厂房占地 4000 余平方米。主要养猪、牛和鸡，存栏总数 6000 头（只）。

第二节　科技成果

科技成果是广大科技工作者的劳动结晶，是社会的宝贵财富。1987～2006 年，桥东区的科技成果无论是数量、水平和产生的经济效益都有明显提升。20 年中，全区有 15 个单位共完成科技成果 141 项，其中 7 项成果获市级科技进步奖。另外，民营企业、民营科研机构也取得明显成绩，特别是在甘蓝新品种培育、板材机械、特型钢材、特种辊环、稀土材料、医药卫生等方面的科研成绩尤为突出，有 4 种产品出口美国、日本、韩国、东南亚国家。农村产业结构通过科技转化取得了优化调整，农作物优良品种覆盖率已达 100%。

桥东区科技项目鉴定情况一览表

序号	科技项目	鉴定级别	鉴定时间	鉴定意见	项目承担单位
1	DGN—I 型多功能电子灯	市级	1987.09		
2	DYHJ—800 自动火焰钎焊机	省级	1988.01	产品技术先进、结构合理、性能稳定，为国内首创，填补了国内空白	邢台市火焰钎焊研究所

序号	科技项目	鉴定级别	鉴定时间	鉴定意见	项目承担单位
3	化工防腐粉末涂料	市级	1988.10	各项指标均达到部颁标准	邢台市五一喷塑厂
4	药用酒精	市级	1989.09	符合“中华人民共和国药典”有关酒精标准规定，填补了我省医药产品空白	邢台市第二制药厂
5	药用甘油	市级	1989.10	符合“中华人民共和国药典”有关甘油标准规定，填补了我省医药产品空白	邢台市第二制药厂
6	瓶装溶解乙炔	市级	1989.12	填补了我市一项空白，达到国内同类产品的水平	邢台市桥东区乙炔气厂
7	油脂合成肥皂粉	市级	1991.06	填补了国内空白，居国内先进水平	邢台市桥东肥皂粉厂
8	BE—3X 复合浆料	市级	1993.06	填补了省内一项空白	耐火材料厂
9	静电喷涂	市级	1993		
10	提高甘蓝、白菜自交不亲和系繁殖技术研究	省级	1995.06	达到国内领先水平	邢台市蔬菜种子公司
11	2ZK 两路供电自动转换装置	省级	1996.11	该产品技术可靠、性能优越、实用性强，属国内同类产品先进水平	邢台市八一电器厂
12	160KVA 交流变频调速器	省级	1997.12	在无触点、大容量变频器的产品化方面填补了国内空白，处于国内同类产品领先水平	邢台市欧美电器有限公司
13	实现计生工作两个转变，运行机制研究	市级	1997.12	处于省内同类研究先进水平	桥东区计生局
14	金属陶瓷辊环	国家级	1998.12	达到国际先进，国内领先，填补国内空白	邢台市特种冶金轧辊厂
15	高活性氧化镁	省级	1998.12	达国内先进，填补国内空白	邢台镁钡化工有限公司
16	优质、高产、抗病大白菜，甘兰新品种繁育及杂交制种技术	省级	1998.12	属国内领先	邢台市蔬菜种子公司
17	小屋防盗器	省级	1999.12	在整体设计及性能上达到国内同类产品的领先水平	邢台市无线电四厂

科技项目获科技进步奖情况一览表

序号	项目名称	获奖情况	获奖时间	承担单位
1	药用酒精	市级科技进步四等奖	1989. 09. 16	邢台市第二制药厂
2	药用甘油	市级科技进步四等奖	1989. 10. 10	邢台市第二制药厂
3	160KVA 交流电机变频调速器	市科技进步三等奖	1998. 05. 18	邢台市欧美电器有限公司
4	2ZK 两路供电自动转换装置	市科技进步三等奖	1998. 05. 18	市八一器厂
5	高活性氧化镁	邢台市科技进步三等奖	1999. 07. 10	邢台市镁钡化工有限公司
6	优质高产抗病大白菜、甘蓝新品种优育杂交制种技术	市科技进步二等奖	2000. 09. 05	邢台市蔬菜种子公司
7	热轧带肋钢筋复合陶瓷轧辊	邢台市科技进步二等奖	2001. 08	邢台市特种冶金轧辊

第六章 科研机构

2006 年，桥东区各类科研与技术开发机构共 27 个，主要为厂办科研开发机构和民办科研机构。它们通过技术改造、科技创新等各项科研活动为桥东区经济发展提供了动力。

第一节 厂办科研机构

企业只有依靠科技、发展科技才能在经济市场的浪潮中立于不败之地。经过 20 年，桥东区企业科技有了长足发展，企业性质也由普通企业逐渐向科技型、高新技术型转变，已成为全区经济发展的主要动力。

厂办科研机构是指企业内部的技术部门，其主要任务是从事本企业的新产品研究开发、技术发明、技术改造、设备检修、技术培训、技术管理等工作。随着经济和科技的迅速发展，企业由过去粗放经营、靠扩大外延求发展，变为依靠科技来创新、发展，因此企业越来越注重科学技术的研发与应用。到 2006 年底共有厂办科研机构 7 家，从业人员 1406 人，其中专业技术人员 150 人，占职工总数的 11% 。

桥东区厂办科研机构一览表

序号	单位名称	科研机构名称	成立时间	研究方向
1	邢台市天龙公司	邢台市建筑装饰研究所	1992. 06	装饰材料的研制、开发、引进及转让等
2	邢台市蔬菜种子公司	邢台市蔬菜育种研究所	1994. 01	蔬菜新品种培育、种子加工、包装

序号	单位名称	科研机构名称	成立时间	研究方向
3	邢台市电力机构设备厂	邢台市德普厚精工技术研究所	1994.07	精密机械的加工研发
4	邢台市五一轧钢厂	五一轧钢厂技术开发部	1994.04	新型轧钢技术及产品的研发
5	邢台市粉末冶金厂	邢台市粉末冶金研究所	1995.02	粉末冶金件的开发
6	邢台市兴达电子电器有限公司	邢台市机电一体化研究所	1995.05	机电一体化产品研发
7	邢台市桥东化工厂	邢台市镁钡化工研究所	1998.08	镁钡系列产品的开发

主要厂办科研机构简介

邢台市蔬菜育种研究所 是邢台市蔬菜种子公司厂办科研单位，成立于1998年，是桥东区的区属集体企业，在市场经济大潮中，他们坚持“依托大专院所、引进先进项目、提升自我培养能力”的路子，经过10多年的艰苦创业，已发展成为全国最大的系列甘蓝制种基地，引进、培育甘蓝新品种20余种。2006年已发展成有原种场100亩，年产各种蔬菜原种500万公斤，优良种子30万公斤。“邢申”牌甘蓝种子行销全国30个省、市、区，销售量占全国总量的50%以上。并有部分种子出口到越南、泰国、印度、俄罗斯、韩国等十几个国家和地区。

该研究所培育的甘蓝、大白菜优种通过省级鉴定，获市科技进步一等奖，国家科委“星火计划实施十周年暨‘八五’农业科技攻关成果博览会”优秀项目奖。

该所有农艺师8人，技术骨干30人。他们研制的花蕾剥落器可提高授粉工效5~6倍，产品销向日本、韩国等国。与邢台县农机研究所合作、研制出圆粒种子精选机属国内先进水平。该所已具有亲本制种、杂种繁育、质量检验、精选加工、种子包装等系列化生产能力。各类蔬菜种子均达到国家一级种子标准。

甘蓝育种场

正在培育中的甘蓝育种

第二节 民办科研机构

民办科研机构是按照“四自”（自筹资金、自愿结合、自主经营、自负盈亏）原则组织起来的，是从事科学研究、技术开发、技术咨询、技术服务等活动的企业性实体，民营机构是科技体制改革的产物。1992年，全区第一家民营科技机构——邢台市桥东科协科技开发服务中心成立。1997年，民营科研机构的审批变为属地管理，原由邢台市科学技术局审批的6家民办科研机构交由桥东区科学技术局管理。到2006年，已发展到20家。

2006年桥东区民办科研机构一览表

序号	名　称	成立时间	从事主要研究
1	邢台桥东科协科技开发服务中心	1992.04	农业方面的技术开发、咨询、培训
2	邢台市桥东区癫痫病研究所	1994.01	癫痫病发病机理研究及治疗、治疗药物研究
3	邢台市开源食疗研究所	1994.06	研究开发食疗、营养滋补保健食品
4	邢台天源科贸实业公司	1994.06	新产品开发、研究、科技成果推广
5	邢台市亿明智力点子服务中心	1994.07	软点子和智囊点子的研究开发
6	邢台市实业科技开发研究所	1994.09	技术开发、转让、咨询、自制产品
7	邢台桥东区新技术研究开发所	1994.10	新技术、新产品研制开发、推广使用
8	邢台市金属制造技术研究所	1995.01	技术咨询项目开发机械加工
9	邢台市海光化工研究所	1996.06	化工新技术、产品、工艺的研发
10	邢台市正大淀粉技术贸易研究所	1996.07	淀粉工艺技术生产研发研究、技术转让及服务
11	邢台市桥东华连技术事务所	1996.09	科技咨询、工程咨询、技术转让、新产品开发
12	邢台市勇翔电子技贸中心	1996.10	微机软件开发
13	邢台市太行经贸科技开发中心	1997.01	研究开发食疗、营养滋补保健食品及农副土特产品
14	邢台市新能源技术开发研究所	1997.05	新能源的研究开发、技术转让、服务
15	邢台市心理保健研究所	1997.11	心理测验、心理咨阄及防治心理障碍、维护心理平衡与健康
16	邢台市桥东科学技术推广中心	1997.11	新产品、新技术推广、培训
17	邢台市（爱仁）乳腺病研究所	2003.04	乳腺病研究、中西医诊治
18	邢台魁生堂臌症研究所	2003.12	研究、推广、利用中医药专利技术成果治疗臌症
19	邢台市绿林家居环境治理研究所	2005.10	室内环境、检测与治理、环境产品、研发与推广应用
20	邢台市桥东区新时代公民教育研究所	2006.06	公民教育教材研究、编写及教学方法、教学技术的研究推广

主要民办科研机构简介

邢台魁生堂臌症研究所　成立于2003年12月10日，位于邢台市新西街181号。负责人邱金凯。魁生堂系邱家中医药店的老字号，国家注册，距今已有600年的历史，该研究所以此为基础，进一步发掘传统中医的精髓，结合现代科技研发新一代药剂。

该所成功研制了治疗肝病的特效药“臌症丸散丹囊汤”等纯中药系列制品，并获得国家专利。荣获“2003 年香港国际专利技术博览会金奖”、“2003 年香港国际专利技术网上重点推广项目”、国际特别荣誉金奖、第十六届联合国国际科学与和平荣誉奖、河北省优秀发明奖。其开发的科技项目“膨症丸及其制备方法”在 2004 年荣获“第四届河北省优秀发明奖”。

该研究所研制的各种治疗臌症的中成药，先后为数万名臌症患者解除了病痛，被誉为“臌症克星”。发表《臌症丸治疗水臌 860 例临床疗效观察》、《张锡纯治疗肝病初探》等论文数十篇。

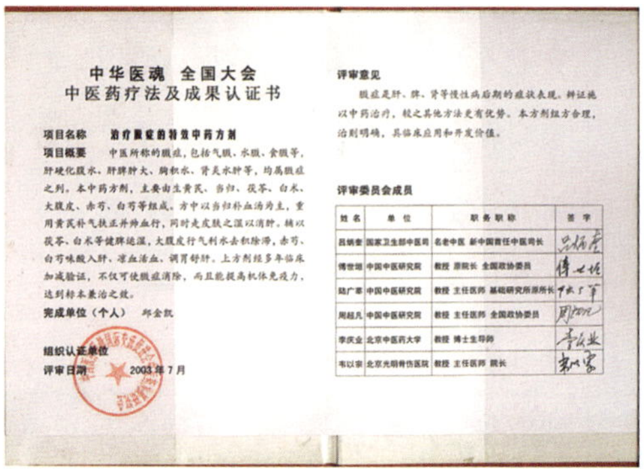

中华医魂 全国大会
中医药疗法及成果认证书

项目名称 治疗臌症的特效中药方剂

项目概要 中医所称的臌症，包括气臌、水臌、食臌等，肝硬化腹水、肝脾肿大、胸积水、肾炎水肿等，均属臌症之列。本中药方剂，主要由生黄芪、当归、茯苓、白术、大腹皮、赤芍、白芍等组成。方中以当归补血汤为主，重用黄芪补气扶正并帅血行，同时走皮肤之湿以消肿。辅以茯苓、白术等健脾祛湿，大腹皮行气利水去积除滞，赤芍、白芍味酸入肝、凉血活血、调胃舒肝。上方剂经多年临床加减验证，不仅可使臌症消除，而且能提高机体免疫力，达到标本兼治之效。

完成单位（个人） 邱金凯

组织认证单位

评审日期 2003 年 7 月

评审意见

臌症是肝、脾、肾等慢性病后期的症状表现。辨证施以中药治疗，较之其他方法更有优势。本方剂组方合理，治则明确，具临床应用和开发价值。

评审委员会成员

姓名	单位	职务职称	签字
吕炳奎	国家卫生部中医司	名老中医 新中国首任中医司长	
傅世垣	中国中医研究院	教授 原院长 全国政协委员	
陆广莘	中国中医研究院	教授 主任医师 基础研究所原所长	
周超凡	中国中医研究院	教授 主任医师 全国政协委员	
李庆业	北京中医药大学	教授 博士生导师	
韦以宗	北京光明骨伤医院	教授 主任医师 院长	

治疗臌症的特效中药方剂疗法及成果论证书

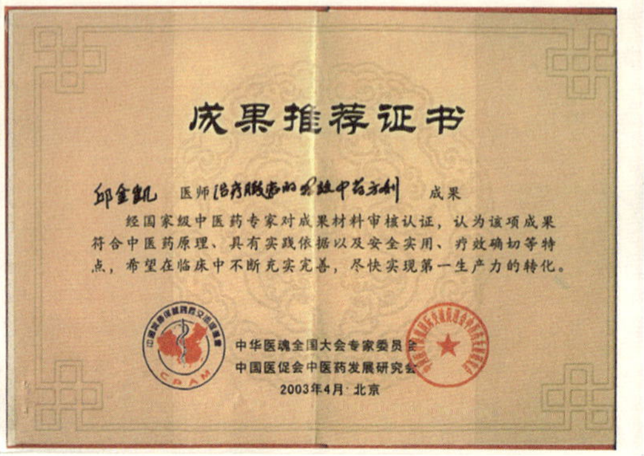

成果推荐证书

邱金凯 医师 治疗臌症的特效中药方剂 成果

经国家级中医药专家对成果材料审核认证，认为该项成果符合中医药原理、具有实践依据以及安全实用、疗效确切等特点，希望在临床中不断充实完善，尽快实现第一生产力的转化。

中华医魂全国大会专家委员会
中国医促会中医药发展研究会
2003年4月·北京

治疗臌症的特效中药方剂成果推荐书

邢台市桥东区癫痫病研究所 创建于 1993 年，是邢台市唯一一家以研究和治疗癫痫病为主的大型综合性研究所，位于河北省邢台市高新技术开发区东二环路 169 号。

主治医师唐志勉教授利用祖传的中医中药施治的方法和长期临床观察研究，以镇惊、祛风、化痰、活血、化淤为主，结合现代医学成果，利用 26 味中药，配合针灸，通过多次试验，研制成功治疗癫痫病的系列中药配方。已经收治来自国内以及新加坡、瑞士、美国、德国、澳大利亚、日本、俄罗斯、原南斯拉夫联盟共和国等 20 个国家和地区的癫痫病患者 60 万余人。

唐志勉医生为塞尔维亚患者克里夫诊脉

邢台市原人大常委会副主任陈兆泰到癫痫医院接待外宾

第三节 民营科技型企业

民营科技型企业是指以科技人员为主体，按照自筹资金、自愿组合、自主经营、自负盈亏的原则创办和经营的，以技术开发、技术转让、技术咨询、技术服务和技术密集型产品的研制、生产、销售为主要业务的技术经济实体。自 1994 年认定了桥东区第一家民营科技型企业邢台市桥东化工厂以来，民营科技型企业的发展速度、范围都有较大提升，已成为全区经济发展新的经济增长点，其生产值已占到全区工业总产值的43%。到2006年，全区共认定民营科技型企业17家。

2006年桥东区认定民营科技型企业一览表

序号	企业名称	认定时间
1	邢台市桥东化工厂	1994. 08. 25
2	邢台市实用技术开发研究所	1994. 08. 25
3	邢台市五一农机修造厂	1994. 08. 25
4	邢台市粉末冶金厂	1994. 12
5	邢台市第二制药厂	1994. 12
6	邢台市五一轧钢厂	1995. 12
7	邢台市水暖器材厂	1995. 12
8	邢台市第二钢铁厂	1996. 12. 10
9	邢台市太阳能真空管厂	1996. 12. 10
10	邢台市华龙工贸公司	1998. 11
11	邢台市电子化工厂	1999. 12
12	邢台市万泰特种冶金有限公司	1999. 12
13	邢台市特种冶金轧辊厂	1999. 12
14	邢台市发明电器有限责任公司	2000. 10. 15
15	邢台市科利环境工程有限公司	2001. 08
16	邢台市冷轧带钢有限责任公司	2001. 08
17	邢台市活泉酿造有限公司	2001. 08

部分民营科技型企业简介

邢台市水暖器材厂　厂址在邢台市新兴东路163号。始建于1991年9月，1995年12月被认定为“河北省民营科技型企业”。有职工320人，其中技术人员80人（中级职称9人）。固定资产420万元，流动资金440万元。该厂拥有水暖器材分厂、阀门分厂和耐火材料分厂。厂区占地总面积22000平方米，建筑面积6500平方米。厂内设有技术科、质检科、化验室等8个职能科室。

该厂注重技术产品开发，人才引进培养和装备更新。其中水暖分厂装备了专用加工设备45台（套）；阀门分厂建有机加工车间、钳工车间、模型车间和铸造车间，生产设备27台（套）。分别开发生产出春芽牌钢制串片散热器、蝶阀、闸阀、耐火材料4大系列、18个品种。产品技术指标均达部颁标准。其中钢制散热器获省优产品称号。产品销往北京、山东、河南等省、市。铸造工艺制品出口西班牙、德国、加拿大等国。

邢台市实用技术开发研究所（邢台市跨世纪科技有限公司）　厂址在邢台市高新技术产业园区东关街69号。厂区占地面积10000平方米，建筑面积3000平方米，该所建有两栋现代化的办公、科研楼，主要设备有30台（件）。

该所先后研制开发出快餐食品、风味食品、营养保健食品的技术和设备，其中快餐粥、米思奇获国家专利。米思奇系列产品加工技术和设备属国内首创，深受客户青睐，该系列产品具有香、甜、酥、麻、辣等风味。该所的技术转让应用到29个省、市、区的260多家企业。

邢台市桥东区化工厂 厂址在邢台市高新产业园区辛庄北路82号。始建于1989年，1994年8月被认定为河北省民营科技型企业。有职工280人，其中技术人员61人（高级职称2人、中级职称8人）。注册资金180万元，固定资产640元。厂区占地面积40000平方米，建筑面积15000平方米。

该厂有自己的科研开发机构——邢台市镁钡化工研究所，以及技术开发部、中心化验室。检测化验手段先进齐全，有万分之一天平、分光光度仪等主要仪器26台（件）。在开发先进适用技术、工艺的同时，建有工业氧化镁、树脂再生剂、轻质氧化镁等11条生产线。其中氧化镁生产线工艺流程设计合理，属国内先进水平。该厂利用邢台市西部山区的白云石，先后开发的轻质氧化镁、硫酸镁、纯碱等8种产品均达国家标准。产品销往黑龙江、陕西等26个省、市，并出口日本、巴基斯坦等国。

第四节 高新技术企业

高新技术企业是知识密集，技术密集的经济实体，要求企业中大专以上学历的科技人员占企业职工总数的30%以上，高新技术产品销售收入和技术性收入占当年总收入的60%以上。高新技术企业的认定是对企业在科技发展方面的认可。到2006年，桥东区共认定高新技术企业5家，认定高新技术产品5项。

桥东区高新技术企业及产品一览表

序号	企业名称	产品名称	认定时间
1	邢台市特种冶金轧辊厂	金属陶瓷辊环	1998. 12. 25
2	邢台市鸿昌实业开发有限公司	氧化铈	1999. 11. 02
3	邢台市八一电器厂	两路供电自动转换装置	1999. 11
4	邢台市发明电器有限责任公司	空气等离子切机	2002. 11
5	河北光源太阳能有限公司	太阳能开水器	2006. 11

部分高新技术企业简介

邢台市特种冶金轧辊厂 企业1998年经省科委认定为高新技术企业，是邢台市冶金行业重点企业，河北省重合同守信誉单位、银行信誉AA级，该厂建于1996年，1997年投产，注册资金1180万元，该厂位于邢台市桥东区高新技术产业开发区，东关东路200号，占地15万平方米，有职工70名，其中工程技术人员16名，高级技术及管理人员5名，中初级工程技术人员11名，工人均为技校中专毕业生。内部设5个职能科室。

本厂自主研制开发量热扎带肋钢筋符合陶瓷轧辊、金属陶瓷辊环产品。金属陶瓷辊环获国家发明专利，1999年被认定为国家级重点新产品，2001年认定为河北省高新技术产品。曾荣获全国发明银奖、河北省十大发明奖、邢台市科技进步一等奖。它是一种换代产品，经国家知识产权局授予同时得到科技部科技型中心企业技术创新基金贴息贷款64万元的资金支持。

河北省原省长叶连松到厂考察指导工作

邢台市原市委书记臧胜业到厂考察

邢台发明电器有限责任公司 于1998年12月由邢台市无线电四厂改制而成。厂址在新华南路，2000年10月被认定为“河北省民营科技型企业”，有固定职工108人，其中技术人员16人（高级职称1人，中级职称15人）。厂区面积6929平方米，建筑面积3300平方米。固定资产180万元，流动资金100万元。

公司下设有技术科、生产科等9个部门。公司与河北省科学院激光所有长期技术合作。公司拥有XA6132万能升降台铣床、CD6263车床等大型设备多台，设备水平达国内先进。形成了切割机和防盗器两条生产线。还拥有ZNY—4检测设备网络、HY2640测量仪等多台检测仪器。

公司主导产品为LGK8系列空气等离子切割机，该产品是公司和河北省科学院联合开发的，产品销往除台湾、西藏以外的全国其他各省、市。该公司还与中国科学院等单位进行了长期的技术合作，开发生产力ZX5—400可控硅手弧焊机、台式数控点焊机等一批具有高新技术的产品。

河北光源太阳能有限公司 河北光源太阳能有限公司始建于1986年，位于新华南路233号，民营企业性质。是国内研制生产太阳能热水器最早的厂家之一，系全国太阳能利用专家委员会常务理事单位、河北省太阳能行业协会副会长单位。公司占地26400平方米，员工280人，该厂拥有全玻璃真空集热管、家用太阳能热水器、热水交换器、民用采暖炉、太阳能开水器等多条专业生产线，主要生产太阳能热水器、真空集热管、暖气热水器、家用采暖炉等产品，2006年实现产值4500万元。河北光源太阳能公司研发的ZGL型铜铝组合平板太阳能热水器获1996年建设部科技成果重点推广项目；公司获2002年度河北市场民用品生产企业产品质量、售后服务双满单位称号；获2003年国家科学技术委员会高新技术企业认定；光源太阳能热水器、全玻璃真空集热管获2004年质量管理体系认证（方圆认证），取得国家实用新型专利；光源太阳能热水工程（系统）获2005年中国消费者维权联合认定的消费者信得过品牌；2005年又成功的把太阳能的利用从热水器提升到开水器系统的开发研制，并获得河北省科学技术厅颁发的科技成果证书。企业发展势头很好，太阳能产品符合国家节能环保政策，是国家及省市重点支持的朝阳产业，具有较大发展潜力。

第二十六编 教　育

2006年，邢台市桥东区共有各类学校31所。其中，教师进修学校1所，区属中学4所（市区1所，两乡3所），小学23所（市区12所，两乡11所），幼儿园3所。全区中小学在校生共有17150人。其中小学15572人，教学班289个；中学1350人，教学班30个；在园幼儿602人。全区共有教职工908人，其中小学教师731人、初中教师144人、幼儿专任教师15人、进修学校13人、教育行政人员5人。

另在桥东区内还有市属中学11所，大学1所，技师学院1所。

邢台桥东区自1997年“普九”开展以来，教育系统坚持“巩固、发展、改革、创新”的工作思路，大力加强各级各类学校的硬件和软件建设，加快教育技术装备和教学手段更新的步伐，有力推进教育信息化、现代化进程，办学条件逐步得到改善。全区教育队伍也发生了根本的变化，教师学历和业务素质也有明显提高。教育结构更加优化、教育资源更加合理、人才配置更加优化，从而加快了教育的现代化。

第一章　教育体制改革

1980～2006年，桥东区基础教育和教育改革取得了显著成绩。但基础教育总体水平还不高，原有基础教育结构、教育理论都已不能完全适应时代发展的需要。桥东区教育系统认真贯彻国家对深化教育改革，推进素质教育的决定，围绕加强教育研究、普及九年义务教育、双基教育加强师资培训、教学方法改革、培育“四有”新人等方面推进教育改革。培养学生具有爱国主义、集体主义精神、热爱社会主义、继承和发扬中华民族的优良传统和革命传统；具有社会主义民主法制意识，逐步形成正确的世界观、人生观、价值观；具有初步的创新精神、实践能力、基础技能和方法，养成有良好的心理素质、健康审美情趣和生活方式，成为有理想、有道德、有文化、有纪律的一代新人。

第一节　教学研究

桥东区大力推动教学改革，交流教学经验，自1993年开始，先后组织小学语文、数学年会、开展“三个一”（一个教案、一篇论文、一堂优质课）活动，对电化教学、目标教学、说课活动进行探索，先后有50多名老师获奖。组织老师学习新大纲、新教材，组织优秀教师外出学习，请有关专家教授做学术报告等形式，提高教师的教学水平。

在深入开展各种教研活动的同时，桥东区教委还广泛开展多层次、多侧面的“说课比赛、优质课比赛”、“优秀教学论文评比”、“新大纲教材知识问答”等活动，以提高老师的业务素质。1998～2002年桥东区获国家省、市的优秀论文258篇，省级以上刊物发表论文、教学设计100余篇。省市级优质课、观摩课和研讨课150余人次。桥东区学校积极承担省市的课题，稳步推进课题研究。1999年，马路街小学承担省“自主学习实验与研究”课题；新华南路小学承担省“创新教育实验与研究课题”；2001年，马路街小学、南园路小学和新华南路小学承担省《心理健康教育与研究课题》。南园路小学被批准为邢台市“自主学习”实验学校。东关逸夫小学为邢台市“心理健康教育”学校，南园路小学、马路街小学、桥东区一中和区教研室被批准为全国“目标教学”理事单位。2002年，马路街小学被评为河北省科研先导型实验学校，南园路小学评为邢台市科研先导实验学校。桥东区各学校，确立以构建高素质教师队伍为根本，以教育科研为先导，以课题实验为载体，以提高学生素质为目的的办学观念，把教、科、研与学校管理紧密结合起来，与教育教学实际结合起来，与课题实验、研究结合起来，使全体老师树立“要做研究者、不做教书匠”的观念。同时各学校还拓宽渠道、努力建设科研型老师队伍。每学期聘请省、市专家到校就“教育科研的理论与方法”、“现代教育理论”、“班主任工作技巧”等热点问题进行课题辅导，组织骨干教师参加全国、省、市教科研学习培训，提高教师的教科研素质。各学校还通过开辟“教育论坛”专栏开展“主题研究课”、“课题组成员汇报课”、“青年教师技能大赛”、“评选教科研标兵”等活动，激发教师参与教育科研的热情，营造出人人热爱教科研、人人进行教科研的浓厚氛围。生机勃勃的教科研工作，有力地推动了素质教育的开展与进程。

第二节　九年义务教育与双基教育

1993～1997年，桥东区认真贯彻《中华人民共和国义务教育法》和国务院《关于普及小学教育若干问题的决定》，狠抓小学“四章”和初中“三章”达标，使九年义务教育在1995年12月顺利通过省政府的评估验收，在全市率先实现了“普九”达标。之后又认真查漏补缺，进一步完善，提高“普九”成果。到1997年，全区中小学已发展到35所，其中小学31所、初中4所；在校生达到20729人，其中小学生18723人、初中生2006人。中小学任课教师达到864人，其中小学教师744人、初中教师120人。小学入学率达到100%、巩固率达100%、普及率100%，初中入学率达100%、巩固率达99.5%、升学率达到82%。各项指标均达到部颁标准。桥东区于1994年普及了初等义务教育，1995年“两基”工作经省检查团验收实现基本达标。成为全市第一个完成“两基”达标任务且一次验收成功的区。为实现“两基”达标，1995年桥东区共投入773万元，为11所小学翻建、扩建、新建了教学楼和实验楼，建筑面积达到7544平方米。购置各种图书、仪器、器材等投入达3.2万元。1998年桥东区坚持以“全面推进、区域推进、分类指导、重点突破”为工作方针，全面落实第三次全国省、市教育工作会议精神，进一步深化教育教学改革，全面推进素质教育，“两基”工作得到进一步巩固和提高。在“两基”通过达标验收之后，桥东区坚持以提高国民素质为宗旨，针对验收工作存在的问题和不足，加大工作力度，认真查漏补缺，固强补弱，狠抓巩固、完善、再提高工作。于1998年和2001年先后顺利通过省政府的复查验收工作，并被评为“河北省‘普九’先进区”和“河北省实验教学先进区”。全区小学初中适龄儿童入学率、巩固率均为100%，教师学历达标率为100%。办学条件得到很大的改善，为全区教育发展奠定了坚实的物质基础。财政拨款切实保证了“三个增长”，农村教育费附加实现统一管理，完全用于教育。学校管理日趋完善，做到了规范化、科学化、制度化，教育教学质量稳步提高，中小学生合格率达到100%，学生德、智、体、美劳得到全面发展。

第三节　师资培训

为进一步提高学校领导和教师的政治、业务素质，1992年桥东区拨款25万元，建起了教师进修学校。从1993年5月至1997年，先后培训小学语文、数学二、三级教师81人次；培训校长2期155人次，培训教导主任80人次，培训幼教人员13人次；并且对450名教师进行了基本功培训。同时还选派254名教师参加全国各地的培训学习，组织230名教师参加“三沟通”学习。1998～2002年，桥东区还把加强教师的法制教育和业务培训，提高教师法制意识做为重点，采取请进来、走出去，继续教育，基本功培训，文化技能考试等多种途径，全面提高老师业务素质，先后组织全区中小学教师进行业务、职业、道德测试，增强教师的使命感和危机感。分期分批组织全区教师进行普通话、微机、英语的培训，提高了教师的综合素质，教师不仅在观念上更在自身素质上尽快适应由应试教育向素质教育的转变。在经省师训处的统一命题考试中，全区老师合格率为98%。全区696名小学教师学历达标率为100%，168名中学教师学历达标率为98%，桥东朝着小学教师专科化、中学教师本科化方向前进。

第四节　教学方法改革

进入21世纪后，学校、教师、家长的教育观念都产生巨大的变化，原来单纯追求分数，重智轻德已经成为人们摒弃的观念。培养身体健康，具有良好的心理素质、良好的行为习惯以及健全的人格的学生，成为社会的要求，也成为学校、教师、家长教育观念的主导。

教学方法的变化经历三个阶段。“重视双基”（基础知识、基本技能）的指导思想左右着教学方法，各科课堂多凸显的是教师“一言堂”的工具性的训练。之后，教学方法转向人文性，重视学生的体验与合作，小组学习成为每个课堂不可缺少的方法。各种花样翻新的教学手段让课堂气氛热闹起来。这样的教学方法激发了学生的兴趣，但同时也使课堂少了独立思考和独立探索的空间。2006年，新的课程标准的出台，改变了偏颇的教学方法。工具性、人文性的有机统一使课堂变得简单而朴素，教学更加关注知识与技能，过程与方法，情感、态度、价值观的形成。教师带领学生探索，引发学生思考，教会学生学习方法，培养学生学习习惯成为课堂的主旨，教学方法的变革使教学不仅教会学生现有的课本知识，更要为学生终生的发展打下良好的基础。

减轻学生课业负担也一直是各学校着力做的一件事关素质教育大事情。学校依据学生身心特点，规定了各年级段不同作业时间，学校撤销了各类辅导班，力求减轻学生课业辅导，为学生留出更多的发展空间。

第二章　教育管理

教育管理内容包括：区教育行政机构的成立、沿革和现状，所辖学校的教学，财务管理等方面的各项规章制度的建立、健全。

第一节　教育行政机构

1980年，邢台市桥东区成立文教科，负责桥东区文化体育工作，受邢台市教育局业务领导。1981年，邢台市教育局将全市小学的行政管理权逐步下放到区，桥东区开始管理辖区16所小学。1984年2月，桥东区人民政府决定，撤销文教科，改设为桥东区文教局。1988年，郊区撤销，东郭村乡8所小学、大梁庄乡10所小学划归桥东区文教局领导，桥东区共计34所小学。

1996年5月，桥东区文教局更名为“邢台市桥东区教育文化体育局”，下设办公室、党办室、文体卫科（负责全区群众文化、文化市场的管理、指导社区文化的开展）、计财科（负责机关及全区学校的财务管理）、人事科（人事日常工作）。2001年1月，经桥东区机构编制委员会批准，成立区教育文化体育局、邢台市桥东区新闻出版局、邢台市桥东区版权局，挂靠区教育文化体育局。区教育文化体育局是集教育、文化、体育、新闻出版、版权于一体的行政机关。

第二节　学校管理

1979年，邢台市教育局印发了《邢台市中小学教导处、总务处职责范围（暂行规定）》，明确教导处的职责为：制定教学工作计划，通过对教学工作进行检查和指导，保证计划的完成；开展教学活动，提高教学水平；加强实验室、图书室的建设；抓好班主任工作，加强对班级工作的指导；抓好学生会工作，积极协助共青团、少先队开展工作；建立和健全学校有关教学和学校管理的各项规章制度，搞好学籍管理、转学、毕业和招生工作；抓好教师的政治学习和业务进修；积极开展学校的文体活动。

总务处的职责为：建立和健全学校财务管理制度；根据勤俭办学、坚持为教学服务的方针，编制各项年度财务收支计划；办好校办工厂、农场；搞好基建和房屋修缮工作；搞好教学仪器、设备、体育器材的供应；办好食堂、托儿所、卫生保健等集体福利事业；搞好校园规划、环境卫生和防火防盗工作。

随着学校办学规模的不断扩大，规模较大学校主要机构包括：政教处、教导处、总务处。教导处下设各年级组和教研组，政教处下设共青团、大队部和各中队。安全、人事、财务、工会、职代会直接由校长负责。

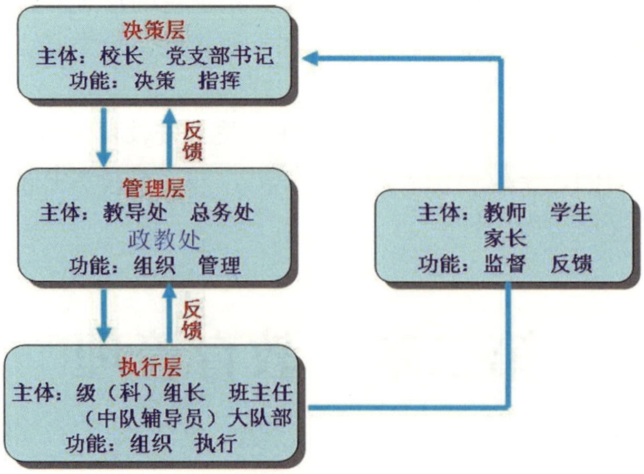

学校管理机构示意图

第三章　教育结构

桥东区的教育结构分幼儿教育、小学、中学、大中专院校教育等，另外还有特殊教育和成人教育。教育结构门类齐全，满足和适应了桥东区教育和文化发展的需要。

第一节　幼儿教育

辖区内有各种形式的幼儿园35所，其中省级示范园3所，市级一类园4所，区级示范园1所，区级一类园5所，区级二类园1所，适龄儿童入园率达91.3%。

2005年11月，桥东区通过河北省教育厅组织的基本普及学前三年教育县（市区）检查认定。成为基本普及学前三年教育达标区。

一、驻区幼儿园

驻桥东辖区有邢台市属第一幼儿园（1993年改称）、邢台市第二幼儿园（1993年改称）、邢台县属邢台县幼儿园。

邢台市第一幼儿园　始建于1947年，前身为冀南行署保育院。1993年定名为邢台市第一幼儿园，由邢台市第一幼儿园和邢台市第一幼儿园南院两个园组成，两个园分别位于邢台市桥东区顺德路121号和邢台新市场2巷37号，是邢台市师资力量雄厚、教学设备先进的省级师范园、市级一类园。幼儿园有大、中、小教学班20个，在园幼儿800余名。全园教职工67人，其中高级教师23人，大专以上学历41人。园内设有多媒体影像室、幼儿微机室，各班配有钢琴、DVD、电视机、消毒柜、光纤网络、监控等设施，实现了现代化教学与管理。

邢台市第一幼儿园

邢台市第二幼儿园　是一所全日制兼寄宿制的公立园、市级一类园、首批省级示范园。1963年7月建园，原名为邢台市幼儿园、邢台市第一幼儿园；1993年地市合并时，更改为邢台市第二幼儿园。该园占地面积4066.69平方米，建筑面积3500平方米。该园最初有17名幼儿、6名教职工；2006年，有12个教学班、540余名幼儿，72名教职工。其中，本、专科毕业的32名，具有幼教高级职称的26名。该园先后改造并装修了幼儿食堂、活动室、寝室、音乐厅；拥有多媒体教学设备、科学试验仪器等现代化教育设施。

邢台县幼儿园　创建于1978年，位于邢台市府前东街15号，是河北省首批省级示范性县办幼儿园。邢台县幼儿园包含3所分园，其中南园占地1866.67平方米，有三层教学楼一座，能容纳12个教学班，600多名幼儿；北园有4个教学班，在园幼儿160名；2006年邢台县幼儿园又在会宁小学旧址上建起了邢台县幼儿园会宁分园，总占地4800平方米，建筑面积1260.72平方米，使用面积

1008.57 平方米，总投资 60 多万元。邢台县幼儿园有教职工 126 人，其中在编人员 67 人、其他招聘人员 59 人。

二、区属幼儿园

邢台市回民幼儿园 隶属桥东区教育文化体育局。2002 年 6 月，桥东区根据河北省调整学校布局结构的有关规定，决定将西门里小学并入西仓巷小学。由河北省民族宗教厅投入资金 64 万元，将西门里小学改建为回民幼儿园，于 2003 年 3 月投入使用。主要面向回民子女，解决回民子女由于饮食习惯造成的入园难问题。至 2006 年该园是邢台市迄今唯一一所具有民族特色的幼儿园。该园占地面积 4700 平方米，建筑面积 1500 平方米，有教职员工 31 人，其中专任教师 26 人，幼儿在册人数 240 余名。2004 年，被评为区级示范园，2005 年，被评为市级一类园。

桥东区第一幼儿园 1988 年，经市教委批准，桥东区教文体局在申庄路路北开始筹建区直第一幼儿园。1992 年 10 月份投入使用。1996 年 12 月被市教委评定为市级“二类”幼儿园。该园占地面积 1200 平方米，建筑面积 480 平方米。

桥东区第二幼儿园 是由原西大街小学改建而成，桥东区教育文化体育局投资 70 万元，将原西大街小学改建成桥东区第二幼儿园，2006 年 9 月 4 日投入使用。该园占地面积 2550 平方米，建筑面积 1440 平方米，室外活动场地 1110 平方米。每班设有活动室、洗漱室和寝室，每班配备了钢琴、空调、家庭影院、消毒柜等现代化的设施。该园还配有舞蹈室、语音室、医疗保健室等。全园有教职工 20 名，在园幼儿 200 余名。

三、村办幼儿园

南康庄幼儿园建于 1990 年 9 月，占地 4900 平方米，建筑面积 678 平方米。

胡家庄、辛庄于 1997 年 12 月成立村办幼儿园，招收本村及附近经商户的子女。

2004 年 12 月，胡家庄幼儿园、东牛角幼儿园被桥东区教育文化体育局授予桥东区一类幼儿园，南康庄幼儿园被桥东区教育文化体育局授予桥东区二类幼儿园。

到 2006 年底，桥东区内有村办幼儿园 6 所。

四、民营幼儿园

1983 年，南瓦窑女青年赵金明高中毕业后，自筹资金，办起邢台市第一所私立幼儿园，名为“健美幼儿园”。该园不断扩大规模，2003 年 9 月又开办了健美第二幼儿园，后又开办了健美第三幼儿园。

1998～2006 年，“小博士幼儿园”、长春小艺术家幼儿园、红太阳幼儿园、菁华浩扬幼儿园、天成幼儿园、东方双语幼儿园、健美幼儿园、红太阳幼儿园等幼儿园分别落成并投入使用。成为桥东幼儿教育的生力军。

2006 年底，桥东辖区内有民营幼儿园 35 所。

五、工矿企业幼儿园

1971 年左右，先后有棉织厂、造纸厂、丝织厂、拖拉机厂、车辆厂、电缆厂、薄板厂、邢台市百货等 38 个单位建立了幼儿园或托儿所。经费自筹，管理上不统一，业务指导于 1989 年归市教委幼教科。1987 年，工矿、企业幼儿园达百余所，后随企业的关停并转，多数都停办。2006 年底，工矿、企业幼儿园多被民营幼儿园取代。

六、学校附属幼儿园

1980 年，各学校办起了学前班，幼儿入园难大大缓解。

1988 年，桥东区属学校的学前班（也有叫育红班）共有 53 个，专任教师 53 人，入班人数达 2332 人，入班率为 70%。

2000 年，桥东区取消学前班，学校学前班发展成“学校附属幼儿园”，截至 2006 年 12 月，学校附属幼儿园达 20 所。

第二节　小学教育

1981 年 9 月，邢台市教委将原市属 4 个中心学区，16 所小学，454 名教职工（其中专职教师 422 人），学生 10636 名，正式归属桥东区政府管理。1983 年春，对农村中小学进行改革，实行分级办学，分级管理。1986 年，市教委又将市重点小学清风、南长街、顺德路小学划归桥东区管理，至此原市属小学全部由区教育局管理。1988 年，郊区撤销，东郭村乡 8 所小学，大梁庄乡 10 所小学划归桥东教育局管理。1988 年底统计，全区小学 38 所，学生 15912 人，教职工 698 人。

1995 年，全区有小学 31 所（市区 16 所、2 个乡 15 所），专任教师 863 人；在校生 18619 人，另有一个培智班，在校生 6 人。是年，桥东区在全市率先通过了河北省政府“两基”达标验收。1997 年 9 月，在马市街小学建成一所培智学校。同年，全区残疾儿童入学率达到 88%。

1998 年，全区小学入学率、巩固率均为 100%，残疾儿童入学率在 87% 以上，小学毕业全科合格率在 98% 以上。在接受河北省政府“普九”达标复查验收时，桥东区顺利通过验收。全区的小学教学仪器设备达到一类标准的 4 所，二类的 7 所，音、体、美、劳器材达标率为小学一类 17 所、二类 10 所、三类 6 所。

丰富多彩的课余活动

1999 年，全区小学在校园内开展“五育状元上榜台”（五育：德、智、体、美、劳）活动，这项活动深受师生和家长的欢迎，有力地促进了学校各项工作的开展。马路街小学被评为邢台市唯一一所省级“建设教育科研先导型学校”，新华南路小学获省级“青少年科技教育示范学校”称号。2000 年，桥东区全面开展“减负”工作，减轻学生过重课业负担，取消不合理课时，并要求教师“功在课前，力在课上”，更新教育观念，积极进行教学研究。

2001 年，全区共有小学 32 所，专任教师 678 名，教学班 338 个，在校生 17901 人，平均班容量为 53 人；培智学校的在校生有 14 人。小学共有图书 399192 册，生均 22.3 册，23 所学校拥有微机室，有 16 所学校建起了语音室，11 所学校建起了多媒体教室，现代化教学设施不断得到加强，素质教育持续健康发展。

2002 年，全区小学 29 所，教学班 306 个，在校生 15776 人，教职员工 696 名。办有培智班 1 个，在读生 14 名。区内还有全市唯一一所民族学校——回民小学，有回族学生 50 余名。

2006 年，全区有小学 23 所（市区 12 所，两乡 11 所），在校生 15572 人，教学班 289 个；有教职工 908 人。

1998～2006 年区属小学演变情况一览表

年份	学校数（所）	总班数（个）	总人数（人）	备注
1998	33	337	17876	
1999	33	332	17120	
2000	32	338	17901	新华村小学并入南陈村
2001	32	332	16932	
2002	30	306	15576	撤并大通街小学和西门里小学，西门里小学改建为桥东区回民幼儿园
2003	28	294	15166	撤并回民小学，清风小学并入马路街小学
2004	27	290	14797	2005 年 1 月，撤并拐角联校
2005	23	275	14907	2005 年 9 月，大梁庄小学、朱家庄小学、田家庄小学、张庄小学划归高开区
2006	23	289	15572	

2006 年桥东区小学一览表

学校	班数（个）	学生数（人）	建校时间
马路街小学	40	3255	1945 年
逸夫小学	25	1752	1904 年，前身为育英书院，为高等小学堂
东关逸夫小学	17	1131	1973 年，前身为东关小学
北关小学	11	455	1964 年
南园路小学	19	1120	1947 年为私立小学，前身为西园小学
新华南小学	25	2053	1987 筹，1988 年投入使用
羊市街小学	10	403	1912 年
西仓巷小学	16	789	1964 年，先为文庙小学，又名“文革”小学
顺德路小学	11	646	1981 年
东大街小学	19	1025	1932 年
马市街小学	7	349	1912 年
东牛角小学	8	284	1950 年
路家园小学	6	172	
胡家庄小学	13	566	建于 1993 年，2001 年更名为桥东实验小学

学 校	班数（个）	学生数（人）	建校时间
辛庄小学	6	146	1921 年，后迁真武庙
三义庙小学	8	318	1946 年
大吴庄小学	5	61	1995 年
碾子头小学	6	118	1984 年，由淮家屯、碾子头、五里铺三村联建
南陈村小学	6	98	1939 年办学，清末有义学
北陈村小学	6	145	1935 年办学
南康庄小学	8	124	1899 年赵斌办义学，后赵增信扩建
柴家庄小学	6	95	1902 年
桥东区第一中学附属小学	11	467	1945 年

主要小学简介

马路街小学 于 1945 年建校，1988 年 12 月校址迁于邢台市纳凉园街 53 号，位于探花街南口。已有 60 多年历史，是邢台市一所盛誉颇高的优秀学校。至 2006 年 12 月，该校占地面积 3483 平方米，建筑面积 4248 平方米，教学班 40 个，在校生 1～6 年级 3255 人。教师 66 人，学历达标 100%，其中国家级骨干教师 1 名，河北省技术标兵 1 名，邢台市名师 1 名，骨干教师 2 名，教学标兵 1 名。学校拥有配置先进的语音室、微机室、音乐教室、自然实验室、多媒体教室等现代化教学设备，硬件设施达城市一类标准。

逸夫小学 位于邢台市桥东区南长街 82 号，前身系育英书院，创建于 1904 年，已有百年校史。清光绪三十年（1904 年），邢台知县戚朝卿主持将“育英学堂”辟为高等小学堂。建讲堂、宿舍 79 间，操场 1 处。正月开学时招生 50 人，公费，当时称之为“洋学堂”，这是邢台县第一所官办高等小学堂，是废除科举制、创办新式学校的开端。1912 年，学校改名为“邢台县第一高等小学”，学制三年。1922 年，根据当时的“新学校系统改革令”，小学分为初、高两级，初级小学四年，高级小学两年。1937 年，小学改为完全小学，均属县办小学。

逸夫小学

1945 年 9 月 24 日，邢台解放。次日，安良辰被任命为第一完全小学校长。学校的思想教育由日伪时期的奴化教育改为配合当时形势的阶级教育，学校还有了专职的音乐、体育、美术教师。1952 年，学校按地名改为南长街小学。1963 年，根据教育部《关于坚持进行中小学校教育改革试验的通知》规定，小学试验五年一贯制。学校 1965 年秋正式实行五年一贯制。1968 年，南长街小学改名为向阳小学。1981 年，被列为邢台市教育局直属小学，并恢复校名南长街小学。1986 年，南长街小学划归区属小学。1993 年 11 月，经省教委批准，南长街小学接受香港邵逸夫捐赠的50万元港币，用于学校主体建设，并更名为逸夫小学。

学校占地13437平方米，校舍建筑面积4600平方米，有25个教学班，在校学生1753人，教职工95人。学校建有图书室、阅览室、仪器室、实验室、音乐室、美术室、少先队室、卫生室、多功能室、微机室、语音室等，各类仪器设备均按国家一类标准配备。

新华南路小学 始建于1988年，占地面积7286平方米，建筑面积2752平方米。经过近20年的发展，学校已从起初的3个教学班发展为2006年的25个教学班，从起初的180名学生发展到2006年的1997名学生。有在职教师72人，其中小学高级教师48人，一级教师18人；本科学历教师28人，专科学历34人。

南园路小学 位于邢台市桥东区南园路18号，占地面积4660平方米，建筑面积6400平方米。有教职工62人，17个教学班，1100余名学生。建有实验室、仪器室、计算机室、图书室等，教学设施较为齐全。

顺德路小学 始建于1981年，占地7053平方米，建筑面积2726平方米，共有12个教学班，600余名学生，教职工34人，其中本科学历11人，专科学历20人，小学高级教师23人，小学一级教师8人。学校建有微机室、语音室、仪器室、图书室、实验室、阅览室、美术室、音乐室等13个专用教室。

东大街小学 始建于1948年，占地面积8986平方米。教学楼建筑面积4414平方米，教学班20个，教职工50人，在校生1099人。学校有微机室、语音室、多媒体室、图书室、阅览室等14个专用教室。

羊市街小学 成立于1948年，是本市国办小学中历史悠久的学校之一。有1～6年级8个教学班，360名在校学生。学校有专职任教教师29人，其中中级教师22人，初级教师7人。学校占地面积4791.62平方米，生均面积13.31平方米；建筑面积2599平方米，生均面积7.22平方米。学校建立图书阅览室、仪器室、实验室、少先队活动室和科技活动室、美术室、音乐室、卫生室、多媒体教室、语音室、微机室及体育器材室。学校藏书11206册，人均30册以上。

马市街小学 始建于1943年，是一所历史悠久的老学校。占地面积3389平方米，建筑面积2659平方米，现有7个教学班360名学生，教师21人，其中小学高级教师7人、一级教师6人，本科学历5人、大专学历14人。学校建有微机室、语音室、电化教室、图书室、阅览室、少先队和科技活动室、仪器室、实验室、音乐教室、美术活动室、劳动器材室、卫生室、体育器材室。

桥东区实验学校 占地16650平方米，建筑面积3527平方米。其中教学用房1197平方米，实验用房273平方米，普通教室14个，专用教室13个。学校有12个教学班，568名学生。教师22名。学校有语音室、微机室、卫生室、多功能教室、实验室、仪器室、图书室、阅览室、音乐教室、美术教室、少先队活动室、体育器材室、劳动室等专用教室，各类器材配备均达到一类标准。

第三节 中学教育

2006年，桥东区辖区内共有普通中学15所，其中市属中学10所、区属中学4所、部属中学（铁路中学）1所。1990年，西关街小学初中班改建为桥东区第一中学，桥东区有了自己的第一所区办中学。1991年，在南康庄筹建了南康庄中学，1995年更名为桥东区第四中学。1992年，东郭村乡筹建了乡办中学，后更名为桥东区第二中学。1995年，撤销原辛庄中学，在梁庄路筹建了桥东区第三中学。2006年，桥东区共有区办中学4所。

一、驻区市属中学

邢台市第二中学 始建于1951年，2001年被河北省教育厅评为省级示范性普通高级中学。学校分南北两个校区，校园面积248亩，校舍总建筑面积96261平方米。2006年有教学班121个，在校生7423名。在职教职工395名，一线教师322名，其中特级教师2名、中高级教师150名，有国家级骨干教师4名、省级骨干教师6名。

学校坚持“以德立校、依法治校、从严管校、质量兴校、科研强校”的治校方针，按照“抓管理、上质量、求发展、创名校”的工作思路，围绕“全力抓质量、突出培尖子、着力抓差生”的总要求，积极推行“先学后教”教学模式和“先预习、后听课，先复习、后作业”的学习模式，继续狠抓“进楼即静、入室即学”，大力营造浓厚的学习氛围，“让每一个学生都学起来”，“使每一名学生都有希望”，走出了一条全面提高学生成绩的成功之路。

邢台市第三中学 2006年总规模达到130个教学班，教职工440人，在校生7660人。2006年，学校投资300余万元完成了校园的基础设施建设；投资100万元建成74套多媒体教室，安装了校园广播系统，学校网站正式开通。学校开展了“中层干部大讨论”活动，使中层干部对自身有明确定位。顺利开展了第二轮中层干部竞聘，6名优秀教师通过竞聘走上领导岗位，充实了干部队伍。根据学校实际，按照工作下移的原则调整了支部划分，增补了支部委员，增强了支部的战斗堡垒作用和党员的先锋模范作用。

2006年，学校在外语素质拓展、开展多语种教学和双向交流方面做出了努力。12月，学校与美国北卡罗来纳州UnionPines高中结成世界姐妹学校，成立了国际教育网站，探索国际交流、合作办学新路。

邢台市第十中学 位于邢台市桥东区南园路9号，占地面积14000平方米，建筑面积8429平方米，其中南北教学楼、办公楼、实验楼各1栋，理化生实验室、微机室、图书馆、阅览室、电子备课室、多功能厅、美术教室、教工活动室等教学设施齐全。教职工105名，其中中学高级教师21人、中级教师23人。学校拥有初中、高中教学班32个，其中初中18个班、高中14个班，在校生1500余名。

该校确立“为了每一位师生的尊严，为了每一位师生的发展，为了每一位师生的幸福”的办学理念、“实施精细化管理，创建精品式学校”的办学目标和“安全第一，学习至上，崇尚文明，和谐发展”的校风要求，并把2006年确定为学校发展的“形象管理年”，全面深入开展“进楼即静，入室即学”教育活动，使“抓管理、树形象、上质量、创名校”成为全体师生的共识和理想追求，并化作一致的行动。

邢台市第二十一中学 2001年建校，坐落于邢台市桥东黄家园平安路东，交通便利，环境优雅，设备齐全。该校占地40666.87平方米，建筑面积27000平方米。2006年有教学班33个，在校生1440余人，在职教职工153人，其中高级职称教师22人、中级职称教师12人。学校有理化生实验室及电教、计算机教育、语音室等专用教室，实验设备按一人一套配置。为了方便学生学习、教师教学，2006年学校为各个教室配备了多媒体设施。学校现拥有一个标准校园网、一个信息中心、一个学生计算机房、一个教师电子备课室、33个多媒体教室、一个多媒体语音室和一个多媒体会议厅，共有180台计算机。

2006年桥东区辖区市属中学一览表

学校名称	校址	隶属	备注
邢台市第二中学	中兴东大街	市教委	1951年建，1956年增加高中，市级
邢台市第三中学	北长街	市教委	1958年建，1971年增设高中
邢台市第四中学	新兴东大街	市教委	1959年建，1971年增设高中，1984年改名为邢台市第一职业中学

学校名称	校址	隶属	备注
邢台市第七中学	邢州路	市教委	建于1968年，原名“东风中学”，1975年增设高中，1976年更名邢台市第七中学，1984年改为美术职业中学
邢台市第九中学	红星街	市教委	建于1976年，1984年改为职业中专学校
邢台市第十中学	南园路	市教委	建于1976年，1999年增设高中班
邢台市第十一中学	大梁庄	市教委	建于1972年，原为乡中，1976年划归市属中学，更名为邢台市第十一中学，1983年改为邢台市农业技术中学
邢台市第十八中学	市场街	市教委	建于1978年，初级中学
邢台市第二十中学	碾子头	市教委	
邢台市第二十一中学	黄家园	市教委	
邢台市第二十二中学	百泉大街	市教委	建于2003年10月
邢台市第二十八中学	车站北街	市教委	原为铁路中学，建于1976年，为完全高中，1982年停办高中，2005年划归市教委改名为二十八中

二、区属中学

桥东一中 邢台市桥东区第一中学，座落在桥东区西关街。学校创建于1945年，占地面积10000多平方米。2006年初中有10个教学班，附小9个教学班，共有学生800余人，其中中学生有478人，现有教职员工84人，其中高级职称7人、中级职称56人、初级职称19人。

学校有教学楼1栋、教室24个、实验楼1栋，建筑面积1378平方米，有男、女生宿舍2处，学生食堂1个。拥有多媒体教室1个、计算机室1个、语言室1个，学校理化生仪器设备、体育器材、卫生设备、音美设备均按省一类标准配备。学生阅览室、教师阅览室、图书、工具书、参考书等项基本满足师生要求。

桥东三中 位于桥东区梁庄路中段西侧，是由桥东区教育文化体育局统一调配教师的一所全日制国办初级中学，始建于1995年8月，1996年9月1日正式招生启用。学校占地面积20824平方米，建筑面积5260平方米，有14个教学班，在校学生817人，教职工62人。学校藏书12000余册，建有教学楼、实验楼各1栋，配有微机室、语音室、多媒体教室，理化生实验室及德育展室、图书室、阅览室等。学校拥有标准的运动场，内有足球场地和田径场地。

2004年，学校购置了电子设备，装备了语音室和多媒体教室，开辟了教学方式多样化的广阔空间；为24个教室和学生宿舍装配了暖气、空调设备，确保师生工作、学习有了一个优良的环境；学校新建了餐厅、水房、淋浴室、卫生室、文化走廊等生活场所。

2006 年桥东区区属中学一览表

学　校	班数	学生数	建校时间
桥东区第一中学	11	478	前身为西关街小学初中班，1990 年经批准正式更名为桥东区第一中学
桥东区第二中学	3	58	1993 年
桥东区第三中学	17	896	1995 年
桥东区第四中学	3	84	始建于 1991 年，原名为南康庄中学，1995 年更名为桥东区第四中学

第四节　特殊教育

桥东区教育文化体育局于 1993 年设立培智班，残疾儿童随班就读。1997 年 1 月，成立桥东区培智学校。设在马市街小学西院，占地面积 150 平方米，建筑面积 80 平方米，1 个教学班，14 名学生，分 3 个年级。校长 1 名（兼职），主任 1 名，教师 2 名。2003 年 7 月学校送走了最后一届毕业生后，只剩下 3 名学生，这 3 名学生都进入马市街小学随班就读，直到 2006 年小学毕业，培智学校停办。

培智学校停办后，残疾儿童按就近入学的原则到所在地学校随班就读。

第五节　成人教育

1986 年 11 月 17 日，东郭村乡农民干部职业技术学校成立。1989 年 12 月 5 日，大梁庄乡成人教育学校成立。大梁庄乡成人学校，有 2 个教室，1 个办公室，约 200 平方米，配备必要的教具。截至到 1995 年 11 月，大梁庄乡共有技校 20 所，校舍面积 1065 平方米，仪器 287 件、图书 3450 册。1990 年 11 月 12 日，东郭村乡成人教育学校成立。截至到 1995 年 11 月，东郭村乡共有技校 13 所，校舍面积 620 平方米，仪器 200 件、图书 1840 册。

1995 年，大梁庄乡将农村教育附加的 5% 投入到成人学校，改善办学条件，设有图书室、仪器室、电教室等。大型电教器材有彩电 1 台，录像机、放像机各 1 台及实验仪器 210 件，图书 3100 册。1995 年桥东区成人教育示范村达 15 个。1995 年桥东区全年培训农村劳动力在 4000 人以上，其中培训在乡中学生 413 人，农村基层干部培训达 144 人。

1990 年，桥东区有文盲 731 人，文盲率 0. 08%。1991 年，有 446 人通过了考试取得脱盲证书；到 1994 年，全区共脱盲 632 人，有 604 人继续参加学习。共投入扫盲和成人教育资金 6. 32 万元。1995 年 11 月 20 日，桥东区人民政府对西大街办事处、大梁庄乡政府、西门里办事处、南长街办事处、北大街办事处、东郭村乡政府扫除青壮年文盲工作进行评估验收。1995 年 12 月，桥东区通过河北省人民政府的基本扫除青壮年文盲验收。

第六节　大中专院校

位于桥东区辖区内有2所大中专院校，即邢台学院和邢台技师学院（邢台市装备制造职业技术学校），隶属市教育局和市劳动局。

邢台学院　位于邢台市桥东区北部，始建于1910年，前身是直隶第四初级师范学堂。1996年，邢台教育结构优化重组，原邢台师专、邢台教育学院、邢台经济管理干部学校三校合并组建邢台师范高等专科院校；2002年经国家教育部批准改建为综合性普通本科院校——邢台学院。它是一所融教师教育与非教师教育、普通教育与成人教育、职前培养与在职培训为一体的多科性普通本科院校，以教师教育类专业为主，将逐步建设成为文、理、工、经、法、管、史、教育等学科门类齐全的综合性本科大学。

邢台学院占地面积79.2万平方米，总建筑面积36.8万平方米，普通本、专科在校生1.4万余人；教职工1203人。学校现设有15个系，53个本专科专业，其中本科专业19个、专科专业34个。邢台学院环境幽雅，建筑壮观，绿树成荫，草坪青翠。

学校有邢台市陶行知研究会、邢台市历史学会、邢台市中学教材教法研究会等研究团体，并依托学校成立了河北省陶行知研究会，学校现办有国内外公开发行的学术期刊《邢台学院学报》。

学校十分重视对外交流与开放办学，先后与北京师大、首都经贸大学、东北师大等院校合作，举办研究生课程教育等；2000年初，经河北省教育厅批准，学校与澳大利亚墨尔本亨姆斯格兰学院建立正式合作关系，中澳合作国际商务企业管理专业于2000年开始招生；2003年底，学校获得留学生招生资格；2005年，与澳大利亚开放学院达成联合办学协议。

邢台学院升格本科院校后，依托冀南文化之底蕴，进入加速发展的快车道，成为河北省南部地区基础教育师资培养与培训中心；经济、艺术、实用类人才培养与培训中心；教育科学研究和普及推广中心；社会进步、科技开发、成果转化和信息服务中心。

邢台技师学院　原名为邢台市装备制造职业技术学校，是一所培养高级技师、技师、预备技师、高级工为主，兼顾中级工和短期培训的综合性技工院校。2006年6月16日技师学院挂牌成立，李岚清为学院题名，布赫为学院题词“办好技师学院，服务经济建设”。

学院有4个校区，占地11万平方米，建筑面积9万平方米，教职工478人，全日制在校生6671人，其中预备技师1600人、高级技工2400人、中级技工2671人，短期培训5000人/年。拥有实验实训室36个，机电类实习工位1000多个。学院下设数控工程技术系、机械工程系、电气工程系、化工系、工程机械系、汽车动力系、商贸信息工程技术系、基础部、实习部和国家职业技能鉴定所。开设机械与数控加工、车工、电气自动化与应用、机修钳工、模具制造与维修、机电一体化、维修电工、维修钳工、计算机应用与电子商务、汽车维修、铸造、化工（煤炭、食品）、电工、焊接、应用电子技术、工业电气自动化等20多个专业，其中机床加工、电气维修为省级重点专业。

第四章　教师队伍

教师既是教育事业的重要资源，又是提高教育质量的根本所在，桥东区一直把提高教师整体素质，增加师资建设方面的投入，加强教师队伍的培训，作为新时期教育改革的重点来抓，从根本上提高了教师队伍的吸引力，使大批优秀人才投身到教育事业中，确保各类教师队伍的稳定发展。

第一节　教师结构

1984 年，桥东区文教局建立，各级领导非常重视教师队伍的建设。到 1985 年，全区共有教职工 432 人。1996 年 5 月，桥东区文教局正式更名为桥东区教育文化体育局，此时的教师队伍更加壮大，全区教职工达 819 人。随着国家、省、市各级政府对教育的重视，以及区委区政府大量教育资金的投入。到 2006 年底，全区教职工总数达到 908 人，学历、职称及年龄结构也更合理。全区教师队伍中有研究生 1 人，本科学历 342 人，专科学历 438 人，中专以下学历 127 人，学历全部达标。高级职称 39 人，中级职称 430 人，初级职称 439 人。

第二节　业务培训

1991 年邢台市桥东区教师进修学校挂牌成立，主要承担省、市教育部门下达的培训和部分拓展性培训任务。为提高教师素质，扎实推进课程改革，本着服务于基层各校的目的，教师进修学校每年都要定期举行相应的中小学教师业务能力培训活动。

在加强教师队伍素质建设方面，区委、区政府积极创造条件，鼓励教师多渠道进修，促进了教师队伍整体素质的提高。全区小学教师经过进修取得大专学历的 412 人，本科学历的 11 人，正在修专科的 127 人，进修本科的 450 人。164 名中学教师取得本科学历的 42 人，正修本的 54 人，修研的 16 人。桥东区的教师队伍正朝着小学教师专科化、中学教师本科化方向迈进，促进了教师队伍整体素质的提高，推进了素质教育向纵深发展。

第三节　工资福利

1981 年，中共中央、国务院决定，给中小学教职工普遍增加一级工资，对少数工作成绩显著的教师增加两级工资，调资面为 65%。小学教师平均工资 48 元，中学教师平均工资 62 元。

1985 年，教职工的工资改为结构工资制，由基础工资、职务工资、工龄津贴、奖励工资、教龄津贴五部分组成。工龄津贴每年递增 0.5 元（1992 年增至 1 元），最多不超过 20 元；教龄津贴分四个等级，教龄满 5 年不满 10 年的每月 3 元，满 10 年不满 15 年的每月 5 元，满 15 年不满 20 年的每年 7 元，满 20 年以上的每月 10 元。教龄津贴只发给专任教师和兼课的中小学行政干部。这次工资改革，全区中小学教师平均每月每人增资24.84元；除工资部分，还有交通费、书刊费、洗理费、副食补贴等收入。

1987 年 9 月职称评定工作开始，1988 年 8 月结束。评了职称的教师均自 1987 年 1 月起按职称工资标准兑现工资，人均月增资额 13 元。同年，河北省劳动人事厅通知，给 1978 年底以前参加工作的部分职工补升一级工资。

1988 年，河北省政府决定：凡中小学和幼儿园教师教龄满 30 年的退休后，工资按 100% 发给。同年，劳动人事部通知，凡有职称的人员，均在兑现职务工资的基础上再上调一个级差。凡取得中学特级教师称号者，享受终身月津贴 30 元，小学特级教师 20 元。

1990 年 3 月，河北省《关于提高中小学班主任津贴标准实施办法》规定：中小学、农职中班容量 45 人以下，月津贴 13 元，46 人以上 15 元。是年，中学教师月均工资 146.68 元，小学教师月均工资135.91元。

1992年1月，实行新的工资标准，按职称并根据年限规定：高级教师的基础职务工资依次是140元、150元、160元；中级教师（小学高级教师）的基础职务工资依次是105元、113元、122元、133元、140元；初级教师（小学中级教师）的基础职务工资依次是82元、89元、97元、105元；定级工资（小学初级教师）依次是70元、76元、82元。另外，每人每月还有各种补贴130元（女教师多8元卫生费），工龄津贴1元，教龄津贴按年限依次是3元、5元、7元、10元和10%的基础职务工资。中小学教师与其他行业人员享受同级职称待遇外，还有教龄津贴及基础职务工资的10%。

1993年，国务院在事业单位工作人员工资制度改革中，建立了“固定部分为70%，活的部分为30%”的结构工资制。文教系统属于全额拨款单位，执行国家统一的工资制度和工资标准。在工资构成中，固定部分为70%，活的部分为20%。全额拨款事业单位，在严格考核的基础上，实行正常升级。自1993年10月1日起，凡连续两年考核合格、优秀的人员，可晋升一个工资档次，考核不合格的，不得晋升。中小学教师在这次工资制度改革中，按统一的工资标准进行套改，不含原工资标准提高10%的部分。套改后，在新的专业技术职务工资标准的基础上提高10%。

2006年，在事业单位工作人员收入分配制度改革中，事业单位实行岗位绩效工资由岗位工资、薪级工资、绩效工资和津贴补贴四部分组成，第一步主要是把原职务工资和津贴标准改为岗位工资和薪级工资，岗位工资根据现聘岗位套改，所设岗位分为专业技术岗位（13个等级），管理岗位（10个等级）和工勤技能岗位（5个等级）。不同等级的岗位对应不同的岗位工资标准，薪级工资按照本人套改年限，聘任年限和所聘岗位，结合工作表现进行套改，执行相应的薪级工资标准。

第四节 奖 惩

1994年，区教育体育文化局开始对教职工进行考核，考核等次分为优秀、称职和不称职3个等次，主要从思想品德、工作能力、工作态度、工作实绩4个方面进行考核。

2003年考核内容细化，把德、能、勤、绩分解为8项要素，每一项要素对应相对分值，按照90分以上、70~89分、60~69分、59分以下进行分段汇总和排列，分别作为确定优秀、称职、基本称职、不称职等次的参考条件。

2002年，制定了学校对基层领导班子和领导干部考核实施办法，通过总结述职、民主测评、个别谈话、核定年度整体工作完成情况，领导班子分为实绩突出、实绩比较突出、实绩一般、实绩较差4个等次，领导干部分为优秀、称职、基本称职、不称职4个等次。

第五章 学制与课程

桥东区中小学的学制按小学6年、初中3年、高中3年制实施。课程设置按全国统一教材施教，义务教育课程设置及课时安排，按河北省教育部门的统一安排。

第一节　学　制

1978 年 1 月，教育部公布《全日制中小学教学计划实行草案》，规定中学按初中 3 年，高中 2 年分段。

1981 年，中学学制改为 6 年，即初、高中均为 3 年学制。要求五年制中学向六年制过渡。

1980 年 12 月，国务院发出《关于普及小学教育若干问题的决定》指出，中小学制准备逐步改为十二年制。据此，从 1985 年起，小学学制有计划地逐步向六年制过渡。1988 年，又逐步改回到五年制来。2000 年起，小学学制从五年制向六年制过渡。截至 2006 年，小学学制完全改为六年制。

第二节　课程设置

1980 年，桥东区全部改为全国统一教材。1981 年，政治课改为思想品德课，中学增加法律常识课。

2001 年，邢台市区小学从三年级开设英语课，之后各学校根据自己实际情况陆续从一年级开设英语课。乡办学校由于师资原因，相对较晚一些。

2003 年，小学 1 ~2 年级思想品德改为品德与生活；3 ~6 年级思想品德改为品德与社会。2004 年，小学自然改为科学。

2006 年桥东区义务教育课程设置一览表

<table>
<tr><th rowspan="2"></th><th colspan="9">年　级</th></tr>
<tr><th>一</th><th>二</th><th>三</th><th>四</th><th>五</th><th>六</th><th>七</th><th>八</th><th>九</th></tr>
<tr><td rowspan="10">课程门类</td><td colspan="2" rowspan="3">品德与生活</td><td colspan="4" rowspan="2">品德与社会</td><td>思想品德</td><td>思想品德</td><td>思想品德</td></tr>
<tr><td colspan="3">历史与社会（或选择历史、地理）</td></tr>
<tr><td colspan="4">科　学</td><td colspan="3">科学（或选择生物、物理、化学）</td></tr>
<tr><td>语文</td><td>语文</td><td>语文</td><td>语文</td><td>语文</td><td>语文</td><td>语文</td><td>语文</td><td>语文</td></tr>
<tr><td>数学</td><td>数学</td><td>数学</td><td>数学</td><td>数学</td><td>数学</td><td>数学</td><td>数学</td><td>数学</td></tr>
<tr><td></td><td></td><td>外语</td><td>外语</td><td>外语</td><td>外语</td><td>外语</td><td>外语</td><td>外语</td></tr>
<tr><td>体育</td><td>体育</td><td>体育</td><td>体育</td><td>体育</td><td>体育</td><td>体育与健康</td><td>体育与健康</td><td>体育与健康</td></tr>
<tr><td colspan="9">艺术（或选择音乐、美术）</td></tr>
<tr><td colspan="2"></td><td colspan="7">综合实践活动</td></tr>
<tr><td colspan="9">地方与学校课程</td></tr>
</table>

2006 年桥东区义务教育课程设置及课时安排（综合）一览表

	一年级	二年级	三年级	四年级	五年级	六年级	七年级	八年级	九年级	九年级课时总数（节）	各门课程课时占九年总课时的百分比	国家规定的九年课时总计（比例）
课程门类及周课时（节）	品德与生活 3	品德与生活 2	品德与社会 2	品德与社会 2	品德与社会 3	品德与社会 3	思想品德 2	思想品德 2	思想品德 2	766	8%	7% ~9%
							历史与社会 4	历史与社会 3	历史与社会 3	344	3.6%	3% ~4%
			科学 2	科学 2	科学 2	科学 2	科学 2	科学 2	科学 2	790	8.3%	7% ~9%
	语文 8	语文 8	语文 7	语文 7	语文 6	语文 6	语文 5	语文 5	语文 5	1985	20.8%	20% ~22%
	数学 4	数学 4	数学 4	数学 4	数学 4	数学 4	数学 5	数学 4	数学 4	1287	13.5%	13% ~15%
			外语 2	外语 2	外语 2	外语 2	外语 4	外语 4	外语 4	962	7.3%	6% ~8%
	体育 5	体育 5	体育 3	体育 3	体育 3	体育 3	体育 2	体育 2	体育 2	976	10.2%	10% ~11%
	艺术 4	艺术 4	艺术 4	艺术 4	艺术 3	艺术 3	艺术 2	艺术 2	艺术 2			
			综合实践活动 3	综合实践活动 3	综合实践活动 3	综合实践活动 3	综合实践活动 3	综合实践活动 3	综合实践活动 3	729	7.7%	6% ~8%
	地方与学校课程 2	地方与学校课程 2	地方与学校课程 3	地方与学校课程 3	地方与学校课程 3	地方与学校课程 3	地方与学校课程 4	地方与学校课程 4	地方与学校课程 4	972	10.2%	10% ~12%
周总课时数（节）	26	26	30	30	30	30	34	34	34	9522	100%	
学年总课时（节）	910	910	1050	1050	1050	1050	1190	1190	1122			

第三节 考 试

自 1980 年起，小学学业成绩都以百分制为主。

自 2000 年起，小学逐渐取消百分制，实行等级分制。小学阶段，严格控制考试次数，取消期中考试。学业成绩的考核分为考试和考查 2 种，成绩实行等级制，按优秀、良好、及格、待定 4 个等级评定。在综合测评学生素质发展的基础上，采用无等级评定，以定性描述的方式呈现评价结果，用鼓励性的语言描述学生的学业成绩。小学不再进行统一的毕业考试。初中阶段，学业成绩的考核分平时考查和定期考试。定期考试每学期最多进行 2 次。

第六章 教学教研

邢台市桥东区教研室成立于 1984 年，有专职教研员 8 名（初中 3 名，其中 1 人兼小学英语，小学5名)，其中中学高级教师3名，中学一级教师1名，小学高级教师4名；正、副主任各1名。教研室另有9名兼职教研员，分别来自区属中学。

1984～2006年，全区的教研工作曾经11次在市级以上组织的各类活动中获得优秀组织奖和指导奖，被河北省语委、河北省教委命名为推广普通话先进集体。1995年被评为邢台市级先进教研室，2006年教研室荣获邢台市教科研先进单位，2005年、2006年连续两年被评为邢台市优秀教研室。1992～2006年在区级以上学生竞赛中有2057人次获奖，教师优质课评比获奖401节，获奖优秀论文、教案821篇。在教科研方面，教研员深入开展课题研究和指导工作，承担“十五”规划市级重点课题1项。市级一般课题1项。教研员在市级以上报刊发表各种论文12篇，省级教育科研成果2项，市级教科研成果3项。2003～2006年，桥东区各学校共获得省级教科研成果49项，市级教科研成果90项。1996～2006年，共有42人被评为市级教学标兵，2人获市级优秀教学标兵，3人被评为邢台市“优秀教育科研型校长”，6人荣获邢台市“优秀教育科研型教师”称号。

1992～2000年开展了说课教学、目标实验教学和反馈教学的探索和研究，成功举办了“全国反馈教学法第七届年会”，进行了目标实验教学、“自主学习”等教学研究。

2001～2006年，教研室以开展新课程改革为主导，实施“科研兴教”战略和“名师工程”，提高了校长和教师队伍的整体素质。2003年开始，利用桥东区课改资源，本着资源共享的原则，在全区范围内开展校与校的互助联谊活动，采用两乡学校与市区学校手拉手方式，组织市区教师送教下乡，相互交流，取长补短。将全区学校分为4个教改实验片，形成以马路街小学、逸夫小学、南园路小学、新华南小学4所实验片中心小学为“校本研训”基地的教研网络。

2004年，改变以往培训教材时以教研员讲解为主的方式，采取教研员与教师互动的研讨式培训，把教材内容按类型分成有代表性的若干课时，再按学校规模的大小分配任务，本着“校校参与，人人参与”的原则，先由学校组织同年级教师集体备课，并在全区培训时，推荐一名教师主讲，其他老师加以补充。然后，全区所有参加培训的老师可当场提问题、提建议，最后，针对老师们提出的共性问题，教研员和老师们共同研究解决。这种培训形式极大调动了广大教师钻研教材的积极性和主动性，增强了教材培训的实效性，对教师正确理解教材、把握教材起到了很好的作用。

教研室坚持实行“3+2”工作制（即周二、三、四深入学校听课，周一、周五为政治学习和业务学习日），教研员利用每周3天时间深入教学一线听课、评课，根据学期初所定计划，开展有针对性的教研活动，如：举办了小学课标教材优质课评比活动，教学标兵评选活动，青年教师教学技能大赛，邀请外地专家进行示范讲座等。

第七章 经费与基建

1980～2006年，桥东区政府把教育作为头等事业来抓，逐年加大教育经费的投入，提高了教师待遇，又在建设新学区、教学楼等方面投入专项资金，使学校的教学环境大大改善。

第一节 教育经费

桥东区教育文化体育局的教育经费，1984年度为48.5万元，到2006年底，增加到2810万元。教育经费逐年增长体现了党和各级政府对九年义务教育的重视，也说明了各级政府对教育的投入按要求达到了“三个”增长。

1984～2006 年桥东区教育事业费拨款统计表

单位：万元

年度	小学	中学	机关费用	幼教	职教	进修培训	文体	其他	特殊教育	合计
1984	44.5	2.8	1.2							48.5
1985	57	3.3	6.5							66.8
1986	72.7	3.5	8.4							84.6
1987	79.8	4.1	2.6						0.1	86.6
1988	127.5	5.5	10						0.1	143.1
1989	158.6	10.3	25.5							194.4
1990	188.4	15.3	39.7							243.4
1991	212.7	21.2	20.5	0.9	0.2		0.4			255.9
1992	251	30.4	32	2.6	2.2		0.5			318.7
1993	316.9	36.6	15.9	3	2	3.3	0.6			378.3
1994	474.2	58.1	28.9	3.7	3.4	0.8	0.8			569.9
1995	520.2	66.6	28.5	3.8	4.1		0.9			624.1
1996	573.2	68.4	14.1	4.3	4.9		1			665.9
1997	602.6	91.9	67.5	4.2	4.9		1			772.1
1998	658.5	98.9	31.3	4.9	6		1.1			800.7
1999	751.3	120.7	31.6	5.4	6.8		1.4			917.2
2000	916.2	164.3		8	9.8					1098.3
2001	1080.6	248.3		9.5	13.6			25		1377
2002	1293.4	278.3		11.4	18.2			22		1623.3
2003	1377.2	335.7		44.3	24			53		1834.2
2004	1560.4	385.7		49.4	29.6			162		2187.1
2005	1819.5	429.7		45.5	38.1			244		2576.8
2006	2001	499		51	47			212		2810

第二节 设施建设

1980～1982 年，建设南长街逸夫小学南楼后，全区校舍面积 17186 平方米。1982～1992 年，全区校舍面积 49472 平方米，增加校舍面积 32286 平方米，建设小学有西仓巷小学、三义庙小学、新华南路小学、北关小学、大通街小学、南康庄小学、马路街小学北楼，建设中学有桥东一中。1992～2003 年校舍面积 83858 平方米，新增校舍面积 34386 平方米，建设小学有东大街小学、北陈村小学、南陈村小学、胡家庄小学、大吴庄小学、大梁庄小学、柴庄小学、张庄小学、路家园小学、碾子头小学、西大街小学、羊市街小学、东关逸夫小学南楼、西门里小学，建设中学有桥东一中实验楼、桥东二中教学楼、桥东三中教学楼、桥东四中教学楼。1980～2006 年，校舍面积共计 89939 平方米，其中 2003～2006 年新增校舍面积 6081 平方米，建设小学有南园路小学、西仓巷小学、新华南路小学接一层教学楼、桥东三中建学生食堂、回民幼儿园建食堂。

2006 年，项目建设资金共计 310 万元，这些项目建设资金全部用于西仓巷小学、南园路小学、新华南路小学 3 所学校的扩建。

第八章　德育教育

德育教育是素质教育的核心。桥东区一直把坚持德育教育作为教学工作的重点来抓，根据校情特点，学生现状，重点抓好健康消费教育、未成年人思想教育，结合军校、厂校共建活动开展爱国主义教育。通过德育教育，激发了学生的积极性，激励了学生的进取心，促进了学生的自我觉醒，构建了阳光、快乐、和谐的校园。

第一节　爱国主义教育

1993～1997 年，全区 35 所学校都建立了德育工作领导小组，有 16 所小学成立了少先队学雷锋小组，先后涌现出 120 个“先进班集体”和 1280 多名“三好学生”。5 所学校被市委、市政府命名为“文明单位”，1 所学校被省委、省政府命名为“文明单位”。为了使学校教育、家庭教育和社会教育有机地结合起来，全区每所学校都成立了家长学校，清风小学还成立了“家长教育基金会”，开展了评选好家长活动。逸夫小学于 1993 年建立起的“爱国主义教育展室”内容丰富，图文并茂，多次受到了省、市教委的高度评价；马路街小学在全体学生中组织开展的“五个一”（读一本爱国主义书籍，写一篇以爱国主义为主要内容的读书笔记，讲一个爱国主义故事，看一部爱国主义影片，唱一首爱国主义歌曲）活动，培养了学生的爱国主义情操。南园路小学实施“一三五”德育工程，加强青少年思想道德教育。1996 年 12 月，在市教委组织的全市德育联查中，桥东区名列 19 个县、市（区）第一名，6 所学校被邢台市评为德育先进学校。

第二节　健康消费教育

针对市区中小学“独生子女”多，比吃、比穿、比用互相攀比，学生的超前消费、有害消费严重的状况，1994 年 10 月，区文教局把消费教育列入德育教育的一项重要内容，引导中小学生的健康消费。各学校纷纷行动起来，制定了适合本校实际的“健康消费”方案，如逸夫小学制定的《小学生一日生活常规》、新华南路小学的《一日礼仪常规》等约束了学生的不良行为。1995 年 9 月，针对部分学生把零用钱花在吃、穿、玩上的状况，全区各学校广泛开展了“我该怎样生活”的大讨论，并利用板报、橱窗、校广播站等广泛宣传。西仓巷小学、大通街小学把该校学生遗弃的半截铅笔、半新作业本和还能使用的圆珠笔、钢笔等与山区学校小学生用完的铅笔头和正反面写字的本子放在一起展览，让学生参观、对比，找出自己的不足和差距，教育学生树立节约观念。1996 年，为了更好地控制学生的不良消费，各学校积极采取学生喜闻乐见的形式，开展了“小银行”、“小储蓄”、“小账本”活动，让学生有计划地花钱、有节制的消费。马路街小学、东大街小学、南园路小学主动与银行联系，办理红领巾储蓄业务。朱田庄小学、张庄小学等以班级为单位建立了自己的小储蓄，逸夫小学、清风小学等让每个学生建立自己的小账本。形成“小银行”35 所，“小储蓄”340 多个，“小账本”1200 多个。1996 年 8 月水灾后，区教文体局发出“伸出友谊之手，向社会献爱心”倡议。同学们拿出平时积蓄的钱捐献给了灾区。东关小学一位同学患了癌症，全区各校纷纷行动，把“小银行”的储蓄捐献给她。

第三节 未成年人思想教育

1998～2002年，以爱国主义教育为主线，开展了革命传统教育、重大节日的历史教育、中国近代史知识教育和集体主义、社会主义教育，结合各校实际，广泛开展“爱我家乡，爱我中华”的教育活动，继续深化“雏鹰杯”全国“五自”实践活动，全面深入实施“五育状元上榜台”工程，开展“新世纪我能行”体验教育活动，成立了少年文学院和小交警学校。于2000年成功举办了“少先队集体入队仪式”，1000余名小学生在新世纪广场集体宣誓入队。2001年举办了“吹响二十一世纪的号角”鼓号队表演赛，来自全区10个表演队，500余名学生参加表演比赛。连续3年开展了“青少年航模比赛”、“生物百项”、“小论文、小发明”等丰富多彩的少先队活动。在“手拉手”读书知识竞赛活动中有46名学生获奖，其中4名荣获一等奖，8名荣获二等奖。马路街小学和新华南路小学少先队被全国少工委评为“优秀课题小组”；南园路小学和顺德路小学被评为全国“红旗中队”；回民小学荣获“创新杯”活动竞赛最佳活动奖；马路街小学荣获优秀奖；新华南路小学和南园路小学被命名为河北省“科技教育示范学校”。在邢台市举办的“跨世纪少年风采检阅式”活动中，桥东区选送的5个节目取得了特等奖1个、一等奖1个、二等奖3个的优异成绩。

2005年，以纪念五四运动86周年、抗战胜利和邢台解放60周年为契机，组织开展了以广大未成年人为主体、以传唱抗战英雄特别是少年英雄为主要内容的“英雄励我快成长”歌咏活动，启动了全区“阳光歌谣”工程，掀起了大唱革命歌曲热潮。广泛开展“节能宣传周、创建绿色学校”活动，进一步增强了青少年能源忧患意识和节约意识，培养了一大批思想高尚、品格优良、全面发展的青少年儿童。其中，西仓巷小学一名同学作为邢台市唯一代表参加了6月份在北京举行的第五次全国少代会，受到胡锦涛总书记、温家宝总理及其他国家领导人亲切接见。联合区、市妇联开展了创建“双合格”家庭活动，并取得了良好的社会效果，顺德路小学、新华南路小学、逸夫小学被评为市“双合格”优秀家长学校，桥东三中被评为河北省“双合格”优秀家长学校，马路街小学被评为全国“双合格”优秀家长学校。

2006年，为进一步加强未成年人思想道德建设工作，让每个孩子都能健康成长，全区各学校举办了“快乐假期、快乐成长”、“关爱生命、节约用水”、光源杯“我自护，我平安”安全知识竞赛等活动。其中，西仓巷小学一名学生获“全国节能摄影比赛”三等奖，逸夫小学被评为“河北省节水行动试点单位”，全区有300名少先队员被评为“平安自护小能手”，东关逸夫小学的中队活动“诚实、勤学、从现在做起”在省优秀中队评选中获奖，局团委被评为“河北省五四红旗团委”。

第四节 共建活动

截至1997年，全区共建“挂钩”学校达90%以上，西大街小学与市一招交通岗开展警校共建，订立了警校共建文明单位条约。交警定期到校讲课，参加少先队活动，少先队员利用课余时间到岗口值勤，维护秩序，该岗被省命名为“警校共建文明岗”。南园路小学与市武警支队开展军校共建，被市评为“军民共建双拥先进单位”。另外，马路街小学与五一桥交通岗、五一桥居委会，柴家庄小学与留村劳改队，逸夫小学与桥东公安分局，清风小学与市第三化工厂等也分别开展了共建活动。

为了加强对青少年进行国防教育，1996年8月桥东区在逸夫小学建立了区业余少年军校，并聘请区武装部教官和部队教官利用寒暑假对学生军训，先后训练了600多名学生。

第五节　雏鹰国防教育

2004年7月，桥东教文体局成功举办了首届“雏鹰国防教育夏令营”活动。夏令营有1000余名少先队员参加、历时1个月，是邢台市规模最大的国防教育夏令营活动。夏令营期间，小营员们实行封闭式军事化管理；接受国防教育知识，参观国防教育展室、兵器室，了解现代化军事知识；接受互助、信任等方面的素质拓展训练；组织观看爱国主义影片的活动。旨在加强青少年思想道德教育，进一步促进学生国防教育知识化、系统化，培养学生的吃苦耐劳精神，使广大学生通过接受浓郁的军事熏陶，开拓视野，增长知识，强健体魄，陶冶情操，提高完善身心素质。

桥东区第二届雏鹰国防教育夏令营

附：

中小学学生课外活动和参加社会活动情况调查

课外活动和社会活动是学生生活的重要组成部分，也是影响学生成长的重要因素。为了解目前中小学生课堂之外的学习和生活情况，2006年12月，抽取马路街小学学生及其家长进行课外活动和社会活动情况问卷调查。

本次问卷调查分为学生、家长两类问卷，各涉及10个问题。

一、课外活动

1. 课外活动参与度

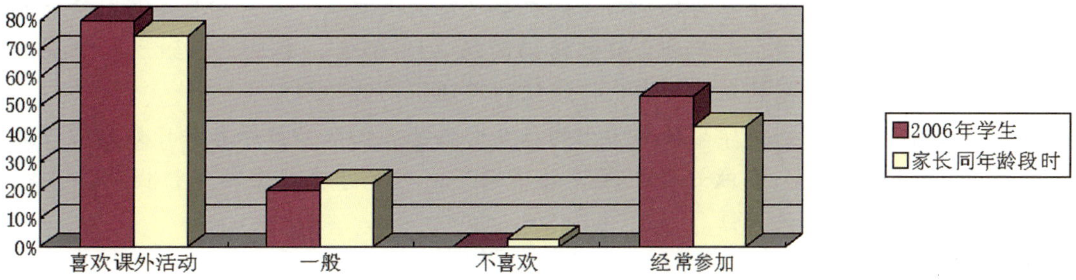

2006年学生与家长同年龄段时课外活动参与度比较示意图

从调查中可以看出，非常喜欢课外活动是这个年龄学生的特征。被调查的学生中，喜欢课外活动的占80%，一般的占20%，没有不喜欢课外活动的。经常参加一些课外活动约占53.33%，很少参加课外活动的约占9.33%。从对家长的调查来看，2006年的学生比30年前的学生，参加课外活动的比例增加了10.66%。近年来，“素质教育”的提出，社会对多种类型人才的需求，正逐渐改变着学校、家长的教育观念，一味的“死读书”已经遭到摒弃。课外活动能够锻炼学生多种能力，并能让学生学到课堂以外的更多人生常识。为了提升学生基本素质，学校、家庭为学生提供了更多的课外活动的空间和机会。

2. 课外活动的类型

据调查，学生普遍认为课外活动非常丰富，课余时间可以有很多选择，其中选择参加体育活动的为20.57%，选择读书20%，选择上网15.42%，选择看电视14.86%，选择和伙伴游戏28%，选择参加劳动1.14%。从这些数据可以看出，学生喜欢如体育活动、和伙伴游戏这样交往性较强的课外活动，因为这样的活动有利于学生在活动中学会做事，学会与人相处的方法，进一步增进未成年人的社会化进程。但是，参加劳动的比例明显小于其它各项，说明学生的劳动机会极少，不利于学生学习劳动技能。和30年前家长在同年龄阶段相比，选择读书和上网的比例明显增加。由于生活水平的提高，学校、家庭更有能力为学生提供读书、上网的条件，使学生有更多的平台了解社会，学习知识。

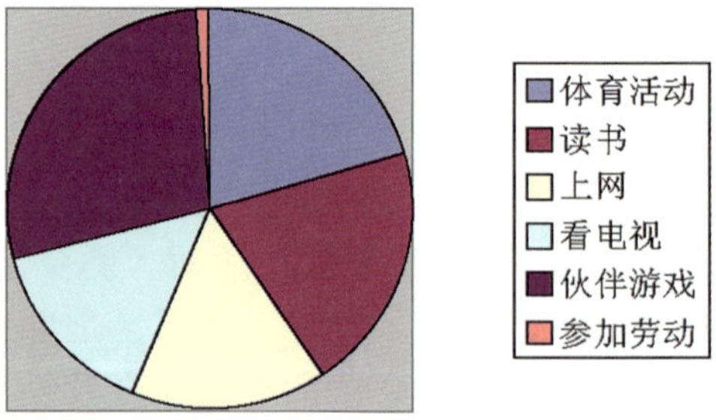

2006年学生参与课外活动示意图

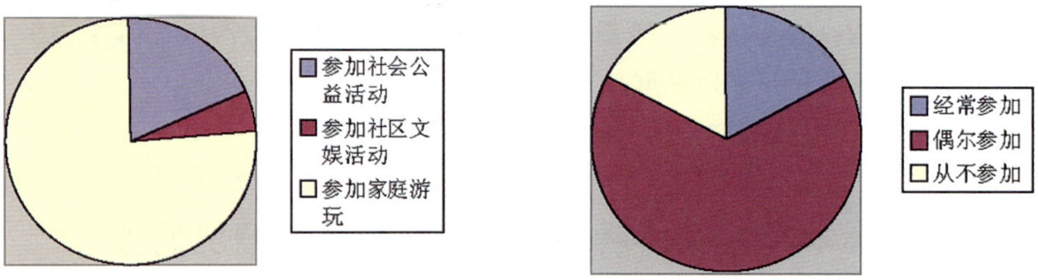

2006年学生参加社会活动情况示意图

二、学生参加社会活动情况

从调查来看，学生参加社会活动较少，学生节假日经常参加社会活动仅占17.33%，偶尔参加的占65.33%，而从不参加的占17.34%。现今社会，独生子女增多，孩子的安全问题成了学校、家庭、社会非常关注的问题，为此，学生参与社会活动的机会就会大大减少，而且学生参加社会活动类型比较单一。据调查参加社会活动中，参加社会公益活动的约占18.67%，参加社区组织的文娱活动仅占5.33%，而参加相对安全度较高的家庭或者伙伴组织的游玩活动达76%。

适当的社会活动不仅能够锻炼学生培养学生的社会责任感、团队精神等各种良好的心理品质，也是学生成长和素质教育的需要。在做好安全保障的情况下，增加学生社会活动，提高学生社会适应性，是学生逐步安全走向社会的保证。

四、关于课外辅导班

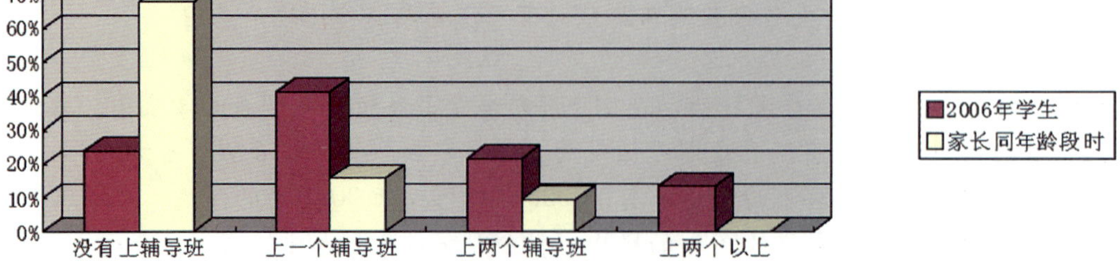

2006年学生与家长同年龄时期参加课外辅导班情况比较示意图

从调查来看，相当大一部分学生的课外时间用来上社会办的各类学习班、补习班。目前，为减轻学生学习负担，教育部门都已明令禁止学校办各类名目的补习班，但是，面对竞争激烈的社会，学生家长因为怕学生输在起跑线上，便让学生的大部分课余时间上社会上开办的各种课外辅导班，如作文、奥数、舞蹈、器乐、体育、美术等。只有占24%没有上任何辅导班，上一个、两个和两个以上辅导班的占76%。从家长问卷来看，30年前，他们没有上任何辅导班的占68%。上辅导班的学生比例较30年前上升了44%。这种情况导致学生虽然在校课业负担减轻，但是总课业负担并没有减少，学生在学校上完课，还要奔忙于各种不同的社会辅导班之间，这种情况使很多学生没有时间参与其他的户外活动或者社会活动。

（张朝侃　张少丽）

中小学学生生长发育和营养状况调查

随着社会的发展，中小学生生长发育状况也在不断地变化。为了了解我区中小学生生长发育和营养状况，以及影响我区学生身体健康的各种原因和导致学生营养不良、超重、肥胖的原因，2006年12月，特抽取马路街小学年龄为10岁左右的学生及其家长进行问卷调查。

本次问卷共涉及身高、体重、视力、营养状况、饮食习惯等方面内容。

一、中小学生生长发育状况

1. 2006年学生身高与体重情况

依据我国现行的《小学生身高标准体重表》，对所调查的学生与家长进行了10岁左右时期的身高与体重的对比。

2006年学生身高调查表

被调查人	高于155.9cm	低于130 cm	平均身高
2006年学生	2.67%	1.33%	142 cm

2006年学生体重调查表

被调查人	营养不良者	较低体重者	超重者	肥胖者
2006年学生	9.33%	28%	9.33%	20%

2006年调查的学生中，身高高于最高标准身高155.9cm的有2.67%，与家长同年龄时期相比较，增长了1.34%；低于130 cm占1.33%，与家长同年龄时期相比较，下降了5.34%；平均身高为142cm，高于家长同年龄时期3 cm。

体重调查中营养不良者约占9.33%；较低体重者占28%；超重的约占9.33%；肥胖者占20%。其余为正常体重者。其中肥胖者所占比例高于家长同年龄时期14.67%。

2. 2006年学生视力状况

2006 年学生视力表

被调查人	单只眼睛视力低于 1.0	双眼视力均低于 1.0
2006 年学生	14.67%	26.67%

据调查，学生一只眼睛视力低于 1.0 的占 14.67%，两只眼睛都低于 1.0 的占 26.67%。两项所占比例均高于家长同年龄时期。

二、中小学生营养状况

根据问卷调查中的相关问题显示，早餐中，蛋、奶的比例占 34%，混合食物的比例占 36%。每天吃的食物类型超过 10 种以上的占 42.67%。62.67% 的家庭很注意晚餐的营养搭配。

但是，调查中显示，只有约为 50.67% 的学生非常喜爱新鲜蔬菜，天天都吃水果的学生只有 40%。约为 33.33% 的学生存在挑食现象。学生中经常吃零食的约为 30.67%，有时吃一些的为 60%；零食类型多为膨化食品、碳酸类饮料、高热量食品、甜食、烧烤类食物等。

三、相关数据分析

调查数据显示，全区中小学生身高有明显增高趋势，这与生活水平不断提高有密切关系。目前大部分家庭提升了健康饮食的意识，注重孩子的饮食营养搭配。学生食品类型较为丰富，每天食物一般均在 5 至 10 种以上，最多可达到 30 种左右。尤其是蛋、奶、肉类、水果、新鲜蔬菜等高营养食品一年四季均可随时采购，更是成为普通居民餐桌上必备食品。

但是，数据显示，随着居民生活水平的提高，学生被家长带领到肯德基、麦当劳进餐的平均次数也在不断增加，食油炸食品的频率不断升高，高蛋白、高脂肪、高热量食品的大量摄入，谷物食物摄入量相对减少，能量的总摄入量超过能量的消耗，导致了肥胖和超重的学生比例升高。而学生挑食现象的大量存在，也是部分学生营养不均衡，过胖或过瘦的原因之一。目前，有线电视、电脑、手机上网的普及，使更多的学生课余时间选择留在室内。另外，由于课业、场地、师资等原因，使学生体育锻炼受到限制。缺乏运动和体力活动，人体内的热能呈“入大于出”的局面，也造成部分学生肥胖。

过度地依赖电脑、电视和读书学习时的不正确姿势是学生视力下降的主要原因。

（张朝侃　张少丽）

第二十七编
文化　体育

桥东区成立之时正值国家改革开放之初，桥东区文化事业的发展，伴随着祖国的改革开放的步伐向前推进。这一时期我国的经济建设取得突飞猛进的发展，社会各项事业包括文化事业都得以全面快速发展，桥东区的文化事业也呈现出空前的繁荣和勃勃生机。

经济的繁荣带来人们生活水平的提高，富裕起来的人们对文化活动的需求，从观看、欣赏逐渐转移到直接参与其中，从而感受生活，享受生活。桥东区各乡、办事处顺应时代潮流的需要，开始建立文化站，各社区和各村都成立乡艺表演队，平时自娱自乐，逢年过节到其它社区和相邻村互演交流。2000 年各乡（办事处）、各村加大对文化室建设投资力度，由单一的文艺表演发展到政治学习、体育比赛等多种项目。全区 2 个乡和 4 个街道办事处都设有健身室、图书室、阅览室、文化娱乐厅、文体活动室等。各文化站业余活动丰富多彩，以自编自演、自娱自乐为宗旨，引导和调动辖区内居民参与健康向上的文化活动。

桥东区史志档案事业取得长足的发展。1991 年，开展档案工作升级达标活动，至 2006 年有 49 个单位档案管理达省级标准，区档案馆初步实现了档案管理和档案现代化。1992 年出版了《邢台市桥东区志》，是桥东建区后的第一部志书，它贯通古今，以今为主，记载了桥东区域1988 年前各行各业的发展情况。此外还编纂出版了从 1987 ~ 2003 年《组织史》3 卷，1993 ~ 2002 年《桥东区年鉴》2 卷，还收集大量的文史资料，为本次修志积累了丰富的资料。

第一章　文学艺术

邢台市桥东区文学艺术工作者深入基层、深入生活、汲取营养，在文学创作方面取得很大成果。小说、影视剧本、散文等各种体裁的文学作品或在国家、省、市级报刊上发表，或由出版社出版发行；艺术创新方面，人才辈出，作品深受百姓欢迎。

第一节　文学创作

小说创作　代表人物有：冯子章从 1993 年开始创作中、长篇小说，先后创作出版了《残梦》、《芳魂祭》、《理不清的花花案》、《三代私生女》、《和平碑》等。2006 年长篇巨著《和平碑》荣获河北省“五个一”工程奖。朱梦夕在21世纪初出版了长篇巨著《漳河湾》。

戏剧影视创作 冯子章自1980年开始从事戏剧和电视剧创作。先后创作戏曲剧本《包公卖铡》、《雪域之恋》、《千手观音》等30余部，其中《曲姻缘》、《仙怨》、《包公卖铡》、《神医扁鹊》、《好人秦秀英》、《千手观音》、《雪域之恋》曾参加河北省第一、第二、第四、第五、第六、第七、第八届戏剧节，荣获百花奖、振兴奖。《包公卖铡》进京演出后被评为受欢迎的精品剧目。创作电视剧剧本15部，其中《锦旗下的鬼域》、《神花奇缘》、《情场 官场 市场》、《平汉战役前奏曲》、《俏与风流》、《最后的碾棚》等6部曾在省及中央电视台录播。

散文研究与创作 王聚敏一直致力于散文创作和散文理论研究，出版理论集《散文情感集》。王玉民1990年创作的散文《昆仑桥下的感悟》在河北文学上发表并获河北省第四届“金牛”文学奖；散文《喜上至喜亭》，1992年在《光明日报》副刊发表；散文《娲皇宫里说娲皇》在1994年《人民文学》上发表，被河北省大型丛书《创造美的世界》收录并获河北省第五届“金牛”文学奖；1994年创作的散文《山河清结》在《光明日报》发表；1998年在中国文联出版公司出版的散文集《意马天羁走天台》并入藏中国现代文学馆。

诗歌创作 王玉民于1984年创作104首儿歌荣获省优秀作品和儿歌大王奖。1987年儿歌集《公社的花朵》由河北人民出版社出版。1985年短诗《写给我的苦楝树》、《守岁》在《百泉》发表并被内蒙古出版社主办的《读选刊》选用。1990年创作诗集《匆忙间的俯拾》由内蒙古人民出版社出版。1998年在国际文化出版公司出版诗集《未了之悟》。2002～2006年创作出大量古体诗词散文发表在《诗刊》、《中华诗词》以及江苏的《扬子江诗刊》、山西《当代散曲》、吉林《长白山诗词》、河北《燕赵诗词》等报刊。

第二节 艺术创作

书法艺术 2005年邢台市桥东区书画协会成立，随后又成立了老年书画研究会和西大街书画研究分会。全区有书画协会会员116名，其中国家级10名，省级20名，市级会员50名。书画研究会先后举行20余次笔会，举办了12次大型书画展，参加市、省、全国书画活动18次，创作作品1000余幅，获奖作品198幅，向上级选送作品140幅。书画协会以书画文化为载体，烘托辖区的文化氛围，为书画爱好者加强精神文明建设、宣传党的路线方针政策，搭建了施展才华的平台。书画艺术进基层、进社区，推动和谐城区建设和全区文化品位的提高，同时书画作品在国家和省级获奖，为桥东区增光添彩，为三个文明建设作出贡献。活跃在桥东区的书画工作者主要有：马良辰、张彦、付建民、梁中奎、杨宪均、崔彦治等。

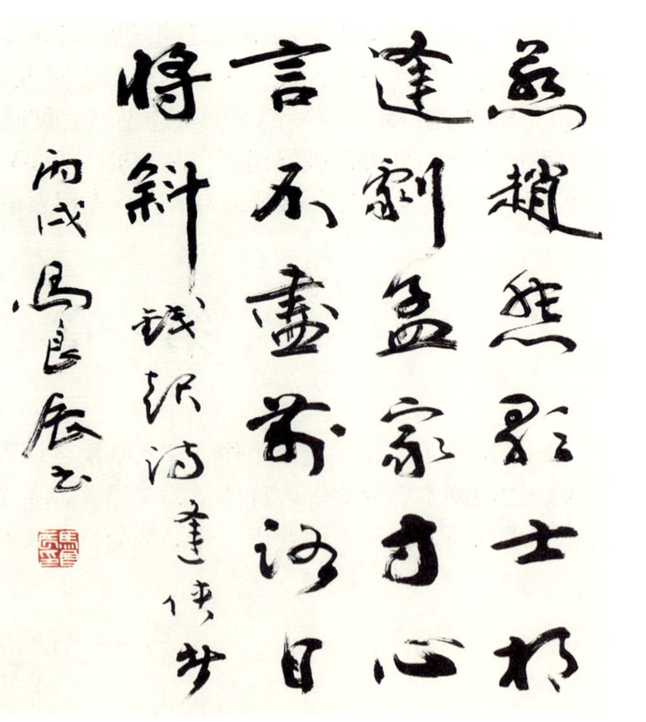

马良辰书法作品

剪纸艺术 桥东区自古即有剪纸剪窗花的习俗，每逢过年过节将各式各样的窗花和剪纸或粘贴在窗纸上或粘贴在门楣上以祈寿祈福，烘托节日气氛，在结婚庆典中也会将剪成的双喜字和喜鹊登梅等祝福剪纸贴满洞房，展示婚姻的喜庆和美满幸福。

桥东剪纸多以红纸剪成，依照民俗信仰、岁时节令、人生礼仪，剪成枝繁叶茂的花草，栩栩如生的各类动物，神话传说中的故事等。有时也会根据风俗习惯运用紫、黑、黄、绿、蓝等彩色纸剪制作品，体现着本地的喜庆、热烈等民俗风情。东郭村的苏秀芹是桥东区剪纸艺术的代表人物。她的剪纸作品富有浓郁的乡村泥土气息和原始艺术质朴的美感，生动形象地记录了劳动人民的理想和追求。

摄影艺术 20 世纪 80 年代末，邢台市首家婚纱摄影在顺德路诞生，至 2006 年已发展到 12 家，成为邢台市著名的婚纱摄影一条街。摄影师们不仅从事婚纱照的拍摄，闲暇之余也从事艺术摄影创作。随着普通相机和数码相机的普及，桥东区同时也涌现出大批的业余摄影爱好者，他们利用手中的相机，拍摄邢台的秀丽山川，城市的发展，人民生活的安居乐业，社会的安定和谐，创作出大批的优秀摄影作品。他们经常一起采风，座谈交流经验，参加各级组织的摄影比赛，并有多幅作品获奖。桥东区的文化部门和社区则每逢“五一”、“十一”等节日不定期的组织摄影艺术展，展示改革开放 30 年桥东区经济、城建、人民生活、社会和谐等方面的巨大变化，活跃了社区的文化，促进了社区文化事业的发展。

第二章 群众文艺

随着改革开放的推进、经济的发展、人民物质文化生活的提高，桥东区群众文艺如火如荼，丰富多彩，全区各乡（处）都设立文化站、文体活动室等文化活动场所，开展各种文化活动。乡村文艺多姿多彩，闻名乡里。

第一节 社区文化站

1985～2006 年全区共有 3 个文化站，即东郭村乡文化站、北大街办事处文化站、西大街办事处文化站，文化站分别归属东郭村乡、北大街办事处、西大街办事处管理，其业务由区文教局领导。2000 年，农村文化室建设蓬勃发展，各村加大了设施投资力度，活动由单一的文艺表演发展到政治学习、吹奏班、体育比赛等多种项目。

2003 年，全区 2 个乡、4 个街道办事处都设有文体活动室、图书室、文化娱乐厅等，各文化站经常组织不同形式的文体活动。西门里办事处辖区室内活动场所 9 个，均已达到 100 平方米以上，室外活动场地共 1.2 万平方米；顺德西社区有各种文体活动器材，成立了腰鼓队、健身球队、门球队等，经常活动人数达 200 多人。西大街办事处文化站始终把工作的出发点和落脚点放在全面提高辖区居民身体素质，业余活动丰富多彩，以自编自演，自娱自乐为宗旨，引导和调动辖区内广大居民参与健康向上的文化活动的积极性，办事处机关的健美操队在市“华业杯”健美操比赛中获得二等奖；西园社区文化站的“读书学史”演唱会、“党员在我心中”演讲比赛和骑毛驴、抬花轿表演也参加了比赛并获奖。自 1999 以来，该办事处连年评为“城市体育先进社区”和省级“体育先进社区”。2001 年在社区居委会小区新增群众文化活动中心室 4 个，其中还有 15 个社区正在建立之中，西园居委会投资 10 万元建成了 1200 平方米的室内、室外文化活动场地，配备了各种健身器材、图书室、娱乐室，还为乡艺表演队配备了服装、器乐等。新西街社区居委会的煤田小区投资 30 多万元扩建了小区范围内的活动中心，占地 2300 平方米，内设健身房、乒乓球室、台球室、图书室、娱乐室等。塔林公园利用彩票捐赠和自我投资的方法建起了300平方米的室外大型健身场地，安装了16个站位的全民健身路径，4个小篮板，内设太极拳、健身操、门球、健身蹦蹦床等各种健身活动场所。

2003年，全区有业余辅导员88人，辅导员主要组织本居委会居民开展文体活动，宣传本社区的新人新事，组织参加省、市、区的文艺演出和各种比赛等。

第二节　文化活动

丰富多彩的社会文化娱乐活动可以有效地促进社区居民的交往和互动，搭建相互沟通、了解的平台。为全面发展社区老年服务事业，从2001年开始在全区大力开展星光计划工作，重点抓好各社区居民委员会老年服务及老年活动站、点的建设。到2006年累计投资600余万元，按河北省标准建成星光老年之家75个，建成室内活动场地8000多平方米，室外活动场地16000余平方米，涌现出路家园、辛庄、拐角等高标准活动中心。积极争取上级资金200万元，为各社区老年活动中心增加了多种健身器材，进一步完善了服务功能，收到了良好的社会效益。通过星光计划资金资助，在全区86个社区建立了老年活动室和健身室、市民学校并配备跑步机、臂力器等健身器材，为开展活动打下基础。以民政部、中办文明办、新闻出版总署和广电总局联合开展的“万家社区图书室援建和万家社区读书活动”为契机，大力开展图书下社区活动，投资20万元为86个社区和13个村全部配备图书共计3万余册，以此推动社区读书活动的深入开展。顺德西社区举办的邻里节、手拉手等活动把人们从“钢筋水泥格子”中拉了出来，从“鸡犬相闻，老死不相往来”的冷漠感情中解放出来，丰富了社区居民的生活，融洽了邻里关系。造纸厂社区的“开心康乐保健场”，每周的二、四、六向社区居民开放，社区老人聚在一起，自编自唱，互助交流，2005年该社区被省体育局授予社区体育工作先进单位。中北社区文艺队表演的健身歌舞、无极健身球多次在市获奖，为了弘扬中国文化，中北社区还举办了“第一届文化艺术节”，居民将自己的手工制品、书法作品、绘画作品供大家欣赏，得到广大居民的大力支持。黄园社区定期举办的“社区文艺汇演”，社区居民通过自编、自演的节目，唱廉政、颂廉政，为廉政文化的宣传提供了宽广的舞台。2005年，向省民政厅推荐参加“全省社区文明风采书画摄影比赛”的作品近20幅，黄家园社区一居民的绘画作品《烟岚静观》在比赛中获“优秀奖”，有2幅作品被收入《河北省社区文明风采书画摄影比赛作品集》。拖拉机厂社区举办的社区课堂，聘请老干部、老革命、老党员、医生和律师等为廉政讲师，定期为社区居民讲授廉政建设及有关法律、案例、健康知识等讲座。利用标牌进行廉政文化宣传，中北社区把修家格言和包含历史、文化、公民道德、交通安全及日常英语等内容的知识做成展板置放在小区路旁的墙壁上；在楼道里也各有风格，有文学名著楼，有传统节日楼，有集邮知识楼，有温馨用语楼，有文明风尚楼，有法律知识楼，在这里可以增长知识，开阔视野；“春趣斋”、“雅情居”等别致的名字代替了一单元、二单元，这些优雅的标牌与优美的环境融为一体，让人一走进小区就有一种家的温馨感觉。2006年开展了廉政文化进社区活动，要求各办事处选好廉政文化载体，利用社区室内外活动场地、楼院墙面、橱窗板报等，宣传反腐倡廉法规制度，设置警句标牌，建立廉政文化阵地。利用社区现有办公室设施，开设廉政文化园地，张贴廉政漫画和书法等，将廉政文化进一步渗透。推进“阳光办理”事务，诸如在办理低保、救济、征兵和捐赠时要开展阳光操作，透明办理，自觉接受居民监督。重点培育先进典型，把廉政文化进社区工作作为文明社区、和谐社区和“和谐社区示范单位”评选的重要标准。每个乡、街道办事处要培育一个廉政文化水平较高，能在全省叫得响的廉政文化建设先进社区典型，为此涌现出铁路东、金园等先进典型社区。

第三节　乡村文艺

1985 年，全区 2 个乡 30 多个行政村，村村都有乡艺表演队，表演剧种有秧歌、旱船、高跷、大鼓等，逢年过节举办文艺会演、乡艺游行。各村剧团开箱唱戏，自娱自乐，本村演毕，还以交流的方式到邻村互演，较好的剧团还到外地搞商业演出，如辛庄的大鼓、北陈村的秧歌等。到 1990 年一些大的村成立了秧歌队，每年各乡、村都要举办各式各样的乡艺表演，同时利用农村的庙会积极组织文化下乡活动。

第三章　演出团体与场所

邢台市位于河北省南部与河南省比邻，河南豫剧在邢台受到广大人民群众的喜爱，河北梆子、四股弦、丝弦、京剧、评剧、曲艺、杂技在邢台广为流传，同样颇受广大群众欢迎。在桥东区辖区内驻有市属邢台市豫剧团、邢台市河北梆子剧团、邢台市杂技团 3 个专业演出单位，他们长期活跃在邢台城乡，极大地丰富了广大人民群众的文化生活。随着国家改革开放的步伐，社会各项事业包括文化事业都得以全面快速发展。桥东区的文化事业也呈现出空前的繁荣，各种新兴的娱乐方式层出不穷，广播、有线电视、网吧、歌厅、舞厅、迪厅等从无到有，从弱到强蓬勃发展，各种文艺形式丰富多彩。文化的多元化大量的分散转移了观众，至使传统的戏剧、杂技艺术的演出受到巨大的冲击。辖区内的各剧团为改变被动局面，他们改革传统剧目，推出一批观众喜爱的现代戏，深入到农村田间地头巡回演出，活跃了农民的文化生活，满足了戏曲爱好者的需求。

20 世纪 80 年代，桥东区辖区内影剧院等娱乐场所有人民影剧院、邢台剧场、新华影剧院、邢台影院、百花影院、清风影院 6 家和工人文化宫 1 家，另外还有经常从事影剧演出的厂矿俱乐部 3 家。90 年代中后期，由于电影、戏剧演出活动的萎缩导致影剧院的经营受到巨大的影响，一些影剧院改作它用。到 21 世纪初大多转行，只剩下新华影剧院 1 家还在从事电影、戏剧的演出活动。

第一节　演出团体

20 世纪 80 年代，文化的多元化大量地分散转移了观众，致使刚刚从“文化大革命”中复苏的传统电影、戏剧、说唱艺术观众大量的流失，演出受到巨大的冲击。辖区内 3 家市属剧团也受到一定的影响，但他们的演出则颇受中老年人和农村观众的欢迎，他们改革传统剧目，推出一批观众喜爱的现代戏，经常深入到农村田间地头巡回演出，活跃了农民的文化生活，满足了戏曲爱好者的需求。

邢台市豫剧团　是河北省戏曲舞台上久负盛誉的专业表演团体，在历届省市戏剧汇演中均有上乘表现，多次荣获河北省戏剧节一等奖，还曾获河北省“五个一”工程奖。提倡反腐倡廉的《雾漫人生》，宣传和谐社会建设的《好人秦秀英》，宣扬人性真善美的《王桃》等都展示了本市文化队伍的新形象、新风貌、新水平。该团进入 20 世纪 90 年代后期，逐步从城市舞台走向广大农村，为农民演出，活跃农村文化生活，经济效益、社会效益获得双丰收。

邢台河北梆子剧团　创建于 1946 年，阵容整齐，行当齐全。2006 年，有职工 55 人，其中国家一级演员 4 人、二级演员 8 人、三级演员 15 人，拥有现代灯光音响、电脑字幕，演出传统剧、新编历史剧、现代戏剧等舞台戏为主，兼演歌舞，系河北省“上山下乡模范团”和“学习大厂评剧团”先进单位。20 世纪 60 年代曾代表河北省赴中南地区慰问演出，80 年代在全国政协礼堂为中央领导和北京市领导演出《宝莲灯》；1999 年国庆节期间，进京演出新编历史剧《包公卖铡》，该剧被文化部作为最受群众欢迎的优秀剧目推向全国，先后在中央电视台和省电视台播放。

邢台市杂技团 创建于 1973 年，是邢台市国有专业表演艺术团体。有职工 90 余人，演出节目 40 多个，演员队伍年轻、阵容整齐、实力雄厚，闻名国内外。自建团至 2006 年，先后在全国 20 多个省、市、自治区演出，尤其是进入 21 世纪，杂技团走出国门，出访了美国、法国、韩国等 20 多个国家和地区。多次被中央电视台、河北省电视台邀请参加各种文艺晚会。杂技团始终坚持为人民服务的宗旨，艰苦创业、积极进取，人员素质不断提高，演技上精益求精，为繁荣社会主义文艺，促进邢台经济发展做出贡献。

第二节 演出场所

20 世纪 80 年代桥东区辖区内有影剧院 6 家，工人文化宫 1 家和经常从事影剧演出的驻区厂矿俱乐部 3 家。90 年代，随着电影、戏剧演出活动的萎缩导致文化演出场所——电影院、影剧院锐减，到 21 世纪初，大多影剧院和俱乐部改作他用，只有新华影剧院 1 家还在从事影剧的演出活动。

人民影剧院 始建于民国初年，原名馨华戏院，邢台解放后更名为人民戏院。1980 年改为邢台人民影剧院。建筑面积 4140 平方米，观众厅 1308 个座位，冬有暖气，夏有冷风，设备齐全。邢台人民影剧院一直是邢台市的主要文化活动场所，也是市党政机关举行会议庆典、开展文化活动的重要场所。2005 年，由于演出不景气，收入减少，人民影剧院改为英皇歌舞厅。

邢台剧场 其前身是邢台南关小河子“和平戏院”，1956 年迁至西门里街西端北侧，建筑面积 2074 平方米，观众厅座位 1300 个，厅内冬有暖气、夏有空调，设备齐全。1983 年增设电影放映设备，在没有剧团演出时放映电影，邢台剧场是河北省双优先进单位和先进剧场。20 世纪末剧场改为证券交易市场。

邢台影院 位于西大街西端北侧，占地 4500 平方米，建筑面积 1400 平方米，观众厅座位 1290 个。影院建于 1957 年，当时命名为“邢台礼堂”，1980 年改称“邢台影院”。从 1984 年改变了单一放映电影，开始接待文艺团体演出。20 世纪末影剧院改作他用。

百花影院 建于 1979 年，位于东门外东北角。占地 6000 平方米，建筑面积 1800 平方米，观众厅座位 1330 个，影院内部结构合理，布局整齐，设备齐全，大门上方“百花影院”大字由中国佛教协会会长、中国书法家协会副主席赵朴初书写。该影院 20 世纪末被改建为饭店。

新华影剧院 坐落在顺德路中段东侧，占地 3000 平方米，建筑面积 2500 平方米，观众座位 1130 个。新华影剧院始建于 1956 年，原为邢台县政府礼堂，后被改为新华影剧院。1988 年，新华影剧院大修，建成为甲级影剧院，影剧院设备先进，空调冷暖设备齐全，隔音等设备均属一流，是桥东区电影放映、文艺演出、会议活动的主要场所。

清风影院 位于凤凰街西段北侧，清风楼西处，因而得名。影院建筑面积 600 平方米，720 个座位，是邢台市最早的一座电影院。1993 年改作他用。

市工人文化宫 位于邢台中兴东路中段北侧，占地 12850 平方米，建筑面积 8522 平方米。其前身为工人俱乐部，始建于 1951 年，1984 年改称工人文化宫。工人文化宫是一个综合的文娱场所，主要有电影院、图书馆、篮球灯光球场、职工文化活动楼组成。改革开放以来，工人文化宫由单纯供给服务逐步转向经营性服务。电影院改设为中国风歌厅，成立了邢台市美术广告公司、图片社、工人商场、工人实业公司，实现以商业养事业，以副业养主业的经营模式，既创造了经济效益，又丰富了群众文化生活。

20 世纪 80 年代驻桥东区企业俱乐部一览表

名　称	隶属单位	地　址	建设时间	建筑面积（平方米）	座位（个）
铁路俱乐部	邢台工务段	车站南路	1971 年	700	775
织染厂俱乐部	邢台市织染厂	羊市道	1980 年		1200
棉纺厂俱乐部	邢台市棉纺厂	团结东大街	1982 年		1000

第四章　文化市场管理

文化市场，主要包括书报刊、印刷（印刷厂、打字复印）、娱乐、音像、网络等。1989 ~ 2000 年，全区文化市场呈快速发展势头。

第一节　音像图书市场管理

音像销售门市一直由市文化局管理。1985 ~ 1993 年，有书报刊经营单位 40 余家，印刷企业 2 家，个体打印部 30 余家。每年区文化市场办按照全国“扫黄打非”精神，对书报刊、印刷行业分别进行集中整治活动，累计出动千余人次，100 余台车次，集中检查，暂扣非法图书 5 万余册，收缴非法图书 2 万余册，取缔书报刊经营单位 6 家，对合格的单位重新登记发证，同时对各单位法人，进行政策法律、法规培训。1994 ~ 1997 年，书报刊经营单位 52 余家，印刷企业 4 家，个体打印部 41 家。1998 ~ 2002 年在原来图书门市的基础上发展到 71 个图书门市，11 个印刷厂，56 个复印打字门市。在整顿文化市场方面，为引导文化市场健康发展，坚持一手抓繁荣，一手抓整顿，对文化市场实现了经常化、制度化管理，坚持归口管理、行业管理与协调管理职能，对书刊零售门市和摊点各个环节进行规划建制、审批及日常业务管理。对文化市场检查，采取突击与经常检查相结合的方法，重点部位重点检查，共出动检查人员 200 余人，收缴非法出版物和有问题出版物 35000 多册，停业整顿 19 家，取缔无证经营书摊 6 个。在全面整顿印刷业工作中，取缔 2 家印刷厂，10 个复印打字门市。为了加强教育引导，在治本上下功夫，先后办了 5 期法律、法规培训班，培训人员 286 人次。

2003 ~ 2006 年，文化市场经过整顿压缩，桥东区图书、报刊门市有 45 家，印刷企业 14 家，复印打字门市 42 家。结合每年的全国“扫黄打非”电视电话会议精神，进一步加大对辖区文化市场的监管力度，集中开展专项整顿行动，坚决杜绝政治性、封建迷信、色情等非法出版物在市场出现，以管理促繁荣，采取疏堵结合，依法实施群防群治等切实有效的作法，规范经营行为，繁荣文化，满足人们的精神文化需求，同时抓好执法队伍自身建设，完善规章制度，不断提高执法能力和水平。依据《出版物管理条例》、《印刷业管理条例》，把政治性、色情、迷信非法出版物放在重中之重的工作上，共收缴 3000 多册，在重点清理教辅类图书中共收缴 4 万余册。在清理整顿印刷行业中，按照压缩总量，优化结构，加强监管，严格规范的要求，坚决取缔无证照印刷厂、复印打字门市。做好每年的出版物发行单位，印刷行业的年检及登记申报工作。

第二节 游戏厅 网吧管理

1986年，全区开始兴起歌舞热潮，不少单位和个人兴办歌舞厅、卡拉OK厅（包括路边卡拉OK）、音乐茶座、宾馆、酒店也附设卡拉OK。1995年随着时代发展，小型卡拉OK厅逐渐消逝。

桥东区游戏业起步于20世纪90年代初，源自于欧美和日本的电子游戏机和家用游戏机开始，迅速成为青少年喜爱的娱乐活动项目。电子游戏厅数量迅猛增加。1989～1996年，全区共有电子游戏厅96家，每家有电子游戏机10余台。一些业主为牟取暴利，在中小学校附近开设游戏厅，引导青少年玩耍，给社会造成不良影响。1996年根据上级精神在市文化市场管理办公室的带领下，会同公安、工商等部门把全区电子游戏厅全部取缔，以后其它娱乐场所管理权收回由市文化局管理。

从20世纪末至21世纪初，随着互联网建设的发展，邢台桥东区网吧行业从无到有，从小到大呈现快速发展趋势。通过网吧很多没有条件的人们开始接触电脑，从中掌握了先进的计算机知识，对世界有了新的认识，开扩了视野。网吧的出现对提高人们的素质起到很大的作用。由于网吧发展初期管理员没能跟上网吧的发展，网吧出现了一些负面影响，出现了一些问题，一些网吧业主只顾挣钱，无视国家法律和政策，不讲职业道德，忘记社会责任，对上网者的身份等证件不查核、不登记，只要交钱就行。尤其是对未成年人进网吧视而不见，不加制止，网络传播的一些有害信息深深毒害了一些青少年，影响了青少年的健康成长。针对上述情况，桥东区文化市场办公室会同公安、工商等部门不断加强对网吧的管理力度，规范市场秩序，使网吧管理日趋规范。自《互联网上网服务营业管理条例》颁布实施，桥东区开展了一系列的专项整治，坚持不懈地把网吧管理纳入日程，制定出台了有关网吧管理细则，规定网吧营业面积、装机标准、距中小学周边距离、消防合格证、法定标准等。桥东区不断加大网吧管理力度，采取群防群治，并出动执法人员取缔无证“黑网吧”，采取安装监控软件，实行流动、包片管理，实行实名制上网，明察暗访，突出检查，义务监督等手段，有效地控制了网吧的无序发展经营混乱的局面，有效地打击了网吧的违规经营，收到了好的效果。

第五章 档案 史志

自1987年桥东区档案馆建立后，桥东区档案事业得到较快发展。1991年桥东区开展档案工作升级达标活动，至2006年，全区共有49个单位档案管理达省级标准，区档案馆初步实现了档案管理和检索的现代化。

1987年10月，着手编纂《桥东区志》，于1992年6月印刷出版。该书是桥东区第一部志书，它贯通古今，以今为主，记载了桥东区域1988年前各行各业的发展变化情况。此外，桥东区重视文史资料的搜集工作，还编纂出版了从1987～2003年《组织史》3卷，1993～2002年《桥东区年鉴》2卷，为今后的史志修编积累了丰富的资料。

第一节 档案管理

桥东区档案馆成立于1987年，系地方综合性档案馆，是中共桥东区委、桥东区政府的文化事业机构，是全区永久保管档案的基地和社会各方面利用档案史料的中心。1989年桥东区成立档案局，档案局与档案馆实行局馆合一，履行全区档案事业行政管理和档案保管职能。

馆藏档案主要是中共邢台市桥东区委、区人大、区政府、区政协和区直各单位及乡、街道办事处形成的文件资料。另有土地延包档案、婚姻档案、审计档案、纪检检查案件档案等专门档案和少量会计档案、基建档案。涉及到政治、经济、政法、科技、卫生、教育、民族宗教等社会生活的方方面面。资料主要有《求是》、《半月谈》、《瞭望》和《中国档案》、《人民日报》、《河北日报》、《邢台日报》等报纸杂志。截止到2006年年底，馆藏资料13935卷（册），其中档案58个全宗10909卷、资料3026册，微机录入5.3万余条。

一、档案业务

为全面促进桥东区的档案管理工作，更好地开发利用档案信息资源，根据《河北省机关、团体、事业单位档案工作等级标准》，自1991年起桥东区开展了档案工作上等升级活动。

1999年桥东区在开展基层组织和基层民主政治建设的同时，加强了农村村委会档案的建设，下发了《在农村“两基”建设中做好档案工作的意见》（“两基”即基层组织建设和基层民主政治建设），要求“两基”建设达标村，必须以村务公开为龙头的村级档案也要达标，与“两基”工作同时检查验收。于是，各村建立了比较规范的各种档案，有专门档案柜存放，有条件的村设立了档案室，明确一名村干部负责档案工作。2001年，胡家庄、拐角村2个村级档案室分别通过了河北省机关团体事业单位档案工作目标管理省三级考评，开全市农村档案工作目标管理先例。2005年辖区农村建档率达到100%，领先全市。村居基层有9个单位的档案室达到省三级管理水平。2006年底，大梁庄乡有1/3村（社区）的档案工作，达到了省三级标准，发挥了省级“农村档案工作联系点”的示范作用。与此同时社区档案建设工作也全面铺开。由于社区档案建设工作是全区档案工作的新领域，为使档案工作与时俱进，服务于社区，与社区建设同步发展，2001年7月，首先在西园居委会搞了建档试点。之后，其他社区居委会自成立起即按照区档案局和区民政局联合下发的《社区居委会文书立卷归档暂行意见》，建立起规范化的社区档案，从而全面推进社区建设，到2006年底，桥东区所辖社区建档率也达到100%。

自1991年桥东区开展档案工作升级达标活动以来，到2006年，桥东区共有49个单位升级达标，其中省三级档案管理先进单位38个，省二级档案管理先进单位4个，省一级档案管理先进单位7个。

二、档案馆建设

档案馆初建时，办公室和库房仅占24平方米，1991年档案馆专用库房增至120平方米，加上办公用房达180平方米。为实现档案馆建设的历史性突破，区政府先后拨付资金十几万元购置设备和装具，加强硬件建设，改善馆库条件，提高管理水平。2001年1月9日，区档案馆顺利通过了省、市档案局联合考评组的评审验收，达到省二级标准，成为全市第一家完成目标认定的县级档案馆。而后，克服重重困难，扩大库房，及时接收到期档案和各种专门档案，引进电脑和档案管理软件，有选择地录入查找率高的档案，到2006年初步实现了档案管理和检索的现代化。

土地承包合同档案属档案馆的专题档案，是农村档案的组成部分，也是保护国家、集体和农民利益，处理产、权、利纠纷的凭证和依据。1998年第一轮土地承包到期后，土地承包期限再延长30年，是中央稳定农村政策的重大举措，区委、区政府对这项工作进行了全面部署，档案管理人员及时把新一轮土地承包合同档案接收进馆，并无偿为农村提供服务。区档案局按照“发证一批、接收一批”的原则，主动与乡、村、公证处联系，专门腾出档案柜接收土地承包合同档案，并且登记编目，排列上架，总计接收26个行政村的土地承包合同，涉及农户4173户，公证书14000份。

三、档案开发利用

区档案馆

存档的目的在于利用，是对历史负责，为现实服务，替未来着想，档案的价值在利用中体现。桥东区档案局（馆）根据馆藏情况，制订了切实可行的分类编目办法，将馆藏资料分门别类的编号登记，重要档案编制了检索工具，如翻建房屋档案。由于数量多，早期进馆的档案不够规范，给查找利用带来不便，为了解决这一问题，档案局于1999年编制了桥东区历年来的居民翻建房屋的人名索引，只需查找人提供出时间、地址或人名的任何一项，很快即可找到，不仅提高了工作效率，而且减少了反复翻阅给档案造成的磨损，数年来为解决邻里纠纷、房屋产权提供了大量的无可辩驳的依据。特别是邢台市旧城改造开始后，翻建房屋档案发挥了其他手续无法替代的原始凭证作用，维护了当事人的合法权益。2005年，全市计划生育普查期间，每天有许多群众来调阅计划生育证明材料，解决了当事人的燃眉之急。另外，档案局还编写了4万余字的《桥东区大事记》、《桥东区领导人名录》。据不完全统计，自档案馆成立到2006年，累计利用档案万余卷次，为编史修志，旧城拆迁，市民维权，司法取证，群众生产、生活等提供了大量的原始凭证和参考资料，发挥了档案的作用。

第二节　史志编修

一、区志编修

1987年10月15日，区委、区政府联合发出“关于编纂邢台市桥东区志的通知”，成立了“邢台市桥东区志编纂委员会”，下设办公室，抽调了编辑人员，着手进行资料的搜集和志书的撰写工作。1988年7月完成了《邢台市桥东志区简志》一书，该书汇集了1980年建区以来至1985年的情况。其目的为《邢台市志》区志编提供资料，也是为摸索经验，为编纂详备的《桥东区志》创造有利条件。1988年9月拟定了《邢台市桥东区志》篇目后，办公室人员便开始了大量的资料搜集工作，先后在保定、石家庄和邢台地、市、县档案部门及驻区有关单位搜集资料，共查阅卷宗千余卷，搜集文字资料500万余字。1989年5月，大量的资料搜集工作基本结束，便开始了全面编纂阶段。1991年4月完成了《邢台市桥东区志》初稿。1991年下半年，在广泛征求意见的基础上，重新进行了修改，补充了资料。1992年6月，由中国工人出版社出版，于北京第一次印刷。全书共26编，约60余万字。

二、桥东区年鉴编纂

1993～2002年，《桥东区年鉴》编辑出版2卷。第一卷编纂时限为1993年1月至1997年12月，第二卷编纂时限为1998年1月至2002年12月。《桥东区年鉴》在体例上坚持以行业分类为主，兼顾部门的业务分工，力求通过各职能部门所分管业务的论述，如实记录区当届政府在市委、市政府的领导下带领全区人民进行社会主义现代化建设，尤其是经济建设和改革开放的基本情况。全面记述桥东区各种重要资料，客观反映新成就、新经验、新问题，为振兴邢台桥东提供借鉴，为国内外了解邢台桥东提供权威信息，也为修撰史志积累资料。

三、组织史编纂

到2006年，《中国共产党河北省邢台市桥东区组织史资料》共编辑出版三卷。第一卷编录时限为1987年11月至1993年2月，第二卷编录时限为1993年2月至1998年2月，第三卷编录时限为1998年2月至2003年4月。《组织史资料》采用“以党组织为主编，其他组织为附编，以代表大会统领其产生组织，以组织机构为条目，纵横结合”的编纂体例，较为全面系统地反映了1987年到2003年间，桥东区党的组织建设、思想建设和作风建设的全貌，对总结党组织建设的历史经验，指导今后党的建设工作有着十分重要的意义。

四、文史资料搜集整理

区政协于第三届委员会期间，成立了文史资料委员会，搜集、整理出版了多期文史资料书籍，2002～2006年连续5年获省政协文史资料工作特等奖。1989年，征稿5篇，其中3篇被市政协《历史的足迹》一书收录。1992年，出版了《牛城文史资料》第一辑。1994年，征集文史稿件15篇共2.5万字。1997年，出版了12万余字的《牛城文史资料》第二辑。2002年，出版了《牛城文史资料》第三辑。2005年，为全面地记录桥东区政协20年的发展历程，坚持存真求实、团结育人原则，整理编辑出版了17万字的《邢台桥东政协廿年》，并协助市政协委员陈玉明征集编辑出版了90多篇15万字的《卧牛城的故事与传说》。2006年，发放征稿信400余份，征集《邢台桥东名人荟萃》资料，征集资料125人，15万余字。

第六章　文物古迹

桥东区历史悠久，文物古迹众多。1976年，曾在百泉、狗头泉及其附近出土“邢台动物群”化石、石器及仰韶文化等古代文化遗存。由此证明在60000～7000年乃至数万年以前此地已是水丰草茂、古生物栖息和原始人类聚居的地区。

在秦、汉、唐、宋、元、明、清至民国各朝代，均有大量文物古迹存在。元代曾为顺德府府衙所在地。根据省、市历次文物普查资料，已知本区有古文化遗存44处。主要有开元寺、清风楼、火神庙、天宁寺、顺德府文庙大成殿、邢台道德经幢、直隶第四初级师范学校、塔坟遗址、邢台城隍庙、鸳水灵井、邢台基督教堂、邢台清真寺南寺、道口普光寺遗址、道口遗址、南陈村郭勋民居、柴家庄仰韶文化遗址、柴家庄墓地、七里河道口村御路石桥、仓南路皇姑坟、顺德路西隋代邢窑遗址、火车站商代遗址、西关街商代遗址、西马路街商代遗址、市一幼古邢台碑、南康庄赵氏民居、羊市街38号民居、牛市街28号民居、牛市街和睦巷3号民居、牛市街30号民居、东大街104号民居、靛市水台36号民居、马市街26号民居、马市街48号民居、马市街郭家巷9号民居、马市街93号民居、北长街115号民居、西仓巷3号民居、路家园遗址、辛庄三元庙遗址、辛庄财神庙遗址、大吴庄遗址、辛庄遗址、羊市街86号民居、秦家巷1号民居。其中，全国重点文物保护单位1处、省级文物保护单位5处、市级文物保护单位1处、尚未定级的文物点37处。

第一节 古建 古幢

一、清风楼

清风楼位于府前南街北端，邢台老城中心，原府衙前左侧，座北朝南，建自唐，后因战乱等故，曾遭毁坏。明朝宪宗成化三年（1467年），邢州知府黎光亨筹资重建。楼高7丈余，下有砖石筑台，斗拱飞檐，庄严雄伟，具有明代建筑风格，是邢台保存完好的重要古迹。1982年，河北省人民政府公布为省级文物保护单位。

清风楼

清风楼，为重檐歇山式建筑，共分3层。第一层为砖石拱圈，圈下既可通车，又能行人，还是夏日消暑纳凉之佳处；第二层四周青砖围栏，中间为正厅，前后两门对开，在厅内西南角的墙壁上镶嵌着唐代诗人、画家王维的夏、秋、冬三景山水图石刻3块（春景遗失）。另有清风楼题记石刻10块。东墙边有楼梯，直通三楼。此处为木质地板，四面开门，可谓之“四牖洞癖”。三层顶檐下有一巨匾，上书“清风楼”三字，苍劲秀雅、镌刻精剔，该字为重建后明代一宰相所书，后遗失，今仍照前复制。沿四周凭栏，极目远眺，市肆栉比，山水在目，邢州全景尽收眼底。故谓邢台八景之一“郡楼远眺”。

清风楼历代曾几次小修，光绪二十八年（1903年）重修。解放初，曾修缮过1次。民国17年（1928年），京畿卫戍总司令鹿钟麟曾在此设“中山图书馆”。20世纪50年代，政府文化部门在这里举办邢台出土文物展览。1952年进行了一次修缮。1962年、1966年进行了小修2次。1982年由省、市拨款进行了大修。1985年，被邢台市文物管理所辟为文物陈列厅，供游人参观。清风楼已成为邢台市的游览名胜之一。1999年，邢台市文物管理处将清风楼落架重修。

二、顺德府文庙大成殿

顺德府文庙大成殿位于邢台市红星街市人民政府机关院内，邢台老城中部偏西北，始建于唐，现迁至达活泉公园内。1992年，河北省人民政府公布为省级文物保护单位。

文庙，唐代称文宣王庙，宋、元时期统称孔庙，明清称文庙。大成殿是文庙的主要建筑，位居全庙的中心。据《顺德府志》载：“建自唐，寻废。”该庙在唐末荒废后，宋代又多次维修。到元代建国初，忽必列提倡尊孔，“诏修天下孔庙”。于是，顺德府文庙便又在至元十七年（1280年）得到重修。明永乐四年（1406年），由顺德府知府杨浩主持，在元代大成殿的基础上

顺德府文庙大成殿

拓地重建。明成化六年（1470 年）由知府亲自主持进行了扩修。明正德元年（1506 年），知府郭维再次维修大殿，又修建了文庙灵星门，并加筑了甃泮池石桥。明万历十一年（1583 年），进士出身的嵩县人王守诚做了顺德府知府，到任不久即倡议“拓地扩修文庙”，加筑了四周的围墙，遂使顺德府文庙的规模渐臻完备。清雍正十三年（1735 年），又于文庙灵星门在左右增建门楼，气势更加宏伟。

2006 年，顺德府文庙中其他建筑均废，惟大成殿保存完好。殿为砖木结构，坐北朝南，建造在一个平面呈长方形的石砌台基上。通体七楹，面阔 21 米，前后三跨进深 15 米。单脊歇山顶，飞檐四起，檐下斗拱三跳六铺作，脊上三鸱吻东西对列。整个大殿，庄严肃穆，保持明代建筑风格，对于研究明代建筑特点是一个很好实物资料。

大成殿是文庙中奉祀孔子神位的主殿，在封建时代，也是知识分子设馔祭孔的场所。每年春秋两季，各府、县的主要官员，也要到文庙行“释奠”礼。学童入学和年青知识分子考中秀才后，也要到文庙行“释菜”礼。“释奠”，“设荐馔酌奠”之意。“释菜”据《庄子》、《吕氏春秋》和《风俗通义》等古籍云：孔子周游列国，“困于陈蔡，七日不尝粒”，只有弟子颜回摘来一些野菜“释于户外”给老师吃，孔子才没被饿死。郑玄注《周礼》说，“释即舍，同舍”。“释菜”即“舍菜”，此礼取孔子门人，弟子应忠于其先师之意。

三、邢台道德经幢

邢台道德经幢，原位于邢州龙兴观，邢台老城北侧，刻于唐开元二十七年（739 年）八月五日，1989 年移至邢台市清风游园内。

《道德经》为老子所著。老子，姓李，名耳，世传其为道教始祖，唐玄宗甚尊崇之。开元二十一年（733 年），玄宗皇帝亲注《道德经》。开元二十三年（735 年），玄宗用道门威仪司马秀言，令天下诸州皆于一大观内立石刊刻。开元二十七年八月五日，邢州刺史李质遂于邢州龙兴观内，立此经幢。

邢台道德经幢

邢台道德经幢，通高约 7 米，由顶、身、座三部分组成，八面棱形，分为三截。第一面开头阳刻篆书“大唐开元圣文神武皇帝注道德经一部”16 个大字。每个大字高 60.3 厘米、宽 11.2 厘米，一至七面，阴刻楷书《道德经》原文及玄宗皇帝对《道德经》的逐句注释。第八面上部，书写“大唐开元二十七年，岁在单瘀月中南，吕五日乙丑，皇五从弟中散大夫使持节，邢州诸军及守邢州刺史上柱国质建”句。

据说道德经幢在全国仅存 3 座，此幢实弥足珍贵。在“文化大革命”中，这座千年古幢被炸药摧毁。现尚存两块幢体，字迹可辨。1990 年春，又修补中间一截，将此幢重新竖起。

第二节　教堂　寺庙

一、开元寺

开元寺位于邢台市东围城路北段路西，邢台老城东北隅，建于唐朝开元年间。现存主要建筑为明代风格。

开元寺原占地 45 亩，坐北朝南，自南而北中轴线上依次为：石狮、大型彩色琉璃滚龙团花影壁、

开元寺

瓦桥、山门、弥勒佛殿、毗庐殿、释迦牟尼殿、大雄宝殿、藏经阁、圆照塔。寺西有尊胜陀罗尼经幢2座。大殿建有配殿。释迦牟尼殿4根廊柱在明正德年间改为高浮雕滚龙石柱，殿东南有钟楼。

开元寺为历代名刹，唐开元年间初建时，名声大噪，为我国北方香火鼎盛之最。五代时天竺高僧空本在后梁乾化年间（911～915年）曾在这里翻译佛经。宋淳化二年该寺重修，并从葱岭移来唐节度副使李逢所造《尊胜陀罗尼经幢》立于寺西。宋大观三年（1109年）徽宗赵佶下诏把该寺原“大圣塔”赐名为“圆照”。金大定五年，重修圆照塔，金大定二十四年（1184年）铸开元寺大铁钟，建钟楼于释迦牟尼殿东南。元代为该寺的鼎盛时期，元世祖忽必烈于1259年和1276年两幸于此，1276年曾“设贤戒大会于顺德府开元寺”。明嘉靖十七年（1538年）有过重修，明正德十三年对三殿有过重修。清顺治十一年重修开元寺碑，乾隆三十一年曾重修，光绪年间也曾维修。民国时期，高德林对二殿有过修缮。1987年落架重修了大雄宝殿，1993年落架重修了弥勒佛殿。

开元寺存留建筑为弥勒佛殿、毗庐殿、释迦牟尼殿、大雄宝殿。寺西有晚唐十六面尊胜陀罗尼经幢和后梁八面尊胜陀罗尼经幢各1座。

邢台开元寺为我国屈指可数的大寺之一，是我国宗教活动重地，也是冀南较大的古建筑群。1982年被列为省级文物保护单位，2006年公布为全国重点文物保护单位。

二、天宁寺

天宁寺位于邢台市红星街北侧，邢台县土产公司院内，邢台老城中部偏西，始建于唐贞观年间。元代邢州政治家、科学家刘秉忠、郭守敬等邢州学派曾在此研学。1993年，河北省人民政府公布为省级文物保护单位。

据《顺德府志》载：天宁寺初建于唐贞观年间，名为“华池兰若”。宋政和帝赐额“天宁寺万寿林”，寺内原有宋徽宗御书：“十方天宁禅林”，立匾及赵松雪书“虚照禅林碑”。天宁寺自唐始建至元代，已发展到占地一顷另七十四亩。有前殿、后殿、东西配殿，山门及塔在内的庞大建筑群体。元代名僧虚照禅师主持天宁寺，香火鼎盛。后经明、清屡次修葺，仍保持着元代时期的规模。解放后，被邢台县土产公司占用。1970年后殿、山门等建筑被占用单位拆除。仅存前殿一座建筑。

此殿坐北朝南，面阔3间，进深2间。前檐3间施格扇，后檐明间施板门。其余用墙体封护。柱上施五铺作斗拱承托屋檐。梁架结构为梁式露明造，六架椽屋分心用三柱。结构中适用驼峰、叉手、攀间斗拱、攀间枋、替木等构件，兰额、普柏枋呈“T”字型，建筑形式为单檐歇山顶。具有元代建筑风格。

三、火神庙

邢台火神庙，始称“火帝庙”，位于桥东区府前南街96号，邢台老城“南瓮城内”（《顺德府志》）。占地面积2200平方米，有建筑6座，始建于明景泰五年，2001年2月7日公布为河北省文物保护单位。

据载，火神庙始建于明景泰五年（1454年），坐南朝北，面对清风楼，建有牌坊，由“郡人李江修”（《顺德府志》），距今已有553年的历史。该庙自始建至2006年，多有重修或修缮，现在火神庙坐东朝西，平面布局为内外两院，外为火帝真君宝殿、药王殿、瘟神殿，内有库官殿、奶奶殿、送子殿等建筑。该庙主体建筑为火神宝殿，位于外院北端，坐北朝南，面阔三间，进深四间，建筑面积105平方米。琉璃瓦顶，悬山式，前连卷棚，风格独特，具有明代建筑特点，殿中央高大的须弥座上塑火神及侍从，主尊威严肃穆，殿内两侧左为显道神方弼，右是开路神方相，2护法神高2.60米，手持宝刀威武雄健，造型生动，神态逼真。东西两壁各有壁画及题记。

十月十八火神庙会场景

每年的农历10月18日为火神庙会，届时，邢台一府九县商贾云集，在此进行农贸交易，自发举办打扇鼓、扭秧歌、唱大戏、祭火神等民间活动，热闹非凡。现在的火神庙，成为远近游客休闲娱乐、祈求福禄，倾吐心声之场所，为邢台的一大景观。

四、邢台城隍庙

邢台城隍庙，位于桥东区珍珠街西段路北，邢台老城中西部偏北，始建于明。

据乾隆本《顺德府志》记载，该庙群，在县治西，明知县王以悟创建，李鲁生、赵秉衡、蒋昶、徐时祚相继重修并各有碑记其事。据明邢台县知县吴光龙撰《邢台城隍庙记》和相关资料考证，该庙群旧地在今桥东区西仓巷，坐北朝南，依次由寝宫、正殿、东、西配殿、仪门、庙桥、戏楼组成。该庙的创始人王以悟为河南陕州人，约在万历三十五至三十七年（1607～1609年）任邢台县知县。据《邢台县志》（乾隆本）记载：城隍庙县治西北，正殿三楹、后殿三楹，翼房二十间，前为仪门、为钟鼓楼，右前为石坊、为大门、为戏楼。该庙群创建后，东侧原有一条较宽的南北街称府庙道街。街东紧邻府学西墙，南向可至府学和府文庙正门。府城隍庙前左右各有一条南北小巷，分别称为庙东巷和庙西巷。

从历史地位上看，依据明代洪武二年（1369年）朱元璋给城隍神的封爵定级，顺德府城隍庙属于正二品级别，朱元璋同时敕令各地规定城隍庙的建筑规模要与地方官衙厅堂相同，各地方官赴任必须先到任所城隍庙向城隍神宣誓就职，且对城隍的祭祀，必须由当地最高官员主祭，并且有一府一县不得有两座城隍庙之规定。

2006年，邢台城隍庙，庙群建筑早已不复存在，仅存小庙1座。

五、邢台基督教堂

基督教堂位于邢台市新华路和新西街交叉口的西北侧，是河北省少有保存完好的古罗马式建筑之一。

礼拜堂为两层瓦顶式建筑，拱门长窗。底层为半地下室式，一半掩在地下，一半露出地面，上层为礼拜堂。顶瓦用铝合金板特制而成。礼拜堂长16米、宽13米，宽敞明亮，地板用长条木板铺成，刷饰红漆，木板接头处，用榫眼咬合连接，乍看上去浑然一体，天衣无缝，好似由一块木板铺设；四壁有15个拱形长窗，全用五彩玻璃镶嵌（十年动乱时大部分彩玻璃被换成一般玻璃，只有北面的几个窗户五彩玻璃尚存）。

窗户的设计与我国传统有别，每个长窗不是前后开关式，而是上下推拉式。窗框内空里装有吊着金属重棒的绳索；绳索的另一端，通过窗框上端的滚轴与窗扇相连。两个金属棒的总重量与它所系着的窗扇重量相等。只要用手指轻轻将窗扇一拨，绳索便拽着窗扇自由升落，手离即止，非常灵便。另外还有地炉散热设施。礼拜堂北侧有钟楼。

“文化大革命”中遭到“造反派”的践踏，教堂冷落荒凉。1982 年礼拜堂修整一新，开始恢复使用，后来河北省基督教三自爱委会还在这里举办了义工（基督管理人员）培训班。

邢台基督教堂

据邢台市基督教教务委员会会长 81 岁高龄的老牧师孟鹏飞和邢台市三自爱国运动委员会主席曲桂枝介绍说，这座基督教堂大约建于 19 世纪 60 年代，距今已有 120 多年历史了。孟牧师说，1937 年他在这里受洗入基督教时，此处尚是顺德府中华基督教会所在地。当时建筑规模很大，北临马路街，南接菜园地，东旁新华南路，西至西园村，这里建有数座大楼，还有一些小楼和平房，有的临街矗立，雄伟庞大；有的小巧玲珑，形似圆锥，直指蓝天。楼房之间，花木丛生，绿荫、楼房树木互相掩映，浑然一体，组成气势磅礴的建筑群。据有关史料考证，这一庞大的建筑群是鸦片战争之后，由美国传教士监造的。那时，清政府腐败无能，海外列强入侵，侵略者为把中国变成他们永久性殖民地，使中国人民俯首贴耳地受奴役，他们不仅从武力上征服，经济上掠夺，而且还披着宗教外衣进行精神侵略。第一个来邢台的传教士是美国基督教长老会牧师米高扬。后来又陆续派来毕牧师、展牧师、甄乃思牧师和甄开思等。还有治病的韩宝金大夫、路宣大夫、恒棋大夫，随后又有艾教士、翟教士，他们在这里设教堂，立学校，办医院。

当时教堂对面的路南还建有宏道学院，西边是陶淑女校（后改为真理妇女学道院）。教堂的北面是由美国人开设的福音医院。这家医院的医生多数是基督教徒，他们边治病，边传教。抗日战争后期，教堂一度关闭，成为北方大学的校园。至 2006 年，礼拜堂仍为基督教活动场所。

六、邢台清真寺南寺

邢台清真寺南寺位于马市街西侧，邢台老城南关外，是回族穆斯林沐浴礼拜举行宗教仪式和传播宗教文化的场所。

邢台清真寺南寺

清真寺阿拉伯文原名为 Masjid（麦斯吉德），意为“礼拜安拉（即真主）之所”，它的汉译名唐称“礼堂”、宋称“祀堂”、元称“回回寺”、元末明初始称“清真寺”。据传始建于元朝。

存留建筑为清光绪二十六年（1900 年）重修。“文化大革命”中该寺遭到极大破坏，寺内建筑残破不堪，1981 年全面整修翻盖重新开放。

南寺总占地面积约 700 平方米，寺内建筑风格融汇了中国与阿拉伯的建筑手法。寺正门为四开间，门墙下半部为古铜色，上半部为墨绿色。大门门额上书“清真寺”三个大字，大门上方正中处，绿色葫芦形饰物上有一弯新月，两边又各有一星，星月辉映，这是伊斯兰教建筑的明显标志。二门为垂花式券门，瓦房古香古色。在院内，植有古槐、梧桐、木槿、葡萄等花木，古木盘曲，翠荫清馨，肃穆恬静。西为礼拜殿，北为讲堂，南为沐浴室。讲堂两头分别是阿訇（教长）、海里凡（学生）的起居室，正厅为乡老聚会之所。穆斯林作礼拜前都要先经沐浴，沐浴室是洁身净心的地方。

主建筑礼拜殿又称为大殿，由于礼拜须面向阿拉伯麦加圣地故大殿皆朝西方，殿高七米有余，三大开间，雕花门扇，前出抱厦，面积约 200 余平方米。抱厦为穹形青瓦顶，紧连后面的礼拜殿硬山式顶，拱托相衬，前后呼应，浑然一体，梁、檩、柱用绿、蓝、白、红等色彩绘。殿内铺木质地板，上敷芦席，铺设着白羊毛毡子为礼拜垫。

邢台清真寺既具有中国古典建筑特征，又带有阿拉伯建筑艺术色彩，它是中阿人民古老友谊的见证，又体现了邢台穆斯林历史文化的风貌。

清真寺除供虔诚的穆斯林每日作“五功”外，在回族的“开斋节”、“古尔帮节”、“圣纪”等节日，回族穆斯林会聚清真寺内，听阿訇讲“瓦尔兹”和共同聚礼。

第三节　学校旧址

直隶第四初级师范学校

直隶第四初级师范学校旧址位于邢台市桥东区师专街邢台学院院内，邢台老城北关外，建于民国时期，2006 年，河北省人民政府公布为省级文物保护单位。

直隶第四初级师范学校存留校舍两排，建筑格式为灰砖硬山式砖木结构。石质券顶式正门，门口两侧有两列凹凸长方形石面装饰附于墙体。门口上方为著名学者、目录学家傅增湘书丹“直隶第四初级师范学校”匾额，黑底金字。匾额之上有三角形装饰建筑物，中间饰单株双叶花卉。过道也有一个石质券门，门口两侧也有两列凹凸长方形石面装饰附于墙体。院内有立于清宣统二年（1[illegible]0 年）的直隶第四师范学堂地界碑，地界碑呈望柱形，柱头球形，柱身四面刻有“直隶第四师范学堂地界”的字样。

直隶第四初级师范学校是废除科举制度后在邢台地区建立的第一所新式学校，是河北省建立最早的师范学校之一，为河北省新式教育奠定了基础，对于研究近现代的教育发展史具有重要的历史价值。

第四节　遗址　遗迹

一、鸳水灵井

鸳水灵井位于小东街东侧，东街小学院内，邢台老城南关外，为邢台八景之一。此处原为鸳水庙，院内有一精石砌就的八角井，井深莫测，水甘如饴。井上建有八角古亭一座，斗拱雀替，施有彩绘，工艺精美，飞檐瓦当，雕有鸟兽，造型生动。井内常有金翅鲤鱼翻出水面。人们把它当作一种美好吉祥的象征。

二、塔坟遗址

位于邢台市西南隅的塔坟，始于唐开元年间。曾和清风楼、达活泉齐名，被称为古邢台的三大代

塔坟的石塔、石刻

表标志。20 世纪 50 ~ 60 年代初期，邢台的几种工业产品，便以塔坟之塔为商标。1988 年，邢台市人民政府公布为市级文物保护单位。

塔，最初是为了供奉佛骨而修造的，后来也用来供奉佛像、收藏佛经或安放僧人遗骨。邢台塔坟是作为敛葬佛教僧侣火化后遗骨——舍利子而建立的，所以名曰塔坟。

邢台塔坟分为南北两处，相距 300 多米。南塔坟属开元寺，俗称大塔坟，占地 30 亩，四旁有耕地 160 亩；北塔坟占地 10，四旁有耕地 30 亩，为天宁寺庄田。据说，两塔坟有大塔、小塔千余座，随着自然风化剥蚀和人为破坏，日渐减少。到 1965 年，南塔坟仍有墓塔 78 座，北塔坟有墓塔 10 座。这些墓塔形式、风格各异，或高或矮，或砖砌，或石雕；或敦实古朴、华贵端庄，或典雅秀巧、挺拔俊美，或臃肥龙钟似踽踽老翁。更为绝妙的是，其中有“风动塔”，看似岌岌可危，被风一次，随风倾斜，摇摇欲坠，然其历数百年风雨而不坍。“响灵塔”，风一吹来，呜呜作响，其声呜咽，如怨如慕，如泣如诉，如簧之动，如笙之鸣。“钟鼓塔”，以掌击之，洞然有声，嗡嗡作响。另外还有“诵经塔”，以耳贴塔细听，则嘤嘤嗡嗡，一片声响。

塔坟诸塔根据高度和形态划分，基本可分为大、中、小三种。大型砖塔多为八角形七级，中型砖塔多为六角形五级，小型砖塔多为四角形，或三级或五级，皆为密檐式实心砖塔。塔基石质，其上石雕须弥座，四周雕有龙、象、鹿等动物与卷草、莲瓣、云彩和如意水纹等图案，结构活泼、技法娴熟。

还有的墓塔在须弥座上刻有仰式莲花宝座，莲瓣层层重叠，错落有致，如同朵朵盛开的莲花。据考证，这和邢台开元寺是佛教净土宗的一大道场有关，净土宗宣扬一心念佛，死后往生“极乐世界”，身座九品莲台（即莲花台座）。开元寺代大禅师万安祖师就曾著有佛教论著“白莲集”行于世。

历史悠久的邢台塔坟，在 1967 年，十年动乱中被炸毁。这片经历千百年的古塔群变成了一片碎石瓦砾。难以炸毁的经幢、碑刻，多数散于塔坟旧址周围的几个村庄。

第七章　体　育

桥东区体育历史悠久，丰富多彩。新中国成立后，体育成为社会主义建设事业的组成部分和改善人民健康状况、增强人民体质、丰富群众文化生活的重要手段。

1984 年，进一步明确把抓根本（增强全市人民群众体质和健康水平）、抓重点（田径、举重、游泳等）、抓培养人才（后备人才的培养、输送和成绩）作为振兴桥东体育的指导思想。在中共中央 1984 年《关于进一步发展体育运动的通知》指导下，各级党政领导将体育事业做为精神文明建设的主要内容之一，广泛发动群众参与健身锻炼活动。城乡群众除开展球类、做操、跑步、游泳、练拳、象棋外，还兴起了气功、健美、迪斯科、门球、台球等热潮；舞龙、踩高跷、耍狮等民间传统体育也恢复了生机。机关、厂矿、乡、办事处、街道有计划地举办各种运动会和单项比赛，至1989年，全区参加体育活动的已突破4万余人，约占总人口的1/5。全区累计8.2万余人达到国家体育锻炼标准；经常参加体育锻炼的学生1.6万余人。1990年，桥东教文体局被市评为“建设田径之乡”先进单位。

第一节　学校体育

一、课程设置

新中国建立以后，中小学体育课每周2节。

1983年在教育改革之中，桥东区试行每周3节体育课。

1990～1995年，全区中学和小学每周分别是36节和34节课时，其中体育2课时。1995～2003年，中小学每周课时分别为35节和30节，其中体育2课时。2004年国家教育部将小学1～2年级课时改为26节，其中体育5课时；3～6年级体育课和7～9年级体育健康课每周为3节。2005年国家教育部颁发关于保证中小学体育课课时的通知规定：义务教育阶段体育（体育与健康）课占总数的10%～11%的比例，1～2年级体育课每周为4节，3～6年级体育课和7～9年级体育健康课每周均为3节，每天上午前两课时后，利用大课间做眼睛保健操和广播体操。每周的体育课是必修课。

牢固树立“健康第一”的指导思想，保证每天一小时的体育锻炼时间。

二、教学内容

1978年，教育部新颁布全国中小学体育教学“大纲”和“教材”，邢台地区教育局于1978年还编写印发了《邢台地市县中小学体育教学计划》。此后，邢台市各中专、中小学的体育教学内容通过拨乱反正，逐步按国家统一规定，恢复并走上了正轨。

1990～1993年，体育课的基本内容一般是队列、队形、跑步、跳绳、爬杆、跳远、投掷、游泳、球类、体操、游戏等。至2006年的变化不大，随着历史的发展，国家对体育教材进行了多次修改，尤其是新课标的出台把带有竞技和军技色彩的体育内容脱离课堂，体育课的内容难度下降，使学生更容易掌握.

三、教学方法

1977年，市教育局对体育课的教学提出了“五项”要求。1978年3月印发了《体育教学工作制度》（简称“十条规定”），扭转自由主义教学现象，恢复正常教学秩序。1979年，南园路小学率先推行“循环练习法”教学，即以一个教材为主，将分解动作、综合动作及其所需的素质练习分成若干点并串联起来，学生按教师指挥周而复始地依次练习，收效显著。

1984年，区文教局每年都举行不定期的体育公开课、研究课、示范课，研究体育课的教法，提高体育课堂教学的效果。1993年后，体育的教学方法比较多样化，老师根据教学大纲的要求，结合学生的实际情况，采用多种形式的方法让学生在学中练、练中学，对于有专业要求的学生，使用强化教学。

四、成绩考核

邢台市按教育部规定：市级中学体育与美术、音乐等列为三门副科课程（包括历史和地理），有2～3门课不及格者不得升级；体育成绩不达良好者，不能评为“三好”学生。小学体育课无统一考核标准。

1980～2000 年，各中小学以教育部颁发教学大纲为主要内容进行考核，采取百分制记分。2001～2006年采取等级制。

五、体育达标

从 1984 年桥东区文教局成立到 2004 年，全区所有学校的学生参加了体育达标活动，总达标率为 97.9%。2005～2006 年施行网上上报数据，参加人群小学一、三、五年级，中学全测。

第二节 体育队伍

从 20 世纪 70 年代末至 20 世纪 90 年代初，一批省体校和邢师体育班毕业生分配到中、小学工作，增强了小学体育师资技术力量。据统计，全区有中学 4 所，有体育教师 4 人，平均每校 1 人，学生 1375 人，师生比例约1∶344；小学有 28 所，有体育教师 34 人（其中男 19 人，女 15 人；专职体育教师 24 人，兼职 10 人，均达到大专及大本学历；平均年龄 36 岁；34 名专职体育教师中，32 名被评聘为小学高级教师，2 名被评聘为小学一级教师），平均每校约 1.2 人，学生 15572 人，师生比例 1∶458。全区每个学校均有专兼职体育教师，并设有体育组，负责体育教学的管理工作。

第三节 体育竞赛

1985～1996 年，每年召开中、小学春季田径运动会。1997～2006 年，每年召开中、小学秋季田径运动会。2001 年、2002 年和 2004 年举办了教师趣味运动会。2005 年教文体局、区工会联合举办了全区机关男、女篮球比赛和男、女乒乓球比赛。2004 年、2005 年和 2006 年连续举办了男、女羽毛球和男子中国象棋选拔赛。2004 年、2005 年连续两年组队参加县级干部乒乓球比赛。2006 年，举办了教育系统男、女乒乓球比赛。2002 年组队参加邢台市老年健身操比赛获第一名，2004 年组队参加了邢台市农民健身操大赛获第一名，2006 年路家园组队参加河北省老年健身秧歌比赛，获优异成绩。2002～2006 年，获市老年体育工作优秀组织奖；2006 年，获市老年体育工作先进单位。

1998～2006 年，邢台市体育卫生艺术工作评比中，桥东区体育教师共有 20 人（次）获先进工作者。1993～2006 年，邢台市输送人才工作评比中，桥东区体育教师共有 31 人（次）获先进工作者。1990～2006 年，邢台市施行《国家体育锻炼标准》工作评比中，桥东区体育教师共有 33 人（次）获先进工作者。

2006 年桥东区小学组田径运动会男子成绩表

名次/记录/项目	第一名		
	姓名	学校	成绩
100 米	朱凯	马路街	13″24
200 米	朱凯	马路街	27″78
400 米	曹铭慧	逸夫	1′04″46

名次 / 记录 / 项目	第一名		
	姓名	学校	成绩
800 米	郝邢凯	逸夫	2′30″42
1500 米	郝邢凯	逸夫	5′17″50
铅球	翟鹏雷	南园路	9.07m
垒球	王一博	逸夫	52.57m
跳高	侯金鑫	逸夫	1.38m
跳远	侯金鑫	逸夫	4.43m
4×100 米接力		马路街	56″85

2006 年桥东区小学组田径运动会女子成绩表

名次 / 记录 / 项目	第一名		
	姓名	学校	成绩
100 米	朱明馨	马路街	14″48
200 米	张　静	逸夫	31″14
400 米	朱明馨	马路街	1′11″96
800 米	李　聪	马路街	2′48″00
1500 米	李　聪	马路街	6′12″31
铅球	霍雨魏	新华南	8.15m
垒球	徐　红	羊市街	40.83m
跳高	肖华恒	东牛角	1.15m
跳远	洪双玉	东大街	3.77m
4×100 米接力		逸夫	1′01″18

2006 年桥东区中学组田径运动会男子成绩表

名次 / 记录 / 项目	第一名		
	姓名	学校	成绩
100 米	王朋飞	一中	12″87
200 米	张嘉琪	三中	28″17

名次 记录 项目	第一名		
	姓名	学校	成绩
400 米	孟德峰	三中	1′09″19
800 米	张晓光	三中	2′40″76
1500 米	豆少科	三中	5′54″03
铅球	商静周	三中	9. 08m
跳高	赵欣凯	四中	1. 35m
跳远	赵欣凯	四中	4. 92m
4×100 米接力		三中	55″39

2006 年桥东区中学组田径运动会女子成绩表

名次 记录 项目	第一名		
	姓名	学校	成绩
100 米	张媛媛	三中	15″73
200 米	张玲	三中	33″38
400 米	张玲	三中	1′21″28
800 米	陈玲梅	三中	3′05″26
1500 米	陈玲梅	三中	6′30″21
铅球	田星	三中	6. 61m
跳高	申融融	二中	1. 16m
跳远	赵玉姣	二中	3. 60m
4×100 米接力		三中	1′07″98

第四节　体育传统项目学校

体育传统项目学校是由业余体育训练点发展起来的一种学校体育训练形式。1982 年开始，邢台市由抓业余训练点过渡到抓“传统校”工作；1984～1990 年桥东区共有传统项目学校 3 所，即：逸夫小学（原南长街小学）被命名为河北省体育传统项目学校，马路街小学、东关逸夫小学被命名为邢台市体育传统项目学校（均为田径项目）。1991～1995 年先后发展了 6 所市级体育传统项目学校，即：羊市街小学（乒乓球）、东牛角小学、路家园小学、新华南路小学、东大街小学（均为田径项目）、南园路小学（毽球项目）。1999～2002年，桥东区又发展3所传统项目学校，即：北关小学、西仓巷小学（均为田径项目），桥东一中（毽球项目）。1994年东大街小学被命名为河北省体育传统项目学校（田径），1999年马路街小学被命名为河北省体育传统项目学校（田径、毽球），2000年羊市街小学被命名为河北省体育传统项目学校（乒乓球），2003年南园路小学被命名为河北省体育传统项目学校（毽球项目），2003年新华南路小学被命名为河北省体育传统项目学校（田径、小足球）。2006年，桥东区共有河北省体育传统项目学校6所，市级体育传统项目学校6所。2006年省、市两级对传统项目学校进行调整，调整后桥东区有省级传统项目学校2所（邢台市逸夫小学、马路街小学），市级传统项目学校10所。

邢台逸夫小学在1993年被国家体育运动委员会评为全国群众体育先进单位。1985年和1987年2次被评为河北省施行《国家体育锻炼标准》先进集体，1986年被评为河北省优秀体育传统项目学校和河北省体育卫生工作先进单位，1992年被评为河北省优秀体育传统项目学校，1992～1994年连续3年被评为河北省输送人才先进集体。2006年被评为河北省优秀体育传统项目学校，并被评为河北省体育传统项目学校。

1997年，东大街小学荣获全国群众体育先进集体。2000～2001年，马路街小学连续2年被评为河北省输送人才先进集体。2004年，新华南路小学被评为河北省输送人才先进集体。2005年，马路街小学被评为河北省优秀体育传统项目学校，并被评为河北省体育传统项目学校。

第五节 民间体育

新中国成立之后，邢台民间体育得到了重视和发展。20世纪50年代，逢遇节日、庙会和大事，城乡的花会乡艺组织和民间武术社团，都组织各种娱乐体育和武术的表演。“文化大革命”期间（1966～1976年），这些大都被称为“四旧”而抄没丢失。粉碎“江青反革命集团”（1976年）之后，民间体育获得了生机。有的剔除糟粕，增添了新的内容；有的与现代音乐、舞蹈、体育、杂技等相结合，更换了表现形式，使之更丰富多彩，引人入胜。在邢台流传的民间体育形式种类繁多。主要项目有武术、棋类、游泳、体育、游戏、乡艺、球类等。

一、武术

邢台市流行的拳种有26种，器械16类，民间拳社20多个。拳种有：杨式太极拳、陈式太极拳、吴式太极拳、孙式太极拳、查拳、华拳、梅花拳、形意拳、八封掌（拳）、弹腿、戳脚、红拳、九宫拳、六合拳、大洪拳、周拳、燕青拳、通背拳、劈挂拳、三皇炮捶、秘踪拳、螳螂拳、地躺拳、醉拳、散打、推手等。器械类有：单双刀、单双剑、钩、双匕首、峨嵋刺、鸳鸯钥、拐、鞭、流星锤，各种大刀各种长枪（矛），各种棍棒、铛、铲、戟、叉等。

1990～1993年，邢台在民间流传的体育形式没有大的改变。在原来种类不变的情况下，武术运动日益普及，梅花拳、气功等活动影响广大。太极拳在中老年中较为流行，由于经济的发展，人们的思想意识也发生了根本的改变，追求健美时尚、防身自卫、强身健体，多数的家长都积极主动地让孩子把学武术、学体操当作一项业余爱好，送到武术队，这个现象较为普遍。有关武打的影视、音像、图书等给社会带来了较大的影响，受到广大青少年武术爱好者的青睐。

二、棋类

中国象棋是桥东区民间劳动人民喜爱的一种活动，每当茶余饭后，亲朋好友相会来上一两盘。

从20世纪末至21世纪初，邢台市象棋活动日趋普及，无论是炎热的盛夏，还是寒冷的冬天；无论在田间地头，街头巷尾还是在晚上昏暗的路灯下，下象棋者和围观者到处可见，参与者甚众，久经不衰。

20 世纪 90 年代，围棋、国际象棋走向群众，走向百姓。

三、游泳

邢台市地处于太行山东麓，河流汇集，泉水遍地，著名的有达活泉、百泉、狗头泉等，俗有泉城之称。优越的地理环境，为邢台人民进行游泳提供了天然的游泳场所，因此邢台人民自古就有游泳的习惯。

20 世纪 90 年代开始，随着经济的发展壮大，人民生活水平的不断提高和游泳场馆的增加，游泳活动日益活跃，人民把游泳作为一项强身健体、健美的重要活动内容之一，一些少年儿童也被送到各游泳馆学习游泳。

四、体育游戏

少儿游戏有：捉迷藏、“瞎子”摸鱼、“猫捉老鼠”、“丢手绢”、老鹰捉小鸡、跳方（房）、踢毽、投包、跳绳、碰拐、打拐（木棒）、打瓦、弹玻璃球、推铁圈、骑马戏、跑马戏、叠罗汉、打陀螺、堆雪人、打雪仗、打弹弓、拉弓箭、放风筝、爬树、爬竿、跳绳、跳木马、翻跟头、蝎子爬、贴墙倒立、象走、蛙跳、兔跳、摔跤、瓦片坷垃掷远、呼啦圈等。

成年游戏有：掰手腕、拔河、拔扁担、举石锁、举石砘、搬碌碡、二人推手、踢毽子、撞拐、放风筝、打秋千、养鸽、钓鱼、玩扑克、打麻将等。

20 世纪 90 年代后到 2006 年，桥东区群众体育工作热潮日益高涨，群体活动做到了有领导、有组织、有计划、有步骤，成立了以区政府，教文体局，乡、办事处，社区和群众体育组织组成的四级群众体育网络，制订了“抓全民健身，积极推进全民健身服务体系”的工作目标。围绕组织建设、场地建设和活动建设 3 个环节，做出了具体规划和安排，把安排的活动项目，计划落实到人，卡死责任，使群众体育有专人管、有专人抓。各乡、办事处、居委会都成立了自己的健身队伍，利用街道、花园、广场开展了具有自己特点的健身方式，如健身秧歌、太极拳（扇）、健美操、健身球、交际舞、踢毽子以及带有民俗气息的锣鼓队、跑旱船、舞狮子、武术表演等一些群众喜闻乐见的活动，调动了广大群众的参与意识。群众参与意识的提高，对场地的要求尤其重要，到 2006 年底桥东区已修建了 12 条健身路径，发展了 96 处健身场地，这些健身场地的建设，有效地缓解了群众健身难的状况，健身的人数也大大增加，举家外出参加运动的比比皆是，群众健身意识空前高涨，晨练、晚练已不是单单停留在跑跑步、压压腿之类的简单动作，而是分门别类，各项运动的一招一式显得特别娴熟和专业。群众体育的根基在于群众的自发组织，要把群众体育工作往深里做，还需要一大批有热心、有能力、懂业务、责任心强、肯吃苦的群体工作者，桥东区教文体局与市体育局相结合，加大培训力度，造就了一批群体骨干力量，他们活跃在桥东区健身第一线，为桥东区的群体工作做出了贡献，成为桥东区全民健身事业不断发展的根基。区政府抽出精兵强将，积极组队参加省、市组织的各项体育比赛和活动，碾子村在参加省健身球比赛中获优秀组织奖，在参加邢台市举行的第一届至第五届社区运动会上均名列前茅。2000 ~ 2006 年又有多个乡、办事处获省、市体育先进单位称号。围绕田径之乡建设，推动群众体育的普及与提高，桥东区政府组建了田径之乡建设指导委员会，积极开展工作，举办了桥东区万人长跑越野赛庆祝活动和田径比赛。桥东区每年有近 2 万人（次）参加了一年一度的春节“体育活动月”的各种文体活动，抵制了封建迷信、吃喝、赌博三股歪风，取得了很好的社会效益。

第六节　农民体育

桥东区的农民体育在历史上是以自发的、民间的组织形式出现，真正把农民体育作为一项事业摆在日程上，则是新中国成立之后的事。

中共十一届三中全会后，民间武术首先恢复，继而民间乡艺花会也重返民间，不少项目推陈出新，增添了歌颂党的富民政策内容，为社会主义新农村增添了祥和、文明、欢乐的色彩。进入20世纪80年代，桥东区设了文体科；1984年成立了文教局；1985年部分乡、街道办事处建立了文化站，文化与体育齐抓共搞，使群体工作在精神文明建设中发挥重要作用。

富裕了的农民，自愿投资兴建体育场所。1979年，东关村兴建了全市首座旱冰场；1989年，晋祠道村农民自筹资金建成市第二座农民游泳池。这些场地设施，为吸引广大人民群众参加体育锻炼创造了条件。

第七节　幼儿　老年体育

1990～2006年间，桥东区的幼儿体育主要以少儿游戏活动为主，尤其在幼儿园表现较为突出，园内文体游戏的设施较好，条件便利，文体活动正常，也比较正规。每学期还举办园内文体游戏比赛，每年举办大型的幼儿体育比赛，比赛的内容一般是系鞋带、系扣子、滑梯、舞蹈、广播操等。

幼儿趣味运动会

进入20世纪80年代，离、退休的干部职工逐步增多。他们不满足晚年的安逸生活，纷纷加入群众体育锻炼队伍行列，参加各种适宜的体育活动。1988年开始，在中老年人群中掀起了健美迪斯科热潮，全区许多机关、厂矿和学校（教师），从京、津、东北、华东等地引进了各种各样的迪斯科健美操进行学习培训，区老龄委组织全区中老年干部职工多次参加市妇联、总工会、体委举办的中老年人迪斯科、健美操、健身秧歌、健身球等比赛，都取得了很好的成绩。2004年，大梁庄乡、东郭村乡被市命名为健身秧歌之乡；2006年，大梁庄乡、辰光社区被市命名为老年体育示范区。

第二十八编
医疗卫生

桥东区政府高度重视全区卫生事业的发展，强调把保护人民健康和生命安全放在重要位置，坚持以人为本，努力实现卫生事业与经济社会协调发展，推动卫生事业改革与发展。加强公共卫生体系建设，大力推进农村合作医疗。制定一系列措施努力解决群众看病难、看病贵问题，使桥东区卫生事业发生了深刻的变化。

到 2006 年，桥东区建立起遍布城乡的医疗卫生服务体系，建立医疗、预防、保健、监督等各级各类医疗卫生机构 225 家，基本满足群众的医疗卫生需求。初步建立了城镇职工医疗保险制度，建立了适应社会主义市场经济要求的基本医疗保险制度等多种形式的城镇职工医疗保障体系。在农村开展了以大病补助为主的新型农村合作医疗试点。经过努力各种危害人民健康的传染病、地方病基本消灭或得到有效控制。2003 年，全区人民众志成城战胜来势凶猛的“非典”疫情。妇幼保健工作全面加强，实现了低生育率和低死亡率的良好循环。

卫生事业的发展，不仅为提高全区人民健康水平作出了贡献，也为经济持续增长和社会的进步打下坚实的基础。

第一章　医疗体制改革

2000～2006 年，随着改革的深入，卫生行政部门的职能发生了很大变化，由过去的“办卫生”转变为“管卫生”。按照改革的要求，建立健全了卫生监督监测体制，桥东区卫生局先后配备了防疫、保健、监督、医政、财会等专职人员，强化了综合执法职能。随着卫生法律法规的不断完善，卫生行政部门逐步走上综合执法、依法行政的轨道。组织宣传、贯彻实施卫生法律法规；依法对社会卫生进行管理，对与人民健康密切关联的消费品进行监督管理；依法对卫生医疗管理服务市场进行管理，按照市、区分工，加强对卫生医疗机构的执业管理和人员管理，纠正和处理其违纪违法行为。

第一节　公费医疗改革

1984 年，桥东区公费医疗实行“定点医疗、定额管理、超支不补、节余留用”的办法。离退休干部实行实报实销，在职人员实行“门诊包干、住院统管”，门诊医疗每人每年 60 元医药费，住院报销 80%，由政府委托桥东区医院代管，定期上报桥东区财政局统一建账。1986 年 1 月，出台《关于实行公费医疗管理办法暂行规定的通知》，凡享受公费医疗的单位，桥东区财政局将邢台市按人头费拨给的指标如数划拨各单位，由各单位统一使用，结余留用，超支不补。属老干部局和桥东区民政局管理的离退休老干部分别在上述单位办理报销手续，其他单位的离退休干部在原单位办理报销医疗费手续。1989 年，成立由卫生、财政等部门组成“公费医疗管理委员会”，常务副区长任主任，公费医疗管理办公室设在卫生局，并由卫生局牵头成立“公费医疗门诊部”，地点设在南长街卫生院。1994 年，筹建“桥东区公费医疗医院”，定编 8 人，全额事业单位，于 10 月正式运转。1997 年公费医院与区医院合署办公。1998 年成立桥东区老干部门诊，离退休干部医疗费归区老干部局管理。2002 年 2 月，桥东区医疗保险改革工作全面启动，桥东区人事劳动和社会保障局为全区基本医疗保险的行政管理部门，并成立专门医疗保险经办机构，负责全区基本医疗保险基金的筹集、管理和支付。

第二节　社区卫生服务

桥东区的社区卫生服务工作始于 2002 年，首先在桥东区医院进行试点，建立了“北大街社区卫生服务中心”。桥东区医院深入社区开展社区居民常见病调查，建立了大量的社区家庭健康档案。筹资 17 万元购置社区卫生工作所必需的各种仪器设备，对所需用房进行了合理装修，重新规划。按照“六位一体”的要求，对科室人员进行调整，完善各项服务职能。随后西关街卫生院、南长街卫生院相续改制为社区服务站。2006 年，西大街卫生院改制为“西大街社区卫生服务中心”，至此，区属医院、街道分院全部转型为社区卫生服务机构。2003 年发挥现有卫生资源作用，打破部门垄断和所有制等界限，鼓励企业事业单位、社会团体、个人等社会多方面力量建立社区卫生服务。截至 2006 年 12 月，共有社区卫生服务中心 3 所，社区卫生服务站 17 所。其中区属医院、卫生院设立 8 所，企业医疗机构设立 3 所，个人设立 9 所。覆盖城区社区居委会的 85%，为近 15 万人口提供社区卫生服务。

伴随着社区人口的老龄化和广大居民的健康意识不断增强，社区的医疗卫生在社区建设的位置显得越来越重要。到 2006 年，全区共有医疗诊所 224 家，大多数社区都设立了家庭病床，实行了小病不出社区，上门为辖区居民服务，解决老年人行动不便、就医出行难的问题。顺德西社区还建立了居民家庭健康档案，为社区居民在人民医院办理医疗优惠卡，社区居民在人民医院就医可以享受优惠政策，减免费用。社区实施的“健康工程”，强化了社区的功能。

第二章　卫生管理

1980 年 8 月，桥东区人民政府设立了区卫生科，有工作人员 2 人。1984 年 4 月，桥东区人民政府决定撤消区卫生科，改设立区卫生局，局内未设内部机构，有工作人员 3 人。1996 年 6 月 21 日，桥东区人民政府成立了桥东区卫生监督办公室，有工作人员 4 人，由卫生局代管。2002 年 6 月，根据桥东区人民政府“三定”方案，桥东区卫生局内设综合股。2006 年，桥东区卫生局设有办公室、医政科、防保科 3 个科室，行政编制 4 人，全额事业编制 4 人，共有工作人员 8 人。桥东区卫生局的职责为：贯彻执行党和国家卫生工作的方针、政策和法律、法规，拟订本区卫生事业发展的总体规划、中长期规划和年度计划。贯彻“预防为主、防治结合”的方针，组织、指导本区急慢性传染病、地方病、职业病的防治和妇幼卫生工作。依据卫生法规标准，对食品卫生、公共卫生、劳动卫生、学校卫生、医疗机构等，行使卫生行政执法、监督管理职权。对重点疾病医疗质量等进行监测。实行医务人员资格认可和医疗机构从业许可证制度。制订医学教育规划，加强在职培训，有计划地培养卫生技术人才，为人民健康服务。负责卫生专业技术职务申报工作。负责全区卫生事业经费的筹集、财务、国有固定资产的管理。建立与完善卫生统计、信息系统管理工作。遇有重大突发事件和自然灾害，在政府的统一指导下，组织调度卫生技术力量，协调有关部门抢救病员，防止和控制疾病的发生蔓延。会同有关部门做好计划生育技术指导。

第一节　医政管理

1985年，桥东区卫生局依据国家《医疗机构管理条例》，对全区医疗机构统一发放医疗机构执业许可证。2002年前，各乡（镇）卫生院归当地乡（镇）政府管理，村卫生所按一村一所设置，个体私营医疗机构发展较慢。2003年，按照中共河北省委、河北省人民政府关于进一步加强农村工作的决定和邢台市卫生局统一部署，经桥东区政府批准，理顺了乡（镇）卫生管理体制，将乡（镇）卫生院划归县级卫生行政部门按职责管理，保留2个乡镇驻地卫生院，将3所分院改为街道卫生院。2006年，桥东区有216家医疗机构取得了医疗机构执业许可证。

第二节　卫生队伍管理

一、医疗队伍

1981年，全区拥有卫生技术人员121人。有中西医药剂人员16人，其中中药士11人，西药士4人，西药师1人；有医士34人，其中中医士20人，西医士14人；有医师14人，其中中医师6人，西医师8人；有主治医师12人，其中中医主治医师8人，西医主治医师4人；其它医护管理人员45人。

2006年，有区属医疗机构9家，社区卫生服务中心3所，社区服务站17所。医务人员由1981年的121人发展到289人，其中高级职称由无到有发展至2人，中级职称由12人增至25人，医师由1981年的14人发展到85人，医士由34人发展到65人。在289名医务人员中，区级医疗机构有卫生技术人员166人，其中医师57人，主治医师10人，副主任医师1人；乡镇卫生院卫生人员123人，其中医师28人，主治医师6人，副主任医师1人。

二、行医

1985年开始，凡进入医疗机构的人员按取得相应技术职称资格行医。1998年，桥东区卫生局根据《中华人民共和国执业医师法》和河北省卫生厅、邢台市卫生局的统一部署，对1998年6月26日前按照国家有关规定取得医学专业技术职称和医学专业技术职务的人员依法逐级向河北省卫生厅申报办理相应的执业医师资格证书，共办理执业医师61人，执业助理医师261人。对未能认定的175名乡村医生，按照《乡村医生从业管理条例》和河北省卫生厅、邢台市卫生局统一安排，在2004年进行了逐级上报审批认定，办理了乡村医生执业证书。自1999年始，根据《执业医师法》有关规定，对所有进入医疗机构的人员必须参加全国医师资格考试，取得相应执业医师资格证，并办理执业医师注册证书后，方可上岗从事相应的医疗服务工作。

三、护理

1985～2002年，护士岗位的职称认定与护士执业资格考试、执业注册相分离。

1994年，依照《中华人民共和国护士管理办法》的规定，全区35名护士依法取得了中华人民共和国护士执业证书，从此全区卫生技术人员准入正式步入法制化管理轨道。

2003年，执业护士资格考试与全国卫生技术人员职称考试并轨，同时所有医务人员必须参加全国执业医师资格考试，不再进行职称评定，执业助理医师相当于医士职称，执业医师相当于医师职称。

四、培训

1998年开展乡村医生培训工作，共培训乡村医生120名。同时还举办了医疗机构单位人员参加的中医、防疫、妇幼、心电图、药政、传染病、病历和医疗文件书写等短训班。1999年始，开展对下属医院和各医疗机构卫生技术人员培训工作，培训对象与内容逐步拓宽，培训时间长短不一，培训内容由中西医初训，扩展到防疫、妇幼、护理、心电图等单科内容。

第三节　医疗事故处理

2002年9月4日，国家颁布新的《医疗事故处理办法》，桥东区辖区内各级医疗机构一旦发生医疗事故或医患纠纷，必须及时向当地卫生行政主管部门报告，卫生行政部门负责医疗事故鉴定资料的收集和向医学会委托鉴定。到2006年，桥东区卫生局共移交各类医疗事故10余起，对构成医疗事故要进行赔偿的，积极协助受害者得到应有的赔偿。对于尚构不成医疗事故的，进行实地调查了解，促使医患双方达成共识，妥善平息矛盾。

第三章　妇幼保健

妇幼保健是医疗和保健相结合以保障生殖健康提高妇婴健康水平，提高人口素质为工作宗旨，以诊治妇产科常见病、多发病、疑难病等妇女疾病防治相结合为内容的保健服务，妇幼保健的实施，有利地保障了广大妇女儿童的健康，推动妇幼工作的开展。

第一节　妇幼保健保偿

妇幼保健保偿责任制是一种取之于民，用之于民，具有社会保障和社会福利双重性质的保健服务措施，有利于保障广大妇女儿童的健康，推动妇幼卫生工作的开展。

为推行两个系统管理，自1996年开始，妇幼保健医务人员深入农村和居委会，到群众家中讲解母婴保健的相关知识，指导她们养成良好的生活习惯。同时，每年利用“三八”妇女节、“六一”儿童节等节日开展宣传和义诊活动，重点对妇女病，小儿病防治知识进行讲解。以及每年3次下乡指导、督查各卫生院两个系统管理落实情况。

1996年，桥东区人民政府成立了妇幼保健保偿领导小组。是年，妇幼卫生指标检测工作启动。

据统计，儿童保健：全区0～6岁儿童12418人，管理10306人，系统管理8321人，儿童入保985人；当年出生1586人，死亡13人，死亡率8‰；贫血检测1320人；2岁内VD3投药预防佝偻病1476人，投药率93%。妇女保健：全区活产数1573人，产妇总数1577人，系统管理率65%，早孕建卡率63%，高危孕产妇56人，管理率89%，住院分娩率98%，孕产妇死亡人数2例。

2006年，儿童保健：全区儿童10320人，管理9234人，系统管理4680人，儿童入保1385人。当年出生1501人，死亡10人，死亡率6‰，出生缺陷发生率4‰。2岁内预防佝偻病投药1380人，投药率99%。妇女保健：全区活产人数1501人，产妇总数1493人，系统管理85%，早孕建卡率90%，高危产妇51人，管理率98%，住院分娩率100%，孕产妇死亡人数0例，新生儿破伤风人数0人。

2000～2005年桥东区妇幼保健情况一鉴表

指标名称	单　位	2000年	2001年	2002年	2003年	2004年	2005年
活产数	人	1342	1358	1561	1432	1360	1360
婴儿死亡率	‰	12.67	11.05	3.20	5.59	8.82	3.68
5岁以下儿童死亡率	‰	13.41	13.25	4.48	5.59	8.82	4.41
5岁以下儿童中重度营养不良患病率	%	8.35	6.81	5.74	4.45	6.90	6.65
新生儿破伤风发病率	‰	0	0	0	0	0	0
出生缺陷发生率	‰	5.22	5.15	3.20	2.09	11.76	4.41
7岁以下儿童系统管理率	%	93.87	82.21	87.98	87.69	82.17	85.07
孕产妇死亡人数	人	1	1	1	1	2	1
孕产妇住院分娩率	%	98.29	99.12	99.55	99.16	98.12	99.41
孕产妇系统管理率	%	88.82	87.37	76.17	68.85	81.40	81.47
孕产妇产前医学检查率	%	93.07	99.12	99.55	99.16	99.12	99.41
婚前医学检查率	%	42.48	43.05	43.86	25.14	0	1.48

第二节　托幼机构卫生保健

托幼机构卫生保健的目标是防止儿童常见病、多发病及控制传染病在园内传播和蔓延．每年对托幼人员进行培训，使托幼人员能熟练地掌握小儿体检、小儿免疫、小儿正常发育、小儿营养计算、食品卫生、烹调方法等有关方面知识。每年对托幼园所里的儿童进行一次体检。1980年开始，在大中型园所贯彻“四、二、一”体检制度，1985年大型园所的受检率达到98.9%。2006年底，辖区有个体幼儿园38家，在园儿童1100人，保育员92人。托幼机构工作人员每年一次健康体检，持证上岗；入园儿童入园前进行一次健康体检，严格控制传染病在幼儿园内传播蔓延。2006年查出乙肝表面抗原阳性携带者保育员3名，立即离岗治疗，幼儿2名也都离园治疗；发现2名幼儿患有先天性心脏病，也告知其家长。

第三节 新生儿疾病筛查

新生儿疾病筛查是提高出生人口素质，减少出生缺陷的三级预防措施之一。桥东区开展的新生儿疾病筛查主要是对新生儿“苯丙酮尿症、先天性甲状腺功能低下”两种病的筛查。在辖区9个有接产资格的网点都开展起来，自2001年12月至2006年底，共筛查新生儿24320人，查出苯丙酮尿症3例和先天性甲状腺功能低下11例，都给予了相应指导治疗。

第四节 残疾人就医

为了更好的贯彻落实《邢台市桥东区人民政府扶助照顾残疾人优惠办法》，广泛开展扶残助残活动，为残疾人送温暖、献爱心，切实解决残疾人看病难的问题，2000年11月2日，桥东区妇幼保健所被定为残疾人就医定点医院。为更好落实此项工作，妇幼所选用医德高尚、服务好的医护人员负责残疾人的医疗工作，免收门诊挂号费，优惠50%检查治疗费，不吃宴请、不收红包、不推诿、不慢怠病人、不开人情药方，不开新、特、贵药，同时保证无伪劣药品，不做无关的医疗检查，截至2006年看病400余人次。

第五节 婚前医学检查

婚前医学检查是对准备结婚的男女双方在结婚登记前所进行的保健服务，是保障家庭幸福、提高出生人口素质的基础保健工作，是《母婴保健法》的重要内容之一。1998年10月11日，桥东区妇幼保健所通过了河北省卫生厅妇幼处专家组的验收，当年婚检人数达到500对。1999年婚检人数达到1300多对，婚检率90%。截至2002年逐年增长2%～3%，疾病检出率达10%，分别给予了指导治疗。根据上级文件精神，2003年10月1日起婚检由强制变为自愿后，婚检工作受到重大影响，连年下降，2004～2006年底共婚检20对。

第六节 妇女病普查普治

桥东区的妇女病普查普治工作始于1987年，重点普查宫颈、宫体、卵巢、乳房等部位，为进一步宣传普查的必要性和好处，每年借助“三八”妇女节，利用展牌、广播、发放宣传材料、免费咨询等形式进行宣传。妇幼所不断提高服务质量，降低收费标准，同计生部门积极协调配合，使妇女病普查率大大提高。截至2006年，普查率达到85%以上，妇女病检出率30%，均得到有效治疗。

第四章 卫生防疫

1980～2006年，全区卫生防疫工作全方位、多层次、多形式贯彻预防为主的方针，落实《传染病防治法》和计划免疫规划，积极推进卫生管理体制改革，实行国家、集体、个人大办卫生事业的办法，开展医德、医风教育，使全区卫生事业有较大发展，形成以市、区的医疗单位为中心，乡、处卫生院为枢纽，社区卫生站为基础，个体医疗诊所为辅助力量的医疗保健网络，医疗诊断水平明显提高，初级卫生保健达到国家标准，常见病、多发病大幅减少，传染病发病率逐年下降，一直控制在国标以下。

第一节　公共卫生

公共卫生工作之中的食品卫生监督工作始于1983年，《中华人民共和国食品卫生法》实施之初，主要对辖区内的食品行业进行经常性的卫生监督和指导。

一、执法

每年对食品从业人员进行健康检查和培训，合格者发给“健康证”，对查出的“五病”（痢疾、伤寒、病毒性肝炎、活动性肺结核、化脓性或渗出性皮肤病）人员不予发证，并通知立即调离。对食品生产经营单位，经检查验收合格后，发给卫生许可证，凡不符合标准的不予发证，不准开业。2006年，办理卫生许可证576个，健康体检4531人，查出并调离“五病”人员11人，办理健康证4520个。

二、经常性执法活动

每年除了定期或不定期地对区域内的食品、饮品生产加工销售单位和个体商户开展反复监督检查外，在元旦、春节、夏季、中秋节、国庆节等重大节日、集会期间卫生监督部门组织力量，对食品、生产饮用水、餐饮业等进行有针对性的专项监督检查。2006年，组织大型执法检查1次，临时性检查5次，立案处理8家，责令停业整顿3家，销毁不合格食品30.25公斤，罚款2.3万元，查处违法案件并依法进行了处理。

三、社会监督

卫生监督办公室每年都要派监督员参加区人大、区政协组织的执法检查活动，接受人大、政协监督。同时，聘请人大代表、政协委员和工商局、商户代表共6人为社会监督员，接受社会监督。

四、样品检测

对生产加工的各类食品、饮品进行样品检测，发现问题及时采取措施以防止食品、饮品被污染和食物中毒。1981～2006年，共检测各类食品1000余批次。

1981～2006年桥东区各类食品样品检测一览表

品　种	样品类（份）	合格数（份）	合格率（%）
肉及肉制品	578	512	89
糕点	497	457	92

五、餐具消毒检测

要求大、中型饭店必须有固定的专用餐具消毒设施，有消毒制度，专人负责；对农贸市场、小型饭店和饮食摊点，坚持集中消毒，并不定期进行检测。2006 年检测餐具件，合格率 78.2%。

2000～2006 年桥东区餐饮具大肠菌群检测一览表

年 份	检测数（个）	合格（个）	不合格（个）	合格率（%）
2000	897	583	314	65
2001	1007	695	312	69
2002	976	722	254	74
2003	1103	882	221	80
2004	986	710	276	72
2005	1200	908	292	75.7
2006	1092	854	238	78.2

六、食品卫生监督量化分级管理

1980 年以前，食品卫生工作是由市卫生科管理。1981 年桥东区卫生防疫站成立，由市区共同管理，全区食品加工厂建有化验室，由卫生化验员把关，建立了产品不合格不准出厂制度。1983 年《食品卫生法》颁布实施，区防疫站设立了食品卫生监督员，单独管理区属所有食品生产经营单位。从 1984 年起，卫生监督员按国家统一规定着装，卫生防疫站成为法定的食品卫生监督机关。

2003 年桥东区卫生局成立了实施食品放心工程领导小组，负责食品放心工程实施的组织、检查和协调。为加强桥东区食品加工、批发、零售等流通环节的卫生监督管理，结合桥东区实际情况，桥东区制定了食品放心工程实施方案，重点强化卫生许可证的发放条件，凡不符合卫生要求，认真审查食品生产经营单位的卫生和安全程度，确保生产经营过程符合卫生要求，不具备食品生产经营条件的一律不予批准发证。截至 2006 年底，共取缔非法经营食品者 38 户。2004 年，桥东区开始实施食品卫生监督量化分级管理，即通过对企业进行风险分析和信誉分级，形成激励机制，最大限度地调动企业的积极性。通过食品卫生监督量化分级管理制度的实施，实现食品卫生监督由单纯定性管理向定量的动态管理，将最终产品抽检转向对食品生产全过程的管理，将单纯的行政监管转向监督和技术指导、技术服务并重的模式。采取量化分级管理颁授 A、B、C、D 等级标牌的外在形式以告知消费者，形成有效的制约机制。桥东区从 2004 年 2 月中旬开始组织实施，历经宣传发动、理论培训、现场指导、申报审核、授牌公示五个阶段。首先成立桥东区食品卫生监督量化分级管理工作领导小组，区卫生监督所也成立了桥东区食品卫生监督量化分级管理工作验收小组，并根据桥东区食品生产、经营企业的不同特点，对此项工作进行了全面规划、具体部署和统筹安排，将具体的工作任务、实施办法和时间进程、操作步骤等进行了详细的划分。区卫生局遵照全面贯彻、认真执行、落实到位、集中培训的工作原则，对全体监督员及各餐饮单位负责人进行了首次食品卫生监督量化分级管理业务知识培训。在评审验收阶段，桥东区食品卫生监督量化分级管理工作验收小组坚持“一个标准”（即餐饮业食品卫生监督量化分级评分表），“两次考核”（即科站验收和局所验收），坚持不走过场。进行两次评定后，根据综合平均分数决定受检单位的信誉度。

经过严格的评定，桥东区获得食品卫生监督量化分级管理的 B 级单位 19 家，C 级单位 42 家，D 级单位 3 家，共计 64 家。

七、学校卫生

1980 年，各中小学均设有卫生室，设有专职校医和兼职保健教师，负责学校学生的体检和矫治常见病工作；开展眼睛保健，保护学生视力；开办脊柱弯曲矫治和近视防治；开展“红十字”青少年卫生站活动；学生健康情况监测；推广开展小学课间餐活动；学校卫生监督；建立学校卫生档案；开展学生青春期卫生教育等。

1992～1998 年，分别对 3 所中学、2 所小学、2 所幼儿园学生和幼儿作了形态指标调查，调查结果 1998 年学生和儿童的身高、体重均高于 1992 年。2002 年，调查 7～16 岁的中、小学生 6893 人，除胸围平均值有部分低于 1992 年外，其他指标均高于该年学生形态指标。同年又对 7～10 岁女生连续 2 年作了追踪调查，体重平均增加了 2. 1～3. 2 公斤。2006 年，在对 8000 名中小学生的体检当中发现，中小学生的视力低常，身材肥胖矮小，甚至成人才会患的高血压，同样也困扰着部分中小学生。小学生肥胖发生率达 10%，中学生肥胖发生率达7. 05%，小学生龋齿发生率 30. 1%，而最严重的是小学生视力低常率达到了38. 4%，初中生视力低常率达到了63. 6%，一些重点中学的发生率还更高。在体检中医生还发现一些只有成年人才易患上的高血压等疾病在这次体检中也首次出现，并且发生率达到了 1. 5%。

八、公共场所卫生

1987 年开始，按照《公共场所卫生管理条例》，对旅馆、理发店、浴室、影剧院、录像室、舞厅、茶室、游泳池等公共场所实行卫生管理。1992 年建立了三级管理体系。2006 年共监督检查理发美容店 78 家、浴室 4 家、旅店 17 家、歌舞厅 1 家，向其工作人员发放健康证明 201 人。

九、化妆品

自 1990 年起，依据《化妆品管理条例》的要求，对辖区内理发工具店、化妆品专卖店和美容美发店等化妆品经营使用单位进行监督检查，主要检查化妆品索证情况、化妆品的标签是否符合要求等。2006 年桥东区进行了化妆品专项整治工作，监督检查化妆品经营单位 13 家，理发工具店 8 家，美容美发店 23 家，对化妆品经营单位 10 家提出了限期整改意见。

第二节　疾病控制

桥东区的疾病控制工作一直坚持预防为主的方针，以霍乱、脊髓灰质炎、结核病等重大传染病防治为重点，加强传染病监督执法，加大慢性非传染病防治工作力度，取得了显著成效。

一、传染病预防

2004 年 1 月 29 日，根据《邢台市卫生局转发“卫生部关于引发突发人间禽流感应急预案及有关防治方案的通知”的通知》的精神，桥东区防疫站立即成立应对人禽流感疫情领导小组、电话值班组、疫情分析报告组、应急小分队、疫情搜索组、流行病学调查组、公共卫生监督组、后勤组、消杀组，科学规范的展开了人间禽流感预防控制工作。

2005 年 5 月由河北省卫生厅组织开展的 2004～2005 年度脊髓灰质炎疫苗强化免疫第二轮服苗活动在桥东区全面展开，为全区 4 岁以下儿童喂服了脊髓灰质炎疫苗。

二、传染病报告

1986～2006年，全区发生的主要传染病病种有：肝炎、麻疹、痢疾、狂犬病、伤寒、斑疹伤寒、猩红热、淋病、梅毒、肺结核、流行性乙型脑炎、流行性感冒和其他感染性腹泻等13种，其中肝炎位居第一，结核病位居第二，细菌性痢疾居第三，其它感染性腹泻居第四，流行性腮腺炎位居第五位，累计发病数为3062例。

2003年，桥东区疾病预防控制工作进一步完善疫情报告三级网络建设，建立了区、乡、村三级疫情报告网，所有驻区各级医疗机构的相关医务人员都经过严格培训，明确责任，发现传染病人、疑似病人，要按照《传染病防治法》的有关规定及时填写报告卡，收集上报区防疫站。到2005年，传染病报告工作实现网络直报，全区各级医疗机构中包括防疫站在内的10所医疗机构实现了网络直报，20名专业人员通过市级培训具备了网络直报资格。网络直报的实现，提高了疫情传递速度和准确性，确保了疾病预防控制机构对疫情的及时掌握，以便采取及时有效地控制措施，防止疫情的蔓延。截至2006年底通过网络直报报告传染病8058例。

三、突发公共卫生事件

突发公共卫生事件信息报告管理系统的建立，为突发公共卫生事件能够得到及时有效地控制提供了保障。1981～2006年，全区共发生食物中毒16起，中毒人数35人，无死亡报告。中毒性质以细菌性为主，其次为化学性和植物性，中毒原因以病菌为主，其次为农药。中毒原因多为微生物污染及误食化学性污染食物。致病食品主要是肉和肉制品，多发季节为夏、秋两季。2006年桥东区共发生2例突发事件，属于一般事件，均发生在学校，在疾控部门的技术指导下，事件得到及时有效地控制，未发生大流行。

四、霍乱防治

桥东区属于老城区，霍乱防治工作都是历年工作中的重点，每年的5月1日至10月31日，驻区的市级、县级、乡（办事处）级11所医疗机构都按时开展肠道门诊工作，从2004～2006年共接诊腹泻病人399人，阳性数为0。在完成每年的监测任务的同时，防疫部门还监督指导医疗机构认真开展预检分诊工作，严格预检分诊制度，确保能够及时发现霍乱疑似病例，及时采取有效控制措施。

五、艾滋病防治

全区的艾滋病防治工作在政府主导、多部门配合和全社会共同参与的机制下，综合防治成效显著。桥东区成立了艾滋病防治领导小组，对全区的艾滋病防治工作统一领导，部门各负其责、各司其职，认真开展关怀救助活动，认真落实国家“四免一关怀”政策，健康有序地开展宣传、教育和干预活动。

1989年桥东区发现第一例艾滋病人，是邢台市的第一例，也是河北省的第一例艾滋病人，是驻外期间感染的。1996年发现第二例，属在外地打工感染病例，第三例也是由于在外地打工时感染的，前2例均已死亡。

2004年，桥东区开展的既往有偿供血人群艾滋病抗体筛查工作中，共筛查100个社区，60280户居民，228623人，直接参与筛查人员112人，采血53份，经邢台市疾病预防控制中心检测均为阴性。

自愿咨询检测工作也是预防艾滋病的一项措施，它的有效开展有利于及时发现HIV感染者和艾滋病病人，使其及时得到治疗、关怀等必要服务；同时通过咨询和转介服务的提供，有利于降低危险行为，避免新感染发生，减少 HIV 的传播，控制艾滋病的流行。桥东区自 2005 年开展自愿咨询检测工作以来，截止 2006 年 12 月底共咨询检测 1106 人，阳性结果为 0。

六、结核病的防治

结核病是我国重点控制的传染病，发现并治愈传染性肺结核病人是预防和控制结核病的最有效措施。桥东区的结核病防治工作坚持“预防为主，防治结合”的原则，对传染性肺结核病人实行免费、全程督导检查和治疗，对病人进行定期随访，督促病人服药到口，1993～2006 年，共发现并治愈结核病人 520 人。

七、地方病防治

为有效防治、消灭、根除碘缺乏病，加强全区防治常识的宣传，桥东区卫生局严格执行《河北省食盐加碘缺乏病监测管理条例》，以碘盐加工与供销单位为重点，对其所经营的食盐进行了含碘监测，对无碘食盐的生产、销售都给予了严厉打击。同时对大梁庄乡 60 户居民、东郭村乡 60 户居民、西大街办事处 60 户居民、南长街办事处 30 户居民、北大街办事处 30 户居民食用盐检测均为合格碘盐。

八、其它

2004 年，除传染病的常规监测报告外，还认真落实上级对重大传染病所制定的防治方案，如《河北省人感染高致病性禽流感应急预案》、《流行性乙型脑炎等 4 种传染病监测方案》、《流行性出血热监测方案》、《不明原因肺炎病例监测方案》等，对医疗机构及时进行培训督导，认真开展监测。2004～2006 年，共监测乙脑病例 3 例，流行性出血热病例 4 例。对医疗机构实行主动监测，每周 1 次。

第三节 计划免疫

桥东区的预防接种工作是由桥东区卫生防疫站统一管理，在辖区 2 个乡 4 个办事处实行乡级预防接种制度。所有的预防接种门诊必须经过验收，防疫医生都经过严格培训后，具备资格方能上岗。

1987 年卫生部《计划免疫技术管理规程（试行）》实施后，卡介苗、脊髓灰质炎、百白破三联疫苗、麻疹疫苗纳入计划免疫管理。2000 年，乙肝疫苗正式列入计划免疫，由原来的“四苗防六病”，变成了“五苗防七病”。

自 1996 年实现以乡为单位基础免疫接种率达到 85% 的目标后，桥东区继续保持着较高的免疫接种水平。消灭脊髓灰质炎工作于 2000 年得到了国家的正式验收。新生儿乙肝疫苗免费接种于 2002 年 12 月 1 日正式启动；计划免疫监测系统于 2004 年 5 月 1 日实行网络直报。

为了提高流动儿童预防接种率，加强对流动人口的管理，桥东区制定了流动人口管理制度。驻区各接种点利用每周二办事处（乡）例会机会，充分宣传布置对流动人口加强管理，做好登记和摸底工作，责任到人，由居委会主任负责流动人口的名单登记，针对流动人口的分布，采取入户接种，设流动接种点，延长免疫服务时间，有产科的医疗单位向儿童母亲宣传有关计划免疫的重要性，提供免疫信息，让其到户口所在地、居住地办理接种本。对于集贸市场，各接种点医生联合工商管理部门，对其进行宣传，做好摸底、登记工作，并定期进行现场办公，对漏种儿童进行查漏补种。

2000～2006年桥东区适龄儿童预防接种情况统计表

年份		2000年		2001年		2002年		2003年		2004年		2005年		2006年	
		加强	基础	加强	基础	加强	基础	加强	基础	加强	基础	加强	基础	加强	基础
卡介苗	应种（人）	1882		1923		2359		2352		2157		2304		2689	
	实种（人）	1833		1899		2351		2347		2097		2300		2684	
	率（%）	97.40		98.75		99.70		99.79		97.22		99.83		99.81	
乙肝	应种（人）	1882		1931		2259								2686	
	实种（人）	1834		1901		2257								2681	
	率（%）	97.45		98.45		99.91								99.81	
脊髓灰质炎	应种（人）	1945	2777	1943	2678	2355	2721	2356	2072	2133	2583	2302	2128	2743	
	实种（人）	1904	2741	1911	2641	2348	2716	2351	2014	2075	2506	2297	2075	2741	
	率（%）	97.89	98.70	98.35	98.62	99.70	99.82	99.79	97.20	97.28	97.02	99.78	97.51	99.92	
百白破	应种（人）	1945	2777	1943	2712	2356	2721	2355	2090	2090	2583	2301	2128	2766	
	实种（人）	1904	2941	1911	2682	2346	2716	2353	2035	2035	2506	2300	2076	2762	
	率（%）	97.89	98.70	98.35	98.89	99.56	99.82	99.92	97.37	97.37	97.83	99.96	97.56	99.85	
麻疹	应种（人）	2008	2910	1925	2678	2638	2721	2517	2528	2162	2583	2343	2128	2746	
	实种（人）	1967	2872	1899	2641	2631	2716	2510	2444	2099	2506	2341	2079	2742	
	率（%）	97.96	98.69	98.65	98.62	99.73	99.82	99.72	96.68	97.09	97.83	99.91	97.70	99.85	

桥东区卫生防疫站还每3年开展1次免疫成功率和人群免疫水平测定，市站回执每种疫苗的保护水平均高于国家要求。此外，认真做好哨点医院的主动监测工作。2002年共监测各种病例12例，其中AFP 2例，麻疹10例。2003年监测AFP 1例，麻疹13例。2004年监测AFP 2例，麻疹1例。桥东区主动监测及时认真，监测系统灵敏度高，达到了监测的目的和要求。

1986～2006 年桥东区各种传染病发病数统计表

单位：人

名称＼年度	1986	1987	1988	1989	1990	1991	1992	1993	1994	1995	1996	1997	1998	1999	2000	2001	2002	2003	2004	2005	2006
肝炎					11	122	169	81	32	57	55	26							455	178	207
肺结核		1	1				3				5										
麻疹	1	4	3			1		6	4	18	8	4								7	23
痢疾	25				3	127	127	50	70	95	111	93							63	29	61
伤寒	4	5	1		3		1	2	4		2	4							1		2
淋病					6				1											3	2
梅毒																			5	3	3
猩红热	1	6	3		2		2	2		1	2	5							5		6
出血热																				1	
斑疹伤寒	16	35	18	3	1	2	8	2	14	7											
乙脑	2																				
霍乱											1										
百日咳							1												4		
狂犬病				2		1															
流行性腮腺炎																			9	15	53
流行性脑脊髓膜炎																			1		
其它感染性腹泻																			19	12	59
风疹																				1	
布病																				1	
流行性感冒																				1	
合计	47	51	26	35	26	133	305	147	113	185	186	150							636	326	543

第五章　医疗机构

1981～2006 年，全区医疗卫生机构由 7 家发展到 225 家（不包括驻区市属医疗机构），其中全民所有制机构由 7 家发展到 9 家，非公有制机构由 0 家发展到 216 家。2002 年开始，开展社区卫生服务工作，到 2006 年，已建立区属医疗卫生机构 9 家、社区卫生服务中心 3 所、社区卫生服务站 17 所；

医务人员由1981年的121人发展到2006年的289人，其中高级职称人数由0人增至2人，中级职称由12人增至25人，医师由1981年的14人发展到2006年的85人，医士由1981年的34人发展到2006年的65人；病床由1981年的30张增至228张，救护车辆由1981年0辆增至7辆，建设了一批基础工程，引进了CT、体外碎石机、日本进口X光机等高新医疗设备，医疗诊断水平显著提高，中西医结合疗法被普遍采用，并在一些疾病的治疗上取得了新突破。到2006年，全区已经形成了集医疗、预防、保健、监督为一体的医疗卫生服务网络；各种严重危害人民健康的传染病、地方病基本消灭或得到有效控制；妇幼保健工作全面加强，全区人民群众的健康水平持续提高。

第一节　驻区市属医院

邢台市人民医院

邢台市人民医院始建于1945年春，是邢台市规模最大的综合医院，也是唯一一所“三级甲等”医院和国家级“爱婴医院”，位于桥东区红星街与新华路交叉口东南。

2006年，该医院开放正规病床754张，有主任医师64名，副主任医师180余名，主治医师及相当职称者346名，博士生导师1名，在读博士3名，硕士研究生30余名，技术力量雄厚。医院机构健全、分科细致。设临床科室30个，医技科室14个，并设有国家中医药管理局脑病急症康复医疗基地；心血管、脑血管、骨科、康复、放射5个市级重点学科；放射、骨科、检验3个市级治疗中心；建有集手术、放疗、化疗为一体的肿瘤综合治疗中心。医院拥有大型高、精、尖设备300余台件，其中飞利浦T5－NT核磁共振仪、德国西门子超高档亚速螺旋CT机、飞利浦大型血管造影机、美国GE数字胃肠仪、日本电子超声内镜、意大利数字乳腺机等均为全国一流设备，整体水平不亚于省级医院，在全市遥遥领先。崭新的16层优质病房大楼，配备层流手术室、中央空调、智能供氧、全自动化监控等一系列尖端设备，综合建筑水平全省一流，极大地改善了患者的住院环境。

该医院对各种心脏病、脑神经疾病、肝胆和肠胃疾病、慢性肾功能不全、小儿麻痹后遗症、骨创伤及骨病、大面积烧伤等疾病的诊治具有较高水平，成功开展“心脏不停跳冠脉搭桥手术”、“心脏瓣膜置换术”、“断肢（指）再植术”、“人工关节及假体置换术术”、“射频消蚀术”、“球囊扩张术”、“动脉导管未闭封堵术”、“双腔式起搏器植入术”、“肝癌介入导管肝动脉栓塞术”、“全脑血管造影”、“脑动脉瘤介入栓塞”、“食管贲门狭窄网状金属支架置入术”等多个高尖端诊疗项目。其中泌尿外科成功完成“肾脏移植手术”300余例；放射科完成各类介入手术5000余例；心内科完成冠脉造影、PTCA、支架植入等心导管介入手术5000余例，均达到省内领先水平。

邢台眼科医院

邢台眼科医院坐落在邢台市桥东区团结东大街南侧。该院前身是天主教办的一所公教医院，始建于1904年。

1946年冬，晋察冀军区卫生部接管了公教医院，直属卫生部，由和平医院代替，改名为“河北省人民眼科医院”。1956年河北省卫生厅又将医院转交给地方管理，改名为“河北省邢台眼科医院”。

新中国成立后，医院的建设规模和技术不断地发展壮大起来。至2006年底，医院占地80余亩，设正规床位420张，年门诊30多万人次，手术、住院万余例。医院有职工600人，其中高级技术职称人员126人，中级技术职称人员240人。并有《中华眼底病杂志》、《中国中医眼科丛书》、《中华医学美容整形杂志》编委、中华医学会眼科分会、眼科激光学组、全国斜视与小儿眼科学组、中国医学美容整形学组、中国眼科超声医学会等理事、常务理事及各专业委员会委员、常委及副主任委员、中华全国中医、中西医结合学会眼科分会学组委员等11人。河北省眼病治疗中心、河北省眼科研究所、河北省中医眼科研究所、河北省白内障康复指导中心、河北省低视力康复指导中心均设在该院。

邢台眼科医院还十分重视设备的更新和购置，花巨资引进购置了各类新型专科设备226台（件）。在超声乳化人工晶体植入治疗白内障、青光眼、小儿斜视弱视、准分子激光治疗近视眼等领域处于国内先进水平。

邢台眼科医院

邢台市肿瘤医院（第一医院）

该院位于桥东区顺德路376号，始建于1952年，是一所历史悠久的以肿瘤专科为特色的综合性医院，也是河北省“二甲”医院，“百佳”医院之一。该院于1998年3月与天津市肿瘤医院、天津市脑系科中心医院联合办院、天津专家组常年轮流在该院应诊、手术、查房、讲学等。

医院先后投资1500多万元购置了德国西门子全身CT，日本欧林巴斯电子胃肠镜、支气管镜，美国产经颅多普勒诊断仪、大型遥控胃肠X光机等32台（件）。引资1000余万元建成了现代化放疗中心，配备了目前国内最先进的4兆双光子多功能直线加速器、X刀、光子刀等先进设备，保障了肿瘤手术、放疗、化疗三大治疗方法的实施。

2006年医院建筑面积达16560平方米，开设病床350张，在职职工444人，其中卫生技术人员360人（正高职称12人，副高职称54人，中级专业技术人员120人）。到2006年该院完成省、市级科研项目及引进新技术、新项目183项，有16项获省级以上科技进步奖，有25项获市级科技奖。

第二节　区属医疗卫生单位

桥东区卫生局下属医疗卫生单位包括：桥东区卫生防疫站、桥东区妇幼保健所、桥东区医院、桥东区公共卫生监督办公室、西大街卫生院、西关街卫生院、南长街卫生院、东郭村乡卫生院、大梁庄乡卫生院，分别承担全区4个街道办事处和2个乡的医疗保健防疫任务。

桥东区卫生防疫站　桥东区卫生防疫站是桥东区卫生局直属的全民事业单位，建立于1981年，地址在邢州路89号桥东区医院内，办公用房仅有2层小楼6间，90平方米，经费来源主要是上级财政拨款，下设办公室、食品卫生组、防疫妇幼组、消杀组、化验室。1990年，办公地点迁至新华南路157号。

2006年，防疫站设办公室、卫生监督一科、卫生监督二科、财务科、办证室、防疫科、结核科、X光室、检验科等9个科室，负责全区管辖的食品生产加工、冷饮、副食、肉食经营及理发店、洗浴店的公共场所的卫生监督，监督检查从业人员的体检工作，其中：防疫科担负本区预防接种和计划免疫工作及乡（办）卫生院接种点防疫管理和业务指导，加强疫情管理、考核计划免疫效果，建立疫情报告制度，组成疫情报告网，负责辖区计划免疫及传染病统计及网络直报。结核科担负辖区结核病人统计，结核治疗药品的发放，以及结核治疗效果的随访及网络直报工作。

桥东防疫站建站之初主要设备有电冰箱1台、显微镜1台、电热炉1台、离心机1台、分析天平1台、救护车1辆。主要科室为办公室和消杀科，主管辖区内的卫生消杀工作。1983年成立食品监督科、检验科。1990 年购置 X 光机。2005 年，由河北省疾病预防控制中心监管配置艾滋病初筛实验室，疾控配发各种初筛设备。

桥东防疫站建站初人员编制为 6 人。而后不断扩编，2006 年在编人数 46 人，其中退休 4 人。据统计：中级职称人数 10 人，初级职称人数 17 人，其中：主治医师 7 人，医师 11 人，医士 4 人，主管护师 1 人，护士 1 人，主管检验师 2 人，检验师 1 人，放射技士 1 人，助理会计师 2 人，技术工人 10 人，行政管理人员 2 人。

桥东区妇幼保健所 桥东区妇幼保健所始建于 1987 年 11 月，成立之初在东关街租用民房 2 间，有职工 8 名（大专 1 名、中专 7 名、其中医师 1 名、医士 7 名），科室 3 个（妇保科、儿保科、药房）。1990 年，迁至正羊市道 17 号即西大街卫生院，搭建了 12 间简易房，人员也不断扩大，科室增加了化验室、B 超室、乳透室、X 光室等辅助科室。1996 年在河北省卫生厅、邢台市政府、桥东区区委、区政府的协调和资助下，在五里铺路 66 号征用土地筑建了一幢 980 平方米的门诊办公楼和 4 间平房（87 平方米），给患者创造了舒心的就医环境。

桥东区妇幼保健所是全区妇幼卫生工作指导中心和服务中心，2006 年，设儿保科、妇保科、婚前医学检查科及化验室、B 超室、乳透室、X 光室等辅助科室。拥有 B 超、生化分析仪、乳透机、心电图仪、X 光机、负压吸引机、红外线治疗仪等一批较先进仪器设备。有医疗技术人员 23 人，其中主治医师 8 人、医师 7 人、护师 2 人、护士 1 人、检验师 1 人、医士 4 人。

妇幼保健所主要职责是负责妇女儿童的常见病、多发病和孕产妇、婴幼儿的疾病预防与保健，并对三级妇幼卫生保健网络进行业务技术指导，以及对本辖区妇幼健康情况进行检测、统计上报工作。

桥东区医院 桥东区医院前身为桥东区东风卫生院。1984 年开始筹建桥东区医院，1985 年桥东区医院经省卫生厅批准正式挂牌成立，院址在邢州南路 89 号。建院初有工作人员 20 人，最高职称有医师。只设门诊，无住院部。科室有内科、妇科、药房、歪嘴科、化验室，设备仅有一台显微镜。1985 年成立了住院部，有床位 40 张。1997 年与公费医院合署办公。2002 年 2 月，购置社区卫生服务中心必需的各种仪器设备，对所需用房进行了合理装修，重新规划。进行科室人员调整，按照“六位一体”的要求，完善各项服务职能。2003 年“非典”期间，设立发热门诊，体检返乡、来邢人员 3700 人，隔离观察 16 人。2003 年河北省卫生厅调拨救护车 1 辆。2004 年，先后引进了 CT 机、日本进口 X 光机、体外碎石机。医院在岗人员 56 人，其中医务人员 50 人，工勤人员 6 人。医务人员中主治医师 8 人，医师 24 人，护师 6 人，护士 4 人，药剂师 2 人，检验师 3 人，放射技师 3 人。其中取得执业医师资格 28 人，助理医师 5 人，执业护士 9 人。科室设置为：内科、妇产科、外科、面麻科、脉管炎科、防保科、放射科、化验室、口腔科等。

桥东区医院

桥东区公共卫生监督办公室 1996 年 6 月 21 日，经邢台市桥东区机构编制委员会批准成立邢台市桥东区公共卫生监督办公室，该办公室是全额事业单位，编制 4 人，隶属区卫生局。其职责为：在区卫生局领导下，主管全区食品、公共场所、化妆品、学校、放射等公共卫生监督管理工作，负责各有关卫生法律、法规、规章的贯彻和执行，具体负责直接被管辖单位的新建、扩建工程的选址和设计的卫生学审查、工程验收等项，预防性卫生监督工作以及卫生许可证的发放、验收、监督管理、违法案件的行政处罚，行政复议的受理和行政诉讼的应诉等卫生行政执法、监督管理工作。

桥东区大梁庄乡卫生院　邢台市桥东区大梁庄乡卫生院（桥东区精神病医院）位于邢台市中兴东大街413号，总占地面积4667平方米，建筑面积1233平方米。医院以精神病专科为主，设内、外、妇、心理等6个医疗科室，分设1个门诊部、2个住院部。1989年10月经邢台市卫生局批准在原大梁庄乡卫生院的基础上增加了第二个名称“桥东区精神病医院”，并设有编制床位80张，设2个精神科住院部、3个精神科门诊科室。

该卫生院自从建精神病专科以来，年门诊量高达2.3万人次，年住院量近1000人次，治愈率达85%，床位使用率达90%，患者平均住院45天，卫生技术人员由原来的23人，发展到了40人，其中副高职称1人、中级职称3人、助理职称15人、员级职称21人。

该院建立专科以来，购置了国产100maX光机、1Y－2402B型脑地形图、CX300型黑白B超机、SA－610型生化分析仪、ECG－6511型心电图机、DSI－905型电解质分析仪等，为患者就医方便，该院于2005年8月被邢台市劳动和社会保障局正式批准为“邢台市医疗定点机构”。

东郭村乡卫生院　东郭村乡卫生院（桥东区烧伤专科医院）位于邢台市桥东区新华南路725号，占地700平方米，建筑面积1000平方米。医院以烧伤科为主，设内科、外科、妇科、儿科、防保科等10个医疗科室。1980年建院于南康庄村。1984年建成门诊病房，主要开展内科、外科。2000年全面开展烧伤外科。

2006年有卫生技术人员11人，其中医师4人。有医疗设备包括30毫安X光机、双目显微镜、离心机、恒温箱、721比色仪、电解质分析仪、血糖仪、心电图机、多功能抢救床、6孔手术灯、简易手术床、吸引器、紫外线消毒车、高压消毒锅等。年门诊量2000人次，治愈率95%，床位使用率76.5%，平均住院日20天。

西大街卫生院　成立于1958年，位于邢台市桥东区西大街正羊市道17号。设有内科、外科、防疫科、妇产科以及注射室、药房等相关科室，医务工作人员12人，主要服务项目开展的是预防免疫、妇女儿童保健、老年病的防治、传染病的防治及突发公共卫生事件的应急处理。

从1993年开始，在原来的基础上，开展了以治疗风湿病为主要内容的特色项目，增设了风湿病治疗专科和系列风湿病治疗设备，逐步增加了化验室、放射科，到了1996年，该院成为邢台市第一家治疗风湿病的专科医院。2006年，医务工作人员由12人增加到28人，其中有主治医师2名，医师6名，医士6名，护士3名，护师2名，药师2名，全科医生护士2名以及防疫、妇幼保健等医生。投资购置了新X光机、B超机、心电图仪。化验项目也增加了内容，各种相关科室基本配备齐全，形成了规模，并有了雄厚的技术力量，拥有大型的风湿治疗机、熏蒸机、微波治疗仪、红光治疗仪。该院的特色和治疗效果，深受广大患者的好评。

南长街卫生院　座落在桥东区南长街12号，占地面积400平方米，建筑面积600平方米，始建于20世纪50年代，建院初名称为邢台市联合医院，当时有医务人员10人，以中医儿科（小道士儿科）、中医内科、中医外科为主要科室，另设有中医科、痔瘘科、疼痛科等科室。

20世纪80年代中期，桥东区在南长街医院成立了老干部公费医疗专诊，成立巡诊医疗组，1990年以后搬出医院，改为公费医院。2006年，医院有X光机、心电图仪、血流便检测仪、显微镜等医疗设备，医护人员19人，其中主治医师3名（中医主治医师1人、药剂师2人），初级职称14人；大专及以上学历5人。2005年南长街医院被邢台市卫生局定为南长街社区卫生服务站。

西关街卫生院　成立于1964年4月，地址西关街。前身为红旗路卫生院。设有内科、中医妇科、中医外科。1999年与山东潍坊哮喘病医院联合筹建桥东区哮喘病医院。2004年卫生院转型为西关街社区卫生服务站。

第三节 私立医院

桥东区的私立医院发展迅速，截至2006年底全区私立医院总数达20家。

邢台不孕不育专科医院 2003年7月经河北省卫生厅批准，邢台市规模最大的不孕不育专科医院正式成立，该院位于桥东区东关街41号，建筑面积3800平方米，是一所集临床科研、教学为一体的专科医院。

该院设有女性不孕科、男性不育科、习惯性流产科、辅助生殖技术中心、基因遗传中心、化验、B超、放射、手术、护理等科室。开展了腹腔镜、宫腔镜、染色体培养、基因检查等高端项目，其技术涉及不孕症的各个领域。拥有技术人员50余人，其中高级职称5人、中级职称5人，技术人员40人。

该院先后购置了腹腔镜、宫腔镜、麦迪逊彩色超声诊断系统、倒置荧光显微镜、瑞士全电脑精子分析仪、精子动态分析仪、日本东芝B超机、日本九保田离心机、染色体分析仪、基因检查设备等国际、国内的高精尖设备。2004年建立了邢台首家百万层级净化实验室。该院选派人才进修学习了腹腔镜和宫腔镜的开展、染色体培养、基因检查、夫血淋巴技术（治疗习惯性流产）、人工受精技术等。

邢台市红十字医院 原为邢台脑系专科医院，位于邢台市新兴东大街楼下道，始建于2000年4月，是一所民营医疗机构。医院占地总面积9亩，建筑面积3100平方米。病床编制50张。医技人员34人，其中高级职称3人、中级职称8人。

该院主要设备有美国进口CT机、B超机、生化分析仪、血球计数仪、血流变分析仪、尿十项、呼吸机、X光机等，医院采用管道集中供氧、吸引和医用电梯以及先进的手术设备。

2004年3月，邢台脑系专科医院经邢台市红十字会同意，河北省红十字会批准改为“邢台市红十字医院”。同时增设妇科、产科、儿科等。2005年经桥东区卫生局批准为合法的“母婴保健技术服务”机构。

邢台华夏医院 位于邢台市转运街99号（火车站北侧中心汽车站西侧），是一所集医疗、科研、预防、保健、康复为一体的大型现代化综合医院。

2006年，该医院引进了省市各大医院有一定知名度与学术地位的专家教授参与诊疗工作，卫生技术队伍结构合理，力量雄厚，并积极参与社会公益事业，被中国健康产业协会授予“做出突出贡献医院，百姓放心医院”。在“以科技领先”的方针指导下，医院先后耗巨资引进了大批的高科技专科诊疗设备，其中前列腺介入导融仪、妇科盆腔治疗仪、微波治疗仪、腹腔镜、盆腔镜等高科技专科诊疗设备是目前最尖端的诊疗设备，这批设备投入临床后，极大地缩短了多种疑难疾病的疗程。

第四节 诊所 门诊部

1988年，全区有企业单位医务所（室）47所（其中全民单位12所，集体单位35所）；个体医生开业或联合开业的诊所38所。截至2006年，辖区有企业单位医务所（室）42所，个体医生开业或联合开业的诊所196所。

老中医蔡志军、杜淑秀、秦淑芳、庞氏、王树春、和青山、郝雁行等在社会上享有一定声誉。已故的老中医李见性（俗称小道士）在儿科上经验丰富，治疗效果显著，每日门诊达100余人，其医术（小儿针灸疗法）已传给南长街分院中医儿科王丰智。

蔡志军骨科诊所　成立于1994年，占地面积400平方米，建筑面积600平方米，业务用房500平方米，位于桥东区辛庄南路百花市场内（市东郊热电厂西邻）。该门诊采用祖传手法和祖传中药验方治疗骨折有特效，时间短、恢复快、痛苦小等特点，治愈率在98%以上。现采用新的医疗技术和“五联疗法”治疗股骨头坏死、骨不愈、骨髓炎、骨性关节病及风湿性关节炎、腰椎间盘突出症、颈肩腰腿疼等骨科疾病，治愈率均在90%以上。

杜淑秀针灸诊所　位于桥东区申庄街西口，成立于2005年，建筑面积150平方米，共设病床12张。该诊所对治疗中风后遗症、小儿脑瘫、腰椎间盘突出症、各类痹症、面瘫等各种疑难病症有独特疗效。

秦扬中医外科皮肤科　位于桥东区西关街，于1946年开办。该诊所主治痈、疔、疽发背瘰疬（现代医学的蜂窝组织炎、骨髓炎、骨关节结核、肌肉深部脓肿）和各种皮肤病如牛皮癣、脓疱疮、湿疹、带状疱疹、白癜风等。

赵心增口腔门诊部　位于邢台市顺德路天厦商务楼，前身为邢台红十字会口腔门诊。建筑面积187平方米，设有8个综合治疗台，拥有配套完善、技术先进的各类设备，是开展项目齐全的口腔门诊部。

第六章　抗击“非典”

2003年春，非典型性肺炎（以下简称“非典”）疫情由南向北蔓延，该病是一种传播迅速、高死亡率的传染病。继京、津、晋之后河北省陆续出现“非典”病例。桥东区作为邢台市政治经济文化中心，是市委、市政府、军分区所在地，居民居住密集，防治非典斗争的任务异常艰巨，不仅关系到桥东区20多万人民群众的身体健康，还关系到全区乃至全市的改革、发展和稳定大局。在疫魔恣肆的灾难面前，桥东区委、区政府以对党对人民高度负责的精神，按照“沉着应对、措施果断、依靠科学、有效防治、加强合作、完善机制”的总体原则，全党动手全民动员，布下了抗击非典的天罗地网，构筑起了一个坚不可摧的战斗堡垒。

第一节　工作队伍

2003年4月18日，邢台市召开防治非典型肺炎电视电话会，桥东区区委、区政府立即对防治非典工作进行安排部署，明确各级领导的责任，要求建立强有力的防疫工作统一机制，全区抗击非典斗争拉开了序幕。

桥东区防治非典型肺炎工作领导小组由区委书记王振卿任总指挥、区长尹全峰为组长，成立了维护社会稳定、市场监管、突发疫情处置和技术指导、市容市貌整治、宣传综合信息、疫情排查6个工作组。在桥东区卫生局成立专门办公室，有专职人员24小时轮岗值班，设立报告专线，实行“日报告”、“零报告”和随时报告制度，明确党政一把手是第一责任人。为最大限度地杜绝“非典”疫情的输入和传播，转发了《关于作好布防控制非典型肺炎疫情输入传播工作的实施意见》，对周边省市进出邢台市境内的高速公路、国道省道等重点路段的路口和长途货车、客车、公交车、出租车等重点车辆进行布防控制，同时加强对各类饭店、旅馆、招待所、娱乐场所及劳动力市场的监管检查；制定了《区级领导干部认真做好非典工作分包各乡、办事处及分工负责》的通知，明确33名县级干部和14个区直相关部门的分工职责，建立了区级干部包乡（处）、乡（处）级干部包村（居）、村（居）

干部包楼院、楼院长包户的四级分包工作体系，将100名下基层干部变为防治“非典”包村干部，在全区13个村、87个社区居委会配齐了咨询员、消毒员、巡察员、疫情上报员、宣传员、后勤保障员、值班员、服务员、资料保管员9名专职人员，一级抓一级，层层抓落实。

2003年的“五一”，全区党政机关和企事业单位全部正常上班。5月1日晚8点召开了全区“非典”防治紧急调度会，区委书记王振卿对全区非典工作进行了紧急部署，桥东区上至耄耋老叟下到盈尺学童纷纷行动起来，5人一组10人一片，封堵关口，排查来人；所有公共娱乐场所暂停营业，所有饭店招待所严格登记，建立旅客体检档案；所有道路、社区设路障、置门岗；412个检查站，6个应急预备队，7个流行病学调查组，近万名党员干部群众昼夜不停的密切监视着疫情动向，形成了三级组织、四级网络、区乡两级督查的严密防控体系，全区非典防治工作进入实战状态。

2003年4月~7月，桥东区在防“非典”战役中，在市区主要出入口设置4个封堵检查点，每天定时搜集汇总各个封堵检查站的详细情况，及时上报、反馈信息。封堵期间共检查各种进市车辆100390余辆，人员275900余人，把527名发烧者及时送到指定医院观察治疗。此外，排查疫区还乡到邢人员1.1万余人，实施家庭隔离8870人，没有出现任何事故，完成了抗击“非典”的艰巨任务。7月2日，在抗击“非典”中，河北省委书记白克明亲笔致信桥东区南长街办事处党委，充分肯定南长街办事处基层党组织的战斗堡垒作用。并对桥东区抗击“非典”成果予以肯定。

第二节　宣传教育

为有效防范“非典”在桥东区的发生和流行，桥东区以区委书记和区长的名义向各界群众印发了20000份《致全区广大党员干部群众的一封公开信》，将党和政府的关怀送进了千家万户，将防“非典”措施公告全区；还迅速印发了《关于“非典”型肺炎常见问题问答》，向群众宣传防治“非典”相关知识。各乡处和各村、居委会利用标语、公告、黑板报、广播等多种形式大力开展“非典”防治宣传，使“非典”知识家喻户晓，引导人民正确认识“非典”，增强防范意识，做到相信科学、依靠科学，全民发动、群防群控，为抗击“非典”斗争的全面开展奠定了坚实基础。

2003年5月22日，区防治“非典”领导小组制定了《桥东区预防和控制传染性非典型肺炎工作预案（试行）》，在桥东区医院和各卫生院成立发热门诊，为返乡、来邢人员体检3700人，隔离观察16人，后来按照邢台市统一部署，区发热门诊设在邢台市人民医院和邢台市第一医院，并特别提出流调关口前移，将60人次流调人员派驻到发热门诊，对发热门诊流观人员全部进行流行病学调查。并对区内所有医护人员进行集中培训和专业培训，发放各种培训资料1万余份、培训光盘300余盘；对全区医疗人员进行整合，抽调辖区内各类医疗机构人员56人，组成了应急处置分队；在各乡处卫生院建立留观站，设置隔离留观室，随时准备接纳留观人员；协调防非专用资金20余万元，各界群众踊跃捐款30余万元，备足了各种消毒药品、医疗器械和防护用品，积极做好防大疫的准备。

5月20日晚8点一名医护人员经邢台市专家组确诊为“非典”疑似病人，桥东区流调人员立即对其进行“零”距离面对面调查，对患者和51名密切接触者进行了详细的流行病学跟踪调查，迅速对其家人住所——大通街运输公司家属楼实行隔离封闭，桥东区防疫站消杀科对家属楼和周围环境进行消毒，晚12点完成了对整座楼所有居民及相关人员的封闭监控工作。由桥东区应急小分队、派出所干警和运输公司职工组成的联合监控队恪尽职守，圆满完成了隔离任务。

第三节　应急措施

桥东是老城区，辖区内历史形成的散居住户较多，无法采取统一封闭管理，桥东区创造性地提出了散居楼院“三位一体监控管理法”，建立了街道办事处、居委会、散居家庭三级防治“非典”责任制，确保散居户管理不留死角；为每个散居户印发《散居楼院三位一体监控管理法》宣传册，在门前悬挂“尊重你，关爱我，防非期间不聚会、不宴请、不串门，有事电话联系，门不开，情还在”的“谢客牌”；对本辖区散居户每 3 天拉网排查 1 次，建立散居户外出请销假制度，对分散住户的疫情防治情况每周进行一次督查，将分布于全区 47 个社区（村）的 10454 户散居户纳入了监控范围。这一措施的实施使散居住户在不能封堵的前提下，达到了封闭管理的效果。

在防“非典”第一战役中，桥东区还提出了“一册二榜三保”排查制度：“一册”即给所有返邢人员发放《返乡人员防治“非典”手册》，告知其在隔离期间须知事项。“两榜”即张榜公布返邢人员名单，让辖区群众监督隔离情况；张榜公布在外未归人员名单，让辖区群众监督返乡情况。“三保”即三个保证书：村（居）与外来及返邢人员签订保证书，按要求反映健康状况；与外出务工未归人员家庭签订保证书，保证防治“非典”过程中外出人员不返乡；与因特殊原因必须返邢的外出人员家庭签订保证书，保证返邢日期提前上报，大大提高了排查工作的效率.

为全力封堵外来病源的输入，防止疫情的扩散，桥东区制定了“疫区来人隔离留观八个步骤”，对疫区来人从留滞、接人、查体、送达隔离点，到隔离安置、隔离观察、申请解除隔离和解除隔离等各个环节都制定了详细的操作步骤，对隔离工作中可能出现的被隔离人员之间和被隔离人员与工作人员之间的交叉感染起到了有效的预防作用。

第二十九编
社会生活

第一章　居民生活

桥东区从建区开始就一直伴随着国家改革开放的步伐，始终坚持以经济建设为中心的大政方针，全区经济得到快速发展，各项社会事业取得巨大的成就，人民生活发生了翻天覆地的变化，居民收入不断增长。1980 年全区城镇居民人均可支配收入只有 423 元，到 2006 年已达 9020 元，增长了 20 多倍。在农村积极推行以家庭联产承包责任制为主要内容的经济体制改革，农村居民收入持续快速增长，到 2006 年农民收入达到 4235 元，比 1980 年的 63 元增长了 66 倍。经济的发展、社会的进步、居民收入的稳步、持续增长，城乡居民消费层次也在不断的提升，人们衣、食、住、行、用发生了前所未有的变化，居民消费向营养化、多元化、高档化、配套化方向发展。消费结构也发生较大的变化，城乡居民家庭非商品支出有了大幅度的提高，所占比重大幅提升。城乡居民居住条件也得到较大的改善，2006 年全区城市居民人均住房建筑面积达到 22. 95 平方米，比 1980 年的 7. 66 平方米增加了 15. 29 平方米，增长近 2 倍。

第一节　居民收入与支出

一、收入

随着国家各项改革政策的落实，社会主义市场经济体制逐步完善，广大人民的收入逐年增加，形成了一个多元化的收入格局，加之国家各项惠民政策的实施及社会保障制度的不断完善，城乡居民收入持续增长，为生活水平的提高奠定了坚实的基础。城镇居民人均可支配收入由 1980 年的 423 元提高到 2006 年的 9020 元，是建区之初的 21 倍。随着农村推行家庭联产承包责任制为主要内容的经济体制改革，为农村居民收入持续增长带来新的契机，2006 年农村居民人均收入达到 4235 元，比 1980 年的 63 元增长了 66 倍。

1980～2006 年部分年份桥东区居民人均可支配收入情况表

单位：元

年份	城市居民人均可支配收入	农村居民人均总收入
1980	423	63
1985	675	302
1990	1553	742
1991	1644	895
1992	1928	1056
1993	2340	1126
1994	3229	1303
1995	3850	2060
1996	4032	2708
1997	4915	2871
1998	4930	2880
1999	5237	2900
2000	4934	2950
2001	5216	3070
2002	5873	3160
2003	6124	3325
2004	6695	3665
2005	7752	3921
2006	9020	4235

二、支出

经济的发展，社会的进步，城乡居民在收入不断增长的同时，消费水平也在同步增长。表现在消费领域拓宽，生活质量改善。百姓生活由 1980 年改革之初的生存型转向发展型，并逐步向享受型迈进。城镇居民人均生活费支出 1980 年为 353 元，到 1995 年增长到 3161 元，消费支出比 1980 年增长近 8 倍。20 世纪 90 年代全区居民的消费观念比 80 年代发生了很大转变，饮食消费、食品消费增大、衣着消费猛增、文化娱乐用品消费被提上日程。在食品消费中肉、蛋、奶、水产品的消费量增幅较大，衣着消费开始追求美观、舒适、新潮，教育、医疗、保健、住房支出增长迅猛。2006 年，城市居民消费支出为 5244 元，农村居民消费达 4030 元。2000～2006 年，城乡居民饮食消费、服饰消费在平稳增长的同时，消费结构加快转型升级，交通、通信等消费持续升温，住房、家用轿车等消费成为居民消费的亮点，旅游、娱乐、保健等休闲型消费逐渐为寻常百姓所接受。桥东区的居民正在由温饱型向享受型和发展型转变。

1980～2006 年部分年份桥东区居民消费支出情况统计表

单位：元

年　份	城市居民人均消费支出		农村居民人均支出		
	人均消费支出	食品支出	人均总支出	生活费支出	家庭经营支出
1980	353	190			
1985	660	298	405	259	105
1990	1317	679	678	421	193
1991	1294	654	770	456	220
1992	1550	761	785	464	241
1993	1941	828	720	487	199
1994	2552	1162	1127	662	304
1995	3161	1178	2001	856	470
1996	3249	1552	2667	1073	1385
1997	4319	1608	2986	1201	1547
1998	3775	1540	3269	1152	1190
1999	3928	1457	3023	1328	1398
2000	3577	1461	2996	1258	1439
2001	3888	1572	2955	1265	1418
2002	4060	1608	3011	1240	1466
2003	4503	1725	2973	1452	1294
2004	4516	1815	3240	1540	1506
2005	4854	1794	4004	1811	1892
2006	5244	1948	4030	1833	1937

第二节　饮食消费

桥东区成立之时，正值改革开放初期，人民生活虽得到改善，但食品匮乏单调，票证盛行，人们营养不足，一些农村只是解决了基本的温饱问题。到 20 世纪 90 年代，人们不但吃饱而且更要吃好，营养均衡，粗细搭配，绿色食品也深入人心。饮食已经不单是生活的必需品，渐渐变成了一门艺术、一门文化。2006 年城镇居民人均食品消费支出为 1948 元，食品消费质量提高，结构合理，主食消费明显下降，副食消费显著上升。2006 年城镇居民人均主食消费支出为 416 元，占食品消费的 21.35%，比 1998 年下降 28.53 个百分点；副食消费支出 1532 元，占食品消费的 78.65%，比 1998 年提高了 28 个百分点。食品消费的种类由传统的单一的食品消费趋向营养丰富、方便快捷的多元化消费模式。各种净菜、半成品、成品食品进入普通家庭，使人们的餐桌更加丰富多彩。随着改革开放的深入，服务业的快速发展，人们生活和工作节奏加快，收入水平提高，人们用餐的方式也随之转变，用餐由过去在家为主转向在外就餐。节假日亲朋好友相聚，人们不再为做饭而忙碌和烦恼，进餐馆或大型酒店“撮一顿”成为就餐消费的时尚。

第三节 衣着 服饰

1980年，计划经济的模式还没有完全退出市场，市场经济还处在萌芽时期，人们的穿衣还是买布做衣服穿，很少有买成衣穿，只是逢年节才购买成衣，而大部分也是为小孩买新衣，当时买布购衣还需要凭票购买，当时衣服面料大都以棉布为主、化纤织物为辅。且衣服的样式格调统一，当时最为普通的还是以中山装为主，兼而有军装和工作服，服装色彩也以黑、兰、军装绿为主。

20世纪80年代末90年代初，布票、棉票逐渐退出市场流通，市场经济逐步取代计划经济，衣服面料由化纤面料，比如的确良、二合一、三合一等取代棉布成为服装的主要面料，而人们也以购买成衣，服装样式也发生了很大的变化，一些年轻人开始穿喇叭裤、蝙蝠衫为时尚。进入20世纪90年代，人们的服饰在急速变化，穿衣打扮讲求个性和多变，很难用一种款式或色彩来概括时尚潮流，强调个性不追逐流行本身也成为一种时尚。这一时期服饰面料多样化品种繁多如棉布、麻布、丝绸、呢绒、皮草化纤、混纺等。服装成衣业也迅猛发展，成衣商店遍布各地，各种西服、裙装、西裤、T恤衫琳琅满目，人们穿着潇洒飘逸；冬季，各式羽绒棉衣、保暖内衣应有尽有，一改臃肿形象。进入21世纪，服装潮流追求的是高档、名牌，追求舒适、休闲、健康、功能、风格和艺术。

第四节 居民居住条件

1980～2000年，在国家一系列政策指引下，桥东区固定资产投资规模不断扩大，特别是进入21世纪，通过政府的引导，改善投资环境，加大招商力度，全区固定资产投资步入鼎盛时期，到处是新建扩建新型的住宅小区。居民生活水平已进入较高阶段，居住不只是图个“栖身之地”而是讲究舒适美观，政府也把人居环境的改善列为发展民生的重要指标之一，常抓不懈，而且成效显著，城镇居民人均居住面积分别由1980年的7.66平方米，上升到2006年的22.95平方米。随着居住面积的扩大，住宅设施的完备，住宅装修成为新的消费亮点，装修房屋的家庭越来越多。在城市居民家庭住房建筑面积不断增加的同时，煤气（天然气）、自来水、取暖、卫生设施等住宅配套设施也不断提高完善，居住条件有了显著的改善。2006年底，约有80%的家庭使用管道煤气或液化石油气；76%的家庭拥有独用卫生间；98%的家庭独用自来水。

在城镇居民居住条件改善的同时，农村居民告别了设施简陋的土坯房或样式单调的平房。一排排砖瓦房甚至一幢幢新颖别致的楼房拔地而起，农村人均住房使用面积由1980年的8.1平方米，增加到2006年的31平方米，增长近3倍。一部分富裕起来的农民家庭的住房及内部装饰正向着城市化、现代化的生活方式发展。

第五节 耐用消费品购置

1980～2006年，桥东城乡居民用品消费经历了从无到有，从少到多，从低档到高档，从单一到全面发展的转变过程。随着科学技术的不断进步，城乡居住用品消费呈现从未有过的高速度增长。高档耐用的消费品的迅速普及使城乡居民家庭用品方面发生了质的飞跃。从主要耐用品拥有情况来看，1998年城镇居民每百户拥有洗衣机90台，彩色电视机100台。2006年城镇居民每百户拥有洗衣机98

台，彩色电视机155台，电冰箱99台，家用电脑25台，照相机40架，农村居民每百户拥有洗衣机95台，彩色电视机137台，电冰箱97台，影碟机65台，家用电脑17台。

1998～2006年桥东区每百户居民耐用消费品拥有情况表

商品名称	单位	城市居民拥有耐用消费品		农村居民拥有耐用消费品	
		1998（年）	2006（年）	1998（年）	2006（年）
彩色电视机	台	100	155	97	137
电冰箱	台	90	99	55	97
洗衣机	台	90	98	87	95
照像机	架	38	40	20	30
影碟机	台	8	70		65
组合音响	套	10	35		27
家用电脑	台	2	25		17
空调器	台	27	77	15	52
录音机	台	62	25	42	20
自行车	辆	275	288	250	257
摩托车	辆	32	42	47	57
家用汽车	辆		5		3
固定电话	部		92		85
移动电话	部		178		155

第六节　交通工具

1980年，城市的交通资源极为有限，人们出行可以代步的交通工具也就是公交车和自行车。由于公交路线短、车辆少，郊区和偏远地区通不上车，公交车覆盖面低，一遇阴雨天气，车厢经常拥挤不堪，自行车成为必备的交通工具，市民家庭上班族几乎是每人1辆自行车，出门难、出行慢是当时人们出行的真实写照。1980～1990年，交通事业得到快速的发展，交通条件明显改善，城市道路越来越宽广，公交线路越来越多，公交车辆密度越来越高，服务质量也越来越好，线路延伸越来越长，公交车直通偏远乡村，人们乘车更加方便快捷。同时，少量的出租车也在城区出现参加运营。1990年前后，摩托车开始进入普通人家，骑摩托车上下班、办事既方便又快捷，也更加省时省力。公交车、出租车则成倍增加，老百姓打的（乘出租车）已不再是奢侈之事。进入21世纪，兴起的电动自行车成为城镇居民交通工具升级换代的一大特征，过去少数人权力和暴富象征的小汽车，也开始进入寻常百姓家。到2006年，每百户居民拥有摩托车42辆、助力车（包括电动自行车）288辆、家用小轿车5辆。人们出行方式由单一传统的方式向多元化方式转变，人们从走路到骑自行车，到乘公交车，再到坐出租车或自驾出行。出远门也不再单一的依靠长途汽车或火车，豪华舒适的大巴，朝发夕至的列车，便宜快速的飞机，人们可选择的长途交通方式越来越多，居民出行再也不用发愁。高新技术的发展和人民生活水平的提高，城市道路越来越通畅、交通更便利、交通工具也花样繁多，人们交通观念大为转变，假日旅游增多，开始真正享受旅游带来的乐趣。

第二章 婚姻 家庭

家庭是社会的组成细胞，人们通过婚姻组成家庭。桥东区居民的婚姻家庭状况与全国各地一样，随着社会的发展，人们的婚姻观念发生很大变化。家庭的稳定、和谐促进社会的和谐发展。

第一节 婚 姻

在长期的封建社会里，桥东区居民的婚姻和全国一样，基本上是靠“父母之命，媒妁之言”形成。新中国成立后，颁布了第一部《婚姻法》，废除了封建包办婚姻，提倡自由恋爱。但由于传统的婚姻观念的影响，婚姻中大多数还是靠亲戚、朋友、同学、熟人来介绍实现。

20 世纪 80 年代后，随着我国经济的发展，城市化进程加快，人口流动越来越频繁，居民生活的质量有很大的提高，导致社会的价值观发生了巨大的变化，青年人开始主动追求爱情，愿意“自己认识，完全自己做主”，告别了新中国成立初期的包办婚姻，“文革”时代的政治婚姻，人们开始注重自主择偶。由于社会婚姻大环境的变化，人们逐渐将婚姻纳入私人生活范围，使之成为实现自我价值的一种重要的生活体现。人们的择偶标准由过去的只考虑家庭成份、政治条件等方面转向了对职业、收入等经济因素及容貌、身材等生理因素的考虑在不断增加，对文化素质的要求越来越高，婚姻越来越世俗化、个性化、人性化。

桥东区居民的婚姻状况：中老年和年轻一代中存在着巨大的差异。在中老年夫妻中，夫妻平等、互信、和谐是夫妻关系的主旋律，尽管存在很多不如意之处，但夫妻关系还相对比较稳固，能够和谐相处、白头偕老。年轻一代则由于社会价值观念的改变，经济条件的富足，生活方式的多元化，自主意识的加强，社会和家庭聚合力明显减弱，离婚率明显增大。

桥东区婚姻家庭状况发生的巨大变化，体现了社会由封闭向开放，由落后向先进转型的特点和趋势。

第二节 家 庭

桥东区居民的家庭组成，过去以传统观念的儿孙绕膝、四世同堂为美，因此家庭的人口规模一直比较大。20 世纪 70 年代末，计划生育工作全面推广，严格控制计划外生育和多胎生育，家庭人口开始得到控制，家庭规模也同时在逐步地缩小，每户平均人口呈下降趋势。1980 年前，桥东区户均为 4.1 人；1988 年户均 3.98 人；1992 年户均为 3.8 人。2006 年，在非农业户口人员中，由于计划生育约束力较强，40 岁以下的夫妇只有一个孩子的家庭居多。

改革开放后，家庭关系中，夫妻间的平等意识不断增强，各自的独立性渐渐增加。在父母与子女关系上，尤其是与成年子女的关系上，相互独立性也明显增强，传统的父母把子女看成私有财产而任意自由支配的思想意识明显减弱。家庭成员独立意识增强，传统大家庭观念在淡化，所以无论是父母，还是已婚子女，都愿意分开居住，导致家庭人口规模越来越小，核心家庭（一对夫妇与未婚子女组成的三口之家）成为家庭构成的主流。空巢家庭（子女另立门户，老人独自居住的纯老人家庭）随着人口老龄化的加快，呈逐年上升的趋势。

第三节 称 谓

家庭内部成员的称谓，反映成员之间的关系，在桥东区区域内通称：

曾祖父 老爷爷。
曾祖母 老奶奶。
祖父 爷、爷爷或冠以排行。
祖母 奶奶或冠以排行。
父亲 爹、爸、爸爸。
母亲 娘、妈、妈妈。
继父 爹、爸、爸爸或叔叔。
继母 娘、妈、妈妈。
义父 老伯，当面称爹或爸爸、干爹。
义母 老姐，当面称娘或妈妈、干娘。
伯父 大爷或冠以排行。
伯母 大大、大娘或冠以排行。
叔父 叔叔或冠以排行。
婶母 婶婶或冠以排行。
岳父 丈人，见面时随妻称呼。
岳母 丈母娘，见面时随妻称呼。
丈夫 俗称汉子，亦称孩子他爹、俺那口子、俺掌柜、俺老头、老公或直呼其名。
妻子 俗称老婆，亦称孩儿他妈、俺那口子、俺家的或直呼其名。
外祖父 姥爷。
外祖母 姥姥、姥娘。
舅父 舅舅或冠以排行。
舅母 妗子或冠以排行。
公爹 随丈夫称呼，对他人称俺公公、他（她）爷爷。
婆母 随丈夫称呼，对他人称俺婆婆、他（她）奶奶。
兄 哥、哥哥。
兄妻 嫂子。
弟 兄弟、弟弟或直呼其名。
弟妻 兄弟媳妇或直呼其名。
姐 姐、姐姐。
姐的丈夫 姐夫。
妹 姊妹或直呼其名。
妹的丈夫 妹夫或直呼其名。
女婿 俺女婿，当面直呼其名。
内兄 大舅子，当面称哥哥。
内兄妻 大舅媳妇，当面称嫂子。

内　　弟　小舅子，当面称名。
内 弟 妻　弟妹，当面称名。
夫　　兄　大伯子，当面称哥哥。
夫　　弟　小叔子，当面称兄弟、弟弟或直呼其名。
夫　　姐　大姑子，当面称姐姐。
夫　　妹　小姑子，当面称妹妹。
夫　　叔　叔公，当面称叔叔。
姑　　母　姑姑或冠以排行。
姑　　夫　姑夫或冠以排行。
姨　　母　母之姐称大姨，母之妹称小姨。
姨　　父　姨夫或冠以排行。
儿　　子　小子、或直呼其名。
女　　儿　闺女、妮子或直呼其名。
结拜兄弟　老弟兄，当面称哥或弟。
结拜姐妹　干姊妹，当面称姐或妹。
男　　人　汉们。
女　　人　已婚称娘们，未婚称妮子。

第三章　习　俗

邢台历来民风淳朴，不尚浮华，性情刚毅，气勇尚义。随着时代的变迁，人民物质文化生活水平的提高，源远流长的邢台民俗也不断变化。

解放后，在党和政府的领导下，进行了一系列破旧立新工作，旧风陋俗被废止，社会主义精神文明的新风俗逐渐深入光大。邢台人民至今保持的刚直不阿、坚强勇毅的传统精神，浑厚质朴、勤奋艰苦的优良作风，无论是在革命斗争中，还是在社会主义建设事业中，都发挥了很大的作用。

第一节　生活习俗

一、居住

新中国成立后，人们的居住条件得到改善，砖瓦平房取代了破旧土坯民居。用石灰抹成平坦而洁白的墙面，但房屋内部很少有装修，只有床、桌子、椅子等基本家具，看上去简朴整洁，洋溢着和谐安逸。1980 年后，随着住房制度的改革、住房建设速度加快，一批“安居房”、“解困房”和居民小区相继建成。居民住房条件得到明显改善。新型的住宅大楼拔地而起，楼房鳞次栉比。21 世纪初，人们居住的选择更多了，有高层住宅区，有复式楼，有花园小区，甚至还有单门独院的特色别墅。随着人们生活水平的提高，装修也成为热点，风格多样的装修丰富了人们的生活，也体现了人们生活品位的提高。

房屋建造　自古以来，境内居民住宅以坐北朝南为理想住地。居北者向阳为正房，居南者背阳为侧房。房屋一般建在地势高、避风、防潮湿的地方，大门多朝东或朝南开，房屋地基高于周围地面。

城区建房需经城建规划审批，选择吉日破土动工，并燃放鞭炮恭庆顺利。从20世纪末至21世纪初，国家加快普通商品房住宅的建设，房屋建造由一家一户的建房和由单位建设福利住宅改为由开发商统一开发，建设住宅生活小区。小区内高楼林立，户型丰富多彩，有多层、跃层、错层和小高层。房型设计科学合理，富有人性含义。同时小区内还有充足的绿地，文体休闲配套设施和优质的物业管理。

迁居　新房建成后，迁居前有的请阴阳先生择定吉日，而且乔迁前一晚，屋内蜡烛通明，叫“举大”。当夜请一位德高望重、身体健康、年愈花甲的男性先住一宿，谓“暖房”，迁居日各门口张贴对联，燃鞭炮，吃烙饼以示翻运。这类旧习俗已逐步消失，而放鞭炮，设酒宴请乡邻好友以示喜庆者却很普遍。

房屋结构　1980年以前，房屋多为砖、坯、木结构，即房屋四边墙表为砖砌，里为坯，木架梁，大部分为平房。改革开放后建筑房屋多为砖木混合结构或砖、木、石混合结构。随着工业发展、科学进步，城市建房用料通常采用钢筋、水泥、砖等。

房屋布局　1980年以前，富户住宅，多为天井院和二进院。青石台阶、黑漆大门、建有影壁，二进院影壁后为屏门，一般正房3间，厢房3～5间，独户独居或同族共居。一般民居，多户共居一个大院人称大杂院，平房居多，亦有少数瓦房，每户两三间不等。20世纪80年代以后，陆续建设了若干生活小区，楼房为单元式，单元分四室二厅、四室一厅、三室二厅、三室一厅、二室一厅、一室一厅等，配有阳台、厨房、卫生间等，并且装修越来越豪华，水、电、暖、煤气等配套设施齐全。独户独院，一般为城乡结合部居民自建，平房居多，也有瓦房三合院、四合院、自成院落。

二、器用

家什　1980年以前，富裕家庭迎门摆设雕花茶几、八仙桌、太师椅。条几正中摆穿衣镜，两侧分放桌灯、掸瓶、糖罐等。屋一侧靠墙摆旧式立柜、衣架、梳妆台等，炕上摆一对箱子、一只铺盖床、一只小低桌。平民百姓则陈设简陋，有凳子、腊台、纺车、织布机、脸盆、火盆等用具。炊具有风匣、瓦盆、葫芦瓢。进人20世纪80年代，样式逐年新颖，许多家庭添置了大衣柜、组合柜、圆桌、写字台、椅子、沙发、茶几、席梦思床等。收录机、电视机、洗衣机、电冰箱等家用电器走进了一般居民家庭，炊具也逐渐变新，居民用上了蜂窝煤炉、液化气炉、不锈钢餐具等。进入21世纪后，大部分家庭都拥有彩色电视、冰箱、电脑、家庭影院、液晶大屏幕彩电、微波炉、电磁炉、电热水器等几十种家用电器。

交通用具　1980年，人们出行可以代步的交通工具只有公交车和自行车，由于公交线路短、车辆少等原因自行车成为必备和常用的交通工具。1990年前后，摩托车开始进入普通人家。同时，人们出行除公交车外还可以乘出租汽车。进入21世纪后，人们除使用自行车、摩托车还开始购置助力车（电动自行车）。同时，家用小汽车也开始进入普通百姓家。

照明与燃料　境内居民在通用电前照明主要用棉籽油灯、煤油灯、玻璃罩灯、手提灯。20世纪50年代，陆续装了电灯，用上了手电筒等。20世纪80年代开始居民家中大多配有台灯、吊灯、壁灯，而且不单单为了照明，一些是用于装饰。

1980年，桥东区居民大多以煤炭作燃料，用以做饭、取暖。1986年桥东区开始引进液化石油气。到2006年，全区大部分居民都已使用液化石油气、煤气，天然气和电作为燃料。城区成形的生活小区大部分已经由热电厂实施集中供暖、供热。

三、饮食

饮食习惯　境内居民在20世纪60～70年代由于粮食短缺，副食匮乏，所以一直保持了粗茶淡饭的俭朴习惯，日常饮食重主食、轻副食，重午饭、轻晚饭，早饭稠、午饭好、晚饭稀。改革开放后，粮食和肉类、蔬菜供应极大丰富，人们对吃的要求越来越高，不仅讲究要“吃好”，还要营养均衡，粗细粮搭配，口味清淡。多吃蔬菜、水果，少吃高脂肪，高胆固醇的食物。以前由于粮食不够吃用以充饥的野菜、粗粮，如今却成为餐桌上的健康食品。饮食已经不单单是生活的温饱品，渐渐变成了一门饮食艺术，一门饮食文化。

主食 1980年，通常一日三餐，早晚以玉米面粥、小米粥、窝头为多，中午以菜汤、面条、馒头、烙饼等为主。20世纪80年代以后，人民生活水平逐步改善，一日三餐干稀皆有，食物多以小麦面为主，辅以大米、小米，其他杂粮只供调剂口味。进入21世纪，人们开始由消费粮食为主，向以消费粮食加工产品转化。主食面包、方便面、糕点、快餐等食品已成为普通食品，进入千家万户日常生活中。

副食 20世纪60、70年代，境内多数居民以大白菜、萝卜为主要副食。逢年过节，采购少量的鱼、肉改善生活。20世纪80年代始，居民生活副食品逐渐丰富起来，有大白菜、菠菜、萝卜、韭菜、茄子、黄瓜、豆角、西红柿、蒜苔、木耳、莴笋、蒜和肉、禽、蛋、鱼、豆制品成为城市居民常用食品。

筵席 新中国建立后，一般人家遇喜事，如婚嫁、建房、升迁等均请客庆祝。但由于经济条件所限，酒菜以经济实惠为主，大盘大碗者为多，猪肉炖粉条大锅菜为必备。20世纪80年代以来，随着改革开放，人们经济富裕，酒菜的质量越来越高，一般家庭请客酒席上海参、鱿鱼、对虾等高档菜也颇为常见，熘、炒、蒸、炸花样俱全，筵席的规格越来越高。

四、服饰

服装 20世纪50年代的人们崇尚劳动最光荣，朴素是时尚。年轻姑娘们曾一度爱上了男式背带工装裤和格子衬衣。20世纪60年代初期，是新中国历史上最艰苦的时期，灰、黑、蓝色成为街头流行色，千篇一律、季节不分、男女不分的服装样式也更通行了。“文化大革命”期间，青年人以穿军制服为荣，国防绿色棉布受宠。1979年改革开放后，纺织工业发展较快，服装的花色、款式更加多样化，面料、质地也发生了很大的变化。随着时代的发展，人们的穿着越来越丰富，色彩也从单一的蓝色灰色变得五颜六色。这一时期，戴太阳镜、留长头发、穿喇叭裤、蝙蝠衫成为时尚。20世纪90年代，人们的生活向小康过渡，思想观念更为开放。人们的服饰在急速变化，穿衣打扮讲求个性和多变，很难用一种款式或色彩来概括时尚潮流，强调个性、不追逐流行本身也成为一种时尚。此时期面料多样化如棉布、麻布、丝绸、呢绒、皮革、化纤、混纺。进入21世纪，中国步入市场经济、知识经济的时代。服装潮流追求的是高档、名牌，追求舒适、休闲、健康、功能、风格和艺术，着装已逐渐成为人们展示自我的一种方式，只要我喜欢，没有什么不可以穿的心态已经被越来越多的人们接受。

鞋帽 清末民国年间，富人穿皮底鞋，穿大绒棉鞋。平民为麻绳纳的布底帮圆头鞋或“二道眉”布鞋（鞋口为长方形，前脸较深，有两道凸出“八”字形缝合也称二道脸鞋）。儿童多穿猫头鞋，女子穿尖口绣花鞋。脚不穿袜子，而用布缠脚。新中国建立初期，鞋类变化不大，农村以自制粗布鞋为主，而城市逐渐流行五眼鞋、解放鞋、蓝白球鞋。20世纪80年代后无论男女，多穿皮鞋、凉鞋、运动鞋、旅游鞋。老年人爱穿布鞋。鞋的品种和样式也越来越多。

新中国建立前，境内居民一般夏戴草帽，冬戴棉布帽、春秋戴帽壳，亦叫“帽头”。“草帽”用麦秸梃或草编织而成。“帽头”以黑布为里，绸缎为面，中间用硬纸作骨架，用6块制造圆形帽，上面缀线结或杠线系珠。官绅富贾多戴礼帽、皮帽。新中国建立后，男子除戴帽外，冬季加围脖保暖，春秋戴单布帽或前进帽，农民头上多包一条白羊肚子毛巾。“文化大革命”时期，青少年喜戴军帽，女子冬季围毛线长巾，春秋围丝巾、纱巾。20世纪80年代后，帽子做工用料越来越好，但戴帽人数渐少。

装饰 发型 20世纪80年代以前，青年女子以两根短辫为时代特色，后削成“青年头”。除少数中青年男性剃光头，大部分男子留学生头、分头、平头等。20 世纪 80 年代，男青年爱蓄长发，戴手表、戒指。青年女子烫发风行，有“波浪”、“流云”、“菊花”等式样，有的散发披肩，束以各式发卡或用丝绸制成饰物，扎辫者渐少。20 世纪 90 年代，出现了追星潮，郭富城头、林青霞式的披肩发流行。进入 21 世纪，学生头是流行最久的发型，到今天仍占有一席之地。只不过今天的学生头层次感更强了而已。BOB 头、盘刘海等风靡开来，而且出现了现代复古发型 DIY，碎发、短发、芭比也是这个时代的产物。于是香蕉夹、鲨鱼夹、发叉、镶嵌水晶小发夹等装饰品，为配合各种各样发型也应运而生。随着时代的不断发展，染发、烫发盛行，尤其在青少年中，各种各样、五颜六色的头发到处可见，离子烫、陶瓷烫成为主流。

第二节　礼仪习俗

一、诞生和寿辰

诞生　当地人称妇女怀孕为有喜。妇女怀孕始，其娘家或婆家即开始为小孩准备衣物、被褥等用品，婴儿出生后，产妇 7 日内不准出屋，1 个月内不准干活，俗称“坐月子”。“坐月子”期间产妇饮食以红糖、面条、鸡蛋、鸡汤等营养价值高的食品为主，每天 5 ~7 餐。

婴儿出生后“十二日”，亲朋友眷均携儿带女前来祝贺，俗称过十二天或过小满月。孩子满月时，随母到姥姥家住“对月”称“挪窝”。周岁时姥姥家给做生日。

寿辰　境内祝寿为“过生日”，多从父母花甲之年开始。届时晚辈们备寿糕、寿桃、寿面、寿酒及老人喜爱的食物，举家为其祝寿。午宴必备鸡、鱼，以示“人寿年丰”。主食为“长寿面”称“九九不断头”。进入 21 世纪，年轻人、学生兴起生日聚会，还有通过电台点歌以示祝贺。

二、婚嫁

20 世纪 80 年代前，青年结婚，男女双方需持户口簿到街道办事处申请登记，领取结婚证书，成为合法夫妻，而后还要举办婚礼。婚礼前，男方首先要把房子粉刷白，用报纸把房顶糊起来，请木匠到家里做几件实用的家具成为一个简单的新房。婚礼当日，在家中摆几桌流水酒席，前来祝贺的亲友则大都骑自行车、坐公交车前来祝贺赴宴。婚礼既简单又温馨。

20 世纪 80 年代，婚纱重新出现在我们的生活中。随着改革开放的进程，随着人们物质生活的不断丰富，人们的婚礼悄然发生许多改变。婚纱、结婚照、越来越丰盛的婚宴、越来越喜庆的婚礼，都是那特别的记忆。20 世纪 90 年代，是婚姻服务业快速发展的 10 年，此时还出现了收费的婚姻介绍机构，许多人开始接受收费的婚姻介绍服务。21 世纪结婚追求个性化，邢台出现婚庆礼仪公司，新人们开始把许多事情交给婚庆公司来做，省去不少麻烦。穿婚纱、西服，拍婚纱照，迎亲车队，婚礼婚宴等过程的录制并刻录光盘成为结婚的必要程序，婚姻服务业快速发展。

送嫁妆　一般娶亲的前 1 天下午送往男家。嫁妆多少，无一定标准，视女方家庭的经济状况而定。20 世纪 70 年代前，嫁妆以自行车、手表、缝纫机为主。20 世纪 80 年代，则以冰箱、电视、洗衣机为主。20 世纪 90 年世，则以电脑、空调、摩托车为主。进入 21 世纪，则以房子、车子、票子为主。

认亲　结婚第二天，新娘偕新郎回门，俗称“认亲”。新郎至岳父家，先拜祖宗，继而叩拜父母、家族长辈和近邻。中午宴请新郎一行，宴前以红纸包钱，呈新郎，俗称“开口礼”，否则男方一行不便举箸。宴席设酒菜，并有吃“二顿饭”的习俗，表示厚待。当日下午返回婆家，临行前“偷”酒壶、茶具，称“偷富贵”。过门第四天，新娘父母携带礼品，到婆家将闺女领回，至此，婚礼结束。

男到女家落户 改革开放以前，亦称招赘，俗称“招养老女婿”、“倒插门”。此种婚嫁，多系一些家庭贫困，弟兄较多，因无力娶妻，则男到女家，与家庭无男之女结婚，负责赡养女方老人，接续女方香火，并有权继承家业。改革开放以后，此俗已改变，鼓励男到女家落户，不是从传宗接代的需要出发，而是为了解决有女无儿户的实际困难，有利于推动计划生育工作的顺利开展，有利于破除旧的传统观念和习惯势力，提倡男女平等。它是法律规定的，受法律保护，是以男女地位平等为前提的，一旦组成家庭，无论女到男家，还是男到女家，夫妻双方都具有相同的权利与义务。因此受歧视现象极少，男到女家落户者逐年增多。

三、丧葬

1988 年以前，邢台市桥东区境内的丧葬礼俗一直沿袭木棺土葬。

1988 年，桥东区政府推行殡丧制度改革，改土葬为火化，并提倡移风移俗，丧事简办。但人们在丧事活动中，还把封建礼仪和新的风俗结合起来操办。主要仪程为：

送　终 长辈绝气前，晚辈守在身旁，直到咽气。

更　衣 死者在弥留之际，脱下旧衣，更换寿衣。

设供案 供先人像、摆香炉、烛台和供品（水果、点心）不时供奉。

报　丧 人死后，立即派人去亲友家报信。

吊　唁 人死后，亲朋好友、邻里背舍买花圈、烧纸前去吊唁，以示慰问。

磕孝头 亲友灵前吊唁，孝子磕头以示致谢。

出　殡 由殡仪馆灵车，将遗体从医院太平间或家中灵堂运送至火葬场，长子摔盆、打幡，其它子女紧随其后，随灵车一起前往。沿途由死者女婿或亲友撒纸钱，到火葬场将花圈和纸扎一起烧掉。

火　化 火葬场将遗体火化，将骨灰装骨灰盒，死者亲属领取骨灰盒，或存放在骨灰堂，或葬在购置的公墓内。

复　三 葬礼后 3 日，孝男孝女孝媳于天亮前到公墓或骨灰堂烧纸，名为“复三”。

做　七 自葬丧之日起，7 天为一祭，至 49 日止，称做“做七”。

传统的居丧期限为 3 年。三年之内，除了带孝之外，起居也有许多禁忌。如不能参加娱乐活动，不得充当娶送客，不能带首饰，不得穿红挂绿，第一年春节大门不贴对联、孝子不出门拜年等等。

第三节　岁时习俗

一、传统节日

春节 农历正月初一。岁之首，是民间最隆重的节日，俗称“过年”。节前家家清扫庭院，贴对联、年画、挂红灯笼。

初一早晨，人们五更起床，俗称起“五更”。焚纸烧香、敬神祭祖、燃放鞭炮。家家吃饺子。饭后，晚辈给长辈磕头拜年，长辈要给“压岁钱”。拜年时，先给祖宗案磕头，尔后先给男的磕，后给女的磕。未出嫁的闺女不磕头，卧病在床的人不受头，乡亲邻里相互拜贺，彼此相逢，男人抱拳作揖互道“恭喜发财”，这种活动一直持续到中午方休，午饭后不拜年。20 世纪末至 21 世纪初，随着电话、手机的普及，逐渐兴起电话拜年、短信拜年等新的祝福方式。正月初五，称“破五”，惯例吃饺子。春节期间城乡举行各种文娱活动。机关团体春节后上班第一天举行升国旗仪式，并组织团拜并相互问候祝福。

元宵节　农历正月十五日，称元宵节，旧时称上元节。人们习惯在元宵夜观灯赏景，故又称灯节。元宵节有吃元宵之习。元宵节尚有捏面灯的习惯，用蒸熟的黏米捏成鸡、鱼、狗、龙等动物模样，在脊背留一圆坑，浇进食油，插一灯捻，于当晚点燃。狗放在大门墩上，谓之“看门”，以求一年平安；鱼搁在水缸，以求“风调雨顺”；鸡随处可及，意即驱逐虫害。

元宵节期间，大街小巷及家门口悬挂彩灯，燃放鞭炮。各种民间乡艺一起上街献艺，锣鼓喧天，热闹异常。舞狮子、舞龙灯、拉碌碡、踩高跷、跑旱船、坐花轿、腰鼓、排鼓、大头舞、秧歌等等。晚饭后，男女老幼上街观灯猜谜，燃放焰火。

龙抬头　农历二月初二，旧时称龙抬头日。此日饭食是吃油饼，并熏蝎子。男子剃头（因正月不准剃头），谓之“剃龙头”。是日早晨，一般是用木棍敲打坑沿，边敲边念祝歌：“二月二，敲炕沿，蝎子蚰蜒不见面；二月二，敲炕头，金子银子往家流。”以寓不生虫孽，人寿年丰。

清明　清明作为节日始于周代，系祭祖节日。4 月 4 日、5 日或 6 日，家家祭祖扫墓，添坟土、烧纸钱以示对亡灵的哀思。

此时，天气转暖，田野苍葱，境内居民有“踏青插柳”郊游的习俗。

端午节　农历五月初五，也称端阳节、艾节、重五节。主要习俗是祭瘟神、避五毒、祛邪恶。是日，家家户户门头、厅堂插艾条，妇女把艾剪作各种形符，有人形、物形、动物形，并贴以艾叶戴于头上，儿童手、脚均系五彩线，以避邪驱瘟。端午节有吃粽子、饮黄酒的习俗。

中秋节　农历八月十五，“三秋恰半”称中秋节。是晚，月挂中天，家家在院中放上桌凳，摆出月饼、水果。一家人围坐一起，团聚赏月，庆祝丰收。

腊八　农历腊月初八。家家户户用杂米、红枣、花生、红豆、豇豆、豌豆等煮粥，俗称“腊八粥”。粥煮好后，先敬神祭祖，后合家聚食。

小年　农历腊月二十三日，旧时此日为祭送灶神日。

除夕　春节前一日，即农历腊月三十日或二十九日，称为除夕，居民家家吃饺子、年夜饭。晚上全家聚集在电视机前观看春节晚会，至午夜燃放鞭炮，迎接新一年（阴历春节）的到来。

二、现代节日

元旦　1 月 1 日（群众称为阳历年），机关、群团组织、企事业单位升国旗、贴标语，组织文艺演唱会庆贺。干部、职工放假 1 天。城镇居民改善生活，农村活动较少。

国际劳动妇女节　3 月 8 日，也称妇女节，是妇女的节日。是日，妇联张贴庆祝标语，召开表彰会或座谈会。

植树节　3 月 12 日，区政府组织机关干部、职工和乡镇、村组织群众进行义务植树活动。

国际劳动节　5 月 1 日，机关、群团、厂矿、企事业单位，张贴标语，举行联欢，以示庆祝，放假 1 天。

青年节　5 月 4 日，团委组织青年进行各种联欢活动，表彰优秀青年。

国际儿童节　6 月 1 日，教育部门组织各学校进行文艺汇演或组织儿童、少年看一些有教育意义的电影，学校、幼儿园开展文娱活动，以示庆祝。

中国共产党诞生日　7 月 1 日，各级党政机关组织座谈会，召开优秀党员表彰会，举行各种庆祝纪念活动，纪念中国共产党的生日。

建军节　8 月 1 日，区党政领导组织慰问团到武装部、市武警中队及军队退休干部、老残疾军人、老红军家中慰问，并带去慰问品。各单位、学校进行拥军优属活动。

教师节　1985 年国务院规定，每年 9 月 10 日为“教师节”。是日，学校组织不同形式的庆祝活动。区政府及教育部门召开表彰会，各单位开展为教师办实事活动。

国庆节　10 月 1 日为中华人民共和国成立纪念日，也称“国庆节”。各单位升挂国旗，举行各种形式的庆祝活动，放假 3 天。从 1999 年开始国庆节改为 3 天假期，加上前后各周末 2 个休息日，合休 7 天。人们利用 7 天假期或到外地旅游，或休闲购物，国庆节成为名符其实的黄金周。

第四节　其他习俗

一、日常礼节

境内居民见面时互打招呼，一般总是晚辈先开口。较普遍的是点头或举手示意。熟人相遇，首先握手寒暄、互致问候。问候的话按时辰而异，如“您起来啦?”、“您吃了饭啦?”、“您还没休息呀?”、“干啥去?”、“回来啦”等等，骑自行车或乘其它车辆，见到长辈，先下车再问候，向陌生人问路，先尊称对方“大爷”、“大娘”、“阿姨”“老兄”、“大嫂”、“同志”等，需别人帮忙时说“劳驾”等。同学朋友相见，握手拍肩。客从外来，笑脸相迎，点烟倒茶，问寒问暖，待客热情厚道。乡村庙会必及早通知亲友捧场。招待客人吃饭，由家长相陪喝酒猜拳，上饭时用大碗，盛得满又满，桌上另放一两碗，叫做“有吃的有看的”，主人不先撂筷，客人告别时让客人先行，送到大门外，主人一再叮嘱“有空儿再来”。亲朋邻里时隔几日，相互探望。随着 21 世纪的到来，经济的飞速发展，西方文化渗透到我们的日常生活中。年轻人见面常用“hello”、“how are you”之类，在校大学生见面就用“嗨，美女（帅哥）”等以致问候。但对于年龄稍长的人们则还保持着传统的问候方式。普通朋友见面常用“最近忙吗?”，回答“忙啊”等。好朋友见面了，常用“还活着啊，真高兴”、“我们 happy 一下吧”等，分手时常用“记得有事 call 我啊”、“路上开车小心啊”等。同事见面了，常用“今天炒了没?”、“今天‘涨’了没”等。

二、开业习俗

店铺、企业开业，亲友送花篮、鞭炮燃放，赠贺卡祝贺，门外贴“开业大吉”，大商场还举行歌舞表演助兴，业主摆酒宴。每年春节过后，各商店、门市第一次营业，须燃放鞭炮，以示开门大吉，营业开始。进入 21 世纪，随着超市的兴起，改变了人们的购买模式，为方便人们购买商品，大年三十、初一超市也照常营业。

三、娱乐习俗

1980 年以前，当地有茶馆代书场、戏院、电影院。每年传统庙会，都要举办戏剧、鼓书、皮影等演出。春节期间举办秧歌、高跷、元宵节灯会、猜灯谜活动。进入 21 世纪 80 年代后，随着改革开放和市场经济的不断发展，人们的生活水平不断得到提高，新的娱乐方式层出不穷，旅游、摄影、滑旱冰、打桌球等等，而且人们在工作之余，唱歌、跳舞，在电影院、录相厅、游戏厅自得其乐，享受人生。20 世纪 90 年代以后，人们的娱乐方式更丰富，酒吧、迪厅、夜总会等各种活动相应而生，除此之外，人们的娱乐方式还包括打太极拳、踢足球、打篮球等一些体育项目和下棋、台球、健身、瑜伽、游泳等 。进入 21 世纪后，随着互联网的迅速发展和波及范围的快速膨胀，它不仅改变了人们的意识形态，更影响着人们的生活方式，网络人际交往也成为现代社会人际交往的一种最新、最时尚、最便捷、最多元化的方式。给娱乐生活带来了新的渠道和更广阔的发展空间。人们通过网络进行通信、设置个人主体社区，比如：腾讯 QQ、微软 MSN、网易泡泡、BOKEE、Q - zone、赛我网等等，把自己的思想、文章、图片、音乐、喜好与更多熟悉或陌生的朋友共享，寻找知音、追求认同。人们在工作之余，可以进行休闲网络游戏、大型多人在线游戏等，比如：QQ 游戏、联众游戏、边锋游戏、《梦幻西游》、《QQ 幻想》、《剑侠情缘》、《魔兽世界》等解除工作疲劳、缓解压力。另外，短信也成为当今时代一种新的娱乐方式。它不仅为人们互通信息提供了方便，而且还提供了大量的娱乐性、趣味性、知识性十足的内容。

第四章　民族　宗教

桥东区是邢台市少数民族杂散居住较多的区域。到1990年桥东区有回族、满族、壮族、朝鲜族、蒙古族、锡伯族、苗族、藏族、羌族、瑶族、彝族、土家族、白族等少数民族，人口数为4795人，占全区总人口的2.6%。随着改革开放的深入发展，商贸流通进一步繁荣，人口流动也进一步加剧，城市人口相应增加，伴随人口的增加，一些新的少数民族也迁入桥东区，它们是维吾尔族、哈尼族、仫佬族、傣族、布依族、畲族6个民族。至2006年末桥东区共有少数民族人口4951人，占总人口的2.26%。少数民族中回族人口最多，其他少数民族人口较少，少数民族基本都保持着自己民族的独特生活习俗。

邢台是道教的重要发源地之一，历史上曾繁荣一时，后来随着佛教、伊斯兰教、基督教、天主教在邢台的传播，至民国时期，邢台已逐渐形成五大宗教并存的局面。桥东区作为市区老城区，五大宗教均有信教群众。20世纪80年代以来，党和国家的宗教信仰自由政策得到认真贯彻执行，一些宗教活动场所相继开放，广大信教群众过着正常的宗教生活。

第一节　民　族

桥东区地处邢台市区中心，是市党政军机关所在地，也是全市的政治、文化、经济、交通和商贸中心。随着历史的发展，各民族间自然融合的趋势得到加强，一些少数民族迁来迁去，形成多民族共处的局面。2006年，桥东区共有19个民族，其中有18个少数民族。

一、民族人口及分布

1990年全国第四次人口普查显示，桥东区有14个民族，总人口数为184649人，其中汉族人口数179854人，少数民族人口数4795人。13个少数民族人口中，回族4501人，满族206人，壮族28人，朝鲜族28人，蒙古族10人，锡伯族5人，苗族4人，藏族3人，羌族3人，瑶族3人，彝族2人，土家族1人，白族1人。2006年，桥东区有19个民族，其中少数民族有18个，人口数为4951人，占全区总人口的2.26%。18个少数民族中人口最多的是回族为4462人，其他少数民族人口依次为：满族313人，蒙古族45人，朝鲜族33人，壮族31人，土家族18人，苗族9人，维吾尔族6人，藏族6人，羌族8人，锡伯族5人，瑶族4人，彝族3人，哈尼族2人，仫佬族2人，傣族2人，布依族1人，畲族1人。

桥东区少数民族超过1000人的有西门里、北大街2个街道办事处，人口分别是1292人和1782人，其他均未超出千人，西大街办事处832人，南长街办事处610人，大梁庄乡辖区336人，东郭村乡辖区99人。

二、回族

桥东区少数民族人口最多的是回族。邢台回族来源不一，落居邢台始于13世纪初期，经元、明、清及民国时期发展，成为邢台人口最多、分布最广的少数民族。桥东区回族大多来源于河北省威县、临西县、大名县、邱县，河南省孟县，山西长治市一带，也有部分来自全国其他地方，以移民、驻防、经商、逃难、工作调动为多。回族是随着伊斯兰教传入中国后逐渐形成的一个民族，其风俗习惯深受伊斯兰教影响，经长期发展，已逐渐演变为回族群众的生活习惯。新中国成立后，党和政府十分重视民族问题，将回族的风俗习惯作为党的民族政策内容，载入法律、法规，受到党和政府及各族人民的尊重和保护。

饮食 回族禁食猪肉，禁食无腮、无鳞的鳞介类和不反刍、蹄不分的草食类动物以及钩嘴、无嗉的禽类，禁食自死之物、血液、膀胱、胰脏、尿道等。凡可食禽兽均由阿訇或海里凡宰牲。禁酒忌烟，喜饮茶也是回族群众的一大生活特征。回族群众所办的饮食店或摊点都挂有牌子，牌子写有经文，意为清真食品，并画有一把汤瓶壶，牌子下挂有红绿两色丝绸条，它是回族经营食品区别于其他非信仰伊斯兰教民族经营食品的重要标志。回族群众外出购买食品只买挂清真标志的食品。

沐浴 回族群众素有爱清洁、讲卫生的传统习惯，凡有条件的家庭都备有汤瓶壶。每遇节日或婚丧重大活动，回族群众都要到清真寺沐浴净身。回族的沐浴同一般人的洗澡不同，有大净和小净之别，大净包含小净，做大净时必带小净。大净是用清洁的水从头到脚洗净全身，并漱口、呛鼻等。小净亦用洁净水洗净身体一些部位，包括洗脸、洗手、漱口、洗鼻孔，用湿手抹头及耳、冲洗双足等。小净用汤瓶壶冲洗，洗时左手持壶浇水，右手接水进行洗浴。大净时用吊罐，内有定量适度温水，罐下开小孔漏水而洗，不用澡盆，更不能在大池中洗。这种沐浴方法一直沿用至今。

服饰 信仰伊斯兰教的回族，思想文化体现伊斯兰教清真、和平、廉洁的教义，喜爱绿色、白色。因此反映在服饰上，便以绿色和白色为特征。建筑物多为绿色。阿訇、教民平时多戴白帽，穿白色对襟衬衣。遇到亲属亡故，家属穿白色大褂，戴白色包头，穿白色鞋袜。老年妇女多穿大襟上衣，袖子长至手背，仅露手指在外以示庄重。礼拜时服饰较为讲究。阿訇和海里凡均戴“特斯它”，即白布缠绕的硬帽，下垂尺余布条在后背；衣服加套“外罩”，系长袖对襟大褂，长度过膝，便于礼拜。男人礼拜，要求衣着整洁，可穿短袖，但不准穿背心；妇女礼拜时要戴“盖头”（少女盖头多艳色，中年多黑色，老年多白色），将耳朵、头发、脖子均遮在里面，仅露出面孔。

礼仪 回族群众相逢，互道“包俩目”。一般先由年龄小的人或晚辈发问：“艾塞俩目尔来库目”，对方答：“五尔来库目色俩目”。意思是“真主赐福于你”或“赐你平安”。特殊场合便用严肃、郑重的礼仪——“拿手”，其动作类似握手。

婚娶 回族男女对配偶有自择权，一般在族内通婚，也可与其他民族通婚。结婚仪式，要聘请阿訇来证婚，并念和写“伊扎布”（阿拉伯语“证婚词”），并问新郎、新娘是否愿意，双方都要亲口应允。仪式前，男方赠礼品于女方，称为节礼。礼成，阿訇向新郎、新娘抛喜果（花生、红枣、糖果等），让小孩争抢，但严禁鼓乐、鞭炮，婚礼俭朴热闹，不动烟酒。

丧葬

回族丧葬风俗从简，死后早日下葬。回族人死在哪里，就埋在哪里，一般不送回故土。邢台回族人去世称“无常”，实行土葬，不超过3天。丧葬的主要礼仪有：

做“讨白”。回族人生命垂危时，家属要请阿訇诵读“清真言”，意为祈求真主宽恕其一生的过错。

使水。发送之日，请阿訇、掌教或乡老将亡人用清水洗干净，穿上可番（裹尸体的白布），抬入“经匣”待葬。

行站礼。也称站“者那则”。由阿訇主持。其过程包括行“者那则”拜、诵经、行传香（或传经）礼。礼毕，即抬到墓地安葬。

回族丧事节俭，不扯大孝，不吹响器，不奏乐，不放鞭炮，不送花圈，不出殃。但很注重施舍，亡人的部分衣物或其他物品分赠阿訇、亲友或经济困难的人。

语言文字 回族没有本民族文字、语言，通汉语、诗文，但由于族源的历史原因，回族在用汉语、诗文的同时，在内部和对外交往中，使用一些阿拉伯语和波斯的词汇。在使用汉语上，邢台一带回族中有些特殊的用法：如说“宰牛宰羊”，不说杀牛杀羊；同意或允许，称“口唤”；送葬说“发送人”，不说出殡；尸体叫“亡人”或“埋体”，不说死尸等。这些习惯用语在回族中富有群众性，可凭此习惯区别。

节日　回族的风俗习惯来源于伊斯兰教的教规教义，民族节日即伊斯兰教的节日，主要有开斋节、古尔邦节、圣纪节等，俗称“三大节”。

开斋节又称大尔代节，在每年伊斯教历10月1日。这一天，男女老幼都换上新装到清真寺沐浴洗礼，家家户户晨礼前将炸好的油香等节日食品送到清真寺，分赠亲友，互相庆贺，还要请阿訇上坟诵经，悼念去世的先人。

古尔邦节又称宰牲节或小尔代节，一般在开斋节后70天举行。除举行合礼外，还要宰牛、羊、鸡等馈赠亲友和贫困回民，并送到清真寺，以示祝贺。

圣纪节是纪念穆罕默德诞生和去世的日子。节日期间由阿訇宣讲伊斯兰教至圣穆圣的丰功伟绩，同时诵读各种祈祷词。清真寺组织聚餐，招待本坊群众。

其他习俗　一是起“回回名”，俗称起“经名”。婴儿出生后，请阿訇选择伊斯兰教经典上圣人名字，为婴儿命名，常见如“阿里”、“易卜拉欣”、“法都麦”等。

二是割“逊奈”，即割礼。男孩5～12岁左右，由专门人员在男孩阴茎包割一小块包皮，此俗已逐渐取消。

三是贴“都哇”，回族居室及院门楣额上贴一“都哇”，即用阿拉伯文写的“清真言”，以示信仰。

三、其他少数民族

桥东区除回族外，还有满族、蒙古族、朝鲜族、壮族等17个少数民族。除回族外，少数民族人口最多的是满族。满族古称“女真”，辛亥革命后改称满族，有自己的语言文字。桥东区满族多为建国后支援邢台建设，大多由北京或东北地区来邢台定居。蒙古族是个精骑善射的民族，他们有自己的语言文字，信奉藏传佛教，但居住在桥东区的蒙古族，由于长期散居于汉族与其他民族间，在生活习俗上已与汉族几无差别。其他少数民族在桥东区人数极少，多是建国后支援邢台建设或改革开放后经商而来，也有学生毕业分配而来，也有与邢台籍干部、军人通婚而至。由于他们人数极少，与其他民族长期杂居，除个别保留原少数民族习惯外，大部分人的生活习俗与汉族无明显差异。

第二节　宗　教

2006年，桥东区有佛教、道教、伊斯兰教、天主教、基督教五大宗教，信教群众16000余人，其中佛教4600余人，道教1200余人，伊斯兰教3600余人，天主教3700余人，基督教3500余人。1995年10月与2003年9月，先后召开桥东区伊斯兰教第一届、第二届代表大会，选举产生桥东区伊斯兰教协会。2006年4月，桥东区道教召开第一届代表大会，选举产生了桥东区道教协会。

一、佛教

概况　佛教的创立者是古代印度的释迦牟尼，公元前后传入中国。唐朝时期是桥东区佛教鼎盛期。明朝末期桥东区佛教发展缓慢，清代已是衰败。寺庙多毁于战火，其后虽有恢复，但规模难如其前。民国年间战火频繁，特别是日军侵华战争，使得多数寺庙毁坏，僧民走散。建立新中国后，在党的正确方针政策指引下，特别是改革开放以来，桥东区的佛教发生了显著的变化，一些寺庙相继得到重建并恢复，为佛教活动正常化、规范化奠定了良好的基础，桥东区有佛教信徒4600余人。

节日 佛教的节日主要有：佛诞节、腊八节、盂兰盆会。佛诞节也称浴佛节，是纪念释迦牟尼出生的节日，每年四月初八为佛诞节。腊八节，是释加牟尼的成道日，因我国习惯把十二月称为腊月，故十二月初八为腊八节，这一天佛教信众要用米和果物煮成粥来供佛。盂兰盆会是佛教徒根据《盂兰盆会》，而于每年七月十五日举行超度币代宗亲的日子。“盂兰盆”是梵语音译，意为“救倒悬”。

寺院 桥东区的佛教寺院主要有开元寺，俗称东大寺，位于桥东区光明街，该寺因建于唐朝开元年间而得名，迄今有1200多年的历史，为省重点文物保护单位。天宁寺坐落在桥东老城区西北隅，创建于唐朝初年，俗称西大寺。具有元代建筑的特点，殿后门两侧抱鼓石，亦为元代遗物，这座殿堂是邢台仅存的一座具有元代风格的佛教建筑。

二、道教

概况 道教渊源于古代巫术，形成于东汉。道教是唯一一种土生土长于中国的宗教，也是世界宗教史上历史最悠久的宗教之一。它植根于中国文化土壤中，是中国民族文化的重要组成部分。桥东区是早期道教的重要发祥地之一，在历史上曾辉煌一时。唐、宋、元时期是桥东区道教发展的鼎盛时期，明清从停滞逐渐走向衰落。新中国成立后，道教庙观相继关闭。“文化大革命”时，桥东区的庙观大多被拆毁。1978年，中共十一届三中全会后，正常的道教活动受到法律保护，道教活动逐步纳入正规。1980年有道教信徒100余人，1992年有道教信徒200余人，2006年有道教信徒1200余人。

道教的基本信仰 道教奉老子为道祖，把《道德经》当作主要经典。道教认为：“道”无所不包，无所不在，是一切的开始。有了“道”才生成宇宙。宇宙万物都是神创造的，这个神就是太上老君，太上老君无时不存，常分身降世，后天的老子即是太上老君的化身。道教认为除了“人”所居住的这个世界之外，另有神仙居住的仙境，即有三十六洞天、七十二福地，神仙是宇宙万物的主宰。

与“道”并提的是“德”。道教认为，“德”和“道”是一个整体，所以道教徒一定要“修道养德”。并将“道”和“德”作为最根本的信仰和行动准则，必须做到既要修道，更要积德。

道教认为，人的命不完全由“天”注定，通过修道可以延寿。修道的方法多种多样，如果修道有恒、日久年深，可以长生不死，还可以成仙。

道教的教派 道教在历史上教派很多，到了元以后，基本合为两大派即正一派或全真派。正一派亦称正一教、正一道，为东汉时张陵所创，桥东区道教徒多属正一派。全真派亦称全真教、全真道，为金世宗时期王重阳所创。

宫观庙堂 火神庙位于桥东区府前南街南头东侧，宋初建，明万历年间重修，供奉火帝真君。该庙有房30余间，有建修碑和重修碑等。城隍庙：位于桥东区珍珠街中段路北，始建于明初，当时总占地约13亩，规模宏大，全国解放时该庙尚存，20世纪50～60年代被毁。城隍庙仅余主殿和配殿2间，建筑面积不足100平方米，总占地不足0.15亩。在中共十一届三中全会后，宗教活动受到国家保护，广大信众募捐集资，对城隍庙进行重修，城隍庙重现昨日喧沸。

三、伊斯兰教

概况 桥东区信仰伊斯兰教的民族主要是回族和维吾尔族，清真寺是信仰伊斯兰教的民族群众举行宗教活动的主要场所。2006年，桥东区信仰伊斯兰教的回族群众有3600余人，经常参加礼拜的有500余人，有清真寺3座，教职人员有阿訇3人，海里凡2人。各寺均设有民主管理委员会主持日常教务与事务。

公元632年伊斯兰教创始人穆罕默德逝世时，因未对继承人作出遗嘱，教内继承权发生分歧，分为四派。随着阿拉伯国家的统一，经济的发展，国土划分等原因，后来逐步形成逊尼源和什叶派两大派延续至今。伊斯兰教传入中国，开始为逊尼派，尔后形成三大教派和西北五省（区）的四大门宦制度。桥东区伊斯兰教大都属逊尼派中的“格底木”派，也称老派，遵循逊尼派的正统信仰修持，在教法学上属哈斐派，重视“六大信仰”和“五功”。改革开放后，随着内地与西部交往的增多，西部什叶派中的一些派别逐渐传入桥东区，但信仰人数较少。历史上，伊斯兰教在邢台所实行的宗教制度为“教坊制度”。即以一个清真寺为中心，包括周围聚居的回族穆斯林形成一定的宗教区域。教坊内回族穆斯林称“高目”，桥东区实行的是单一的教坊制度，各坊之间互不隶属，独立行教。现在教坊组织已改为清真寺民主管理委员会，对清真寺实行民主管理，委员会成员协商选举产生。

清真寺　阿拉伯语为“麦斯吉德”，意为“叩头的地方”。即穆斯林举行沐浴、礼拜和举行宗教仪式的场所，也是开办经堂教育、传播伊斯兰教知识和学问的地方。由于历史上回族与伊斯兰教的密切关系，过去邢台回族群众的公益事业和文化活动也都在清真寺举行。1958 年宗教改革以前桥东区共有清真寺 6 座。“文革”中保留的北寺等寺院遭到破坏或被拆除。1978 年中共十一届三中全会后，随着党的民族宗教政策落实，桥东区留存的 3 座清真寺相继得到维修并开放。清真寺常住人员一般为 3 ~ 10 人，由住寺阿訇主持全寺教务，领拜聚礼，管理寺院。寺师傅主管寺内水房烧水、沐浴灌水和打扫寺院。“海里凡”（学员）各寺人数不等。清真女寺除不宰牲外，其它同男寺一样。寺院财产为全坊教民的公产，不属任何人私有。寺院经济来源主要靠捐赠，用于寺院建设和阿訇、海里凡的开支，以及寺内用煤、水等日常生活开支。1958 年宗教制度改革后，各清真寺都成立了民主管理委员会，实行民主管理并协助政府贯彻落实宗教政策。

马市街清真寺　该寺坐落在马市街南部，旧称南关，故又称清真南寺。该寺周围马市街、牛市街、羊市街、羊市道、楼下道村等街巷村落居住着丁、马、白、王、吴等姓回族穆斯林，称为“南坊高目”。南寺始建年代为清朝初年。在礼拜殿顶椽上有“清光绪三十年重修”字样。该寺占地面积 700 平方米，主建筑礼拜殿为三开间，前有古棚。正殿之前北侧为讲堂和沐浴室，为新式二层楼建筑，与东侧门楼连为一体。南侧为厨房和卫生间。“文革”中该寺遭到极大破坏。中共十一届三中全会后，党的民族宗教政策得到认真落实，该寺经全面整修翻盖，经批准于 1981 年重新开放。2002 年，对年久失修的危房，进行了翻盖，并加盖了二层楼，面貌焕然一新。

晋祠道清真寺　该寺座落在桥东区晋祠道村内，村内居住着丁、王、白等姓回族穆斯林约 300 余人，占全村人口的 70%，是桥东区唯一的少数民族村。晋祠道清真寺始建于 20 世纪 30 年代，于 1991 年重修。该寺占地约 1 亩，为中国传统建筑式样。主建筑礼拜殿为三开间，前有古棚，殿顶椽上挂有“认主独一”牌匾 1 个。正殿之前北侧有讲堂 3 间，南侧有淋浴室 2 间，院内立有重修碑 1 个，并栽有果树和花草。

靛市街清真女寺　靛市街清真女寺座落于桥东区靛市街，占地约 300 平方米，为中国传统建筑与现代建筑融合式样，为 2002 年新建建筑。主礼拜殿约 100 平方米，为大开间，可同时容纳 50 余人礼拜。主殿两侧建有讲堂和沐浴室。

四、天主教

概况　清光绪十一年（1885 年），天主教正定教区教公署派遣法国籍神甫包儒略到邢台，在北关内建了传教士住房一所，进行传教活动。自此，天主教传入邢台。民国 22 年（1933）10 月，成立“顺德教区”，脱离正定教区管辖，管理顺德府所属的邢台、沙河等 9 县的天主教教务活动。建有耶酥圣心堂、若瑟堂、圣母堂，后来多被占用或毁坏。新中国建立后，顺德教区掀起反帝爱国运动，驱逐了外国传教士，开始走独立自主自办教会的道路。“文化大革命”中，教区教务中断。1978 年中共十一届三中全会后，天主教正常的宗教活动受到保护，天主教活动逐步走向正规。1989 年，桥东区政府为解决区内信教群众进行正常的宗教生活，由财政出资在卫生街 2 号为区内天主教信徒建成房屋 12 间共 700 平方米的临时教活动场所。1992 年，全区天主教信徒共有 3100 人，2006 年有 3700 余人。

教堂及教职人员 耶稣圣心堂建于1902年，是顺德教区和邢台总堂的礼拜堂，座落于桥东区北长街北端路东。该堂24开间，南北走向，院内除耶稣圣心堂外，附属建筑共110间，占地20亩，1974年关闭。圣母堂：该教堂位于达活泉东大街109号，于2002年12月建成，总占地约3亩。堂门建有钟楼，高约22米，教堂建筑面积约700平方米，可同时容纳800人礼拜。该堂现有神甫1名，执事、修士若干名，主持讲道等教务活动。

五、基督教

概况 清光绪二十九年（1903年），基督教传入邢台，传教徒在邢台旧城西置地136亩，创办顺德区会，以桥东区西门里为中心对外传教。解放后，在教徒中广泛开展自治、自养、自传的“三自”爱国运动教育，基督教在桥东区掀开新的一页。1983年为了落实党的宗教政策，政府将花市街教产转给了基督教会，使基督教在桥东区的活动纳入健康有序的发展轨道。

桥东区信仰基督教的群众，1980年有200余人，1984年500余人，1994年1000余人，1997年2500余人，1999年3000余人，2006年达3500余人。

活动场所及教职人员 *新西街基督教堂* 位于邢台市新华路和新西街交叉口的西北侧，是河北省少有的保存完好的古罗马式建筑之一。礼拜堂共有二层，底层一半掩在地下，一半露在地面，是个地下室，上层用作礼拜。礼拜堂长16米、宽13米，宽敞明亮。地板用红漆长条木板铺成，四壁有15个拱形长窗，礼拜堂北侧的顶端为钟楼，以前挂有一个转轮式合金钟，钟虽不大，声音却很宏亮。“文革”期间，由于极左思潮，这所礼拜堂一直关闭，并遭到破坏。中共十一届三中全会之后，随着党的宗教政策的不断落实，该堂得到开放。1982年这座礼拜堂重修新整，开始恢复使用。

花市街福音堂 1983年为落实党的宗教政策，邢台市政府将花市街32号院房产转给教会暂用。1995年，邢台市政府又将花市街46号院房产转给基督教会。1997年5月，由信徒捐资对花市街46号院进行改建，并于1998年圣诞前完工，取名为福音堂，可同时容纳400余人礼拜。随着信徒人数的逐年增加，家庭聚会点逐渐增多，2006年桥东区共有6处家庭聚会点，分别是西仓巷家庭聚会点、母家场家庭聚会点、碾子头家庭聚会点、辛庄家庭聚会点、百花家庭聚会点、红星东街家庭聚会点，基本满足信徒进行宗教活动的需要。福音堂教职人员有牧师2人，长老1人，传道员若干人，主持讲道等教务活动。基督教信徒的主要读物是《圣经》，活动仪式有：默祷、奏琴、唱诗、祈祷、读经、讲道等。

第三节 管理机构与宗教管理

一、管理机构

1989年，桥东区民族事务委员会成立，设主任1人，副科级编制。1993年成立民族宗教事务委员会，设主任1人，副科级编制。1996年5月撤销了民族宗教事务委员会，成立了民族宗教事务局，设局长1人，副局长1人，正科级编制。其主要职责是宣传、贯彻、落实党和国家的民族宗教政策，维护少数民族和信教群众的合法权益，依法对全区的民族宗教事务进行管理。

二、宗教管理

1995年4月，桥东区民族宗教事务委员会为马市街清真寺、清真女寺、晋祠道清真寺颁发了宗教活动场所登记证。1995年10月成立了桥东区伊斯兰教协会，2003年9月召开了第二届伊斯兰教代表大会，选出了第二届伊协领导班子。2006年4月成立了桥东区道教协会。

第三十编
人　　物

1980～2006年，是我国改革开放和社会主义现代化建设迅速发展的重要时期。全区人民在创造社会主义物质文明和精神文明的伟大实践中，涌现出许多优秀人物，其功绩理应载入史册。本编以人物传、人物表的形式共收录76人，他们是全区众多先进模范和优秀人物的代表。

第一章　人物传

本章人物传收录6人，按卒年先后排序。

李见性　（1897—1982），道号明心，原籍隆尧县木花村。1964年，“小道士”李见性参加了市联合医院，在南长街公社分院行医至病逝。

李见性幼时入私塾，学习古典经书及医、易之理。曾随舅父练过长拳、刀、棍、绳鞭等武技。弱冠即到内丘名山——神头山当道士，后又在邢台雷公山拜正一教传人“玄阳”道长为师，潜修道法，更习传统医术，即此在寺庙周围行医济世、治病救人，愈者不计其数。为了深造，又走出雷公山，遍历南方名山古庙，后到江西隐虎山灵霞观。此处环境幽静，适合清修。但乡人告知，过去此庙道人或被虎咬，或被歹人抢劫，所以再无人敢往。李见性听后不惧，曾见虎但未受其害，并以武技和智慧斗败3名匪徒。在此修行年余，香火逐渐鼎盛。因家中老人年迈，又返回雷公山。其医术名声甚高，吸引李宝玉和石逢春上山求医，三人情投意合，遂义结金兰。

李见性初到邢台城内时正值青年，身穿道装，故人称其“小道士”。年深日久，到邢台找他看病的只知道“小道士”，而不知其真名。因其医术高明，且德高望重，在邢台及周边地、县声名远播。20世纪70年代末，北京刘忠臣的母亲田氏专程到邢台求其治病，病愈后返京。

李见性初到南长街时，年轻好武，发掌有声带风，常到开元寺练拳，日久结交了寺内方丈和尚，经常谈佛论经，相互探讨佛、道两家的理论，颇具哲学见地。李见性颇具慧根，而且名理豁达，在佛、道两家都结交了不少名士。又因行医之故，结交了南长街高家老人，此人博学，精通周易六爻卦术，李见性常与其在一起研究易学，深得卦象之法。

李见性一生太极功底深厚通明拳理；在医学上精通传统中医理论，能治各种疑难杂症，尤以儿科为上，擅长针灸。在邢台武术界和医学界都享有崇高的威望，是邢台家喻户晓的武术家和名医。

李见性于1982年病逝，享年85岁。安葬在原籍隆尧县木花村。

马维检（1922.01—1992.12） 祖籍河北省内丘县白鹿角乡唐家村。1942年7月，参加革命工作并加入中国共产党。历任内丘县公安局侦查员、内邱县第五区政府副区长，柏乡县法院副院长、柏乡县组织部副部长，邢台市农林局局长、邢台市房地产管理局局长，邢台市育红院党支部书记、主任，邢台市卫生局党委副书记、副局长，邢台市桥东区人民政府区长、区委副书记、区政府党组书记。1984年离休（享受地专级政治生活待遇）。

他在党的培养和教导下，由一名普通的农家子弟成长为一名领导干部。参加革命40余年来，多次变动工作岗位，他都愉快服从组织安排。作为党的一名干部，他坚持执行党的路线、方针、政策，始终保持着共产党员的优秀品质，对待工作兢兢业业、勤勤恳恳、任劳任怨，从不计较个人得失。他离休后，还始终关心着党的事业，关心着桥东区的发展，始终保持了一名共产党员的政治本色。

马维检于1992年12月14日在邢台市第一医院逝世，享年70岁。安葬在内丘县白鹿角乡唐家村。

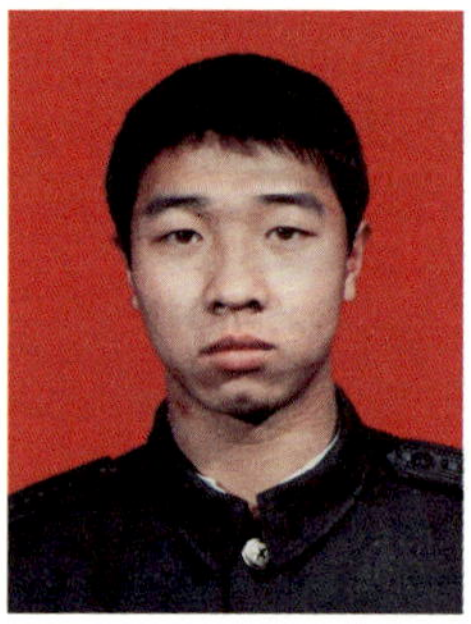

李金伟（1977.1.23—1999.8.25） 祖籍任县邢湾镇穆口村。1995年12月入伍，在大连市81413部队服役，任一排二班代理班长。1998年12月退伍后受聘于邢台市桥东区集贸市场派出所襄都市场治安室，任治安员，1999年8月25日执行任务时，壮烈牺牲。2000年6月2日，经省委研究批准，追认李金伟为中国共产党员。2000年9月4日，经河北省人民政府批准李金伟为革命烈士。

他十几年如一日，始终把奉献社会、服务人民作为自己的人生追求。参军前，他经常帮助军烈属、困难户打水买煤、干农活，经他长期照顾过的孤寡老人和军烈属就有十几人。参军后，他被评为优秀士兵。1998年在大连市抗洪抢险的40多个日日夜夜里，李金伟总是出现在最艰苦、最危险的地方，为保护大庆、保卫油田流血流汗。大庆市委授予他“大庆市荣誉市民”，可他让给了自己的战友，他用自己的实际行动实践了为民服务的宗旨，任务完成后，他所在的连队被授予集体二等功。

他在襄都市场治安室工作期间，工作勤恳，一丝不苟，从来没有休息过节假日。短短几个月时间，他和同事们先后调解民事纠纷50余起，抓获行窃犯罪分子11名，有效地维护了商场的治安秩序。作为人民治安员，他不畏强暴，当生与死的考验到来的时候，为了人民的利益，义无反顾，挺身而出。1999年8月25日，在襄都市场执行公务时，他只身勇斗3名扒窃歹徒，在搏斗过程中，先后被刺中数刀，他头部受伤，大动脉被刺断，肠子被挑出，鲜血一直流了20多米，但他没有畏惧，毫不退缩，直到牺牲在血泊中，为保护人民群众的财产安全献出了年仅22岁的生命。

李金伟忠于职守、勇敢斗争、英勇献身的英雄气概，赢得了社会各界的广泛赞誉和敬佩，他用自己短暂而闪光的生命谱写了一曲在平凡岗位上爱党、爱国、爱人民的青春之歌。牺牲后，葬于故里任县邢湾镇穆口村。

蒲先贵（1913.4—2001.11） 原名赵宗贵，1913年4月生于四川省梓潼县段宋河村一个贫苦家庭中。全家四口人，靠打长、短工度日。14岁丧父，生活上失去了依靠，更加贫困。19岁随母过继到本县老家湾村一户姓蒲的孤苦木匠家里，改名为蒲先贵。1934年，参加工农红军四方面军第四军。入伍后，先被分配到扩军招兵活动中，后被分配到担架队（因当时迅猛扩军枪支少），并做替补战斗员。

1934年3月，参加了反击四川军阀刘湘、邓锡侯对“通南巴苏区”（川陕革命根据地）的“六路围攻”战役；9月份，先后参加了打绵洲、攻绵阳、战半坝等战斗。1935年3月随军西渡嘉陵江，5月至7月参加土门战役，随后北上长征，于1936年4月到达陕北实现红军大会师。

1936年5月在红军卫生学校当炊事员。1937年调入延安军医大学。他曾多次执行到“敌占区”采购食品、中药材任务，并圆满完成任务。1941～1945年8月在延安时期，担任生产队队长，带领20名青年学员（大部分是投奔延安革命队伍的学生）开荒种地搞副业。1942年荣获“陕甘宁边区劳动英雄”，在表彰大会上受到中央领导和毛主席的接见。1945年8月回医科大学当管理员。后为白求恩医科大学（石家庄）供给股供给员。1948年7月随军转移到天津，任华北医科大学（后改名天津军医大学）供给科科员、科长职务。1951年10月该校改名为解放军第一军医大学，任供给科科员（副营级）。

1955年初，因体弱多病转入地方休养。1955年3月底来到邢台，选为市民政局供养干部支部委员、副书记，并一直担任供干支部队队长。不遗余力兢兢业业负起供干人员的管理事务。转入地方后，多次为青年学生、部队、机关等做革命传统教育报告，关心下一代思想健康成长。在社区生活中，坚持几十年早起清扫街巷、打扫公厕、清理垃圾及干其他力所能及的好事，深为当地群众赞誉。2001年11月，因病在邢台市第一医院去逝，葬于华北烈士陵园。

刘勤增（1924.10.22—2006.1.23）　1924年10月22日出生于河北省临城县东柏畅村。1938年3月在赞皇县抗日政府参加工作，1945年1月任昔东工商局事务所主任，1945年4月入党。1948年10月调任邢台市政府市政科工作，1953年9月任邢台镇政府副镇长，1955年1月任邢台市人民法院院长，1959年6月任邯郸冶金局生产处处长，1963年3月任邯郸细瓷厂党委书记，1974年4月任邢台地区化肥厂党组副书记、革委副主任，1975年10月任邢台市委城市工作办公室副主任，1977年10月任河北红星汽车厂党委副书记，1979年10月任邢台市城市工作办公室主任，1980年2月任邢台市桥东区委书记，1983年12月离休。

他离休后继续为桥东的稳定发展献计献策，发挥余热。他忠诚党的事业，发挥党的优良传统和作风，积极从事力所能及的工作，用饱满的政治热情和高尚的革命情操，继续关心着党和人民的事业，为桥东“两个文明”建设和关心下一代工作做出了很大的贡献。在任桥东区关工委书记时，不顾年老体衰，带领桥东的离退休干部组成关工委老干部宣讲团，给孩子们讲过去的战斗经历，向广大青少年积极宣传党的优良传统，为青少年学生作报告近300场，听众达2万人次。他每次演讲的内容既丰富又生动，从抗日战争、解放战争到新中国成立，从国际共产主义战士白求恩到战斗英雄黄继光、董存瑞，从改革开放的大好形势到香港、澳门回归祖国及中国加入世贸组织。向他们讲述共产党人的理想和信念，鼓励孩子们刻苦学习，报效祖国。多次荣获省、市、区关心下一代先进个人、离休干部先进个人、优秀校外辅导员、优秀共产党员等荣誉称号。1995年，刘勤增被省评为“全省离休干部先进个人”，1999年获全省“老有所为先进个人”，2005年荣获了中共中央授予的“抗日战争胜利60周年”纪念勋章。2006年1月23日，因病去逝，安葬在临城县东柏畅村。

马良辰（1940.3.25－2006.11.24）　又名马良，字千里，号梅兰斋主。河北清河县葛仙庄人。曾先后在邢台市第四中学、第十六中学工作，长年居住在桥东区。马良辰幼承家教，勤学三艺（书法、京剧、中医）、诵读国学经典，弱冠之年即名闻乡里，尤以书法为著。

20世纪80年代中国改革开放之初，文化艺术渐兴。应邢台饮食公司之请，书刻仿古“道口烧鸡”百年老号牌匾。旋即成为邢台一景，前去观瞻留影者络绎不绝。继而，应邢台市政府之请，为邢台古八景之一的清风楼复制牌匾，使之面貌焕然。马良辰之声名随之鹊起，请其题写牌匾者接踵而至，邢台市最繁华的商业街——马路街的路南、路北之商业店铺不出10米即有一匾出自其手。马良辰为邢台市首位入展中国书法家协会主办的展览的书法家。多次参加河北省书法家协会组织的国内外书法交流活动。其作品也被河北省、邢台市作为礼品远播海外，为日本、新加坡、韩国、加拿大等国家收藏。其著述亦丰，出版有《汉字间架示例并注》、《欧体书法四言举要》、《新编五体千家姓》、《阴阳学说于书法上的运用》等。作品及传略入编《中国当代书法百家墨迹》、《书法百家墨迹》、《中国当代书画篆刻家辞典》、《中国当代美术家汉英辞典》、《中国当代艺术界名人录》、《跨世纪中外书画家大辞典》、《中华人物大辞典》、《中华翰墨名家作品博览》等30余部辞书中。

马良辰热心服务国家、社会，曾随团同石祥先生共同慰问老山前线战士，并撰写诗词、对联，鼓励他们杀敌报国。曾筹划、指导建设河北清河县武松公园碑林。书写邢台市抗洪纪念碑、张氏三兄弟（邢台最早的共产党员）纪念碑、郭守敬铜像纪念碑、邢台市卧牛城碑记、清河县武松打虎像碑文、清河县捐资助教碑文、清河县烈士陵园碑记、平乡县平安碑林、郭守敬纪念馆匾额及楹联、扁鹊祠匾额等。马良辰热心书法教育事业，为邢台市筹划成立中国书画函授大学邢台分校，并担任常务副校长、书法部主任，亲自传授技艺。退休后创办了邢台市欣馨书法艺术学校，有多名学生书法作品在全国比赛中获最高奖，为邢台市培养了大量书法人才，为邢台市书法事业的繁荣作出了巨大贡献。2000年11月，中国书协授予他“德艺双馨”书法家称号（全国共94名）。马良辰生前为中国书法家协会会员、河北省书法家协会理事、南京国际文化艺术交流中心高级书法师、邢台市书协副主席、中国书法函授大学邢台分校常务副校长、书法教授、民盟邢台市委委员、邢台市政协第五、六、七、八、九届委员会委员等。

马良辰于2006年病逝，享年67岁。安葬在原籍清河县葛仙庄。

第二章　人物表

人物表录收了全国、省劳动模范人物10名和全国、省先进工作者18名（共29次）以及区属各单位获副高级职称及以上人员43名。他们是众多为桥东区两个文明建设做出突出贡献人物中的代表。劳动模范和先进工作者两个表中人物以先国家级后省级，以及授予时间的先后为序；高级职称和副高级职称人员一览表中人物排名未分先后。

全国、省级劳动模范一览表

姓　名	性别	籍　贯	获奖类别	授予时间
阎凤娥	女		全国劳动模范	1960年
郑玉香	女	河北省南和县	全国劳动模范	1989年
何玉铭	男	河北省丰润县	全国劳动模范	1995年
郭月香	女	河北省威县	全国劳动模范	2005年
路有仁	男		省级劳动模范	1959年
杨须华	男		部级劳动模范	1985年
杨淑君	女	河北省隆尧县	省级劳动模范	1986年
何玉铭	男	河北省丰润县	省级劳动模范	1992年
张宗保	男	河北省威县	省级劳动模范	2001年
张　智	男	邢台市	省级劳动模范	

全国、省级先进工作者一览表

姓名	性别	籍 贯	获奖类别	授予单位	授予时间
杨淑君	女	河北省隆尧县	全国儿童少年先进工作者	国家教育委员会	1983 年
杨淑君	女	河北省隆尧县	全国优秀班主任获金质奖章	国家教育委员会	1983 年
高艺梅	女	河北省丰润县	全国轻工业环境保护先进工作者	国家轻工业部	1986 年 11 月
马秀芹	女	河北省威县	全国少儿工作优秀校长		
施丽萍	女	河北省内丘县	全国红领巾小建设辅导艺术奖	全国少工委办公室、中国少年报社	1988 年 12 月
施丽萍	女	河北省内丘县	全国优秀教师并授予优秀教师奖章	国家教育委员会、人事部中国教育工会全国委员会	1989 年 9 月
高艺梅	女	河北省丰润县	“七五”期间全国轻工业环境保护先进个人	国家轻工业部	1991 年 11 月
何玉铭	男	河北省丰润县	全国模范军队转业干部		1991 年
何玉铭	男	河北省丰润县	全国模范军队转业干部		1996 年
原继丁	男	河北省隆尧县	国家级优秀人民警察		1998 年
韩运贤	女	河北省南和县	全国优秀教师	国家教育委员会	
徐玉环	女	河北省威县	全国优秀教师	国家教育委员会	
张洪志	男	河北省威县	全国优秀工商行政管理人员		
周 彬	女	河北省固安县	全国“巾帼建功”明星	中华全国妇女联合会	2003 年 2 月
焦新婷	女	河北省清河县	全国法制宣传教育先进个人	中共中央宣传部中华人民共和国司法部	2006 年 5 月
杨淑君	女	河北省隆尧县	省优秀园丁一等功	河北省政府	1985 年 9 月
施丽萍	女	河北省内丘县	省优秀园丁一等奖荣记一等功	河北省政府	1985 年 9 月

姓名	性别	籍贯	获奖类别	授予单位	授予时间
杨淑君	女	河北省隆尧县	河北省特级教师		1990年
何玉铭	男	河北省丰润县	河北省科技 十大杰出青年	河北省委、省青联 省科委、省科协	1992年
何玉铭	男	河北省丰润县	河北省明星 企业家	河北省政府	1994年
鲁继田	男	河北省清河县	河北省优秀 党务工作者	中共河北省委	1996年7月
胡希民	男	河北省沙河市	民建河北省 优秀会员	中国民主建国会 河北省委员会	2000年12月
周　彬	女	河北省固安县	省“三八”红旗手	河北省妇联	2002年
梁树新	男	河北省衡水市	河北省城市民兵 基层建先进个人	河北省政府、省军区	2003年7月
胡新元	男	河北省邢台县	河北省社区建设 先进工作者	河北省政府	2003年11月
胡新元	男	河北省邢台县	河北省拥军优属 先进个人	河北省省委、省政府 省军区	2004年6月
张　曼	女	河北省邢台县	2005年度省科技 活动周先进个人	省科技厅、省宣传部 省科协	2005年11月
施丽萍	女	河北省内丘县	全省精神文明 建设先进工作者	河北省人事厅、 省文明办	2005年11月
施丽萍	女	河北省内丘县	省“三八”红旗手	河北省妇联	2006年3月

桥东区高级职称和副高级职称人员一览表

姓　名	性别	籍　贯	出生时间	工作单位	职称
高艺梅	女	河北省丰润县	1940. 4	区政协	高级工程师
陈丽华	女	河北省新河县	1949. 6	档案局	副研究馆员
李书岩	男	河北省任丘市	1937	区地方志办公室	副编审
郑丽华	女	河北省邢台县	1955. 12	人事局	副主任医师
李春英	男	河北省内丘县	1932. 08	教师进修学校	中学高级教师
刘秀芹	女	河北省内丘县	1948. 05	桥东教文体局	中学高级教师
师秀菊	女		1945. 05	桥东一中	中学高级教师
徐清秀	女		1948. 02	桥东一中	中学高级教师
张秀娥	女		1948. 10	桥东一中	中学高级教师

姓 名	性别	籍 贯	出生时间	工作单位	职称
徐玉环	女	河北省威县	1948. 11	桥东一中	中学高级教师
孔祥环	女		1949. 10	桥东一中	中学高级教师
李 青	女		1950. 09	桥东一中	中学高级教师
郭平振	男		1946. 09	桥东一中	中学高级教师
马秀芹	女	河北省威县	1936. 10	马路街小学	中学高级教师
杨淑君	女	河北省隆尧县	1936. 12	逸夫小学	中学高级教师
解秀珠	女		1942. 04	回民小学	中学高级教师
李金芬	女		1947. 03	桥东二中	中学高级教师
麻学信	男		1944. 10	桥东二中	中学高级教师
柴树理	男		1946. 09	桥东二中	中学高级教师
何群娥	女	河北省新河县	1959. 1	区进修学校	中学高级教师
欧阳新华	女	河北省湖南县	1953. 10	桥东一中	中学高级教师
孟景富	男	河北省邢台县	1953. 10	桥东一中	中学高级教师
李新素	女	河北省枣强县	1954. 4	桥东一中	中学高级教师
王素满	女	河北省博野县	1957. 3	桥东一中	中学高级教师
赵海芹	女	河北省邢台县	1958. 2	桥东一中	中学高级教师
侯世军	男	河北省威县	1962. 9	桥东一中	中学高级教师
王雨花	女	河北省任县	1963. 9	桥东一中	中学高级教师
李素英	女	河北省威县	1966. 5	桥东一中	中学高级教师
李树勇	女	河北省广宗县	1970. 6	桥东一中	中学高级教师
唐金杭	男	河北省清河县	1961. 11	桥东一中	中学高级教师
朱天真	男	河北省邢台市	1962. 6	马路街小学	中学高级教师
徐云燕	女	河北省邢台市	1962. 3	区教研室	中学高级教师
宁财顺	男	河北省邢台县	1958. 6	南园路小学	中学高级教师
邱民英	女	河北省新河县	1964. 12	西仓巷小学	中学高级教师
吴靖威	女	河北省邢台市	1966. 5	桥东三中	中学高级教师
路素阁	女	河北省临城县	1967. 6	桥东三中	中学高级教师

姓　名	性别	籍　贯	出生时间	工作单位	职称
孙玉苹	女	河北省柏乡县	1967.3	桥东三中	中学高级教师
张英辰	男	河北省威县	1957.5	桥东三中	中学高级教师
周秀斌	女	河北省邢台县	1967.8	桥东二中	中学高级教师
刘天增	男	河北省邢台市	1950.12	桥东二中	中学高级教师
贾长云	男	河北省邢台市	1963.11	桥东二中	中学高级教师
张先未	女	河北省邢台县	1963.12	桥东二中	中学高级教师
孙仁昌	男	河北省隆尧县	1955.10	桥东四中	中学高级教师

附　　录

一、邢台古城

桥东区是邢台的旧城区，历史悠久源远流长，距今已有3400余年的历史。历代为都、郡、府、州、县治所。邢台古城由内城和南关外城相连组成，城内和外城古街、古巷纵横相交、排列有序。古城内设有府衙、县衙、学宫、书院、寺庙、道观等，是邢台政治、文化、宗教活动中心；外城则是商业贸易中心，素有顺德府好南关美称。清朝谷鸣球曾这样描述当时的南关："南关为九省冠，盖通行之路，百产菁华聚会之区，烟火万家，客商辐辏，畿南重镇，天府婉雄矣！"旧时邢台南关店铺林立，商贾云集，是晋冀鲁豫著名的商品集散地，影响辐及四方千里之外，集市、票号、货栈、手工业十分发达，尤以皮毛业著称。已经发育形成规模成体系的专业化市场众多，且布局合理，比如：东大街的席麻、竹货、笼箩、年画，西大街的日用百货，北大街的鞋帽、烟草、杂货、钱庄，老商场的餐饮、洗浴、娱乐，另外还有马市街的马市等。

城　垣

内城　相传邢台城垣是春秋时期齐桓公所建。周惠王十八年（前659年），北方狄族入侵邢国，邢求救于齐，齐桓公率齐、宋、曹、卫四国联军援邢，打败狄人，为防狄人再次入侵，开始筑城墙御敌。东晋成帝咸和五年（330年），羯人石勒统一北方，建都襄国（今邢台）"大修城郭，增筑雉堞，称为建平大城"。宋代邢州城又一次重修，更加坚固。宋朝沈括在他《梦溪笔谈》里记载："郭进有才略，累有战功，尝刺邢州，今邢州城乃郭进所筑，其厚六丈，至今坚固"。至明万历年间，城墙为夯土结构，围长九里三十步，厚二丈，

古城墙

有正门四道，各为两重，外有城壕，深丈余，宽五丈。明天顺四年（1460 年）知府杨浩，为四面城门各增建瓮城二重，各城门成为四重四道弯的“扭头”城门，并在各城门上修建了城楼。万历十年（1582 年），王守成重修城墙，把原来的土城墙改建为砖石、混合土结构，同时扩大城围。墙身用条石筑有一丈多的基础，上部外皮砌有三尺厚条砖，内筑混合土，还增设了马道。据《邢台县志卷二城池》记载：“万历十年，郡守王守成始易砖石围十三里二十丈，石基高一丈，砖三个复入七进，高三丈五尺，厚五丈有余，又于四隅四门增设马道，改题东门曰“望齐”、西门曰“归安”、南门曰“率宾”、北门曰“鸳水”。此次修城，奠定了邢台城墙的基础。清同治六年（1867 年），知府任道榕、知县赵映春、陶雪锦集金二万多又重修城墙。

邢台古城垣虽长期受风雨侵蚀，但至民国年间整座建筑基本保存良好。1945 年，邢台解放，为备战需要，政府调动大批民工将城墙上构筑的工事及部分城墙拆毁。后为改善城市交通和城市建设的需要城墙逐年被拆除。

外城 邢台南关有一外城，与内城相连。据康熙《邢台县志》记载，明清两代，“城中居民稀少，而南关之民多至两倍，居民多不在城，今城中荒凉空阙，有故墟废垣之象，风气偏重于南，城中渐空，南关渐众”。清咸丰三年（1851 年），顺德府为防御太平天国北伐军而筑寨墙，“周围七里，六门，北接大城，堞高二丈二尺，基厚二丈二尺，顶宽一丈二尺”。南关是土寨墙，顶上是泥垛口。同治三年添以砖石。青砖寨门很有气势，和大城城楼水平一样，下层是圆圈大门洞，上层是起脊的楼阁。阁与藁谐音，邢台方言叫藁儿，寨内两侧有台阶可登上寨墙。南关有 6 座寨门，靛市街、东大街和牛市街寨门朝东开门，马市街寨门朝南开门，羊市街和西大街向西开门。寨墙外是围寨河，各门有石桥通往城外大路。

护城河 围寨河 水坑

护城河 古代的城防体系有城墙就必有护城河部分，护城河昔称城濠，主要起防御作用并兼有防洪排涝的作用。邢台城墙外有两道护城河，河深丈余、宽 5 丈，河水引自达活泉、牛尾河。水自西北处流入，向东南流出。

围寨河 南关围寨河是在修筑寨墙时取土挖出的沟濠修成，又称护寨河，寨河与寨墙靠肩并行。引城西河水环寨河至东北角汇入护城河。围寨河同护城河一样起着防御敌人入侵和防洪排涝的作用。

牛市水坑

水坑 邢台古城分贮水、排水，除由护城河、围寨河之外，还有很多或天然或人为形成的大水坑。城外南关的水坑主要有 4 个，即牛市水坑、羊市水坑、靛市水坑和霍家水坑。4 个水坑被人们寓为神牛的 4 个蹄印。4 个水坑中 3 个分别坐落在牛市街、羊市街、靛市街，霍家水坑则坐落在红影壁巷南端西侧。这些水坑的存在不但为古城暴雨季节起到分洪、排水的作用，平时贮水形成的小湖泊也成为人们日常休息、洗刷的好去处。

古街　古巷

街道　古邢台街道井然有序，体现了志书上“里社街衢纵横、经纬以类附件、弥觉有条不紊”的记载。邢台古城街道名称或以市命名或以地址称呼；或寓于历史时间；或寓于民间传说，分门别类各有出处。

内城主要有4条大街，都以清风楼和府衙为中心向东、南、西、北辐射。南谓府前南街，至南门；西谓府前西街、再西为西门里街至西门；东谓府前东街，再东为东门里街至东城门；沿府前东街向东至东门里街衔接处北出谓肠街（后改为南长街、北长街）至北门。4条大街两旁还分布若干较小街道，分别是：沿府前南街南行西出为崇礼街，再南为南马道，东出为南学街。沿府前西西门里西行，北出有东仓巷、西仓巷、东太平街、西太平街，南出有东仓巷、西马道。沿府前东街、东门里街东行北出有南北长街、驴夫营街、南出有纳凉园街。沿南北长街北行西出有卫衙街、学道街、大珠市，东出有东寺前街。另外还有清风楼后的凤凰街、文庙前的文庙街，驻有珍珠店铺的珍珠街、纳凉园街东侧的探花街等。

外城南关的街道在明末清初已基本形成。清道光七年《邢台县志》记载，南关外东为靛市街，南行为大街（后分为北大街、花市街、驴市街和马市街），稍南西出为西大街；东为东街（即东大街），再南东出为牛市街、西为羊市街。北大街、花市街、东大街、西大街交会成十字街口（俗称西街口），这里店铺林立，市肆荟萃是古邢台的经济贸易中心。另外，外城还有马路街、小东街、西街背后、羊市道等较小街道分布在居民聚集区。

古巷　是人们居住地的重要组成部分。明代邢台有尚义、永丰、永宁、集贤、怀仁、演武、崇志等9条古巷。随着历史的变迁、岁月的更迭，古巷的名称和数量都发生了很大的变化。至清末民初，邢台古巷主要有：东仓巷、西仓巷位于府前西街路北，西寺巷位于天宁寺（俗称西大寺）南侧，书班营位于清风楼后东侧，肚子巷是连接东仓巷和西仓巷之间的一小巷，仁义巷位于西大街路南，地方巷位于马市街路西，牌坊巷位于北大街路西，红影壁巷位于西大街路北，黑影壁巷位于西大街路北红影壁巷以东，蜜市巷位于东大街路北，生财巷位于羊市街路南，七道湾巷位于东大街路南，另外还有白家巷、裴家巷等。

邢台好南关

明清时期，邢台是顺德府治所在地，为畿南重地，历史上顺德府的南关店铺林立、商贾云集、日进斗金、富甲一方。据清人谷鸣球著《土寨记略》称“顺德府南关为九省冠盖通行之路，百产菁华聚会之区，烟火万象，客商辐辏，畿南重镇，天府婉雄矣”。邢台商贸由来已久，早在西汉时期就与国外有贸易往来。宋代已是中国北方商业贸易的主要市场。明朝定都北京之后，邢台商贸更是欣欣向荣，日益昌盛。顺德府的各大商行，集中于南关各大街区，西大街以烟行、粮行、皮店、银号和日杂用品为主，东大街以麻行、竹货、山货、药材、笼屉制作、年画为主，北大街以绸布、土布、制鞋作坊为主，马市街、牛市街、驴市街以牲畜交易为主，羊市街和羊市道则分布众多皮毛作坊，生产生熟皮革，是南关各行各业的龙头老大，顺德府的皮毛生意名扬四海。因而使顺德府好南关的名气也广为流传。坐落在羊市街、羊市道的皮毛制革业，始于明朝，兴于清朝，至同治年间，顺德府南关成为全国最大的皮毛集散地，名盖远在塞外的张家口，皮毛货源自陕、甘、宁、青海及内蒙古等地。邢台城西先贤、石头庄、周庄、崔路一带的村民，大多都去宁夏和河西走廊一带收皮子，收回的生皮经作坊熟制加工再由客商批发外销。东大街以麻织品、山货和中草药而闻名，山货和中草药场产自邢台西部山区，山区产的板栗、核桃、黑枣、柿饼、蜂蜜、枣仁等山货，中药材都由马帮运到南关东大街集中交易，然后经水路两路运往京、津及山东等地，销往大江南北。据民国三十二年《邢台县志》记载，“栗子佳者鬻远方，得善价，柿饼销售各处，酸枣仁行销云南、贵州，拧麻产额巨甚，畅销中外，橡实壳可作染料，贾客捆载而去者，岁以万计，京都谓之：透骨青”。邢台东部巨鹿、广宗、南宫、威县一带盛产棉花，农村妇女素有纺线织布的传统，所织土布皆运至邢台南关集散销售，邢台西部山区生长一种橡树，其果实壳可作染料，所产“蓝有大小，统曰靛”，土布的集散和染料的提供促进了邢台染布业的发展，染布作坊在靛市街形成规模，靛市街也因开设多家染布作坊而得名。当时邢台产的土布销售北至张家口、内蒙古，西至山西平定、榆次、太谷等地。京汉、正太铁路通车后，南关土布行销更是声明远播。民国初期，随着西方化学染料的进口，传统染料失去销路，邢台南关染坊才逐渐衰落。西大街遍布鞋店、粮栈、油店、银号和烟店。白家粮店是邢台最大的粮商，其家宅从西大街至羊市道，数院相连，房屋逾百间。大石头庄的刘家在西大街开有多家皮毛店，会宁镇的李家在城内开着当铺，在西大街经营着多家油店，城西先贤村的武姓开着烟店，制作的黑老虎牌旱烟畅销北方，其他诸如银号、杂货店更是遍布西大街。

邢台特产畅销全国的同时，外地的商品也源源不断地输入顺德府，外来人日益增多，一些身怀绝技者纷纷在邢台落户。河南安阳李氏在南关北大街创办的“桐泰祥”糕点铺；河南滑县张氏后裔创办的“义兴张”道口烧鸡店铺都进一步繁荣了邢台的经济，并成为邢台的老字号。

邢台南关平日行人稠密，逢年过节则平添了一派繁荣气象，店铺内吃、喝、穿的、用的、品种齐全，南来的、北往的行人络绎不绝，买的、卖的、推车的、挑担的交织在一起；互通有无、各取所长，一派兴旺景象。“邢台好南关，张果老一担挑”的优美传说也伴随着南关的繁荣而流传至今。

二、桥东区革命烈士英名录

邢台市桥东区革命烈士英名录一览表

姓　名	出生年份	籍　贯	参加革命时　间	牺牲时间	牺牲地点
柴德衣	1930	东郭村乡柴庄	1946.9	1947	河南省唐阴县
董清荣	1928	柴庄	1946	1947.9	山东省
付建平	1958	东郭庄	1978.3	1979.6	战备生产中
郭　亮	1923	南陈村	1946	1946	大别山
赵常景	1925	南康庄	1947.2	1947.8	山东省羊山
袁同锁	1923	西牛角村	1947.3	1947.9	河北省元氏县
吴春头	1928	马市街	1947	1947	河南省安南
张树栾	1926	卫衙街	1947	1948	山东省曹县羊山集
赵克喜	1926	北长街	1947	1948	山东省曹县羊山集
尹修德	1926	北长街	1947	1948	山东省曹县羊山集

姓 名	出生年份	籍 贯	参加革命时 间	牺牲时间	牺牲地点
石天仁	1936	北大街	1961	1976	河北省唐山市
陈文林	1925	羊市街	1947	1948	山西省临汾
左喜毛	1925	东大街	1947	1949	湖南叶县
孟万合	1925	马市街	1947	1948	山西省晋中
杨继禺	1925	东大街	1947	1951	朝鲜
伊耿云	1920	南头村	1942	1947	大别山
张寿山	1907	东大街	1947	1950	朝鲜
张增禄	1920	东大街	1947	1948	山西省临汾
王清臣	1923	东大街	1947	1948	山西省临汾
王登云	1928	靛市街	1947	1948	山西省临汾
王凤祥	1928	马市街	1947	1947	河北省元氏县
赵 胜	1921	北长街	1947	1948	山西省临汾
刘三喜	1919	北长街	1947	1948	山西省临汾
荣 根	1929	北长街	1947	1948	山西省临汾
牛福德	1926	书班营	1947	1948	山西省临汾
刘成群	1925	东关街	1947	1948	安徽省宿县
张凤山	1925	东关街	1947		失踪
郭二胖	1923	东关街	1947	1948	山西省太原
王 杰	1919	东关街	1947	1948	河南省安阳
王 身	1923	黄家园	1947	1948	山东省曹县羊山镇
王来成	1928	黄家园	1949	1977	
王山林	1928	北关街	1947	1947	大别山
魏凤绍	1926	探花街	1947		失踪
张连碧	1921	府前东	1948	1951	新疆喀什市
郝成仁	1929	府前东	1947	1948	山西省临汾
傅 智	1928	中羊市街	1947	1948	山西省临汾
张金亮	1922	中羊市街	1947	1948	山西省临汾
田京龙	1922	西马市街	1947	1948	山西省临汾
唐朝栋	1924	西马市街	1946	1948	太原省东山
王义忠	1929	西马市街	1946	1948	山西省临汾

姓　名	出生年份	籍　贯	参加革命时　间	牺牲时间	牺牲地点
张振林	1927	东羊市道	1947	1948	山西省临汾
范广新	1926	东羊市道	1947	1948	山西省临汾
吴银增	1927	东羊市道	1947	1948	山西省临汾
裴校之	1927	东羊市道	1947	1948	太原省东山
刘双喜	1927	南瓦窑	1946	1947	河南省安阳三里村
母学恭	1925	南长街	1947	1947	大别山
焦宋仁	1923	南长街	1947	1953	朝鲜
靳林祥	1929	南长街	1946		失踪
刘文田	1926	东关外街	1946	1951	朝鲜
刘天增	1924	东门里	1947		失踪
王书贵	1925	北长街	1947	1948	山西省临汾
赵一友	1929	西马路街	1946	1948	山西太原市
朝金亮	1929	红星街	1946	1947	失踪
和　勤	1925	南长街	1947	1947	山西省临汾
翟小天	1923	南长街	1947		失踪
王友信	1939	新市场	1958	1969	河北省张家口
袁黑臣	1923	新市场	1942	1943	晏家屯
李春增	1939	西园村	1959	1962	北京郊区
徐振德	1923	西园村	1947	1948	山西省临汾
冀文玉	1927	西园村	1947	1948	大别山
程国亮	1924	西园村	1947	1947	河南省商城县
程连生	1929	西园村	1947	1948	山西省临汾
邓万寿	1922	西园村	1947	1947	淮海战役战场
白振林	1930	下西街	1949	1949	陕西省宝鸡
梁铸金	1917	西羊市道	1946	1947	安徽省太湖县寺前镇
王玉金	1929	南瓦窑	1946	1947	河南省安阳三里村
刘建堂	1919	南瓦窑	1947	1948	山西省榆次北营村
朱五成	1928	申家庄	1947	1948	安徽省
李运德	1928	南园村	1947	1948	山西省晋中
尹　景	1915	申家庄	1947	1947	安徽省合肥市

姓　名	出生年份	籍　贯	参加革命时　间	牺牲时间	牺牲地点
朱家驹	1922	申家庄	1947	1947	河南省栾川县
李太妮	1917	申家庄	1947	1947	安徽省
冀友胜	1924	上西街	1947	1948	山西省临汾
张玉生	1926	老市场	1946	1948	山西省临汾
魏付堂	1924	府前西	1946	1947	大别山
王　清	1925	府前西	1947	1948	山西省太原市
刘　均	1928	西仓街	1946	1948	大别山
陈洪文	1927	文庙街	1946	1947	山西省太谷
吕有来	1929	文庙街	1947	1948	山西省临汾
刘小春	1922	文庙街	1947	1948	山西省太谷
杨其明	1923	西关街	1947	1948	河南省新乡
周宗义	1923	西关街	1947	1948	山东省羊山
赵振魁	1923	西关街	1947	1948	山西省临汾
马立祥	1928	西关街	1948	1948	山西省临汾
叶福生	1926	文庙街	1943	1946	山西省晋中
石之兴	1927	西关街	1948	1948	河北省元氏县
张顺全	1925	大通街	1947	1947	山西省临汾
韩运法	1925	大通街	1947	1947	山西省临汾
张立娃		驴夫营			新疆

三、限外纪要

七里河综合治理

2006 年 11 月，七里河改造规划设计方案经市政府规划委员会审定，邢台市十二届人大常委会第三十二次会议审查并通过了此方案。此后，七里河综合治理工程正式启动。

七里河东西横穿市区南部 18. 6 公里、辐射面积达 57 平方公里，流经桥东区 4. 2 公里。因河道长年淤积，两岸污水横流、垃圾成山，造成环境脏乱差，出入市区很不方便。市政府从提升城市品位入手，加快中心城市建设，提高人民群众的生活水平和生活质量，加快了七里河综合治理步伐。七里河综合治理战略目标是将七里河区域建成环境优美、城市功能完善的新区。为邢台市新增水面 360 万平方米、绿化面积 260 万平方米，大大增强城市防洪能力，进一步拓展城市发展空间，改善市区生态环境，有效提高城市品位和市民生活质量。

七里河综合治理实施“三步走”的战略。第一步是，到 2010 年，投资 30 亿元，完成百泉大道和全长 20. 4 公里河道的基础设施建设。第二步是，到 2015 年，重点进行两侧辐射区的开发建设，逐步扩展为40平方公里。第三步是，到2020年，把新区扩展到58.8平方公里，形成功能完善、宜居宜业的七里河新区。

七里河综合治理一期工程涉及到桥东区的东郭村、道口村、南陈村、北陈村、柴庄村共5个居委会（村），共占用950多亩耕地、非耕地，拆除建筑面积5万多平方米，完成了七里河的确权划界工作。在治理过程中，坚持堤、林、路、桥、水综合整治的原则，重点解决城市防洪和生态环境问题。在绿化系统规划上，以生态保护为原则，结合大环境的生态绿地系统与城市公共绿地系统，充分利用河流、驳岸进行水体绿地综合整治，形成“水绿交融，点线面相结合，集中与分散相结合”的绿地系统。在河道规划设计上，遵循“以水为魂、以绿为体、以人为本”的原则，突出七里河的生态功能与景观价值，尊重地域文化，保护利用历史文化遗存，尊重自然原有格局，建设自然生态型河道。在空间布局设计上，以优化用地功能布局为目的，对各景观节点加以整合，形成以带状绿色空间连接景观节点的“珠链”式布局结构。从2007年起，连续4年共投资30亿元，按照“防洪、生态、宜居”的要求，建设成12.9平方千米的沿河两岸区域。到2010年，七里河景色优美，成为市民游玩的好去处。

顺德路贯通工程

按照省委、省政府提出的城镇建设“三年大变样”战略目标，针对市区内主要干道断头，严重影响交通的现状，市政府决定对位于桥东区的南北干道——顺德路实施向南贯通，于2009年4月27日授权桥东区政府全面负责实施。

顺德路贯通工程全长1530米，拆迁宽度100～200米。北起中兴东大街，南至新兴东大街。涉拆区域是邢台市的老城区，是市区基础条件最落后，房屋最破旧，街窄巷深，卫生条件极差，交通不畅，居住环境最差的地方。实现顺德路向南贯通是广大居民多年的热切期盼，是顺应天时、深得民心的有为之举。

贯通后的顺德路南段

桥东区区委、区政府按照市委、市政府的要求，及时部署前期各项准备工作，责承东郭村乡政府、西大街办事处、北大街办事处组织人员对涉拆范围进行摸底调查。据调查，共需涉拆住户1706户、单位36家，面积18万平方米。为加强对顺德路南延工程的组织领导，确保工程顺利实施，2009年5月27日，区委、区政府建立健全了组织机构，由区委书记、区长挂帅成立了顺德路南延工程指挥部，下设办公室，并组建10个工作组。4月29日发布了《邢台市人民政府关于对顺德路实施南延改造的公告》。结合实际，应用市场比较法结合成本法，制定了《顺德路南延工程拆迁补偿方案》和《顺德路南延拆迁估价标准及说明》。经过1个多月的前期工作准备，顺德路贯通工程于6月1日正式启动，指挥部在原人民剧场前召开启动仪式。区委、区政府把顺德路贯通定为“天字号”工程，确定了“举全区之力，不惜一切代价，坚决按时打通顺德路”的总目标。由区委书记担任指挥长，区长担任第一副指挥长，率队战高温，冒酷暑，夜以继日，废寝忘食工作在顺德路南延工程拆迁第一线。区委、区人大、区政府、区政协的领导一齐上，全区干部争着上，10 个工作突击队和指挥部全体成员，系民忧，解民难，不分昼夜的工作，市直单位大力支持，社会各界积极配合，形成了万众一心，合力攻坚的生动局面。广大被拆迁户深明大义、顾全大局、理解拆迁、配合拆迁、支持拆迁，为推进顺德路贯通工程做出了积极贡献。从 6 月 3 日顺德路贯通工程签订第一份拆迁补偿协议开始，桥东区参加拆迁工作的全体人员发扬“五加二”、“白加黑”（每周 5 个工作日加 2 个休息日、每天白天加晚上）连续工作精神，利用短短 2 个月时间，于 7 月 28 日圆满完成顺德路贯通工程道路建设空间的拆迁任务，为道路建设做好各项准备。到 2010 年底，顺德路南段道路修建完毕，实现了通车。此段路宽为 4 车道，外有绿化带、自行车车道、人行道等。顺德路南段的贯通，缓解了交通紧张，大大方便了市民出行。

开元寺修复

开元寺位于邢台市桥东区邢州北路中段，始建于唐代，迄今已有 1300 多年的历史，是佛教曹洞宗的发源地之一。寺内遗存下来的古建筑群以及唐代经幢、五代古井、金代大铁钟、明代高浮雕滚龙石柱等珍贵文物，是邢台市市区唯一保存较好、建筑体量最大的古建筑群。

2006 年初，邢台市人民政府研究确定了开元寺的修复方案和修复规划。同年 4 月，为加强开元寺的修复力度，成立开元寺文化旅游区修复委员会。6 月，开元寺被国务院公布为“全国重点文物保护单位”。10 月 18 日，市政府在开元寺举行修复奠基仪式，市主要领导和全国高僧大德共同参加佛教奠基仪式。

开元寺占地总面积 300 亩，分为文物保护区、宗教文化区、旅游文化区、古城中轴线保护区、宗教文化公园、广场集散区等 6 个功能区。2007 年，开元寺和佛教博物馆修复工作全面开工。净慧大和尚引资 1300 多万元建设了 3500 平方米的大雄宝殿、观音殿、药师殿、弥陀殿，同年 3 月 15 日开工建设。

2008 年 7 月，开元寺周围建筑拆迁工作全面展开，涉及 2 家企业、13 栋住宅楼、7 排平房、16 户门市及一些零星建筑，共计拆迁 432 户，拆迁面积 7 万余平方米。

开元寺公园

2009 年，开元寺文化旅游园建成并开放，供市民游玩观光。该公园呈“L”型。临光明街东西长约 330 米，南北宽 90 余米；沿邢州北路南北长有 430 米，东西宽达 65 米，面积共约 5.1 万平方米。公园建设投资 3000 万元，由政府投资，建成与开元寺协调统一，高标准、高品位具有佛教文化特色的城市公园。建设内容包括广场、牌坊、照壁、景观石、绿化、假山、人工湖、古城墙遗址、甬路、排水、停车场、照明等建设。公园内绿化面积有 18417 平方米，水体面积约 1306 平方米，铺装面积 27483.2 平方米，停车场面积约 3112 平方米，建筑物及构筑物 530.8 平方米。

开元寺公园建设有入口广场区、佛教园林区和停车场区。各个分区在主题和表达内容上具有相对独立性，在空间上又相互渗透。入口广场区位于新老开元寺南侧出入口，广场庄重大气、气势宏伟。佛教园林区位于光明街和邢州北路交叉口及向北延伸，该区体现的是佛教文化与自然和谐共处的佛教生态观。该区北部有一处古城墙遗址，昔日坚不可摧的城墙，今日只剩下残垣断壁，勾起人们对沉沉浮浮的历史往事回想。停车场区为开元寺公园提供了完备的配套设施，为市民提供方便。开元寺公园有2处停车场，分别位于公园东北部和西南部。其中，西南部停车区占地2229平方米，可停靠大型车34辆，小型车36辆。东北部停车场占地面积883平方米，可停靠大型车8辆，停靠小型车25辆。2处停车场停车位共计103个。2处停车场各配有一处公共卫生间，为城市公园提供配套服务，解决游客基本需求。

开元寺公园建设是历届邢台市委、市政府多年的梦想，是全市人民多年的期盼，是邢台市城镇面貌“一年一大步，三年大变样”的重要组成部分。开元寺公园的建成极大地改善邢台市桥东区旧城的形象，提升了我市历史文化名城的内涵和品位，既保护了历史文化古迹又为邢台市的宗教界人士提供了活动场所。开元寺公园的建成有力带动了周边房地产、观光旅游、休闲娱乐等相关产业的快速发展，成为城市发展的产业隆起带，为市民提供一个休闲、娱乐的好去处，实现人与自然的和谐。

城中村改造

为加快城市化进程，优化城市土地资源配置和空间结构布局，改善城市环境，促进城市经济社会更快更好发展，2006年10月，邢台市人民政府印发了《邢台市城中村改造暂行办法》。城中村，是指在邢台市区京珠高速公路以西、南水北调总干渠以东、规划北外环以南、南外环以北的范围内，城市总体规划确定的建设用地上，以村民委员会为组织形式的行政村，以及由村委会成建制转为居委会（简称村改居）尚未改造的居民点。城中村属地的区、县（管委会）负责城中村改造工作。村委会（含村改居，下同）或村集体经济组织具体实施城中村改造。桥东区区委、区政府高度重视城中村改造工作，积极全力推进。

2008年6月，为进一步贯彻落实省、市“城镇面貌一年一大步，三年大变样”精神要求，加快推进全区“三改”（棚户区、城中村、旧城区）工作力度，协调各方面力量，举全区之智，按照“三高”（高站位科学规划、高档次组织设计、高质量实施建设）的要求，区委、区政府成立了桥东区城市规划设计建设项目评审委员会，区委书记任顾问，区长任主任，包括项目所在地的乡（办事处）党政主要领导、区直有关部门、村（居）主要负责人、项目开发商、设计单位等为成员。制定了《关于加大 全区“三改”力度规范项目评审的意见》，明确了项目评审的具体要求。负责对辖区内“三改”城建项目报市前的最终审定。评审内容包括对建设项目所在地基层组织执行能力进行评估，对项目开发商资质等级、资金实力、开发改造理念及业绩进行审核，对“三改”建设项目《安置补偿方案》的可行性进行确认，对“三改”建设项目概念性规划设计的审查等。

2008年，全区评审的村有：小吴庄、辛庄、黄家园、南瓦窑。具体情况为，小吴庄：建筑面积3.92万平方米，占地面积5.61万平方米；有居民214户，人口695人。辛庄：建筑面积18.6万平方米，占地面积43.5万平方米；有居民1092户，人口3315人。黄家园：建筑面积4万平方米，占地面积4.2万平方米；有居民309户，人口900人。南瓦窑：占地面积13万平方米，有居民564户，人口2232人。

为加快城中村改造进度，规划城中村改造手续办理程序，提高工作效率，2009年5月，区政府制定了《桥东区城中村改造手续办理程序》，进一步规范城中村改造工作。对城中村改造应具备的详细资料、城中村改造审批程序及办理时限等进行了明确规定。6月，市政府出台了《关于进一步规范市区城中村改造工作的意见》，意见要求实施城中村改造要严格按照程序改造，必须遵循四个步骤：一是制定城中村改造计划。二是合理确定城中村改造拆迁补偿安置方案。三是签订城中村责任书。四是由区（县）政府向市规划部门提出城中村改造的具体意见。城中村改造步入规范化轨道。针对辖区范围内城中村改造违法占地和违法建设屡禁不止行为，桥东区开展了大规模的集中整治违法建筑活动，为城中村改造的顺利实施打下基础。

2009 年，市区核心区域重点改造的 28 个村庄，其中桥东区有 14 个：三义庙、五里铺、南瓦窑、申庄、北郭庄、黄家园、母家场、拐角村、碾子头、淮家屯、辛庄、车站村、西关西口、牛市新街社区。市区城建重点工程的 6 个村庄，其中桥东区有 3 个：南陈村、新营村、小吴庄。2009 年，全区评审的村有：拐角村、牛市新街、道口村、南陈村、东郭庄、西大寺。具体情况为，拐角村：建筑面积 7. 26 万平方米，占地面积 14. 9 万平方米；有居民 421 户，人口 753 人。牛市新街：应拆户数为 234 户、面积 8. 5 万平方米；已签协议户数是 124 户，已拆 86 户、面积为 3. 3 万平方米，完成拆迁比例为 53%。道口村：建筑面积 4. 66 万平方米，占地面积 5. 3 万平方米；有居民 106 户，人口 500 人。南陈村：占地面 25. 6 万平方米，人数 2300 人。东郭庄：占地面积 14 万平方米，人数 1080 人。西大寺：占地面积 6. 82 万平方米；有居民 328 户，人口 1260 人。

2010 年 4 月，区委、区政府制定了《桥东区加快推进城中村改造的奖惩办法》，对城中村改造工作严格落实考核奖惩制度。适用范围为必须在 2010 年底前完成整体拆迁的五里铺、淮家屯、道口、辛庄、冯家庄、北关街、申庄、西关西口、拥军东街、牛市新街等 10 个村（社区）。

2010 年，全区评审的村有：冯庄村、北关村、东关村。具体情况为，冯庄村：建筑面积 8 万平方米，占地面积 17. 8 万平方米；有居民 546 户，人口 1860 人。北关村：建筑面积 5. 729 万平方米，占地面积 10. 4 万平方米；有居民 770 户，人口 2200 人。

据统计，截至 2010 年 10 月，全区城中村改造完成情况为：三义庙村全部完成旧村改造 240 户，占地面积 12. 6 万平方米，240 户全部得到安置。申庄共计 580 户，建筑面积 7. 6 万平方米，截至 9 月 15 日签定协议 89 户，已拆迁 48 户。拥军东社区共计 287 户，占地 72780 平方米；已拆 287 户、建筑面积 4. 8 万平方米。拐角村共计 421 户，占地面积 14. 9 万平方米；全村需拆迁 295 户，已拆 290 户，剩余 5 户。北郭庄村共计 298 户，占地面积 15 万平方米；已拆 298 户、建筑面积 6. 7 万平方米；村民回迁楼正在建设中，建筑面积 2. 4 万平方米。冯家庄共计 546 户，占地面积 17. 8 万平方米；已拆 1. 2 万平方米。道口村需拆迁建筑面积 2. 2 万平方米，已完成 24 户拆迁，拆迁建筑面积 6300 平方米。五里铺村需拆迁建筑面积 3 万平方米，已完成 90 户拆迁，拆迁建筑面积 2. 3 万平方米。淮家屯需拆迁建筑面积 6. 1 万平方米，拆迁投入资金 2200 万元；拆迁已完成 85%（128 户），回迁楼共 10 栋，已有 7 栋主体封顶。

打造中央商务区　发展高端服务业

2007 年，区委、区政府换届后，把大力发展服务业作为推进经济结构调整、转变发展方式的重大举措，确立了“136”服务业发展思路（即围绕把桥东区打造成冀南地区现代服务业强区 1 个目标，通过旧城开发、城中村改造和新区建设 3 个切入点，重点培育发展现代商务、现代物流、批零餐饮、社区服务、文化旅游、房地产 6 大服务业支撑体系），实行“大网点、重聚集、高端化、大商贸”战略，引导资金和商贸企业向城区商贸中心区域聚集，着力打造市区最具活力的“中央商务区”，即依托新世纪广场周边原有的邢台银行、财富广场、中北大酒店等商业设施，借助火车站、汽车站、邢台人力资源市场等基础设施，将以新世纪广场为中心的半径 2 千米区域内，打造成城区最具活力的中央商务区（CBD），力争通过 3 ~5 年的建设和培育，使该区域成为基础设施完善、商贸业态高端化、商贸设施种类齐全、交易活跃、年营业额超100亿元的商贸繁荣的中央商务区。为此借助城市建设，确定了“一个片区改造项目带动建设一个服务业项目，争取改造一片旧城区，打造一个商贸新亮点”的工作思路。到2010年，正在实施总投资近500亿元的火车站南、新世纪广场北、原拖拉机厂片区等50余个旧城片区改造项目。建成了亿德隆购物休闲广场、华北五金机电批发市场、新华路商贸街、财达证券、财满街、辰光商务大酒店、大开元寺文化广场、银座商场等一批特色服务业项目，链接带动了商贸、物流、金融、中介、餐饮、健身、娱乐、休闲等相关产业的发展。正在建设的世贸天街、天一城商业中心、新世纪商务中心等城市新地标项目，将引进集高端商务、写字楼、星级酒店、休闲娱乐、住宅、现代商场、国际知名连锁超市等世界上最先进的服务业业态，这些项目建成后，该区域将成为邢台地区现代服务业新高地，冀南地区最具活力的商贸中心。2010年底，以新世纪广场为中心的中央商务区已渐具雏形。

公开招录教师

桥东区中小学由于师资力量不足，严重影响教学质量。2009年4月初，区委常委会研究决定，公开招录150名教师。4月中旬，桥东区人事劳动和社会保障局开始牵头组织公开招录工作，此次招录为建区以来首次大规模招录教师。

为确保招录工作顺利圆满完成，成立了由区委1名副书记任组长，常务副区长、主管教育副区长、组织部长任副组长，组织、人事、编制、教育、纪检监察、公安等部门主要领导为成员的招录教师工作领导小组，具体负责实施。制定了严格的《招录标准》、《招录计划》及切实可行的《桥东区公开招录教师实施方案》，形成了“三公、五外、一严”（“三公”即公平、公正、公开；“五外”即外省命题、外市监考、外省阅卷、外省面试、外市体检；“一严”即严格要求）的工作机制。自4月19日发布公告起，经过报名、笔试、面试、体检、政审几个阶段的严密操作，动用组织、人事、编制、教育、纪检监察、司法、卫生、区委办、政府办共计12个部门工作人员百余名，省外、市外工作人员400余名，历时50天，于6月7日结束，从2000多名符合报名条件的参考者中，优选出144名，正式录用为桥东区在编教师。

城市居民医疗保险与新型农村合作医疗

实行城镇居民医疗保险 为保障城镇居民基本医疗，建立健全多层次医疗保障体系，根据《河北省人民政府关于建立城镇居民基本医疗保险制度的实施意见》（冀政〔2007〕99号）、《邢台市城镇居民基本医疗保险实施方案》（邢政〔2009〕12号）文件，桥东区人事劳动和社会保障局于2009年7月份启动城镇居民医疗保险工作。

城镇居民基本医疗保险以家庭缴费为主（每人每年180元，儿童40元），政府给予适当补助（每人每年补120元）。参保居民按规定缴纳基本医疗保险费，享受相应的医疗保险待遇。城镇居民医疗保险开展以后，桥东区考查确定定点医院22家，居民及学生参保共计12.6万人。实现了第一天参保，第二天享受待遇的惠民措施。

新型农村合作医疗 2008年，为贯彻落实中共中央、国务院《关于进一步加强农村卫生工作的决定》和国务院办公厅转发的卫生部、财政部、农业部《关于建立新型农村合作医疗制度的意见》，积极推行以大病统筹为主的新型农村合作医疗制度，按照全省统一安排和新型农村合作医疗实现全覆盖的要求，2008年3月，桥东区成立新型农村合作医疗管理中心，隶属桥东区卫生局，办公地点设在桥区政府办公楼五楼。新型农村合作医疗管理中心，设置信息科、财务科、稽查科、审核科，负责全区农民就医费用的审核、报销，定点医疗机构的监管。新型农村合作医疗基金来源为，中央及地方各级政府补助和农民个人缴费。最初农民每人每年缴 10 元，后逐渐提高，到 2010 年每人每年缴 30 元；各级政府财政补贴使农民每人每年达到 120 元，后逐渐提高。该基金由区财政代管，整个基金管理实现了“银行管钱不管账，合管中心管账不管钱，财政管钱不用钱，运行环节用钱不见钱”的基金全封闭运行管理模式。到 2010 年 9 月，全区农民共有 24470 人参加了新型农村合作医疗，共筹集基金总额为871. 142 万元，基金支出 549 万元，补偿 39119 人（次）。

编后记

根据河北省办公厅、邢台市政府办公室《关于第二轮县、市（区）志书编纂工作的通知》精神，桥东区地方志办公室于2007年3月拟出《桥东区志（1980～2006）》篇目，2007年4月，桥东区志编纂工作全面启动。至2013年3月《桥东区志（1980～2006）》，正式定稿付梓。修志历程大致分为三个阶段。

1、准备阶段（2006年10月～2007年3月）：2006年10月，区领导决定编修桥东区志，同时成立桥东区志编纂委员会，明确常务副区长主管修志工作，政府办公室负责协调、保障工作，区志办2人在广泛调研的基础上，制定了二轮修志编纂工作计划、区志编修工作细则及区志编纂目录和分解方案。

2、征集资料与编辑志稿阶段（2007年4月～2009年10月）：2007年4月和2008年4月先后抽调和选聘了3名编辑人员，充实到区志办，配备了办公用房和办公设施。2007年4月召开全区修志工作动员会，修志工作正式启动。区志办对各部门、各单位确定的70余名志书资料员进行了专业培训。我们采用了“资料员报送、查阅档案、下基层采集、特稿专约”四种形式，搜集了700万字的基础资料，为志书编写打下了基础。区志办将各篇章编写任务分解给每个编辑人员，编辑人员根据各单位部门志和所收集资料，进行加工、补充，针对部门志中欠缺资料，编辑人员到区档案馆、各单位查阅原始资料或以采编形式完成，并认真细致地审查、核对、筛选，经反复修改完善后进行总纂。初稿完成后，按照观点正确、事实准确、资料翔实、体例严谨、文辞规范等为标准，对初稿逐章节、逐条目进行评议，最后形成统一意见，调整结构，适当增删，完善志稿内容。2009年10月将完成的初稿送交邢台市地方志办

桥东区第二轮修志工作动员大会

公室、区主要领导及已退休的历届主要领导和地方志编纂委员会成员审阅指导。

3、志稿深加工付梓阶段（2009年11月～2013年3月）：2009年11月12～13日，召开《桥东区志》市级评审会，邀请市方志办和各县（市、区）同行对志稿进行评审。会后，对各位领导和专家提出的意见进行梳理、补充修改完善。2010年9月，形成《桥东区志》省级评审稿，送交省地方志办公室审阅。2011年1月12～13日，召开《桥东区志》省级评审会，邀请国家、省、市地方志领导、专家对志稿进行评审。方志专家对志稿给予较高评价，同时也指出了中肯的修改意见。编辑人员对各位专家提出的意见和建议进行梳理，形成终审修改方案，在牢牢把握区域和时代特色的基础上，精心雕琢，加工修改，于2011年9月23日通过省级终审。根据终审意见，再修改完善、核实数据、锤炼文字、插排图照、反复修改校对，最后，经区委、区政府领导批准后交付印刷。

在《桥东区志》编纂过程中，得到省、市、区及各界人士的大力支持，历届主管区长、政府办主任非常重视修志工作，多次听取汇报，给予大力支持，区直各单位、各乡（办事处）资料员和修志人员给予密切配合，区志编辑人员积极主动、认真负责、不计清苦、相互配合、忘我工作，于2013年3月在众人努力下顺利完成编修任务。在此，对区志编修过程中负出心血的范敬臣、冯婕、赵雷晓以及所有关心、支持《邢台市桥东区志（1980～2006）》编纂工作的单位和个人表示衷心感谢和诚挚敬意。

在编纂过程中，由于我们编辑人员少、专业知识浅薄、写作水平有限，加之改革开放年代机构更迭，非区属单位资料记载不详，有些史料考证工作困难重重，志书疏漏或不当之处在所难免，敬请读者不吝赐教，批评斧正。

编　者

2013年3月